ፌደረሽን ኤርትራ ምስ ኢትዮጵያ

ካብ ማቲየንሶ ክሳብ ተድላ

1951-1955

ኣለምሰገድ ተስፋይ

ኣሕተምቲ ሕድሪ
ኣስመራ 2023

ኣሕተምቲ ሕድሪ
178 ጐደና ተጋደልቲ
ቍጽሪ ገዛ 35
ቍ.ሳ.ጶ. 1081
ቴሌ 291-1-126177
ፋክስ 291-1-125630
ኣስመራ - ኤርትራ

ፌደረሽን ኤርትራ ምስ ኢትዮጵያ
ካብ ማቲየንሶ ክሳብ ተድላ
1951-1955

መሰል ድርሰት © 2023 ኣሕተምቲ ሕድሪ
ኩሉ መሰል ደራሲ ዝተሓለወ እዩ።

ቀዳማይ ሕታም 2005
ካልኣይ ምብዛሕ 2023

ISBN 99948-0-009-4

ቅጥዒ መጽሓፍን ናይ ገበር ዲዛይንን ኣሳእልን
ፍረሚናጦስ እስጢፋኖስ

ትሕዝቶ

መቅድም v
ኣፍልጦን ምስጋናን xi
መብርህን ሓበሬታን

ቀዳማይ ክፋል

1. ናይ ሕቡራት ሃገራት ብይን ንፈደረሽን ኤርትራ ምስ ኢትዮጵያ

ድሕሪ ባይታ ናይቲ ብይን 1
ብይን 390 A(V) ናይ ባ.ሕ.ሃ. 3
ዘይበርህ ጉዳያት ኣብ ብይን ሕ.ሃ. 390 A (V) 8
ብዛዕባ ሕጋዊ ተፈጻምነት ብይን ሕቡራት ሃገራት 11

2. ኮሚሽነር ሕ.ሃ. ኣብ ኤርትራ፣ ተልእኾኡን ኣፈጻጽማኡን

ኩነታት ኤርትራ ቅድሚ ምምጻእ ኮሚሽነር ሕ.ሃ. 14
ምእታው ኮሚሽነር ሕ.ሃ. ናብ ኤርትራ 21
ርክብ ማቲየንሶ ምስ መንግስቲ ኢትዮጵያ 24
ምስሕሓብ ማቲየንሶን ብ.ም.ኤ.ን ብዛዕባ ሸፍትነት 26
- ክትዕ ፖለቲካዊ ማሕበራት 33
- ርክብ ማቲየንሶ ምስ ህዝቢ. 41

3. ምቅርራብ ንምስረታ መንግስቲ ኤርትራን ፈደራል ስርዓትን

ምድንጓይ ብ.ም.ኤ. ኣብ ምቛም ኤርትራዊ ምምሕዳር 45
ብዛዕባ ናይ ጉምሩክ ሕብረትን (Customs Union) ካልእ ጉዳትን..49
ብዛዕባ ምርጫ ባይቶ ወከልቲ ህዝቢ ኤርትራ 54

4. ኤርትራውያን ኣብ እዋን ምስግጋር ናብ ፈደረሽን

ተወሳኺ ክትዕ፣ ውድድርን ጉነጽን ኣብ ሜዳ ፖለቲካ 59
ውጹብ ፈተነ ንዕርቅን ሓድነትን 65
ፍልማዊ ምንቅስቓስ ሰራሕተኛታት ኤርትራ 70

5. ምቛም ባይቶን ምጽዳቕ ሕገ መንግስትን

ምርጫ ባይቶ ኣብ ውሽጢ ትጽቢትን ስክፍታን 81
ምቛም ባይቶ ኤርትራ 90

6. ክትዕ ኣብ ንድፊ ህንጻ መንግስቲ ኤርትራ

ክትዕ ኣብ ንድፊ ህንጻ መንግስቲ ኤርትራ 97
- ጉዳይ ኤርትራዊ ዜግነት 97
ክትዕ ብዛዕባ መሰላት ህዝብን ሕቶ ቛንቋን 104
- ክትዕ ብዛዕባ ቋንቋ 105
- ጉዳይ ባንዴራን ወኪል ንጉሰ ነገስትን 108

7. ምስግጋር ናብ ፌደራል ስርዓት

ምምልማል ኤርትራውያን ኣመሓደርትን ምቛም ፈጻሚ ኮሚተን.......119
ፈጻሚ ኮሚተን ምምሕልላፍ ንብረትን 123

8. ምትካል ስርዓተ ፌደረሽን

ባይቶ ኤርትራን ምጽዳቕ ህንጻ መንግስቲ ብሃይለስላሴን 129
ምምራጽ መራሒ መንግስትን ኣቦ መንበር ባይቶን 133
ወግዓዊ ጽንብላት ፌደራል ስርዓትን መንግስቲ ኤርትራን 138
ምእታው እንደራሴ ናብ ኤርትራን ማሕላ መራሒ መንግስትን 141

ካልኣይ ክፋል

9. ድሮ ምትካል መንግስቲ ኤርትራ

ውርሻ ብሪጣንያዊ ምምሕዳር 145
- ማሕበራዊ ጉዳያት 145
- ሓለዋ ጥዕና 147
- ሕጊ ዕዮን ኩነታት ሰራሕተኛታትን 148
- ቀጠባን ፋይናንስን 148

ምውጻእ ማቲየንሶን ብ.ም.ሕ.ን ካብ ኤርትራ 151
ሃጸይ ሃይለስላሴ ኣብ ኤርትራ 156

10. ምቛም መንግስቲ ተድላ

ኣወዳድባ ፈጻሚ ኣካል 164
ኤርትራውያን ኣባላት ፌደራል ቤት ምኽሪ 170
ኣዋጅ 130 ናይ 1952 173

11. ቀዳሞት ኣዋርሕ ምምሕዳር ተድላ

ተድላን ባይቶ ኤርትራን 177
ተድላ ባይሩ፣ ተቓወምቶምን ደገፍቶምን.....................................185
መንግስቲ ተድላን ኣንፈት መንግስቲ ኢትዮጵያ 188

12. ማሕበር ሰራሕተኛታት፣ ወልደኣብን ደሃይ ኤርትራን

ማሕበር ሓርነታዊ ስምረት ሰራሕተኛታት ኤርትራውያን 192
ወልደኣብን ሰራሕተኛታትን 197
ደሃይ ኣንጻር ኢትዮጵያን መውጋእቲ ወልደኣብን 200

13. ምምሕዳር ተድላ ኣብ ተወሳኺ ፈተነ

ደሃይ ኤርትራ ኣብ ሓደጋ 210
ግህሰት ደሞክራስያዊ መሰላት - ምዕጻው ደሃይ 215
ምርጫን እገዳን ወልደኣብ ወልደማርያም 220
ወልደኣብ ናብ ስደት 225

14. ስልጣን እንደራሴን ውሽጣዊ ኩነታት መንግስቲ ተድላን
ወግዓዊ ምኽፋት ባይቶን መደረ ኣንዳርጋቸውን 231
ስልጣንን ውሽጣዊ ኩነታትን ምምሕዳር ተድላ 236
ደጃዝማች ተድላ ባይሩ 244

15. ተድላን ባይቶን ኣብ ጉደና ምስሕሓብ
ተድላ ባይሩ ኣብ ባይቶ 252
ሕቶን ክትዕን ኣብ ባይቶ 256
ዑመር ቃዲን ምምካን ፈደራል ቤት ምኽርን 261

16. መንግስቲ ተድላ ኣብ ዓመቱ
ገለ ኣመትቲ ጉዳያትን ፍጻመታትን 296
ውጽኢት ዘተ ኮሚሽናት ፋይናንስ ኢትዮጵያን ኤርትራን 296
ምቅልቃል ሽፍትነትን ዘይምርግጋእ ተማሃሮን ሰራሕተኛታትን 269
ጽንብል ቀዳማይ ዓመት ፈደረሽን 272

ሳልሳይ ክፋል

17. ተቓውሞ፣ ተቓወምትን ግብረ መልሲ ተድላን
ተቓውሞ ኢብራሂም ሱልጣንን ሰዓብቶምን 276
ጉዳይ ደጊያት ኣብርሃ ተሰማን
ኣሕዋቶምን ክስን ማእሰርትን ደጊያት ኣብርሃ ተሰማ 281
- ደጊያት ኣብርሃ ድሕሪ ማእሰርቲ 287
- ኩነታት ተድላ ባይሩ ኣብ ምጅማር 1954 289

18. ኢድ ኢትዮጵያ ኣብ ጉዳያት ኤርትራን ተቓውሞ ህዝብን ባይቶን
ኣድማን ቅትለትን ኣብ ዓሰብ 294
ናይ ሃይለስላሴ ኣዋጅ ምሕረት ግብሪ 299
ተጋራጫዊ ኩነታት ተድላ ባይሩ 312

19. ዓበይቲ ብድሆታት ካብ ጠቕላሊ ቤት ፍርድን ባይቶ ኤርትራን
ደሃይ ኤርትራ ኣብ ጠቕላሊ ቤት ፍርዲ 317
ሕቶታት ባይቶን ጸብጻባት መራሕ መንግስትን 321
ውሳነ ባይቶ ብዛዕባ ምትእትታው መንግስቲ ኢትዮጵያ 325
ውጽኢት ውሳነ ባይቶ ናይ 22 ግንቦት 334
ስምዕታታት ሪድን ግብረ መልሲ ሕ.ሃ.ን 337

20. ምዕጻው ደሃይ ኤርትራን ዘስዓቦ ተቓውሞን
ደሃይ ኤርትራ ኣብ ድሮ ምዕጻዋ 345
ተድላን ናይ "ህጹጽ ሕብረት" ሕቶኦምን 353
ተቓውሞን ዘይምርግጋእን ኣብ ኤርትራ 360
ዝያዳ ተነጽሎ ተድላ ባይሩ 360
ማሕበር መንእሰይ ፈደራሊስት ኤርትራውያን 364

21. መንግስቲ ተድላ አብ ገምገም ውድቀት
    ተድላ፥ ካብ ተነጽሎ ናብ ዝገደደ ተነጽሎ 369
    መጥቃዕቲ አንዳርጋቸው አብ ልዕሊ መሰላት ኤርትራ 376
    ስእነት ስራሕ አድማን ሽፍትነትን 383
    ምስፍሕፋሕ ሽፍትነትን ዘረፋን 385

22. ናይ ቅልውላው መዓልታት
    ምብላሕ ግርጭት መራሕ መንግስትን ባይቶን 389
    ግብረ መልሲ ተድላ 396
    መደረ ተድላ አብ ካፒቶልን ዘሰዮ ፍጻመታትን 401

23. ምውራድ መዘት ደጊያት ተድላ
    ምውራድ መዘት ደጊያት ተድላ 408
    ድሕሪ ተድላ ባይሩ 414
    መወከሲ (Bibliography) 407

መቕድም

"ፈደረሽን ኤርትራ ምስ ኢትዮጵያ - ካብ ማቲየንሶ ክሳብ ተድላ"፡ መቐጸልታ ናይቲ "ኣይንፈላለ፡ ኤርትራ 1941-1950" ብዝብል ኣርእስቲ፡ ብሰነ 2001 ብኣሕተምቲ ሕድሪ ተሓቲሙ ዝተዘርግሐ ጽሑፍ ኢዩ። ኣብ ጊዜ ብረታዊ ቓልሲ፡ ማለት ኣብ 1987-1988፡ ክፍሊ ፖለቲካዊ ምንቕቓሕ ህ.ግ.ሓ.ኤ፡ "ምምሕዳር ብሪጣንያ ኣብ ኤርትራ"ን፡ "መድርኽ ፈደረሽንን ጉበጣ ኤርትራ ብኢትዮጵያን" ዝብላ ጽሑፋት ኣሕቲሙ ነይሩ። ሽዑ ዝነበረ ሕጽረት ሓበሬታን ውሱንነት ዓቕምን እተን ጽሑፋት ተማሊአን ንኽቐርባ ኣየኽኣለን። "ኣይንፈላለ"ን እዚ ናይ ሕጂ ጽሑፍ ብዛዕባ ቀዳማይ ክፋል መድርኽ ፈደረሽንን፡ ነቲ ናይ'ቲ እዋን ሕጽረታት ኣማሊኡ ከቕርብ ፈቲኑ ኣሎ።

ኣብ መእተዊ ናይ "ኣይንፈላለ" ብሰፊሑ ተገሊጹ ከም ዘሎ፡ ሓቀኛ ታሪኽ ኤርትራ ካብ ሰነዳት ናይቶም በብጊዜኡ ዝገዝእዋ ወገናትን ካልኣት ናይ ደገ ተዓዘብትን ጥራይ ክግለጽ ዘይክኣል'ዩ። ታሪኽ ኤርትራ ብኤርትራውያን ዝሰራሕ ክኸውን ግን፡ ማዕረ'ቲ ናይ ገዛእቲ ሰነዳት ክሰርዖ ብዝኽእል ኣገባብ ክይተሰነደ ስለ ዝጸንሐ፡ ብዛዕብኡ ክጽሕፍ ዝበገሰ ሰብ ብዙሕ ከም ዝጸገም ክፍለጥ ይግባእ። ካብኡ ናብኡ፡ እቲ ኣብ "ኣይንፈላለ" ሰፊሩ ዘሎ ናይ 1940'ታት ታሪኽ'ኳ ይሓይሽን ገለ ምንጭታት ይርከበሉን እምበር፡ እቲ ናይ እዋን ፈደረሽን ፍጻመታት ግን፡ መንግስቲ ኢትዮጵያ ኮነ ኢሉ ሰነዳት ስለ ዘጥፍኣን ናብ ኢትዮጵያ ስለ ዘግዓዘን፡ ብሓበሬታ ዝደኸየ ኢዩ።

በዚ ምኽንያት'ዚ፡ ናይ ሕጂ ጽሑፍና ነቲ ኣብ እዋን መንግስትነት ተድላ ባይሩ ዝነበረ ቀዳማይ ክፋል ፈደራል ስርዓት፡ ኣብ ናይ ጋዜጣ ዓንቀጻት፡ ኣብ ቃለ መጠይቓት፡ ኣብ ናይ ኣብያተ ፍርዲ ውሳነታትን ናይ ባይቶ ኤርትራ ጸብጻባትን ተመርኲሱ፡ ሓደ ሓፈሻዊ ስእሊ ናይቲ እዋን ክህብ ፈቲኑ ኣሎ።

መብዛሕትኡ እቲ ዝተረኽበ ሓበሬታ ንፖለቲካዊ ኹነታት ናይቲ እዋን ዝምልከት ስለ ዝኾነ ድማ፡ እዚ መጽሓፍ'ዚ ብዝያዳ ኣብ ፖለቲካዊ ታሪኽ ዘመን ተድላ ባይሩ ዘተኰረ ኢዩ። ንፖለቲካዊ ታሪኽ ጥራይ ንበይኑ መንጢልካ ኣውጺእካ ነቲ ማዕርኡ ክሰራዕ ዝግባእ ቍጠባውን ምምሕዳራውን ኩነታት'ውን ሚዛን ዘይምሃብ ዝተማልአ ስእሊ ከም ዘየቕርብ ዝተፈልጠ ኢዩ። እንተኾነ ግን፡ ኣብ ልዕል'ቲ ዘጓነፈና ናይ ምንጪ ሕጽረት፡ ብሓቂ'ውን ታሪኽ ዘመን ተድላ ካብ ካልእ ንላዕሊ ፖለቲካዊ ምውጣጥን ወጥርን

ዝዓብለሎ ስለ ዝነበረ፡ እቲ ፍጻመታት ባዕሉ ናብኡ ገጹ ኢዩ ዘምርሕ ወይ ዘዛዙ።

ኣብ ትሕቲ ዕብለላ፡ ውዲት፡ ዓመጽን ጥበራን መንግስቲ ኢትዮጵያ ድኣ ይኹን'ምበር፡ ኣብ እዋን ፈደረሽን፡ ኤርትራውያን ነንሓድሕዶም ብፖለቲካዊ መገዲ ንኽፈታተኑ ምጡን ዕድል ረኺቦም ኢዮም። ፖለቲካ ኤርትራ፡ ኣብ ጊዜ ጣልያን ብጣልያን፡ ኣብ ጊዜ እንግሊዝ ድማ ብእንግሊዝ ክዕብለልን ክምራሕን ድሕሪ ምጽናሕ፡ ኮሚሽነር ሕቡራት ሃገራት ኣንሰ ማቲየንሶ ኣትዩ መስርሕ ፈደረሽን ምስ ጀመረ፡ ኣንፈቱ ክቕይር፡ ብምሉኡ እኳ እንተ ዘይኮነ፡ ገለ ኽፋላቱ ኣብ ኢድ ኤርትራውያን ኣትዩ ኣብ ሓድሕዶም ከዋስኡዎም፡ ክኣኻኽቦም፡ ክበታትኖም፡ ከጓንጾምን ክዓርቖምን ግድን ኮይኑ። በዚ መዳይ'ዚ ምስ ዝርአ፡ እቲ ብ"ዘመን ተድላ ባይሩ" ዝፍለጥ ካብ 1952 – 1955 ዝዘርጋሕ ቀዳማይ ክፋል እዋን ፈደረሽን፡ ኣብ ታሪኽ ኤርትራ ውሑድ መዳርግቲ ኢዩ እንተሃለዎ።

ኣብዚ ጽሑፍ እዚ፡ ብዙሕ ናይ ፖለቲካ ምግልባጥ ክንርኢ ኢና። እቲ "ኢትዮጵያ ወይ ሞት" ዝብል ዝነበረ፡ ንናጽነት ኤርትራ ብዝሾፍአ መገዲ ሃሰዩ ግዝኣት ኢትዮጵያ ንኽኣቱ ዘኽኣለ ሓያል ምንቅስቓስ፡ ድልዱል ሰረት ከም ዘይነበሮ ክንግንዘብ ኢና። እቶም ዝተረሩ ደገፍቲ ኢትዮጵያ ከይተረፉ፡ ኣዝያ ውስንቲ ጨና ናጽነት ምስ ጨነዉ ክጠዓሱ፣ በቲ ኣንጻሩ ድማ ሓያላት ደገፍቲ ናጽነት ዝነበሩ፡ ተስፋ ስልጣን ምስ ረኸቡ ናብቲ ሓደ ሸነኽ ክናጠሩ'ውን ክንዕዘብ ኢና። ኣብ "ኣይንፈላለ" ዝነበረ ፖለቲካዊ ዝንባለታት፡ ገሊኡ ካብ ጉድለት ትምህርትን ተመኩሮን፡ ገሊኡ "ይሓይሽ" ካብ ዝብል እምነት፡ ሕልፍ ኢሉ ድማ ካብ ውልቃውን ጉጅላውን ናይ ረብሓ መበገሲ ይመጽእ ከም ዝነበረ ገሊጽና ኔርና። ናይ ፈደረሽን መርገጺታት ግን በቲ ሓዳግ ወይ ገዳፍ ዓይንን ኣመለኻኽታን ጥራይ ክትሓልፎ ከም ዘጸግም ኣንባቢ ባዕሉ መደምደምታ ዝህበሉ ጉዳይ ክኸውን ኢዩ።

ታሪኽ፡ ናብቲ ዘለኻዮ እዋን እናቐረበ ምስ ዝመጽእ፡ ዝያዳ ተኣፋፍን ብጥንቃቐ ክተሓዝ ዝግብኦን ክኸውን ግድን'ዩ። በዚ ምኽንያት'ዚ፡ መረጋገጺ ሰነድ ወይ ቃል ናይቶም ኣብቲ እዋን ዝዋሰኡ ሰባት ዘይብሉ ዝኾነ ፍጻመ ወይ መደምደምታ ንኸይዋሃብ ዘድሊ ጥንቃቐ ተገይሩ ኣሎ። ገለ ምላቕ ወይ ጉደሎ ግን ክሰኣን ኣይኮነን።

ታሪኽ፡ ሓደን ቅኑዕን ውዱእን ተባሂሉ ብጽሑፍ ክቐርብ ኣይከኣልን ኢዩ። ታሪኽ ትርጉም ናይ ሕሉፍ ፍጻመታት'ዩ። ሓደ ጸሓፊ ታሪኽ ናብ መደምደምታታቱ ንኽበጽሕ፡ ቅኑዕን ገላጽን ንዝብሎ ናይ ታሪኽ ፍጻመታት መሪጹ፡ ሰሪዑ፡ ተንቲኑ ኢዩ ኣብ ፍጹምን ልክዕን ዝበሎ ሓሳባት ዝበጽሕ።

እቲ ዘቕረቦ ናብ ፍጹምነት፡ ናብ ልክዕነት ዝቐረበ ወይ ካብኡ ዝረሓቐ ምኽኑ ዝፍለጥ፡ ኣንበብትን ተንተንትን ኣንቢቦም፡ ኣኳማሲያም፡ ምስ ካልእ ጽሑፋትን ዛንታታትን ኣነጻጺሮም ምስ ዝፈርዱዎ ኢዩ። ናይ ታሪኽ ጽሑፍ፡ ጊዜ ምስ በልዐ ኢዩ ዝፍረድ ዝብሃል በዚ ምኽንያት'ዚ ኢዩ።

ነዚ ዘገልግል ሓደ ኣብነት ክንጠቅስ፡ ዘውዴ ረታ ዝተባህለ ኢትዮጵያውን ተኸስተ ነጋሽ ዝተባህለ ኣብ ወጻኢ ዝነብር ኤርትራውን ንኣብነት፡ ነቲ ኣብ "ኣይንፈላለ"ን ኣብ'ዚ መጽሓፍ እዝን ዘሎ ናይ እንግሊዝ፣ ኣመሪካን ኢትዮጵያን ሰነዳት ተጠቒሞም ነናቶም መጻሕፍቲ ኣሕቲሞም ኣሎዉ። ትሕዝቶ እዚ ዝተጠቕሰ ሰነዳት ምስዚ ናትና ሓደ'ኳ እንተ ኾነ፡ ክልቲኦም ኣብ ኣዝዩ ዝተፈልየ መደምደምታ ኢዮም ዝበጽሑ። ዘውዴ ረታ፡ ኤርትራውያን ብድሌቶም ምስ ኢትዮጵያ ከም ዝሓበሩ፤ ካብ ኢትዮጵያ ክሳብ ናብ "ምግንጻል" ዘብጽሕ፡ ብኢትዮጵያ ዝተገብረሎም ጸቕጢ ወይ ኣብ ልዕሊኦም ዝተፈጸመ በደል ከም ዘይነበረ... ይገልጽ። ከም ቀንዲ ጅግና ናይ እዋን ፈደረሽን ድማ፡ ነቶም ኣብ ጉበጣ ኤርትራ ብኢትዮጵያ ዓቢ እጃም ዝነበሮም ቢትወደድ ኣስፍሃ ወልደሚካኤል ይጠቅስ። ተኸስተ ነጋሽ ብወገኑ፡ ቃልሲ ህዝቢ ኤርትራ ንናጽነት ብሃይማኖታዊ መልክዕ ዝተመቓቐለ፡ ሓቀኛን ሕቡርን ህዝባዊ ሰረት ዘይነበሮ፡ ክሳብ ሕጂ'ውን እንተኾነ ነቲ መስመር'ቲ ሒዙ ይቕጽል ከም ዘሎ ኢዩ ዝዛረብ። ካብዚ ሓሊፉ፡ ዘበዝሕ ህዝቢ ኤርትራ ናብ ናጽነት ዝዛዘወ ምስ ምትሓዝ ኣፍዓበት ብህዝባዊ ግንባር ኣብ 1988 ኢዩ ብምባል፡ ሓጺር ዕድመ ኢዩ ዝህቦ። ኣብ ጊዜ ፈደረሽን ህዝቢ ኤርትራ ደሞክራስያዊ ስርዓትን ሓሳባትን ኣስተማቒሩ ንዝብል ይነጽግ። ናጽነት ኤርትራ ክኸውንን ተቐባልነት ክረክብን ዘይግብኦ ጉዳይ ከም ዝነበረ'ውን ይማጎት።

ንሕና ድማ፡ ታሪኽ ኤርትራ ከከም ዝጠዓመካ ቁሪጽካን ሸርሚምካን ዝደለኻዮ ትርጉም እትህቦ ዓውደ ንጥፈት ከም ዘይኮነ ንኣምን። ናጽነት ኤርትራ ከም በርቂ ካብ ሰማይ መሰ ዝበለ፡ ኣብ ሓንቲ ዕለት ወይ ብሓንቲ ፍጻመ ወይ ብድሌት ናይ ሓደ ወለዶ ብተኣምር ዝተፈጥረ ከም ዘይነበረ ነረድእ። ታሪኽ ኤርትራ፡ 1 ጥሪ 1890 ጣልያን ስም ምስ ኣውጽኣላ፡ ወይ ብሚያዝያ 1941 እንግሊዝ ምስ ሓዛ፡ ወይ ብ1952 ፈደረሽን ምስ ተኣወጀ፡ ወይ ብ1 መስከረም 1961 ዓዋተ ጥይት ምስ ተኩሰ፡ ወይ ብ24 ግንቦት ህዝባዊ ግንባር ናጽነት ምስ ዓተረት.... ተጀሚሩ ንዝብል ንነጽግ። ታሪኽ ናጽነት ህዝቢ ኤርትራ፡ ሓደ መስርሕ ኢዩ። መንቀሊኡን ሰረታቱን ናብ ናይ ቅድመ-መግዛእቲ ኩነታቱን ኣመጻጽኣኡን ይዝርጋሕ። እቲ ኢጣልያ ናብ ሓደ ዝጠመረቶ ህዝቢ፡ ታሪኽ ዘይነበሮ እኽቦኩብ ናይ ሰባት ኣይነበረን። ነናቱ

ክብርን ሕግታትን ሒዙ ብብስርዓቱ ዝኸይድ ዝነበረ ኢዩ። ከም ኩሉ ቕድሚ ምዕራባዊ መግዛእቲ ዝነበረ ኣፍሪቃዊ ህዝቢ ድማ፡ መጠኑን ዝርጋሐኡን ዝፈላለ ናይ ሓድሕድ ዝምድናን ርክብን ነይሩዎ።

ከም "ኣይንፈላለ"፡ "ካብ ማቲየንሶ ክሳብ ተድላ" እውን ኣብቲ ናብ ናጽነት ኤርትራ ዘብጽሐ መስርሕ'ዩ ዝያዳ ዘተኩር። ኩለን ኣብ ዓለም ዝርከባ ሃገራት ነዚ ሎሚ ዘውንናኦ ቅርጽን መልክዕን ሒዘን ኣይተፈጥራን። ከምቲ ሓደ ረጉድን ድልዱልን ገመድ ካብ ኣሽሓት ዝጨናፍሩ ጽሕጎ ዒቃ ተተኒጉ ባቡራትን መራኽብን ዝስሕብ፡ ሃገራዊ መንነትን ናጽነትን እውን ብኣሽሓት ኣፋትል'ዩ ናብ ዘይነቓነቕ ህንጻ ዝዓቢ። ኣብ ጉዕዞ ናይ'ዚ ሃገራዊ ህንጸት'ዚ ዝልሕልሕን ዝብተኽን ኣፋትልን ጭሕጎታትን ከዓንፍ ንቡር ኮይኑ፡ ሃገርን ሃገራውነትን መታን ከየበላሹ ኸኣ ይጽገን ወይ ይእለ። ኣብ ውሽጢ ታሪኽ ሓደ ህዝቢ ነዚ ዝመስል በብዓይነቱ ምልሕላሕን ምብትታኽን ስለ ዘጓንፍ ግን፡ ነቲ ሓፈሻዊ ኣንፈቱ ይቕይሮ ኢዩ ማለት ኣይኮነን። ብኻልእ ኣዘራርባ፡ ኣብ ሓደ ታሪኻዊ እዋን ሕብረት ምስ ኢትዮጵያ ዝሓተተ ኤርትራዊ ወገን ስለ ዝተቐልቀለ፡ ወይ ወገን ዝፈለየ ፖለቲካዊ ምንቅስቓስ ስለ ዝተራእየ፡ ሕብረተ ሰብ ኤርትራን ታሪኹን በቲ ተርእዮታት እቲ ጥራይ ክግለጽ፡ ወይ ግዳይ ናቱ ኾይኑ ክነብር ማለት ኣይኮነን።

ብመሰረቱ፡ ታሪኽ ህዝቢ ኤርትራ፡ ታሪኽ ናይ ቃልስን ዓወትን ኣንጻር ዝተፈላለየ ዕንቅፋታትን ብድሆታትን'ዩ። እዚ ብድሆታትን ዕንቅፋታትን እዚ፡ መብዛሕትኡ ካብ ግዳም ናብ ውሽጢ ዝኣቱ'ኳ እንተ ነበረ፡ ንጉዕዞ ናጽነት ኤርትራ ክዓናቕፍ ወይ ከደናጕ ዝኽእለ ግን፡ ክምዝመዝ ዝከኣል ናይ ውሽጢ ድኽመታት ስለ ዝረኸበ'ዩ። ከም ፈሳሲ፡ ናይ ግዳም ሓይሊ ነቓዕ እንተ ዘይረኸበ፡ ዘሪቑ ንውሽጢ ክኣትወሉ ዝኽእል መገዲ ክህሉ ኣይክእልን። ካብ ታሪኽ ክመሃር ዝህቅን ዝኾነ ወለዶ፡ ነቲ ንጉዕዞኡ ዘሰናኸለ ነቓዓት፡ ማዕረ'ቲ ነቓዓት እናሓተመን ዕንቅፋት እናጠሓሰን ንቕድሚት ዘሰጉሞ ሓያል ጐድንታቱ ብምስራዕ፡ ብጥንቃቐ ክጽንዖ ሓላፍነቱ ኢዩ።

ኣብ ሕሉፍ ታሪኽ ዝርአ ድኹም ጐድኒ ሓደ ህዝቢ፡ መለበሚ ናይ መጻኢ ወለዶ ስለ ዝኾነ ምሕባኡ ወይ ምውጋኑ ጉዳኢ ኢዩ። ናይ ታሪኽ ሃጓፋት ድማ ይፈጥር። ናይ ታሪኽ ሃጓፋት ምስ ዝፍጠር ከኣ ኢዮም ገዛእቲ ይኹኑ ካልኦት ተጻባእቲ ነቲ ታሪኽ በቲ ዝጠዓሞም መገዲ ንኽትንትኑዎ ዕድል ዝረኽቡ።

ተመኩሮ ኤርትራውያን ኣብ እዋን ፌደረሽን ብብዙሕ ሃጓፋት ዝተመልአ ኢዩ። "ካብ ማቲየንሶ ክሳብ ተድላ" ነዚ ሃጓፋት'ዚ መታን ክመልእ ብዙሕ ጻዕሪ'ኳ እንተ ተኻየደ፡ ብዝተማልአ መገዲ ቐሪቡ ኣሎ ኢልካ ምዝራብ

ኣይክኣልን። ቀንዲ ምኽንያት ናይ'ዚ፡ እቲ ዝዓመቔ ኤርትራዊ ሽነኽ ናይ ታሪኽ ፈደረሽን፡ ካብ ኣብ ሰነድ፡ ኣብ ዝኽሪ ናይ ዝተፈላለዩ ናይቲ ጊዜ ሰባት ስለ ዝርከብ'ዩ። ካብ'ዚኣቶም፡ እቶም ዘርከብናሎምን ንኽነዘራርቦም ዝኽኣልናን ኣገደስቲ ሰባት ውሑዳት'ዮም። ዝምስገን ሓበሬታ ድማ ለጊሶም። ገለ ኻልኦት ግን፡ ኣዝዩ ወሳኒ ተመኩሮን ዛንታታትን እናሃለዎም፡ ፍልጠቶም ከካፍሉ ዘይደለዩ ኮይኖም ረኺብናዮም። ታሪኽ ተኣፋፊ መዳያት እኳ እንተ ሃለዎ፡ ብዘይ ፍረን ብዘይ ሞያን ኣብ ኣእምሮ ሰባት ተዓጽዩ ክቕበር እንከሎ ምርኣይ ዘሕዝን'ዩ። ኣብ ሕብረተ ሰብና ግን፡ ታሪኽ ስም ዝሞቱ ሰባት ስለ ዘልዕል'ሞ፡ "ምዉት ኣይወቐስ..." ዝብል ብሂል ስለ ዘሎ ይኸውን፡ ብዛዕባ ዝወዓሉዎን ዝገበሩዎን ንምዝራብ ከም ቊርን ኣስሓይታን ዝፈርሑ ውሑዳት ኣይኮኑን።

በዝን ክንድዝን፡ ንሓደ ሓደ ፍጻመታት፡ ተግባራት ወይ ውሳነታት ናይ መራሕትን ሰዓብትን ናይቲ እዋን ኩብርህ ዝኽእል ሓበሬታ ክንረክብ ኣይክኣልናን። ስለ ዝኾነ ድማ፡ ዝወዓሉ እናሃለዉ፡ ብዝወዓሉ ንዝተነግሩ ሓቲትና ክንምዝግብ ዝተገደድናሉ ኣሎ። ስም ነጋሪ ንኸይንጠቅስ ስለ ዝተኣዘዝና፡ ኣገዳሲ ሓበሬታታት ዝወገንናሉ ክፋላት እውን ኣይተሳእነን።

"ካብ ማቲየንሶ ክሳብ ተድላ"፡ ኣብ ውሽጢ ኽምዚ ዝመስል ሕጽረታት ወይ ጸገማት ከም ዝተጻሕፈ ኣብ ግምት ተኣትዩ ክንበብ የድሊ። ተመራመርቲ፡ ብዙሕ ዘይተመለሰ ወይ ዘይተነጸረ ሕቶታትን ጉዳያትን ይረኽቡ ይኾኑ፡ ንኽረኽቡ እውን ንትስፎ። ረኺብካ ሱቕ ምባል ግን ቅኑዕ ኣይኮነን። ዝእረም ክእረም፡ ዝንቀፍ ክንቀፍ፡ ዝነኣድ ክነኣድ፡ ዝጉድልን ዝውሰኽን ድማ ክጉድልን ክውሰኽን ግቡእን ቅኑዕን'ዩ። በዚ መዳይ'ዚ፡ ኤርትራውያን ኣንበብቲ ጸገም ኣሎና። ልምድን ተመኩሮን ናይ ሃናጺ ነቐፌታ ገና ኣይደለብናን። ካብ "እዝን እዝን ጐዲሉ..." ኢልካ ምሕባር፡ "ስለ ምንታይ ጐደለ..." ኢልካ ምውጣር ይቐለና። ነዚ'ም ውሑዳት ፍሕትሕት ዝብሉ ዘለዉ ጸሓፍትን ተመራመርትን ዝድህልን ተስፋ ዘቝርጽን ስለ ዝኾነ፡ እዚ ኣገባብ'ዚ ክእረም ዝግብኦ ኢዩ።

ታሪኽ ብዝተፈላለዩ ደረስቲ ይትርጐም ይኸውን። ውዒሉ ሓዲሩ ግን እቲ ሓቂን እቲ ዝኾነን'ዩ ኣብ ልዕሊ'ቲ ኻልእ ጸብለል ኢሉ ዝዓርግ። ኣብዚ ዘሎናዮ መድርኽ፡ ታሪኽ ኤርትራ ብምድግጋፍን ምትሕብባርን ናይ ኩሉ ግዱስ ጥራይ ኢዩ ግቡእ መልክዑ ክሕዝ ዝኽእል። እቲ ደፊሩ ውጽኢት ምርምሩን ጻዕሩን ብጽሑፍ ዘሕትም ዜጋ፡ ኣብ ውሽጢ ብዙሕ ናይ ሓበሬታ ሕጽረት ስለ ዝሰርሕ፡ ዝተማልአን እንታ ዘይብሉን ስራሕ ክቕርብ ከም ዘይኽእል ይፈልጥ'ዩ። ከምዚ ናይ እዋን ፈደረሽን፡ እቲ ታሪኽ ናብዚ ዘሎናዮ

ጊዜ እናቐረበ ምስ ዘምጽእ ድማ፡ ተነቃፍነት ናይቲ ዘቐርብ ጽሑፍ ብኡ መጠን ከም ዝዓቢ ርጉጽ'ዩ። እዚ ድማ፡ ንI950'ታት ዘርከቡሉ፡ ገና ካብ ደምበ 60'ታትን 70'ታትን ዘይወጹ ዜጋታት ብብዝሒ ስለ ዘለዉ ኢዩ። እዚ ቀዳማይ መጽሓፍ ፌደረሽን፡ ብሰፊሕ ተገዳስነትን ነቐፌታን ርእይቶን ናይ ኣንበብቲ ክህብትም፡ ኣብኡን ኣብ ክፋላቱን ብዝተመርኰሰ ምርምራዊ ጽሑፋት ድማ ክሰፍሕ ይኽእል'ዩ ብዝብል እምነት ከኣ ኢዩ ኣብ ማሕተም ቀሪቡ ዘሎ።

መፍለዪ ንኡስ ኣርእስቱ ከም ዝሕብሮ፡ "ካብ ማቲየንሶ ክሳብ ተድላ"፡ ካብቲ ኮሚሽነር ሕ.ሃ. ንኤርትራ ዝኣተወሉ ወርሒ ለካቲት 1951፡ ክሳብ'ቲ መራሕ መንግስቲ ኤርትራ ተድላ ባይሩ ካብ ስልጣን ዝወረዱሉ ወርሒ ሓምለ 1955 ንዘሎ ጊዜ ይጠምር። ኣብ ቀዳማይ ክፋሉ፡ መሰርሕ ምትካል ፈደራል ስርዓት ኤርትራ ምስ ኢትዮጵያ ከመይ ከም ዝነበረ ብሰፊሑ ተዘርዚሩ ኣሎ። እቲ ኻልኣይ ክፋል፡ መንግስትነት ተድላ ባይሩ ተተኺሉ ንኽሰርሕ ኣብ ዝፈተነሉ ናይ ኣስታት ዓመትን መንፈቕን እዋን እንታይ ከም ዘጓነፎ ይገልጽ። ኣብቲ ሳልሳይን ናይ መወዳእታን ክፋል ድማ፡ እቲ ደገፍቲ ተድላ ባይሩ ክሳብ ስልጣን ናብ ምልቃቕ ዘብጽሖም ተቓውሞ ህዝብን ባይቶን፡ ከምኡ'ውን ተግባራት መንግስቲ ኢትዮጵያን ናይ'ቶም መራሕ መንግስቲ ግብረ መልስን ተገሊጹ ኣሎ።

ድሕሪ ውድቀት ተድላ ባይሩ ዘመጽእ መድርኽ፡ እቲ ብቢትወደድ ኣስፍሃ ወልደሚካኤል ዝተመርሐ፡ ብጉበጣ ኤርትራ ብኢትዮጵያ ዝተደምደመ ካልኣይ ክፋል መድርኽ ፈደረሽን'ዩ። እዚ ድማ፡ ኣርእስቲ ወይ ትሕዝቶ ናይቲ ሰዒቡ ንኽሕተም ምርምርን ምድላዋትን ዝግበረሉ ዘሎ ካልእ ጽሑፍ ክኸውን ኢዩ።

ኣፍልጦን ምስጋናን

ብ1997፡ ማእከላይ ቤት ጽሕፈት ህዝባዊ ግንባር ንዴሞክራስን ፍትሕን፡ ሓደ ታሪኽ ኤርትራ ብሓፈሻ፡ ታሪኽ ህዝባዊ ሰራዊት ሓርነት ኤርትራ ድማ ብፍላይ ዝእከብ፡ ዝዕቀብን ብዛዕብኡ ዝመራመርን ጽሑፋት ዘዳሉን ፕሮጀክት መስሪቱ። ነቲ ፕሮጀክት ንኽመርሕ ድማ መዚዙኒ። እታ ብ2001 ብኣሕተምቲ ሕድሪ ተሓቲማ ዝተዘርግሐት፡ "ኣይንፈላለ፡ ኤርትራ 1941-1950" ዘርእስታ መጽሓፍ፡ ኣብ ውሽጢ እዚ ዝተባህለ ፕሮጀክት ታሪኽ ኢያ ክትዳሎ ዝኸኣለት። "ፈደረሽን ኤርትራ ምስ ኢትዮጵያ፡ ካብ ማቲየንሶ ክሳብ ተድላ" እውን ብተመሳሳሊ፡ በዚ ብሓልዮትን ምወላን ህ.ግ.ደ.ፍ. ዝካየድ ፕሮጀክት'ያ እትሕተም ዘላ። ዕድመ ናይቲ ፕሮጀክት ዘይተወሰነ ኾይኑ፡ ዛጊት ኣብ ልዕሊ እዘን ጽሑፋት'ዚኣተን፡ ካልእ ንታሪኽ ህዝባዊ ሰራዊት ዝምልከት ሰፋሕቲ ቃለ መጠይቅ እውን ብምእካብ፡ ንተወሳኺን ዓሚቕን መጽናዕትን ምርምርን ክምዝግብን ክእከብን ጸኒሑ፡ ሕጂ'ውን ይቕጽሎ ኣሎ።

ማእከላይ ቤት ጽሕፈት ህ.ግ.ደ.ፍ.፡ ከምዚ ዝመሰል ኣብ ታሪኽ ዝግደስ ፕሮጀክት ብምቛሙ ጥራይ ዘይኮነ፡ ነቶም ኣብኡ እንርከብ ተመራመርትን ጸሓፍትን ብምሉእ ናጽነት ንኽንሰርሕ ዝኽእል ሃዋህው ብምፍጣሩ፡ ብቐዳምነት ክምስገን ይግባእ።

ውጥን ዕቃበ ባህላዊ ቕርሲ (Cultural Assets Rehabilitation Project - CARP) ካብ ናይ ዓለም ባንክ (World Bank) ካብ ዝረኸቦ ሓገዝ፡ ኣብ ምእካብን ምዕቃብን ምሕታምን ኣፋዊ ታሪኽ ኤርትራ ዝውዕል ገንዘብ ለጊሱ። ፕሮጀክት ታሪኽ፡ ነዚ ጽሑፍ እዚ ዝኸውን ቃለ መጠይቕን ኣብ ውሽጢ ኤርትራን ኣብ ወጻኢን ዝተገብረ ምርምርን ንምስልሳል ካብ CARP ዘይነዓቕ ሓገዝ ረኺቡ። CARP ብተወሳኺ፡ እዚ መጽሓፍ'ዚ ንኽሕተም ዘኽእል ገንዘባዊ ሓገዝ ኣበርኪቱ። በዚ ድማ ኣፍልጦን ምስጋናን ይግባእ። ንሓላፊ'ቲ ፕሮጀክት ዝነበረ ኣቶ ናይግዚእ ገብረመድህንን ንኹሎም መሳርሕቱን፡ ብፍላይ ድማ ንመብራህቱ ኣብርሃም፡ ወረደ ገብረዮሃንስን ትዕበ እስጢፋኖስን ኣብዚ ክጠቕሶም እፈቱ።

ከም ወትሩ፡ ማእከል ምርምርን ሰነዳን ኤርትራ (RDC): ሰነዳቱ ብዘይ ዝኾነ ገደብ ኣብ ኣገልግሎት ፕሮጀክት ታሪኽ ንኽውዕል ስለ ዘፍቀደ ፕሮጀክትና ቀጻልነት ምትሕብባሩ ንኸይፍለዮ ይላቦ። ዳይረክተር ኣዜብ ተወልደ፡ ከምኡ'ውን ኩሎም ኣባላት ምርምርን ሰነዳን፡ ብፍላይ ድማ ክፍሎም ተሰፋማርያም፡ ሰናይት፡ ገነትን ዘቢብን ፍሉይ ናይ ደራሲ ምስጋና ይብጽሓዮም።

ኣብ ኣመሪካ ዝነብሩ መተዓብይተይን ኣዕሩኽተይን፡ ፕሮፌሶር ተኪአ ፍስሓጽዮንን ዳዊት በላይን፡ ኣብ ልዕሊ'ቲ ን"ኣይንፈላለ" ዝኸውን ዝለኣኹለይ ሰነዳት፡ ነዚ ጽሑፍ እዚ ዘሀብትም ተወሳኺን ቅድሚ ሕጂ'ውን ርእየዮን ኣንቢበዮን ዘይፈልጥን ሓበሬታ ኣበርኪቶም ኣሎዉ።

ብቓለ መጠይቕ ይኹን ሰነዳት ብምልጋስ ዝተሓባበሩ ኣዝዮም ብዙሓት'ዮም። ገለ ካብዚኣቶም፡ ኣቐዲመ'ውን ኣብ "ኣይንፈላለ" ኣመስጊነዮም'ኳ እንተ ነበርኩ፥ ሕጂ'ውን ኣብዚ ጽሑፍ'ዚ ደጊመ ከመስግኖም ዝግባእ'ዩ። ኣቶ ዮሃንስ ጸጋይ፡ ስለ'ቲ ዘይደክምን መመሊሱ ዝፍልፍልን ዝኽርታቶም፤ ሸኽ ሳልሕ ሙሳ ኣቡዳውድ፡ ንውሽጣዊ ኩነታትን ንጥፈታትን ቀዳማይ ባይቶ ኤርትራ ከም ሎሚ ገይሮም ስለ ዝገለጹለይ፤ ሸኽ መሓመድ ዑመር ሃኪቶ (ኣኪቶ)፡ ካብቲ ኣደናቒ ስፍሓት ኣእምሮኦምን ኣዝዩ ብሱል ፖለቲካዊ ትንታነኦምን፡ ንምፍሕፋሕን ምስሕሓብን ባይቶ ኤርትራን መራሕ መንግስቲ ተድላን ክርዳእ ስለ ዝኸኣልኩ፣ ፊተውራሪ መስፍን ገብረህይወት፡ ብሰንኪ ጸገም ዓይኒ'ኳ ከምቲ ዝድለ ሰነዳት ገንጺሎም ሰፊሕ መረዳእታ ክህቡ እንተ ዘይከኣሉ፡ ብዛዕባ ኣሰራርሓ መንግስትነት ተድላ ባይሩን ብዛዕባ'ቲ መሰጋገሪ ናብ መንግስቲ ኤርትራ ዝነበረ ፈጻሚ ኮሚተን ናይ ውሽጢ ዕላልን ኣመትን ስለ ዝሃቡኒ፣ ደጊያት ወልደዮሃንስ ገብረእግዚእ፡ ተመሳሳሊን ርጡብን ሓበሬታ ብዛዕባ ፈጻሚ ኮሚተ ስለ ዝለገሱ፣ ደጊያት ተስፋዮሃንስ በርሀ'ውን፡ ናይ ጥዕና ጸገማቶም ተጻዊሮም፡ ኣብ ለንደን ክዝክርዎ ዝኸኣሉ ሓበሬታ ስለ ዘወፈዩለይ። ካልኦት ብተመሳሳሊ ዝዝፈልጡዎ ሓበሬታን ተመኩሮኦምን ብምልጋስ ንስፍሓትን ምሉእነትን ናይዚ መጽሓፍ ኩብ ዝበለ ኣበርክቶ ዝገበሩ፡ ኣቶ ሳህለ ገብረህይወት፡ ኣቶ ኢብራሂም መሓመድ፡ መምህር ተኸለብርሃን ዘርኣን ባሻይ ሰዩም መንገሻን ኢዮም። ክብረት ይሃበለይ ክብሎም እፈቱ።

ደጊያት ገብረዮሃንስ ተስፋማርያም ብ1998 ዝፈቐዱለይ ሰፊሕ ቃለ መጠይቕ፡ ነዚ መጽሓፍ እዝዝን ነቲ ኣብ ምድላው ዝርከብ መቐጸልታኡን እውን ዘገልግል'ዩ። ምስ ኣቶ ኣልኣዛር ተስፋሚካኤል ዘካየድኩዎ ቃለ መጠይቕን ንፕሮጀክትና ገዲፎሞ ዝኸዱ ሓበሬታን፡ ብግሉጽነቱ ይኹን ብትሕዝቶኡ ውሑድ መዘና ኢዩ ዘሎዎ። ክልቲኦም ኣብ ውሽጢ 2002 ዓሪፎም። ነብስሄር ጠበቓ ዶክቶር ዮሃንስ ብርሃነ ድማ፡ ብርክት ዝበለ ናይ ኣብያተ ፍርዲ ውሳነታት ስለ ዘወፈዩለይ ብኽብሪ እዝክሮም።

ብዓልቲ ቤተይ ንሓርበኛ ወልደኣብ ወልደማርያም፡ ወይዘሮ ኣበራሽ ይሕደጎን ጓለን ርግኣት ወልደኣብን፡ ኣብ ህይወተይ ክርስያ ዘይኮንኩ ምዉቕ ዕላል ብዛዕባ'ቲ ናይ ገዛ ህይወት ኣቶ ወልደኣብን ብሰንኪ ሓርበኝነቶም ብዛዕባ ዘሕለፉኦ ከቢድ ናብራን ኣቕሲመናኒ። ኣብ ምምስራትን ዕብየትን ማሕበር ስምረት ሰራሕተኛታት ኤርትራውያን ወሳኒ ተራ ዝተጻወቱ ኣቶ ጸጋይ ካሕሳይን፡ ከም ከፈላ በራኺን በርሀ ዓንደሚካኤልን ዝመሰሉ ኣደነቕቲ ሰባትን፡ ምስ ጥዕናኦምን ኣእምሮኦምን ክሳብ ሕጂ ብምጽናሖም፡ ነዚ ጽሑፍ እዝዝን ነቲ ሰዒቡ ዝመጽእን ኣህብቲሞምዎ ኣሎዉ። ብተመሳሳሊ፡ ሰለስተ ካብ

ቀንዲ መሰረትቲ ማሕበር መንእሰይ ፈደራሊስት ኤርትራውያን፣ ተስፋይ ረዳእ፣ ገብረሚካኤል በጋጽዮንን ኣብርሃ ሓጎስን ሓቀኛን ናይ ንጽህናን ዝኸርታቶም ኣወፍዮም። እቶም ክልተ ቐዳሞት ሕጂ'ውን ብህይወቶም ኣለዉ። ኣቶ ኣብርሃ ሓጎስ ኣብ ውሽጢ 2004 ዓሪፎም።

ጸሓፊም ናይ ኤርትራ ዋና ኦዲተር ዝኾኑ ቀኛዝማች ገብረመድህን ተሰማ፣ ከም'ዞም ኣመስጊነዮም ዘሎኹ ናይቲ ጊዜ ሰባት ሓበሬታ ሂቦም ጥራይ ዘይኮነ፣ ንድሬ ናይ'ዚ ጽሑፍ'ዚ ኣንቢቦም ኣገደስቲ ርእይቶታት ሂቦምኒ። ርእይቶኦም ገለ ኣድላዪ ምቕይያራት ንኽገብር ስለ ዝሓገዘኒ ብፍላይ ኣመስግኖም። ወይዘሮ ተመስገን ገብረኪዳንን ኣቶ ቴድሮስ ገብረእግዚኣብሄርን ድማ ኣገደስቲ ኣሳእል ስድራ ቤት ራእሲ ተሰማ ስለ ዘወፈዩ፣ ኣመስግኖም።

ካልኦት ብተመሳሳሊ ንድሬ ጽሑፍ ኣንቢቦም ነቓፊ፣ ሓጋዚን ኣራምን ርእይቶታት ዝሃቡ፣ ጠዓመ በየነ፣ ኪዳነ ጸጋይ (ጽገ)፣ ሰዒድ ዓብደልሓይን ዘምህረት ዮውሃንስን ኢዮም። ንመብዛሕትኡ ርእይቶታቶም ተቐቢለ ኣድላዪ ምትዕርራይ ገይረ ኣሎኹ። ከም ወትሩ፣ ናይ ዘምህረት ሓገዝን ዕቱብ ኣቓልቦን ምትሕግጋዝን ኣብ ምድላው ናይዚ ጽሑፍ'ዚ ወሳኒ ነይሩ።

ኩሎም መሳርሕተይ፣ ዑስማን ሳልሕ፣ ተስፋይ ሰለሞን፣ ዮዲት ማህደረ፣ ፈለግ መኮነንን ንርኣዮ ባህረን፣ ኣብ ምርምራዊ መዳያት ናይዚ ጽሑፍ ዘዘተዋህቦም እጃም ኣበርኪቶም። ክብሮም ሰዩምን ዮርዳኖስ ስዩምን ነቲ ኣዝዩ ኣሰልካዩ ካብ ተይፕ ናብ ጽሑፍ ናይ ምስግጋር ዕማም ብትግሃት ዓዮም፣ ይዓዩ'ውን ኣለዉ። ትምኒት ይብቲት ንብምሉኡ'ዚ ጽሑፍን በብጊዜኡ ዝተገብረ መኣረምታን ብኮምፒዩተር ጽሒፋ፣ ነቲ መልክዑን ቅርጹን (layout) እውን ባዕላ ኣዳልያ ናብ መፈጸምታ ኣብጺሓ። ንኹሎም ልባዊ ምስጋና ኣቕርበሎም።

ከምዚ ዝተዘርዘረ፣ እዚ ጽሑፍ'ዚ ኣብ ውሽጢ ናይ ህ.ግ.ደ.ፍ. ፕሮጀክት ይዳሎ፣ ተሳታፍነት ናይ ብዙሓት ድማ ይሃልዎ እምበር፣ ትሕዝቶኡ፣ ትርጉማቱን ትንታነታቱን ናተይ ኢዩ። ንኹሉ ትሕዝቶኡ ብሓላፍነት ዝሕተት እውን ባዕለይ ምዃነይ ከረጋግጽ እፈቱ። ብሃናጺ ርእይቶ፣ ነቐፌታን ትንታነታትን መታን ክሰፍሕ ድማ፣ ተሳታፍነት ኣንበብቲ ብትሕትና እሓትት።

ከም ኩሉ እዋን፣ ካብ ብዓልቲ ቤተይ ኣብርሀት ሃይለን ወደይ ተመስገንን፣ ከምኡ'ውን ካብ ኩሎም ኣሕዋተይን ናይ ቀረባ ኣዕሩኽተይን ዝልገሰለይ ደገፍ፣ ምትብባዕን ዓቃል ትጽቢትን ዘይነጽፍ ምንጪ ፍናን ኮይኑኒ ኣሎ። ኩሎም'ዚኣቶም፣ ከቢድ ንዝመስል ነገራት ስለ ዘፋኹሱ፣ "ብዘይ ብኣኹም ስድሪ ኣይምኸድኩን'ሞ፣ ኣይትሰኣኑ" ክብሎም እፈቱ።

ኣለምሰገድ ተስፋይ

ኣስመራ፣ ሓምለ 2005

መብርህን ሓበሬታን

ኣብዚ መጽሓፍ'ዚ፡ ንኣጻውዓ ሰባትን ቦታታትን፡ ንኣሕጽሮት ኣስማት ውድባትን ቦታታትን፡ ንኣገባብ ኣጠቓቕማን ኣናብባን እግረ ጽሑፍን ካልእ ተመሳሳሊ ነገራትን ዝምልከት ሓበሬታን መብርሂን ምሃብ ኣገዳሲ ኢዩ። እዚ ዝሰዕብ፡ ኣብ ንባብ ናይ'ዚ መጽሓፍ'ዚ ሓጋዚ ኾይኑ ክርከብ ተስፋ ንገብር።

1. ብዛዕባ ኣጻውዓ ሰባት

ኣብዚ መጽሓፍ'ዚ፡ ከም ኣብ "ኣይንፈላለ"፡ ንገለ ሰባት ብ "ኣታ"፡ ንገለ ድማ ብ "ኣቱም" ጠቒስና ኣሎና። እዚ ኣገባብ'ዚ፡ ንገለ ኣኽቢርካ ንኻልኦት ምስትንዓቕ ከመስል የብሉን። ንመብዛሕትኦም እቶም ናይ እዋን ፈደረሽን ዓበይቲ ኤርትራውያን፡ ኣብዚ እውን ብ "ኣቱም" ተዛሪብናሎም ኣሎና። እዚ ድማ፡ ኣብ ቋንቋ ትግርኛ ይኹን ኣብ ሕብረተ ሰብና ብሓፈሻ፡ ዕድመ ክቡር ስለ ዝኾነን ንሳቶም'ውን ብልምዲ በቲ ኣገባብ ስለ ዝጽውዑን ኢዩ።

ካብ ኤርትራውያን፡ ብዕድመ'ኳ መዘና ገለ ካብቶም "ኣቱም" ዝተባህሉ እንተ ኾኑ፡ ኣብዚ ግን ብ "ኣታ" ዝተዛረብናሎም ኣለዉ። በዚ ድማ፡ ካብቶም ኣብ እዋን ፈደረሽን መንእሰያት ኮይኖም ናብ ብረታዊ ቓልሲ ህዝቢ ኤርትራ ገጹ ዘምርሕ ወይ ምስኡ ዝተኣሳሰር ቃልሲ ዘካየዱ፡ ከም መሓመድ ሳልሕ ማሕሙድ፡ ጸጋይ ካሕሳይ፡ ተስፋይ ረዳእን ካልኦት መሰልቶምን ጀሚርና፡ ብ "ኣታ" ተዛሪብናሎም ኣሎና። እዚ ግን፡ ኣኽብሮት ስለ ዘይግብኦም ኣይኮነን። ከም ተጋደልቲ ስለ ዝረኣዩን ብልምዲ ድማ፡ ተጋደልቲ ብ "ኣታ" ስለ ዝጥቀሱን ጥራይ ኢዩ በዚ ኣገባብ'ዚ ተዘሪቡሎም ዘሎ።

ብዘይካ ሃጸይ ሃይለስላሴ፡ ኩሎም ኢትዮጵያውያንን ኤርትራውያን ዘይኮኑ ካልኦትን "ኣታ" ተባሂሎም ኣለዉ።

2. ብዛዕባ ኣሕጽሮት ቃላትን ውድባትን

እዞም ዝሰዕቡ ኣሕጽሮተ ቓላት፡ ነዚ ዝስዕብ ኣስማት ዝውክሉ ኢዮም፡

ው.ሕ.ሃ.-	ውድብ ሕቡራት ሃገራት
ሕ.ሃ. -	ሕቡራት ሃገራት
ደ.ሰ.ኤ. -	ደሞክራሰያዊ ሰልፊ ኤርትራ
ብ.ም.ኤ.-	ብሪጣንያዊ ምምሕዳር ኤርትራ

ማ.ስ.ሰ.ኤ. - ማሕበር ስምረት ሰራሕተኛታት ኤርትራውያን
እ.ጽ. - እግረ ጽሑፍ
ማ.ሰ.መ.ኤ. - ማሕበር ሰላም መንእሰያት ኤርትራውያን
ማ.መ.ፈ.ኤ. - ማሕበር መንእሰይ ፈደራሊስት ኤርትራውያን

3. ብዛዕባ ኣናብባ እግረ ጽሑፍ

ዳርጋ ኣብ እግሪ ነብስ ወከፍ ገጽ፡ ብደቂቕ ፊደላት ዝተጻሕፈ፡ ቍጽሪ ዘለዎ ሓበሬታ ኣሎ። እዚ፡ ነቲ ኣብ ቀንዲ ጽሑፍ ዝርከብ ጥቕሲ ወይ ሓሳብ ዝምልከት ኮይኑ፡ ምንጪ ናይ'ቲ ሓበሬታ ወይ ሓሳብ፡ ተወሳኺ መግለጺን ጭብጥታትን ወይ ካልእ መብርሂ ንምሃብ ዝገልግል'ዩ። እቲ ኣብ ቀንዲ ጽሑፍን ኣብ እግረ ጽሑፍን ዘሎ ቍጽሪ፡ ኣየናይ እግረ ጽሑፍ ነየናይ ቀንዲ ሓሳብ ከም ዝውክል የመልክት።

ኣብ ገለ ክፋላት እግረ ጽሑፍ፡ “ከም እ.ጽ. _ ላዕሊ” ወይ “ከም እ.ጽ. ታሕቲ” ዝብል ሓበሬታ ንረክብ። እዚ ድማ፡ እቲ ምንጪ ናይ ዝተጠቕሰ ሓሳብ ወይ ሓበሬታ፡ ከምቲ ኣብ “እ.ጽ. _” ዘሎ ከም ዝኾነ ይሕብር። ንሓደ ምንጪ ደጋጊምካ ካብ ምጽሓፉ ድማ የድሕን።

ኣብ ገሊኡ፡ ስምን ዝርዝርን ምንጪ ብቛንቋ እንግሊዝ ተጻሒፉ ይርከብ። ኣብኡ፡ “See note _ , above” ዝብል ሓረግ እውን ሰፊሩ ኣሎ። ነቲ ልክዕ ምንጪ ኣብ “እ.ጽ. _ ላዕሊ ወይ _ ታሕቲ...” ርአ ከም ማለት'ዩ።

“Ibid” ዝብል ቃል ድማ፡ ምንጪ ሓበሬታ ተር ኢሉ፡ ማለት ካልእ ምንጪ ከይኣተዎ ምስ ዝመጽእ፡ “ከምዛ ኣብ ላዕሊ ዘላ” ንምባል እንጥቀመሉ ናይ ላቲን ቃል ኢዩ። ብትግርኛ ብ ”ድግማ” ወይ “ድገም” ገሊጽናዮ ኣሎና።

4. ብዛዕባ ኣሳእል

መብዛሕትኡ ኣብዚ መጽሓፍ ሰፊሩ ዘሎ ኣሳእል፡ ካብ ናይቲ ጊዜ ጋዜጣታት ዝተወሰደ ኢዩ። ብርክት ዝበለ ካልእ ድማ፡ ብኣፕተን ዳንኤል ገብረስላሰ ዝተለገሰልና፡ ናይ ኣቦኡ ገብረስላሰ ጋርዛ ዝነበረ ኢዩ። ንኻልኦት ለገስቲ፡ ኣብ “ኣይንፈላለ”ን ኣብ'ዚ መጽሓፍ'ዝን ኣብ ቦትኡ ኣመስጊንና ኣሎና። ብፍቓድ ተጋዳላይ መሓመድ ሰዒድ ናውድ፡ ናይ መሓመድ ሳልሕ ማሕሙድን ሳልሕ ሙሳ ኣቡ ዳውድን ኣሳእል ካብ'ታ ብዛዕባ ሓራካ እተዘንተ መጽሓፉ ቀዲሕና ኣሎና።

ናይ ገለ ኣገደስቲ ሰባት ስእሊ ኣብዚ መጽሓፍ'ዚ ክወጽእ ነይሩዎ። እዚ ግን፡ ስለ ዝሰኣንና ወይ ንምርካቡ ስለ ዝጸገመና'ምበር ብኻልእ ኣይኮነን። ንኣብነት ኣሳእል ናይ ሸኽ ኢብራሂም ሱልጣንን ቃዲ ዓሊ ዑመርን ካብቲ ናይ "ኣይንፈላለ" ክፍለ ምፈተና። ክንረክብ ግን ኣይከኣልናን።

ኣንባቢ፡ ንዘለና ሕጽረት ተገንዚቡ፡ ንዝመጽእ ጽሑፋት ይኹን እርማት ናይ'ዚ ድሮ ተሓቲሙ ዘሎ መጻሕፍቲ ይሕግዝ'ዩ ዝበሎ ኣሳእል ከወፍየልና ወይ ብዛዕብኡ ክሕብረና ንላቦ።

5. ብዛዕባ ፊደላት

ኣሕተምቲ ሕድሪ፡ ኩሉ ዘሕትምዎ መጻሕፍቲ ሓደ ቅጥዕን ደረጃን መታን ክሕዝ፡ ፊደላትን ሰዋስውን ዝእርሙን ዘተዓራርዩን ክኢላታት መዚዙ ኣሎ። ነዚ መጽሓፍ'ዚ፡ ብርሃነ ዘርኣይ ኣሪሙዎን ኣተኻኺሉዎን። ኣጻሓሕፋ ፊደላት ትግርኛ ግን ገና ኣብ ጸገም ኢዩ ዘሎ። ክኢላታት ናይ'ቲ ቛንቋ'ውን ኣብ ሓደ ኣረኣእያ ወይ ኣገባብ ኣይረገኡን ዘለዉ። ከምዚ ዝመስል ዘይንጹርነት ናይ ፊደላት ምስ ዘጓንፍ፡ ደራሲ ዝሓሸ ንዝመሰሎ መሪጹ ስለ ዘሎ፡ ምናልባት ኣብ ገለ ቦታታት ምስቲ ናይ ብርሃነ ዘርኣይ እርማት ዘየሳኒ ኣጻሓሕፋ ይርከብ ይኸውን።

ቀዳማይ ክፋል

ምዕራፍ 1

ናይ ሕቡራት ሃገራት ብይን ንፌደረሽን ኤርትራ ምስ ኢትዮጵያ

ድሕረ ባይታ ናይቲ ብይን

እቲ ብሰም ብይን 390 A(V) ዝፍለጥ፡ ብ2 ታሕሳስ 1950 ድማ ኣብ ባይቶ ሕቡራት ሃገራት (ባ.ሕ.ሃ.) ዝጸደቐ ንኤርትራ ምስ ኢትዮጵያ ብፌደረሽን ዘተኣሳሰረ ውሳነ፡ ብኣዝዩ ዝተሓላለኸ ጉዕዞ ዝሓለፈ ነበረ። ባ.ሕ.ሃ. ናብቲ መደምደምታ እቲ ንኽበጽሕ ዘኽኣሎ ኣህጉራዊ ፖለቲካን ናይ ኤርትራ ውሽጣዊ ኩነታትን እንታይ ይመስል ከም ዝነበረ ድማ፡ ኣብ ቀዳማይ መጽሓፍ ናይ'ዚ ተኸታታሊ መጽናዕቲ'ዚ ብሰፊሑ ተገሊጹ ኣሎ።[1]

መዘኻኸሪ ንኽኸውን ግን፡ ነቲ ቐንዲ መድረኻቱ ጸሚቝካ ምጥቃስ ከድሊ ኢዩ። እተን ንሕቶ መጻኢ ዕድል ኤርትራን ካልኦት ግዝኣታት ኢጣልያ ዝነበራ ሃገራትን ብሓላፍነት ተቐቢለን ዝነበራ ኣርባዕተ ሓያላት ሃገራት ማለት፡ ብሪጣንያ፡ ሕ.መ. ኣመሪካ፡ ፈረንሳን ሕብረት ሶቭየትን ኣብ ሓድሕደን ምርድዳእ ምስ ሰኣና፡ ብመሰረት ዝቐደመ ስምምዐን ነቲ ጉዳይ ናብ ባ.ሕ.ሃ. ከም ዘሕለፋኦ ዝዝከር ኢዩ። ኣብ'ዚ እዋን'ዚ፡ ባ.ሕ.ሃ. ኣብ ክልተ ደንበታት፡ ማለት፡ ብሕ.መ. ኣመሪካን ብሪጣንያን ዝምራሕ ደንበ ርእሰ ማልነትን (በቲ ኣንጻሩ ዝኾነ ወገን ደንበ ሃጸይነት ዝብሃል)፡ ኣብ ትሕቲ ሕብረት ሶቭየት ዝተሓቑፈ ደንበ ማሕበርነትን ዝተመቐለ ስለ ዝነበረ፡ ዝኾነ ኣብ ቅድሚኡ ዝቐረበ ጉዳይ ብህልኽ ናይ ክልቲኡ ተጻራሪ ወገናት እናተጸልወ ቅኑዕ ፍታሕ ክረክብ ኣሸጋሪ ነበረ።

ጉዳይ ኤርትራ ካብዚ ዘይቅዱው ፖለቲካዊ ሃዋህው ስለ ዘይወጸን እተን ሓያላት ሃገራት ድማ ወውልቃዊ ረብሓኤን ብዝሕሉ ኣገባብ ጥራይ ክፈትሓኦ ስለ ዝሃቀናን፡ እቲ ናብ መደምደምታ ዘብጽሐ መስርሕን እቲ ውጽኢት ባዕሉን ረብሓን ድሕነትን ህዝቢ ኤርትራ ዘረጋግጽ ክኸውን ኣይከኣለን። በዚ ምኽንያት

1. ኣለምሰገድ ተስፋይ፡ ኣይንፈላለ፡ 1941-1950፡ ካብ ገጽ 300 ጀሚርካ ርአ።

እዚ ንኣብነት፡ እቲ ብ9 ሚያዝያ 1949 ኣብ ባ.ሕ.ሃ. ዝተዋህበ'ሞ ብውጥን በቪን-ስፎርሳ ዝፍለጥ ውሳነ፡ ንኤርትራ ኣብ ክልተ መቒሉ፡ ፍርቃ ንኢትዮጵያ፡ ፍርቃ ድማ ንሱዳን ንኽትወሃብ ዝሕልን ነበረ። እዚ ሓሳብ'ዚ ኣይተዓወተ እምበር፡ ኣብቲ ባይቶ ረብሓ ኤርትራን ህዝባን ኣብ ዕቱብ ግምት ይኣቱ ከም ዘይነበረ ብጭቡጥ ዘረድእ ፍጻመ ኾነ።

እቲ ንናጽነት ኤርትራ ዝቃለስ ዝነበረ ወገን ጥራይ ዘይኮነ፡ ሓደ ዓቢ ኽፋል ናይ'ቲ ሕብረት ምስ ኢትዮጵያ ዝሓተተ ኣካል ኤርትራ'ውን እንተ ኾነ፡ ካብ ውጥን በቪን-ስፎርሳ ሓደ ዓቢ ትምህርትን ተመኩሮን ቀሰመ። ሓደ ሃገራዊ ቓልሲ፡ ብደቀቕትን ዓበይትን ጉዳያት ኣብ ሓድሕዱ ምስ ዝመቓቐል፡ መፍቶ ጸላኢ ኾይኑ፡ ካብ ሓባራዊ ይኹን ነናይ ውልቁ ድሌት ከም ዝታረፍ፡ ህዝቢ ኤርትራ ካብቲ ተመኩሮ'ቲ ብቑዕ ትምህርቲ ዝረኸበ መሰለ። በዚ ድማ፡ ብ26 ሰነ 1949፡ ሓደ ንኹሉ ደላይ ናጽነትን ካብ ሕብረት ምስ ኢትዮጵያ ተፈልዩ ዝተጸንበሮ ግዙፍ ሓይልን ዝጥርንፍ ቀጽሪ ወይ ብሎኮ ናጽነት ኤርትራ ተኸለ'ሞ፡ ነቲ ኣጋጢሙዎ ዝነበረ ኣዝዩ ሓያልን ረቂቕን ኣህጉራዊ ጥበብን ውዲትን ክገጥሞ ዝተዳለወ መሰለ።

እዚ ዝመሰል ናይ ሓድነት ጥርናፌ ድሌት ህዝቢ ኤርትራ ደኣ የንጸባርቕ እምበር፡ ምስ ረብሓን ስትራተጅን ናይተን ነቲ ጉዳይ ናይ ምፍታሕ ሓላፍነት ተቐቢለን ዝነበራ ሓያላት፡ ብፍላይ ድማ ብሪጣንያን ሕ.መ. ኣመሪካን ዝሳነ ኣይነበረን። በዚ ምኽንያት'ዚ፡ እቲ ብሃረርታ ምክልኻል ሓድነት ኤርትራ ዝተኣኻኸበ እምበር ገና ብቑዕን ስሙርን ኣወዳድባ ዘይነበሮ ብሎኮ ወይ ቀ.ና.ኤ.፡ ኣብ ቅድሚ ጉነጽ መንግስቲ ኢትዮጵያን ውዲታት ምምሕዳር ብሪጣንያን ደው ክብል ኣይከኣለን። ግዳይ ፈላላዩ ሜላታት ናይ'ዘን ክልተ መንግስታት ብምዃን ድማ ክበታተን ተራእየ።[2]

እዚ ምፍልላይ'ዚ፡ ኣብ'ቲ ባ.ሕ.ሃ. ጉዳይ ኤርትራ ዝምርምር ኮሚሽን ናብ ኤርትራ ዝለኣኸሉ ወሳኒ ጊዜ፡ ሃሳዩ ኾይኑ ተረኽበ። ከም ሸኽ ኢብራሂም ሱልጣን ዝመሰሉ መራሕቲ ናይ'ቲ ቐጽሪ'ኳ ሓያል ናይ ናጽነት ቃልን ምጉትን እንተ'ቕረቡ፡ እቲ ናይ ውሽጦም ምብትታንን ናይ ኣወዳድባ ድኽመትን ኣይሓገዞምን። በዚ ምኽንያት'ዚ ድማ፡ እቲ ኮሚሽን ኣብ ሓቀኛ ገምጋም ድሌት ህዝቢ ኤርትራ ኽበጽሕ ኣይከኣለን። ኣብ ልዕሊ'ዚ፡ ብሰንኪ'ቲ ኣብ ኤርትራ ዝነበረ ናይ ሸፍትነት ጉነጽን ፖለቲካዊ ዘይምርግጋእን፡ ኣባላት እቲ ኮሚሽን ንጉዳይ ናይ'ታ ሃገር በብዝመሰሎም፡ ወይ ድማ ብዓይኒ ረብሓታት ናይ'ተን ዝውክሉወን ዝነበሩ ሓይልታት ንኽፈርዱ ባይታ ኣንጸፈሎም።

ኮሚሽን ሕ.ሃ. ፋሕ ዝበለን ኣብ ሓድሕዱ ዝገራጮን ውሳነታት ሒዙ ናብ ባ.ሕ.ሃ. ምስ ቀረበ፡ እቲ ባይቶ'ውን ኣሰሩ ካብ ምስዓብ ኣይተቖጠበን። ብፍላይ እተን ሓያላት ሃጸያዊ ደንበ፡ ሕ.መ. ኣመሪካን እንግሊዝን፡ ንጉዳይ ኤርትራ

2. እ.ጽ. 1፡ ገጽ 422-436 ርአ።

ካብ ድሌት ህዝባ ወጻኢ ብዝኾነ መገዲ ፍታሕ ንኽናድያሉ ኣይተወላወላን፡ ስኽፍ እውን ኣይበለንን። እዚ ዝኾነሉ ምኽንያት፡ ኣብ ኤርትራ ዝነበረ ናይ ናጽነት ምንቅስቓስ ካብ ታሕቲ ናብ ላዕሊ ዝድይብ ናይ ጥምረትን ኣሰራርዓን ጉድለት ስለ ዝነበሮ ኢዩ። ጀማሪ እምበር ዝዓበየን ዝበሰለን ፖለቲካዊ ምንቅስቓስ ኣይነበረን። ዕብየቱን ብስለቱን ኣብ መጻኢ እምበር ሽዑ ኣብቲ ዕድል ኤርትራ ኣብ ሕ.ሃ. ዝተወሰነሉ ጊዜ ኣይነበረን። ስለዚ፡ ሕ.መ ኣመሪካ ዝመራሒተን ገለ ኣባላት ባ.ሕ.ሃ. ወጻኢ ካብ ድሌት ኤርትራ ጥራይ ዘይኮነ፡ ወጻኢ ካብ መጋባእያ ባ.ሕ.ሃ. ባዕሉ፡ ብምስጢርን ብጸቕጥን ሓሳብ ፈደረሽን ኤርትራ ምስ ኢትዮጵያ ከቕርባ ደፈራ።[3]

እቲ እማመ፡ ኣብ ባ.ሕ.ሃ. ብዙሕ'ኳ እንተ ኣካትዐን ብዋና ጸሓፊ ቀ.ና.ኤ. ሽኽ ኢብራሂም ሱልጣን ዝምርሑ ወከልቲ እውን ምእንቲ ናጽነት ኤርትራ ብዙሕ እንተ መደሩን፡ ነቲ ናይ ፈደረሽን ውሳነ ከትርፉዎ ኣይከኣሉን። ህዝቢ ኤርትራ፥ እቲ ናጽነት ዝደገፈ ይኹን ሕብረት ወይ ኢጣልያዊ መጉዚትነት፡ ኣብ ዘይተሓተተሉን ብግቡእ ኣብ ዘይተሰምዓሉን መድረኽ ድማ ናይ ፈደረሽን ውሳነ ተበየነ። ንሱ'ውን፡ ብግብረ ዓመጽን ፖለቲካዊ ህውከትን ሰልክዩ ሰላምን ርጉእ መነባብሮን ይምነ ስለ ዝነበረ፡ ብመንፈስ ምትዕራቕ ተቐበሎ። እተን ተጻራሪ መርገጽ ሒዘን ኣብ ብርቱዕ ክርክርን ጉነጻዊ ህልኽን ተጸሚደን ዝነበራ ናይ ፖለቲካ ማሕበራት'ውን፡ ናይ ሰላም ጉባኤ ተኺለን፡ ነቲ ብ2 ታሕሳስ 1950 ዝተዋህበ ፈደራል ብይን ባ.ሕ.ሃ.፡ ብ31 ታሕሳስ 1950 ኣብ ሲነማ ኢምፐሮ ኣስመራ ኣብ ዘካየዳኦ ናይ ሓባር ጉባኤ ብወግዒ ተቐበላኦ።[4]

ብይን 390A(V) ናይ ባ.ሕ.ሃ.

እቲ ባ.ሕ.ሃ. ዝበየኖ ፈደረሽን እንታይ ዝዓይነቱ ነበረ? ብዓይኒ ኣህጉራዊ ሕጊኸ ሚዛንን ተፈጻምነትን ዝነበሮ ዲዩ? ነዚ ኣገዳሲ ሕቶ'ዚ ንምምላስ፡ ንትሕዝቶ እቲ ብይን ወይ ውሳነ ምምርማሩ የድሊ።

ኣብ መእተዊ ናይ'ቲ ብይን ከም ዝተገልጸ፡ ባ.ሕ.ሃ. ኣብቲ ናይ ፈደረሽን ብይን ዝበጽሖ፡ ንሰለስተ ዓበይቲ ነጥብታት ኣብ ግምት ምስ ኣእተወ ኢዩ። እተን ነጥብታት እዚ ዝስዕብ ይመስል፡-

1. ድሌትን ድሕነትን ተቐማጦ ኤርትራ፥ ከምኡ'ውን ርእይቶታት ናይ'ቶም ኣብ ዝተፈላለዩ ኣውራጃታት ናይታ ሃገር (territory) ዝነበሩ ዝተፈላለዩ ናይ ዓሌት፡ ሃይማኖትን ፖለቲካን ጉጅለታትን ናይ'ቲ ህዝቢ ዓቕሚ ናይ ርእሰ ምሕደራን፣
2. ረብሓ ሰላምን ጸጥታን ናይ ምብራቕ ኣፍሪቃ፣
3. ኣብ ጂኦግራፍያዊ፡ ታሪኻዊ፡ ኤትኒካውን ቍጠባውን ንምኽንያት (ምጉት)

3. እ.ጽ. 1፡ ገጽ 488-493 ርአ።
4. እ.ጽ. 1፡ ገጽ 521-531 ርአ።

ዝተመስረተ መሰላትን ጠለባትን ኢትዮጵያ፡ ብፍላይ ድማ ናይ ኢትዮጵያ ሕጋዊ ግቡእ (need) ንብቑዕ ኣፍደገ (access) ናይ ባሕሪ፣

ካብ'ዚ ዝተጠቕሰ ሰለስተ ዓበይቲ ረቛሒታት ኣየኒኡ ዝያዳ ሚዛን ከም ዝረኸበን ስዒቡ'ውን ኣየኒኡ ብግብሪ ከም ዝዓብለለን እዚ ጽሑፍ'ዚ ካብ ዝዛረበሉ ቐንዲ ኣርእስቲ ኢዩ። መእተዊ ናይ'ቲ ብይን ግን፡ ጉዳይ ኤርትራ፡ ምስ ኢትዮጵያ ብዝህልዋ ጥቡቕ ቍጠባውን ፖለቲካውን ምትእስሳር ክምስረት ከም ዝግባእ ድሕሪ ምግላጽ፡ ትካላት፡ ልምድታት፡ ሃይማኖታትን ቋንቋታትን ኤርትራን ናይ ኤርትራ መሰል ንርእሰ ምሕደራን ብሓደ ወገን፡ ቅዋም፡ ትካላት፡ ልምድታትን ኣህጉራዊ ቦታን መንነትን መንግስቲ ኢትዮጵያ ድማ በቲ ኻልእ ወገን ንኽኽበር ሓገገ። እዚ ድማ ንኣህጉራዊ ዝምድናታት ብዝምልከት፡ መንነት ኤርትራ ኣብ ውሽጢ መንነት ኢትዮጵያ ኣትዩ ማለት ነበረ።

ነዚ ድሕሪ ምምልካት፡ ብይን 390 A(V) ናይ ባ.ሕ.መ. 15 ዝዓንቀጻቱ ፌደራል ውጥን ኣቕረበ። ካብ'ዚ፡ እተን ቀዳሞት ሸውዓተ ዓንቀጻት ብስም ፌደራል ድንጋገ (Federal Act) ክጽውዓ'ሞ፡ ንምጽዳቕ ድማ ናብ ንጉሰ ነገስት ኢትዮጵያ ክቐርባ፡ እቲ ብይን ወሰነ (ዓንቀጽ 8 ር.ኣ)።[5] ሰረታት ውሽጣዊ ናጽነት ኤርትራ ኣብ ትሕዝቶ ናይ'ዘን ሸውዓተ ዓንቀጻት ዝተተኽለ ስለ ዝነበረ፡ ብግቡእ ምርድኣን የድሊ። ታሪኽ ፌደረሽን ኤርትራ ምስ ኢትዮጵያ፡ ታሪኽ ምፍሓር፡ ምድኻምን ምምሓውን ናይ'ዚ ሰረታት'ዚ ኢዩ ዝብሃል'ሞ፡ እቲ ሰረታት እንታይ ይመስል ከም ዝነበረ ኣሕጺርካ ምግላጽ ጠቓሚ ኢዩ።

ዓንቀጽ 1
ናይ'ቲ ብይን፡ ኤርትራ ርእሳ ዝኸኣለት ሓንቲ ኣካል ኮይና (autonomous unit)፡ ኣብ ትሕቲ ስልጣን ወይ ልኡላውነት ዘውዲ ኢትዮጵያ ብፌደረሽን ምስ ኢትዮጵያ ክትከውን ወይ ክትሕወስ ኣዘዘ።

ዓንቀጽ 2
ድማ መንግስቲ ኤርትራ፡ ኣብ ውሽጣዊ ጉዳያቱ ብዝምልከት፡ ናይ ሓጋጊ፡ ፈጻምን ፈራድን ስልጣናት ከም ዝህልዎ ወሰነ።

ዓንቀጽ 3
ስልጣን ፌደራል መንግስቲ ክሳብ ኣበይ ከም ዝዝርጋሕ ኣነጸረ። በዚ ድማ፡ ንሓሙሽተ ቐንዲ መንግስታዊ ዕማማት፡ ማለት ንምክልኻል ሃገር (defence)፡ ጉዳያት ወጻኢ (foreign affairs)፡ ገንዘብን ፋይናንስን (currency and finance) ከምኡ'ውን ናይ ወጻእን ስግረ ሃገርን ንግድን ንወደባት ዘጠቓልል ናይ ወጻእን ስግረ ሃገርን መራኸቢታትን (forein and inter-state commerce and communication,including ports) ንፌደራል መንግስቲ ተዋሃበ።

5. ኣብቲ ብኮሚሽነር ሕ.ሃ. ኣንዘ ማቲየንሶ ዝቐረበ'ሞ ናብ ትግርኛን ዓረብን ዝተተርጐመ ወግዓዊ ጽሑፍ፡ Federal Act ብ"ናይ ፌደራስዮን ትካል ዝሰርዕ ቅዉም" ተባሂሉ ተተርጒሙ ኣሎ። ኣብ'ዚ ግን ንኣሕጽሮት እውን ንኽጥዕም፡ "ፌደራል ድንጋገ"፡ ሓሓሊፉ ድማ "ፌደራል ውሳነ" ተባሂሉ ኣሎ። ምናልባት "ድንጋገ" ነቲ Act ዝብል እንግሊዛዊ ቃል ኣይውክሎን ይኸውን።

እቲ ብይን፣ ንትሕዝቶ ዓንቀጽ 3 ዝሰፍሖ እንከሎ፡ ፌደራል መንግስቲ፡ ሓንት ናይ'ቲ ፌደረሽን ናይ ምዕቃብ መሰል ከም ዝተዋህቦ አፍለጠ። ኣብ ልዕሊ'ዚ ፌደራል መንግስቲ፡ ናይ'ቲ ፌደረሽን ገንዘባዊ ወጻኢታት ወይ ክሳራ ንምሽፋን፡ ኣብ መላእ ፌደረሽን (ኢትዮጵያን ኤርትራን ምዃኑ ኢዩ) ዝተመጣጠነ ግብሪ ከኽፍል ከም ዝኽእል፡ ኣብ'ዚ ድማ፡ ኤርትራ መታን ብጽሒታ ክትከፍል፡ መንግስቲ ኤርትራ ነቲ ግብሪ ባዕሉ ሰሊዑ ናብ ፌደራል መንግስቲ ኣታዊ ንኽገብር ኣወጀ።

ዓንቀጽ 3 ቀጺሉ፡ ኩሉ'ቲ ንመንግስቲ ፌደረሽን ዘይተዋህበ ስልጣን፡ እንተላይ ናይ ውሽጢ ሓይሊ ፖሊስ ምህላው፡ ኣብ ውሽጣዊ ዕማማትን ኣገልግሎትን ንዝግበር ወጻኢታት መሸፈኒ ዝኸውን ግብሪ ምልዓልን ውሽጣዊ መንግስታዊ ባጀት ናይ ምስላዕን ስልጣን፡ ንመንግስቲ ኤርትራ መዘዘ።

ዓንቀጽ 4

ብዛዕባ ናይ ጉምሩክ ኣታውን ንመን ይግባእን ተዛረበ። ነዚ ብዝምልከት፡ ብምሉኡ'ቲ ፌደረሽን ከም ሓደ ውሁድ ቦታ ወይ ክሊ ከም ዝርአን ኣብ ውሽጢ'ዚ ክሊ'ዚ ድማ ሰብን ኣቑሓን ብናጻ ንኽይንቀሳቐስ ዝኽልክል ዝኾነ መአገዲ ከም ዘይህሉን ወሰነ። ይኹን'ምበር፡ ካብ ውሽጢ ኤርትራ ካብ ዝነቅል ወይ ብፍላይ ናብ ኤርትራ ካብ ዝለኣኽ ኣቑሓ ዝርከብ ናይ ጉምሩክ ኣታዊ ንኤርትራ ከም ዝወሃብ'ውን ኣረድአ።

ዓንቀጽ 5

ሓሙሽተ ኢትዮጵያውያንን ሓሙሽተ ኤርትራውያንን ወከልቲ ዝርከቡዎ'ሞ፡ ኣብ ዓመት ሓንሳብ እናተራኸበ ብዛዕባ'ቲ ንፌደረሽን ዝምልከት ናይ ሓባር ጉዳያት ዝዘትን ምኽሪ ዝህብን ሓደ ሃጸያዊ ፌደራል ቤት ምኽሪ (Imperial Federal Council) ኣቖመ። ከምኡ'ውን፡ ዜጋታት ኤርትራ ኣብ ፈጻምን ፈራድን ኣካላት ዋራይ ዘይኮነ፡ ብመጠን ብዝሑም፡ ኣብ ሓጋጊ ኣካል ፌደራል መንግስቲ እውን ንኽሳተፉን ንኽውከሉን ኣፍቀደ።

ዓንቀጽ 6

ንሕቶ ሃገርነት ፌደረሽንን ኤርትራዊ ዜግነትን ከነጽር ፈተነ። ኣብ መላእ ፌደረሽን (ኤርትራን ኢትዮጵያን) ሓደ ሃገርነት (nationality) ክህሉ ኣሎዎ ድሕሪ ምባል እቲ ዓንቀጽ፡ ኣሰዒቡ ነዚ ዝስዕብ መብርሂ ሃበ፡

ሀ) ብዘይተቶም ናይ ወጻኢ ሃገርነት (nationality) ዘለዎም ሰባት፡ ኩሎም ተቐማጦ ኤርትራ ደቂ ሃገር ወይ "ደቀባት" (nationals) ናይ ፌደረሽን ይኾኑ፣[6]

ለ) ኩሎም ኣብ ኤርትራ ዝተወልዱ'ሞ ብውሑዱ ሓደ ኤርትራዊ ወላዲ ወይ ኣቦሓጎ ወይ እናሓጎ ዘለዎም ተቐማጦ ኤርትራ፡ ናይ'ቲ ፌደራስዮን ደቀባት (nationals) ይኾኑ። ከምዚኦም ዝመስሉ ሰባት ናይ ወጻኢ ሃገርነት (ወደባትነት) ነጺጎም ነቲ ናይ ወጻኢ ሃገርነት (ወደባትነት) ክመርጹ ይኽእሉ፣

6. ኣብቲ ኣብ እ.ጽ. 6 ተጠቒሱ ዘሎ ናይ'ቲ ጊዜ ወግዓዊ ትርጉም ፌደራል ድንጋጌ፡ ንnationalityይኹን citizenship ብ"ደቀባት" ወይ "ወደባትነት" ተርጉሙዎ ኣሎ። ኣጠቓቕማ ናይ'ዚ ክልተ ናይ እንግሊዝ ኣምራት'ዚ ጸኒሑ ኣብ ባይቶ ኤርትራ ሰፊሕ ክትዕ ዘስዓበ ስለ ዝኾነ ምስትብሃሉ የድሊ።

ሐ) ብመሰረት (ሀ)ን (ለ)ን ናይ'ዚ ዓንቀጽ'ዚ ናይ ፌደረሽን ሃገርነት ዝረኸቡ ሰባት፡ ከም ዜጋታት ኤርትራ መሰላቶም ዘተግብሩ፡ ቅዋምን ሕግታትን ኤርትራ ብዝውሰኖም ኣገባብ ይኸውን፣[7]

መ) ኩሎም ናይ ወጻኢ ሃገርነት (ወደባትነት) ዘለዎም'ሞ ቅድሚ ምጽዳቕ ናይ'ዚ ድንጋገ'ዚ ንዓሰርተ ዓመት ኣብ ኤርትራ ዝተቐመጡ ሰባት፡ ካልእ ቅድመ ኩነት ከየድለዮም ብመሰረት ፌደራል ሕግታት፡ ናይ ፌደረሽን ሃገርነት (ወደባትነት) ንኽፍቀደሎም ከመልክቱ ይኽእሉ። ከምዚኦም ዝበሉ ሰባት ናይ ፌደረሽን ሃገርነት (ወደባትነት) ዘይደልዩ ምስ ዝኾኑ፡ ኣብ ኤርትራ ክነብሩን ኣብ ሰላማውን ሕጋውን ዕማማቶም ክሳተፉን ይፍቀደሎም። መሰላትን ረብሓን ናይ'ቶም ኣብ ኤርትራ ዝነብሩ ናይ ወጻኢ ደቀባት፡ ብመሰረት ዓንቀጽ 7 ዝተሓለወ ይኸውን።

ዓንቀጽ 7

እቲ ካብ ኩሉ'ቲ መሰረታዊ ዝተባህለ ዓንቀጻት ዝያዳ ኣቓልቦ ዝተዋህቦን ናብ ኤርትራ ደሞክራስያዊ ስርዓትን ባህልን ንኸተኣታቱ ብባ.ሕ.ሃ. እምነት ዝተነብረሉን ነበረ። ምሉእ ትሕዝቶኡ ነዚ ዝስዕብ ይመስል።

ዓንቀጽ 7 ፌደራል መንግስቲ፡ ከምኡ'ውን ኤርትራ፡ ናይ ሃገርነት (nationality) ዓሌት፡ ጾታ፡ ቋንቋ ወይ ሃይማኖት ፍልልይ ከይገበረ፡ ኩሎም ተቐማጦ ኤርትራ ሰብኣዊ መሰላትን መሰረታዊ ናይ ወድ ሰብ ናጽነታትን ንኽህልዎም የውሕስ፡ እዚ ድማ ነዚ ዝስዕብ ናይ ወድ ሰብ መሰላት የጠቓልል።

ሀ) መሰል ማዕርነት ኣብ ቅድሚ ሕጊ። ኣብ ልዕሊተን ኣብ ኤርትራ ዝርከባ፡ ኣብ ኢንዱስትርያዊ፡ ንግዳዊ፡ ሕርሻዊ፡ ኢደ ጥበባዊ፡ ትምህርታውን ናይ ምጽወታን (charitable) ዕማማት ድማ ዝነጥፉ ትካላት (enterprises)፡ ከምኡ'ውን ኣብ ልዕሊ'ተን ኣብ ኤርትራ ዝሰርሓ ናይ ወጻኢ ትካላት ባንክን ኩባንያታት ድሕነትን ኣድልዎ ኣይግበርን።

ለ) መሰል ናይ ህይወት፡ ሓርነትን ውሕስነትን (security) ሰባት፣

ሐ) ንብረት ናይ ምውናንን ምምሕዳርን መሰል። ዝኾነ ሰብ፡ ብመገዲ ስርዓተ ሕግን (due process of law) ፍትሓውን ግቡእን ካሕሳ ተኸፊሉዎን እንተ ዘይኮይኑ፡ ንብረቱ እንተላይ ኣብ ውዕል (contracts) ናይ ምእታው መሰሉ ክሕደግ ኣይክኣልን።

መ) መሰል ናይ ናጻ ሓሳብን ዘረባን፡ ከምኡ'ውን ዝኾነ እምነት ወይ ሃይማኖት ናይ ምቕባልን ምምላኽን መሰል፣

ረ) መሰል ናይ ትምህርቲ፣

ሰ) ሰላማዊ ምትእኽኻብ (assembly) ናይ ምግባርን ማሕበራት ናይ ምትካልን ናጽነት መሰል

7. ኣብ ንኡሳን ዓናቕጽ (ሀ)ን (ለ)ን ብዛዕባ ናይ "ፌደራሰዮን ሃገርነት" ክዛረብ ጸኒሑ፡ ዓንቀጽ 6 ኣብ (ሐ) ኤርትራዊ ዜግነት ዝብል ቃል ኣእትዩ ኣሎ። እዚ ድማ፡ ኤርትራውያን ኣብ ውሽጢ ሃገሮም ዝህልዎም ናይ ዜግነት መሰል፡ ካብቲ ንኹሉ "ወደባት" ወይ national ንምፍላይ ዝተሓሰበ ይመስል። ብዛዕባ'ዚ ኣብቲ ንኽትዕ ብዛዕባ ቅዋም ወይ ህንጻ መንግስቲ ኤርትራ ዝምልከት ክፋላት ናይ'ዚ ጽሑፍ ተመልከት።

ሸ) ሕጊ ብዝፈቕዶ መሰረት እንተ ዘይኮይኑ፡ ደብዳበን ቤትን ናይ ዘይምድፋር መሰል፣

ቀ) ሕጊ ብዝፈቕዶ መሰረት፡ ብሞያኻ ናይ ምስራሕ መሰል፣

በ) ኣብ ግብሪ ንዘሎ ሕጊ ብጋህድን ብኸቢድ ኵነትን እንተ ዘይጥሒሱ፡ ዝኾነ ሰብ ብዘይ ትእዛዝ ብቕዓት ዘለዎ ስልጣን ክእሰር ወይ ክተሓዝ ዘይኮይኑ ድማ ዝኾነ ሰብ ካብ ሃገር ኣይሰጐጕን፣

ተ) መሰል ናይ ፍትሓውን ሚዛናውን ፍርዲ (fair and equitable trial)፡ ናብ ንጉሰ ነገስት ጥርዓን ናይ ምቕራብን ናይ ሞት ብይን ብምሕረት ንኽስረዝ ናብ ንጉሰ ነገስት ይግባይ ናይ ምባልን መሰል፣

ቸ) ገበናዊ ሕጊ (ካብቲ ዝተኣወጀሉ ዕለት) ንድሕሪት ተመሊሱ ክቐጽዕ ኣይከኣልን። እዚ ተጠቒሱ ዘሎ መሰላት ክጉድል ዝኽእል፡ መሰላትን ሓርነታትን ካልኦት ንምኽባር፡ ህዝባዊ ስርዓትን (public order) ሓፈሻዊ ድሕነት ህዝብን ንምሕላው ተባሂሉ ጥራይ ይኸውን።

ከምቲ ዝተጠቕሰ፡ እዚ ኣብ ላዕሊ ተዘርዚሩ ዘሎ ሸውዓተ ዓንቀጻት ኢዩ ብስም “ፈደራል ድንጋገ” (Federal Act) ዝተሰምየ። እቲ ዝተረፈ 8 ዓንቀጻት ናይ'ቲ ብይን ንቕጥዕን ኣገባብን ዝምልከት ነበረ። ንኣብነት፡ ዓንቀጽ 9 መንግስቲ ኤርትራ ካብ 15 መስከረም 1952 ኣብ ዘይሓልፍ ዕለት ክምስረትን ቅዋም ኤርትራ'ውን ተዳልዩስ ኣብቲ ዕለት'ቲ ኣብ ግብሪ ክውዕልን ኣዘዘ።

ዓንቀጽ 10፡

ሓደ ናይ ውድብ ሕ.ሃ. ኮሚሽነር ኣብ ኤርትራ ክምዘዝን ብዋና ጸሓፊ'ቲ ውድብ ብዝርቀሖ ኣማኸርቲ ንኽሕገዝን ወሰነ። እቲ ብይን ቀጺሉ፡ ኣብቲ ክሳብ 15 መስከረም ዝነበረ ናይ መሰጋገሪ ጊዜ፡ ምምሕዳር ብሪጣንያ ከም ኣላዪ ጉዳያት ኤርትራ ኸቕጽል፡ ምስ'ቲ ኮሚሽነር ብምትሕብባር ድማ ሓደ ኤርትራዊ ምምሕዳር ክምስርትን ብህዝቢ ኤርትራ ዝምረጽ ሓደ ባይቶ ወከልቲ ህዝቢ ክቐውምን መዘዘ። ኣብ ልዕሊ'ዚ፡ ምስቲ ኮሚሽነር ብምትሕብባር፡ ብዝቐልጠፈ ጊዜ፡ ኣብ መንጎ ኤርትራን ኢትዮጵያን ሓደ ናይ ጉምሩክ ሕብረት (Customs Union) ንኽቐውም ወሰነ (ዓንቀጽ 11)።

ቅዋም ኤርትራ ናይ ምንዳፍን ኣብ ባይቶ ኤርትራ ኣቕሪብካ ናይ ምጽዳቕን ሓላፍነት ንኮሚሽነር ሕ.ሃ. ተዋህበ። እቲ ቕዋም ኣብ መትከላት ደሞክራሲያዊ መንግስቲ ተመርኲሱ ንኽዳሎ፡ ነቲ ኣብ ዓንቀጽ 7 ናይ ፈደራል ድንጋገ ዝተዘርዘረ መሰላትን ሓርነታትን ህዝቢ ዝሓቑፍ ክኸውን፡ ከምኡ'ውን ምስ ትሕዝቶ'ቲ ፈደራል ድንጋገ ዝሳነ ክኸውን ዓንቀጽ 12 ኣመልከተ።

ፈደራል ድንጋገ ብንጉሰ ነገስት ኢትዮጵያ፡ ቅዋም ኤርትራ ድማ ብኮሚሽነር ሕ.ሃ.፡ ባይቶ ኤርትራን ንጉሰ ነገስት ኢትዮጵያን ጸዲቖም ኣብ

ግብሪ ምስ ወዓሉ (ዓንቀጽ 13)፡ መንግስቲ ብሪጣንያ ናብ'ቶም ዝምልከቶም ኣካላት (መንግስቲ ኤርትራን መንግስቲ ፌደረሽንን) ስልጣን ንኸመሓላልፍ፡ እዚ ድማ እቲ ድንጋገን እቲ ቕዋምን ኣብ ግብሪ ምስ ወዓለ ከም ዝፍጸም ዓንቀጽ 14 ኣብርሀ። ኮሚሽነር ሕ.ሃ. ዕማማቱ ክሳብ ዘሳልጥ ኣብ ኤርትራ ኸነብር፡ ኣድላዩ ንዘበሎ ምይይጥ ግን ምስ ዝምልከቶም ኣባላት ባ.ሕ.ሃ. ርክባት ንኸካይድ ተፈቒደሉ (ዓንቀጽ 15)።

ብይን ሕ.ሃ. 390 A(V) እምበኣር ብመሰረት እዘን ተዘርዚረን ዘለዋ ዓንቀጻት ኢዩ ፌደረሽን ኤርትራ ምስ ኢትዮጵያ ዝኣወጀ።

ዘይበርሀ ጉዳያት ኣብ ብይን ሕ.ሃ. 390 A (V)

ፌደራል ድንጋገ፡ ፋልማዩ ንዘረኣዮ ንጹር ዝትሕዝቶኡ ይምሰል'ምበር፡ ኣብ ውሽጡ ዘይብሩሁን ንሓድሕዱ ዝገራጮን ኣምራት ዝሓቘፈ ነበረ።

እቲ ቐንዲ ጸገም፡ ኣብ ባህርይ ወይ ዓይነት ናይቲ ኣብ መንጎ ኤርትራን ኢትዮጵያን ይመስረት ዝተባህለ ፌደራል ርክብ ወይ ዝምድና ነበረ። ከምቲ ኣቐዲሙ ዝተጠቕሰ፡ ዓንቀጽ 1 ናይ ፌደራል ድንጋገ፡ "ኤርትራ ኣብ ትሕቲ ልኡላውነት ዘውዲ ኢትዮጵያ፡ ከም ርእሳ ዝኸኣለት ኣካል ብፌደረሽን ምስ ኢትዮጵያ ክትከውን (ወይ ክትቀውም)" ኢዩ ፈሪዱ። ግን እቲ ኣብ'ዚ ዓንቀጽ'ዚ ዝተጠቕሰ ሰለስተ ሓሳባት ወይ ሕጋዊ ኣምራት፡ ማለት ድማ፡ "ርእሳ ዝኸኣለት ኣካል" (autonomous unit)፡ "ልኡላውነት ዘውዲ ኢትዮጵያ" (sovereignty of the Ethiopian Crown)፡ ከምኡ'ውን "ፌደረሽን"፡ ኣብ ሓደ ተጠርኒፉን ተሳንዩን ክኸይድ ይከኣል ነይሩ ዲዩ? ብመሰረቱ'ኸ፡ ባ.ሕ.ሃ. እዚ ሕጋዊ ኣምራት'ዚ ኣብ ሓደ ተጠሚሩስ ክሰርሕ ዝኽእል ፖለቲካዊ ኣካል ክፍጠር'ዩ ኢሉ ኣሚኑ ነይሩ ዲዩ?

ኣብ ስነ ጽሑፍን ፍልስፍናን ኣህጉራዊ ሕጊ፡ እዚ ሰለስተ ኣምራት እዚ ብሰፊሑ ተዘትዩሉ ኢዩ። "ርእሰኻ ምኽኣል" ወይ "ነፍስኻ ምምሕዳር" (autonomy)፡ ዝብል ኣምር፡ ከከም ተርጓሚኡ፡ ሰፊሕ ወይ ጸቢብ ስልጣን ከውህብ ይኽእል። ንኣብነት፡ "ፖለቲካዊ ናጽነት ናይ ሓደ ሃገር፣ መሰልን ስልጣንን ናይ ርእሰ ምሕደራ (self government)፣ ካብ ግዳም ወይ ካብ ናይ ወጻኢ ሓይልታት ንዘመጽእ ስልጣን ዝቃወም ኩነት" ማለት'ዩ ተባሂሉ ይትርጉም ኢዩ።[8] ነቲ መበቆላዊ ናይ ግሪኽ ትርጉሙ ጠቒሶም ድማ፡ "ካብ ካልኦት መንግስታት (states) ናጻ ምኳን፣ ዘይግዝኣታውን (non-colonial) ዘይኣውራጃውን ደረጃ ምሓዝ" ዝብሉዎ'ውን ኣለው። ከም'ዚ ይኹን'ምበር፡ እቲ ዘመናዊ ትርጉሙ፡ ብዝያዳን ዳርጋ ምሉእ ብምሉእን ውሽጣዊ ወይ ዘቤታዊ (domestic) ጠባይ እናሓዘ ኢዩ ኸመጽእ ጸኒሑ። እዚ ድማ፡ ርእሰኻ ምኽኣል ወይ ምምሕዳር (autonomy) ማለት፡ ሓደ ኣካል ናይቲ ኣብ ውሽጡ ሓቝፍዎ

8. Black's Law Dictionary...

ዘሎ መንግስቲ ወይ ስርዓት ኮይኑ፡ ናይ ውልቁ ስልጣን ዘለዎ ምምሕዳር ማለት ይኸውን ኣሎ።[9]

ብግብሪ ኸርአ እንከሎ፡ እቲ ፈደራል ድንጋገ ንኤርትራ ዝሃባ ስልጣን፡ ነዚ ዳሕረዋይ "ዘቤታዊ" ተባሂሉ ዘሎ ጸቢብ ትርጉም ይመስል። ከምቲ ኣብ ዓንቀጽ 3 ተዘርዚሩ ዘሎ፡ ስልጣን ፈደራል መንግስቲ፡ ንምክልኻል ሃገር፡ ጉዳያት ወጻኢ፡ ገንዘብን ፋይናንስን፡ ናይ ወጻኢ ንግዲ፡ ከምኡ'ውን ናይ ወጻእን ስግረ ሃገርን መራኸቢታት፡ እንተላይ ዶባት ንኸጠቓልል ኢዩ ተወሲኑ። ንኤርትራ ዝተዋህበ ስልጣን፡ ተረፍ ናይቲ ፈደራል ስልጣን፡ እዚ ኸኣ፡ ውሽጣዊ ግብሪ ምልዓል፡ ባጀት ምስላዕ፡ ሓይሊ ፖሊስ ምህላው ዘጠቓልለ ነበረ።

እዚ ኣወዳድባ'ዚ፡ ንኤርትራ ምሉእ ዘይጉዱል ውሽጣዊ ስልጣን ዘረጋግጸላ ኣይነበረን። ምኽንያቱ፡ ዓንቀጽ 1 ናይ ፈደራል ድንጋገ፡ ኤርትራ "ብፈደረሽን" ኣብ "ትሕቲ ልኡላውነት ዘውዲ ኢትዮጵያ" ንኽትኣቱ ኢዩ ዝበየነ። ፈደረሽን ግን፡ ክልተ ወይ ካብ ክልተ ዝበዝሓ፡ ኣቐዲሙ ነናተን ልኡላዊ ስልጣን ዝነበረን መንግስታት ወይ ሃገራት፡ ብማዕርነት ዝሳተፋሉ ሓዲሽ ልኡላዊ ስልጣን ምምስራት ማለት ኢዩ። ሓንቲ ሃገር ልኡላውነት ኣሎዋ ትብሃል፡ ተኣዛዚት ናይ ዝኾነት ካልእ ሃገር ምስ ዘይትኸውን፤ ጉዳያታ ንኸተካይድ፡ ውዕላት ንኽትፍርም፡ ኩናት ንኽትእውጅን ካልእ መንግስታዊ ተግባራት ንኸተሰላስልን ፍቓድ ካልኦት ዘየድልያ ምስ እትኸውን ኢዩ። ከምዚኣ ዝመሰለት ሃገር፡ ፈትያን ረድያን ምስ ካልኦት ተኣሳሲራ ሓደ ፈደራል ስርዓት ምስ እትምስርት፡ ንገለ ኽፋል፡ ምናልባት'ውን ዝዓበየ ክኸውን ይኽእል፡ ናይ ልኡላውነታ ነቲ ዝምስረት ፈደራል መንግስቲ ተረክብ ምህላዋ ዝተፈልጠ ኢዩ። እቲ ቐንዲ ነገር፡ ባዕላ ከም ናጻ ሃገር፡ ምስተን መጻምዳ ብማዕርነት እትሳተፈሉ ስርዓት ትምስርት ምህላዋ ምርግጋጽ ኢዩ። እቲ ዝቐውም ፈደራል መንግስቲ ይኹን እተን መጻምዳ ሃገራት ኣብቲ ንዕአ ዝተሓዝአ ውሽጣዊ ስልጣና ኢደን ከም ዘየእትዋ እውን ክረጋገጸላ ይግባእ።

በዚ መገዲ'ዚ ኽርአ እንከሎ፡ ኣብ ሓደ ፈደራል ስርዓት፡ ልኡላውነት ኣብ'ቲ ፈደራል መንግስቲ ጥራይ ዝኾመር ናይ'ቲ ፈደራል መንግስቲ ሕዛእትን ፍሉይ ስልጣንን ክኸውን ኣይከኣልን። ሓደ ፈደራል ስርዓት፡ ሽርክነት ናይ ኩለን'ተን ዘቑምኦ መንግስታት ስለ ዝኾነ ድማ፡ ናጻ ስጉምቲ ናይ ምውሳድ ስልጣን ዘለወን ኣካላት ማለት'ውን ኢዩ። ሓደ ኣካል ነቲ ኻልእ ክድምስስ ክሳብ ዝኽእለሉ ሓይሊ ንኽህልዎ ዘፍቅድ ኣገባብ ኣይኮነን። ቡቲ ሓደ ወገን፡ ኩለን እተን ኣካላት ማዕረ'ቲ ፈደራል መንግስቲ ልኡላውያን ኢየን ወይ ኣብ ሕቶ ልኡላውነት መወዳድርቲ ኢየን ማለት ከኣ ኣይኮነን። እቲ ፈደራል

9. ንስፊሕ ሓተታ ኣብ'ዚ ኣርእስቲ'ዚ፡ Alemseged Tesfai; The Role of the Four Great Powers and the General Assembly of the UN in the Federation Between Eritrea and Ethiopia, (Illinois, 1971) ርአ።

ልኡላውነት ግን፡ ከም ድምር ስልጣናት ናይ'ቲ ፌደራል ስርዓትን ውሽጣዊ መንግስታዊ ስልጣን ናይ'ተን ዝተፈላለያ ኣካላቱን ክርአ ይክኣል።[10]

ጸገም ናይ ኤርትራ፡ እቲ ፌደራል መንግስቲ ዝብሃል ፈጺሙ ዘይምቛሙ ነበረ። ፌደራል ድንጋገ፡ መሰልን ስልጣንን ልኡላውነት ንዘውዲ ኢትዮጵያ ስለ ዝሃበ፡ ካብ ኤርትራን ኢትዮጵያን ናጻ ዝኾነን፡ ናይ ገዛእ ርእሱ ዝተማልአ መሳርዕ ዝሀልዎን ናጻ መንግስቲ ከቕውም ኣየድለዮን። "ሃጼያዊ ዘውዲ" ማለት ንግስነት ኢትዮጵያ እምበር ካልእ ትርጉም ስለ ዘይነበሮ፡ መንግስቲ ኢትዮጵያ ባዕሉ ኢዩ "ፌደራል መንግስቲ" ዝተባህለ። ንምባሉ ንኽጥዕሞ፡ ኤርትራ ብጥርሑ ንኢትዮጵያ ትወሃብ ኣላ መታን ከይብሃል ደኣ ስም ፌደረሽን ለቢሱ እምበር፡ ብዓይኒ ዝጭበጥን ኣድማዕን ስልጣን (real and effective powers) ክርአ እንከሎ፡ እቲ ፍታሕ ብስም ፌደረሽን ክጽዋዕ ዝግባእ ኣይነበረን። ብቐደሙ፡ ጉዳይ ኤርትራ ኣብ መጋባእያታት ሕቡራት ሃገራት ይስምዓሉ ኣብ ዝነበረ ጊዜ እውን እንተ ኾነ፡ እቲ ናይ ኤርትራን ኢትዮጵያን ናይ ፌደረሽን ሓሳብ፡ ወጻኢ ካብቲ ንቡርን ቅቡልን ኣህጉራዊ ሕጊ ይተሓዝ ከም ዝነበረ ይትንባህ ነይሩ ኢዩ።[11]

ኤርትራ እምበኣር፡ ከም ሓንቲ ልኡላዊት መንግስቲ ተቑጺራ ኣይኮነትን ብፌደረሽን ምስ ኢትዮጵያ ክትጽንበር ዝተገብረ። ርግጽ፡ ኣብ ደሞክራሲያዊ መትከል ዝተመርኰሰ፡ ናይ መንግስትነት ቅርጺ ድማ ዝሓዘ ስርዓተ ምምሕዳር ንኽተቕውም ተፈቒዱላስ፡ ጸኒሕና ከም እንርእዮ፡ ኣቕሚ'ውን ኢያ። እዚ ድማ፡ ዝተማልአ ዝመስል ናይ ፈጻሚ፡ ሓጋግን ፈራድን ኣካላት ዝሓዘ፡ ናቱ ባንዴራን ኣርማን ዘለዎ፡ ናቱ ባጀትን ፖሊሳዊ ስርዓትን ዝሓዘ ኾይኑ ኢዩ ቈይሙ። ስለ'ዚ ብግዳም ክርአ እንከሎስ ምሉእ መንግስታዊ ስልጣን (State power) ዘሎዎ ኢዩ ዝመስል ዝነበረ።

ባህሪ ናይ'ቲ ኣቃውማ ግን ምስ'ዚ ግዳማዊ ተምሳል'ዚ ዝመሳሰል ኣይነበረን። መንግስቲ ኢትዮጵያ ምሉእ ናይ ገባርን ሓዳግን ስልጣን ብዝነበሮ ንጉሰ ነገስት ዝምራሕ፡ ብንጉሰ ብዝተዋህበን ንናቱ ፍጹም ምልኪ ዘረጋግጽን ቅዋም ወይ ህንጻ መንግስቲ ዝካየድ ስርዓት'ዩ ዝነበረ። ንኣብነት'ኳ፡ ባይቶ ኤርትራ ብቐጥታውን ዘይቀጥታውን (ማለት ብውክልና) ዝምረጽ ኣካል ክኸውን እንከሎ፡ እቲ ኣብ ኢትዮጵያ ዝነበረ ባይቶታት ግን ናይ ህዝቢ ውክልና ኣይነበሮን። ብኣንጻሩ፡ እቲ ላዕለዋይ ባይቶ (የሕግ መወሰኛ ምክር ቤት) ብንጉሰ ነገስት ኢትዮጵያ፡ እቲ ታሕተዋይ ባይቶ (የሕግ መምርያ ምክር ቤት) ድማ ብኣባላት ላዕለዋይ ባይቶ ዝምረጽ ኢዩ ዝነበረ። ጸኒሑ፡ ኣብ 1955 ኢዩ ምስ ሕገ መንግስቲ ኤርትራን ፌደራል ብይንን ንኽሳነ ተባሂሉ ለውጥታት ዝተገብረሉ።

10. ብዞዕባ'ዚ ናይ ብዙሓት ጸሓፍቲ ርእይቶን ትንታነን ኣብ ኣለምሰገድ ተስፋይ፡ እ.ጽ. 10፡ ገጽ 23-26 ርአ።
11. ኣይንፈላለ፡ ኤርትራ 1941-1950፡ ገጽ 490-491 ርአ።

ብሓጺሩ እምበኣር፡ ሰሃ እቲ ዝቘመ ስርዓት፡ ፈደረሽን ይብሃል፡ ኤርትራ ድማ "ርእሱ ዝኸኣለ" መንግስቲ ንኽተቐውም ይፈቀድ እምበር፡ ብይን ባ.ሕ. ሃገራትስ ሓደ ኣዝዩ ሰንኩፍ ኪዳን ናይ ክልተ ፍጹም ክራኸብን ክቃዶን ዘይኽእል ፍልስፍናዊ፡ ፖለቲካውን ምምሕዳራውን ስርዓታት ከሕብር ኢዩ ፈቲኑ።

ብዛዕባ ሕጋዊ ተፈጻምነት ብይን ሕቡራት ሃገራት

ሓደ ዘይበርህ ተወሳኺ መዳይ ብይን ሕቡራት ሃገራት፡ ንሕጋዊ ሓይሊ ወይ ተፈጻምነት ናይቲ ዘሕለፎ ውሳነታት ይምልከት። ብይን 390 A(V) ከም ብይን ወይ ውሳነ (Resolution) ደኣ ይፈለጥ እምበር፡ እቲ ቐንዲ ትሕዝቶኡ ብመልክዕ "Recommendation" ኢዩ ብሓፈሻዊ ባይቶ ሕ.ሃ. ሓሊፉ። Recommendation (ረኮመንደሽን) ዝብል ቃል ቋንቋ እንግሊዝ፡ ብልክዕ ናብ ትግርኛ ምትርጓሙ ዝክኣል ኣይኮነን። እቲ ብህግሓኤ ኣብ ሜዳ ዝተዳለወ መዝገበ ቓላት እንግሊዝ - ትግርኛ - ዓረብ፡ "ምሕጻይ፡ ለበዋ፡ ምሕጽንታ፡ ርእይቶ..." ብዝብላ ቓላት ይትርጉሞ። ብዓረብ ድማ፡ "ተዘክሪያ፡ ዋሲያ፡ ምናሸደት፡ ወጂያ" ተባሂሉ ኣሎ።

ካብ'ዚ ናይ ትግርኛ ቓላት'ዚ፡ ምናልባት እቲ ዝቐረበ፡ "ለበዋ" ወይ "ምሕጽንታ" ኢዩ። ምኽንያቱ፡ recommendation ዝብል ቃል፡ ወግዓዊ ቓና ደኣ ይሃልዎ እምበር፡ "ካብ ካልእስ እቲ ዝምረጽ ጉዳይ፡ ወይ እቲ ዝሓሸ መገዲ እዚ እዩ፡" ካብ ምባል ካልእ ዝተረረ ወይ ዝያዳ ሓይሊ ዘለዎ ቓል ወይ ሕጋዊ ኣምር ኣይኮነን። ስለ'ዚ ድማ፡ ብ"ለበዋ" ወይ ብ"ምሕጽንታ" እውን ክትርጎም ዝክኣል ኢዩ።

ባ.ሕ. ሃገራት ንመብዛሕትኡ ውሳነታቱ ብመልክዕ ረኮመንደሽን (ለበዋ ወይ ምሕጽንታ) ዘሕልፈሉ ቐንዲ ምኽንያት፡ ዳርጋ ኩሉ ብይናቱ ኣብ ልዕሊ ልኡላዊ ስልጣን ዘሎወን ናጻ ሃገራት ክፍጸም ስለ ዘለዎ ኢዩ። ልኡላዊ ስልጣን ዘሎወን ናጻ ሃገራት ድማ ንዝኾነ ናይ ወጻኢ ሓይሊ፡ ውድብ ሕቡራት ሃገራት'ውን እንተ ኾነ፡ ክእዘዛ ዝቕስበን ሓይሊ የልቦን። በዚ ምኽንያት'ዚ፡ ባይቶ ሕቡራት ሃገራት ይኹን እቲ ከም ናቱ ፈጻሚ ኣካል ዘገልግል ቤት ምኽሪ ጸጥታ (UN Security Council)[12] ነተን ኣባላቱ ዝኾና ሃገራት ክምሕጽን፡ ክላቦ፡ ከተሓሳስብ፡ ክመክር፡ ክግስጽ፡ ተሪሩ እንተ ተባህለ ድማ ክኹንን ኢዩ ዝኽእል። ነዚ ኩሉ ስጉምትታት'ዚ ዘፈጽመሉ ሕጋዊ ወይ ኣካላዊ መጋበርያ ስለ ዘይብሉ ድማ፡ ውሳነታቱ ብፍቶት እተን ዝምልከተን ሃገራት ደኣ'ምበር፡ ብግዲ ክትግበር ዝኽእል ኣይኮነን።[13]

12. ቤት ምኽሪ ጸጥታ (UN Security Council) ብዓሰርተ ሓሙሽተ ሃገራት ዝቐመ ኮይኑ፡ ካብ'ዚኣን እተን ሓሙሽተ፡ ማለት ሕ.መ. ኣመሪካ፡ ዓባይ ብሪጣንያ፡ ፈረንሳ፡ ሩሲያን ቺናን ቀወምቲ ኣባላት ኢየን። ነፍሲ ወከፈን ከኣ ናይ ቀውፊ (veto) ስልጣን ኣብ ልዕሊ ዝኾነ ውሳነ'ቲ ቤት ምኽሪ ኣሎወን። እተን ተወሰኽቲ ዓሰርተ ሃገራት ግን ካብ ኩለን ሃገራት ዓለም በብእብረ እናተዋጽኣ ኢየን ንመናብር ቤት ምኽሪ ጸጥታ ዝቐመጣሉን ዝወርዳሉን።
13. ኣለምሰገድ ተሰፋይ፡ እ.ጽ. 10፡ ገጽ 107-109 ርአ።

ኤርትራ እምበኣር፡ ነዚ ብዝመስል ምሕጽንታ ኢያ ብፌደረሽን ምስ ኢትዮጵያ ንኽትሓብር ዝተወሰነ። ሃገር ዝኣክል በዚ ኣገባብ'ዚ ክውገን ዘሰክፍ ስለ ዝነበረ ግን፡ እቶም ነቲ ፌደረሽን ኤርትራን ኢትዮጵያን ንኽምስርት ተመዚዙ ዝነበረ ኮሚሽነር ንኽማኽሩ ዝተሰየሙ ናይ ሕጊ ኣማኸርቲ፡ ብዛዕባ ሕጋዊ ተፈጻምነት ውሳነ ሕ.ሃ. 390 A(V) መብርሂ ንኽህቡ ተሓቲቶም ነበሩ። ንሳቶም ድማ ነዚ ዝስዕብ ርእይቶ ሃቡ፡

1. ምሕጽንታ ሓፈሻዊ ባይቶ ሕ.ሃ. ነተን ነቲ ውሳነ ንኽቕበላ ኣቐዲመን ናይ ሰላም ውዕል ምስ ኢጣልያ ዝፈረማ ኣርባዕተ ሓያላት (ማለት፡ ሕ.መ. ኣመሪካ፡ ዓባይ ብሪጣንያ፡ ፈረንሳን ሕብረት ሶቬትን) ብሕጊ ይኣስረን (ወይ ብሕጊ ይቕይደን) ኢዩ።
2. እተን ነቲ ውሳነ ብድምጺ ዘደገፉ ሃገራት ግን፡ ፖለቲካውን ሞራላውን ግዴታ ኢዩ ዘሎወን። እዚ ድማ፡ ግዴታአን ምስ ዘይፍጽማ፡ ገዛእ ውሳነአን ክጥሕሳን ኣህጉራዊ ጉዳያት ብግቡእ ንኸይካየድ ክዕንቅፉን ኢየን ማለት ኢዩ። ይኹን እምበር፡ ስለ ዘድመጻ ጥራይ ብሕጊ ይቕየዳ ማለት ኣይኮነን። እዚ ድማ እቲ ዘድመጻሉ ውሳነ፡ ምሕጽንታ ወይ ለበዋ ጥራይ ስለ ዝኾነ ኢዩ።
3. ኢትዮጵያ፡ ንፈደራል ብይን ወይ ነቲ ብባይቶ ኤርትራ ዝጸድቕ ቅዋም ኤርትራ ምስ ዘይትቕበሎ (ወይ ምስ ዘይትርዕሞ) ግን፡ ብምሉኡ'ቲ ንኤርትራ ናይ ምውጋን ጉዳይ ናብ'ቲ ሓፈሻዊ ባይቶ ኢዩ ኽምለስ። በዚ ምኽንያት'ዚ ኢዩ ኸአ ኣብ'ቲ ቕዋም ኤርትራ ዝንደፈሉ እዋን ምስ መንግስቲ ኢትዮጵያ ምምይያጥ ኣዝዩ ኣገዳሲ ሓላፍነት ኮይኑ ዘሎ።[14]

ላዕሊ ላዕሉ ክትርእዮ እንከለኻ፡ እዚ ሓሳባት'ዚ፡ ውሳነ ባ.ሕ.ሃ ብውሑዱ ኣብ ልዕሊ'ተን ኣርባዕተ ሓያላትን ኢትዮጵያን ሕጋዊ ተፈጻምነት ከም ዝነበሮ ኢዩ ዘምስል። እተን ካልኦት ኣድመጽቲ ሃገራት ደኣ ኢየን እንተ ደልየን ጥራይ ዝቕበልአ'ምበር፡ ነዘን ዝጠቐስናየን ሓሙሽተ ሃገራትስ እቲ ውሳነ ቀያዲ ነይሩ ንምባል ዘወናውን ርእይቶ ኸአ ኢዮም እቶም ኣማኸርቲ ዝሃቡ።

ብሓቂ ግን ከምኡ ኣይነበረን። ውሳነ ኣርባዕተ ሓያላት ኣብ ዋዕላ ፓሪስ፡ ጉዳይ ኤርትራን ካልኦት ግዝኣታት ኢጣልያ ዝነበራ ሃገራትን (ሊብያን ሶማልያን) ብመገዲ'ተን ሓያላት መደምደምታ ምስ ዘይረክብ፡ ኣብ ውሽጢ ሓደ ዓመት ናብ ባይቶ ሕቡራት ሃገራት ክሓልፍ'ሞ፡ ንሳተን ድማ ብውሳነ ናይ'ቲ ባይቶ ክቕየዳ ዝብል'ዩ ዝነበረ።[15] በዚ መሰረት፡ ሓፈሻዊ ባ.ሕ.ሃ. ኤርትራ ብፌደረሽን ምስ ኢትዮጵያ ንኽትሓብር ምስ ወሰነ፡ እተን ኣርባዕተ ሓያላት፡ ብናይ ገዛእ ርእሰን ውዕልን ፊርማን ቅዩዳት ስለ ዝነበራ፡ ነቲ ውሳነ ኻብ ምቕባል ዝሓልፍ ምርጫ ኣይነበረንን። ሕ.መ. ኣመሪካን ብሪጣንያን እሞ

14. Final Report of UN Commissioner for Eritrea. Note 79, ታ. 19.
15. ኣይንፈላለ፡ ገጽ 136-137።

ኸኣ፡ ብምስጢር ዝደፍኣሉ ውሳነ ስለ ዝነበረስ ብድሌተን ዝተፈጸመ ምንባሩ ምዝካር የድሊ።

እዚ ግዴታ'ዚ ግን፡ ኪኖ ምቕባል ናይቲ ፈደራል ውሳነ ዝኸይድ ኣይነበረን። ፈደራል ውሳነ ተቐቢልካ እቲ ስርዓት ከም ዝትከል ምግባርን እቲ ዝተተኽለ ስርዓት "ፈደረሽን" ጽኑዕን ነባርነት ዘለዎ ከም ዝኸውን ንምግባር ምርግጋጽን ክልተ ዝተፈላለየ መስርሓት'ዩ ዝነበረ። ኣርባዕተ ሓያላት ይኹና ሓፈሻዊ ባ.ሕ.ሃ. ባዕሉ፡ ነቲ ፈደራል ውሳነ ንኽተግብሩ ኮሚሽነር ሕ.ሃ. መዚዞም፡ ቅዋም ኤርትራ ከም ዝንደፍ ገይሮም፡ መንግስቲ ኤርትራ ኣቕሞም... ወ.ዘ.ተ. እቲ ስርዓት ከም ዝቐውም ገይሮም'ዮም። ክሳብ'ዚ ደረጃ'ዚ፡ በቲ ፈደራል ብይን ከም ዝቐየዱ ኣርእዮም ክብሃል ይክኣል። እቲ ዓቢ ሕቶ ግን፡ ካብ'ዚ ደረጃ'ዚ ቐጺሉ ንዝመጽእ መድረኻት እንታይ ውሕስነት ወይ ሕጋዊ መሕተትን መቈጻጸርን-ንነፍሶም ይኹን ንመንግስቲ ኢትዮጵያ-ገይሮም ዝብል'ዩ።

ሓደ ኻብቲ እዚ ጽሑፍ'ዚ ዝምልሶ ዓበይቲ ሕቶታት እዚ ኢዩ። ሓፈሻዊ ባ.ሕ.ሃ. ብ1950 ኣብ ልዕሊ ኤርትራ ዘውረዶ ብይን፡ ንሓቀኛ ድሌት ህዝቢ ኤርትራ ኣብ ግምት ዘእተወ ኣይነበረን። ብኣህጉራዊ ደረጃ ንኽፍጸም ሕጋዊ ይኹን ግብራዊ ሓይሊ ብዘይነበሮ ውሳነ፡ ንዕድል ሓደ ህዝቢ ኣብ ዋጋ ዕዳጋ ምእታው ኢዩ ነይሩ። እቲ ኣዝዩ ዘተሓሳስብ፡ ህዝቢ ኤርትራ ነቲ በደል'ቲ ንምፍዋስ ኣብ ዘካየዶ ናይ ሓምሳ ዓመት ፖለቲካውን ብረታውን ቓልሲ፡ እቶም በደልቱ ገና ክዕምጹዎ ምፍታኖም ኢዩ።

ምዕራፍ ክልተ

ኮሚሽነር ሕ.ሃ. ኣብ ኤርትራ፤ ተልእኾኡን ኣፈጻጽማኡን

ኩነታት ኤርትራ ቅድሚ ምምጻእ ኮሚሽነር ሕ.ሃ.

ውሳነ ሕ.ሃ. ንፌደረሽን ኤርትራ ምስ ኢትዮጵያ፡[1] ከም ኣተዓራቒ ናይ'ቲ ኽልተ ቐንዲ ተጻራሪ ፖለቲካዊ መርገጻት ህዝቢ ኤርትራ፡ ማለት ድማ፡ ምሉእ ናጽነት ኤርትራ ወይ ሕብረት ምስ ኢትዮጵያ ኢዩ ኣቕሪቡዎ። ብኹናትን ዕግርግርን ሰልክዩ ዝነበረ ህዝቢ ኤርትራ ኸኣ፡ ንሕቡራት ሃገራት ኣሚኑ ነቲ ብይን በቲ ዝተነግሮ መንፈስ ተቐበሎ። ብ31 ታሕሳስ 1950 ድማ፡ ኩለን ናይ ኤርትራ ፖለቲካዊ ሰልፍታት፡ ሰበ ስልጣን ምምሕዳር ብሪጣንያን ኣህጉራውያን ጋዜጠኛታትን ኣብ ዝተረኽቡሉ ሓደ ሰፊሕ "ጉባኤ ሰላም" ተኻየደ'ሞ ናይ ሰላም፡ ጽቡቕ ትምኒት፡ ዕርቅን ምትሕብባርን ቃላት ተለዋወጡ።[2]

እዚ ይኹን እምበር፡ ኩሉ ወገን ንብይን ሕ.ሃ. በብረብሓኡን ሃረርታኡን ምትርጓም ኣይተረፈን። ንኣብነት፡ ኣብ ኣስመራ ጉባኤ ሰላም ቕድሚ ምክያዱ፡ ማለት ከኣ ብ5 ታሕሳስ 1950፡ ሃጼ ሃይለስላሴ ንብይን ሕ.ሃ. ከም ዝተቐበሉ ዝገልጽ መደረ ኣስሚዖም ነበሩ። ኣብዚ መደረ'ዚ፡ ሃይለስላሴ ነታ ፌደራል መዳይ ናይቲ ብይን ወይ ድንጋገ ብምንእኣስ፡ ነቲ ናይ ሕብረት መዳዩ ዝያዳ ኣጕልሑ። "ኩሉ ብዚ'ኽእል ብናይ እግዚኣብሄር ሓይሊ." ኸኣ በሉ፤

> ...ናይ ኢትዮጵያን ናይ ኤርትራን ሕዝቢ ድላይ ት'ኽክለኛ ብምኳኑ ብዘሎና እምነት፡ ከምኡ ድማ ናይ ሰለስቲኦም ዓበይቲ መንግስታት፡ ናይ እንግሊዝ፡ ናይ ኣመሪካ፡ ናይ ፈረንሳ፡ ናይ ካልኦት ፈተውቲ ኢትዮጵያ እውን ዝኾኑ ሃገራት ሓገዝ ብዝተወሰኸ፡ ናይ ዝሓበሩ መንግስታት ማሕበር ኤርትራ ምስ

---

1. ፌደረሽን ኤርትራ ምስ ኢትዮጵያ ዝብል ሓረግ ኮነ ኢልካ ዝተኣልመ ነበረ። "ፌደረሽን ኤርትራን ኢትዮጵያን" ተባሂሉ እንተ ዝኸውን፡ ኣብ መንጎ ክልተ ማዕረ ዝኾና ሃገራት ዝተኣትወ ምመሰለ። እዚ ንኸይከውን፡ ሃገራዊ ኽብሪ ኢትዮጵያ ከም ዘይተተንከፈ መታን ክንጸር እምበኣር፡ ኤርትራ "ምስ" ኢትዮጵያ እምበር ኢትዮጵያ ምስ ኤርትራ ብፌደረሽን ከም ዘይትእሰር ንምርግጋጽ በዚ መልክዕ'ዚ ተጻሒፉ። ኣይንፈላለ፡ ገጽ 490፡ ስፔንሰር፡ ገጽ 234።
2. ኣይንፈላለ፡ ገጽ 521።

ኢትዮጵያ ምንባር ስለ ዚግባእ፡ ናይ ኢትዮጵያ መሰረታዊ ጥያቐ ትኽክላውነት ፈሊጡ ኤርትራ ናብ ኢትዮጵያ ክትምለስ ተሰማምዔ።

ቀጺሎም እቶም ሃጸይ፡ እቲ ዘተዋህበ ውሳነ ነቲ "ካብ ሕዝቢ ኤርትራ ኣዝዩ ዝበዝሐ እሞ ብዘይ ሓደ ምኽንያት ምስ ኢትዮጵያ ንምሕባር ፍቓድ ዘሎዎ ወገንን ከምኡ ድማ ነቲ ኢትዮጵያ ዝነበራን ዝግብኣን ድሌት" ዘየጽግብ እኳ እንተ ነበረ፡ ንዕኡ ምንጻግ ከም ዘይግባእ ኣረድኡ።

እቲ ዝቐረበ ምርጫ ንሱ ጥራይ ብምንባሩ በቲ ሓደ ወገን፡ በቲ ኻልእ ድማ፡ ህዝቢ ኤርትራ ኣብ "ናይ ምሕባር ሰቓቓን" እናተጸበየ ኽነብር ስለ ዘይድለ፡ ነቲ ኣማራጺ ከም ዝተቐበሉ ኸኣ ገለጹ። ንውሳነ ባ.ሕ.ሃ. ኣመልኪቶም ድማ ነዚ ዝስዕብ ተዛረቡ፤

> ...(እቲ) ሓሳብ ቅድሚ ኣብ ስራሕ ምውዓሉ፡ ናይ ፈደራል ድንጋጌ ናይ ኤርትራ መተሓዳደሪ ደንብ ብጥንቃቐ ዚጽናዕን ፍቓድና ድማ እንህቦሉን ኢዩ። እዚ ጥንቃቀ እዚ ኣዋርሕ ዜድልዮ ኢዩ። ይኹን እምበር ብናይ መሰረቱ ሓሳብ ስምምዕነት ብምርካቡ፡ እቲ ውሳኔ ረጊኡ ኣሎ። ካብዚ ንደሓር ሕዝቢ ኢትዮጵያን ሕዝቢ ኤርትራን ከም ብሓዲሽ ሓደ ናይ ኢትዮጵያ ሕዝቢ ዝኾነሉ ጊዜ ብምብጻሑ ንኢትዮጵያ ድማ ካብ ብዙሕ ዓመታት ዝተዓጽዋ ናይ ባሕሪ በሪ ምኽፋት ዝተረጋገጸ ኮነ።[3] (መስመር ናይ ደራሲ)።

ሃይለስላሴ ከም ጉይታ ናይ ቊጡብን ዘይንጹርን ዘረባ ኢዮም ዝፍለጡ። ንመደረታቶም ፈቲሸካን ተርጉምካን እንተ ዘይኮይኑ፡ ብገርህኻ ክትርድኦ ጸገም ኢዩ ዝብሉ ፈለጥቶም ብዙሓት ኢዮም። ካብ ኩሉ'ቲ ኣብ ላዕሊ ጠቒስናዮ ዘሎና፡ እቲ ብመስመር ጉሊሑ ዘሎ ኢዩ ቐንዲ ቊምነገሮምን መልእኽቶምን። እቲ ዝውሃብ ዝነበረ ኻልእ በብዓይነቱ ምኽንያት መቐበሊ ፈደረሽን፡ ነዚ ሃይለስላሴ ዝሃቡዎ ቐንዲ ምኽንያት ዝሸፍን'ዩ ዝነበረ። ንኣብነት፡ ኣብታ "የኤርትራ ጉዳይ" ዘርእስታ መጽሓፉ፡ ዘውዴ ረታ፡ "ኣባላት ሕብረት ደሞም ፈሊሑዎም ከይለዓዓሉ'ሞ፡ ምስ መን ከም ዝዋግኡ'ኳ ብርግጽ እንተ ዘይተፈለጠ፡ ንውግእ ካብ ምድላው ድሕር ኣይክብሉን'ዮም..." ዝብል ስግኣት ሃጸይ ሃይለስላሴ፡ ውሳነ ፈደረሽን ንኽቕበሉ ከም ዘገደዶም ይገልጽ'ዩ።[4] እዚ ግን ዝተጋነነ መግለጺ ምዃኑ ኣየካትዕን። ምኽንያቱ፡ ሃይለስላሴ ይኹኑ ኩሎም ኣብ ኢትዮጵያን ኤርትራን ዝነበሩ ደገፍቶም፡ ፈደረሽን ማለት ሕብረት ምዃኑ ብግልጺ ይዛረቡ ነይሮም'ዮም። ዘውዴ ረታ ባዕሉ ከም ዝተኣመነሉ እውን፡ ኣብቲ ዝተጠቕሰ መደረኦም፡ ሃጸይ ሃይለስላሴ፡ ኤርትራ ኣብ ትሕቲ ዘውዲ ንጉሰ ነገስት ንኽትመሓደር ድኣ'ምበር እቲ ርክብ ፈደራላዊ መልክዕ ከም ዝህልዎ ፈጺሞም ኣይገለጹን።[5] ኣብ ኤርትራ'ውን እቲ ውሳኔ ምስ ተነግረ ማሕበር

3. ኢትዮጵያ፡ ቊ. 212፡ ራብዓይ ዓመት፡ 10 ታሕሳስ 1950።
4. ዘውዴ ረታ፡ የኤርትራ ጉዳይ፡ ገጽ 321-322።
5. ዘውዴ ረታ፡ ገጽ 326።

ደጊያት (ድሓር ራእሲ) በየነ በራኺ

ሕብረት ተመሳሳሊ ዘረባ ኢዮም ዘሰምዑ ዝነበሩ። ንኣብነት፡ ፕረሲደንት ማሕበር ሕብረት ዝነበሩ ደጊያት (ደሓር ራእሲ) በየነ በራኺ፡ ንፈደረሽን በዚ ዝስዕብ ቃላት ገለጹዎ፤

... (ህዝቢ ኤርትራ ሽሕ'ኳ ነገርካ ኣብ ባይቶ ቀሪቡ፡ ብዘይፈልጡኻ ሰባት ብሻራይ ሻራኻ ዕንቅፋታት ዘፈጥሩልካ እንተ መሰለ፡ ካብ ዓሰርተ እቲ ትሸዓተ ኢዱ፡ ናይ ዕላማኻ መሰረት ኢዩ ዘጽድቕ ኮይኑ ዘሎ እሞ ደስ ይበልካ።
... እንኳዕ ደኣ ኤርትራ ሃገርና ምስ እናት ሃገር ምስ ኢትዮጵያ እትሓብረሉ፡
... መንገዲ ተረኺበ እምበር፡ ናይ ዳሕረዋይ ንብረትና ነገር ኣብ ኢድና ስለ ዝኾነ ክርስትያንና እስላምና ኩልና ብስምምዕ ክንዝትየሉ ዚክኣል ኢዩ።[6]

ኣብ ውሽጢ ሕብረት ግን ዘተ ዘይኮነስ ገና ጉነጽ ዝደልዩ ባእታታት ከም ዝነበሩ፡ እቲ ዘውሕዝ ዝነበረ ሓይልን ምጉብዕባዕን ዝተሓወሶ ቃላት ይምስክር ነይሩ እዩ። ኣዝማች ገብረሚካኤል ግርሙ (ዘበራቑት)፡ ኣብ መንጎ ፈደረሽንን ፍጹም ሕብረትን ብዛዕባ ዝነበረ ፍልልይ ገለጹ። ህዝቢ ኤርትራ ንብይን ሕ.ሃ. ዝተቐበለ፡ ድማ በሉ፤

...ሕብረት ምስ ኢትዮጵያ (ኣነስዮን) ማለትን ፈደራላዊ ሕብረት ምስ ኢትዮጵያ (ፈደራስዮን) ማለትን እንካብ እቱይ መሰረታዊ ድልየቱ ርሑቕ ኣፈላላይ ዘሎዎ ኮይኑ ስለ ዘይተሰምየ ኢዩ። ንስዋስ ሳዋ ከም ዝብሃል፡ ተቀብአ ስም ጥራሕ ኢዩ ዝለወጠ እምበር፡ ውስጠ ምስጢሩስ ሓደ ስለ ዝኾነ ኢዩ።

6. ኢትዮጵያ፡ ቊ. 211፡ ራብዓይ ዓመት፡ 3 ታሕሳስ 1950።

ከምዚ ክንዲ ዝኾነ፡ ቀጸሉ ኣዝማች ገብረሚካኤል፡ ኩሉ ኤርትራዊ በቲ ብይን ሕጉስ ምንባሩ ኣረድኡ'ሞ፡ "መን ደኣ ይህሉ ብደስታ ዘይተቐበሎ?" ንዝብል ናይ ገዛእ ርእሶም ሕቶ፡ እዚ ምላሽ'ዚ ሃቡ፤

ምናልባት ፍጹም ባዕዲ ሰብ፡ ጸረ-ሰናይ ወይ ከኣ ብኣፉ ኢትዮጵያዊ ኢየ ዝብል፡ ናይ ኢትዮጵያ ዓጽምን ደምን ዘይብሉ፡ ሕማቕ፡ ፍንፉን መሳርሒ ባዕዳን ብዕሉ እንተዘይኮይኑስ፡ ነዚ ሰላማዊ ፍርዲ ኣምላኽ ዘይተቐበለ ኣይህሉን ንምባል የደፋፍረና።[7]

ስርዓት ሃይለስላሴ ይኹን መራሕቲ ማሕበር ሕብረት እምበኣር፡ ንፌደራል ብይን ብመንፈስ ዕርቂ ዘይኮነስ ከም ንእሽቶ መሰጋገሪ ናብ ፍጹም ውህደት ኢዮም ዝተቐበልዎ።

ኣብ'ቲ ናይ ናጽነት ወገን ዝነበረ ኣረኣእያን ስምዒትን ካብ'ዚ ዝተጠቕሰ ናይ ሕብረት ኣንፈት ኣዝዩ ዝተፈልየ ነበረ። ኩለን እተን ንናጽነት ኤርትራ ዝተቓለሳ ሰልፍታት፡ ካብ 1949 ጀሚረን ኣብ ትሕቲ እቲ ብሰልፊ ወይ ቀጽሪ ናጽነት ኤርትራ (Eritrean Independence Bloc) ዝተጠርነፋ ምንባረን ዝተፈልጠ ኢዩ።[8] ብይን ሕ.ሃ. ምስ ተዋህበ ግን፡ እቲ ቐጽሪ ወይ ብሎኮ ብ29 ታሕሳስ 1950 ኣብ ደቀምሓረ ተጋብኦ'ሞ፡ ጸብጻብ ናይቶም ናብ ባ.ሕ.ሃ. ተላኢኾም ዝነበሩ ወከልቱ ሰምዐ። እቲ ኣኼበኛ፡ ብብይን ሕ.ሃ. ምሉእ ብምሉእ ሕጉስ ከም ዘይነበረ'ኳ እንተ ገለጸ፡ ብምኽንያት እቲ ውሳነ ኣብ ኤርትራ ተረኺቡ ንዝነበረ ዝተቐየረ ፖለቲካዊ ኩነታት ብምስትብሃል፡ ነቲ ዝጸንሐ ስሙ ካብቲ ዝነበሮ "ሰልፊ ናጽነት ኤርትራ" ናብ "ደሞክራሲያዊ ሰልፊ ኤርትራ" (ደ.ሰ.ኤ.) ከም ዝለወጦ ኣፍለጠ። እተን ካልኦት ሰልፍታት ብውሳነታት ባ.ሕ.ሃ. ክሳብ ዝተቐየዳ ድማ፡ ንሱ'ውን "ከምቲ ቅዉም ነገሩን ከም ሓሳቡን ከም ኣገባቡን ጌርካ ንምኽባሩን ኣብ ግብሪ ንምውዓሉን፡" ከም ዝጽዕት ኣፍለጠ።[9]

ኣቐድም ኣቢሉ፡ ማለት ብ5 ታሕሳስ 1950፡ ኣፈኛ'ቲ ሰልፊ ዝነበረ ጋዜጣ *ሓንቲ ኤርትራ* ኣብ ዘውጽኦ ፍሉይ ሕታም፡ ንፌደረሽን ብኻልእ ዓይኒ ከም ዝጥምቶ ገለጸ። "ሕዝቢ ኤርትራ" ኸኣ በለ፤

ንሃገሩ ባዕሉ ኺገዝእን ኬማሓድርን መሰልን ክእለትን ከም ዘሎዎ፡ እዚ ናይ ሕቡራት መንግስታት ፍርድን ኣዋጅን ይእመነሉ እዩ።
በዚ ኸምዚ ዝበለ ፍርድን ኣዋጅን፡ እቲ ኣብ ልዕሊ ምሉእ ሕዝቢ ኤርትራን ሃገር ኤርትራን ኣንጠጥዩ ዚነብር ዝነበረ፡ ሰልፊ ናጽነት ንበይኑ ኣበርቲዑ እተዋግኦ፡ ሕይወትን ጥሪትን ከኣ ኣብዚሑ ዝሰውኣሉ ናይ "ምምቃል" ራዕድን ስንባደን ፈጺሙ ይቕንጠጥ!

7. ኢትዮጵያ፡ ቍ. 212 ራብዓይ ዓመት፡ 110 ታሕሳስ፡ 1950።
8. እዚኣተን፡ ንኣልራቢጣ ኣልእስላሚያ፡ ኤርትራ ንኤርትራውያን (Liberal Progressive Party)፡ ሓዳስ ኤርትራ-ፕሮ ኢጣልያ (Nouva Eritrea-Pro Italia)፡ ሰልፊ ናጽነት ኤርትራ (Eritrean Intellectual Party)፡ ሕዝባ ኣልወጠን፡ ማሕበር ምሁራት ኤርትራውያን (Eritrean Independence Party)፡ ከምኡ'ውን ማሕበር ኢጣሎ ኤርትራውያን (CRIE)፡ ነበራ።
9. ሓንቲ ኤርትራ፡ ቍ 56 2ይ ዓመት፡ 10 ጥሪ 1951።

> … በዚ ናይ ሕቡራት መንግስታት ፍርድን ኣዋጅን፡ እቲ ዝለመንናዮ ምሉእ ናጽነት ኤርትራ ከም ዘይተዋህበና ንፈልጥ ኢና። ግናኸ፡ መሬት ኤርትራ ከም ዘይምቀል፡ ሕዝቢ ኤርትራ ድማ ኣብ ልዕሊ ሃገሩ ጕይትነቱ ኸም ዚምረቐሉ ምግባር ዝኸኣልና ንሕና ኢና'ሞ እዚ ናይ ምሉእ ሕዝቢ ኤርትራ ዓወትስ ናትና ዓወት ኢዩ ንምባል መሰል ዘሎና ኾይኑ ይርኣየና።[10]

ልዙብ ይምሰል እምበር ሓያል ዘረባ ኢዩ። ነቲ ወገን ናጽነት፡ ዓወት ማለት ዘይምምቃል ኤርትራ'ምበር፡ ፌደረሽንን ንሱ ንኤርትራ ዝሃባ መሰላትን ኣይነበረን። ንዓኣቶም፡ ፌደረሽን ዝወሓደ ወይ ካብ ዝወሓደ ንታሕቲ ነይሩ ማለት'ዩ። ከይፈተዉ ደኣ ይቀበሉዎ እምበር፡ ነቲ ዝርካቡ ንኤርትራ ዝተዋህበ መሰላት ኣሕሊፎም ክህቡ ድሉዋት ከም ዘይነበሩ ግን ብዝተፈላለየ መገዲ ኣመቱ። ጸኒሖም'ውን ነቲ መሰላት'ቲ መተዓባበዪ ዝኸውን ቅድመ-ኩነትን ጨናፍርን ካብ ምውሳኽ ድሕር ኣይበሉን።

ንጊዜኡ ግን ናይ ልዝብ መገዲ ሓዙ። ላዕለዋይ ፕረሲደንት ናይ'ቲ ቐጽሪ ወይ ብሎኮ ዝነበሩ ራእሲ ተሰማ ኣስበሮም ንኣብነት፡ ብዛዕባ'ቲ ተፈጢሩ ዝነበረ ኹነታት ምዕዶ ክህቡ ኸለዉ፡ ከምዚ ዝስዕብ በሉ፤

ራእሲ ተሰማ ኣስበሮም (ብኢድ ኑብሰሄር ኣስመሮም ኣድሓኖም ዝተሳእለ)

---

10. ሓንቲ ኤርትራ፡ ፍሉይ ሕታም፡ 5 ታሕሳስ 1950።

> እው፡ ሓዲሽ ወጋሕታ ወጊሑልና፡ ሓድሽ ኣፍ ደገ'ውን ተራሒ'ልና እዩ'ሞ፡ ብሓዲሽ ልብን ብሓዲሽ ፍቓድን ክንቅበሎ ዜድሊ ኢዩ። ቂምታ፡ ጽልኢ፡ ምፍዳይ ሕነ ኩሉ ካብ ማእከልና ወጻኢ ኪርሕቕ ይግባእ። እዙ ሓዲሽ ወጋሕታ እዙይ፡ ናይ ፍቕርን ናይ ሰላምን፡ ናይ ኣገልግሎትን ዕዮን ወጋሕታ ምኳኑ ተረዲኡናስ፡ ንሓድሕድና ሓንጎፉይ ንምባል ንቀዳደም።
>
> ...ምንም'ኳ እቲ ሕዝቢ ኤርትራ ፍቕሩ ዝገልጸሉ መንገዲ፡ ንጊዜኡ ነንበይኑ ኾይኑ ተራእዩ እንተ ነበረ፡ ምሉእ ሕዝቢ ኤርትራ ንሃገሩን ንኽብረቱን ዘፍቅር ሕዝቢ ምኻኑስ እተረጋገጸ እዩ። ...እቲ ኣውራ ቅውም ነገር ኮይኑ ዚርከብ ከኣ፡ ኣብዚ ሰልፊ እዙይ ወይ ኣብቲ ሰልፊ እቱይ ኴንካ ምግዳል ኣይኮነን። እቲ ኣውራ ቅውም ነገርስ ንረብሓን ንዘበለጸ ንብረትን ሕዝቢ ኤርትራ ኢልካ ብንጹሕ ልቢ ምግዳል ደኣ ኢዩ።

ራእሲ ተሰማ ቐጺሎም፡ በደል ናብ ኻልኦት እናጸጋዕካ ንርእስኻ ክብረትን ናእዳን ምሃብ ተሪፉ፡ እቲ ዝሓለፈ ጉድለት "ከም ሓደ ግጉይ መዘከርታ" ኾይኑ ንኽርአ ኣተሓሳሰቡ'ሞ፡ ነዚ ዝሰዕብ ተወሳኺ ምኽሪ ለገሱ፤

> ነዚ ዚመጽእ ዘሎ ሓዲሽ ወለዶ፡ ዝበለጸ ዕድል ከነጽንሓሉ ንጋደል። ደቅና ብሕውነትን ብደግነትን ንሓድሕዶም ከም ዚደጋገፉ ንግበር እምበር ክፉእ ውርሻ ኣይነጽንሓሎም። እዚ ሎሚ ተረኺቡ ዘሎ ዓወት ንኹላትና ኬርብሓና ኢዩ ዚግባእ። ብሳላ'ዚ ዓወት እዙይ ኣንድነት ሃገርና ኣየቋረጸን፡ ሕዝብና'ውን ኣይተመቓቐለን። ኩላትና ደቂ ኤርትራ ክርስትያንን ኣስላምን፡ ደቂ ቈላን ደቂ ደጋን፡ በዚ ኣብ ማእከልና ዘሎ ናይ ሃይማኖት ምፍልላይ ከይተዓንቀፍናን ከይተሰርነቕናን፡ ናይ ሃገርና ኣንድነት፡ ናይ ሕዝብና ሕብረት ከየቋረጽ ኢልና ክሳዕ ክንድ'ዚ ብምግዳልና፡ ንምልእቲ ዓለም ኣገሪምናያ ከም ዘሎና እተረጋገጸ ኢዩ።[11]

እቲ ራእሲ ተሰማ ዝተመነዩዎ ሰላም ግን፡ ብፍላይ ኣብዚ ጊዜ'ዚ ዓዲ ኣርሒቑ ነበረ። ሸፍትነት ካብ መጠን ንላዕሊ ስለ ዝገርገረ ህዝቢ ሰላም ሰኣነ። ኣብ ምእታው 1951 ጥራይ፡ ኣብ ሓንቲ ወርሒ ክሳብ 130 ዝኸውን ናይ ሸፍታ ንኣሸቱን ዓበይትን ፍጻመታትን ግጥማትን ተፈጺሙ። እዚ ረጽሚ'ዚ፡ ብዝተወደበ፡ ኣብ ዓበይቲ ጉጅለታት ብዝተመቓቐሉን ምስ ፖሊስ ንምግጣም ድሕር ብዘይብሉን ጭፍራታት ዝካየድ ነበረ።[12]

ኣብ'ዚ ሸፍትነታዊ ተግባራት'ዚ፡ ናይ'ቶም ሸፍታ ድፍረትን ንዕቀትን ኣብ ምምሕዳር እንግሊዝ ደሚቑ ተራእየ። እዚ ድማ ሸፍታ ብጭፍራ ማዕረ ናብ ከተማታት ኤርትራ እናኣተዉ ክዘምቱን ክሸብሩን ስለ ዝኸኣሉ ኢዩ። ንኣብነት፡ ብ23 ከምኡ'ውን ብ25 ታሕሳስ 1950፡ ሸፍታ ናብ ከተማ ደቀምሓረ ብምእታው ቦምባ ደርበዩን ምስ ፖሊስ ተታኺሱን። ብ23 ታሕሳስ፡ 20 ሸፍታ፡ ዑና ምናሴ ኣብ ዝብሃል ከባቢ ዓዲ ሰጉዶ ዝርከብ ቦታ ብምእታው ምስ ፖሊስ ተታኺሱ። ነዚ ዝመስል ተመሳሳሊ ተግባራት ኣብ ከባቢ መንደፈራን ካልኦት

11. "ናይ ዓወት ሰላምታ ንሕዝቢ ኤርትራ"፡ ሓንቲ ኤርትራ፡ ቍ. 51፡ 1ይ ዓመት፡ 6 ታሕሳስ 1950።
12. UK Report to UN General Assembly, A/2233, 8 November 1952, p. 8.

ከተማታትን'ውን ተፈጸመ። ኣብ ገሊኡ'ሞ፡ ናይ ሸፍታ ሸበራ ጥራይ ዘይኮነ፡ ዘትከለ ውግእ ዝካየድ ዝነበረ ኢዩ ዝመስል። ብ28 ታሕሳስ፡ 50 ሸፍታ ኣብ ማእከል ዝግብ ምስ ፖሊስ ገጠሙ። እቲ ግጥም ካብ ሰዓት 6:00 ወጋሕታ ክሳብ ሰዓት 11:00 ቅ.ቐ. ንሓሙሽተ ሰዓት ተኻየደ።

ካብዚ ዝገድድ፡ ሸፍታ ኣብ ልዕሊ ተራን ንጹህን ህዝቢ ጨካን ግፍዕን ናይ ቅትለትን ዝምታን ስጉምትታትን ይወስዱ ምንባሮም'ዩ። ብ24 ታሕሳስ ንኣብነት፡ 40 ሸፍታ ዓድ ኢብርሂም ብምእታው፡ ሰለስተ ኣንስትን ክልተ ቆልዑን ቀተሉ።[13] እዚ ኹሉ ኣብ መወዳእታ ሰሙን ናይ ወርሒ ታሕሳስ 1950 ጥራይ ተፈጸመ። ኣብ ወርሒ ጥሪ ካብ ዝተፈጸመ ተመሳሳሊ ናይ ጭካነ ተግባራት፡ ብዕለት 1 ኣብ ደቂ ዳባት፡ ጥቓ ከተማ መንደፈራ፡ ኣርባዕተ ደቂ ዓዲ ዝሞቱሉን ብ12 ጥሪ ድማ ኣብ ጥቓ ድልድል መረብ ሓሙሽተ ገባር ዝተቐትሉሉን ከም ኣብነት ክጥቀስ ይከኣል።[14]

ገለ ካብ'ዚ ተግባራት'ዚ ብተራ ዘመትቲ'ኳ እንተ ተፈጸመ፡ መብዛሕትኡስ ዝተወደበን ቡቶም ካብ 1940'ታት ጀሚሮም ብኢትዮጵያን ማሕበር ሕብረትን ዝዋፈሩ ዝነበሩ መራሕቲ ዝእለን ነበረ። ንኣብነት፡ ብ22 ታሕሳስ 1950፡ ብተኸስተ ሃይሉ፡ ኣድም መሓመድን ሃይለ ኣባይን ዝምርሑ ናይ ኢትዮጵያ ሸፋቱ፡ ኣብ ኳዜን ምስ ፖሊስ ተታኸሱ። ብ26 ታሕሳስ፡ ቀኛዝማች ሓጉስ ተምነዎ፡ ሓደ ካብቶም ላዕለዎት መራሕቲ ሸፋቱ ናይ'ቲ እዋን፣ ኣብ ሰራየ ኣብ ተኾሲ ስለ ዝቈሰሉ፡ ንዓድዋ ተወሲዶም ኣብ ሆስፒታል ተዓቚቡ። ብ30 ታሕሳስ ድማ፡ ካብ ባጽዕ ናብ ኣስመራ ትድይብ ንዝነበረት ባቡር ደው ኣቢሎም ክዘምቱ እንከለዉ ብፖሊስ ካብ ዝተቐትሉ ሓደ፡ "ኣንበሳ ኢትዮጵያ እየ" ኢሉ ዝፍክር ዝነበረ ብርሃነ ናፍር ዝበሃል ነበሮም።[15] ካብ'ዚ ብዘይፍሉ፡ ኣብ'ዚ እዋን'ዚ፡ ምእንቲ ሕብረት ኢትዮጵያ ግብረ ዓመጽ ዝፍጽሙ ብዝነበሩ ሸፋቱ ዝምርሑ ጭፍራታት ሰፊሕ ናይ ቅትለትን ዝምታን ተግባራት ይፍጽሙ ምንባሮም ጸብጻባት ናይ'ቲ ጊዜ ይሕብሩ።

ብሪጣንያዊ ምምሕዳር ኤርትራ (ብ.ም.ኤ.) ጉዳይ ሸፍታ ኣዘዩ ህጹጽ ኣቓልቦ ከም ዘድልዮ ተኣመነ። ብ6 ጥሪ 1951 ድማ፡ ንኹሎም እቶም ትንፋስ ሰብ ዘየሕለፉ፡ ገበናቶም ክናስሑ ቀሩባት ዝኾኑን ብረቶም ንዘረክቡን ምሉእ ምሕረት ክገብር ምዃኑ ኣወጀ። ጸኒሕና ከም እንርእዮ፡ እዚ ኣዋጅ'ዝን ድሕሪኡ ዝሰዓበ ተመሳሳሊ ሕድገታትን ምጡን ፍረ ንኽህብ ነዊሕ ጊዜ ወሰደ።[16]

ፌደራል ውሳነ ተዋሂቡ፡ እተን ናይ ፖለቲካ ማሕበራት ድማ ናይ ሰላም ኣንፈት ሒዝና እናበላ እንከለዋ ሸፍትነት ክንድ'ዚ ምግዳዱ ብዘይ ምኽንያት ኣይነበረን። እቲ ምምሕዳር ብዛዕባ'ዚ ክገልጽ ከሎ፡ ንብዙሕ ረቛሒታት ከም

13. ሰሙናዊ ጋዜጣ (ሰ.ጋ.), 9ይ ዓመት ቍ. 435፡ 4 ጥሪ 1951።
14. ሰ.ጋ.፡ 9ይ ዓመት ቍ. 437፡ 18 ጥሪ 1951።
15. ሰ.ጋ. 9ይ ዓመት ቍ. 435፡ 4 ጥሪ 1951። ብርሃነ ናፍር ኣቐዲሙ፡ ጂሮላሞ በነቲ ንዝተባህለ ኢጣልያዊ ኣብ ደቀምሓረ ቐቲሉ ዝነበረ ኢዩ።
16. UK Report, n. 12 above, p. 8.

መንቀሊ ጸብጻበ። ብቐዳምነት፡ ተረፍ ኩናት ኢጣልያን እንግሊዝን ኣብ ኤርትራ ዝነበረን ብመንግስቲ ዘይተኣከበን ብረት ኣብ ኢድ ብዙሓት ኤርትራውያን ነይሩ ኢዩ። እዚ ንበይኑ ግን ጠንቂ ሽፍትነት ኣይነበረን። እቲ ጊዜ፡ ቍጠባ ኤርትራ ኣዝዩ ኣንቈልቍሉ፡ ሸቐለት ኣልቦነት ኣሰፋሕፊሑን ዓብሊሉን ዝነበረሉ ኢዩ። ኣብ ጊዜ ጣልያን ይኹን ኣብ ጊዜ እንግሊዝ፡ ንወጻእተኛታት ዝወሃብ ሰቡሕ መሬት ንዜጋታት ኣሕዲግካን ንድኽነት ኣቃሊዕካን ስለ ዝነበረ፡ ቂምን ሕርቃንን ህዝቢ መዕገቲ ኣይነበሮን።

ካብ'ዚ ኹሉ ንላዕሊ፡ ኢሉ እቲ ጸብጻብ፡ ብይን ሕ.ሃ. ዘይንጹር ስለ ዝነበረ፡ ብዛዕባ ፖለቲካዊ ዕድል ኤርትራ ገና ዘይምትእምማን ነይሩ ኢዩ። ብተወሳኺ፡ ብሪጣንያ ዘተኣታተወቶ ምምሕዳራዊ ኣገባብ ኣብ መትከላት ዴሞክራሲ ዝተመስረተ ደኣ ይብሃል እምበር፡ ነቲ ዝጸንሐ ያታዊ ስርዓትን ደንበን ዘዳኽም እምበር ዘሐይል ኣይነበረን። እዚ ብወገኑ ብዙሕ ናይ እዋን ምስግጋር ጸገምን ምድንጋርን ስለ ዝፈጠረ፡ ዝኾነ ጉዳይ - ዝጸንሐ ናይ እንዳን ቀቢላን ግጭት፡ ህሉው ፖለቲካዊ ፍልልይ ከምኡ'ውን ድኽነት ዝፈጥሮ ዝነበረ ቍጠባዊ ጸበባ - ናብ ሽፍትነትን ረጽምን ዘምርሕ ኮነ።[17]

ኰነታት ከምዚ ኢሉ እንከሎ፡ ብሓፈሻዊ ባይቶ ዝተመርጸ ኮሚሽነር ናብ ኤርትራ ኣተወ።

ምእታው ኮሚሽነር ሕ.ሃ. ናብ ኤርትራ

ኣብቲ ብ14 ታሕሳስ 1950 ዝተኻየደ መጋባእያ ሓፈሻዊ ባ.ሕ.ሃ.፡ ቀዋሚ ልኡኽ መንግስቲ ቦሊቭያ ዝነበረ፡ ሴንዮር ኤድዋርዶ ኣንሰ ማቲየንሶ[18] ናይ'ቲ ውድብ ኮሚሽነር ኮይኑ ንኸገልግል ብብልጫ ድምጺ ተመርጸ። ማቲየንሶ፡ ብ1902 ኣብ ቦሊቭያ ተወሊዱ ዝዓበየ ኾይኑ፡ ኣብ ሃገር ፈረንሳ ኣብ ዝርከብ ናይ ፖለቲካዊ ስነ ፍልጠት ቤት ትምህርቲ ተማሂረ። ንሃገሩ ኣብ ዝተፈላለየ ጽፍሕታት ሓላፍነትን ብኣምባሳደርነትን ድሕሪ ምግልጋል ድማ፡ ቀዋሚ መልእኽተኛ ቦሊቭያ ኣብ ው.ሕ.ሃ. ኣብ ዝነበረሉ ጊዜ ኢዩ ነዚ ናይ ኮሚሽነርነት መዚ ዝተቐበለ።[19]

ባ.ሕ.ሃ. ንማቲየንሶ ዘማኽሩ ኣርባዕተ ሊቃውንቲ ሕጊ'ውን ሰየመሉ። እዚኣቶም ከኣ፡ ሊቅ ሮማዊ ሕጊ ዝነበረ ኣመሪካዊ ኣርተር ሺለር፡ ሊቅ ቅዋማዊ ሕጊ ፈረንሳ ኤሚል ጂሮ፡ ሊቅ ቅዋማዊ ሕጊ እንግሊዝ ሰር ኢቮር ጀኒንግስን ሊቅ ኣህጉራዊ ሕጊ ፖል ጉገንሃይምን ነበሩ።[20] እቲ ኽንደፍ ዝተባህለ ናይ ኤርትራ ሕገ መንግስቲ፡ ኣብ ቅዋምን መንግስታዊ ስርዓትን ሕ.መ. ኣመሪካ ዝተመስረተ ክኸውን ኢዩ ተሓሊኑ ዝነበረ። ኩሎም እዞም ዝተጠቕሱ ኽኢላታት፡ ንማቲየንሶ

17. UK Report , ገጽ 8-9 ርአ።
18. ብዙሓት ሰባት ንስም'ቲ ኮሚሽነር ብ"ኣንዞ ማቴንዞ" የድምጹዎ ኢዮም። እቲ ቅኑዕ ኣደማምጻኡ ግን፡ "ኣንሰ ማቲየንሶ" ኢዩ።
19. Chi e dell'Eritrea, p. 20.
20. ሪጅፔርዳ ዊርድስማንን ሮጀር ፒንቶን ዝተባህሉ ክልተ ተወሰኽቲ ኣማኸርቲ'ውን ነይሮም ኢዮም። እቶም ቀንዲ ግን እዞም ዝተጠቕሱ ኣርባዕተ ነበሩ። Chi e dell'Eritrea, p. 20.

ሓዊስካ፡ ብዛዕባ ቅዋም ኣመሪካ ብቑዕ ኣፍልጦ ዘይነበሮም ክነሶም፡ ብፍላይ ነቲ ስራሕ እቲ ኽምዘዙ ሕቶታት ዘልዕል ጉዳይ ምንባሩ ብዙሓት ይዛረቡሉ ነበሩ።[21]

መንግስቲ ኢትዮጵያ ብሸመት ማቲየንሶ ኣይተሓጉሰትን። ጉዳይ ኤርትራ ኣብ ባ.ሕ.ሃ. ዝውሰነሉ ኣብ ዝነበረ ጊዜ፡ ማለት 1948-1950፡ መብዛሕትኦን ሃገራት ላቲን ኣመሪካ ደገፍቲ ኢጣልያን እቲ ንሳ እትምድረሉ ዝነበረት ናጽነት ኤርትራን ኢየን ዝነበራ። ማቲየንሶ ከም ቦሊቭያውን ላቲን ኣመሪካውን፡ ሕጂ'ውን ወገን ኤርትራ ብምውሳድ፡ ኣብ'ቲ ኣወዳድባ ፌደራል ስርዓት ንኤርትራ ክሐይል'ዩ ዝብል ስግኣት ከኣ ኢዩ ዘየሐጉሳ።

ንዝኾነ ኣጋጣሚ ተቐሪባ ንምጽናሕ፡ ይብል ኢትዮጵያዊ ደራሲ ዘውዴ ረታ፡ ነቲ ካብ 1946 ጀሚሩ ኣብ ኤርትራ ወኪላ (ላይዞን ኦፊሰር ወይ ናይ ርክብ መኰነን) ብምኳን ሰፊሕ ናይ ሕብረት ዘመተ ዘካየደ ኮሎኔል ነጋ ሃይለስላሴ ብኻልእ ሰብ ክትትክኦ ወሰነት። ነጋ ሃይለስላሴ፡ ኣብ ኤርትራ ብዝፈጸሞ ዝተፈላለየ ተግባራት፡ ጽልኢ ናይ'ቲ ንናጽነት ዝተቓለሰ ወገን ኤርትራ ኣጥርዩ ነበረ። ኣብ ልዕሊ'ዚ፡ ከምቲ ንሱ ዝደለዮን ዝጸዓረሉን፡ ኤርትራ ምስ ኢትዮጵያ ፍጹም ክንዲ ትሓብር እቲ ጉዳይ ብፌደረሽን ስለ ዝተዛዘመ፡ ጊዜኡን ኣድላይነቱን ኣብቂዑ ተባህለ። ብዛዕባ ክትክኡዎ ዝኽእሉ

ኣንሰ ማቲየንሶ

21. Spencer, p. 243-244.

ሰባት ብዙሕ ክትዕ ምስ ተገብረ ድማ፡ ኣብ ናይ ኢትዮጵያ ሚኒስትሪ ዜና ዳይረክተር ዝነበረ ዓምደሚካኤል ደሳለኝ ንኽትክእ ተሸመ።[22]

ዓምደሚካኤል ደሳለኝ፡ ኢጣልያ ንኢትዮጵያ ወሪራ ንሓሙሽተ ዓመት ኣብ ዝገዝኣትሉ፡ ኣብ ኢትዮጵያ ብምትራፍ ምስ መንግስቲ ኢጣልያ ዝተሓባበረ ሰብ ነበረ። ጠባይ ጣልያንን ላቲንን ይፈልጥ'ዩ ተባሂሉ ንማቲየንሶ ንኽሕዝ ዝተመርጸ ድማ ይመስል። በቲ ኻልእ ወገን፡ ሽመቱ ኢትዮጵያ ንጉዳይ ፌደረሽን ብዕምቈት ትሓስበሉን ንኽትክስበሉ ድማ ትሸባብሸብ ከም ዝነበረትን የረድእ።

ኣንሰ ማቲየንሶ ስራሕ ቅድሚ ምጅማሩ፡ ሓደ መበገሲ ዝኸውን ኣብቲ ዝንደፍ ቕዋም ኤርትራ ድማ ኽኣቱ ኣሎዎ ዝበሎ ዝርዝር ናይ ሓሳባት ብመልክዕ መዘክር ነደፈ። እዚ ድማ፡ ንሰብኣዊ መሰልን ፖለቲካዊ ናጽነትን፡ ሕቶ ወግዓዊ ቋንቋታት፡ ጉዳይ ክሊ ስልጣን መንግስቲ ኤርትራን መንግስቲ ፌደራልን፡ ብዛዕባ ምርጫ፡ ብዛዕባ ኣቃውማ መንግስቲ ኤርትራን ካልእ ተመሳሳሊ ኣገዳሲ ነጥብታትን ዝሓዘ ነበረ።

ማቲየንሶ፡ ብ9 ለካቲት 1951 ኣስመራ ኣተወ። ኣብ'ቲ ንህዝቢ ኤርትራ ዘስመዖ መደረ ድማ፡ ንፌደራል ድንጋገ፣ ሕብረት ምስ ኢትዮጵያን ናጽነት ኤርትራን ንዝሓተተ ክልተ ወገናት "ኬሐጉስ ዝግባእ ማእከላይ ወይ ሚዛናዊ መደብ" ክብል ገለጸ። ነቲ ተዋሂቡዎ ዝነበረ ኸቢድ ሓላፍነት ምእንቲ ኽሰልጥ ከኣ፡ ቅድሚ ኹሉ ካብ ህዝቢ ኤርትራ ህልኽ ክጠፍእን ሓድነት ክነግስን ኣተሓሳሰበ። ብዛዕባ ምትካል መንግስቲ ኤርትራን ውሽጣዊ ናጽነቱን፡ ከምኡ'ውን ብዛዕባ ተሳታፍነት ኤርትራውያን ኣብ ውሽጢ ፌደራል መንግስቲ ተሰፋ ዝህብ ቃላት ድሕሪ ምስማዕ፡ "ኣብዚ ከም ዓርከኹም ክሕግዘኩም እየ መጺአ ዘሎኹ እሞ፡ ንኣኻትኩም ንምቕባል ማዕጾይ ወርትግ እተራሕወ እዩ..." እውን በለ።[23] ካብ ለካቲት ክሳብ ግንቦት ኣብ ዝነበረ ሳምንታት ድማ ኣብ ዝተፈላለየ ክፍልታት ኤርትራ ኣፈናዊ ዑደት ኣካየደ።

ዕላማ ማቲየንሶ፡ ምስ ህዝቢ ኤርትራ ሰፊሕ ዘተ ከካይድ እሞ ብድሕር'ዚ ህንጻ መንግስቲ ኤርትራ ክነድፍ'ዩ ዝነበረ። ይኹን እምበር፡ ካብ'ዚ ጊዜ'ዚ ጀሚሩ ሸፍትነት ኣዝዩ ስለ ዝገነነ፡ ከም ድሌቱ ካብ ቦታ ናብ ቦታ እናዞረ ኣኼባታት ህዝቢ ክጸውዕን ምስኡ ክመያየጥን ከም ዘይክእል ብሩህ ኮነ። ጸኒሕና ከም እንርእዮ ኸኣ፡ ካብ ሚያዝያ 1951 ጀሚሩ ነቲ ህዝባዊ ርክባት ከቋርጽ፡ ኵነታት ምስ ሃድአ ጥራይ፡ ማለት ካብ ወርሒ ሓምለ ጀሚሩ ድማ ክቕጽሎ ተገደደ።[24]

---

22. ዘውዴ ረታ፡ የኤርትራ ጉዳይ፡ ገጽ 330-332። ዘውዴ ከም ዝገልጾ፡ እቶም ንሊያዞን ኦፈሰርነት ዝተሓጽዩ ካልኦት ሰባት፡ ኤርትራውያን ገብረመስቀል ክፍለ እግዚእ፡ ሰረቀብርሃን ገብረእግዚእን ኮሎኔል ኢያሱ መንገሻን ነበሩ። ካብ'ዚኦም፡ ገብረመስቀል ክፍለእግዚእ ንኸይሸየም ኣቦኡ ኣቶ (ደሓር ደጃዝማች) ክፍለእግዚእ ይሕደጎ ዝተባህሉ ውሩይ ፈታው ሃጸይ ሃይለስላሴን ኢትዮጵያን፡ <ወደይ ኣብ ኤርትራ ሓዲጋ ከይረኽቦ> ብዝብል ተቓውሞ፡ እቶም ዝተረፉ ድማ ብኻልእ ምኽንያታት ከም ዝተርፉ ተገብረ።

23. ሰ.ጋ. ቍ. 441፡ 9ይ ዓመት፡ 15 ለካቲት 1951።

24. Final Report of the UN Commissioner in Eritrea Supplement No 15 (A/2188), p. 9-10.

ርክብ ማቲየንሶ ምስ መንግስቲ ኢትዮጵያ

ማቲየንሶ፡ ብሰንኪ ሸፍትነት ኣቓዲሙ ምስ ህዝቢ ኤርትራ ንኸይመያየጥ ምኽልካሉ ብዓይኒ ጥርጣረ ክርአ ይክኣል። ምምሕዳር ብሪጣንያ ኣብ ኤርትራ (ብ.ም.ኤ.) ድሕሪ ተደጋጋሚ ምሕጽንታን ጥርዓንን፡ ኣብ መወዳእትኡ ድማ፡ ኮሚሽነር ማቲየንሶ ነቲ ስራሕ ብምሉኡ ከቋርጾ ምኻኑ ምስ ሓበረን'ዩ፡ ድሕሪ ኣዋርሕ፡ ተግባራት ሸፍትነት ብግብሪ ደው ዘብል ወይ ዘጉድል ስጉምቲ ዝወሰደ። ድሌት መንግስቲ ኢትዮጵያ ንማቲየንሶ ናብ ጉድና ምስሓብ ስለ ዝነበረ፡ ኣቓዲሙ ምስ ህዝቢ ኤርትራ ዝመያየጠሉ ዕድል ክዕጾ ንረብሓኣ ኢዩ ዝነበረ። ስለ'ዚ፡ ሃገር ብሸፍትነት እንተ ተናወጸት እተተባብዖ እምበር እትጸልኦ ጉዳይ ኣይነበረን። ብ.ም.ኤ. ነቲ ጸኒሑ ዝወሰዶ፡ ሸፍትነት ዘጉደለ ብትኽ ዘበለ ስጉምቲ ኣቓዲሙ ዘይምውሳዱ ግን ዘተሓታትት 'ዩ። ብሰንኪ'ዚ፡ ማቲየንሶ ክንዲ በቲ መደቡ ቅድም ምስ ህዝቢ ኤርትራ ዝመያየጥ፡ ብመንግስቲ ኢትዮጵያ ጀመረ። በዚ ድማ፡ ኢትዮጵያ ኣተሓሳሰባኡ ንምጽላው፡ ወይ ቅድመ ኩነታታ ኣቓዲማ ንምቕራብ ዕድል ረኸበት።

ማቲየንሶ፡ ኣክሊሉ፡ ስታፎርድ፡ ዓምደሚካኤልን ካሚንግን ኣብ መዓርፎ ነፈርቲ ኣስመራ።

ማቲየንሶ፣ ምስ መንግስቲ ኢትዮጵያ፣ ብፍላይ ድማ ሃሰ ናይ ወጻኢ ጉዳያት ሚኒስተራ ኣክሊሉ ሃብተወልድ፣ ክልተ ናይ ዘተ መደባት፣ ማለት ቅድም ኣብ ግንቦት፣ ካልኣይ ድማ ኣብ ሓምለ 1951 ኣካየደ። ቀልጢፎም ከአ ኣብ ናይ ኣተሓሳስባ ግጭት ኣተዉ።

ኣብቲ ናይ ፈለማ ርክቦም ኣብ ኣዲስ ኣበባ፣ ማቲየንሶ ብዛዕባ ቅዋም ኤርትራን ሓፈሻዊ ቅርጹን ኣረድአ። ቀዳማይ ክፋሉ ነቲ መንግስቲ ኤርትራ ዝቐመሉ ደሞክራስያዊ መትከላት፣ ካልኣይ ክፋሉ ንቕርጽን ኣቃውማን መንግስታዊ ትካላቱ፣ ሳልሳይን ራብዓይን ክፋሉ ድማ ንፍርዳዊ ትካልን ህንጻ መንግስቲ ኤርትራ ዝመሓየሽሉ ኹነታትን ከም ዝዝርዝር እውን ገለጸ። ኣክሊሉ ብወገኑ ኣብቲ ዝቐረበ ንድፌ ሓሳብ ርእይቶኡ ኣቕረበ'ሞ፣ ክልቲኦም ወገናት ኣበየናይ ክፋላት ከም ዝፈላለዩ፣ ኣበይ ድማ ከም ዝሰማምዑ ሓፈሻዊ መረዳእታ ክረኽቡ ኽኣሉ።[25]

ክትዕ ማቲየንሶን ኣክሊሉን ኣብ'ቲ ኻልኣይ ዘተኦም፣ ማለት ኣብ'ቲ ኣብ ወርሒ ሓምለ ኣብ ኣስመራ ዝተኻየደ ርክቦም ኢዩ ተራእዩ። ኣብ'ዚ ጊዜ'ዚ፣ ማለት ብ29 ሰነ 1951፣ ማቲየንሶ ነቲ ብሰንኪ ሽፍትነት ኣቋሪጹዎ ዝነበረ ዘተኡ ምስ ህዝቢ ንኽቕጽሎ ተዳልዩ ከም ዝነበረ ገለጸ። ንጽባሒቱ 30 ሰነ፣ ኣክሊሉ ሃብተወልድ ነቲ ናይ ግንቦት ርክቦም ንምቕጻል ኣስመራ ኣተወ። ቅድሚ ናብ ህዝቢ ኤርትራ ምቕራቡ እምበኣር ኣክሊሉ ኣብ ልዕሊ ማቲየንሶ ጽልዋ ንኸሕድር ወይ ድማ ተጽዕኖ ንኽገብር ንኻልኣይ ጊዜ ዕድል ረኸበ።

ኣብቲ ርክብ፣ ኣክሊሉ ቐልጢፉ ነቲ ማቲየንሶ ኣቕሪቡዎ ዝነበረ ኣተራጉማ ፈደራል ድንጋገ ተቓወመ። ትሕዝቶ ናይቲ ድንጋገ ብዝኾነ መገዲ፣ በቲ ብማቲየንሶ ዝእከብ ርእይቶታት ህዝቢ ኤርትራ'ውን እንተ ኾነ፣ ክቕየር ከም ዘይግባእ ድማ ኣጠንቀቐ።[26] ብመሰረቱ፣ ኢሉ ኣክሊሉ፣ ፈደራል ድንጋገ ኣብ መንጎ ኤርትራን ኢትዮጵያን ጥቡቕ ፈደራል ዝምድና ዝፈጠረ እኳ እንተ መሰለ፣ ንኤርትራ ኣዝዩ ሰፊሕ ውሽጣዊ ናጽነት ስለ ዝሃባ፣ ንመንግስቲ ፈደረሽን (ወይ ኢትዮጵያ)፣ ኣብ ውሽጢ ኤርትራ ፈደራል ሕግታት፣ ኣዋጃትን ሓላፍነታትን ንኸተግብር መገዲ ኣይከፈተሉን። እዚ ድማ፣ ንመንግስቲ ኤርትራ ኣዝዩ ሰፊሕ ናይ ፖሊስ፣ባጀትን ምእካብ ግብርን ስልጣናት ተዋሂቡዎ ስለ ዘሎ ኢዩ።[27] ኤርትራ "ነብሳ እተመሓድር ኣካል" እምበር መንግስቲ (state) ከም ዘይነበረት'ውን ኣረድአ። ምስቲ ኣብ ኤርትራ ዝነበረ ስእነት ጸጥታ፣ ኤርትራ ናይ ምምሕዳር ዓቕሚ'ውን ስለ ትስእን፣ እቲ ኣገባብ'ቲ መንግስቲ ኢትዮጵያ ድሕነት ፈደረሽን ንኸይሕሉ ዝዕንቅጽ ምኳኑ'ውን ተማጒቱ።[28]

እዚ ኹሉ መታን ክፍወስ፣ ኣክሊሉ፣ ኣብ መንጎ ፈጻሚ ኣካል ኤርትራን ፈጻሚ ኣካል መንግስቲ ኢትዮጵያን ዝጠበቐ ርክብ ንኽህሉ ኣመመ። እዚ ድማ፣

25. እ.ጽ. 40፣ ገጽ 6፣ ሕ.ጽ. 61-63
26. እ.ጽ. 40፣ ገጽ 6፣ ሕ.ጽ. 65።
27. እ.ጽ. 40፣ ገጽ 6-7, ሕ.ጽ. 67-68።
28. Okbazghi Yohannes, Eritrea, A Pawn in Wolrd Politics, p. 180.

በዚ ዝስዕብ መገዲ ይኹን በለ፤

- መራሕ መንግስቲ ኤርትራ ካብ ባይቶ ኤርትራ ናጻ ክኸውን፡
- መራሕ መንግስቲ ኤርትራ ብንጉሰ ነገስት ኢትዮጵያ ክሽየም፡
- ኤርትራ፡ ኣብ ኣህጉራዊ መዳያት ብኢትዮጵያ ስለ ትውከል፡ ናይ ትምህርቲ፡ ጥዕናን ዕዮን ክፍልታታ ምስ መንግስቲ ኢትዮጵያ ናይ ቀረባ ምትእስሳር ክህልዎ፡
- ኣምሓርኛ ወግዓዊ ቋንቋ ኤርትራ ክኸውን
- ባንዴራ ኢትዮጵያ ባንዴራ ክልቲኦን ሃገራት ክትከውን።[29]

በዚ እማመኡ እዚ፡ ኣክሊሉ ነቲ ፈደራል ድንጋገ መሰረት ህንጻ መንግስቲ ኤርትራ ንክኸውን ዝበየኖ ደሞክራሲያዊ መትከላት ፍጹም ተጻረሮ። ማቲየንሶ፡ ኢትዮጵያ ኣቓዲማ'ውን ንውሽጣዊ መሰላት (autonomy) ኤርትራ ተቓዊማ እንተ ነበረት፡ ድሒራ ግን ንውሳነ ሕ.ሃ. ስለ ዝተቐበለቶ፡ ሕጂ ተመሊሳ ንመትከላቱ ክትቅይር ከም ዘይትኽእል ንኣክሊሉ ኣዘኻኸሮ። ከም ኮሚሽነር ሕ.ሃ. ሓላፍነቱ ነቲ ድንጋገ ከተግብር እምበር፡ ብዝኾነ መገዲ ካብ ትሕዝቶኡ ከጉድል ወይ ዘይነበረ ክውስኽሉ ከም ዘይክእል እውን ኣነጸረሉ። ነቲ ዝተረፈ ዝርዝር እማመታት ኣክሊሉ ኣመልኪቱ'ውን፡ ባ.ሕ.ሃ. ኤርትራ ነብሳ ከተመሓድር ዘይትኽእል ሃገር'ያ ዝብል እምነት እንተ ዝነብሮ፡ ናይ ገዛእ ርእሳ መንግስቲ ትትከል ዝብል ውሳነ ገዲፉ፡ ካልእ ምስቲ ኣረኣእያ'ቲ ዝሳነ ፍታሕ መምጽአ ኢሉ ነጸጎ። ኣብ መንጎ መራሕ መንግስቲ ኤርትራን ንጉሰ ነገስት ኢትዮጵያን ጽኑዕ ርክብ ክህሉ'ኳ እንተ ዘይተቓወመ፡ ማቲየንሶ ነቲ መራሕ መንግስቲ ብንጉስ ይሽየም ዝብል ሓሳብ ብዘይ ውልውል ኣውደቖ።[30]

ኣክሊሉ ብቐሊሉ ዝወዓዓል ሰብ ስለ ዘይነበረ፡ ምኽንያታት እናቐያየረ ንማቲየንሶ ክስሕቦ ፈተነ። ዕላማኡ፡ ስልጣን ባይቶ ኤርትራ ምጉዳል ስለ ዝነበረ፡ መራሕ መንግስቲ ኣብ ልዕሊ ባይቶ ናይ ቀውፊ (veto) ስልጣን ንኽህልዎ ኣመመ። እዚ ድማ፡ ብሃንደበታዊ ውሳነ ባይቶ መሰል ናይ ውሑዳን (minorities) መታን ከይገሃስን ዕድል ናይ ዳግመ ግምት መታን ክፍጠርን፡ እቲ ናይ ቀውፊ ስልጣን ንውሱን ጊዜ ጥራይ ክጸንሕ ከም ዝኾነ ገለጸ። ቀጺሉ ኣክሊሉ፡ ንጉሰ ነገስት መራሕ መንግስቲ ምስ ዝመርጹ፡ ኣብ'ዛ ብዙሕ ዝዓሌቶምን ዝሃይማኖቶምን ህዝብታት ዝነብሩላ ኤርትራ ኣፈላላይ ንኽይህሉ ውሕስነት ከም ዝህብ ኣረድአ።

ካብ'ዚ ሓሊፉ ኣክሊሉ፡ እቲ ዶብ ስልጣን መንግስታት ኤርትራን ፈደራልን ዝዘርዝር ክፋል ናይ ድንጋገ ሕ.ሃ. ኣብ መንጎ ስልጣናት ክልቲኡ መንግስታት ተደራራብነት ክፈጥር ስለ ዝኽእል፡ ኣብ ሕገ መንግስቲ ኤርትራ ኣይጠቐስ ዝብል ሓሳብ ኣቕረበ።[31]

29. ዕቑባዝጊ የሃንስ ገጽ 180 Final Report, note 40, p. 6-7.
30. ዕቑባዝጊ የሃንስ፡ እ.ጽ. 43፡ ገጽ 182-183።
31. Final Report, p. 6-7, pac. 69-71.

እዚ ኹሉ ናይ ኣክሊሉ ተወሳኺ ሓሳባት፡ ንፈደራል ድንጋገ ብምሉኡ ዝቐይር ስለ ዝነበረ፡ ማቲየንሶ ቡብሓደ ነጸጎ። ኣክሊሉ ኣብቲ ሓሳባቱ ምስ ደረቐ ድማ፡ ማቲየንሶ ነቲ ተልእኾኡ ራሕሪሑ ናብ ባ.ሕ.ሃ. ከም ዝምለስን ቅዋም ክነድፍ ከም ዘይከኣለ ከም ዘፍልጦን ሓበሮ።[32]

ከምዚ ምስ ኮነ፡ ኣክሊሉ ናብ ምፍርራሕ ኣተወ። ቅድሚ ኮሚሽነር ምምራጹ፡ ማቲየንሶ ወኪል ቦሎቭያ ኣብ ው.ሕ.ሃ. ምንባሩ ርኢና ኣሎና። ማቲየንሶ ነዚ ናይ ኤርትራ ስርሑ ምስ ሓዘ ግን፡ ኣብ ቦሊቭያ ዕልዋ መንግስቲ ተኻየደ'ሞ፡ ከም ኣባል'ቲ ዝተዓልወ መንግስቲ፡ ማቲየንሶ ወግዓዊ ቦታኡ ኣብ ው.ሕ.ሃ. ኣጥፍአ። ኣክሊሉ ነዚ ሰንኮፍ ቦታኡ'ዚ ብምምዝማዝ፡ ኣረኣእያ ኢትዮጵያ ምስ ዘይቕበል፡ ኢትዮጵያ ካብቲ ሒዙዎ ዝነበረ ቦታ ጉስጉሳ ኣብ ውሽጢ ሓጺር ጊዜ ከተስጉጎ ከም እትኽእል ኣጠንቀቖ። ኣክሊሉ ክንድ'ዚ ዝደፈረ፡ ማቲየንሶ ካብ ስራሕ ንኺይወጽእ ይሰግእ ምንባሩ ኣቐዲሙ ስለ ዝፈለጠ ኢዩ ዝብሉ'ለዉ። ናብ ሃጸይ ሃይለስላሴ ኣብ ዝሰደዶ መዘክር ድማ፡ ይብል ተኪኤ ፍስሓጽዮን ንሓደ ጸብጻብ መንግስቲ ኣመሪካ ብምጥቃስ፡ ኣክሊሉ ብዝተገብረሉ ጸቕጢ፡ ማቲየንሶ ንኹሉ'ቲ ነጺጉዎ ዝነበረ ነጥብታት ዳግመ ግምት ክገብር ከም ዝተዳለወ ኣፍለጠ። ንጉሰ ነገስት መራሕ መንግስቲ ኤርትራ ንኽሸይም'ውን ተሰማምዐ።[33]

ጸኒሑ ግን ማቲየንሶ ምስ ናይ ሕጊ ኣማኸርቱ ምስ ተላዘበ፡ ነቲ ኣብ ትሕቲ ጸቕጢ ኣክሊሉ ገይሩዎ ዝነበረ ሕድገታት ተገምጢሉ ብምቕያር፡ ናብ መብዛሕትኡ እቲ ናይ ፈለማ መርገጺኡ ተመልሰ። ይኹን እምበር፡ ብዛዕባ ደረት ስልጣኑ'ኳ ንጹር መረዳእታ እንተ ዘይነበረ፡ ንጉሰ ነገስት ኢትዮጵያ፡ ኣብ ኤርትራ ወኪል ይሃልዎ ንዝብል ሓሳብ ተቐበለ። ብዛዕባ ጉዳይ ሓድነትን ተመሳሳልነትን መንግስቲ ኢትዮጵያን መንግስቲ ፈደራልን፡ ከምኡ'ውን ብዛዕባ ጉዳይ ወግዓዊ ቋንቋታት ኤርትራን ካልእ ተመሳሳሊ ሕቶታትን ግን ኣክሊሉን ማቲየንሶን ኣብ ናይ ሓባር መረዳእታ ከይበጽሑ ተፈላለዩ።[34] ኣክሊሉ ንኹሉ'ቲ ዝጠለቦ ጉዳያት'ኳ ኣይርከብ እምበር፡ ኣብ ኤርትራ ወኪል ንጉሰ ነገስት ንኽህሉ ማቲየንሶ ምስምምዑ፡ ንኢትዮጵያ ሓደ ዓቢ ዓወት ከም ዘመዝገበ ዘቕጽሮ ኢዩ። እዚ ድማ ዘገም ኢልና እንትርኸሉ ጉዳይ ክኸውን ኢዩ። ብኻልእ ወገን፡ ውሽጣዊ ናጽነትን ዴሞክራስያዊ ሰረታትን መንግስቲ ኤርትራ ከም ዝህሉ ምግባሩ፡ ማቲየንሶ'ውን ተዓዊተ ከይበለ ኣይተረፈን።

ዕቑባዝጊ ዮሃንስ ኣብ መጽሓፉ፡ ኣብ'ዚ ክትዕ'ዚ ማቲየንሶ ጸብለል ከም ዝበለ ይገልጽ፤

> ናይ ኢትዮጵያ መርገጺ፡ ንትግባረ ፈደራል ድንጋገ ኣብ ሓደጋ ዘእቱ ነበረ። ማቲየንሶ ባዕሉ፡ "ደረጃ ብደረጃ'ኮ ካብ ንኣሽቱ ምጉዳላት ናብ ፍጹም ዕንወት

32. Tekie Fissehatzion, Eritrea: From Federation to Annexation, p. 15.
33. Tekie Fessehatzion, 47, above, citing State Department Document, 777.00/7-2651, July 26, 1951 # 34, p. 16.
34. እ.ጽ. 47, ገጽ 16።

ናይ ኤርትራዊ ኦቶኖሚ ክንወርድ ንኽእል ኢና" ክብል ገሊጹ ነይሩ ኢዩ። ማቲየንሶ ብዘወሰዶ ጽኑዕ መርገጽን ብዘስምዖ ተሪር ቋንቋን ዝተሰናበደ ኣክሊሉ፡ ምጉቱ ኣንጻር ኤርትራዊ ኦቶኖሚ ብምምሳሉ ይቕሬታ ሓተተ። ብላዕሊ ላዕሊ፡ እዚ ይቕሬታ'ዚ ስዕረት ዝተቐበለ ኣምሰሉ። ብሓቂ ግን፡ ኣብ ካልእ ዝጥዕም ጊዜ ንፈደራል ድንጋገ ንምብታን መታን ክኽእል ዝወሰዶ ናይ ምዝላቕ ስጉምቲ ነበረ። ዘይተነቓነቐ መርገጺ ማቲየንሶ'ውን ቀጥታዊ ምሕዋስ ኤርትራ ናብ ኢትዮጵያ'ኳ እንተድሓነ፡ ናይ ኣክሊሉ ተቓውሞ ንሰፊሕ ኤርትራዊ ኦቶኖሚ ግን ሓደ ዘሰክፍ ምልክት ናይቲ ደሓር ዘጓነፈ ነገራት ነበረ።[35]

ምስሕሓብ ማቲየንሶን ብ.ም.ኤ.ን ብዛዕባ ሽፍትነት

ፈደራል ድንጋገ፡ እቲ ንሱ ንኽምስረት ዝወሰኖ ስርዓት ክሳብ ዝቐውም፡ ኤርትራ ኣብ ትሕቲ ምምሕዳር ብሪጣንያ ንኽትጸንሕ ወሲኑ ነበረ። ነዚ ናብ ፈደራል ስርዓት ናይ ምስግጋር ሓላፍነት ንኽሰከም ከኣ መንግስቲ ብሪጣንያ ንሜጀር ጀነራል ዳንካን ካመሮን ካሚንግ መዘዘት። ካሚንግ፡ ብ1903 ኣብ ብሪጣንያ ዝተወልደን ብፍላይ ኣብ ሱዳንን ሊብያን ብዝተፈላለየ ወተሃደራውን ናይ ስለያን ሓላፍነት ዘገልገለን ኣዝዩ ምኩር እንግሊዛዊ በዓል ስልጣን ነበረ። ብ1941 ኤርትራ ብብሪጣንያ ምስ ተታሕዘት ድማ፡ ነቲ ሽዑ ጊዜያዊ ኣመሓዳሪ ኤርትራ ዝኾነ ብሪጋደር ጀነራል ከነዲ-ኩክ ኣሰንዩ ብምምጻእ፡ ኣብ ኤርትራ ወተሃደራዊ ምምሕዳር ንኽቐውም ሓገዘ።[36]

ከም ዝዝከር፡ መንግስቲ ብሪጣንያ ኤርትራ ኣብ ክልተ ተመቒላ ፍርቃ ንኢትዮጵያ፡ ፍርቃ ድማ ንሱዳን ክትወሃብ ዝብል ሓሳብ ኢዩ ዝነበሮ። ፈደረሽን ዝብሃል ፍታሕ፡ ጸኒሓ ኣብ መጋባእያታት ው.ሕ.ሃ. ዝተቐበለቶ'ምበር ኣቐዲማ ዝተሰማምዓትሉ ሓሳብ ኣይነበረን።[37] ኣብ'ዚ ስርዓት ፈደረሽን ናይ ምትካል ሓላፍነት ዝተቐበሉሉ እዋን እንተኾነ'ውን፡ ሰበ ስልጣን ብሪጣንያ ብዛዕባ ግብራውነቱ ንዝነበሮም ዕቃበታት ካብ ምግላጽ ኣይተቘጠቡን። ፈደረሽን፡ ንህዝቢ ኤርትራ ሓዲሽ ኣምር'ኳ እንተ ኾነ፡ ኣተዓራቒ ሓሳብ ከኣ ስለ ዝነበረ ገለ ተቐባልነት ከም ዝረክብ ይርድኡ ነይሮም እዮም። ይኹን እምበር፡ ኣብ ውሽጢ'ቲ ኣቃውማ'ቲ፡ እቲ ወገን ዝፈለየ ናይ ቀደም ጽልኢ ክቕጽልን ንሃገራዊ ስኒት ድማ ክዘርግን ከም ዝጽበዩ ደጋጊሞም ይገልጹ ነበሩ።[38] ኣብ ኢትዮጵያ ኣምባሳደር ብሪጣንያ ዝነበረ ዳግላስ ባስክ ንኣብነት፡ እቲ ፍርቂ ህዝቢ ኤርትራ ዝነበረ እስላማዊ ክፍሊ፡ ተኣማኒ ሃይለስላሴ ክንዲ ዝኾነውን ትጽቢቱን ጥርዓናቱን ናብ ሕብረት ዓረብ (ኣልራቢጣ ኣልዓረቢያ) ከቕንዕ ከም ዝኽእል ኣጠንቀቐ። ብተወሳኺ፡ ኣምር ፈደረሽን ንኢትዮጵያውያን ሶማልን ንህዝቢ ትግራይን ክስሕብ ስለ ዝኽእል፡ ንሓድነት ኢትዮጵያ ኣብ ሓደጋ ዘእቱ ከይኮውን ዝብል ስግኣቱ'ውን ገለጸ።[39]

35. ዕቝባዝጊ ዮሃንስ፡ እ.ጽ. 43፡ ገጽ 113።
36. Chie dell' Eritrea, _. 96.
37. እዚ ጉዳይ'ዚ፡ ኣብ'ታ "ኣይንፈላለ" እትብል መጽሓፍ ብሰፊሑ ተገሊጹ ኣሎ።
38. UN General Assembly, A/2233 (UK Report to UN Gen Assembly), 8 Nov. 1952, p. 6-7.
39. FO 371/26721, JA 1015/10, 16 April 1952.

ጀነራል ዳንካን ካሚንግ ባዕሉ ንስርሑ ብምስትሃግባል ኢዩ ጀሚሩዎ። ሓደ ጊዜ'ውን፡ ኣብ'ቲ ዝነበሮ ደረጃ ከም ዝወረደ ብዘስምዕ ቃና፡ ንናይ ኤርትራ ተልእኾኡ፡ "ኣብ ጸፍሒ ባሕሪ 8000 ጫማ ኣብ ዝተገተረ'ሞ ብታሕቲ መውደቒ ዝኸውን ጉዝጓዝ ኣብ ዘይብሉ ገመድ ከም ምስዕሳዕ ኢዩ" ክብል ገሊጽዎ ነይሩ ኢዩ። "ንኤርትራ ኣብ ዝገድፈሉ እዋን፡" ኢሉ ካሚንግ ብምቕጻል፡ "ብገንዘብ ይኹን ብዝና እጥፍሽ እኸውን እየ፡ ነታ እጃመይ ግን ተመቕሊለ ክፍጽማ ክፍትን እየ። ብውሑዱስ፡ ነቲ ምምሕልላፍ ስልጣን ዘደናጉ ዝኾነ ናይ ውልቂ ምኽንያት ከም ዘይብለይ ይፍለጠለይ ይኸውን እምበር።"[40] ብሓጺሩ፡ ዕድል ህዝቢ ኤርትራ ዝዓጦ ሰብ ኣይነበረን ክንብል ንኽእል።

ናይ መንግስቲ ብሪጣንያ ኣረኣእያ ብዘየገድስ፡ ብሓቂ እቲ ኣብ ቅድሚ ብ.ም.ኤ. ዝነበረ ስራሕ ኣቕሊልካ ዝግመት ኣይነበረን። ፈደራል ድንጋገ፡ ስርዓት ፈደረሽን ብ15 መስከረም 1952 ቁይሙስ፡ ብሪጣንያ ጠቕሊላ ካብ ኤርትራ ንኽትወጽእ ኢዩ ዝወሰነ። ካሚንግ ኣስመራ ካብ ዝኣተወሉ 16 ለካቲት 1951 ምስ ዝጽብጸብ፡ ብ.ም.ኤ. ነቲ ዕማሙ ንኽፍጽም ናይ ሓደ ዓመትን ሸውዓተ ወርሕን ወይ ድማ ናይ 19 ኣዋርሕ ጊዜ ጥራይ ነይሩዎ ማለት ኢዩ። እቲ ዕማም ነዚ ዝስዕብ ዘጠቓለለ ነበረ፦ ምስ መንግስቲ ኢትዮጵያ ናይ ጉምሩክ ሕብረት ከም ዝቐውም ምግባር፣ ኤርትራዊ ስርዓት ምምሕዳር ምውዳብ፣ ኣብ ኩሉ ጸፍሕታት ምምሕዳር መንግስቲ ኤርትራ፡ ዜጋታት ኤርትራ ምምዳብ፣ ባይቶ ወከልቲ ኤርትራውያን ንምቛም ምድላዋት ምግባርን ምምራቑን፣ ናብ ዝምልከቶም ኣካላት ስልጣን ንምምሕልላፍ ዘድሊ ምቅርራባት ምግባርን፣ ኣብ ልዕሊ'ዚ ኹሉ ድማ ነቲ ዝጸንሐ ናይ ዕለታዊ ምምሕዳር ዕማማት ምቕጻል...[41]

እቲ ናይ ጊዜ ገደብ ሓጺር ደኣ ይንበር እምበር፡ ብ.ም.ኤ.'ውን ነቲ ጊዜ'ቲ ብዝግባእ ክጥቀመሉ ኣይተራእየን። ብፍላይ ነቲ ኣዝዩ ህጹጽ ኣቓልቦን ወሳኒ ስጉምትን ዘድልዮ ዝነበረ ጉዳይ ሽፍትነት ብፍጥነት ስለ ዘይተተሓሓዞ ድማ፡ ብ.ም.ኤ. ምስ ኮሚሽነር ማቲየንሶ ክሳብ ኣብ ምፍጣጥ በጺሑ።

ማቲየንሶ ኤርትራ እትው ምስ በለ፡ ምስ ህዝቢ ኤርትራ ኣፈናዊ ርክባት ንኽገብር ሓደ ዑደት ከም ዝጀመረ ርኢና ኣሎና። ይኹን እምበር፡ እቲ እዋን'ቲ ሽፍትነት ዝገርገረሉ ስለ ዝነበረ፡ ማቲየንሶ ቀሲኑ ምስራሕ ሰኣነ። ዕቑባዝጊ የሃንስ ኣብ መጽሓፉ፡ እቲ ከም ሓዲሽ ገርጊሩ ዝተላዕለ ሽፍትነት ክልተ ዕላማታት ከም ዝነበሮ ይገልጽ። እዚ ድማ፡ ብቐዳምነት፡ ኣብ'ቲ ህንጻ መንግስቲ ኤርትራ ንኽንደፍ ምድላዋት ዝግበረሉ ዝነበረ ጊዜ፡ ናይ ኤርትራ ሃገራውያን መታን ክሰናበዱ'ሞ ንሰፊሕ ውሽጣዊ ናጽነት ካብ ምምጓት መታን ከድሓርሕሩ ኢዩ በለ። ካልኣይ ከኣ፡ ነቲ "ኤርትራ ነብሳ ክተመሓድር ኣይትኽእልን ኢያ" ዝብል ምጉት ኣክሊሉ ሃብተወልድ ስጋ ንምልባስ፡ ኤርትራ ብቐጻሊ ዕግርግር ክትሕመስ'ሞ፡ እቲ ንዕኣ

40. እ.ጽ. 50 ርአ።
41. UK Report, note 49, p. 7, 14.

ዝተዋህበ ጉዳይ ውሽጣዊ ጸጥታ ንኢትዮጵያ መታን ክወሃብ ብምሕላን ነበረ።[42] ከምቲ ኣቐዲምና ዝረኣናዮ፡ ማቲየንሶ፡ ቅድሚ ምስ ህዝቢ ኤርትራ ምዝታዩ፡ ኣቐዲሙ ምስኣ ንኽራኹብ ንዝነበራን ዘተግበረቶን ሃረርታ ተዛሚዱ ምስ ዝርአ፡ እዚ ዕቑባዝጊ ዘቕረቦ ምኽንያታት ዝንጸግ ኣይከውንን።

ብ.ም.ኤ. ግን፡ ጠንቂ ድንፋዐ ሽፍትነት እቲ ኣብ ጊዜ ጣልያን ፈቐድኡ ዝነበረ ዘይተኣከበ ብረትን ሽቐለተ ኣልቦነትን ጥርጣረ ኣብ ልዕሊ መጻኢ ዕድል ኤርትራን ኢዩ ዝብል ምኽንያት'ዩ ዘቕርብ ዝነበረ።[43] ፖለቲካ ዝመበገሲኡ ሽፍትነት፡ ቀደም ኣንጻር ኢጣልያውያንን ንደገፍ ኢትዮጵያን ክግበር እንከሎ እምበር ኣብ'ቲ እዋን'ትስ ተራ ስርቂ ከም ዝነበረ ጥራይ ከኣ ቌጸሮ። በዚ መሰረት፡ ቅድሚ ማቲየንሶ ምምጻኡ፡ ማለት ድማ ኣብ ጥሪ 1951፡ ብ.ም.ኤ. ሓደ ቕድመ ኸነታዊ ኣዋጅ ምሕረት ኣውጺኡ ነበረ። በዚ መሰረት፡ ትንፋስ ሰብ ዘየሕለፉ፡ ገበኖም ክእመኑ ድሉዋት ዝኾኑ፡ ብረቶም ከኣ ንዘረክቡ ሽፍታ ምሕረት ከም ዝወሃብ ኣፍለጠ። ነዚ ብምቕባል፡ ካብቶም ብኣስታት 2000 ዝግመቱ ዝነበሩ ሽፍታ፡ ውሑዳት መራሕቲ ዝርከቡዎም 296 ጥራይ ክሳብ ሚያዝያ 1951 ኢዶም ሃቡ። ግን ከኣ፡ ድሕሪ ቑሩብ ገለ ካብ'ዚኣቶም ናብ ሽፍትነቶም ተመልሱ፡ ሓደስቲ ኸኣ ተጸንበሩዎም።[44]

ማቲየንሶ፡ ብኣተሓሕዛ ናይ'ቲ ጉዳይ ኣይዓገበን። ነቲ ብዛዕባ ሽፍትነት ደጋጊሙ ዘቕርቦ ዝነበረ ለበዋን ስምዕታን፡ ብ.ም.ኤ. ከም ምግናን ስለ ዝቌጸሮ ድማ፡ ኣብ መንጎኡን ኣብ መንጎ'ቲ ምምሕዳርን ወጥሪ ተፈጥረ።[45] ማቲየንሶ ነዚ ከም ዓቢ ዕንቅፋት ስለ ዝቌጸሮ፡ ብ1 ግንቦት 1951 ፈነወ ማሕተም ንምውጻእ ጋዜጠኛታት ዓደመ'ሞ ነቲ ወጥሪ ብወግዕን ንህዝብን ኣቃልዖ። ፈደራል ድንጋገ ኣስፊትዎ ንዝነበረ ናይ ሰላምን ተስፋን ሃዋህው ሓደ ድኑ ከም ዘንጸላለዎ ድሕሪ ምግላጽ ድማ፡ ከም'ዚ በለ፤

> ... ከምቲ ኣብ መደብ ሕ.መ. ተሓንጺጹ ዘሎ፡ ንደቂ ኤርትራ ብብሓደ ጸጸዊዐ ብቕልጡፍ ክሰምዖም ከም ዘይኽእል ብዓቢይ ጓሂ ኣፍልጥ ኣሎኹ። በዚ ሕዝቢ፡ ካብ ዝኾነ ይኹን ካልእ ነገር፡ ሰላምን ጸጥታን ዚትምነየሉ ዘሎ ጊዜ እዚ፡ ልኡካን ይቕረቡ ምባል፡ ብፍርዲ ኣእምሮ ቅኑዕ ኮይኑ ኣይረኣየንን። ከምኡ እውን፡ ናይ ሕ.መ. ሰንደቕ ዕላማ ጸይረ ፈቐዶ ዓድታት ምኻድ፡ ቡቲ ደም ናይቶም ብዓመጸኛታት እተቐትሉ ሰባት ዝሰተየ መንገድታት ምምልላስ ቅኑዕ ኮይኑ ኣይሰምዓንን። ኣውራ ኣውራ እኳ፡ ኣነ ብሰብ ብረት ተሰንየ ዓዲ ንዓዲ ክዘውር፡ እቶም ምሳይ ንምርኻብ ዚመጹ ሰባት ግና ኣብ መንገዲ ኣድብዮም ብዘጸንሑ ዓመጸኛታት ሓደጋ ኪውደቑ ሕልናይ ዚፈቕዶ ግብሪ ኣይኮነን።[46]

---

42. ዕቑባዝጊ ዮሃንስ፡ እ.ጽ. 43፡ ገጽ 183።
43. UK Report, note 49, p. 8, par 22.
44. UK Report, p. 8. Par 21.
45. UK Report, p. 9, par 25.
46. ሰ.ጋ. ናይ ዓመት ቍ. 453፡ 10 ግንቦት 1951።

ብ.ም.ኤ. ግን ሕጂ'ውን ንኮሚሽነር ማቲየንሶ ተቓወሞ። እቲ ዝቕጽል ዝነበረ መጥቃዕቲ ሽፍታ፡ ንህይወትን ንብረትን ህዝቢ ኣብ ሓደጋ ዘእቱ ኣብ ልዕሊ ዘይምንባሩ፡ ነቲ ናይ ቀደም ፖለቲካዊ መልክዑ ወይ ጠባዩ'ውን ኣጥፊኡ ከም ዝነበረ ሰበ ስልጣን'ቲ ምምሕዳር ንማቲየንሶ ገለጹሉ። እቶም ምስ ማቲየንሶ ዝራኸቡ ዝነበሩ ኤርትራውያን ብሸፋቱ ይሸበሩን ይህደዱን ኣለው ዝብል እምነት ከም ዘይነበሮ'ውን ኣረድኦ። ይኹን እምበር፡ ብ.ም.ኤ. ብኻልእ ወገን'ውን ጸቕጢ ተገብረሉ። በዚ መሰረት፡ ኣብ ኤርትራ ዝነበረ ኢጣልያዊ ፕረስ፡ ሕሉፍ ገበናቶም ብዘየገድስ፡ ንኹሎም ሽፍታ ዘይቅደመ ኾንታዊ ምሕረት ክወሃቦም ኣጥቢቑ ተማሕጸነ። መንግስቲ ኢትዮጵያ ከይተረፈት ተመሳሳሊ ስጉምቲ ንኽውሰድ ንምትሕስሳብ፡ ሓደ ካብ ሃጸይ ሃይለስላሴ ዝተላእከ ጉጅለ ናብ ብ.ም.ኤ. ሰደደት።[47]

እዚ ናይ ኢትዮጵያ ደገፍ ንሓፈሻዊ ምሕረት፡ ምስቲ ኣቐዲሙ ዝተገልጸ ደገፉ ንግብረ-ሸበራ ዝተገራጨወ ክመስል ይኽእል። ክልተ ነገራት ምዝካር የድሊ። ብቐዳምነት፡ ብሰንኪ'ቲ ዕግርግር፡ ንህዝቢ ኤርትራ ቐዲማ ንማቲየንሶ ርእይቶኣ ክትህቦ ኽኢላ ኢያ። ብኻልእ ሸነኽ ድማ፡ ወግዓዊ ርእይቶኣ ደኣ ኣንጻር ሸፍትነት ይምሰል እምበር፡ ብኻልእ መገድሰ ካልእ ጸቕጢ ትፈጥር ነይራ ኢያ። ንኣብነት፡ እቲ ቐንዲ ኣፈኛ ኣብ ኤርትራ ዝነበረ ጋዜጣ ኢትዮጵያ፡ ኣብ ሓደ ናይ ወርሒ ሚያዝያ ቍጽርታቱ ነዚ ዝስዕብ ሓሳብ ኣቕሪቡ ነበረ፤

> ... እንተ ደኣ ብሓቂ ኣብ ኤርትራ ጸጥታ ንምትካል ናይ ሰራዊት ሓይሊ ዘይክኣል ኮይኑ፡ እምበኣርከስ ኤርትራ ዓድና ሰኣን ኢያ ወይ ሰኣን ዝሓልየላ ኣብ ጽልመት ካብ እትወድቕ፡ ሰራዊት እንግሊዝ ይውጽኡ፡ ሰራዊት ኢትዮጵያ ኪኣትዉ ይፈቐደሎም።[48]

ነዚ ኣትሪራ ዝተቓወመት ጋዜጣ *ደሞክራስያዊ ሰልፊ ኤርትራ* (ደ.ሰ.ኤ.) ዝነበረት "ሓንቲ ኤርትራ"፡ እዚ ዝስዕብ መልሲ ሃበት፦

> ... እዚ እንግሊዛዊ ስልጣን፡ ናይ ኤርትራ ጸጥታን ሰላምን ምሕላው እንተ ሰኣነ ግና፡ ነቲ ናይ ሓለዋ መዝን ሓላፍነትን ንኤርትራዊ ስልጣን ኣሕሊፉ ክህቦ ግዲ ይኾኖ'ምበር ናይ ካልእ መንግስቲ ሰራዊት ኣብ መሬት ኤርትራ ምእታው ኪፈቅድ ኣይግብኦን።[49]

ኣብ ከምዚ ዝበለ ዝተሓዋወሰ ኩነታትን ብፍላይ ድማ ውሳነ ማቲየንሶ ንምቍራጽ ስራሕ ምስ ተረረን፡ ብ.ም.ኤ. ብ14 ሰነ 1951 ንሓደ ወርሒ ዝጸንሕ ሓፈሻዊ ኣዋጅ ምሕረት ከውጽእ ተቐሰበ። እቲ ኣዋጅ፡ ዝኾነ ቅድመ-ኩነት

47. UK Report, p. 9. par 26-27. *ታሽቶ* 26-27. ኣብ መንጎ'ቶም ነዚ ዕላማ'ዚ ካብ ኣዲስ ኣበባ ዝተላእኩ፡ ኤርትራውያን ሰብ ስልጣን መንግስቲ ኢትዮጵያ፡ ፊታውራሪ ኣስፍሃ ወልደሚካኤል፡ ኣቶ (ደሓር ደጃዝማች) ክፍለእግዚእ ይሕደጎ፡ ኣቶ ሳሙኤል ገብረኢየሱስ፡ ኣቶ መሓመድ ዓብደላ መደኒን ኣዝማች ኣሕመድ መሓመድን ነበሩ።
48. ኢትዮጵያ፡ ቍ. 231፡ 18 ሚያዝያ 1951።
49. ሓንቲ ኤርትራ፡ 2ይ ዓመት ቍ. 71፡ 25 ሚያዝያ 1951።

ኤርትራውያን ልኡኻት ሃይለስላሰ። ካብ ጸጋም፡ ኣዝማች ኣሕመድ መሓመድ፡ መሓመድ ዓብደላ መደኒ፡ ክፍለእግዚእ ይሕደጎ፡ ኣስፍሃ ወልደሚካኤልን ሳሙኤል ገብረኢየሱስን።

ዘይገብር'ኳ እንተ ነበረ፡ ንዋና ኣማሓዳሪ ኤርትራ ግን ፍሉይ ስልጣን ሃበ። በዚ ድማ፡ ኣብያተ ፍርዲ ንሽፍትነት ዝምልከት ውሳነታተን ዘቀላጥፋሉ፡ ዋና ኣማሓዳሪ ናይ ሞት ፍርዲ ዘጽድቐሉ፡ ሽፍትነት ዝዓንገላ ዓድታትን ኮማትን ውልቀሰባትን ዝቐጽዓሉ ኣገባባት ተፈጥረ። ሓይልታት ጸጥታ'ውን በዝሑን ሓየሉን። ሽፍታ መታን ብሰላማዊ ናብራ ክሰሓቡ፡ ክሳብ ንመጣየሲ ወይ ንመ'ኽፈሊ ጋር ነብሲ ዝኾናም ገንዘብ ተፈልየሎም።

እዚ ምስ ኮነ፡ ኣብ ውሽጢ ሓንቲ ወርሒ ጥራይ፡ 45 መራሕቲ ዝርከቡዎም 903 ሽፍታ ኢዶም ሃቡ። ብዙሓት ከኣ ንኢትዮጵያ ሰገሩ። ነዚ ውጽኢት'ዚ ብምርኣይ፡ ብ.ም.ኤ. ነቲ ጊዜ ብሓደ ወርሒ መጦጦ። ኣብ ወርሒ ሓምለ'ውን 258 ኣተዉ። ብዘይካ'ቶም ናብ ኢትዮጵያ ዝኣተዉ፡ ኣብ ኤርትራ ጥራይ 1300 ሽፍታ ወይ ድማ 90% ናይ'ቲ ዝነበረ ቑጽሪ ናብ ሰላማዊ ናብራ ተጸንበረ።[50]

በዚ ኣገባብ'ዚ ሽፍትነት ሃድኣ'ሞ ማቲየንሶ ናብቲ ምስ ህዝቢ ኤርትራ ኽገብሮ ወጢኑዎ ዝነበረ ምይይጥ ከድህብ ከኣለ። እዚ ግን፡ ምስ መንግስቲ ኢትዮጵያ ድሕሪ ምምይያጡን፡ መንግስቲ ኢትዮጵያ ርእይቶኡ ብዝሓየለ ቛንቋ ኣቐዲሙ ንምቕራብ ይኹን ጸጥታ ኤርትራ ንምዝራግ ዕድል ድሕሪ ምርካቡን ከም ዝመጸ ምዝካር የድሊ።

50. UK Report, p. 9-10 par 29-32 ዳርጋ ብምሉኦም እቶም ዝዓበዩ መራሕቲ ሽፍታ፡ ማለት ከኣ፡ ኣስረስሀይ እምባዬ፡ ሓጎስ ተምነዎ፡ ገብረ ተስፋጽዮን፡ ወልደገብርኤል ሞሳዝጊ፡ ተኸስተ ሃይሉ፡ ደበሳይ ድራርን ካልኦትን ንኢትዮጵያ ኢዶም ሃቡ። ኣብኡ ኸኣ ሽመትን መዓርግን ተቐበሉ። ገሊኦም፡ ከም ኣስረስሀይ፡ ሓጎስ፡ ገብረ ተስፋጽዮን ዝመሰሉ፡ ድሕሪ ፈደረሽን ኤርትራ ኣትዮም፡ ከም ኣመሓደርትን ዳያኑን ኮይኖም ደቢ እንከለዉ፡ በዓል ደበሳይ ድራር፡ ተኸስተ ሃይለ ግን፡ ኣብ ኢትዮጵያ ተረፉ። ሓምድ ኢድሪስ ዓዋተ ምስ ሰዓብቱ'ውን ኣብ ውሽጢ 1951 ኢዱ ሃበ። እዚ ብኸመይ ከም ዝተፈጸመን እንታይ ከም ዝሰዓበን ሰፊሕ ሓተታ ስለ ዘድልዮ፡ ምስቲ ሰዒቡ ዝመጽእ ሰውራዊ ተመክሮኡን ታሪኹን ተተሓሒዙ ንኽግለጽ ንጊዜኡ ክውንዘፍ'ዩ።

ክትዕ ፖለቲካዊ ማሕበራት ኤርትራ

ወግዓዊ ርክብ ማቲየንሶ ምስ ህዝቢ ኤርትራ ከምቲ ዝተሓለነ ቀዳምነት ተዋሂቡዎ ኣብ ከባቢ ወርሒ ሚያዝያ ክንዲ ዝካየድ፡ ብሰንኪ ሽፍትነትን ዘሰዓቦ ግብረ ሽበራን ንኣስታት ሰለስተ ወርሒ ተደናጒዩ። ብ11 ሓምለ 1951 ጥራይ ከኣ ክጅመር ተኻእለ።

ሃገር ግን፡ ብሰንኪ ሽፍትነት ጥራይ ኣይኮነትን ተሸጊራ ዝነበረት። እቲ ኣብ መንጎ ክልተ ተጻረርቲ ፖለቲካዊ ማሕበራት፡ ሕብረትን ደ.ሰ.ኤ.ን፡ ዝነበረ ፍልልይ፡ ይጋፋሕ'ምበር ይጸብብ ኣይነበረን። እቲ ናይ ቃላት ጕነጽ ዝተሓወሶ ክትዖም ከኣ ንዓምድታት ጋዜጣታቶም መልኡ።[51]

ማቲየንሶ ነቲ ቐዳማይ ኣፈናዊ ዑደቱ ኣብ ህዝቢ ኤርትራ ምስ ፈጸሙ፡ ብዛዕባ ሓድነትን ልቦናን ህዝቢ ኣወንታዊ ርእይቶ ሃቡ። ሰላም ምስ ተረኽበ ቍጠባ ኤርትራ ክምዕብል ኢዩ ዝብል ተስፋ'ውን ሃቡ።[52] ከምቲ ኣቐዲሙ ዝተራእየ ግን፡ ንሽፍትነት ተቓዊሙ ዑደቱ ምስ ኣቋረጸ፡ ብ4 ሓምለ ጥራይ ኢዩ ካልኣይ ወግዓዊ ርእይቶ ንህዝቢ ክህብ ዝኸኣለ። ኣብዚ፡ ምስ ህዝቢ ንኽላዘብ ተዳልዩ ከም ዝነበረ ገለጸ። መበገሲ ዝኸውን፡ ህዝቢ ኽኣ ሓሳብ ዝለዋወጠሉ ሓደ ጽሑፍ እውን ኣቕረበ። እቲ ጽሑፍ፡ ብዛዕባ ደረት ስልጣን መንግስቲ ኤርትራን መንግስቲ ፈደራልን፡ ህንጻ መንግስቲ ኤርትራ ክሕዞ ዝነበሮ ቅርጽን ካልእ ንፈደራል ድንጋገ ኣቕልል ኣቢሉ ዘረድእን ዝርዝር ነበሮ። ብፍላይ ኣብቲ ዘተ ንዝትኩረሉ ጉዳያት ብምልዓል ድማ፡ ኣብ ኤርትራ ሓደ ባይቶዶ ክልተ እንተ ሃለወ ይሓይሽ፡ ስልጣን መራሕ መንግስትን ሚኒስተራቱን ከመይ ይኹን፡ ከመይ ዝበሉ ሰባትከ ይመረጹ፡ ምርጫ በየናይ ኣገባብ ይካየድ፡ ቋንቋታት ኤርትራኸ ኣየኖት ይኹና፡ ንኤርትራ ፍሉይ ባንዴራዶ ይገበረላ፡... ዝመስል ሕቶታት ኣቕረበ።[53]

መደረ ማቲየንሶን እቲ ንሱ ዘቕረቦ ናይ ዘተ ነጥብታትን ብርቱዕ ክትዕ ኣለዓዓለ። ኣብ ኣረዳድኣ ብይን ባ.ሕ.ሃ. ዘይቃዶ ኣንፈታት ከም ዝነበረ ኸኣ ተጋህደ። ኣብ'ቲ ስልጣን ፈደራል መንግስቲ ዘብርሃሉ ክፋል፡ ማቲየንሶ፡ "ናይ ፈደራሰዮን መንግስቲ፡ እቲ ኢትዮጵያዊ መንግስቲ ይኸውን፡ ግዳማዊ ቅርጹን መንነቱን ከኣ ከም ዘሎዎ ይነብር፡ በቲ ግዳማዊ መልክዕን ጉዳይን ዘበለ ኹሉ፡ ኤርትራ ምስ ኢትዮጵያ ሓደ ኣካል ኮይና፡ ማለት ምስኣ ተወሃሂዳ ትርከብ" ኢሉ ነበረ።[54]

51.ኣቐዲምና፡ ብዛዕባ'ቲ ጋዜጣ ኢትዮጵያ ሰራዊት ኤርትራ ንኽኣትዉ ዝሃቦ ርእይቶ ዝተኻየደ ክትዕ ርኢና። እ.ጽ. 58-59 ርአ። ካልእ ዘካትዖም ጉዳያት፡ ተቓውሞ ደ.ሰ.ኤ. ነቲ ንመዓልቲ ናጽነት ኢትዮጵያ፡ ማለት ሚያዝያ 27፡ ኣብ ኤርትራ ንኽብዓል ብ.ም.ኤ. ዘውጽኦ ኣዋጅ (ሓንቲ ኤርትራ 2ይ ዓመት ቁ. 12፡ 2 ግንቦት 1951)፡ ከምኡ'ውን ብዛዕባ'ቲ ሸኽ ኢብራሂም ሱልጣንን ኣቶ ወልደኣብ ወልደማርያምን ንደ.ሰ.ኤ. ወኪሎም ናብ ዓምደሚካኤል ደሳለኝ ዝገበሩዎ ናይ ሰላምታ ምብጻሕ ብጋዜጣ ኢትዮጵያ ዝወረዶም ዘለፋ (ኢትዮጵያ፡ ቍ. 250፡ 24 ለካቲት 1943 ግእዝ" ሓንቲ ኤርትራ 2ይ ዓመት ቍ. 64፡ 7 መጋቢት 1951) ክጥቀስ ይከኣል።

52. ሓንቲ ኤርትራ፡ 2ይ ዓመት፡ ቍ. 66፡ 21 መጋቢት 1951።

53. ሓንቲ ኤርትራ፡ 2ይ ዓመት፡ ቍ. 81፡ 4 ሓምለ 1951።

54. ሓንቲ ኤርትራ፡ እ.ጽ. 63 ርአ።

ፈደረሽን ኤርትራ ምስ ኢትዮጵያ

ማቲየንሶ ምስ መራሕቲ ቀጽሪ ናጽነትን ካልኦትን። ናስር ኣቡብከር ፓሻ፡ ዓሊ በይን ደጊያት መዓሾ ዘወልድን እናዘራረቡዎ።

ደ.ሰ.ኤ. ከይደንጎየ ነዚ ዝሰዕብ ቀጥዕ መልሲ ሃበ፦

መንግስቲ ኢትዮጵያ፡ መንግስቲ ፈደራስዮን ኪኸውን ኣይግብኦን። እቲ ዘውዲ ኢትዮጵያ ዚሰቀሎ፡ ... ንጉሰ ነገስት ዘኢትዮጵያ ድማ ሓጸዩ ዝኾኑ ፈደራዊ መንግስትሰ መ. ኢትዮጵያ ወይ ከኣ መ. ኤርትራ ዘይኮነ፡ "ፈደራዊ መንግስቲ" ደኣ ይኸውን።

ኽፃዚ ዝበለ ቃልኩም ወይስ ትርጉምኩም፡ ኣብቲ ማሰረት ፈደራዊ መንግስቲ ዝኾነ፡ ብባ.ሕ.መ. እተወሰነን እተሓንጸጸን ካብ 1-7 ዘርኑብ መደብ ሕ.መ. ኣይርኸብን።

ደ.ሰ.ኤ. ቐጺሉ፡ ንመንግስቲ ኢትዮጵያ፡ መንግስቲ ፈደረሽን ከም ዝኸውን ምግባር፡ ኢትዮጵያ ኣብ ውሽጣዊ ጉዳይ ኤርትራ ንኽትኣቱ ዕድል ምሃባ ኢዩ ብምባል ኣትሪሩ ነቐፈ'ሞ፡ ነዚ ዝሰዕብ ኣስምዐ፤

... እዚ ሎሚ ዘሎ መንግስቲ ኢትዮጵያ፡ ብዴሞክራስያዊ መንገዲ፡ ብሕዝቢ ዘይቀመ መንግስቲ ስለ ዝኾነ፡ እቲ ኣብ ኤርትራ ኪቐውም ዘሎዎ፡ ሕዝቢ'ውን ዚደልዮ ዘሎ መንግስቲን ባይቶን ግን፡ ካብ ሕዝቢ፡ ብሕዝቢ፡ ንሕዝቢ ስለ ዝኾነስ፡ መንግስቲ ኢትዮጵያ ኣብ ውሽጢ መንግስቲ ኤርትራ ኢዱ ኼእቱ ግቡእ ኾይኑ ኣይርከብን።[55]

ማሕበር ሕብረት ብመገዲ ጋዜጣኦም ነዚ ናይ ደ.ሰ.ኤ. ተቓውሞ ኣባጨዉሉ። ውሳነ ሕ.ሃ. ዓወት ማሕበር ፍቕሪ ሃገር (ማ.ፍ.ሃ.) ስለ ዝኾነ፡ ኩሉ ኣባል ንምትግባሩ ይጓየ ዝብል ቃላት ድሕሪ ምስማዕ ድማ ንደ.ሰ.ኤ. መልሶም ሃቡ፤

እው፡ ንሳቶም ካብ መጀመርታ ጀሚሮም ምስ ኢትዮጵያ ብዝኾነ ይኹን ዓይነት ክንሓብር ኣይንደልን ኢና ዝብሉታ ዝነበሩ ኢዮም። ኣብ ባይቶ ሕቡራን መንግስታት ፈድራስዮን ኪፍረድ እንከሎ'ውን ኣይንቕበልን ኢሎም ተቓዊሞም

55. ሓንቲ ኤርትራ፡ 2ይ ዓመት፡ ቍ. 83፡ 18 ሓምለ 1951።

ኮሚሽነር ሕ.ሃ. ኣብ ኤርትራ፣ ተልእኾኡን ኣፈጻጽማኡን

ከም ዝነበሩ፡ ናይ ቀረባ መዓልቲ ስለ ዝኾነ፡ ማንም ኪዝክሮ ዚኽእል እዩ።
... ብሓንጎል ባዕዲ ተመሪሑም፡ ካብ ጽንጽያ ጥብሓት ከውጽኡ ሃለው ኪብሉ ይረኣዩ ኣለው'።[56]

ደ.ስ.ኤ. ነቲ ትርጉም ናይ ፈደረሽን ሐዙ ምምጓቱ፡ ትሕዝቶ ፈደራል ድንጋገ ስለ ዘይተረድአ ኣይመስልን። ፈደራል መንግስቲ ዝተባህለ፡ መንግስቲ ኢትዮጵያ ክኸውን ከም ዝኾነ ፈሊጦስ ተቐቢሎም ነይሩ ኢዩ። በቲ ማቲየንሶ ዘቕረቦን ሕብረት ዝማጉቱሉ ዝነበሩን ቃላት ክቓርብ ግን ኣሰንበዶ። ነዚ ዝስዕብ ቃላት ሓንቲ ኤርትራ ንርአ፤

> ... እቲ ንሕዝብ ኤርትራ ብባይቶ ሕ.መ. ተዋሂቡዎ ዘሎ ውሽጣዊ ስልጣን ኣዝዩ ዝወሓደን ዝነኣሰን ምኳኑ ትፈልጡ ኢኹም። ብሓደ ናይ "ሙኒችፕዮ" ስልጣን'ኳ ኪምሰል ምተኻኣለ... እሞ እዚ ካብ ዚኸውን ድኣ፡ ካብኡ ክትንክዩሉ ኢልኩም እትባላሓቱ ዘሎኹምስ ስለምንታይ ኢዩ? እዚ ሕዝብ ኤርትራ፡ በተን..... ሓሙሽተ ዓበይቲ ጉዳያት ተኸቢቡ ኸሎስ ኣብ ውሽጣዊ ስልጣን ሃገሩ ስልጣን እንተ ተቐበለ እንታይ ከይገብር ኢልኩም ኢኹም እትፈርሁ ዘሎኹም? ኣንቱም ሰባት፡ ንስበይቲ'ኳ ኣብታ ውሻጠኣ ምልክን ሓላፍነትን ዚዋሃባ![57]

ደ.ሴ.ኤ. እምበኣር፡ ነታ ዝርከብ ንእሽቶ ውሽጣዊ ናጽነት ንምዕቃብ፡ ነቲ ዝሰፍሐ ስልጣን ዝሓትት ዝነበረ ይመስል። እቲ ኽትዕ ግን ንደ.ስ.ኤ. ሰጊሩ፡ ናብ ውሽጢ'ቲ ናይ ሕብረት ደንበ'ውን ኣትዩ ነበረ። መራሒ ናይታ ካብ 1940'ታት ጀሚራ ንሕብረት ምስ ኢትዮጵያ ብውዕል ትሓትት ዝነበረት ማሕበር ናጸ ኣልራቢጣ ኣልእስላሚያ (Independent Moslem League)፡ ማለት ብላታ መሓመድ ዑመር ቃዲ እውን ብኣቀራርባ ማቲየንሶ ኣይተሓጐሱን። ኣብቲ ብወግዒ ዘቕረቦ መመያየጢ ወረቐት'ኳ ኣይጥቀሶ እምበር፡ ማቲየንሶ ኣብቲ ምስ ሰልፍታትን ህዝብን ዝገብሮ ዝነበረ ርክባት፡ ወኪል ወይ እንደራሴ ሃጸይ ሃይለስላሴ ናብ ኤርትራ እንተ ተመደበስ እንታይ ይኹን ንዝብል ሕቶ ክሰምዕ ጀሚሩ ነይሩ ኢዩ። ብማሕበር ሕብረት ዝጉስጉስ፡ "ምሉእ ስልጣን ዘሎዎ ምስሌኒ ናይ ንጉሰ ነገስት ዘኢትዮጵያ ናብ ኤርትራ መጺኡስ ንመንግስቲ ኤርትራ ይምራሕ፡" ዝብል ጠለባት'ውን ይሰምዕ ነይሩ ኢዩ።[58]

እቶም ማሕበሮም ምስ ማሕበር ሕብረት ፍጹም ምውህሃድ ምግባራ ዝገለጹ ዑመር ቃዲ፡[59] ንማቲየንሶ ኣብ ዘቕረቡዎ ሕቶን ስምዕታን፡ ወኪል ሃጸይ ናብ ኤርትራ ኣትዩ ስልጣን ክወሃብ ንዝብል ሓሳብ፤

56. ኢትዮጵያ 5ይ ዓመት፡ ቍ. 246፡ 29 ሓምለ 1951።
57. ሓንቲ ኤርትራ፡ 2ይ ዓመት ቍ. 85፡ 1 ነሓሰ 1951።
58. ነዚ ዳሕረዋይ ሓሳብ ንኣብነት፡ ብቐሺ ዲመጥሮስ ገብረማርያም ዝምርሑ፡ ካብ ሸዱሽተ ወረዳታት ደቂ ተሰፋ ዝተዋጽኡ ኣባላት ማሕበር ሕብረት ናብ ማቲየንሶ ቐሪቦም ገሊጾምሉ ነይሮም ኢዮም።
59. እዚ ፍጹም ውህደት እዚ፡ ብ23 ሰነ 1951 ኣብ ኣስመራ ኣብ ዝተገብረ ዋዕላ ከም ዝተፈጸመ ዑመር ቃዲ ገለጹ። ኣብ'ዚ ውህደት'ዚ፡ መራሒ መንግስቲ ኤርትራ ሓንሳብ ክርስትያን፡ ሓንሳብ ድማ ኣስላማይ እናኾኑ ክቀያየሩ፡ ኣብ ኣስላም ዝበዝሕሉዎ ኣካባቢ፡ እቲ ኣመሓዳሪ ኣስላማይ፡ ምኽትሉ ክርስትያን፡ ኣብቲ ናይ ክርስትያን ቦታታት ድማ ብኣንጻሩ፡ ረብሓ እስልምና ዝሕሉ ላዕለዋይ ኮሚተ ክቐውም፡ ቋንቋ ዓረብ ምስ ኣምሓርኛ ወግዓዊ ክኸውን ተሰማሚዖም ነይሮም ኢዮም። (ሓንቲ ኤርትራ 2ይ ዓመት ቍ. 86 ነሓሰ 1851።)

...ነቶም ናይ ማሕበር ሕብረት ሰዓብቲ ኽይተረፉ ኣፅገርጊሩዎም ይርከብ። ናይ ማሕበር ሕብረት መራሕቲ፡ ኽምዚ ዝበለ ነገራት ኽም ዚፍጠር ምግባሮም፡ ኣብ ገምገም ሓደ መደብ ጠጠው ኢሎም ምህላዎም ኣስተውዒሎምስ ሓደ ነገር መሪጾም ብሓደ መንገዲ ኪኸዱ ይግባኣቶም፡ ማለት፡ ሓደው ነቲ ሕብረት ብዘይ ውዕል ዚብል ናይ ቅድሚ ሎሚ ፖለቲካዊ ዕላማኦም ተኸቲሎም... ምላሽ ክህቡ ይግባኣቶም። ሓደው ከኣ፡ ከምቲ ዝሃቡዎ ተስፋን ዝኣተውዎ ውዕልን፡ ናይ ኤርትራ ውሽጣዊ መንግስቲ ስልጣን ተቐቢሎምስ ንንጉስ ነገስት ኺዋሃብ ብመደብ ሕ.መ. ዘይተፈቕደ ስልጣን ኪህቡ ኢሎም ኪጋደሉ ኣይግባኣቶምን።

ማቲየንሶ ንውመር ቃዲ ንጹር መልሲ ኣይሃቦምን። ጉዳይ ወኪል ንጉስ ነገስት ኢትዮጵያ ኣብ ኤርትራ ብፈደራል ድንጋገ ብንጹር ስለ ዘይተፈቕደ፡ ብዛዕባኡ ገና ናይ ህዝቢ ርእይቶ ኣብ ምእካብ ይርከብ ከም ዝነበረ ድሕሪ ምግላጽ ግን፡ "መሊሰ ከፍልጦ ዝደሊ፡ ከም ርእይቶይ፡ ርእሱ ዝኸኣለ ውሽጣዊ ኣማሓድራ ኪበሃል ከሎ፡ ኣብ ልዕሊኡ ስልጣን ዘይብሉ ወይ ዝተፈልየ ሃገር ማለት ዘይምኻኑ ኢዩ። እቲ ፍርዲ ክውሰን ከሎ፡ እቲ ፈደራስዮን ኣብ ትሕቲ ስልጣን ዘውዲ ኢትዮጵያ ኢዩ ኪፍጸም ዘሎዎ ኢዩ ዚብል፡ እዚ ኸኣ ጥብቂ ዝኾነ ምትዕያይን ዓሚቝ መንፈስ ሕውነትን ዚጥይቕ ነገር ኢዩ፡" በለ'ሞ፡ ነዚ ዳሕረዋይ ነጥቢ'ዚ ከም ዝስዕብ ኣሰፊሑ ተንተኖ፤

> ... ከምዚ ዝመስለ ፖለቲካዊ ሕንጻ ምእንቲ ቅውም ኮይኑ ኪርከብስ... ኣቓዲሙ ዝጠበቐ ፍቕርን ሕውነትን ኣብ መንጎ ሕዝቢ ኢትዮጵያን ኤርትራን ኪህሉ ይድለ። ብድሕሪኡ ድማ ንግርማዊ ንጉስ ነገስት፡ ናይ ፈደራስዮን ላዕለዋይ ሹም ብምኻኖም ክብሪ ይግባእ" ኣብ መንግስቲ ፈደራል ድማ እምነት ምንባር የድሊ." ... ሕዝብ ኤርትራ ነቲ ውሳኔ ምቕባሉ ድሮ ብግልጺ ኣፍሊጡ እዩ። ... ናይ ፖለቲካ መራሕቲ ኮኑ ከምኡ ድማ መካየድቲ ጋዜጣታት ነቲ ናይ ሕዝቢ ድላይን ትምኒትን ኬኽብሩ ግቡእ ኣለዎም። ምእንት'ዚ፡ ንፍጻሜ እዚ ተዋሂቡ ዘሎ ውሳኔ ኣብ ድንገት ምምላስ፡ ኣብ ቅድሚ ሕቡራት መንግስታት ክሕደት ኮይኑ ክቖጸር ስለ ዚኽእል፡ ካብ ከምዚ ዝመስለ መፍረሲ ክርክር ኪኽልከሉ ንኹሎም እዕድሞም ኣሎኹ።[60]

ብግልጺ ኣይበሎ'ምበር፡ ማቲየንሶስ ንህላወ ወኪል ሃጸይ ሃይለስላሴ ኣብ ኤርትራ ድሮ ተቐቢሉ ምንባሩ እዚ ቓላቱ'ዚ ኣንፈት ሃበ። ጻዕሪ ኣክሊሉ እምበኣር ከንቱ ኣይተረፈን። ህላወ ወኪል ንጉስ ኣብ ኤርትራ፡ ንኢትዮጵያ ሓደ ዓብን ጥጡሕን መንጠሪ ከም ዝኾነ ጸኒሕና ክንርኢ ኢና።

መልሲ ማቲየንሶ ብዘየገድስ ግን፡ እቲ ጉዳይ ኣብ መንጎ ወከልቲ ዝተፈላለያ ሰልፍታት ናህርን ዘለፋን ዝተሓወሶ ክትዕ ኣለዓዓለ። ናይ *ጋዜጣ ኢትዮጵያ* ዋና ኣሰናዳኢ፡ ባሻይ (ደሓር ደጊያት) ገብረዮሃንስ ተስፋማርያም፡ ብላታ መሓመድ

60. ኢትዮጵያ፡ 5ይ ዓመት ቍ. 250፡ 26 ነሓሰ 1951።

ዑመር ቃዲ ኣብ ዘይዓቕሞምን ዝወከሎም ዘይብሎምን ምስ ማቲየንሶ ኣብ ክትዕ ኣትዮም ኢሎም ከቢድ ክሲ ኣቕሪቡሎም። ወኪል ሃጸይ ኣብ ኤርትራ ክህሉ ጥራይ ዘይኮነስ፡ ኤርትራ ምስ ኢትዮጵያ ብዘይ ውዕል ክትሓብር ዝሓተተ ኣባል ማሕበር ሕብረት፡ "ወኪል ሃጸይ ምስ ዝመጽእ ክናዓብን ከዕገርግርን ኢዩ" ዝበሉዎ ዑመር ቃዲ መሰረት የብሉን በሉ'ሞ፡ ንብላታ ዑመር ቃዲን ንኣቶ ወልደኣብ ወልደማርያምን ከም ዝሰዕብ ኣባጨውሎም፤

> … ዘይሓልፈሉ ገባር ምስ ሹመኛ ይከራኸር፡ ዘይዓቢ ገንሸል ምስ ተኸላ ይፋቖር ኢዩ'ሞ፡ ንስኹም ምስ ምስሌነ ሕ.መ. ዓርከይን ዓርክኹምን ድማ (ወልደኣብ ማለት'ዩ) ምስ ተኸላ ምፍቓር ገዲፎም፡ ብቑም ነገር ናይ ፌደራስዮን ክትምህዙ ብሕውነት ዝዛኻኽረኩም ኣሎና።[61]

ዑመር ቃዲ ንኸምዚ ዝመሰለ መጥቃዕቲ ሸለል ዝብሉ ሰብ ኣይነበሩን።[62] ከም ሓደ ካብ መሰረትቲ ማሕበር ፍቕሪ ሃገርን ከም ዜጋን ምስ ማቲየንሶ ክዝትዩ መሰል ከም ዝነበሮም ድሕሪ ምግላጽ ድማ ካብ'ቲ ናይ ገብረዮሃንስ ብዘይሰንፍ ቃላት መለሱ፤

> ሓንቲ ነገር ከተስተውዕልዋ ዝግብኣኩም፡ ከምቲ ንስኹምን ዝኸማኹምን ምእንቲ ሰራሕተኛታት ክትብሃሉ፡ ደሞዝኩም ከኣ ምእንቲ ከይቍረጸኩም ብሓሶት እተዕልሉዎ፡ ሎሚ ፈታው ኢትዮጵያ ወይ ጸላኢ ኢትዮጵያ ዝብሃሉ ወገናት ወይ ማሕበራት የልቦን፡ ግን ፈተውቲ ዓዶም፡ ጸላእቲ ዓዶም ተባሂሎም ኣብ ክልተ ወገን እተኸፍሉ ሰባት ኣሎዉ።
> ካብዚኣቶም፡ እቶም ነቲ ተፈሪዱ ዘሎ ፌደራላዊ ሕብረት ዝድግፉ ፈተውቲ ዓዶም ኢዮም። ከፍርስዎን ከጕድልዎን ሒኸ ዚብሉ ግን ጸላእቲ ዓዶም ይብሃሉ።
> ንዓዱ ዝፈተወ ሰብ ንኢትዮጵያ ከም ዝፈቱ እተረጋገጸ ነገር ኢዩ። ንዓዱ ጠሊሙ፡ ስግር ኢሉ ንኢትዮጵያ ጥራይ ዚሓሊ ግን ጸላኢ ኢትዮጵያ ምዃኑ ኣይተረፎን። ንዓዱን ንወገኑን ነሕዋቱን ንቤተሰቡን ካብ ዝጠልም፡ ንኢትዮጵያ ምጥላም ኣይሸግሮን።[63]

ቀንዲ ኣቓድም ኣቢሎም፡ ወልደኣብ ወልደማርያም'ውን ንገብረዮሃንስን ንጋዜጣ ኢትዮጵያን ዝነቕፍ ዓንቀጽ ኣውጺኦም ነይሮም ኢዮም። ኣብ'ዚ፡ "ሕዝቢ ግና ገና ኣብ ሰንፈላል ኣሎ፡" ዘርእስቱ ዓንቀጾም ወልደኣብ፡ እንግሊዛዊ ስልጣን ምምሕዳር ነቲ ኣብ መሰጋገሪ እዋን ከሳላስሎ ዝነበሮ ጉዳያት፡ ማለት ድማ፡ ኣብ መንጎ ኢትዮጵያን ኤርትራን ናይ ቀረጽ ሕብረት ምግባር፡ ኤርትራዊ ስልጣን ምምሕዳር ምትካል፡ ኤርትራውያን ኣመሓደርቲ ምምልማል … ወዘተ፡ ከይተግበሮ ምድንጓዩ፡ ንትግባረ ፈደራል ድንጋገ ዕንቅፋት ምንባሩ ኣረድኡ። እዚ ኸኣ ነቲ ኣብ መንጎ ህዝብታት ኢትዮጵያን ኤርትራን ክፍጠር ዝነበሮ ህጹጽ ምቅርራብ ብጊዜ ስለ ዘናውሖ፡ ኩሉ ኤርትራዊ ብሓባር ክቃለሰሉን

61. ኢትዮጵያ፡ 5ይ ዓመት ቍ. 248፡ 12 ነሓሰ 1951።
62. ብዛዕባ ዑመር ቃዲ፡ ኣይንፈላለ፡ ገጽ
63. ሓንቲ ኤርትራ፡ 2ይ ዓመት ቍ. 87፡ 15 ነሓሰ 1951።

ክዝትየሉን እምበር፡ ኣብ ጋዜጣታት ፈላላይን መባኣስን ብዝኾነ ቓላት ክበታተን ከም ዘይግባእ ኣዘኻኸሩ። ብፍላይ ነቲ ገብረዮሃንስ ተስፋማርያም ኣብ ጋዜጣ ኢትዮጵያ ዘስፍሩዎ ዝነበሩ ዓንቀጻት ብምጥቃስ ድማ ወልደኣብ ነዚ ዝስዕብ ነቐፌታን ምዕዶን ኣቕረቡ፤

... ሕዝብ ኤርትራ እንተ ተሰሓሒቡ፡ በቲ ንሰኹም እትሕብሩሉ ዘሎኹም ናይ ምጽላእ መንገዲ ድማ እንተ ኺይዱ፡ ፈደራስዮን ኣብ ግብሪ ኺውዕል ዘይከኣል ኢዩ። ፈደራስዮን ኣብ ግብሪ እንተ ዘይወዓለ ድማ ናይቲ ኣብ ግብሪ ዘይምውዓሉ ሳዕቤንን ፍረን፡ እንደገና ካልእ ቁጽራን ሰንፈላልን ኪኸውን ኢዩ። እዚ ማለት ድማ ሕልፈታት ማለት ከም ዝኾነ ጥርጥር የብሉን!
... ንሕዝብ ኤርትራ ኼሰማምዖ ዝኽእለን ዚኽእልን ከኣ ፈደራስዮን ጥራይ ኢዩ። ምሉእ ስልጣን ዝለበሰ ልኡኽ ንጉሰ ነገስት ክንቅበል'ዶ ፈደራስዮን ይእዝዘና ኢዩ? ምሉእ ስልጣን ዝለበሰ ልኡኽ ንጉሰ ነገስት ንቕበል! እዚ ናይ ሕ.መ. ፈደራዊ መደብ፡ መንግስቲ ኤርትራ ናቱ ምልክት ክህልዎዶ ኣይፈቕደሉን ኢዩ? ንኽልከል! ናይ ኤርትራ ዛንታን እዚ ሎሚ ዘሎ ኩነታትንዶ እታ ናይ መንግስቲ ኤርትራ ቋንቋስ ናይ ትግርኛ ቋንቋ ጥራይ ክትከውን ይምስክርን ይግድድን ኢዩ? ንቋንቋ ትግርኛ ናይ መንግስቲ ቋንቋ ንገብራ! ... (ንኹሉ ነገራት) ብመሰትያት ፈደራዊ መደብ ንተዓዘቦ'ሞ ንሱ መራሕን ኩተመን ይኹነና፡ ግናኸ ኣፍ ንኣፍ ንዘራረብ፡ ዓይኒ ንዓይኒ ንጠማመት፡ ንላዘብ፡ ነሳኒ![64]

ስኒት ግን ትርሕቕን ብጉነጽ ትዕብለልን'ያ ዝነበረት። ነዚ ኣብ ላዕሊ ዝተጠቕሰ ቃላት ምስ ጸሓፉ ኣብ ሰሙኖም፡ ወልደኣብ ንሻድሻይ ጊዜ ግዳይ ግብረ ሽበራ ብምዃን ቆሰሉ።[65] ናይ'ዚ ዝርዝርን እንታይ ከም ዘንቀሎን ጸኒሑ ዝርእ'ኳ እንተ ኾነ፡ መቕሰልቲ ወልደኣብ፡ ፖለቲካ ኤርትራ ኣብ ኣዝዩ ዝተሓላለኸን ገንፋልን ኩነታት ከም ዝበጽሐ ኣመልከተ። ኣመሓዳሪ ካሚንግ እውን ኣብ ልዕሊ ወልደኣብ ንዝወረደ ፈተነ ቕትለት ብምኹናን መግለጺ ኣውጽአ። ስም'ኳ ኣይርቋሕ እምበር፡ በደልቲ ማሕበር ሕብረት ምንባሮም ብዝእምት ቃላት፡ “እቶም ንማሕበራት ዚመርሑ ዘሎው ሰባት፡ ኣብ ልዕሊ ኣደብን ኣካይዳን ናይቶም ደቂ ማሕበሮም ወይ ከኣ ዚስዕቡዎም ሰባት ሓላፍነት ከም ዘሎዎም ኬስተውዕሉን ኪዝክሩን ዝግብኣቶም ኢዩ፡” በለ። ፖለቲካዊ ምኽንያት ወይ መንቀሊ ነቲ ዝፍጸም ገበን ከፋኸሶ ከም ዘይክእል'ውን ኣጠንቀቐ።[66]

ናይ ካሚንግ ኢድ ምእታው እንተ ኾነ'ውን ነቲ ናይ ጉነጽ ሃዋህው ከዝሕል ኣይተራእየን። ኣብዚ ጊዜ'ዚ፡ እቲ ዝነበረ ዘይቅዱው ኩነታት ዘሰከፎም፡ ካብ ናይ ሕብረትን ናጽነትን ወገናት ከኣ ዝተዋጽኡ መንእሰያት፡ ፈደረሽን ብሰላማዊ መገዲ ንኽመጽእ ክጋደሉ ዝተኣኻኸቡሉ ዝነበሩ ኢዩ። እዞም ብስም “ባይቶ ሰላም መንእሰያት ኤርትራ” ዝፍለጡ ዝነበሩ መንእሰያት፡ ገና ሕጋዊ ተፈላጥነት

64. ሓንቲ ኤርትራ፡ 2ይ ዓመት ቍ. 86፡ 8 ነሓሰ 1951።
65. ሓንቲ ኤርትራ፡ 2ይ ዓመት ቍ. 88፡ 22 ነሓሰ 1951።
66. ሓንቲ ኤርትራ፡ 2ይ ዓመት ቍ. 89፡ 29 ነሓሰ 1951።

ኣብ ዘይረኸቡሉ ጊዜ ንመራሕቲ ሰለስተ ዓበይቲ ጋዜጣታት ኤርትራ፡ ማለት ድማ፡ ንወልደኣብ ካብ ሓንቲ ኤርትራ፡ ንገብረዮሃንስ ካብ ኢትዮጵያ፡ ከምኡ'ውን ንያሲን ባጦቕ ካብ ሶውት ኣልራቢጣ ብምዕዳም ርእይቶታቶም ብልዙብን ናብ መገዲ ሰላም ብዘምርሕን ቋንቋ ንኸቕርቡዎ ለሙኖም። እቶም መራሕቲ ጋዜጣታት'ውን ካብ ሕርቃን፡ ጽልኢ፡ ጸርፍን ሽምጠጣን ርሒቖም፡ ብውርዝነትን እዱብ ብዝኾነ ቃላትን ክመላለሱ ምኻኖም ኣተሰፈዉ።[67] ይኹን እምበር፡ ሰላምን ልዝብን ዝእምት ለውጢ ክመጽእ ኣይተራእየን።

ብኣንጻር እዚ፡ ማሕበር ሕብረትን ደ.ሰ.ኤ.ን ብዛዕባ'ቲ "ፈደረሽን" ተባሂሉ ዝተዋህበ ብይን ዝነበሮም መረዳእታ እናተጋፍሐ ኸደ። ሕብረት፡ ነቲ ፈደራል ድንጋገ ንኤርትራ ሂቡዋ ዝነበረ ውሽጣዊ ናጽነት ክንድ'ቲ ዝግደሱሉ ወይ ግምት ዘህቡዎ ኣይነበሩን። ብዛዕባ'ዚ ዝነበሮም ርእይቶ፡ ምናልባት ቃላት ናይ ሓላፊ ጋዜጣ ኢትዮጵያ፡ ገብረዮሃንስ ተስፋማርያም፡ ዚያዳ የብርሆ ይኸውን፤

ማሕበር ፍቕሪ ሃገር ንፈደራሲዮን ዜፍርስ ሓንቲ ምኽንያት የብሉን። ከመይ ኩሉ እቲ ዝደልዮ ብሓይሊ እግዚኣብሔርን ብሶላ ንጉሰ ነገስቱን ተፈጺሙሉ ኢዩ። ኣንድነት ሃገሩ፡ ሰንደቕ ዓላማኡ፡ ንጉሰ ነገስቱ፡ ኢትዮጵያዊ ዜግኑቱ ካብ ዝረኸቡ፡ ሕልፊኡ ዝደልዮ ኣይነበሮን። ብዛዕባ ናይ ውሽጢ ኣመሓዳርነት ኤርትራ ድማ፡ ንስኻ (ሓንቲ ኤርትራ) ከም ዝገብርካዮ ድል ኮይኑ ተሰሚዑካ ድዩ፡ "ንኤርትራውያን ካብ ናይ መኳንንቶም ዘይብልጽ ስልጣን ዝተረፎም... ሰበይቲ'ኳ ኣብታ ውሻጠኣ ምልኪ ዘውሃባ" ዝበልካዮ? እዚ ንዓኻን ንዘኸማኻን ይመስለኩም ይኸውን ብዙተረፈ ሕብረት ብዘይ ውዕል'ውን ተፈሪዱ እንተ ዝኸውን፡ ኤርትራውያን ኣሸንካይ ኣብ ውሽጢ ዓዶም ኣብ መላእ ኢትዮጵያ ዚሰርሑን ዜመሓድሩን ዘለውሰ ውሽጣዊ ኣመሓዳርነት ዓዶም ደኣ ብጆካኦም መን መመሓደሮ ይመስለካ?[68]

ከምዚ ዝበለ፡ ንፈደረሽን ምስ ፍጹም ውህደት ኤርትራ ምስ ኢትዮጵያ ዘደናግር ወይ ዘመሳስል ቃላት ማሕበር ሕብረት፡ ንመራሕቲ ደ.ሰ.ኤ. ናብቲ ኣንጻሩ ዝኾነ መርገጽን ምጉትን ከእትዎም ዘገርም ኣይነበረን። ስለዚ፡ ንሳቶም'ውን ብወገኖም፡ እቲ ንኤርትራ ዝተዋህበ ውሽጣዊ ናጽነት ወይ ኦቶኖሚ ብዝኾነ መገዲ ንኸይጓደል ክጽዕቱ፡ ንኣባላቶም ካብ ምርዳእን ምጉስጓስን ዓዲ ኣይወዓሉን። ናይ 1951 ዒድ ኣል ኣድሓ ኣብ ዝተባዕለሉ ዕለት ንኣብነት፡ ዋና ጸሓፊ ደ.ሰ.ኤ. ሸኽ ኢብራሂም ሱልጣን ዓሊ፡ ንምእመናን እስልምና እዚ ዝሰዕብ ምዕዶ ሃቡ፤

ሕዝብና በዚ ጊዜ'ዚ፡ ... ብርእሱ ዝሓደረ መንግስቲ ንምብጻሕ ኣዝዩ ብርቱዕን ከቢድን ዝኾነ ገስጋስ ወይስ መንገዲ ተቐሪቡሉ ምህላዉ ምስትውዓል ዜግብኣናን ዜድልየናን ኢዩ። እወ፡ ሕዝብና'ውን ምስ ሕዝብታት ዓለም ስለ ከጽንበር፡ ናይ ሓርነትን ናይ ፍትሕን ናይ ልምዓትን ጽቡቕ ህያብ ድማ ስለ ከስተማቕርሲ ነቲ ብሕ.መ. ተወሲኑ ዘሎ፡ ኣብ መንጎ ኤርትራን ኢትዮጵያን

67. እ.ጽ. 82። ብዛዕባ "ባይቶ ሰላም መንእሰያት ኤርትራ" ኣብ ዝቕጽል ምዕራፉ ርአ።
68. ኢትዮጵያ፡ 5ይ ዓመት፡ ቍ. 247፡ 5 ነሓሰ 1951።

ዚኸውን ፌደራስዮን ብሓቅን ብግቡእን ኣብ ግብሪ ከም ዚውዕል ንምግባር ኣበርቲዑ ኪጋደል ዚግብኦን ዜድልዮን ኢዩ። ... ነብስ ወከፍ ወዲ ኤርትራ፡ ነዚ ብሕ.መ. ተዋሂቡዎ ዘሎ ውሽጣዊ መንግስቲ ኪፅንቅፍ ወይስ ኬበላሹ ዚደሊ፡ ስምረትናን ጽንዓትናን ርእዩ ዜድሓርሕርን ከም ዚሰነፍን ክንገብሮ ንጋደል።[69]

ንኢብራሂም ሱልጣን እምበኣር፡ ናይ ኤርትራ ኦቶኖሚ ምስ ህዝብታት ዓለም ዘጸንበር መንግስትነት እምበር፡ ከምቲ ገብረዮሃንስ ዝበሉዎ ኣብ ትሕቲ ንጉሰ ነገስትን ሰንደቕ ዕላማን ኢትዮጵያ ዘእቱ ውህደት ኣይነበረን። እዚ ዘይዕረቕ ፍልልይ'ዚ እናተጋፍሐ ብዝኸደ፡ ናይ ማሕበር ሕብረት ናይ ቃል መጥቃዕቲ ኣብ ልዕሊ ኢብራሂምን ወልደኣብን እውን ብኡ መጠን እናተረረ ኸደ። ኣብ ሓደ ናይ ወርሒ ጥቅምቲ ሕታማቱ ንኣብነት፡ ኢትዮጵያ ነዚ ዝስዕብ ክሲ ኣቕረበ፤

> ... ኣቶ ኢብራሂም ሱልጣንን ኣቶ ወልደኣብ ወልደማርያምንስ ያኢ፡ ብማሕበር ባዕዳን ተደጊፎም፡ ነቲ ብ60 መንግስታት ዓለም ዝተፈርደን ንሳቶም ድማ ምሒሎምን ጥሒሎምን እተቐበሉዎ ኪዳናዊ ሕብረት ኤርትራን ኢትዮጵያን ስለ ኬሰናኽሉ ወይ ኬፍርሱ (እንተ ተኻኢሉዎም) ኣብዚ ቐረባ ጊዜ ኪኽፈት ዘሎዎ ጉባኤ ሕቡራት መንግስታት፡ ኣብ ፓሪስ ንምቕራብ ኪኹዱ ኢያቶም ይብሃል...[70]

ደ.ሰ.ኤ ነዚ ወግዓዊ መልስን ኣሉታን ንምሃብ፡ ከምዚ በለ፤

> ...መራሕቲ ማሕበር ሕብረትን ጋዜጣ ኢትዮጵያንሲ ክሳዕ ሎሚ ብዛዕባ ፌደራዊ መደብ ኪዛረቡን ኪጽሕፉን ከሎው፡ ንፌደራስዮን ብሕብረት ኢዮም ዚትርጉምዎ ዘሎው። መራሕቲ ሕብረት ንጥያቐ ምስለነ ሕ.መ. ምላሽ ኪህቡሉ ብዝተጸውዑ፡ ...ንሓሳብን ንፕሮግራምን ማሕበርምስ ብግርህነትን ብቕንዕናን ኪገልጹ ኢሎም ኣይቀረቡን። ኣብ ውሽጣዊ ስልጣን መ.ኤርትራ ካልእ ስልጣን ኢዱ ኪመልስ እናለመኑ፡ ንውሽጣዊ ስልጣን መ. ኤርትራ ኺግህሱ፡ ንፌደራስዮን ኸኣ ኼፍርሱ ኢሎም ህርድግ ዚብሉ ዘለዉስ መራሕቲ ማሕበር ሕብረት ደኣ ኢዮም። ደ.ሰ.ኤ. ንፌደራስዮን ዜፍርስ ግብሪ ፈጺሙ እንተ ደኣ ኾይኑ ድማ፡ ብግልጺ ኺምልከት ንልምን ኣሎና።[71]

እቲ ኽሲ መሰረት ከም ዘይብሉ ዝገልጽ ጽሑፍ፡ ብወልደኣብ'ውን ተጻሕፈ። ማቲየንሶ ምስ ህዝቢ ኤርትራ ዝገብሮ ዝነበረ ዘተ ወዲኡ፡ ቅዋም መንግስቲ ኤርትራ ንምንዳፍ ናብ ስዊዘርላንድ ክነቅል ይቀራረበሉ ኣብ ዝነበረ ሰሙን፡ ላዕለዋይ ቤት ምኽሪ ደ.ሰ.ኤ. ንመርገጺኡ ዘትርርን ዘግፍሕን መግለጺ ኣውጽአ። ነቲ ዝተመደበ ፌደረሽን ኣብ ግብሪ ንምውዓል፡ ናብ ፓሪስ ገዲፉ "ናብ ዝኾነት ትኹን ሃገር ንምኻድ ወርትግ ዝተዳለና ኢና፡" ድሕሪ ምባል ድማ፡ እቲ ዝትከል ፌደራል መንግስቲ ንዝሕዞ ቕርጺ ብቻርት ብምስኣል ኣብ *ሓንቲ ኤርትራ* ኣውጽኦ[72]

69. ሓንቲ ኤርትራ፡ 2ይ ዓመት ቍ. 94፡ 3 ጥቅምቲ 1951።
70. ኢትዮጵያ፡ 6ይ ዓመት ቍ. 257፡ 14 ጥቅምቲ 1951።
71. ሓንቲ ኤርትራ፡ 2ይ ዓመት ቍ. 96፡ 17 ጥቅምቲ 1951።
72. ሓንቲ ኤርትራ፡ 2ይ ዓመት ቍ. 98፡ 31 ጥቅምቲ 1951።

ኮሚሽነር ሕ.ሃ. ኣብ ኤርትራ፣ ተልእኾኡን ኣፈጻጽማኡን

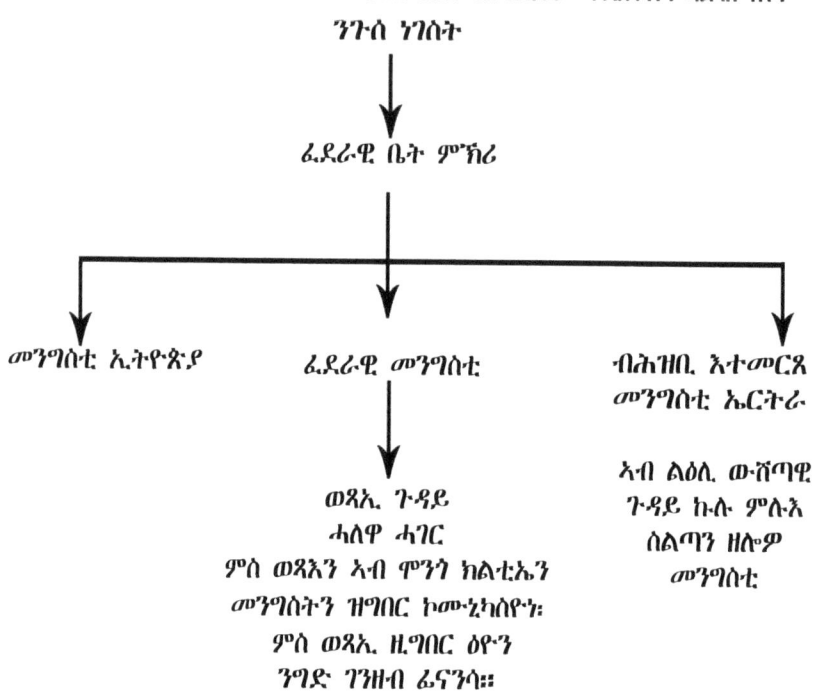

ፈደራል ድንጋገ፡ ፈደራል መንግስትን መንግስቲ ኢትዮጵያን ሓደ ኣካል ክኾኑ ኢዮም ኢሉ'ኳ እንተ ዘየነጸረ፡ ካብ መንግስቲ ኢትዮጵያ ዝተፈልየ፡ "ፈደራል መንግስቲ" ተባሂሉ ዝጽዋዕ ካልእ ኣካል ክቐውም ኢዩ እውን ኣይበለን። ስለዚ፡ ደ.ሰ.ኤ. ነተን ዝተዋህባ ናይ ኦቶኖሚ መሰላት ንኸይስእን ዝያዳ ዝሓትት ዝነበረ ይመስል። ብዝኾነ፡ ማቲየንሶ ንስዊዘርላንድ ክነቅል እንከሎ፡ ካብተን ተጻረርቲ ማሕበራት ከሳንን ክዕረቕን ዘይኽእል ሓሳባትን መረዳእታን ኢዩ ዝመጾ ዝነበረ። ፈደራል ድንጋገ እምበኣር፡ ነቲ ሕብረት ምስ ኢትዮጵያን ናጽነት ኤርትራን ዝብል ዘይራኹብ ድሌታት ዝተዓረቐ "ማእከላይ ፍታሕ" ተባሂሉ ብሓቂ ተኣሚኑሉ እንተ ነይሩ፡ ገና ኣብ ምፍላሙ ናይ ምዝራግ እምበር ናይ ነባርነት ኣንፈት ኣየርኣየን።

ርክብ ማቲየንሶ ምስ ህዝቢ ኤርትራ

ብ29 ሰነ 1951፡ ማቲየንሶ ንመራሕቲ ሃይማኖት፡ ፖለቲካዊ ማሕበራትን ንጋዜጠኛታትን ኣብ ቤት መንግስቲ ኣስመራ ብምዕዳም፡ ምስ ህዝቢ ንኽላዘብ ክብገስ ከም ዝተቐረበ ኣፍለጠ። ኣብኡ'ውን ብዛዕባ ኣፈጻጽማ እቲ ዘተን ንትሕዝቶኡን ብምግላጽ፡ "ክትዕ ብዘየልዕል መገዲ" ክካየድ ከም ዝደሊ

ኣረድአ።[73] እቲ ዘተ ባዕሉ ኣብ ውሽጢ ሸዱሽተ ወርሒ ተፈጸመ።

ማቲየንሶ ንዘተኡ ወከልቲ ደ.ሰ.ኤ. ብምዕዳም፡ ብ12 ሓምለ 1951 ጀመሮ። ቅድም ብኢብራሂም ሱልጣን ምስ ዝምርሑ ወከልቲ ኣልራቢጣ ኣል እስላሚያ፡ ኣብ ሳልስቱ ድማ፡ ደጊያት ሰብሃቱ ዮሃንስ ምስ ዝውክሉዎም ዝተረፉ ኣባላት ናይ ደሞክራሰያዊ ሰልፊ ተራኸበ። ቀጺሉ'ውን፡ ንወከልቲ እተን ዝተረፋ ሰልፍታትን ህዝባዊ ማሕበራትን፡ ንመራሕቲ ሃይማኖት፡ ንወከልቲ ዝተፈላለያ ናይ ወጻእተኛታት ማሕበረ ኮማትን፡ ከምኡ'ውን ንተራ ህዝቢ እናረኸበ ኣዘራረበ።

ኣብ ዝርዝር ናይ'ቲ ዝረኸቦ ዝነበረ መልሰታትን ርእይቶታትን'ኳ ደቀቕቲ ፍልልያት እንተ ነበረ፡ ብኣጠቓላሊ ግን፡ ርእይቶ ህዝቢ ኣብ ክልተ ተፈልየ። ደገፍቲ ደ.ሰ.ኤ፡ መንግስቲ ኢትዮጵያ መንግስቲ ፈደራል ክይብሃልን ክይከውንን፡ ወካሊ ንጉሰ ነገሰት ኣብ ኤርትራ ክይቅመጥ፡ ትግርኛን ዓረብን ወግዓውያን ቋንቋንታት ኤርትራ ክኾና፡ ኤርትራ ናይ ገዛእ ርእሳ ባንዴራ ክህልዋ... ንዝብል ርእይቶ ደገፉ።[74] ከም ወትሩ፡ ደገፍቲ ሕብረት ምስዞም ላዕለዎት ኣብ መሰረታዊ ጉዳያት ተፈላለዩ። ንዓኣቶም፡ ፈደራዊ መንግስቲ መንግስቲ ኢትዮጵያ ክኸውን ዘተሓላትት እውን ኣይነበረን። እኳ ደኣ፡ ወካሊ ንጉሰ ነገሰት

73. ሰ.ጋ. 9ይ ዓመት ቍ. 461፡ 5 ሓምለ 1951።
74. UNGA, A/AC. 44/R.20, 10 July 1951 and A/AC. 44/R. 21, 12 Jult 1951.

ማቲየንሶ ኣብ ሓደ ካብ ርክባቱ ምስ ኣል ራቢጣ።

ኢትዮጵያ፡ ኣብ ፈጻሚ ኣካል መንግስቲ ኤርትራ ንኽውክል ጠለቡ። ትግርኛ ቋንቋ ኤርትራ ክኸውን፡ ዓረብ ድማ ኣብ ሃይማኖታውን ንግዳውን ጉዳያት ጥራይ ንኽውሰን'ውን ኣመልከቱ። ባንዴራ ፈደረሽን እኹል ስለ ዝኸውን፡ ንኤርትራ በይና ባንዴራ ይፈለየላ ንዝብል ሓሳብ ከኣ ነጸጉ።[75]

ጉዳይ ቋንቋ'ኳ ዝዕረቕ ዘይመስል ኣንፈት ሒዙ ኢዩ ዝተበገሰ። ንኣብነት፡ እቶም ብስም "ተቐሲም" ወይ "ምቕሊ ኤርትራ" ዝፍለጡ ዝነበሩ ኣልራቢጣ ኣልእስላሚያ-ምዕራባዊ ቐላ፡ ዓረብ ጥራይ ወግዓዊ ቛንቋ ክኸውን፡ ትግርኛ ግን ኣብ ከበሳታትን ኣብቲ ቋንቋ ዓረብ ናይ ሓባር ቛንቋ ዘይኮነሉ ክፍልታት ኤርትራን ክፍቀድ ከም ዝክኣል ኣነጸሩ።[76] ኣይፋሉን፡ ዓረብ ቋንቋ ባዕዲ ኢዩ፡ ትውልዲ ግእዝ ዝኾና ትግረን ትግርኛን ደኣ ይጽደቓልና ዝበሉ'ውን ኣይተሳእኑን።[77]

ንኹሉ'ቲ ኣብ ሓድሕዱ ዝጋራጮን ዝጻረርን፡ ዝተኻኻእን ዝመላላእን ርእይቶታት ዘርዚርካ ምቕራብ ዝከኣል ኣይኮነን። ትረቫስኪስ ከም ዝገለጾ፡ ካብቲ ዝተኻየደ ህዝባዊ ዘተ፡ መንግስቲ ኢትዮጵያ ዝደለዮ ውጽኢት ኣይረኸበን። ደ.ሰ.ኤ.ን ኣል ራቢጣ ምዕራባዊ ቐላን ምስ ደገፍቶም ውክልና ንጉሰ ነገስት ተቓወሙ። ሕብረት እንተ ኾኑ'ውን፡ ውክልና ንጉሰ ነገስት ደኣ ይቀበሉ'ምበር፡ ሙብዛሕትኦም ስልጣን እቲ ወኪል፡ መራሒ መንግስቲ ኤርትራ ካብ ምሻም ንላዕሊ ክኸይድ የብሉን ዝብል ርእይቶ ነበሮም። ኣብ ጉዳይ ቋንቋ እንተ ኾነ'ውን፡ ኣባላት ሕብረት ንዓረብ ነጺጎም ትግርኛ ደኣ መረጹ'ምበር፡ ኣምሓርኛ ወግዓዊ ቛንቋ ኤርትራ ይኹን ዝብሉ፡ ብዘይካ ኣዝዮም ውሑዳት፡ ኣብ መንጎኦም ኣይነበሩን። ብመንጽር እዚ ኹሉ ኽርአ እንከሎ እምበኣር፡ ካብቲ ማቲየንሶ ዘካየዶ ዘተ ምስ ህዝቢ፡ መንግስቲ ኢትዮጵያ ምሉእ ዘይጉዱል ኣሳልጦ ትረክብ ነይራ ክብሃል ኣይክኣልን።[78]

ማቲየንሶ ኣብ ጸብጻቡ፡ ነቲ ኣብ መንጎ'ተን ፖለቲካዊ ማሕበራት ዝነበረ ዓሚቕ ፍልልይ ከም ዘስተብሃለሉን ንሳተን'ውን ነቲ ዝጸንሐ መርገጺታተን ከም ዘይገደፋን ገለጸ። ግን ከኣ፡ በቲ ኣብ ተራ ህዝቢ ዝረኣዮ መንፈስ ሕውነትን ምጽውዋርን እምነት ኣብ መጻኢ'ታ ሃገር ከም ዘሕደረን፡ ልዕሊ ኹሉ፡ በዚ ዝስዕብ ተገንዘቦታቱ ከም ዝዓገበን ኣረድአ፤

- ህዝቢ ኤርትራ፡ ዳርጋ ብምሉኡ፡ ነቲ ፈደራል ፍታሕ ምቕባሉ፡
- ርእሰ-ምሕደራ ንኤርትራ ዝብል ሓሳብ ወይ እማመ ብህዝቢ ምጽዳቑ፡
- ኣብ ልዕሊ ንጉሰ ነገስት ኢትዮጵያ፡ ከም ላዕለዋይ መራሒ ፈደረሽን ክብ ዝበለ ኣኽብሮት ምንባሩ፡

75. UNGA, A/AC.44/R26/Rev 1 20 July 1951.
76. UNGA, A/AC. 44/R.24, 17 July 1951. ንዝርዝራዊ ሓበሬታ ብዛዕባ ኣል ራቢጣ ኣል እስላሚያ - ምዕራባዊ ቐላ ወይ <ተቐሲም> ኣይንፈላለ፡ ገጽ 430-436 ርአ።
77. UNGA, A/AC. 44?R. 27, 19 July 1951.
78. Travaskis, Eritea, A Colony in Transition, p. 116-117.

- ሰፊሕ ትግባረ ናይቲ ንሰብኣዊ መሰልን መሰረታዊ ሓርነታትን ዝምልከት መዳያት ፌደራል ድንጋገ፡ ኣብ ህዝቢ ልዑል ተስፋ ምቅስቃሱ፡
- ህንጻ መንግስቲ ኤርትራ፡ ያታታት፡ ቋንቋታትን ሃይማኖታዊ እምነታትን ህዝቢ ክሕሉ ኣሎዎ ዝብል ሓፈሻዊ ድሌት ህዝቢ ምንባሩ፡
- ኣብ ኤርትራ ዝነብሩ ወጻእተኛታትን ኮማቶምን ኣብ ቀጠባዊ ምዕባለ ኤርትራ ዝነበሮም ተራ ክቕጽል፡ ሰርዓቶምን ድሕነቶምን፡ ከምኡ'ውን፡ ንብረቶም ሕጋዊ ውሕስነት ክወሃቦ ዝብል ሓሳብ ብህዝቢ ቕቡል ምንባሩ፡
- ከምኡ'ውን፡ ኣብ ትሕቲ መሪሕነት ኤርትራውያን፡ ተመኩሮን ክእለትን ዘሎዎም ወጻእተኛታት ኣብ መንግስታዊ ስራሓት ተዋፊሮም ንምዕባለ'ታ ሃገር እጃሞም ክበርክቱ ዝብል ሓሳብ ናይ ህዝቢ ተቐባልነት ምርካቡ።

ማቲየንሶ፡ ነዚ ኣስተብህሎታት'ዚ ዝለዓለ ግምት ብምሃብ፡ ብተስፋ ከም ዝቕጽል ኣፍለጠ። ነቲ ውክልና ንጉሰ ነገስት ኣብ ኤርትራ፡ ጉዳይ ቋንቋታት፡ ጉዳይ ባንዴራን ካልእ ጉዳያትን ዘለዓዓሎ ፍልልይን ዘይምርድዳእን ግን ከም ዘይመሰረታዊ ቖጸሮ። "ብዕርቅን ምትሕብባርን ክፍታሕሲ ዝክኣል ኢዩ" ... ማዕረ ንጉዳይ ኤርትራ ኣብ "ዳግመ ምርመራ ናይ ሓፈሻዊ ባይቶ ሕ.ሃ. ዘእቱ ከቢድ ጉዳይ ኣይኮነን፡" ብምባል ወገኖ። ይኹን እምበር፡ ኣብ ኣባላት ባ.ሕ.ሃ. ዝዘርጋሕ ሓደ ኣጠቓላሊ ጸብጻብ ንኽቕርብ ተመባጽዐ።[79]

ብ27 ሕዳር 1951፡ ማቲየንሶ ህንጻ መንግስቲ ወይ ቅዋም ኤርትራ ንኽነድፍን ምስ'ቶም ንኽማኽሩዎ ዝተመዘዙ ናይ ሕጊ ኽኢላታት ንኽማኽርን ካብ ኣስመራ ንጀኔቫ ነቐለ።[80]

79. UNGA A/AC, 44/R.53, 22 October 1951, p. 2-3.
80. Travaskis, p. 117.

ምዕራፍ ሰለስተ

ምቕርራብ ንምስረታ መንግስቲ ኤርትራን ፈደራል ስርዓትን

ምድንጓይ ብ.ም.ኤ. ኣብ ምቛም ኤርትራዊ ምምሕዳር

ኣቐዲምና ከም ዝረኣናዮ፡ ሓደ ኻብቲ ንብሪጣንያዊ ምምሕዳር ኤርትራ (ብ.ም.ኤ.) ብባ.ሕ.ሃ. ዝተዋህበ ስራሓት፡ ፈደራል ስርዓትን መንግስቲ ኤርትራን ቅድሚ ምትካሉ፡ ሓደ ኤርትራዊ ምምሕዳር ተዳልዩ ከም ዝጸንሕ ምግባር ነበረ። እቲ ትጽቢት፡ ኣንሰ ማቲየንሶ ብ9 ለካቲት 1951 ኣስመራ ኣትዩ ስርሑ ምስ ጀመረ፡ እቲ ምምሕዳር ድማ ቐልጢፉ ንኤርትራውያን ኣብ ናይ ስልጣን ቦታታት ከቐምጦም'ሞ ንመንግስትነት ተዳልዮም ክጸንሑ ኢዩ ዝነበረ። እንግሊዛውያን ግን ነዚ ኣዝዩ ኣገዳሲ ተግባር'ዚ ክሳብ 1 ሚያዝያ 1952 ኣደናጕዩዎ። ማቲየንሶ ካብ ዝኣተወሉ ን14 ኣዋርሕ፡ እቲ ጉዳይ ተወንዚፉ ማለት ኢዩ።

እቲ ምምሕዳር ነዚ ጉድለት'ዚ ከመኽንየሉ እንከሎ፡ እቲ ቐንዲ ጸገም፡ ስእነት ዝተማህሩ ኤርትራውያንን ሓደስቲ ሰባት ንምስልጣን ዝኣክል ጊዜ ዘይምርካቡን ከም ዝነበረ ገለጸ። ኣብ ትሕቲ ግዝኣት ኢጣልያ ዝጠቅም ትምህርቲ ስለ ዘይጸንሐ፡ ሓደ ምሉእ ዝተማህረ ደርቢ ብብሪጣንያ ኽፍጠር ከም ዘይተኻእለ'ውን ኣፍለጠ።[1]

ብሓቂ ግን፡ ካብ ፈለማ'ውን እንተ ኾነ፡ ኣመሓዳሪ ካሚንግግን እቲ ንሱ ዝመርሖ ዝነበረ ምምሕዳርን ንውሽጣዊ ናጽነት ኤርትራ ግምት ይህቡ ኣይነበሩን። ኣብ ወርሒ ሚያዝያ 1951 ንኣብነት፡ እንግሊዛውያን ኣመሓደርቲ ነቲ ብ"ሚያዝያ 27" ዝፍለጥ ዝነበረ መዓልቲ ሓርነት ኢትዮጵያ ካብ ጉበጣ ኢጣልያ፡ ኣብ ኤርትራ ከም ህዝባዊ በዓል ንኽብዓል ሓደ ኣዋጅ ኣውጽኡ።

እዚ ስጉምቲ'ዚ ብርቱዕ ተቓውሞ ደ.ሰ.ኤ. ኣጓነፎ። ሰለስተ መዓልቲ ቕድሚ'ቲ በዓል፡ ኢብራሂም ሱልጣን ናብ ካሚንግግን ማቲየንሶን ናይ ቊጥዐ መልእኽቲ ብምልኣኽ፡ ነዚ ዝስዕብ በሉ፤

1. UK Report, p . 22 (per 109-115).

እዚ እንግሊዛዊ ስልጣን ምምሕዳር ምስ ሕዝብ ኤርትራ ወይስ ምስቶም ልኡኻቱ ከይተማኸረ፡ ኸምዚ ናይ ቍጽሪ 149 ዝበለ ኣዋጅ ኣውጺኡስ ትእዛዝ ብምእዛዙ፡ ነቲ ናይ ሕዝብ ኤርትራ፡ ማለት ናይ ባይቶኡን ናይ መንግስቱን፡ ከምኡ'ውን ነቲ ናይ ፈደራዊ ስልጣን "መሰል" ከም ዝዘረፈ ወይ ነጢቑ ከም ዝወሰደ ኣምሲሉ የርእዮ።

... ሕዝብ ኤርትራ፡ ምንም እኳ ባይቶኡን መንግስቱን ገና ከይቖመን ከይተማሓደረን ከሎ፡ ዝኾነ ይኹን በዓል ኬብዕል ወይስ ኬኽብር ዚደሊ ኾይኑ እንተ ተራእየ፡ ቃሕ ኢሉዎ፡ ባዕሉ ብፍቓዱ ተመሪሑን ናይ ስልጣን ምምሕዳር ትእዛዝ ተገዲዱ ኺገብሮ ግቡእ ኣይኮነን።[2]

ድሕሪ ቍሩብ መዓልቲ፡ ጋዜጣ *ሓንቲ ኤርትራ'ውን* ንትቓውሞ ኢብራሂም ሱልጣን ደጊፉ ኣስፊሑ ጸሓፈ። እንግሊዛዊ ስልጣን ምምሕዳር፡ ነቲ ኣዋጅ ዘውጽአ፡ ንኢትዮጵያ ብዝድግፍ ፖለቲካዊ ምኽንያት እምበር ብኻልእ ከኸውን ከም ዘይክእል ዘርዚረ'ሞ፡ ናብ ቀንዲ መልእኽቱ ሰገረ፡

... ፖለቲካዊ ምኽንያት (እንተ ኾይኑ) ... ንእንግሊዛዊ ስልጣን ምምሕዳር ንርእሱ ዚኸውን ፖለቲካ እንተ ዘይኮይኑስ ንኤርትራን ንሕቡራት መንግስታትን ዚግድስ ፖለቲካ ገለኳ የብሉን። ካብቲ ብላዕለዋይ ባይቶ እተመደበ፡ በዚ ፈደራዊ ማሕበር ኢትዮጵያን ኤርትራን ዚፍጸመሉ መደብ፡ ክንዲ መርፍእ'ኳ ኣይተነከየን።

እቲ እንግሊዛዊ ስልጣን ምምሕዳር ኣቐዲሙ ኪገብሮ ዚግባእ፡ ናይ በሪ ወይስ ናይ ዶጋና ሕብረት ገና ኣይተተንከፎን። መንግስቲ ኤርትራ ንምትካል ብግዲ ዜድሊ.... ሰላምን ጸጥታን ኣብ ኤርትራ የልቦን። ደም ደቂ ኤርትራ፡ ከም ደም ጤለ-በጊዕ፡ ኣብ ፈቐዶኡ ይፈስስ ኣሎ። ደቂ ኤርትራ ካብ መዝነትን ሓላፍነትን ተወጊዶም፡ ናይ ሃገሮም ጉዳይ ብማንም ወጻእተኛ ይካየድ ኣሎ። ... ሕዝብ ኤርትራ ጓሳ ከም ዘይብለን ኣባጊዕ ኪባረርን ኪሸበርን ከሎ፡ መንግስትን ባይቶን ኤርትራ ገና ኣብ ወረቐት ሕቡራት መንግስታት ተቐቢሩ ኸሎስ፡ ናይ ሕዝብን ናይ መንግስትን ኤርትራ በዓል Festa Nazionale ምምዳብ፡ ናይ መንፈስና ፍትሒ ኪቕበሎ፡ ሱቕ ኢሉ እውን ኪጽመሞ ዘይኽእል በደል ኢዩ።[3]

ካሚንግ ግን ነቲ ናብኡ ገጹ ዝውርወር ዝነበረ ወቐሳታት ብዙሕ ግምት ኣይሃቦን። ሓደ ጊዜ ናብ ሓደ እንግሊዛዊ በዓል ስልጣን ኣብ ዝጸሓፎ ደብዳቡ፡ "ብግምተይ፡ ውሽጣዊ ጉዳያቶም ኣብ ምክያድ ብዝምልከት፡ ኤርትራውያን ካብቲ ሱዳናውያን ቅድሚ 20 ዓመት ዝነበሩሉ ኣብ ዝተሓተ ደረጃ ኢዮም ዝርከቡ፡" ኢሉ ነይሩ ኢዩ።[4] ኤርትራዊ ምምሕዳር ኣብ ምቛም ትድንጉዩ ኣሎ'ኹም ተባሂሉ ንዝወርዶ ዝነበረ ነቐፌታ ድማ፡ "መጀመርታ ኣባላት ባይቶ

2. ሓንቲ ኤርትራ፡ 2ይ ዓመት ቍ. 22፡ 2 ግንቦት 1951።
3. ሓንቲ ኤርትራ 2ይ ዓመት፡ ቍ 73፡ 9 ግንቦት 1951።
4. FO 371 9672 6, Duncan Cumming to JM Bowker, 30 December 1951.

ኤርትሪ ይጦፈጸ... ኣብ መንጎ ፖለቲካዊ ሰልፍታት ንዘሎ ግርጭት ነይንባሌሕ ንጽናሕ... ከነማኽሮ እንኽእል ኤርትራዊ ኣካል የልቦን... ብዛዕባ'ቶም እንሓጽዮም ሰባት ርእይቶ ኢትዮጵያ ከድሊ ኢዩ... እቶም ዘበለጹ ውሑዳት ንኢትዮጵያ ዝቃወሙ ኢዮም'ሞ፡ መጀመርታ ኢትዮጵያ ይቕረ ክትብለሎም ኣሎዋ..." ዝብል ዝተነጻጸለን ዘየዕግብን መልሲ ኢዩ ዝህበሉ ዝነበረ።[5]

ነዚ መዛረቢ ዝኾነ ኣዋጅ ኣመልኪቱ፡ ካሚንግ ዝኾነ ተወሳኺ መብርሂ ኣይሃበን። ጋዜጣ *ኢትዮጵያ* ግን ክንዲ ዓቢ ዓወት ቈጸሮ። እቲ ናይ ጠቕላል ኣመሓዳሪ ኣዋጅ ከአ በለ፤

> ... ነቲ ኣብ ዋዕላ ሕቡራን መንግስታት፡ በታ ናይ መንግስቲ ኢትዮጵያን ናይ ኢትዮጵያውያንን ፈታዊት ዝኾነት ዓባይ ብሪጣንያ ዝተደገፈን በቲ ጸቓጢ (ዓብላሊ) ዝኾነ ናይ መንግስታት ዓለም ብልጫ ድምጺ ዝቘመን ኪዳናዊ ሕብረት ዜጽንዕ ኣብ ልዕሊ ምኳኑ፡ ንኣና ንኤርትራውያን ብናይ ግርማዊ ንጉሰ ነገስት ቀዳማዊ ሃይለስላሴ በትረ-መንግስት ተሓሊውና፡ ኣብ ትሕቲ ዘውዲ እዞም ታሪኽም ግኑን ዝኾነ መሪሕና፡ ኣብ እግሪ እታ ሰለስተ ዝሕብራ ኢትዮጵያዊት ሰንደቕ ዕላማና ኣጽሊልና ብሰላም ክንነብር ዜረጋግጸልና ይኸውን ኣሎ።

ካሚንግ ነዚ ኸምዚ ዝበለ ወገን ዝፈለየ ፕሮፖጋንዳ ማሕበር ሕብረት ደው ኩብል ዘይኮነስ መመሊሱ ናህርን ፍናንን ዝህብ ተግባራት ክውስኸሉ ኢዩ ዝርአ ዝነበረ። እቲ በዓል ምስ ሓለፈ፡ ጋዜጣ *ኢትዮጵያ* ነዚ ዝስዕብ ጸብጻብ ሃበ፤

> ...ናይ ኤርትራ ጠቕላል ኣመሓዳሪ፡ ነቲ ብዝኾነ ምዕልባጥ ኪልወጥ ዘይኽእል ፖለቲካውን ዲፕሎማስያዊን ኩነት መሰረት ብምግባር፡ ኣብ ኣስመራ ኣብ ዚርኩብ ምቕማጦም፡ ንናይ ኢትዮጵያ ሰንደቕ ዓላማ ብየማና ነታ ብዓልቲ ኪዳና ዝኾነት ናይ ዓዶም ሰንደቕ ዓላማ ሰቒሎም ብምውዓሎም፡ እቲ ንልቢ ኤርትራዊ ብጠቕላላ (ብዘይካ እቶም ብኣጻብዕ ዚቝጸሩ ዘይሓወዩ ሓደ ኽልተ) ሃኒጹን ደስ ኣቢሉን ዝወዓለ ኢዩ።

ኣብ ጉዳይ ምምልማል ኤርትራውያን ናብ ምምሕዳር ሃገር፡ ማሕበር ሕብረት ዘቕረቡዎ ንጹር እማመ ኣይነበረን። ብደፈንኡ ጥራይ፡ ባይቶ ኤርትራ ብህዝቢ ክሳብ ዝምረጽ፡ ህዝቢ ወጻኢ ካብ ፖለቲካውያን ማሕበራት ባዕሉ እናተኣከበ፡ ዝሓይሽ መኺሩ፡ "ስለ ድሕነት ሕዝብናን ሃገርናን ተቓላጢፍና ንምሃዝ'ምበር ... ብዘየሰሓሕብ ክንስሓሓብ ዕድልናን ሕዝብናን ከይነጥፍእ..." ዝብል ማዕዳ ኢዩ ዝሃበ።

ደ.ሰ.ኤ. ነዚ ኣብ ጋዜጣ ዝሰፈረ ሓሳብ ማሕበር ሕብረት ብጽቡቕ መንፈስ ከም ዝቕበሎ ብምምልካት፡ እቲ ዝተኣመመ ኣኼባ ብቕልጡፍ ንኽካየድ'ኳ እንተ ጐስጐሰ፡ ንዕኡ ዝመስል ኣኼባ ዝተኻየደ ኣይመስልን። ተኻዪዱ እንተ ዝኸውን'ውን ርኡይ ውጽኢት ንኸምጽእ ትጽቢት ዝግበረሉ ኣይነበረን።

5. FO 371 96721, 16 April, 1952.

ምኽንያቱ ድማ፡ ሰበ ስልጣን እንግሊዝ ኣብቲ ዝጀመሩዎ፡ ንመሰላት ኤርትራ ግምት ዘይህብ ኣንፈት ኢዩም ዝቕጽሉ ዝነበሩ።

ማቲየንሶ ባዕሉ፡ ኣብ'ዚ ጉዳይ'ዚ ጣልቃ ብምእታው፡ እቲ ኤርትራውያን ናይ ምምልማልን ኣብ ቦታታት ስልጣን ናይ ምቕማጦምን መስርሕ ንኽቀላጠፍ ይደፋፍእ ነይሩ ኢዩ። ካብ ሚያዝያ 1951 ጀሚሩ ድማ፡ እቲ ብእንግሊዛውያን ሰበ ስልጣን ዝቐርብ ዝነበረ፡ ንኤርትራውያን ብቑዓት ንኹብሎም ዝተሓሰበ ረቛሒታት ኣዝዩ ስለ ዝለዓለ፡ ብዓቕሚ ኤርትራውያን ንኽመሓየሽ መዓደ። ንሳቶም ግን፡ ኣሸንኲይዶ ንምምልማል ወይ ኣብ ስራሕ ንምቑጻር፡ ንስልጠናን ንትምህርትን'ውን ዝኸውን ብቕዓት የልቦን እናበሉ፡ ነቲ ጊዜ ምምጣጥ ቀጸሉ።[6]

እዚ ምዕጥጣይ'ዚ ክይተወድአ፡ 1951 ተዛዘመት። ኣብ ጥርን ለካቲትን 1952 ነዚ ጉዳይ ዝምልከት ኣኼባ ኣብ ሎንዶን ተኻየደ። ኣብዚ ኣኼባታት'ዚ፡ ካሚንግን እቲ ኣማኻሪኡ ዝነበረን ካብ 1940'ታት ጀሚሩ ጸግዒ ኢትዮጵያ ብምሓዝ ድማ ኣንጻር ናጽነት ኤርትራ ዝተቓለሰን ብሪጋደር ፍራንክ ስታፎርድን[7] ካብ ኤርትራ፡ ኣቐዲሙ ኣመሓዳሪ ኤርትራ ዝነበረ ብሪጋዴር በኖይን ካልኦት ክልተ ሰበ ስልጣን ጉዳያት ወጻኢ ብሪጣንያን ድማ ካብ ለንደን ተረኺቦ። ኣብ'ዚ፡ ካሚንግ ደጋጊሙ ነቲ ኤርትራውያን ንስልጣን ኣይበቕዑን ዝብል ርእይቶ ኣቕረበ። እቶም ካልኦት ግን፡ መስርሕ ምምልማል ኤርትራውያን ብውሑዱ ኣብ ሰነ 1952 ክጅምር፡ መታን ሓላፍነት ክስምዖም ድማ፡ ኣብ ልዕሊ ፋይናንስያዊ ጉዳያት ቊጽጽር ክህልዎም ዝብል ሓሳባት ኣቕረቡ። እቲ ምምልማል ባዕሉ ግን፡ ምስ ማቲየንሶን መንግስቲ ኢትዮጵያን ብቐረባ እናተመያየጥካ ክፍጸም ኢዩ ዝድለ ዝነበረ። በዚ መሰረት፡ ኣብ ምጅማር ሚያዝያ ሰባት ክርቀሑ'ሞ፡ ገለ ዝተመርጹ ካብኣቶም ኣብ 1 ሰነ 1952 ኣብ ዝተፈላለየ ቦታታት ንኽቕመጡ ብሰፊሑ ተዘርበሉ።[8]

ኣብቲ ዝተጠቕሰ ዕለታት ፍልልይ ዝነበረ'ኳ እንተ ዘይመሰለ፡ ናይ ኤርትራ ኣመሓደርቲ ግን ኤርትራ ገዛእ ርእሳ ንምምሕዳር ዘኽእል ፋይናንስያዊ ዓቕሚ ስለ ዘይነበራ፡ ብኢትዮጵያ ክትምወል ኣሎዋ ንዝብል ምጉት ከም ሓዲሽ ኣቕረቡዎ። ኣብቲ ዓመት እቲ ኣሎ ንዝበሉዎ ናይ ባጀት ሕጽረት ኣመልኪቶም ድማ፡ ካብ ባንክ ኢትዮጵያ ብዝርከብ ባጀት፡ ወይ ካብ መንግስቲ ኢትዮጵያ ክግበር ብዛዕባ ዘኽእል ድኅማ፡ ወይ ድማ መንግስቲ ኢጣልያ ንገለ ካብ መንግስታዊ ትካላት ኤርትራ ብምምዋል ንኽሸፈን ሓሳብ ኣቕረቡ።[9] ተገምጢሎም ግን፡ ነዚ ባዕላቶም ዘቕርቡዎ ዝነበሩ ሓሳባት፡ "ግን፡ መንግስቲ ኢትዮጵያን ባይቶ ኤርትራን ብዛዕባ'ቲ ዝቐርብ ቅዋም እንታይ ከም ዝብሉ ፍሉጥ ኣይኮነን... መራሕ መንግስቲ ኤርትራ ኣስላማይ ክኸውን ክርስትያን

6. Final Report, pp. 66-67 (par 730 ff).
7. ብዛዕባ ብሪጋዴር ስታፎርድ፡ ኣይንፈላለ፡ ገጽ 422-436 ርአ።
8. FO 371 96726, JA 10/9/5, 15 January 1952.
9. Meeting Matienzo and Bowder in London, FO 371 96726, JA 1019/6, 29 January, 1952.

ከይተፈልጠ'ሞ እንታይ ዝመስለ ስጉምቲ ምውሳድ ይከኣል..." ብዝብል ምኽንያት የፍርሱዎ ነበሩ።[10]

ብሓጺሩ፡ እቶም ኣመሓደርቲ፡ ኤርትራዊ ምምሕዳር ቀልጢፉ ንኽትከል ኣይደለዩን። ነታ፡ "...ኤርትራውያን ነቲ ሓላፍነት ብቑዓት ምኳኖም ከረጋግጹልና ኣሎዎም..."[11] እትብል መርገጾም ሒዞም ጥራይ ናይ ኣስታት 14 ኣዋርሕ ናይ ስልጠናን ምምልማልን ጊዜ ኣባኸኑ።

ኣብ ሓደ ካብቲ ነዚ ኣርእስቲ'ዚ ዝምልከት ነቓፌ ዓንቀጻታ፡ ጋዜጣ *ሓንቲ ኤርትራ* ኣብ ናይ 16 ጥሪ 1952 ሕታማ ነዚ ዝስዕብ ምረት ኣቕረበት፤

> ... እቲ ነዚ ንእንግሊዛዊ ስልጣን ምምሕዳር ከም በደል ጌርና ክሳዕ እንቖጽረሉ ዜድፍረና ዘሎ ምኽንያትስ ኤርትራዊ ዝኾነ ምምሕዳር ክሳዕ ሎሚ ከየሰናድኦ ምጽናሑ ኢዩ'ምበር ባይቶ ኤርትራ ድሮ ብዘይ ምትካሉ ኣይኮነን። ኤርትራዊ ዝኾነ ምምሕዳር ድሮ ተመሓዲሩ እንተ ዚኸውን፡
> ሀ. ደቂ ኤርትራ ንዕዮ ምምሕዳር ሃገሮም ድሮ ተላማሚዶምዎ ምሃለ''ሞ
> ሁ. ነዚ እንግሊዛዊ ስልጣን ምምሕዳር'ኳ ዕዮን ሓላፍነትን ምቐለለሉ፡
> ሂ. ብዙሓት ኤርትራውያን ዕዮን ሓላፍነትን ምረኸቡ'ሞ ብስጋን ብነፍስን ድሮ ተጠቒሞም ምሃለዉ፡
> ሃ. ናይ ሕ.መ. መልእኽቲ ዚፍጽሙ እሙናትን ትጉሃትን ልኡኻት ኳና ምተረኽብና።[12]

ብ.ም.ኤ. ነዚ ንዝመስል ተደጋጋሚ ነቐፌታን ጸውዒትን ኣቓልቦ ክህብ ድሉው ኣይነበረን።

ብዛዕባ ናይ ጉምሩክ ሕብረትን (Customs Union) ካልእ ጉዳያትን

ናይ ጉምሩክ ሕብረት (Customs Union)

ባ.ሕ.ሃ. ንብሪጣንያዊ ምምሕዳር ኤርትራ (ብ.ም.ኤ.) ዘሰከሞ ካልኣይ ዓቢ ሓላፍነት፡ ኣብ መንጎ ኤርትራን ኢትዮጵያን ናይ ጉምሩክ ሕብረት (Customs Union) ምምስራት ነበረ። ጉዳይ ጉምሩክ፡ ሓደ ካብቲ ኣብ እዋን ፌደረሽን ዓቢ ምስሕሓብ ዝፈጠረ ስለ ዝነበረ፡ ኣድቕቕ ኣቢልካ ምርኣዩ የድሊ።

ኣቐዲምና ከም ዝገለጽናዮ፡ ናይ ጉምሩክ ሕብረት ማለት፤

ሀ) ኣብ መንጎ ኤርትራን ኢትዮጵያን ዝግበር ናይ ንግዲ ልውውጥ ዝኾነ ዓይነት ቀረጽ ከይክፈሎን፡ ብደገት ክልቲኦን ሃገራት ከኣ ብናጻ ክማሓላለፍን፡

10. F. Stafford, FO 371 96726, 8 Febrauary 1952.
11. Final Reoprt, p. 67, par 737.
12. ሓንቲ ኤርትራ፡ 3ይ ዓመት ቁ 109, 16 ጥሪ 1952።

ለ) ኣብ ልዕሊ'ቲ ካብ ኤርትራ ንወጻኢ፣ ካብ ወጻኢ ድማ ንኤርትራ ዝኣቱ ኣቝሑ ዝለዓል ቀረጽ ግን እቶት መንግስቲ ኤርትራ ክኸውን፡ ኢትዮጵያ'ውን ተመሳሳሊ መሰል ክህልዋ... ዝብል ኢዩ ዝነበረ። ብ.ም.ኤ.፣ ስልጣን ንመንግስታት ኤርትራን ፌደራልን ቅድሚ ምርካቡ፡ ነዚ ሕብረት'ዚ ኣዋሃሂዱን ኣበጊሱን ክጸንሕ ከኣ ሓደራ ተቐበለ።

ልክዕ ከምቲ ንጉዳይ ምምልማል ኤርትራውያን ኣመሓደርቲ ብዝተፈላለየ ምኽንያታት ዘደናገዮ፡ ብ.ም.ኤ. ነዚ ኣዝዩ ኣገዳሲ ዕማም'ዚ እውን ክሳብ ወርሒ ሚያዝያ፡ ማለት ድማ፡ ክሳብ ምርጫ ወከልቲ ህዝቢ ኤርትራ (ወይ ባይቶ ኤርትራ) ዝፍጸም ኣወንዚፉዎ ጸንሐ። ብ 2 ሚያዝያ 1952፡ ብ.ም.ኤ. ብዛዕባኡ ዘተ ንኽካየድ፡ ንዝምልከቶም ሰበ ስልጣን ኢትዮጵያ ዓደመ። ናይ ፋይናንስ ምክትል ሚኒስተር ምናሴ ለማ ኸኣ ምስ ብጾቱ ተረኽበ። ንብ.ም.ኤ. ወኪሉ ተቈጻጻሪ ፋይናንስን ሕሳብን ዝነበረ ኣርተር ስሊፕ ምስ ክልተ ካልኦት መጸ።[13] እቲ ጸናሒ ወይ ተካኢ ኤርትራዊ ምምሕዳር ገና ስለ ዘይቈመ ግን፡ ኣብ'ዚ ኣኼባ እዚ ኤርትራውያን ኣይተወከሉን።

እቲ ኽትዕ፡ ብእማመ ኢትዮጵያውያን ጀመረ። ነቲ ጉዳይ ብዙሕ ከም ዝሓሰቡሉ፡ ናይ ጉምሩክ ቀረጽ ድማ በቲ ዝቐለለን ንብልሽውና ዘኾነ ነቓዕ ብዘይፈጥርን ኣገባብ ንኽእከብ ዝነበሮም ሃረርታ ምስ ገለጹ ኸኣ፡ እቲ ዝሓሸ መዋጽኦ፡ መንግስቲ ኢትዮጵያ ንመንግስቲ ኤርትራ ሓደ በብሰለስተ ወይ በብሓሙሽተ ዓመት ዳግም ዝግምገምን ዝማሓየሽን ጥቕሉል መጠን ገንዘብ (lump sum) ክትህባ'ሞ፡ በዚ ድማ ብጽሒት ኤርትራ ንኽዳቐስ ኣመሙ።

እማመ ኢትዮጵያ፡ እቲ ዝተባህለ ጥቕሉል መጠን ገንዘብ ኣብ ምንታይ ተመርኲሱ ይወሰን ዝብል ክትዕ ኣለዓዓለ። ብዙሕ'ውን ኣዛረበ። ልኡኽ ኢትዮጵያ፡ እቲ መጠን፡ ገምጋም ናይቲ ኤርትራ ካብ 1948-1950 ካብ ጉምሩክ ዝረኸበቶ ገንዘብ ክኸውን ሓሳብ ኣቕረበ። ይኹን'ምበር፡ ናይ ኢትዮጵያ ቀረጽ ካብ'ቲ ኤርትራ እተኽፍሎ ዝነበረት ክብ ስለዝብል፡ ነቲ ዝተባህለ ገምጋም 15% ክውሰኾ፡ ግን ከኣ፡ እቲ ኤርትራ እተልዕሎ ዝነበረት ናይ ትራንዚት ክፍሊት ክተርፍ ዝብል ተወሳኺ ርእይቶ ኣቕረቡ። እዚ ይጉደል ዝተባህለ ናይ ትራንዚት እቶት፡ ነቲ ናብ ካልኦት ሃገራት ንኽመሓላለፍ ኣብ ወደባት ኤርትራ ተኸዚኑ ዝጸንሕ ኣቝሑ ስለ ዝምልከት፡ ንኤርትራ ዓቢ ምንጪ ዝነበረ ኢዩ። ብተወሳኺ፡ ኢትዮጵያውያን ካብቲ ናይ ኤርትራ ብጽሒት፡ ወደባት ናይ ምምሕዳር ወጻኢ ክቕረጽ ዝብል ሓሳብ'ውን ኣቕረቡ። እቲ ልኡኽ፡ ነዚ ዓቢ ምንጪ'ዚ ከም ናይ ኢትዮጵያ ስለ ዝረኣዮ ድማ ኢዩ ነዚ ሓሳብ'ዚ ዘቕረበ።

13. FO 371 96784, A. 1184/5, 20 May 1952. ንምናሴ ለማ፡ ኣማኻሪ ጉምሩክ ኢትዮጵያ ሲ.ቲ. ኣንደርሂልን ዋና ዓቃቢ ሕጊ ነታን ማሪየንን ኣሰነዩዎ። ንኣርተር ስሊፕ ኸኣ፡ ምክትል ዋና ጸሓፊ ብ.ም.ኤ. ሲ. ዱብልዩ ዶሰንን ላዕለዋይ ናይ ፋይናንስ መኮንን ኢ.ጀይ. ላንን ኣሰንዮሞ ነበሩ።

እቶም ኣብቲ ኣኼባ ዝተረኽቡ እንግሊዛውያን ብሓሳባት ኢትዮጵያ ተጠራጠሩ። ብቐዳምነት፡ ንዓንቀጽ 4 ናይ ፌደራል ድንጋገ በቲ ኣገባብ'ቲ ምቕያር ይከኣል ዲዩ ኣይከኣልን ዝብል ሕጋዊ ነጥቢ ኣስከፎም። ክግበር እንተኾይኑ ድማ፡ ንመንፈስ ናይቲ ድንጋገ ከይጠሓስካ ክኸውን ስለ ዝግባእ፡ እቲ ጥቕሉል ገንዘብ ምስቲ ኤርትራ ካብ እተእትዎን እተውጽኦን ኣቑሑ ዝርከብ ናይ ጉምሩክ እቶት ዝመጣጠን ምኳኑ ክረጋገጽ ኣሎዎ በሉ። እዚ ንክኸውን፡ ከአ ኣመሙ፤

ሀ) ነብስ ወከፍ ኣብ ኢትዮጵያን ኤርትራን ዝርከብ ነጋዳይ፡ ኣቑሑቱ ካበይ ኣበጊሱ ናበይ ከም ዘብጽሖ ክፍልጥ'ሞ፡ ብጽሒት ኤርትራ ካብ ሓፈሻዊ ጸብጻብ ናይ'ቲ ዝርዝር ክፍለ፡ ወይ ድማ፡

ለ) ኣብ ዶብ ኤርትራን ኢትዮጵያን ናይ መቈጻጸሪ ነቑጣታት ክቐውም'ሞ፡ እቲ ካብ ኢትዮጵያ ዝወጽእን ናብኣ ዝኣቱን ዝርዝር ምስ ተፈልጠ፡ ካብቲ ብፀጽዕን ብዋሱብን ዝኣቱን ዝወጽእን መጠን ተጓዲሉ ብጽሒት ኤርትራ ክፍለጥ።

ኢትዮጵያውያን ነዚ ሓሳባት'ዚ ነጺጎም ኣብቲ ናይ ፈለማ ሓሳባቶም ስለ ዝተረረሩ፡ እቲ ኣኼባ ብዘይ ስምምዕ ተበተነ።[14] ኣስዒቡ፡ ወካሊ ብ.ም.ኤ. ኣርተር ስሊፕ ኣብ ዘቕረቦ ጸብጻብ፡ እቲ ናይ ኢትዮጵያ እማመ ኣንጻር ረብሓ እቲ ዝትከል መንግስቲ ኤርትራ ስለ ዝኸውን፡ ብእኡ ተቐባልነት ከም ዘይረክብ ኣመልከተ።

ነዚ ዘስዕብ ምኽንያታት ድማ ሃበ፤

- (እቲ ናይ ኢትዮጵያ እማመ) ምስ ዓንቀጽ 4 ፌደራል ድንጋገ ዝቃዶ ኣይክኸውንን'ዩ። ብምኽንያት ምትካል ፌደረሽን፡ ዋሕዝን መጠንን ንግዲ ኣዝዩ ክብ ክብልን ቀረጽ'ውን ክዓብን ምኳኑ ኣየጠራጥርን፡
- ገምጋም ናይ'ተን ሰለስተ ዓመታት ጥራይ (1948-1950)፡ ካብቲ ብሕጂ ንኤርትራ ክኣቱ ዝግመት እቶት ኣዝዩ ዝተሓተ ክኸውን ኢዩ። ናይ 1951 እቶት'ኳ (እቲ ብኢትዮጵያ ኣብ ጸብጻብ ኣይእቶ ዝተባህለ) ኣዝዩ ክብ ከም ዝበለ ምዝካር የድሊ።
- ናይ 15% ወሰኽ ምግባር፡ ምስ ልዑል ቀረጽ መንግስቲ ኢትዮጵያ ምስ ዝመጣጠን፡ ንኤርትራ ኣዝዩ ውሑድ ክኸውን ኢዩ።

ስሊፕ፡ ካልእ ምኽንያታት'ውን ድሕሪ ምዝርዛር፡ ናይ ጉምሩክ እቶት ንመንግስቲ ኤርትራ ኣዝዩ ኣገዳሲ ምንጪ ስለ ዝኾነ፡ ንሓፈሻዊ ፋይናንስያዊ ኵነታቱ ብዕምቈት ከይሃሰየ ነቲ ናይ ኢትዮጵያ ጥቕሉል መጠን ክቕበል ከም ዘይረኣዮ ገለጸ። "ንመንግስቲ ኤርትራ፡" ኸኣ በለ፡ "ነዚ ናይ ጥቕሉል ሕሳብ እማመ ንኽቕበል ከማኽሮ ኣይክእልን።"[15]

14. FO 371 96784, Exploratory and Technical Discussions, 2 April 1952.
15. FO 371 96784, Aurhtur Sleep, Apportionment of Customs Revenue Between Eritrea and Ethiopia, 16 May 1952.

ናይ ስሊፕ ምዕዶን መጠንቀ'ቕታን ግን ኣብ ጸማም እዝኒ ወደቐ። ኣብ ለንደን ዝነበሩ ናይ ወጻኢ ጉዳያት ሰበ ስልጣን፡ ነዚ ጉዳይ'ዚ ኣመልኪቶም ንሓያሎ እዋን ተጻሓሓፉ። ብርእይቶ ብዙሓት ካብኣቶም፡ ናይ ጉምሩክ ሕብረት ወይ ውህደት በየናይ ኣገባብ ይተግበር ዝብል ሕቶ ነቲ ኣብ መጻኢ ዝትከል መንግስቲ ኤርትራ'ምበር ንብ.ም.ኤ. ዝምልከት ኣይኮነን ዝብል መርገጺ ክወሰዱ ጀመሩ። ከምኡ እንከብ ኮነ ድማ፡ እቲ መንግስቲ ቈይሙ ምሉእ ምምሕልላፍ ስልጣን ክሳብ ዝትግበር ደኣ ክጽበዩ'ምበር፡ ባዕሎም ሕጋዊ ስልጣን ኣብ ዘይተዋህቡሉ ዓውዲ ኣትዮም ብስም መንግስቲ ኤርትራ ኣብ ውዕል ናይ ምእታው መሰል ከም ዘይነበሮም ተማጒቱ። ብመሰረቱ'ውን፡ በለ ሓደ ካብኣቶም፡ ናይ ጉምሩክ ምምሕዳር ብዓቢኡ ናብ ሓላፍነት ፌደራል መንግስቲ - ኢትዮጵያ ማለት'ዩ - ምእታው ስለ ዘይተርፎ፡ ሓደ ክሳብ ምትካል መንግስቲ ኤርትራ ዝገልግል ጊዜያዊ ፍታሕ ንኽግበር ጥራይ ኣመመ።[16] ካልኦት'ውን ምስ'ዚ ሓፈሻዊ ኣቀራርባ'ዚ ተሰማምዑ። እቲ መርገጾም መታን ተቓውሞ ከየጋጥሞ ግን ማቲየንሶ'ውን ርእይቶ ንኽህበሉ ወሰኑ።

ድሕሪ ቍሩብ መዓልቲ ኣመሓዳሪ ካሚንግ ንናይ ለንደን ኣሕሉቑ ኣብ ዘመሓላለፎ መልእኽቲ፡ ማቲየንሶ ጉዳይ ጉምሩክ ምስ ኩሉ ኣገልግሎቱን ምምሕዳሩን ኣብ ትሕቲ ሓላፍነት ፌደራል መንግስቲ ኽኣቱ ከም ዝግባእ ዘረጋገጸ ናይ ጽሑፍ ርእይቶ ከም ዝሃቦ ኣፍለጠ። እዚ ድማ፡ ናይ ጉምሩክ ቀረጽ ናብ ወጻኢ ካብ ዝሰደድን ካብ ወጻኢ ንሃገር ካብ ዝኣቱን ኣቓሑ ጥራይ ስለ ዝለዓል፡ እቲ ስልጣን'ቲ ብፌደራል ድንጋጌ፡ ንፌደራል መንግስቲ ስለ ዝተዋህበ ኢዩ በለ። ይኹን እምበር፡ እቲ ኻብኡ ዝርከብ እቶት ናብ ኤርትራን ኢትዮጵያን ዝምቀለሉ ርትዓውን ፍትሓውን ኣገባብ ክረጋገጽ፡ ከምኡ'ውን ብሰንኩ ኣብ ልዕሊ ኤርትራ ኽወርድ ንዝኽእል ፋይናንሳዊ ጸገም ኣብ ግምት ንኽኣቱ ማቲየንሶ ከም ዘተሓሳሰበ ኣብርሀ። እዚ ንኽኸውን፡ መንግስታት ኤርትራን ኢትዮጵያን ቍሩብ ናይ ፌደረሽን ተመኩሮ ምስ ቀሰማ ኣብ ስምምዕ ክኣትዋን፡ ፋይናንስያዊ ጸገማት ኤርትራ መታን ክቃለል ድማ፡ ኢትዮጵያ ንኤርትራ ሓደ ጥቕሉል መጠን ገንዘብ ከም ትህባ ንኽግበርን ማቲየንሶ ከም ዝኣመመ ካሚንግ ብተወሳኺ ገለጸ።[17]

ናይ ለንደን ሰበ ስልጣን ነዚ ማቲየንሶ ሂቡዎ ዝተባህለ ርእይቶ ኣራጒዱዎን ኣተዓብዩዎን። ኣብታ ዝተጠቕሰት መልእኽቲ፡ ማቲየንሶ ንገለ ኻብቲ ሓሳባቱ ብቓል እምበር ብጽሑፍ ከም ዘቐረቦ ካሚንግ ገሊጹ ነይሩ ኢዩ። ገለ ካብኣቶም ሰበ-ስልጣን፡ "ንማቲየንሶስ ብዛዕባ'ቲ ናይ ጉምሩክ ጉዳይ ብሓቂ ኣማኸርናዮ ዲና?" ዝብል ሕቶ'ኳ እንተ ኣልዓሉ፡ ኣብ ሕቶ ወይ ኣብ ጥርጥር ከእትውዎ ግን ኣይደለዩን። ምስቲ ኣቓዲሞም ሒዞሞ ዝነበሩ መስመር ብምስናዩ ጥራይ ድማ ዓገቡ።

16. FO 371 96784, JA 1184/2, R. Allen to DC Cumming, 13 May 1952.
17. FO 371 96784, 1184/6, 30 May 1952.

እቲ ኣገዳሲ ዘገርም'ኳ፡ እቶም ሰበ ስልጣን ንዓንቀጽ 4 ናይ ፌደራል ድንጋገ የፍርሱ፡ ንመሰላት ኤርትራ ኸኣ ይጥሕሱ ከም ዘለዉ ይፈልጡ ምንባሮም'ዩ። ኣር. ለዊን ዝተባህለ ናይ ምምሕዳር ግዝኣታት ኣፍሪቃ በዓል ስልጣን ንኣብነት፡ "ፌደራል መንግስቲ ኣብ ልዕሊ'ቲ ናይ ጉምሩክ መሰርሕ ምሉእ ስልጣን ክህልዎ ስለ ዝኾነ፡ ንኤርትራ ካብ ናይ ጉምሩክ እቶታ ብቐሊሉ ክቖርጻ ከም ዝኽእል" ኣጠንቀቐ።[18]

ኤ.ጂ. ባክስተር ዝተባህለ ናይ ክፍሊ ኣፍሪቃ ሓላፊ ንመጠንቀቕታ ለዊን በዚ ዝስዕብ፡ ነቲ ሕቡእ ውጥን ወይ ኣመለኻኽታ መንግስቲ ብሪጣንያ ዘጋልጽ ቃላት መለሰሉ፡

> ጊንጢ ዝኾንና ደኣ ከየምሰለና እምበር፡ እዚ ፌደረሽን ጊዜ ምስ ወሰደ በቲ ሕ.ሃ. ዝወጠኖ መሰረት ክሰርሕ'ዩ ኢልና ክንጽበ ኣይግባእን። ኢትዮጵያውያን ነቲ ሕዛእቲ ኤርትራውያን ብዘገምታ ክጥሕስዎ ኢዩ ትጽቢትና፡ እዚ ብሰላም ክሳብ ዝተገብረ ድማ፡ እንሓመሉ ምኽንያት የለን። ኣብ'ቲ ናይ ፈለማ ሓደ ወይ ክልተ ዓመታት ሕ.ሃ. ኣብ ኤርትራ ምጡን ተገዳስነት ክርኢ ስለ ዝኽእል፡ ኢትዮጵያውያን ነዚ ካብ ምትግባር ክፈርሑ ኢዮም። ስለ'ዚ ድማ፡ (ካብቲ ናይ ጉምሩክ እቶት) ንኤርትራ ርትዓዊ ብጽሒታ ክህቡዋ ኢዮም። እዚ ይኹን'ምበር፡ ናይ ኤርትራ ብጽሒት ብዘተኣማምን ኣገባብ ጥራይ ክምደብ ከም ዝግብእ ኣተሓሳሰበ።[19]

በዝን ነዚ ብዝመስል ምኽንያታትን እምበኣር መንግስቲ ብሪጣንያን ብ.ም.ኤ.ን ነቲ ፌደራል ድንጋገ ኣብ ዓንቀጽ 7፡ "ስልጣን ምምሕዳር (ብ.ም.ኤ. ማለት'ዩ) ምስ ኮሚሽነር ብምስምማዕ፡ ብስም ኤርትራ ምስ ኢትዮጵያ ጊዜያዊ ናይ ጉምሩክ ሕብረት ንኽግበር ክወዓዓል ይኽእል" ዝበሎ፡ ኣብ ግብሪ ከውዕሎ ከም ዘይግደድ ኣፍለጠ። እዚ ድማ፡ እቲ ዓንቀጽ "ክወዓዓል ይኽእል" ስለ ዝበለ፡ እቲ ኣበሃህላ ብድሌት መንግስቲ ብሪጣንያ ዝፍጸም'ምበር ዝቕይዶ ኣይኮነን ብዝብል ምጉት ዝተወሰነ ነበረ። ነዚ ውሳነኡ'ዚ ድማ፡ ብ.ም.ኤ. ብ6 ሓምለ 1952 ንመንግስቲ ኢትዮጵያ ኣፍለጠ።

ኣብ'ቲ ናይ መወዳእታ ጸብጻቡ፡ ማቲየንሶ ብዛዕባ'ቲ ንሱ ኢሉዎ ዝተባህለ፡ ምሉእ ቍጽጽር ጉምሩክ ናብ ኢትዮጵያ ንኽኣቱ መመኽነይታ ዝኾነ መብርሂ ገለ'ኳ ከይጠቐሰ፡ እቲ ናይ ጉምሩክ ሕብረት ናይ ዘይምትግባር ውሳነ ናይ ብ.ም.ኤ. ጥራይ ምንባሩ ኣፍለጠ። ጊዜያዊ ናይ ጉምሩክ ሕብረት ምውዳብ፡ ንኤርትራ ካብ ዝጠቕማ ዝጐድኣ ክበዝሕ'ዩ ንዝብል ናይ ብ.ም.ኤ. ሓሳብ ብምድጋፍ ድማ፡ በዚ ዝስዕብ ደምደመ፤

> ...ኤርትራን ኢትዮጵያን ነናተን መንግስታት ሃልዩወን፡ ገፊሕ ዝፍልልዩ ነናይ ገዛእ ርእሰን ቁጠባዊ፡ ፋይናንሲያዊን ገንዘባዊን ስርዓታት ክሳብ ዝሃላ፡ ጊዜያዊ ናይ ጉምሩክ ሕብረት ናይ ምትካል ግብራዊ ጸገማት

18. FO 371 96784, R. Lewin's Notes, 1 July 1952.
19. FO 371 96784, Al. Baxter to D.C. Cumming 1 May 1952.

ዘይሰገር ክኸውን'ዩ። ዓንቀጽ 4 ናይ'ቲ ድንጋገ ግብራውነት ንኽረክብ ግን፡ ናይ ኤርትራ ስርዓት ጉምሩክ ኣብ ዕለት ምትካል ፈደረሽን ናብቲ ፈደራዊ ስርዓት ብዘይ ጸገም መታን ክሰጋገር፡ እቲ ስልጣን ምምሕዳር ምስ መንግስቲ ኢትዮጵያ ንኽዝቲ ድሉው ክኸውን ኢዩ።

ጸኒሕና ከም እንርእዮ፡ እዚ ንመንፈስ ናይቲ ፈደራል ድንጋገ ዝጠሓሰን ብማቲየንሶ ዝተደገፈን ተግባር እዚ፡ ንኤርትራ ካብ ቀንዲ ምንጪ እቶታ ዝኸልከለ ኣፈናዊ ስጉምቲ ኾነ። ሓደ ካብ ዓበይቲ ሕቶታት ናይ እዋን ፈደረሽንን፡ ሓደ ካብ ምኽንያት ምልዕዓል ኤርትራውያንን ድማ በዚ ኣገባብ'ዚ ሱር ሰደደ።[20]

ብዛዕባ ምርጫ ባይቶ ወከልቲ ህዝቢ ኤርትራ

ብ.ም.ሕ ከሰላሰሎ ዝነበሮ ሳልሳይ ዕማም፡ ነቲ ማቲየንሶ ንኸቕርቦ ዘዳልዎ ዝነበረ ሕገ መንግስቲ (ቅዋም) ኤርትራ ተኻቲዑ ዘጽድቕ ባይቶ ወከልቲ ህዝቢ ከም ዝምረጽ ምግባር'ዩ። ከም ዝዘከር፡ እዚ ባይቶ'ዚ ከይቈመ ኤርትራዊ ስርዓት ምምሕዳር ምውዳብን ኤርትራውያን ኣመሓደርቲ ምምልማልን ክከኣል ኣይኮነን ዝብል ምኽኒት'ውን የቐርብ ነይሩ ኢዩ።

ብዝኾነ፡ ዓንቀጽ 11 ናይ ፈደራል ድንጋገ፡ እቲ ስልጣን ምምሕዳር (Administering Authority) ምስ ወኪል ሕ.ሃ. ተመያዩጡ ባይቶ ኤርትራ ንምቛም ዘድሊ ምቅርራባት ንኽገብርን ኣብ ተግባር ንኸውዕሎን ስለ ዝኣዘዘ፡ ኣመሓዳሪ ዳንካን ካሚንግ ሓደ ብ"ዋኣዋጅ 121 ናይ 28 ጥሪ 1952" ዝፍለጥ ናይ ምርጫ ሕጊ ከም ዘውጽአ ኣፍለጠ። ቀንዲ ሃንዳሲ ናይ'ዚ ሕግ'ዚ፡ እቲ ካብ 1940'ታት ጀሚሩ ብደገፉ ንመንግስቲ ኢትዮጵያን ብተጻባእነቱ ንናጽነት ህዝቢ ኤርትራን ዝፍለጥ እንግሊዛዊ በዓል ስልጣን ፍራንክ ስታፎርድ ነበረ።[21]

ኣዋጅ ምርጫ 121፡ ብዓይኒ'ዚ ዘሎናዮ ጊዜ ጥራይ ዘይኮነ፡ ብዓይኒ እቲ ጊዜ ባዕሉ'ውን ብዙሕ ዘንቀፍ መዳያት ነበሮ። እቲ ምምሕዳር፡ ኣብ ኤርትራ ኣቐዲሙ ዝኾነ ቈጸራ ህዝብን ምርጫን ተገይሩ ስለ ዘይፈልጥ፡ መብዛሕትኡ እቲ ህዝቢ ድማ ሰበኽ ሳግምን ሓውሲ ሰበኽ ሳግምን ብምንባሩ፡ ቀጥታዊ ምርጫ ምክያድ ኣይተኻእለን ኣብ ዝብል መደምደምታ በጽሐ። በዚ ምኽንያት'ዚ፡ ብዘይካ ኣብ ኣስመራን ኣብ ምጽዋዕን፡ እቲ ምርጫ ቀጥታዊ ብዘይኮነ፡ ኣብ ክልተ መድረኻት ከኣ ብዝተኸፍለ መገዲ ክኸውን ወሰነ። እዚ ድማ፡ ንገጠራት ኤርትራ ኣብ ናይ ምርጫ ወረዳታት (electoral districts) ብምውዳብ፡ እቲ ህዝብን መረጽቲ ዝኾኑ ሸማግለታት (electors) ክመርጽ እሞ፡ እቶም መረጽቲ ድማ ሓደ ናይ ሓባር መረጽቲ ጉባኤ (electoral college) ኣቚሞም፡ ሕጹያት ኮይኖም ካብ ዝቐረቡ ሰባት ኣባላት ባይቶ ክመርጹ ዝብል ነበረ። እቲ ናይ ኣስመራን ምጽዋዕን መደብ ግን፡ ኩሉ ናይ ምምራጽ መሰላት ዘማልአ

20. Final Report, p. 68-69, par 755-758.
21. ብዛዕባ ፍራንክ ስታፎርድ፡ እ.ጽ. ርአ።

ተባዕታይ ዝጾታኡ ዜጋ ተመዝጊቡ ንዝድለዮ ሰብ ብናጻ ንኽመርጽ ኣፍቀደ። ነዚ ምሉእ መስርሒ ዝቈጻጸር፡ ብሰበ ስልጣን እንግሊዝ ከኣ ዝምራሕ ናይ ምርጫ ኮሚቲ'ውን ኣቘመ።[22]

ኣብ ምርጫ ከም ሕጹይ ክቐርብ ዝኽእል ሰብ፡ ናይ ካልእ ሃገር ዜግነት ዘይሓዘ፡ ልዕሊ ሰላሳ ዓመት ዝዕድሚኡን ተባዕታይ ዝጾታኡን ኤርትራዊ ዜጋ ክኸውን ነይሩዎ። እዚ ዕድል'ዚ ንደቀንስትዮ ክፉት ኣይነበረን። ኣብ'ቲ ንኽምረጸሉ ዝደለየ ወረዳ ድማ፡ ብውሑዱ ንኽልተ ተኸታተልቲ ዓመታት ዝተቐመጠ ክኸውን'ውን ነይሩዎ። ኣብ ልዕሊ'ዚ፡ ብጥፍሽና (bankruptcy) ወይ ብገበን ዘይተፈርደ፡ ከምኡ'ውን ናይ ኣእምሮ ጉድለት ዘየጥቅዮ ክኸውን ነይሩዎ።

መረጽቲ ብወገኖም፡ ልዕሊ 21 ዝዕድሚኦም ደቂ ተባዕትዮ ዜጋታት ጥራይ ኮይኖም፡ እቲ ንተመረጽቲ ዝምልከት ናይ ሕግን ኣእምሮኣዊ ጥዕናን ቅድመ ኹነታት ንዓኣቶም እውን ቀየደ። እዚ ቕጥዕታት እዚ ግን ኣብ ኣተገባብራኡ መታን ኣዝዩ ድሩቕን ዘይዕጸፍን ከይከውን፡ ኣብ ገለ መዳያት ፍኹስ ንኽብል እቲ ሕጊ ኣፍቀደ።[23]

ካብ ትሕዝቶ ኣዋጅ 121፡ እቲ ኣብ ዓንቀጽ 12፡ "ጠቕላል ኣመሓዳሪ ነቲ ባይቶ ክሳናብቱዎ ይኽእሉ ኢዮም" ዝብል መግለጺ ዘይብሉ ሓሳብ ኣዝዩ ኣካታዒ ኾነ። ብዘይካ'ዚ፡ እቲ ንኣከፋፍላ ወረዳታት ምርጫ ዝምልከት'ውን ብዙሕ ሳዕቤን ዘምጽእ ነበረ። ኣብ'ዚ፡ እቲ ምምሕዳር ንኤትኒካውን ቀቢላውን ኣቃውማ ህዝቢ ኤርትራ ከም ቀንዲ መበገሲ ወሰዶ። ህዝቢ ኤርትራ ብፖለቲካዊ ኣረኣእያኡ ወይ ብጂኦግራፍያዊ ምቅርራቡ ወይ ብቍጠባዊ ይኹን ማሕበራዊ ረብሓታቱ ዘይኮነ፡ ብናይ ዘርእን መበቈልን ተመሳሳልነቱ ኣብ ወረዳታት ተመቓቒሉ ማለት'ዩ። በዚ መሰረት፡ ነፍሲ ወከፍ ናይ ምርጫ ወረዳ ብ15,000 ሰብ ክትቀውም እሞ፡ ኣብ ባይቶ ድማ ብሓደ ኣባል ንኽትውከል ተመደበ። ከምዚ ኽንዲ ዝኾነ፡ እተን ኣብ'ቲ እዋን ትሕቲ 10,000 ህዝቢ ጥራይ ዝሕዛ ዝነበራ ከተማታት መንደፈራን ከረንን እውን ኣብ ዘይቀጥታዊ ናይ ገጠር ምርጫ ከም ዝሕወሳ ተገብረ።

ኤርትራ ከምዚ ኢላ፡ ኣብ 68 ወረዳታት ምርጫ ተመቓቐለት። ካብ'ዚኣተን ሸውዓተ ወረዳታት ንኣስመራ፡ እተን ክልተ ድማ ንምጽዋዕ ስለ ዝተዋህባ፡ ዝተረፈ ህዝቢ ኤርትራ ኣብ 59 ወረዳታት ምርጫ ተመደበ። [24]እታ ምስ ባይቶ ኤርትራ እትተኣሳሰር ውርይቲ ቍጽሪ 68 እምበኣር በዚ ኣገባብ'ዚ መጸት።

ሳልሰቲ ድሕሪ ምሕታም ናይቲ ኣዋጅ፡ ጋዜጣ *ሓንቲ ኤርትራ*፡ "ብድሕሪ ዘተን ምስምማዕን'ዩ ሕጊ ኽወጽእ ዝግባእ ዝነበረ፡" ኣብ ትሕቲ ዝብል ኣርእስቲ፡ ኣፈናዊ ርእይቶኣ ገለጸት። "እዚ ኣብ ኤርትራ ዘሎ እንግሊዛዊ ስልጣን" ከኣ በለት፤

22. UK Report, par 152-155.
23. UK Report, par 157-159.
24. UK Report, par 160-163.

> … ከምቲ ጲላጦስ ዝበሎ፡ “…ዝጸሓፍኩ ጸሓፍኩ…” ኪብል ዝኽእል ስልጣን ኢዩ'ሞ፡ ምንም እውን እንተ እንጽሕፍ ወይ ክንጽሕፍ እንተ'ሎና፡ ንጽሒፈትናን ንልማኖናን ምስ ቁም ነገር ከም ዘይጽብጽቦ ተረዲእናዮ ኣሎና።
> … እዚ ንኤርትራ ዚገዝእ ዘሎ እንግሊዛዊ ስልጣንስ ምስ ሕዝቢ ኤርትራ ከይተማኸረ፡ ኸይጠየቐ፡ “ኸየስማምዐ”፡ ልኡኻት ሕዝብ ኤርትራ ዚምረጹሉ ሕግን ስርዓትን ኣሕቲሙ ኣውጺኡ ኣሎ።
> ብዛዕባ ኸምዚ ዝበለ ዓቢይ ጉዳይ፡ (…ንዕኡ) ዜማኽር ኤርትራዊ ዝኾነ ቤት ምኽሪ ኺቐውም የድሊ እናበልና፡ ዓመት ምሉእ ዚኣክል ጽሒፍናን ለሚንናን ለፍሊፍናን ከም ዝነበርና ሕዝቢ ዚፈልጦ ኢዩ፡ ግናኸ ዝሰምዓና ሓደ'ኳ ኣይረኸብናን። ቅድሚ ኹሉ ኣሕዋትና ድሓር ከኣ እዚ እንግሊዛዊ ስልጣን ሰሚዑና እንተ ዚኸውን ግና፡ እዚ ክንድ'ዚ ዝኣክል ዓቢይ ጉዳይስ ንሕዝብ ኤርትራ ብሃንደበት ወዲቑዎ ኣይምተረኸበን ነይሩ።[25]

ኣብ ዝሰዓበ ሕታማታ፡ *ሓንቲ ኤርትራ* ነዚ ጉዳይ ኣመልኪታ ኣዝዩ ጽዑቕ ጉስጓስ ኣካየደት። መብዛሕትኡ እዚ፡ ምርጫ ቕድሚ ምክያዱ ህዝቢ ግቡኡን መሰሉን እንታይ ከምዝኾነ ንኸረድእ ዝህቅን ኮይኑ፡ ህዝቢ ኤርትራ ንኽጥንቀቕ'ውን ዘማሕጽን ነበረ። ብመሰረቱ፡ *ሓንቲ ኤርትራ* ትኹን ደ.ሰ.ኤ. ባዕሉ፡ ኣብቲ ወጺኡ ዝነበረ ኣዋጅ ምርጫ፡ ሓደ ተንኰል ኣሎ ዝብል እምነት ከም ዝነበሮም ይእምቱ ነይሮም'ዮም። ሓደ ካብቲ ኣዝዩ ዘሰክፎም መዳይ ናይቲ ኣዋጅ ድማ፡ እቲ ናይ ምርጫ ወረዳታት ኣብ ዓሌታውን ሃይማኖታውን ኣቃውማ ህዝቢ ኤርትራ ዝተመስረተ ብምንባሩ፡ ናብ ዘይተደልየ፡ ካብ ፖለቲካዊ እምነት ህዝቢ ወጻኢ ናብ ዝኾነ ኣንፈት ከየምርሖ ዝብል ነበረ። “ብፍቕርን ብስኒትን ጥራይ ኢዩ ኣብ ዓወት ኪብጻሕ ዚክኣል” ኣብ ትሕቲ ዝብል ዓንቀጽ ንኣብነት፡ *ሓንቲ ኤርትራ* ነዚ ዝሰዕብ ስግኣታ ንህዝቢ ኤርትራ ገለጸት፤

> በዚ ጊዜ'ዚ፡ ኣብ መንጎ ኣሕዋትካ ደቂ ኤርትራ፡ ናይ ሃይማኖት ወገን ሱር ይተክል ከይህሉ ክትጥንቀቕ፡ እቲ ናይ ፖለቲካ ምፍልላይ ተሪፉስ ብናይ ሃይማኖት ምፍልላይ ምእንቲ ከይትካእ ድማ ብኹሉ ሓይልኻ ኽትቃወም፡ ናይ ሃገርካን ናይ ኣሕዋትካን ፍቕሪ ይግድደካ። እዚ መሳርሒን መጻወድያን እዚ፡ እቲ ካብ ኩሉ ዝገደደ ናይ ጸላኢ መሳርሒ ምዃኑ ኣስተውዕል። ኸምዚ ዝበለ ሓሳብ፡ ብጥቡብ ባዕዳን ኣብዛ ሃገርካ ሱር ዝተኸለ ሓድሽ ሓሳብ ኢዩ'ምበር ቅድም ከም ዘይነበረ፡ ሎሚ'ውን ኣብተን ክርስትያን ዝበዝሑወን ኮነ ወይስ ኣብተን ኣስላም ዚበዝሑወን ከም ዘየልቦ ኣስተውዕል። ኸምዚ ዝበለ ሓሳብ፡ ናብቲ ከይትወድቀ ኢልካ ክሳዕ ሎሚ ኣበርቲዕካ እተጋደልካዮ ጉድጓድ ጠሊፉ ኺውድቐካ ዚኽእል ምዃኑ ፍለጥ።[26]

ማሕበር ሕብረትን ጋዜጣኡ ኢትዮጵያን ኣብቲ መጀመርታ'ኳ ንኣዋጅ 121 ድሕሪ ምጽናዕ ርእይቶ ክንህብ ኢና፡ ጉድለት እንተ ረኺብና ድማ ሽዑ ምዕጾና

25. ሓንቲ ኤርትራ፡ 3ይ ዓመት፡ ቍ. 111፡ 30 ጥሪ 1952።
26. ሓንቲ ኤርትራ፡ 3ይ ዓመት፡ ቍ. 114፡ 20 ለካቲት 1952።

ንልግስ… ዝብል ሓሳባት እንተ'ቕረቡ፣ ጸኒሖምስ ናብ ዋኒን ምርጫኦም'ዮም ኣድሂቦም። ብ28 ለካቲት 1952፣ ዋና ጸሓፊ ሕብረት ኣቶ ተድላ ባይሩ ኣብ ቀጽሪ ቤት ጽሕፈት ማሕበሮም ኣኼባ ብምግባር፣ ነቲ ምርጫ ዝምልከት መደረ ኣስምዑ። ኣብ'ዚ ንትሕዝቶ ወይ ኣገባብ ኣዋጻጽኣ እቲ ኣዋጅ ከይተንከፉ፣ እቶም ዝመርጹን ዝምረጹን ደቂ ማሕበርም እንታይ ዝዓይነቶም ክኾኑ ከም ዝግባእን ብኸመይ ከአ ነቲ ምርጫ ከም ዘካይድዎን ድሕሪ ምዝራብ፣ "ክቡር ሕዝቢ መረብ ምላሽ" ክብሉ ቐጸሉ፤

> ናይ ገዛእ ዓድኻ ጉይታ ኴንካ እትመርሓሉን እትእዝዘሉን፣ ካብዚ ሰንፈላላዊ ንብረት ድሒንካ ንብረትካ እተማሓይሸሉ፣ ናይቲ ኸሉ ተጋድሎኻን ጻዕርኻን ኣክሊል ዓወት እትደፍኣሉ፣ እዚ ባይቶ'ዚ ከም ግቡእ ቁይሙ ነቲ ዝቐርበሉ ሕንጻ መንግስት መርሚሩ ብስምረት ኣብ ግብሪ ምስ ዘውዕሎ ጥራይ ኢዩ'ሞ፣ ብእምነትን ትግሃትን ግቡእካ እናፈጸምካ ተኩርካ ክትጥምቶ ትዕደም ኣሎኻ።

በዚ ቓላት'ዚ፣ ተድላ፣ ነቲ ኣዋጅ ከም ዝነበሮ ከም ዝተቐበሉዎ ኣፍለጡ'ሞ፣ ንደ.ሰ.ኤ. ብዝኣመተ ቓላት ነዚ ዝሰዕብ መደምደምታ ሃቡ፣

> ክቡር ሕዝቢ ማሕበር ፍቕሪ ሃገር፣ ብዝበለጸ ሕዝቢ ከተማ ኣስመራ፣ ብወረ ይኹን ብጋዜጣ ክዉንን ዘይክውንን ዕላልን ወረን ንከኑታትካ ዘዕንቀፍ፣ ንስምካ ዝሓናኹል ዝመጸካ ከም ዝኾነ ዝተፈልጠ እዩ፣ ስለ'ዚ ነዚ ዘይቅኑዕ ወረ ወገነይ ወገንካ፣ ሃይማኖተይ ሃይማኖትካ፣ ኣውራጃይ ኣውራጃኻ እናበለ ዝፈላሊ እኩይ መንፈስ በዚ ታሪኻዊ ሰዓት እዚ ወጊድ ክትብሎ እዩ ዝግባእ። ናይ ሎምን ናይ ጽባሕን ዕላማኻ ዕላማ ማሕበር ፍቕሪ ሃገር ወገንን ሃይማኖትን ከይፈለየ፣ ከምቲ ተፈሪዱ ዘሎ ሕዝቢ መረብ ምላሽ ውሽጣዊ መነባብሮኡ ንብሕቱ ኣቒሙ እናሓለወ፣ ደቂ ሓንቲ ዓባይ ሃገር ኢትዮጵያ ኮይኑ፣ ኣብ ትሕቲ ሓንቲ ሰንደቕ ዕላማ እናጽለለ፣ ኣብ ትሕቲ ሓንቲ ዘውዲ ተማዕቊቡ፣ ብሓደ ንጉስ ነገስት ተጓሲዩ ኢዩ ዕላምኡ። ስለዚ፣ ተጠንቀቐካ ኣስተውዕል፣ ዕድመ ንግርማዊ ቀዳማዊ ሓጸይ ሃይለስላሴ… (ተሰሚሩ ዘሎ ክፋል ናይ *ጋዜጣ ኢትዮጵያ* ኢዩ።)[27]

ደ.ሰ.ኤ. ናብ ካልእ ክትዕ ወይ ናብ መልሲ ንማሕበር ሕብረት ከይተኣልየ፣ ኣብቲ ኣዋጅ ንዝነበሮ ተቓውሞን ስክፍታን ብዝርዝር ብምስፋር፣ ብ18 ለካቲት 1952 ናብ ሰበ ስልጣን እቲ ምምሕዳር ለኣኸ። መልሲ ግን ኣይረኸበን። ንሓደ ወርሒ መመላእታ ስምዕታኡን መጠንቀቕታኡን ብተደጋጋሚ'ውን እንተቕረበ ዝሰምዮ ምስ ሰኣነ ግን፣ እቲ ዝርዝር ተቓውሞኡ ኣብ ኩለን ጋዜጣታት መታን ክቃላሕ ናብ ኣዳለውቲ ናይተን ሽዑ ዝነበራ ለኣኾ። ኣቐዲሙ ዝወጸ *ጋዜጣ ኢትዮጵያ* ንኢብራሂም ሱልጣንን ንወልደኣብ ወልደማርያምን ብተንኰልን ቅርሕንትን ከሰሶም። እዞም ክልተ፣ ኸአ በለ፣ "ኣብ ባይቶ ኤርትራ ንኺምረጹ ተጻሒፎም ስለ ዘለው'ሞ ምርጫኣቶም ኣብ ሰንከልከል ኣብ ርእሲ ምህላውስ

27. ኢትዮጵያ፣ 5ይ ዓመት፣ ቍ. 277፣ 28 ለካቲት 1952.

ካብ ወገናም ... ሓደ ዝወከሎም ብዘይምህላዎም... ሕዝቢ ንየው በሉዎም እዞም በተንተ ኢሉ ምምራጽ ከይኣብዮም ኢዮም... ሕዝብ ኤርትራ ካብ እዞም ሰባት እዚኣቶም (ኢብራሂምን ወልደኣብን) ኣብዚ ኺቐውም ዘሎዎ ባይቶኡ እንተ ደአ መሪጹዎም፡ ጥፍኣቱ ናይ ርእሱ ኸም ዝኾነ (ዝኾኻኸሮ) ኣሎና..."[28]

ደ.ሰ.ኤ. ናብ'ቲ ስልጣን ምምሕዳር ዘቕረቦ ትዕዝብትታት ግን ንኸምዚ ዝበለ ዘለፋ መራሕቱ ዝዕድም ኣይነበረን። ካብተን ሽዱሽተ ዘሰፈረን ነጥብታት፡ እተን ሰለስተ፡ ሽዑ ይኹን ኣብ ዝሰዓበ ናይ ፌደረሽን ዓመታት ብዙሕ ትርጉምን ሳዕቤንን ዘኸተላ ነበራ። ደ.ሰ.ኤ. ብቐዳምነት፡ እቲ እንግሊዛዊ ምምሕዳር፡ ኣብ ትሕቲኡ ዝሰርሕን ስልጣን ንኽርከብ ዝተቐረበን ኤርትራዊ ምምሕዳር ከየቑመን ኤርትራውያን ኣመሓደርቲ ከይመልመለን ናብ ምርጫ ክኃየዩ ቅኑዕ ኣይኮነን ኢሉ ነቐፈ። ብ.ም.ኤ.፡ ምስቲ ክቐውም ዝግብኦ ዝነበረ ኤርትራዊ ምምሕዳር ደአ ተመያዩጡ ነቲ ኣዋጅ መውጽእ'ምበር፡ ነቲ ስጉምቲ'ቲ በይኑ ክወስድ ኣይምተገብኦን ድማ በለ።

ካልኣይ ዓቢ ነጥቢ ደ.ሰ.ኤ.፡ ነቲ ኣዋጅ 121 ኣብ 7ይ ዓንቀጹ፡ እቶም ዝምረጹ ሰባት "ምስ ስልጣን ምምሕዳር ኮንትራት ዘለዎም"፡ ማለት ድማ፡ ከም ምስሌነታትን ናዝራትን ዝኣመሰሉ፡ ኣብ ምርጫ ኽኣትው ምስ ዝደልዩ፡ ካብ መዞምን ሓላፍነቶምን ከልግሱ ኣሎዎም... ንዝበሎ ተመልከተ። እዚ ኣገዳሲ ቅድመ ኹነት እዚ፡ ኣብቲ ድሮ ክሰላሰል ጀሚሩ ዝነበረ መሰርሕ ምርጫ ይትግበር ስለ ዘይነበረ፡ ደ.ሰ.ኤ. ብቲ ቕኑዕ መንፈሱ ንኽትግበር ኣማሕጸነ።

ሳልሳይ፡ ኣዋጅ 121 ዓንቀጽ 12፡ ዋና ኣመሓዳሪ ነቲ ዝቐውም ባይቶ ክብትኖ ይኽእል ዝብል መግለጽን ዶብን ዘይነበሮ ስልጣን ብቲ ቐሪቡዎ ዝነበረ ክቕጽል ስለ ዘይግባእ፡ ደ.ሰ.ኤ. መግለጽን ቀይድን ንኽግበረሉ ሓተተ።[29]

ሕጂ'ውን እዚ ኹሉ ምሕጽንታ ዝኾነ መልሲ ከይተዋህቦን ፍረ'ውን ከይሃበን መኺኑ ተረፈ። ኣዋጅ 121፡ ብቲ ብ.ም.ኤ. ዝሓንጸጾ፡ ብዘይ ዝኾነ ለውጢ ንኽትግበር ዘድሊ ምቅርራባት ተገብረ። ብመሰረቱ፡ ነቲ ዝቐርብ ቅዋም ዘትዩ ንኸጽድቕ ጥራይ ዝእከብ ባይቶ ናይ ምምራጽ ተራን ዕድመን ስለ ዝነበሮ፡ ብ.ም.ኤ. ንኣዋጅ 121 ነዛ ውሰንቲ ዕላማ እዚኣ ጥራይ'ዩ ኣውጺኡዎ። ቅዋም ምስ ጸደቐ እቲ ባይቶ ኽፈርስ'ሞ፡ ብሓዲሽ ሕጊ፡ ሓዲሽ ባይቶ ክቐውም'ዩ ዝነበረ እቲ ሓሳብ። ደ.ሰ.ኤ. በዚ ተኽእሎ'ዚ ስለ ዝተጠራጠረ ይኸውን ኣትሪሩ ዝተቓወመ።

ብዝኾነ፡ ናይ ምርጫ ዕለት ኣብ 25-26 መጋቢት 1952 ንኽውዕል ብ.ም.ኤ. ወሰነ።

28. ኢትዮጵያ፡ 5ይ ዓመት፡ ቍ. 283፡ 23 መጋቢት 1952።
29. ከም እ.ጽ. 25-26።

ምዕራፍ 4

ኤርትራውያን ኣብ እዋን ምስግጋር ናብ ፌደረሽን

ተወሳኺ ክትዕ፡ ውድድርን ጉነጽን ኣብ ሜዳ ፖለቲካ

ማቲየንሶ ቅዋም ኤርትራ ይነድፍ፡ ብ.ም.ኤ. ድማ ኤርትራዊ ምምሕዳር ኣብ ምትካል የዕጠጥየሉ ኣብ ዝነበረ ናይ ምስግጋር ኣዋርሕ፡ ፖለቲካ ኤርትራ ሓደ ተናኻስን ናብ ጉነጽ ገጹ ዘቕንዐን ኣንፈት'ዩ ዝሕዝ ዝነበረ። ሽሕ'ኳ ጋዜጣታት ናይቲ እዋን ዝተፈላለየ ርእይቶታት ናይ ጸሓፍቲ የእንግዳ እንተ ነበራ፡ እቲ ቐንዲ ክትዕስ ኣብ መንጎ ኣዳላዊ 'ሓንቲ ኤርትራ' ወልደኣብ ወልደማርያምን ተቐናቓኒኡም ዝነበሩ ኣዳላዊ ጋዜጣ 'ኢትዮጵያ' ገብረዮሃንስ ተስፋማርያምን ኮነ።

ኣብ ነሓሰ 1951 ንኣብነት፡ "ሕዝቢ ግና ገና ኣብ ሰንፈላል ኣሎ"፡ ኣብ ትሕቲ ዝብል ኣርእስቲ፡ ወልደኣብ ንገብረዮሃንስ ብፍላይ ብምጥቃስ ነዚ ዝሰዕብ በሉ፤

> እቲ ንስኹም እትመርሑዎ ዘሎኹም ጋዜጣን እቲ ኣነ ዝመርሖ ዘሎኹ ጋዜጣን፡ ክልቲኡ ናይ ሕዝብ ኤርትራ ጋዜጣ ኪኸውን ዚግብእ ዝነበረስ፡ ናትኩምን ናተይን፡ ናይ በይንና ኸም ዝኾነ ጌርና መላመድ ዘረባን መለሃይን ጌርናዮ ክንርኩብስ ብዙሕዶ ዘሕዝን ኣይኮነን? ከምዚ ንኣይ ዚሰማዕንን ዜጉህየንን ዘሎ፡ ንዓኹም ከኣ ኪሰምዓኩምን ኬጉህየኩም ተስፋ እገብር! ስለምንታይ፡ ሕዝብና ገና ኣብ ሰንፈላል ኢዩ ዘሎ!
> ንስኹምን ኣነን እንተ ለሚንና ኾይኑ ወይስ እንተ ዋጢና፡ እንተ ተላኢኽና ኾይኑ ወይስ እንተ ተበላሊጽና፡ ንበልዕን ንሰትን፡ ንኽደንን ነግይጽን ኣሎና! ነቲ ካብ ምብላዕን ካብ ምስታይን፡ ካብ ምዝዋርን ካብ ምግያጽን ዝተረፈና ጊዜ ድማ፡ ኣብ ምልማድ ዘረባን ኣብ ምዝብጥባጥን ነሕልፎ ኣሎና! እቲ ነፍቅረካን ንልኣኸካን ኣሎና እንብሎ ሕዝብና ግና ገና ኣብ ሰንፈላል ኣሎ!

ነዚ ድሕሪ ምባል፡ ወልደኣብ ብዝያዳ ኣብቲ ናይቲ እዋን ዓበይቲ ሕቶታት፡ ማለት ድማ፡ ናይ ጉምሩክ ሕብረት ምምስራት፡ ኤርትራዊ ምምሕዳር ምትካል፡ ኤርትራውያን ኣመሓደርቲ ምምልማል፡ ንብረት መንግስቲ ኢጣልያ፡ ንብረት መንግስቲ ኤርትራ ከም ዝኸውን ምግባር... ኣተኩሮም ብሓባር ኣንጻር መናውራታት እንግሊዛውያን ኣመሓደርቲ ንኽቃለሱ ጸውዑ።[1]

1. ሓንቲ ኤርትራ፡ 2ይ ዓመት፡ ቍ. 86፡ 8 ነሓሰ 1951።

ገብረዮሃንስ ነዚ መልሲ ሃቡሉ፤

ሓንቲ ኤርትራ፡ "ሕዝቢ ግና ጌና ኣብ ሰንፈላል ኣሎ" ብዚብል ኣርእስቱ፡ ብዛዕባ ናይ ኢትዮጵያን ኤርትራን ናይ ቀረጽ ሕብረት፡ ኤርትራውያን ኣብቲ ናይ ምምሕዳር ስራሕ ስለ ዘይምእታዎምን ከምኡ'ውን ነዚ ዝመስል ሽጋር እናዘርዘረ መድሓኒት ዘይብሉ ሕማም ኣምሲሉ ኣቐሪቡዎ ኣሎ። ኣነጋግራኡ ኸኣ ካብ መጀመርታ ክሳብ መጨረስታ መሰረት ዘይብሉ ሃጠው ቀጠው ጥራሕ ኢዩ። ሕማምካ ምንግጋር ነቲ ሕማም ዜርሕቖ ኣይኮነን፤ ናይ ኤርትራ ሕዝቢ ምሽጋሩን ምስቓዩን ዕርቃኑን መሊስካ ምንጋር ናይ ዮሴፍ ሞት (ንባዕሉ) ንዮሴፍ ኣርድኡዎ ከም ዝተባህለ ኢዩ።

... ናይ ሓንቲ ኤርትራ ሕዝቢ ከምዝተሸገረ ካብ ባዕሉ ንላዕሊ ኣብሊጸ እፈልጥ እየ ዚብል ኪመጽእ ከሎ፡ ኣንኳይዶ ናይ ብሎኮ ቃል ኣቐባሊ ዝኾነ ጋዜጣስ፡ ካልእ ምንጪ እውን እንተ ተረኽበ ከመይ ኢሉ ኪእመን ይከኣል? ናይ ኤርትራ ሕዝቢ ሕማሙ ፈሊጡ መድሓኒቱ ባዕሉ ዚደሊ ለባምን ተመልካትን ሕዝቢ ስለ ዝኾነ፡ ካብ ልቢ ብዘይነቐለ ኣነጋግራ ኪታለልን ኪዕሾን ኣይኽእልን።

... ናይ "ሓንቲ ኤርትራ" ጸሓፊ ክሳብ ሎሚ ዘይተረድኦ ይመስል፦ ክብ ዝበለን ኣዝዩ ዝኸበረን ዜኹርዕ ታሪኽ ንርእሱን ንደቁን ንምጽናሕ ዚጽዕትን ዚቃለስን ዘሎ ናይ ኤርትራ ሕዝቢ፡ ርግጽ እወ ተሸጊሩ ኣሎ፡ እወ ደኺዩ ኣሎ። ነገር ግን እዚ ኹሉ ድኽነቱ ናይ ገንዘብን ናይ ኩብትን ንብረትን ድኽነት ስለ ዝኾነ፡ ናይ ፖለቲካ ቃልሲ ዝተርፈላ መዓልቲ (ድኽነት'ውን) ሓቢሩ ዚጠፍእ ሽጋር ኢዩ'ሞ ዜፍርሕ ኣይኮነን።[2]

እቲ ነዚ ዝመስል፡ ሓሓሊፎም ብላታ መሓመድ ዑመር ቃዲ'ውን ዝጽንበሩዎ ዝነበሩ ከቢድ ምጉት፡ ኣብ ብዙሓት ሰባት ስክፍታ ከሕድር ግድን ኮነ። ናይ ፌደረሽን ሓሳብ ንኹሉ ወገን ኣብ ሓደ ኣተዓራቒ መገዲ ከራኽብ ዝተሓሰበ፡ ኣብ መንጎ እተን ፖለቲካዊ ማሕበራትን መራሕተንን ዝነበረ ፍልልይ ካብ ናይ ቀደም እናበኣሰ ምኻዱ ልዕሊ ስክፍታ ጭንቀት ክፈጥር'ውን ተራእየ። ሓደ ሓደ'ውን፡ ምእንቲ ድሕነትን ሓድነትን ሕዝቢ እቲ ኣብ ጋዜጣታት ዝርአ ዝነበረ ናይ "ፍልልስ" ኣንፈት ደው ንኽብል ለመኑ።[3]

ይኹን እምበር፡ እቲ ዘለፋ ዝተሓወሶ ህልኽ ክገድድ እምበር ክዝሕል ኣይተራእየን። ብፍላይ ሸኽ ኢብራሂም ሱልጣን፡ ኣቶ ወልደኣብን ብላታ መሓመድ ዑመር ቃዲን ቀንዲ ተቐበልቲ ሕርቃንን ክስታትን ማሕበር ሕብረትን ጋዜጣ ኢትዮጵያን ኮኑ። ወልደኣብ ዝያዳ ኹሉ ተጠመቱ። ገብረዮሃንስ ጥራይ ዘይኮኑ፡ ካልኦት ናይ ጋዜጣ ኢትዮጵያ ጸሓፍቲ'ውን ንድሕሪት እናተመልሱ ናይ 1940'ታት ጽሑፋት ወልደኣብ ብምሉእ ወይ ብኽፊል እናጠቐሱ ብዙሕ ብዝዓይነቱ ጉድለት፡ ገበንን ሓጥያትን ወንጀሉዎም። ሕብረት ጥራይ

2. ኢትዮጵያ "እንበለ መከራ ኢይትረከብ ጸጋ" 5ይ ዓመት፡ ቍ. 248፡ 12 ነሓሰ 1951።
3. ሓንቲ ኤርትራ፡ 2ይ ዓመት፡ ቍ 87፡ 15 ነሓሰ 1951. መንእሰይ እ.መሰፍን፡ "መልእኽቲ ትብጻሕ ናብ ጋዜጣ "ኢትዮጵያን" "ሓንቲ ኤርትራን" ተመልከት።

ዘይኮነ፡ እንግሊዛውያን እውን ንወልደኣብ ብኸም ሰሰዐ፡ ህርፋን፡ ምትላል፡ ናይ መትከል ምግልባጥ... ዝመስል ናይ ጠባይን ስነ ምግባርን ጉድለታት ይሓምዩዎም ነይሮም'ዮም። ካብዚ ሓሊፎም፡ ኣብ ሓደ ጽሑፍ ከም ሓሻሽን ብዕዳ ዝተታሕዙን'ሞ፡ ብልግሲ ኢጣልያውያን ከኣ ከም ዝደሓኑ፡[4] ተዛሪቦምሎም ነበሩ። ምስቲ ጥብቂ ነይሩ ዝብሃል ኣነባብራኦም፡ እቲ ብሓሻሽን ተዓዳዩን ዝኸሰሶም ሕሜት መሰረት ኣይነበሮን ዝበሉ ብዙሓት'ዮም። ብዝኾነ፡ ማሕበር ሕብረት'ውን ብተመሳሳሊ መገዲ ንወልደኣብ ከም ናይ ፖለቲካ ሸፋጥን ቀንዲ ጸላኢ ህዝብን ብምቕራብ፡ ከጽልኡዎም ፈተኑ።

ድሕሪ'ዚ ኹሉ ዘመተ፡ ብ15 ነሓሰ 1951፡ ኣብ ፊት ሲነማ ኢምፔሮ ስግር ጽርግያ ኣብ ዘሎ ቦታታት፡ ኣብ ልዕሊ ህይወት ወልደኣብ እቲ ጠቓሲናዮ ዝነበርና ሻድሻይ ፈተነ ቕትለት ተኻየደ። ኣብዚ ፈተነ'ዚ፡ ሓሙሽተ ጠያይቲ ተተኩሱዎም፡ ወልደኣብ ከይተወቕዑ እኳ እንተ ወጹ፡ ካብቲ ኣሰዒቦም ዝጽሕፉዎ ዝነበሩ ዓንቀጻት፡ ካብ ኩሉ'ቲ ኣብ ልዕሊኦም ዝወረደ ካልእ ፈተነታት፡ በዚ ናይ መወዳእታ ኣዝዮም ዝተተንከፉ መሰሉ።[5]

ወልደኣብ ሻድሻይ ፈተነ ቕትለት ኣብ ዝተገብረሎም።

4. FO 17978 JT 1012/2 "Leading Personalities in Eritrea, undated.
5. ኣብ ልዕሊ ወልደኣብ ወልደማርያም ዝተኻየደ ሸውዓተ ፈተነታት፡ እዚ ዝሰዕብ ኢዩ፦ 1) 15 ሰነ

ሰሙን ድሕሪ'ቲ ሓደጋ ድማ ነዚ ዝስዕብ ምረትን ቀ'ርጸ. ሓሳባትን ዘሰምዕ ቃላት ጸሓፉ፤

ንወልደኣብ ወልደማርያም እንተ ዘይቀተልናዮስ ኤርትራ ሃገርና ሓርነትን ሕይወትን ኣይክትረክብን ኢያ እናበሉ ዚጽሕፉን ዚሰብኩን ዚልእኩን ሰባት ከም ዘለዉ ሕዝቢ ኣጸቢቑ ዚፈልጦ ኢዩ። ግናኸ ብሓቂ ዘይፈልጡን ዘይርድኡን ድኣ ኾይኖም እምበር፡ ከምዚ ምባሎምን ከምዚ ብምግባሮምንሲ ዘይግብኣኒ ክብረትን ማዕርግን ክህቡኒ ብምርካቦም ምተጣዕሱን ምጉሃዩን ነይሮም። "ኩሉ ሕዝቢ እንኩብ ዚጠፍእስ ሓደ ሰብ እንተ ሞተ ይሓይሽ" ተባሂሉ እተዘርበሉ፡ ካብ ኩሎም ደቂ ሰብ፡ ካብ ኣዳም ክሳዕ ሎሚ፡ ሓደ ጥራይ ኢዩ። ንሱ ኸኣ፡ ኢየሱስ ክርስቶስ፡ መድሃኔ ዓለም ይባሃል። ስለዚ ንኣይ ክንድዚ ዚኣክል ክብረት ኪዋሃበኒ፡ ምስ መድሓንየይ እውን ክመዓራረስ ኩቶ ዘይግብኣኒ ኢዩ። እንኩብ ኮነ ኸኣ፡ ነዚ ውርደትን ሓሳረ መከራን እዚ ኢድ እናንሳእኩ ክቕበሎ መጠን ዘይብሉ ክብረትን ደስታን ይሰምዓኒ።
… እቲ ቁሩብ ቅር ዜብለንስ፡ እቲ ክሳዕ ሕጂ ኣብ ልዕለይ እተገብረ ኣብ ሞት ዜብጽሕ ፍርድን ኮነኔንሲ ብባይቶ ኤርትራን ብልኡኻት ሕዝብ ኤርትራን ዘይምግባሩ ኢዩ! … ኮነኔን ፍትሕን ዜውጽእ ስልጣን ብኻ ብቕልጡፍ ከም ለበሰለይ እሞ እቲ ካብ 1941 ክሳዕ ሎሚ ዝፈጸምኩዎ ፖለቲካዊ ዕዮይ ከኣ ብኻ ከም ተመርመረለይ!

ወልደኣብ በዚ ምስትምሳልን ጓህን ዘሰምዕ ቃላት ጥራይ ደው ከይበሉ፡ ነቶም ህይወቶም ንኽሕልፉ ዝጋደሉ ዝነበሩ ተጻባእቶም ኣመልኪቶም ከምዚ በሉ፤

…ንገንዘብ ሕዝቢ፡ ኣብ ምቕታል ሕዝቢ ብዜውዕሉ፤ ብዕድል ሕዝቢ ብዚጻወቱ፤ ኣፎም ንኢትዮጵያን ንግርማዊ ሓጸያን፡ ልቦም ግን ስሰዐን ተንኰልን ፍትወት ርእሰን ዝመልኦ፤ ኣብ ደም ኣሸሓት መንእሰያት ደቂ ዓዶም ዚሕምብሱ፤ ብናይ ሕዝቦም ነውሪ ኪኸብሩ ብናይ ሕዝቦም ጥምየት ከጸግቡ፡ ብናይ ሕዝቦም ዕርቃን ከኣ ንሕፍረቶም ኪኽድኑ ዚጋደሉ፡ ካብ ትሸዓተ ዘይበዝሑ ሰባት፡ ኣብ ጸልማትን ኣብ ዕጽዊ ቦታን ኮይኖምስ ፈሪዶም ክኾንኑኒ ግቡእ ኮይኑ ኣይረኣየንን!

በቲ ዝተገብረሎም ፈተነ ቕትለት ሰጋእ ዝበሉ ክመስሉ ስለ ዘይደለዩ ይኸውን፡ ወልደኣብ ነቲ ደጋጊሞም ዘመልክቱዎ ዝነበሩ ርእይቶኦም ብዛዕባ ኣመሰራርታን መሰላትን መንግስቲ ኤርትራን መንግስቲ ፌደረሽንን ደገሙ'ሞ፡ ነቲ ዓንቀጾም በዚ ዝስዕብ ቃላት ደምደሙዎ፤

1947 ኣብ ገዝኦም ገዛ ከኒሻ በሊያም ምስ ወጹ ናብ መሰኮቶም ዝተደርበየ ቦምባ፤ 2) ብ6 ሓምለ 1947 ካብ መኪናኦም እናወረዱ ብጥይት ተወጊኦም ኣብ ሆስፒታል ንኽልተ ወርሒ ተዓቚቦም፤ 3) ብ4 ለካቲት 1950 ኣብ ቀጽሪ ወንጌላዊት ቤተ ክርስትያን ብመኪና እናኸዱ ቦምባ ተተኩሱዎም ክሳዶም ተወቒዖም። መኪናኦም ክትቃጸል ጀሚራ ግን በዓልቲ ቤቶም ወይዘሮ ኣበራሽ ነቲ ሓዊ ኣጥፊኣንኦ፤ 4) ብ1 ሚያዝያ 1950 ካብ ሪስቶራንተ ካፕሪ - ጥቓ ናይ ሎሚ ማሪታይም - ምስ ኣስበሮም ወልደጊዮርጊስ ከለዉ ጥይት ተተኩሱዎም፡ ተሳሒቶም፤ 5) ብ23 መስከረም 1950፡ ፊት ማሪታይም ኣብ ዝነበረ ሆቴል ካብ ናይ ስሚ ፈተነ ድሒኖም፤ 6) 15 ነሓሰ 1951 (ንዝርዝር ላዕሊ ተመልከት)፤ 7) 16 ጥሪ 1953 ሰዓት 8፡00 ናይ ምሸት፡ ኣብ ኣንገሎ ባር ሞደርና ብጥይት ተወቒዖም ብብርቱዕ ቈሲሎም።

> …(ኣነ) ብጆካ ናይ ደቂ ኤርትራ ሓርነትን ጉይትነትን ብቐልጡፍ ምርኣይሲ ካልእ ሃረርታን ዕላማን የብለይን። እታ ሃገር ኣቦታተይ፡ ሃገረይ፡ ብሓርነት ክትነብር፡ ብደሞክራስያዊ ኣገባብ ከአ ክትመሓደር፡ መሰታ እተን ዓበይትን ስሙያትን መንግስታት ዓለም እውን ክትከውን ወርትግ ሃረር ምባል፡ ካባይ ኪፍለ ዘይኽእል ባህርያዊ ናፍቆት ኢዩ'ሞ፡ ሓደ'ኳ ካብዚ ኽምዚ ዝበለ ጸሎትን ሃረርታን ኪፈልየኒ ኣይኽእልን።
> ክሳዕ ሎሚ፡ ንዘኾነ ይኹን ናይ ባዕዳዊ ስልጣን ዓላማ ኣገልጊለን ተላኢኸን ኣይፈልጥን። ንባርነት ዘበለ ኹሉ ጸላኢኡ እየ፡ ዘኾነ ይኹን ሕብሩን መልክዑን። ዘኾነ ይኹን ሰብ፡ ኤውሮጳዊ ይኹን ወይስ ኣፍሪቃዊ፡ ኣብ ዘኾነ ይኹን ኣርዑት ባርነት ንምቕራን ክግድደኒ ኣይኽእልን። ዘይመስለካን ዘይተሰምዓካን ነገር ግበር ኢሉ ንምቕታለይ ድፍረት እንተ ኣሕደረ ኸኣ፡ ኣነ'ውን ስለ ፖለቲካዊ እምነተይ ስለ ሓርነት ሃገረይን ስለ ኡነተኛ ጥቕሚ ኣሕዋተይን ንሙማት ትብዓት ኣሕዲረ ኣሎኹ።[6]

ማሕበር ሕብረት፡ ብዛዕባ'ቲ ኣብ ልዕሊ ወልደኣብ ዝወረደ ሓደጋ ይኹን እቲ ንሶም ንዕኡ ኣመልኪቶም ዝበሉዎ ዘኾነ ርእይቶ ከይሃበ ኣጽቀጠ። ኣመሓዳሪ ካሚንግ ግን፡ ገለ መዓልታት ጸኒሑ ኣብ ዘውጽኦ ስምዕታን ተግሳጽን፡ ነቲ ፈተነ ቕትለት ከም ዘኾንንዎ ኣፍለጠ። ነዚ ኣመልኪቱ ቤት ጽሕፈት ጠቕላል ኣመሓዳሪ ኽምዚ በለ፤

> …ናይ ኤርትራ ፖለቲካዊ ማሕበራት፡ ንደቂ ማሕበሮምን ሰዓብቶምን ንምምራሕ፡ ከምኡ ድማ ፖለቲካዊ ሓሳባቶም ንምግላጽ ሓርነት ተዋሂቡዎም ኣሎ። ግናኸ ነዚ ተዋሂቡዎም ዘሎ ሓርነት ምኽንያት ገይሮም፡ ዒራ ሓርነት ተዋሂቡና ኣሎ ብዚብል ሓሳባት፡ ንሕይወት ሰብን ንጥሪትን ንምጉዳእ ዚኸውን ግብሪ ክሳዕ ኣብ ምግባር ምብጻሕ ዚህቅኑ እንተ ደኣ ኾይኖምሲ፡ ጠቕላል ኣማሓዳሪ፡ ነዞም ማሕበራት እዚኣቶም ዚጭቀኖም ግብሪ ንምግባር ሰጋእ ከም ዘይብሉ ንሕዝቢ የፍልጡ ኣሎው።
> …ናይ'ቲ ንቕትለት ወይስ ካልእ ገበን ንምፍጻም ዚልእኾ ወይ ከኣ ዚድግፍ ሰብ መቕጻዕቲ፡ ብምኽንያት ፖለቲካ ኽጉድለሉ ወይ ከኣ ኪቐለሉ ኩቶ ኣይኽእልን።[7]

ካሚንግ፡ ካብዚ ሓፈሻዊ ናይ ተግሳጽ ቃላት ዝሓልፍ ዘኾነ ስጉምቲ ከም ዝወሰደ ዘረድእ ሓበሬታ ኣይተረኽበን። እቶም ገበርቲ እከይ እውን ኣይተታሕዙን። ግብረ ሸበራ'ውን ኣይተረፈን። ንኣብነት'ኳ፡ ኣብ ወርሒ መስከረም 1951፡ ጸሓፊ ማሕበር ናጻ ኤርትራ ዝነበሩ ባሻይ ፍስሓ ወልደማርያም (ደሓር "ጋንዲ" ዝተባህሉ)፡ ውሳነ ፌደረሽን ተተዓናቕፍ ኣሎኻ'ሞ ብህይወትካ ተጠንቀቕ ዝብል ናይ ምፍርራህ መልእኽቲ በጽሖም። ንሶም እውን "ኣብ ድነን ኣብ ጸልማትን ኴንካ ተሓቢእካ ንምፍርራህን ንምሸባርን ዚኸውን መልእኽቲ ጽሒፍካለይ

6. ሓንቲ ኤርትራ 2ይ ዓመት፡ ቊ 87፡ 22 ነሓሰ 1951።
7. ሓንቲ ኤርትራ፡ 2ይ ዓመት፡ ቊ 89፡ 29 ነሓሰ 1951።

ዘሎኻ ሰብ፡ ናብ ብርሃን ወጺእካስ ኣብ ቅድሚ ኣሕዋት፡ ኣብ ቅድሚ ንኣሽቱን ዓበይትን ብግልጺ ክትከሰሰንን ክትመጻረየንን እልምነካ ኣሎኹ…" ዝብል መልሲ ብጋዜጣ ሃቡ።[8]

ብመሰረቱ፡ ፖለቲካ ኤርትራ ካብቲ ኣቐዲሙ ሒዙዎ ዝነበረ፡ ሕብረትዶ ናጽነት ዝብል ምጕትን ምስሕሓብን እናወጸ፡ ናብ ግብራዊ ኣተረጓጕማ ፈደረሽንን ውሽጣዊ መሰላት መንግስቲ ኤርትራን'ዩ ዘሰጋገር ዝነበረ። መብዛሕትኡ እቲ ኣብ ውሽጢ'ዚ ኣንፈት'ዚ ዝካየድ ዝነበረ ክትዓት ከኣ ኣብ ክንዲ ብዛዕባ መጻኢ ዕድል መላእ ሃገር ዝኸውን፡ ጉጅላውን ውልቃውን ረብሓታት ብዘቐድም ናይ ህልኽን ወድድርን ትሕዝቶ ክዕብለል ተራእየ።

በዚ ምኽንያት'ዚ፡ ዘኾነ ብሓደ ወገን ዝቐርብ ሓሳባት ወይ ዝውሰድ ስጉምትታት እቲ ኻልእ ወገን ብዓይኒ ጥርጣረ ወይ ቅርሕንቲ ስለ ዝርእዮ፡ ናይ ሓድሕድ ምትእምማን፡ ናይ ሓሳባት ምጽውዋር ወይ ሕድገታት ናይ ምግባር ጠባይ ካብ ኤርትራውያን ፖለቲከኛታት፡ ብፍላይ ድማ ካብ ናይ ማሕበር ሕብረት ወገን፡ እናሃሰሰ ኸደ።

ጸኒሕና ከም እንርእዮ፡ እዚ ናይ ፖለቲከኛታት ኣካይዳ'ዚ ዘስከፎም ኤርትራውያን መንእሰያት፡ ንኽኣልዩዎን ዝሓሸ መገዲ ንኽትሕዙዎም ዓቕሞም ዝፈቕዶ ፈተነታት ክካይዱ ጀመሩ። ገለ ካልኦት እውን እዚ ዝመስል ሕንዛም ህልኽ ካብ ምንታይ ከም ዝምንጩ ንምፍላጥ ናብ ትንታነ ጠባይ ኤርትራውያን ከድህቡን ብዛዕባኡ ክመራመሩን ተራእዩ።

ሓደ ካብ'ዞም ዳሕረዎት፡ ማለት ወልደኣብ ወልደማርያም፡ ሓደ ኣብ ሓማሴን፡ ሰራየን ኣከለጉዛይን ዘገልገለ እንግሊዛዊ ሲ.ዲ.ኦ (Senior Divisionel Officer ወይ ኣመሓዳሪ) ብዛዕባ ጠባይ እቶም ኣብ ስራሕ ዘጓንፉዎ ዝነበሩ ጭቃታት፡ ምስሌነታትን ፖለቲከኛታትን እተን ኣውራጃታት ንዘበሎም ብምስቀርቋር ጽሒፎም ነበሩ። ወልደኣብ፡ ንትሕዝቶ እቲ ርእይቶ'ኳ ብምሉኡ እንተ ዘይተቐበሉዎ፡ ኤርትራውያን ምእንቲ ሓድነቶምን ካብ ናብራ ባርነትን ተኣዛዝነትን መታን ክወጹን ነፍሶም ንኽምርምሩ ካብ ምልባው ዓዲ ኣይወዓሉን። እዚ ድማ፡ ኣብቲ ርእይቶ ገለ ሓቂ ከይህሉ ስለ ዝጠርጠሩ ነበረ። ፖለቲካን ፖለቲካዊ ጸወታን ናይቲ ጊዜ ናበይ ገጹ የምርሕ ከም ዝነበረ ቀኑብ ጨራ ስለ ዝሀቡ፡ ንሕና'ውን ንርእይቶ ናይቲ እንግሊዛዊ ኣመሓዳሪ ዳርጋ ከምቲ ወልደኣብ ዘቕረቡዎ ንደግሞ፤

> …ኤርትራውያን ጕራሓት፡ ፈላጣት፡ ከኣልቲ ኢዮም። በዚ መንገድ'ዘስ ካብቶም ካልኦት ዓሌታትን፡ ካብ ኤውሮጳውያን ከይተረፈ ድሕር ኪብሉ ኣይምኸኣሉን፡ ግናኸ ሓደ ኺሕደግ ዘይከኣል፡ ቀንቋን ነፍስን ስጋን ዝኾነ በደል ኣሎዎም። ንሱ ኸኣ ናይ ሓድሕድ ጽልእን መንቀኝነትን ኢዩ።
>
> ኣብ ኣከለጉዛይ፡ ኣብ ሰራየ፡ ሎሚ ኸኣ ኣብ ሓማሴን ኣሎኹ። ዳርጋ ንኹሎም

8. ሓንቲ ኤርትራ፡ 2ይ ዓመት ቍ. 93፡ 26 መስከረም 1951።

ምስሌነታትን ጭቃታትን ሸማግለታትን እፈልጦም እየ ክብል ምኽኣልኩ። ዳርጋ ምስ ኩሎም ተዘራሪበ፡ ዳርጋ ንኹሎም መርሚረዮም እሞ፡ እቶም ዓበይትን ምሁራትን ዚብሃሉ፡ ኣብ ልዕሊ ሕዝቢ መዝን ሓላፍነትን ዘሎዎም ሰባትስ ክሳዕ ክንደይ ንሓድሕዶም ኪጸላልኡን ኪተሓማመዩን ኪዋዳደሩን ኪካፋፍኡን ምርኣይ ብዙሕ የጉህየኒ፡ ተስፋ ኣብ ምቕባጽ ኬብጽሓኒ ድማ ቀሪቡ ነበረ። እወ፡ ከምዚ ዝበለ ኣረጊት ጠባይን ባህርን፡ ካብ ልቢ ኤርትራውያን ፈጺሙ እንተ ዘየልጊሱ፡ ኤርትራውያን ወርትግ… ብኻልኦት ኪእዘዙን ኪምርሑን ኪነብሩ ኢዮም።
ሓደ ምስሌነ ወይስ ሓደ ዓቢይ ዝበሃል ሰብ፡ ብዛዕባ ጉዳይ ርእሱ ወይስ ብዛዕባ ጉዳይ ምምሕዳር ሃገር ብጻምላ ኺዛረበኒ ብዚመጽእ፡ ብዛዕባ ሓደ ብጸዩ ወይስ ብዛዕባ ሓደ ወዲ ዓዱን ወደ'ውራጃኡን ክፉእ ከይተዛረበኒ ኩቶ ኣይወጽእን። እቲ ሕምየቱን ነቐፋኡን ከኣ፡ ካብ 99 ካብ 100 ካብ ጉዳይ ርእሱ እተላዕለ ናቱ መንቀኝነትን ጽልእን ኢዩ'ምበር ብጻምላዊ ጥቕምን ረብሓን እተላዕለ ኣይኮነን።[9]

ምስቲ እንግሊዛውያን ካብ 1940'ታት ጀሚሮም ኣብ ልዕሊ ኤርትራን ኤርትራውያንን ዘቐርብዎ ዝነበሩ ኣሉታዊ ርእይቶታት፡ ነዚ ኣብ ላዕሊ ዝተባህለ'ውን ኣብቲ መስርዕ እቲ ኣእቲኻ ምንጻግ ይከኣል'ዩ። ወልደኣብ ባዕሎም ምስዚ ገምጋም'ዚ እኳ እንተ ዘይተሰማምዑ፡ ነቲ ዝተባህለ ካብ ምንጻግ፡ ኤርትራውያን ውሽጦም ንኽምርምሩስ ኣተሓሳሰቦም ኢዮም። ኤርትራ ግን ኣብ ሓዲሽ መድረኽ'ያ ትኣቱ ዝነበረት። ኣብ ትሕቲ ዘውዲ ኢትዮጵያ'ኳ ይኹን እምበር፡ ንመጀመርታ ጊዜ ኣብ ታሪኽም፡ ኤርትራውያን ባዕሎም ዝመርሑዎ መንግስቲ ንምትካል ዝቀራረቡሉ ዝነበሩ ጊዜ ምዃኑ ምዝካር'ውን የድሊ። ኣብ ከምዚ ዝበለ ዝተለወጠ ኹነታት፡ ናይ ስልጣን ተዋዳደርትን ተሃላለኽትን ክፍጠሩ ባህርያዊ'ምበር ዘገርም ኣይከውንን። ጸኒሕና ከም እንርእዮ፡ እዚ ዝተባህለ ጠባይ፡ ከምቲ እንግሊዛዊ ሲ.ዲ.ኦ. ዝበሎ ዝተጋነነን ኣብ ኩሎም ኤርትራውያን ዝተዘርግሐን ኣይንበር'ምበር፡ ንፖለቲካ ኤርትራ ናይ 1950'ታት ዝሓመሰ ስለ ዝኾነ፡ ነቲ ነቐፌታ ኣብ ኣእምሮና ከነጽንሖ ጠቓሚ ኢዩ።

ውዱብ ፈተነ ንዕርቅን ሓድነትን

ከምቲ ኣቐዲሙ ዝተጠቕሰ፡ በቲ ኣብ እዋን ምስግጋር ናብ ስርዓት ፈደረሽን ዝርአን ዝሰማዕን ዝነበረ ናይ ፖለቲካ ግጭትን ምንዝሃርን ዝያዳ ዝሰግኡን ዝተሻቐሉን መንእሰያት ኮኑ። ዝያዳ ኹሉ ኻልእ ዘተሓሳሰቦም፡ እቲ ፍልልይ ኣንፈቱ እናሰሓተ ናብ ዘየድልን ሓደገኛን ናይ ወገን ወይ ወገናት ፍልስልስ ከየምርሕ ምንባሩ፡ በቲ ብኣጋ ክወስዱዎ ዝጀመሩ ስጉምትታት ክንርዳእ ንኽእል።

9. ሓንቲ ኤርትራ፡ 2ይ ዓመት ቍ. 104፡ 12 ታሕሳስ 1951።

ጉባኤ ሰላም ኤርትራ ብ30 ታሕሳስ 1950 ብናይ ዕርቅን ሓድነትን ቃላትን መብጽዓታትን ምስ ተወድአ፡[10] ትጽቢት ብዙሓት ኤርትራውያን እቲ ኣብ 1940'ታት ተፈጢሩ ዝነበረ ዓበይቲ ሃጓፋት ብመጠኑ ክጸብብ ዝብል'ዩ ነይሩ። ከምዚ ኸንርእዮ ዝጸናሕና ግን፡ ኣተሓሳስባ ሰባትን ፖለቲካዊ መስመራትን እናተረሓሓቐ ብዝኸደ፡ ገና መድሃኒት ከናድዩ ሃሰው ዝብሉ ሰባት ተረኽቡ።

እዞም ብስም "ባይቶ ሰላም መንእሰያት ኤርትራ" ዝተጠራነፉ ሰባት፡ ብመትከልን ጽቡቕ ድልየትን ናይቲ ዓቢ ናይ ታሕሳስ 1950 ጉባኤ ሰላም ዝተደረኹ ነበሩ። ተበግሶኦም ፍሉይ ዝኾነሉ ምኽንያት፡ ብ2 መጋቢት 1951 ዘቘሙዎ ጉጅለ ካብ ክልቲኡ ተቓናቓኒ ወገን፡ ማለት ካብ ሸባን ወይ ኣልራቢጣን ካብ ኣንድነት ወይ ሕብረትን ምንባሩ ኢዩ። ንኣብነት እኳ፡ ካብ ወገን ሕብረት፡ ቀዳማይ ፕረዚደንት ኣንድነት ዝነበሩ ሃይለ ኣብርሀን፡ ከም ተስፋይ ገብረእግዚእ፡ ኣለማየሁ ካሕሳይን መስፍን ገብረህይወትን ዝመሰሉ ፍሉጣት ናይ'ቲ ማሕበር ኣባላት ወይ ሰዓብትን ተሓወሱዎ። ካብ ወገን ሸባን ድማ፡ በዓል ዓብደልራሕማን ብጫተ፡ ማሕሙድ እስማዒል፡ ኣደም ጀሃርን ካልኦት ፍሉጣት ኣባላት'ቲ ማሕበርን መሰረትቲ ኾኑ።[11]

ባይቶ ሰላም መንእሰያት (ባ.ሰ.መ.) ከም ናይ መጀመርታ ተልእኾ ገይሩ ዝወሰዶ፡ ኣብ ልዕሊ መቓብር ናይቶም ኣብ ወርሒ ለካቲት 1950፡ ብሰንኪ እቲ ኣብ መንጎ ኣባላት ሸባን ኣልራብጣን ኣንድነትን ዝተላዕለ ግጭት ዝሞቱ ዜጋታት ዕንባባ ምንባር ነበረ።[12] ድልየት እቶም መንእሰይ፡ ህዝቢ ኣስመራ ነቲ ዝኸሪ ምዉታት ብሰላማዊ ሰልፊ ንኽብዕሎ ኢዩ ዝነበረ። ግን፡ እንግሊዛውያን ኣመሓደርቲ ገዚፍ ኣኼባ ህዝቢ ስለ ዝኸልከሉ፡ ነቲ ወግዒ ካብ 300 ዘይበዝሑ ዕዱማት ጥራይ ተሳተፉዎ።

ኣብ መቓብር ክልቲኡ ወገን ዝተሰምዐ ናይ ካህናትን ዓበይቲ ዓድን መደረታት መገዲ ዕርቂ ዝኸፍት ስለ ዝነበረ፡ ነቶም መንእሰያት ኣዝዩ ኣተባብዖም። ከም ዝዝከር፡ እቲ ናይ ለካቲት 1950 ሓድሕድ ምቅትታል፡ ብዓይነቱ እቲ ዝለዓለን ዝኸፍኣን መርኣያ ናይቲ ቕድሚ ፈደራል ውሳኔ፡ ፖለቲካ ኤርትራ በጺሑዎ ዝነበረ ኣዝዩ ዝተባልሐ ግርጭት'ዩ ዝነበረ። ንዕድል ኩሉ ኤርትራዊ፡ እቲ ግጭት እቲ ብናይ'ቲ እዋን ፖለቲካዊ ምንህሃር ዝተፈጥረ'ምበር፡ ኣብ ውሽጢ ኽልቲኡ ዓበይቲ ሃይማኖታት ኤርትራ፡ እስልምናን ክርስትናን፡ ናብ ደም ዘብጽሕ ቂምን ጽልእን ስለ ዝነበረ ኣይኮነን። ብስምምዕን ጻውዒትን ክልቲኡ ወገን ኣብ ውሽጢ ሓጺር ጊዜ ምስ ሃድአ ድማ፡ ንዓመት መመላእታ፡ ዝኾነ ናይ ደግሲ ምልክታት ከየርኣየ ኢዩ ጸኒሑ።

10. ኣይንፈላለ፡ ገጽ 521 ርአ።
11. ሓንቲ ኤርትራ፡ 3ይ ዓመት፡ ቊ. 110፡ 28 ጥሪ 1952።
12. ሓንቲ ኤርትራ 3ይ ዓመት፡ ቊ 110፡ 28 ጥሪ 1952። ንዝርዝር ሓበሬታ ብዛዕባ'ቲ ኣብ መንጎ ሸባንን ኣንድነትን ዝተኻየደ ጉነጽ፡ ኣይንፈላለ፡ ገጽ 437-449 ርአ።

እቶም መንእሰያት እምበኣር፡ ነቲ ልቦና ህዝቢ ዝፈጠሮ ናይ ሕድገትን ይቕረን ጕደና ንምስፋሕን ንምጥጣሕን ኢዮም ነቲ ዕለት ኩብዕሉ ዘተበገሱ። በቶም ኣብኡ ዝተረኽቡ ዓበይቲ ብዙሕ ተናእዱን ተመረቑን። ንኣብነት፡ ኣባ ዑቕባ ሚካኤል ዝተባህሉ ናይ ካቶሊካዊት ቤተ ክርስትያን ካህን፡ ኣብ መቓብር ኣስላም ነዚ ዝስዕብ ቃል ኣስመዑ፤

> … እዞም ኣብ ቅድሜና ተቐቢሮም እንርእዮም ዘሎና ኣሕዋት ብምንታይን ኣብ ምንታይን ሞቱ? ደሞም ንምፍሳስ፡ ሕይወቶም ንምሕላፍ ስጋዶ ወይ መንፈሳዊ ዕላማ ኣየናይ ኢዩ?
>
> ኣፍ ኣውጺኦም እኳ ክዛረቡ እንተ ዘይከኣሉ፡ ብሕሊናና እንርድኦ ለበዋ ሓዲጎም ኣሎዉ። እዚ ለበዋ እዚ ድማ፡ "ንሕና ብከንቱ ሓሊፍና፡ ቤዛ ክርድኣና ዘይኽእል ስዉር ዕላማ ተሰዊእና፡ ኬድና ናብ ዘይንምለሰሉ ሃገር ተሳጊርና ኣሎና። ንስኻትኩም ግና ሓደራ። ነንሓድሓድኩም ተፋቐሩ፡ ተኸባበሩ፡ ዓዲ ኣቃንዑ ንዳሕረዎት ቁላዑ፡ ዓድናን መንግስትናን እንድሕሪ ኣቀምኩም፡ ንሕና ከም ዘይሞትና ኢና። ንብዓትኩም ነንሓድሕድኩም እንተ ዘይተሓባቢስኩም፡ ደንጊጹ ዝረድኣኩም ወዲ ጓና የልቦን" እናበለ ዘስምዓልናን ዘጠንቅቐናን ኢዩ።

እዚ፡ ብቓላት ጋዜጣ 'ኢትዮጵያ'፡ "ሰማዒ ኹሉ፡ ርእሱ ኣድኒኑ ነንሕሊንኡ" ክጥይቕን ክምርምርን ዝቐስቀሰ መደረ ምስ ተወድአ፡ እቲ እኩብ ሰብ ናብ መቓብር ክርስትያን ኣምርሐ። ኣብኡ፡ ተመሳሳሊ መደረ ብሓደ ካህን ተዋህዶ ምስ ተሰምዐ፡ ካብ መስረትን መራሕትን ኣልራቢጣ ኣል እስላሚያ፡ ደጊያት ሓሰን ዓሊ ተዛረቡ።

> …እዚ ኣርኣያ'ዚ፡ ብዓበይትን ሽማግለታትን ኪማሃዘን ኪፍጸምን ዚግብኦ ዝነበረ፡ ብደቅና መንእሰያት ዚግበር፡ ንሕና ድማ ተሳተፍትን መረቕትን ጥራይ ኮይንና ብምርካብና፡ ነዞም ብሩኻት ደቅና ክንምርቕን ክነተባብዕን ግዲ ይኹነና። እዚ ጥራይ እውን ዘይኮነ፡ ሰላምን ፍቕርን፡ ሕውነትን ምውህሃድን እንተ ዘይኣንጊስና፡ ንናይ ዓድና ጉዳይ ከነቃንዕ ስለ ዘይንኽእል፡ ረቢ ኣልዓለሚ ብዓቢይ ምሕረቱ ይሓግዘናን ይምሓረናን።[13]

ባ.ሰ.መ.ኤ. ነዚ ኸምዚ ዝበለ ኣኼባ ዝወደበ፡ ተመስራቱ ካብ ዝብሃል ወርሒ'ኳ ኣብ ዘይመልኣሉን ንባዕሉ ብብ.ም.ኤ. ወግዓዊ ተፈላጥነት ኣብ ዘይተዋህበሉን ቤት ጽሕፈት'ውን ኣብ ዘይነበሮን ጊዜ ኢዩ። ንኣስታት ሸሞንተ ወርሒ፡ ነዚ ስእነት ቤት ጽሕፈት'ዚ፡ ቡብእብረ ናብ ኣብያተ ጽሕፈት ማሕበር ኣንድነትን ኣልራብጣን እናኸደ ኣኼባታት ብምክያድን ካብተን ማሕበራት ንመካየዲ ዝኸውን ገለ ገንዘብ ብምቕባልን ከኣ ኢዩ ሰለይ ዝብል ዝነበረ። ኣብ ሓደ ካብቲ ኣብ ምጅማር 1952 ዘካይዶ ዝነበረ ኣኼባታት፡ ፕረዚደንት እቲ ማሕበር ዝነበረ ናይ ሸዑ መንእሰይ ክንፈ እልፈ ንዕላማታቱ በዚ ዝስዕብ ገለጸ፤

13. ኢትዮጵያ፡ 4ይ ዓመት፡ ቍ 228፡ 1 ሚያዝያ 1951።

ባይቶ ሰላም መንእሰያት ኤርትራ ከምቲ ንሓያሎ ሰባት ኪመስሎም ዚኽእል ሓደ ማሕበር ኣይኮነን። ንሱስ መንእሰያት ወገን ማሕበር ፍቕሪ ሃገርን መንእሰያት ናይ ኣል ራቢጣ ኣል እስላሚያ ኤል ኤሪትሪያን፡ ልምዓት ኤርትራ ካብ ሰረት ደቀባታ ጥራይ ከም ዚርኩብ ተረዲኦም ብሓደ ኮይኖም ጉዳይ ሃገሮም ኪዝትዩሉን ኬሰልጡሉን ኣብ ሕቑፌ ናይ ጥንታውያን ማሕበራቶም ከሎዉ ዘቘሙዎ ማእከላይ ኣካል ኢዩ።

...(ዕላማኡ ድማ) ውሽጣዊ ፖለቲካ፡ ኢኮኖሚያ፡ ውሽጣዊ ጸጥታ ኮይኑ ይርኩብ። ... ኣብ ናይ ውሽጣዊ ፖለቲካ ዝርዝር መሰረታዊ ሕግና፡ "ንዝኾነ ኣብ መንጎ ኣስላምን ክርስትያንን ዘይምስምማዕ ኪፈጥር ዚኽእል ምኽንያት ምቅዋሙ፡ ኣብ መንጎኣቶም ድማ መንፈስ ስምምዕን ሕውነትን ምትዕያይን ምፍጣር" ዝብል ዓንቀጽ ኣሎ። እወ፡ እዚ ባይቶ'ዚ፡ ሕዝቢ ኤርትራ ካብቲ ነንበይኑ ተቐሚጡዎ ዝነበረ ፖለቲካዊ ኩርባ ወሪዱ ብሓባር ኣብ ሓደ ጉልጎል ተቐሚጡ ብስምምዕ ጉዳይ ሃገሩ ኪዝትይ ከም ዚኽእል ኣርእዩ...

ንኤኮኖምያ ኣመልኪቱ እውን ብዛዕባ እቶም "ብዘይ ንሕስያ ዝብተኹ ዘለዉ ጥሉላት ኣእዋም፡ ብዛዕባ ናብ ወጻኢ ዝሸየጡ ዘለዉ ከብቲ፡ ብዛዕባ እተን ወግሐ ጸብሐ ተተማሒወን ናብ ወጻኢ ሃገራት ዝጕዓዛ ዘለዋ ናይ ኣብያተ ስራሕ ማኪናታት (installazioni industriali)" ተቓውሞኦም ከም

ከንፈ. እልፈ.

ዘስምዑን፡ “እቲ ብውሑድ ርእሰ ማል ብወጻእተኛታት ዝግበር ዘሎ ንግድ ብደቀባት ጥራይ ክግበር” ክጽዕሩ ምዃኖምን ገለጸ።[14]

እዚ ማሕበር'ዚ፡ ብዙሕ ነገራት ንኸሳልጥ ዘኽእሎ ውዳበን ዓቕምን ዘይብሉ'ኳ እንተ መሰለ፡ ብውሑዱስ ህዝቢ ናይ ምንቅቓሕን ሰበ ስልጣን ናይ ምጕስጓስን ተራ ይጻወት ነይሩ ኢዩ። ኣብ ውሽጢ 1951፡ ማለት ድማ ቍሩብ መዓልታት ድሕሪ'ቲ ኣብ ልዕሊ ወልደኣብ ዝወረደ ናይ ቅትለት ፈተነ፡ ንሓለፍቲ ሰለስተ ጋዜጣታት፡ ንወልደኣብ ናይ ‘ሓንቲ ኤርትራ’፡ ገብረዮሃንስ ናይ ‘ኢትዮጵያ’ን ያሲን ባጡቕ ናይ *ሶውት ኣልራቢጣን* ዓዲሙ ከምዚ ዝስዕብ ተላብዩዎም ነይሩ ኢዩ፤

> ... ኣብ ጋዜጣታት ናይ ኣፈላላይን ቂምን ሓሳባት ይጸሓፍ ስለ ዘሎ፡ ኣብ መንጎ ሕዝቢ ከማኡ ዝመሰለ ከይጸሓፍ፡ ንሕዝቢ ከኣ መተሓጃቘፊኡ ፍቕርን ሰላምን ስለ ዝኾነ፡ ኣብ መንጎ ሕዝቢ ብጽሕፈትኩም ጌርኩም ናይ ፍቕርን ሰላምን ዘርኢ ክትስብኩ ደኣ'ምበር ዘፋላሊ ከይትገብሩ ንላቦ።

ሰለስቲኦም ኣመስጊኖምን ተመባጺዮምን'ኳ እንተ ኾኑ እቲ ዘዛረበ ጽልእን ንዕኡ ዘስምዕ ቃላትንስ ክጕድል ኣይተራእየን። ኣብ ካልእ ኣጋጣሚ እውን እቲ ናይ መንእሰያት ማሕበር፡ ብ.ም.ኤ. ነቶም ብምኽንያት ፖለቲካዊ ኣተሓሳስባኦም ዝተኣሰሩ ዜጋታት ናጻ ንኸውጽእ ዝሓትት ልማኖ ኣቕሪቡ ነበረ። ገለ ካብቶም እሱራት'ውን፡ ሳላ'ቲ ጥርዓን ክኸውን ይኽእል፡ ስለ ዝተፈትሑ ኣመስጊኑ ነይሩ ኢዩ።

ካብዚ ኹሉ ንላዕሊ ግን፡ እቲ ማሕበር ብ2 ሕዳር 1951 ናብ ኮሚሽነር ኣንሰ ማትየንሶ ኣብ ዘቕረቦ ጥርዓን፡ ሀ) እቲ ብእንግሊዛዊ ምምሕዳር ብብጊዜኡ እናዓነወ ናብ ካልእ ሃገራት ዝግዕዝ ዝነበረ ሓጻውንን ካልእ ንብረትን ክኽልከል፡ ለ) ኣብ ኤርትራ ክሰራሕ ዝኽእል ኣቕሓ ካብ ወጻኢ እናመጸ ንኢንዱስትሪታት ኤርትራ የዳኽምን ሸቕለት ኣልቦነት ይፈጥርን ስለ ዝነበረ፡ እቲ ተግባር ከቋርጽን ድንፋዐ ኤርትራዊ ኢንዱስትሪ ክተባባዕን፡ ሐ) ንኤርትራ ንኸወሃብ ኣብ መብጽዓ ኣሎ ዝተባህለ ናይ ኣመሪካ ነቚጣ 4 ወይ Point Four ሓገዝ ካብቲ ዝተባህሎ ክብ ንኺብል ማቲየንሶ ክጽዕር፡ መ) ኣብ ኤርትራ ትምህርቲ መታን ክምዕብል፡ ናይ UNESCO (ናይ ሕቡራት ሃገራት ውድብ ትምህርትን ሳይንስን) ሓገዝ ክናደ... ዝብል ነጥብታት ነበሮ።[15]

ባይቶ መንእሰያት ኤርትራ ዓበይቲ ነገራት ኣይገበረን ይኸውን። እቲ ዘበገሶ ሓሳብን ናይ ውዳበ ፈተነን ግን ተጕስዩ ክሓልፍ ኣይግባእን። መንእሰያት ኣልራቢጣን ሕብረትን በቲ መገዲ'ቲ ብሓባር ተጠርኒፎም ንዕርቅን ንሓድነትን ጥራይ ዘይኮነ፡ ብዛዕባ መጻኢ ዕድል ኤርትራን ቦታኣ

14. ኢትዮጵያ፡ 5ይ ዓመት፣ ቍ. 279፡ 9 መጋቢት 1952።
15. ኢትዮጵያ፡ 5ይ ዓመት፣ ቍ. 271፡ 20 ጥሪ 1952፤ ከምኡ'ውን ሓንቲ ኤርትራ፡ 3ይ ዓመት፣ ቍ. 110፡ 28 ጥሪ 1952 ርአ።

ኣብቲ ፌደራል ስርዓትን ኣብ ሓደ ኣረኣእያ ክሰምሩ ምፍታኖም፡ ከም ሓደ ዓቢ ቕዉም ነገር ክሕሰብ ይከኣል። እቲ ዘቘሙዎ ማሕበር እንታይ ኣሳለጠ ዘይከነስ፡ ሓሳባቶም ብኽመይ ቀጸለ ዝብል ሕቶ ዝያዳ ኣገዳሲ ከም ዝኾነ፡ ነቲ እግሪ እግሪ ተበግሶኦም ዝመጸን እናማዕበለ ዝኸደን ተመሳሳሊ ፈተነታት ብምምርማር ንኽንርድኦ ክንፍትን ኢና።

ባይቶ መንእሰያት ኤርትራ ግን፡ ብዘይካ ኣብ ሓደ ጸኒሕና እንረኽቦ ኣጋጣሚ፡ ዳርጋ ካብ መፋርቕ 1952 ዝቐጸለ ኣይመስልን። ሓሳብ ኣበጊሱ ቅሂሙ ክብሃል'ውን ይክኣል።

ፍልማዊ ምንቅስቓስ ሰራሕተኛታት ኤርትራ

ባይቶ ሰላም መንእሰያት ኤርትራ ነቲ ኣብ ላዕሊ ዝተጠቕሰ ውሱን ዝዓቕሙን ዝዕላማኡን ንጥፈታት የካይደሉ ኣብ ዝነበረ እዋን፡ ገለ መንእሰያት ሰራሕተኛታት እውን ብዓይነቱ ይኹን ብስፍሓቱ ክብድ ዝበለ ምንቅስቓስ ጀማመሩ። እዚ ናይ ሰራሕተኛታት ምንቅስቓስ እዚ፡ ኣቐድም ኣቢሉ ካብ መወዳእታ 1940'ታት ዝተበገሰ ስለ ዝነበረ፡ ምልስ ኢልካ ካብ ድሕረ ባይታኡ ምርኣዩ የድሊ።

ካልኣይ ኲናት ዓለም ምስ ተወድአ'ሞ፡ መንግስቲ ብሪጣንያ ንኤርትራ ብጊዚያውነት ጥራይ ከም እተመሓድራ ብሩህ ምስ ኮነ፡ ኣብ ቍጠባ'ታ ሃገር ንዝነበራ ተገዳስነት ካብቲ ዝነበሮ ትሑት ደረጃ መሊሳ ብምንቍልቋል፡ ክንዲ ፈዋሲቱን ኣማዕባሊቱን፡ ዳርጋ ናብ ኣዕናዊቱ ተቐየረት።[16] ኣብ 1948 ንኣብነት፡ ሰሪ ምድኻም ናይ ወጻኢ ንግዲ፡ ከም ኣልኮል ክርቢት፡ መግቢ... ዝመስል፡ ኣቐዲሙ ብልዕል ዝበለ ደረጃ ዝፈሪ ዝነበረ ሃላኺ ኣቍሑ፡ ኣዝዩ ለጠቕ በለ። ንነዳዲ ዝኸውን ናይ ወጻኢ ሸርፌ ስለ ዝወሓደ፡ ፋብሪካታት ግቡእ ኣገልግሎተን ክህባ ኣብ ዘይክእላሉ ደረጃ በጽሓ። ኣብቲ ዓመት እቲ ጥራይ 637 ኣብያተ ዕዮ ተዓጽየን፡ ጥቓ 10,000 ኤርትራውያንን 4,000 ኢጣልያውያንን ኣብ ሸቕለተ ኣልቦነት ወደቑ። ዋጋ ናይ መሰረታዊ ንናብራ ዘድሊ ነገራት ነሃረ። ኮንታል ጣፍ ንኣብነት፡ ካብ 61 ናብ 95 ሽልን ምብራቕ ኣፍሪቃ ክብ በለ። ብ1949፡ ካብ 35,500 ኤርትራውያን ሰራሕተኛታት፡ እቶም 5,600 ጥራይ ኣብ ስራሕ ክርከቡ እንከለዉ፡ ካብ 7,800 ኢጣልያውያን ሰራሕተኛታት፡ 573 ጥራይ ስራሕ ነበሮም።

ነዚ ዝመስል ዘየተኣማምን ናይ ስራሕ ኩነታት፡ ንኤርትራውያን ይኹን ንኢጣልያውያን ሰራሕተኛታት ብማዕረ ጸለዎም። ኢጣልያውያን ሰራሕተኛታትን ወነንቲ ኣብያተ ዕዮን ካብ ኤርትራ እናወጹ ናብ ሃገሮም

16. ብሪጣንያ ኣብ ልዕሊ ኤርትራ ንዝብጽሖ ቍጠባዊ ዕንወት፡ ኣይንፈላለ ካብ ገጽ 137-147 ርአ። ከምኡ'ውን Pankhurst, Why Are We Destroying Ethiopian Ports, p. 13; Chi e dell' Eritrea, p. xviii ርአ።

ክምለሱን ናብ ካልኦት ሃገራት ክስደዱን ተራእዩ። ኣብ ውሽጢ ዓሰርተ ክልተ ዓመታት፡ ማለት ካብ 1940 ክሳብ 1952 ጥራይ፡ ቍጽሪ ኢጣልያውያን ኣብ ኤርትራ ካብ 40,000 ናብ 18,000 ለጠቐ በሉ። ርእሰ ማል፡ ቴክኒካዊ ፍልጠትን ኢንዱስትሪታት'ውን ከይተረፈ ምስኦም ገዓዘ።[17] እዚ ድማ ዝያዳ ሽቐለት ኣልቦነት ፈጠረ፡ ነቲ ቍጠባዊ ቅልውላው'ውን ኣጋደደ።

ብግዜ መግዛእቲ ኢጣልያ፡ ኣብ ኤርትራ ጥርኑፍ ናይ ሰራሕተኛታት ማሕበር ወይ ምንቅስቓስ ኣይነበረን። ኣብ መወዳእታ ኣርብዓታት፡ ኢጣልያ ባዕላ ብቍጠባዊ ቅልውላው ምስ ተወቕዐት ግን፡ ጣልያን ኣብ ኤርትራ ቀሩብ ፍኒሕኒሒ ኩበሉ ጀመሩ። ምስቲ ኤርትራ ብመጉዚትነት ንኽትምለሳ ትደልዮ ዝነበረት፡ መንግስቲ ኢጣልያ ነቲ ናይ ሰራሕተኛታት ዘይምርጋግእ ናብ ረብሓኣ ክትልውጦ ሃቀነት። ብመጉዚትነት ናብ ኤርትራ ምስ ትምለስ፡ ንኹሎም ኣብ ኤርትራ ዝነበሩ ሰራሕተኛታት ናጻ ናይ ሕክምና ኣገልግሎትን ናይ ህይወትን ኢንዱስትሪያዊ ጉድኣት ውሕስነትን ንኽትህብ ድልውቲ ከም እትኾውን ከኣ ኣፍለጠትን ጉስጉሰትን። ነቲ ካብ 1947 ጀሚራ ተተኣብዮ ዝነበረት ሰልፊ ሻራ ኢጣልያን ማሕበራት ኢጣልያውያን ሓናፍጽን'ውን ተጠቐመትሉ።

ነዚ ኹሉ ግን፡ ከምቲ ድልየታ ኣብ መንጎ ኤርትራውያን ፍረ ኣይረኸበትሉን። ርግጽ፡ ብ1949 ብኣኣ ዝተደገፈ ግን ከኣ ናህሪ ዋጋን ትሑት ደሞዝን ዘንቀሎ ናይ ጸዓንቲ ወደብ ኣድማ ኣብ ምጽዋዕ ተኻየደ። ደሞዝ ምስ ተወሰኾምን ገለ ውሕስነት ምስ ተገብረሎምን ግን እቶም ሰራሕተኛታት ኣድማኦም ኣቋረጹ። በዚ ድማ፡ እቲ ንኹሉ ሰራሕተኛ ክትጸልዉን ንምንቅስቓሶም እውን ናብ ድሌታ ክትእንፍትን ዝሓለነቶ ከይተዓወተ ተረፈ።

ከምዚ ዝኾነሉ ቀንዲ ምኽንያት፡ ዝበዝሕ ኤርትራዊ ሰራሕተኛ፡ ብፍላይ ከኣ እቲ ኣብ ከተማታት ዝነብርን ኣብ ክርስትና ዝኣምንን ወዲ ኸበሳ፡ ብማሕበር ሕብረት ወይ ብኣንድነት ዝተጠርነፈ ወይ ከኣ ፍታሕ ሽግራቱ ካብ ሕብረት ምስ ኢትዮጵያ ዝመጽእ ዝመስሎ ብምንባሩ ኢዩ። ማሕበር ሕብረት ብወገኑ፡ ሕብረት ምስ ኢትዮጵያ ምስ ዝዕወት፡ ስራሕ ካብ ኢጣልያውያን እናተመንዘዐ ንኤርትራውያን ክወሃብ'ዩ ዝብል ጭርሖ እናልዓለ፡ ነቶም ሰራሕተኛታት የተሃራርፎም ነይሩ ኢዩ።

ኣብ መጋቢት 1949፡ ብሰራሕተኛታት ምድሪ ባቡር ኤርትራ ዝተለዓዓለ፡ ንብ.ም.ኤ. ድማ ኣዝዩ ዘሸበረ፡ ኣስታት 1,325 ሰራሕተኛታት ዝተሳተፉዎ ኣድማ ተገብረ። ጠለቦም፡ ምስ ኢጣልያውያን ማዕረ ክኽፈሉን ዝበዝሕ ቦታታት ድማ ብኤርትራውያን ክተሓዝን ዝብል ነበረ። ንሽዱሽተ ሳምንቲ ኸኣ ጸንሐ።

17. ነዚ ዝምልከት ዝርዝራዊ መጽናዕቲ ኣብ Tom Killion, Workers, Capital and the State in the Ethiopian Region ርኣ። ብዙሕ ካብቲ ኣብ'ዚ ሰፊሩ ዘሎ ዝርዝራት ካብ ናይ ቶም ኪልዮን መጽናዕቲ ዝተወስደ ኢዩ።

ምስ ብ.ም.ኤ ዝተገብረ ዝርርብ ኣዝዩ ስለ ዝተረረ፡ ብቐሊሉ ንኽፍታሕ ኣይተኻእለን። ናይ ደሞዝ ወሰኽን ሓደ ሓደ ሓለፋታትን'ኳ እንተ ተፈቐደሎም፡ እቲ ኣድማ ብስልጣን እንግሊዝ ጥራይ ንኽዳቐስ ብዙሕ ኣሸገረ። መራሕቲ ሃይማኖት፡ ብፍላይ ድማ ጳጳስ ኦርቶዶክስ ቤተ ክርስትያን ኣቡነ ማርቆስ ብሸምግልና ምስ ኣተዉዎ ጥራይ ከኣ ተዳቐሰ።[18]

ኣድማ ሰራሕተኛታት ባቡር ምድሪ ብዕብየቱ ጥራይ ዘይኮነ፡ ብዓይነቱ እውን ዝተፈልየን ቀዳማይን ኮነ። ምኽንያቱ ድማ፡ እቲ ንሰራሕተኛታት ዘተሓቛቑፈ መበገሲ ጉዳይ ደሞዝን ምምሕያሽ ኩነታት ስራሕን ስለ ዝነበረ፡ ካብ'ቲ ንኤርትራውያን ብሃይማኖትን ኣውራጃን ዝኸፋፍሎም ፖለቲካ ሃገር ናጻ ስለ ዝነበረ ኢዩ። ከምቲ ኣቐዲምና ዝገለጽናዮ፡ ባይቶ ሰላም መንእሰያት ኤርትራ ሃይማኖታዊ ፍልልይ ንኽጥፍእ ተባሂሉ፡ ዝፋለጡ ሰባት ኮነ ኢሎም ዝኣኻኸቡዎ እዩ ዝነበረ። ኣድማ ሰራሕተኛታት ግን ናይ ሓባር ወጽዓ ዘለዓዓሎ፡ ናይ ሓባር ፍታሕ ናብ ምርካብ ከኣ ዝዓለመ፡ እንትርፎ ሰራሕተኛ ምዃን ካልእ ናይ ተሳታፍነት ረቛሒ ወይ ቅድመ ኹነት ዘይነበሮ ኣጋጣሚ ኾነ። ስለዚ፡ ንዝነበረ ወገናዊ ፍልልይ ዘጻብብ ባይታ ፈጢሩ ክብሃል ይክኣል። ልክዕ'ዩ፡ ገና ናይ ምውዳብ ኣንፈት ኣይነበሮን፡ ዛጊት'ውን ኣብ ዝተወሰነ ዓንኬል ዝተሓጽረ ኢዩ ዝነበረ። ግን ንመጻኢ ዝኣመተ ሓደ ሰረት ምንጻፉስ ኣይተረፎን። ነዚ ስለ ዝተገንዘቡ ይኾኑ፡ እንግሊዛውያን ሓደ ናይ ዜጋታት ኣቈጻጽራ ስራሕ ኣማኻሪ ኮሚቲ (Native Employment Advisory Committee) ዝበሃል ሽማግለ ዘቘሙ።

ኩነታት ሰራሕተኛታት በዚ ዘይጥርኑፍን ብሃውሪ ተተንሲኡ ዝዝሕልን ኣድማታት ክቕጽል ድሕሪ ምጽናሕ፡ ኣብ 1951 ከም ማሕበር ንኽጥርነፍ ዝደፋፍእ ሓደ ኣጋጣሚ ተረኽበ። እቲ ኣጋጣሚ፡ ምስቲ ዝጸንሐ ኣድማታት ይኹን ካልእ ንጥፈታት ምትእስሳር ዝነበሮ ኣይመስልን። ሓደ ካብቶም ኣብ ዝቐጸለ ዓመታት ካብ ቀንዲ መራሕቲ ምንቅስቓስ ሰራሕተኛታት ኣብ ኤርትራ ዝኾነ፡ ሽዑ ወዲ 21 ዓመት ዝነበረ ኣቶ ጸጋይ ካሕሳይ፡ ነቲ ኣጋጣምን ዝነበረ ሃዋሁውን በዚ ዝስዕብ ቃላት ገሊጹዎ፤

> ብወገነይ ጽቡቕ እየ ዝሰርሕ ዝነበርኩ፡ 12 ሽልን ኣብ መዓልቲ እረክብ ነይረ። ግን፡ እዚ ንወጻኢ ምኻድ፡ ኣብ ወጻኢ ኔርካ ምምጻእ ብዙሕ የብህግ ነይሩ ንወዲ ኣስመራ። ኣራምኮ ትብሃል ናይ ኣመሪካ ናይ ነዳዲ ኩባንያ ሰባት ንዳህራን ትወስድ ነይራ። ጽዓዱ ጥራይ እያ ግን ትወስድ ዝነበረት። ንሕና ድማ ካኪ ከም ናይ ኣመሪካ ክንክደን፡ ፔርሶል ዝብሃል ኦክያለ... ድሌትን ስምዒትን ነይሩና።

ሓደ መዓልቲ፡ ኣብ ፊት እዚ ሎሚ ቤት ጽሕፈት ጉምሩክ ኮይኑ ዘሎ፡ ናይ ሽዑ ቤት ጽሕፈት ኢሚግረሽን፡ ሓደ ሱዳናዊ ኮፍ ኢሉ ኤርትራውያን

18. Tom Killion, p. 328, ወልደኣብ ወልደማርያም፡ ቃለ መጠይቕ፡ ዓራርብ 1987።

ጸጋይ ካሕሳይ

ክምዝግብ፡ ጸጋይን ብጹቱን ረኣዩ። ኩባንያ ኣራምኮ ሰራሕተኛታት ንሱዳን ንኽትወስድ ትምዝግብ ከም ዝነበረት ምስ ፈለጡ ድማ፡ ከም ሰቦም ተሰርዑ። ምስ ጸጋይ ካሕሳይ፡ ከፈላ በራኺን ተስፋይ ዘርኣክርስቶስን ዝብሃሉ ሰራሕተኛታት ነበሩ። ድሕሪኡ ብዛዕባ ዝሰዓበ፡ ጸጋይ ካሕሳይ በዚ ዝስዕብ ገሊጹ፤

> ሪጋና በጺሑ፡ ቅድሚና ከምኡ ዝፈተኑ ነይሮም ክኾኑ ይኽእሉ ኢዮም፤ ግን፡ እቶም ኣብኡ ዝነበሩ መብዝሕትኦም ኣስላም'ዮም። ንሕና ግን፡ ከይፈለጥና ሰብ ተኣኪቡ ርኢና ኢና ኣቲና። ተርታይ ምስ በጽሐ፡ ስመይ እንተ ነገርኩዎ፡ "ክርስትያን ዲኻ?" ኢሉኒ፡ ሱዳናዊ እዩ እቲ ዝጽሕፍ ዝነበረ። "እወ" ኢለዮ፡ "ክርስትያን ኣይንጽሕፍን ኢና፡" ኢሉኒ። ኣውጺኡኒ ካብ መስርዕ። ብድሕረይ ክልተ-ሰለስተ ተፈልዮም፡ እዞም ዝበልኩዎም ኣዕሩኽተይ ከኣ ሪጋኦም ሒዞም ነይሮም። ከምኡ ኢሎም ኣውጺኦሞም። ኣይሰንበድናን ከምኡ ምስ በለና። እቶም ብዙሓት ኣብኡ ዝተሰርዑ መሳቱናን ኣዕሩኽናን ስለ ዝነበሩ፡ ጀበርቲ ወይ ካልኦት፡ ካባታቶም ዕማመት ወሲድና መሊስና ሪጋ ኣቲና። ተራና ምስ በጽሐ፡ ነናትና ዝሓረናዮ ስም ሂብናዮ። ጽሒፉና።

ዘይፈልጡዎ ሞያ ንፈልጦ ኢና ኢሎም ምስ ተጻሕፉ፡ ክሳብ መዓልቲ ፈተና ጊዜ ስለ ዝነበሮም፡ ናብ ዝፈልጡዎም ክኢላታት ብምኻድ ገለ ክእለት ኣጥርዮም ንኽጽውዑ ተጸበዩ። ኣብ መርመራ ዝተዓወተ ጸጋይ ካሕሳይ፡ ናይ ሓኪም መርመራ ንኽገብር ተሰሪዑ እንከሎ፡ እቲ ወኪል ናይ ኣራምኮ

መጺኡ ንዕኡን ነዕሩኽቱን ንኻልኦት'ውን ከምኦም ዝተፈተኑን ካብቲ መስርዕ ኣውጽኦም። ብምኽንያት ሃይማኖቶም ክኸዱ ከም ዘይክእሉ፡ ሰዑዲያ ከም ዘይትቕበሎም ከኣ ገለጸሎም። ኩሉ እቲ ዘምጽኡዎ ምኽንያትን ክትዕን ከም ዘየዋጽኦም ነጊሩ ኸኣ ኣፋነዎም።[19]

ስለስቲኦም፡ ጸጋይ ካሕሳይ፡ ከፊላ በራኺን ተስፋይ ዘርኣክርስቶስን፡ እቲ ጉዳይ መታን ዘየድሊ ትርጉምን ምቅይያምን ከየስዕብ፡ ብመገዲ ልኡኽ መንግስቲ የመን ኣብ ኤርትራን ብገዲም መስራቲ ኣልራቢጣ ኣል እስላሚያ ደጊያት ሓሰን ዓሊን ኣቢሎም ናብ ማሕበረ ሰብ ዓረብ ኣብ ኤርትራ፡ ናብ ኣራምኮን ናብ ቆንስል ኣመሪካ ኣብ ኤርትራ ሚስተር ማልከሂን ስምዕታኦም ኣቕረቡ።[20]

ጽንሕ ኢሎም ግን፡ "ሕዝቢ ኪምልከቶ ዚግባእ ኩነታት ብዛዕባ ስራሕ" ብዝብል ኣርእስቲ፡ ሓደ ጽሑፍ ናብ ኩለን ጋዜጣታት ለኣኹ። ሓንቲ ኤርትራን ኢትዮጵያን ድማ ነቲ ጽሑፍ ኣሕተማኦ። ነቲ ዘጓነፈን ንጓሂኦምን ኣሕጽር ኣቢሎም ድሕሪ ምጥቃስ፡ እቶም ኣመልከትቲ ነዚ ዝስዕብ በሉ፤

> ከምዚ ዝበለ ቃል፡ ንልቢ ሰራሕተኛታት ደቂ ኤርትራ ኣጉሃየ ክንብል ከሎና፡ ንልቢ ክርስትያንን ኣስላምን ንኩሎም ሰራሕተኛታትን ዘይሰራሕተኛታትን ደቂ ኤርትራ እምበር ንክርስትያን ጥራይ ከም ዘይኮነ ክንገልጽ ንደሊ። ስለምንታይ ሓደ ወዲ ኤርትራ፡ ምንም እውን ብሃይማኖቱ ኣስላማይ እንተኾነ፡ እቲ ብሃይማኖት ክርስትያን ዝኾነ፡ ብስጋ ግና ሓዉ ኤርትራዊ ኪጉህን ኪሸግሮን ከሎ ኣብ ልቡ ሓጉስ ኪሰምዮ ኩቶ ዘይክኣል ኢዩ። ከምኡ'ውን እቲ ክርስትያን ብዛዕባ'ቲ ብሃይማኖት ኣስላማይ፡ ብደሙ ግና ሓዉ ዝኾነ ኤርትራዊ ይጉሂ ወይ ይሕጐስ።
>
> ከምዚ ዝበለ ቃል ክንጽሕፍ፡ ንሕዝቢ'ውን ከነመልክት ከሎና፡ እዞም ንሕና እንጽሕፍን እንጠርዕን ዘሎና ክርስትያን ነሕዋትና ነስላም ስለ ዝቐናእናሎም ኣይኮናን። ስለምንታይ፡ ንሳቶም'ውን ኣሕዋትና ኤርትራውያን እንኳብ ዚኮኑስ፡ ራህዋኦም ራህዋና፡ ሓጐሶም ከኣ ሓጐስና ኢዩ። ግን፡ ሕዝቢ ኣጸቢቑ ከም ዜስተውዕሎ፡ እቶም ብወለዶኦም ብዙሕ ኪቐርቡና ዚኽእሉ፡ ብጆግራፍያ ድማ ብዙሕ ዚጓራብቱና ከምቲ ካብ ጥንቲ ጀሚርና ዝነበርናዮ ኸኣ ብዚመጽእ ግዜ'ውን ብኹሉ ክንደጋገፍ ዚግባኣና ሕዝብታት ኣዕራብስ፡ ንሳቶም ናብዛ ሃገርና እናመጹ፡ ብሓርነትን ብሰላምን ከኣ እናሰርሑን እናሃብተሙን ከሎዉስ፡ ገለ ሒዶት ኤርትራውያን ናብ ዓዶም ከይዶም ኪዓዩ... ፍቓድ እንተ ለሙኑስ፡ ክርስትያን ዝኾነ ወዲ ኤርትራ ኣብ መሬትና ኣይተርግጹልና ኢሎም ነዛ ኩባንያ እዚኣ ኣዚዞምዋ ኣሎዉ ተባሂሉ ስለ እተነግረ፡ ብዙሕ ንጉህን ንግረምን ኣሎና።[21]

19. ጸጋይ ካሕሳይ፡ ቃለ መጠይቕ፡ ኣስመራ፡ 12 ታሕሳስ 2002።
20. ሓንቲ ኤርትራ፡ 2ይ ዓመት፡ ቍ. 99፡ 7 ሕዳር 1951።
21. ሓንቲ ኤርትራ፡ 2ይ ዓመት፡ ቍ. 99።

ኣቓድም ኣቢሎም፡ ንቆንስል ኣመሪካ ኣብ ኤርትራ ሚስተር ኤድዋርድ ማልከዚ እውን ደብዳበ ለኣኹሉ፤

ምንም'ኳ ብሃይማኖት ኣስላምን ክርስትያንን ተባሂልና ኣብ ክልተ እንተ ተኸፋፈልና፡ ብኻልእ ኩሉስ ኣሕዋት ኢና'ሞ፡ ኣውራ ኣውራ'ኳ በዚ ጊዜ'ዚ ዚፈላልየና ነገር ክግበር ጽቡቕ ኮይኑ ኣይረኣየናን። እዚ በጋጣሚ ተረኺቡ ዘሎ ዕዮ'ዚ ንደቂ ኤርትራ ተባሂሉ ኢዩ ተዋሂቡ ዘሎ'ምበር ነስላም ወይስ ንክርስትያን ተባሂሉ ንሌላን ጉሌላን ምኽንያት ኪኸውን ከም ዘይተዋህበ ክነስተውዕሎ ንኽእል ኢና'ሞ፡ ንደቂ ኤርትራ ብዘይ ሌላን ጉሌላን ኪዋሃብ ኢዩ ዚግባእ።

ድማ በሉዎ። ማልከዚ ቀልጢፉ መለሰሎም። ብ28 ጥቅምቲ 1951 ናብ ጸጋይ ካሕሳይ ኣብ ዝለኣኻ ደብዳበ ድማ ነዚ ዝስዕብ መልሲ ሃበ፤

...እዛ መዛረቢት ኮይና ዘላ ኣመሪካዊት ኩባንያ፡ ንሰራሕተኛታት ክርስትያን ደቀባት ኣይተሓሰመቶምን፡ ስራሕ'ውን ኣይከልኣቶምን። ግና፡ እቲ ዘላቶ ቦታ ኣብ ሃገር ስዑዲያ ዓረቢያ ዚርከብ ቦታ ስለ ዝኾነስ ነቲ ኣብኡ ዚርከብ ሕግን ስርዓትን ክትሕልዎን ክተኽብሮን ግድድቲ ኢያ። መንግስቲ ስዑዲያ ዓረቢያ ንዝኾነ ይኹን ኣስላማይ ንዘይኮነ ሰብ ኣብ መሬታ ከይተርግጽ ብዘሎዋ ምሉእ ሓይሊ ተቓዋሚት ኢያ። ... እምበኣርከስ፡ ነዚ ኣብ ሃገር ስዑዲያ ዘሎ ሕግስ እዛ ኣመሪካዊት ኩባንያ ኾነ ወይስ እታ ናይ ሕ.ሃ. ኣመሪካ መንግስቲ ኬማሓይሻኦ መሰል የብለንን...።[22]

ጸጋይን ብጾቱን በዚ ደው ከይበሉ ነቲ ኣብ ኤርትራ ዝነበረ ማሕበረ ኮም ዓረብ'ውን ሕይል ዝበለ ጽሑፍ ብጋዜጣ ጸሓፉሉ። "ክቡራን ኣጋይሽና" ኺኣ በሉ፤

... ከምዚ ዝበለ ንመሰል ደቂ ሰብ ዚግህስ፡ ምስ ሕጊ ሕቡራት መንግስታትን ምስ ንብረት ጭውነትን ከኣ ዚጋጮ ኰነታት፡ ንሕውነትናን ንምድግጋፍናን ኪዘራርጎን ኬበላሽዎን ዚኽእል ኢዩ'ሞ ገና ጊዜ ኸሎስ ብዛዕባ ኸምዚ ዝበለ ኰነታት ብቕዉም ነገር ንሓድሕድኩም ክትዘራረቡሉ፡ ናብ መንግስትኹምን ሕዝብኹምን ከኣ ኩተብጽሑዎ ከነዘኻኽረኩምን ክንምዕደኩምን ዜድሊ መሲሉ ይርኣየና።[23]

ኣብ ኤርትራ ዝነበረ ዓረባዊ ማሕበር በቲ ነቶም ስራሕታኛታት ዘጓነፎም ጉዳይ'ኳ ጓሂኡን ሓድነቱን እንተ ገለጸ፡ እቲ ምሕጽንታ ንኹሎም ኣዕራብ ኣብ ሓደ ስለ ዝሓወሰ ቅሬታኡን ተቓውሞኡን ገለጸ። ኣብቲ ጊዜ'ቲ፡ ብዘይካ ካብ ስዑዲ ዓረብ፡ ካብ ምስሪ፡ ሶርያ፡ ሊባኖስ፡ የመንን ከምኡ'ውን ካብተን

22. ሓንቲ ኤርትራ፡ 2ይ ዓመት፡ ቍ. 99።
23. ጸጋይ ካሕሳይ - ቃለ መጠይቕ።

ኣብ ትሕቲ ብሪጣንያ ዝነበራ ሓድራሙትን ዓደንን'ውን ዝተዋጽኡ ኣዕራብ ኣብ ኤርትራ ከምዝነብሩ እቲ ማሕበር ኣፍለጠ። እቲ ምኽንያቱ ዘይፈለጦን ንሱ'ውን ዘይደገፎን እገዳ፡ ንዕኡ ከም ማሕበርን ንኹሎም ኣባላቱን ከም ዘይምልከት እውን ኣብርሀ። ብዘይካ'ዚ፡ እቲ ማሕበር ኣብ ሰዑዲ ዓረብ ክርስትያን ኤርትራውያን ከም ዝነብሩን ከም ዝሰርሑን እምበር፡ ከም ዝተኸልከሉ ከም ዘይፈልጥ ኣብርሀ።[24]

ኣብ'ቲ ኣቀራርባኡ፡ መልእኽቲ ዓረባዊት ማሕበር ነቶም ሰራሕተኛታት ዝነቀፍን ናብ ምንሻው ገጹ ዝገማገምን ቃላት ነበሮ። በዚ ዝተቘጥዑ ሰራሕተኛታት፡ "ደረቐኛ ኣንበጣስ እኽልኻ በሊዑ ኣብ ደጉልካ ይሰፍር" ኣብ ትሕቲ ዝብል ኣርእስቲ ነቲ ዓረባዊ ማሕበር ኣትሪሩ ዝነቀፍን ዘፈራርሕን መልእኽቲ ኣሕተሙ። እቲ ኣንፈት ኣሰካፊ ስለ ዝነበረ፡ ኣሰናዳኢ ሓንቲ ኤርትራ ጣልቃ ብምእታው ነቲ ጉዳይ ከዘሓሕሎ ፈተነ።[25] ጸጋይ ካሕሳይ ከም ዝገለጸ፡ መራሕቲ ናይቲ ማሕበር፡ በዓል 'ባ ሐብሽ፡ 'ባ ዓጊል፡ 'ባ ኸሽብ፡ 'ባ ዘርዓ… እውን እቲ ናይ ጽሑፍ ምልልስ ደው ክብል'ሞ፡ ንሳቶም ድማ ንመንግስቲ ሰዑዲያ ኣረዲኦም ወግዓዊ መግለጺ ንኸምጽኡ ነቶም ሰራሕተኛታት ሓተቱዎም። በዚ ተሰማሚዖም ተፈላለዩ።[26]

እዚ ኹሉ ብፍኑው ኣገባብ፡ ብተበግሶ ናይቶም ተጠቂሶም ዘለዉን ውሑዳት ካልኦት ብጾቶምን ጥራይ ኢዩ ዝካየድ ዝነበረ። ዝኾነ ማሕበር ወይ ምዱብ ምትእኽኻብ እውን ኣይነበሮምን። ብዙሕ ሰብ ግን፡ መንእሰያትን ክንድ'ቲ ኸኣ ትምህርታዊ ይኹን ፖለቲካዊ ብስለትን ተመኩሮን ዘይነበሮምን ክነሶም ነቲ ዝመስል ሓሳባት ብምሕሳቦም ኣተባብዑዎም። ኣብ ጋዜጣ ሓንቲ ኤርትራ ንኣብነት፡ ንምንቅስቓሶም ዝድግፍ ካልእ ጽሑፋት ክወጽእ ጀመረ።[27]

እቲ ብማሕበር ናይ ምጥርናፍ ሓሳብ ወይ ተበግሶ ግን ብኻልእ ኣጋጣሚ ከም ዝመጸ ኢዩ ጸጋይ ካሕሳይ ዝገልጽ። "ሓደ መዓልቲ፡" ኸኣ ኢሉ ንሱ፤

> … ሓደ ካብቶም ምሁራት ኤርትራውያን ዝብሃል፡ ንዓይ ከም ዓቢ ኣያይ ዝነበረ፡ ጸጋይ ተፈሪ፡ ሸዑ ኣብ ሹቕ ጸሓፊ ናይ ዶማንዳ ዝነበረ፡ ንገዛይ ክኸይድ ኣብ መንገዲ ጠጠው የብለኒ… "ናይ ብሓቂ ተሓጉስ፡ እዚ ጀሚርካዮ ዘሎኻ ከይተቋርጾ፤ ከምዚ ግበሩ፡ ከምዚ ኣይትግበሩ እንተ በሉኻ ከይትሰምዖም፤ ሕጂ ጊዜኡ ኣኺሉ ኣብ ኢድኩም ወዲቑ ኣሎ። ማሕበር ሰራሕተኛታት ዘይትፈጥሩ?" ኢሉኒ። "ማሕበር ሰራሕተኛታት ንሕና ከመይ ጌርና ንፈጥሮ? እንታይ ንፈልጦ? ንስኻትኩም እንዲኹም ምሁራት፡ ንስኻትኩም ዘይትፈጥሩልና?" ኢለዮ።

24. ሓንቲ ኤርትራ፡ 2ይ ዓመት፡ ቍ. 101፡ 21 ሕዳር 1951።
25. ጸጋይ ካሕሳይ - ቃለ መጠይቕ።
26. ሓንቲ ኤርትራ፡ 2ይ ዓመት። ቍ. 102።
27. ንኣብነት፡ ሓንቲ ኤርትራ፡ 2ይ ዓመት ቍ 102፡ 28 I^{a}X 1951 ርአ።

"ንሕና እንድሕሪ ሰብ ጸዊዕና ማሕበር ክንፈጥር ደሊና፡ በዚ ናይ ፖለቲካ ብዙሕ ምፍልላይ ስለ ዝነበረ፡ ካልእ ትርጉም ክወስድ'ዩ። ንስኻትኩም ሰራሕተኛታት ኢኹም፡ ብምኽንያት ስራሕ ኣብዚ በጺሕኩም፡ ሽግር ናይ ሰራሕተኛታት ድማ ኣብኡ ገሊጽኩሞ ኣሎኹም፡ ካባኹም ዝያዳ ዝፈልጦ የለን፡ ካልእ ስራሕ ዝግበሮ የለን ሕጊ ምሕታት ጥራይ ኢዩ። ድሓር እቲ ሕጊ ኢዩ ዝህበኩምን ዝኸልኣኩምን። ግን፡ ንዕኡ ዝሓትት ማሕበር የድሊ። ዝኾነ ምኽሪ ዘድልየካ እንተሎ ንዓይ ሕተተኒ። ከማይ ከኣ ብዙሓት ካልኦት ኣለዉ..." ኢሉኒ።

ሓሲብና፡ ምስዞም ብጾተይ ተማኺርና። ሽዑ ጉሪሕና ተባሂልና ኢና፡ "ንሕና ሰብ ንኣኪብ፡ ክንእኪብ ከሎና፡ ብዘይ ኣፋላላይ ዓሌትን ሃይማኖትን ኣውራጃን ፖለቲካዊ ኣተሓሳስባኦምን፡ ከይፈለና ሰብ ንጸውዕ። ጸዊዕና፡ ኣብ ዓድና ሕጂ ናይ ፖለቲካ ነገር ተወዲኡ ስለ ዘሎ፡ ጸገም ናይ ሰራሕተኛታት ስለ ዘሎ፡ ንሕና'ውን ሕጊ ስለ ዘይብልና፡ ማሕበር ክተቐሙልና ጸዊዕናኩም ንበሎም። ሽዑ ካብቶም ኣኼባ ዝመጹ ሸማግለታት ንመርጽ..."

እዚ ጸጋይ ካሕሳይ ዝዘከሮ ኢዩ። ከፈላ በራኺ ብወገኑ፡ ነዚ ዝስዕብ ኣዘንትዩ፤

ብዛዕባ'ቲ ዘጓነፈና ናብቲ ዝራኸበና ዝነበረ እንግሊዛዊ በዓል ስልጣን ምምልላስ ምስ ኣብዛሕና፡ "ንስኻትኩም ውልቀ ሰባት ኢኹም። ወከልቲ ናይ ሰራሕተኛታት ኣይኮንኩምን። እንተ ድኣ ምሳኻትኩም ብዛዕባ ጉዳይ ሰራሕተኛታት ክዛረበኩም ኮይኑ፡ ማሕበር መስረቱ። እምበር በዚ ኣገባብ'ዚ ክተሳልጡዎ እትኽእሉ ነገር የለን..." ኢሉና።
ሽዑ ናብ ኣቶ ወልደኣብ ከይድና ሓግዙና ኢልናዮም፡ ንሶም ድማ ብምኽሪ ይኹን ብኹሉ ኻልእ ሓጊዞምና። ንካቫሌር ዓብደላ ጎናፍር ስለ ዝተዛረቡልና ድማ፡ መአከቢ ዝኸውን ገፊሕ ቦታ ረኺብና።

ምናልባት ጸጋይን ከፈላን በብመገዶም ይራኸቡን ይላዘቡን ነይሮም ይኾኑ። ብዝኾነ ንሳቶምን ተሰፉይ ዘርኣክርስቶስን ማሕበር ብዛዕባ ምቛም ምስ ተሰማምዑ፡ ክልተ ሰባት፡ ማለት ተኪኤ እልፈን ብላታ ይሕደጎ ለማን ተጸንበሩዎም። ተኪኣ እልፈ፡ ሓዉ ነቲ ኣቐዲምና ብዛዕባ "ባይቶ ሰላም መንእሰያት ኤርትራ" ክንዛረብ እንከለና ዝጠቐስናዮ ክንፈ እልፈ ክኸውን እንከሎ፡ ብላታ ይሕደጎ ለማ ድማ፡ ምስ'ቶም ጸኒሖም ኣባል ባይቶ ዝኾኑ ተሰፋንኪኤል ወርቀ፡ ቀዳማይ ናይ ምዝዋር መኪና ፓተንት ዝተቐበሉ ኤርትራዊ ነበሩ። ይሕደጎ ለማ፡ ከም በዓል ጸጋይ ካሕሳይ ናይ ፋብሪካ ሰራሕተኛ ኣይነበሩን፡ ብዕድመ እውን መሰታኦም ኣይነበሩን። ናብቲ ማሕበር ዘእተዎም፡ ካብ ተደናጋጺ ባህሪኦም ከይኮነ ኣይተርፍን ይብሉ ዝፈልጡዎም።[28]

28. ቃለ መጠይቕ ምስ ኣቶ ሳህለ ገብረህይወት፡ ኣስመራ፡ 19 ነሓሰ 2004።

ሰብ ተጸዊዑ፡ መአከቢ ቦታ ተደልየ። ከምቲ ከፈላ ዝበሎ እንዳ ካቫሌር ዓብደላ ጎናፍር ዝተባህሉ ናይቲ እዋን ዓቢ ነጋዳይ ንመአከቢ ዝኸውን ዓቢ ሳሎን ስለ ዝነበረ፡ እቶም ዋና ተሓተቲ። ንሶም ድማ ነቲ ሓሳብ ብዘይ ዝኾነ ተቓውሞ፡ ቀልጢፎም ተቐቢሎዎን "ረቢ ይሓግዘኩም" ኢሎም መረቑን።[29]

ሓሙሽቲኦም በብወገኖም ንዘቕረቡዎ ዝርዝራት ምስ ኣወሃሃዱ፡ 380 ኣስማት ተቘጽረ። ባዕሎምን ብገንዘቦምን ቡስጣታት ነናብ ዝምልከቶ ኣብጺሖም፡ ኣኼባ ብ28 ሕዳር 1951 ንኽካየድ ቈጸራ ገበሩ።[30]

ኣብ መዓልቲ ቈጸራ፡ ልዕሊ ሰለስተ ሚእቲ ዝኾኑ ዓበይቲ ዓዲ ኣብ እንዳ ጎናፍር ተኣከቡ። ካብ መራሕቲ ፖለቲካዊ ሰልፍታት፡ ደጊያት ሓሰን ዓሊ፡ ተድላ ባይሩ፡ ሓረጎት ኣባይ፡ ወልደኣብ ወልደማርያምን ከም ካቫሌር ጎናፍር ዝመሰሉ ዓበይቲ ዓድን ኣብኡ ተረኽቡ። እቶም ኣጋባእቲ፡ ብዘይካ ብላታ ይሕደጎ ለማ፡ ኩሎም መንእሰያት፡ ብዙሕ ልምዲ መደረ ዘይነበሮምን ነቲ ዘቕረቡዎ ጽሑፍ ምንባብ'ውን ዝሸግሮምን ኮኑ። ካብ መንን'ቲ ኣኼበኛ፡ ጸጋይ ኢያሱ ንዝተባህለ ጸኒሑ ፍሉጥ ጠበቓን ተጋዳላይን ዝኾነ ከምኦም መንእሰይ ብምጽዋዕ ከኣ መልእኽቶም ንኸንብበሎም ሓተቱ።

ጸጋይ ኢያሱ ዝነበሮ ኽእለት ወሲኹ፡ ነቲ ጽሑፍ ባዕሉ እናስፍሐ፡ ንሓንቲ ናይ ሰለስተ ደቓይቕ ጽሕፍቲ ናብ 20 ደቒቕ ከም ዝመጠጣ ጸጋይ ካሕሳይ ለሚ ይዝክር። ገለ ካብ ትሕዝቶ ናይ'ቲ ዝተነበ ጽሑፍ ንጠቅስ፤

ኣብዛ ሃገርና፡ ከምቲ ኣብ ካልኦት ሃገራት ዓለም ዚግበር፡ ንሰራሕተኛታት ዋሕስ፡ ዕቑባ፡ ዋልታ፡ ጸግዒ ዚኸውን ሕግን ስርዓትን የልቦን። በዚ ምኽንያት'ዚ፡ ሰራሕተኛታት ደቀባት ጓሳ ከም ዘይብለን ኣባጊዕ ኮይኖም

> ኣብ ለውሃት ሓደው ኣብ ጭካኔ ናይቶም ስራሕ ዚህቡ ሰባት (ማለት ኣሰራሕቲ) ተደርብዮም ይርከቡ ስለ ዘለዉ፡ ኣእምሮ ዘሎዎ ኤርትራዊ ከሰቈርቍር ይኽእል ኣሎ።...
> ናይ ሓደ ኤርትራዊ ሰራሕተኛ ደሞዝ፡ ሓደ ብኣርኣያ ስላሰ እተፈጥረ ኪነብረሉ ዘይኽእል ኣዝዩ ዝወሓደ ኢዩ። ሓደ ኤርትራዊ ሰራሕተኛ፡ ዝኾነ ይኹን ስራሕ ኪደሊ እንከሎ፡ እቶም ውሃብቲ ስራሕ ብዘይ ሕግን ስርዓትን፡ ብዘይ ኣጋባብን ወግዕን ናብ ስራሕ ይቕበሉዎ። ካብ ስራሕ ኬውጽኡዎ እንተ ደለዩ ድማ፡ ብዘይ ሕግን ስርዓትን ኣጋባብን ገፊያም የባርሩዎ። ንሓደ ሰራሕተኛ ኣብ ዓመት ዚግብኦ ጊዜ ዕረፍቲ ንሓደ ኤርትራዊ ሰራሕተኛ ኣይውሃቦን። ንዝኾነ ይኹን ሰራሕተኛ ዝውሃቦን ዝበጽሖን ኣስትሕጋግ ንኤርትራዊ ሰራሕተኛ ኣይውሃቦን። ንዝኾነ ይኹን ሰራሕተኛ ዚውሃብ ናይ ጥዕና ክንክን ንኤርትራዊ ሰራሕተኛ ኣይውሃቦን። ሓደ ሰራሕተኛ ብዘይ ፍቓዱን ብዘይ በደልን ካብ ስራሕ

29. ጸጋይ ካሕሳይ፡ ቃለ መጠይቕ። ከፈላ በራኺ፡ ቃለ መጠይቕ።
30. ሓንቲ ኤርትራ፡ 2ይ ዓመት ቍ. 102፡ 28 ሕዳር 1951።

ክሰናበት ከሎ ካሕሳ ክም ዚቕበል ፍሉጥ ኢዩ። ንሓደ ኤርትራዊ ግና እዚ መሰል እዝውን ተደፊኑዎ ይነብር።

እምበኣርከስ ... ሰራሕተኛታት ደቂ ኤርትራ ንኣእምን ንፍረ ሰራሖምን ዋሕስ ሓደው ዕቑብ፡ ሓደው ጠበቓ ዘኾኖም ሕግን ስርዓትን ከአ ብመንግስቲ ተፈሊጡ ኪረቀሎም ዜድሊ ኮይኑ ስለ ዝተራእየና ኢና ማሕበር ሰራሕተኛታት ደቀባት ከነቕውም መዲብና ዘሎና..."[31]

ነዚ ዝመሰል ንወጽዓን ኣፈታትሓ ሽግራትን ሰራሕተኛታት ዘርኢ ተበግሶ፡ ንኤርትራ ጥራይ ዘይኮነ ነተን ኣዝየን ዝበዝሓ ሃገራት ኣፍሪቃ'ውን ናይ መጀመርታ ኾነ። ምስቲ ጊዜ ደኣ ኣዛሚድካ ክርአ ይግባእ'ምበር፡ ሓደ ካብቲ ዘገርም መዳይ ናይ'ቲ ኣብ እንዳ ዓብደላ ጎናፍር ዝተኻየደ ኣኼባ፡ ሰራሕተኛታት ጥራይ ክንዲ ዘኾኑ፡ ኣብ መንን'ቶም ዕዱማት፡ ዓበይቲ ዓድን ነጋዶን ወነንቲ ትካላት ዘኾኑ ኣስራሕትን ምንባሮም'ዩ። እዚ ኸኣ፡ ዕድመ እቶም ሰራሕተኛታት ካብ 20-25 ዓመት ስለ ዘይሓልፍ፡ እቲ ሓሳባቶም ርዝነትን ተቐባልነትን መታን ክረክብ ኢልካ ዝተገብረ ነበረ።

እቶም ኣብቲ ኣኼባ ዝተረኽቡ ዓበይትን ኣስራሕትን ብወገኖም፡ ብዘይካ ብዛዕባ ጉዳይ ፖለቲካ፡ ብዛዕባ ከምዚ ዝበለ መሰላት ህዝቢ ሓሲቦም ከም ዘይፈልጡን እቶም መንእሰያት ከም ዝተበለጹሎምን ገለጹ። ነቲ ሓሳባት ዝድግፍ ጥዑም ቃላት ድሕሪ ምስማዕ ድማ እቲ ማሕበር ክብገሰሉ ዝኽእል ምቹእ ባይታ መታን ክረክብ፡ ናይ ገንዘብን ካልእ ኣድላዩ ነገራትን ሓገዝ ንኽገብሩ ተመባጽዑ። ሓደ ካብቶም ተጋባእቲ፡ ባዕሎም ከኣ ኣስራሒ ዝነበሩ ፊታውራሪ (ደሓር ደጊያት) ሓረጎት ኣባይ ንእብነት፡ ሽሕ'ኳ እቲ ማሕበር፡ "ውዒሉ ሓዲሩ ምስ ወሃብቲ ስራሕ፡ ማለት ምስኣምን ምስ ከምኦም ዝበሉ ሰባትን ክከራኸርን ክማጐትን ዘሎዎ ማሕበር ክኸውን ዝኽእል ምኳኑ ኣደልዲሎም ዘስተውዕሉዎ ነገር እንተ ኾነ፡ ሓንትስ ኣሕዋቶምን ደቂ ዓዶምን ዝጥቀሙሉ ደኣ ይኹን እምበር፡ ብምሉእ ልቦምን ሓይሎምን ኪድግፉዎ ኣተሰፈዉ።" ክብል ጸብጻብ ናይቲ ኣኼባ ገለጸ።[32]

ማሕበር ስምረት ሰራሕተኛታት ኤርትራ - ማሰሰኤ - እምበኣር በዚ ዝተገልጸ ኣገባብ'ዩ ናብ ምምስራት ገጹ ኣምሪሑ። ዘገምታዊ ኣመዓባብላኡ ኣብ ዝስዕብ ምዕራፋት በብደረጅኡ'ኳ ክግለጽ እንተ ኾነ፡ ኣብ ማሕበራዊ ህይወትን ፖለቲካዊ ንቕሓትን ህዝቢ ኤርትራ ሓደ ሓዲሽ መገዲ ከም ዝኸፈተ ምግንዛብ ኣየጸግምን። ንዓሚቑ ኣገዳስነት ናይቲ ሓሳብ ኣመልኪቱ ሓደ ተዓዛቢ፡ ነዚ ዝስዕብ ምዕዶ ኣብ ሓንቲ ኤርትራ ለገሰ፤

31. ሓንቲ ኤርትራ፡ 2ይ ዓመት፡ ቊ. 103፡ 5 ታሕሳስ 1951።
32. ሓንቲ ኤርትራ፡ 2ይ ዓመት፡ ቊ. 103። ካልኦት ዘረባ ዘስምዑ፡ ብላታ ደምሳስ ወልደሚካኤል፡ ፊተውራሪ ሓድጉ ጊላጋብር (ደሓር ደጃዝማች)፡ ተድላ ባይሩ፡ ሓጂ ሱሌማን ኣሕመድ፡ ኣድም ቁሰመላህ፡ ተወልደ ተድላ፡ ጸጋይ ተፈሪ ... ይዝከሩ።

ክሳብ ሎሚ፡ ንሰራሕተኛታት ኤርትራውያን ግዲ ዘገብረሎም ሰብ ወይስ ወገን ሓደ'ኳ ኣይነበረን። ካብ ሎሚ ንንየው ግና፡ ናይ ብዙሓት ኣዒንትን ቀልብን ናብ ሰራሕተኛታት፡ ናብዛ ሎሚ እግሪ እትተክል ዘላ ማሕበር ኣቢሉ ኸም ዚሓስብ እተረጋገጸ ኢዩ። ግናኸ እተን ናብዛ ማሕበር እዚኣ ኣቢለን ዚጥምታ ኣዒንቲ፡ እተን ጽቡቕ ዚምነያ ኣዒንቲ ጥራይ ኣይኮናን'ሞ፡ ሰራሕተኛታት ኤርትራውያን፡ ኣውራ ኣውራ ድማ እዞም ነዚ ምንቅስቓስ እዚ ጀመርትን መራሕትን ኮይኖም ዘሎዉ ሰባትስ ኣጸቢቖም ኪጥንቀቑ ይግብኦም።[33]

እቲ ኣኼባ ከይተበተነ እንከሎ፡ ሓደ ከም ኣካያዲ ዝኾውን ሽማግለ ካብኦም ተጋባእቲ ንኽቐውም እቶም ሰራሕተኛታት ሓተቱ። እቶም ዓበይቲ፡ እቲ ማሕበር ናይ ሰራሕተኛታት ስለ ዝኾነ፡ ብሰራሕተኛ ጥራይ ክካየድ እምበር ካልኦት ክሕወሱዎ ከም ዘይግባእ ደጋጊሞም ከም ዘመልከቱ፡ ጸጋይ ካሕሳይ ሓቢሩ። እዚ ድማ፡ እቲ ማሕበር በቲ ዝጸንሐ ፖለቲካዊ ህልኽ ንኸይመቓቐል ካብ ምሕላይ ነበረ።

እዚ ሰጋእታ'ዚ ተዘትዩሉ ቅቡል ኮይኑ ምስ ተረኽበ፡ ሓንቲ 10 ዝኣባላታ ኣካያዲትን ሓንቲ ኻልእ ሸሞንተ ዝኣባላታ ኣማኻሪትን ሽማግለታት ካብቲ ኣኼባ ንኽምረጹ ተወሰነ። ብኡ መሰረት ድማ እቶም ኣባላት ናይ'ተን ሽማግለ ተመርጹ።[34] ከምዚ ኢሉ፡ ሰረታት ናይታ ቐዳመይቲ ማሕበር ሰራሕተኛታት ኤርትራውያን ቈመ። ካብ ኣካየድቲ ሽማግለ ሓደ፡ ሓጂ ኣሕመድ ባሰዓድ ኣብ ከባቢ'ዚ ሕጂ መዐደል በንዚና ዕቑብ ሃይለ ዘሎዎ ሪጋታት ሓንቲ ንቤት ጽሕፈት እትኸውን ገዛ ምስ ሃቡዎም ድማ፡ እቶም ሰራሕተኛታት ቀልጢፎም ናብ ምውዳብ እቲ ማሕበር ኣተዉ።

33. ሓንቲ ኤርትራ፡ 2ይ ዓመት፡ ቍ. 103።

34. ኣባላት ናይታ ሽማግለ ኣማኸርቲ እዞም ዝስዕቡ ነበሩ፡- ተድላ ባይሩ፡ ዓብደላ ጎናፍር፡ ሓረጎት ኣባይ፡ ሓጂ ሱሌማን ኣሕመድ፡ ኣደም ቁስመላህ፡ ተወልደ ተድላ (ጠበቓ)፡ ሓጂ ኣሕመድ ባሰዓድ፡ ወልደኣብ ወልደማርያም። ኣባላት ኣካያዲት ሽማግለ ድማ፡ ጸጋይ ካሕሳይ፡ ከፈላ በራኺ፡ ተስፋይ ዘርኣክርስቶስ፡ ይሕደጎ ለማ፡ መሓመድ ዓብደልቓድር ኪያር፡ ተኪኦ እልፊ፡ ኢብራሂም ማሕሙድ፡ ዓብደልራሕማን ዘይኑ፡ ኣሕመድ ሰዓድ ሳልሕ፡ ኣሕመድ ኣድም።

ምዕራፍ 5

ምቛም ባይቶን ምጽዳቕ ሕገ መንግስትን

ምርጫ ባይቶ ኣብ ውሽጢ ትጽቢትን ስክፍታን

ኣቐዲሙ ከም ዝተራእየ፡ ብ.ም.ኤ. ንኹሉ እቲ ቕድሚ ምቛም ፌደረሽን ክሳልጦ ዝግብኦ ዝነበረ ነገራት ምስ ምቛም ባይቶ እናኣተኣሳሰረ ይውንዝፎ ነይሩ ኢዩ። ከምዚ ብምግባሩ ኸኣ ህዝቢ ይኹን ናይ ፖለቲካ መራሕቲ ኣብ'ቲ ዝቐውም ባይቶ ሓደ ሃንቀውታ ከም ዘሕድሩ ገበረ።

ሓደ ኻብቶም ኣብ ምቛም ባይቶ ክንድ'ቲ ሃንቀውታ ዘየሕደሩ መራሕቲ ግን፡ ዋና ጸሓፊ ደ.ሰ.ኤ. ሸኽ ኢብራሂም ሱልጣን ነበሩ። ንሶም፡ ኪኖ እቲ ፍጻመ'ቲ ብምኻድ፡ መንግስቲ ኢትዮጵያ ካብ ሽዑ ጀሚራ ፌደረሽን ክፈርስሉ ዝኽእል መገዲ ናብ ምንዳይ ትቋመት ከም ዝነበረት'ዮም ዘስተብህሉን ዝዛረቡን ዝነበሩ። ኣብ ሕዳር 1951፡ ቀንስል ሕ.መ. ኣመሪካ ምስ ዝነበረ ኤድዋርድ ማልከዚ ኣብ ዝገበሩዎ ርክብ፡ ነዚ ስክፍታኦም'ዚ ገለጹሉ። ደሞክራሰያዊት ኤርትራ ብዲክታቶራዊት ኢትዮጵያ እናተጐብጠት፡ ሕቡራት ሃገራትን ሕ.መ. ኣመሪካን ተዛንዮም ንኸይዕዘቡ ኸኣ ተማሕጸኑ።

ማልከዚ ብወገኑ፡ ሽሕ'ኳ ኢትዮጵያ ኣብቲ ፌደራል ኣቃውማ ዝሓየለ ቦታ ንምሓዝ ምቅላሳ ከም ዘይተርፋ እንተ ተኣመነ፡ ኩሉ ካብኡ ዝነቅል ዘይምርድዳእ ኣብ ባይቶ ኤርትራ ክፍታሕ'ዩ ዝብል ትጽቢት ከም ዝነበሮ ከረድእ ፈተነ። ኢብራሂም ግን፡ ብዛዕባ ሓሳባትን ዕላማን ኢትዮጵያ ቕሱን ኣይነበሩን። ኣብቲ እዋን'ቲ፡ ሰበ ስልጣን ኢትዮጵያ፡ ሙብዛሕቶም ምክትላት ሚኒስተር ናይ ዝተፈላለያ ሚኒስትሪታት፡ ናብ ኤርትራ ይመላለሱ ነይሮም'ዮም። እዚ፡ ኣብ ህዝቢ ጥርጣረታት ክፈጥር ግድነት ኮነ። ብተወሳኺ፡ መንእሰያት ሕብረትን ኣልራቢጣን እናተራኸቡ፡ (ንኣብነት ኣብ ባይቶ ሰላም መንእሰያት ኤርትራ) ምርድዳኣምን ምምይያጦምን ንኢትዮጵያን ንሕብረትን ባህ ዘብል ኣይነበረን። ብዙሓት ሰዓብቲ ሕብረት እውን ነቲ ማሕበር እናገደፉ ተጣበቕቲ ፌደረሽን ናብ ምዃን የዘንብሉ ነይሮም'ዮም። እዚ ኹሉ ካብ ኣስተብህሎ መንግስቲ ኢትዮጵያ ስለ ዘይወጸ፡ ኣንጻሩ ምግጣማ ንማልከዚ ኣተንበሁሉ። ማዕረ ንጉዳይ ኤርትራ ከም ሓዲሽ ናብ ሕቡራት ሃገራት ንምቕራብ ናብ ፓሪስ ክነቕሉ ሓሲቦም ከም ዝነበሩ፡ ግን ብጾቕጢ ብ.ም.ኤ.፡ ብፍላይ ከኣ ብሪጋደር ፍራንክ ስታፎርድ፡

ከም ዝገደፉዎ፡ ይኹን እምበር ብዕድመ ናይ ፓኪስታን እስላማዊ ሊግ ንካራቺ ክኸዱ ምውሳኖም ሓበሩዎ።

ማልከሂ ንስክፍታን መደባትን ኢብራሂም ኣይደገፎን። ብፍላይ ምስ ፓኪስታን ርክብ ምፍጣር ማለት፡ ኣንጻር ኢትዮጵያ ዝቐንዐ ፖለቲካዊ ሓገዝ ምሕታት ስለ ዝመስሎ ተቓወሞ። እቲ ብማቲየንሶ ዝቐርብ ንድፌ ቅዋም ኣብ ባይቶ ኤርትራ ብብዝሒ ድምጺ ክጸድቕ ወይ ክንጸግ ስለ ዝተመደበ ኸኣ፡ ኣድህብኦምን ተሰፋኦምን ኣብኡ ንኸንብሩ መዓዶም።

ኢብራሂም ግን ኣብ ብዙሕ ሕቶታት፡ ብፍላይ ድማ ኣብቲ ወካሊ ንጉሰ ነገስት ኣብ ኤርትራ ይሃሉዶ ኣይሃሉ ዝብል ሕቶ፡ እቲ ዝቐውም ባይቶ ኣብ መዋጥር ክኣቱ ኢዩ ዝብል እምነት'ዩ ዝነበሮም። ካብዚ ሓሊፎም፡ ፌደራል መንግስትን መንግስቲ ኢትዮጵያን ሓደ ኣካል ከም ዝኸውን ምግባር ንውሽጣዊ ናጽነት ኤርትራ ከም ምፍራስ ስለ ዝቖጽር፡ ካብ መንግስቲ ኢትዮጵያ ወጻኢ ዝኾነ ሓዲሽ ቤት ጽሕፈት ጉዳያት ወጻኢ፡ ሓዲሽ ሰራዊት፡ ሓዲሽ ኣገልግሎት ጉምሩክ... ወዘተ. ክምስረት ከም ዝጠልቡ ንማልከሂ ሓበሩዎ። ንሱ፡ ነዚ ዝመስል ሓዲሽ ስርዓት ምምስራት ከቢድ ገንዘባዊ ወጻኢ ስለ ዝሓትት፡ ኤርትራ ኸኣ ከም መሻርኽቲ ሃገር ፍርቂ'ቲ ወጻኢ ክትሸፍን ስለ እትግደድ፡ ንዕኡ ዝኸውን ዓቕሚ ከም ዘይህልዋ ገለጸሎም። ቀጺሉ'ውን፡ ኣብ ኤርትራ ናብ ውጹእ ጽልኢ ናይ ፖሊሲታት ኣምሓራ ዘምርሕ ብርቱዕ ስምዒት ከም ዝነበረ ንኣሕሉቑ ሓበረ።[1]

ወርሒ ኣብ ዘይኣኸለ ጊዜ፡ ኢብራሂምን ማልከሂን መሊሶም ተራኸቡ። ኣብ መንጎ'ዚ ጊዜ'ዚ፡ ደ.ሰ.ኤ. ሓደ መዘክር ናብ ማቲየንሶ ብምልኣኽ፡ ወኪል ንጉሰ ነገስት ኣብ ኤርትራ ከም ዘይቅበል፡ መንግስቲ ኢትዮጵያን መንግስቲ ፌደራልን ሓደ ኣካል ይኹኑ ንዝብል ሓሳብ ከም ዝነጽግ፡ ኤርትራ ድማ ናይ ገዛእ ርእሳ ባንዴራ ንኽህልዋ ከም ዝጣበቕ ኣፍሊጡ ነይሩ ኢዩ።[2]

ማልከሂ፡ እዚ ዝመስል ድሩቕ መርገጺ ንማቲየንሶ ከሰናብድን ነቲ ሒዙዎ ዝነበረ መስርሕ ክዕንቅፍን እንተ ዘይኮይኑ ካልእ ፋይዳ ክህሉዎ ስለ ዘይክእል፡ ብስለት ዝጐደሎ ኣቀራርባ ኾይኑ ከም ዝተራእዮ ንኢብራሂም ገለጸሎም። ንሶም ግን ንኹሉ እቲ ነጥብታት ዝድግፍ ምጉቶም ኣቕረቡሉ። ህዝቢ ኤርትራ፡ ትሕቲ ዝተማልአ ውሽጣዊ ናጽነት፡ ዝኾነ ጉደሎ መሰላት ክቕበል ከም ዘይክእል፡ ኣብ'ዚ ድማ ናይ መላእ ህዝቢ ደገፍ ከም ዝነበሮም ደጋጊሞም ኣዘኻኸሩ። ንኑብሶም ኣመልኪቶም ድማ፡ ናይ ስልጣን ህርፋን ከም ዘይነበሮም፡ በንጻሩ'ኳ ደኣ፡ ራእሲ ተሰማ ኣስመሮም ወይ ወዶም ደጊያት ኣብርሃ መራሒ መንግስቲ ኤርትራ ንኽኾኑ ከም ዝድግፉ ኣብረሁሉ። ማልከሂ፡ ብዛዕባ ኢብራሂም ንዝነበሮ ትዕዝብቲ በዚ ዝስዕብ ገለጸ፤

1. Mulcahy to State Department, 777. 00/ 11-851, November 8, 1951.
2. ገጽ 38 ናይ'ዚ ጽሑፍ'ዚ ተወከሱ።

> ብዛዕባ ኣተሓሳስባ ኢብራሂም ሱልጣን ሓዲሽ ለውጢ ኣሎ ኢልካ ክንገር ኣይክኣልን። ግን... ኣእምሮኡ ቀስ ብቐስ እናሰጐመ፡ ዝዓበየ ኣምራት እናተቐበለ ይኸይድ ኣሎ። ብርእይቶይ፡ ኣብ ዝበዝሕ ነጥብታት ርትዓዊ ክኸውን'ዩ። እዚ ግን፡ ኣብ ኣቀራርባ ናይቶም ተጻረርቱ ዝኾኑ ሕብረትን ብድሕሪኦም ደው ዝበለት መንግስቲ ኢትዮጵያን ክምርኰስ እዩ። ኣድላዪ ምስ ዝኸውን፡ ድርቕ ኩብልን (stubborn ክኸውን) ኣብ እስላማዊ ዓንኬላት ንዘለዎ ስልጣንን ኩብርን ንኽሕሉ ድማ ኣብ ዝብጻሕ ክበጽሕን ይኽእል'ዩ።[3]

ናይ ኢብራሂም ሱልጣን ስክፍታን ዕቃበታትን ብደ.ሰ.ኤ.ን ጋዜጣ *ሓንቲ ኤርትራን* ተቓልሐ። ኣቐዲምና፡ እቲ ብዑ.ም.ኤ. ዝወጸ ኣዋጅ ምርጫ ቍ. 121 ተሪር ተቓውሞ ደ.ሰ.ኤ. ከም ዘንነፎ'ውን ጠቒስና ኔርና።[4] ሕጂ'ውን ደ.ሰ.ኤ. ነቲ ኣዋጅ በደቂቕ እናመርመረ፡ ህዝቢ ኣብ ምርጫ ወከልቱ ኣዝዩ ጥንቁቕ ንክኸውን መዓደን ኣጠንቀቐን። እቲ ቐንዲ ንኢብራሂም ሱልጣንን ንደ.ሰ.ኤ. ብሓበራን ዘሰከፎም፡ ኣዋጅ 121 ክንዲ ፖለቲካዊ ማሕበራት ዘካይድኦን ዝወዳደራሉን ምርጫ ዝእውጅ፡ ህዝቢ ኣብ ቀቀቢላኡን ወረዳታቱን ንኽመርጽ ስለ ዘገደደ ነበረ። እዚ ድማ፡ እቲ እናሰስነ ይኸይድ ኣሎ ዝብሉዎ ዝነበሩ ሓድነት ህዝቢ ኣብ ትሕቲ መሪሕነት ደ.ሰ.ኤ.፡ ክበታተን'ዩ ካብ ዝብል ስግኣት ከም ዝመጸ ኣየጠራጥርን።

ሕብረት ነዚ ናይ ኢብራሂም መርገጺ ብምረት ተቓወሙዎ። ከም መጠን መራሒ ኣልራቢጣ ኣልእስላሚያ፡ ናይ ኢብራሂም ሓሳባት ናብ ሃይማኖታዊ ፍልልይን ግጭትን ክምርሕ'ዩ ዝብል ምጕት ብምልዓል ድማ፡ ብመገዲ ኣፈኛኦም፡ ጉብረዮሃንስ ተስፋማርያም ኣቢሎም ከምዚ ብምባል ነቐፉ፡

> ... "ተለም እንተ ጸላእኩስ ጋሕጠጥ" ከም ዝብሃል፡ ሕዝቢ ኤርትራ ብሃይማኖትስ ይትረፍ፡ ማሕበራት "ፖለቲካ" ስለ ዘባኣሳናን ዝፈላለያናን፡ ጉዳይ ሃገርና ብሕዝቢ እምበር ብማሕበራት ከይግበር ኢሉ ደገ ይጸንዕን ብኡ ድማ ይግበረሉን፡ ሎሚ ግን በዓል ኣቶ ኢብራሂም ብዘይውጻእ ዓቕብን ብዘይውረድ ቁልቁልን ጉዳይ ሃገርና ብሃይማኖት ኪግበር ኢሎም እንተሰበኹን ኣረድኡን ብሓቂ ናይ ሓዘን ሓዘን ኢዩ።[5]

ብ.ም.ኤ.፡ ብኽልቲኡ ወገን ዝተባህለ እንተ ተባህለ ነቲ ሓንሳብ ዝሓንጸጸ ሕጊ ከም ዘይቅይሮ እናበርሀ ምስ ከደ፡ ምስ ምቕራብ ዕለት ምርጫ፡ እቲ ኽትዕ ናብ ኣገባብ ምርጫን ክምረጹ ዘሎዎም ዓይነታት ወከልትን ዘዘወ። ነዚ ኣመልኪታ፡ ሓንቲ ኤርትራ ነዚ ዝስዕብ በለት፡

> ... እዚ ኤርትራዊ መንግስቲ፡ መንግስትኻ፡ ዝኾነ ይኹን ግዳማዊ ስልጣን ከይኣዘዞ፡ ፍቓዱ ኣብ ልዕሌኻ ኸምልኽ እውን ከይሃቅነ፡ ንስኻ ባዕልኻን ኣሕዋትካን መሪጽኩም ክተቖምዎን ክተመሓዳድሩዎን ከም ዘሎኩም ፍለጥ።

3. Mulcahy to State Department, 777.00 / 12-651, December 6, 1951.
4. ሓንቲ ኤርትራ፡ 3ይ ዓመት ቍ. 111፡ 30 ጥሪ 1952 ርአ።
5. ኢትዮጵያ፡ 5ይ ዓመት፡ ቍ. 277፡ 26 ለካቲት 1952።

> ንስኻን ኣሕዋትካን ካልኦት ናብ ዝደለዩዎን ናብ ዘቃንዑዎን ዚኸይድ ማይ-መስኖ ኣይኮንኩምን።
>
> ... ናይ ዝኾነ ይኹን ኣብዛ ሃገርካ ዚርከብ ኰነታት ጉይታን መራሕን ድኣ ኹን እምበር ዝኾነ ይኹን ሰብ ኣይብለጸልካ።
>
> ንቤትካ ባዕልኻ ክትሰርሓ፡ ንሓዳርካ ድማ ባዕልኻ ኹተናብሮ ከም ዘሎካን ከም ዚግብኣካን ፍለጥ። ብጆካ ግዛዕ ሰብ ኣይግዛእን! ክንገዝኣካ፡ ከነገልግለካ፡ ክንለኣኽካ፡ ክንሕግዘካ፡ ክንድግፈካ... ወዘተ፡ ዚብለካ ሰብ እንተረኺብካ፡ ግዛዕ ደልዩ እዩ'ምበር ናይ እኖ ፍቕሪ ሓዲሩዎ ኣይኮነን'ሞ፡ ንቤትካ ካልኦት ኪሰርሑዎ፡ ንሓዳርካ'ውን ካልኦት ኬማሓድሩዎ ኢልካ ኣይትጸበ።
>
> በዚ ምኽንያት እዚ፡ እቶም ጽባሕ እትመርጾም ልኡኻትካስ ደስታን ሓርነትን ዚህቡኻ፡ ብገንዘብ ወይስ ብሸመት ወይ ከኣ ብኻልእ ምኽንያት ዘይጥበሩን ዘይታለሉን ሰባት ኪኾኑ ኸም ዚግብኦም ኣጸቢቕካ ፍለጥ።[6]

ጋዜጣ ኢትዮጵያ እውን ብናቱ መገድን ብናቱ ቓላትን ምሕጽንታኡ ኣቕረበ። "ፍቁር ሕዝቢ ሃገርና" ኢሉ ብምጅማር ድማ ከምዚ በለ፤

> ንስኻን ንሕናን ፍረ እቲ ዝደኸምናሉ ስራሕ ኣብ እንእክበሉ ግዜ እንሆ በጺሕና። ... "ምረጽ" ኪብሉኻ ከሎዉ ካብኡ ዚዓቢ ነጻነት የልቦን። ... ከም ልምዲ ኣቦታትካ ክትመርጽ ስልጣን ተዋሂቡካ ኣሎ። ንክርስትያን ንእስላም፡ ንቀይሕ ንጸሊም፡ ንጕይታ ንድኻ ከይበልካ፡ ንኩሉ ኣተኻኺሉ ዜፍቅርን ዜገልግልን ሓቀኛ ዳኛ ምረጽ።
>
> ዕድል ሃገርና ካብ ዚምደብ፡ ፖለቲካ ባዕዳን ተጸጊያም፡ ኣብ መንጎ ተወላዶ ኤርትራ ፍቕርን ስምምዕን ከይርከብ፡ ምፍልላይ ሃይማኖት፡ ምፍልላይ ኣውራጃን ዓሌትን እናሰበኹ፡ ክሳብ ሎሚ ምእንቲ ጠቕሚ ርእሶም ጥራይ ዚሰርሑ ሰባት ከም ዘለዉ ትፈልጥ ኢኻ። እዞም ሰባት እዚኦም ተመሊስና ተለዊጥና እንተበሉኻ'ውን፡ ዚኣክል መረድኢ የብልካን እሞ፡ ንግዜኡ ዘረባኦም ጥራይ ተቐቢልካ ምእንቲ ከይትታለል ምጥንቃቕ መዘኻ ኢዩ። ብዝሓለፈ ስራሖም ተጣዒሶም፡ ንቕድሚት ንጠቕሚ ሃገርና ከም ዚሰርሑ ብቑዕ መተኣማመኒ እንተ ኣርኣዩኻ ግና፡ ኣብ ዝሓለፈ ጊዜ ብዝሰርሑዎ በደል ቂምታ ኣይትሓዘሎም። ... ንዘይትኣምኖ ሰብ ክትመርጽ ግዴታ የብልካን። ምትሕግጋዝ፡ ምጽውዋር፡ ምዝኽኻር ሎሚ ካብ ኩሉ ዝበለጸ ስለ ዘድልየና፡ ሓደ ቤተ ሰብ ኴንና፡ ብሓቂ ንሃገርና ኣገልግሎት፡ ኣብ ወጻኢ ኮነ ኣብ ውሽጢ ዝተዳለና ምዃንና ከነርኢ እንኽእለሉ ዓብይ ናይ ፈተና ግዜ ሕጂ ምዃኑ ኣይንዘንግዕ። ልዕሊ ኵሉ፡ ዜፍቅሩናን ዚሓስቡልናን ንጉስ ነገስትና ግርማዊ ቀዳማዊ ሃይለ ስላሴ፡ "ንነፍቅሮን እንሓስበሉን ሕዝቢ ኤርትራ ዕድሉ ኣብ ኢዱ ኣጨቢጥናዮ ኣሎና" ኢሎም ኢዮም።[7]

እቲ ብዓይነቱ ቀዳማይ ዝኾነ ምርጫ ንባይቶ እምበኣር ኣብ ትሕቲ ነዚ ዝመስል ፖለቲካዊ ምጥምማት ተኻየደ። ነቲ ምርጫ ሓደ ብሓደ ምምርማሩ፡

6. ሓንቲ ኤርትራ፡ 3ይ ዓመት ቍ. 113፡ 13 ለካቲት 1952።
7. ኢትዮጵያ፡ 5ይ ዓመት፡ ቍ 279፡ 9 መጋቢት 1952።

ኣብ ኤርትራ ብዙሓ ትምህርቲ ዘቕሰም ተመኩሮን ትንታነን ከም ዝርከቦ ኣየጠራጥርን። ነዚ ንኻልኦት ኣጽናዕቲ ገዲፍና፡ መታን ኣንፈት ክንረኽበሉ ግን ንሓንቲ ሓበሬታ ዝረኸብናላ፡ ማለት ኣገባብ ምርጫ ኣብ ውሽጢ መንሳዕን ቤት ጁክን ንመልከት። እቲ ብ.ም.ኤ. ዝመረጾ ኣብ ቀቢላውን ኣውራጃውን ሃይማኖታውን ኣቃውማ ህዝቢ ዝተመርኰሰ ምርጫ ብኸመይ ከም ዝተኻየደ ኣመት ንኽህብ'ዩ ድማ እዚ ኣብነት'ዚ ቐሪቡ ዘሎ።

መንሳዕ ቤት ኣብርሀን ቤት ሻሕቃንን ምስ ቤት ጁክ ኣብ ሓደ ዞባ ተጠርኒፎም ብሓደ ሰብ ኣብ ባይቶ ንኽውከሉ እቲ ሕጊ ወሰነ። ነፍሲ ወከፍ ቀቢላ ሰለሰተ ዝውክሉዋ ሸማግለታት መረጸት። በዚ ድማ፡ ሸዱሸተ ካብ መንሳዕ፡ ሰለስተ ድማ ካብ ቤት ጁክ ተመርጹ። መንሰዓይዶ ቤት ጁካይ ይወከል ኣብ ዝብል ሕቶ ሰምምዕ ምስ ተሳእነ፡ ሸዱሸተ ወከልቲ መንሳዕ ንበይኖም ተኣኪቦም ተዘራሪቦን መንሰዓይ ንኽመርጹ ተሰማምዑን። እዚኣቶም ብወገኖም፡ ኣብ ክልተ ትግረን ኣርባዕተ ሸማግለን (መሳፍንቲ) ዝተመቕሉ ስለ ዝነበሩ፡ ትግረዶ ይመረጽ ሸማግለ ኣብ ዝብል ተገምዑ። ሸማግለ ብድምጺ ዓብሊሎም፡ እቲ ንመንሳዕ ወኪሉ ኣብ ባይቶ ዝኣቱ ሰብ ካብኦም ንክኸውን'ኳ እንተ ወሰኑ፡ እቲ ሰብ ቡቶም ክልተ ትግረ ንኽርቋሕ ፈቐዱ። ኣብዚ፡ ሕድገት ገይሮም ማለት'ዩ።

እቶም ክልተ ትግረ፡ ሕሴን ካፍል መሰመር ንዝተባህለ፡ ካብታ ኣብ ትሕቲኣ ዝግዝኡ ትግረ ዘይነበሩዋ ቐቢላ ቤት ኣበዛ ዝመጸ ዜጋ ረቑሑ። በዚ ኣገባብ'ዚ ሕሴን ካፍል ተመርጸ። ክሳብ ምፍራስ ፈደረሽን ካብ ቀንዲ ደገፍቲ ሕብረት ምስ ኢትዮጵያ ብምዃን ድማ ነቲ ናይ ባይቶ ቦታ ሓዘ።[8]

እቲ ሕገ መንግስቲ ኤርትራ ንኸጽድቕ ዝተመዘዘ ባይቶ፡ በዝን ንዕኡ ብዝመስልን ኣገባብ'ዩ ዝተመርጸ። ምስቲ ድሕሪኡ፡ ማለት ኣብ 1956 ከምኡ'ውን ኣብ 1960 ዝሰዓበ ክልተ ምርጫታት ምስ ዝነጻጸር፡ እዚ ናይ ፈለማ ዝሕሸሉ መዳያት ነይሩ ዝብሉ ኣይተሳእኑን። ኣብ ኣስመራ ጥራይ፡ ን37 መናብር 18 ሕጹያት ተመዝገቡ፤ ኣብ ባጽዕ ድማ፡ ንኽልተ መናብር 4 ሕጹያት። ክሳብ ኣጋ መወዳእታ ለካቲት 1952፡ ኣብ ኣስመራ ጥራይ 11,760 ኣድመጽቲ ተመዝገቡ።[9] ከም ዝዘከር፡ መረጽቲ ይኹኑ ተመረጽቲ ዕድመ ዘፍቅደሎም ደቂ ተባዕትዮ ጥራይ ስለ ዝነበሩ፡ እዚ ዝተጠቕሰ ዝርዝራት ስም ደቀንስትዮ ኣይሓወሰን።

እቲ ምርጫ ባዕሉ ብሰላም ከም ዝተኻየደ ኢዩ ዝሕበር። ብ26 መጋቢት 1952 ምርጫ ምስ ተወድአ፡ 66 ሕጹያት ከም ዝተመርጹ፡ እዚኣቶም ድማ 34 ክርስትያን፡ 32 ድማ ኣስላም ከም ዝኾኑ ተነግረ። ኣብ ኩሉ ወረዳታት ምርጫ (electoral districts) እቲ ውጽኢት ብኣጋ ክፍለጥ እንከሎ፡ ኣብ ክልተ ጥራይ፡ ማለት ኣብ ቀቢላ ርግባትን ኣብቶም ብሓደ ዝተጠርነፉ ቐቢላታት ቤት ማዕላ፡ ዓድ ያዕቆብን ናታብን፡ ሕጹያት ማዕረ ነጥቢ ስለ ዝረኸቡ፡ እቲ ምርጫ

8. ባህላዊ ኩነታት ኣብ ገለብ፡ ጨንፈር ምርምር፡ ክፍሊ ፖለቲካዊ ምንቅቓሕ፡

9. ሓንቲ ኤርትራ፡ 3ይ ዓመት ቊ. 114፡ 20 ለካቲት 1952። ኢትዮጵያ፡ 5ይ ዓመት፡ ቊ. 29፡ 9 መጋቢት 1952፡ ነቲ ቑጽሪ ብ10790 ገሚታቶ።

ኣብ ወርሒ ግንቦት ዳግም ንኽካየድ ተወንዚፉ። [10]ቍጽሪ ምሩጻት ኣስላም 32 ጥራይ ዝኾነ'ውን እዞም ዝተባህሉ ክልተ ንጊዜኡ ባይቶ ስለ ዘይኣተዉ ነበረ።

ኩሉ ምርጫ ምስ ተወድአ፡ ካብ 68 ወከልቲ ህዝቢ፡ 32 ኣባላት ማሕበር ሕብረት፤ 21 ናይ ደ.ሰ.ኤ. 15 ድማ ናይ ኣል ራቢጣ ኣል እስላሚያ - ምዕራባዊ ቆላ (ወይ ተቐሲም) ተመርጹ። እቲ ምርጫ ባዕሉ ነተን ፖለቲካዊ ማሕበራት ስለ ዘየወዳደረ፡ ብኣንጻሩ ውድድር ቀቢላታትን ወረዳታትን ስለ ዝነበረ፡ ነቲ ሓቀኛ ፖለቲካዊ ምርጫ ህዝቢ ከንጸባርቕ ኣይከኣለን። ብ.ም.ኤ. ባዕሉ፡ እቶም ዝተመርጹ ፍርቂ ኣስላም ፍርቂ ድማ ክርስትያን ምንባሮም ከም ዓቢ ዓወት ቈጸሮ። "ኩሉ ነገር ኣብ ግምት ምስ ዝኣቱ፡" ኸአ በለ ኣብ ጸብጻቡ፡ "እዚ እቲ ዝበለጸ ውጽኢት'ዩ። ምኽንያቱ ድማ፡ ህዝቢ ኤርትራ ፍርቁ ኣስላም ፍርቁ ድማ ክርስትያን ስለ ዝኾነን ብሪጣንያዊ ምምሕዳር ድማ፡ ኣብ ኩሉ መዳያት፡ ነዚ ርትዓዊ ሚዛን'ዚ ክሕሉ ስለ ዝጸዓተን'ዩ።"[11]

ካብዚ እንርድኦ እንተልዩ፡ ብ.ም.ኤ. እቲ ምርጫ ከምቲ ዝተፈጸሞ ንኽኸውን ኮነ ኢሉ ከም ዝወደቦ ኢዩ። ገለ ጸሓፍቲ፡ ንኣብነት ተኸስተ ነጋሽ ዝተባህለ ብዛዕባ ጉዳያት ኤርትራ ዝመራመር ጸሓፊ፡ ኣስላም ነስላም፡ ክርስትያን ድማ ንክርስትያን ከም ዝመረጹ ገሊጹ ኣሎ። እቲ ናይ ምርጫ ወረዳታት ግን ብዘይካ ንኽምኡ ዝመስል ውጽኢት ንኻልእ ዝዕድም ወይ ዕድል ዝህብ ኣይነበረን። ብሓደ ወገን፡ ብዙሕነት ህዝቢ ኤርትራ ኣብ ባይቶ ኽንጸባረቕ ኣድላይን ቅኑዕን ስለ ዝነበረ፡ እቲ ናይ ምርጫ ወረዳታት ነዚ ብዘንጸባርቕ ኣገባብ ክውደብ ኣይጽላእን። እቶም ተመረጽቲ ግን ኣብ ክንዲ ከም ውልቀ- ሰባት ብደቂ ዓዶም ወይ ብደገፍቶም ዝርቍሑ፡ በተን ማሕበራት ተሓርዮም ክቐርቡ ኢዩ ዝግባእ ዝነበረ። እዚ ስለ ዝተኸልከለ፡ ህዝቢ ኤርትራ ካብ ሓደ ዴሞክራስያዊ ናይ ምርጫ ዕድልን ተመኩሮን ከም ዝተኸልፈ ክንቈጽሮ ንኽእል።

ብ.ም.ኤ. ኣብ ጸብጻቡ፡ እቲ ምርጫ'ኳ ውድድር ናይቲ ፖለቲካዊ መስመራት እንተ ዘይነበረ፡ "ንባዶነት ናይተን ንነዊሕ እዋን ዓው ዓው ክብላ ዝጸንሓን ጠገለ ዘይብለንን ፖለቲካዊ ሰልፍታት ኢና በሃልቲ ኣቃሊዑ ኣሎ፡" ኢሉ ነቲ ዝመረጾ ኣገባብ ምርጫ ወደሰ። ካብዚ ብምቕጻል፡ "ብውሑዱ ሓደ ነኑብሱ ከም መራሒ ዘቕርብ ሰብ፡ ኣብ'ቲ ምርጫ ብዘሕፍር ኮነታት ተሳዒሩ" ክብል'ውን ጸሓፈ።[12]

ሓደ ካብቲ ብዙሕ ዘዛረበ መዳይ ናይቲ ምርጫ፡ ኢብራሂም ሱልጣን ኣብ ገዛእ ቀቢላኡም ርግባት፡ ምስ ሓደ መሓመድ ሰዒድ ፈጊ ዓሊ ዝተባህሉ ተወዳዳሪ ማዕረ ምውጽኦምን፡ ኣቶ ወልደኣብ ወልደማርያም ድማ ኣብ ሹቕ ብኣዝዩ ትሑት ድምጺ፡ ማለት ብ135 ጥራይ፡ ምውዳቖምን ነበረ። [13]ኢብራሂም፡ ጸኒሑ ኣብ

10. UK Report, par. 164 – 170, p. 39.
11. UK Report, par. 167, p. 29.
12. UK Report, par. 170, p. 29.
13. ሰ.ጋ. 10ይ ዓመት፡ ቍ. 499፡ 27 መጋቢት 1952። ኣብዚ ናይ ምርጫ ወረዳ'ዚ፡ ግራ. ተስፋሚካኤል ወርቀ (ሕብረት) ብ1471 ድምጺ ኽምረጹ እንከለዉ፡ ፊታ. መሓመድ ኣበራ ብ633፡ ወልደኣብ ድማ ብ135 ድምጺ ጥራይ ወደቑ።

ወርሒ ግንቦት ኣብ ዝተገብረ ዳግማይ ምርጫ ተዓወተ። ምውዳቕ ወልደኣብ ግን ብዙሕ ኣዛረበ። ናይ ብ.ም.ኤ. ጸብጻብ'ውን ንዕኡ'ዩ ዘባጨወሎም።

ኣቐድም ኣቢልና፡ ምስተ ብ1956፡ ከምኡ'ውን ብ1960 ስዒቡ ዝመጸ ውድድራት፡ እዚ ናይ 1952 ዝሓሸ ከም ዝነበረ ኣሚትና። ዝሓሸ ማለት ግን ካብ ዝኾነ ናይ ዓመጽን ምሽፋጥን ተግባራት ናጻ ነይሩ ማለት ኣይኮነን። ሽዑ ናይ ኣመሪካ ቆንስል ዝነበረ ማልካሂ ከም ዝሓበሮ፡ ኢብራሂም ሱልጣን ኣብ ቀቢላ ርግባት ማዕረ መሓመድ ሰዒድ ፈጊ ዓሊ ንኽወጹ ዘኽኣለ ምኽንያት፡ ገለ ካብቶም መረጽቲ ኾይኖም ዝቐረቡ'ሞ ንኢብራሂም ሱልጣን ንኽመርጹ ዝተወከሉ ሽማግለታት፡ ነቲ ድምጾም ካብ ኢብራሂም ናብ ፈጊ ዓሊ ስለ ዘሰጋገሩ ኢዩ። ብመሰረት ኣዋጅ ምርጫ 121፡ መረጽቲ ሽማግለ (electors)፡ ካብቲ ህዝቢ "ንእክለ ምረጸልና" ኢሉ ዝረቐሖ ሰብ ወጻኢ ንኻልእ ድምጾም ክህቡ ዘፍቅድ ኣይነበረን።

ማልካሂ፡ እዚ ዘይሕጋዊ ኣሰራርሓ'ዚ ብምድፍፋእ እንግሊዛዊ በዓል ስልጣን ፍራንክ ስታፎርድ ተገይሩ ዝብል ጥርጣረ ኣሕደረ። ባዕሉ ከም ዝገለጾ፡ ቅድሚ'ቲ ቐንዲ ምርጫ፡ ፍራንክ ስታፎርድ፡ "በዚ ሕጂ ዘሎዎ ኢብራሂም ሱልጣን ከም ዝዕወት'ኳ እንተ ዘይተጠራጠርኩ፡ ኣብ መንጎ ሎምን እቲ ናይ መወዳእታ ምርጫን ብዙሕ ነገር ክመጽእ ይኽእል'ዩ" ኢሉዎ ከም ዝነበረ ገለጸ። ቀጺሉ ከምዚ ዝስዕብ ጸሓፈ፤

> ሓደ ክፉለዋ ዘሎዎ ነገር፡ ኣብቲ ቐዳማይ ዙርያ ምርጫታት፡ እቶም መረጽቲ (ንመን ከም ዝመርጹ) በቲ ዝወከሎም ህዝቢ ይንገሩ ኢዮም። ንሳቶም ድማ፡ ብመሰረት እቲ ብደቂ ዓሌታቶም ዝተዋህቦም መምርሒ ድምጾም ካብ ምሃብ ወጻኢ ካልእ ምርጫ የብሎምን። ስለዚ፡ እዚ ምርጫ'ዚ ብቕኑዕ ኣገባብ እንተ ተኻይዱ፡ ኣብ'ዚ ዝተባህለ ቦታ (ቀቢላ ርግባት)፡ ኣብ ውሽጢ'ዘን ቅድሚ መወዳእታ ዕለት ምርጫ ዘለዋ 21 መዓልታት፡ ከመይ ኢሉ ለውጢ ክመጽእ ከም ዝኽእል ፈጺሙ ኣይርድኣንን።[14]

ማልካሂ ብተወሳኺ፡ እተን ንገዛእ ቊጽረን ኣብ 20,000 ሰብ ዝገመታ ቀቢላታት ቤት ኣስገደ ምስ ካልኦት ተሓዋዊሰን ስለ ዝተገማምዓ፡ ነብሰን ክኢለን ንኽውከላ ብዘይ ምኽኣለን ተደጋጋሚ ጥርዓናት ከም ዘቕረባ ኣመልከተ። እዚኣተን፡ ሽሕ'ኳ ቅሉዓት ደገፍቲ ደ.ሰ.ኤ. እንተ ዘይነበራ፡ ዕድል እንተ ዝረኽባ ንናጽነት ዝጣበቕ ሰብ ክመርጻ ድሌት ከም ዝነበረንን ከም ዝመርጻን ወከልተን ንዕኡ ከም ዘረጋገጹሉ ሓበረ። እቶም ወከልቲ ብተወሳኺ፡ ቀቢላታት ቤት ኣስገደ ናይ በይነን ወኪል ንኸይገብራ ዝተኣገዳ፡ ደጋፊ ተቐሲም (ኣልራቢጣ-ምዕራባዊ ቆላ) ንኽመርጻ ንዝተገብረለን ጸቕጢ ስለ ዝነጸጋ፡ ብ.ም.ኤ. ብዝወሰዶ ምምሕዳራዊ መቕጻዕቲ ኢዩ ክብሉ ከም ዝኸሰሱ'ውን ጸሓፈ።[15]

14. Mulcahy to State Department, 777.00/4f/4 – 2952, April 29, 1952. ንዝርዝራዊ ሓተታ ብዛዕባ ርእይቶ ማልካሂ፡ Tekie Fessehatzion, Eritrea From Federation to Annexation, March 1990 ርአ።
15. Mulcahy to Department of State Department, 777.00/4-1752, April 17, 1952.

መሓመድ ሓጎስ ኣበራ

ተስፋሚካኤል ወርቀ

ብዘይካ'ዚ ዝተጠቕሰ ኣብነታት፡ ኣብቲ ቀዳማይ ምርጫ ክንድ'ቲ ዘካስስ ወይ ዘተሓማሚ ምምሕዳራዊ ምትእትታው ተገይሩ ነይሩ ምባል የጸግም። ወልደኣብ ወልደማርያም፡ ነቲ ኣብ ምርጫ ምትራፎም ንኻልእ ዘይኮነ ንውሽጣዊ ድኽመት ደ.ሰ.ኤ. ብሓላፍነት ኣሰከሙ። "ብኸመይ ኣብ ምርጫ ተሪፍኩም?" ንዝብል ሕቶ ድማ ነዚ ዝስዕብ መልሲ ሃቡ፤

ንሕና ክልተ ሰባት ቀሪብና - ኣነን ሓጎስ ኣበራን። ሽማግለታት ናይ ሰልፊ ናጽነት፡ "ክልተ ኣይተቐርቡ፡ ስለምንታይ ኣብ መንጎ ሓደ ዝዕላማኦም ደቂ ማሕበር ቅድድም እንተ ተገብረ፡ ምናልባሽ ጸላኢ ክወስዶ ይኽእል ኢዩ'ሞ፡ ሓደኹም፡ ወይ ወልደኣብ ይግደፈሉ ንኣበራ ወይ ኣበራ ይሕደገሉ ንወልደኣብ ..." ኢሎም መኺሮም ኣብ መስጊድ ተኣኪቦም። (ስምምዕ ኣይተረኽበን) ... ተፈላሊና ኣቲና። እታ ምርጫ ተስፋንኪኤል ወርቀ ማለት ሕብረት ወሲዶማ። እዚ እንታይ የረድእ፡ ሸሕ'ኳ ፖለቲካዊ ፕሮግራምና ሓደ እንተ ኾነ፡ ኣብ ውሽጢ ግና ንእሽቶይ ትርፎፍያ ናይ ዘይምስምማዕ ከም ዝነበረ የረድእ።
(ኣብ መንጎ ሕብረት ግን...) ፍጹም፡ ኣብ መንጎ ሰይጣውንቲ ፍልልይ የልቦን። ምናልባሽ መላእኽቲ ይፈላለዩ ይኾኑ። ሰይጣውንቲ ግና ፍልልይ የልቦን። ሓደ ኣካል፡ ሓደ ሓሳብ ኮይኖም ይቐርቡ ነይሮም ኣብ ኩሉ ወገናት ማሕበር ሕብረት።[16]

እንተ እንግሊዛውያን ግን፡ ኢሎም ወልደኣብ፤

---

16. ወልደኣብ ወልደማርያም፡ ቃለ መጠይቕ፡ ኦርታ፡ 1987።

… ንሓቂ ምእንቲ ክምስክር፡ ግርም ዝኾነ ኣገባብ መሪሑም። መጽቀጥቲ ዝነበሮ ኣይመስለንን። ጥራይ ሓንቲ ነገር እንታይ ነይራ፡ ክዳለዉ እንክለዉ 34 ክርስትያን፡ 34 ኣስላም ከም ዝምረጹ ገይሮም። እዚ ድማ ብጥዑይ ደሞክራስያዊ መንፈስ ተመሪሖም ከም ዝገበሩዎ ጥርጥር የብለይን ኣነ።[17]

ልዕሊ ኹሉ፡ ብምትራፍ ወልደኣብን ምስንኻል ኢብራሂምን ዝተሓገዙ፡ ሕብረት ኮነ። ኣብ ጋዜጣ ኢትዮጵያ ድማ ንወልደኣብ ዝጠቕስ እዚ ዝሰዕብ ተጻሕፈ፤

… እቶም ከም መራሒ ባዕዳዊ ጋዜጣ "ሓንቲ ኤርትራ" ሰብ ዘይብሎም ኣሎና ዚብሉ፡ ዓዲ ዘይብሎም ዓዲ ኣሎና ዚብሉ ግን፡ ክምረጹ ይትረፍስ እቲ ብውሕስና ኣትሒዞምዎ ዝነበሩ ገንዘብ እኳ ኬናግፉ ኣይከኣሉን። ስለዚ፡ ብዘይ መንፈሪ ከም ዘይንፈር፡ ንደቀባትን ንወራዙትን ብምንሻው ዚፍጠር ወለዶ ወይ ዚመሃዘ ወገን የልቦን። ጓህሪ እየ ዚብል እንተ ፈከረ ሓሙኽሽቲ ኢዩ ትርፉ።[18]

ሓንቲ ኤርትራ፡ "ፍቓድ ሕዝቢ ይኹን!" ኣብ ትሕቲ ዝብል መልሳ፡ ነዚ ዝመስል ዘየድሊ ዘረባ ድሕሪ ምንቃፍ፡ ሸሕ'ኳ እቲ ምርጫ ጉድለታት እንተ ዘይተሳእኖ፡ ፍቓድ ህዝቢ ካብ ኮነ፡ ኩሉ ብጽቡቕ መንፈስ ንኽቕበሎ ኣተሓሳሰበ። ምርጫ ማለት ሓላፍነት እትስከመሉ እምበር፡ ዝተዓወተ ዝፍክረሉ፡ ዘይተዓወተ ድማ ዝውገነሉ ከም ዘይኮነ ድሕሪ ምጥቃስ ድማ፡ ከምዚ በለት፤

… እቲ ንዝኾነ ይኹን መልእኽቲ ዚምረጽ፡ ንዝኾነ ይኹን ኣገልግሎት ድማ ዚሸየም ወይ ዚነግስ ሰብ ካብቲ ናይ ካልኦት ዝበለጸ ሓላፍነት ድኣ እምበር ሓለፋ ዘሎዎ ሰብ ከም ዘይኮነ ኼስተውዕልን ኪዝክርን፡ ከምኡ'ውን እቶም መረጽትን ሸየምትን ኣኽበርትን ከኣ፡ እቲ ምሩጻም መዙን መልእኽቱን ብግቡእ ይፍጽም ክሳዕ ዘሎ ኬኽብሩዎን ኪእዝዙዎን ኪኽተሉዎን ደኣ'ምበር፡ ከምዚ ሓለቓ ጋዜጣ ኢትዮጵያ ወርትግ ዚገብሮ፡ ኺዋጥዩሉ፡ እታ ሃገር ብምልእታ ናይ ኣእጋሩ ዱኳ፡ እቶም ኣብኣ ዚቕመጡ ሰባት ኩሎም ከኣ፡ ምናዳ'ኳ ኣብ ጊዜ ምምራጽ ከይተመርጹ እንተ ተረፉስ ዓድን ክብረትን ዘይብሎም ህውታትያታትን ሓሙኽሽትን ኮይኖም ኪርኣዩዎ ኩቶ ዘይግባእ ኢዩ።[19]

ነዚ ዝመስል ምንቕቓፍ ይንበሮ'ምበር፡ ብሓፈሽኡ ግን እቲ ምርጫ ብዙሕ ዘተሓማሚ ወይ ሰዉር ንጥፈታት ወይ ጉነጻዊ ተግባራት ተራእዩዎ ነይሩ ክብሃል ኣይተሰምዐን። ሕገ መንግስቲ ኤርትራ ንምጽዳቕ ጥራይ ከም ዝቐውም ስለ ዝተነግረ ግን፡ ህዝቢ ኤርትራ፡ እቲ ሕገ መንግስቲ ምስ ጸደቐ፡ ሓዲሽ ሕጊ ምርጫ ተኣዊጁ፡ ሓዲሽ ሓጋጊ ባይቶ ኽምረጽ'ዩ ዝብል መረዳእታ ከም ዝሓዘ ምጥቃስ የድሊ።

17. ወልደኣብ ወልደማርያም፡ ቃለ መጠይቕ፡ 1987።
18. ኢትዮጵያ፡ 5ይ ዓመት፡ ቍ. 284።
19 ሓንቲ ኤርትራ፡ 3ይ ዓመት ቍ. 120፡ 2 ሚያዝያ 1952።

ምቛም ባይቶ ኤርትራ

ምርጫ ንባይቶ ብ26 መጋቢት 1952 ምስ ተወድአ፡ ኣብ ብዙሓት ግዱሳት ኤርትራውያን ሓደ ናይ ሰላም ተስፋ ክለዓዕል ግድነት ኮነ። ቡብሸነኹ ድማ ናይ ምዕዶን ጸቡቕ ትምኒትን መልእኽትታት ናብ'ቶም ሓደስቲ ምሩጻት ወሓዘ። ብመገዲ ጋዜጣ ኢትዮጵያ ናብ ኣባላት ባይቶ ዝጸሓፉ ገለ ግዱሳት ንኣብነት፡ ከምዚ ዝስዕብ በሉ፤

... ሕዝቢ ኤርትራ ሰላም ኢዩ ዚደሊ ዘሎ። ሰላም ምስ ጐረባብቱ፡ ሰላም ምስ ኣሕዋቱ፡ ሰላም ምስ ፈተውቱ፡ ሰላም ምስ ጸላእቱ፡ ሰላም ኣብ ዓዲ፡ ሰላም ኣብ መገዲ፡ ሰላም ኣብ በረኻ፡ ሰላም ኣብ ከተማ ኢዩ ዚደሊ ዘሎ'ሞ፡ ነዚ ብንጽሕና ልቢ፡ ብቕኑዕ ሕልና ተጕላባ ዘይብሉ ፍቕሪ ሓሲብኩም ካብ ገዛኹም ንሰላም ኢልኩም ከም እትነቕሉ ሓደራ ክንብለኩም ንፈቱ።

ነዚ ለበዋ'ዚ ደጊፉ ዝጸሓፈ ጋዜጣ ኢትዮጵያ፡ ቍጽሪ ኣባላት ባይቶ 34 ኣስላም 34 ድማ ክርስትያን ምዃኑ ብብዙሕ ወገን ክዝረበሉ፡ ብፍላይ ድማ ናይ ወጻእተኛታት ጋዜጣታት ክዝትዩሉ ምርኣይ ስለ ዘሰከፎ፡ ነዚ ፍሉይ ኣድህቦ'ዚ ተቓዊሙ ጸሓፈ፤

... ኣመሓደርቲ ሰበ ስልጣን'ኳ ብዛዕባ ትኽክል ዝኾነ ቍጽሪ ገሪሙዎም ክዛረቡን ክጽሕፉን እንተተረኽቡ፡ ንሕና ኤርትራውያንሲ እዞም ልኡኻን እዚኣቶም ካብ ከበሳ ካብ ቆላ ተመሪጾም ንሕዝቦም ኬገልግሉ ከም ዝተመርጹ ደኣ'ምበር፡ ክርስትያንን ኣስላምን ኢልና ክንፈላልዮም ወይ ወገን ክነውጽኣሎም ኣይግባኣናን። ከመይ ከምቲ ዝበልናዮ ኩላቶም ኤርትራውያን ኢዮም። ብዘይ ተፈልዮ ወገንን ሃይማኖትን ድማ ንሕዝቢ ኤርትራ ኬገልግሉ ዝተመርጹ ኢዮም'ሞ፡ ካብ ኣስላም እንተበዝሑ ወይ ካብ ክርስትያን እንተወሓዱ ምንም ኣይኮነን፡ ከደንቐና ድማ ኣይኽእልን፡ ኣይግባእን'ውን።[20]

ካብቲ ሽው ዝተባህለን ዝተገብረን ምናልባት እቲ ዝያዳ ክጥቀስ ዝግባእ፡ ባይቶ ሰላም መንእሰያት ኤርትራ ዝወሰዶ ስጉምቲ ነበረ። ብ13 ግንቦት፡ እቲ ማሕበር ንኹሎም እቶም ምሩጻት ኣባላት ጸዊዑ ናይ ድራር ግብጃ ድሕሪ ምውፋይ፡ ብወኪሉ ኣቢሉ እዚ ዝስዕብ ማዕዳ ሃበ፤

ንብዓትናን ሓዘንናን ዚድምስሰሉ፡ እተሰብረ ኣዕጽምትና ዚጽገነሉ፡ ዝፈሰሰ ደምና ዚሕፈሰሉ፡ ካብ ክንደይ ዚኣክል ካብዚ ዝኸበደን ዝመረረን ጭንቅን ጸበባን ማእሰርትን ዘሕለፍናዮን እነሕልፎ ዘሎናን እንርድኣሉ፡ ማዕረ እተን ካልኦት ነጻ ዝኾና ሃገራት እንቕጸረሉ ጊዜ ኣብ ኢድኩም ነቢሩን ወዲቑን ኣሎ'ሞ፡ ናይ እዚ ኹሉ ጭንቅን ጸበባን ካሕሳ ካባኻትኩምን ብኣኻትኩምን ጥራሕ ኢና እንጽበዮ ዘሎና።

20. ኢትዮጵያ፡ 5ይ ዓመት፡ ቍ. 285፡ 30 መጋቢት 1952።

ሰላም ነቲ ንኣኻትኩም ብዙላይ ዚትንኪ ናይ ርእስኹም ሓሳብን ርእይቶን ኣርሒቕኩምስ ምእንቲ ጠቕላላ ጥቕሚ ናይቲ ዝለኣኽኩም ሕዝቢ ኤርትራ ጥራሕ ብትሰርሑ ኢዩ ኪርከብ ዚከኣል። ብፍላይ ሓሳባተይን ርእይቶይን ካብ ዘይሰማዕስ እንታይ ገደስኒ ምባል፡ ናይ ብሕትኻ ሓሳባትን ድላይን እምበር ናይቲ ዝለኣኸካ ከም ዘይኮነ፡ ከምዚ ብዘተገብረ ከኣ ናይ ሞት ፍርዲ ኣብ ልዕሊ ሃገርካን ሕዝብኻን ከም እተምጽእ ዘሎኻ ተረዲእካ፡ ከምቲ ተሓንጺጹ ዘሎ ናይ ኤርትራን ኢትዮጵያን ፈደራስዮን ብቕውም ነገር መርሚርካ ኣብ ግብሪ ንምውዓል ጥራይ ሓሳባትኩምን ምንዮትኩምን ኪኸውን ጸሎትና ኢዩ። ኣካብራ ሕጊ ወይስ ህንጻ-መንግስት ኤርትራ መርሚርኩም ክትቅበሉ፡ ንኽቢድ ሓላፍነትን ድኻምን እምበር ንሽመት ከም ዘይኮነ ተረዲእኩምዎን ኣስተውዒልኩምዎን ትኾኑ። ስለዚ'ውን፡ ቀላሕታናን ሓሳባትናን ናባኹም ከም ዘኾነ ክንገልጸልኩም ከሎና፡ ናይ መጨረሻ ታሕጓስናስ ንስኻትኩም ከምቲ ምሒልኩምዎ ዘሎኹም ብርቱዕ ማሕላ ጌርኩም ንኣገልግሎትኩም ክትፍጽሙ ከሎኹም ጥራሕ ኢዩ ዚርከብ እንዳ በልና ነዚ ናይ ለበዋናን ምሕጽንታናን ቃልና ንዓጹ።[21]

ቅዋም ኤርትራ ዝጸደቐሉ ቤተ መንግስቲ ኣስመራ

21. ሓንቲ ኤርትራ፡ 3ይ ዓመት፡ ቍ. 126፡ 14 ግንቦት 1952።

ባይቶ ሰላም መንእሰያት ኤርትራ፡ ነዚ ኣኼባን ረዚን ምሕጽንታን'ዚ ኣካዪዱን ኣስሚዑን ምስ ኣብቅዐ፡ ብድሕሪኡ ብዙሕ ዝነጠፈ ኣይመስልን። ምኽንያቱ ድማ፡ ካብዚ ጀሚሩ ብዛዕባኡ ኣይስማዕን። ቃላቱ ግን ንሓፈሻዊ ስምዒት ህዝብን ትጽቢቱ ካብ'ቲ ባይቶን ዘንጸባርቕ ነበረ። ምስቲ ኣቐዲምና ዝረኣናዮ ሃረርታ ሰራሕተኛታት ንስምረት ምስ እነዛምዶ፡ ሃረርታ ሰላም ሓድነትን ብህዝቢ፡ ብፍላይ ድማ ብመንእሰያት፡ ልዕሊ ኹሉ ዝሰራዕ ባህጊ ምንባሩ ብቐሊሉ ንግንዘብ።

እቲ ኣብ ውሽጢ'ዚ ተሰፋን ባህግን'ዚ ህንጻ መንግስቲ ኤርትራ ንኽጽድቕ ዝተመርጸ ኣካል፡ ባይቶ ልኡኻን ህዝቢ (Representative Assembly) ደኣ'ምበር ሓጋጊ ባይቶ (Legislative Assembly) ከም ዘይነበረ ኣቐዲምና'ውን ጠቒስና ኔርና ኢና። ጠቕላል ኣመሓዳሪ ዳንካን ካሚንግ፡ እቲ ባይቶ ብዕለት 28 ሚያዝያ 1952 ቀዳማይ ኣኼባኡ ንኸካይድ ብዘወሰኖ መሰረት፡ እቲ ባይቶ ኣብቲ ዕለት እቲ፡ ሰዓት 9፡30 ናይ ንግሆ ኣብ ቤተ መንግስቲ ኣስመራ ጉባኤኡ ፈለመ።[22]

ማቲየንሶ፡ ንድሬ ቅዋም ናብ ባይቶ እናቕረበ።

22. ሓንቲ ኤርትራ፡ 3ይ ዓመት፡ ቊ. 123፡ 23 ሚያዝያ 1952።

ኣብዚ ኣኼባ'ዚ፡ ጠቕላል ኣመሓዳሪ ካሚንግ፡ ኮሚሽነር ሕ.ሃ. ኣንሰ ማቲየንሶን ናይ ኢትዮጵያ ሊያዞን ኦፊሰር (ናይ ርክብ መኰንን) ዓምደሚካኤል ደሳለኝን ተረኺቦም። ናይቲ ባይቶ ዋና ጸሓፊ ኾይኑ ንኸገልግል ተመዚዙ ዝነበረ እንግሊዛዊ ፈርገስ ማክሊሪ ምኽፋት ባይቶ ዘበስር ሓጺር መግለጺ ምስ ኣስምዐ፡ ኩሎም ኣባላት፡ ከከም ሃይማኖቶምን ዝመረጽዎ ቛንቋን፡ ኣብ መጽሓፍ ቅዱስን ኣብ ቁርኣንን ብምጥቃዕ፡ ብትግርኛ ወይ ብዓረብ ነዚ ዝስዕብ ቃል ማሕላ ፈጸሙ፤

> ኣነ ... ከም መጠን ምሩጽ ኣባል ባይቶ ኤርትራ ኮይነ ንዘኾነ ይኹን ኣብ ቅድመይ ዚቐርብ ነገራት፡ ኸምቲ ኣብ ሕልናይ ዚስማዓኒ፡ ብፍላይ ድማ ንጥቕሚ ሕዝቢ ኤርትራ ብእምነትን ብቕንዕናን ከገልግል ብስም ልዑል እግዚኣሔር እምሕል ኣሎኹ። ኸምኡ ንምግባር ከኣ እግዚኣብሔር ይሓግዘኒ።[23]

መጀመርታ ዝተዛረበ፡ ኣመሓዳሪ ካሚንግ ነበረ። ነዊሕ ከይመደረ፡ "ብምኽፋት እዚ ዋዕላ'ዚ፡ ኣብ ኤርትራ ደሞክራቲካዊ ዝኾነ ስርዓትን ልምድን ይጅምር ኣሎ፡" ብምባል፡ ስርዓት ፌደረሽን ንምቛም እቲ ዋዕላ ዓቢ ተራ ኸጻወት ከም ዘጽበ ገለጸ።

ማቲየንሶ ኣብ ዘስምዖ ሰፊሕ መደረ፡ ንቐንዲ ኣተኩሮኡ ኣብቲ ንኸቕርቦ ተዳልዩ ዝነበረ ንድፊ ህንጻ መንግስቲ ኣንበረ።

> እዛ ባይቶ'ዚኣ፡ ኣብ ልዕል'ዛ ኽትዝረበላ ቐሪባ ዘላ ሕንጻ መንግስቲ መሰረታዊ ዝኾነ ምልውዋጥ ከይተእቱ ተስፋ እገብር። እዚ ክንብል ከለኹ ግና፡ ብዝኾነ ይኹን ናይ ገዛእ ርእሰይ ሓበን ተደሪኸ ዝብሎ ዘሎኹ ቃል ኣይኮነን። እዚ ኣሰናዲኣዮ ዘሎኹ ንድፊ ወይስ ሓሳብ ኩሉ'ቲ ኣብ ብይን ሕቡራት መንግስታት ተነቢሩ ዘሎ መሰረታዊ ሕጊ ዝሓዘ፡ ናይ'ተን ዚግድሰን ወገናት ርእይቶ ዝጠመረ፡ ንድላይን ሃረርታን ሕዝብ ኤርትራ እውን ዚፈቅድ ኢዩ...

ድሕሪ ምባል፡ ማቲየንሶ እቶም ኣባላት ንሓድነት ኤርትራ ዝሕሉን ንፈደራስዮን ዝከላኸልን ስራሕ ንኸሰርሑ ተላበወ። ኤርትራ ውሽጣዊ ናጽነትን ኣብ ደሞክራስያዊ ሕግታት ዝተመስረተ ሕገ መንግስትን ብምርካባ ዕድለኛ ምኳና ድሕሪ ምምልካት ድማ፡ "እቲ ደሞክራስያዊ ኣነባብር ዘየቋርጽ ጽቡቕ ንብረትን ምዕብልናን ምእንቲ ኺህብሲ፡ ሓደ ሕዝቢ ብኽእለት በሲሉ ነተን ሕግታት ክጽንዐን የድሊ፡" ክብል'ውን ዘረብኡ ደምደመ።[24] መልእኽቲ ማቲየንሶ፡ ኣብ ምዕቃብ እቲ ደሞክራስያዊ ኣገባብን ስርዓት ፈደራስዮንን፡ ተራ ኢትዮጵያ እንታይ ይኹን ንዝብል ተኣፋፊ ኣርእስቲ ከይተንከፎ ሓለፈ።

ቀጺሉ ንኽምድር ዝተንስኣ፡ ናይ ኢትዮጵያ ወኪል ዓምደሚካኤል ደሳለኝ ነበረ። ንስነ ስርዓት ኢሉ ዝሓሰቦ ይኸውን፡ "ብኣምሓርኛ ንኽዛረብ ባይቶ ክፈቕደለይ እሓትት" ኢሉ ክቕጽል ክብል፡ ካብቶም ኣባላት ድምጺ ተሰምዐ።

23. ሰ.ጋ. 10ይ ዓመት፡ ቍ. 504፣ 1 ግንቦት 1952።

24. ሰ.ጋ. 10ይ ዓመት፡ ቍ. 504፡ 1 ግንቦት 1952። ሓንቲ ኤርትራ 3ይ ዓመት፡ ቍ. 124፡ 30 ሚያዝያ 1952።

ማቲየንሶ ባይቶ እናኸፈተ፣ ብጸጋሙ፡ ጸሓፊ ባይቶ ፈርገስ ማክለሪ፤
ብየማኑ፡ ዓምደሚካኤል ደሳለኝን ካሚንግን

ቃዲ ዓሊ ዑመር ካብ ቤት ላልሽ ብዓውታ፡ "ኣምሓርኛ ካብቲ ባይቶ ኤርትራ ዝተቐበሎ ቋንቋታት ሓደ ዘይኮነ ኸነሱ፡ ብኸመይ በምሓርኛ ትዛረብ?" ክብሉ ንዓምደሚካኤል ኩለፉዎ። ጸሓፊ ባይቶ ማክሊሪ ኣኽበርቲ ጸጥታ ጸዊዑ ቃዲ ዓሊ ካብቲ መጋባእያ ንኸስጉጉ'ኳ እንተ ኣዘዘ፡ ንሶም ግን ብኻልኦት ኣባላት ተማእኪሎም ኣብ መንጎ ሓደ ነዊሕ ባንኮ ኮፍ ኢሎም ስለ ዝነበሩ፡ እቶም ሓለውቲ ከርክቡዎም ኣይከኣሉን። ቃዲ ዓሊ'ውን ተቓውሞኦም ስለ ዘቋረጹ፡ ማክሊሪ ነቲ ትእዛዙ ሰረዞ። ኣብ ባይቶ ኤርትራ ቀጺሉ ካብ ዝተራእየ ናይ ተቓውሞ ድምጽታትን ተግባራትን፡ ምናልባት እዛ ናይ ቃዲ ዓሊ ቐዳመይቲ ከይኮነት ኣይትተርፍን።[25]

ናይ ዓምደሚካኤል ደሳለኝ መደረ፡ ካብቲ ኻልኦት ሰበ ስልጣን ኢትዮጵያ ዝብሉዎ ዝነበሩ ብዝተፈልየ፡ ንኢትዮጵያዊነት ኤርትራ ከጉልሕ ኣይፈተነን።

25.Mulcahy to State Department, 777.00/ 4- 2952, 9 April 1952.

ንሱ፡ ጉዳይ ኤርትራ ናብ ሕቡራት ሃገራት ቅድሚ ምቕራቡ፡ ሻላ ብዝርኢያኦ ሃገራት ተታሒዙ ንኤርትራ ናብ ዳግማይ መግዛእቲ ከእቱ ተገማጊሙ ከም ዝነበረ ገለጸ። ኣብዚ ቐጺሉ ከምዚ በለ፤

> ኣብ ኣፍሪቃን ኣብ ማእከላይ ምብራቕን መሰረት ሰላምን ጸጥታን ከይድልድል ዚቃወም ፍሕሶ ዚፍሓሶ መደበር ንምትካል፡ ኸምኡ እውን ንስኻትኩም ኣብ ትሕቲ ሓደ ጥራይ ዘይኮነስ ኣብ ትሕቲ ሓያሎ ስልጣናት ወዲቕኩምስ ብብዙሕ መንገዲ፡ ነንበይኖም ብዝኾኑ መንግስታትን ባዕዳንን ክትግዝኡ ተሓሲቡ ነበረ።
>
> ግናኸ፡ ብሳላ ግርማዊ ንጉስ ነገስት ሓልዮትን መራሕነትን፡ ከምኡ'ውን …(ብሳላ) መንግስቲ ዓባይ ብሪታንያን ሕቡራት ሃገራትን መንግስቲ ኣመሪካን … ኩሉ ፍሕሶን ተንኩልን ፋሕ ብትን በለ፤

ዓምደሚካኤል ነዚ ኣዝዩ ጥንቁቕ ዘረባኡ ብምቕጻል፡ ንጉስ ሃይለስላሴ ነቲ ብማቲየንሶ ዝቐረበ ንድፊ፡ "ብግርህነትን ብጽቡቕ ሃረርታን ከም እተገብረ ክትኣምኑ ብኣይ ገይርም የረጋግጹልኩም ኣሎው፡" በለ'ሞ፡ ቀጺሉ "ናይዚ ሓደ ሚልዮን ዚኸውን ሕዝቢ ኤርትራ ዕድል ዚምድብ፡ ኣረ ናይ ምስራቓዊ ኣፍሪቃ ሰላምን ጸጥታን መድሕን ዚኸውን እቲ ኣብ ምፍጻም መልእኽትኹም ዚርከብ ፍረ ኢዩ፡" ዝብል ቃል ወሰኸ። ነቲ "ብብዙሕ ጊዜን መሰዋእትን እተረኸበ ፈደራዊ ማሕበር" ንኸቕጽሙ ድሕሪ ምልባው ድማ፡ ንመደረኡ በዚ ዝስዕብ ደምደመ፤

> ኸምዚ ክትገብሩ ከሎኹም ከኣ፡ ግርማዊ ንጉሰ ነገስት፡ ከም ናይ ፈደራዊ ማሕበር ንጉስ፡ ኸም ቀደሞም፡ ከምቶም ኣብ ኢትዮጵያ ዘሎዉ ኣሕዋትኩም፡ ብዘይ ሌላን ጉሌላን ከም ፍቑራት ደቀም ገይሮም ክርእዩኹም ኢዮም።
>
> … ብዛዕባ ድሕነትኩም ኣበርቲዖም ኪጋደሉ ኢዮም። እቲ ናይ ፈደራዊ ማሕበር መራሒ፡ ናይ ኣሕዋት ደቂ ኢትዮጵያን ኤርትራን መራሕን ኣቦን ዝኾነሉ ሰዓት ንምርኣይ… ብፍቕርን ብሃረርታን ኪጽበዩ ኢዮም።[26]

ከምዚ ኢሉ፡ ዓምደሚካኤል ደሳለኝ ንመንግስቲ ኢትዮጵያን ንንጉሳን ከም ቀንዲ ተጣበቕትን ዋሕስን ስርዓት ፈደረሽን ኤርትራን ኢትዮጵያን ዘምስል ስእሊ ኣብ ባይቶ ኤርትራ ኣቕረበ። መንግስቲ ኢትዮጵያ ብኡ መሰረት ክቕጽል ምዃኑ ዝእምት ቃል'ውን ሃበ።

ንጽባሒቱ፡ ሰሉስ 29 ሚያዝያ 1952፡ ቀዳማይ ዕማም ባይቶ ወከልቲ ህዝቢ፡ ኣቦ መንበርን ምኽትልን ምምራጽ ኮነ። ካብ ወረዳታት ሓደግቲ፡ ጸንዓደግለን ከባቢኡን ተመሪጾም ዝነበሩ ራእሲ ተሰማ ኣስበሮም ኣብቲ ምርጫ ኽኣትዉ ከም ዘይደልዩ ኣቐዲሞም ኣፍለጡ። ብድሕሪ'ዚ፡ ምርቃሕ ኣስማት ተጀሚሩ፡ ኣቶ ተድላ ባይሩን ሸኽ ዓሊ ሙሳ ራድኣይን ተረቑሑ። [27]ዓሊ ረድኣይ

26. ሓንቲ ኤርትራ፡ 3ይ ዓመት፡ ቍ. 124፤ ሰ.ጋ. 10ይ ዓመት ቍ 504።
27. ተድላ ባይሩ ዋና ጸሓፊ ማሕበር ሕብረት፡ ዓሊ ረድኣይ ድማ ዋና ጸሓፊ ናይቲ ኣብ ባይቶ ሕቡራት ሃገራት ምቅሊ ኤርትራ ዝሓተተ ኣልራቢጣ ኣልእስላሚያ ምዕራባዊ ቖላ ዝነበሩ ኢዮም።

ኣቦ መንበር ተድላ ባይሩ፡ ምስ ማቲየንሶን ዓሊ ረድኣይን ኣብ ቅድሚ ባይቶ።

ግን ንኣቦ መንበርነት ክምረጹ ከም ዘይደልዩ ስለ ዘፍለጡ፡ ኣብ ክንድኦም ቃዲ ሙሳ ዕምሮን ናይ ከረን ተረቑሑ። ምርጫ ብስቱር ተኻየደ። ተድላ ባይሩ 49 ድምጺ ረኸቡ፡ 11 ተቓወሙዎም፡ 6 ድማ ድምጾም ሰሓቡ። ካብ ቀንዲ መራሕቲ ኣልራብጣ ኣልእስላሚያ፡ ቃዲ ሙሳ ኸኣ 19 ደገፍትን 43 ተቓወምትን ስለ ዝረኸቡ፡ ተድላ ኣቦ መንበር ኮኑ።

ንምኽትል ኣቦ መንበርነት ኣብ ዝተገብረ ምርጫ፡ ዓሊ ረድኣይን ኮማንዳቶረ ሳልሕ ከኪያን ቀረቡ። ሳልሕ ከኪያ ሓደ ካብ ምኽትል ፕረሲደንትታት ማሕበር ሕብረት ዝነበሩ ኢዮም። ዓሊ ረድኣይ ተመርጹ።

ከምዚ ኢሉ፡ ባይቶ ወከልቲ ህዝቢ ኤርትራ ህንጻ መንግስቲ ኤርትራ ንኽምርምርን ንኽጽድቕን ተዳለወ።

ምዕራፍ 6

ክትዕ ኣብ ንድፊ ህንጻ መንግስቲ ኤርትራ

እዚ ኣርእስቲ'ዚ ኣዝዩ ሰፊሕን ብዙሕ ቀዉም ነገር ዝሓቈፈን ስለ ዝኾነ፡ ንበይኑን ብዕምቈትን ክጽናዕ ዝግብኦ'ዩ። ከምቲ ዝረኣናዮ፡ እቲ ባይቶ ብ32 ኣባላት ሕብረት፡ 19 ካብ ደ.ሰ.ኤ.፡ 15 ካብ ኣል ራቢጣ - ምዕራባዊ ቆላ፡ ክልተ ድማ ናጻ ተወዳደርቲ ኢዩ ቈይሙ ነይሩ። እዚኦቶም ዘየራኽብ ናይ ዕላማ ፍልልይ'ኳ እንተ ነበሮም፡ ኣብ ህንጻ መንግስታዊ ክትዕ ምስ ኣተዉ ግን፡ ኣብ ኩሉ'ኳ ኣይኾኑን እምበር፡ ኣብ ገለስ ሰግር ፖለቲካዊ ምርሕሓቖም ዝኸደ ሓባራዊ ኣረኣእያ ኣማዕቢሎም'ዮም። ኣብ ልዕሊኡ፡ ምስቲ ዝነበሮም ዋሕዲ ትምህርትን ተመኩሮ ናይ ዘመናዊ ቅዋማዊ ኣምራትን፡ ካብ ትጽቢት ወጻኢ ኩብሃል ዝክኣል ብልሕን መረዳእታን ከርእዩ በቒዖም። ነዚ መግለጺ ክኾነና ዝኽእል ገለ ኣብነታት ንመርምር።

ጉዳይ ኤርትራዊ ዜግነት

ኣብ ቀዳማይ ምዕራፍ ናይዚ መጽሓፍ ከም ዝተገልጸ፡ ፈደራል ድንጋገ ብዛዕባ ጉዳይ ኤርትራዊ ዜግነት ዝሃቦ ውሳነ ንጹር ኣይነበረን። ኣብ መላእ ፈደረሽን (ኤርትራን ኢትዮጵያን) ፈደራል ሃገርነት (Federal nationality) ከም ዝህሉ'ምበር፡ ኤርትራዊ ዜግነት (Eritrean citizenship) እውን ከም ዝህሉ ብዝግባእ ኣይጠቐሰን። ይኹን'ምበር፡ ንኤርትራውያን ዜጋታት ጥራይ ዝወሃብ መሰላት ዝበሎ ስለ ዝዘርዘረ፡ ህላወ ኤርትራዊ ዜግነት ከም ርዱእ ተወሲዱ ኣሎ ንዝብል ትርጉም ክፉት ገደፎ። እዚ ድማ፡ ኣብ ባይቶ ኤርትራ ርሱን ክትዕ ካብ ዘልዓሉ ጉዳያት ሓደ ኾነ።

መታን ነቲ ክትዕ ክንሰዕቦ፡ ነተን ክልተ ዘካትዓ ንድፊ ዓንቀጻት ምጥቃስ የድልየና።

ዓንቀጽ 8 (ደሓር ዓንቀጽ 9 ዝተባህለ)
ኤርትራውያን ዜጋታት ዘይኮኑ ኣብ ትሕቲ ኪዳናዊት ሃገር ናይ ዝርከቡ መሰላት
1.ብዛዕባ ኩነታት ትኽክልነት (On the basis of reciprocity)፡ እቶም ኣብ ትሕቲ ኪዳናዊት ሃገር ዚርከቡ፡ ኤርትራውያን ዜጋታት ዘይኩኑ፡ ኣብ ኤርትራ፡

ልክዕ እቲ ንኤርትራውያን ዜጋታት ዚወሃብ መሰል ኪወሃቦም ኢዩ፡
2.ንሳቶም፡ ሓንትስ ከምቲ ኣብ ቍጽሪ 21 ብዝዕባ ምርጫ፡ ኣብ ቍጽሪ 44 ከዓ ብዝዕባ ንብረቶ ንክትምረጽ ዘድልዩ ውዕልታት ይረኽቡዎም እምበር፡ ፖለቲካውያን መሰላት ኪረኽቡ ኢዮም... ኣባላት ምምሕዳር ኪኾኑ ይኽእሉ ኢዮም...

ብኻልእ ቓላት፡ ብመሰረት እዚ ንድፈ'ዚ፡ ኩሎም ናይ ፈደረሽን ዜጋታት (ኢትዮጵያውያን) ናይ ኤርትራ ዜግነት ክህልዎም ዘኽእል ሕጊ ኢዩ ተኣሚሙ። እቲ ኻልኣይ ኣገዳሲ ዓንቀጽ እዚ ዝስዕብ ነበረ፤

ዓንቀጽ 20 (ደሓር ዓንቀጽ 8 ዝኾነ)
ኤርትራዊ ዜግነት
ኤርትራውያን ዜጋታት ዝብሃሉ እቶም ኪዳናዊት ዜግነት ዘሎዎምን ኣብዞም ዝኽተሉ መደባት ዝኣትዉን'ዮም፡

ሀ) ብሓይሊ ኪዳናዊ ሕጊ ኣብ ኤርትራ ኪዳናዊ ዜግነት ዝተቐበሉ ሰባት (ዓንቀጽ 6 ሐ ናይ ፈደራል ድንጋገ ተመልከት)፡
ለ) እንካብ ሓደ ኤርትራዊ ዜጋ ዝተወልዱ ሰባት
ሐ) ኤርትራዊ ዜግነት ከም ሕጊ ዝተዋህቦም ሰባት።[1]

ኣብ መበል 13 ኣኼባ ባይቶ ወከልቲ ህዝቢ፡ ኣንሰ ማቲየንሶ ነዚ ዓንቀጻት'ዚ ዘብርህ መደረ ኣሰምዐ። ኣብ'ዚ ድማ፡ ቀንዲ ተጠቀምቲ ናይቲ መንግስቲ ኤርትራ ዝእውጆ ናይ ዜግነት ረብሓታት ኤርትራውያን ከም ዝኾኑ'ኳ እንተ'ረጋገጸ፡ ብቐዋምን ሕግታትን ኤርትራ ንኻልኦት "ደቀባት" (nationals) ናይቲ ፈደረሽን ክወሃብ ከም ዝኽእል'ውን ኣረድአ።[2]

ኣባላት ባይቶ፡ ነቲ ኣብ መግለጺ ማቲየንሶን ኣብቲ ዘቕረቦ ንድፍን ዝነበረ ዝገራጮ ሓሳባት ንኽለልዩን ንኽቃወሙን ጊዜ ኣይወሰዱን። እዘን ኣብ ላዕሊ ዝተጠቕሳ ዓንቀጻት ዝተዛመዳ ኢየን ብምባል ድማ፡ ዝተነጻጸላ ካብ ዝኾና፡ ዓንቀጽ 20 ናብ ዓንቀጽ 8 ከም ትሰሓብ፡ ዓንቀጽ 8 ድማ ዓንቀጽ 9 ናይቲ ንድፊ ከም ትኸውን ገበሩ'ሞ፡ ኣብ ሓደ ንኡስ ኣርእስቲ ጠመሩወን። መሰፍን ገብረህይወት ካብ ገዛ ኸኒሻ፡ ኩሉ ፈደራል ሃገርነት ዘሎዎ ብቐዋታ ኤርትራዊ ዜግነት'ውን ክውሃቦ ማለት ድዩ ዝብል ሕቶ ኣቕረበ። መራሒ ደ.ሰ.ኤ. ኢብራሂም ሱልጣን እውን፡ "ከምዚ እንተ ኾይኑ'ሞ፡ ዝኾነ ፈደራዊ ዜግነት ዘሎዎ ሰብ ኤርትራ ኣትዩ፡ ገለ ዓመታት ተናቢሩ (ናይ ምድማጽ ወይ ምምራጽ መሰል ኣጥርዩ)፡ ንኤርትራ ዝሃሰ ተግባር ክፍጽም ክኽእል'ዩ..." ኢሎም መጕቱ።

ማቲየንሶ ዘዕግብ መልሲ ክህብ ኣይከኣለን። ጸኒሑ'ሞ፡ ኣብ መንጎ "ኤርትራውያን" ዝብል ቃልን "ኤርትራውያን ዜጋታት" ዝብል ሓረግን ፍልልይ

1. ህንጻ መንግስቲ ኤርትራ ዝሓዘ ቀዳማይ ጽሑፍ (ንድፊ) (ትርጉም ወልደኣብ ወልደማርያም)፡ 1951 (ዘይተሓትመ)።
2. UNGA A/AC. 44/R61, 19 May 1952 (13th meeting).

ኣባ ሃብተማርያም ንጉሩ

ከም ዝነበረ ዘመልክት ዘረባታት ኣውጽአ። ኣበሃህላኡ፡ "ኤርትራውያን" ዝብል ቃል ንኹሉ'ቲ ብፈደራል ሃገርነት ዝጥርንፍ ህዝቢ፡ "ኤርትራውያን ዜጋታት" ግን ነቶም ፖለቲካዊ መሰላቶም ዘተግብሩ ደቂ ኤርትራ ከስምዕ ከም ዝኽእል ኣተንብሀ። ብኻልእ ኣዘራርባ፡ "ኤርትራውያን ዜጋታት" ዝብል ሓረግ ነቶም ንኽምረጹን ንኽመርጹን ሕጊ ዘፍቅደሎም ጥራይ ዝምልከት ኮይኑ ከይትርጎም ከም ዝሰግእ ገለጸሎም። ከምኡ እንተ ኾይኑ፡ እቶም ኣብቲ መሰላት እቲ ክኣትዉ ዘይኽእሉ ቈልዑን ደቀንስትዮን ክውገዱ ማለት'ዩ ነይሩ።[3]

እቲ ኽትዕ ኣዝዩ ነሃረ። ንመጀመርታ ጊዜ ድማ፡ ኣባላት ባይቶ ዝጸንሐ ውልቃዊ ህልኽቶምን ፖለቲካዊ ፍልልያቶምን ወጊኖም፡ ናብ ዝተቓራረበ ኣተሓሳስባ ክጽግዑ ተራእዩ። ኣብ'ዚ ጉዳይ ዜግነት ካብ ቀንዲ ተማጐትቲ ኮይኖም ዝቐረቡ ንኣብነት፡ ካብ ዓናግር፡ ኣፈልባ፡ ሃርፈ ግሮቶን ቀላ ሰራየን ዝተመርጹ፡ ሓያል ደጋፊ ማሕበር ሕብረት ከኣ ዝነበሩ፡ ኣባ ሃብተማርያም ንጉሩ ክጥቀሱ ይክኣል። ንሶም፡ ብ1922 ኣብ ከረን ተወሊዶም፡ ክሳብ ኣብ ሮማ ትምህርቲ ኽህነት ዝቐሰሙ ካቶሊካዊ ካህን ነበሩ።[4]

3. UNGA, note 25, above, እቲ ንድፊ ሕገ መንግስቲ፡ ንደቂ ኣንስትዮ ናይ ምርጫ መሰል ኣይሃበን።
4. Chi e dell' Eritrea, p. 158. ሎሚ፡ ኣባ ሃብተማርያም ንጉሩ፡ ዶር. ሮማይ ሃብተ ተባሂሎም፡ ኣብ ፍረዚኖን ኢጣልያ ይነብሩ። ክብ ዝበለ ትምህርቲ ቀሲሞም ንነዊሕ እዋን ኣብ ሓደ ዩኒቨርሲቲ ድሕሪ ምስትምሃር፡ ሎሚ ምስ ሰድራኦም ብጡረታ ዝነብሩ ሽማግለ ኢዮም።

ኣባ ሃብተማርያም፡ ብትምህርቲ ካብ'ቶም ብጹቶም ዝረኣዩ ስለ ዝነበሩ፥ ነቲ ሕቶ ዜግነት ዘልዓሎ ዝተሓላለኸ ጭብጥታት ክርድኡ ኣይኣገሞምን። ንሶም ኤርትራዊ ዜግነት ብቐዋም ኤርትራ እምበር ብኻልእ ዝኾነ ሰነድ ወይ ኣካል ክውሰን የብሉን ንዝብል ክትዕ ድሕሪ ምድጋፍ፡ ብፍላይ ነቲ ኹሎም ፈደራል ዜጋታት ልክዕ ከምቲ ንኤርትራውያን ዝውሃብ መሰል ክውሃቦም'ዩ ዝብል ትሕዝቶ ዓንቀጽ 8 ኣትሪሮም ተቓወሙ። "ፈደራል ድንጋገ ሕ.ሃ. ባዕሉ ዘይኣዘዞ መሰል ዜግነት፡ በዚ ንድፊ ዓንቀጽ 8 ይዋሃብ ኣሎ ማለት'ዩ። በዚ ድማ፡ መሬት ንወጻእተኛታት ክንህብ ኢና ማለት ኢዩ - ነዚ ኣይንድግፎን፡ ናብ'ዛ ንእሽቶ ሃገር ክንድ'ዚ ዝኣክል ህዝቢ ኣምጺእካ ናብ ክፍትቲ መሬት ወይ ሰፈራ ክትቅይራ ፍትሓዊ ኣይኮነን" ብምባል ከኣ ኣብ ልቢ ኹሉ ኣባል ባይቶ ንዝነበረ ስግኣት ኣነጸሩ።

ብላዕሊ ላዕሊ ክረአ እንከሎ፡ እቲ ስግኣት "ፈደራል ዜጋታት"፡ ኢትዮጵያውያን ማለት'ዩ፡ ብኣማኢት ኣሽሓት ኤርትራ ኣትዮም፡ መሰላት ኤርትራውያን ከኣ ጨቢጦም፡ መሬት ኤርትራ ክማቐሉና ኢዮም፡ ሕግታት እንዳባ ከፍርሱልና ኢዮም ... ዝብል'ዩ ዝነበረ። ብሱሩ ግን፡ ጉዳይ መንነት ኤርትራውያን'ዩ ኣብ ሕቶ ዝኣቱ ዝነበረ። ብዙሓት ካብኣቶም፡ ንኣብነት'ኳ ጸኒሖም ናይ ፋይናንስ ሰክረታሪ ዝኾኑ ተኸለሃይማኖት በኹሩ፡ "ኤርትራውያንስ ኤርትራውያን ንኽኾኑ መጀመርታ ፈደራዊ ሃገርነት ክህልዎም ኣሎዎ..." ዝብሃል ዘረባ ከም ዘይቅበሉ ኣፍለጡ። እዚ ድማ፡ ኤርትራውነት ነብሱ ዝኸኣለን ዝጸንሐን መግለጺ መንነትን መሰልን'ምበር፡ ሕጂ ምስ ምትካል ፈደረሽን ዝተማህዘ ከም ዘይኮነ ንምብራህ ነበረ። ብላታ ህብትዝጊ ዑቕባዝጊ ዝተባህሉ፡ ካብ ኣስመራ ዞና ሓድሽ ዓዲ ዝተመርጹ ኣባል፡ ኤርትራውያን "ንወለዶታት ዝጸንሐ፡ ሃገር ዝሃቡቶም ባህልን ልምድን ኣሎዎም። እዚ መሰላት'ዚ፡ ነቶም ብመሰረት እዚ ንድፊ ዜግነት ይቀበሉ ዝበሃሉ ዘሎዉ እውን ክፉት ክኸውን'ዩ ማለት'ዩ። ... እዚኣቶም ምሉእ ፖለቲካዊ መሰላት ክወሃቦም ኣይግባእን። መሰል ናይ ንግዲ፡ ሕርሻ ግን ይቀበሉ" ክብሉ ኣስፊሖም ገለጹ።[5]

ሸዑ ኣባል ባይቶ ዝነበሩ ፊታውራሪ መስፍን ገብረህይወት፡ ነቲ ናብ'ዚ መርገጺ'ዚ ዘምርሐ ኣተሓሳስባ ከምዚ ዝስዕብ ገሊጾሞ፤

> ፈደረሽን ምስ ተዋህበ እሞ ምስ ተቐበልናዮ፡ ንሱ ኸኣ መሰላት ስለ ዝሃበና፡ ማንም ተራ ካብ ወላሞ ዝመጸ ሱብ ማዕረና ክካፈሎ ኣይክእልን'ዩ፥ ንሕና ክንህሰ ኢና፡ መሬትና ንእሽቶ ኢዩ... ኢና ዝበልና። ኣሸንኳይዶ ንኻልኦት ወሲኽካሉስ ንርእስኻ እውን ዘሸግረካ ዘጨንቐካ ኩነታት ስለ ዝኸውንሲ፡ መሰልና ንሓሉ ከም ማለትና ኢዩ። ኣብኡ ኸሎና ሱቕ ኢልና ኽንቕበል ከሎና'ውን እኮ ከም ዓያሹ የቝጽረና ኢዩ። በዚ መንፈስ'ዚ ተላዒልና ኢና ከምኡ ንብል ዝነበርና። ዝተወደበ ነገር ኣይነበረን፤ ኣብ ደገ ኮይንና ንስኻ ከምዚ ኢልካ ተዛረብ ... ተባሂሊልና ኣይኮንናን። Simple opinion ኢዩ ዝነበረ።[6]

5. UNGA, note 25 above.
6. ፊታ. መስፍን ገብረህይወት፡ ቃለ መጠይቕ፡ ኣስመራ፥ 18 ታሕሳስ 2001።

ማቲየንሶ፡ ነቲ ዘጓነፎ ኣዘዩ ተሪር ምጉት ክዳቐሶ ኣይከኣለን። ንወጻእተኛታት ዝወሃብ መሰል ብቐዋም ኤርትራ ክም ዝውሰን'ኳ እንተ ተኣመነ ግን፡ "ኤርትራ ዴሞክራሲያዊት ስርዓት ክትከውን ስለ ዘኾነት፡ ሜላኣ ኤርትራዊ ዜግነት ምኽልካል ዘይኮነስ ብሕጊ ብዝተወሰነ ኣገባብ ክም ዝወሃብ ምግባር'ዩ፡" ዝብል ቃል ኣሰምዐ። ሕጂ'ውን፡ ኣዘራርባ ማቲየንሶ ንቶም ኣባላት ኣየሐጐሶምን። ቃላቱ፡ ነቲ ጉዳይ ብጸቢብ ትሕዝቶ ኣሎኹም ስለ ዘሰምዐ ይኽውን፡ ኣባ ሃብተማርያም ከምዚ ዝስዕብ መለሱሉ፤

> ኤርትራዊ ዜግነት ብሕግታት ኤርትራን ህንጻ መንግስቲ ኤርትራን ክም ዝውሰን ክንጸር ኣሎዎ። ናይ ሓደ ሃገር ዜጋ ዝኸውን ወዲ ባዕዲ፡ ብሕግታት ናይቲ ዜግነት ዝሓተሉ ሃገር ክቕየድ ይግባእ። እዚ ንቡር ሕጊ ኢዩ። እንግሊዝ ንኽትከውን፡ ንሆም ስክረተሪ (Home Secretary) ተመልክት፡ ብሕግታት እታ ሃገር ከኣ ትቕየድ። ኣብዚ'ውን ከምኡ...[7]

ቀስ ብቐስ፡ እቲ ኽትዕ መልክዕ እናሓዘ ኸደ። ሸኽ ኢብራሂም ሱልጣንን ኣዘማች በየነ ዛህላይ ካብ ዓረትን ብዝተማጐቱዎ፡ መጀመርታ እቲ ኤርትራውያን ዘይኮኑ'ሞ ፈደራል ዜግነት ዘሎዎም ሰባት መሰላት ኤርትራዊ ዜግነት ዝረኽቡሉ ነጥብታት ንኽንጸር ኣብ ሓፈሻዊ ስምምዕ ተበጽሐ። በዚ መሰረት፡ ኣባ ሃብተማርያም ንጉሩ፡ ንንድፈ ዓንቀጽ 8 ብምቕያር፡ ብመሰረት ፈደራል ድንጋገ ፈደራል ሃገርነት ዝረኸቡ ሰባት ኤርትራዊ ዜግነት ዝህልዎም፡ ሕግታት ኤርትራ ምስ ዘፍቅደሎም ጥራይ ኢዩ ዝብል መኣረምታ ኣቕረቡ። ድሕሪ ነዊሕ ክትዕ መኣረምታኦም ቅቡል ኮይኑ ክም ሕጊ ጸደቐ።[8]

ዓንቀጽ 8 (ዓንቀጽ 20 ናይ ንድፈ ዝነበረ) በዚ ኣገባብ'ዚ ምስ ቀየሩ፡ ክትዖም ናብ ዓንቀጽ 9 (ዓንቀጽ 8 ዝነበረ) ኣድሃቡ። ማቲየንሶ ንኣገዳስነት ዓንቀጽ 9 ክገልጽ እንከሎ፡ "ፈደራል ድንጋገ ኣብ መንጎ ኤርትራን ኢትዮጵያን ናይ ቀረባ ፖለቲካውን ቍጠባውን ምትእስሳር ይሃሉ ስለ ዝበለ፡ ብመሰረት ኰነታት ትኽክልነት (reciprocity - ሓድሕዳዊ ዳግመ ምፍድዳይ)[9] ዜጋታት ፈደረሽን፡ ኣብ ኤርትራ ማዕረ ኤርትራውያን መሰል ክወሃቦም ኣሎዎ፡" ድሕሪ ምባል፡ "ከምኡ እንተ ዘይኮይኑ፡ ፈደራል ሃገርነት ዝብሃል ኣምር ትርጉም ክህልዎ ኣይኮነን፡ እቲ ሓደ ኣብቲ ኻልእ ጓና ክኸውን ኣይግባእን፡" ዝብል መግለጺ ሃበ።

እዚ መግለጺኡ'ዚ፡ ንብዙሓት ኣባላት ዘሰድዕ መሰለ፣ ብዙሓት ኤርትራውያን ኣብ ኢትዮጵያ ናይ ስልጣን ቦታታት ስለ ዝሓዙ፡ ሓንትስ ብሕጊ ደኣ ይነጸር'ምበር፡ ክልቲኦም ዜጋታት ኣብ ክልቲአን ሃገራት ማዕረ መሰል ክህልዎም ጸገም ክም

7.UNGA, A/AC. 44/R. 62, 19 May 1952 (14th Meeting)
8. UNGA, note 29, above.
9. ኣብ ንድፈ ህንጻ መንግስቲ ኤርትራ 1952፡ reciprocity ዝብል ቃል እንግሊዝ፡ "ኵነታት ትኽክልነት" ተባሂሉ ተተርጕሙ ኣሎ። ኣብቲ ብባይቶ ዝጸደቐ ሕገ መንግስቲ ኤርትራ 1952 ድማ፡ እቲ ቓል "ሓድሕዳዊ ዳግመ ምፍድዳይ" ተባሂሉ ኣሎ። ኣብ ተግባር ክርእ እንከሎ፡ ትርጉም reciprocity "ልክዕ ከምቲ ኣብ ሓደ ዝህሉ፡ ኣብ'ቲ ኻልእ'ውን ይሃሉ" ማለት'ዩ። ኣብ ጉዳይ ዜግነት ኤርትራ ኣብ እዋን ፈደረሽን፡ ኤርትራውያን ኣብ ኤርትራ ዝረኽቡዎ መሰላት ኣብ ኢትዮጵያ ክህሉ፡ ከምኡ'ውን ብግልባጡ ማለት'ዩ። ኣብ'ዚ ጽሑፍ ነቲ ናይ ሕገ መንግስቲ 1952 ትርጉም እቲ ቓል ወሲድና ኣሎና።

ዘየምጽእ ዝምጉቱ ተረኽበ።[10] ነዚ ኣረኣእያ'ዚ ኣትሪሮም ካብ ዝተቓወሙ ሓደ ኢብራሂም ሱልጣን፡ ነዚ ዝሰዕብ መልሲ ሃቡ፤

> ... ዝያዳ ክብሪ ንፈደራዊ ጉዳያት እናሃብና ውሽጣዊ ጉዳያትና ንዘንግዕ ኣሎና። .... ፈደራል ድንጋገ ኣብ መንጎ ሃገርነትን ኤርትራዊ ዜግነትን ፈልዩ ኣሎ። ንኽልቲኡ ንሕውሶ እንተ ኾይንና ትርጉም ውሽጣዊ ናጽነት እንታይ ኢዩ ክኸውን? ነቲ ኣብ ዝሓለፈ ክትዕና (ዓንቀጽ 8) ዝዓጸናዮ ማዕጾ፡ ሕጂ መሊስና ነርሕዎ ኣሎና።
> ከምዚ እንተኾይኑ ... ነቲ ካብ ኢትዮጵያ ክውሕዝ ዝኽእል ዓመጽን ሓያል ስልጣንን ክንቃወም ኣይክንክእልን ኢና። ስግር ዶብ፡ ናጻ ምርጫን ርትዓዊ ሸመትን ዘሎ ዲዩ ዝመስለኩም? ኣብ ኢትዮጵያ ያኢ ናጽነት ሃልዩስ፡ ከምቲ ኢትዮጵያውያን ኣብዚ ይግበሩዎ ዝብሃል ዘሎ፡ ኤርትራውያን ኣብኡ ክገብሩ ክኽእሉ ዲዮም? ... ኤርትራውያን ኣብ ኢትዮጵያ ከም ዝረኽቡዎ ዘይረጋገጽ መሰላት፡ ንኢትዮጵያውያን ኣብ ኤርትራ ክወሃብ የብሉን። መጀመርታ ኤርትራውያን ቤቶም ይሓልዉ፡ ደሓር ቤት ኣሕዋቶምን ጉረባብቶምን።[11]

መደረ ኢብራሂም ብዙሕ ስምዒት ኣለዓዓለ። ኣቦ መንበር ባይቶ ተድላ ባይሩ ከይተረፉ፡ ኢትዮጵያውያን ኣብ ኤርትራ ከም ጓኖት ክረኣዩ የብሎምን ዝብል መጠንቀቕታ ሃቡ። ሓረጎት ኣባይ፡ ካብ ደቅተሸም ዝተመርጹ'ውን፡ ኤርትራውያን ኣብ'ቲ ፈደራል መሳርዕ መንግስቲ ክሰርሑ ስለ ዝኾኑ፡ እቲ ዓንቀጽ ከም ዝነበሮ ንኽጸድቕ ሓተቱ። በቲ ኻልእ ወገን ግን፡ ኣብ ኢትዮጵያ ናጻ ምርጫ ዝብሃል ስለ ዘይነበረ፡ እቲ ማዕረ መሰል ዝብሃል፡ ፖለቲካዊ መሰል ክኸውን የብሉን ዝብል ርእይቶ ክትዕ ኣዝዩ ሓየለ።[12]

ማቲየንሶ ዳርጋ ኣብ ምንጽርጻር በጽሐ። እቲ ናይ ዜግነት ትኽክልነት ወይ ዳግመ ምፍድዳይ (reciprocity of citizenship) ዝብሃል መትከል፡ ንቡር መትከል ፈደራል ስርዓታት ምንባሩ ክረድእ ፈተነ። "እኳ ደኣ፡" በለ፤

> ንፈደራል ዜጋታት፡ ዜግነት ኤርትራ ዘይምሃብ ኢዩ ጸረ-ፈደራል መትከልን ጸረ-መንፈስ ውሳነ ሕ.ሃ.ን። ዓንቀጽ 8 ኩተጽድቁ እንከለኹም ነዚ ከም ርዱእ'የ ወሲደዮ ነይረ። ... ኣብ ዓንቀጽ 8፡ ኪኖ'ቲ ኣነ ዝሓሰብኩዎ ኬድኩም። ኣነ፡ (እቲ መሰል) ነቶም "ኣብ ኤርትራ ዝተወልዱ፡ (ፈደራል ዜጋታት) ክወሃብ'የ ዝበልኩ። ንስኻትኩም ግን፡ "ፈደራል ዜጋታትን ብሕግታት ኤርትራ ዜግነት ዝረኸቡን" ብምባል ነዚ መሰል'ዚ ናብ ኩሎም ፈደራል ዜግነት ዘለዎም ኣስፊሕኩሞ።[13]
> ... ብዛዕባ ዓንቀጽ 9 ምስ መንግስቲ ኢትዮጵያ ተመያይጠ እየ። ንሳቶም ድማ ማዕረ መሰል ንኤርትራውያን ኣብ ኢትዮጵያ ተመባጺ.ያምለይ። ዓንቀጽ 9 ዝያዳ ንረብሓ ኤርትራውያን'ዩ ..."

10. UNGA, Note 29, above.
11. UNGA, note 33, above.
12. መሓመድ ዑመር ኣኪቶ ካብ ደንካልያ፡ ቃዲ ዓሊ ዑመር ካብ ኣከለ ጉዛይ... ካብቶም ኣብዚ መርገጽ እዚ ዝጸንዑ ነበሩ። UNGA, note 33, above
13. UNGA, A/AC. 44/R.65, 21 May 1952, (17th meeting).

መደረን ቍጥዐን ማቲየንሶ ሓሳባት ኣባላት ኣይቀየረን። መሓመድ ሰዒድ ሓሰኖ ካብ ምዕራባዊ ኣውራጃ (ባርካን ጋሽን) ንሰምዒት ዝበዝሑ ብጹቶም ገለጹ።

> ስክፍታና፡ ዓንቀጽ 9 ንፈደራል ዜጋታት ፖለቲካዊ መሰል ዝህብ ምኳኑ ኢዩ። ድሌትና፡ ኣብ ፖለቲካዊ መሰል፡ ኣብ መንጎ ኢትዮጵያን ኤርትራን ፍልልይ ክግበር ኢዩ። ኩሉ ኻልእ መሰላት ብመሰረት ትኽክልነት ይዋሃቦም፡ ብዘይካ ፖለቲካዊ መሰል። ፖለቲካዊ መሰል ብሕግታት ኤርትራ ዝተሰርዐ ክኸውን ኣሎዎ።[14]

ነዚ ድሕሪ ምባል፡ መሓመድ ሰዒድ ሓሰና ንንድፊ ዓንቀጽ 9 ዘመሓይሽ፡ ነዚ ዝሰዕብ እማመ ኣቕረበ፤

> ዓንቀጽ 9
>
> 1. ብመሰረት ትኽክልነት (ሓድሕዳዊ ዳግመ ምፍድዳይ- reciprocity)፡ ፈደራዊ ሃገርነት ዘሎዎም ግን ናይ ኤርትራ ዜግነት ዘይብሎም ሰባት፡ ኣብ ኤርትራ ከምቲ ናይ ኤርትራውያን ዝበለ መሰል ይረኽቡ፡
> 2. ብመሰረት ናይ ሓድሕዳዊ ዳግመ ምፍድዳይ፡ ፈደራዊ ሃገርነት ዘሎዎም ሰባት ከምቲ ህንጻ መንግስትን ሕግታት ኤርትራን ዚሰርዑዎ፡ ፖለቲካዊ መሰል ይረኽቡ።

እዚ እማመ'ዚ ኣብ ድምጺ ወዲቑ ብዓብላሊ ቍጽሪ ሓለፈ። በዚ ድማ፡ ብውሑዱ ንውሽጣዊ ፖለቲካዊ ጉዳያት ብዝምልከት፡ ኤርትራዊ ዜግነት ብሕጊ ዝተሓለወ ኾነ። እዚ ድማ፡ ኤርትራውያን ዘይኮኑ ናይ ፈደረሽን ዜጋታት (ንኢትዮጵያውያን እውን ሓዊስካ)፡ ኣብ ውሽጢ ኤርትራ ፖለቲካዊ መሰላት ዝረኽቡ፡ ሕግታት ኤርትራ ፈልዩ ምስ ዘፍቅደሎም ጥራይ ኮነ ማለት ኢዩ።

እቶም ካብ ኣዝዩ ተጻራሪ ዝኾነ ፖለቲካዊ ዝንባሌታት፡ ማለት ድማ፡ ምሉእ ናጽነት ኤርትራ፡ ሕብረት ምስ ኢትዮጵያን ምቕሊ ኤርትራ ናብ ሱዳንን ኢትዮጵያን ዝመጹ ኣባላት፡ ኣብ ሕቶ ኤርትራዊ ዜግነት ነዚ ዝመስል ዝሰመረን ተኸላኻልን መርገጽ ክወስዱ ቐሊል ኣይነበረን። ብውሑዱ እቶም ናይ ሕብረት፡ ኣብ ፖለቲካ ኤርትራ ንምስታፍ፡ ናይ ፈደራል (ኢትዮጵያ) ዜግነት ኣኻሊ ኢዩ ክብሉ ትጽቢት ምተገብረሎም። ኣብ ጭቡጥን ኣብ ግብርን ምስ መጸ ግን፡ ምናዳ ከም ኣባ ሃብተማርያም ዝመስሉ ገለ ኻብኣቶም፡ ዝያዳ እቶም ደገፍቲ ናጽነት ተኸላኺልቲ መሰላት ኤርትራ ኾይኖም ተረኽቡ።

14. UNGA, see note 36, above.

ክትዕ ብዛዕባ መሰላት ህዝብን ሕቶ ቋንቋን

ኣብ ዝሓለፈ ንኡስ ክፋል፡ ጉዳይ ኤርትራዊ ዜግነት ንኣባላት ባይቶ ሰግር ፖለቲካዊ ፍልልያቶም ከም ዘሰማምዖም ርኢና። እዚ ድማ፡ ንመሰላት ኤርትራን ኤርትራውነትን ካብ ናይ ግዳም ሓደጋ ንምድሓን ብዝተደረኸ ሕልና ከም ዝመጸ ኣየካትዕን። ንውሽጣዊ ጉዳያትን ሕቶታትን ኣብ ዝምልከት ኣርእስታት ግን፡ ኣባላት ብብውልቃዊ፡ ጉጅላዊ፡ ኣውራጃውን ካልእ ናይ ወገን ሰምዒታትን ክፈናተቱ ተራእዩ።

ንኣብነት፡ ኣብ ዓንቀጽ 37-38 ናይቲ ንድፊ ዝቐረበ፡ ናይ ዜጋታት ፈደረሽን ልምዳዊ (customary) መሰላት፡ እንተላይ ናይ ስድራ ቤትን (family) ውርሻን (succession) መሰላት፡ ብሕጊ ክሕሎ ኢዩ ዝብል ትሕዝቶ ብዙሕ ኣከራኸረ።

እቲ ኽትዕ ብኢብራሂም ሱልጣን ተጀመረ። ንሶም፡ ሕገ መንግስቲ ኤርትራ ብሓቂ መሰላት ኩሉ ኤርትራዊ፡ ብፍላይ ከኣ እቲ ልምዳዊ (customary) ዝኾነ መሰላት ብማዕረ ክሕሉ እንተ ኾይኑ፡ ኣብ መታሕት ዝነብር ህዝቢ ኣብ ልዕሊ መሬት ዘሎዎ መሰላት ብግቡእ ንኽፍለጠሉ ኣመሙ። እቲ ብሕግታት ኢጣልያ ናብ መንግስቲ ኣትዩ ዝነበረ መሬት መታሕት ናብ ህዝቢ ይመለስ ንምባል'ዮም ኢብራሂም ነቲ ሓሳብ ዘቕረቡ።[15]

ንእማመ ኢብራሂም ገለ ዝደገፉዎ'ኳ እንተ ነበሩ፡ ዝበዝሑ ግን፡ ማቲየንሶ ባዕሉ'ውን፡ እቲ ዝቐረበ ንድፊ ንድሌትን ልምዳዊ መሰላትን ህዝቢ ብሓፈሻ ብሕጊ ከም ዝሕሉ ንምግላጽን ንምርግጋጽን እምበር፡ ኣብ ዝርዝር ንኽኣቶ ከም ዘይሓለነ ኣፍለጡ። ኣብ ዝርዝር ኣተሓሕዛ መሬት ምእታው ምስ ዘድሊ፡ መንግስቲ ኤርትራ ብግቡእ ምስ ቈመ፡ ብፍሉይ ሕግታት ምውሳኑ ከም ዝከኣል'ውን ኣረድኡ።[16]

ኢብራሂም ሱልጣን በቲ ዝተዋህበ መግለጺታት ስለ ዘይዓገቡ፡ "ነጻነት ማለት ንንብረትካ ምክልኻል'ውን ማለት'ዩ። ኣብ ሓደ እዋን ብኻልኦት ተወሲዱ ስለ ዝጸንሐ፡ መሬት ካብ ውልቀ ሰባት ምሕዳግ ቅኑዕ ኣይኮነን..." ዝብል ቃላት ኣሰምዑ። ኣቦ መንበር ተድላ ባይሩ፡ እቲ ሕገ መንግስቲ ንኽጸድቕ ተኣኪቡ ዝነበረ ባይቶ፡ መሬት ዶማንያለ ንህዝቢ ናይ ምዕዳል መሰል ከም ዘይነበሮ ድሕሪ ምግላጽ፡ እቲ ኽትዕ ልዝብ ንኽብል ኣተሓሳሰቡ።

እቲ ኽትዕ በዚ መንፈስ እዚ ድሕሪ ምቕጻል፡ ኣባላት ነቲ ኣብ መንጎ ኣዋንና መሬት ከበሳን መሬት መታሕትን ዝነበረ ፍልልይ ዝተገንዘቡ መሰሉ። ብዙሓት፡ "መሬት መንግስቲ ናብ ዋናታቱ ይመለስ... ግን ብሕገ መንግስቲ ዘይኮነስ ብፍሉይ ሕጊ ይኹን..." ክብሉ እንከለዉ፡ ገለ ድማ እቲ ጉዳይ ብኮሚቲ ይጽናዕ ዝብል ሓሳባት ኣቕረቡ። ብሓፈሽኡ ግን፡ እቲ ኣብ ከበሳ መሰል ህዝቢ

15. UNGA, A/AC. 44/ R. 81, 22 May 1952 (29th meeting).
16. UNGA, A/AC. 44/ R.83, 9 June 1952 (30th meeting).

ኣብ ልዕሊ መሬት ዘፍቅድ፡ ኣብ መታሕት ግን ንመሬት ናብ ኢድ መንግስቲ ዘእቱ ዝጸንሐ ሕጊ ጣልያን ዘይፍትሓዊ ከም ዝነበረን ገለ ምምዕርራይ ክግበረሉ ከም ዘድልን ኣብ ምርድዳእ ዝተበጽሐ መሰለ።

ማቲየንሶ ነዚ ብምግንዛብን ምስ ኣባላት'ውን ብውልቅን ብጉጅለን ድሕሪ ምምይያጥን፡ ንዓንቀጽ 37 መሊሱ ድሕሪ ምምርማር ኣተዓራረያ። እታ ዝተዓረየት ዓንቀጽ ብኸምዚ ዝሰዕብ ኣብ ሕገ መንግስቲ ሰፈረት፤

ዓንቀጽ 37

በቶም ኣብ ኤርትራ ዚነብሩ ዓሌታትን ነንበይኖም ወገናት ሕዝብን፡ ከምኡ እውን በቶም ባሕሪያውያን ወይ ሕጋውያን ሰባት ዚዝውተር ብልምዲ ወይ ብሕጊ ዝቐመ ናይ ጥሪት መሰልን ኣብ ልዕሊ መሬት መንግስቲ ዘሎ ከይተረፈ ናይ መሬት መሰልን፡ ብዝኾነ ይኹን መንፈስ ኣፈላላይ ዘለዎ ሕጊ ኣይገሃስን።[17]

በዚ ኣገባብ'ዚ ዝተመሓየሸ ሕጊ ሓለፈ። እቲ ሸኽ ኢብራሂም ኣሚሞሞ ዝነበሩ፡ መሬት ደማንያለ ናብ ህዝቢ ይመለስ ዝብል ሓሳብ ግን ኣብ ሕገ መንግስቲ ንኸይኣቱ ተወሰነ። ማቲየንሶ ብሰንኪ'ዛ ዓንቀጽ'ዚኣ ክውሳዕ ተቓሪቡ ዝነበረ ዘይምርድዳእ ብውሕልነት ኣባላት ስለ ዝተኣልየ፡ ንኹሎም ብልቢ ኣመስገነ።

ቀጺሉ ዝመጸ ኽትዕ ብዛዕባ ቋንቋ ኢዩ። እቲ ዝበርትዐ ምፍልላይን ናይ ሓይለ ቃል ልውውጥን ዝተራእየሉ ስለ ዝነበረ፡ ብቐደም ተኸተል ናይቲ ዝፈሰሰ ርእይቶን ክትዕን ብቓላት እቶም በሃልቱን እንተ ተገልጸ ኢዩ ዝያዳ ዝጉልሕ።

ክትዕ ብዛዕባ ቋንቋ

ዓንቀጽ 40 - ቋንቋታት (ንድፊ)

1. በብዓይነቶም ዝኾኑ ክፍልታት ሕዝቢ ዚናገሩለን ቋንቋታት፡ ክሳብ ሎሚ ከም እተለምደ ኣገባብ፡ ምስ ሓባራውያን ስልጣናት (public authorities) ኣብ ዘሎዎም ምርኻብ ኪናገሩለን ይከኣል።
2. እዘን ቋንቋታት ኣብ ናይ ሃይማኖት ኮነ፡ ኣብ ናይ ትምህርቲ ጉዳያት፡ ከማኡ ከዓ ኣብ ዝኾነ ይኹን ናይ ሓሳባት ኣገላልጻ ኪናገሩለን ይከኣል ኢዩ።[18]

ንድፊ ማቲየንሶ፡ ንወግዓዊ ቋንቋታት ቦታ ከይሃበ ብሓፈሽኡ ብዛዕባ ቋንቋታት ኤርትራ'ዩ ተዛሪቡ። እቲ ጉዳይ ንኽትዕ ምስ ቀረበ ግን ነቲ ንድፊ ዓንቀጽ ዘማሓይሽ ክልተ እማመታት ቀረበ። እቲ ቐዳማይ፡ ወግዓዊ ቋንቋታት ኤርትራ ትግርኛን ዓረብን ኮይኑ፡ ዝኾነ ሰብ ግን ኣብ ትምህርታዊ፡ ሃይማኖታዊ ይኹን

17. A/AC. 44 / R. 85, 10 June, 1952, (31st meeting). Art. 37 (ዝተመሓየሸ) Property rights and rights of real nature, established by custom or law, exercised in Eritrea by the tribes, the various population groups and by natural and legal persons shall not be impaired by any law of a discriminatory nature.

18. ንድፊ ህንጻ መንግስቲ ኤርትራ። ናይ እንግሊዝ ንድፊ ከምዚ ይብል፡ Art. 40 – Languages1. The languages spoken by the various population groups shall be permitted to be used in dealings with the public authorities in accordance with established practice.2. Such languages shall be permitted to be used for religious or educational purposes and for all forms of expression of ideas. UNGA/AC/44./R.81 & June 1952 (29th Meeting).

ካልእ ጉዳያት ብቛንቋኡ ንኽገልጽ ዘፍቅድ ነበረ። እቲ ኻልኣይ ከኣ፡ ኣብ ዝበዝሕ ነጥብታት ምስቲ ቐዳማይ ዝሰማማዕ ኮይኑ፡ ኣብ ወግዓዊ (መንግስታዊ) ጉዳያት ግን ህዝቢ ብትግርኛን ዓረብን ጥራይ ንኽጥቀም ሓተተ።[19]

ኣብ ዝቐጸለ ሳልስቲ፡ እቲ ዝቐረበ ክልተ መመሓየሺ እማመታት ይርዓምዶ ኣይርዓም ኣብ ዝብል ሰምምዕ እናተሳእኑ፡ እቲ ኽትዕ ክመሓላለፍ ቀነየ። ብ11 ሰነ 1952፡ ኣብ መበል 32 ኣኼባ ባይቶ ጥራይ ዕቱብ ክትዓት ተሰምዐ። ካብቶም ፈለምቲ ዘረባ፡ ቀኛ. ወልደዮሃንስ ገብረእግዚእ፡ "ዝበዝሓ ሃገራት ሓንቲ ቛንቋ፡ ሓንቲ ባንዴራ፡ ሓንቲ ዘውዲ ኢያ ዘላተን። ኣብ ኤርትራ ትግርኛ ዘይርዳእ ሰብ ስለ ዘየለ፡ ትግርኛ ወግዓዊ ይኹን። ዓረብ ናይ ሃይማኖት ቋንቋ ስለ ዝኾነ፡ ከም ናይ ባዕዲ ይርአ። ኣብ ወግዓዊ ጉዳያት ክዝውተር ኣይግባእን…" በሉ።

ከም ቀጥታዊ መልሲ ናይዚ ዝተባህለ፡ ብርሃኑ ኣሕመዲን ካብ ገዛ ብርሃኑ፡ "እምበኣር ዓረብ ጥራይ ናይ ሃገር ቋንቋ ይኹን፡" ዝብል መልሲ ሃቡ።

ብድሕሪ'ዚ ዝመጸ ኽትዕ፡ ብልሳን ወሃብቲ ርእይቶ፡ ካብ ቃላቶም ተጸሚቑ ምስ ዝቐርብ'ዩ ዝያዳ ዝበርህን መቐረት ዝህብን'ሞ፡ ብቕደም ተኸተሉ ነቕርቦ፤

ናስር ኣቡበከር ፓሻ (ኣልራብጣ-ኣከለጉዛይ)፡ ዓረብ ናይ ጥንቲ ቛንቋን ብዙሓት ሃገራት ዝዛረባኦን'ዩ። ትግርኛ ቋንቋ ኽበሳታት ኤርትራ ጥራይ'ዩ። ግን፡ ከም መተዓረቒ ንጠቐመሉ።

ሓድገምበስ ክፍሎም (ሕብረት-ኣከለጉዛይ)፡ ዓረብ ምስ ሃይማኖት ኢዩ መጺኡና። ትግርኛ ወግዓዊ ይኹን። ምስ ኢትዮጵያ ፈደራል ንኸውን ስለ ዘሎና ግን፡ ኣምሓርኛ ካልኣይ ቛንቋ ይኹን። እዚ ድማ፡ ትግርኛ ንውሽጣዊ ጉዳያት፡ ኣምሓርኛ ድማ ንፈደራዊ ጉዳያት ማለት'ዩ። ዓረብ፡ ንውሱን እዋን ንጠቐመሉ-ክሳብ'ዞም ኣሕዋትና ትግርኛ ዝመሃሩ።

ተኽለሃይማኖት በሽሩ (ደ.ሰ.ኤ.-ኣከለ ጉዛይ)፡ ኣብዚ ጉዳይ ርእይቶ ህዝቢ ዝተፈላለየ ኢዩ። እቲ ሓሳብ ከም ዘሎዎ ይኹን። ኩሉ ኤርትራዊ ኣይኮነን ትግርኛን ዓረብን ዝፈልጥ…።

ተድላ ባይሩ (ኣቦ መንበር - ሓማሴን)፡ ህዝቢ ኣብ ክልተ ሃይማኖታት'ኳ እንተሎ፡ ኣባላት ባይቶ ግን ሓድነት ከርእዩ ኣሎዎም። ፍልልይ ኣብ ባይቶ ኣብ ህዝቢ ሕማቕ ሳዕቤን ከኸትል'ዩ።

መሓመድ ዑመር ኣኪቶ (ደ.ሰ.ኤ.-ደንካልያ)፡ ዘተ ምስ ህዝቢ ውዱእ ኣይነበረን ዝብል ኣይሰማምዓሉን'የ። ህዝቢ ርእይቶኡ ሂቡ ኢዩ። እቲ ዓንቀጽ ከምቲ ተነዲፉዎ ዘሎ እንተ ጸዲቑ፡ ኤርትራ ባቢሎን (Tower of Babel) ክትከውን ማለት ኢዩ። ኣብ ኤርትራ ክልተ ቛንቋታት ኣሎ-ትግርኛን ዓረብን። ንኽልቲኡ ንቀበል።

እምባየ ሃብተ (ሕብረ-ከረን)፡ ሃይማኖታዊ ፍልልይ ንግደፍ'ሞ፡ ረብሓ ህዝቢ ንርአ። ሕገ መንግስቲ ብእንግሊዝ፡ ዓረብን ትግርኛን ተነዲፉ ኣሎ። ስለ'ዚ

19. UNGA, A/AC. 44/ R/ 81, 7 June 1952 (29th Meeting). ኣቕራቢ ቀዳማይ እማመ ሸኽ መሓመድ ኣል ሑሴን ከላይ (ባርካ)፡ ናይታ ኻልኣይቲ ድማ ሸኽ መሓመድ ዑመር ኢብራሂም (ሳሕል) ነበሩ።

ዓረብን ትግርኛን ወግዓዊ ይኹኑ። እቲ ኻልእ ቋንቋታት'ውን ህዝቢ ምስ ሰበ ስልጣን ኣብ ዝራኸበሉ ይጠቐመሉ።

ቃዲ ዓሊ ዑመር (ደ.ሰ.ኤ.-ኣከለ ጉዛይ)፡ ዓረብ ዝያዳ ትግርኛ ናይ ባዕዲ ኣይኮነን። መበቈል ክልቲኡ የመን ኢዩ። ኮሚሽነር ኣብ ህዝባዊ ዘተኦም፡ ክልቲኡ ቋንቋታት ክምረጽ ኣሎዎ ዝብል ድምጺ ኢዮም ሰሚዖም። ነዚ ከስፍሩዎ ነይሩዎም። እንግሊዝን ጣልያንን እውን ኣብ ልዕሊ ትግርኛን ዓረብን ይተሓወስ ዝብሃል እንተ ኾይኑ፡ ብወገነይ ኣይቃወምን።

ዲመጥሮስ ገብረማርያም (ሕብረት-ሰራየ)፡ ትግርኛ ኢዩ ቐንዲ ቛንቋ፡ ግድን ካልእ ቋንቋ ይወሰኽ እንተ ተባህለ ድማ ትግረ ይወሰኽ'ምበር፡ ዓረብ ናይ ሃይማኖት'ዩ'ሞ ብኡ መጠን ክብሪ ይወሃቦ። ከም ወግዓዊ ቋንቋ ግን ኣብዚ ሃገር ፍልልይ ከእትወልና ኢዩ።

ማቲየንሶ፡ እዚ ሓደ ካብቲ ኣካታዒ ነጥብታት'ዩ። በዚ ምኽንያት'የ ተጠንቂቐ ነዲፈዮ። ግን፡ ኣብ ባይቶ'ውን ተመሳሳሊ ፍልልይ እርኢ ኣሎኹ። ... ሕገ መንግስቲ ውህደት ክምጽእ ኣሎዎ።... ሕጊ ምርቃቕ ጥራይ ኣይኮነን፡ ዕርቂ'ውን ክምጽእ ይግባእ። እምበኣር፡ ዓረብ ከም ወግዓዊ ቛንቋ ክፍለጥ ድሌት ዓቢ ኽፋል ህዝቢ ካብ ኮነ፡ ...እቲ ዝበለጸ ኣብ ኣተዓራቒ ነጥቢ ምእታው ኢዩ። ... እዚ ዝተፈላለየ ረብሓታት ከተዓርቕ ስለ ዝፍትን፡ ኣዝዩ ኣሸጋሪ ሕገ መንግስቲ ኢዩ። ብመንፈስ ምትዕራቕ እምበኣር ትግርኛን ዓረብን ወግዓዊ ቛንቋታት ይኹን ንዝብል መመሓየሺ እማመ ተቐቢለ ኣሎኹ...።[20]

ሽዑ መዓልቲ ውሳነ ከይተዋህበ፡ ባይቶ ንዛቕጽል መዓልቲ ብቔጸራ ተፈላለየ። ንጽባሒቱ ንግሆ፡ ኣባል ሕብረት ዝነበሩ ብላታ ደምሳስ ወልደሚካኤል ካብ ኣባ ሻውል፡ ቋንቋ ዓረብ ከም ወግዓዊ ቋንቋ ክፍለጥ የብሉን ዝብል ዘረባ ኣሰምዑ እሞ እቲ ጉዳይ ናብቲ ዝነበሮ ዝምለስ መሰለ። ሃንደበት ግን፡ ደግያት በርሀ ኣሰበሮም፡ ኣባል ደ.ሰ.ኤ. ካብ ማዕረባ ተንሲኦም፡ ኣባላት መታን ዘይወግዓዊ ዕላል ከካይዱ፡ ኣኼባ ንሓጺር ጊዜ ንኽቋርጽ ሓተቱ'ሞ ንዕረፍቲ ወጹ።

ድሕሪ ሓጺር ጊዜ፡ ኣኼባ ቐጸለ። እቶም ኣቐዲሞም ኣንጻር ቋንቋ ዓረብ ተዛሪቦም ዝነበሩ ብላታ ደምሳስ፡ ብብዙሓት ተወኪሎም ይዛረቡ ምንባሮም ድሕሪ ምግላጽ፡ ኣባላት መታን ክቐስኑን ስምምዕ መታን ክሰፍንን፡ ቋንቋታት ዓረብን ትግርኛን ወግዓውያን ንኽኾና ከም ዝድግፉ ኣፍለጡ። ደጊያት በርሀ ኣሰበሮም ደገፉዎም። ማቲየንሶ ዝተመሓየሸ ንድፊ ዓንቀጽ 39 ንውሳነ ኣቕረበ። ብብዝሒ ብልጫ ድማ ተራዕመ። ዓንቀጽ 39 ናይቲ ንድፊ፡ ዓንቀጽ 38 ተባሂሉ ከምዚ ዝሰዕብ ኣብ ሕገ መንግስቲ ኣተወ፤

1. ትግርኛን ዓረብን ናይ መንግስቲ ኤርትራ ቋንቋታት ይኾና፡
2. ከምቲ ኣብ ኤርትራ ልሙድ ዘሎ ኣገባብ፡ እተን ቡቶም ነንበይኖም ዝኾኑ ወገናት ሕዝቢ ዝዝረባን ዝጽሓፉን ቋንቋታት ምስቶም ሕዝባዊ ኣገልግሎት ዝፍጽሙ ሰበ ስልጣን ኪዕየየለን፡ ከምኡ'ውን ኣብ ናይ ሃይማኖት ወይ ናይ

20. UNGA, A/AC. 44/ R.87, 11 June 1952 (32nd Meeting).

ብላታ ደምሳሰ ወልደሚካኤል

ትምህርቲ ጉዳያትን ኣብ ኩለን ናይ ሓሳባት መግለጺ ዓይነታትን ክዘውተራ ይፍቀደለን።

ትግርኛን ዓረብን እምበኣር በዚ ዝተባህለ ኣገባብ'የን ኣብ እዋን ፈደረሽን ወግዓውያን ቋንቋታት ኤርትራ ንኽኾና ዝበቕዓ።
ኣብዚኣ ሓንቲ ኣገዳሲት ነጥቢ'ላ። ኣብ ቋንቋ ዓረብ ስምምዕ ዝተረኽበ፡ በዓል ደጊያት በርሀ ብሓደ ወገን፡ ብዓል ብላታ ደምሳሰ ድማ በቲ ኻልእ ካብ መጋባእያ ወጺኦም ምስ ተመያየጡ ኢዩ። ኣብኡ እንታይ ምስ ተባሃሃሉ እቲ ስምምዕ ከም ዝተረኽበ ምስዚ ሰዒቡ ዝመጽእ ጉዳይ ወኪል መራሕ መንግስቲ ተታሓሒዙ ኢዩ ክበርህ።

ጉዳይ ባንዴራን ወኪል ንጉሰ ነገስትን

ምስ ሕቶ ቛንቋ፡ ኣብ ባይቶ ወከልቲ ህዝቢ ብዙሕ ዘካትዐ ክልተ ጉዳያት፡ ናይ ባንዴራን ወኪል ወይ እንደራሴ ንጉሰ ነገስት ኢትዮጵያ ኣብ ኤርትራን ነበረ። ኣቐዲምና፡ ማቲየንሶ ብጸቕጢ መንግስቲ ኢትዮጵያ፡ ብፍላይ ድማ በቲ ናይ ሚኒስተር ጉዳያት ወጻኢ ኣክሊሉ ሃብተወልድ፡ እንደራሴ ንጉሰ ነገስት ናብ ኤርትራ ንኽኣቱ ከም ዝተሰማምዐ ርኢና ኔርና። ኣብቲ ፈለማ፡ ማቲየንሶ ነዚ እማመ'ዚ ክቕበሎ ከም ዘይደለየ፡ ፈደራል ድንጋገ ውድብ ሕ.ሃ. ንዘይወሰኖን

ንዘየፍቀዶን ጉዳይ ከአ ንሱ ክትግብር ከም ዘይብገስ ከም ዘፍለጦ ዘረድእ ተወሳኺ ኣብነታት'ውን ኣሎ።

ንኣብነት፡ ንህዝቢ ይሰምዓሉ ኣብ ዝነበረ ጊዜ፡ ማቲየንሶ ካብ ሓደ "ማሕበር ምምዕባል ፍልጠት ኤርትራ" ዝስሙ፡ ኣብ ትሕቲ ሓልዮት ማሕበር ሲታውያን፡ ብመንእሰያት ደቀባት ዝቼመን ሰሚናራትን ኣስተምህሮታትን እናወደበ ብዛዕባ ዘመናዊ ፍልጠትን ኣገደስቲ ሃገራዊ ጉዳያትን ዝዝቲ ጉጅለ፡ ርእይቶ ተቐቢሉ ነበረ። ኣባል እቲ ጉጅለ ዝነበሩ ቀኛዝማች ገብረመድህን ተሰማ ከም ዘዘንተዉዎ፡ ሙብዛሕትኦም ኣባላት እቲ ማሕበር ደገፍቲ ሕብረት ስለ ዝነበሩ፡ ኣብ ኩሉ ካልእ ርእይቶኦም'ኳ ደሞክራሲያዊ ሓሳባት እንተ'ቕረቡ፡ ኣብ ኤርትራ እንደራሴ ንጉስ ነገስት ይሃሉ ክብሉ ግን ኣመሙ። ማቲየንሶ በቲ ሓሳባቶም ኣዝዩ ከም ዝተገረመ፡ ነቲ እማመኦም በቲ ዝተጸበዩዎ መልክዕ ከም ዘይተቐበሎን ኣንጻሩ ዝኾነ መርገጺ ዝነበሮ ከም ዝመሰሎምን ቀኛዝማች ገብረመድህን ይዝክሩ።[21]

ከምቲ ዝተባህለ ግን፡ ማቲየንሶ ኣብ ቅድሚ ጸቕጢ ኣክሊሉ ሃብተወልድ ኣዝለቐ'ሞ፡ ንህላወ እንደራሴ ሃይለስላሴ ኣብ ኤርትራ ዘፍቅዱ ዓንቀጻት ኣብቲ ንድፌ ኣሰፈረ። ብ21 ግንቦት 1952፡ እተን ዓንቀጻት ንኽትዕ ምስ ቀረባ፡ ባይቶ ኣብ ክንዲ ብሓባር ዝዝትየለን፡ ሓደ ነቲ ጉዳይ ብፍሉይ ዝርኢ ኮሚቲ ክቐውም እሞ ተመሊሱ ጸብጻቡ ንባይቶ ክህብ ተሰማምዐ። ሽዑ መዓልቲ፡ ጉዳይ ባንዴራን ኣርማታትን መንግስቲ ኤርትራ በታ እትቐውም ኮሚቲ ንኽጽናዕ ተወሰነ።[22] እታ ዝተባህለት ኮሚቲ ድማ ብ29 ግንቦት 1952 ቈመት።[23]

ክትዓት ናይታ ዝቘመት ኮሚቲ ብዙሕ ምስሕሓብ ዘኸተለን ማዕበላውን ከም ዝነበረ ምንጭታት ይገልጹ።[24] ኣብታ "የኤርትራ ጉዳይ" ዘርእስታ መጽሓፉ'ውን፡ ኢትዮጵያዊ ደራሲ ዘውዴ ረታ፡ ጉዳይ ባንዴራን ወኪል ንጉስ ነገስትን ኣዝዩ ኣካታዒ ጥራይ ዘይኮነ፡ ማዕረ ኣብ ውሽጢ ባይቶን ኣብ ውሽጢ ኣስመራን ህውከትን ዕግርግርን ክፈጥር ተገማጊሙ ከም ዝነበረ የዘንቱ። ንሱ ከም ዝበሎ፡ ጉዳይ ባንዴራ ኣዝዩ ስለ ዘሰሓሓበ፡ ብቐሺ ዲሚጥሮስ ዝተመርሑ ደገፍቲ ሕብረት ንመጋባእያ ባይቶ ኤርትራ ረጊጾም ወጹ'ሞ፡ ጭርሖታት ኣስምዑ። እቲ ጭርሖ፡ ይብል ዘውዴ ረታ ኣብ መጽሓፉ፤

"ናይ ኣንድነት ወገን ዝኾንካ ኩልኻ ቅልጽምካ ኣልዕል! ክሳብ ሎሚ ደምካ እናፍሰስካ ሓሊኻ ዘጽናሕካያ ባንዴራ ኢትዮጵያ፡ ሎሚ'ውን መስዋእቲ ንኽትከፍለላ ተዳሎ..." ዝብል ነበረ። እቲ ኹነታት ብሓፈሻ ኣዝዩ ዘተሓሳስብ ኮነ። ኣስመራ ባሩድ-ባሩድ ንምሽታት ተቐራረበት። ካብ ኣዲስ ኣበባ፡ ምስ

21. ቀኛ. ገብረመድህን ተሰማ፡ ቃለ መጠይቕ፡ 19 ሰነ 2003፡ ኣስመራ።

22. UNGA, A/AC. 44/ R. 64, 21 May 1952.

23 UNGA, A/AC. 44 R 128, Appendix A, 30 June 1952. ኣባላት እታ ኮሚቲ እዞም ዝስዕቡ ነበሩ። ቃዲ ሙሳ ኣዱም ዑምራን (ኣቦ መንበር)፡ መልኣከ ሰላም ዲመጥሮስ ገብረማርያም (ምኽትል)፡ ናዘር ሓምድ ሰይድ ዑስማን፡ ብላታ ደምሳስ ወ/ሚካኤል፡ ኣቶ እምባየ ገብረኣምላኽ፡ ሸኽ ሓምድ ፈረጅ ሓምድ፡ ሸኽ ያሲን መሓመድ ባጦቕ፡ ኣዝማች በየነ ዛህላይ፡ ቀኛ. ብርሃኑ ኣሕመዲን፡ ቀኛ. ሓድገምበስ ክፍሎም፡ ሸኽ መሓመድ ሰዒድ ሓሰና፡ ቀኛ`. ወልደዮሃንስ ገብረእግዚእ።

24. Mulcahy to Dept. of State, 777.00/6 – 1052, June 10, 1952.

ኣስፍሃ ወልደሚካኤል ሽማግለታት እናገለገሉ ኣስመራ መጺኦም ነቲ ባእሲ ኣዝሒሎም ሰላም ንምፍጣር ጻዕሮም ቀጸሉ።[25]

ዘውዴ ረታ ቐጺሉ፡ እቶም ብሕርቃን ናብ ባይቶ ምምላስ ዝኣበዩ ኣባላት፡ ናይ ኢትዮጵያ ሊያዞን ኦፊሰር ዓምደሚካኤል ደሳለኝ ንዘቐረበሎም ኣተዓራቒ ሓሳባት ነጺጎም እምቢታኦም ቀጸሉ። ኣስፍሃ ወልደሚካኤል፡ "ካብ ንጉስ ሃይለስላሴ ዝተላእከ ደብዳበ ሒዘ መጺአ" ብምባል፡ ብኢዶም ዝተጻሕፈ፡ ምምሕዳር እንግሊዝ ክሳብ ዝለቅቕ፡ ነቲ ብሕ.ሃ. ዝተዋህበ ውሳነ "ኣብ ግብሪ ንምውዓል ዘኽእለና ስምምዕ ወዲእና ብሰላም ክሳብ ንገላገል፡ ትዕግስትኹም ዝደልደለ፡ ኣካይዳኹም ድማ ንፍርዲ ዝምችእ ጭዋ ዝኾነ መገዲ ክኽተል የድሊ..." ዝብል መልእኽቲ ምስ ኣንበቡሎም ግን፡ ንባይቶ ከም ዝተመልሱ ዘውዴ ረታ የረድእ። ኣብቲ ባይቶ'ውን፡ ይብል ዘውዴ፡ እቶም ተቓወምቲ ደኣ ባንዴራ ኤርትራ ትሃሉ በሉ'ምበር፡ ኣንድነትስ ድምጺ'ውን ኣየሰምዑን።[26]

ዘውዴ ረታ ነዚ ዝተባህለ ሓበሬታ ካበየናይ ምንጪ ከም ዘምጸኦ ዘረድእ መወከሲ ኣየቕረበን። ካብቶም ንጉዳይ ባንዴራን ወኪል ንጉስ ነገስትን ንኽርእዩ ዝተመርጹ 12 ኣባላት፡ ሓደ ጥራይ፡ ማለት ደጊያት ወልደዮሃንስ ገብረእግዚእ፡ ኣብ እዋን ምድላው ናይዚ መጽሓፍ ብህይወት ይርከቡ። ዘውዴ ረታ ብዛዕባ'ቲ ብሰንኪ ጉዳይ ባንዴራ ኤርትራ ኣብ ባይቶ ዕግርግርን ኣድማን ተፈጢሩ ዝበሎ ክምልሱ እንከለዉ፤

ንሕና ካብ ባይቶ ወጺእና ኣይንፈልጥን። ዓምደሚካኤል ደሳለኝ ይኹን ቢትወደድ ኣስፍሃ ወልደሚካኤል ከኣ፡ ከመይ ገይሮም'ዮም ናብ ባይቶ መጺኦም ንዓና ዘዛርቡና? እዚ'ሞ ብመሰረቱ ክኸውን ኣይክእልን። ንሕና'ውን ባይቶ ረጊጽና ክንወጽእ ዝሕሰብ ኣይኮነን፡ ከምኡ'ውን ኣይገበርናን። እዚ ናይ ባንዴራን ናይ እንደራሴን ጉዳይ ብዙሕ ክሰሓሕበና ግን ኣጸቢቐ እዝክር። ወጻኢ ካብ ባይቶ ብዙሕ ክትዕን ምትእኽኻብን እውን ነይሩ ኢዩ - ቡብወገንካ ዝግበር።

ኣብ ዝሓለፈ ክፋል ከም ዝረኣናዮ፡ ወጻኢ ካብ ባይቶ ዝተገብረ ምትእኽኻብ፡ እቲ ንጉዳይ ወግዓዊ ቛንቋታት ኣብ መዓልቦ ዘብጽሐ ናይ በዓል ደጊያት በርሀ ኣስበሮም ስምምዕ ኢዩ።

ኣባል ባይቶ ሸኽ ዑመር ኣኪቶ፡ ብዛዕባ'ቲ ኣብ ግዳም ዝተገብረ ዝርርብ በዚ ዝስዕብ ገሊጾሞ፡

ንሕና፡ ኣባላት ባይቶ፡ ቋንቋ ዓረብ እንተ ዘይተቐቢሎም፡ ካብ ባይቶ ክንወጽእ፡ ነቲ ኹሉ ክንገድፎ ወሲንና ነይርና። ካብ ቅድም ጀሚርና ድማ፡ ወኪል እንደራሴ ኣይንቕበልን ኢና ንብል ዝነበርና። ቀስ እናበለ፡ ኽልቲኡ እዚ ሕቶታት መማዝንቲ ኾይኑ። "ቋንቋ ዓረብ ክንቅበል፡ እንደራሴ ተቐበሉ"

25. ዘውዴ ረታ፡ ገጽ 348።
26. ዘውዴ ረታ፡ ገጽ 349።

ክብሉና ጀሚሮም። ኣብ ግዳም ብዙሕ ተኻቲዕና። ኣብ መወዳእታ፡ "ናትና ትዕድልቲ ንሱ እንተ ኾይኑ፡ ምእንቲ ህዝብን ምእንቲ ሓድነትን ክንብል እንደራሴ ንቕበል" ኢልና። ንሳቶም ቋንቋ ዓረብ ተቐቢሎም።
እቲ መወዳእታ ካብ ባይቶ ዕረፍቲ ወጺኦም ዝተሰማምዑዎ፡ እቲ ኣቐዲምና ወዲእናዮ ዝነበርና ሓሳባት'ዩ። (ብዘይካ'ቲ ብላታ ደምሳስ ወልደሚካኤል ካብቲ ናይ ግዳም ኣኼባ ባይቶ ምስ ተመልሱ ዝተዛረብዎ፡ ቋንቋታት ትግርኛን ዓረብን ወግዓውያን ንኽኾና ዘበሰረ ቓል፡ ብዛዕባ'ዚ ኣኼባ'ዚ ኻልእ ዝርዝራዊ ሓበሬታ ክርከብ ኣይተኻእለን - ደራሲ።)

ጆን ስፐንሰር ዝተባህለ ኣመሪካዊ ኣማኻሪ ንጉስ ሃይለስላሴ፡ እንደራሴ ሃይለስላሴ ኣብ ኤርትራ ኽህሉ ዝተኻእለ፡ መንግስቲ ኢትዮጵያ ቛንቋታት ትግርኛን ዓረብን ከምኡ ድማ ባንዴራ ኤርትራ ንኽህሉ ስለ ዝተቐበለ ኢዩ ይብል። ኣብ ልዕሊ'ዚ፡ ኢሉ ስፐንሰር፡ ሓድነት ፈደረሽን መታን ክዕቀብን ንምክልኻሉ መታን ክጥዕምን፡ ሰራዊት ኢትዮጵያ ኣብ ኤርትራ ኽህሉ ከም ርዱእ ተወሰደ።[27]

ነዚ ናይ ስፐንሰር ኣበሃህላ ካልኦት'ውን ይደግሙዎ'ዮም። ግን፡ ብውሑዱ ንቛንቋታት ትግርኛን ዓረብን ብዝምልከት፡ እዚ ስምምዕ ወይ "ሕድገት" ኢሉ ስፐንሰር ዝጸወዶ፡ ምስቲ ናይ ወኪል ሃይለስላሴ ጉዳያት ዝተሓሓዘ ኣይመስልን። ምኽንያቱ ድማ፡ በዓል ደግያት በርሀን ብላታ ደምሳስን ካልኦትን ካብ ባይቶ ወጺኦም ብዛዕባ ቛንቋ ዝተሰማምዑ ብ16 ሰነ 1952 ክኸውን እንከሎ፡[28] ጉዳይ ባንዴራን ወኪል ሃይለስላሴን ግን፡ ድሕሪ'ቲ ናይ ቋንቋታት ስምምዕ፡ ንዘያዳ ኽልተ ቕነ ብዙሕ ኣካትዐ። ስለ'ዚ ድማ፡ ኣባላት ባይቶ ኣብ ጉዳይ ወግዓውነት ትግርኛን ዓረብን ኣብ ስምረት ዝበጽሑ፡ ብናይ ገዛእ ርእሶም ውሽጣዊ ስምምዕን ምግድዳፍን ከይኮነ ኣይተርፍን። በቲ ኻልእ ሸነኽ ድማ፡ ሽሕ'ኳ ንጉዳይ ቋንቋን ባንዴራን ከም መባድልቲ ህላወ እንደራሴ እንተ ተቐበሉ፡ እቲ ንእንደራሴ ይወሃብ ዝተባህለ ስልጣን ኣዝዩ ስለ ዝሰፍሐ ይኸውን ቀልጢፎም ምቕባል ዝኣበዩ።

በዚ መሰረት፡ እታ ጉዳይ ባንዴራን እንደራሴን ክትምርምር ዝቘመት ኮሚተ፡ ክሳብ 30 ሰነ 1952 ጥራይ 11 ጊዜ ተራኺባ ስምምዕ ሰኣነት። እተን ጸገም ዝፈጠራ ናይቲ ንድፊ ዓንቀጻት ድማ፡ እተን ንስልጣን ወኪል ሃይለስላሴ ዝምልከታ ዓንቀጻት 12፡ 15ን 16ን፡ ከምኡ'ውን እታ ናይ ባንዴራ ዓንቀጽ 22 ነበራ። ካብ'ዘን ናይ ንድፊ ዓንቀጻት'ውን እቲ ዝያዳ ዘይምርድዳእ ዝፈጠረ ሓሳባት ከምዚ ዝስዕብ ክጽመቑ ይክኣል፡-

ዓንቀጽ 13(1) (ድሓር ዓንቀጽ 14 ዝኾነ)፡
ኣብ ባይቶ ዝቐርቡ ውጥናትን ሓሳባትን ብመገዲ መራሒ መንግስቲ ናብ

27. Spencer, Ethiopia at Bay, 1987, p. 245.
28. UNGA, A/AC. 44/R.91, 16 June 1952.

እንደራሴ ብቐጽበት ክቐርቡ፤ እዚኣቶም ንፌደራል ስልጣን ዝግህሱ ምስ ዝመስሉ ግን እንደራሴ መጠንቐቕታ ከቕርብ።

እዚ እማመ'ዚ፡ ንእንደራሴ መጠን ዘይብሉ መሰል ክህብ ስለ ዝሓለነ ኢዩ ተቓውሞ ባይቶ ኣጋጢሙዎ። ምኽንያቱ ድማ፡ እንደራሴ ናብ ባይቶ ንዘቐርብ ሓሳባትን ውጥናትን ከምኡ'ውን ኣብ ውሽጢ ባይቶ ንዘካየድ ክትዓት ኢዱ ከእትወሉን መጠንቐቕታ ክህበሉን ስልጣን ዘውህብ ስለ ዝነበረ።

መራሕ መንግስቲ ኤርትራ ብባይቶ ምስ ተመርጸ፡ ኣብ ቅድሚ እንደራሴ ቃል ማሕላ ይፍጽም ዝብል እማመ'ውን ብዙሕ ኣካትዐ። ብዙሓት ኣባላት፡ እቲ ቓል ማሕላ ኣብ ቅድሚ እንደራሴ ክፍጸም'ኳ እንተ ዘይተቓወሙ፡ መራሕ መንግስቲ ብባይቶ ስለ ዝምረጽ፡ እቲ ስነ ስርዓት ማሕላ ኣብ ውሽጢ ባይቶ ንኽፍጸም ስለ ዝደለዩ ኢዩ ምስሕሓብ ዝተፈጥረ።

ዓንቀጽ 15 (ናይ ንድፌ)
እዛ ዓንቀጽ'ዚኣ፡ በዚ ዝስዕብ ቃላት'ያ ንባይቶ ቐሪባ፤

"ናይ ንጉስ ነገስት እንደራሴ፡ ንኪዳናዊት ሃገርን (ንኢትዮጵያን) ንኤርትራን ብሓባር ንዚጥምቱ ኩሎም ነገራት ምውሳናም ምእንቲ ኬሰናዱ፡ ምስ ኤርትራዊ መንግስቲ ይነጋገር። (እዚ እማመ'ዚ እውን፡ እንደራሴ ንፌደራል ጉዳያት ካብቲ ኤርትራዊ ዝኾነ ጉዳያት ክፈሊ ብዝብል ሽፋን ኣብ ኩሉ ውሽጣዊ ዋኒናት ኤርትራ ኢዱ ከእቱ ዘኽእሎ ስለ ዝመስለ፡ ኣብ ባይቶ ብርቱዕ ተቓውሞ ኣጓነፎ - ደራሲ።)

ዓንቀጽ 22
እዛ ዓንቀጽ እዚኣ፡ ከም ንጽርቲ ዓንቀጽ ዘይኮነስ፡ ኣብቲ ንባይቶ ዝተዋህበ ንድፌ በዚ ዝስዕብ ቃላት ጥራይ ኣብ ውሽጢ ሓጹር እያ ቀሪባ ነይራ፡ "(ናይ ኤርትራ ስንደቕ ዕላማን ማሕተምን ምልክትን ዝርኢ ጉዳይ ወይ ነገር)"[29]

እታ ኣጻራዪት ኮሚቲ ብ30 ሰነ 1952 ቀዳማይ ጸብጻባ ኣቕረበት። ኣብኡ ድማ ነቲ ዘየሰማምዓ ነጥብታት ብምዝርዛር ጊዜ ንኽውሃባ ሓተተት። ክሳብ ንጽባሒቱ ጊዜ ተዋህባ። እንተ ኾነ ንጽባሒቱ'ውን እታ ኮሚቲ ኣብ ስምምዕ ከም ዘይበጽሐት ብምግላጽ፡ ዝያዳ ጊዜ ሓተተት።

ኣንስ ማቲየንሶ ብቑጥዐ ተዛረበ። መጀመርታ ናብ ኤርትራ ኣብ ዝመጸሉ ብዞዕባ ዝጸንሐ ዕግርግርን ግብረ ሽበራን ምስ ኣዘኻኸረ፡ ንሱ ባዕሉ ነዚ ንምህዳእ ዞተየዶ ቓልሲ ቀሊል ከም ዘይነበረ ኣመልከተ። "ሽዑ" ኸኣ በሎም፡ "ኣብቲ ዝነበረ ዝተወሳሰበ ኩነታት ኤርትራ፡ ንኹሉ ሓሳባትኩምን ንኹሉ ረብሓታትኩምን ምዕጋብ ዘይከኣል ከም ዝነበረ ብንጽህና ገሊጸልኩም ነይረ።" ማቲየንሶ ዘረባኡ ቐጸለ፤

29. UNGA, A/AC. 44/ R. 128, 30 June 1952.

... ንመብዛሕትኦም ዓንቀጻት ናይ'ዚ ህንጻ መንግስቲ ብናይ ክልተ-ሲሶ ብልጫ ድምጺ ብምጽዳቕ፡ ዘድነቕ ዕማም ኣሳሊጥኩም ኢኹም። በዚ ድማ፡ ንኹልኦት ህዝብታት ናይ ዘመናት ቃልሲ፡ ኩናትን ሰውራታትን ንዝሓተተ ናጽነት፡ ናጻ ትካላት፡ ውስጠ ምሕደራን ደሞክራስያዊ መንባብሮን፡ ንስኻትኩም ብኽልተ ኣዋርሕ ጥራይ ጨቢጥኩሞ ኣሎኹም።

... ግን፡ ደሞክራስያዊ ትካላት ዘውሕሱ ዓንቀጻት ኣጽዲቕኩም ኩተብቅዑ፡ ... ውስጠ ምሕደራኹም ኣብ ድልዱል ባይታ ዝተኸልኩም ክነስኹም፡ ብዛዕባ ምዕራፍ 2 ናይ'ዚ ህንጻ መንግስቲ ጥርጣረ ዘሎኩም ትመስሉ። ብሓቂ ክብለኩም፡ እዚ ነገር'ዚ ካብ ንጹህን ሃገራውን ድርኺት ዝመንጨወ ኾይኑ ኣይስምዐንን። ሰለስተ ጊዜ ናብታ ኮሚቲ ብምኻድ፡ ንሕጋዊ፡ ፖለቲካዊ፡ ስነ ኣእምሮኣውን ግብራውን መንቀሊ ናይ'ዚ ምዕራፍ'ዚ ገሊጸ። እንሓንሳብ ብመንፈስ ምርድዳእ፡ እንሓንሳብ ብትሪ፡ እንሓንሳብ ድማ ብንጹህ ናይ ምትዕራቕ ስምዒት ተዛሪበ፤ ግን፡ ኣብ ውሽጢ እታ ኮሚቲ ሃናጺ ኣተሓሳስባ ዘሎ'ውን ኣይመስለንን። ህንጻ መንግስትኹም ንመሰል ኩሉ - መሰል ቋንቋታት፡ ሃይማኖታት፡ ልምድታትን ኣገባብ ኣነባብራን ህዝቢ - ዝሕሉ ምኳኑ ኣብ ግምት ምስ ዘእቱ፡ ኣብ ምዕራፍ 2 ዘጸግመኩም ዘሎ እንታይ ምኳኑ ክርድኣኒ ኣይከኣለን።

... ኣነ፡ ንምዕራፍ 2 ብዓቢ ጥንቃቐ፡ ምስ መንግስቲ ኢትዮጵያ ብምዝታይ፡ (ምስ ፌደራል ድንጋገ ኸኣ ከም እትሳነ ብምግባር) እየ ነዲፈያ። ፌደረሽን ኣብ ትሕቲ ዘውዲ ንግስነት ኢትዮጵያ ከም ዝተመስረተ እዚ ባይቶ ኣይርዳእን ዲዩ? እዚ ኸኣ ውድብ ሕ.ሃ. ኣብ ግርማዊ ንጉሰ ነገስት ይተኣማመን'ዩ ማለትዶ ኣይኮነን? ንጉሰ ነገስት'ኸ ንፌደራል ድንጋገ ብምቕባሎም ከኽብሩዎ (ብኡ ክግዝኡ) ማለትዶ ኣይኮነን?

ማቲየንሶ፡ በትርን ቁራጽነትን ስርሑ ክቕጽል ምኳኑ ድሕሪ ምሕባር፡ ዘረብኡ በዚ ዝስዕብ ቃላት ደምደመ፤

... ሓዲሽ ህይወት ኢኹም ትጅምሩ ዘሎኹም። ጸገም ኣይትፍጠሩ፡ ነዚ ኣብ ትሕቲ ኣርማ ሕ.ሃ. ተዋሂብኩም ዘሎ ህያብ ኣይተመራስሑዎ። ኣብ ወረቐት ጥራይ ዘይኮነ፡ ብልብኹም ብምትእምማን ተሰማምዑ። ናይ ህዝብኹም መጻኢ ሓይሊ፡ ኣብ ኣሉታዊ ስምዒትን ኣሉታዊ ኣተሓሕዛ ሽግራትን ዘይኮነስ፡ ኣብ እምነት፡ ትሰፉውነትን ኣዎንታዊ ኣረኣእያን'ዩ ዝያዳ ዝምርኮስ።[30]

ካብ ነድርን ኣተሃራርፋ ቓላትን ማቲየንሶ እንርድኦ እንተ ሃልዩ፡ እቲ ኣብ ባይቶ ዝነበረ ክትዕ ኣብተን ኣብ ላዕሊ ዝተዘርዘራ፡ ኣካታዕቲ ተባሂለን ከአ ዝቐርባ ዝነበራ ዓንቀጻትን ንኡስ ዓንቀጻትን ጥራይ ዝተወሰነ ዘይምንባሩ ኢዩ። እቶም ተረርቲ ኣባላት ሕብረት ባንዴራ ኤርትራ ክትህሉ ኣይደለዩን። እቶም ዝተረፉ ድማ፡ ሽሕ'ኳ ነቲ "ኣብ ኤርትራ እንደራሴ ንጉሰ ነገስት ይሃሉ" ዝብል ቃላት ንድፊ ብቐጥታ እንተ ዘይተቓወሙዎ፡ በተን ኣካታዕቲ ነጥብታት ኣሳቢቦም፡ ነቲ

30. UNGA, A/AC. 44/ R. 127, 3 July 1952.

ሓሳብ ውዱቕ ንኽገብሩ ኢዮም ዝጽዕሩ ዝነበሩ። እቲ ኣብዚ ክስትብሃለሉ ዘለዎ ድማ፡ ብዙሓት ካብ'ዞም ዳሕረዎት ኣባላት ሕብረት ምንባሮም'ዩ።

ሓደ ካብዚኣቶም፡ ኣባል ሕብረት ዝነበሩ ፊታውራሪ መስፍን ገብረህይወት ከም ዝገለጹዎ፡ ፌደረሽን ምስ ተኣወጀን ከም ኣባላት ባይቶ ድማ ብመትከላቱ ንኽግዝኡ ምስ መሓሉን፡ ንሶምን ካልኦት ደቂ ማሕበሮምን ብልቢ ናብቲ ሓሳብ ፌደረሽን ዘንበሎምን ብኡ ኣሚኖምን ነይሮም'ዮም። እዚ ድማ፡ ፌደረሽን ዝሕይለሉ'ምበር ዝዳኸመሉ ወይ ከይተጀመረ ንዝፈርሰሉ ተግባራትን ሓሳባትን ምቅዋም ኣስዓበ። ምእታው እንደራሴ ንጉስ ናብ ኤርትራ ንፈደራል መሰላት ኤርትራ ዘዳኽም ስለ ዝመሰሎም እምበኣር፡ ከም ፊታውራሪ መስፍን፡ ኣባ ሃብተማርያም ንጉሩን ካልኦትን ደገፍቲ ሕብረት፡ ተቓወምቱን ዓገትቱን ኮይኖም ተረኽቡ።[31]

ብኣንጻር በዓል መስፍን ገብረህይወት፡ ከም ቀሺ ዲሚጥሮስ ገብረማርያም፡ ግራ. ተሰፋሚካኤል ወርቀ፡ ቀኛ. ወልደዮሃንስ ገብረእግዚእ ዝመሰሉ ኣባላት ሕብረት፡ እንደራሴ ሃይለስላሴ ምስ ዝለዓለ፡ ካብቲ ማቲየንሶ ዝሃቦ'ውን ዝለዓለ፡ ስልጣኑ ኤርትራ ንኽቕመጥ ይሓቱ ነይሮም'ዮም። ተቓውሞ ናይቶም ፌደራላውያን እናተረረ ምስ መጸ ግን፡ ካልእ ጥበባት ክምህዙ ከም ዝተገደዱ፡ ወልደዮሃንስ ገብረእግዚእ ይዝክሩ። ንኣብነት፡ ኢሎም ንሶም፤

> ...ኢብራሂም ሱልጣንን ሰዓብቱን እንደራሴ ናብ ኤርትራ ኽኣቱ የብሉን ኢሎም ምስ ኣቕበጹ፡ ኣነን እምባየ ገብረኣምላኽን ንኢብራሂም ኬድናዮ። ዓርክና ኢዩ ነይሩ። ጣውላ ነይሩ ኣብቲ ገዛ፡ ኣብ ቅድሚኡ ኮፍ ኢልና።
> "ኢብራሂም፡ rapresentante (ወኪል) ናይ ጃንሆይ ዘይትቕበል? መራሕ መንግስቲ ክህልወና ስለ ዝኾነስ፡ እቲ እንደራሴ'ኮ ንስም፡ ንወግዒ ኢዩ ክኸውን..." ኢልናዮ።
> "እንታይ ኢልኩም?" እናበለ፡ ነቲ ንሕና ዝበልናዮ፡ "ወኪል ንጉስ ኣብ ኤርትራ ይሃሉ" ዝብል ቃል ብቓል ኣብ ወረቐት ጸሒፉዎ። ሓያል'ዩ ዝነበረ፤ ኣብዩና፡ ተቛይቑ፡ ንሕና'ውን ንኽንከይድ ተበጊስና። ከፉንወና ኢሉ ሓፍ ምስ በለ፡ ነታ ኣብ ጣውላ ዝነበረት ወረቐት ኣልዒልና፡ ንሱ ከይረኣየና ወሲድናያ። ናብ ባይቶ ምስ ተመለስና፡ ነቶም ምስኡ ኾይኖም ዝኣብዩ ዝነበሩ ደገፍቲ፡ ንበዓል መሓመድ ስዒድ ሓሰኖ፡ "ኢብራሂም እንደራሴ ተቐቢሉ፡ እንሄልኩም ብኢዱ ዝጸሓፎ ሂቡና..." ኢልና ነታ ዝወሰድናያ ወረቐት ኣርኢናዮም። መሓመድ ስዒድ ሓሰኖ ኣባል'ታ ኮሚተ ስለ ዝነበረ፡ ኢብራሂም ኣብ ዘይብሉ፡ ንብዙሓት ካብቶም ሰዓብቲ፡ "ኢብራሂም ካብ ተቐበለ ድኣ..." ኣብ ምባል ኣእቲናዮም፡ ሓሳባቶም ክቕይሩ ጀሚሮም። ንሱ መጺኡ "ኣይበልኩን" ኢሉ'ኳ እንተ ተዛረበ፡ መን ክሰምዖ... በዝን ክንድ'ዝን'ውን ኢዩ እቲ ሰብ እንደራሴ ናብ ምቕባል ገጹ ዝኸደ።[32]

31. ፊታ. መስፍን ገብረህይወት፡ ቃለ መጠይቕ፡ 18 ታሕሳስ 2001።
32. ደጊያት ወልደዮሃንስ ገብረእግዚእ፡ ቃለ መጠይቕ፡ 29 ሚያዝያ 2003፡ ኣስመራ።

ምናልባት፡ በዚ ደጊያት ወልደዮሃንስ ዝገለጹዎን ካልእ ንዕኡ ዝመስል ክግበር ዝኽኣል ዝነበረ ተግባራትን ዝለስለሱ ኣባላት እታ ኮሚተ፡ ድሕሪ ተረር መደረ ማቲየንሶ ናብ ስምምዕ ክኣትዉ ተራእዩ። ብዘይካ'ዚ፡ እቶም ኣስታት 17 ዝቑጽሮም ኣባላት ኣልራቢጣ - ምዕራባዊ ቖላ፡ ካብ 1940'ታት ጀሚሮም ኣብ ትሕቲ ቊጽጽር እንግሊዛዊ ኣማኻሪ ፍራንክ ስታፎርድ ምንባሮም ምግንዛብ የድሊ። ማልከሂ ዝተባህለ ቆንስል ሕ.መ. ኣመሪካ ከም ዝገለጾ፡ ኣብ ኩሉ ውሳነታት ባይቶ ብዛዕባ ህንጻ መንግስቲ ኤርትራ፡ ኣል ራቢጣ - ምዕራባዊ ቖላ ሓበሬታን መምርሕን ፍራንክ ስታፎርድ ይቕበል ነይሩ ኢዩ።[33]

እቲ ኣብ ልዕሊ ኣባላት ዝነበረ ጸቕጢ፡ ወጻኢ ካብ ባይቶን መንግስትን፡ ካብ ህዝብን ጋዜጣታትን'ውን ክመጽም ጀመረ። ሓደ መዓልቲ ቅድሚ መደረ ማቲየንሶ ንኣብነት፡ ኣባል ደ.ሰ.ኤ.ን ኣልራቢጣን ዝነበሩ ሰይድ ኣሕመድ ሐሴን ሓዮቲ፡ ነዚ ዝስዕብ ኣብ *ሰውት ኣልራቢጣ* ጸሓፉ፤

> *ዎ ክቡራን ኤርትራውያን፡ መደብ ሕ.መ. ብዛዕባ ምምጻእ ምስሌነ ንጉሰ ነገስት ናብ ኤርትራ ኣይዛረብን ኢዩ'ሞ፡ ንሕና ምስሌነ ንጉሰ ነገስት ክንቕበል ኩቶ ዘይክኣለና ኢዩ...። እው፡ ምንም'ኳ እዚ ናይ ንጉሰ ነገስት ምስሌነ ዝኾነ ይኹን ስልጣን ዘይብሉ እንተ ኾነ፡ እቲ ሃለዋቱ ጥራይ ናብ ውሽጣዊ ጉዳይ ኤርትራ ኢድ ምምላስ ማለት ስለ ዝኾነስ ክንቕበሎ ኩቶ ዘይኮነልና ኢዩ።.... (ጉዳይ ሰንደቕ ዕላማ ኤርትራ ኸኣ ብማቲየንሶ ዝተወድአ ጉዳይ ስለ ዝኾነ) ናይ ልኡካን ሕዝብ ኤርትራ መዚ ናይታ ሰንደቕ ዕላማ ሕብራ፡ ናይቲ ማሕተምን ምልክትን ከኣ መልክዕ ንምፍላይን ንምውሳንን ጥራይ ስለ ዝኾነስ በዚ ውዱእ ዝኾነ ምኽንያት እዚ ኸይሰሓሓቡ ንልምኖም ኣሎና።[34]*

ንጽባሒቱ ማለት ኣብታ ማቲየንሶ ዝመደረላ ዕለት፡ ጋዜጣ ኢትዮጵያ ነዚ ዝስዕብ በለ፤

> *ሕዝብ ኤርትራ፡ ብግርማዊ ንጉሰ ነገስቱን (ወይ ከኣ ብእንደራሴኡም) በታ ጥንታዊት ሰንደቕ ዕላማኡን ዋጋ ዕዳጋ ከም ዘየፍቅድ፡ ክንዲ ኣድሪ እኳ ትኹን ምእራም ከም ዘይቕበል ኩሎም ዝኸበሩ ኣባላት ባይቶ ኤርትራ ኣደልዲሎም ይገንዘቡዎ። ... እው፡ ብዛዕባ እንደራሴ ንጉሰ ነገስትን ብዛዕባ ሰንደቕ ዕላማንሲ ዚሕባእ የልቦን፡ ተጉልቢቡ ዚሓልፍ ኮነ ኣብ ብዙሕ ዚውጠዋ ኮነ የልቦን፡ የልቦን።[35]*

ኣብ ትሕቲ'ዚ ኩነታት'ዚ እምበኣር፡ እታ ኮሚተ ነተን ኣካታዕቲ ነጥብታት ነዚ ዝስዕብ ብዝመስል ኣመሓዩሻ ናብ መጋባእያ ባይቶ ኣቕረበትን፦

ዓንቀጽ 12

መራሕ መንግስቲ ቃል ማሕልኡ ኣብ ቅድሚ እንደራሴ፡ ግን ከኣ ኣብ ውሽጢ ባይቶን ኣብ ቅድሚ ኣባላት ባይቶን ክህብ፡

ዓንቀጽ 13

(ሀ) (ደሓር ዓንቀጽ 14 ዝኾነት)

33. Mulcahy to State Department, 777.000/8 – 2952, 29 August 1952.
34. ሓንቲ ኤርትራ፡ 3ይ ዓመት፡ ቊ. 1333፡ 2 ሓምለ 1952።
35. ሓንቲ ኤርትራ፡ 3ይ ዓመት፡ ቊ.133፡ 2 ሓምለ 1952።

እቲ እንደራሴ ብዛዕባ ናብ ባይቶ ዝቐርብን ኣብኡ ዝካየድን ውጥናትን ሓሳባትን መጠንቀቕታ ይህብ ዝብል ተሪፉ፡ እንደራሴ ብባይቶ ንዝጸደቑ ሕግታት ብቕጽበት ርእዩ፡ ምስ ሕግታት ፈደራል መንግስቲ ዘይሳነ ምስ ዝኸውን፡ ኣብ ውሽጢ ዕስራ መዓልቲ ንዳግመ ግምት ናብ ባይቶ ናይ ምምላስ መሰል ጥራይ ክወሃቦ፡

ዓንቀጽ 15
እቲ እንደራሴ መታን ንጉዳያት ፈደራል ካብ ጉዳያት መንግስቲ ኤርትራ ምምማይ ክጥዕሞ፡ ምስ መንግስቲ ኤርትራ ንኽዘራረብ ዝኣመመ ንድፌ ተሰሪዙ፡ ብባይቶ ጸዲቑ፡ ብመራሕ መንግስቲ ንዝመሓላለፈሉ ሕግታት ናይ ምእዋጅ መሰል ጥራይ ክዋሃቦ...

ዓንቀጽ 22
በዚ ዝስዕብ ቃላት ንባይቶ ቐሪቡ፡
1. ፈደራል ባንዴራ (ሰንደቕ ዕላማ) ኣብ መላእ ኤርትራ ይኸበር።
2. ናይ ኤርትራ ባንዴራ (ሰንደቕ ዕላማ) ማሕተምን ኣርማታትን ይህሉ፡ ዝርዝራቱ ድማ ብሕጊ ይውሰን።[36]

እዘን ዝተመሓየሻ ዓንቀጻት ንውሳነ ናብ ባይቶ ምስ ቀረባ፡ ሸኽ መሓመድ ስዒድ ሓሰኖ (እቶም ናይ ኢብራሂም ሱልጣን ጽሕፈት ዝነበራ ወረቐት ብወልደሃንስ ገብረእግዚእን እምባየ ገብረኣምላኽን ተቐቢሎም ዝተባህሉ ኣባል ምኽኖም ኢዮም) ብብላታ ደምሳስ ወልደሚካኤል ተደጊፎም፡ እቲ ዝተመሓየሸ ናይታ ኮሚተ ንድፌ ኣብ ክንዲ ዓንቀጽ ብዓንቀጽ ዝርአ፡ ከም ጥማር ክቐርብ'ሞ

ወልደዮሃንስ ገብረእግዚእ (ካልኣይ ካብ የማን) ምስ ደጊያት ዘርኦም ክፍሉ፡ ገብረዮሃንስ ተሰፋማርያምን ዓሊ ረድኣይን ካልኦትን።

36. UNGA, A/AC. 44/R. 130, 2 July 1952.

ባይቶ ከድምጸሉ ኣመሙ። እዚ ቅቡል'ኳ እንተ ተባህለ፡ ማቲየንሶ ግን መጀመርታ እተን ዓንቀጻት በብሓደ ክድመጸለን'ሞ ደሓር ብጥሙር ክቐርባ ስለ ዝመረጸ፡ ብኡ መሰረት ተፈጸመ።

ፊታውራሪ መስፍን ገብረህይወት ከም ዝበሉዎ፡ ብዙሓት ምእታው እንደራሴ ናብ ኤርትራ ዘይደገፉ ኣባላት፡ ንሶም'ውን ባዕሎም፡ ነቲ ብጥሙር ምድማጽ ዝብል፡ ንዘይራኹብ ጉዳያት ዘራኹብ ኣገባብ ኣይፈተውዎን። ተቓዊሞሞ'ውን… ግን፡ ብብልጫ ድምጺ ስለ ዝተሳዕሩ፡ እቲ ዓንቀጻት ጸደቐ። ከምዚ ኢሉ፡ ንባንዴራ ኤርትራን ህላወን ስልጣንን እንደራሴን ዝምልከት ዓንቀጻት ከም ሓደ ጥማር ተራእዩ ኣብ ሕገ መንግስቲ ኤርትራ በቦታኡ ሓዘ።

ካብ ኣርእስቲ ባንዴራ ከይወጻእና፡ ብዛዕባ ኣመጻጽኣኣ ዛንቲ ንዘረኽብናዮ ክፋል ሓበሬታ ክንገልጽ ጠቓሚ ኢዩ። ሕብርን ትሕዝቶን ባንዴራ ኤርትራ ብወገኑ ብገለ መሰርሓት ዝሓለፈ ይመስል። መሓመድ ዑመር ኣኪቶ ንኣብነት፡ ሓደ ሓሳብ ከም ዘቕረቡ ኣብ ቃለ መጠይቖም ሓቢሮም።

> ኣነ፡ ክልተ ዘንባባ ስርናይን ሸውዓተ ከዋኽብትን ዘሎዋ ስእሊ ኣቕረብኩ። እቲ ስርናይ ምልክት ሰላም ክኸውን ደልየ፡ እተን ሸውዓተ ከዋኽብቲ ድማ ወከልቲ ሸውዓተ ኣውራጃታት ኤርትራ ወይ ሸውዓተ ርእሰ ከተማታት ኤርትራ። ሓንቲ ንኣስመራ ትውክል ዓባይ ኣብ ማእከል፡ እተን ሽዱሽተ ድማ ንእስ ዝበላ ኾይነን ኣማእኪለንኣ ዘርኢ ስእሊ ባዕለይ ስኢለ።
> "ስለምንታይ ንኣስመራ ዓባይ ጌርካያ?" ኢሎምኒ ገሊኦም።
> "ዋና ከተማ፡ ካፒታለ ስለ ዝኾነት" መሊሰሎም። ግን ተቓዊሞምኒ። ንኣስመራ ማዕረ ዓዲ ቐይሕን መንደፈራን ክገብሩዋ ደልዮም። ሽዑ ውድድር ናይ ኣውራጃ ነይሩ።

መሓመድ ዑመር ኣኪቶ (ሃኪቶ)

ኣዝማች (ደሓር ደጊያት) በየነ ዛህላይ

"ኣነ'ኮ ንኣስመራ እየ ኣዕብየያ፡ ምዓስ ዓሰብ ኢሉ። ስለምንታይ ከምዚ ትብሉ?" ኢለ ተኻቲዐ፡ ኣይተቐበሉንን። ማቲየንሶ ፈትዩዋ ነይሩ፡ ግን ሓሳበይ ወዲቓ። "ባንዴራ ጥራይ ትሃልወና እምበር፡ እንተ ደለኹም ኮኾብ ግበሩ እንተ ዘይደሊኹም ግደፉዎ..." ኢለ ነቲ ሓሳበይ ኣቋሪጸዮ።

ነዚ ዝመስል ካልእ ሓሳባት'ውን ነይሩ ይኸውን። ንኣብነት፡ እታ ሰማያዊ ዝምድራን ኣብ ማእከላ ቐጠልያ ኣውሊዕ ዝተሳእላን ወግዓዊት ባንዴራ ኤርትራ፡ ብኣባል ባይቶ ደጊያት በየነ ዛህላይ ከም ዝተነድፈት ዝሕብሩ ኣለዉ። እቲ ክሳብ'ዚ ቐረባ እዋን ኣብ ቤት ደጊያት በየነ ዓዲ ቐይሕ ዝነበረ ንድፌ ኣሳእል ስለ ዝጠፍአ ግን እቲ መረጋገጺ ክርከብ ኣይተኻእለን። ንሶም ናይ ምስኣል ክእለት ከም ዝነበሮም ይንገረሎም።[37]

እዚ ኣዝዩ ኣካታዒ ነጥብ'ዚ ምስ ተኣልየ፡ ባይቶ ነቲ ዝተረፈ ዓንቀጻት ህንጻ መንግስቲ ንኸጽድቕ ጊዜ ኣይወሰደሉን። ብ10 ሓምለ 1952 ድማ ነቲ ህንጻ መንግስቲ ኣጽደቖ።

37. ቃለ መጠይቕ ምስ ባሻይ ሰዩም መንገሻ፡ ዓዲ ቐይሕ 2004 ርእ።

ምዕራፍ 7

ምስግጋር ናብ ፈደራል ስርዓት

ምምልማል ኤርትራውያን ኣመሓደርትን ምቛም ፈጻሚ ኮሚተን

ተደጋጊሙ ከም ዝተገልጸ፡ ብ.ም.ኤ. ዝተፈላለየ ምኽኒት እናቐረበ፡ ኮሚሽነር ማቲየንሶ ኤርትራ ካብ ዝኣቱ ጥራይ ኤርትራዊ ምምሕዳር ከይተኸለ ን14 ኣዋርሕ ተደናጒየ። ብ1 ሚያዝያ 1952 ግን፡ ነቲ ዛጊት ባዕሉ ክመርሖን ክካይዶን ዝጸንሐ ምምሕዳር ናብ ክልተ መቐሎ። እዚ ድማ ብ15 መስከረም 1952 ዝብቅዕን ንጉዳያት ብ.ም.ኤ. ድማ ዝምልከትን ብሓደ ወገን፡ ስረታት መንግስቲ ኤርትራ ዘንጽፍን ንውሽጣዊ ጉዳያት ኤርትራ ድማ ዝምልከትን በቲ ኻልእ ወገን ተባሂሉ ተኸፋፊለ። ነዚ ዳሕረዋይ፡ ሰክረታርያት ጉዳያት ኤርትራ ወይ ሰክረታርያት ኤርትራዊ ጉዳያት ክብል ሰመዮ።

እቲ ሰክረታርያት ጉዳያት ኤርትራ ዝብሃል ንውሽጣዊ ዋኒናት (ምምሕዳር ኣውራጃታት፡ ፖሊስ... ወዘተ) ክጥርንፍ እንከሎ፡ ሰክረታርያት ማሕበራዊ ጉዳያት ድማ ንኸም ትምህርቲ፡ ሕርሻ፡ ዕዮ፡ ጥዕና... ዝመስል ዓበይቲ ክፍልታት ከም ዝሓቁፍ ተገብረ። ምምስራት ናይ ፋይናንስ፡ ቊጠባን ሕግን ክፍልታት ግን ንጊዜኡ ተወንዘፈ። እዚ ዝተጠቐሰ ሰክረታርያትን ኣብ ትሕቲኡ ዝመሓደር ዳይረክተርነትን ብእንግሊዛውያን ክተሓዝ እንከሎ፡ ምስኦም ለጊቦም ዝሰርሑ (ዝመሃሩ ማለት'ዩ) ኤርትራውያን'ውን ንኽምዘዙ ተወሰነ።

ንምምሕዳር ኣውራጃታት ብዝምልከት፡ እቲ ብጣልያን ዝጸንሐ ምክፍፋል ኣውራጃታት'ኳ ከም ዝቐጸል እንተ ተገብረ፡ እቲ ከረን ዝርእሰ ኸተማኡ'ሞ ንመላእ ምዕራባዊ ቆላን ሳሕልን ሰንሒትን ዘጠቓልል ዝነበረኣውራጃ፡ ኣብ ክልተ፡ ማለት ድማ ኣብ ምምሕዳር ከረንን ኣቑርደትን ከም ዝምቀል ተገብረ።[1] ኣብዚ'ውን እንግሊዛውያን ከም ላዕለዎት ኣመሓደርቲ ኣውራጃ ቆጸሉ።

---

1. UK, Final Report, par. 109-113, p, 22. ምዕራባዊ ቆላ ከም ሓደ ክፍሊ ካብ ከረን ከም ዝመሓደር ዝተገብረ ብ1947 ኢዩ። ቅድሚኡ ግን፡ ብዘመን ጣልያን'ውን ምምሕዳር ከረንን ኣቑርደትን ተባሂሉ ኣብ ክልተ ዝተመቐለ ኢዩ ዝነበረ። እዚ ድማ ባርካን ጋሽን ኣብ ኣቑርደት፡ ሰንሒትን ሳሕልን ድማ ኣብ ከረን ይጠቓለል ስለ ዝነበረ'ዩ። ኣቐዲሙ ዝነበረ ምምሕዳራዊ ኣከፋፍላ ከምዚ ዝስዕብ'ዩ። 1. ኣስመራን ሓማሴንን፡ 2. ቀይሕ ባሕሪ፡ 3. ምዕራባዊ ቆላ፡ 4. ኣከለጉዛይ፡ 5. ሰራየ።

እዚ ግን፡ ብፍላይ ነቲ ላዕለዋይ ጽፍሕታት ምምሕዳር ብዝምልከት፡ እቲ ምምልማል ኤርትራውያን ተጀሚሩ ማለት ኣይኮነን። ኣብ መስከረም 1951 ኣትሒዙ፡ ብ.ም.ኤ. "ንኣዝዩ ትሑት ዓቕሚ ዝሓትት ስራሕ'ምበር፡ ንኹብ ዝበለ ስልጣንስ ብቑዓት ኤርትራውያን ኣይተረኽቡን" ብምባል፡ ንዜጋታት ሚዛን ኣብ ዘይነበሮ ቦታታት'ዩ ክሰኹዮም ጸኒሑ። ገዛእ ጸብጻቡ ከም ዝሕብሮ ንኣብነት፡ ኣብ ሓምለ 1951 ክሳብ ሓምለ 1952፡ 1973 ኤርትራውያን ናብቲ መንግስቲ ተመልሚሎም ነይሮም። ካብ'ዚኣቶም እቶም 1000 ኣብ ሓይሊ ፖሊስ ዝተጸንበሩ ነበሩ።[2] ንላዕለዋይ መንግስታዊ ጽፍሕታት ብዝጠቕስ ግን፡ ብ.ም.ኤ. ሕጂ'ውን እቲ ጉዳይ ብዝያዳ ነቲ ገና ዘህነጽ መንግስቲ ኤርትራ ኢዩ ዝምልከት ብምባል፡ ንገለ ሰባት ጥራይ ብጊዜያዊነት መልመለ።

ብሓደ ወገን፡ ፌደራል ድንጋገ ብዛዕባ ምትሕልላፍ መንግስታዊ ስልጣን ካብ ብ.ም.ኤ. ናብ መንግስታት ፌደራልን ኤርትራን ንጹር መምርሒ ስለ ዘይሃበ፡ ንእንግሊዛውያን ዓቢ መመኽነይታ ኮይኑዎም ነይሩ ኢዩ። እቲ ድንጋገ፡ ብ.ም.ኤ. ነቲ ዕማም ንምፍጻም ኣድላዪ ስጉምቲ ይወስድ ካብ ምባል ሓሊፉ ካልእ ኣይወሰኸን። ብ18 መጋቢት 1952 ኣብ ሎንደን ኣብ ዝተኻየደ ኣኼባ ናይ ኮሚሽነር ማቲየንሶን ናይ ሕጊ ኣማኸርቱን፡ እቲ ምምሕልላፍ ስልጣን ክሳብ ዝትግበር፡ ሓደ ከም መሰጋገሪ ዘገልግል፡ ብባይቶ ኤርትራ ድማ ዝምረጽ ፈጻሚ ኮሚተ (Executive Committee) ንኸቖውም ወሰኑ።

እዚ ዝተባህለ ፈጻሚ ኮሚተ፡ ዋና ኣመሓዳሪ ብዘውጽኦ ኣዋጅ ቄይሙ፡ ብባይቶ ንኽምረጽ'ዩ ተኣሚሙ። ተሓታትነቱ ብዝያዳ ነቲ ኣመሓዳሪ ስለ ዝኸውን ድማ፡ ብደረጃ መሰጋገሪ መንግስቲ ዝርአ ኣይነበረን። ግን ከኣ፡ እቲ ንሱ ዝኣትዎ ውዕላትን ዝወሰዶ ውሳነታትን ነቲ ገና ክትከል ዝነበሮ መንግስቲ ኤርትራ ዝቐይድ ንኽኸውን ተደልዩ ነበረ።[3]

እዚ ሓሳብ እዚ ግን፡ ንድፊ ሕገ መንግስቲ ምስ ተዳለወ፡ ጸኒሑ ዝተሓሰበ ኢዩ ዝመስል። ምኽንያቱ ድማ፡ ኣብቲ ንባይቶ ዝቐረበ፡ መሰጋገሪ ዓንቀጻት ዝርእስቱ ክፋል፡ ንዕኡ ዝምልከት ሓረግ ወይ ምሉእ ሓሳብ ኣይነበረን። መሰጋገሪ ዓንቀጻት ናብ ባይቶ ኣብ ዝቐረበሉ ጊዜ ግን፡ ከም ንኡስ ዓንቀጽ 2 ናይ ዓንቀጽ 97 ንኽትዕ ቀረበ።

እቲ ዝቐረበ ንድፊ ዓንቀጽ 93(2)፡ እቲ ቕድሚ ምትግባር ህንጻ መንግስቲ ኤርትራ በቲ ፈጻሚ ኮሚተ ዝእቶ ወይ ዝረግአ ጉዳያት፡ ህንጻ መንግስቲ ኤርትራ ምስ ተተግበረ'ውን ተፈጻሚ ንኽኸውን ዝእምም ነበረ። [4]ብኻልእ ኣዘራርባ፡ እቲ ገና ዘይቖመ መንግስቲ ኤርትራ፡ ብውሳነታት ናይቲ ውሱን

2. UK Report, par. 139, p. 25.
3. UK Report, Par 221.
4. Artricle 93(3) – formerly Article 100: Any undertaking regularly concluded by the Executive Committee established by the Administering Authority before the date of the coming into force of this constitution shall remain valid after that date and must be respected.

ዝዓቕሙን ክብርን ቦታን መሰጋገሪ መንግስቲ እውን ዘይተዋህቦን ፈጻሚ ኮሚቲ ንኽቕየድ'ዩ ተሓሲቡ።

እቲ እማመ ናብ እዝኒ ህዝቢ ምስ በጽሐ፡ ሓንቲ ኤርትራ ብቕጽበት ተቓወመቶ። "ጻዕዳ ካምብያለ (ካምብያለ ኢን ብያንኮ)" ኣብ ትሕቲ ዝብል ኣርእስቲ ድማ፡ ነዚ ብኣብነት ኣሰራርሓ ባንክ ዘረድእ ምጉት ኣቕረበት፡

ሓደ በዓል ገንዘብ፡ ናይቲ ኽወሃብ ዝደልዮ ጥረ ገንዘብ ብዝሒ ብኣሃዝን ብፊደልን ገይሩ ብግልጺ ከየመልከተ፡ ኣብ ታሕቲ ፊርማኡ ጥራይ ፈሪሙ ገንዘብ ዚወጸሉ ወረቓት ንኻልእ ኣይህብን። ስለምንታይ፡ እቲ ገንዘብ ዜውጽእ ሰብ ንእግዚኣብሔር ዘይፈርህ እንተድኣ ኾይኑስ ኣብ ልዕሊ እቲ እተፈረመ፡ ብዝሒ ገንዘብ ግና ዘይተመልከቶ "ጻዕዳ ወረቓት"፡ ናይ ዝደለዮ ብዝሒ ኣሃዛትን ፊደላትን ባዕሉ ጽሒፉስ ናብ ባንክ ኸይዱ ዝደለዮ ገንዘብ ኪወስድ ይኽእል ኢዩ።

እምበኣርከስ፡ ነቲ ኪህቦ ዚደሊ ገንዘብን ገንዘብ ዚወስደሉ መዓልትን ኣጸቢቑ ከየመልከተ፡ "ጻዕዳ ወረቓት" ፈሪሙ ዚህብ ሰብ፡ ሓደው ጽሉል፡ ሓደው ከኣ ፈሊጡ ገንዘቡ ኺዘሩን ኬጥፍእን ዚደሊ ዕቡድ በዓል ገንዘብ ይብሃል።

ሓንቲ ኤርትራ፡ ነቲ ዝቐረበ ንድፊ ዓንቀጽ ምስቲ ኣብ ላዕሊ ዝሃበቶ ኣብነት ብምምስሳል፡ ንኹሉ ዝዓይነቱ ዓመጽን ምትላልን "ጻዕዳ ወረቓት" ከም ምሃብ ቈጸረቶ። ናብ ማቲየንሶ ብቐጥታ ብምጽሓፍ ድማ፡ ነዚ ዝስዕብ ምሕጽንታ ኣቕረበት፡

… ንኤርትራ ዚግደሳላ፡ ኣብዛ ዕባራ ዝኾነት ሃገር ኤርትራ "ኢንተረሰ" ማለት ጥቕሚ ኣሎና ዚብላ መንግስታት ሓያሎ ኢየን። ሓያላት ድማ ኢየን። ንኣታተን ምቅዋም ቀሊል ኣይኮነን፡ ምሕጓሰን'ውን ኣዝዩ ዜሸግር ኢዩ። እቲ ኣውራ ዝገደደ፡ ንኽቡር ምስሌነ ኣውራ ኸሸግሮም ዚኽእል ነገር ግና ናይ ደቂ ኤርትራ ዘይምስምማዕ ኢዩ'ሞ፡ "ማይን ከም ዘይነጽፍ፡ ዓሳን ከም ዘይመውት" እናበሉ ክሳዕ ሎሚ እተጋደሉ፡ ይጋደሉ'ውን ከም ዘሎዉ እተረጋገጸ ኢዩ።

… ርግጽ ኢዩ፡ ናይ ምምሕዳር ሃገር ስልጣን ዚውሃቦ፡ ንመጻንሒ ዚኸውን መንግስቲ ወይስ "ኮሚታቶ ኤዘኩቲፎ" ብቕልጡፍ ኪቐውም ዜድሊ ኢዩ። ግናኸ፡ ስልጣኑ ክሳዕ ኣበይ ከም ዚበጽሕ፡ ጊዜ መልእኽቱ'ውን ክሳዕ መዓስ ከም ዝኾነ ኺውሰን ድማ ብግዲ ዜድሊ ኢዩ። ስለምንታይ፡ ከምዚ እንተ ዘይኮነስ፡ እዚ ዓንቀጽ እዚ ንሓደ "ካብምያለ ኢን ቢያንኮ" ዚመስል ዓንቀጽ ኢዩ'ሞ፡ ሓደ'ኳ ኪፍርሞ ዚደሊ፡ ክንድ'ዚ ዚኣክል ሓላፍነት እውን ኺስከም ዚደፍር ሰብ ኣብ ማእከል ልኡካን ሕዝቢ ዚርከብ መሲሉ ኣይረኣየናን።[5]

ስክፍታ ሓንቲ ኤርትራ ብዘይ ምኽንያት ኣይነበረን። ከምቲ ኣብ ዓንቀጻ ዘስፈረቶ፡ እቲ ፈጻሚ ኮሚቲ ዝብሃል፡ ሓደ ዘይፍሉጥ፡ ኣብ ፈደራል ድንጋገ'ውን ዘይተረቕሐ ኣካል'ዩ ዝነበረ። ገና'ውን ከም ኣካል ኣይቈመን፡ ኣይተፈጥረን'ውን። ምናልባት ተመሳሳሊ ስክፍታ ኣብ ባይቶ'ውን ከይህሉ'ሞ እቲ ሓሳብ ውዱቕ

5. ሓንቲ ኤርትራ፡ 3ይ ዓመት ቍ. 132፡ 25 ሰነ 1952።

ከይኸውን ብዝብል'ዩ ዝመስል፡ ዋና ኣማሓዳሪ ካሚንግ ብ8 ሓምለ ናብ ባይቶ ብምቕራብ፡ ብዛዕባኡ መደረ ኣስምዐ። ኣብ'ዚ መደረኡ፡ ባይቶ ብምሉኡ ከም መሰጋገሪ መንግስቲ ኽርአ ስለ ዘጸገም፡ ሓደ ብስም መጻኢ መንግስቲ ኤርትራ ውዕላት ክፈራረም ዝኽእል ኣካል ክቖውም ከም ዝደለየ ኣፍለጠ። ምምሕዳር ኤርትራ፡ ኸአ በሎም ኣብ መንጎ መደረኡ፡

…ኣብ ሓዲድ ከም ዝጐዓዝ ባቡር ክርአ ይከኣል። ነዳድን ማይን ክሳብ ዝረኸበ፡ ብኽኢላታት መሃንድስ ከኣ ክሳብ ዝተመርሐ፡ ኣብቲ ሓዲድ ብሰላም ክጐዓዝ ኢዩ። ግን፡ እቲ ሓዲድ ካብ ቅድሚኡ እንተ ኣልጊሱ፡ ወይ ነዳድን ማይን መሃንድሳትን እንተ ተነፊጎሞ፡ ወይ መስከረም 15 (መዓልቲ ፌደረሽን) ዝብል መጋረዲ እንተ ሓንኩሉዎ፡ እቶም ተጓዓዝቲ፡ ህዝቢ ኤርትራ ማለት ኢዩ፡ ዝህሰዩሉ ሓደጋ ክጋንፍ ኢዩ።
… ኣብ ጋዜጣታት፡ ንዓንቀጽ 98 (ድሓር ዓንቀጽ 97 ዝኾነ) ምስ እተጽድቑ፡ ንሓደ ብኣይ ዝተመርጸ ኣካል (ፈጻሚ ኮሚቲ) "ጻዕዳ ወረቐት" (Blank cheque, cambiale in bianco) ክትፍርሙሉ ኢኹም ዝብል ክሲታት ተጻሒፉ ምህላዉ ርእየ ኣሎኹ። እዚ ሕጂ ዝተዛረብኩዎ፡ ንዝኾነ ጥርጣረ ካብ ኣእምሮኹም ከም ዘልግስን ነዚን ዓንቀጻት እዚኣን ድማ፡ ከምቲ ንኻልእ ክፋላት ህንጻ መንግስቲ፡ ብጥንቃቐ ክትርእዩወንን እኣምን እየ።[6]

እቲ ዝተባህለ ዓንቀጽ ብ9 ሓምለ 1952 ናብ ባይቶ ቐሪቡ፡ ብዘይ ብዙሕ ክትዕ ጸደቐ።[7] ድሕሪ ሳልስቲ፡ ብ11 ሓምለ 1952፡ ዋና ኣመሓዳሪ ካሚንግ ኣዋጅ ፈጻሚ ኮሚተ ቍ. 131 ናይ 1952፡ (The Executive Committee Proclamation No 131 of 1952) ኣውጽአ።

ብ16 ሓምለ 1952፡ ባይቶ ነቲ ፈጻሚ ኮሚተ ካብ ውሽጢ ኣባላቱ መረጸ። እቶም ዝተመርጹ ኣባላት እዞም ዝስዕቡ ኾኑ፡

ሸኽ ዓሊ ረድኣይ፡ ኣቦ መንበር
ፊታውራሪ ሓረጎት ኣባይ
ሸኽ ኢድሪስ መሓመድ ኣድም
ግራዝ. ተኽለሃይማኖት በኺሩ
ኣቶ ሰዒድ ሰፋፍ
ግራ. መሓመድ ሰዒድ ዓሊ በይ
ኣቶ መስፍን ገብረህይወት
ቀኛ. ብርሃኑ ኣሕመዲን
ቀኛ. ወልደዮሃንስ ገብረእግዚእ
ኣቶ እምባየ ሃብተ

6. UK Report, Annex G, 8 July 1952, p. 63.
7. UNGA, A/AX. 44/R. 139, 9 July 1952.

ብሓሳብ ኣቦ መንበር ባይቶ ኣቶ ተድላ ባይሩ፡ ደጃዝማች ኣብርሃ ተሰማን ኣቶ ሳልሕ ሕኒትን ኣማኸርቲ ናይቲ ኮሚተ ንኽኾኑ ተመዘዙ።[8]

ትግባረ ፌደረሽንን ምቛም መንግስቲ ኤርትራን ብ15 መስከረም ንኽኸውን ዝተወሰነ እምበኣር፡ ፈጻሚ ኮሚተ ብ16 ሓምለ ተመርጸ። በዚ ድማ እቲ ንዓመትን ሸውዓተ ወርሕን ዝተደናገየ ናይ መሰጋገሪ ጊዜ፡ ኣብ ውሽጢ ኽልተ ወርሒ ብተብተብ ንኽፍጸም ምድላዋት ተጀመረ።

ፈጻሚ ኮሚተን ምምሕልላፍ ንብረትን

ፈጻሚ ኮሚተ ብ16 ሓምለ ቁይሙ ስራሑ ክሳብ ዝጅምር ገለ ጊዜ ሓለፈ። ኩሉ ኹሉ ምናልባት ንሓደ ወርሒ ኣቢሉ ኢዩ ከም መሰጋገሪ ኣካል ስሪሑ እንተ ኾነ።

ኣባላት እቲ ኮሚተ ዝነበሩ ፊታውራሪ መስፍን ገብረህይወትን ደጊያት ወልደዮሃንስ ገብረእግዚእን እቲ ኮሚተ ክንድ'ቲ ስልጣንን ጊዜን ከም ዘይነበሮ ኢዮም ዝዝክሩ። "ኣብቲ ንምምሕልላፍ ስልጣንን ንብረትን እንዳለወሉ ዝነበርና ጊዜ፡" ኢሎም ፊታውራሪ መስፍን፡

> …ኖእ ዝበልናሉ ኣይዝክርን ኣነ። ሽዑ፡ ንሕና ጥራይ ዘይኮንና፡ ብደጃዝማች ክፍሌ እርገቱ ዝምርሑ ሰበ ስልጣን ኢትዮጵያ'ውን ነቲ ንመንግስቲ ፌደራል ዝተባህለ ስራሓትን ስልጣንን ይርከቡ ነይሮም ኢዮም። ንዕኦም ግን ኣይንግደሰሎምን ዝነበርና፡ ከመይ ምስኦም ኣይተኣከብናን። ምምሕዳር እንግሊዝ ንዝቐረቦ ንሶም ይርከቡ፡ ንሕና'ውን ንዝተዋህበና ተቐቢልና። ብውሳነ ስለ ዝተገብረ፡ እዚ ስለምንታይ ሃብኩም፡ ስለምንታይ ዘይሃብኩም ኣይበልናን። ንምሳሌ፡ መገዲ ወይ ሃይወይ ንኢትዮጵያ ኸይዱ ሽዑ ጊዜ። Interstate communication (ስግረ መንግስታዊ መራኽቢ) ተባሂሉ ኢዩ ተዋሂቡ። ሽሕ'ኳ ኣብዚ እንተ ነቐለ፡ መዕለቢኡ ኢትዮጵያ ስለ ዝኾነ ብኢትዮጵያ ይመሓደር ተባሂሉ። መገዲ ባቡር እኳ ምስ ወደብ ስለ ዝተሓሓዘ፡ ናይ መላእ ፌደረሽን ንግድ ስለ ዝሓልፈሉ፡ ኣብ ትሕቲኦም ከም ዝኸውን'ዩ ተገይሩ። ጥያቄታት ኣይተረፈናን ሽዑ፡ ብዘይ ጥርጥር። ግን፡ ተቐቢልና እንተ ሓተትናሉ ይሓይሽ ኢና ንብል ዝነበርና። እቲ ኣተሓታትታና'ውን ናይ ምውንጅጃል (acrimonious) ኣይነበረን። ካሚንግ እውን ደሓር ትረዳድኡሉ ስለ ዝበለና፡ እቲ ክምስረት ዝተባህለ ፌደራል ቤት ምኽሪ (Federal Council) ድማ ነዚን ክንድዝን ከጻሪ'ዩ ዝብል እምነት ስለ ዝነበረና፡ ብዙሕ ኣይተሰሓሓብናን። ፌደራል ቤት ምኽሪ ክተዓራርየልና ኢዩ፡ … ሓሙሽተ ዝነበረ ዓሰርተ ይገብረልና… ዝብል ሓሳብ'ዩ ዝነበረና…።[9]

ዝኸሪ ፊታውራሪ መስፍን ነቲ ሽዑ ዝተፈጸመ ነገራትን ተግባራትን ዘረጋግጽ'ዩ። ኣብቲ ናይ መጨረሽታ ጸብጻቡ፡ ዋና ኣመሓዳሪ ካሚንግ ብዛዕባ ምምሕልላፍ

8. ኣንድነትን ምዕባልናን፡ 12 ዓመት ቍ. 20፡ 19 ሓምለ 1952።
9. ፊታ. መስፍን ገብረህይወት፡ ቃለ መጠይቕ፡ 18 ታሕሳስ 2001፡ ኣስመራ።

ኣባል ፈጻሚት ኮሚተ ዝነበሩ መስፍን ገብረህይወት።

ፈደራል ኣገልግሎትን ንብረትን ጽሒፉ ነይሩ። ፈደራል ኣገልግሎት ዝብሃል፣ ኢሉ ንሱ፣ ኩሉ'ቲ ንምክልኻል ሃገር (defence)፣ ጉዳያት ወጻኢ (foreign affairs)፣ ገንዘብን ፋይናንስን፣ ናይ ወጻእን ስግረ ዶብን ንግዲ (foreign and inter-state commerce)፣ ከምኡ'ውን ንወደባት ዝሓቑፈ ናይ ወጻእን ስግረ ዶብን መራኸቢታት (external and inter-state communication) ከም ዘጠቓልል ኣመልከተ።

ከምኡ ኸንዲ ዝኾነ፣ ካሚንግን ናይ ምምሕዳር ብጾቱን ንብምሉኡ ናይ ጉምሩክ ኣገልግሎታት ብሓላፍነት ንመንግስቲ ኢትዮጵያ ንኽውሃብ ወሰኑ።[10] ኣብ'ዚ ጉዳይ'ዚ፣ ነቲ ኣብ ዝሓለፈ ምዕራፋት ዝገለጽናዮ፣ ማለት ድማ እቲ ኤርትራ ኣብ ክንዲ ግቡእ ናይ ቀረጽ ብጽሒታ ትረክብ፣ ሓደ ጥሙር መጠን ገንዘብ ጥራይ ንኽትወሃብ ይገበር ዝብል ዘይሕጋዊ ውሳነ ጸዲቑ ምንባሩ ምዝካር የድሊ። ነዚ ድማ፣ ፈደራል ድንጋገ ንዕኡ ብዝሃቦ ስልጣን ይገብሮ ከም ዝነበረ፣ ግን ንኣኽብሮት መንፈስ ፈደራል ድንጋገ ኽብል ምስ ኮሚሽነር ማቲየንሶ ከም ዝተማኸረን ንሱ ድማ ከም ዝተሰማምዓሉን ካሚንግ ገለጸ።[11]

ኣብዚ ጸብጻቡ'ዚ ካሚንግ፣ ምትሕልላፍ ንብረት ክብሃል እንከሎ፣ ምትሕልላፍ ዋንነት (ownership) ዘይኮነስ ምትሕልላፍ ትሕዝ ወይ ትሕዞ (possession)

10. UK Final Report, p. 41, par. 246-248.
11. Ibid, p. 41, par. 248.

ጥራይ ምኺኑ ኣረድአ። ጉዳይ ዋንነት፡ ፌደረሽን ምስ ተተግበረ፡ ኣብ መንጎ መንግስታት ኢትዮጵያን ኤርትራን ብዝግበር ስምምዕ ንኽውሰን ከም ዝገደፎ'ውን ኣረጋገጸ። ነዚ ዝበለ፡ መንግስቲ ብሪጣንያ ከም ወኪል ሓይልታት ኪዳን ወይ ሓላዊት ወይ ኣላዪት ኣብ ኤርትራ ስለ ዝጸንሐት፡ ኣብ ልዕሊ'ቲ ኣብ መንግስቲ ኢጣልያ ዝተረከበቶ ንብረት ዘኾነ ናይ ዋንነት (ገባርነትን ሓዳግነትን) ስልጣን ከም ዘይነበራ ንምብራህ ነበረ። ፌደራል መንግስቲ፡ ደምደመ ካሚንግ፡ ኣብ ልዕሊ'ዚ ዝወሃቦ ዘሎ ንብረት፡ "ናይ ቊጽጽርን ኣገልግሎትን መሰል ጥራይ'ዩ ኽህልዎ፤ ሕቶ ዋንነት ደሓር'ዩ ክውሰን..."[12]

ነዚ ብዝመስል፡ ዘኾነ ውሕስነትን መተኣማመንን ዘይነበሮ ኣገባብ እምበኣር፡ ብ.ም.ኤ. ንብረትን ኣገልግሎታትን ኤርትራ ናብ ኢድ ኢትዮጵያውያን ሰበ ስልጣን ኣመሓላለፈ። ንኣብነት፡ ኣገልግሎት ምድሪ ባቡርን ተለፈሪካን ብተመሳሳሊ መገዲ ናብ ኢትዮጵያ ተመሓላለፈ። ኣብቲ መጀመርታ'ኳ፡ ገለ ካብ እንግሊዛውያን ባዕሎም፡ ክልቲኡ'ዚ ኣገልግሎታት ኣብ ውሽጢ ኤርትራ ጥራይ ይሰርሕ ስለ ዝነበረ፡ ከም ሰግረ-ዶባዊ መራኸቢ ክቊጸር ኣይግባእን ኢሎም ነይሮም'ዮም። ነዚ ግን፡ መንግስቲ ኢትዮጵያ፡ ኣገልግሎት ባቡር ምድርን ተለፈሪካን ንወደብ ባጽዕ ንምግልጋል ስለ ዝተሰርሐ፡ ከም ተለቃቢ ናይ'ቲ ወደብ ክርአ፤ ኣገልግሎት ወደብ ንኢትዮጵያ ስለ ዝተዋህበ ድማ፡ ንሱ'ውን ናብ ሓላፍነታ ኽመሓላለፍ ተማጐተት። ኣብ ልዕሊ'ዚ፡ በለት ኢትዮጵያ፡ መገዲ ባቡር ናብ ጽርግያታት ኤርትራ፡ ጽርግያታት ኤርትራ ድማ ናብ ኢትዮጵያን ሱዳንን ስለ ዘምርሕ፡ ከም መራኸቢ ሰግረ ዶብ ይርአ... በለት።

ነዚ፡ ማቲየንሶ ተሰማምዓሉ። ንሱ፡ ምድሪ ባቡር ኤርትራ፡ ብዘይ'ቲ ናብ ኢትዮጵያ ዝሰግር ኣቓሑ ክሰርሕ ከም ዘይክእል፤ ኣብ ልዕሊኡ፡ ንዕኡ ምምሕዳር ልዕሊ ዓቕሚ መንግስቲ ኤርትራ ስለ ዝኾነ፡ ንኢትዮጵያ ንኽወሃብ ደገፈ። ነቲ ካብ 1943 ኣገልግሎቱ ኣቋሪጹ ዝነበረ ተለፈሪካ ኣመልኪቱ ድማ ማቲየንሶ፡ ጥቕሙን ኣገልግሎቱን ቀጻሊ ኽኸውን ስለ ዘይተራእዮ፡ ተሸይጡ ኣብ ጥቕሚ ኤርትራ ንኽውዕል ኣመመ። ብ.ም.ኤ. ነዚ ናይ ኢትዮጵያን ማቲየንሶን ሓሳባት ተቐቢሉ፡ ንምድሪ ባቡርን ተለፈሪካን ኤርትራ ናብ ቊጽጽር ኢትዮጵያ ኣእተዎ።[13] ካልእ፡ ከም መፍረ ጨው፡ ሓላፍነት መዓርፎ ነፈርትን ንዕኡ ዝመስል፡ ንኤርትራ ዓቢ ምንጪ እቶት ክኸውን ዝኽእል ዝነበረ ዕዮታትን፡ ንኢትዮጵያ ተዋህበ።

ንመንግስታዊ ንብረት ብዝምልከት እውን፡ ፈጻሚ ኮሚተ ዘይተመያየጠሉ ውሳነታት ብዋና ኣመሓዳሪ ካሚንግ ተወስደ። ከምቲ ፊታውራሪ መስፍን ዝበሉዎ፡ እቲ ኮሚተ ኣብ ውዱእ ጉዳይ ይሰርሕ ከም ዝነበረ፡ በቲ ካሚንግ ባዕሉ ብ11 መስከረም 1952 ኣብ ቅድሚ ባይቶ ዝሃቦ መደረ ኽንርዳእ ንኽእል። ካሚንግ ናብ ባይቶ ዝመጸ፡ ብዛዕባ ምምሕልላፍ ስልጣን ይኹን ንብረት ካብ

12. Ibid, par. 249.
13. Ibid, Par. 251.

ኣባላት ባይቶ ገለ ኣገደስቲ ሕቶታት ስለ ዘተሓተተ፡ ንዕኡ ንምምላሽ ነበረ። ካብዚ ዘረባኡ ካሚንግ፡ ንመንግስቲ ኢጣልያን ንኢጣልያውያን ነበርቲ ኤርትራን ኣብ ኣሳልጦ ስራሖም ዘድልዮም ኣባይቲ ክግደፈሎም ከም ዝተወሰነ ድሕሪ ምምልካት፡ ነዚ ዝሰዕብ በለ፡-

...ከም መዕረፍ ነፈርቲ ዚመስል፡ ፈደራዊ ኣገልግሎት ዚፍጽመሉ ጥሪት፡ ናብ ፈደራዊ ስልጣን ይሕለፍ ተባሂሉ እንተ ተዋህበ ግቡእ ኢዩ። ከምኡ እውን፡ ናይ ፈደራዊ ስልጣን ልኡኻትን ሰራሕተኛታትን፡ ኣውራ ኣውራ እኳ እቶም ኩብ ዝበለ መዚ ተቐቢሎም ዝመጹ ሰባት ዚነብሩሉ ኣባይቲ ናብ ፈደራዊ መንግስቲ እንተ ሓለፈ ግቡእ'ዩ። ኣረ ፈደራዊ ሰራዊት ዜድልዮ ነገራት ስለ ዘሎኳ፡ እንግሊዛውያን ዚነብሩሉ ዝነበሩ ኣባይቲ ነቶም ብቐረባ ጊዜ ናብ ኣስመራ ኪኣትዉ ዘሎዎም 30 ዝኾኑ መኳንንቲ ኪኸውን ናብ ፈደራዊ ስልጣን ክሓልፍ መዷብ ኣሎኹ። ...ወተሃደራት ፈደራል ዚዓርዱሉን ዚነብሩሉን ኪረኽቡ ግቡእ ስለ ዝኾነ ኸኣ፡ ኣብ ከተማ ኣስመራ፡ ኣብ መዕረፍ ነፈርትን ኣብ ገጀረትን ኣብ "ጀንዮ"ን ዘሎ ኣባይቲ ወተሃደራትን መኮንናትን ናብኦም ኪሓልፍ'ዩ።

ካሚንግ በዚ ከየብቀዐ፡ ብዛዕባ ቤተ መንግስቲ ኣስመራን ካልእ መንግስታዊ ኣባይትን ከምዚ በለ፡

...ናይ ግርማዊ ሃጸይ ሃይለስላሴ ልኡኽ እውን ኣብ ኣስመራ ኪቕመጥ'ዩ። እዚ ናይቶም ስልጣንን መራሕን ፈደራስዮን ልኡኽ ዝኾነ ዓቢ ሰብ፡ ኣብ ሓደ ብስርዓት እተዳለወ ኣዳራሽ ኪነብር'ዩ ዚግባእ እሞ፡ ንሱ ኣብ'ቲ ቐደም ጠቕላል ኣመሓዳሪ ጣልያን ዚነብረሉ ዝነበረ ኣዳራሽ ኪነብር ተወሲኑ ኣሎ። ሰራሕተኛታትን ዚዓዩሉ ኣብያተ ጽሕፈት ዜድሊ ስለ ዝኾነ፡ እቲ ኣብ ጥቓ ንልኡኽ ጃንሆይ እተዋህበ ኣብያተ ጽሕፈት ንፈደራዊ መንግስቲ ኪዋሃብ ተመዲቡ ኣሎ። ካብቲ ንመንግስቲ ኤርትራ ዚወሃብ ኣባይትን ኣብያተ ጽሕፈትን ብዘይ ግቡእ ከይንኪ ኩብል ደኣ ፈጺመ ክሕጉስ ኣይከኣልኩን እምበር፡ ፈደራዊ መንግስቲ ዝለመኖ ኣባይትን ኣብያተ ጽሕፈትንስ ብዙሕ ኢዩ።

ኣብ መደምደምታ መደረኡ ካሚንግ፡ ነቲ ኹሉ ስልጣንን ንብረትን ናብ ፈደራል መንግስቲ ንኽመሓላለፍ ምሉእ ስልጣን ከም ዝነበሮን፡ ብሓላፍነቱ ድማ ከም ዝፈጸሞን ነቲ ባይቶ ነገሮ።[14]

ፈጻሚ ኮሚተ እምበኣር፡ ብባይቶ'ኳ ይመረጽ'ምበር፡ ንውሳነታት ካሚንግ ካብ ምቕባል ዝሓልፍ ስልጣን ኣይነበሮን። እዚ ኹሉ፡ ጸኒሑ ዓቢ ምንጪ ክትዕን ምስሕሓብን ዝኾነ ምዕዳል ስልጣንን ንብረትን ህዝቢ ኤርትራ ናብ ኢትዮጵያ፡ ብዘይ ኣፍልጦኡ'ዩ ተገይሩ። ከምቲ ፈታውራሪ መስፍን ዝበሉዎ፡ ድምጺ ተቓውሞ ኣስሚዑ እንተ ነይሩ፡ ክንድ'ቲ ሚዛን ዝዋሃቦ ወይ ነቲ ኣቐዲሙ ተወሲኑ ዝነበረ ክቕይር ዝኽእል ኣይኮነን።

14. ሰ.ጋ. 10ይ ዓመት ቁ. 523፡ 11 መስከረም 1952።

ነዚ ኸለ ተግባረ ት እንግሊዝ፡ ባደቶ ብዘይ ተቓውሞ ወይ ድማ ብናይ ርሑቕ ተዓዛብነት ጥራይ ኣየሕለፎን። ገለ ወከልቲ ደ.ሰ.ኤ. ዝነበሩ ኣባላት ንተቓውሞኦም ብቓልን ብጽሑፍን የቕርቡ ነይሮም ኢዮም። ንኣብነት'ኳ፡ ብ30 ነሓሰ፡ ኢብራሂም ሱልጣን፡ ቃዲ ሙሳ ኣደም ዑምራንን መሓመድ ዑመር ኣኪቶን ዝተረኽቡዎም ትሸዓተ ኣባላት፡ ነዚ ዝስዕብ ሕቶን ስምዕታን ናብ መንግስቲ እንግሊዝን ፈጻሚ ኮሚተን ኣቕሪቦም ነበሩ።

- ንቤት መንግስቲ ኣስመራ ንዘይ ኤርትራውያን ምሃብ ንቃወም፡
- ስለምንታይ ናይ ጣልያን ዝነበረ ዝበለጸ ኣባይቲ ንኢትዮጵያውያን ይዋሃብ ኣሎ? ንኤርትራውያን ክዋሃብ እዩ ዝግባእ።
- ብዙሓት ልኡኻት ኢትዮጵያ፡ ፈደራል
- ኣገልግሎት ክንህብ ብምባል ኤርትራ ይኣትዉ ኣለዉ። እዚ ኣገልግሎታት እዚ ንኢትዮጵያውያን ጥራይ ዘይኮነ፡ ንኤርትራውያን እውን ክዋሃብ ኢዩ ዝግባእ።
- እዚ ፌደራል ሕጊ እናተባህለ ብንጉስ ዝጸደቐ ዘሎ፡ ብመንግስቲ ኤርትራ ሓሊፉ ክጸድቕ ነይሩዎ። ብኢትዮጵያ ጥራይ እናጸደቐ ፌደራል ክባሃል ቅኑዕ ኣይኮነን። … ኢትዮጵያውያን ኣብ ጉዳይ ኤርትራ ኢዶም ከእትዉ ንቃወም።
- ኣብ ልዕሊ ህዝቢ ብዘይ ፍላጡ ዝጸዓን ሕጊ ዲክታተሪያዊ ሕጊ ኢዩ። ደሞክራሲያዊ ሃገር ስለ ዘኾንና እቲ ብኢትዮጵያ ተነዲፉ ዘሎ ፌደራል ቅዋም ኣብ ቅድሚ ባይቶና ይቕረብ እሞ ንሕና ኸኣ ከነጽድቖ።
- ኢትዮጵያ ኣብ ልዕሊ ንግዳን መራኸቢታትን - ንኣብነት፡ ምድሪ ባቡር፡ ቴሌግራፍ፡ ቡስጣ… ወዘተ፡ ምሉእ ስልጣን ወሲዳ ኣላ። እዚ ድማ፡ ውሳነ ሕቡራት መንግስታት ብምጥሓስ ኢዩ። ስለዚ፡ ንሕና ንህዝብና፡ "ፈደረሽን ዝበሃል ነገር የለን፡ ዝድላይኩም ምረጹ፡ ናይ ፈደረሽን ዕድልኩም ሰማዊ ጥራይ ኢዩ…" ክንብሎ ኢና።[15]

ፈጻሚ ኮሚተ ነዚ ሕቶታት'ዚ ተቐቢሉ ናብ'ቲ ስልጣን ምምሕዳር የመሓላልፎ ነይሩ ኢዩ። ከምቲ መሰፍን ገብረህይወት ዝበሉዎ'ውን ቀሩብ ምጡን ተቓውሞ የስምዕ ነበረ። ሓይልን ተሰማዕነትን ክረክብ ግን ኣይከኣለን።

እዚ ስለ ዝተባህለ ግን፡ እቲ ኮሚተ ፈጺሙ ኣይሰርሐን ማለት ኣይኮነን። ነቲ ኽምስረት ዝነበሮ መንግስቲ ኤርትራ ከም ዓንዲ ማእከል ኮይኑ ዘገልግል መሰረታዊ ሕግታት (organic laws) ኣብ ምርቃቕን ንባይቶ ኣብ ምቕራብን፡ ዓቕሙን ሕጽረታቱን ኣብ ግምት ኣእቲኻ፡ ዝነኣድ ስራሕ ሰሪሑ ኢዩ።

እተን መሰረታውያን ዝተባህላ ሕግታት እዘን ዝስዕባ ነበራ፡

15. RDC, ACC 14033, EC/EDM/1, 30 Augst 1952. እቶም ካልኦት ፈረምቲ ኣባላት፡ ዓሊ ዑመር ዑስማን፡ መሓመድ በይ ዓብ፡ መሓመድ ስዒድ መሓመድ ሓሰኖ፡ ኢብራሂም ሑመድ ዓሊ፡ ኢድሪስ ዑስማን መሓመድ፡ ሰይድ ዓብደላ ዓብደልራሕማን ነበሩ።

- *ናይ ኣሰራርሓ መንግስቲ ድንጋገ* (The Functions of Governement Act)
- *ድንጋገ ምምሕዳር ፍትሒ* (The Administration of Justice Act)
- *ናይ ባጀት ሕጊ* (The Budget Law)
- *ድንጋገ ሰራሕተኛታት መንግስቲ* (The Civil Service Act)
- *ናይ ኦዲት ድንጋገ* (The Audit Act)
- *ድንጋገ ቤት ምኽሪ ኣማኽርቲ* (The Advisory Council Act)
- *ናይ ምርጫ ድንጋገ* (The Electoral Act)[16]

ብዘይካ'ዚ፡ ፈጻሚ ኮሚቴ፡ ንስራሕ መንግስቲ ኤርትራ ዘጣጥሕ፡ ከም ቅርጺ ምምሕዳር ኣውራጃታት፤ ኣቈጻጽራን ደረጃታት ኣሰላልፋን ሰራሕተኛታት መንግስቲ፤ ምሕደራ ሓይሊ ፖሊስን ኣገልግሎት ኣብያተ ማእሰርትን፤ ኣሰራርሓ ጋዜጣታትን መራኸቢ ብዙሓንን ብሓፈሻ፤ ኣተኣኻኽባ ግብሪ መንግስቲ፤ ኣቃውማን ኣሰራርሓን ስርዓተ ፍርድን ስርዓት ባጀትን... ንዝመስሉ ኣገደስቲ ጉዳያት ውሳነታት ብምሃብ፡ ሕግታት ብምርቃቕን ኣብ ባይቶ ብምጽዳቕን ንስርሓት መንግስቲ ኤርትራ ሓደ መንጸፍ ኣንጸፈ። ንብረት'ውን ተረከበ።

መንግስቲ ኢትዮጵያ ብወገና፡ ናይ ኤርትራ ስልጣናን ንብረታን ንኽርከቡ ብዝመዘዙቶም ሰባት ኣቢላ ነቲ ብጽሒታ ተቐበለት። በዚ ድማ እቲ ናይ ምስግጋር ጊዜ ኣብቂዑ፡ ናብ ምድላው ናይ ውግዓዊ ምትሕልላፍ ስልጣን ተሰግረ።

16. UK Report, par. 265, p. 44.

ምዕራፍ 8

ምትካል ስርዓተ ፈደረሽን

ባይቶ ኤርትራን ምጽዳቕ ህንጻ መንግስቲ ብሃይለስላሴን

እቲ ብሚያዝያ 1957 ዝተመርጸ ባይቶ፡ ህንጻ መንግስቲ ኤርትራ ንምጽዳቕ ጥራይ ከም ዝቔመ ርኢና ኔርና። ነቲ ቐንዲ ኣካታዊ ዓንቀጻት ምስ ተሰማምዓሉ ድማ፡ ሸዱሸተ "መሰጋገሪ ዓንቀጻት" ዝተሰምያ፡ ማለት ዓንቀጻት 94 – 99፡ ኣጽዲቑ ስርሑ ወድኣ።

ካብዘን ናይ መሰጋገሪ ዓንቀጻት፡ እተን ክልተ ብዙሕ ኣተሓተትትን ኣብ ህዝቢ ስክፍታ ዝፈጠራን ኮና። እታ ቐዳመይቲ፡ ዓንቀጽ 97፡ ንኹሉ'ቲ ብምምሕዳር እንግሊዝን ፈጻሚ ኮሚተን ዝተኣትወ ስምምዓት ኣብ ልዕሊ መንግስቲ ኤርትራ ተፈጻሚ ትግብር ኮይና፡ ኣቐዲምና'ውን ተዛራብናላ ኢሎና። እዚኣ፡ ንሓደ ሓደ ህዝቢ ዝጸልእ፡ ገሊኡ'ሞ ካብ ፋሽስታዊ ኣሰራርሓን ኣጠማምታን ግዝኣት ጣልያን ዝተወርሰ ሕግታት ቀጻሊ ከም ዝኸውን ስለ ዝገበረት፡ ብዙሕ ኣካትዐት።[1]

እታ ኻልኣይቲ፡ ማለት ዓንቀጽ 99፡ ንኣባላት ባይቶ ኣዝያ እተሕምን እተንቅፎምን ኮነት። ኣብቲ ዘቕረቦ ንድፊ፡ ማቲየንሶ፡ እቲ ቕዋም ንኸጽድቕ ጥራይ ዝተመርጸ ባይቶ፡ እንተ ወሓደ ንሓንቲ ዓመት፡ እንተ በዝሐ ድማ ንኽልተ ዓመት ከም ሓጋጊ ባይቶ ንኽቕጽል ኢዩ ኣሚሙ ዝነበረ። ነዚ ዝመረጸሉ ምኽንያት ክገልጽ እንከሎ ድማ፡ ኤርትራውያን ተቐዳዲሞም ናብ ሓዲሽ ፖለቲካዊ ምርጫን ንሱ ዘስዕቦ ዋጢጥን ምስሕሓብን ካብ ዝኣትዉ፡ መጀመርታ ህድእ ኢሎም መንግስቶም ከቕሙ፡ ዴሞክራሲያውያን ትካላቶም ከአ ክተኽሉ እሞ፡ ብድሕሪኡ ናብቲ ዝድለ ምርጫ ንኽኣትዉ ብምሕሳብ ምንባሩ ኣብርሀ። እዚ ኣገባብ'ዚ ኣብ ደቡብ ኮርያ ከም ዝተተግበረ'ውን ኣረድአ።

ኣባል ባይቶ በዛብህ ተሰፋብሩኽ ብኢብራሂም ሱልጣን ተደጊፎም፡ መራሕ መንግስቲ ንኣርባዕተ ዓመት ብባይቶ ስለ ዝምረጽ፡ ዕድመ ባይቶን ዕድመ ስልጣን መራሕ መንግስትን መታን ሓደ ኽኸውን፡ ዕድመ ናይቲ ዝጸንሐ ባይቶ ናብ ኣርባዕተ ዓመት ንኽናዋሕ ሓተቱ።

1. ሓንቲ ኤርትራ፡ 3ይ ዓመት ቍ. 134፡ 9 ሓምለ 1952።

እዚ ብዙሕ ክትዕ ኣልዓለ። ኣባላት ሕብረት ዝነበሩ ኣዝማች ተሰፋይ በራኺ፡ ብላታ ደምሳስ ወልደሚካኤል፡ ኣቶ እምባየ ገብረኣምላኽን ካልኦትን ነቲ ናይ ክልተ ዓመት ገደብ ክመርጹ እንከለዉ፡ ሽኽ ዑመር ኣኪቶ ግን፡ መራሕ መንግስትን ባይቶን ብሓደ ዓመት ተመሪጾም ብሓደ ክውድኡ ከም ዝመርጹ ኣፍለጡ።

ማቲየንሶ ዕድመ ስልጣን ባይቶን መራሕ መንግስትን ናይ ምትኽኻል ሓሳብ ኣይደገፎን። መራሕ መንግስቲ ናጻ ከም ዝኾውን ኢዩ እቲ ህንጻ መንግስቲ ኣቐሙዎ። ስለዚ ስልጣኑ ምስ ዕድመ ባይቶ ክዛነቕ ግድን ኣይኮነን በለ። ከምኡ ይኹን ምስ ዝብሃል ድማ፡ ንኣብኡ ባይቶ ኣብ ውሽጢ ኽልተ ዓመት ክብተን እንተ ነይሩዎ፡ እቲ መራሕ መንግስቲ ምስኡ ከም ዝወርድ ክግበር ከም ዘክኣል'ውን ሓበሮም። ኣባላት ባይቶ ነቲ ምንዋሕ ዝመረጹ ኣብ ውልቃዊ ድሌቶምን ረብሓታቶምን ከይከውን ግዲ ጠርጢሩ ኾይኑ፡ ማቲየንሶ ነዚ ዝስዕብ መዓዶም፡

> ኣባላት ነዛ ሓሳብ እዚኣ ገዛእ ረብሓታትኩም ዘይኮነስ ረብሓታት እዛ ሃገር ኣብ ግምት ኣእቲኹም ተልዕሉዋ ክትህልዉ ተስፋ እገብር። ብዛዕባ ዕድመ ስራሕ እዚ ባይቶ'ዚ ዝምልከት፡ ኣንጻር ዝኾነ እዚ ባይቶ ዝወስዶ ውሳነ ደው ከይበልኩ ብምሉኡ ከጽድቖ ድሉው እየ።[2]

ኣኪቶ፡ "እምበኣር ኣርባዕተ ዓመት ይኹን" ምስ በሉ፡ ኣባላት ብምሉእ ድምጺ ኣጽደቑዎ'ሞ፡ እቲ ባይቶ ወከልቲ ህዝቢ ንነብሱ ናብ ሓጋጊ ባይቶ ኤርትራ ቐየሮ።

እዚ ውሳነ'ዚ፡ ካብ መንፈስ ይኹን ቃል ኣዋጅ ምርጫ 121 ናይ 1952 ወጻኢ ነበረ። ከም ግቡእ፡ ባይቶ ወከልቲ ህዝቢ ቅዋም ምስ ኣጽደቐ፡ ዕማሙ ዛዚሙ ክብተን'ዩ ዝነበሮ። ብ.ም.ኤ. ድማ ሓዲሽ ናይ ምርጫ ኣዋጅ ብምእዋጅ፡ ብፍላይ ከም ሓጋጊ ኣካል ዝርአ ባይቶ ክምርጽ ነይሩዎ። ነዚ ኽገብር ግን ኣይደለየን። ማቲየንሶ'ውን፡ ነቲ ዝበሎ ናይ ዓመት ወይ ናይ ክልተ ዓመት ምምጣጥ ጊዜ ክህብ ሕጊ ኣየፍቀደሉን። ምኽንያቱ ድማ፡ ብመሰረት ኣዋጅ 121 ዓንቀጽ 13፡ ዕድመ ናይቲ ባይቶ፡ "ህንጻ መንግስቲ ክሳብ ይርጋእ ኢሉ ዘቕውምን"፡ ከምኡ ድማ "ንጉሰ ነገስት ናይ ኢትዮጵያ ክሳብ ዘርግኡዎን" ከም ዝጸንሕ'ዩ ዝሓንጸጸ።[3] ስለ'ዚ፡ እቲ ናብ ሓዲሽ ምርጫ ምእታው ጥዑም ኣይኮነን... ዝበሉዎ በዓል ማቲየንሶ፡ ናይ ቅንዕና'ኳ ይምሰል እምበር፡ ናይ እንግሊዛውያን መደብ ከይኮነ'ውን ኣይተርፍን። በቲ ኻልእ ወገን፡ ቀንዲ ደገፍቲ ምንዋሕ ዕድመ ባይቶ ኣባላት ደ.ሰ.ኤ. ምንባሮም ብኣጋጣሚ ኣይኮነን። መንግስቲ ኤርትራ ብኣባላት ሕብረትን መንግስቲ ኢትዮጵያን ከም ዝዕብለል ዘኮትዕ ኣይነበረን። ሓድሽ ምርጫ ምስ ዝግበር፡ ኢድ ኢትዮጵያ ከም ዝኣትዎ ስለ ዘየጠራጥር፡ ደ.ሰ.ኤ ነቲ ዝነበሮ ምጡን ኣባልነት ኣብ ባይቶ መታን ከየጥፍእ ብምስጋእ'ውን በዓል ኢብራሂም ሱልጣንን ዑመር ኣኪቶን ምንዋሕ ዕድመ ባይቶ ሓተቱ።

2. UNGA, A/AC. 44/ R. 139, 17 JULY 1952.
3. ሰ.ጋ. 10ይ ዓመት ቍ. 491፡ 31 ጥሪ 1952።

አብ ቃለ መጠይቖም፡ ኣኪቶ ብዛዕባ'ዚ ተዛሪቦም ነይሮም፣

ነዚ ዝግበር ዝነበረ ንርእዮ ነይርና። ብዙሓት ካብቶም ኣባላት፡ ባይቶ ምእታው ማለት ህዝቢ ምውካል ምዃኑ ኣይፈልጡን ዝነበሩ። ሽመት ወይ ጉይትነት ኮይኑ ይርእዮም ነይሩ። ሓዲሽ ምርጫ እንተ ዝግበር ድማ፡ ኢትዮጵያ ብሰልዲ ዝግዝኡ፡ ሽመት ዝደልዩ ኣምበይሰኣነትን። ሰልዲ ዝደሊ መሊኡ ኢዩ ዝነበረ። እንግሊዝ ከኣ ንኸምዚታት ይቕበሉ ኢዮም ዝነበሩ። ስለዚ፡ "ካብቲ ጸኒሑ ዝመጽእ ክፉእ፡ እዚ ክፉእ'ዚ ይሕሸና" ብምባል ኢና ዕድመ ባይቶ ንኸናዋሕ ዘደገፍና።

ብዝኾነ፡ እዚ ውሳነ ባይቶ'ዚ ኣብ ህዝቢ ጽቡቕ ስምዒት ኣይፈጠረን። ብብላታ ዑመር ቃዲ ዝምራሕ ጋዜጣ "ኣንድነትን ምዕብልናን" ንኣብነት፡ ነዚ ተቓዊሙ ጸሓፈ። ብዙሓት ኣባላት ባይቶ ምስሌነታት ስለ ዝነበሩ ኸኣ በለ'ቲ ናይ ዑመር ቃዲ ዓንቀጽ፡ "ወሰንቲ ሕጊ ከም ዝኾኑ ከረጋግጹ ኣይክኽእሉን'ዮም። ካብኣቶም፡ ኣየኖት ናብ ፈጻሚ ኮሚቲ (ፈጻሚ ኣካል ናይ መንግስቲ) ከም ዝሓልፉን፡ ኣየኖት ከኣ ኣብ ባይቶ ከም ዚተርፉን ኪፍለጥ ኣይከኣልን'ዩ።" ብተወሳኺ፡ ኢሉ እቲ ዓንቀጽ፡

> ከም መጠን ልኡኽ ህዝቢ ኮይንካ፡ ካብቲ ብሊቃውንትን ብምስሌነ ሕ.መ.ን እተዳለወ ሕንጻ-መንግስቲ መርሚርካን ዘቲኻን ዚፍጽም ዕዮ፡ ሓደሽቲ ሕግታት ምውጻእ ኣዝዩ ዚብርትዕ ኢዩ። ስለዝ'ውን እቲ ሕጊ ዜወስን ሰብስ፡ ከምቶም ዓበይቲ ወሰንቲ ሕጊ ሰፊሕ ፍልጠት እንተዘይብሉ'ኳ፡ መሰረት ሕጊ ኪፈልጥስ የግዲ ዜድልዮ ኢዩ።
>
> በዚ ምኽንያት እምበኣር... እዚ ንሕንጻ-መንግስቲ ኪምርምርን ኬርግእን ዝቖመ ባይቶስ፡ ነቲ ብዛዕባኡ ዚሕሰብ ዝነበረ ተሳጊሩ፡ ኣብ ባይቶ ወሳኒ ሕጊ ተለዊጡ ዕዮኡ ኪቕጽል ዜድሊዶ ኢዩ? እዝን ክንድዝን ነገራትስ ነቲ ዚመጽእ ሰላም ዚጉድእዶ ኣይኮነን?

ብምባል፡ ማቲየንሶን ምምሕዳር እንግሊዝን ነቲ ተግባር ስቕ ኢሎም ክዕዘቡ ብምርኣዩ ነቐፎም።[4]

ነዚ ዝመሰል ነቐፌታ ንውሳነ ባይቶ ስለ ዘይዓንቀፎ ኢዩ እቲ ምንዋሕ ዕድመ ባይቶ ብኹብ ዝበለ ብልጫ ድምጺ ክሓልፍ ዝኸኣለ። ህንጻ መንግስቲ ኤርትራ ብምሉኡ ስለ ዝጸደቐ ድማ፡ እቲ ዝተረፈ ዕማም፡ ነቲ ሰነድ ናብ ሃጸይ ሃይለስላሴ ምቕራቡን ብኣኦም ከም ዝጸድቕ ምግባርን ኮነ።

ነዚ ንምግባር ማቲየንሶ፡ ጠቕላል ኣመሓዳሪ ኤርትራ ዱንካን ካሚንግ፡ ኣቦ መንበር ባይቶ ተድላ ባይሩ፡ ምኽትል ኣቦ መንበር ዓሊ ረድኣይን ካልኦትን፡ ብ11 ነሓሰ 1952፡ ህንጻ መንግስቲ ኤርትራ ንኸመርቐ ናብ ቤት መንግስቲ ኣዲስ ኣበባ ቐረቡ። ኣብቲ ዝተኻየደ ሓጺር ስነ ስርዓት፡ እቶም ሃጸይ "ብዛዕባ ምርጋጽ ህንጻ መንግስቲ ኤርትራ እተገብረ ኣዋጅ" ንዝብል ሰነድ ብምፍራም ወግዒ ኣልበሱዎ። እቲ ኣዋጅ ብኸፊል ከምዚ ይብል፡

4. ኣንድነትን ምዕብልናን፡ 1ይ ዓመት ቍ. 20፡ 19 ሓምለ 1952።

...ንሕና፡ ቀዳማዊ ሃይለስላሴ፡ ስዩመ እግዚኣብሔር፡ ንጉሰ ነገስት ኢትዮጵያ፡ ... ከም ዘውድን ስልጣንን ናይዚ ሕጂ ዘሎን፡ ናይቲ ብድሕሪ ሕጂ ፈደራስዮን (ዓንቀጽ 13 ናይ ብይን ሕቡራት መንግስታት ኣብ ግብሪ ብዝወዓለ) ዝህሉን መንግስቲ ሓጸይ ኢትዮጵያ ኮንና፡ ነዚ ኣብ ላዕሊ ተባሂሉ ዘሎ ህንጻ መንግስቲ ንቕበሎ፡ ነርግእ፡ ንምርቖ ኣሎና። ነቶም ኣብ ኤርትራ ዘለዉ እሙናት ዜጋታትና ከኽብርዎን ኪእዘዙዎን ከኣ ንእዝዞም ኣሎና።[5]

ነዚ ኣዋጅ ብጥንቃቐ ምስ እነንብቦ፡ ሃጸይ ሃይለስላሴ ከም ላዕለዋይ ስልጣን "ናይ'ዚ ሕጂ ዘሎን" ፈደራስዮን ምስ ቈመ ኸኣ ዝህሉን "መንግስቲ ሃጸይ ኢትዮጵያ" ኢዮም ንህንጻ መንግስቲ ኤርትራ ዘጽደቑ። ነቲ "ፈደራስዮን" ከም ሓደ ኣብ ውሽጢ'ቲ ዝነበረን ዝመጽእን ሃጸያዊ መንግስቶም ዝኣቱ ኣካል ወይ ነገር'ምበር፡ ከም ሓደ ንቕርጽን ትሕዝቶን ስርዓቶም ዝቕይር ከቢድ ጉዳይ ኣይረኣዩዎን። ቀጺሎም 'ውን፡ ነቶም "ኣብ ኤርትራ ዘለዉ እሙናት ህዝብታትና" ከኽብሩዎን ክእዘዙዎን "ንእዝዞም ኣሎና" ብምባል፡ ህዝቢ ኤርትራ፡ ከም ኩሉ ኻልእ ህዝብታት ኢትዮጵያ፡ ኣብ ትሕቲ ትእዛዞም ከም ዝኣተወ ዘሰምዕ ቃል ሃቡ። ናይ ገዛእ ርእሱ ባይቶ፡ መራሒ፡ ባንዴራን ስርዓት ምምሕዳርን ከም ዝነበሮ ከፍልጡ ኣይደለዩን ኩብሃል'ውን ይከኣል። ብተወሳኺ፡ ህዝቢ ኤርትራ ደኣ'ምበር፡ ህዝቢ ኢትዮጵያ ነቲ ስርዓት ፈደረሽን ንከኽብር ኣይኣዘዙዎን።

ሃይለስላሴ ፈደራል ድንጋገ ብፊርማ እናጽደቑ።

5. ሲ.ጋ. 10ይ ዓመት ቍ. 520፡ 21 ነሓሰ 1952።

ማቲየንሶ ኣብ ዝሃቦ መደረ፡ ሓላፍነት ኢትዮጵያ ንምዝኽኻር ከምዚ በለ፡

…ኣብዚ ዓቢ መዓልቲ እዚ፡ ብስም ሕቡራት መንግስታት፡ ብዚመጽእ ጊዜ ፈደራስዮን ብሰላማዊ መንገዲ ኸም ዚምዕብል፡ መንግስትኹም እውን ንነጻነት ኤርትራ ብምኽባር ኸም ዚሕልዎ፡ ንፈደራዊ ህንጻ ዜቕውም መሰረት ብምጅማር ከኣ፡ ዜድሊ ፈደራዊ ኣገልግሎት ኸም ዚኸፈት፡ ብዚግባእ ፈደራዊ ሕጊ እውን ኸም ዜካይዶ እምነተይ እገልጽ ኣሎኹ።

ሃይለስላሴ ኣብ መልሶም ብዛዕባ ኣቃውማ ይኹን ኣከባብራ ስርዓት ፈደረሽን ኣይተዛረቡን። እኳ ደኣ፡ ንመልሲ ናይቲ ማቲየንሶ ዝበሎ ብዘምስል ቃላት፡ ንብይን ወይ ለበዋ ባይቶ ሕ.ሃ. ብምጥቃስ ነዚ በሉ፡

እዚ ለበዋ እዚ ኸም ድልየት እቲ ንሱ ዚግድሶ ሕዝቢ ድኣ እምበር ኸም ትእዛዝ ኮይኑ ስለ ዘይርአ ኸኣ፡ ህንጻ መንግስቲ ብስም ሕዝቢ ኤርትራ (ባይቶ ኤርትራ) ንፈደራዊ መደብ ኩርግአን ከምርቖን ተወሰነ። ቡቲ ሓደ ወገን ድማ፡ ኸምቲ ቀዳማይ ምኽንያት፡ ህንጻ መንግስቲ ብኣና ከምረቐ ተመደበ። እዚ ምምራቕን ምርጋእን ድማ፡ ፈደራስዮን እቶም ዚግድሶም ሕዝቢ ሕራይ ኢሎም እተቐበሉዎ ድኣ እምበር ብሓይሊ እተወሰነ ኸም ዘይኮነ ዜረጋግጽ ኢዩ።[6]

ብዓይኒ ሃይለስላሴ እምበኣር፡ ፈደረሽን ድሮ ኽፋል ወይ ሓደ ኣካል ናይቲ “ዘሎን… ብድሕሪ ሕጂ ዝህሉን….” ዝበሉዎ “መንግስቲ ሃጸይ ኢትዮጵያ” ኮይኑ ነይሩ’ዩ።

ምምራጽ መራሕ መንግስትን ኣቦ መንበር ባይቶን

ባይቶ ኤርትራ፡ ብ32 ኣባላት ሕብረት፡ 19 ደ.ሰ.ኤ.፡ 15 ራቢጣ- ምዕራባዊ ቖላን (ራቢጣ ም.ቖ.) 2 ካልኦትን ከም ዝቘመ ርኢና ኔርና። ራቢጣ ም.ቖ. ብውዲት ናይቲ ካብ 1940’ታት ጀሚሩ ንረብሓ ኢትዮጵያ ኣብ ኤርትራ ዝቃለስን ዘተግብርን ዝነበረ እንግሊዛዊ በዓል ስልጣን ብሪጋዴር ፍራንክ ስታፎርድ ከም ዝቘመ’ውን ኣብ ካልእ ጽሑፍ ብሰፊሑ ተገሊጹ ኣሎ።[7] ዝተፈላለዩ ምንጭታት ከም ዝሕብሩዎ፡ ባይቶ ኤርትራ ምስ ተመርጸ’ውን፡ ጽልዋን ቍጽጽርን ስታፎርድ ኣብ ልዕሊ’ቶም ንራቢጣ ም.ቖ. ዝወከሉ ኣባላት ቀጸለ። ኣብቲ ዝተመደበ ምርጫ ጥራይ ዘይኮነ፡ ኣብ’ቲ ዝዘርዘርናዮ ናይ ምጽዳቕ ቅዋም ክትዓት’ውን፡ ኢሉ ኣመሪካዊ ቆንስል ማልከሂ፡ ራቢጣ ም.ቖ. ብዘይ ውልውል መምርሒታት ስታፎርድ ክቕበሉ ተራእዮም ነይሮም ኢዮም።[8]

ስታፎርድ፡ ንራቢጣ - ም.ቖ. ጸግዒ ማሕበር ሕብረት ንኽሕዙ ይመኽሮም ስለ ዝነበረ እምበኣር፡ እቶም 19፡ ወሲኾም እንተ ተባህሉ ድማ 21 ጥራይ

6. ኣሕተምቲ ሕድሪ ሚያዝያ 2017
7. ኣሕተምቲ ሕድሪ ሚያዝያ 2017
8. Mulcahy to State Department, 777.00/8-2952, 29 August 1952.

ፌደረሽን ኤርትራ ምስ ኢትዮጵያ

ዝቕጽሮም ኣባላት ደ.ሰ.ኤ.፣ ብልፍንቲ ሕብረትን ራቢጣ ም.ቖ.ን ከም ዝዕብለሉ ዘጠራጥር ኣይነበረን። በዚ ምኽንያት'ዚ፡ መራሕቲ ደ.ሰ.ኤ. ይኹኑ ካልኦት ምስ ፖለቲካ ናጽነት ኤርትራ ዝዛመዱ ዜጋታት፡ ንመራሕ መንግስትነት ተስፋን ዕድልን ክረኽቡ ኣይከኣሉን። ካብቶም ዝረኣዩ ዝነበሩ፡ ፕረሲደንት ደ.ሰ.ኤ. ራእሲ ተሰማ፡ ብዕድመ ልዕሊ ሰማንያ በጺሖም፡ ኣቐዲሞም ብ29 ግንቦት ድማ ብገዛእ ፍቓዶም ካብ ናይ ባይቶ ኣባልነት ወሪዶም ነይሮም'ዮም።[9] ስለ'ዚ ካብ ናይ መሪሕነት ውድድር ከም ዝወጹ ኢዮም ተጸብጺቦም።

ኣቐዲምና ከም ዝረኣናዮ፡ ኣቶ ወልደኣብ ወልደማርያም'ውን ካብ ኑብሶም ይኹን በቲ ዝነበረ ፖለቲካዊ ሃዋህው፡ ናብ ምምራሕ መንግስቲ ገጹ ዝእምት መገዲ ዝነበሮም ኣይመስልን። ወልደኣብ፡ ብዝያዳ ከም ጋዜጠኛን ገላጽን ዘርጋሕን ናይ ሓሳባት ናጽነትን ፕሮግራማት ኤርትራ ንኤርትራውያንን ደ.ሰ.ኤ.ን ኢዮም ዝፍለጡ ዝነበሩ። ናጽነትዶ ሕብረት ኣብ ዝብል ቀጻሊ ምጉት፡ ወልደኣብ ምስ መንግስቲ ኢትዮጵያን ደገፍታን ኣብ ብዙሕ ክርክርን ናብ ጽልእ ዘምርሐ

ኢብራሂም ሱልጣን

9. UK Report, par 185, p. 32. ካብ ሓደግትን ከባቢኡን ብዘይ ተወዳዳሪ ተመሪጾም ዝነበሩ ራእሲ ተሰማ፡ ቦታኦም ንምትካእ ኣብ ዝተኻየደ ፍሉይ ምርጫ፡ ወዶም ገብረኺዳን ተሰማ ተኪኦሞም።

ምፍጣጥን ኣትዮም ምንባሮም ዝተፈልጠ ኢዩ። እዚ ዝ፡ ባህሊ ምርጫ ይግበረሉ ኣብ ዝነበረ ጊዜ፡ ድሮ ሽዱሽተ ናይ ቅትለት ፈተነ ተኻይዱሎምስ፡ ሻብዓይ የንጸላልዎም ነይሩ ኢዩ። ኣብ ዳሕራይ ዓመታት ባዕሎም ንነብሶም ከም ገላጺ ድሌት ናጽነት፡ ከም ኣፍቃሪ ሃገርን ህዝብን'ምበር፡ ከም ናይ ፖለቲካ ሰብ ወይ መራሒ ይርእዩዋ ከም ዘይነበሩ ኢዮም ብተደጋጋሚ ዝገልጹ ዝነበሩ። ምናልባት ነዚ ዘይቅበሉዎ ይህልዉ፡ ብዝኾነ ግን፡ ኣብ 1952 ወልደኣብ'ኳ ንነብሶም ከም ተወዳዳሪ መራሒ መንግስቲ የቕርቡ ኣይነበሩን።

ምስቲ ኣብ ናይ 1940'ታት ፖለቲካ ኤርትራ ዝነበሮም ኣዝዩ ዓቢ ጽልዋ፡ ዝያዳ ተሰማን ወልደኣብን፡ ኢብራሂም ሱልጣን'ዮም ብዓይኒ መሪሕነት ክጥመቱ ዝኽእሉ ዝነበሩ። ይኹን'ምበር፡ ኣብዚ ኣገዳሲ እዋን ናይ ድሮ ምምስራት ፌደረሽን፡ እቲ ከም ዓንዲ ሕቖ ናጽነታዊ ቓልስን ደ.ሰ.ኤ.ን ዘገልግል ዝነበረ ኣል ራቢጣ ኣልእስላሚያ፡ ነቲ ናይ ቀደም ሓይሉን ጥምረቱን ዓቂቡ ይቕጽል ኣይነበረን። እዚ ዝኾነሉ ሓደ ምኽንያት፡ ኣብ መንጎ ሰለስተ ቐንዲ መራሕቲ እስላም ኤርትራውያን፡ ማለት ድማ፡ ዓሊ ረድኣይ ከም መራሒ ራቢጣ - ም.ቐ.፡ ብላታ ዑመር ቃዲ ከም መራሒ ናጻ ራቢጣ እስላሚያን፡ ከምኡ'ውን ኢብራሂም ሱልጣን፡ ጸሓፊ ዓባይ ኣል ራቢጣ ኣል ኣሰላሚያን ደ.ሰ.ኤ.ን ዝነበረ ጋግ መመሊሱ እናተጋፍሐ ስለ ዝኸደ ኢዩ።

እዚ ዘይምስምማዕ'ዚ፡ ብዝያዳ ንኢብራሂም ሱልጣን ሃሰዮም። ብዙሕ ጊዜ ዝረኽቦምን ዘዕልሎምን ዝነበረ ኣመሪካዊ ቆንስል ማልከሂ፡ ኣብቲ ናይ ምርጫ ሰሙናት፡ ኢብራሂም ነቲ ንኣስላም ኤርትራውያን ምእካብን ምሕባርን ዝብል ጻዕሮም ናብ ምፍናው ገጾም (resigned attitude) ይገማገሙ ከም ዝነበሩ ገሊጹ። ከምዚ ድማ በሉ፡

> …ክብደት ቀኒሱ (ዓቢሩ)፡ መንፈሱ'ውን ትሒቱ ኣሎ። ክሳብ ሕጂ ኣብ ሕቡራት ሃገራት ዘሎዎ ተስፋ ኣይነከየን። ኢብራሂም ንዕላማ ደሞክራሲ መስዋእትነቱ ዝእውጀሉ ጊዜ ርሑቕ ኣይመስለን። ኣብ'ዚ ፖለቲካዊ ምርኢት'ዚ፡ ናቱ ካብ ክወርስ ዝኽእል ሓዲሽ እስላማዊ ገጽ ኩቶ ኣይርኣን። ብሓቂ፡ እዚ ገና ወዲ ኣርብዓ ዘሎ፡ ፕረሲደንት ናይ ኤርትራዊት ሬፑብሊክ ኮይኑ ድማ ምስ ብዓል ሳሙኤል ኣዳምስን ቶማስ ፐይንን ክነጻጸር ዝኽእል ዝነበረ ሰብኣይ'ዚ፡ ነቲ ጠጠው ኩብሎ ዘይከኣለ ሓይሊ ንምቅዋም ተባሂሉ ናይ ጻዕረ-ሞት ርእሰ ዓንቀጻት ኣብ ምጽሓፍን ቃንዛታት ኣብ ምስማዕን ወሪዱ ክርእዮ ኣዝየ እሓዝን…[10]

ማልከሂ፡ እዚ ዝኾነሉ ምኽንያት፡ "ኢብራሂም፡ ገንዘብ ጣልያን ክቕበል ስለ ዝጸንሐ"፡ ኢዩ ይብል።[11] እዚ ኽሲ'ዚ፡ ካብ 1940'ታት ዝጀመረን ጭቡጥ መርትዖ ኸኣ ዘይተረኽበሉን'ዩ። ሓቂ እንተ ዝኸውን'ውን፡ ንፖለቲካዊ ምድኻም ኢብራሂም

10. Mulcahy to State Department, see note 7, above.
11. Ibid.

ይኹን ደ.ሰ.ኤ. ከም ብቑዕ ምኽንያት ክውሰድ የጸግም። ብመሰረቱ፡ ኣቃውማ ናይቲ ፌደራል ስርዓትን፡ እቲ ኢትዮጵያን ብሪጣንያን ዝነበረን ስሙር ኣረኣእያን ተግባርን ነቲ ኢብራሂም ዝኽተሉዎ ዝነበሩ መስመር ዝድግፍ ኣይነበረን። ብፖለቲካዊ መገዲ ኽርአ እንከሎ፡ ነቲ እዋን፡ ኢብራሂምን ሰዓብቶምን ተሳዒሮም ነይሮም'ዮም። ስለ'ዚ ድማ ኣብ ግምት ናይ መሪሕነት ክኣትዉ ኣይከኣሉን።

በዚ ዝተባህለ ምኽንያታት'ምበኣር፡ እቲ ምርጫ ናብ ውሑዳት ሰባት ጥራይ ክጸብብ ግድን ኮነ። ብመሰረት ዓንቀጽ 68 ናይ ህገጻ መንግስቲ ኤርትራ፡ መራሒ መንግስቲ ብባይቶ ክምረጽ ነይሩዎ። ዕለት ምርጫ፡ በታ ን28 ነሓሰ 1952 ዝተቐጸረታ፡ ባይቶ ንግሆ ሰዓት 9:30 ተጋቢኡ።

ምርቃሕ ኣስማት ምስ ተጀመረ፡ ሳልሕ ኬኪያ ፓሻ ካብ ሕርጊጎ ተንሲኦም፡ ስም ተድላ ባይሩ ረቝሑ። "ንኤርትራውያን ኣስላምን ክርስትያንን ኬሕብሩ ዚኽእሉ ብምዃኖምሲ መራሒ መንግስቲ ኪምረጹ" ኸኣ በሉ። ሑሰን ካፍል፡ ባሻይ ኣስፍሃ ካሕሳይን እምባየ ሃብተን ዝተባህሉ ኣባላት ንኬኪያ ደገፉ።

ብድሕሪ'ዚ፡ ክልተ ኻልኦት ኣስማት ተረቝሑ። ኢድሪስ መሓመድ ኣዱም ብቓዲ ሙሳ ናይ ከረን ተሰንዮም ንሳልሕ ማሕሙድ ሕኒት ሓጸዩ። ሳልሕ ሕኒት፡ ምስ ምምሕዳር እንግሊዝ ዘገልግሉ፡ ብደረጃ ሃገራዊ ፖለቲካ ናይቲ ጊዜ ኽርአ እንከሎ ድማ፡ ብዙሕ ተፈላጥነት ዘይነበሮም መንእሰይ እዮም ዝነበሩ። ናስር ፓሻ ኣቡበከር ድማ ብደጊያት በርሀ ኣሰበሮምን ደጊያት ገብረዝጊ ጓንጉልን ተደጊፎም፡ ንደጊያት ኣብርሃ ተሰማ ረቝሑ።

ድሕሪ ናይ ሓደ ሰዓት ዕረፍትን ዕድል ናይ ምሕሳብን፡ ኣባላት ተመሊሶም ተጋብኡ። ጸሓፊ ባይቶ ኤርትራ፡ እንግሊዛዊ ማክሊራ፡ ሳልሕ ሕኒት ገና 35 ዓመት ስለ ዘይመልኡ፡ ብመሰረት ዓንቀጽ 68(2) ንመራሒ መንግስትነት ከም ዘይበቕዑ ኣፍለጠ'ሞ፡ ስሞም ተሳሕበ። እዚ ክትዕ ኣለዓዓለ። ኢብራሂም ሱልጣን ዝርከቡዎም ኣባላት፡ ቦታ ሳልሕ ሒኒት ብኻልእ ኣስላማይ ተወዳዳሪ ክትካእ ዝብል ሓሳብ'ኳ እንተ'ቐረቡ፡ ብዝበዝሕ ኣባል ባይቶ ተቐባልነት ስለ ዘይረኸቡ፡ እቲ ውድድር ኣብ መንጎ ተድላ ባይሩን ኣብርሃ ተሰማን ጥራይ ኮነ።[12]

ተድላ ባይሩ፡ ኣብ ልዕሊ ኣቦ መንበር ባይቶ፡ ካብ 1946፡ ማለት ካብቲ ብዋዕላ ቤት ጌርጊስ ዝፍለጥ ናይ ዕርቂ ኣኼባ ኣብ መንጎ ደለይቲ ሕብረትን ናጽነት ኤርትራን ኣትሒዞም፡ ዋና ጸሓፊ ማሕበር ሕብረት ዝነበሩ እዮም።[13]ደግያት ኣብርሃ ድማ፡ ወዲ ራእሲ ተሰማ ኾይኖም፡ ካብ 1945-1950 ካብ ቀንዲ መራሕቲ ማሕበር ኤርትራ ንኤርትራውያን፡ ካብ 1950 ንነጀው ግን፡ ካብ'ቲ ማሕበር'ቲ ተነጺሎም፡ "ናጽነታዊ ሕብረት ምስ ኢትዮጵያ" (Liberal Unionist Party) ዝብል፡ ንሹነታዊ ሕብረት ዝሓትት ማሕበር ዝመስረቱ

12. ሰ.ጋ. 10ይ ዓመት ቍ. 522፡ 4 መስከረም 1952። እቶም ንደጊያት ኣብርሃ ተሰማ ዝረቝሑ ኣባላት፡ ሓደ ሓወቦ፡ ሓደ ድማ ስብኣይ ሓብቲ ደጊያት ኣብርሃ'የም ዝነበሩ። ጋዜጣ ኣንድነትን ምዕብልናን፡ 1ይ ዓመት ቍ. 25፡ 30 ነሓሰ 1952 እውን ርአ።

13. ብዛዕባ ዋዕላ ቤት ጌርጊስ፡ ኣይንፈላለ፡ ገጽ 159-184 ርአ።

ነበሩ።[14] ንዘበዝሕ እዋን ምምሕዳር ብሪጣንያ፡ ደጊያት ኣብርሃ ከም ኣማኻሪ ናይቲ ምምሕዳር ዘገልገሉን፡ ብመንግስቲ ብሪጣንያ'ውን ዝተሸለሙን ካብ ክኢላታትን ምሁራትን ናይቲ እዋን ዝቐጸሩ ነበሩ።

ደጊያት ኣብርሃ ዝመርሑዎ ዝነበሩ "ናጽነታዊ ሕብረት ምስ ኢትዮጵያ"፡ ናይ ፈደረሽን ጠባይ ዝሓዘ ነበረ። እኳ ደኣ፡ ኣብቲ እዋን'ቲ፡ "ደጊያት ኣብርሃስ፡ ኣብቲ ዝትከል ፈደራል ስርዓት መራሒ. ክትኮኑ ኢኹም ዝብል መብጽዓ ካብ ፍራንክ ስታፎርድ ስለ ዝረኸቡ ኢዮም ማሕበር ዝለወጡ..." እናተባህለ ብሰፊሑ ይዕለል ነይሩ ኢዩ።[15] እዚ ሕሜታ'ዚ ሓቂ እንተ ነይሩ፡ ስታፎርድ ብርግጽ መብጽዓኡ ኣየኽበረን። ነቶም ከም ድሌቱ ዝእዝዞም ዝነበረ ራቢጣ - ም.ቖ. ናብ ተድላ ከም ዝጸግዑ ብምግባር ድማ፡ ኣንጻር ኣብርሃ ከም ዘድምጹ ገበረ።[16]

ድምጺ ምስ ተቘጽረ፡ ተድላ 39፡ ኣብርሃ ተሰማ ድማ 28 ረኸቡ። ተድላ ስለ ዝተዓወቱ፡ ስም ኣብርሃ ተሳሕበ። ብመሰረት ዓንቀጽ 68(1) ናይ ህንጻ መንግስቲ፡ እቲ መራሕ መንግስቲ ዝኾውን ሰብ ብኽልተ-ሲሶ ናይቶም ምልኣተ ጉባኤ ዘቐሙ ኣባላት ክምረጽ ነይሩዎ። በዚ ድማ፡ ስም ተድላ ባይሩ ንበይኑ ንድምጺ ቐረበ። ብ42 ደገፍቲ፡ 21 ተቓወምቲ፡ 3 ዘየድመጹን 1 ዘይብቑዕ ድምጽን ድማ ንመራሕ መንግስትነት ተመርጹ።

ኣብ መንን'ቲ ዝሰዓበ ጣቐዒትን ናይ ተዓዘብቲ ዕልልታን፡ ተድላ ባይሩ፡ "ሃይማኖትን ወገንን ብዘይ ምፍላይ፡ ንኤርትራን ንሕዝቢ ኤርትራን ከገልግል እመባጻዕ ኣሎኹ እሞ፡ እግዚኣብሔር ይሓግዘኒ" ዝብል ቃል ብምስማዕ፡ መዝነቶም ካብ ባይቶ ተቐበሉ።[17]

ኣብቲ ዝሰዓበ ሰሙን፡ ባይቶ ኤርትራ ተኣኪቡ፡ ነቶም ከም ምኽትል ኣቦ መንበር ናይቲ ህንጻ መንግስቲ ኤርትራን ኣቦ መንበር ፈጻሚ ኮሚተን ኮይኖም ከገልግሉ ዝጸንሑ፡ መራሒ. ራቢጣ - ም.ቖ. ዓሊ ራድኣይ፡ ኣቦ መንበሩ ንኽኾኑ መረጾም። ብላታ ደምሳሰ ወልደሚካኤል ዝተባህሉ ሹመኛ ኣባ ሻውልን ሓደ ካብ ገዳይም መራሕቲ ሕብረትን ድማ ምኽትል ኣቦ መንበር ባይቶ ኾኑ።

ብ4 መስከረም፡ ባይቶ ነቲ ኣቐዲምና ዘዘርዘርናዮ መሰረታዊ ሕግታት (organic laws) ኣጽደቐ። ብ8 መስከረም ድማ፡ ተድላ ባይሩ ሚኒስተራቶም ወይ ሰክረተሪታቶም ሓረዩ። እዚኣቶም፡ እዞም ዝሰዕቡ ነበሩ።

ጸሓፊ ውሽጣዊ ጉዳያት (Interior) ሸኽ መሓመድ ፈኪ. ዓሊ.
ጸሓፊ ፋይናንስ - ግራዝማች ተኸለሃይማኖት በኸሩ
ጸሓፊ ቍጠባዊ ጉዳያት - ኣቶ ፍስሓጽዮን ሃይለ
ጸሓፊ ማሕበራዊ ጉዳያት - ሸኽ መሓመድ ኑር ሓሰን ናይብ

ካብዞም ዝተመርጹ፡ ፈኪ. ዓሊ. ኣባል ራቢጣ ም.ቖ. ኾይኖም፡ እቶም ኣብ

14. ኣይንፈላለ፡ ገጽ 422-430 ርአ።
15. ኣይንፈላለ፡ ገጽ 428።
16. Mulcahy, note 7, above.
17. ሰ.ጋ. 10ይ ዓመት፡ ቍ. 522፡ 4 መስከረም 1952።

ተድላ ምስ ካቢነኦም። ካብ ጸጋም ፍስሓጽዮን ሃይለ፡ ፈኪ ዓሊ፡ ማቲየንሶ፡ ተድላ፡ መሓመድ ኑር ናይብ፡ ተኽለሃይማኖት በኹሩ።

ሳሕል ምስ ኢብራሂም ሱልጣን ተወዳዲሮም ማዕረ ዝወጹ'ሞ፡ ኣብ ዝሰዓበ ፍሉይ ምርጫ ዝተሳዕሩ ኢዮም። ተኽለሃይማኖት በኹሩ ደጋፊ ኤርትራ ንኤርትራውያን፡ ፍስሓጽዮን ሃይለ ድማ ፍሉጥ ናይ ፖለቲካ ጸግዒ ዘይነበሮም ኢዮም። መሓመድ ኑር ሓሰን ናይብ ከኣ፡ ናዝር ምጽዋዕን፡ ካብ ምእታው እንግሊዝ ጀሚሮም ድማ ኣብቲ ምምሕድዳሩ ካብ ዝሓገዙዎን ነበሩ።[18]

እዚ ኹሉ ምስ ተዋደደ፡ እቲ ዝተረፈ መንግስቲ ኤርትራ ብወግዒ ምትካልን ምጅማር ናይቲ ባይቶ ሕቡራት ሃገራት ፈደረሽን ኢሉ ዝሰመዮ ስርዓትን ኮነ።

ወግዓዊ ጽንብላት ፈደራል ስርዓትን መንግስቲ ኤርትራን

11 መስከረም 1952 (ብኣቈጻጽራ ግእዝ፡ 1 መስከረም 1945)፡ ሃጸይ ሃይለስላሴ ንፈደራል ድንጋገ ሕ.ሃ. ብምጽዳቕ ብወግዒ ዝጽንብሉሉ ዕለት ኮነ።

ኣብ "የኤርትራ ጉዳይ"፡ ዘውዴ ረታ ብዛዕባ'ቲ ሽዑ መዓልቲ ዝተገብረ ድግስን ስነ ስርዓትን ኣሰፊሑ ጽሒፉ'ሎ። ንሱ ኸም ዝበሎ፡ ካብ ሚኒስተር ጉዳያት ወጻኢ ኣክሊሉ ጀሚርካ፡ ብዙሓት ሰበ ስልጣን ኢትዮጵያ ንተድላ ባይሩ፡ ከም መራሒ መንግስቲ ኤርትራ፡ ክንድ'ቲ ዝኣክል ገጽን ክብርን ምሃብ ኣይደለዩን። ብሰንኪ'ዚ ኣረኣእያኦ ድማ፡ ኣክሊሉ ባዕሉ ንሃጸይ ሃይለስላሴ ከም ዘቐየመን፡ ሃይለስላሴ'ውን ንኣክሊሉ ከምጕሰዎ ዝሓሰቡ፡ መጕሰኦም ከም ዝሰሓቡን ገሊጹ።

18. ንኽፈላዊ ሓበሬታ ብዛዕባ'ዞም ዝተጠቕሱ፣ Mulcahy, note 7, ርአ።

ተድላን ዓሊ ረድኣይን ኣብ ቅድሚ ሃይለስላሴ።

መኳንንቲ ኢትዮጵያ፡ ብፍላይ ድማ ኣምሓራ፡ ነቲ “ፌደረሽን” ዝብሃል ኣቃውማን ንሱ ብኤርትራ ኣቢሉ ዘተኣታትዎ ዝነበረ ደሞክራሲያዊ ሓሳባትን ክቕበሉ ማለት ዝሕሰብ ኣይነበረን። ምሉእ ብምሉእ ይእመኑሉ ኣይእመኑሉ ብዘየገድስ፡ ኤርትራ ንዓታቶም ሓንቲ “ናብ ኣዲኣ እትምለስ ጥፍእቲ ህጻን” እያ ዝነበረት። ነተን ሽዑ ዝነበራ ዓሰርተው ሰለስተ፡ መበል ዓሰርተው ኣርባዕተ “ጠቕላይ ግዝኣት” ክም ዝተወሰኸት ኢዮም ክቖጽሩዋን ብኡ መሰረት ድማ ክሕዝዋን ክገዝኡዋን ተዳልዮም ዝነበሩ። ስለ’ዚ፡ ንተድላ ባይሩ ክንድ’ቲ ዝኣክል ንመራሕቲ ካልኦት ሃገራት ጥራይ ዝልገስ እንግዶት ክግበረሎም ክቕበሉ ኣይክኣሉን።

ዘውዴ ረታ ክም ዘዘንትዎ፡ ሓደ ኢትዮጵያዊ መኰንን ናብ’ቲ ሽዑ ብደረጃ ቀዳማይ ሚኒስተር ኢትዮጵያ ዝርአ ዝነበረ ጸሓፊ ትእዛዝ ወልደጊዮርጊስ ጽግዕ ኢሉ፡ “ንትግሬ ካብ መጠን ንላዕሊ ኣሐንቂቕም መሊሶም ኣህደሙዎ... (ከሚገባ በላይ ትግሬን ሲያቀብጡት የበለጠ ኣሸሹት..) ተባሂሉ እንድዩ፡ ዚ ሓማሴናይ’ዚ ክንድ’ዚ ተዓጠቕ-ተኣንጕት ኣይብዝሐንዶ? ድሕሪ ሕጂ’ኸ ብኸምዚ ክንቅጽል ንኽእልዶ...?” ክብል ሓተቶ። ወልደጊዮርጊስ ትቕብል ኣቢሉ፡ “ኣባና’ኮ፡ ፈቲኻ ምሽኻም፡ ጸሊእካ ምርጋፍ (ሰንወድ መሸከሙን ስንጠላ ማውረዱን...) ብዘዮገባእ ስለ እንኽእሎ፡ ናይ ሎሚ ኣይኩብደናን፡ ናይ ጽባሕ ድማ ኣየሰክፈናን...” ኢሉ መለሰሉ።[19]

19. ዘውዴ ረታ፡ ገጽ 367-368።

ተድላ ባይሩ፡ ብዛዕባኦም ነዚ ዝመስል ባሜን ሕሜታን ከም ዝነበረ ዝፈለጡ ኣይመስልን። እንተ ዝፈልጡ'ውን፡ ሃጸይ ሃይለስላሴ ባዕሎም ብሰፊሕ ክብርን ብብሩህ ገጽን ስለ ዝተቐበሉዎ፡ እቲ ብዛዕባኦም ኣባጭዩ ዝተባህለ ጸሓፊ ትእዛዝ ወልደጊዮርጊስ እውን ከም ፈታዊኦም ይርአ ስለ ዝነበረ፡ ሽዑ ይኹን ደሓር ክትንከፍ እኽእል'የ ዝብል ጥርጣረ ክሓድሮም ኣይከኣለን። ብኻልእ ኣዘራርባ፡ ንስልጣኖም ከም ተኣማኒ ሃይለስላሴን ፍቱውን ምሩጽን ሃጸይን ብምጅማሮም፡ ካብኡ ንላዕሊ መተኣማመኒ ኣየድለዮምን።

ናይ 11 መስከረም መደረ ሃይለስላሴ፡ ካብ ኩሉ'ቲ ንፈደረሽን ብዝምልከት ቅድሚኡን ድሕሪኡን ዝሃቡዎ ቓላት ፍልይ ዝበለ ነበረ። ኣብ'ዚ፡ ንፈደረሽን ከም ዝተቐበሉ ዘሰምዕ ዘረባ ኢዮም ዝሃቡ። ናብኡ ንምብጻሕ መንግስቲ ኢትዮጵያ ንዘቖየዶ ቓልስን ስራሕን ብዝርዝር ድሕሪ ምግላጽ፡ ስርዓት ፈደረሽንን ዝተፈላለየ ኣካላቱን ዝቖመሉ ሕግታት ከም ዝኣወጁ ኣፍለጡ፡፡ ይኹን እምበር፡ በሉ እቶም ሃጸይ፡

> ኣብ ቅድሚ ሕቡራን መንግስታት ምእንቲ ናይ ኤርትራን ኢትዮጵያን መሰል ክንከላኸል ከሎና፡ ምምላስ ኤርትራ ንኢትዮጵያውያን ዜጋታትና ሓያሎ ተጋድሎ ኬምጽኣሎም ከም ዚኽእል፡ ኤርትራ ድማ ነቲ ተዋሂቡዋ ዘሎ ውስጠ-ነጻነት ምእንቲ ክትኽእል፡ ብዙሕ ናይ ገንዘብ ሓገዝ ከም ዜድልያ ኩሉ ግዜ ብዝተረዳእናዮ ኢዩ።

ዳርጋ፡ "ዕዳ ኢና እንቕበል ዘሎና..." ክብሉ ቐሩብ'ዩ ተሪፉዎም። ቡቲ ሓደ ወገን ግን፡ ኢትዮጵያ ገማግም ባሕሪ ትረክብ ስለ ዝነበረት፡ ኣብ ቅድሚ መንግስታት ዓለም ሓዲሽ ሓላፍነት ከም ዝተቐበለት ኣረድኡ'ሞ፡ ከምዚ ዝስዕብ ቀጸሉ፡

> ምስ እዚ ኣስፋሕፊሑ ዘሎ መንግስቲ ሓጸይ፡ ነቲ ኣብ ሕጊ ሕቡራት መንግስታት ዝተመስረተ ዓላማን ናይ ሓባር ጸጥታን ድማ ክትድግፍ ኢያ። ኢትዮጵያ ነዚ ሓሳብ እዚ ብዘይስሓሓት እምነት እተኽብሮ ምኻና ካብ ምግላጽ ሓሊፉ እትገብሮ የብላን።[20]

ተድላ ባይሩ'ውን ብግዲኦም መደሩ። ኤርትራ፡ ኸኣ በሉ፡

> ክንድዚ ዝኣክል ዓመታት ካብ ኢትዮጵያ ተፈልያ ብኣርዑት ባዕዲ ብዝተገዝኣትሉ ምኽንያት፡ ገሊኣቶም፡ ኤርትራ ካልእ ዓልየት፡ ፍልይቲ ሃገር ኢያ ቢሎም ክሳብ ምክርኻር በጺሖም ነይሮም። ግና፡ ታሪኽን ዓሌትን ዘመናት ዘይድምስሶ፡ በበይኑ ዝኾነ ፖለቲካ ዘየፍርሶ ኢዩ'ሞ፡ ናይ ተፈጥሮ ምስክርነት በዚ ሎሚ መዓልቲ ተመስከረ። ... ግርማዊነቶምን ናይ ግርማዊነቶም መንግስትን ዝገበሮ ቃልስን ድኻምን፡ ጸሓፍቲ ታሪክ ዚግብእ መደብ ኣብ መጽሓፍ ታሪኽ ስለ ዚህቡዎ፡ ሕጂ ንምዝርዛሩ ኣየድልየናን።
>
> ሕዝቢ ኤርትራ፡ ነቲ ቅድሚ ሕጂ ዝፈላልዮ ዝነበረ በበይኑ ዝኾነ ፖለቲካ ገዲፉ፡ ሕቡራን መንግስታት ዝወሰንዎ ፈደራስዮን፡ ግርማዊነቶም ድማ ሎሚ ዘጽደቕዎ፡ ብምሉእ ፍቓድ ተቐቢሉ፡ ከም ቃሉን መንፈሱን ኣብ ግብሪ ከም ዘውዕሎ ንግርማዊነቶም ንምግላጽ ሕልፊ ግዴታይ እዩ።

20. ኢትዮጵያ፡ ሻድሻይ ዓመት ቍ. 333፡ 14 መስከረም 1952።

መልሲ ሃጸይ ሃይለስላሴ፡ ልቢ ተድላን ዓሊ ረድኣይን ከየረስረሰ ኣይተረፈን። ንኽልቲኦም፡ "ናይ ፌደራሽዮን ዜግነት ዝተቐበሉ ሰባት ስለ ዝኾኑ፡ ካብ'ቶም ሓደስቲ ዜጋታትና፡ እቶም ቅድሚ ኹሉ ብኣናን ብዘውድናን እምነት ዝወፈዩ ምኻኖም ተመልኪትና ኣሎና..." ብምባል ልዕሊ ኹሉ ኤርትራዊ ሰርዑዎም። ቀጺሎም፡

መራሕ መንግስቲ ኤርትራ፡ ናይ ባይቶ ኣቦ መንበር ብዝነበረሉ ጊዜ፡ ናይ ክልቲትን ናይ ዘይኣድልዎን ተውህቦ ዘርኣየ ብምኻኑ፡ ንሓላፍነቱ ብጽቡቕ ከም ዝካይድ፡ ከምኡ ድማ ኣቦ መንበር ባይቶ ኤርትራ፡ ንኣብነት ቀዳማይኡ ብምኽታል፡ ብዝኾነ ጊዜ ንስራሕ ባይቶ ብወግዕን ብዘይ ኣድልዎን ከምዚካየድ ከም ዜረጋግጽ እምነት ኣሎና..."

ብምባል ንተድላን ዓሊ ረድኣይን መጐሱ።[21]

ዘውዴ ረታ፡ ባሻ ገዲፍካ፡ ነቲ ዝኾነ ኢዩ ገሊጹ። ምስቲ ሽዑ ዝነበረ ስልጣን፡ ክብርን ተፈራሕነትን ሃጸይ ሃይለስላሴ፡ ክንድ'ዚ ዝኣክል ህዝቢ ዝሰምዮ ናእዳን መጐስን ንተድላን ዓሊ ረድኣይን ፍሉይ ነበረ። ዝኾነ ኢትዮጵያዊ በዓል ስልጣን ረኺቡዎ ዘይፈልጥ ሓለፋ ኾይኑ ድማ ተራእየ። ካብ ኣዲስ ኣበባ ናብ ኣስመራ ኽምለሱ እንከለዉ ንነብሶም ከም ፍሉያት ጠሚቶማ እንተ ነይሮም እምበኣር፡ ከምኡ ኸኣ ይብሃል'ዩ፡ ዘገርም ኣይከውንን።

ብዝኾነ፡ ካብዚ ዕለት'ዚ ሃጸይ ሃይለስላሴ ንፈደራል ድንጋጌ ሕ.ሃ. ብፈርማኦም ተቐበሉ።

ምእታው እንደራሴ ናብ ኤርትራን ማሕላ መራሕ መንግስትን

ምጽዳቕ ፈደራል ድንጋገ ብ11 መስከረም ምስ ተፈጸመ፡ እቲ ናይ መወዳእታን ወግዓውን ምርኽኻብ ስልጣን ካብ ብ.ም.ኤ. ናብ ፈደራልን ኤርትራውን መንግስታት ንኽፍጸም ኣርባዕተ መዓልቲ ጥራይ ተረፈ። ኣብ መንጎ፡ ማለት ብ13 መስከረም ግን፡ ስልጣን ሃጸያዊ ወኪልነቱ ንኽጅምር፡ እንደራሴ ሃይለስላሴ ራስ ኣንዳርጋቸው መሳይ (ራስ ኣንዳርጌ'ውን ይብሃል ነይሩ'ዩ) ምስ በዓልቲ ቤቱ፡ በኹሪ ጓል ሃይለስላሴን እቴጌ መነንን ዝነበረት ልእልቲ ተናኘ ወርቅ ሃይለስላሴ፡ ኣስመራ ኣተወ።

"ኣንዳርጋቸው" ዝብል ቃል ኣምሓርኛ፡ "ሓደ ግበሮም... ጸንብሮም..." ኢዩ ዝሰምዕ። ኣብ ልዕሊ'ቲ ሰብኣይ ዓባይ ጓሎም ንሃጸይ ሃይለስላሴ ምንባሩ፡ ብኣጋጣሚ እቲ ሽሙ'ውን ነቲ ዝመጸሉ ዕላማ መገዲ ስለ ዝጸርግ ይኸውን ዝተሓርየ ዝብሉ ኣይተሳእኑን። ቅድሚ ንኤርትራ ምምጽኡ፡ ራስ ኣንዳርጋቸው ጠቕላሊ ኣመሓዳሪ በጌምድር ብምኻን፡ ጎንደር ዝምቕማጡ ኢዩ ዝነበረ።

21. ከም እ.ጽ. 20።

ፈደረሽን ኤርትራ ምስ ኢትዮጵያ

ኣንዳርጋቸው ተናኘወርቅን ኣብ መዓርፎ ነፈርቲ ኣስመራ። ተቐበልቶም፡ ካብ ጸጋም፡ ካሚንግ፡ ኣስፍሃን ማቲየንሶን።

ዘውዴ ረታ ከም ዝገለጾ፡ ገለ መኳንንቲ ኢትዮጵያ፡ ወራሲ ዓራት ወይ ኣልጋ ወራሽ እቶም ሃጸይ፡ ማለት ኣስፋወሰን ሃይለስላሴ፡ እንደራሴ ንኽኸውን ኣሚኖም ነይሮም'ዮም። ሃይለስላሴ ግን፡ ኢሉ ዘውዴ፡ ንጓሎም ተናኘ ወርቅ ሓደ ኽብሪ ክህቡዋ ስለ ዝደለዩ፡ ነቲ ቦታ ኣብ ክንዲ ንወዶም ንሰብኣይ ጓሎም ዓደሉዎ።[22]

ኣንዳርጋቸው ንኤርትራ ኽመጽእ ፋልማዩ ኣይነበረን። ኣብ ኣጋ መወዳእታ 1940'ታት፡ ሓደ ናብ ኤርትራ ንኽእቱ ዘገደዶ ጉዳይ ኣጓነፈ። ሽሕ'ኳ እዚ ጉዳይ'ዚ ምስቲ ናይ ፈደረሽን ተልእኾኡ ብቐጥታ ዝተኣሳሰር እንተ ዘይነበረ፡ ንዝምድናኡ ምስ ሃይለስላሴን ነቲ ጸኒሑ ዘርኣዮ ናይ ምድላብ ሃብቲ ተግባራትን መረድኢ ስለ ዝኸውን ምግላጹ ይጠቅም'ዩ።

ኣብቲ ፈደረሽን ዝኣተወሉ እዋን፡ ሓደ ምስ መንግስቲ ሃይላስላሴ ስለ ዘይተሰማምዐ፡ ኣብ ኤርትራ ምንባር ዝመረጹ ተወላዲ ዓድዋ ዝኾኑ፡ ብላታ ኪዳነማርያም ኣበራ ዝበሃሉ ናይ ቀደም በዓል ስልጣን ኢትዮጵያ ነበሩ። እዞም ኣብ ዘመን ጣልያን፡ ማለት ኣብ 1920'ታት ቆንስል ኢትዮጵያ ኣብ ኤርትራ፡ ጸኒሖም ድማ ኣብ ሓያለ ላዕለዋይ ጽፍሕታት መንግስቲ ኢትዮጵያ ዝሰርሑ ሰብ፡ ኣብ ናይ ትራንስፖርት፡ መሃንድስነትን ማዕድናዊ ምዕባለን ኢትዮጵያን ኤርትራን ተገዳስነት ነበሮም።[23]

22. ዘውዴ ረታ፡ ገጽ 356።
23. ንኣብነት፡ እቲ ኣብ ጎጃም ዝርከብ ናይ ኣባይ ድልድል ብናቶም ጻዕሪ ተሰርሐ። ከምኡ'ውን ቺታዎ ወይ Imperial Motor Transport ዝብሃል ዓቢ ናይ ጽዕነት መኻይን ኩባንያን መዋፈርን ብኣኦም ዝተወደበ ነበረ...። ቃለ መጠይቕ ምስ ኣቶ ሳህለ ገብረህይወት፡ 14 ሓምለ 2003፡ ኣስመራ።

ምትካል ስርዓት ፌደረሽን

ኪዳነማርያም ኣበራ፡ ብዛዕባ ኤርትራ ፍልይ ዝበለ ኣረኣእያ ከም ዝነበሮም ዘረድእ ብዙሕ ሓበሬታ'ሎ። ንኣብነት ብ1944፡ ማሕበር ኣንድነት ኤርትራ ምስ ኢትዮጵያ ኣብ ኣዲስ ኣበባ ኣብ ዝተመስረተሉ፡ "ገዛና ከየጽረና፡ ምምሕዳርና ከየጽፈፍና ስለምንታይ ናብ ኤርትራ ንመጣጠር? ከነመሓድራ ንኽእልዶ?" ዘሰምዕ መደረ፡ ኣብ ቅድሚ ሚኒስተራትን መኳንንትን ኢትዮጵያ ብምስማዕ፡ ብዙሕ ኣዛረቡ።[24]ካልእ ጊዜ'ውን፡ የዘንትዉ መሳርሕቶምን መላዝብቶምን ዝነበሩ ኣቶ ሳህለ ገብረህይወት፡ ብ1949 ንጥፈታት ቃልሲ ንናጽነት ኤርትራ ምስ ደንፍዐ፡ ሃይለስላሴ ንኪዳነማርያም በተን ዘመሓድሩወን ዝነበሩ መኻይን ብረት ናብ ኤርትራ ከእትዉ'ሞ፡ ነቶም ተቓለስቲ ከሰናብዱዎም ኣዘዙዎም። ኪዳነማርያም ግን፡ "ነዚ ን50 ዓመት ኣብ ትሕቲ መግዛእቲ ጣልያን ሽታ ባሩድ ዘይሸተተ፡ ሸፍትነት ዘይፈልጥ፡ ብሕጊ እንዳባ ዝኻየድ ህዝቢ... ባሩድ ከነሸትቶ ጽቡቕ ኣይኮነን..." ብምባል ተቓወሙ። በዚ ድማ ብዙሕ ውርደት ወረዶም። ምስ ምንቅስቓስ ትግራይ ትግርኚን ምስቲ ናይ 1943 ምልዕዓል ወያነን ትተኣሳሰር ኢኻ ተባሂሎም'ውን ተወንጀሉ።

ናብቲ ምስ ኣንዳርጋቸው ዘዛምዶም ክንምለስ። ኣብ 1948-49 ገጾም፡ ኪዳነማርያም ኤርትራ ብምምጻእ ካብ ኤርትራዊ ኽፋል ዳሎል ፖታሽ

ኪዳነማርያም ኣበራ (የማናይ ጫፍ) ምስ ኣቡነ ያዕቆብ፡ ዓምደሚካኤል ደሳለኝን ተወልደብርሃን ገብረመድህን (ዘኪዮ ዎስ)ን።

24. ኣይንፈላለ፡ ገጽ 116።

ንምውጻእ ካብ ብ.ም.ኤ. ፍቓድ ረኺቡ'ሞ ቀልጢፎም ነቲ ስራሕ ጀመሩዎ። ገለ ፍረ'ውን ብመገዲ ማርሳ ፋጥማን ዓሰብን ናብ ጃፓን ለኣኹ። ነቲ ስራሕ ናብቲ ናይ ኢትዮጵያ ክፋል ንኸስፋሕፍሑ ፍቓድ እቲ መንግስቲ እንተ ሓተቱ ግን፡ ሃጸይ ሃይለስላሴ ንብምሉኡ እቲ መደቦም ብሸርክነት ምስ ኣንዳርጋቸው መሳይ ንኽገብሩዎ ኣዘዙዎም። እዚ ጥራይ ዘይኮነ፡ ብጽሒት ኣንዳርጋቸው 70 ካብ ሚእቲ፡ ናቶም ድማ 30 ኻብ ሚእቲ ጥራይ ንኽኸውን'ውን ሃይለስላሴ ወሰኑሎም። "ትእዛዝ ጃንሆይ እሺ ኢልካ ምቕባል ጥራይ ስለ ዝነበረ፡ ብላታ ኪዳነማርያም ተቐቢሎሞ..." ብምባል ሳህለ ገብረህይወት ኣዘንትዮም።

ኣዋርሕ ሓሊፉ፡ ኣንዳርጋቸው ነቲ ኻብኡ ዝድለ ናይ ወፍሪ ግቡእ ኣየማልአን። ብኣንጻሩ'ኳ ደኣ፡ ኣብቲ ፈደረሽን ዝተቓረበሉ እዋናት፡ መንግስቲ ኢትዮጵያ ንጠቕላሊ ዓቃቢ ሕጊ ናብ ኣስመራ ልኢኹ፡ ንኪዳነማርያም ብምትላልን ምድንጋርን (fraud) ናብ ብ.ም.ኤ. ከሰሰቶም። ኣብቲ መጀመርታ'ውን ኣእሰረቶም። ብዛዕባ'ቲ ጉዳይ ኣፍልጦ ዝነበሮምን፡ ፈታዊ ብላታ ኪዳነማርያም ዝነበሩ ኣቶ ወልደኣብ ወልደማርያምን ካልኣትን ግን፡ ንሰብ ስልጣን ብ.ም.ኤ. ብምርዳእን ብምልማንን፡ ነቶም እሱር ኣልቀቑዎም። እቲ ጉዳይ'ውን ጸኒሑ ናብ ኢድ ዋና ኣመሓዳሪ ኤርትራ ኣተወ።

ናይ በጌምድር ኣመሓዳሪ ዝነበረ ኣንዳርጋቸው መሳይ፡ እቲ ጉዳይ ብዋና ኣመሓዳሪ ናብ ዝተሰምዓሉ ኣኼባ መጸዋዕታ ተገይሩሉ ንኣስመራ መጸ። ሳህለ ገብረህይወት ነቲ ሽው ዝተባህለ በዚ ዝስዕብ ገሊጾም፡

> ዋና ኣማሓዳሪ ንራስ ኣንዳርጌ፡ 'ነዚ ትፈልጦዶ?" ኢሉዎ ናብ ብላታ ኪዳነማርያም እናመልከተ። "ኣይፈልጦን፡" መሊሱ ንሱ። "ከመይ ጌርካ? ንጉሳዊ ቤተ ሰብ ተባሂልካስ ንሓደ ኣባል ካቢነ ሚኒስተራት ኢትዮጵያ ዝነበረ ሰብ ኣይትፈልጦን?" መሊሱ ሓቲቱ እቲ ዋና ኣማሓዳሪ።
> "ሓደ መዓልቲ'ባ ኮፍ ኢሉ ርእየዮ ነይረ..." ምስ በለ ኣንዳርጌ፡ ብላታ ኪዳነማርያም ህዉኽ፡ ቍጡዕ (impulsivo) ኢዮም ዝነበሩ፡ ቶባ ኢሎም፡ "ክፈልጠኒ ኣይኽእልን ኢዩ። ንሱ ፋሺስታ፤ ሓሙኡ ፋሺስታ፡ ንዓይ ንኪዳነማርያም ክፈልጡኒ ኣይክእሉን ኢዮም!" ይብሉ።
> ኣማሓዳሪ ይኹን እቶም ኣብኡ ዝነበሩ ሱቕ ኣቢሎሞም። ሽዑ መሊሱ ኣማሓዳሪ፡ "ነዚ ስራሕ'ዚ ቀዲሙ ኪዳነማርያም'ዩ ጀሚሩዎ፡ ክስርሖ ኸኣ ጸኒሑ፤ ብሓባር ኣይጀመርኩምን፡ ንስኻኸ ነቲ 70% እጃምካ ኣዋጺእካ ዲኻ?"
> "ነዋጽእ ኣሎና..."
> "ክንድ'ዚ ጊዜ ጠጠው ኣቢልኩሞ፡ ንሱ ኵዓዒቱ ነተን ዝርካበን ኣውጺኡ ከም ዘሎ እንሆለ ብኻርታ ተረጋጊጹ'ዩ። ዘይተንከፍካዮ መሬት ብኸመይ ክንድዚ ገንዘብ፡ 70 ካብ ሚእቲ ትሓትት? ኣብ ዓድኹም ከይዘራእኩም ዲኹም እኽሊ ትእክቡ? ቅድም እኮ ክትዘርእ ኣሎካ። እዚ ጉዳይ ተዓጽዩ ኣሎ (case dismissed)፡" ኢሉ ኣብኡ ኣፋንዩዎም። ኣንዳርጋቸው ንጉንደሩ ተመሊሱ፡

ብላታ ኪዳንማርያም ድማ ክሳብ ድሓር ካብ ኤርትራ ኣይወጹን፡ ንኢትዮጵያ ገጾም ኣይከዱን፡፡[25]

እዚ ዛንታ'ዚ ብውሑዱ ኣብ ኣስመራ ብሰፊሑ ተወርየ፡፡

ሃይለስላሴ ንኣንዳርጋቸው እንደራሴ ኽገብሩ እንከለዉ፡ እቲ ወረ ኣብ ልዕሊ ህዝቢ ኤርትራ ኣሉታዊ ኣጠማምታ ከሕድር ይኽእል ኢሎም ዝተሰከፉ ኣይመስሉን፡፡ ንሶም ዓሎም ትኣኽል ክሰዱ እንከለዉ፡ ህዝቢ ኤርትራ ክሕጉስ'ዩ ዝብል ማዕዳ ኢዩ ዝበጽሖም ዝነበረ፡፡[26] ካብቲ ንኣንዳርጋቸውን ንበዓልቲ ቤቱን ብፍላይ ብመንእሰይ ኣባላት ማሕበር ሕብረት ዝተገብረሎም ምዉቕ ኣቀባብላ ኸኣ ጽቡቕ መሪጸ ኢሎም ኣሚኖም ከም ዝኾኑ ኣየካትዕን፡፡ እዚ ዘዘንተናዮ ግን፡ ብዛዕባ ጠባይን ስነ ምግባርን ኣንዳርጋቸው ገለ ኣመት ይህብ'ዩ፡፡

ኣንዳርጋቸው ንኣስመራ ዝኣተወላ መዓልቲ፡ ዝበዝሑ ኣባላት ኣንድነት ዝነበሩ መናእሰይን ተሰሪዖም ካብ ቤት ትምህርቲ ዝወጹ ቈልዑን ጥራይ ከም ዝተቐበሉዎ፡ መብዛሕትኦም ኣስላም ደቂ ኣስመራ ግን ኣብ በቦታኦም ከም ዝተረፉ ይንገር፡፡[27] ሰዓት ኣርባዕተ ድሕሪ ቐትሪ፡ ዓንቀጻት 12፡ 72፡ 73 ናይ ህንጻ መንግስቲ ኤርትራ ብዝእዝዞ መሰረት፡ መራሒ መንግስቲ ተድላን ናይ ካቢነ ሰክረተሪታቶምን ኣብ ውሽጢ ባይቶን ኣብ ቅድሚ እንደራሴን ቃለ መሓላ ንኽፍጽሙ ተኣከቡ፡፡ ብዙሓት ሰባት፡ እቶም ቀንዲ ተጣባቓን ተቓላስን ንምሉእ ሕብረት ኤርትራን ኢትዮጵያን ዝነበሩ ተድላ፡ ነዚ ኣብ ታሕቲ ተጻሒፉ ዘሎ ቃል ማሕላ ምስ ሃቡ፡ ኣብ ኣተሓሳስባኦም ምቅይያር ኣማዕቢሎም ይብሉ ኢዮም፡፡ ብዙሓት በዚ ዘይሰማምዑ ኣለዉ፡፡ ንዕኦም ዝምልከት ዝተረፈ ታሪኽና፡ ንሓቅነት ወይ ዘይሓቅነት ናይዚ ገምጋም'ዚ ክድህስስ ክፍትን'ዩ፡፡ እቲ ዓንቀጽ 12 ናይ ሕገ መንግስቲ ዝእዝዞ ቓል ማሕላ እዚ ዝስዕብ'ዩ፡

> ኣብ ቅድሚ ኩሉ ዚኽእል እግዚኣብሔር (ወይ ምስ እምነትን ልማድን ናይቲ መራሒ መንግስቲ ዚሰማማዕ ካልእ ቃል) ነታ ኣብ ትሕቲ ላዕለዋይ ስልጣን ናይታ ሓጸያዊት ዘውዲ ተነቢራ ዘላ ፌደራስዮን ከኽብር፤ ብእምነት ንኤርትራ ከገልግል፡ ንሕንጻ መንግስታን ንሕግታታን ክከላኸለላን፡ ኣብ ሓድነት ናይቶም ብማእሰርያ ሕውነት ዝተጠምሩ ሕዝባ ተመስሪተ ዝኾነ ይኹን ዓሌቶምን ሃይማኖቶምን ወይ ቋንቋኦምን፡ ንጽቡቕ ናብራ ሕዝቢ ኤርትራ ክሓሊ፡ ካብ መዘይ ድማ ገለ ጥቕሚ ርእሰይ ከይደሊ፡ እመባጸዕ ኣሎኹ፡፡

ድሕሪ ተድላ፡ ኣርባዕቲኦም ሰክረታሪታት መሓሉ'ሞ፡ ኣንዳርጋቸው ድማ ብስም "ላዕለዋይ ስልጣን ፌደራስዮን ዝኾኑ ንጉሰ ነገስት ናይ መዘም መዓርግ" ከም ዘልበሶም ኣፍለጠ፡፡ በዚ ድማ እቲ ስነ ስርዓት ማሕላ ተፈጸመ፡፡[28]

25. ሳህለ ገብረህይወት፡ ቃለ መጠይቕ፡፡
26. ዘውዴ ረታ፡ ገጽ 356፡፡
27. Mulcahy to State Department, F 79001-0017, 775A/00/9-1952, 19 September, 1952.
28. ኢትዮጵያ፡ 6ይ ዓመት ቍ. 333.

ካልኣይ ክፋል

ምዕራፍ 9

ድሮ ምትካል መንግስቲ ኤርትራ ውርሻ ብሪጣንያዊ ምምሕዳር

ማሕበራዊ ጉዳያት

መንግስቲ ብሪጣንያን እቶም ናብ ኤርትራ ዝለኣኹቶም ኣመሓደርታን ንፖለቲካ ኤርትራ ብዕምቈ ዝበለ መገዲ ከም ዝጸለዉዎ ተገንዚብና ኣሎና። እግሮም ናብ ኤርትራ ካብ ዘዕልቡ ጀሚሮም፡ ፖለቲከኛታት እንግሊዝ ንኤርትራ ከም ሃገር፡ ንኤርትራውያን ድማ ከም ጥሙር ህዝቢ ኣይተቐበሉን። ኣብ ውሽጢ'ቲ ሽዑ ዝነበረ ናይ ማእከላይ ምብራቕን ምብራቕ ኣፍሪቃን ስትራተጂያዊ ረብሓታቶም ከም ድሌቶም ዝጻወቱላ መጣልዒ ካርታ ይቘጽሩዋ ከም ዝነበሩ'ውን ብብዙሕ መልከዓቱ ርኢናዮ ኣሎና።[1] ኣብቲ ፈደረሽን ንምትካል ዝተኻየደ ስራሕ'ውን፡ ኢድ ብ.ም.ኤ. ኣብ ኣገባብ ምርጫ ባይቶ ኤርትራ፡ ኣብ ምምልማል ኤርትራውያን ናብ ስልጣናት መንግስቲ ኤርትራ፡ እቲ መንግስቲ ዝቘመሉ ትካላት ኣብ ምህናጽ፡ ከምኡ'ውን ንመንግስቲ ኤርትራን ንኤርትራ ብሓፈሻን ዝግባእ ንዝነበረ ስልጣንን ንብረትን ኣብ ምዕዳል ኣሉታውን ንኤርትራ ዝሃሰን ተራ ከም ዝተጻወተ ዘርዚርና።

ኩሉ ተግባራት ብ.ም.ኤ ግን ከም ሕማቕን በዳልን ክርአ ኣይግባእን። ኢድ ሰበ ስልጣና እናኣተዎ ደኣ ይጸየቕ'ምበር፡ ብሪጣንያ ዘመናዊ ፖለቲካዊ ሓሳባትን ኣወዳድባን ንኽትኣታቶን ገለ ደሞክራስያዊ ባህሊ ንኽትቀላቐልን መገዲ ከፊታ ኢያ። ጸኒሕና ከም እንርእዮ፡ ኣብ ምድማር ፈደረሽን ዝተራእየ ናይ ጽሕፈትን ዘረባን ናጽነት ኤርትራውያን፡ ኣብ ታሪኾም መወዳድርቲ ኣይተረኽቦን። ዝያዳ ምዕባለ ዝተራእየ ግን፡ ኣብ ከም ትምህርቲ፡ ሕክምናን መሰላት ሰራሕተኛታትን ዝመስል ማሕበራዊ ጉዳያት ኮነ።

1. ኣይንፈላለ፡ 1ይ ምዕራፍ (ገጽ 22-48 ርአ)

ምናለባት እቲ ዝንበር ኣዘኪዮ ናይ ብ.ም.ሌ.፡ ኣብ ዓውደ ትምህርቲ ተመዝገበ። ጸብጻባቱን ባዕሉ ዝገበሮ ገምጋምን ከም ዘመልክቶ፡ ጣልያን ካብ ዝወጸሉ ዓመት ዝጀመረ ምዝገባ ኣብ ኣብያተ ትምህርቲ ኤርትራ፡ ብፍላይ ድማ ኣብ መባእታዊ ደረጃ፡ ኣብ ነፍስ ወከፍ ዓመት ብ25 ካብ ሚእቲ (25%) ወሰኸ። ኣብ ገጠራት ዝርከባ ዓድታት ኤርትራ፡ ኢሉ እቲ ጸብጻብ፡ በብዓቅመን ኣብያተ ትምህርቲ እንተ ሰሪሐን መምህራን በቲ ምምሕዳር ከም ዝወሃበን ምስ ተገልጸለን፡ ጠለባተን ቀጻልን መጠን ዘይነበሮን ኮነ። ኤርትራውያን ድማ "እቲ ምምሕዳር ንደቀም ዝኸውን ትምህርታዊ መሳለጥያታት ምስ ቀረበ፡ ቃልዓለም ዘይብሉ ምስጋና ለገሱ"።[2]

ኣብቲ ፌደረሽን ኣብ ግብሪ ዝወዓለሉ ዓመት፡ ማለት ኣብ 1952፡ ቊጽሪ ተመሃሮ መባእታዊ ደረጃ 13,500 ክበጽሕ እንከሎ፡ ካብ'ዚኦም እተን 3000 ደቀንስትዮ ነበራ። ኣብ ማእከላይ ደረጃ፡ 200 ኣዋልድ ዝርከባኦም 1200 ተመሃሮ፡ ኣብ ካልኣይ ደረጃ ድማ 167 ኣወዳት ጥራይ ነበሩ። ቊጽሪ ኣብያተ ትምህርቲ'ውን፡ ካብቲ ብጊዜ ጣልያን ዝነበሮ ዋሕዲ ናብ 100 መባእታ፡ 14 ማእከላይ፡ 2 ድማ ካልኣይ ደረጃ ደየበ። መግዛእቲ ጣልያን ንኤርትራውያን ካብ ራብዓይ ክፍሊ ንላዕሊ ምምሃር ይኽልከል ከም ዝነበረ ምስ እንዝክር፡ እዚ ዝተጠቕሰ ሓፈሻዊ ኩነታት ትምህርቲ ናብ ማእከላይን ካልኣይን ደረጃታት ክብ ምባሉ ብቐሊሉ ዘይግመት ምዕባለ ከም ዘምጽአ ንግንዘብ። ብተወሳኺ፡ ንመጀመርታ ጊዜ ኣብ ታሪኽ ኤርትራ፡ ካብ ውሽጢ ሃገር ዝነቕሉ 30 ኤርትራውያን ንትምህርቲ ኻልኣይ ደረጃን ልዕሊኡን ንወጻኢ ዝተሰዱ ብብ.ም.ሌ. ኢዩ።[3]

ብኣጠቓላሊ፡ ንትምህርቲ ዝምልከት ጸብጻብ ኣመሓዳሪ ካሚንግ፡ "መንግስቲ ኤርትራ ሓደ ምስ ፋይናንሳዊ ዓቕሙ ዝኸይድ፡ ዝተወደበን ክሰፍሕ ዝኽእልን፡ ተቐባልነት ህዝቢ'ውን ዝረኸበን ስርዓት ትምህርቲ ተረኪቡ ኢዩ" ዝብል መደምደምታ ሃበ። ካብ ሓቂ ዝረሓቐ ገምጋም'ውን ኣይነበረን።

ሓለዋ ጥዕና

ንሓለዋ ጥዕና ብዝምልከት፡ ብዘይካ'ቲ ብ1952 ኣብ ከባቢ ሆስፒታል ረጂና ኤለና (ሎሚ መካነ ህይወት) ዝተኸፍተ፡ ሕጂ ናብ ናይ ጥዕና ኮለጅ (Public Health College) ተቐዪሩ ዘሎ ናይ ተላንቢ ሕማማት (ብፍላይ ቲቢ) ሆስፒታል፡ ካልእ በቲ ጣልያን ዝጀመሩዎ ቐጸለ። ኣብ ኣውራጃዊ ማእከላት ዝነበረ ክሊኒካት ግን ብቑጽሪ ወሰኸ። ዝበዝሑ ኢጣልያውያን ተመሃሮ ንዩኒቨርሲቲታት ኢጣልያ ዝለኣኹሉ ሓደ ኢጣልያዊ ቤት ትምህርቲ ሕክምና ቆመ። ኣብ 1951-52 ከኣ፡ ኣሕረስቲ (መወልዳን) ዝሰልጥናሉ መደባት ትምህርቲ ጀመረ። ሽሕ'ኳ ኣብ'ዚ

2. UK Report, 41, p. 11.
3. Ibid, par 42, p. 11.

እዋን'ዚ ኩሎም ሓኻይም ዜጋታት ኢጣልያ እንተ ነበሩ፡ ቀስ ብቐስ ግን ኤርትራውያን ነርሳት ነተን ኢጣልያውያን ተክእአን[4]

ሕጊ ዕዮን ኩነታት ሰራሕተኛታትን

ኣዋጅ ዕዮ ናይ 1952፡ ነቲ ዝሓለፈ ናይ ጣልያንን ብ.ም.ኤ.ን ሕግታት ብምውህሃድ፡ ሕጊ ዕዮ ኣጽዲቑ ንመንግስቲ ኤርትራ ኣመሓላለፈ። እዚ ሕጊ'ዚ ካብ ዝኣወጆ ዓበይቲ ጉዳያት፡ ሰሙናዊ ናይ ስራሕ ሰዓታት 48 ጥራይ ክኸውን፤ ኣብ ዘድሊ፡ ንዝተሓተ ደሞዝ ሰራሕተኛ ገደብ ክግበረሉ፡ ንሰራሕተኛታት ናይ ትርፊ ጊዜ ስራሕ ክፍሊት ክግበር፤ እናተኸፈልካ ዕረፍትን ናይ ሕማም ብኩራትን ክፍቀድ... ወዘተ. ዝብል መሰላት ሰራሕተኛታት ዘረጋግጽ ነበረ።[5]

እዚ ሕግ'ዚ ግን ነቲ እንግሊዝ ክወጽእ እንከሎ ዝነበረ ኣዝዩ ከቢድ ጸገም ስራሕ ኣልቦነት ዘቃልል ኣይነበረን። ካልኣይ ኩናት ዓለም ንቑጠባ ኤርትራ ኣዝዩ ሃሰዩዎ ኢዩ። ኣብ ስራዊት ኢጣልያ ዝዓስከሩ ኤርትራውያን ምስ ተጣየሱ፡ ማለት እንግሊዝ ብ1941 ኤርትራ ካብ ዝኣቱ ጀሚሩ፡ ንኹሎም ክሓቑፍ ዝኽእል ስራሕ ክርከብ ኣይተኻእለን። ተዛማዲ ሰላም ምስ ተረኽበ ብዝሒ ህዝቢ ኤርትራ ብርኡይ ስለ ዝወሰኸ ድማ፡ ኣብ ልዕሊ'ቲ ዝርካቡ መሬት ሕርሻ ብርቱዕ ጸቕጢ ስለ ዝተፈጥረ፡ ሽቕለት ኣልቦነት ብዝያዳ ናህሪ ንኽውሰኽ ካልእ ጠንቂ ኾነ።

ብ.ም.ኤ. ነዚ ጸገማት'ዚ ንምፍታሕ፡ ኢንዱስትሪታት ኤርትራ ንምብርባርን ዝሕረስ መሬት ንምስፋሕን ፈቲኑ'ኳ እንተ በለ ጸብጻብ ካሚንግ፡ እቲ ውጽኢት ግን ክንድ'ቲ ዘዕግብ ክኸውን ኣይከኣለን። ኣብ 1952፡ 16,000 ሰራሕተኛታትን 7500 ሽቕለተ ኣልቦን ተመዝገቡ።[6] ምስቲ ጠቕላሊ ቑጽሪ ምዝጉባት ምስ ዝርአ፡ ልዕሊ 30% ሽቕለት ኣልቦ ነይሮም ማለት'ዩ። እዚ'ውን ነቶም ዘይተመዝገቡ ንጉድኒ ገዲፍካ ኢዩ'ሞ፡ በዚ መዳይ'ዚ መንግስቲ ኤርትራ ኣብ ከቢድ ሽግም'ዩ ዝርከብ ዝነበረ።

ሓደ ብ.ም.ኤ. ኣብ ሜዳ ዕዮን ኩነታት ሰራሕተኛታትን ዘተኣታተዎ፡ ብኣዎንታ ኸኣ ዝርአ ጉዳይ፡ ምፍቃድ ናይ'ቲ ኣቐዲምና ዝረኣናዮ ማሕበር ስምረት ሰራሕተኛታት ኤርትራ ነበረ። እዚ፡ ካብቶም ቀዳሞት ማሕበራት ሰራሕተኛታት ኣፍሪቃ ኾይኑ፡ ንመጻኢ ውዳበ ሽቃሎ ሰፊሕ ዕድል ፈጠረ።[7]

ቍጠባን ፋይናንስን

ብሪጣንያ፡ ብ1941-1942 ንኤርትራ ከም ደጀን ተጠቒማ ናይ ሰሜን ኣፍሪቃ ኩናት ተካይደሉ ኣብ ዝነበረት ጊዜ ጥራይ'ያ ንቑጠባ ኤርትራ ከተማዕብልን ሓደስቲ ኢንዱስትሪታት'ውን ክተኽፍትን ዝተራእየት። ብድሕሪኡ ግን፡ ነታ

4. Ibid, par. 45, p. 12.
5. Ibid, par. 49, p. 12.
6. Ibid, par. 51, p. 13.
7. Ibid, par. 53, p. 13.

ድሮ ምትካል መንግስቲ ኤርትራ

ሃገር በቲ ዝተሓተ ወጻኢ ከተመሓድር'ምበር ንቑጠባኣ ዘመሓይሽ መደባት ከተተግብር ኣይተራእየትን። ባዕሉ ብ.ም.ኤ. እውን ነቲ ዝጸንሐ ኢንዱስትሪታት ካብ ምዕቃብ ዝሓለፈ ንጥፈታት ከም ዘየካየደ ኢዩ ዝገለጸ።[8] በንጻሩ'ኳ ደኣ፡ ነቲ ኣብ 1940'ታት ዝጀመሮ ምዕናውን ምሻጥን ናይቲ ንኢንዱስትርያውን ካልእ ቍጠባዊ ምዕባለን ከም መንጸፍ ከገልግል ዝኽእል ዝነበረ ኣባይትን ትሕተ ቕርጻዊ ህንጻታትን ብምቅጻል፡ ሃሳዪ ስጉምትታት ይወስድ ነይሩ እዩ።[9]

ንንግዲ ብዝምልከት፡ ብ.ም.ኤ. ንዜጋታት ኤርትራ ሰፊሕ ናይ ሊቸንሳ ዕድል ካብ ምኽፋት ዝሓልፍ ፍሉይ ምትብባዕ ኣይገበረን። ናይ ውሽጢ ንግድን ሸቐጥን እንተ ዘይኮይኑ፡ እቲ ኤርትራ ምስ ወጻኢን ምስ ኢትዮጵያን ክትገብሮ ዝነበራ ንግዲ ናይ መንግስቲ ኢትዮጵያ ሓላፍነት ክኸውን ኢዩ ብምባል፡ ክመርሖ ወይ ክጸልዎ ኣይፈተነን። ድሕሪ ፈደረሽን ቍጠባ ኤርትራ መታን ብሰንኪ ዝለዓለ መጠን ቀረጽ ጉምሩክ ኢትዮጵያ ከይህሰ፡ ቤት ምኽሪ ንግዲ ኤርትራ (Eritrean Chamber of Commerce) ንዘቕረቦ ለበዋን ግምትን እውን እንተኾነ፡ ብ.ም.ኤ. ናብ መንግስቲ ኢትዮጵያ ድኣ ኣሕለፎ እምበር፡ ዝኾነ ውዕል ወይ ጸቕጢ ንኽገብረሉ ኣይፈተነን። ኢንዱስትሪ ኤርትራ ብዝለዓለ መጠን ቀረጽ መንግስቲ ኢትዮጵያ መታን ከይህሰ፡ "ፍሉይ ግምትን ድንጋጸን" (special consideration and sympathy) ንኽግበር ጥራይ ድማ ተላበወ።[10]

ኣብ ዓውዲ ቍጠባ ምዕባለ ኣርእየ ኢሉ ብ.ም.ኤ. ዝጸየተሉ እንተ ነይሩ፡ ሕርሻን ሕክምና እንስሳን ኢዩ። ኤርትራውያን ዜጋታት ኣሕምልቲ ብዘመናዊ ኣገባብ ኣፍርዮም ንወጻኢ ንኽልእኩ ተተባቢዑ፡ ኣብ ዘራእቲ ፈውሲ ባልዕ ምንስናስ'ውን ብሰፊሑ ተኣታተወ።[11] ምግፋፍ ዓሳ ከም ኢንዱስትሪ ማዕቢሉስ ኣብ ዓመት ማዕረ 5500 ቶን ዓሳ ንወጻኢ ይልኣኽ ከም ዝነበረ ጸብጻብ ብ.ም.ኤ. ኣረድአ።

ክታበት እንስሳ'ውን ኣብ ምውዳእ ምምሕዳር ብሪጣንያ ኣብ ዝለዓለ ቍጽሪ በጺሑ ነይሩ ኢዩ። ኣብ 1951 ጥራይ 210,000 ከብቲ ተኸትቡ።

ነዚ ኹሉ ይግበር'ምበር፡ ብ.ም.ኤ. ንኤርትራን ንሓዲሽ መንግስታን ኣብ ድኽነትን ኩነታት ተጸጋዕነትን'ዩ ይገድፉ ነይሩ። እግሩ ኻብ ዝኣቱ ጀሚሩ "ንኤርትራ ብኽሳራ (deficit) እየ ዘካይዳ ዘሎኹ" ዝብል ዝነበረ ምምሕዳር፡ ነቲ ኽሳራ፡ ሓቂ ይንበር ዝተማህዘ፡ ንኹተዓራርዮ ዝወሰዶ ስጉምቲ ኣይነበረን። ኣብ ነበሰ ወከፍ ዓመት፡ ኢሉ ጸብጻብ ኣመሓዳሪ ካሚንግ፡ ኤርትራ ብገምጋም ናይ 200,000 ፓውንድ ስተርሊንግ (£200,000) ዕዳ ኹተርኢ ስለ ዝጸንሐት፡ "ኣብዚ ቐዳማይ እዋን ምስግጋር ሚዛን ዝሓለወ ቍጠባ ምኽያድ ዝክኣል ኣይመስለንን"።[12]

ጠንቂ ናይ'ቲ ጉድለት ወይ ዝተመዛበለ ሚዛን ገንዘብ ግን ብዚያዳ ብሰንኪ'ቲ ንእንግሊዛውያን ኣመሓደርትን ካልኦት ሓለፍትን ዝኽፈል ዝነበረ ልዑል መጠን

8. Ibid, par. 56, p. 13.
9. ኣይንፈላለ፡ ገጽ
10. UK Report, par. 57-58, p. 13.
11. Ibid, par. 60, p. 14.
12. Ibid, par. 68, p. 15.

ደሞዝን ኣብ ሓለዋ ጸጥታ ዝጠፍእ ገንዘብን'ዩ ዝርከብ ዝነበረ። እንግሊዝ ምስ ዝወጹ እቲ ሚዛን ከም ዝመሓየሸ ኣየጠራጠረን።

እቲ ተወሳኺ ጸገም፡ መንግስቲ ኤርትራ ካብ ናይ ወጻኢ ምንጭታት፡ ንኣብነት ው.ሕ. ሃገራት ወይ ካልኦት መንግስታት፡ ሓገዝ ክትሓትት ዘይፍቀደላ ምንባሩ ኢዩ። ናይ ወጻኢ ዝምድናታታ ብመገዲ መንግስቲ ኢትዮጵያ ጥራይ ክግበር ስለ ዝክኣል፡ ነቲ ዘይተመጣጠነ ምንጭታታ ክትዓጽወሉ እትኽእል ክፉት ማዕጾ ኣይነበራን። በዚ ምኽንያት እዚ፡ ኣብ 1950-51 ጥራይ መንግስቲ ኤርትራ ናይ £376.000 (ናይ እንግሊዝ ፓውንድ) ዕዳ ተዋህሊሉዎ ነበረ።[13]

ክንድ'ዚ ዝኣክል ዕዳ ሒዚካ ናብ ፌደረሽን ምጽንባር፡ ኣብ ምሉእ ምሕረትን ትኳሮን መንግስቲ ኢትዮጵያ ክንዲ ምውዳቕ ኮነ። ስለዚ፡ ሰበ ስልጣን ብ.ም.ኤ.፡ ነቲ ንመንግስቲ ኤርትራ ኽምልኩዑ ዘይክእል፡ ከም ልዑል ደሞዝ ሰበ ስልጣን እንግሊዝን ኢጣልያውያን ሰራሕተኛታትን ብዝምክኒ፡ ነቲ መጠን ዕዳ ኣጓደሉዎ። ኣብ ልዕሊኡ፡ መንግስቲ ኤርትራ ኣንጻብ ኣተኣኻኽባ ግብሪ ብምምሕያሽን ካብ ቀረጽ ጉምሩክ እኹል እቶት ክርኩብ'ዩ ካብ ዝብል ግምትን፡ ዕዳ ዘይኮነስ፡ ማዕረ £60.000 ዝኣክል መኽሰብ ክርኢ ይኽእል'ዩ ኣብ ዝብል ግምት ዓለቡ።[14] በዚ መሰረት'ዚ ድማ ብ.ም.ኤ. ሓደ ንመንግስቲ ኤርትራ ዝገልግል ጊዜያዊ ባጀት ሓንጸጸ።[15]

ብ.ም.ኤ. ዝሃቦ ግምት ቅንዕና ኣብ ዝነበሮ ገምጋም ዝተመርኮሰ ኣይነበረን። ብፍላይ እቲ ኤርትራ ካብ ቀረጽ ጉምሩክ ክትረኽቦ ኢያ ተባሂሉ ትጽቢት ዝተገብረሉ እቶት፡ ክጭበጥ ዝክኣል ኣይነበረን። ኣቐዲምና ከም ዝረኣናዮ፡ ኩሉ ኣብ ልዕሊ'ቲ ናብ ኤርትራ ዝኣቱ ኣቝሑ ዝለዓል ቀረጽ ንመንግስቲ ኤርትራ ክወሃብ'ዩ ፌደራል ድንጋገ ወሲኑ። እዚ ግን፡ ናይ ምትሕስሳብን ምጽብጻብን ጸገም ክፈጥር'ዩ ተባሂሉ ንጊዜኡ ብሓደ ንኤርትራ ዝወሃብ ጥቕሉል ገንዘብ ክትካእ'ዩ ተመደበ። እቲ ናይ መወዳእታ መልክዑ፡ መንግስታት ኤርትራን ኢትዮጵያን ብዘገብራኦ ውዕል ይወሰን ተባሂሉ ከም ዝተወሰነ'ውን ድሮ ርኢና ኢና።

በዚ ምኽንያት እዚ፡ ብ.ም.ኤ. ንናይ ኤርትራ ፋይናንስ ኣዝዩ ሰንኩፍን ምሉእ ብምሉእ ኣብ ሓልዮት ወይ ልግሲ መንግስቲ ኢትዮጵያ ከም ዝጽጋዕን ገይሩ ኢዩ ስልጣን ዘረከበ። ብብደረጃኡ ከም እንርእዮ፡ እዚ ተግባር'ዚ ነቲ ፌደራል ስርዓት ኣብ ምብጋሱ ካብ ዝቐተሉ ወይ ናይ ሞት ባይታ ካብ ዘንጸፉ በደላት ከም ዝኾነ ምግንዛብ የድሊ።

ብሪጣንያ እምበኣር፡ ካብቲ ጽቡቕ፡ እቲ ንመንግስቲ ኤርትራን ንኤርትራውያንን ዘውረሰቶም ሽግራት ዝዛየደ ኾነ። መንግስቲ ኤርትራ ካብ ብሪጣንያ፡ ኣብ ኣርብዓታት ዝተዘርአ ብዙሕ ዝዓይነቱን ዝሕብሩን ትሕተ ሃገራዊ ስምዒታት፤ ኣዝዩ ድኹምን ናብ ኢትዮጵያ ዝተጸግዐን ቍጠባ፤ ካብ ፌደራል ድንጋገ ሕ.ሃ. ወጻኢ ብዝኾነ ኣገባብ ንኢትዮጵያን ሰበ ስልጣናን ዝተዋህበ

13. Ibid.
14. Ibid, par. 71, p. 15.
15. Ibid, par. 75, p. 16.

ንብረት፡ ስልጣንን ሩደናንሳዊ ምንጭታትን፤ ፈደራል ድንጋገ ዘይፈቐደ፡ ኣብ ድሮ ምትካል ፈደረሽን ዝኣተወ ኢትዮጵያዊ ወተሃደራዊ ሓይሊ... ወረሰት። ኤርትራ ካብ ብሪጣንያ፡ ዝተመሓየሸ ትምህርቲ፡ ሓለዋ ጥዕና፡ ሕርሻዊ ጥበባት፡ ከምኡ'ውን ገለ ኣንፈት ደሞክራስያዊ ኣተሓሳስባን ምሕደራን ከሰበት።

ምውጻእ ማቲየንሶን ብ.ም.ኤ.ን ካብ ኤርትራ

ከምቲ ፈደራል ድንጋገ ዝኣዘዞ፡ ብ15 መስከረም 1952፡ ልክዕ ፍርቂ ለይቲ፡ ዋና ኣመሓዳሪ ዳንካን ካሚንግ፡ ስልጣን ብሪጣንያ ኣብ ኤርትራ ከም ዘብቅዐ ዘረጋግጽ ኣዋጅ ፈረመ። ኣቐዲሙ ኣብ ዝተገብረ ወተሃደራዊ ስነ ስርዓት፡ ባንዴራ ብሪጣንያ ወሪዳ ብባንዴራ ኢትዮጵያ ተተኪኣ ነይራ'ያ። ኣብ ጐድና'ውን ባንዴራ ኤርትራ ተሰቒለት። ከምዚ ኢሉ ግዝኣት እንግሊዝ ኣብ ኤርትራ ኣብቅዐ። ካሚንግ ኣብ ጸብጻቡ፡ ነዚ ዝስዕብ በለ፡

> እቲ ኣብ ዝሓለፈ እዋን ንልምዓትን ህይወትን ኤርትራ ኣበላሽዩ ዝነበረ ወገናዊ ባእሲን ፖለቲካዊ ህልኽን ዳርጋ ጠፊኡ ምህላዉ፡ ብሀ ዘብል መርኣያ ናይ'ቲ እናዓበየ ዝኸይድ ዘሎ ሃገራዊ ስኒት ኢዩ። እዚ ድማ ብምሉኡ ሳላ'ቲ ጽቡቕ ልቦናን ዓሚቝ ድሌት ንሰላምን ናይ ህዝቢ ኤርትራ ዝተረኽበ ኢዩ።
> ፈደረሽን ናይ'ዛ ሓዳስን ነብሳ ዝኸኣለትን ኣካል፡ ኤርትራ፡ ነዚ ሓዲሽ ኣሰራርሓ'ዚ ዝፍተነሉ ምሕዝነትን ጽቡቕ ድሌትን ዘበስር ቅርጺ ሒዙ ይብገስ ኣሎ።[16]

ነዚ ትሰፋው ቃላት ምስ ኣንበረ፡ ጸብጻብ ብ.ም.ኤ. በዚ ዝስዕብ ደምደመ፡ (ፈደረሽን ብምቕባሎም፡ ህዝብታት ኤርትራ)... ብውሑዱ ንሕጂ፡ ነቲ

ምውራድ ባንዴራ ብሪጣንያ

16. Ibid, par. 283-284, p. 46.

ምዕባለኦም ከልኪሉ ዝነበረ ዓሌታዊን ሃይማኖታዊን ሃንፋት ኣጽቢቦሞ ኣሎዉ።... ኤርትራ ባዕላ ግን ብቐጠባን ብፋይናንስን ኣዝያ ድኽምቲ ስለ ዝኾነት፡ ከም መንግስቲ ናይ ምቕጻል ተኽእሎኣ ኣዝዩ ዝተወሰነ ኾይኑ ክጸንሕ'ዩ። ግን፡ ካብ መንግስቲ ንጉሰ ነገስት ኢትዮጵያ ተዋሂቡዋ ዘሎ ሙብጽዓ ናይ ፋይናንሳዊ ሓገዝ፡ ነቲ ዘላቶ ኩነታት ብዘገምታ ከየማሓየሸ ኣይተርፍን።

መጻኢ ዕድል ኤርትራ፡ ፖለቲካውን ቀጠባውን ድኻማታ ብዓይኒ ምድንጋጽን ክፉት ተገንዘቦን ምስ ዝርአ፤ ከምኡ'ውን እታ ብሃብቲ ዝያዳኣ ዝተዓደለት ናይ ፈደረሽን መሻርኽታ (ኢትዮጵያ)፡ ለባም ኣመራርሓን ነገራዊ ሓገዝን ምስ እትልግሰላ ኢዩ። መጻኢ ዕድል ናይቲ ፈደረሽን እውን፡ በቲ ኣብ መንጎ ክልቲኦን ዝህሉ ምክብባር ናይ ሓድሕድ መሰላተንን፡ ደረታት ስልጣነንን ልምድታተንን ዝተመርኩሰ ክኸውን'ዩ።[17]

መንግስቲ ብሪጣንያ፡ እቲ ገዲፋቶ ትኸይድ ዝነበረት ስርዓት ፈደረሽን በየናይ ኣገባብ ከም ዝኽበር ዘረድእ ዝኾነ መገዲ ኣይሓበረትን። ሓደ ውሕስነት ዘይተገብረሉ ስርዓት ጥራይ ገዲፋ፡ ምስታ ንዓሰርተ ሓደ ዓመትን መንፈቕን ዘመሓደረታ ኤርትራ ዝኾነ ርክብ ከም ዘይህልዋ'ውን ብምግባር፡ ብ17 መስከረም 1952 ጠቕሊላ ወጸት።

ዝምድና ህዝቢ ኤርትራ ምስ ጠባይን ኣገባብን እንግሊዛውያን ሕውስዋስ ነይሩ ክበሃል ይክኣል። ስልጣን፡ ስልጣነን ጥበብን ብሪጣንያ ንህዝቢ ኤርትራ ዓጂቡዎ ኢዩ። ብፖለቲካዊ ክፍኣቱ፡ ብረቂቕ ስልትታቱን በቲ ኣብ ልዕሊኡ ዝፈጸሞ ፖለቲካዊ በደላትን ግን ከዒቡዎ። ምናልባት፡ እዛ ብጥሪ 1952 ብኣቶ ወልደኣብ ወልደማርያም ንእንግሊዝ ዝተገጥመትሎም ጽሕፍቲ፡ ነዚ ዝምድና'ዚ ብዝበለጸ ትገልጾ ትኸውን፡

መን ይኽእሎ ናይ እንግሊዝ ምኽሪ
ጉይታ ጠፈር ጉይታ ምድሪ
ጉይታ ጠፈር'ወ ጉይታ ባሕሪ
ብመድፍዕ ገሲሙ ብቡምባ ዜብሪ
መን'ሞ ይኽእሎ ብጆካ ፈጣሪ
እዝጊ'ባልሃና ንሱ እንኪኹሪ
እወ መን ይኽእሎ ናይ እንግሊዝ ምኽሪ

ፍቓድ ይህብ ዘረባ ኺኣሪ
ኣባጊዕዶ ይገጥማ ምስ ነብሪ
ምንም'ተተጠርያ ኣብ ሃገረ ምስሪ
ዝሞተዶ ይኸይድ ብእግሪ
ቁልዓ ኢዩ ዚጥበር ብተምሪ!

17. Ibid, par 285-289, p. 46-47.

እጠ መን ዩኽእሎ ናያ እንግሊዝ ምኽሪ
ሰበይትና እኽላ ኸይትኣሪ
ንሳ ኸይተረፈ ተጸንቢራ'ብ ምኽሪ
ሓረስታይና ኸይጸርብ ድጉሪ
ሸቃጢና ሰልዲ ኸይኣሪ
ፋብሪካ ዘይብልና ትርፎ ወቕሪ
ገለና ናጽነት ገለና ተፈሪ
ገለና ንስሕቕ ገለና ንኹሪ
እቲ ምንታይ ከይርከብ ፍቕሪ
ኣሳኒና ድኣ ንለምን ፈጣሪ
ጉይታ ኺምሕረና ብዘይ ጸዕሪ
ከም ዓለምና ዓዲ ከነጥሪ

ተፈሪዱ ይባሃል ነገርና
ተመዲቡ ይብሃል ዕድልና
ተሓኺኹ ይብሃል በደልና
እንተ ኣማዕዶና ግን እንተ ኣስተብሃልና
ዓይንና ይጽልምት ምርኣይ ይኣብየና
ብርክና ይዕጸፍ ምኻድ ይኸልኣና
ለይቲ ኺወግሓልና እንተ ተጸበና
ቐልጢፉ ኺሓልፍ እንተ ተሃወኽና
ሸጋርና ዓዘዘ መዓልቲ ነውሓና!
ኣሎሄት ኣሎሄት ላማ ዓዘፍቶት።

ወልደ ሕዝብ ሰረወታይ።[18]

ኮሚሽነር ኣንሰ ማቲየንሶ'ውን ኣብቲ ቕንያት እቲ ካብ ኤርትራ ወጺ። ኣቐዲሙ፡ ማለት ብ27 ነሓሰ ግን፡ "ኣብ ህዝቢ ሻቅሎት ፈጢሩ ኣሎ" ንዝበሎ ነጥቢ ኣልዒሉ ሓደ መደዓዓሲ ሃበ። እቲ ዘሻቐለ ጉዳይ፡ ምምሕልላፍ ስልጣን ካብ ምምሕዳር እንግሊዝ ናብ ፈደረሽን ክፍጸም እንከሎ፡ ኮሚሽነር ማቲየንሶ ናይ "ተዓዛቢ" ተራ ጥራይ'ዩ ክጻወት ዝብል ዘረባ ተናፊሱስ ኣብ ህዝቢ ስክፍታ ዘለዓዓለ ነበረ። ኣብዚ ዝተባህለ ዕለት፡ ማቲየንሶ ጋዜጣዊ መግለጺ ሃበ።

ማቲየንሶ፡ ሸሕኳ ውሳነ ሕ.ሃ ብዛዕባ ፈደራል ጉዳያት ይኹን ምትሕልላፍ ስልጣን ንዕኡ ዘሰከሞ ሓላፍነት እንተ ዘይነበረ፡ ከም መጠን ተዓዛብስ ብዛዕባ ትግባረ'ቲ ውሳነ ንሕ.ሃ. ጸብጻብ ከቕርብ ሓላፍነቱ ከም ዝነበረ ኣረድአ። እቲ ብሕ.ሃ. ተሓንጺጹ ብህዝቢ ኤርትራ ዝተራዕመ ፈደረሽን፡ ቀጸለ ማቲየንሶ፡ "ኣብ መንጎ ፈደራል መንግስትን ነፍሳ ዝኸኣለት (autonomous) ኤርትራን ሚዛን

18. ሓንቲ ኤርትራ፡ 3ይ ዓመት፡ ቍ. 3፡ 2 ጥሪ 1952። "ወልደ ሕዝብ" ከም"ወል ወል"፡ ኣቶ ወልደኣብ ዝጥቀሙሉ ›{kT} ናይ ብርዒ ስም'ዩ። መጽሓፍ ቅዱስ ዝፈልጡ ተመራመርቲ፡ እታ ቅንዕቲ ጥቕሲ፡ "ኣሎሄ፡ ኣሎሄ፡ ላማ ሰበቅታና" ክትክውን ነይሩዋ ይብሉ።

ዝሓለወ ኢዩ። ሓቅነት ናይዚ ሚዛን'ዚ ምእንቲ ክሕሎ ድማ፡ ኩሎም ዝግድሶም ወገናት ብመንፈስ ሓድሕዳዊ ምርድዳእ ክተሓባበሩ ሓላፍነቶም'ዩ።"

ውሳነ ሕ.ሃ. ተሳታፍነት ኤርትራውያን ኣብ ፌደራል ቤት ምኽርን ፌደራል መንግስትን ስለ ዘረጋግጽ፡ እቲ ናይ ክልቲኡ ወገን መዘነት ተነጺሩ ኢዩ በለ። ምስ መንግስቲ ኢትዮጵያን ምምሕዳር ብሪጣንያን ዝገበሮ ዝርርብ ምዉቕን ጽቡቕ ድሌት ዝዓብለሎን ከም ዝነበረ'ውን ገለጸ።[19]

እዚ እቲ ንመደዓዓሲ ዝብሎ ኢዩ። ኣብቲ ቍምነገር በጺሑ ግን ማቲየንሶ ነቲ ካሚንግን ምምሕዳሩን ዝገበሩዎ ኣብ ምድጋፍ ዝሓልፍ ዝኾነ ስጉምቲ ኣይወሰደን። ንኣብነት፡ ብዛዕባቲ ናብ መንግስቲ ኢትዮጵያ ዝተረከበ ናይ ኤርትራ መንግስታዊ ንብረት ጠቒሱ፡ ማቲየንሶ ነዚ ዝስዕብ በለ፡

> ሕ.ሃ. ብ29 ጥሪ 1953 ኣብ ዘሕለፎ ውሳነ፡ (እቲ ንብረት) ብብሪጣንያዊ ምምሕዳር ናብ ኤርትራ ይመሓላለፍ'ዩ ዝብል። ን"ኤርትራ" ድማ፡ ከም ፌደራል መንግስቲ ወይ ከም መንግስቲ ኤርትራ - ክክም ባህሪ ናይቲ ንኽልቲኣን መንግስታት ተዋሂቡወን ዘሎ ስልጣንን ሓላፍነትን ኢዩ ገሊጹወን ዘሎ።

እዚ'ኳ ሸፈጥ እዩ ዝነበረ። እቲ ናይ ጥሪ ውሳነ፡ ሕ.ሃ. ብፍላይ ንኣመሓላልፋ ንብረት ኣመልኪቱ ዘውጽኦ ኾይኑ፡ ክልቲኡ መንግስታት ኣእጃሙ ንኽወስድ ከኣ ሓበረ'ምበር፡ ከምቲ ካሚንግ ዝገበሮ ዳርጋ ብምሉኡ መንግስታዊ ንብረት ንኢትዮጵያ ንኽወሃብ ኣይኣዘዘን። እዚ ስለ ዘሰከፎ ይመስል፡ ማቲየንሶ ልቕብ ኣቢሉ፡ እቲ ዝተገብረ ምትሕልላፍ ንብረት፡ መሰል ናይ ጊዜያዊ ትሕዞ (Possession and occupation) እምበር መሰል ዋንነት ዘረጋግጽ ኣይኮነን በለ። ጉዳይ ዋንነት፡ ፌደረሽን ምስ ቈመ ኣብ መንጎ ፌደራል መንግስትን መንግስቲ ኤርትራን ዝውዳእ ምዃኑ'ውን ኣረድአ።

ምስ ሓንቲ ኣባል ሕ.ሃ. ዝኾነት ልዑላዊት ሃገር ብፌደረሽን ምሕዋሱ፡ ንኤርትራ ክብ ዝበለ ረብሓታት ከም ዘምጽኣላ ማቲየንሶ ኣመልከተ። ግን፡ ከምዚ ስለ ዝኾነ ኢትዮጵያ'ውን ብወገና ነቲ ዝተዋህባ ፌደራል ሓላፍነት ንምስልሳል ዘድልያ ንብረት ካብ ኤርትራ ኽትወስድ መሰላ ምንባሩ ኣስመረ።[20] ኩሉ እቲ ዝበሎ እምበኣር ነዛ ተግባር'ዚኣ ምኽንይቲ ንምግባር ምንባሩ ብሩህ'ዩ።

ንሱ ግን በቲ ዝሃቦ ጋዜጣዊ መግለጺ ዓገበ። "ብዘይ ጥርጥር፡ (እቲ መግለጺ) ኣብቲ ተሰኪፉ ዝጸንሐ ክፋል ህዝቢ ናይ ምርግጋእ ጽልዋ ፈጢሩ..." ክብል ድማ ጸብጻቡ ኣመሓላለፈ።[21]

ከምዚ ዝተጠቕሰ ይበል'ምበር፡ ማቲየንሶ ብሓቂ ንገዛእ ቃላቱ ይኣምኖ ነይሩ ምባል ኣይከኣልን። ኣብ መደምደምታ ናይ'ቲ ብ17 ጥቅምቲ 1952፡ ማለት ኣስታት ሓደ ወርሒ ድሕሪ ትግባረ ፌደረሽን፡ ናብ ዋና ጸሓፊ ትሪግቨ ሊ ዝለኣኾ ደምዳሚ ጸብጻቡ፡ ማቲየንሶ ነዚ ዝስዕብ ኣማቲ ቓላት ጸሓፈ፡

19. UNGA, Seventh Session, Supplement N0. 15 A/2188, par 760-762.
20. Ibid, par 764.
21. Ibid, par. 763.

ንኤርትራ ብዝምልከት፡ እዚ ብኮሚሽነር ቀሪቡ፡ ብባይቶ ተራዒሙ ብንጉስ ነገስት ዝጸደቐ ሕገ መንግስቲ ነቲ ቕርጺ ኣማሊኡዎ ኣሎ። እዚ ሕገ መንግስቲ'ዚ፡ ምስቲ ብባይቶ ኤርትራ ዝሓለፈ መሰረታዊ ሕግታት፡ ንቓል ጥራይ ዘይኮነ፡ ንመንፈስ ውሳነ ሕ.ሃ. ኣንጸባሪቑዎ ኢዩ። ኤርትራ ኣብ ውሽጢ'ቲ ፌደረሽን ከም ነፍሳ እተማሓድር ኣሃዱ ኮይና ንኽትነብር ዘኽእላ መበገሲ ንኽትረክብ ድማ፡ ሓደ ሰነድ ክህባ ንዝኽእል ኩሉ ሂቡዋ ኣሎ። እንተኾነ ግን፡ እቲ በዚ ዝፍጠር ትካላት ህይወትን ቀጻልነትን ክረክብ እንተ ኾይኑ፡ ካብ ሓደ ተራ ሰነድ ዝለዓለ ነገራት ከድሊ ኢዩ። እቲ ፌደረሽንን ኤርትራን፡ ንዓንኬል ንጥፈታትን ስልጣንን ሓድሕዱ እናኸበረ፡ ጉድኒ ጉድኒ ምንባር ክማሃር ኣሎዎ። ከምቲ ጉጅለ ኣማኸርቲ ሕጊ ዝበሎ፡ "... እዚ ብሓፈሻዊ ባይቶ ሕ.ሃ. ቁይሙ ዘሎ ስርዓት ብዘዕግብ ኣገባብ ዝሰርሕ፡ ኢትዮጵያ ብናጽነትን ብዘይ ዝኾነ ይኹን ዘይተነግረ ዕቃበን ምስ እትቕበሎን ብጽቡቕ መንፈስ ንኽትትግብሮ ምስ እትብገስን ኢዩ።"

ማቲየንሶ፡ ምስ ሃይለስላሴ ካብ ዘካየዶ ዝርርብ፡ ኢትዮጵያ ነቲ ንሱን ናይ ሕጊ ኣማኸርቱን ዝጽበዩዎ ዝነበሩ "ናጻን ዕቃብ ዘይነበሮን ጽቡቕ መንፈስ" ሒዛ ትብገስ ከም ዝነበረት ከም ዝተረድአ ብስምዒት ገለጸ። በቲ ሓደ ወገን፡ ካብ ርክባቱ ምስ ህዝቢ ኤርትራን ኣባላት ባይቶን'ውን ተመሳሳሊ ጽቡቕ ድሌት ስለ ዝረኣየ፡ እቲ ጉዳይ ብዘየወላውል ሓፈሻዊ ድሉውነትን መንፈስ ምትሕብባርን ከም ዝፍጸም ኣይጠራጠርን በለ።

ኣብ ናይ መወዳእታ ሕጡብ ጽሑፉ፡ ማቲየንሶ ከምዚ ኢሉ ደምደመ፡

ንፈደራል መንግስቲ ዘድሊ ትካላት ዝቔመሉ መስርሕ ኣብቲ ፈደራል ድንጋገ ተሓንጺጹ ኣሎ። ... (እንተ ኾነ ግን)... መንጎኝነት ምስ ዝፈሸል፡ በቲ ዝኽተሎ ኣገባብን ብኣቃውማን ዘይሻራነቱ ኣረጋጊጹ ንናይ ስልጣን ምስሕሓብ ክዳኞስ ዝኽእል ፈራዲ ኣካል (tribunal) *ኣይቁመን። እዚ ጉዳይ'ዚ፡ ናይ ክልቲኡ ባይቶታት (ናይ ኤርትራን ኢትዮጵያን) ሓባራዊ ሕጊ* (act) *ከድልዮ ኢዩ። ምስቲ ኣብ ክልቲኡ ወገን ዘሎ ጽቡቕ ድሌት፡ እዛ ናይ መወዳእታ ዋሕስ ናይ ዘተኣማምን ትግባረ ናይቲ ድንጋገ ክትሳለጥ ተስፋ ኣሎ።*[22]

ከምዚ ኢሉ ማቲየንሶ፡ ንዕድል ህዝቢ ኤርትራ ኣብ ትሕቲ ትጽቢትን ምሕረትን ንጉስ ሃይለስላሴን መንግስቲ ኢትዮጵያን ኣእትዩ ካብ ኤርትራ ለቐቐ። ቃላቱ ከም ዝኣመቶ፡ ብሕ.ሃ. ንኤርትራ ዝተዋህበ መሰላት ዝኾነ ውሕስነት ከም ዘይነበሮ ተረዲኡ ኢዩ። እዚ ምዕጻው ናይ ኤርትራ ኣብ ውሽጢ ሓጹራት ናይቲ ስም ፈደረሽን ዝሓዘ መንግስቲ ኢትዮጵያ፡ ብናይ ማቲየንሶ ኣጉል ተስፋ ወይ የዋህ ኣረኣእያ ከይትርጎም ምጥንቃቕ የድሊ። ነዊሕ ሱር ከም ዝነበሮ፡ ኣብ ውሽጢ ሕ.ሃ. ኸኣ ንመሰላት ኤርትራ ዝዓጹ ወይ ክዕጾ እንክሎ ጸማም እዝኒ ዝህብ ዝንባለ ከም ዝነበረ፡ ኣብ ቦታኡ ክንዘርዝሮ ኢና።

22. Ibid, par 774-778.

ሃጸይ ሃይለስላሴ ኣብ ኤርትራ

ዘውዴ ረታ ኣብ መጽሓፉ ከም ዝገለጾ፡ ተድላ ባይሩ ይኹኑ መንግስቲ ኤርትራ ብሓፈሻ ቀልጢፎም ስራሕ ኣይጀመሩን። ምኽንያቱ ድማ፡ ሃጸይ ሃይለስላሴ ኣብ ወርሒ ጥቅምቲ 1952 ኤርትራ ክበጽሑ ስለ ዝመደቡ፡ ብዛዕባ ኣቀባብላኦም ምድላዋት ንምግባርን ንዕኦም ንምእንጋድን ካብ 15 መስከረም ክሳብ ክፍላ ጥቅምቲ፡ ናይ ሽዱሽተ ሰሙን ናይ ስራሕ ጊዜ ስለ ዝጠፍአ ነበረ።[23] ኣቦ መንበር ኮሚተ ኣቀባብላ ንጉስ ዝነበሩ መስፍን ገብረህይወት ከም ዘዘንተዉዎ፡ ሰበ ስልጣን እንግሊዝ ብዛዕባ ኣቀባብላ ነገስታት ተመኩሮ ስለ ዝነበሮም ደአ ሓጊዞም'ምበር፡ ንዕኡ ዝመስል ወግዕን ጽንብልንስ ብኤርትራውያን ንበይኖም ኣይምተገብረን።[24]

ኣብ ዝሓለፈ ምዕራፍ ከም ዝረአናዮ፡ እንደራሴ ኣንዳርጋቸው መሳይ ኣቐዲሙ፡ ማለት ብ13 መስከረም ኣስመራ ኣትዩ፡ ንመራሕ መንግስቲ ተድላ ኣምሒሉስ ድሮ ስራሑ ጀሚሩ ኢዩ። ስለዚ፡ ሃይለስላሴ ኣብ መረብ፡ ፈትሊ ሃሪ ቈሪጾም ኤርትራ ኽኣትዉ እንከለዉ፡ ተድላን ሰክረተሪታቶምን ከም መራሕትን ሰብ ስልጣንን ኤርትራ ጥራይ ዘይኮኑ፡ ኣንዳርጋቸውን ናይ ቤት መንግስቲ

ሃይለስላሴ መረብ እናሰገሩ

23. ዘውዴ ረታ፡ ገጽ 372።
24. ፊታ. መስፍን ገብረህይወት፡ ቃለ መጠይቕ።

ሰዓብቱን'ውን'ዮም ተቐቢሎሞም። እኳ ደኣ፡ ዓንቀጽ 11 ናይ ህንጻ መንግስቲ ኤርትራ፥ ኣብ ኩሉ ወግዓዊ ጽንብላትን ኣኼባታትን እንደራሴ ቀዳምነት ክህልዎ ስለ ዝኣዘዘ፡ ንቶም ሃጸይ መጀመርታ ተቐቢሉ ኤርትራ ዘርገጸ ተድላ ዘይኮነስ ኣንዳርጋቸው ነበረ። ቅድሚ ምስጋሮም ድማ ነዚ ዝሰዕብ በለ፡

> ብናይ ጸላኢ ምውራር ምኽንያት ብዙሕ ዘመናት ካብ ኢትዮጵያ ተነጺላ ብናይ ባዕዲ ኣገዛዝኣ ተታሒዛ ዝነበረት ኤርትራ ሎሚ ብናይ ግርማዊነቶም ቃልስን ግንባርን ብእተመልሰትሉ ጊዜ፡ መጀመርያ ነዚ ኣጨናቒ ዝነበረ ሩባ መረብ ብእትሳገሩሉ መዓልቲ መበል ሓደ ኾይነ ክቕበል ዝቐረብኩ ኣነ ንእሸቶይ ኣገልጋሊኦም ብምዃነይ ሓጐሰይ ዝበለጸ ኢዩ።[25]

ደድሕሪ ኣንዳርጋቸው ተድላ ተዛረበ። ኣፐንዲቺተ ኣሸጊራቶም፡ ብሕሙሞም ተዛሪቦም ምስ ወድኡ ንሕክምና ኣስመራ ኽምለሱ ተቐሪቦም ነይሮም ኢዮም።[26]

> በዚ ዝሓለፈ ናይ ባርነትን መከራን ዘመናት ዝነበራ ክፉእ ስም ተፋሒቑላ፡ ናይ ሓዱስ ህይወት መኽፈቻ ንምዃን ዕድል ዝረኸበት ኣብዛ ታሪኻዊት ቦታ እዚኣ ኾይነ፡ ብስም እሙናት ዜጋታቶም ኤርትራውያን እንኳዕ ብደሓን መጻእኩምና እናበልኩ ናይ ልበይ ሓጐስ ክገልጽ ስለ ኪፍቀደለይ ብትሕትና እልምን ኣሎኹ።[27]

እቲ ቐዳምነት ግን ድሮ ንኣንዳርጋቸው ስለ ዝተዋህበ፡ ከፉት በሪ ኤርትራ ንሱ እምበር ተድላ ኣይመሰሉን፡ ኣይነበሩን'ውን። ሃይለስላሴ ንኤርትራ ዝተረከቡ ካብ መራሕ መንግስታ ዘይኮነስ ካብ እንደራሴኦም ስለ ዝነበረ'ውን ካብ ግዝኣቶም ናብ ግዝኣቶም ደኣ'ምበር፡ ካብ ግዝኣቶም ናብ ግዝኣት ናይ'ቲ ተድላ ባይሩ ዝመርሑዎ መንግስቲ ኤርትራ ክመስል ኣይከኣለን። ብዙሓት ናይ ሽዑ ተዓዘብቲ፡ እዚ ኩነት'ዚ ንተድላ ባይሩ ሓደ ሰኽኽታ ወይ ቂምታ ኣሕዲሩሎም ይብሉ ኢዮም።

ሽዑ መዓልቲ ዝተጐስዩ ኾይኑ ዝተሰምዖም ተድላ ጥራይ ዘይኮኑ፡ ጳጳስ ኦርቶዶክስ ቤተ ክርስትያን ኤርትራ ዝነበሩ ኣቡነ ማርቆስ'ውን ኢዮም ዝብሉ ኣሎዉ። ሃይለስላሴ መረብ ክሰግሩ እንከለዉ፡ ጳጳስ ተዋህዶ መላእ ኢትዮጵያ ኣቡነ ባስልዮስ ኣሰንዮሞም ኣተዉ። ኣብቲ ናይ መረብ ጽንብል ቡራኬ ዝሃቡ፡ ከምቲ ትጽቢት ዝነበረ ጳጳስ ኤርትራ ክንዲ ዝኾኑ እቶም ናይ ኢትዮጵያ ስለ ዝፈጸሙዎ፡ ማርቆስ'ውን ቀሓሩ ይብሃል'ዩ። እዚ መቸም፡ ብሰነዳት ዘይረጋገጽ፡ ኣብኡ ዝነበሩ ብሰፊሑ ዘውርዩዎ ናይ ኣፍ ዛንታ ኢዩ። ካብ ተቐበልቲ ሃይለስላሴ ኾይናም መረብ ዝተጻበዩ ፊታ. መሰፍን ገብረህይወት'ውን ነዛ ናይ ተድላን ኣቡነ ማርቆስን ጉዳይ ፈጺሞም ከም ዘይዝክሩዋን ክዝረበላ ወይ ክሕመየላ'ውን ከም ዘይሰምዑን'ዮም ተዛሪቦም። ምስቲ ጸኒሑ ዝሰዓበ ምዕባለታትን ለውጢ ኣብ

25. ኢትዮጵያ፡ 6ይ ዓመት ቍ. 359፡ 6 ጥቅምቲ 1952።
26. Ibid.
27. Ibid.

ሰምዒት ክልቲኦም እዞም ንኢትዮጵያ ብልቦምን ብምሉእ ሓይሎምን ዝሰርሑን ዝጸዓቱን ኤርትራውያን ምስ እነዛምዶ ግን፡ ከም ተራ ቤላ ቤለው ክንነጽጎ የጸግም።

ብዝኾነ፡ ኣብቲ ናይ መረብ ስነ ስርዓት ሃይለስላሴ'ውን ተዛረቡ። ህዝቢ ኤርትራ ምስ ህዝቢ ኢትዮጵያ ተሓዊሱ፡ "ናይ ክልቲኦም ሕዝቢ ግዛኢ ዝኾንናሉ ጊዜ... ናይ ኤርትራ ሕዝቢ ፍርዲ ምእንቲ ኪረክብ ነዊሕ ዓመታት ኣብ ዝገበርናዮ ቓልስን ጸዓትን ንዝረድኣና ናይ ስራሕና መሪሕ ዝኾነ ኩሉ ዚኽእል እግዚኣብሔር ነመስግን..." ድማ በሉ። ብ1941 ምስ እንግሊዝ ተሓባቢሮም፡ "ናጽነት ሒዘ እመጸኩም ኣሎኹ..." ኢሎም ካብ ነፈርቲ ብሪጣንያ ንዝዘርግሑዎ ናይ መብጽዓ ጽሑፋት ብምዝካር ድማ ከምዚ በሉ፡

> ... ሄዚ ንሕና ኣብዚ ተረኺብና መረብ ክንሻገር፡ መረብ ድማ ክልቲኡ ኣሕዋት ሕዝቢ ምፍላዩ ስለ ዝተረፈ፡ ኣቐዲምና ተናጊርናዮ ዝነበርና ቃልና ሓዲስ ኮይኑ ተፈጸመ። እዚ ሎሚ መረብ ክንሻገር እንኽብሮ ብዓል ኣብ መንጎ ሕዝብታትና ንኹሉ ጊዜ ዝኾነ ይኹን ዝዓይነቱ ወሰን ከም ዘየሎ የርኢ።

በዚ ድማ፡ ኣብ ውሽጢ'ቲ "ሓደ ኾይኑ" ዝበሉዎ ሃጸያዊ ግዝኣቶም ሰብን ናይ ንግዲ ኣቑሑን ብዘይ ዕንቅፋትን ሽግርን ንኽመላለስ ኣፍቀዱ። "ካብዚ ሰዓት እዚ ዚጅምር ናብ ኤርትራ ምእታው ጉዕዞና፡ ኣብ መንጎ እዞም ክልተ ኣሕዋት ዝኾኑ ሕዝቢ እንቑጦ መራኸቢ ዘለዓለማውን ዝተቐደሰን ዘይድምሰስን ምዃኑ ንምሉእ ዓለም ገሊጹ የርኢ..." ብምባል፡ ነቲ ፈትሊ ሃሪ ብወርቂ መቐስ በቲኾም፡ መሬት ኤርትራ ረገጹ። እቲ ኣብ መሬት ኤርትራ ምስ ኣተዉ ዝኸፈቱዎ ሰሌዳ ወይ ናይ መዘከርታ ሓወልቲ፡ ኤርትራ ናብ ኢትዮጵያ ዳግም ከም ዝተጸንበረት፡ ንግዝኣቶም ሃገር ኤርትራን ንናይ "ባሕሪ ጠረፎምን" ንምብጻሕ ኣብ ዝተጓዕዙሉ፡ እቲ "ንኽልቲኡ ሃገራት ፈላልዩ ዝነበረ ሰብ ዝሰርሖ ዶብ ተደምሲሱ፡ ንመጀመርታ ጊዜ ነቲ ዶብ ከፊትና ውሕጅ መረብ ከም ዝተሳገርና ምስክር ኮይኑ ንትውልዲ ይጽንሓሉ..." ዝብል ጽሑፍ ነበሮ።[28]

ኣቀባብላ ሃይለስላሴ፡ ብዓይነቱ ቕድሚኡ ኣብ ኤርትራ ተራእዩ ከም ዘይፈልጥ ይንገረሉ። ካብ መረብ ጀሚርካ ክሳብ ኣስመራ ዓቢ ምስ ንእሽቶ ኣብ ደንደስ ጽርግያ ብምስላፍ ብዕልልታ፡ ደበላን ከበሮን ተቐበሎም። ንኣስመራ ኸኣ 101 ጊዜ መዳፍዕ እናተተኩሰን ደወላት ኣብያተ ክርስትያን እናተደወለን፡ ከምኡ ብዓጀባ ኣተዉዋ። ኣብ መንጎ ህዝቢ ኤርትራን ናይ ፖለቲካ መራሕቱን ኤርትራ ብምርጋጾም ዝተሰከፈ ወይ ባህ ዘይበሎ እንተ ነይሩ፡ ኣብዚ ጊዜ'ዚ ብጋህዲ ኣየርኣዮን። ከምቲ ብታሕሳስ 1950 ንፈደራል ድንጋገ ጉባኤ ሰላም ወዲቡ ብዓይኒ ዕርቂ ዝተቐበሎ፡ ሕጂ'ውን መብዛሕትኡ እቲ ህዝቢ ንምእታው እቶም ሃጸይ ናብ ኤርትራ ብተመሳሳሊ መንፈስ ዝተቐበሎ ኢዩ ዝመስል ዝነበረ።[29]

---

28. Ibid.
29. ደሃይ ኤርትራ፡ 1ይ ዓመት፡ ቊ. 3፡ 4 ጥቅምቲ 1952።

ምናልባት ነዚ ናይ ዕርቅን ይቕረን መንፈስ'ዚ፡ ሓደ ጸሓፋይ ብዝበለጸ ገሊጹዎ ይኸውን። ከምዚ ድማ በለ፡

> ናይ ግርማዊ ጃንሆይ ንጉሰ ነገስት ዘኢትዮጵያ ወዘኤርትራ... ናብ ኤርትራ ንምምጻእ፡ ንዓብዪን ንእሽቶ፡ ንሰብኣይ ንሰበይቲ፡ ንምሉእ ሕዝብ ኤርትራ ዜሐጉስ ምምጻእ ኢዩ'ምበር ናይ ገለ ሰባት ወይስ ናይ ገለ ወገን ሓጉስን ሓበንን ጥራይ ኣይኮነን። በዚ ኸምዚ ዝበለ ምኽንያት ከኣ፡ እቶም ነዚ ሕዝባዊ ሓጐስ እዚ ሞኖፖል ዘይገበርናዮ፡ ሌላን ጉሌላን ከኣ ዘየውጻእናሉ ኢሎም ዚጉህዩን ዚሻቐሉን ሰባትስ ኣብ ዓቢዩ ጌጋ ምህላዎም ኬስተውዕሉ ምተገብኣቶም።
>
> ...ግርማዊ ጃንሆይ'ውን ንደስታ ምሉእ ሕዝቢ ኤርትራ ኢዮም ዝመጹ እምበር፡ ናይ ሓደ ወገን ወይስ ናይ ገለ ሰባት ዕዱም ኮይኖም ከም ዘይመጹ ኣረዲኦምና ኣለዉ (ኣብ ናይ ኣስመራ መደረኦም)።[30]

ብዙሓት ኤርትራውያን እምበኣር፡ ንፌደረሽን ከም ናይ ሓባርን ኣተዓራቕን ፍታሕ ክሰርሕ'ዩ ብዝብል ተስፋ ኢዮም ንሃይለስላሴ በቲ ኣገባብቲ ዝተቐበሉዎም። ብኣጋጣሚ ክኸውን ይኽእል በቲ መዓልቲ እቲ ናይ ዘይምሕጓስ ዘረባ ተዛሪቦም ዝብል ሓበሬታ ዝረኸብና፡ ኤርትራውያን ዘይኮኑስ ኢትዮጵያውያን ነበሩ። ሓደ፡ ኣቐዲምና'ውን ዝተዛረብናሎም በዓል ዓድዋ፡ ብላታ ኪዳነ ማርያም ኣበራ ክኾኑ እንከለዉ፡ እቶም ካልኣይ ድማ፡ ዓርኮምን ናይ ኤርትራ መሳድዶምን ፈላሻዊ ፕሮፌሶር ታምራት ነበሩ። ፕሮፌሶር ታምራት፡ ብመንግስቲ ሃይለስላሴ

ሰራዊት ኢትዮጵያ ኣብ ጎደናታት ኣስመራ

30. ሑሴን መሓመድ፡ "ናይ ግርማዊ ንጉሰ ነገስት መኣድስ ናይ ኣገልግሎት ዓስቢ ኣይኮነን"፡ ደሃይ ኤርትራ፡ 1ይ ዓመት ቍ. 5፡ 18 ጥቅምቲ 1952።

ጸሓፊ ትእዛዝ ወልደጊዮርጊስ

ታሪኽ ኢትዮጵያ ጽሓፍ ተባሂሎም ተመዚዞም፡ እቲ ናይ ሰሎሞንን ሳባን ዛንታ፡ ጽውጽዋይ ኮይኑ ስለ ዝተሰምዖም፡ ነቲ ስራሕ ነጺጎም፡ ካልእ ሓቂ ዝመስሎም ጽሒፎም፡ ኣብ ኤርትራ ብስደት ክነብሩ ዝመረጹ ነበሩ።

ሃይለስላሴ ኣስመራ ኣትዮም ተባሂሉ ክድገስ እንከሎ ትዕዝብቲ ምስ ወዓሉ፡ ፕሮፌሶር ታምራት ነዚ ዝሰዕብ ክብሉ ተሰምዑ፡

> ኣዩ፡ ከመይ ዝመሰሉኹም ህዝቢ ኢኹም ደቀይ? "እንታይ ትመርጹ?" ተባሂልኩም እንተ ተሓተትኩምስ፡ "ነጻነት ኣይንደልን፡ ኢትዮጵያ ትርገጸና፡ ኢትዮጵያ ትግዝኣና..." ትብሉ? እንታይ እዩ'ቲ ኣተሓሳስባኹም? ቀደም'ውን እኮ፡ እዚ ቦታ'ዚ መዐስከሪ ኢዩ። ናይ ወተሃደር ሰፈር ኢዩ፤ ደቂ ወተሃደር ኢኹም'ኮ ትብሃሉ። ኣብ ኣፍንጫኹም ጨው ከሎኩም፡ ካብ ጎንደርን ትግራይን እናመጻእና፡ ጨው ኣውጺእና ንሸጠልኩም፤ ዓተርኩም ተሸኪምና ኬድና፡ ጨው ለዊጥና፡ ጨው ነምጽኣልኩም። ሕጂ ኸኣ ተኣኪብኩምስ ሃይለስላሴ ኢልኩም ተጣቒዑ ኣሎኹም? ኣበይ ትፈልጥዎ ንሃይለስላሴ?[31]

ንሃይለስላሴ በዚ መገዲ'ዚ ኣብ ኣስመራ ዝሓመዩ፡ እቶም ስደተኛ ፕሮፌሶር ጥራይ ኣይነበሩን። ከም ቀዳማይ ሚኒስተር ናይ ንጉሰ ነገስት ዘገልግል ዝነበረ ጸሓፊ ትእዛዝ ወልደጊዮርጊስ'ውን፡ ነቶም ዓርኩን መሳርሕቱን ዝነበሩ ብላታ ኪዳነማርያም ኣበራ "ንዓናይ፡ ምሳና ኣዲስ ኣበባ ተመለስ..." ኢሉ ክሓቶም እንከሎ'ሞ ንሶም ምስ ኣበዩዎ ነዚ ዝሰዕብ ከም ዝተዛረበ ይንገረሉ፡

31. ሳህለ ገብረህይወት፡ ቃለ መጠይቕ።

ኣነ'ኮ፡ ምስታ ምስ ኣንዳርጋቸው ዘላትካ ጽልኢ፡ ሕጂ እንደራሴ ኮይኑ ከየዋርደካ ብምባል እየ። ኩላትና ኸኣ ንሕግዘካ'ምበር፡ እዞም ሰብኣይ (ጃንሆይ) ደኣ ንዓና'ኮ መርገም ኢዮም። ርኣዮ'ሞ፡ ንብዓል ፊታውራሪ ሃብተጊዮርጊስ፡ ንራስ ተሰማ ሒዞም ነቲ ቅድሚኦም ዝነበረ መንግስቲ፡ ንልጅ ኢያሱ ሓዊስካ፡ ኑቶም ኩሎም መሳፍንቲ ኣጥፊኦሞም። ብድሕሪኡ፡ ንዓይን ንዓኻን ሒዞም ነቲኣቶም ኣጥፊኦሞም። ዘክር፡ ብጊዜና ኢዮም ዝጠፍኡ። ሕጂ ድማ ንዓና ዝኾኑ ብዓል ኣክሊሉ ሃብተወልድ ተፈጢሮም ትርኢ ኣሎኻ። ንዕኦም ከኣ ከም ዘውዴ ገብረህይወት፡ እንዳልካቸው መኮነን ዝመሰሉ መንእሰያት ኣዳልዮምሎም ኣሎዉ። ክሳብ መጨረሽታ ኸኣ ብኸምኡ ክቕጽሉ ኢዮም። ንስኻ ግን ኣብ'ዚ ኹሉ እንታይ ኣሎካ? ንዓናይ ምሳና…

ነዚ ግን ኪዳነማርያም ኣበራ ከም ዘይተቐበሉዎ ብጉድኒ ዝሰምዑ ዝነበሩ ሳህለ ገብረህይወት ገሊጾም።[32]

ጉዳይ ኤርትራ እምበኣር፡ ኣብ ኢትዮጵያውያን እውን ሓደ ዝዓይነቱን ዝሰመረን ኣረኣእያ ፈጢሩ ነይሩ ክብሃል ኣይክኣልን። መብዛሕትኦም ሰበ ስልጣን፡ ኤርትራ ናብ "ሕቑፊ ኣዲኣ ኢትዮጵያ ትምለስ ኣላ" ንዝብል ጭርሖ መንግስቲ ሃይለስላሴ ከም ቃሉ ጥራይ ተቐበሉዎ። እቲ ፈደረሽን ዝብሃል ኣገባብ ይኹን ኣምር ንዕኣቶም ትርጉም ኣይነበሮን። ብሓቂ፡ ብዝበዝሐ ህዝቢ ኢትዮጵያ'ውን ዝወሓጥ ወይ ዝርዳእ ሓሳባትን ስርዓትን ኣይነበረን። ህዝቢ ኢትዮጵያ ንኽርዳእ ተባሂሉ ዝተዋህበ ዝኾነ ሓበሬታ'ውን ኣይነበረን። እቶም መረዳእታ ዝነበሮም ውሑዳት'ውን፡ ፈደረሽን ቀልጢፉ ክፈርስ'ሞ፡ ኤርትራ ፍጹም ኣካል ኢትዮጵያ ንኽትከውን ዝምነዩ ኢዮም ዝነበሩ። ነቲ ኣገባብ'ቲ ከም ኣፍራሲ መንግስቲ ንጉሰ ነገስት ኢትዮጵያ ዝረኣዩዎ ኸኣ ኣይወሓዱን።

ገለ ውሑዳት ለውጢ ዝደልዩ፡ መብዛሕትኦም ምሁራት ዝኾኑ ግን፡ ንፈደራል ኣቃውማ ኤርትራን፡ ሕገ መንግስቲ ኤርትራ ድማ ንኤርትራውያን ዝሃቦም መሰላትን ብተስፋ ረኣዩዎ። እቲ ኣገባብ'ቲ ንኻልኦት ክፋላት ኢትዮጵያ ካብ ጨቋኒ ኣገዛዝኣ ማእከላይ መንግስቲ ኢትዮጵያ ከናግፎም ይኽእል'ዩ ዝብል ትምኒት'ውን ኣሕደሩ። እዚኣቶም ግን፡ ውሑዳትን ኣብ ዓበይቲ ሆቴላት ኣዲስ ኣበባ - እቴጌ፡ ጊዮን፡ ራስ… ወዘተ. - ከዕልሉ ዝምስዩን ስለ ዝነበሩ፡ ተስፋኦም ይኹን ትንታኔታቶም ናብ ካልኦት ክልሕም ኣይከኣለን።[33]

---

32. Ibid. ኣቶ ሳህለ ገብረህይወት፡ እዚ ኹሉ ክብሃል እንከሎ (እቲ ናይ ፕሮፈሶር ተኣምራት'ውን) ብኣካል ከም ዝሰምዑዎ'ዮም ዘኪሮም። ጸሓፊ ትእዛዝ ወልደጊዮርጊስ፡ ሳህለ ገብረህይወት ኣብ ካልእ ክፍሊ ኮይኖም ይሰምዑ ከም ዝነበሩ ኣይፈለጠን።

33. ዘውዴ ረታ፡ ገጽ 375 ርኣ። ዝርጋሐኡ ማዕረ ኽንደይ ምንባሩ'ኳ እንተ ዘይተፈልጠ፡ ገለ መሳፍንቲ ኢትዮጵያ፡ ኤርትራ ምስ ኢትዮጵያ ክትኣቱ ብዝብል ሓሳብ ይሰክፉ ነይሮም ይብሃል። ንኣብነት፡ ኣቦ'ቲ ውሩይ ኢትዮጵያዊ ስፖርተኛ ዝነበረ ይድነቃቸው ተሰማ፡ ማለት ነጋድራስ ተሰማ ምስ ሃይለስላሴ ኣስመራ ምስ ኣተዉ፡ "እዚ ናይ ኤርትራውያን ኣቀባብላ ናይ ልቢ ኾይኑዶ ይስምዓኩም?" ተባሂሎም ምስ ተሓተቱ፡ "ንሕናስ ተኾተሉ ተባሂልና፡ ደሮና እናቓሓምና እንዶ ተኸቲልና መጺእና ኣየሎናን። ነቲ ናይ ልብና ዝፈልጦ መን ኣሎ?" ብምባል ዕቃበኦም ገሊጾም ይብሃል። (ቃለ መጠይቕ፡ ሳህለ ገብረህይወት)

ሃይለስላሴን እቴጌ መነንን ኣብ ምጽዋዕ

እቲ ኾይኑ እቲ፡ ሃይለስላሴ ድሕሪ ኣስመራ ብቐጥታ ንምጽዋዕ ወረዱ። ምስኦም ዝነበረ ናይ ሕጊ ኣማኻሪኦም ጆን ስፔንሰር፡ ነቲ ፍጻመ በዚ ዝስዕብ ገለጾ፡

> … ምምላስ ኢትዮጵያ ናብ ቀይሕ ባሕሪ ንምጽንባል ንባጽዕ ቀጸሉ። ካብ 1924 ጀሚሮም ብኣካል ዝተቓለሱሉ ሸቶ ኸኣ ኢዩ ነይሩ… (ናብ ሓንቲ ኣመሪካዊት መርከብ ምስ ሰዓብቶም ምስ ደየቡ) ብጠለብ ግርማዊነቶም ናብ ደሴታት ዳህላክ ብምጉዓዝ፡ ናኾራ በጻሕና። ኣብኡ፡ ግርማዊነቶም ነቶም ከም እሱራት ፋሺስት ኢጣልያ ዝተሳቐዩን ዝሞቱን ኢትዮጵያውያን ንምኽባር ካብ መርከብ ወረዱ።
>
> … ንምጽዋዕ ተመሊስና ካብ መርከብ ቅድሚ ምውራድና፡ ግርማዊነቶም ናብቲ ብትካዘ ተቐሚጦምሉ ዝነበሩ starboard rail ጸውዑኒ። ሽዑ፡ ናብቲ ኣንስ ማቲየንሶ ናይ መወዳእታ ጸብጻቡ ከቕርበሉ ተዳልዩሉ ዝነበረ ሻብዓይ መጋባእያ ባይቶ ሕ.ሃ. ንኽብገስ ዝቀራረበሉ ዝነበርኩ ጊዜ ኢዩ። እቲ ህዱእ ኩነታቶም፡ ነቲ ኣብዚ ናይ ጥቓ ሰላሳ ዓመት ቃልሶም ፍረ ዝረኸበሉ ኣጋጣሚ ዝነበሮም ዓሚቝ ስምዒት ዝሓብእ ኣይነበረን። ብዓይኒ ኢትዮጵያውያን፡ ነቲ ድሕሪ ዓወት ዓድዋ ዳግማዊ ምኒሊክ ንኤርትራ ብዘይ ምምላሱ ዝፈጸሞ ጌጋ፡ ንሶም ኣብ ቅድሚ ታሪኽ የዐርዩዎ ነበሩ። እዚ ድማ ንዕኦም ብፍላይ፡ ምንጪ ናይ ሞሳን መጉስን ኮነ።
>
> ንናይ ኒዩ ዮርክ መገሻይን ሽዑ ንኢትዮጵያ ዝገጥማ ዝነበረ ብድሆታትን ኣመልኪቶም፡ "ናብኡ ምስ ከድካ፡ ንኣመሪካውያን ኢትዮጵያ ሓዳስ ሃገር ምኳና ኩተዘኻኽሮም ኣሎካ፡" በሉኒ። ረድኤት ንኽሓትት ኣይሓተቱ፡ ነቲ ዝበሉዎ ኣየብርሁ፡ ነታ ትእዛዝ ጥራይ ተዛሪቦምኒ።

> ሓንቲ ካብተን ዝኣረጋ መንግስታት ኣብ ዓለም፣ ንናይ ዘመናት ፖለቲካውን ባህላውን መንነት ዘረጋግጽ ዳግመ-ውህደት ትጽንበለሉ ኣብ ዝነበረት ህሞት፣ ተጋራጫይውነትን ዕምቈትን ናይ'ቲ ዘረባ ኣገረመኒ።
> እቶም ሃጸይ ግን... ምስ ምምላስ ኤርትራ፥ ኢትዮጵያ ናይ ዕብየትን ብልጽግናን ብድሆ ክገጥማ ምኳኑ ኢዮም ተገንዚቦም ነይሮም። ሕገ መንግስትን፡ ኣብ ዘይቀቢላዊ ጉዳያት ድማ፡ ኤውሮጳዊ ስርዓተ ሕጊን እትውንን ኤርትራ ካብ መጸት፡ ናይ ኢትዮጵያ ቅዋማውን ሕጋውን ቅርጺታት (መዋቕራት) ዘመናዊ ከም ዝኾውን ዝግበረሉ እዋን ክደናጎ ዘክኣል ኣይኮነን።... ድሕሪ ቀሩብ እውን ናይ ኢትዮጵያ ሲቪላዊ፡ ስነ-ስርዓታዊ (procedural)፡ ናይ ባሕሪን ናይ ገበንን ሕግታት ብዘዕባ ዝመሓየሸሉ ኣገባብ ርእይቶ ንኸህብ መምርሒ መጸኒ...[34]

ምብጻሕ ሃይለስላሴ ናብ ኤርትራ እምበኣር በዚ ዝተገልጸ ሃዋህውን ናይ መጻኢ መደብን ተደምደመ። ናይ ክልተ ቕነ ምብጻሖም ደምዲሞም ብ18 ጥቅምቲ ንኣከለ ጉዛይ ሰንጢቖም ንኢትዮጵያ ምስ ተመልሱ ጥራይ ድማ መንግስቲ ኤርትራ ኣስተርሕዩ ናብ ዋኒኑ ኽኣቱ ኽኣለ።

34. John Spencer, Ethiopia at Bay, p. 253-254.

ምዕራፍ 10

ምቛም መንግስቲ ተድላ

ኣወዳድባ ፈጻሚ ኣካል

ኣቶ (ደሓር ደጃዝማች) ተድላ ባይሩ፡ ብ27 መጋቢት 1914 ኣብ ገረሚ፡ ሓማሴን፡ ካብ ሓደ ናይ ፕሮቴስታንት (ከኒሻ) ቤተ ሰብ ተወልዱ። ኣቦኦም ባይሩ ዑቕቢት፡ ኣብ ባህላዊ ጉዳያት ህዝቢ ኤርትራ፡ ብፍላይ ድማ ኣብ ጽሬትን ምዕባለን ዝሩብን ጽሑፍን ቋንቋ ትግርኛ ዝግደሱ፡ በዚ መዳይ'ዚ'ውን ተፈላጥነት ዝነበሮም ዜጋ ነበሩ።

ተድላ ባይሩ ኣብ ወንጌላዊት ቤት ትምህርቲ (ገዛ ከኒሻ) ኣስመራ፡ ብዘመን ጣልያን ንኤርትራውያን ይፍቀድ ዝነበረ ትምህርቲ ፈጸሙ። ብ1933 ናብ ፈረንሰ ተላኢኾም፡ ንውሑዳት ኤርትራውያን ጥራይ የጋጥም ዝነበረ ናይ ትምህርቲ ዕድል ኣብ ኢጣልያ ንኽረኽቡ በቒዑ። ናብ ኤርትራ ምስ ተመልሱ፡ ማለት ኣብ መንጎ 1934-1940 ኣብ ዝነበረ ጊዜ፡ ኣብ ኣቑርደት፡ ከረን፡ ዓዲ ተከሌዛን፡ ከምኡ'ውን ጣልያን ንኢትዮጵያ ምስ ሓዘታ፡ ኣብ ዓድዋ'ውን ከም መምህር ኣገልገሉ። ብሪጣንያ ብ1941 ናብ ኤርትራ ምስ ኣተወት ድማ፡ ተድላ ባይሩ ካብቶም ቀዳሞት ኤርትራውያን ቊጹራታ ብምኳን፡ ተሓጋጋዚ ናይ'ቲ መኮነን ሲቪላዊ ጉዳያት (Civil Affairs Officer) ተባሂሉ ዝፍለጥ ዝነበረ በዓል ስልጣን ብ.ም.ኤ. ተባሂሎም ተመዘዙ።[1]

ብ1946፡ ብፍላይ ድማ ድሕሪ'ቲ ወተሃደራት ሱዳን ኣብ ልዕሊ ሰላማውያን ኤርትራውያን ዝፈጸሙዎ ህልቂትን ድሕሪ ዋዕላ ቤት ጌርጊስን፡ ተድላ ባይሩ ከም ደጋፊ መንግስቲ ኢትዮጵያን ቀንዲ ኣፈኛ ማሕበር ሕብረትን ኮይኖም ተቐልቀሉ። ቅድሚ'ዚ ጊዜ'ዚ፡ ከም ኣቦኦም ባይሩ ዑቕቢት፡ ኣብ ባህላዊ ጉዳያትን ሕቶ ምዕባለ ቛንቋ ትግርኛን እምበር ኣብ ፖለቲካዊ ጉዳያት ዝርአ ተሳታፍነት ነይሩዎም ክብሃል ኣይክኣልን። ከም ናይ ብ.ም.ኤ. ሲቪል ሰራሕተኛ ግን ኣብ ብዙሕ ኣኼባታትን ጽንብላትን እቲ ምምሕዳር፡ ከዳልዉ፡ ክራኽቡ፡ ክትርጉሙ'ን ክወሃህዱን ይርአዩ ነይሮም'ዮም።

---

1. Chi e dell'eritrea? p. 280-281.

ተድላ ኣብ ዋዕላ ቤት ኄርጊስ ኢዮም ብወግዒ ናብ ፖለቲካ ኤርትራ ዝኣተዉ። ኣተኣታትዋኦም ከኣ ናይ ዘገምታ ዘይኮነስ፡ ኣብ ውሽጢ'ቲ ዋዕላ ምስ'ቶም ደጋፊ ናጽነት ዝነበሩ ወልደኣብ ወልደማርያም ነቲ ዋዕላ ዘፍረሰ ፖለቲካዊ ኽትዕን ባእስን ስለ ዘለዓዓሉ፡ ናህርን ሕንሕነን ነበሮ።[2]

ብድሕር'ዚ፡ ተድላ እቶም ቀንድን ቀዳማይን ተጣባቒ ሕብረት ኤርትራ ምስ ኢትዮጵያ ኾኑ። ኣብ ወግዓዊ ምምስራት ማሕበር ሕብረት ብ1947፡ ዋና ጸሓፊ ተመርጹ። ዋና ኣሰናዳኢ ልሳን ናይ'ቲ ማሕበር፡ ማለት ናይ ጋዜጣ ኢትዮጵያ እውን ብምኳን፡ ንሕብረት ኤርትራን ኢትዮጵያን ብዘሎዎም ሓይልን ቃላትን ተማጒቱ። ኣብ ኩሉ ብዛዕባ መጻኢ ዕድል ኤርትራ ኣብ ባይቶ ሕ.ሃ. ዝተገብረ ኣኼባታት እውን ንልኡኻት ሕብረት መርሑ። ከምቲ ኣቐዲምና ዝረኣናዮ ኸኣ፡ ኣብ ምርጫ ንባይቶ ኤርትራ ካብ ካርነሽም ብዘይ ተወዳዳሪ ተመሪጾም ምስ ኣተዉ፡ ኣቦ መንበር ብምኳን መሰርሕ ምጽዳቕ ሕገ መንግስቲ መርሑ።

ኣጀማምራ መንግስትነት ተድላ ባይሩ ቀሊል ኣይነበረን። ብዛዕባ'ቲ ብ.ም.ኤ. ኣውሪሱዎም ዘኸደ ከቢድ ቍጠባውን ፋይናንሳውን ጸገማት እውን ኣሰፊሕና ገሊጽና ኢና። ካብ ብ.ም.ኤ. ጸገማት ጥራይ ዘወረሱ ክመስል ግን የብሉን። እንግሊዝን ጣልያንን ዝገደፉዎ ስርዓት ምምሕዳር፡ ነቲ ጊዜ'ቲ ኣዝዩ ስሉጥን ኣድማዒን ከም ዝነበረ ምዝካር የድሊ። "ጥውቕ እንተ ኣቢልካዮ፡ ኩሉ ብርህ ኢሉ ዝረኣየካ ኢዩ ዝነበረ፡" ክብሉ ዋና ኦዲተር ኤርትራ ዝነበሩ ቀኛዝማች ገብረመድህን ተሰማ ገሊጾሞ። "ፍሉጥን ስሩዕን ኣሰራርሓ፡ ጽፉፍ መዝገብን መወከስን ዘይነበሮ ክፍሊ ስራሕ ኣይነበረን።"

ንኣብነት፡ ንኣመራርጻ ዳያኑ ኣብያተ ፍርዲ ንመልከት። መራሕ መንግስቲ፡ ሰለስተ ብቑዓት ዝበሎም ንባይቶ ይልእኽ። ባይቶ ንሓደ ኣውጺኡ ካብ ክልተ ንኽመርጽ፡ ሕሩያቱ የቕርበሉ። መራሕ መንግስቲ ንሓደ ካብኣቶም ይመርጽ። ካብዚ ወጻኢ ዳኛ ዝሰየመሉ ኣገባብ ኣይነበረን። ብቕዓት ዳያኑ ባዕሉ ናቱ መቈጻጸሪ ነበሮ። ፍርዱ ብተደጋጋሚ ብይግባይ ዝግልበጦ ዳኛ ንኣብነት፡ ዘይብቑዕ ወይ ጉቦኛ ከይከውን ስለ ዝጥርጠር፡ ብግቡእ ተመርሚሩ ካብ ስራሑ ከም ዝእለ ይኸውን ነበረ።

ኣብ ኩሉ ኣብያተ ጽሕፈት ነዚ ዝመስል ናይ ቍጽጽር ኣገባብ ብዋገብሪ ይሰርሕ ነበረ። ስሉጥ ኣሰራርሓ ኣብ ማእከላይ መንግስቲ ጥራይ ዘይኮነ፡ ኣብ ኣውራጃታት እውን በቲ ደረጃ'ቲ ስለ ዝተሰርሓሉ፡ ኣብ ኩሉ ልክዕነት ናይ ኣሰራርሓ ነበረ። ዝኾነ ፋይል ምርካብ ወይ ናይ ሕሳብ ጉድለት ምልላይ ጊዜ ዝወስድ ኣይነበረን። ቀኛዝማች ገብረመድህን ከም ዝዘክሩዎ፡ "ኣብ ኤርትራ ሰሙን ዝወሰደልና ዝነበረ ናይ ኦዲት ስራሕ፡ ኣብ ሓንቲ ናይ ኢትዮጵያ ጠቕላል ግዝኣት ሽዱሽተ ወርሒ ወሲዱልና። መንግስቲ ኢትዮጵያ ኮነ ኢሉ ዘበላሸዎ፡ ኣብ ኤርትራ ነባሪ ኾይኑ ክጸንሕን ክምዕብልን ዝነበሮ ስርዓት ምምሕዳር ኢዩ ዝነበረና።"[3]

2. ኣይንፈላለ፡ ገጽ 181-184።
3. ገብረመድህን ተሰማ፡ ቃለ መጠይቕ።

ተድላ ዝወረሱዎ ጽፉፍ ምምሕዳር ግን ካብቲ ኣብ ቅድሚኡ ዝነበረ፡ ካብ ቀ'ጠባዊ ጸገማቶም ዝገድድ ፖለቲካዊ ብድሆታት ከናግፎም ኣይከኣለን። ህዝቢ ኤርትራ ፈደረሽን ኣይጠለበን። ምስ ኮነ ግን፡ ብመንፈስ ዕርቂ'ኳ ይኹን'ምበር፡ ከም ፍታሕስ ተቐቢሎዎን ን'ክርዕሞ'ውን ቅሩብነቱ ኣርእዩን'ዩ። ባህ ዘየብሎ ብዙሕ ነገራት ግን ነይሩ። ንብዙሓት፡ እንኮላይ ዓበይቲ ደገፍቲ ሕብረት፡ ኤርትራውያን ኣብ'ቲ ውሽጣዊ ጉዳያት ሃገሮም ጥራይ ዘይኮነ ኣብ ፈደራል ጉዳያት እውን ስልጣንን ስራሕን ዝካፈሉ ኢዩ መሲሉዎም ዝነበረ። ኣተኣታትዋ መንግስቲ ኢትዮጵያ ድማ ነዚ ትጽቢትን ፈደራል ድንጋገ'ውን ዝፈቕዶ ኩነትን ብዝዕንግል ኣገባብ ዝፍጸም መሲሉዎም ነበረ። ኣንጻር እቲ ትጽቢት'ቲ ግን፡ ኢትዮጵያ ከም በዓልቲ ኪዳን ወይ መሻርኽቲ ዘይኮነስ፡ ከም ማራኺትን ገዛኢትን ክትኣቱ ምስ ረኣዩ፡ ንደገፍታ ከይተረፈ ሰ'ክ'ኽ ዘበለ ስምዒት ክፍጠር ጀመረ። ኣመሪካዊ ቆንስል ማልከሂ፡ "ፖለቲካ ኤርትራ ኣብ ሰሙን ፈደረሽን" ኣብ ትሕቲ ዝብል ኣርእስቲ ነቲ ዝተፈጥረ ስምዒት ገሊጹዎ፡

> ናይ ኣስላምን ክርስትያንን ናይ ሓባር ጥርዓን ናብ ንጉሰ ነገስት እንተ ዘይክልክሎም፡ መንዛዕቲ (መንጠልቲ) ስልጣን ደቂ ሸዋ (Showan carpet-baggers) ንኤርትራ ምመልኡዋ ነይሮም። ንሸመት ናይቲ ዓሚ እዚ እዋን፡ ኣብ ዘሕፍር ናይ ንግዲ ክሲ፡ ኣብ ቤት ፍርዲ ዝተመራሰሐ እንደራሴ ኣንዳርጌ እንተ ኾነ'ውን ብዙሓት ተቓዊሞሞ ኢዮም። ሸሕ'ኳ እዚ ተቓውሞ'ዚ እንተ ዘይተዓወተ፡ ንብዙሓት ባእታታት ናይ'ዚ ህዝቢ ደስ ኣየበለን። ኣብ ልዕሊ'ዚ ኹሉ፡ ንሓንቲ ቦጦሎኒ ወታሃደራት ብሪጣንያ ንምትካእ ተባሂሉ ብሪጌድ ምሉእ ሰራዊት ኢትዮጵያ ከም ዝኣቱ ምግባር፡ ተወሳኺ ዘሕዝን ተግባር እዩ። ብሓጺሩ፡
>
> (ሀ) ብሸነኽ ደቂ ሸዋ፡ ብዛዕባ ስምዒት ኤርትራውያን ዝኾነ ይኹን መረዳእታ ዘሎ ኣይመስልን፡ ወይ ድማ
>
> (ለ) መብዛሕትኦም ኤርትራውያን ቅኑዕ ፈደረሽን'ምበር ኀበጣ ከም ዘይደልዩ እናተፈልጠ፡ ኮነ ኢልካ ምንሓፍ (ምዕምጻጽ) ኢዩ ዝርአ ዘሎ። ፈደረሽን ካብ ዝፍጠር ራብዓይ መዓልቱ ጥራይ ስለ ዝኾነ መላእ ህዝቢ ኤርትራ ብኸመይ ከም ዝቕበሎ ምንባይ ኣሸጋሪ ኢዩ፤ ኣብ'ዚ ሓዲሽ ገጽ እዚ ግን፡ ሰኣን ሜላን ሓልዮትን ክእለ ዝግባእ ጸለሎ (ማኪያታት) ይርአ ምህላዉ ዘተሓሳስብ'ዩ።[4]

ትዕዝብቲ ማልከሂ ካብቲ ሓቂ ዝረሓቐ ኣይነበረን። ህዝቢ ይኹን ፖለቲካዊ መራሕቱ ንጽቡ'ቕ ድልየት ብዙሕ ሕድገታት ክገብሩ ይርኣዩ ነይሮም'ዮም። ንኣብነት፡ ብ16 መስከረም፡ ደሞክራስያዊ ሰልፊ ኤርትራ ከም ጽላል ናይ'ተን ኣቐዲመን ዝቘማኣ ማሕበራት ከም ዝፈረሰ ኣፍለጠ። ነዚ ዝገበረ፡ ካልእ ማሕበር መታን ከ'ቕውም ምንባሩን ዘይምንባሩን ግን ኣየብርሀን።[5] ኣብ ልዕሊ'ዚ፡ ነታ ብ17 መስከረም ከም ዝዓጸወት ዘፍለጠት፡ ብወልደኣብ ወልደማርያም እትዳሎ

4. Mulcahy to State Department, F7900-0017, 775A/00/9 1952, 19 Sepatember 1952.
5. Ibid.

ዝነበረት ጋዜጣ *"ሓንቲ ኤርትራ"* ዝተክአት *"ደሃይ ኤርትራ"*፡ ብ21 መስከረም ንዓምድታታ ብልዙብ ቋንቋ ኸፈተት። ኣብቲ ፈላሚ ርእሰ ዓንቀጻ ድማ፡ ነቲ ንኤርትራውያን ቀሪቡ ዝነበረ ህንጻ መንግስትን ንሕጉን ምኽባርን ኣብ ግብሪ ምውዓልን ግቡእ ምንባሩ ድሕሪ ምግላጽ፡ ነዚ ዝስዕብ በለት፡

> *"ደሃይ ኤርትራ"* ናይ ዝኾነ ይኹን ሰብ፡ ማለት ዓቢይ ይኹን ንኡስ ናይ ምሉእ ህዝብና ዘድህየላ ጋዜጣ ኢያ። እዚ ኸኣ መፍቀር ዓዱ፡ መኽበር ጭውነቱን ታሪኹን ንመጻኢ ዕድሉ ኪከራኸር ግቡእ ስለ ዝኾነ ኢዩ። ጋዜጣ *"ደሃይ ኤርትራ"* ነቶም ዓቢይ መዚ ናይ መንግስቲ ተቐቢሎም ንዘለዉ ናይ ልቢ ምርቓ የቕርበሎም"፡ ነዚ ኽቢድ ሓላፍነት ብጽቡቕ ኪካየደሎም እግዚኣብሄር የብርሃሎም፡ ነቲ ጽኑዕ ዝኾነ መርገጾም እውን ኣምላኽ ይምርሓዮም። ንደሃይ ህዝቢ ኣእዛኖም ኣይዕጸዉ፡ ታሪኽ ከም ዝምህረና ደሃይ ናይ ሕዝቢ ናጻ ኪኸውን ይግባእ።[6]

ነዚ ናይ ተስፋን ጽቡቕ ድልየትን ቃላት ኣስሚዓ ከተብቅዕ ግን ደሃይ ኣብቲ ቐዳማይ ገጻ፡ "እንኩብ ሓቂ ዝሓለፈ ወሰኽ ዋጋ ኣቕሑ" ብዝብል ኣርእስቲ፡ ዋጋ ነዳዲ ብሓንሳብን ብዕጽፍን ምውሳኹ ንዘሕደረላ ሰግኣትን ስክፍታን ገለጸት። ንመንግስቲ ዘይኮነ ኸኣ፡ ነጋዶ ሓልዮት ንኽርእዩ ተላበወት።[7]

እቶም ንሃጸይ ሃይለስላሴ ምስ ኣፋነዉ፡ ኣብ መወዳእታ ጥቅምቲ ጥራይ ናብቲ ዝተመርጹሉ ስራሕ ብምሉእ ኣቓልቦ ዝተመልሱ ተድላ እምበኣር፡ ኣብ ከምዚ ዝመሰል ጽቡቕ ድልየት ህዝቢ ብሓደ ወገን፡ ዘስክፍ ኣተኣታትዋ ኢትዮጵያን ጽንኩር ቍጠባዊ ጸገማትን ድማ በቲ ኻልእ ዝሓላለኾ ኩነታት'ዮም ሓላፍነቶም ዝጀመሩ።

ኣጀማምራኦም ሕማቕ ኣይነበረን። እቲ ኸም ቀዳማይ ዕማም ገይሮም ዝወሰዱዎ ምህናጽ መንግስታዊ መሳርያም ስለ ዝነበረ፡ ኣብ ትሕቲ እቶም ኣቐዲሞም ሸይሞሞም ዝነበሩ ናይ ካቢነ ሰክረታሪታት ዘገልግሉ ዳይረክተራት ሰመዩ። ነዚ ንምግባር፡ ብቑዓት ዝተባህሉ ኣባላት ባይቶ ካብ ናይ ባይቶ ኣባልነቶም ስሒቦም፡ ኣብ ዝተፈላለየ ጽፍሕታት ፈጻሚ ኣካል ኣእተዉዎም። ንተድላ ባዕሎምን ኣርባዕተ ሰክረተሪታቶምን ወሲኽካ፡ ቍጽሪ ናይቶም ካብ

ባይቶ ዝተሳሕቡ ኣባላት ዓሰርተው ሰለስተ በጽሐ።[8] ኣብ ኣመራርጻ እቶም ሰበ-ስልጣን፡ ተድላ ንደቂ ኣውራጃኦምን ደቂ ሃይማኖቶምን ኣዳልዮም ዝብል ትሕም ትሕም ኣይተሳእነን። እዚ ድማ ንኣቶ ፍሰሓጽዮን ሃይሉ፡ ሰክረታሪ ናይ ቍጠባን ወኪል መራሕ መንግስትን፡ ንኣቶ መስፍን ገብረህይወት ድማ ኣብ

6. ደሃይ ኤርትራ፡ 1ይ ዓመት ቍ.1፡ 21 መስከረም 1952።
7. Ibid.
8. እቶም ካብ ባይቶ ዝተሳሕቡ እዞም ዝስዕቡ ነበሩ፡ መስፍን ገብረህይወት (ኣስመራ)፡ ያሲን ሓሰን ናይብ (ምጽዋዕ)፡ ተድላ ባይሩ (ሓማሴን)፡ ሓድጉ ጊላጋብር (ሓማሴን)፡ ሓረጎት ኣባይ (ሓማሴን)፡ ተስፋይ በራኺ (ሓማሴን)፡ ተኽለሃይማኖት በኹሩ (ኣከለጉዛይ)፡ መሓመድ ሰዒድ ዓሊ በይ (ኣከለጉዛይ)፡ ናስር ፓሻ ኣቡበከር (ኣከለጉዛይ - ባዕሎም ሓላፍነቶም ዘውረዱ)፡ እምባየ ሃብተ (ከረን)፡ ተስፋልደት ገረድ (ከረን)፡ ማሕሙድ ዑመር ኢብራሂም(ባርካ)፡ ወልደዮሃንስ ገብረእግዚእ (ሰራየ)።

ቤት ጽሕፈት መራሕ መንግስቲ ዋና ዲረክተር ብምግባር፡ ደቂ ሃይማኖቶምን ዘመዶምን ሸይሞም ካብ ዝብል ዝተበገሰ ነበረ። ነዚ ወረ'ዚ ኣባላት ቤተ ክህነት ተዋህዶ ዝያዳ ከም ዝዘርግሑዎ ኣመሪካዊ ቆንስል ማልከሂ ገለጸ።[9]

ነዚ ዝመስል ሕሜታ፡ ኣብ ምሉእ መሰርሕ እዋን ፌደረሽን ክንረኽቦ ኢና። ናይ ስልጣን ቅድድም ኣብ መንጎ ዝተፈላለዩ ወገናት ኤርትራ፡ ሓደ ካብቲ ናይ 1950'ታት ፖለቲካ ኤርትራ ዝለለየሉ መዳያት ክኸውን ዝጀመረ ኣብዚ ጊዜ'ዚ ኢዩ። ብፍላይ ናይ ቀረባ ዘመድ ተድላ ዝነበሩ መስፍን ገብረህይወት ነቲ ዝለዓለ ቦታ ሲቪላዊ ኣገልግሎት መንግስቲ ኤርትራ ምሓዞም፡ ንተድላ ብዓይኒ ወገናውነት ዘሕመዮም ጉዳይ ኮነ።

መስፍን ገብረህይወት ባዕሎም ምስ ተድላ ዝነበሮም ናይ ቀረባ ዝምድና ከም ዘተሓማመየ ኣይከሓዱን። ግን፡ ኢሎም ንሶም፡

> ብዛዕባ ተድላ ባይሩ ዝዛረብ ዝኾነ ሰብ፡ ኣዝዩ ቍጡብ (very reserved) ከም ዝነበረ ኣብ ኣእምሮኡ ክሕዝ ይግባእ። ብዛዕባ'ቲ "ኣብ መረብ ድሕሪ ኣንዳርጋቸው ብምስራዖም ተቖይሞም..." ዝብሃል ንኣብነት፡ ንዓይ ኣውኪኡለይ ኣይፈልጥን። ቍጡብ ካብ ምንባሩ ዝተላዕለ፡ ብዛዕባ ኣዝዩ ኣገዳሲ ዝኾነ ውሳነታቱ ከይተረፈ ኣየካፍለናን ዝነበረ። ኩሉ ባዕሉ ኢዩ። ሕማቕ እንተ ኾይኑ ባዕሉ፡ ጽብቕቲ እንተ ኾይና ድማ - ክንደይ'ኳ ጽቡቕ ከይርከብ - ባዕሉ ኢዩ ዝሰከሞ ዝነበረ። ነቲ ጸኒሑ ኣብ ጸገም ዘእተዎ ነገራት'ውን ንበይኑ ኢዩ ዝሕዞ ዝነበረ።[10]

ብኻልእ ኣዘራርባ፡ ናይ ስጋ ዝምድናኦም ኣብቲ ናይ ስራሕ ርክባቶም ዘምጽኦ ለውጢ ከም ዘይነበረ ኢዮም መስፍን ዝገለጹ። ከምዚ ይኹን እምበር፡ ተድላ ኣዝዩ በሊሕ ኣእምሮ ከም ዝነበሮም፡ ነቲ ብጣልያን ዝረኸቡዎ ትምህርትን ኣብ ትሕቲ ምምሕዳር እንግሊዝ ዘጥረዩዎ ተመኩሮን መጻሕፍቲ ብምንባብ የሐድሱዎ ከም ዝነበሩን ፈተውራሪ መስፍን ዘኪሮም። ንምምሕዳር ብዝምልከት ግን ክንድ'ቲ ሚዛን ክወሃቦ ዝኽእል ጥበብ ወይ ተመኩሮ ከም ዘይነበሮም እኳ እንተ ተነግረ፡ ብዓይኒ እንግሊዛውያን ግን ካብቶም ዝነበሩ ተወዳደርቲ ንሶም ይበልጹ ስለ ዝተባህለ፡ ንመራሕ መንግስትነትስ ብኣኦም'ውን ተሓርዮም ነይሮም'ዮም።[11] ነዚ ሕጽረት'ዚ ንምምላእ ተባሂሉ ድማ፡ ብ.ም.ኤ. ንገለ ኻብቶም ኣብ እዋን ምምሕዳሩ ኣብ ኤርትራ ኣብ ዝተፈላለየ ቦታታት ስልጣን ዝነበሩ እንግሊዛውያን ኣመሓደርቲ ኣገልግሎቶም ንመንግስቲ ኤርትራ ንኸወፍዩ ገዲፋዎም ከደ።[12]

9. Mulcahy to State Department, F 790001 –0027, 25 September, 1952.
10. መስፍን ገብረህወይት፡ ቃለ መጠይቕ።
11. UK Report, par 236, page 39.
12. ካብቶም ኣብ መንግስቲ ኤርትራ ስራሓቶም ዝቐጸሉ እንግሊዛውያንን ካልኦት ወጻእተኛታትን ደጋፍ እትብሃል ኣይሁዳዊት ጓል ብሪጣንያ፡ ፎርድ ዝተባህለ ናይ ውሽጣዊ ጉዳያት ክኢላ፡ ሊያ ዝብሃል እንግሊዛውን ከም ተቓጻጻሪ ሕሳብ ዘገልገለ ሓደ ህንዳውን ይርከቡዎም ነበሩ። ኣብ ልዕሊ'ዚኦም፡ ኮሎኔል ደቪድ ክራክነል ዝተባህለ እንግሊዛዊ መኰንን'ውን ናይ ኤርትራ ሓለቓ ፖሊስ ብምኻን ኣብ ኣስመራ ተረፉ ነበረ።

ምቛም መንግስቲ ተድላ

ነዚኣምን ንየም ኣርባዕተ ሰክረታሪታቶምን ሒዞም እምበኣር ተድላ መንግስቶም ተኸሉ። እዘን ዝተባህላ ናይ ውሽጣዊ፡ ፋይናንስያዊ፡ ቍጠባውን ማሕበራውን ጉዳያት ሰክረታሪያት፡ ኣብ ዳሕራይ ጊዜ ክልተ ሰክረታሪያት፡ ማለት ናይ ሕግን ፍትሕን ናይ ንብረት መንግስትን ስለ ዝተወሰኽኣን፡ ቍጽረን ናብ ሽዱሽተ ክብ ክብል ኢዩ። ተድላ ግን በዘን ኣርባዕተ ኢዮም ስራሖም ዘጀመሩ።

ናይ ተድላ መንግስታዊ ምምሕዳር፡ ብሓደ ዲረክተር ጀነራል (መስፍን ገብረህይወት) ዝጥርነፍ ኮይኑ፡ እቲ ዳይረክተር ጀነራል ተሓታትነቱ ንተድላ ባይሩ ባዕሎም ነበረ። ብትሕቲ ዳይረክተር ጀነራል፡ ክልተ ዳይረክተራት፡ ማለት ሓደ ናይ ውሽጣዊ ጉዳያትን ሓደ ድማ ንቍጠባውን ማሕበራዊ ኣገልግሎታትን ዘጠቓልልን ተመዘዙ። ኣብ ልዕሊ'ዚኦም፡ ሓደ ንጉዳይ ሰራሕተኛ መንግስቲ ዝከታተል (Establishment Officer) ዳይረክተር ከም ዝሀሉ ተገብረ። ኣብ ትሕቲ እዞም ዳይረክተራት እዚኣቶም፡ ንዝተፈላለየ ጨናፍር ናይተን ዓበይቲ ክፍልታት ዝመርሑ ምክትልን ተሓጋገዝትን ዳይረክተራት እናተሸሙ፡ እቲ መንግስታዊ መሳርዕ ቅርጹ ሓዘ። ዝወሓደ ኣባላት ዝነበሮ፡ እቲ ናይ ፋይናንስ ሰክረታርያት ኮይኑ፡ ንሰክረተሪ ፋይናንስ ተሓታቲ ብዝነበረ ናይ ፋይናንስን ሕሳብን ተቘጻጻሪ ከም ዝምራሕ ተገብረ። ክሳብ'ቲ ናይ ሕግን ፍትሕን ሰክረታሪያት ዝምስረት፡ ርክብ ኣማኻሪ ሕጊ ምስ መራሕ መንግስቲ ኾነ።[13]

በዚ ድማ፡ እቲ ፈጻሚ ኣካል፡ ማለት ምምሕዳር መንግስቲ ተድላ ቈመ። ኣቖዲምና፡ ባይቶ ኤርትራ ብኸመይ ከም ዝተመርጸን እቲ ቐዋም ንኸጽድቕ ዝቘመ ኣካል በየናይ ኣገባብ ገዛእ ዕድመኡ ከም ዘናውሐን ርኢና ኢና። እቲ ሳልሳይ ጨንፈር መንግስቲ፡ ማለት እቲ ፈራዲ ኣካል'ውን ናቱ መገዲ ተኸቲሉ ኣብዚ እዋን'ዚ ቕርጹ ሒዙ ኢዩ። ብዛዕባኡ ግን ንዕኡ ምስ ዝምልከት ጉዳያት ኣተሓሒዝና ኢና ክንዛረበሉ።

1953 ዓ.ም. ቅድሚ ምእታዋ ኣብ ዝነበራ ክልተ ኣዋርሕ፡ ንምምሕዳር ተድላን ቀጻሊ ህይወት እቲ ፌደረሽንን ብዕምቈት ዝትንክፍ ሓያለ ፍጻመታትን ኵነታትን ተራእየ። ካብ'ዚ፡ እቲ ቐንድን ጸኒሕና ንበይኑ እንዛረበሉን፡ ጉዳይ ምምስራት ማሕበር ስምረት ሰራሕተኛታት ኤርትራውያን ነበረ። ኣመዓባብላ ዝምድና ምምሕዳር ተድላን ባይቶ ኤርትራን'ውን ከምኡ ብሰፊሑ ዝትንተን ኣርእስቲ ክኸውን'ዩ። ብዘይካ'ዚ ግን ኣብዘን ዝተጠቕሳ ኣዋርሕ ሕዳርን ታሕሳስን፡ ምምራጽ ኤርትራውያን ኣባላት ፈደራል ቤት ምኽሪ፡ ምቛም ፈደራል ቤት ፍርዲ ብመንግስቲ ኢትዮጵያን፡ ንተድላን ምምሕዳሮምን ዘጓነፈ ቍጠባዊ ጸገማትን ዓቢ ስፍራ ሓዘ። ኣብዚ ንፈደራል ቤት ምኽርን ምቛም ፈደራል ቤት ፍርድን ክንምልከት ኢና።

---

13. UK Report, par. 116-120, p. 23.

ኤርትራውያን ኣባላት ፈደራል ቤት ምኽሪ

ዓንቀጽ 5 ናይ ፈደራል ድንጋገ፡ ሓደ ሓሙሸተ ኤርትራውያንን ሓሙሸተ ኢትዮጵያውያንን ዝኣባላቱ ሃጸያዊ ፈደራል ቤት ምኽሪ (Imperial Federal Council) ክቖውም'ሞ፡ ብውሑዱ ሓንሳብ ኣብ ዓመት እናተራኸበ ድማ ኣብቲ ንፈደረሽን ዝምልከት ናይ ሓባር ሕቶታት ክዝተ ወይ ክማኸር ሓንጺጹ ከም ዝነበረ ዝዘከር'ዩ። ዓንቀጽ 7 ናይ ህንጻ መንግስቲ ኤርትራ'ውን ነቲ ድንጋገ ዝበሎ ቃል ብቓል ድሕሪ ምድጋም፡ እቶም ኣባላት ብመራሕ መንግስቲ ተረቑሖም፡ ብባይቶ ተመሪጾም፡ ብሃጸይ ኢትዮጵያ ክምረቑ ምኳኖም ጥራይ ኣነጸረ። ዝርዝር ስራሕ ናይቲ ቤት ምኽሪ እንታይ ከም ዝኸውን ግን እቲ ድንጋገ ይኹን እቲ ህንጻ መንግስቲ ከይገለጸ ተረፈ።

ብ26 ጥቅምቲ 1952፡ ባይቶ ብዛዕባ'ቶም መራሕ መንግስቲ ናብ'ቲ ደረት ስልጣኑ ገና ዘይተነጸረ ሃጸያዊ ፈደራል ቤት ምኽሪ ብኣባልነት ይእተዉ ዝበሎዎም ሰባት ዘተየ።[14] ኣብቲ ብምስጢር ዝሃቦ ድምጺ ድማ፡ ንሓሙሸቲኦም ነጸጎም። ምኽንያት መንጸጊኡ ኣይገለጸን።[15]

ኣባላት ፈደራል ቤት ምኽሪ
ካብ ጸጋም፡ ብቐድሚት ጸጋይ ተፈሪ ገብረመድህን ኣስሄልን ብድሕሪት ኣድም መሓመድ ኣጉዱባይ፡ መሓመድ ዑመር ቃዲን ገብረእግዚኣብሔር ገብረሚካኤልን

14. እቶም ብመራሕ መንግስቲ ዝተሓጽዩ፡ ደጊያት ሓሰን ዓሊ፡ ደጊያት ሃይለ ተሰፋማርያም፡ ብላታ ምስግና ሃውኪ፡ ግራዝማች በኸረጽዮን በኺትን ሰይድ መሓመድ ዑስማን ሓዮቲን ነበሩ። ኢትዮጵያ 6ይ ዓመ ት ቍ. 346፡ 30 ጥቅምቲ 1952።
15. Eritrean Assembly, Minutes (ደቓይቕ) No 92-93, 25-26 October 1952.

ብድሕሪ'ዚ፡ ተድላ ክልተ ጊዜ ሓሓሙሸተ ኣስማት ሃቡ። ካብቶም ቀዳሞት፡ ኣቶ ጸጋይ ተፈራ፡ ኣቶ ገብረመድህን ኣስሄልን ብላታ ዑመር ቃዲን፡ ካብቶም ካልኦት ድማ ሸኽ ኣድም መሓመድ ኣግዱባይን ብላታ ገብረእግዚኣብሄር ገብረሚካኤልን ተመርጹ።[16] ምስ ምርጫ ናይ'ዞም ኣባላት ፈደራል ቤት ምኽሪ፡ ባይቶ ኣስማት ሕጹያት ባዕሉ ረቝሑ፡ ናብ ባይቶ ኢትዮጵያ ብኣባልነት ዝኣትዉ ሓሙሽተ ሰባት'ውን መረጸ።[17]

ብዙሓት ኤርትራውያን ኣብቲ ፈደራል ቤት ምኽሪ ክብ ዝበለ ተስፋ ኣንቢሮም ነይሮም'ዮም። ድሮ፡ ምስ ምትራፍ እቲ ክሳብ ሽዑ ባጤራ ኤርትራ ዝነበረ ሺሊንግ ምብራቕ ኣፍሪቃን (East African Shilling) ብናይ ኢትዮጵያ ብር ምትክኡን፡ ናይ ቍጠባ ጸገም ተፈጢሩ ነይሩ'ዩ። ከምቲ ኣብ ላዕሊ ዝጠቐስናዮ'ውን፡ ዋጋታት ነዳዲ ኣዝዩ ብምውሳኹ ንኻልእ ሃላኺ ኣቕሓ'ውን ስለ ዘኽበሮ፡ ህዝቢ ክሚነቕ ጀሚሩ ነበረ። እቲ ንኤርትራ ይግባእ ዝተባህለ ናይ ጉምሩክ ኣታዊ እውን ብብቕንጣሮ እንተ ዘይከይዱ፡ ከም ግቡእ ኣይኣተወን። ካብ ኩሉ ኣተሓሳሳቢ ዝኾነ፡ ከምቲ ፈደራል ድንጋገ ዝኣዘዞ፡ ኤርትራውያን ኣብ ናይ ፈደራል ሓላፍነት ብገለ መጠን ክንዲ ዝምዘዙ፡ እቲ ቦታታት ብምሉኡ ብኢትዮጵያውያን እናተመልአ ክኸይድ እንከሎ፡ ብገዛእ ሃገሮም ናይ ርሑቕ ተዓዘብቲ ኮይኖም ነይሮም'ዮም።[18]

እዝን ነዚ ዝመስል ካልእ ጉዳያትን ብፈደራል ቤት ምኽሪ እናተላዕለ፡ ኣብ ቅድሚ ሃይለስላሴ'ውን እናቐረበ ፍታሕ ክረኽብ'ዩ ዝብል ሓሳብ'ዩ እምበኣር፡ ኤርትራውያን ኣብቲ ቤት ምኽሪ ተስፋን ትጽቢትን ንኽሕድሩ ዝደረኾ። ከንቱነት ናይ'ዚ ሃረርታ'ዚ ግን ነዊሕ ከይጸንሐ ተጋህደ።

ብቐዳምነት ኣባላት እቲ ቤት ምኽሪ ተመሪጾም ከብቅዑ፡ ናብቲ ምስቶም ሓሙሽተ ኢትዮጵያውያን መዘናታቶም ናይ መጀመርታ ርክብ ክካየደሉ ዝተባህለ ኣዲስ ኣበባ ከይተጸውዑ፡ ንኣስታት ሽዱሽተ ሰሙን ኣብ ኣስመራ ሰንፈለል በሉ።[19] እዚ ጥራይ ከይኣክል፡ ንሳቶም ኣብ ትጽቢት እናሃለዉ፡ መንግስቲ ኢትዮጵያ በይኑን ብዘይ ናቶም ኣፍልጦን ብኣዋጅ 130 ናይ 1952፡ ኣብ ኤርትራ ሓደ ላዕለዋይ ቤት ፍርዲ ከም ዘቚመ ኣፍለጠ። እዚ ጸኒሑ ብዝርዝር ዝግለጽ ቤት ፍርዲ'ዚ፡ ኣብ ልዕሊ'ቲ ዝለዓለ ፍርዳዊ ስልጣን ኤርትራ ዓብላሊ ስልጣን ክህልዎ ስለ ዝተወጠነ፡ ኣብ ኤርትራ ብዙሕ ሻቕሎት ፈጠረ። ተቓውሞ'ውን ኣለዓዓለ።

16. Minutes No. 97, 29 October and No. 99, 30 October 1952.

17. Ibid. እዚኣቶ፡ ባሻይ ገብረጊዮርጊስ ገብሩ፡ ኣቶ ኣዱም መሓመድ ሑመድ፡ ኣቶ ዓሊ ሒጎ መሓመድ፡ ኣቶ ሰዒድ ኣሕመድ ሓዮቲን ቀሺ ገብረሚካኤል ተስፋልደትን ነበሩ።

18. እቶም ኢትዮጵያ መዚዛ ናብ ኤርትራ ዘእተወቶም ናይ ፈደራል ሰበ ስልጣን፡ እዞም ዝስዕቡ ነበሩ፡ ሰይፉ ገብረዮሃንስ (ፊናንስ)፡ በፈቃዱ ወልደሚካኤል (ፖስታን መራኸቢታትን)፡ ፋንታየ ወልደዮሃንስ (ናይ ወጻኢ ንግዲ)፡ ኣበበ ቢተው (ወደባት)፡ ተክሉ ድልነሳሁ (ጉምሩክ)፡ ያዕቆብ ዘኒዎስ (ባቡር ምድሪ)። ዘውዴ ረታ፡ ገጽ 393-394 ርአ።

19. ኣባላት ፈደራል ቤት ምኽሪ ብ30 ጥቅምቲ ዝተመርጹ፡ ብ17 ታሕሳስ'ዮም ናብ ኣዲስ ኣበባ ዝተበገሱ። ኢትዮጵያ፡ 6ይ ዓመት ቍ. 356፡ 16 ታሕሳስ 1952።

ደሃይ ኤርትራ ንኣብነት፡ ፈደራል ቤት ምኽሪ ብኣዋጅ 130 ተጒስዩ ብዘዕባ ምሕላፉ ትንታነታት ጸሓፈት። ምስኡ ንዘተሓሓዝ ወይ ንዕኡ ዝመስል ካልእ ጉዳያት ብምዝኻር ድማ፡ ኣባል ኣል ራብጣ ስራጅ ዓብዱ ኣብ ዓምድታታ ከምዚ በሉ፤

> ፈደራዊ ቤት ምኽሪ ዘትዩን መኺሩን ክምድብ እሞ እቲ ፈደራዊ ስልጣን ወይ ከኣ መንግስቲ ድማ ብዛዕባኡ ኣዋጅን ትእዛዝን ኬውጽእዶ ግቡእ ኮይኑ ኣይምተረኸበን? ኣብ ክንዲ "ፈደራስዮን" እናበልካ ምዝራብከ ኤርትራ ምስ ኢትዮጵያ "ሓቢራ" ወይ ከኣ "ተቓላቒላ" እናበልካ ኣብ ዲስኩራትን ኣብ ጋዜጣታትን መንግስቲ ኢትዮጵያ ምጽሓፍ ግቡእ ኮይኑዶ ይርከብ? እዚ ዘዛርበና ዘሎ ኣዋጅ ቊ. 130 ኣብ ልዕሊ ባይቶ ኤርትራ ስልጣንን ምቊጽጻርን ከም ዘሎዎ ኣግሂዱ ተመልኪቱ ኣሎ። እዚ ድማ፡ ነቲ ንኤርትራ ውሽጣዊ ናጽነት ዚህብ፡ ብሕቡራት መንግስታት እተመደበ መደብ ፈጺሙ ዜፍርስ ኮይኑ ይርከብ።[20]

ኣባላት ፈደራል ቤት ምኽሪ ካብ ዝምረጹ ኣብ 47 መዓልቲ ናብ ኣዲስ ኣበባ ክነቕሉ እንከለዉ እምበኣር፡ ነቲ ዝተመዘዙሉ ሓላፍነት ብዝግባእ ናይ ምፍጻም ስልጣን ክህልዎም'ዩ ዝብል እምነት ጉዲሉ ነበረ። ርግጽ፡ ካብ ባይቶን መራሕ መንግስትን ክዝረበሉ ኣሎዎ ዝተባህለ ዝርዝር ሕቶታትን ነጥብታትን ሒዞም ነይሮም'ዮም። ኣጀንዳኦምን ዛዕባታቶምን'ውን ብዝርዝር ሰርዑ። ብፍላይ ንጉዳያት ምምስራት ፈደራል ቤት ፍርዲ ኣብ ኤርትራን ነቲ ብኢትዮጵያ ዝግበት ዝነበረ መንግስታዊ ህንጻታትን ኣመልኪቶም ንኽማጒቱ'ውን ተዳልዮም ነበሩ።[21] እንተ ኾነ ግን፡ ውክልና ናይ መራሕ መንግስትን ባይቶን እንተ ዘይኮይኑ፡ ብናይ ኢትዮጵያ መዘናታቶም ሚዛን ክወሃቦ ዝኽእል ፖለቲካዊ ወይ ሞራላዊ ሓይሊ ኣይነበሮምን። ነቲ ኩነታቶም ዘግደዶ ድማ፡ ኣባላት ባይቶ ኢትዮጵያ ንኽኾኑ ብባይቶ ኤርትራ ዝተመርጹ ሰባት ድሮ ኣዲስ ኣበባ ኣትዮም ምንባሮም'ዩ። መንግስቲ ኢትዮጵያ፡ ነዞም ዳሕረዎት ከም ናታ ክትቅበሎም፡ ነቶም ናይ ፈደራል ቤት ፍርዲ ግን ብዓይኒ ጥርጣረን ብናይ ምክልኻል መንፈስን ክትቀርቦም ግድን ኮነ።

ብዝኾነ፡ ኣብ ታሕሳስ 1952፡ መንግስቲ ኤርትራ ንሓደ ገና ከይተበገሰ ዝበርዓነ ጒጅለ ኣባላት ፈደራል መንግስቲ ናብ ኣዲስ ኣበባ ለኣኸ።

---

20. ደሃይ ኤርትራ፡ 1ይ ዓመት ቊ. 9፡ 15 ሕዳር 1952 (ስራጅ ዓብዱ፡ "ሃጸያዊ ቤት ፍርድን ባይቶ ልኡኻትን" ዝብል ኣርእስቲ ርአ።)
21. Memorandum by Eritrean Representatives of Imperial Federal Council, UN Tribunal in Eritrea, No 60, 7 July 1953.

ኣዋጅ 130 ናይ 1952

እቲ ኣብ ላዕሊ ዝተጠቕሰ ኣብ ኤርትራ ናይ ፈደራል ቤት ፍርዲ ዘቘመ ኣዋጅ፡ ኣብ ታሪኽ ፈደረሽንን ምዕምጻጽ መሰላት ህዝቢ ኤርትራን ወሳኒ ተራ ስለ ዝተጻወተ፡ ኣሕጺርናን ምስ ስርዓተ ፍርዲ ኤርትራ ኣዛሚድናን ክንርእዮ ኣድላዪ ኢዩ።

ህንጻ መንግስቲ ኤርትራ፡ ውሕስነት ደያኑ ካብ ዝኾነ ፖለቲካዊ ጸቕጢ ዘረጋግጽ (ዓንቀጽ 86)፡ ኣመራርጻ ደያኑ ግሉጽን ንቕጽጽር ብዝጥዕም ኣገባብን ከም ዝፍጸም ዝገብር (ዓንቀጽ 87-88)፡ ከምኡ'ውን ደረት ስልጣን ጠቕላሊ ቤት ፍርዲ ኤርትራ ዘነጽር ሕጊ ኢዩ ሓንጺጹ።

በዚ መሰረት፡ ጠቕላሊ ቤት ፍርዲ ኤርትራ (Supreme Court of Eritrea): ብቐጥታ ናብ ስልጣኑ ንዝመጸ ይኹን ብይግባይ ንዝተመሓላለፈሉ ጉዳያት ናይ መወዳእታ ውሳነ ዝህብ ኣካል ኮነ (ዓንቀጽ 90-1)። ብዘይካ'ዚ፡ እቲ ጠቕላሊ ቤት ፍርዲ (ጠ.ቤ.ፍ.)፡ ንሕገ መንግስቲ ዝትንኪ ሕግታት ወይ ትእዛዛት ምስ ዝልዓል፡ ንዕኡ ናይ ምርኣይን ናይ ምውሳንን መዝነት ተዋህቦ (ዓንቀጽ 90(3))። ንዳያኑ ዝትንኪ ገበናት ወይ ዲሲፕሊናዊ ጉዳያት ምስ ዝልዓል'ውን፡ እቲ ስልጣን ናቱ ነበረ። ኣብ ልዕሊ'ዚ ኹሉ፡ ብመሰረት ዓንቀጽ 75 ናይ ሕገ መንግስቲ ኤርትራ፡ መራሕ መንግስቲ ኤርትራ ከቢድ ሕገ መንግስታዊ ገበን ፈጺሙ ተባሂሉ ብመሰረት ዓንቀጽ 75(2) ብናይ ክልተ-ሲሶ ዓብላሊ ድምጺ ኣባላት ባይቶ ምስ ዝኽሰስ (impeached ምስ ዝኸውን)፡ ብጠቕላሊ ቤት ፍርዲ ንኽፍረድ ዓንቀጽ 90(6) መዘዘ።

እዚ ዝተጠቕሰ መዝነት ጠ.ቤ.ፍ.ን ኣብ ትሕቲኡ ዝተወደበ ኣብያተ ፍርድን - ላዕለዋይ፡ ኣውራጃዊ፡ ወረዳዊ… ክሳብ መጋባእያታት ምስሌነን ጭቃ ዓድን - ኣብ ደሞክራስያዊ መትከላት ስርዓተ ፍትሒ ኣመሪካ ዝተመርኰሰ ነበረ። መንግስቲ ኤርትራ፡ በተን ሰለስተ ማዕረ ክነሰን ነንሓድሕደን ዝቈጻጸራ ኣካላት መንግስቲ፡ ማለት ድማ ፈጻሚ፡ ሓጋግን፡ ፈራድን ንኽቐውም ከም ዝተሃቀነ፡ ደጋጊምና ክንገልጾ ዝጸናሕና ነጥቢ ኢዩ። በዚ ዝተገልጸ ኣቃውማኡ እምበኣር፡ ጠ.ቤ.ፍ. ንመራሕ መንግስቲ ጥራይ ዘይኮነ፡ ባይቶ ኤርትራ ምስ ሕገ መንግስቲ ኤርትራ ወይ ፈደራል ድንጋገ ዝጋጮ ወይ ንዓንቀጻቱ ዝጥሕስ ሕግታት ምስ ዘውጽእ፡ ብፍርዲ ናይ ምግምጣሉ ስልጣን ነይሩዎ ማለት'ዩ።

እዚ እናሃለወ እንከሎን ብ.ም.ኤ. ካብ ኤርትራ ቅድሚ ምውጻኡ ጀሚራን፡ መንግስቲ ኢትዮጵያ ነዚ ኣቃውማ'ዚ ብመሰረቱ ዝልውጥ መደብ ኣውጺኣ ሓሳባታ ንብ.ም.ኤ. ከተቕርብን ክትጉስጉሰሉን ጀመረት። ቅድሚ ፈደረሽን ምእዋጁ፡ ኣብ ሓምለ 1952 እውን ንፈደራል ቤት ፍርዲ፡ ከምኡ'ውን ከም "መዕጸዊ ሰባት (Lock-up)" ንዘገልግል ቤት ማእሰርትን ዝኸውን ህንጻታት ንኽሕዝኣላ ሓቲታ ነበረት።

እንግሊዛውያን ኣብዚ ብዙሕ ተኻትዑ። መብዛሕትኦም፡ ፈደራል ድንጋገ ኣብ ኤርትራ ፈደራል ቤት ፍርዲ ንኽህሉ ከም ዘየፍቀደ'ኳ እንተ ተኣመኑ፡ "ኣብቲ ዋጢጥ እንተ ዘይኣተና ይሓይሽ..." ዝብል መርገጽ ሓዙ። "ንዓና'ኳ፡ እቲ ዝሓሸ መዋጽኦ፡ ኢትዮጵያውያን ኣብ ኣስመራ ፈደራል ቤት ፍርዲ ንኽቐሙ ሕጋዊ መሰል ኣሎዎም (እንተ ደኣ ኣልዩዎም'ዩ ግን) ምባል'ዩ። ስለ'ዚ፡ ብዛዕባ ቅኑዕነት ናይ'ቲ ውጥን (ናይ ኢትዮጵያ) እንሓስቦ ብዘየገድስ፡ ሓደ ህንጻ ንግደፈሎም..." በለ ሓደ እንግሊዛዊ በዓል ስልጣን።[22]

ኣብዚ፡ ኣመሓዳሪ ካሚንግ ኣይተሰማምዐን። መንግስቲ ኢትዮጵያ ጸቕጢ ምስ ኣብዝሐትሉ ድማ፡ ድንጋገ ሕ.ሃ.፡ መንግስቲ ኢትዮጵያ ኣብ ኤርትራ ፈደራል ቤት ፍርዲ ከተቕውም ስለ ዘየፍቀደ፡ ንሱ ህንጻታት ከፍቅድ ከም ዘይክእል ኣፍለጠ። ኣድላዪ ምስ ዝኾውን፡ ኣመመ ካሚንግ፡ ፈደራል ቤት ፍርዲ ኣብ ውሽጢ ህንጻታት ኣብያተ ፍርዲ ኤርትራ ክቐውም ይኽእል። ብዝኾነ ግን፡ ኢትዮጵያ ነቲ ጉዳይ ድሕሪ ምትካል ፌደረሽን ምስ መንግስቲ ኤርትራ ንኽትዘትየሉ ሓበራ።[23]

ከምቲ ኹሉ ጊዜ ዝገብሩዎ ዝነበሩ፡ እንግሊዛውያን በቲ ዝበሉዎ ክንዲ ዝጸንዑ፡ ኣብቲ "ድንጋገ ምምሕዳር ፍትሒ" ኢሎም ዝሰመይዎ'ሞ ንመንግስቲ ኤርትራ ገዲፎምሉ ዝኸዱ መሰረታዊ ድንጋገ (organic law): ድሕሪ ምፍራስ ፌደረሽን፡ ኣብያተ ፍርዲ ኤርትራ ኣብ ልዕሊ'ተን ብፈደራል መንግስቲ ክቖማ ዝተባህላ ካልኦት ኣብያተ ፍርዲ ቀዳምነት ወይ ልዕልነት ክህልወን ከም ዘይክኣል ሓገጉ (ዓንቀጽ 24(3) ናይቲ ድንጋገ)። ነዚ ፈጻሚ ኮሚተ ናይ ባይቶ ኤርትራ ስለ ዘይተቓወሞ፡ እቲ ዓንቀጽ ከም ሕጊ ሓለፈ። እንግሊዛውያን እምበኣር፡ ብኣፎም'ኳ ምቛም ፈደራል ቤት ፍርዲ ኣብ ኤርትራ እንተ ተቓወሙ፡ ብግብሪ ግን ነዚ ዝከላኸል ስጉምቲ ኣይወሰዱን ጥራይ ዘይኮነ፡ ኢትዮጵያ ድሌታ እትፍጽመሉ ሓደ ዘይተኣወጀ ኣንፈት ከፈቱ።[24]

እቲ ጉዳይ ኣብዚ ጠልጠል ዝበለ ኰነት እንከሎ ስርዓት ፌደረሽን ተተግበረ። ከምቲ ዝርአናዮ ድማ፡ መንግስቲ ኢትዮጵያ ንፈደራል ቤት ምኽሪ፡ ንባይቶ ኤርትራ ይኹን ንመራሕ መንግስቲ ኤርትራ ከይሓበረትን ምስኦም ከይተማኸረትን፡ ኣብ ኤርትራ ናይ ገዛእ ርእሳ ኣብያተ ፍርዲ ዘቕውም ኣዋጅ ብ30 መስከረም 1952 ኣውጽአት። ነቲ ኣዋጅ ግን ኣስታት ወርሒ ድሕሪ ምሕታሙ ኣብ ነጋሪት ጋዜጣን ጋዜጣታትን ዘርግሐት።

ኣዋጅ 130፡ ከም መግለጺ ልኡላውነት ሃጸይ ሃይለስላሴ ንኽገልግልን በቲ ጉልባብ'ቲ ሕጋውነት ንኽረክብን ስለ ዝተደልየ ይመስል፡ ከም ፍሉይ ናይ ሃጸይ ኣዋጅ'ዩ ተኣዊጁ። እቲ ኣዋጅ፡ ሃጸያዊ ጠቕላሊ ቤት ፍርዲ ኢትዮጵያ (Supreme Imperial Court) ገለ ለውጢ ከይተገብረሉ፡ ጠቕላሊ ፈደራል

22. Baxter, Minutes, FO 96823 JA. 16410/1, 3 July 1952.
23. Stafford to Menasse Lemma, FO 96823 JA 16410/1.B, 19 July 1952.
24. Sir Harry Trusted, FO 96823, JA. 16410/2, 22 September 1952.

ቤት ፍርዲ ክኸውን፣ ናይ ንጉስ ነገስት ኣፈ ንጉስ (ፕረሲደንት ጠቕላሊ ቤት ፍርዲ ኢትዮጵያ) ድማ ፕረሲደንት ፌደራል ቤት ፍርዲ ከም ዝኾነ ኣፍለጠ (ዓንቀጽ 3)። ዓንቀጽ 4፣ ንጠቕላሊ ቤት ፍርዲ ኢትዮጵያ፣ ውሳነታት ጠቕላሊ ቤት ፍርዲ ኤርትራ ብይግባይ ናይ ምቕባልን ምግልባጥን ስልጣን ሃቦ። እዚ ስልጣን እዚ ድማ፣ ጠቕላሊ ቤት ፍርዲ ኤርትራ ምስ ፌደራል ድንጋገ ወይ ሕገ መንግስቲ ኢትዮጵያ ዘየሳኒ ውሳነ ምስ ዝሀብ ተፈጻምነት ከም ዝህልዎ ሓገገ። እዚ ኸይኣክል እቲ ኣዋጅ፣ ዝኾነ ኣብ ኢድ ሓደ ኤርትራዊ ቤት ፍርዲ ዘሎ ጉዳይ፣ ንፌደራል ድንጋገ፣ ንሕገ መንግስቲ ኢትዮጵያ ወይ ኢትዮጵያ ንዝኣተወቶ ኣህጉራዊ ስምምዓትን ውዕላትን ዝትንኪ ምስ ዝኸውን፣ ብቐጥታ ናብ'ቲ ኣብ ኤርትራ ዝተተኽለ ፌደራል ቤት ፍርዲ ንኽሓልፍ ኣዘዘ (ዓንቀጽ 7)። እዚ ጉዳያት ናይ ምትሕልላፍ መሰል'ዚ ድማ፣ ብጥርዓን ናይ ዝኾነ ከሳሲ ወይ ተኸሳሲ ክኸውን ከም ዝኽእል'ውን ተወሰነ (ዓንቀጽ(3)።

ፌደረሽን ምስ ተተግበረ፣ ካብ ኤርትራ ኸአ ምስ ወጹ ደኣ ኾይኑ'ምበር፣ እንግሊዛውያን ነቲ ኣዋጅ፣ ብፍላይ ድማ ነዘን ዝጠቐስናየን ሰለስተ ዓንቀጻት ዘይሕጋውያን ምዃነን ገለጹ። ባዕሎም ንኢትዮጵያ ብዝኸፈቱላ ነቓዕ ከም ዝፈጸሙቶ'ውን ተኣመኑ። እቲ ነገር ድሮ ተወዲኡ ስለ ዝነበረ ግን፣ ርእይቶኦም ትርጉም ክወሃቦ ዝኽእል ኣይነበረን።

ኣብ መንጎ እቶም ኣንፈትን ፖለቲካዊ ትርጉምን ናይቲ ኣዋጅ ዘስተውዓሉ ኤርትራውያን ግን ብዙሕ ሻቕሎት ተራእየ። ንኣዋጅ 130 ዝነቕፍን ዝትንትንን ዓንቀጻት ኣብ ደሃይ ኤርትራ ብተኸታታሊ ወጸ። እቲ ኣዋጅ ንሕግታት ኤርትራ ክርእን ክግልብጥን እንካብ ከኣለ፣ ፌደራል ቤት ፍርዲ ኣብ ልዕሊ ኣብያተ ፍርዲ ኤርትራ ጥራይ ዘይኮነ፣ ኣብ ልዕሊ ባይቶ ኤርትራ'ውን ስልጣን ክወሃቦ ስለ ዝመሰለ፣ ተቓውሞ በዝሐ። እዚ'ሞ፣ በለ ሓደ ናይ ደሃይ ኤርትራ ጽሑፍ፣

… እቲ ንልኡኽ (እንደራሴ) ግርማዊ ንጉሰ ነገስት ዚዋሃብ ስልጣንሲ ይውሓድ ወይስ ይብዛሕ እናተባህለ ብልኡኻት ሕዝቢ ኤርትራ ብዙሕ እተዘርበን እተመጐተን ደኣ ንምንታይ ክጠቅም ኢዩ? ንኣይ ከም ዝመስለኒ፣ እቲ ንልኡኽ ግርማዊ ንጉሰ ነገስት ከይዋሃብ እተኸልከለ ስልጣናትሲ ብማዕጾ ምእታው እንተ ሰኣኑ ተጠውዩ ብመስኮት ኣትዩ ኣሎ። ዝበዝሐን ዝበርትዐን ኮይኑ እኳ ድኣ ኣትዩ ኣሎ።

ላዕለዋይ ቤት ፍርዲ ኤርትራ፣ ምስ ሕገ መንግስቲ ኤርትራ ኣየሳንን'ዩ ኢሉ ንዝነጸጎ ጉዳይ ብላዕለዋይ ፌደራል ቤት ፍርዲ ክግምጠል ይኽእል ማለት'ዩ ድሕሪ ምባል እቲ ጽሑፍ፣

… በዚ ምኽንያት'ዚ ድማ፣ እቲ ውሽጣዊ ናጽነት ዝብሃል ናይ ኤርትራ ህያብሲ ትርጉምን ሓይልን ዘይብሉ ምዉት ቃል ኮይኑ ይተርፍ። … ብምስሌኒ ሕቡራት መንግስታትን ብልኡኻት ሕዝቢ ኤርትራን እተፈጸመ ብዙሕን ነዊሕን ዕዮስ፣ መንግስቲ ኢትዮጵያ ዘይደልዮ ስለ ዝኾነስ ገለ ቅዉም ነገር የብሉን … ማለት እዩ።

ኸኣ በሉ። "ብውሑዱስ፡ እቶም ኣባላት ፈደራል ቤት ምኽሪ ኣዲስ ኣበባ ምስ ከዱን ምስ ዘተዩሉን'ኳ ዘይምኾነ፡" ክብል'ውን ኣስቈርቈረ። ዘይሩ ዘይሩ ግን፡ እዚ እናኾነ እንከሎ፡ መንግስቲ ኤርትራን ባይቶ ባዕሉን ብተዓዛብነት ስቕ ኢሎም ብምርኣዮም ብሓላፍነት ከም ዝሕተቱ ኣዘኻኸረ።

መንግስቲ ኤርትራ፡ ነቲ ፈደራል ድንጋገ ዝሃቦ ስልጣን ንምድልዳል ጊዜ ከይረኸበ እንከሎ እምበኣር፡ መዘነቱ ብጋህዲ ክሸራረፍ ተራእየ። ኣብ ልዕሊ'ቲ ህዝቢ ከጨንቕ ጀሚሩ ዝነበረ ቊጠባዊ ጸገም፡ ኣንፈት መንግስቲ ኢትዮጵያን መጻኢ ዕድል ፈደራል ዝምድናን ክልቲኣን ሃገራትን ስክፍታ ፈጠረ።

ምዕራፍ 11

ቀዳሞት ኣዋርሕ ምምሕዳር ተድላ

ተድላን ባይቶ ኤርትራን

ክሳብ ኣጀማምራ ምምሕዳር ተድላ ሕማቕ ኣይነበረን ዝበልናሉ ሓደ ምኽንያት፡ ኣንፈት ናይቲ ምስ ባይቶ ዝነበሮም ዝምድና ናብ ጽቡቕ ዘምርሕ ይመስል ስለ ዝነበረ ኢዩ። ባይቶ ኤርትራ፡ ነቲ ሕገ መንግስቲ ኣብ ውሽጢ'ቲ ዓቢ ቤተ መንግስቲ ኣስመራ ኢዩ ዘትዩሉን ኣጽዲቑዎን። እንደራሴ ኣንዳርጋቸው ምስ በዓልቲ ቤቱ ኣብኡ ምስ ኣተዉ ግን ንጊዜኡ ኣብ ምምሕዳር ከተማ ኣስመራ (ሙኒቺፕዮ) እናተጋብኡ፡ ምሕዳስን ምምራቕን ናይቲ ንዕኡ ዝተሓዝአ ህንጻ (ናይ ሎሚ ሚኒስትሪ ትምህርቲ) ይጽበ ነበረ። ክሳብ ሽዑ'ውን፡ ከምቲ ሕገ መንግስቲ ኤርትራ ዝኣዘዞ፡ ብኣንዳርጋቸው ብወግዒ ከይተመረቐ ጸንሐ።

ከምኡ ይኹን'ምበር፡ ብፍላይ ሃጸይ ሃይለስላሴ ካብ ናይ ኤርትራ ዑደቶም ምስ ተመልሱ፡ ባይቶ ግቡእ ርክባቱን ስራሓቱን ካብ ምክያድ ኣይበኾረን። ድሕሪ ምቛም መንግስቲ ኤርትራ ብዝያዳ ኣቓልቦ ባይቶ ዝሰሓበ ጉዳይ ድማ ንቕጠባ ዝምልከት ኮነ። ብመንጽር ሺሊንግ ምብራቕ ኣፍሪቃ፡ ብር ሕሱር ስለ ዝነበረ፡ ለውጢ ካብ ሺሊንግ ናብ ብር ንህዝቢ ኤርትራ ናይ ምዕዳግ ዓቕሙ ኣዝዩ ሃሰዩዎ ነይሩ ኢዩ። ኣብ ጋዜጣታት ጥራይ ዘይኮነ፡ ገለ ክፋል ህዝቢ ኤርትራ ኣብ ጥርዓናትን ሰላማዊ ሰልፍን በጺሑ ከም ዝነበረ'ውን ክንርኢ ኢና።

ቅድሚ'ዚ ኹሉ ግን፡ ማለት ብ17 መስከረም 1952፡ ወይ ድማ፡ ፈደረሽን ካብ ዝቐውም ኣብ ሳልሳይ መዓልቱ ጥራይ፡ ሳልሕ ኬኪያ ፓሻ ካብ ሕርጊጎ፡ ኣብ ባይቶ ሓደ ጉዳይ ኣልዓሉ። ካብ 16 መስከረም (ጽባሕ መዓልቲ ፈደረሽን) ጀሚሩ፡ ነጋዶን ሰብ ዋኒንን ብዘልዓሉዎ ንግዳዊ ግምታትን ወረታትን (speculation) ዋጋ ኣቡጀዲድ፡ ክዳውንቲ፡ ሽኮር፡ በንዚናን ናፍታን ካብ 70% ክሳብ 100% ዋጋ ምውሳኹ ኣፍለጡ። ነዚ ድሕሪ ምኽናን፡ ብብዙሓት ኣባላት ተደጊፎም፡ ብዛዕባ'ዚ መራሒ መንግስቲ ክንገሩን መንግስቲ ድማ ነቲ ዋጋታት ናብቲ ቅድሚ 15 መስከረም ዝነበሮ መጠን ከም ዝምለስ ክገብርን ኣመሙ። ባይቶ ድማ ኣጽደቖ።[1]

1. Eritrean Assembly (E.A.) Minutes No. 68, 17 September 1952;

ሳልሕ ኬኪያ ፓሻ

ብዛዕባ'ዚ ዝኾነ ስጉምቲ ከይተወሰደ ዑደት ሃይለስላሴ ስለ ዝጀመረ ግን፡ ሕቶ ብውንዙፉ ንኣስታት ወርሒ ጸንሐ። ህዝቢ'ውን መረረኡን ተቓውሞኡን ክሰምዕ ጀመረ።[2] ኣብ ወርሒ ጥቅምቲ፡ እቲ ኣርእስቲ መሊሱ ብኬኪያ ተላዕለ። እቲ ቐንዲ መዛረቢ፡ ዋጋታት ክንድ'ቲ ምንሃሩ ጥራይ ዘይኮነ፡ 2000 ቦንዳ ኣቡጀዲድ ብዘይ ኣገባብ ካብ ኤርትራ ንወጻኢ ተሸይጡ ስለ ዝተባህለ፡ ከምኡ'ውን ካብ ሽኮር ብዘይ ግቡእን መጠን ዘይብሉን መኽሰብ ደሊቦም ዝተባህሉ ውልቀ ሰባትን ኩባንያታትን ብኬኪያ ብስም ከይተረፈ ስለ ዝተጠቕሱ፡ ባይቶ ዕቱብ መንግስታዊ መግለጺ ሓተተ።[3]

ሳልሕ ኣሕመድ ኬኪያ ፓሻ፡ ብ1904 ኣብ ሕርጊጎ ዝተወልዱ ኾይኖም፡ ምክትል ፕረሲደንት ማሕበር ሕብረትን ሓደ ካብቶም ኣዝዮም ስሙያት ነጋዶ ናይቲ እዋንን ዝነበሩ'ዮም። ኣብ'ዚ ዝተባህለ ጉዳይ ክንድ'ዚ ዝተገደሱ ድማ፡ ሓደ ሓደ ሰባት ከም ዘዘንትውዎ፡ ካብቲ ናይ ንግዲ ስራሓቶም ደቂቕ ሓበሬታ ስለ ዝነበሮም ኢዩ። ከምቲ ዝተገልጸ፡ እቲ ሰሙናት ሃይለስላሴ ዑደት ዝፈጸሙሉ ስለ ዝነበረ፡ ተድላ ንዕኦም ንምስናይ፡ ንሰክረታሪ ቍጠባ ፍስሓጽዮን ሃይለ ከም ተጸዋዒ ወይ ወካሊ መራሒ መንግስቲ መዚዞሞም ነይሮም'ዮም። ኣብ

2. ደሃይ ኤርትራ፡ 1ይ ዓመት ቍ. 1፡ 21 September, 1952
3. EA, Minutes No. 90, 23 October 2003.

ውሽጢ'ዛ ጊዜ'ዚኣ፡ ተድላ ኽቈጻጸሩዎ ዘይከኣሉ፡ ግን ንገለ ካብ ሰበ ስልጣኖም ብረብሓን ብዘይ ኣገባብ ክትሀብትም ብምድላይን ዘኽሰስ ወይ ዘሕሚ ተግባራትን ውዲታትን ተፈጺሙ ተባሂሉ ተዘርበ። ነዚ ደው ንምባል'ዮም እምበኣር ኬኪያን ብጾቶምን ኣብ ባይቶ ዝተንቀሳቐሱ።[4]

ብጠለብ ባይቶ፡ ፍሰሓጽዮን ሃይለ ኣብቲ መጋባእያ ተረኽቡ። ዝርዝር ናይ መሸጣ ዋጋ ሽኮርን ካልእ ኣቕሓን ድሕሪ ምሃብ ድማ፡ መንግስቲ ዋጋ ክውስን ምምዳቡ ምንጪ ናይቲ ዝተባህለ ዘይሕጋዊ ኣሰራርሓ ንምፍላጥ'ውን ኣድላዪ ምርመራ ክግበር'ዩ ዝብል መብጽዓ ኣስምዑ። ብዛዕባ እቲ ኣቡጀዲድ'ውን ከምኡ ምርመራ ክካየድ'ዩ በሉ።[5]

ባይቶ በዚ ኣይዓገበን። መራሕ መንግስቲ ባዕሎም ናብ ባይቶ መጺኦም ብዛዕባ'ቲ ኬኪያ ዘልዓሉዎ ነጥቢ ንኽረድኡ ዝጽውዕ ውሳነ ብባይቶ ስለ ዝሓለፈ ኸኣ፡ ጻውዒት ናብ ተድላ ተመሓላለፈ።[6] ተድላ ብኣካል ክመጹ ስለ ዘይደለዩ፡ መልሶም ብጽሑፍ ኣቕረቡ። መልእኽቶም ድማ፡ ነቲ ጉዳይ ይከታተሉዎ ከም ዝነበሩ፡ እቲ ንላዕሊ ዝድይብ ዝነበረ ዋጋ መነባብሮ ድማ ምስቲ ብሰንኪ ወሰኽ ቀረጽ ጉምሩክ ዝመጣጠን'ምበር ካብኡ ዝዓቢ ንኸይከውን መንግስቶም ኣድላዪ ስጉምቲ ክወሰድ ቅሩብ ምንባሩ ኣረጋገጹ። ናይ መንግስቶም ዓቃቢ ሕግን ኣማኻሪ ሕግን ሕጋዊ ስጉምቲ ይወስዱ ከም ዝነበሩን ውጽኢት ምርመራኦምን ብኣጋ ናብ ባይቶ ከም ዝመሓላለፍን መብጽዓ ኣተዉ።[7]

መልእኽቲ ተድላ ምስ ተነበ፡ ኬኪያ ፓሻ ተንሲኦም ከምዚ በሉ፡

> ንኣዲስ ኣበባ ዘኽይድ ምኽንያት ስለ ዝነበረኒ፡ ፍቓድ እውን ስለ ዝተዋህበኒ፡ ብቐልጡፍ ክነቕል ሓሲበ ነይረ። እንተኾነ ግን፡ እዚ ንምሉእ ሕዝቢ ዜነቕልን ዜምንቕስን ምኽኑ ተረዲኡ፡ ኣብ ቅድሚ ባይቶ ሕዝቢ ኤርትራ ተንሲአ ዘሎኹ ጉዳይ ዜሐጉስ ፍጻመ ስለ ዘይረኸበ፡ ጉዳየይ ድሓን ኣስፈለሉ ይጽናሕ… ኣነ ዝተንሳእኩ፡ ኣብ ግብሪ ንምውዓል ኢለ እየ'ምበር ንዕላል ወይ ንፕሮፓጋንዳ ቢለ ኣይኮንኩን።

ኣቦ መንበር ባይቶ ሸኽ ዓሊ ረድኣይ፡ መራሕ መንግስቲ ብምኽንያት ሕማም ምጽዋዕ ስለ ዘኸዱ'ምበር ኣብ ቀረባ መጺኦም ከረድኡ ኢዮም ክብሉ'ኳ ከደዓዕሱ እንተ ፈተኑ፡ እቲ ናይ ኬኪያ ናህሪ ናብ ካልእት ለሓመ። ሀብትዝጊ ዑቕባዝጊ ተዛረቡ፡

> … ባይቶ ሓጋግን ሓጋዝን እምበር ጠራዒ ኣይኮነን፡ ንሱ ዝወሰኖ ከኣ ክቢሩ ዜነብር ኢዩ። ባይቶ ኤርትራ ንመራሕ መንግስቲ ኪመርጽ ከሎ፡ ነቲ ንሕዝቢ ክሀውኽ ዚኽእል በደል ኹሉ ምእንቲ ኪሓሰበሉን መድሃኒት ኪፈጥረሉን ቢሉ ኢዩ። ሕጂ ድማ፡ እዚ ዘሕዝን ኮነት እዚ ሓደ ነገር ከይተማህዞ እንድሕሪ

4. ኢብራሂም KHK©ö ቃለ መጠይቕ፡ 24 መስከረም 2003።
5. EA Minutes, 91, 24 October 1952.
6. EA Minutes, No. 92, 25 October 1952.
7. EA Minutes, No. 95, Appendix A, 27 October 1952.

ተሪፉ፡ ሳዕቤኑ ዘየፍርህ ኣይኮነን። ... ሕጊ ባይቶ ኤርትራ ኣብ ምድማሩ ተጋሂሱ ኪርአ ከሎ ግን፡ ኣብ ዝባን እዚ ስራሕ እዚ ገለ ስዉር ነገር ተሓቢኡ ከይህሉ ዜሰግእ ኢዩ። ትማሊ ሰንበት ብሰልፊ ትርኢት ዝገበሩ መንእሰያት ዓድና ርኢኹምዎቶም። ... ሕዝቢ ይመውት ኣሎ፡ ሕዝቢ ይኸፍኦን ይጸቦን ኣሎ። ሕዝብን ባይቶን መንግስትን እናተሰማምዑ... እንተ ዘይሰሪሑም፡ ብናይ ኤርትራ መጻኢ ዕድል ልቢ ዚመልእ መብጽዓ ኪህልወና ከም ዘይኽእል ዝተፈልጠ ኢዩ...

ህብትዝጊ ብድፉኑ ንዝተዛረቡዎ፡ ቃዲ ዓሊ ዑመር ኣብ ቃልዕ ኣውጽኡዎ፡

... ምስ ክቡር መራሕ መንግስቲ ዘዋጥጥ የብልናን፡ ከመይ ኳብኦም ዝረኸብናዮ በደል የብልናን። ንሕና ጸብጻብ እንጥይቐ ዘሎና፡ ኳብቲ ብውክልና ስልጣን ተቐቢሉ ኬብቅዕ በዳሊ ከም ዝኾነ ተጠሊዑ ዝተኣመነ ሰብ ኢና።

ብምባል ድማ፡ ንኸሲ ባይቶ ናብ ሰክረተር ፍስሓጽዮን ሃይለ ገጹ ከም ዘቕንዐ ኣተንብሁ። ዘረባኦም ብምቕጻል ድማ፡

መራሕ መንግስቲ ነቲ ኣሚናዎም ዝሓደጉዎ ሰብ ቤዛ ኪሓልፉሉ ድላይ እንተዳአ ኣልዩዎም ኮይኑ፡ ጽቡቕ በሃልቲ ኢና'ምበር እንነቕፎ የብልናን፡ ግና ንባይቶ ሕዝቢ ኤርትራ ዜሐጉስ መልሲ ንምሃብ ቈጸራ ኪጥይቑና ከሎዉ፡ ብንጽህና ከም ዘይኩነ ክንጥርጥር ኣይንኽእልን። ...መዓልቲ ፈልዮም ከኣ ቈጸራ ምጠየቑ እምበር ብጉልቡብ ጊዜ የብለይን ምባል ቅኑዕ ኣይኮነን። መዓልቲ ይብተኹ፡ ክንቅበሎም።

መዋእሎም ብደገፎም ንሕብረትን ንኢትዮጵያን ዝፍለጡ ዝነበሩ እምባዩ ሃብተ ኳብ ሰንሒት ከይተረፉ፡ ነቐፌታኦም ሃቡ፡

... ሓደ ፈረንጂ፡ ንኤርትራውያንሲ ድላዮም ክዛረቡ ከሎዉ ድአ ሱቕ ቢልካ ስምዓዮም እምበር፡ እንተ ዘይፈጸምካሎም ግዲ የብሎምን እናበለ ይዛረብ ነበረ። እንተኾነ እዚ ግምት እዚ መሰረት ዘሎዎ ኣይኮነን። ትማሊ ንጉሆ፡ ኣብ መንጎ ባይቶን መንግስትን ሕዝብን ስምምዕ የልቦን ተባሂሉ ብመንእሰያት ትርኢት ከም እተገብረ ፈሊጥና...። ብዛዕባ'ዚ ተረኺቡ ዘሎ ጉዳይ ኣብ ክንዲ መራሕ መንግስቲ ዝነበሩ ሰብ መልሲ ክህቡና ኣይክእሉን ኢዮም። በዓል ሓላፍነት መራሕ መንግስቲ ኢዮም፡ ኳብኦም ኢና መልሲ እንደሊ። እቶም በዲሎም ዝተረኽቡ፡ በቲ ኳብ ኩሉ ዝዓበየ መቕጻዕቲ ኪቕጽዑ ድላይ ባይቶ ከም ዝኾነ ኣይጥርጥርን።[8]

ድሕሪ'ዚ ኹሉ መደረን መጠንቀቕታን እንተ ኾነ'ውን፡ ተድላ ናብ ባይቶ ምምጻእ ኣበዩ። ካልኣይ ደብዳበ ብምጽሓፍ ጥራይ ድማ ነቲ ኣቐዲሞም ዝበሉዎን ዝተመባጽዑዎን ደገሙ።[9] መልእኽቶም ምስ ተነበ፡ ኬኪያ ነዚ ዝስዕብ ቃል ሃቡ፡

8. ኢትዮጵያ፡ 6ይ ዓመት ቍ. 346፡ 30 ጥቅምቲ 1952።
9. EA Minutes No. 104, 6 November 1952, Tedla Bairu, Ret No 1/4/6, 5 November 1952.

> ነዚ ጉዳይ'ዚ ዘተንሳእኩዎ፡ …ናይ ባይቶ ኣባል ብምዃነይ ብዘለኒ መሰል ክንዲ ጥቕሚ ሕዝቢ ቢለ እየ። እንተኾነ ግን፡ ነዚ ክንዲ ሕዝቢ ቢለ ዘቕረብኩዎ ሓሳብ ዘይምስጢሩን ዘይትርጉሙን ከም እተዋህቦ ኣስተውዒለ። ብዙሓት ብሕማም ርእሱ ዘልዓሎ ጉዳይ ኢዩ ቢሎምኒ፡ ገሊኦም ድማ ሕልፍ ቢሎም ንመንግስቲ ኬግድዕ ዚገብሮ ዘሎ ኢዩ ቢሎምኒ። …ኤኮኖሚያዊ ግስርጥና ተመልኪተ ስለ ናይ ሓባር ጠቕሚ ኢለ እየ ዝመጉትኩ እምበር ከምቲ ክሕመዩ ዝቓነኹ ዚመስል መንፈስ ኣብ ሕልናይ ኣይነበረን።
> …እቲ ገሊኦም ኣባላት፡ ከኪያስ ንኣቡ ጀዲድ ፍቓድ ጠይቑ ስለ ዘይተዋህቦ ኢዩ ነዚ ኩሉ ዚገብር ዘሎ እናበሉ ጸልማት ተኸዲኖም ኬውርዩዎ ዝቓነዩ እውን፡ ሓሶትን ጥቕራንን ምዃኑ ሕጂ ከፍልጥ እደሊ። ዝኾነ ኾይኑ፡ እቲ ብኽቡር መራሕ መንግስቲ ተዋሂቡ ዘሎ መልሲ፡ እቶም ገበነኛታት ኮይኖም ኪርከቡ ዘሎዎም ከይተቐጽዑ ከም ዘይተርፉ ዜረጋግጽ መብጽዓ ዝሓዘ ስለ ዝኾነ፡ ደስታይ እገልጽ … ጉዳዩ ድማ ከም ዕጹው እቖጽሮ ኣሎኹ…[10]

ኬኪያ ፓሻ ነዚ ዝመስል ናህሪ ሒዞም ዝተበገሱሉ ዓቢ ጉዳይ በቲ ኣብ ልዕሊኦም ዝወርድ ዝነበረ ሕሜታን ዘለፋን ጥራይ ተዳሂሎም ዝገደፉዎ ኣይመስልን። ናይ'ቲ ጊዜ'ቲ ሰባት ከም ዘዘንትዉዎ፡ እቲ ነገር ሱር ዝሰደደን ንሰክረታሪ ፍስሓጽዮን ባዕሎም ዝትንክፍን ስለ ዝነበረ፡ መንግስቲ ተድላ ከይቃላዕ ተፈርሐ። ኣብ ባይቶ ከይተረፈ፡ ስም ፍስሓጽዮን ኣይረቛሕ'ምበር፡ ቃዲ ዓሊን እምባየ ሃብተን ንዕኦም'ዮም ዝጠቕሱ ዝነበሩ። ኬኪያ እምበኣር፡ ስም ተድላን መንግስቶምን መታን ከይበላሾን ከይሳጣሕን ብኣባላት ሕብረትን ብተድላ ባዕሎምን ብትሪ ስለ ዝተለመኑ ኢዮም ሃንደበትን በቲ ዝተባህለ መገድን ዝገደፉዎ።[11] ኣኪቶ'ውን ኣብ ቃለ መጠይቖም፡ "ንሕና'ኳ፡ ኬኪያ ዝኣክል ኣባል ሕብረት ነቲ ኽሲ ምስ ኣልዓለ፡ ብኢትዮጵያ ተላኢኹ፡ መንግስቲ ኤርትራ ገና ከይጀመረ ከፍርስ ዝተበገሰ ኢዩ መሲሉና። ብኡ መጠን ድማ፡ መንግስትነት ኤርትራ ንኸነጽንዕ፡ ንኬኪያ ኣይደገፍናዮን…" ኢሎም ገሊጾም። ብዝኾነ፡ ከምቲ ጋዜጣ ኢትዮጵያ ዝበሎ፡ "ናይ ኣቡጀዲድን ናይ ሽኮርን ጉዳይ ብበርቕን ነጐዳን ጀሚሩ ብጻሕያ" ተዓጽወ።[12]

ኣብተን ቀዳሞት ኣዋርሕ፡ ባይቶ ኤርትራ ብዛዕባ ናህሪ ዋጋታት ጥራይ ኣይኮነን ዝማጉት ዝነበረ። ብዛዕባ'ቲ ንኤርትራን ንኢትዮጵያን ዝተዓደለ ስልጣናት'ውን ንኣባላት ዘይበርሃሎም ጉዳያት ነይሩ ኢዩ። ንኣብነት፡ ካብ ዞባ ሓድሽ ዓዲ፡ ኣስመራ ዝተመርጹ ብላታ ሀብትዝጊ ዑቕባዝጊ፡ ንተድላ ኽልተ ሕቶታት ኣቕረቡ። እዚ ድማ፡ ቀዳማይ፡ መንግስቲ ኢትዮጵያ ካብ ኣስመራ ናብ ባጽዕ ዝመላለሳ ናይ ጽዕነት መኻይን ካብ 15 ኵንታል ንላዕሊ ከይጽዕና ዝእግድ መምርሒ ዘውጽኣሰ በየናይ ሕጊ ኢዩ፧ ካልኣይ፡ "ስለምንታይ ኢዩ ብፌደራል

10. ኢትዮጵያ፡ 6ይ ዓመት ቍ. 348፡ 9 ሕዳር 1952። EA Minutes No. 104, 6 November 1952.
11. ኢብራሂም መሓመድ፡ ቃለ መጠይቕ፡ 24 መስከረም 2003።
12. ኢትዮጵያ፡ እ.ጽ. 10 ርአ።

ህብትዝጊ ዕቑባዝጊ

ሰበ ስልጣን ዝወጽእ ምልክታታት ኣብ ክንዲ 'ፈደራል መንግስቲ'፡ 'ሃጸያዊ መንግስቲ ኢትዮጵያ' ብዝብል ኣርእስቲ ዝወጽእ?" ሳልሳይ ድማ፡ ብመሰረት ዓንቀጽ 5(J) ናይ ህንጻ መንግስቲ ኤርትራ፡ ውሽጣዊ መራኸቢታት (internal communications) ማለት ድማ ኣገልግሎት ቴሌፎንን ቴሌግራፍን፡ "ስልጣን መንግስቲ ኤርትራ ኢዩ ምባል ቅኑዕ ዲዩ? ከምኡ እንተ ኾይኑ፡ ስለምንታይ ኢዩ ንመንግስቲ ኤርትራ ዘይወሃብ?" ዝብል ነበረ።

ተድላ ሕጂ'ውን ብጽሑፍ መለሱ። ኣብቲ ቐዳማይ፡ ኣብ ጽርግያ ኣስመራ-ምጽዋዕ ዝካየድ ንጥፈታት ንመን ይምልከት ዝብል ሕቶ ምስ መንግስቲ ኢትዮጵያ ኣብ ዝርርብ ዝነበረ ምኻኑን፡ ሓደ ኻብቲ ኤርትራውያን ኣባላት ፈደራል ቤት ምኽሪ ኣብ ኣዲስ ኣበባ ከልዕሉዎን ክካትዑሉን ትጽቢት ዝግበረሉ ነገራት ምንባሩን ገለጹ። ኣብ'ዚ፡ ተድላ'ውን ከም'ቶም ኣቐዲሞም ስልጣን ዘመሓላለፉ ናይ ባይቶ ፈጻሚ ኮሚተ፡ ኣብቲ ገና ዘይተበገሰ ፈደራል ቤት ምኽሪ ዝነበሮም ትጽቢትን እምነትን ገለጹ።

ንኣሰያይማ ፈደራል መንግስቲ ብዝምልከት ግን፡ ተድላ ነቲ ሃይለስላሴ ንሕገ መንግስቲ ኤርትራ ክርዕሙ እንክለዉ ዘውጽኡዎ ሃጸያዊ ትእዛዝ ቍ. 6 ናይ 1952 (ዓንቀጽ 3) ጥራይ ጠቐሱ። እዚ ዓንቀጽ'ዚ ድማ፡ ፈደረሽን

ኤርትራን ኢትዮጵያን ምስ ተተግበረ'ውን፡ ስም ናይቲ ፈደረሽን ዘቐውም መሬት (territory) "ናይ ኢትዮጵያ ንጉሰ ነገስት" (Imperial Ethiopian Governement) ኮይኑ ክቕጽል'ዩ፤ ሃጸያዊ መንግስቲ ኢትዮጵያ ድማ፡ ብደረጃ ኣህጉር ይኹን ኣብ ካልእ፡ ስም ናይቲ ኣብ መላእ ፈደራል መሬት (territory) ዝህሉ መንግስቲ ክኸውን'ዩ..." ዝብል ነበረ። ብኻልእ ኣዘራርባ፡ እቲ ፈደራል መንግስቲ ማለት መንግስቲ ኢትዮጵያ ኢዩ ዝብል ዝጸንሐ ናይ ኢትዮጵያ መርገጺ፡ ብተድላ ጸዲቑ ማለት ኢዩ።

ኣብቲ ከም ቴሌፎንን ቴሌግራፍን ዝመሰለ ውሽጣዊ መራኸቢታት ስልጣን መንግስቲ ኤርትራ ክኸውን ኣሎዎ ዝብል ሕቶ ብላታ ህብትዝጊ ግን፡ ተድላ ተሰማምዑ። "እወ፡" ድማ በሉ፡ "እዚ ኣተራጉማ ናይ ፈደራል ድንጋገ ቅኑዕ ምዃኑ ብኣማኸርቲ ሕጊ ኮሚሽነር ሕ.ሃ.ን ኣማኻሪ ሕጊ መንግስቲ ኤርትራን ተረጋጊጹ ኢዩ። ሓቅነቱ ድማ፡ ሕገ መንግስቲ ኤርትራ ብግርማዊ ሃጸይ ምስ ጸደቐ ኣብ ክትዕ ዘይኣቱ ኾይኑ ኢዩ።" ዝርዝር ኣተገባብራኡ ግን ገና ዝርርብ ዘድልዮ ጉዳይ ምንባሩ ኸኣ ኣዘኻኸሩ።[13]

እዚ ኸምዚ ዝመሰል ኣብነታት፡ ነቲ ተድላ ምስ ሰበ ስልጣን ኢትዮጵያ ከጋጥሞም ዝጀምር ዝነበረ ጸገማት ጥራይ ዘይኮነ፡ ነቲ ኣብ ውሽጦም'ውን ዝቀላቐል ዝነበረ ተጋራጫዊ ሓሳባትን እምንቶን ከም ዘንጸባርቕ ኣየጠራጥርን። ኤርትራ ምስ ኢትዮጵያ ንኽሕውሱ ዓጢቖም ዝተላዕሉ ብምንባሮም፡ መንግስቶምን ውሽጣዊ ናጽነቱን ብስም ኢትዮጵያን ሃጸያን ክጽዋዕ ዝጸልኡ ኣይነበሩን። በቲ ሓደ ሸነኽ ድማ፡ ክዕቅብዎ ብስም ኣምላኽ ንዝመሓሉሉ ሕገ መንግስቲ ኤርትራን ውሽጣዊ ናጽነታን ክጣበቑን ክሕልዉን ግዴታ ነበሮም። ባይቶ ብወገኑ፡ እቶም ገለ ኣባላት ሕብረት ኮይኖም ኣንጻር ፈደረሽን ዝሰርሑ ከይተረፉ፡ ግህሰት ፈደራል መሰላት ኤርትራ ኾይኑ ንዝተራእዮም ኣርእስትታት እናልዓሉ፡ ገና ከም መራሕ መንግስቲ ክልተ ወርሒ'ኳ ከይገበሩ ክሚንቑሎምን ክዋጥሩዎምን ተራእዩ።

ብ22 ታሕሳስ ንኣብነት፡ እቲ ብኣዝማች በየነ ዛህላይ ናይ ዓዲ ቐይሕ ዝምራሕ ዝነበረ ናይ ባይቶ ኮሚተ ባጀት፡ ቀዳማይ ጸብጻቡ ኣቕረበ።[14] ኣብ'ዚ ጸብጻቡ'ዚ እቲ ኮሚተ፡ መንግስቲ ኢትዮጵያ ናይ ዓሰርተ ሓሙሽተ ወርሕን ፈረቓን (ወይ ናይ ዝያዳ ሓደ ዓመትን ሰለስተ ወርሕን) ብጽሒት እቶት ጉምሩክ ኢላ ንኤርትራ ዝሰልዓትላ 5.784.145 ቅርሺ ኢትዮጵያ ኣብ ናይ ቀደም ግምታት ምምሕዳር ብሪጣንያ ስለ ዝተመርኮሰ፡ ቅቡል ከም ዘይነበረ ኣፍለጠ። መንግስቲ ኢትዮጵያ ንጉምሩክን ወደባት ኤርትራን ኣብ ትሕቲ ቊጽጽራ ምስ ኣእተወት፡ ቀረጽ ጉምሩክ ብኣዝዩ ክብ ዝበለ መጠን ኣዕብያቶ

13. EA Minutes No. 114, 2 December 1952.

14. እቶም ዝተረፉ ኣባላት እዞም ዝስዕቡ ነበሩ፡ ሸኽ ያሲን ሓሰን ናይብ፡ ኣባ ሃብተማርያም ንጉሩ፡ ሸኽ መሓመድ ዑመር ኣኪቶ፡ ኣቶ እምባየ ገብረኣምላኽ፡ ሓጂ ማሕሙድ ዓሊ ያሲን፡ ሸኽ ያሲን መሓመድ ባጦቕ፡ ብላታ ህብትዝጊ ዕቑባዝጊ. EA Minutes, No. 83, 1 October 1952.

ፌደረሽን ኤርትራ ምስ ኢትዮጵያ

ነይሩ ኢያ። ናይ ኤርትራ ብጽሒት ግን ብኡ መጠን ክንዲ ዝዓበ፡ በቲ ብ.ም.ኤ. ንጊዜኡ ኢሉ ዝተመኖ ኣዝዩ ትሑት መጠን ክቕጽል ስለ ዝተሓሰበ ኢዩ፡ እቲ ኮሚተ ተቓውሞኡ ዘሰምዐ።[15] ኣብዚ ድማ፡ እቲ ኤርትራ ዝመንቀሊኡን ኤርትራ ዝመዕረፊኡን ኣቕሑ ዘምጽእ እቶት ቀረጽ ንኤርትራ ይኹን ዝብል ትሕዝቶ ፈደራል ድንጋገ ገና ተወንዚፉ ምንባሩ ምግንዛብ የድሊ።

ናይ ፋይናንስ ሰክረተሪ ዝነበሩ ተኽለሃይማኖት በኸሩ፡ ካብ ኣባል ህብትዝጊ ዑቕባዝጊ ሕቶ ስለ ዝቐረበሎም፡ ብዛዕባ'ዚ ንኽረድኡ ባይቶ ቐረቡ። ተኽለሃይማኖት በኸሩ፡ ብ1914 ኣብ ኣፈልባ (እንጋንእ) ዝተወልዱ፡ ካብቶም ብትምህርቲ ጣልያን ሰጕሞም ዝብሃሉ ዜጋታት'ዮም ዝነበሩ። ካብ 1945 ጀሚሮም፡ ምስ ኢትዮጵያ ሕብረት ብውዕል ንኽግበር ዝጠለቡ፡ ጸኒሖም ድማ ካብ ደገፍቲ ኤርትራ ንኤርትራውያን ዝነበሩ ኢዮም። ኣባል ባይቶ'ኳ እንተ ነበሩ፡ ከም ሰክረተሪ ፋይናንስ ንኸገልግሉ ብተድላ ስለ ዝተሳሕቡ ኢዮም ከኣ ሕቶታት ኣባላቱ ክምልሱ ዝቐረቡ።[16] ከምዚ ድማ በሉ፡

> ብዛዕባ'ዚ ጉዳይ'ዚ ምስ ሃጸያዊ ፈደራል መንግስቲ ዝርርብ ኣብ ምክያድ'ኳ እንተ ተረኽበ፡ ብዛዕባ ኣገባብ ኣከፋፍላን መጠን ክፍሊትን ናይቲ ብጽሒት ኤርትራ ዝኾነ ቐረጽ ጉምሩክ ኣብ ውሳነ ከም ዘይተበጽሐ ንኽቡር ኣባል ከመልክት እፈቱ። ሓደ ክሕብሮም ዝደሊ ጉዳይ ግን፡ ክሳብ'ዛ ዕለት እዚኣ፡ መንግስቲ ኤርትራ ካብቲ ሃጸያዊ ፈደራል መንግስቲ 500.000 ቅርሺ ኢትዮጵያ ጥራይ ተቐቢሉ ምህላዉ ኢዩ።[17]

ተኽለሃይማኖት፡ እዚ ናይ ጉምሩክ ጉዳይ ቅኑዕ መኣዝኑ ንኽረክብ ምስ መንግስቲ ኢትዮጵያ ብዙሕ ከም ዝተኻራኸሩ ዝምስክረሎም፡ ፍሉጥ ተጣባቒ መሰላት ኤርትራ ስለ ዝነበሩ፡ እቲ መልእኽቶም ከም ክሲ ንመንግስቲ ኢትዮጵያ ክሕሰብ ይክእል። በቲ ንጊዜኡ ይኹን ኢሉ ብ.ም.ኤ. ዝገደፎ ኣገባብ እንተ ኾነ'ውን፡ መንግስቲ ኢትዮጵያ ነቲ ዝተባህለ መጠን ገንዘብ ኣቐዲሙ ብዘኽፈል ነናይ ሰለስተ ወርሒ ሕሳብ'ዩ ንመንግስቲ ኤርትራ ኣታዊ ኽገብር ዝግባእ ዝነበረ። ካብ መስከረም ክሳብ ታሕሳስ ዝያዳ ሚልዮን ክኸፍል ዝግብኦ፡ ፍርቂ'ቲ መጠን'ቲ ጥራይ ሂቡና ንምባል ከኣ ኢዮም ተኽለሃይማኖት በኸሩ ነቲ መግለጺ ዝሃቡ። ደሃይ ኤርትራ ነዚ ጉዳይ'ዚ ኣመልኪቱ ኣብ ዘሰፈሮ ጽሑፍ፡ ንተኽለሃይማኖት በኸሩ ክብ ዝበለ ምስጋናኡ ከቕርብ እንከሎ፡ ነቲ ብጽሒት መንግስቲ ኤርትራ ከይተኸፍለ ምትራፉ ዝፈጥሮ ዝነበረ ጸገም ብምጥቃስ ቅሬታኡ ገለጸ።[18]

ኣብዘን ዝተባህላ ውሑዳት ኣዋርሕ፡ ባይቶ ዘየልዓሎ ጉዳይ ነይሩ ክብሃል ኣይክኣልን። ሕጋውነት ኣዋጅ 130፡ ዓርቢ ምስ ሰንበት መዓልቲ ዕረፍቲ

15. EA Minutes No. 12, Appendix A, 22 December 1952.
16. ብዛዕባ ተኽለሃይማኖት በኸሩ፡ Chi e dell' Eritrea ገጽ 280፡ ኣይንፈላለ ገጽ 124-126 ርአ።
17. EA Minutes129, 29 ታሕሳስ 1952.
18. ደሃይ ኤርትራ፡ 1ይ ዓመት፡ ቍ. 15፡ 27 ታሕሳስ 1952።

ክኾነሉ ዘኽእል መገዲ፡ ትግርኛን ዓረብን ኣብ ኩሉ ኣብያተ ትምህርቲ ብማዕረ ዝወሃበሉ ኣገባብ።... ወዘተ፡ ኣብ ልዕሊ'ቲ ተጠቒሱ ዘሎ ኣርእስትታት ተላዕለ። ደሃይ ኤርትራ፡ "እንተ ዘይተበትከሰ ጸቡ'ቅ ቅዋኒ" ኣብ ትሕቲ ዝብል ኣርእስቲ፡ ኣስማት እቶም ንመሰላት ኤርትራ ኣትሪሮም ዝቃለሱ ዝነበሩ ኣባላት ብምጥቃስ፡ ናእዳኡን ተስፋኡን ገለጸ።[19]

ተድላ ባይሩ፡ ተቓወምቶምን ደገፍቶምን

ዳርጋ ኹሉ መጋባእያታት ባይቶ ኤርትራ ንህዝቢ ኽፉት'ዩ ዝነበረ። እቲ ኣብኡ ኣትዩ ነቲ ኽትዕ ኣባላት ዝከታተል ዝነበረ መንእሰይ ዝበዝሖ ተዓዛቢ ድማ፡ ነቲ ቓላቶም ካብ ኣፎም እናመንጠለ ናብ ኩሉ ስለ ዝዝርግሖ፡ ኣብቲ እዋን'ቲ ህዝቢ ዘይሰምዖ ነገራት ነይሩ ክብሃል ኣይክኣልን። ኬኒያ ፓሻ ነቲ ናይ ሸኮርን ኣቡጀዲድን ጉዳይ ምስ ኣልዓሉ፡ ንኣብነት፡ ህዝቢ ኣስመራ ስለ ዝሰምዖን ስለ ዝደገፎን፡ ኬኒያ ባይቶ ክኣትዉን ካብኡ ክወጹን እንከለዉ ኣብ ኣፍ ደገ እናተጸበየ ብጣቕዒት ክቕበሎምን ከፋንዎምን ቀንዩ ነይሩ እዩ።[20]

ቡቲ ኣብ ባይቶ ዝለዓል ዝነበረ ክትዓት ዝተተባብዑ ኢዮም ዝመስሉ፡ ኣብ ምውጻእ ወርሒ ጥቅምቲ፡ ቍጽሮም ብርክት ዝበለ መንእሰያት ሰላማዊ ሰልፊ ብምግባር፡ ጥርዓኖም ናብ መራሕ መንግስቲ ኣቕረቡ። ቅድሚኡ'ውን ስም ጸሓፊ ዘይጠቅስ ጽማቕ ናይቲ ጥርዓኖም ዝሓዘ ወረቓቕቲ ወይ ማኒፌስቲ፡ ኣብ መናድ'ቕ ኣስመራ ጠቒዮም ነይሮም'ዮም። እዚኦም ድማ፡ እቶም ሀብትዝጊ ዑቕባዝጊን እምባየ ሃብተን ኣብ ባይቶ ዝተዛረቡሎም ነበሩ። ሕቶታት ናይቶም ሰልፈኛታት በዚ ዝስዕብ ክጽመቕ ይክኣል፦

- ኣብ ባይቶ ኤርትራ ዘሎዉ ምስሌነታት ክልተ ደሞዝ ይበልዑ ስለ ዘሎዉ፡ ወይ ምስሌንነት ወይ ኣባልነት ባይቶ ክመርጹ፡
- ንኤርትራ ዘማሓድሩ ዘሎዉ፡ "ገሊኣቶም ጽሕፈትን ንባብን ዘይክእሉ፡ ከምኡ'ውን እውቀት ዘረባ ዘይብላቶም..." ስለ ዝኾኑ ክእለዩ፡
- ደሞዝ ወተሃደር ክብ ክብል፡
- ዋጋ መነባብሮ ኣዝዩ ስለ ዝኸበረ ክሕሰብሉ፡
- "ዕድመ ንኬኒያን ሰዓብቱን..." ጸገም ህዝቢ ብምርድኦም ከኣ ክድገፉ... ወዘተ ዝብል ነበረ።

በዚ ደው ከይበሉ እቶም መንእሰያት፡ ኣብ ውሽጢ ሓንቲ ወርሒ ናይ ወኪልነት ክንድ'ቲ ዝኣክል ጉድለት ካብ ተረኺቦም ወይ ንኽህሉ ካብ ኣኽኣሉ፡ ዝኸፍአ መታን ከይስዕብ፡ ፍስሓጽዮን ሃይለ ካብ ስፍራኦም ንኽእለዩ ሓተቱ። ብተወሳኺ፡ ሽመት

19. ደሃይ ኤርትራ፡ 1ይ ዓመት ቍ. 13፡ 13 ታሕሳስ 1952። እቶም ብስም ዝተመስገኑ ኣባላት፡ ያሲን ባጦቕ፡ ዑመር ኣኪቶ፡ ናዝር ሓምድ፡ ስዒድ ያስማን፡ ሃብተማርያም ንጉሩ፡ ገብረዝጊ ጓንጉል፡ እምባየ ገብረኣምላኽ፡ ኢድሪስ ዑስማን፡ ብርሃኑ ኣሕመዲን፡ ሀብትዝጊ ዕቑባዝጊ፡ ኢብራሂም ሱልጣን ነበሩ። እዚኦም ካብ ኩሉ'ቲ ዝነበረ ፖለቲካዊ ዝንባለታት ዝተዛነቑ ምንባሮም ምግንዛብ የድሊ።
20. ኢትዮጵያ፡ 6ይ ዓመት ቍ. 346. እቲ ጋዜጣ በዚ ተግባር'ዚ ነቶም ዘጣቕዑ ብዙሕ ነቒፉዎም'ዩ።

“ብፍልጠትን እውቀትን ፈራሓ እግዚኣብሔርን እምበር፡ ወዲ ዓቢይ ኢዩ ወይ ከኣ ጸግዐይ ኢዩ ቢልካ ንሰብ ከይስራሕ ነጣናቕቕኩምን ነማኽረኩምን ኣሎና፡ እቶም ዝሸየሙልና ድማ ነዚ ጊዜያዊ ኩነታት ዝፈልጡ እምበር ናይ ቅድሚ ሕጂ ኩነታት ዝፈልጥ ኣይንደልን...” በሉ። ኣቦ መንበር ባይቶ ዓሊ ረድኣይን ምኽትሎም ብላታ ደምሳስን ነቲ ዝሓዙዎ ቦታ ዝበቅዕ ክእለት ስለ ዘይነበሮም፡ ብኻልኦት ንኽትክኡ’ውን ሓተቱ።[21]

ተድላ፡ ነዞም ብዮሃንስ ተኽላይ፡ የዕብዮ ገብረመስቀል፡ ኪዳነ ቀላትን መንግስ ኣድሓኖምን ዝምርሑ መንእሰያት ተቐቢሎም ኣዘራረቡዎም። ነቲ ርክብቲ ኣመልኪቶም፡ እቶም መንእሰያት ነዚ ዝስዕብ ትዕዝብቶምን ጸብጻቦምን ብዛዕባ ዘረባ ተድላ ኣብ ዓምድታት ደሃይ ኤርትራ ጸሓፉ፡

> በዚ ናይ ሎሚ ንጋሆ ብጅራፍ (ሓለንጊ) እንዳበልኩም ዘመልከትኩምና ግን፡ ዝነበረን ዘይነበረን ብዙሕ ጉህዩልኩም...። መንግስቲ ፋሺስታ ድኣ ካብኡ ዝኸፍአ እንታይዶ ገይሩ ኢዩ? ሕዝቢ ሓሳቡ እንተ ዘይገሊጹ፡ ወዮ ዴሞክራሲያ እምበኣር ጠፊኡ ማለት ኢዩ።
> ... መጻሕፍትና እንተ ተመልከትና፡ ከምዚ ዚክተል ንረክብ፡- ንጉስ ሮብኣም ሕዝቢ ከእውየሉ ምስ መጽኣ፡ “ኣቦኻ ግዝኣት ኣበርቲዑልና ነይሩ ኢዩ፡ ንስኻ ኣቕልለልና” ምስ በሉዎ፡ ከምዚ ኢሉ መልሲ ሃቦም፡ “ኣቦይ መግዛእቲ ኣበርቲዑልኩም ነይሩ፡ ብሓለንጊ ይገርፈኩም ነይሩ፡ ኣነ ግን ብዕንቅርቢት ክገርፈኩም እየ፡” ኢሉ መልሲ ሃቦም። ንስኹም ድማ፡ ኣብየት ኣብየት ክብል ንዘመጸኩም ሕዝቢ ነቲ ብዘበን ፋሺስቲ ተሪፉ ዝነበረ ኣዘኻኽርኩምና...[22]

ተድላ፡ ብፍላይ ነቲ ብቐጥታ ናብኦም ዝቐንዐ ነቐፌታ ባዕሎም ኣይመለሱን። ጋዜጣ ኢትዮጵያ ግን ብዛዕባ በዓል ዮሃንስ ተኽላይን ዘቐረቡዎ ኣቤቱታን ጸብጻብ ርክቦም ምስ ተድላን ኣስፊሑ ጸሓፈ። ብዛዕባ’ቲ ገለ ኣባላት ባይቶ ይተኣለዩ ዝበሉዎ ንኣብነት፡ እቲ ጋዜጣ ከምዚ መለሰ፡

> ዘገርም ኢዩ። ሞትን ሕይወትን ተቐሪቡሉ ኣብ ዝነበረ ጊዜ ብጥበባቶም ሩባ ባርነት ዘሳገሩኻ ኣሕዋትካዶ ከምዚ ኣቢልካ ኪንቀፉን ኪጽየፉን ይግባእ ኢዩ? ... ብሕዝቦም ተመሪጾም ስለ ዝመጹስ ሕዝቦም ከኣ የውርዶም እምበር፡ መራሕ መንግስትን ባይቶ ኤርትራንዶ ኪሰጉዎም ይኽእሉ ኢዮም? ደሓር ድማ፡ ከምዚኦም ዝመሰሉ ሰባት’ኳ እንተሎዉ፡ እቶም ለጥማት ዝበሉዎ ይርሓሰናን ሕራይን ዚብሉ ካብ ኮኑ፡ ብለባማትን ክኢላታትን ኪግመቱ’ምበር ብደናቖር ኪቑጸሩ ኣይግባእን።

ነዚ ድሕሪ ምባል ጋዜጣ ኢትዮጵያ፡ ምስሌነ ዝኾኑ ኣባላት ብኽልተ ሽነኽ ኣይሰርሑን ኣይብልዑን ንዝብል ክሲ ግን ደገፎ። እዚ ድማ፡ ብሰንኪ ስራሕ ባይቶ፡ ስራሕ ምምሕዳር ይብደል ኣሎ ካብ ዝብል ተበጊሱ ነበረ።

21. ደሃይ ኤርትራ፡ 1ይ ዓመት ቍ. 8፡ 8 ሕዳር 1952።
22. Ibid.

እቲ ዝያዳ ኣቓልቦ ዝተዋህቦ ግን፡ እቲ ተድላ "ብጅራፍ ኬግርፈኩም እየ" ኢሎምና ዝተባህለ ነበረ። ጋዜጣ ኢትዮጵያ ነዚ ዝስዕብ መለሰ፡

> ክቡር ኣቶ ተድላ ብጅራፍ ኬግርፈኩም እየ ዝበሉዎ ቃል የብሎምን። እዞም ብዛዕባ ጅራፍ ፈሪሞም ኣውጺኦሞ ዘሎዉ ከም ዘዘራረቡና ግዳ፡ ኣቶ ተድላ ሸዑ ብዛዕባ ጅራፍ ኪዛረቡ ከለዉ፡ ነቲ ብፍላይ ስም ዘይብሉ ወረቓት፡ መንግስት ኤርትራ ሓደ ሚልዮን ዶላር ካብ ንጉሰ ነገስት ተቐቢሉ ተማቒሉ በሊዑዎ ቢሉ ዝጸሓፎ'ምበር፡ ነቲ ተኣኪቡ ዝነበረ ሰብ ይኹን ንኻልእ ዝበሉዎ ነገር የብሎምን። ኣቶ ተድላ ከምኡ ኪብሉ ከለዉ እምበኣር፡ ባይቶ ኤርትራ እንተ ዘፍቅድ፡ ነዚ ከምዚ ገይሩ "ኢድ ዜቖርጽ ዓይኒ ዜፍርጽ" ተሰዊሩ ሓሶት ቃል ዚጽሕፍ ብጅራፍ ኪግረፍ ንባይቶ ምለመንኩ እዮም ዝበሉ። ... መራሒና ኣብ ግዳምን ኣብ ኣንፈ ኩራን ብዝነበሩዎ ስለምንታይ ኢና ከምዚ ቢሉ ተዛሪቡ እናበልና ክንከተርን ክነሳጥሕን ንደሊ ዘሎና? ኣይመገድን... [23]

ብማለት'ውን ነቶም ሰልፈኛታት ጥራይ ዘይኮነ፡ ንደሃይ ኤርትራ'ውን ነቐፈ። ነዚ ዝመስል ምልልስ ብኽልቲኡ ወገን፡ ኣብ ደሃይን ኢትዮጵያን ቀጸለ። እቲ ናይ ኢትዮጵያ መልሲ ሓይልን ምፍርራሕን ይሕወሶ ስለ ዝነበረ ድማ፡ ሙብዛሕትኡ እቲ በዓል የሃንስ ተኽላይ ዝጽሕፉዎ ዝነበሩ፡ ተቓውሞ ናይቲ ጋዜጣ ኢትዮጵያ ዘሰምዖ ዝነበረ፡ ናይ መንግስቲ ኤርትራ ድማ ዝመስል፡ ሓሳብ ናይ ምግላጽ ዴሞክራሲያዊ መሰላት ዝግህስ ቃላት ነበረ።[24]

ከም ሓቂ፡ ገለ ካብቲ ናብ ተድላን መንግስቶምን ዝቐንዐ ሓደ ሓደ ኽሰታት፡ እምብዛ ታህዋኽ፡ ምርባጽን ሸገር ናይቲ ሓዲሽን ጽጉምን መንግስቲ ካብ ዘይምንግዛብን ዝለዓል ነበረ። እቲ ናይ ቀጠባ ጸገም ንኣብነት፡ ኬኪያ ዘልዓሉዎ ናይ ብልሸውና ጉዳይ ገዲፍካ፡ እንግሊዝ ዝገደፎ እምበር ተድላ ኣይፈጠሩዎን። ኣብ ናይ ወርሒ ወይ ክልተ ወርሒ እዋን መንግስትነት ክፍታሕ ዝክኣል'ውን ኣይነበረን። ኣብ ምህናጽ መንግስታዊ መሳርያምን ምምዳብ ሰባት ኣብ ቦታታት ስልጣንን ግን ንብዙሕ ሕሜታ ክኣልዩ ምኽኣሉ። ኣቐዲምና፡ ምሻም መስፍን ገብረህይወትን ፍስሓጽዮን ሃይለን ዘምጽኦ ናይ ወገንነት ክስታት ርኢና። እቶም ንመንግስታዊ ስራሕ ካብ ባይቶ ዝተሳሕቡ ሰባት'ውን ምንጪ ብዙሕ ዘረባ ኾኑ። ኣብ መንጎ እዚኣቶም፡ ከም በዓል እምባየ ገብረኣምላኽ፡ መስፍን ገብረህይወት፡ ያሲን ሓሰን ናይብ፡ ተኽለሃይማኖት በኾሩን ካልኦት ብተዛማዲ ምሁራት ዝቖጸሩ ስለ ዝነበሩዎም፡ ንባይቶ ኮነ ኢሎም ኣዳኺሞም ዝብል ዘረባ ተላዒሉዎም ነይሩ ኢዩ። ኣብ መወዳእታ ሕዳር ንኣብነት፡ ሓደ ካብ መራሕቲ ሰልፊ ናጽነት ኤርትራን ደ.ሰ.ኤ.ን ዝነበሩ ፍስሓ ወልደማርያም ገቢል፡ "ቀንቀኒ ኣብ ህንጻ መንግስቲ ኤርትራ፡ ዝብል ዓንቀጽ ኣብ ደሃይ ጸሓፉ። ኣብ'ዚ ድማ፡ ኣባላት ባይቶ ንኽኾኑ ብህዝቢ ዝተመርጹ ሰባት ብመራሕ መንግስቲ ናብ ካልእ

23. ኢትዮጵያ፡ 6ይ ዓመት ቊ. 349፡ 13 ሕዳር 1952።
24. ደሃይ ኤርትራ፡ 1ይ ዓመት ቊ. 11፡ 29 ሕዳር 1952።

ክእለዩ፡ ብህንጻ መንግስቲ ኤርትራ ምጽዋት'ዩ ክብሉ መጕቱ። "ናይ ምሉእ ሕዝቢ መራሒ ዝኾነ ህንጻ ድኣ መን ኢዩ ዚሕልዎን ዚከላኸለሉን?" ኢሎም ድሕሪ ምሕታት ድማ፡ ጽሑፎም ቀጸሉ፡

> ኣብ ባይቶ ኤርትራ ክሳብ ሎሚ ከም ዝርኤናዮ፡ ንኹሉ ንምቍምጣዕ ልሙድ ኮይኑ ኣሎ'ሞ፡ መራሕ መንግስትን እዞም ሕራይ ኢሎም ኣብ ዕዮ መንግስቲ ሓሊፎም ዘሎዉ ልኡኻትን ምናልባሽ ነቲ ናይ ባይቶን ናይ መንግስትን ኣገልግሎት ኩሉ እናበራረና ክንሕዞ ንኽእል ኢና ዚብል ሓሳብ ይህልዎም ይኾውን። ግናኸ... ከምዚ ዝበለ ጉድ ዝኾነ ነገር ብህንጻ መንግስት ኤርትራ እተኸልከለ ኢዩ'ሞ፡ እዚ እዞም ሰባት እዚኣቶም ኣብ ባይቶን ኣብ መንግስትን እናተገላበጡ ዝምድቡዎ መደብን ዚሕግጉዎ ሕግን ግቡእ ኮይኑዶ ኺርኩብ ይኽእል ኢዩ? ሕዝቢ ኤርትራኸ ነዚ ኹሉ እናረአየን እናሰምዐን ከሎስ ብሕግን ብስርዓትን ክዛረብ ዘይምድላዩ ንመሰሉ ክከላኸል ድማ ዘይምትንስኡ እንታይ ይመስል?[25]

ተድላ ግን፡ ነዚ ኸምዚ ዝመስል ብቐጻሊ ዝልዓሎም ዝነበረ ሕሜታን ግሁድ ነቐፌታን ክእርሙዎ ኣይተራእዩን። እኳ ደኣ፡ ብዘይካ'ዚ ፍስሓ ወልደማርያም ዝተዛረቡሉ፡ ንኻልእ ቦታታት ዝኾኑ፡ ካብ ኤርትራ ወጻኢ ዝነብሩ ዝነበሩን ብዙሕ'ውን ኣብ ፖለቲካ ኤርትራ ኢድ ዘይነበሮምን፡ ከም ኤፍሬም ኣማኑኤል፡ ኣብርሃ ገብረሰላሰ... ዝመሰሉ ኣመንቲ ሃይማኖት ፕሮተስታንት ቦታታት ስለ ዝትሓዙ፡ ተድላ ተጸበይቲ ቦታን ሓላፍነትን ናይ ዝነበሩ ኣባላት ሕብረት ቂምን ኵራን ከም ዘለዓዓሉ ይንገረሎም። ብዛዕባ'ቲ ጉዳይ ንዝተዛረቡ ወይ ንዝጸሓፉ ሰባት ምኽሳስን ምፍርራሕን'ውን ሓደ ልሙድ ተግባር እናኾነ ኸደ። ንኣብነት፡ ፍስሓ ወልደማርያም ብዝጸሓፉዎ ዓንቀጽ፡ ንመራሒ መንግስቲ ብምጽላም (defamazione al Capo Governo) ተኸሲሰ ክብሉ ብጋዜጣ ኣመልከቱ።[26]

እቲ ቐንዲ ኣብ ልዕሊ መንግስቲ ተድላ ዝወርድ ዝነበረ ክስን ነቐፌታን መልሰን ግን፡ እቲ ኣብ ጋዜጣታት *ደሃይን ኢትዮጵያን* ዝጸሓፍ ዝነበረ ኢዩ። ንሱ ርእሱ ዝኸኣለ መገዲ ስለ ዘሎዎ፡ ኣብ ቀጻሊ ንበይኑ ኽርእ ስለ ዝሓይሽ፡ ንጊዜኡ ኣብዚ ንውንዘፎ።

መንግስቲ ተድላን ኣንፈት መንግስቲ ኢትዮጵያን

ባይቶ ኤርትራ ንገለ ዘይበርሀ ጉዳያት ኣከፋፍላ ስልጣን መንግስታት ኤርትራን ፈደራልን፡ ንኣሰማምያ መንግስቲ ፈደረሽንን ንብጽሒት ኤርትራ ካብ እቶት ጉምሩክን ኣመልኪቱ ይሓትት ከም ዝነበረ ርኢና። ኣብኡ ድማ፡ ተድላ ይኹኑ ናይ ስራሕ ብጾቶም፡ መብዛሕትኡ እቲ ጉዳያት ኣብ ዝርርብ ከም ዝነበረ፡ ግቡእ ክትትል'ውን ከም ዝገበረሉ ይምልሱ ነይሮም'ዮም። ብዓቢኡ

25. *ደሃይ ኤርትራ፡* 1ይ ዓመት ቍ. 11፡ 29 ሕዳር 1952።
26. *ደሃይ ኤርትራ፡* 1ይ ዓመት ቍ. 25፡ 7 መጋቢት 1952።

ድማ፡ መንግስቲ ኢትዮጵያ ብኣዋጅ 130 ፈደራል ቤት ፍርዲ ብምእዋጅ፡ ካብ ስልጣኑ ንላዕሊ ደዩቡ መሰል ኣብያተ ፍርዲ ኤርትራ ከም ዝጠሓሰ ርኢና።

እዚ እቲ ፍሩይን ባይቶ ዝተዛረበሉን ክኸውን እንከሎ፡ ካልእ ደቀቕቲ ዝመስል ግን ንናይ ርሑቕ ዕላማ ኢትዮጵያ ዝእምት ጉዳያትን ፍጻመታትን'ውን ተቐልቀሉ። ደሃይ ኤርትራ ይቘልቦ ስለ ዝነበረ ድማ ንገለ ኻብኡ ክንጠቅስ ግቡእ'ዩ።

ካብዚ መዛረቢ ጉዳያት እቲ ገሊኡ ሰበ ስልጣን መንግስቲ ኤርትራ ባዕሎም ዝገብሩዎ ፈደራል መሰላት ኤርትራ ዝጥሕስ'ዩ ዝነበረ። ብጥቅምቲ 23 (ብግእዝ) ንኣብነት፡ መበል 23 ዓመት ምድፋእ ዘውዲ ሃይለስላሴ ኣብ ዝተባዕለሉ፡ ዳይረክተር ጀነራል መንግስቲ ኤርትራ መስፍን ገብረህይወት፡ ህዝቢ ኣብ ዝኸኣሎ "ናይ ንጉሰ ነገስት ፈደራዊ ሰንደቕ ዕላማ ኪሰቅል ይዕደም ኣሎ" ዝብል ምልክታ ኣውጽኡ። ባንዴራ ኤርትራ ማዕረኣ ክትሰቀል ዝብል ትእዛዝ ምስ'ዚ ኣተሓሒዞም ስለ ዘይሃቡ፡ እዚ ከም ዓቢ ግህሰት ሰንደቕ ዕላማ ኤርትራ ብሓደ ኤርትራዊ በዓል ስልጣን ተቘጽረ'ሞ፡ ደሃይ ኤርትራ ማዕረ መስፍን ገብረህይወት ካብ ስልጣኖም ክእለዩ ሓተተት።[27] ኣብ ባይቶ ኤርትራ እንተ ኾነ'ውን፡ ቃዲ ዓሊ ዑመር፡ "መንግስቲ ኤርትራ ኣብቲ መንግስታዊ ኣብያተ ጽሕፈቱ ናይ ኢትዮጵያ ባንዴራ ዝሰቕለሉ ዘሎ ሕጋዊ ምኽንያትስ እንታይ ኢዩ?" ኢሎም ስለ ዝሓተቱ፡ ሰክረታሪ ውሽጣዊ ጉዳያት መሓመድ ሰዒድ ራኪ ዓሊ ነዚ ዝስዕብ መለሱ፡

> *መሰረት ፈደራል ድንጋገ፡ ኤርትራ ክፋል ሃጸያዊት ኢትዮጵያ ኮይና ስለ ዘላን መንግስቲ ኤርትራ ድማ ኣብ ውሽጢ ሃጸያዊት ኢትዮጵያ ከም ዝሰርሕ ግንዙብ ስለ ዝኾነን፡ ምስቃል ሰንደቕ ዕላማ ኢትዮጵያ ኣብ ህንጻታት መንግስቲ ኤርትራ ኣድላዩን ቅቡልን ኢዩ።*[28]

ብዙሓት ኣባላት ባይቶ ይኹኑ ህዝቢ ብሓፈሻ'ውን፡ ነዚ ኸምዚ ዝበለ መልሲ ዓገቡ ክቕበል ኣይከኣለን። ዳርጋ ኣብ ታሪኽ ፈደረሽን ብምሉኡ፡ ሕቶ ባንዴራ ቡበገዜኡ ዝቕልቀልን ዝመላለስን ስለ ዝነበረ፡ ኣብ መመድረኹ ክጋጥመና ኢዩ። ምስቃል ባንዴራ ኤርትራ፡ ክብሪ መንግስቲ ኤርትራ ምሕላው ማለት ብምንባሩ፡ ህዝቢ ኣዕቲቡ ክጥምቶ ግድን ኮነ። ካብዚ ንላዕሊ ግን፡ ካልእ ክብሪ ህዝብን መንግስትን ኤርትራ ዝጉሲ ወይ ከኣ ነቲ ገና ዝጀምር ዝነበረ ፈደራል ዝምድና ኤርትራን ኢትዮጵያን ከም ዘይነበረ ዝቘጽር ዘረባታትን ተግባራትን ካብ ኢትዮጵያውያን ሰበ ስልጣን ይሰንዶን ይርአን ስለ ዝነበረ፡ ኩሉ እቲ በዚ ዝለዓዓል ስክፍታን ስግኣትን ህዝቢ፡ ኣብ ጉዳይ ባንዴራ ተጠቓሊሉ ክግለጽ ግድን ኮነ።

ኣብቲ ዝተባህለ በዓል ምድፋእ ዘውዲ ሃይለስላሴ ንኣብነት፡ እንደራሴ ኣንዳርጋቸው መሳይ መደረ ሃቡ። ኣብ'ዚ ካብ ምትካል ፈደረሽን ወርሕን ሰሙንን'ኳ ዘይኣኸለሉ ዕለት'ዚ፡ ኣንዳርጋቸው ንኤርትራ፡ "ክፍለ ሃገር ኤርትራ"፡

27. ደሃይ ኤርትራ፣ 1ይ ዓመት ቍ. 8፡ 8 ሕዳር 1952።
28. EA Minutes No. 173, 5 ጥሪ 1953።

ንኤርትራውያን ድማ፡ "ደቅ እዛ ኽፍለ ሃገር ኤርትራ ዝኾኑ ኢትዮጵያውያን" ብምባል ገለጾም። ኣብ ኤርትራ ብዛዕባ ኣሰፋሕፈሉ ዝነበረ ቍጠባዊ ጸገም ኣመልኪቱ ድማ፡ ኣብ ናይ ምስግጋር እዋን ከም ዝርአ ንቡር ጸገም ተወሲዱ ብትዕግስትን ብቑራጽነትን ብናይ ሓባር ስራሕን ክስነፍ ከም ዝኽእል ኣረድአ። ነቲ ኤርትራውያን ብሰፊሑ ዘጕረምርሙሉ ዝነበሩ ምብሓት ፌደራል ስልጣንን እቶትን ብመንግስቲ ኢትዮጵያ ጕስይ ኣቢሉ ኸኣ፡ መንግስቲ ኢትዮጵያ ቍጠባዊ ሽግር ህዝቢ ኤርትራ ንምቅላል ይገብሮ ኣሎ ንዝበሎ ኣጥብታት ሰሪዑ ዘርዘረ። እዚ ድማ፡

- ካብ ውሽጢ ኢትዮጵያ ናብ ኤርትራ ኣብ ልዕሊ ዝኣቱ ኣቑሑ ዝለዓል ዝነበረ ቀረጽ ምትራፉ
- ኣብ ልዕል'ቲ ካብ ኤርትራ ናብ ኢትዮጵያ ዝኣቱ ዝነበረ ናይ ጨው ቀረጽ'ውን ምስራዙ፡
- ናይ ላምባን ንፋብሪካ ዝኸውን ናፍታን ቀረጽ ምጕዳሉ
- ካብ ኢትዮጵያ ጥራይ ዘይኮነ፡ ካብ ዓዲ ዓረብን ሱዳንን ናብ ኤርትራ ዝኣቱ እኽሊ ካብ ቀረጽ ናጻ ከም ዝኸውን ምግባሩ፡ ... ወዘተ

ህዝቢ ኤርትራ መታን ክጥቀም "ብናይ ግርማዊ ንጉሰ ነገስት ቸርነት" ከም ዝተለገሰ ህያብ ጥራይ ዘይኮነ፡ ናህሪ ዋጋ ኣቑሑ ዝቈጻጸርን ንህዝቢ ድማ ስራሕ ዘውህብን ስጕምታት ኢዩ'ውን በለ።[29]

እዚ ግን ሓቅነት ኣይነበሮን። ዋጋ ጨው ኤርትራዊ ምህርቲ ክነሱ፡ ላዕሊ ተሰቒሉ መዛረቢ ባይቶ ምኽንያት ይቕጽል ነይሩ ኢዩ።[30] ዝያዳ እዚ ናይ መጠበሪ ቓላታ ዘማጕተን ብዙሕ ዘጽሓፈን ግን፡ "ኤርትራ ናብ ኢትዮጵያ ካብ ትሕወስ" ዝብል ናይ ኣንዳርጋቸው ሓረግን ኣብቲ እዋን ንዕኡ ዝመስል ናይ ጋዜጣ ኢትዮጵያ ጽሑፋትን ነበረ። በዚ'ውን *ደሃይን ኢትዮጵያን* ብዙሕ ምልልስ ክገብሩ ቐንዩ።[31]

ኮነታት ከምዚ ኢሉ እንከሎ፡ ቤት ጽሕፈት እንደራሴ፡ ኩሎም ኣብ ኤርትራ ዝነብሩ ዜጋታት ወጻኢ ንኽምዝገቡ ዘገድድ ኣዋጅ ኣውጽአ። እዚ ኣብ ባይቶ ብርቱዕ ክትዕ ኣልዓለ። እቶም ኣብ እዋን ምጽዳቕ ህንጻ መንግስቲ ኤርትራ ብዛዕባ ምንጻር ኤርትራዊ ዜግነት ኣበርቲዖም ዝተማጐቱ ኣባ ሃብተማርያም ንጉሩ፡ ሕጂ'ውን ነቲ ኽትዕ መርሑዎ። ብቐኛዝማች ብርሃኑ ኣሕመዲን ተደጊፎም ድማ፡ እዚ ዝሰዕብ ሓሳብ ብባይቶ ንኽጸድቕ ሓተቱ፡

> ባይቶ ኤርትራ ንምዝገባ ወጻእተኛታት ኣመልኪቱ እንደራሴ ግርማዊ ንጉሰ ነገስት ኣውጺኦሞ ዘሎዉ ምልክታ ኣብ ውሽጣዊ ጉዳያት ኤርትራ ኢድ ምእታው ከም ዝኾነ ይውስን። መንግስቲ ኤርትራ ኣድላዪ ስጕምቲ ንኽወስደሉ ድማ ይሓትት።[32]

29. ደሃይ ኤርትራ 1ይ ዓመት ቍ. 9፡ 15 ሕዳር 1952።
30. EA Minutes No. 129, 29 December 1952.
31. ንኣብነት፡ ደሃይ ኤርትራ 1ይ ዓመት ቍ. 12፡ 6 ታሕሳስ 1952 ርአ።
32. EA Minutres No. 129, 29 December 1952;

ድሕሪ ነዊሕ ክትዕ፡ እቲ ዝቐረበ ሓሳብ ብምሉእ ናይ ባይቶ ድምጺ ጸደቐ።

ናይ እንግሊዝ ምንጭታት፡ ተድላ ምስ ኣንዳርጋቸው መሪር ዝርርብ ድሕሪ ምክያድ፡ ነቲ ናይ ባይቶ ውሳነ፡ "ሰም እንደራሴ ሰለ ዘልዓልኩም፡ ድፍረት ፈጺምኩም፡" ብምባል ከም ዝነጸጉዎ ይዛረብ።[33] ከምኡ ገይሮም ክኾኑ ይኽእሉ። ነዚ ዘረጋግጽ ሰነድ ግን ኣብ ጋዜጣ እንተ ዘይኮይኑ ኣብ ካልእ ኣይረኸብናን። ብ1 ጥሪ 1953 ዝወጸ ጋዜጣ ኢትዮጵያ ግን፡ ነቲ ውሳነ ጠቒሱ፡ በቲ ኣብ ባይቶ ዝተራእየ ዴሞክራሲያዊ ስምረት ከም ዝተገረመ ድሕሪ ምግላጽ፡ ንኣባ ሃብተማርያምን ደገፍቶምን ኣበርቲዑ ዝነቅፍ ዓንቀጽ ጸሓፈ። ጉዳይ ዜጋታት ወጻኢ ሓላፍነት ፈደራል መንግስቲ'ምበር ናይ መንግስቲ ኤርትራ ኣይኮነን ዝብል መስመር ሒዙ ድማ ብኸምዚ ተኻትዐ፡

> … ኩሎም ወጻእተኛታት ካብ ከም እንደራሴ ዝመሰለ በዓል ስልጣን ዝተዋህበ ወረቐት መንነት ኪቕበሉ ከለዉ፡ ከመይ ዝበለ ጥቕሚ ኪረኽቡ ከም ዝኽእሉ እዞም ክቡር ኣባልን ደገፍቶምን ኪሓስቡ ብዘይ ምድላዮም ወይ ብዘይ ምኽኣሎም ብዙሕ ንገረም። ከመይሲ፡ ብኤርትራዊ ስልጣን ንዝተዋህቦም ወረቐት መንነት ሒዞም ንኢትዮጵያ ብሰፋሓን ብንውሓን ከም ቃሕ ዝበሎም ኪኸዱዋ ኪኽእሉ ኢዮም። … እምበርከ፡ ባይቶ ኤርትራ ወይ መንግስት ኤርትራ ንሓደ ኤርትራዊ ወረቐት መንነት ሒዙ ኢትዮጵያ ዚሰግር ወጻእተኛ ዋሕሳት ኪኾንዎ ይኽእሉዶ? … ክቡር ኣባ ሃብተማርያም ንጉሩ ኸኣ ብቐጽበት ናይቲ ኤርትራዊ ንዘይኮነ ጥቕሚ ኪሕሉ ዝደሊ ዝንባሌ መራሒ ኮይኖም ክንርእዮም ከሎና ምድናቕና ካብ ልክዕ ዝሓለፈ ምዃኑ ኢዩ። … እቲ ዝተባህለ ምግሃስ ከኣ፡ በቲ ምዝርጋሕ ሕጊ ፈደራስዮን ከይሓሰበ ንደረት ስልጣን ክቡር ናይ ግርማዊ ንጉሰ ነገስት እንደራሴ ንምዝማት ክህቅን ዝተረኽበ ባይቶ ኤርትራ ዝተገብረ ምዃኑ… ኢዩ።[34]

ብኻልእ ኣዘራርባ፡ ንኣባ ሃብተማርያም፡ "ኣባል ሕብረት ኔርኩም ስለምንታይ ወገን ትቕይሩ?" ንባይቶ ድማ "እንደራሴ ንዝውክሎም ሃይለስላሴን መንግስቲ ኢትዮጵያን ኣይትድፈሩ" ንምባል ይመስል እዚ ዝጠቐስናዮ ዓንቀጽ ዝተጻሕፈ። ካብቲ ኣቐዲምና ዝተዛረብናሉ ናይ ደረት ስልጣን ፈደራልን ኤርትራን ክትዓት፡ ዛጊት ዝዓበየ እዚ ኢዩ ዝነበረ። ባይቶ ብምሉኡ ስለ ዝደገፎ ድማ ብዓይነቱ'ውን ፍሉይ ኮነ።

ከምቲ ተኸሰተ ነጋሽ ኣብ መጽሓፉ ዝጠቐሶ፡ ተድላ ነዲጎሞ እንተ ኾይኖም፡ እቲ ጉዳይ መሊሱ ኣብ ባይቶ ካብ ምልዓል ኣይኣገዱዎን። ብ5 ጥሪ ድማ ቃዲ ዓሊ እቲ ናይ ወጻእተኛታት ምዝገባ ምልክታ፡ "ኣብ ውሽጣዊ ጉዳያት ኤርትራ ኢድ ምእታው ዲዩ ወይ ኣይኮነን? ኣብ'ዚ ጉዳይ ዘሎ መርገጺ መንግስቲ ኤርትራኸ እንታይ ኢዩ?" ክብሉ ንጹር ሕቶ ናብ ሰክረተር ውሽጣዊ ጉዳያት ኣቕረቡ። ነዚ መልሲ'ዚ ድማ ረኸቡ፡

33. Tekeste Negash quoting FO371/102671, BCA to BEAA, 3.1. 1953.
34. ኢትዮጵያ፡ 6ይ ዓመት ቍ. 360፡ 1 ጥሪ 1953።

ምሕታም ናይ'ቲ ክቡር ኣባል ዝጠቕሱዎ ምልክታ ብዘይ ኣፍልጦ መንግስቲ ኤርትራ ኢዩ ተገይሩ። ኣብ ዝተሓትመሉ ጊዜ ድማ፡ መንግስቲ ኤርትራ ብቐጽበት ተቓውሞኡ ናብ ሃጸያዊ ፌደራል መንግስቲ ኣማሓላሊፉ ኢዩ።[35]

ተድላን ሰክረተሪኦምን በበይኖም ይዛረቡ እንተ ዘይነይሮም፡ ናይ ባይቶ ደቓይቕ ነዚ ዝተባህለ ኢዩ ዘዘንቱ። ብኻልእ ኣዘራርባ፡ እቲ ሰነዳት፡ ተድላ ንምልክታ ኢትዮጵያ ከም ዝተቓወሙ'ምበር ንውሳነ ባይቶ ከም ዝነጸጉ ኣይሕብርን።

ዝኾነ ኾይኑ፡ እዚ ጉዳይ'ዚ ኪኖ'ቲ ባይቶ ዝሃቦ ውሳነ ኸይዱ ነቲ እንደራሴ ልዕሊ ስልጣኑ ኣውጺኡዎ ዝተባህለ ምልክታ ክሰርዝ ኣይተራእየን። እቲ ካብ ነፍሲ ወከፍ ተመዝጋባይ ክዋጻእ ዝተሰልዐ 10 ቕርሺ ኢትዮጵያ'ውን ናብ መንግስቲ ኢትዮጵያ ከም ዝኣቱ ተገብረ። ኣብዚ ክልተ ነገራት ኢዩ ተኣሚቱ። ቀዳማይ፡ ሓይልን ተፈጻምነትን ውሳነ ባይቶ ኤርትራ ዘተኣማምን ዘይምንባሩ፤ ካልኣይ ድማ፡ ንመሰላት ኤርትራ ዝጣበቑ ኣባላት ባይቶ ንናይ ቃልን ጽሑፍን መጥቃዕቲ ቅሉዓት ምንባሮም። ማቴዎስ ወ. ዝተባህለ ኣብ ደሃይ ኣዘውቲሩ ዝጽሕፍ ዝነበረ ዜጋ፡ ነቲ ኢትዮጵያ ብዛዕባ ኣባ ሃብተማርያም ዝበሎ ጠቒሱ ኣስተንተነ፡

> ... እዚ ጋዜጣ'ዚ ናይ ሓደ ኽፍሊ ማሕበር ፖለቲካ ክነሱ፡ ከምዙይ ገይሩ፡ ከም ሓደ ናይ መንግስቲ ጋዜጣ፡ ነቶም ብግቡእ ናይ ኤርትራ ኪግደሱ ዚርኣዩ ልኡኻት ሕዝቢ ከም ጸላእቲ ኢትዮጵያ እናገበረ ቡብጊዜኡ ክናሽዎምን ዘይኮነ ሽም ክህቦምን ብምርኣይና ሓዘንና ወሰን የብሉን። ... ድቦላ ኮይኑ ዚሰምዓና ዘሎ፡ "ማይ ንዓቕብ" ከም ዚብሃል ተረት፡ ነቶም ሊቅን ክቡርን ኣባ ሃብተማርያም ንጉሩን ደገፍቶምን "ነዚ ነገር'ዚ ... ኪሓስቡ ብዘይ ምድላዮም ወይ ብዘይ ምኽኣሎም ብዙሕ ንግረም..." እናበሉ፡ ኣብ ልዕሊኦም ጸብለል ዚብል ፍልጠት ከም ዘሎዎም ርእሶም ልዕል-ልዕል ኩብሉ ብምርኣይና ኢዩ። ...እቶም ሓቂ ብሓቂ ስለ ሃገሮም ዚግደሱ ኣባላትናን እቲ ናይ ውሽጣዊ ግቡእናን ኪድፈነናን ኪግሃሰናን ፈጺሙ ድላይ ናይ ምሉእ ሕዝቢ ኤርትራ ኣይኮነን።[36]

መንግስቲ ኢትዮጵያ ዶብ ስልጣኑ ሰጊሩ ናብ ጉዳያት ኤርትራ ይኣቱ ኣሎ ካብ ዝብል ዝርእ ክትዕን ውሳነ ባይቶን፡ እዚ ናይ ምዝገባ ወጻእተኛታት ናይ መጀመርታ ኾነ። ናይ መወዳእታ ከም ዘይነበረ ኣብ እዋኑ ኽንርኢ ኢና።

35. EA Minutes No 133, 5 January 1953.
36. ማቴዎስ ወ. ኣብ ደሃይ ኤርትራ፡ 1ይ ዓመት ቊ. 16፡ 3 ጥሪ 1952።

ምዕራፍ 12

ማሕበር ሰራሕተኛታት፡ ወልደኣብን ደሃይ ኤርትራን

ማሕበር ሓርነታዊ ስምረት ሰራሕተኛታት ኤርትራውያን

እቲ ብሕዳር 1951 ኣብ እንዳ ጎናፍር ኣፈናዊ ኣኼባኡ ዘካየደ ማሕበር ሰራሕተኛታት ብኡ ኣቢሉ ኣይቀሃመን። ቡቶም ኣብቲ ኣኼባ ዝተመርጹ ጊዜያውያን ሸማግለታትን ኣማኸርትን ኣቢሉ፡ እቲ ማሕበር ብወግዒ ዝቑመሉን ዝጽንበለሉን መገዲ ንምጥጣሕ ንኣስታት ሓደ ዓመት ክሰርሕ ጸንሐ። እቶም ኣካየድቲ ነዚ ዝኸውን ፍቓድ ካብ መንግስቲ እንግሊዝ ረኺቦም ስለ ዘነበሩ ኸኣ ብዘይ ስፍክታ ንኽንቀሳቐሱ ዝዓግቶም ኣይነበረን።

ብ.ም.ኤ. እቲ ማሕበር ንኽቐውም ምስ ኣፍቀደ፡ እቶም ሸማግለታት፡ ንጸጋይ ካሕሳይን ንመሓመድ ዓብደልቃድር ኪያርን ከም ተራኸብቲ ምስቲ ምምሕዳር ወይ ከም ተጸዋዕቲ ንኽገልግሉ መዘዙዎም። ገና ቤት ጽሕፈት ዘይከፈቱ ብምንባሮም ድማ፡ እቶም ከም ሸማግለ ተመሪጾም ዝነበሩ ተወልደ ተድላ ተኽላይ ኣብ ቤት ጽሕፈቶም ንኽሰርሑ ፈቐዱሎም። ተወልደ ተድላ፡ ኣብቲ ጊዜ'ቲ ከም ጸሓፊ ዶማንዳ እናሰርሑ፡ ናብ ናይ ጥብቅና ወይ ኣማኻርነት ሕጊ ሞያ ዝሰግሩ ዝነበሩ ኢዮም። ኣብ መንጎ'ዚ ግን፡ ኣሕመድ 'ባሰዓድ ዝተባህሉ ውሩይ ነጋዳይ ንቤት ጽሕፈት ዝኸውን ገዛ ኣብቲ ጉደና ቀዳማዊ ምንሊክ ዝብሃል ዝነበረ ስለ ዝሃቡዎም፡ ሓደ ጊዜያዊ ቤት ጽሕፈት ክኸፍቱ ከኣሉ።

ቀንዲ ዕማም ናይቲ ማሕበር፡ ብግቡእ ተወዲቡን ውሽጣዊ ሕግታቱ ኣነጺሩን ዝቖመሉ ኣገባብ ምሕንጻጽ ነበረ። እቲ ጸገም፡ ንመሰል ሰራሕተኛታት ዝሕሉ፡ ንናይ ስራሕ ኩነታቶምን ስርዓቶምን ከኣ ዝገዝእ ንጹር ሕጊ ዘይምንባሩ ኢዩ። ኢጣልያ መሰል ኤርትራዊ ሰራሕተኛ ክትሕሉ ይትረፍ፡ ናብኡ ዝገማገም ሓሳባት'ውን ኣይነበራን። እንግሊዝ ድማ፡ ንማለቱ እንተ ዘይኮይኑ፡ ሰራሕተኛ ባዕሉ ግቡኡን መሰሉን ዝሕንጽጸሉን ዘተግብረሉን ሕጊ ኣይኣወጀን። ኣብ መንጎ'ቶም ማሕበር ክምስርቱ ዝተንቀሳቐሱ ሰባት'ውን እንተ ኾነ፡ ሰራሕተኛ ዝብሃል ከመይ ዝመሰለ ምዃኑ ብንጹር ዝርዳእ ዝነበረ ኣይመስልን። ከምቲ ዝረኣናዮ፡ ማሕበር ሰራሕተኛ ንምምስራት፡ ናብቲ ፈላሚ ኣኼባ ነጋዶ፡ መራሕቲ ፖለቲካን ወነንቲ ትካላትን'ዮም ተዓዲሞም። ጽቡቕ ድልየትን ቅንዕናን ስለ ዝነበረ ግን፡ ብዙሓት ካብኣቶም፡ ንኣብነት ነጋዳይን መራሕ ፖለቲካን ሓረጎት፡ ስራሕ

ወርቂ ፊታውራሪ ገብረማርያም ካሳን ንዕኦም ዝመስሉ ካልኦትን፡ ንመትከሊ እቲ ማሕበር ዝኸውን ገንዘብ ኣዋጺኦም ኢዮም።

ናብ ግብራዊ ምምስራት ናይቲ ማሕበር ምግስጋስ ምስ ኮነ ግን፡ ባዕሉ እቲ ስራሕን እቲ ናይ ስራሕተኛ ቋንቋን፡ ትርጉም ስራሕተኛ ከነጽር ጀመረ። ገለ ኣብቶም ሸማግለታት ንኣብነት፡ ተድላ ባይሩ፡ ሓረጎት ኣባይ... ወዘተ፡ ቅዋም ኤርትራ ንኽነድፉ ኣባላት ባይቶ ኾይኖም ነበሩ። ገለ ኻልኦት ድማ፡ ካብቶም መንእሰያት ኮይኖም፡ ምስ በዓል ጸጋይ ካሕሳይ ዝነበሩ ቀንዲ ኣንቀሳቓስቲ ከይተረፉ፡ ብስምዒት ስለ ዝኣተዉ እንተ ዘይኮይኑ ኣብ ንግድን ሸቀጥን ስለ ዝዋፈሩ፡ ጸገማት ሸቃሎ ብቐጥታ ዝትንክፎም ኣይነበሩን። ስለዚ፡ ሰብ ምልላይ ሓደ ዓቢ ዕማም ኮነ።[1]

በዚ ድማ፡ እቶም ተጸዋዕቲ ናበየ ፋብሪካኡ እናኸዱ፡ ወከልቲ ስራሕታኛታት ክምልምሉ ጀመሩ። ካብተን ዓበይቲ፡ እንዳ በዓል ሜሎቲ፡ መረንጊን ባራቶሎን ጀሚርካ፡ ናብተን ዝነኣሳ ብምብጻሕ ከኣ ቡብዓቕምን ብዝሕን ስራሕተኛታት ናይ ነብሰ ወከፍ ፋብሪካ ወከልቲ ምምልማል ተጀመረ። እዚ ግን ብዘይ ጸገም ኣይተገብረን። ሓደ ኻብ መሰረትቲ እቲ ማሕበር፡ ከፈላ በራኺ ከም ዝዘከሮ፡ እቲ ማሕበር ገና ቅዋም ስለ ዘይነበሮ፡ ኣብ ገለ ንኣሸቱ ትካላት፡ ከም ፋብሪካ ኣሉሚንዩም፡ ፎንዳርያን እንዳ ኮስታን ዝበላ፡ ንስራሕተኛታተን ካብ ተሳትፎ ይኸልክላ ነይረን'የን። ብዘይካ'ዚ፡ ኢሉ ከፈላ በራኺ፡

> ... ከምዚ ሕጂ ንዛረቦ ዘሎና'ኮ ኣይኮነን ሽዑ። ወለቕ ዘለቕ ኣሎ'ኮ፤ በዝን በትን መምለቒ'ኮ ብዙሕ ኢና ንጽገም ነይርና። ከምዚ ናይ ሕጂ ንድሕሪት

ጽምብል ማሕበር ስራሕተኛታት ኣብ ኢምፔሮ። ኮፍ ዝበሉ፡ ካብ ጸጋም፡ ተስፋዮሃንስ በርሀ፡ መስፍን ገብረህይወት፡ ኣባ ሃብተማርያም ንጉሩን ኣባ ንፍታሌም ካሳን። ደው ዝበሉ፡ ስራጅ ዓብዱ፡ ጸጋይ ካሕሳይ፡ ተወልደ ተድላ፡ ኢብራሂም ማሕሙድን ተኪኤ እልፈን።

1. ጸጋይ ካሕሳይ፡ ቃለ መጠይቕ።

ተመሊሰካ፡ ኣዳዕዲዕካ ምዝራብ ኣይኮነን። ወርደትን ጉስጥን ነይሩ። ንብጻየይ ከካፍል ኣይክእልን እየ ነዚ ዘረባ'ዚ ማለት'ዩ። ሕጂ ኣብ ፊሮቪያ እየ ዝነበርኩ፡ ብዘይካ ንሰለስተ ኣርባዕተ ሰብ ንኻልእ ኣየካፈልኩን። ንኣብነት፡ ሰብ ምስራዕ ምስ መጸ፡ ው-ሒዶምኒ ወሰኹኒ እንተ በልኩ፡ "ኪድ ካብ ወልደኣብ ተወሰኽ" ኢሎም ኣፈራሪሖምኒ፡ ክሳብ ስራሕ ጠንጢነዮ ኸይደ።[2]

ስም ወልደኣብ ብወዝቢ ዝተላዕለ ኣይመሰለን። ምምስራት ማሕበር ሰራሕተኛታት፡ ኢትዮጵያ እትደልዮ ምዕባለ ኣይነበረን። ኣብ'ዚ እዋን'ዚ፡ ንዕኡ ዝመስል ማሕበር ኣብ ኢትዮጵያ ኣይነበረን ጥራይ ዘይኮነ፡ ከም ሓሳብን ተኽእሎን'ውን ኣብ ደረት ትርኢት ኣይተቐልቀለን። ቅዋም መንግስቲ ኢትዮጵያ ዝፈቕዶ ኸኣ ኣይነበረን። ብ.ም.ኤ. ንኽቐውም ምፍቃዱ፡ ህንጻ መንግስቲ ኤርትራ ኸኣ ኣብ'ቲ ናይ ህዝባዊ መሰላት ክፋሉ ማዕጸኡ ዘርሓወሉ… ብኢትዮጵያ ዝፍቶ ጉዳይ ኣይነበረን። ስለ'ዚ፡ ንኸፈላ በራኺ፡ ስም ወልደኣብ ጠቒሶም ዘፈራርሑ ሰባት፡ ልኡኻት ኢትዮጵያን ኣባላት ኣንድነትን ጥራይ ኢዮም ክኾኑ ዝኽእሉ ዝነበሩ።

ብዝኾነ፡ እቲ ናይ ምውዳብ ሰራሓት ድሕሪ ምቛም መንግስቲ ኤርትራ ቀጸለ'ሞ፡ ኩሉ'ቲ ንምቛም ማሕበር ዘድሊ ሕግታት ምስ ተጻፈፈ፡ ሰንበት 7 ታሕሳስ 1952፡ መዓልቲ ጽንብል እቲ ማሕበር ንኽትከውን ተቖጽረ። ቅድሚ'ዚ ግን፡ እቲ ማሕበር ናይ በይኑ ኣኼባ ብምግባር፡ ነቲ ክሳብ ሽዑ ዝተፈጸመ ስራሕ ገምገመን ነቶም "ንሓይሎምን ፍልጠቶምን ኣስሚሮም፡ ብዛዕባ ሞራላውን ኤኮኖሚያውን ጉዳዮም ኪግደሱ እንኳብ ዝጅምሩ እነሆ ሓደ ዓመት ሓሊፉ…" ዝበሎም መሰረትቲ ንምምስጋን ከምዚ በለ፡

> እዞም ጆጋኑን ሕያዎትን ዝኾኑ ሰራሕተኛታት ደቂ ኤርትራ፡ ነዚ ዓቢዩ ዕዮ'ዚ ኣብ'ዚ ሎሚ በጺሑዎ ዘሎ መድረኽ ንምብጻሑ ከመይ ዝበለ ገድሊ ከም ዝተጋደሉ፡ ክንደይ ዚኣክል ዕንቅፋት ከም ዝሰገሩ፡ ክንደይ ዝዓይነቱ ድኻምን ጻዕርን ከኣ ከም እተዓገሱ፡ እቶም ለባማት ደቂ ኤርትራ ኹሎም ኪመዝኑዎን ኪስተውዕሉዎን ይኽእሉ ኢዮም።ምስ'ዚኦም ድማ፡ ኣማኸርቲ'ውን ተናእዱን ተመስገኑን።[3]

ኣብቲ ብ16 ሕዳር 1952 ወዳእቲ ነገር ወይ ወከልቲ 18 ፋብሪካታትን ኣብያተ ዕዮን ዝተረኽቡሉ ኣኼባ፡ ፕሮግራም ናይ "ማሕበር ሓርነታዊ ስምረት ሰራሕተኛታት ኤርትራውያን" ጸደቐ። መራሕቲ ድማ ብዴሞክራስያዊ ኣገባብ ተመርጹ። በዚ መሰረት፡ ወልደኣብ ወልደማርያም ፕረሲደንት፡ ሰራጅ ዓብዱ ምኽትል ፕረሲደንት፡ ተወልደ ተድላ ዋና ጸሓፊ፡ ዓብደላ ጎናፍር ተሓዝ

2. ከፈላ በራኺ፡ ቃለ መጠይቕ፡ ኣስመራ፡ 7 ግንቦት 1998።
3. ደሃይ ኤርትራ፡ 1ይ ዓመት ቍ. 11፡ 29 ሕዳር 1952። እቶም ኣብ'ዚ ብማሕበር ዝተመስገኑ፡ ጸጋይ ካሕሳይ፡ ከፈላ በራኺ፡ ተስፋይ ዘርኣክርስቶስ፡ ይሕደጎ ለማ፡ መሓመድ ዓብደላቃድር ኪያር፡ ተኪኤ እልፈ፡ ኢብራሂም ማሕሙድ፡ ዓብደልቃድር ዘይኑ፡ ኣሕመድ ሰዓድ ሳልሕ፡ ኣሕመድ ኣደም ነበሩ። ካብ ኣማኸርቲ፡ ተድላ ባይሩ፡ ዓብደላ ጎናፍር፡ ሓረጎት ኣባይ፡ ሱሌማን ኣሕመድ፡ ኣደም ቍስምላህ፡ ተወልደ ተድላ፡ ኣሕመድ ባስዓድ፡ ወልደኣብ ወልደማርያም ተጠቒሶም።

መዝገብ፡ ክንፈ እልፈ ኣማኻሪ፡ ኢብራሂም ማሕሙድ ኣማኻሪ፡ ጸጋይ ካሕሳይ ኣማኻሪ ተመርጹ።

ብ23 ሕዳር 1952፡ ካብ ኩለን ኣብያተ ዕዮ ኤርትራ ዝተዋጽኡ 600 ሰራሕተኛታት ኣብ ቤት ወግዒ (ክላብ) ግሪኻውያን ተኣኪቦም፡ ነቲ ወከልቲ 18 ኣብያተ ዕዮ ዘጽደቑዎ ፕሮግራምን ንሳቶም ዝመረጽዎም መራሕትን ኣርግኡ። እቲ ወግዓዊ ጽንብል ብ7 ታሕሳስ ኣብ ሲነማ ኢምፔሮ ንኽካየድ'ውን ወሰኑ። ሸማግለታት እቲ ማሕበር ድማ ነዚ ዝስዕብ ወግዓዊ መግለጺ ሃቡ፡

> ካብዛ መዓልቲ እዚኣ፡ ሰራሕተኛታት ዝብሃሉ ኤርትራውያን ኩሎም፡ ብዘይ ልዩነት ዝኾነ ይኹን ወገን፡ ናይ ኣእምሮኦምን ናይ ልቦም ሓይሊ ብምሉእ ኣስሚሮም፡ ንሞራላውን ሾቻላውን ኤኮኖሚያውን ንብረቶም ንምምሕያሽ ብእግዚኣብሔር ኣሚኖም፡ ቡቲ ኣብ ስምረቶም ዚርከብ ሓይሊ ኸኣ ተኣሚኖም ዕዮኦምን ገስጋሶምን ኪጅምሩ ኢዮም።
> ሸማግለታት ወይስ መራሕቲ ናይዚ ማሕበር... ሓርነታዊ ስምረት ሰራሕተኛታት ኤርትራውያን ዝኾነ ይኹን ፖለቲካዊ ዕላማ ከም ዘይብሉ፡ ምስ ዝኾነ ይኹን ናይ ፖለቲካ ማሕበር ድማ ለካን ምርኻብን ከም ዘይብሉ እናደጋገሙ ኬፍልጡን ኬረጋግጹን ግቡእ ኮይኑ ይሰምዖም። እዚ ማሕበር እዚ፡ ኣብቲ ህንጻኡ ወይስ ኣብቲ መሰረታዊ ሕጉ ብግልጺ ኣመልኪቱዎ ከም ዘሎ፡ እቲ ኣውራን ቀዳማይን ዕላማኡን ሓልዮቱን ንኤኮኖሚያውን ሶቻላውን ንብረት ሰራሕተኛታት ምትሕያስ፡ ንመሰል ሰራሕተኛታት ከኣ ምክልኻልን ምሕላውን ኢዩ።

እቲ መግለጺ ቐጺሉ፡ ሰራሕተኛታት "ሓደ ንኹሎም፡ ኩሎም ከኣ ንሓደ" ኣብ ትሕቲ ዝብል ዕላማን ሕጊ ንብረት ደቂ ሰብን ስምረቶም ንኸደልድሉ ጸውዐ'ሞ፡ "ንዝሓለፈ ጊዜ መምህሮም ገይሮም፡ ብዝኾነ ይኹን ግዳማዊ ሓይሊ ከይተጠበሩን ከይተታለሉን፡ ንንብረቶም ንምትሕያስ፡ ንሃገሮም ከኣ ንምዕባይን ምስልጣንን ኪጋደሉ ብእግዚኣብሔር እተዋህቦም መልእኽትን ሓደራነትን ኢዩ፡ " ብዝብል ቃላት መልእኽቱ ደምደሙ፡ ሓገዝ መንግስትን ባይቶን ኤርትራ ንኽይፍለዮ ተላበወ።[4]

7 ታሕሳስ 1952፡ መዓልቲ ሰራሕተኛታት ተሰምየት። ከምቲ ዝተባህለ ድማ፡ ሰበ ስልጣን መንግስቲ፡ መራሕቲ ሃይማኖትን ዲፕሎማሰኛታትን ኣብ ዝተረኽቡሉ፡ እቲ ናይ ምስረታ ማሕበር ጽንብል ተኻየደ። ነቲ ኣጋጣሚ ዝበቅዕ መደረታት ተሰምዐ። ወልደኣብ ከም ፕረሲደንት፡ ንዕላማ እቲ ማሕበር ዝገልጽ ሰፊሕ መደረ ሃቡ። ኩሉ ድማ ብጽቡቕ ተሰፋን ብሰላምን ተፋነው። ዘሰክፍ ነገር እንተ ነይሩ፡ ኣብቲ በዓል ኣይተጋህደን። ድሕሪ ቍሩብ መዓልታት ኢትዮጵያ ዝበሎ ግን ገለ ኣመት ከይሃበ ኣይተረፈን፡

4. ደሃይ ኤርትራ፡ 1ይ ዓመት ቍ. 11።

… "ጊዜ ርኢኻ ሕለበኒ" በለት ጓል ላሕሚ ከም ዝብሃል፡ ሰራሕተኛታት ኣሕዋትና ፖለቲካዊ ኮነ ኤኮኖሚያዊ ኩነታት ሃገሮም ይፈልጡዎ ኢዮም'ሞ፡ ኩሉ ዚገብሩዎ ብሜላ ምስ ዚገብሩዎ ጥቕሚ ርእሶም ጥራይ ዘይኮነ፡ ጥቕሚ ሃገሮም እውን ኢዩ'ሞ፡ ነዚ ቅዱስ ሓሳብ'ዚ ልዑል እግዚኣብሔር ብኪነ-ጥበቡ ኪመርሖምን ኬማዕብሎምን ጸቡቕ ትምኒትና ክንገልጽ ከሎና፡ ኣብ ሰራሕተኛታት ኣሕዋትና ዘሎና እምነት ብዙሕ ኢዩ።[5]

ኣብዚ ልዙብ ዝመስል ቃላት፡ ዝተጕልበበ መጠንቀቕታ ከም ዝነበረ ኣይሰሓትን። "ዝተባሃልኩሞ ጌርኩም፡ ሰጥ ኢልኩም ስርሑ" ክንዲ ማለት ዝተባህለ ኸአ ይመስል። ትርጉም ናይ'ዚ ቓላት'ዚ ኣብ ቃልዕ ንኽወጽእ ግን ጊዜ'ውን ኣይወሰደን። ይኹን እምበር፡ መልእኽቱ ከም ዘብርሆ፡ ማሕበር ሰራሕተኛታት ሓደ ሓዲሽ ሓሳብን ኣገባብ ኣወዳድባን ሒዙ ናብ ፖለቲካውን ማሕበራውን ህይወት ኤርትራውያን ኣተወ።

ወልደኣብን ሰራሕተኛታትን

ብኸመይን ስለምንታይን ኢዮም ወልደኣብ ወልደማርያም ፕረሲደንት ማሕበር ሰራሕተኛታት ንኽኾኑ ዝበቕዑ ዝብል ሕቶ ምሕታት ግቡእ'ዩ። ወልደኣብ ባዕሎም ነዚ ዝስዕብ ገሊጾም፡

ብ1952 ጥቓ መወዳእታ ኣቢሉ፡ ናይ መረንጊ፡ ናይ ሰራሕቲ ጫማ፡ ናይ ፌሮቪያ ሰራሕተኛታት ናባይ መጺኦም ደግፉና፡ ሓግዙና ኢሎምኒ። ሽዑ ዕዮ ማሕበራት ጠጠው ኣቢልናዮ፡ ናይ ኤርትራ ህንጻ መንግስቲ ቈይሙ፡ ባይቶ ኤርትራ ተኸፊቱሉ ዝነበረ ጊዜ ኢዩ። ካብቲ ዕዮ ናይ ፖለቲካ ድሕር ኢለ ስለ ዝነበርኩ እምበኣር፡ "ናይ ፖለቲካ ዕዮ ወዲእካ ኢኻ'ሞ ንሰራሕተኛታት ክትድግፈና ኣሎካ" ኢሎም ኣጽቢቦም ሒዞምኒ።
ኣነ፡ "በጃኻትኩም ግደፉኒ፡ ኣብ ጭንቂ፡ ኣብ ሸጋር፡ ግላዊ ሸጋር ክወድቕ'የ። ዝተሳቐኹዎ ይኣኽለኒ" ኢለዮም።

ወልደኣብ ዝኸርም ብምቕጻል፡ ብዙሓት ናይ ሕብረትን ናጽነትን ደገፍቲ እንክለዉ፡ ሰራሕተኛታት ንዕኦም ዝመረጹሉ ምኽንያት'ውን ገለጹ፡

… ናተይ ዕብየት ዘረድእ ኣይኮነን። ኣንድነት ዝነበረ ልቢ መንእሰያት ከመይ ገይሩ ከም ዝተለወጠ ዘረድእ ነገር ኢዩ። ኣብ መወዳእታ ነቲ ልማኖኦም ሕራይ ኢለ ተቐቢለዮ።
… ኣብ ቺንማ ኢምፔሮ ኣኼባ ተገይሩ፡ ናይ መረንጊ ወካሊ በርሀ ዓንደሚካኤል፡ ናይ ካልሶላዮ ጸጋይ ካሕሳይ፡ ከፊላ በራኺ ኣብኡ ኣቕሪቦምኒ። "… ንሕና መራሒ ክንገብርም ንኣቶ ወልደኣብ ተሰማሚዕና ኢና፡ ንስኻትኩም ድማ ድምጽኹም ክትህቡ፡ ብሓደ ድምጺ ኮይንና ክንመርጾም ነዘክር ኣሎና…"

5. ኢትዮጵያ፡ 6ይ ዓመት ቍ. 354፡ 11 ታሕሳስ 1952።

ኢሎም ተዛሪቦም። ... ብሓደ ድምጺ ኽይኖም ፕረሲደንት ክኸውን መሪጾምኒ።[6]

ጸጋይ ካሕሳይ ኣብ ዘኽርታቱ፡ ብዘይካ'ቲ ወልደኣብ ከም ኣማኻሪ ምስ ካልኦት ኣማኸርቲ ዘበርከቱዎን ኣዳላዊ ጋዜጣ ሓንቲ ኤርትራ እንከለዉ ኣብ ዓምድታታ ዝጽሕፉዎ ዝነበሩ ንሰራሕተኛታት ዝድግፍ ዓንቀጻትን፡ ኣብቲ ምንቅስቓስ ብሓፈሻ ርእይ ንጥፈት ከም ዘይነበሮም ኢዩ ዝጠቅስ። "ክነብሮም'ውን ይኽእል ኣይነበረን፡" ኢሉ ጸጋይ፡ ምኽንያቱ ድማ፡

... ህይወት ኣቶ ወልደኣብ ኣብ ሓደጋ ኢዩ ዝነበረ። ገዝኡ ገዲፉ ኣብ ሆቴል፡ ጥቓ ቺነማ ኢምፔሮ ኢዩ ሰፊሩ ነይሩ። ካልእስ ይትረፍ፡ ኣብ ኣኼባታት ንኽሳተፍ፡ ንኽንመርጾ እውን ካብ ሽዱሽተ ክሳብ ዓሰርተ ኮይንና፡ ኣኽቢብናዮ ኢና ካብ ገዝኡ ናብ ቤት ጽሕፈት ንወስዶ ዝነበርና። ከምቲ ዝድለ ንኽሳተፍ ዕድል'ውን ኣይነበሮን።

ምስቲ ወልደኣብ'ውን ኣብ መወዳእታ 1952 ብሰራሕተኛታት ምስ ተዓደሙ ከም ዝኣተዉ ዝገለጹዎ፡ እዚ ናይ ጸጋይ ዝመስል'ዩ። ካልኦት ግን፡ ብፍላይ ድማ ከፈላ በራኺን በርሀ ዓንደሚካኤል ናይ እንዳ መረንግን፡ ወልደኣብ እቲ ማሕበር ንኽምስረት ብድሕሪት ይደፍኡ ምንባሮም ኢዮም ዝዝከሩ። ምናልባት እቶም መስረትቲ ንዘቕረቡዎን ንዘቕረቦምን ይዛረቡ ስለ ዝነበሩ ይኸውን።

ካልእ ሓበሬታ ግን፡ ወልደኣብ ካብ ጥሪ 1952 ጀሚሮም እቲ ማሕበር ኣህጉራዊ ተፈላጥነት ንኽረክብን ምስ ኣህጉራዊ ናይ ሰራሕተኛታት ምንቅስቓስ ንኽትኣሳሰርን ይጽዕሩ ከም ዝነበሩ ኢዩ ዘረጋግጽ። ብ28 ጥሪ 1952፡ ማለት ወርሒ ድሕሪ'ቲ ኣፈናዊ ርኩብ ማሕበር ኣብ እንዳ ጎናፍር፡ ወልደኣብ ንለቪሰን ዝተባህለ ጸሓፊ ናይ ኣህጉራዊ ኮንፈደረሽን ናይ ናጻ ማሕበራት ዕዮ (International Confederation of Free Trade Unions – ICFTU) ኣብ ምብራቕ ኣፍሪቃ ዝጸሓፍዎ ንርአ።[7] ነቲ ጸሓፊ፡ ማሕበር ሰራሕተኛታት ብወግዒ ዝምስርት ጊዜያዊ ኮሚቲ ከም ዝቖመ ድሕሪ ምሕባር፡ ከምዚ በሉዎ፡

ካብ ዘይቀጥታዊ ምንጭታት ንግንዘቦ ከም ዘሎና፡ መደብና ካብ ናይ ኢትዮጵያ ፖለቲካዊ ዓንኬላት ክብ ዝበለ ተቓውሞ የጋጥሞ ኣሎ። ፌደረሽን ኤርትራን ኢትዮጵያን ውዱእ ጉዳይ ምስ ኮነ፡ ማለት ድሕሪ 15 መስከረም 1952'ሞ፡ ተቓውሞ ኢትዮጵያ ንማሕበር ሰራሕተኛታት ኣብ ቃልዕ ከውጽእ እዩ።
(በቲ ምኽንያት እዚ) ... እዛ ሃገር ምስ ኢትዮጵያ ብፈደረሽን ቅድሚ ምትእስሳራ፡ እቲ ማሕበርና ክምስረት ኣሎዎ ዝብል ርእይቶ ኣሎና። ኣብዚ ድማ ናታትኩም ሓገዝ ሓንጎፉይ ኢልና ክንቅበል ኢና።

---

6. ወልደኣብ ወልደማርያም፡ ቃለ መጠይቕ 1987።
7. ቲ ICFTU ዝተባህለ ናይ ሰራሕተኛታት ኮንፈደረሽን፡ ብ1949 ኣብ ለንደን ዝተመስረተ ኾይኑ፡ ብ55 ሃገራት ዝቖመ ነበረ። ኣብዚ እዋን'ዚ ክሳብ ኣብ 100 ሃገራት ጨናፍር ኣሎዎ። ኣብ ብራሰልስ ካብ ዘሎ ቤት ጽሕፈቱ ድማ፡ ንመሰል ሰራሕተኛታት ዓለምን ካብ ዝኾነ ጸቕጢ ናጻ ብምዃን ንኽውደቡ ንዘካይዱዎ ቃልሰን ይጣበቕ። World Book Encyclopedia ርአ።

ኣብ ምምስራት ጥራይ ዘይኮነ፣ ወልደኣብ ማሕበር ንምትካልን ንኤርትራውያን ዝበቅዕ ሕጊ ንምንዳፍን ሓገዝ'ቲ ኮንፈደረሽን ሓተተ። ናይ መንግስቲ ገዲፍካ፣ ኩሉ ዝዓይነቱ ሰራሕተኛ ኣብቲ ማሕበር ክጥርነፍ ከም ዝድለ'ውን ሓበሩ። "ብወገነይ"፣ ደምደሙ ወልደኣብ፣ "ኣባል ናይ'ዚ ጊዚያዊ ኮሚተ ንኽኸውን ተሰማሚዐ፣ ፖለቲካዊ ሰራሐይ ግን ካብኡ ንኽቖጽል ኣይከኽእለንን'ዩ..."[8]

ድሕሪ ቍሩብ መዓልቲ ለቪሰን መለሰሉም። እቲ ናይ ኢትዮጵያ ተቓውሞ ከም ዘሰከፎ ብምግላጽ፣ እቲ ማሕበር ቅድሚ ፈደረሽን ይመስረት ኣብ ዝብል ተሰማምዐ፣ እቲ ኮንፈደረሽን ኣብዚ ከም ዝተሓጋገዘ'ውን ተመባጽዐ። መርኣዪ ምእንቲ ክኾኖም'ውን ናይ ሮደዝያን ካልእን ሕግታት ማሕበር ሰራሕተኛ ልኣኸሎም። ምእንቲ ንምጥርናፍን ንምምሕዳርን ኽጥዕም ግን፣ እቲ ማሕበር ንዘይቃደዉ ረብሓታት መታን ከይሓዋውስ፣ ብብዓይነት ስራሕ ወይ ሞያ ተወዲቡ ደሓር ኣብ'ቲ ዓቢ ማሕበር ወይ ፈደረሽን ንኽጥመር መዓደ።[9]

ተገዳስነት ናይቲ ኮንፈደረሽን ኣብ ኤርትራ፣ ካብታ ደብዳበ ናይ ወልደኣብ ጥራይ ከም ዘይተጀመረ ዘረድእ ሓበሬታ'ሎ። ኣብ መወዳእታ ወርሒ ጥቅምቲ 1951፣ እቲ ኮንፈደረሽን ሓደ ኣርባዕተ ዝኣባላቱ ልኡኽ ናብ ኣስመራ ሰዲዱስ፣ ምስ ሰበ ስልጣን እንግሊዝን ጋዜጠኛታትን ተራኺቡ ነይሩ ኢዩ።[10] ነዚ ምብጻሕ'ዚ ኣመልኪቱ ሌቪሰን ኣብ ለንደን ናብ ዝነበረ ላዕለዋይ ሓላፊ ናይ'ቲ ኮንፈደረሽን ሰር ቪንሰንት ትዩመን ብምጽሓፍ፣ እቲ ልኡኽ፣ ሰራሕተኛታት ኤርትራ ማሕበር ኣቚሞም ፍቓድ መንግስቲ ንኽሓቱ ከም ዘተባብዐ ኣፍለጦ። ንምቛም ናይቲ ጊዜያዊ ኮሚተ ከም ኣዝዩ ኣገዳሲ ምዕባለ ብምሕሳብ ድማ፣ እቲ ማሕበር ፈደረሽን ቅድሚ ምእዋጁ ክቓውም'ሞ ንኢትዮጵያውያን ሰራሕተኛታት'ውን ከም ኣብነት ንኸገልግል ኣተሓሳሰበ።

ለቪሰን ብተወሳኺ ከም ዝገለጾ፣ ኣመሓዳሪ ኤርትራ ካሚንግ ምቛም ናይቲ ማሕበር ዝድግፍ'ኳ እንተ ነበረ፣ ብ.ም.ኤ. ግን ቅድሚ ፈደረሽን ሕጊ ሰራሕተኛ ኣብ ምውጻእ ኣዕጠጠየ። እቲ ልኡኽ፣ ብሸነኽ ኢትዮጵያ ብርቱዕ ተቓውሞ ከም ዝነበረ ክርዳእ ስለ ዝኸኣለ ድማ፣ ኮንፈደረሽን ኣብ ልዕሊ መንግስቲ ብሪጣንያ ጸቕጢ ንኽገብር'ሞ ንኢትዮጵያ ንኸሰምዓ ሓተተ።[11] በዚ ደው ከይበለ፣ እቲ ናይ ኤርትራ ማሕበር ንናይ ግሊ ፋብሪካታት ጥራይ ዘይኮነ፣ ንናይ መንግስቲ ሰራሕተኛታት ከም ዝጥርንፍ ንኽኸውን ዝደፋፍእ ደብዳበታትን ምሕጽንታን ኣቕረበ።[12]

8. Woldeab to Levison, (Reference illegible - ዘይንበብ ቍ. ፋይል) 28 August 1952.
9. Levison to Woldeab, OR/ML/rb, 6 February 1952.
10. ሰሙናዊ ጋዜጣ፣ 10ይ ዓመት ቍ. 478፣ 1 ሕዳር 1957። ኣባላት ናይቲ ልኡኽ፣ ሲ.ሲ. በግናል (እንግሊዛዊ)፣ ኣር. ሎማሲ (ኢጣልያዊ)፣ ጀይ፣ ሮስምዩስ (ወዲ ሞሪሸስ)፣ ጀይ. ለውረንስ (ወዲ ሉክሰምበርግ)፣ ነበሩ። ሌቪሶን ኣካል ናይቲ ልኡኻት'ኳ እንተ ነበረ፣ ኣብ ካርቱም ስለ ዝተረፈ ኣስመራ ኣይኣተወን።
11. Levison to Tewson, OR/O/E4/, 8 February 1952.
12. Levison to Woldeab, OR/ML/nf, 25 March 1952; Levison to Tewson, OR/O/ML/nf, 26 March 1952.

ሳልስቲ ድሕሪ ምርኻብ ስልጣን ካብ ብ.ም.ኤ. ናብ መንግስቲ ኤርትራ፡ ዋና ጸሓፊ ናይቲ ኮንፌደረሽን ናብ ወልደኣብ ብምጽሓፍ፡ ኩነታት ናይቲ ማሕበር ከመይ ከም ዝነበረን ኣበይ ከም ዝበጽሐን ንኽሕብሩዎ ሓተተ። ወልደኣብ እንታይ ከም ዝመለሱ ዘረድእ ሓበሬታ ኣይተረኽበን።[13]

ካብዚ ኹሉ እንርድኦ እንተልዩ፡ ወልደኣብ ኣብቲ ውሽጣዊ ምንቅስቓስ ናይ ኣማኻርነት ወይ ብድሕሪት ናይ ምድፍፋእ ተራ ጥራይ ይንበሮም'ምበር፡ በዚ ዝገብሩዎ ዝነበሩ ናይ ግዳም ርክባት፡ ብዛዕባ'ቲ ማሕበር ሰፊሕን ርሑቕን ጠመተ ከም ዝነበሮም'ዩ። ወልደኣብ ኣብ ዝኽርታቶም፡ ብዘይካ'ዚ ሰነድ ዝተረኽበሉ ፈተነ፡ ምስ ሰራሕተኛታት ሱዳንን ኣብ ኤርትራ ምስ ዝነበሩ ኢጣልያውያን ሰራሕተኛታት'ውን ርክባት ይፍትንን ዝርርብ'ውን ይካየድን ከም ዝነበረ ኣዘንትዮም'ዮም።

እዚ ኹሉ፡ ንመንግስቲ ኢትዮጵያ ከየሰከፈን ተቓውሞኦ ከየጋደደን ክኸይድ ይኽእል ኢልካ ምግማት ኣይክኣልን። ንሱ ብዘምጽኦ ወይ ንሱ ብዘጋደዶ ክኸውን ይኽእል፡ ወልደኣብ ከም ብሓድሽ ዕላማ ናይ ግብረ ሽበራ ኾኑ። ፕረሲደንት ማሕበር ሰራሕተኛታት ኮይኖም ካብ ዝምረቑ ልክዕ ኣብ ሓሙሽተ ሰሙኖም፡ ማለት ብ13 ጥሪ 1953፡ ኣብ ፊት እቲ ዝተመረቑሉ ኣዳራሽ ሲነማ ኢምፔሮ ብጥይት ተወቒዖም ብጽኑዕ ቈሰሉ።[14]

እዚ ተግባር'ዚ፡ ነቲ ኣብ እግሪ ተኸሉ ዝነበረ ማሕበር ብዙሕ ከም ዝሃሰዮ ኣየካትዕን። ወልደኣብ ንሻብዓይ ጊዜኦም በዚ ኣገባብ ዝተሃርሙ ግን፡ ብምኽንያት እቲ ንሰራሕተኛታት ዝትንከ ስርሓቶም ጥራይ ኣይነበረን። ንሱስ፡ ተወሳኺ ሰቡብ ወይ ጠንቂ ኮይኑዎም ይኸውን። ብሱሩ፡ ኣብዚ ናብ መውጋእቶም ዘብጽሐ ኣዋርሕ፡ ፖለቲካ ኤርትራ ተራሳሲኑ ነይሩ'ዩ። ናይ ባይቶ ክትዓት ርኢናዮ ኢና። ናይ ህዝቢ ስምዒት ዝገልጽ ሓደ ሓደ ኣብነታት'ውን ጠቒስና። ዝያዳ ጽልእን ሓይለ-ቃልን ዝዘውተር ዝነበረ ግን፡ ኣብ መንጎ እተን ክልተ ተቓናቐንቲ ጋዜጣታት፡ ደሃይን ኢትዮጵያን ነበረ። ምሉእ ስእሊ ንኽንረክብ፡ ነዚ ምምርማሩ የድልየና።

ደሃይ ኣንጻር ኢትዮጵያን መውጋእቲ ወልደኣብን

ኣፈኛ ደ.ሰ.ኤ. ዝነበረት ሓንቲ ኤርትራ ምስ ኣብቅዐት፡ *ብደሃይ ኤርትራ ኢያ* ተተኪኣ። ደሃይ ከኣ፡ ርእይቶ ናይቲ ናጽነት ዝደሊ፡ ፌደረሽን ይተዓቀብ ዝብል፡ ንተግባራትን ምትእትታውን መንግስቲ ኢትዮጵያ ዝቃወም ክፍሊ ንኽሰማዕ ሰለ ዝቘመት፡ ከም ናይ ተቓወምቲ ተፈልጠት። ብወግዒ እትውክሎ ፖለቲካዊ ማሕበር ግን ኣይነበራን። ኣብ ሰሰሙን እናተሓትመት ክሳብ ቍ.16 ትበጽሕ፡ መጀመርታ ብሑሰን ሰይድ ሓዮቲ፡ ጸኒሓ ድማ ብመሓመድ ስዒድ መሓመድ

13. General Secretary ICFTU to Woldeab, OR/O/PL?kp, 18 September 1952.
14. ደሃይ ኤርትራ፡ 1ይ ዓመት ቍ. 18፡ 17 ጥሪ 1952።

ክትዳሎ ድሕሪ ምጽናሕ፡ ካብኡ ቐጺሉ፡ በቲ ክሳብ ትዕጾ ዝመርሓ መሓመድ ሳልሕ ማሕሙድ ተኣልየት። ኣብዚ እንዛረበሉ፡ ነቲ ቐድሚ መሓመድ ሳልሕ ማሕሙድ ዝነበረ ትሕዝቶኣ ኢዩ።

ደሃይ ኤርትራ፡ ኣብ ዝተፈላለየ ሕቶታት ርእይቶ ትህብን ተኣንግድን ከም ዝነበረት ርኢና ኢና። ንኣብነት፡ ብዛዕባ ኣዋጅ 130፡ ብዛዕባ ሃጸያዊ ፈደራል ቤት ምኽሪ፡ ብዛዕባ ኣድማ መንእሰያት፡ ብዛዕባ ናህሪ ዋጋታትን ካልእን ዘበለቶ ጠቒስና። እቲ ምስ መንግስትን ጋዜጣ ኢትዮጵያን ኣብ ምፍጣጥ ኩብጽሓ ዝተራእየ ግን፡ ኣብ ዓምድታታ እተኣንግዶ ዝነበረት ብውልቀ ሰባት ዝጸሓፍ ዝነበረ ዓንቀጻት ኢዩ።

ሓደ ኾብዚ ንኣብነት፡ ኣባል ባይቶ ሰላም መንእሰያት ኤርትራ ብዝነበረ ዓብደልራሕማን ብጫተ ዝምርሑ ሸባን ኣልራቢጣ ነበር ዝጸሓፉዎ ክጥቀስ ይክኣል። ብ4 ሕዳር 1952፡ ኢሎም ንሳቶም፡ እንደራሴ ኣንዳርጋቸው መንእሰያት ኣንድነትን ኣልራቢጣን ንኽዓርቕ ሓደ ግብጃ ኣካየደ። ይኹን እምበር ሸሻይ ምስ ተቐረበ፡ ብርኡይ፡ ነቲ ወገን ኣስላም “ሸሮን እንጌራን ማይን ሸሮፓን”፡ ነቲ ወገን ክርስትያን ግን “ብዝግባእ መኣዲ፡ ማለት ስጋን እንጌራን መስተን ምሉእ ዘይጉዱል…” ስለ ዝተቐረበሎም፡ ነቲ ድግስ ረጊጾም ከም ዝወጹ ኣፍለጡ። ኣብ ጋዜጣ መውጺእና ድማ፡ ኸአ በሉ፡

> … ንዘመጽእ እዋን ከይድገም ንምዝኽኻር ኢና። ስለምንታይ ናይ ኣፈላላይ ዝኾነ ነገር ኣብ መንጎ ክልተ ኣሕዋት ከይርኩብ ነመዕቅብ ኣሎና። … ንሕና ደቂ ኤርትራ፡ ሸሕ'ኳ ኣስላምን ክርስትያንን ብሃይማኖት እንተ ኾንና፡ ሓደ ዓሌት፡ ሓደ ኣካል፡ ደቂ ሓንቲ ሃገር፡ ሰብ ሓደ ዕድል ኢና'ሞ፡ ድሕሪ ደጊም ዝፈላሊ ዝኾነ ኣብ መንጎ ክልተ ኣሕዋት ከይዝውተር ነማሕጽን ኣሎና።[15]

እዚ ሓያል ክሲ ንእንደራሴን ሰዓብቱን'ኳ እንተ ነበረ፡ ብገለ ምኽንያት ጋዜጣ ኢትዮጵያ ከይመለሰሉ ተረፈ። ኣብ ካልእ ግን ተዛረበ። ኣዋጅ 130 ምስ ተሓትመ፡ ጸኒሖም ምኽትል ፕረሲደንት ማሕበር ሰራሕተኛታት ዝኾኑ ስራጅ ዓብዱ ተቓውሞኦም ከም ዘሰምዑ፡ ብፍላይ ነቲ ኤርትራ “ተሓዊሳ” ዝብል ቃል ድማ ፍጹም ከም ዝነጽጉ ጽሒፎም ከም ዝነበሩ ዝዘከር'ዩ። ኢትዮጵያ ነዚ መለሰሉ። ንስራጅ ዓብዱ፡ ኸአ በለ፡

> … መንግስቲ ኢትዮጵያ ብሕግታቱ፡ ትካሉ፡ ልማዱ ከይተነኽአ ባዕሉ መንግስት ፈደራል ከም ዝኾነ ግልጽ ኣቢልና ክንደግመሎም ንደሊ። … “ፈደራስዮን” ኣብ ክንዲ ምባልስ፡ ኤርትራ ምስ ኢትዮጵያ “ሓቢራ”፡ “ተሓዊሳ”፡ “ተጸንቢራ”፡ እናተባህለ ይዝረብን ይጽሓፍን ኣሎ እናበሉ ስንባደኦም ይገልጹ። እዚ ግን … ነቲ እፈልጦ እየ ዚብሉዎ ብይን ሕ.መ. ረሲያምዎ ኮይኖም እምበር፡ ብጽላሎትካ ምስንባድ ማለት ኢዩ። … Unione Federale ማለት፡ ብኪዳን ምሕባር፡ ምሕዋስ፡ ምጽንባር ማለት እዩ።

15. ደሃይ ኤርትራ፡ 1ይ ዓመት ቍ. 9፡ 15 ሕዳር 1952።

ስራጅ ዓብዱ ኣብ ጽሑፎም፡ ባይቶ መንግስቲ ኢትዮጵያ ኣብ ዕጹው ስለ ዝካየድ፡ ምስ ኣሰራርሓ ባይቶ ኤርትራ ኽቃዶ ከም ዘይኽእል ኣስሚሮም ነይሮም። ኢትዮጵያ ከምዚ ዝሰዕብ ኣባጨወሎም፡

> ... ኣቶ ስራጅ ኣእምሮኦም ጠንጢኑዎም ደኣ እናሃደመ እምበር፡ ንኢትዮጵያናስ ብምኽንያት ምስታፍ ኤርትራውያን ይትረፍ፡ 60 መንግስታት ዓለም እንተኾኑ'ውን ነቲ ኣብ ኣሽሓት ዓመታት ከም ሰንሰለት ተተሓሒዙ ዝመጸ ትካላ፡ ሕጋ፡ ልማዳ ኪነኽኡዎ ከም ዘይክእሉ እንተ ዚዝክሩ፡ ከምዚ ዝበለ ዒሕታ ኣይምሓዞምን።[16]

ስራጅ ዓብዱ ነዚ ተናኻሲ ቃላት ጋዜጣ ኢትዮጵያ ብልዙብ ቃላት እኳ እንተ መለሱሉ፡ ተሓጋጋዚ ኣዳላዊ ደሃይ ኤርትራ ኤልያስ ተኽሉ ግን ንሓይለ ቓል ብሓይለ ቓል መጉቱ። ነቲ ብዛዕባ ስራጅ ዝተባህለ ብምጥቃስ ድማ ነቲ ጋዜጣ ከምዚ በሉዎ፡

> ሕዝቢ ኤርትራ እንተ ኾነ ብሓይሊ ኣምላኽ ካብ ብዙሕ ጊዜ ዝናፍቖም ዝነበረ ንጉሱ ረኺቡ ኣሎ። ብዝተረፈ፡ ኣብ ውሽጥና ኣትዮም መሰልና ወሲዶም ብጉረሮና ሒዞም ዘይገዝኡና ማለትካ ዶኾን ይኸውን እቲ ኹሉ ዘዕገርግረካን ዘድርፈካን ዘሎ? ንዘይ ትኽእሎ እገብር ኢልካ ዝበላዕካዮ ገንዘብ እንተሎ ምለሰሎም፡ እንተ ዘይኮነ ናይ ሰብ መሳርሒ ኼንካ ከም ሰዓት ተመሊእካ ነሕዋትካ እንተ ዋረድካን ንመሰልካ ኣሕሊፍካ እንተ ሃብካን ባህራዊ ሕጊ ትጥሕስ እምበር ትጥቀመሉ ነገር የብልካን። ምእንት'ዚ፡ ደርፊ ሓዲግካ ምእንቲ ገንዘብ ዘይኮነ ምእንቲ ኤርትራ ዓድኻን ኤርትራውያንን ኢትዮጵያውያንን ኣሕዋትካን ብሓቂ ክትሰርሕ ንላበወካ።[17]

ብድሕሪ'ዚ፡ ኣብ መንጎ ደሃይን ኢትዮጵያን ናይ ቃላት ኲናት ተጀሚሩ ክብሃል ይክኣል። ደሃይ ነቲ ጸገምን ወጽዓን ህዝብን መንግስትን ኤርትራ ዝበለቶ ብዘይ ቃል ዓለም ምዝርጋሕ ቀጸለት። "ደሃይካ ኣስምዕ ሕዝቢ ኤርትራ" ኣብ ዝብል ኣርእስቲ ንኣብነት፡ "ወያ ድኻ ኢያ፡ ብዘይካ ሓገዝ ርእሳ ኣይትኽእልን ትብሃል ዝነበረት ኤርትራ፡ ካብቲ ግቡእ እቶታ ተሓሪማ፡ እቲ ናታ ብኢትዮጵያ እናተመንዝዐ፡ ወሃቢት ክነሳ ናብ ውጽዕትን ድኻን ተቐዪራ" ዝብል ተሪር ርእሰ ዓንቀጽ ኣውጽኣት። ብዛዕባ ግዝኣትን ተንኰልን ገዛእቲ ኣምሓራ ኣመልኪቱ ድማ እቲ ዓንቀጽ፡

> "ሸዋና ምስጥ ወደ ውስጥ" ከም ዝተባህለ፡ ደቂ ሸዋ ክሳብ'ቲ ረቂቕ ፖለቲካኦም ዝፍጽሙ ሓቀኛታት፡ ለጋሳት፡ ርሕሩሓት፡ ፈተውቲ ኣሕዋቶም መሲሎም ይርአዩ። ጉዳዮም ምስ ዝፍጽሙ ግን፡ ናይ ተንኰሎም ብዝሓት ተዛሪብካ ወይ ጽሒፍካ ኣይውዳእን። ስለ'ዚ፡ "ኦም ብኦም" ከም እተባህለ

16. ኢትዮጵያ፡ 6ይ ዓመት ቍ. 351፡ 23 ሕዳር 1952።
17. *ደሃይ ኤርትራ፡* ቀዳማይ ዓመት ቍ. 12፡ 6 ታሕሳስ።

ቡቶም ቀዳሮም ውሕድ ዝበሉ፡ ኩብዶም ዝኣምላኾም ኣሕዋትና ገቢሮም ኣብ ኣርዑት ሓጺን ኣእትዮም ናይ ዘለዓለም ባሮቶም ከይገብሩና ንጠንቀቕ፡ ጽባሕ ሓደ ነገር እንተኾነ፡ "ምኣስ ከምዚ ዝመጽእ መሲሉና" እንተ በልና ኣይጠቕመናን ኢዩ።

እቲ ዓንቀጽ፡ ኣብ እዋን ምልዕዓል ወያነ ናይ 1943፡ መንግስቲ ኢትዮጵያ ኣብ ልዕሊ ህዝቢ መቐለ ካብ ነፈርቲ ቡምባታት ብምዝናብ ንዘስዓቦ ክቢድ ህልቂት ብምዝካር፡ ህዝቢ ኤርትራ ኻብኡ ንኽምሃር ኣዘኻኸረ።[18]

ኣዝዩ ኸቢድ ክሲ ዝሓዘለ ኸቢድ ዓንቀጽ ስለ ዝነበረ፡ ጋዜጣ ኢትዮጵያ ነቲ ኽሲ ነጥቢ ብነጥቢ ክንዲ ዝምልስ፡ ጸሓፊ ናይቲ ዓንቀጽ ኢሉ ንዝገመቶም ኤልያስ ተኽሉ ኣብ ምጥቃዕ ኣተወ። ኤልያስ ተኽሉ፡ ብ1912 ኣብ ሰገነይቲ ዝተወልዱ ኾይኖም፡ ኣብ ኢትዮጵያ ዝነበሩን ዝሰርሑን፡ ብዛዕባ ኹነታት ኢትዮጵያ'ውን ዝፈልጡን ዜጋ ነበሩ። ከምቲ ዝተጠቕሰ ከም ምኽትል ኣዳላዊ ደሃይን ከም ሓደ ካብ ቀንዲ ጸሓፍቲ ዓንቀጻታን እናገልገሉ ኸኣ ኢዮም ኣብቲ ተሪር ምጉት ምስ ኢትዮጵያ ዝኣተዉ።

ሓሙሸተ መዓልቲ ድሕሪ ምሕታም ናይቲ ኣብ ላዕሊ ዝጠቐስናዮ ዓንቀጽ፡ ኢትዮጵያ ነዚ ዝሰዕብ ጸሓፈ፡

ጋዜጣ "ደሃይ ኤርትራ" ብግስሩጥ ትግርኛ ናይ ዝተጻሕፉ መንቅታት መደበር ካብ ዚኸውን ሓያሎ ጊዜ ሓሊፉ። እቶም ኣብኡ እናጸሓፉ ከም ጭራ ጠበቕ ዘዕለብጡ ሰባት ከኣ፡ መብዛሕትኦም እቶም ኣስናኖም ክሳብ ዚሕርክም ገንዘብ ኢትዮጵያ ዝነጸዩ፡ ኣብ ማሕበር ሕዝቦም ዋጋ ዘይብሎም ጥርቅምቃም ኢዮም።

ስም ኤልያስ ተኽሉ ብምጥቃስ ድማ፡ ብኣኦምን ብኸምኦምን ብዛዕባ ኢትዮጵያ ይብሃል ንዝነበረ ኣመልኪቱ ዘለፋኡ ቐጸለ፡

… ከምዚኣቶም ዝመሰሉ ህውታትያ፡ ኣብ ዝወዓሉዎ ዘይሓድሩ ሓሰር-ንፋይ ደቂ ሰብ፡ ውርዝና ዘለዎ ቃል ኪወጽእ ኣይክእልን። ኣብ ከምዚኣቶም ዝመሰሉ ትፉኦም ዚልሕስ፡ ንዝበልዑሉ ጻሕሊ ዚሰብሩ ፍናፍንቲ፡ መጸጉዓዊ ሕሊና እንተ ዘይኮይኑ ካልእ ሰብኣዊ ሃብቲ ኪሓድሮም ኣይክእልን። እዚኣቶም ዚቐብሮም ዝሰኣኑ ሬሳታት ኢዮም ቢልካ ክትውስኖም እንተ ዘይኮይኑ፡ መጠን እቶም ብኣገልገሎቶም ዚምስገኑ መጽዓኛታት ምግማቶም'ኳ ንርእሱ ሓጢኣት ኢዩ።

ቀደሙ'ውን የጋንን ነይሩ ኢዩ'ሞ፡ ሕጂ ግን ጋዜጣ ኢትዮጵያ ቀሩብ ሕልፍ በለ። ብፍላይ ንኤልያስ ተኽሉ ንምጥቃዕ ድማ፡ "ናይ ኤልያስ ተኽሉ መንነት" ኣብ ትሕቲ ዝብል ኣርእስቲ፡ እቶም ጸሓፊ ካብ ኤርትራ ናብ ኢትዮጵያ ብ1940 ከም ዝሰገሩን፡ "ኤርትራዊ-ኢትዮጵያዊ" ተባሂሎም ድማ ኣብ ሚኒስትሪ ዕዮ ስራሕ ከም ዝተዋህቦምን ኣመልኪቱ'ሞ፡ ከምዚ ዝሰዕብ ቀጸለ፡

18. ደሃይ ኤርትራ፡ 1ይ ዓመት ቍ. 14፡ 20 ታሕሳስ 1952።

> … እንተኾነ ግን፡ ኣብ ልዕሊ ዕንጉለ ረጊጹ ዘየንትዕ ክእለቶም በዓል ነዊሕ ኣጻብዕ እውን ስለ ዝነበሩ፡ ምስ ጣልያን እናተሻረኹ፡ ንዓዶም፡ ነታ ሚዛኖም ንላዕሊ ክትግምቶም ዝፈቐደት ዓባይ እኖኦም ኢትዮጵያ ከም ይሁዳ እናሰዓሙ ስለ ዝጠለሙዋ፡ ኣብ መቐለ፡ ኲረም፡ ወልድያ ንዚርከቡ ኢትዮጵያውያን ሰራሕተኛታት ክሳብ ሎሚ ደመወዞም ከልኪሎም ጸብጻብ ከይተጠየቑ ተሪፎም ኣለው እናተባህለ ይዝረብ ከም ዘሎ ክሳዕ ዚስልችወና ዝተዘንተወ ጉዳይ ኢዩ።
> … ኣቶ ኤልያስ ተኽሉ፡ በዛ ኬናሸውዋ ህርድግ ዚብሉ ዘሎዉ ኢትዮጵያ ብጽጋብ መጠን ክሳዕ ሰብኣዊነቶም ዚርስዑ ክንዲ ዝኾኑ፡ ካልእስ ይትረፍ ሓዳሮም ኣውዲቖም ሰብ ዘይገበሮ ንምግባር ሕሊናዊ ልጓም ዝሰኣኑ ሰብ ኢዮም።

እቲ "ብሓቂ ተፈቲኑ ከም ወርቂ ጽባቔኡ ዘረጋገጸ ሕዝቢ ኤርትራ… ሓተላ ፍጥረት ምኳኖም ምእንቲ ኪገልጹሉ ቢሎም እዮም እምበር፡… ብስብከቶም ዝልዕጠዋ ሕዝቢ ይርከብ ይኸውን ቢሎም ከም ዘይኮኑ ኣይንጥርጥርን…" እናበለ'ውን ክሱን ዘለፋኡን ዛዘመ።[19]

ይትረፍዶ በዚ ኣገባብ'ዚ ተኸሲሶምን ተወንጂሎምን፡ ኤልያስ ተኽሉ ብስሩ'ውን ስቕ ኢሎም ዝውቕዑን ዝዕመጹን ሰብ ኣይነበሩን። ክፉእ ነገር ኣብ ካልኦት ክፍጸም ምስ ዝርእዩ ባዕሎም ናብቲ ሓደጋ ከም ዝኣትዉ ዝንገረሎም ኤልያስ፡ መልሲ ሃቡ። ኣብ ጋዜጣ ኢትዮጵያ "መታን ኪፍተዉ ኢሎም ዚጽሕፉን ዜቀባጥሩን እንተ በዝሐ ኣርባዕተ ሰባት" ምንባሮምን፡ ብዙሓት ንኽመስሉ ስም ዝቕያይሩን፡ ውዒሎም ሓዲሮም ከኣ ኣብ ህዝቢ ከም ዝቃልዑን ድሕሪ ምሕባር፡ ከምዚ በሉ፡

> ንሕና እንጽሕፎ ብሓቂ ንሓቂ፡ እቲ ዝኾነ'ሞ ንድሕሪ ሕጂ ኸኣ ከይከውን ንጠንቀቐሉ ብማለት ኢና'ምበር፡ "እሺ ጌታየ" እናበልና ገንዘብ መርገም ምብላዕስ ብርግጽ ቅድሚ'ዞም ኣርባዕተ ሓሲና ዘይኮነስ፡ ጽዒርና ቋሪፍናዮ ኢና። እንተኾነ ግን፡ "እንጌራ ጀላዕ ኣይብላዕ" ብምባል፡ ኩሉ ገዲፍና ንሃገርካን ንወገንካን እቲ ካብ ኩሉ ዝበልጽ ቀዳማይ ምኳኑ ፈሊጥና… "ኢንፈርህ ለእመ ኣድለቅለቀት ምድር" ኣብ ዚብል ኣምላካዊ እምነት ጸኒዕና ንርከብ። … ሓሳዊ ዓመት ይሕሱ፡ ዓመት ይደግም፡ እንተበዝሐ ከኣ ሓሙሽተ ዓመት ይሕሱ እምበር ዘልዓለም ኪሕሱ ምስ ዚነብርስ ብገዛእ ርእሱ ተሓኒቑ ከም ዝመውት ይሁዳ ኢዩ።
> እዞም ኣርባዕተ ሰባት፡ ስማቶም እናሰወሩ ንሸዋ ዘመስገና ዘመስግኑ፡ ዝወቓሳ ዝወቕሱ፡ ኤርትራውያን ኢና ዝብሉ… ናይ ሕውነት ሕልና እንተ ዚህልዎምን ነቲ ዘይከውን ጸርፊ ወገኖም ከሕሞም ምኸኣሉ። ምእንት'ዚ፡ ኣብዞም ሰባት እዚኣቶም ናይ ኤርትራውያን ወገን ኣሎዎም ኢልካ ምሕሳብ ቅዉም ኣይኮነን።
> … ነታ ዓባይ ኢትዮጵያ ከም ይሁዳ እናሰዓሙ ይጠልሙ እንኪ ብሉስ ኣይሓፍሩንዶ? ኣነዶ ምስ ግራስያኒን ምስ ዝኸምኡ ፋሺስቲን ኮይነ ኣምሓሩን

19. ኢትዮጵያ፡ 6ይ ዓመት ቍ. 358፡ 25 ታሕሳስ 1952።

ኤርትራውያንን ኣብ ዝተሓብኡዎ እናሓበርኩ ኣሕኒቐ እየ? "ባርያስ ዘይወግሕ መሲሉዎ ኣብ ቦኽራ ደገ ትወጽእ..."[20]

በዚ ናይ መወዳእታ ቓላት ኤልያስ ተኽሉ ዝሓሙን ዝስከፉን ኤርትራውያን ውሑዳት ኣይነበሩን። ብዙሓት ካብቶም ዓበይቲ መራሕቲ ሕብረት ከም ትርጁማን ናይ ዓበይቲ መራሕቲ ጣልያን፡ ምስቲ ንኢትዮጵያ ዝወረረ ሓይሊ ኣዲስ ኣበባ ሰፈሮም ነይሮም ኢዮም። ካብ'ዚኣቶም፡ ድሮ ከም ምክትል እንደራሴ ብምዃን ብወርሒ ጥቅምቲ ኣስመራ ዝኣተወ ኣሰፍሃ ወልደሚካኤል፡ ጸኒሖም ካብ ሰክረተሪታት መንግስቲ ኤርትራ ዝኾኑ ደጊያት ኣርኣያ ዋሴ... ጥራይ'ኳ ብኣብነት ክጥቀሱ ይክእል። መልእኽቲ ኤልያስ ተኽሉ እምበኣር ኣብ ልዕሊ ገለ ሰብ ስልጣን መንግስታት ኢትዮጵያን ኤርትራን ክብ ዝበለ ስክፍታን ሕርቃንን ከም ዘለዓዕል ዝሰሓት ኣይነበረን።

ኣንፈት ናይቲ ኣብ ጋዜጣታት ዝጸሓፍ ዝነበረ መርዛም ቃላት ዘሰከፎም ወልደኣብ ወልደማርያም፡ ነታ ኣብ ዓምድታት ጋዜጣታት ኤርትራ ናይ መወዳእታኦም ዝኾነት፡ "ልሳንካ እንካብ ምግዛእሲ ዓለም ምግዛእ ይቐልል" እትብል፡ ኣብ ጥቕስታት ሓዋርያ ያዕቆብ (3ይ ምዕራፍ) ዝተመርኰሰት ውርይቲ ዓንቀጾም ጸሓፉ። ካብ'ዛ ዓንቀጽ ኣሰፌሕና ንጠቅስ፡

> ክቡራት ኣሕዋተይ፡ ኣውራ ኣውራ ድማ ኣንቱም ኣብ ጋዜጣታት እትጽሕፉን ኣብ ልዕሊ ጋዜጣታት ሓላፍነት ዘሎኩም ክቡራን ሰብ መዚ... ኣብ ልዕሊ እቲ እትዛረብዎን እትጽሕፉዎን ቃላት'ሲ ኽመይ ዝበለ ሓላፍነት ከም ዘሎኩም ወርትግ እናዘከርኩም ክትዛረቡን ክትጽሕፉን ከዘኻኽረኩም ፍቐዱለይ። ነቲ በዘን ዝሓለፋ ዳሕረዎት ሰለስተ ሰሙናት፡ ብኽልተ ጋዜጣታት ደቀባት ኪጽሓፍ ዝቐነየ ከመይ ዝበለ ቓላት ኣንቢብናዮን ኣስተውዒልናዮን ኣሎና'ሞ፡ በቲ ኻብኡ ኺውሕዝ ዝቐነየ መርዝን ካብኡ ኼንጠብጥብ ዝቐነየ ጓህርንሲ ሒደት ከም ዘይተገረምና ተሰተውዕሉዎ ኢኹም። ነቲ ሰላምን ሕውነትን ስኒትን ምስምማዕን ኪሓድሮ ጀሚሩ ዝነበረ ልቢ ደቂ ኤርትራ ሰጋእ ኬብሎ ዚኽእል ብምዃኑ ድማ፡ ጓሂና ኣዝዩ ዝመረረ ኢዩ።

ንዕኡ ዝመስል ዘይሃናጺ ቓላት ኣብ ጋዜጣ ክዘውተር ከም ዘይግባእ ምስ ኣመልከቱ፡ ወልደኣብ ንትርጉም ናይቲ ኣብ ጋዜጣታት ክጽሓፍ ዝግባእ ኣቕፊታ ገለጹ፡

> ንሓድሕድካ ምንቅቓፍ ማለት ንሓድሕድካ ምትእርራም፡ ምምዕዓድ፡ ምርድዳእ ማለት ኢዩ'ምበር ኣብ ቅድሚ ናይ ኣሽሓት ጓኖት ኣእዛንን ኣዒንትን ቀሪብካ ምጽርራፍ ማለት ከም ዘይኮነ ፍሉጥ ኢዩ።

ኣብቲ ጊዜ'ቲ፡ ኣብ መላእ ኣፍሪቃ፡ ኣብ መንጎ ኣፍሪቃውያን ዜጋታት ንዝነበረ ናይ ሓድሕድ ህውከት ብምምልካት፡ ኤርትራ ናይ ሰላም ዕድል ከም ዝነበራ ምስ ኣረድኡ፡ ወልደኣብ ትዕዝብቶም ቀጸሉ፡

20. ደሃይ ኤርትራ፡ 1ይ ዓመት ቍ. 15፡ 27 ታሕሳስ 1953። ቃለ መጠይቕ ምስ ኣቶ ኣብርሃም ተኽሉ፡ 24 ጥሪ 2005፡ ኣስመራ።

... ደቂ ኤርትራ... እነሆ ብተኣምራታዊ ኢድ ሓርነት ወጺኦምሲ ካብቲ ፖለቲካዊ ፕሮብሌማ ሃገሮም ተናጊፎም ብዛዕባ ውሽጣዊ ንብረቶምን ምምሕዳሮምን ይሓልዩን ይምህዙን ኣለዉ! (ነዚ ሓዲጎም)... ናብቲ እኩይን መርዛምን ዝኾነ ፖለቲካዊ ጭቃ ኺምለሱ እንተ ደለዩ ግና፡ በደሎም እምበር በደል ኣምላኽ ወይስ በደል ካልኦት ኮይኑ ኺርከብ ኣይምተኻእለን፡ ሳዕቤኑን ሓላፍነቱን ብምሉኡ ኸኣ ኣብ ልዕሊኣቶም ተነቢሩ ምተረኽበ።
... ኤኮኖሚያዊ ንብረት ሃገርካ እናንቈልቈለ ኪኸይድ፡ ሰራሕተኛታት ኣሕዋትካ ኪሸገሩን ኪጭነቑን፡ ድኻታትን ዘኽታማትን ሃገርካ እናበዝሑ ኪኸዱ ከሎዉ እናረኤኻን እናሰማዕካን ከሎኻ ነዚ ኹሉ ነገራት እዚ እዝኑ-ልብኻ ዓጺኻ፡ ናብቲ ኣፍራስን ኣጥፋእን ዝኾነ ናይ ማሕተም ምትህልላኽ ምድሃብ፡ መርዚ ብዘመልኦ ኣስናን ከአ ክትመናጨት ምድላይ፡ ብገዛእ ካራኻ ክትሕረድ፡ ብገዛእ ገመድካ ድማ ክትሕነቕ ምድላይ ምዃኑ እተረጋገጸ ኢዩ።
... ነቲ ወይስ ነቶም ካብ ጉዳይ ደቂ ኤርትራ ኣዘንቢሎምሲ ናብ ዘይግድሰና ኻልእ ጉዳያት ኪመርሑና ኢሎም ኣብ ዘይጃልባና ኪሰቕሉና ዚደልዩ ሰባት ኣይንሰምዓዮም። ናይ ነፍሲ ወከፍና መልእኽቲ ወይ ኣገልግሎት ኣብ ልዕሊ ኤርትራ ጥራይ ኢዩ።

እቲ ሰሙን፡ ሰሙን ልደተ ክርስቶስ ስለ ዝነበረ፡ ንኽብረ'ቲ ናይ ሰላምን ፍቕርን መዓልታት፡ "ንረድኤትን ንሰላምን ኣሕዋትናን ሃገርናን ኢልና ምሉእ ኣገልግሎት ነወፊ..." ኽብሉ ወልደኣብ ጽሑፎምን ለበዋኦምን ደምደሙ።[21]

ኣብዚ ጽሑፎም'ዚ ወልደኣብ ወገን'ኳ እንተ ዘይፈለዩ፡ እቲ "ናይ ነፍሲ ወከፍና መልእኽቲ ወይስ ኣገልግሎት ኣብ ልዕሊ ኤርትራ ጥራይ ኢዩ..." ዝበሉዎ፡ ኣንጻር ኢትዮጵያ ወይ እቲ ፌደራል መንግስቲ ከም ዝተዛረቡ ተቘጺሩዎም ይኸውን። ብሓቂ ኸኣ፡ ሽሕ'ኳ በዓል ኤልያስ ተኽሉ ኣብ ደሃይ ዝጽሕፉዎ ዝነበሩ ዓንቀጻት ንኢትዮጵያን ሰዓብታን ብዘይ ንሕስያ ዝወቅዕ እንተ ነበረ፡ መብዛሕትኡ መልሲ ናይቲ ጋዜጣ ኢትዮጵያ ትድርብየሎም ዝነበረት ናይ መፈራርሒ ቓላት ኢዩ ዝነበረ። ስለዚ ወልደኣብ ብዝያዳ ንጋዜጣ ኢትዮጵያ ከም ዝነቐፉ ክስምዕ ይኽእል።

ብዝኾነ፡ ከምቲ ኣቐዲሙ ዝተባህለ፡ ብ13 ጥሪ 1953፡ ሰዓት 9:25 ናይ ምሸት ይኸውን፡ ክልተ ዘይተለለዩ ሰባት ኣብ ልዕሊ ወልደኣብ ሓደጋ ብምውዳቕ፡ ኣብ ፊት ቺነማ ኢምፔሮ ብጥይት ወቒዖም ብጽኑዕ ኣቑሰሉዎም። ሽዑ ጸብጻቡ ናብ ናይ ኣመሪካ ኣሕሉቑ ዝሰደደ፡ ንኤድዋርድ ማልኬሂ ተኪኡ ዝነበረ ኣመሪካዊ ቈንስል ክላረንስ ቲ. ብሮ (Clarence T. Breaux)፡ ጠንቂ ናይቲ ኣብ ልዕሊ ወልደኣብ ዝተፈነወ መጥቃዕቲ ካብ ክልተ ሓደ ኽኸውን ከም ዝኽእል ኣረድአ።

ቀዳማይ ተኽእሎ፡ ኢሉ ብሮ፡ መራሒ ማሕበር ኣንድነትን ሰራሓት ግብረ-ሽበራ ተካይድ ኔርካ ተባሂሉ ብብ.ም.ኤ ተኣሲሩ ዝነበረን ገብረስላሰ ጋርዛ ኣብ ልዕሊ ወልደኣብ ካብ ዝነበሮ ክቱር ጽልኢ ዝተበገሰ ክኸውን ይኽእል። ገብረስላሰ፡

21. ደሃይ ኤርትራ፡ 1ይ ዓመት ቍ. 16፡ 3 ጥሪ 1953።

ኢሉ ብሮ፡ "ኣብ ቤት ጽሕፈት ዕዮ መንግስቲ ኤርትራ ኢዩ ዝሰርሕ ዘሎ። ነቲ ደጋፊ ናጽነት ዝኾነ ኣቶ ወልደኣብ ዘካይዶ ዘሎ ንሰራሕተኛታት ዝምልከት ንጥፈታት ከኣ ይቃወሞን ይጸልኣን ኢዩ። ሽሕ'ኳ ገለ ሕብረታውያን ኣብቲ ማሕበር ምስ ወልደኣብ ይደጋገፉ እንተ ሃለዉ፡ ኣብ'ቲ ዝሓለፈ ናይ ሰለስተ ጥሪ ኣኼባ ማሕበር ግን ኣባላት ሕብረት ንወልደኣብ ናይ ቃል መጥቃዕቲ ኣውሪዶምሉ ኢዮም። እቲ ኣኼባ ድማ ካብቲ ንቡር ንላዕሊ ብሲ.ኣይ.ዲ. ተመሊኡ ነይሩ ኢዩ።"

ከም ካልኣይ ተኽእሎ፡ ብሮ ነቲ ኣሰፊሕና ዘጠቐስናዮ ዓንቀጽ ናይ ወልደኣብ ብምጥቃስ፡ ሕብረታውያን ብትሕዝቶኡ ከም ዝሓረቑ'ሞ ካብኡ ተበጊሶም ድማ ነቲ ሓደጋ ፈጺሞም ክኾኑ ከም ዝኽእሉ ጸሓፈ። ካብ'ዚ ሕልፍ ኢሉ ብሮ፡ "ስም'ኳ እንተ ዘይጠቐሰ፡ እቲ ወልደኣብ ዝነቐፎ፡ ኣፈኛ ማሕበር ሕብረት ዝኾነ ጋዜጣ ኢትዮጵያ ኢዩ። መሰራቲኡን ቀዳማይ ሓላፊኡን ድማ እዚ ነቐፌታ ዝበሃል ኣይጻወርን ተባሂሉ ዝዝረበሉ ዘሎ፡ ናይ ሎሚ መራሕ መንግስቲ ተድላ ባይሩ ኢዩ" ክብል ጸብጻቡ ደምደመ።[22]

ሽው ናይ ኤርትራ ኮሚሽነር ፖሊስ ዝነበረ ኮሎኔል ደቪድ ክራክነል'ውን እቶም ፈጸምቲ ናይቲ ገበን ከም ዘይተታሕዙ ኢዩ ሓቢሩ። ግን፡ ምስቲ ወልደኣብ ዘካይዶም ዝነበሩ ናይ ማሕበር ሰራሕተኛታት ንጥፈታትን ኣብ መንጎኦምን ኣብ መንጎ ተድላን ዝነበረ ፖለቲካዊ ጽልእን ቂምን፡ ኣብቲ ፈተነ ኢድ ተድላ ነይሩ ኢዩ ኢሉ ይጥርጥር ከም ዝነበረ ዘኪሩ።[23]

ብኻልእ ወገን፡ እቲ ፈተነ ብመንግስቲ ኢትዮጵያ እምበር ብተድላ ኣይተኣዘዘን ዝብሉ'ውን ኣይተሳእኑን። ኣብ ኣስመራ ዝነበረ ቆንስል ብሪጣንያ ንኣብነት፡ ወልደኣብ ምስቶም መወዳድርቲ ተድላ ዝነበሩ ደጊያት ኣብርሃ ተሰማ ጽኑዕ ርክብ ምቕጻሎም ብተድላ ዝጽላእን መደምደምታ ንኽግበረሉ'ውን ዝድለን'ኳ እንተ ነበረ፡ ተድላ ግን እቶም ዓመጸኛታት ብቐልጡፍ ንኽተሓዙ ጥብቂ ትእዛዝ ሰለ ዝሃበ፡ ባዕሉም ዝፈጸሙዎ ኣይመስልን ክብል ሓራ ዘውጽኦም ደብዳበ ጽሒፉ ነይሩ ኢዩ።[24]

ወልደኣብ ባዕሉም እከለ ወቒዑኒ ክብሉ ኣይወንጀሉን። ነቲ ዝገጠሞም ሓደጋ ግን ብኸምዚ ገሊጾሞ፡

> ኣብ ጥሪ 1953፡ ኣብ መወዳእታ ዝኾነ ፈተነ ቕትለት፡ ናይ ሰራሕተኛ ማሕበር ተኺሉ፡ ተመሪቐ ክኸይድ ከሎኹ ሓደ ባህታ ዝበሃል ካልኣይ ጊዜ ፈተነ ዝገበረ፡ ብድሕረይ ወጊኡኒ። ብሕቖይ ኣትያ ብጎሮሮይ ወጺኣ። ሽው፡ ዝኾነ ይኹን ሰብ፡ እቶም ሓኻይም ከይተረፉ ይሰርር ኢዩ ኣይበሉን። ግና፡ (እቲ ሞት) ፍቓድ ናይ እግዚኣብሔር ኣይኮነን። ዕድለይ ኮይኑ ድሕሪ ሓሙሽተ ወርሒ ወጺኤኹ፡ ሓወኹ።[25]

22. Breaux to State Department, 77SA. 00/1-1653, 16 January 1953.
23. Cracknell to Alemseged, 18 Sep. 2003 (e-mail message).
24. Wardle-Smith to Foreign Office, FO371/102634, 17 January 1953.
25. ወልደኣብ ወልደማርያም፡ ቃለ መጠይቕ፡ 1987።

ሆስፒታል ምስ ኣተዉ፡ ይብል ካብ ቀንዲ ሰዓብቶምን ኣባል ማሕበር ፈደራሊስትን ሰራሕተኛታትን ዝነበረ በርሀ ዓንደሚካኤል፡ ሓደ ኣርኣያ ቲቦ ዝብሃል፡ ጸኒሑ ብተጋድሎ ሓርነት ኤርትራ ዝተቐትለ ኣባል ኣንድነት፡ ጋቢ ተጐምጒሙ መጺኡ ነይሩ። ግን፡ ተታሒዙ ተመሊሱ። በዓል በርሀ፡ ንወልደኣብ ክቐትል መጺኡ ኢሎም ኢዮም ዝጥርጥሩ። ከምኡ እንተ ኾይኑ፡ ኣብ ልዕሊ ወልደኣብ ሽውዓተ ጥራይ ዘይኮነስ፡ ሸሞንተ ፈተነታት ተኻዪዱ ማለት ኢዩ።[26]

ካልእ ፈታውን ሰዓብን ወልደኣብ ዝነበረ ከፈላ በራኺ፡ ንሶም ኣብ ሆስፒታል ደቂሶም እንከለዉ፡ ኣጥቃዕቲ ዝተባህሉ ክልተ ሰባት ብኣኦም ንኽልለዩ ብፖሊስ ተሰንዮም መጹዎም። ንሶም ግን ከም ዘይፈለጡዎምን ከም ዘየለለይዎምን ተዛሪቦም ነቶም ጥርጡራት መለሱዎም። ከፈላ በራኺ ንኣቶ ወልደኣብ ከም ዝተዛረቦም ገሊጹ፡

> "ሰምዑ'ስከ መምህር፡ ኣምጺኦምልኩም እንድ ዮም። ስለምንታይ ድኣ ትሰዱዎም?" ኢለ ባዕለይ ሓቲተዮም። ኣቶ ወልደኣብ ድማ፡ "እዚኦም ደርበይቲ እምኒ ኢዮም። ነቶም ዝቐተሉኒ እንተዘምጽኡለይ፡ እቶም ኣብ ሳሎን ኮፍ ኢሎም ዝለኣኹዎም እንተ ዝኾኑ ምነገርኩ። በዚኦም ግን ደመይ ኣይክፈልን ኢዩ..." ኢሎምኒ።
>
> ከምዚ እንተ ኾይኑ፡ ወልደኣብ ንኻልኣይ ጊዜኦም ቀተልቶም ምሒሮም ማለት'ዩ። ነቲ ኣብ ቀዳሞት ፈተነታት ዝተኩሰሎም ዘኪሮም ወልደኣብ ነዚ ዝስዕብ ኣዘንትዮም ነይሮም'ዮም፡
>
> ... ተታሒዙ፡ ተር ኣቢሎም ሓሙሽተ ኣቕሪቦምለይ። ደሓር ብምስጢር፡ "እቲ ቐዳማይ ካብ ጸጋም ጀሚርካ ኢዩ ደርብዩልካ፡ ንሕና ምስክር ኣሎና። ርግጽ ኢዩ ንሱ ከም ዝደርበየልካ፡ ንስኻ ድማ ርእየዮ ኢልካ መስክር..." ኢሎምኒ።[27]
>
> ኣነ ድማ፡ "ኣይምስክርን'የ። ዘይረኣኹዎ፡ ለይቲ ዝደርበዮ ከመይ ጌረ ክምስክር እኽእል? ዘይጥዕመኩም እንተ ኾይኑ ግደፉዎ እምበር ኣነ ብሓሶት ኣይምስክርን..." ኢለዮም። ንሱ ግን ኣብ ምስክር'ኳ ኣይበጽሐን፡ "ኣነ እየ ዝደርበኹዎ፡... ድሕሪ ሕጂ ድማ ክንድርቢ ኢና..." ኢሉ ተኣሚኑ፡ ንሕልፈታት ተፈሪዱ ነይሩ... ኣብ ክልተ ቕነኡ ግን ነጋ ሃይለስላሴ ኣውጺኡዎ ንትግራይ ከይዱ...[28]

ዝኾነ ኾይኑ፡ እቶም ኣጥቃዕቲ ወልደኣብ ከይተታሕዙ ተረፉ። እቲ ፍጻመ ባዕሉ ግን ኣብ ልዕሊ ምምሕዳር ተድላ ዓቢ ሕቶን ህዝባዊ ትዕዝብትን ኣለዓዒሉ። ቀደም፡ ኣብ ልዕሊ ወልደኣብ ይኹን ኣብ ልዕሊ'ቶም ከምኦም ግዳያት ግብረ ሽበራ ዝኾኑ ዜጋታት ዝግበር ዝነበረ ፈተነ፡ ናይ ጋንታን ናይ ማሕበርን ጠባይ

26. ንዝርዝር ናይ'ዚ ኣብ ልዕሊ ወልደኣብ ዝተኻየደ ሸውዓተ ፈተነታት ቅትለት፡ ምዕራፍ 4 ናይቲ መጽሓፍ ተወከስ።

27. ከፈላ በራኺ፡ ቃለ መጠይቕ፡ 1998።

28. ወልደኣብ ወልደማርያም፡ ቃለ መጠይቕ፡ 1987።

ነበሮ። ሕጂ ግን፡ ፖለቲካዊ ማሕበራት፡ ብፍላይ ድማ እተን ናይ ናጽነት ፈረሰን፡ ወልደኣብ ድማ ፖለቲካዊ ጸግዒ ኣብ ዘይነበሮ ማሕበር ሰራሕተኛታት ኣትዮም፡ ካብ ፖለቲካዊ ህይወት'ውን ኑብሶም ኣግሊሎም ኣብ ዝነበሩሉ ጊዜ ስለ ዝተፈጸመ፡ እቲ ጥርጣረ ኣብ ልዕሊ ተድላን መንግስቶምን ክወድቕ ግድነት ኮነ። ገና ኣብ ምጅማሩ ድማ ብሓደ ጸሊም ማኪያ ተለኽየ።

ምዕራፍ 13

ምምሕዳር ተድላ ኣብ ተወሳኺ ፈተነ

ደሃይ ኤርትራ ኣብ ሓደጋ

ኣቶ እቲ ኣብ ልዕሊ ወልደኣብ ዝተሃቀነ ፈተነ ቕትለት፡ ነቲ ኣብ ደሃይ ኤርትራ ዝጸሓፍ ዝነበረ ዓንቀጻት ከወግዶስ ይትረፍ ከዝሕሎ'ውን ኣይከኣለን። በንጻሩ እኳ ደኣ፡ ደሃይ ኤርትራን ጸሓፍቱን መመሊሶም ተባራትዑ። ንኣብነት፡ ወልደኣብ ዝተሃረሙላ መዓልቲ፡ ማለት ብ13 ጥሪ፡ ሃጸይ ሃይለስላሰ ብዓሰብ ኣቢሎም ብሓንቲ ናይ ፈረንሳ መርከብ ምጽዋዕ ንምእታው ካብ ኣዲስ ኣበባ ነቐሉ። ኣብ ባጽዕ ድማ ምስ በዓልቲ ቤቶም ሓደ ሰሙን ቀነዩ። ኣብኡ ኣብ ዝነበሩሉ ዝወጸ ሕታም ደሃይ ኤርትራ፡ ብስም ማቴዎስ ወ. ዝጽሕፍ ዝነበረ ሓደ ዜጋ ቅሉዕ ደብዳበ ጸሓፈሎም። ግርማዊ ግርማዊትን፡ ክኣ በሎም፡

> … ሕዝቢ ኤርትራ 10 ዓመት ምሉእ እዚ ዕድል'ዚ ንምርካብ ካብ ክንደይ ንብረቱን ሃብቱን ዝተፈላለየ ስለ ዝኾነ፡ ንዚመጽእ ይኣክል ይሕለፈልካ ኪብሃል ኢዩ'ምበር፡ ጽናሕ ይሓልፈልካ ኢዩ ናይ ምባል ጊዜኡስ ንቕድሚት ምስ ዕድል ሕዝቢ ዘይሰማማዕ ኢዩ'ሞ፡ ግርማዊነኩም ካልእ'ኳ እንተ ተረፈስ ነቲ ናይ ኤርትራ መሰል ንኤርትራውያን ብምሉኡ ከጨብጥ ይልምን…

በዚ ስቕ ከይበለ እቲ ደራሲ፡ ኩሉቲ ኢትዮጵያ ብዘይ ኣገባብ ወሲዳቶ ዝበሎ ናይ ወደብ፡ ባቡር ምድሪ፡ መራኸቢታት፡ ዝበለጸ ኣባይቲ... ዋንነትን፡ ከምኡ'ውን ምምሕዳርን እቶትን ንኤርትራ ንኽምለስ ጠለበ። ኣብ መሬት ኤርትራ ኣትዮም ዝነበሩ ጦር ሰራዊት ኣብ እዋን ሰላም ስለ ዘየድልዩ ንኽወጹ፡ ደሞዝ ፖሊስ ንኽመሓየሽ፡ ኣብ መንግስቲ ፈደረሽን ድማ ኤርትራውያን ዝግባእ ቦታኦም ንኽሕዙ'ውን ሓተተ።[1]

ሃይለስላሴ ነዚ ይኹን ንኻልእ ከምኡ ዝመስል መልእኽቲ ክሰምዑ ወይ ክምልሱ ዘይሕሰብ ስለ ዝነበረ ኣይመለሱን። ኣብያተ ጽሕፈትን ኣብያተ ትምህርትን ከሰርሑ፡ ንኤርትራውያን ድማ ኣብ ጦር ሰራዊት ክምልምሉ ቃል ኣትዮም ጥራይ ከኣ ካብ ኤርትራ ወጹ። ማቴዎስ ወ. "ኩሉ ጊዜ እቲ ዝበልናዮ

1. ደሃይ ኤርትራ፡ 1ይ ዓመት ቍ. 20ን፡ 24 ከምኡ'ውን 31 ጥሪ 1953።

ኢዩ'ሞ ሓዲሽ ነገር የልቦን" ኣብ ትሕቲ ዝብል ኣርእስቲ ብዛዕባ ውጽኢት ጥርዓኑ ጸሓፈ። "ንሓደ ሚልዮን ዝወሰደልካ ሰብ (ወይ ዝዓመጸካ) ብቑሩብ ውህበት ክትሕጉሰሉ ዚግባእ ኣይኮነን..." ኢሉ ብምጅማር ድማ፡ ሓደ ህዝቢ ዝሰልጥን፡ ብኢደ ጥበባት ብስፌሐ፡ ብምስልጣን ሕርሻታትን ኢንዱስትሪታትን እምበር፡ ብምህናጽ ኣብያተ ጽሕፈትን ትምህርትን፡ ከምኡ'ውን ብውሑድ ደሞዝ ዓሳክር ስለ ዝተኸትቡን ከም ዘይኮነ ኣብርሀ። ቀጺሉ እቲ ጸሓፊ፡

... ነቲ ኻልእ ነገር ኣጽንሕ ኣቢልናስ ናብቲ ናይ ዕስክርና ተግባር ሕልፍ ክንብል ንፈቲ። እምበኣርከስ ኣብ ኤርትራ ገለ ዓሳክር ኪኽተቡ ኢዮም ይብሃል ኣሎ'ሞ፡ በዚ ክንሕጉስን ክንጉህን ኣይግብኣናን ኢዩ። ምኽንያቱ'ውን፡ ዋጋ'ቲ ንፋዕን ጅግናን ዝኾነ ሕዝቢ ኤርትራስ በዚ ምዕራፍ'ዚ ምኽፋቱ ኢዩ። ... ኢጣልያ ደኣ ንሕዝቢ ኤርትራ በሽሓት እናዓስከረት፡ ንሊብያን ንሶማልያን እናወሰደት ተኸትቶምዶ ኣይነበረትን? እምበኣርከ ኢጣልያ'ውንዶ እዚ ነገር'ዚ ብምግባር ኣብ ቅድሚ ሕዝቢ ኤርትራ ምስግንቲ ኢያ ማለት ኢዩ?[2]

እዚ ቓላት'ዚ፡ ንኽብሪ ናይ'ቶም ንገዛእ ርእሶም'ኳ "ኣነ" ክንዲ ማለት "እኛ" ዝብሉ ሃጸይ ምድፋርን ምግሃስን ከም ዝተቓጸረ ኣየጠራጥርን። ድሕሪ ቑሩብ መዓልታት ዝወጸ ሕታም ጋዜጣ ኢትዮጵያ'ውን ንማቴዎስ ወ. ተሳህሎ።

... እቶም እንትስሬዎም ዝሰርና ግርማ-ግርማና ዝኾኑ ንጉሰ ነገስትና፡ (ከምቲ ጉይታና ኢየሱስ ክርስቶስ ... ዝበሎ) ... ንሳትኩምስ ሓቅነትን መንግስትነትን ድኣ ድለዩ'ምበር፡ እቲ እትብሉዎን እትሓስቡዎን ዘሎኹምስ ኩሉ ክውሰኸልኩም ኢዩ ኪብሉ ኣብ ካልኣይ ምብጻሖም ፈጺሞምልና እንሀው...

በለ'ሞ ኢትዮጵያ፡ ነቲ ማቴዎስ ወ. ኣይበቅዕን ዝበሎ መብጽዓ ናይ ህንጻታትን ዕስክርናን ዘርዘረ። ቀጺሉ ድማ ነዚ በለ፡

ኣብ ሓሙሽተ ወርሕና ክንድ'ዚ ዚኸውን ሕያውነታዊ ልግስና ዝተገብረልናስ ድሕሪ ሓደ ዓመት ደኣ ከመይ ዝበለ ቸርነት ኮን ኪፍጸመልና ይኸውን? እናበልካ ልባዊ ምስጋና ምቕራብ ምተገብአ ነበረ። ንምስጋና በቒዕካ ዘይትርከብ ምኻን ዘሎዎ ዕድል ካብ ዚኸውን ዕድልካኸ? ዕጹብ ግሩም እናበልካ ምድናቕን ምግራምንሲ መን ከልአ?

ንነፍስ ወከፍ ሓሳብን ሓረግን ማቴዎስ ወ. እናጠቐሰ፡ እቲ ብስም ጎሐ-ጽባሕ ሰረቀብርሃን ዝጸሓፈ ሰብ ብርቱዕ ወቐሳ ደርበየሉ። ንኣብነት፡ "ዕስክርና ሞሳ ናይቲ ንፋዕን ጅግናን ህዝቢ ኤርትራ ዲዩ ክኸውን?" ንዝሰምዕ ቃላት ማቴዎስ ወ. ጠቒሱ'ቲ ጽሑፍ፡

... ኣሸንኳይ ንመንግስቱን ንሃገሩንሲ ነቲ ንሶም ኪምለሰሎም ዘጻሉቱሉን ዚንበዩሉን ዜማርቱሉን ዘሎዉ ባዕዲ መንግስቲ እኳ... መንእሰይ ኤርትራ (ንዕስክርና) ይግደድ ከም ዝነበረ ኪሓስቡ ከሎው... ዚጉህዩ ዝነበሩን ዘሎዉን ኣይመስለን...

2. ደሃይ ኤርትራ፡ 1ይ ዓመት ቍ. 21፡ 7 ለካቲት 1952።

ብምባል እውን፡ ንማቴዎስ ወ. ብናፍቖት መግዛእቲ ጣልያን ከም ዝተጠቕዐ ሰብ ገለጹዎ።

ማቴዎስ ወ. ናብቲ ዝተወርወሮ ዘለፋን ጸርፍን ከየድሃበ፡ ብዛዕባ ለዚ.ብኻ ምክታዕ፡ ኣብ ክልቲኣን ጋዜጣታት ዝነበረ ክትዕ ዝፈኸኾሰሉ መገዲ ምንዳይ ጥራይ ተዛሪቡ'ኳ እንተ ኣዕረፈ፡[3] ደሃይ ኤርትራ ኣብ ሓደጋ ትወድቕ ምንባራ ዘመልክት ሓደ ሓደ ኣንፈታት ግን ክቀላቐል ጀመረ።

ኣብቲ ብ7 ለካቲት ዝወጸ ሕታም ደሃይ፡ ኣባላት ቤት ጽሕፈት ናይ'ታ ጋዜጣን እትሕተመሉ ቦታን፡ ኣዳለውታን ኩሎም ተሓጋገዝታን ብፖሊስ ተጸዊዖም ከም ዝተሓተቱን ከም ዝተመርመሩን ኣፍለጠ። እዚ ተግባራት'ዚ ንደሃይ ኤርትራ ስቕ ንምባል ዝተወሰደ ስጉምቲ ምንባሩ ድሕሪ ምምልካት እቲ ጽሑፍ፡

> እዚ ትፍጽምት እዝስ ኣንጻር ሕጊ ደሞክራሲያን ኣንጻር ናጽነታዊ ግቡእ ሕዝብንዶ ኣይኮነን? ከምኡ'ውን ኣንጻር ህንጻ መንግስት ኤርትራዶ ኣይኮነን?... ጋዜጣ ደሃይ ኤርትራ ዘይግቡእ እናጸሓፈ ሕጊ ጥሒሱ እንተ ዝኾውንስ ክፍሊ ናይ ፍርድን ሓለዋ ሕግን ዝኾነ ቤት ጽሕፈት ስለ ዘሎስ ከም በዳሊ ኪፍረድን ኪቕጻዕንዶ ኣይምተገብአን?... እዚ ተግባራት እዚ ምዝውታርስ ናይ "ዲክታተርያለ" ዝኾነ ኣመሓዳርነት ኣፍ ደገ ምኽፋትን ምህናጽን ደኣ ይመስል...

በለ'ሞ፡ ምልክታኡን ጥርዓኑን ንህዝቢ ኤርትራ ኣቕረበ።

ከምዚ ይኹን እምበር፡ *ደሃይ* በቲ ሓደጋ ከም ዘይተዳህለ ንምብራህ'ዩ ዝመስል፡ "ኤርትራ ንኤርትራውያን ትኹን" ንዝብል ናይ ኤልያስ ተኽሉ ዓንቀጽ ኣብቲ ናይ ሽዑ መዓልቲ ሕታሙ፡ ማዕረ ማዕረ'ቲ ስምዕታኡ ኣውጽአ። በቲ ልሙድ ኣጻሕፋኡ'ም፡ ኤልያስ ተኽሉ ጸላእቲ ኢትዮጵያስ እቶም ንመሰልን ግቡእን ህዝቢ ኤርትራ ዝጣበቑ ዘይኮኑስ፡ እቶም ንዕኣም ዝጸርፉን፡ "ኣብ ክልተ ርኹብ ረጊጾም እናተሰምየምን እናሓሰቡን" ዝነብሩ ኤርትራውያን ምዃኖም ገለጹ። መንግስቲ ኢትዮጵያ ኸኣ በሉ፡

> እንተ ደኣ ንጥቕሚ ኤርትራን ኤርትራውያንን እትሓስብ ኮይናስ፡ መሰል ደቂ ኤርትራ ንኤርትራውያን ምሃብ ምተገብአ'ምበር ሃብቲ ኤርትራ እናተጻዕነ ንኣዲስ ኣበባ ኪኸይድ እሞ ኸኣ ደቂ ኢትዮጵያ ኪዓብዩሉ፡ ደቂ ኤርትራ ግን ብገዛእ ዓዶም ብጥሜትን ሽጋርን ዕርቃንን ኪዋረዱ ዚግባእዶ ኾይኑ ይሰምዓኩም?[4]

ኑቶም፡ "እንኳዕ ደኣ ንጉስካን ባንዴራኻን ረኺብካ'ምበር፡ እንተ ዘይበላዕካ ከም ዝበላዕካ፡ እንተ ዓረቕካ ከም ዝተኸደንካ..." እናበሉ ዝሰብኩ ዝነበሩ ኣመልኪቶም ድማ፡ ኤልያስ ተኽሉ ነዚ በሉ፡

3. *ደሃይ ኤርትራ፡* 1ይ ዓመት ቍ. 22፡ 24 ለካቲት 1953።

4. *ደሃይ ኤርትራ፡* 1ይ ዓመት ቍ. 21፡ 7 ለካቲት 1953።

> … ከም እንፈልጦ፣ ነጻነት ማለት ጕይታ ናይ ዓድኻን ጕይታ ናይ ገንዘብኻን ምዃን ማለት ኢዩ እምበር፣ ብናይ ጦር ሰራዊት ተኸቢቡ ገንዘቡን እትዋቱን ዝተወርሰ ሕዝቢ ነጻነት ረኺቡ ኪብሃል ኣይክኣልን ኢዩ።
> ኣርቅቕ ኣቢልና እንተ ኣስተብሃልና፣ ትማል-ትማል ኣነ ድኹም'የ፣ ብዘይ ጸሎት ሓንቲ ሓይሊ የብለይን እናተባህለ ፈቓዶ ኣደባባይ ኪዝረብ ተጸኒሑስ፣ ሎምስን'ኩ፣ "ዝሓለፈሉስ ትንፋስ ሰብ ኣሕለፈ" ከም እተባህለ፣ ኣብ ልዕሊ የዋህ ሕዝቢ ኤርትራ ግፍዒ ኪፍጸም ይርአ ኣሎ።

እዚ ናይ ዳሕረዋይ ቃላት፣ ነቲ ኢጣልያ ንኢትዮጵያ ምስ ወረረት፣ ሃጸይ ሃይለስላሴ ኣብ ሕብረት ሃገራት (League of Nations) **ዝተዛረቡዎ ዝጠቕስ'ዩ ዝመስል። ንኤልያስ ተኸሉ ብዙሕ ካብ ዘጠመተ ቓላት'ውን ክኸውን ይኽእል። ንሶም ግን ብዙሕ ዝሻቐሉ ዝነበሩ ኣይመስሉን። ነዚ ጽሑፎም'ዚ በዚ ዝሰዕብ ደምደሙ።**

> … ንሕና እነመልክቶ፣ ኩሉ ኤርትራን ኢትዮጵያን ብዘይ ወቓሳ ብሰላም ኪነብርስ፣ ኢትዮጵያ ወሲዳቶ ወይ ተገንዚባቶ ዘላ ኩሉ መሰል ደቂ ኤርትራ ብቕልጡፍ ኪምለስ፣ ንኤርትራ ድማ ኪውሃብ ምኽርናን ድሌትናን ኢዩ።[5]

ፍስሃ ወልደማርያም ገቢል

5. *ደሃይ ኤርትራ፣* 1ይ ዓመት ቍ. 21፣ 7 ለካቲት 1953።

ውጽኢት ናይቲ ኣብ ልዕሊ ደሃይ ኤርትራ ዝቐነየ መንግስታውን ፖሊሳውን መርመራ፡ ክትትልን ምፍርራሕን ነዊሕ ከይጸንሐ ተጋህደ። ብ7 መጋቢት 1953 ኣብ ዝወጸ ሕታም፡ እታ ጋዜጣ ናይ ክልተ ሰባት ምልክታን ስምዕታን ናብ ዝህቢ ኣውጽኣት።

ኣብቲ ቀዳማይ፡ ኣባል ደ.ሰ.ኤ. ዝነበሩ ባሻይ ፍስሓ ወልደማርያም (ደሓር ጋንዲ ዝተባህሉ)፡ ብሰንኪ'ቲ ኣቐዲሞም ጽሒፎሞ ዝነበሩ፡ ንሕናውን ኣብ ምዕራፍ 11 ዝጠቐስናዮ፡ "ቊንቊነ ኣብ ህንጻ መንግስቲ ኤርትራ" ዝብል ዓንቀጾም ይኽሰሱን ይውቀሱን ከም ዝነበሩ ኣመልከቱ። ከም ዝዘከር፡ እቲ ዓንቀጽ፡ ሰበ-ስልጣን መንግስቲ ኤርትራ ንኽኾኑ ካብ ባይቶ ኤርትራ ብዛዕባ ዝተሳሕቡ ሰባት ኣመልኪቱ ኢዩ ነቒፉ። ብቓላት ፍስሓ፡

> ኣብቲ ግዜ'ቲ፡ ኣብዚ ጋዜጣ'ዚ ገሊጸዮ ዝነበርኩ ሓሳብ'ውን መራሕ መንግስትስ ካልኦት ዓበይቲ ሰባትዶ ስኢናም ኢዮም (ክንደይ-ክንደይ ምሁራት ስራሕ ስኢናም ጠጠው እናበሉስ) ካብ ባይቶ ሰባት ዚወስዱ? ኢለ ምጥያቐይን ምኽሪ ምሃበይን ርግጽ ኢዩ! ግናኸ ኣብ ውሽጢ እዚ ጽሑፍ'ዚ "ብፍላይ ንመራሕ መንግስቲ ትወቅስ ኣሎኻ፡ ማለት (Defamazione al Capo del Governo) ዘይመስል ምኽንያት መድለዪ ኮይኑ ኢዩ ዚሰማዕ'ምበር፡ ገለ'ኳ ንኣኦም፡ ብፍላይ ነዞም ትማል-ትማል ክብ ኣቢልና ዝሰቐልናዮም ሓውና ወቐሳ ከም ዘይነበሮ እቲ ጽሑፈይ ባዕሉ ዘመልክቶ ዘሎ ኢዩ። ግዳ፡ ሓሳባትኩም ኣይትግለጹ፡ ዴሞክራሲያ የልቦን እንተ ደኣ ኾይኑ፡ ምስ ምሉእ ሕዝብና ኮይና ክንጥይቕ መሰል ኤርትራውነት ከም ዘሎና ኪርሳዕ ኣይግባእን።[6]

ምስ'ዚ ናይ ፍስሓ ምልክታ፡ ኤልያስ ተኽሉ'ውን፡ "ስምዕታ ንሕዝቢ ኤርትራ" ንዝብል ጥርዓኖም ኣቕረቡ። ኤልያስ ድማ በታ "ደሃይካ ኣስምዕ ሕዝቢ ኤርትራ" ዝሰመዩዋ፡ ብዛዕባ ዝተመንዘዐ ንብረት ህዝቢ ኤርትራ፡ ተንኰል ደቂ ሸዋን ኣብ ልዕሊ ህዝቢ መቐለ ዝተፈጸመ ግፍዕን እትዝርዝር ዓንቀጾም ከም ዝተኸሰሱ ኣፍለጡ።[7] ምስቲ ኣብ ጊዜ ብ.ም.ኤ. ዝነበረ ንመንግስቲ ብጋዜጣታት ናይ ምንቃፍ ናጽነት ብምንጽጻር፡ እናዓበየ ዝኸይድ ብዛዕባ ዝነበረ ዘይተጻዋርነት ኣስተንከሩ። "ሕዝቢ ኤርትራ ደሃይካ ኣስምዕ ስለ ዝበልኩ... እዚኣዶ ክፍእቲ ኢያ? ንኤርትራውያንን ንኤርትራንስ ክፍእቲ ኣይኮነትን! ንኤርትራን ኤርትራውያንን ክሓልዩ ዘይደልዩ እንተ ደኣ ኣልዮም ግን ክፍእቲ ኮይና ከም እትርኣዮም እኣምን እየ..." በሉ'ሞ፡ ንትሕዝቶ ናይ መኽሰሲኦም ብብሓደ መለሱሉ፡

> ... እቲ ጥንታዊ ምሳሌታት፡ ኣረ ባዕላቶም እቶም ሸዋውያን እንኪምስሉ፡ "ሸዋና ምስጥ ወደ ውስጥ" ይብሉ ኢዮም'ሞ፡ ሕጂዶ ኣነ ነቲ ባዕላቶም ዚምስሉዎ ፈጣሪኡ ኾይነ ክርኸብ እየ!

6. ደሃይ ኤርትራ፡ 1ይ ዓመት ቍ. 25፡ 7 ለካቲት 1953።

7. ምዕራፍ 11 ናይዚ መጽሓፍ ርአ።

… እቲ እተገብረ እንተ ጸሓፍናስ ኣይተገብረንዶ ኢኹም ትብሉና? ወይስ ዛንታ ይቀብር ኢኻትኩም እትብሉ ዘሎኻትኩም? እዙይ መበልየይ ከኣ፡ ብዛዕባ ኣብ ልዕሊ ዓባይ ኩተማ መቓለ ብ1936 (ግእዝ) ቦምብ ከም ዝዘነመ ኢዩ። እዙይዶ ሓሶት ኢዩ? ምንም እኳ ንኣይ ንሓደ ተራ ሰብ ብምፍርራሕን ብእሰራትን ካብቲ ኣስፈሓ ኩብሎ ዘሎኒ እንተ ተረፍኩስ፡ እቲ ጊዜ ከልዕሎ ዘለዎ ዛንታዶ ኪጠፍእ ይኽእል ኢዩ? … ዝኾነ ኾይኑ፡ ተኩስቱን መሰልቱን ባዕላቶም ኢዮም'ሞ፡ ኩሉ ገበን ብዘይ ግብራትና ኣብ ልዕሌና ኪቑለል እግዚኣብሔርን ሕዝብን ዜስተውዕሉዎ ምኽኑ ሰብኣዊ ፍጥረት ዚስሕቶ ስለ ዘይኮነ፡ "ኢንፈርሕ ለእመ ኣድለቅለቀት ምድር" እናበልና ተስፋና ኣብ እግዚኣብሔርን ሓቅን ነቕምጥ።

… ክቡራን ኣንበብቲ፡ ከም ዝምስል፡ በብሓደ ሰብ ወሓደ ኢዩ'ሞ፡ እታ ድሕሪ ብዙሕ ዓመታት እተረኽበት ናጽነት ዴሞክራስያ በብቑሩብ መሊቛ ከይትጠፍእ ተጠንቀቑላ፡ ጉዳዩ ናይ ምሉእ ሕዝቢ ምኻኑ ኣይትረስዑ።[8]

ኩሉ ዝፈልጦም፡ ንኤልያስ ተኽሉ ከም ተባዕን ክምህ ዘይብል ተጣባቒ መሰላት ኤርትራን ኤርትራውያንን ይገልጾም። በዚ ጽሑፍ'ዚ ጥራይ ዘይኮነ፡ በቲ ደሃይ ኤርትራ ኣብ ዓምድታቱ ዘሰፍሮ ዝነበረ ዓንቀጻት፡ ኣዳላዊ እቲ ጋዜጣ ዝነበረ፡ ጸኒሑ ኣባል ሓራካን ተ.ሓ.ኤ.ን. ዝኾነ መሓመድ ሳልሕ ማሕሙድ ከም ቀዳማይ፡ ኤልያስ ተኽሉ ድማ ከም ካልኣይ ክሱስ ኮይኖም ቤት ፍርዲ ቐረቡ።

ግህሰት ደሞክራስያዊ መሰላት - ምዕጻው ደሃይ

ጉዳይ ደሃይ ናብ ምፍጣጥ ገጹ የምርሕ ኣብ ዝነበረሉ ኣዋርሕ፡ ካብ ካልእ ሸነኽ'ውን ንምምሕዳር ተድላ ተወሳኺ ጸቕጢ መጸ። ካብዚ እቲ ዝበርትዐ፡ *ቬሪታስ ኤት ቪታ* ዝሰሙ ናይ ካቶሊካዊት ቤተ ክርስትያን ጋዜጣ፡ ብ1 ለካቲት 1953፡ "ሕጂ'ውን ብተስፋ ንነብር" ኣብ ትሕቲ ዝብል ኣርእስቲ ንሃጸይ ሃይለስላሴ ብጣልያንን ኣምሓርኛን ዝጸሓፎ ቅሉዕ ደብዳበ ነበረ። ብዝያዳ ንሸግር ኢጣልያውያን ኣብ ኤርትራ'ኳ እንተ ገለጸ፡ እቲ መልእኽቲ ነቲ ሽዑ ኣብ ኤርትራ ዝነበረ ስምዒትን ጭንቅን ህዝቢ'ውን ጸሚቑ ስለ ዘረድእ፡ ንገለ ክፋላቱ ተርጒምና ንጠቕስ፡

ኩነታት ናይ'ዚ ሃገር'ዚ ከምቲ ኣብ ናይ ቅድሚ ኣርባዕተ ወርሒ ምብጻሕኩም ዘሎ ይመስለኩም ይህሉ ኢዩ። ኩሉ ነገር ግን ናብ ዝኸፍአ ተቐዪሩ ኣሎ። ሽዑ፡ ኤርትራ ኣብ ትሕቲ ኣባታውን ለባምን ቊጽጽርኩም ብቑጠባ ክትመሓየሽ'ያ ዝብል ተስፋ ነይሩ። ግን ኤርትራ ኣብ ናይ ምምሽማሽ ቊልቊለት'ያ ትወርድ ዘላ። … እቲ ግርማዊነትኩም ገዲፉዎ ዝኸደ ኣብነት ናይ ናጽነትን ምርድዳእን… ኣብቶም ዝገዝኡና ዘሎዉ ዝቐረጽ'ዩ መሲሉና ነይሩ፡ እንተ ኾነ ግን፡ ንመን ከም እንጠርዕ ጠፊኡና እነሆ ብስቓይ ንናበር።

8.ደሃይ ኤርትራ እ.ጽ. 6 ርኣ።

ሓንቲ ቓል ናይ ምትብባዕ ክትዋሃበና ኢዩ ዝነበረ እቲ ተስፋ፡ እንተኾነ ግን፡ ጥሜት ዋጋ ናጽነት ኢዩ ንብሃል ኣሎና። ኸምኡ እንተ ኾይኑ፡ ዘሰቕቕ ዋጋ ኢዩ። ስራሕ ስኢንካ ስድራኻ ክትዕንግል ዘይምኽኣልካስ ናጽነት ኢዩ?

ከምዚ ዝመስል ጥርዓን ዝተጋነነ ኢዩ ኢሎም ጸገማት ክሽፋፍኑ ንዝፍትኑ ወገናት እቶም ንጉስ ከይሰምዑ ብምልባው፡ እቲ ጋዜጣ ጥርዓኑ ቐጸለ፡

ንኹነታትና ክንዲ ምምሕያሽ፡ ኮነ ኢልካ ንምግዳዱ ዘይተገብረ ነገር የለን ክንብል እንክለና፡ ሓዘን እናተሰምዓና ኢዩ። ግብሪ ብሰለስተ ዕጽፊ ወሲኹ፡ ቀረጽ ጉምሩክ ልዒሉ፡ ምምጻእን ምልኣኽ ኣቑሑ ለሚሱ። ናይ ሰለስተ መዓልታት ደሞዝና ዝዋጋኡ ናይ መንነት ወረቐት ንኽንሕዝ ተገዲድና። ኩሉ ኢንዱስትሪታት ተቐቲሉ።
ኣብ ጽርግያታት ውሕስነት ጸጥታ የልቦን። ምዝራፍ በዚሑ፤ ኣብ ማእከል ከተማ፡ ኣብ ልዕሊ ፖሊስ ከይተረፈ፡ መጥቃዕቲ ወሲኹ ኣሎ። ካብተን ዝተዓጽዋ መዐደኒታት፡ ሓንቲ'ኳ ኣይተኸፍተትን፡ እዚ ድማ ብ15 ኪሎ ወርቂ ንመዓልቲ ዝግመት ምንጪ እቶት ንመንግስቲ ምኾነ።

ቬሪታስ ኤት ቪታ፡ እቲ ተጸባዩ ዝናብን ዕዮን ዝኾነ ህዝቢ ኤርትራ፡ ዝናብ ስለ ዘወሓደን ስራሕ ስለ ዝተሳእነን ኣብ ምጽዋት ይወድቕን ናብ ሽፍትነትን ዝርፍያን ገጹ'ውን ይእለን ምንባሩ ኣመልኪተ። ቈልዑን ጕርዞታትን ኣብ ጽርግያታት ክልምኑን ኣብ ዘይንቡር ስራሕ ክዋፈሩን ምርኣይ ልሙድ እናኾነ ይኸይድ ምንባሩ'ውን ኣረድአ።

ነቲ ኣብ ቀዳማይ እግርኹም ዝረኣኹሞ ኢንዱስትሪታት መሊስኩምዶ ምበጻሕኩሞ? ... ሎሚ፡ ሰብኣዊ ድሕነት፡ ሰላምን ስራሕን ዝተደብየሉ መቓብር ኮይኑ ኢዩ። ነቲ ኣብኡ ሞይቱ ዘሎ ህይወት ዘሪእካ ምትንስኡ ናትኩም ግደ ኢዩ። ነዚ መቓብር እዚ፡ ህዝብኹም ክረብሓሉ ናብ ዝኽእል ድልዱል ሰረት ክትቅይሩዎ ትኽእሉ ኢኹም።
ንእከለ ከጉህዮ እየ ዝብል ፍርሒ ኣይሃሉኹም፡ ጽኑዕ ስጉምቲ ውሰዱ። ነቲ ገና ዝኣምነኩም ህዝቢ ድማ ርኣዩ።[9]

መንግስቲ ኤርትራ'ኳ ብቐጥታ እንተ ዘይመለሰ፡ እቲ ከም ኣፈኛኡ ዘገልግል ዝነበረ ጋዜጣ ኢትዮጵያ ግን፡ ንቬሪታስ ኤት ቪታ ነቲ ልሙድ ሕንዙ ፈነወሉ። "ፈላስን መዋቐስን" ኣብ ትሕቲ ዝብል ርእሰ ዓንቀጽ ድማ፡ "ዓለም ግብሪ ዓለም፡ ፈላሲ ድማ ... ግብሪ ፈላሲ ወይ ግብሪ መንፈሳዊ ጥራይ እንተ ዝዓዩ ብሓቂ ዓለም ወይ ክፍልታት ዓለም ክንደይ ብሰላም ምነበሩ፡" ክብል ወቐሳኡ ጀመረ'ሞ፡ ካልእ'ውን ወሰኸ፡

ቬሪታስ ኤት ቪታ፡ ... ፈላሲ ብምዃኑ፡ ንሕዝቢ ኣጆኹም እናበለ ከበራትዕ፡ ብትሕትና ድማ ምኽሩ እንተ ዚህብ ምተኣምነ'ምበር፡ ዘይኮነ ወይ ኩነታት

9. Veritas et Vita, 17 February 1953, printed in FO 371/102634, 4 Febraury 1953.

ኤርትራ ካብ ጸድፊ ናብ ገደል እዩ ዝኸይድ ዘሎ እናበለ ብጋዜጣ ምእዋዩስ ተግባር ገሊኣቶም ዓለማውያን ኣሕዋቱ ድኣ'ምበር ተግባር ዚእሙኑ ፈለስቲ ከም ዘይኮነ ንሱ ንርእሱ ኣይሰሕቶን።

... ኦ ፍቁር ሕዝቢ ኤርትራ፣ ... ኣብ መንጎኻን መንጎ መንግስትኻ ሰቲ ዝተነጸፎ ጉድጓድ ኪፍሕሩልካ እንተተረኸቡ፣ ንኣኻን ንመንግስትኻን ኣብኡ ቀቢሮም ኣብ ልዕሌኻ ኪናበሩን ኬናብሩን እንተ ዘይኮይኑ፣ ንኻልእ ኪጠቅም ከም ዘይኽእል ኣይትጠራጠር።[10]

መንግስቲ ተድላ፡ በቲ ዝብሃል ዝነበረ ይሻቐልን ዓቕሊ የጽብብን ከም ዝነበረ ዘረድእ ኣመታት ነይሩ ኢዩ። ካብ ወርሒ ለካቲት ጀሚሮም፡ ተድላ ባይሩ ንኹለን ኣውራጃታት ንምብጻሕ፡ ብምዕራባዊ ቐላ ጀመሩ። ኣብ ኣቑርደት ድማ፡ ነቲ ኣንጻር ምምሕዳሮም ዝብሃል ዝነበረ ኣመልኪቶም ተዛረቡ።

ንሕዝቢ ካብ መንግስቲ ኪፈልዩዎ ዚደልዩ ሰባት ከም ዘሎዉ ስዉር ኣይኮነን። እዚኣቶም፡ ነዚ በዚ ሃገርና በጺሓቶ ዘላ ኸነታት ክንርእዮ ኸሎና ከም ንቡር ገይርና እንቂጽሮ ኤኮኖሚያዊ ሽጋር እናተጸግዑ (እናጋነኑ) ኢዮም ዚዓዩ። እምበኣር፡ መንግስቲ ኤርትራ መንግስትኹም ኢዩ። ብዘይ መንግስቲ፡ ሕዝቢ ተባሂሉ ዚጽዋዕ ሕዝቢ ኸም ዘየልቦ ኸኣ፡ ብዘይ ሕዝቢ እውን መንግስቲ ተባሂሉ ዚጽዋዕ መንግስቲ የልቦን። ንስኻትኩም ንርእስኹም ከም መንግስቲ እናቖጸርኩም ድኣ ተመላለሱ እምበር፡ እዚ ናይ መንግስቲ ኢዩ እናበልኩም ኸም ዘይናትኩም ኣይትርኣዩዎ...[11]

እዚ ኸምዚ ዝመሰለ ልዑል ናይ ፖለቲካ ቃላት ግን ኣብ ኣእምሮ'ቲ ህዝቢ ዝሰርጽ ዝነበረ ኣይመስልን። ቀንዲ ምንጪ ሽግር፡ እቲ ከም ሕማም መንሸሮ ቀስ እናበለ ዘንቈልቍል ዝነበረ ቍጠባ ኤርትራ ነበረ። ብሰንኩ፣ ዝግ ኢሉ ዝጸንሐ ሽፍትነት መሊሱ ክድንፍዕ ጀመረ። ካብ ሕዳር 1952 ኣትሒዙ፡ ዝምታን ዘረፋን ሽፋቱ ተዘውተረ።[12] ሓቂ ይኹን ሓሶት ዘይተረጋገጸ፡ ሓደ ናይ በኺዓምር ዑምዳ፡ 60 ዝኾኑ ኣባላት ፖሊስ ኤርትራ ናብ ሽፍታ ተጸምቢሮም ኢሉ ዝገለጾ ተወርየ። ህዝቢ በኺዓምር ግብሪ መንግስቲ ኣብዩም ክብል ድማ ኣመልከተ።[13]

ባይቶ ኤርትራ፣ ናብቲ ንዕኡ ዝተባህለ ህንጻ ክሳብ ዝኣቱ ኣብ ምምሕዳር ከተማ ኣስመራ ብግዜያውነት ክሰርሕ ድሕሪ ምጽናሕ፡ ካብ መወዳእታ ታሕሳስ 1952 ክሳብ 15 መጋቢት 1953 ዳርጋ ከይተጋብአ ኢዩ ኣሕሊፉዎ። ብዘይካ'ቲ ኣብ ጋዜጣታት ዝብሃል ዝነበረ'ምበኣር፡ ርእይቶን ስምዒትን ህዝቢ ክትግምግመሉ እትኽእል ኣዋርሕ ኣይነበረን። ብዛዕባ'ዚ ኣስፌሑ ዝጸሓፈ ቀንስል እንግሊዝ ጀይ. ኤች. ምርድል-ስሚዝ ከምዚ ዝሰዕብ በለ፡

10. ኢትዮጵያ፣ 6ይ ዓመት ቍ. 372፣ 12 ለካቲት 1953።
11. ዘመን፣ 1ይ ዓመት ቍ. 28፣ 20 ለካቲት 1953።
12. Breaux to State Department, F790001-0037, 8 December 1952.
13. FO 371/102634, JA 1018/3. The Secretariat, Khartoum to Foreign Office, 10 February 1953.

ኣብ ኤርትራ ርእይቶ ህዝቢ ማለት፡ ርእይቶ ናይቶም ምስ ጠቕላሊ ቍጽሪ ህዝቢ ክተዛምዶም እንከለኻ ዝወሓዱ ከተመኛታት እዩ። እቲ ወዲ ገጠር፡ በቲ ዝወሓደ ደረጃ'ኳ ብፖለቲካን መንግስታትን ዝግደስ ኣይኮነን። ካብ ግራቱ ዘዕግብ እኽሊ እንተ ረኺቡ፡ ላሙ እንተ ወሊዳትሉ፡ ጓሉ ኸኣ እንተ ኣመርዕዩ ሕጉስ'ዩ፡ ኣብ ካልእ መዳያት ህይወት ዘለዎ ተገዳስነት ክንድ'ቲ ኣይኮነን። ብኣንጻሩ፡ እቶም ከተመኛታት ብፖለቲካ ንቑሓት'ዮም፡ ምኽንያቱ ድማ፡ ህይወቶም ንኽመርሑ ርጉእ ቍጠባዊ ኩነታት ስለ ዘድልዮም'ዩ።[14]

ብሓቂ፡ ጽልኣትን ዘይርጉእ መንፈስን ኣብ ከተማ ኢዩ ዝያዳ ዝርአ ዝነበረ። ካብ ቀደሙ፡ ብጣልያን ይኹን እንግሊዝ፡ ህዝቢ ገጠራት ኤርትራ ብቓልዕ መንግስቲ ዝቃወም ኣይነበረን። ሕግን ስልጣንን ኣኽቢርካ ዋኒንካ ናይ ምክያድ ልምዲ ኢዩ ዝነበሮ። እንተ መረሮ ኸኣ ይሸፍት'ምበር፡ ምናልባት ርስቱን ንብረቱን ምስ ዝምንዝዖ እንተ ዘይኮይኑ፡ ናይ ተቓውሞ ምልዕዓል ዘርእየሉ ጊዜያት ሳሕቲ ኢዩ ዝነበረ።

እቲ ኸተመኛ ግን ምረቱን ጣዕሳኡን ብብዙሕ መገዲ ክገልጽ ጀመረ። "ናብ ናይ ሓሶት ጀርዲን ተመሪሕና" ዝብል ስምዒት'ውን ኣማዕበለ። ንኹሉ'ቲ ዝግበር ዝነበረ'ውን ናብ መዛረብን መሐርቀምን ቀየሮ። ኢትዮጵያ እትምንዝዖ ዝነበረት እቶት ኤርትራ፡ ቀንዲ ምንጪ ሕርቃን ብዙሓት ኤርትራውያን ኮነ። ዎርድል-ስሚዝ እሞ፡ "እዞም ንኤውሮጳዊ ኣገባብ ለሚዶም ዝጸንሑ ኤርትራውያን፡ እዞም ሓደስቲ ጐይተቶም ሕማቕ ለውጢ ናይቶም ዝቐደሙ ስለ ዝኾኑዎም፡ ተሰናቢዶም'ዮም ዘለዉ..." ክብል ርእይቶኡ ሃበ። በቲ ሓደ ሸነኽ ግን፡ ከኣ በለ፡ ሰፊሕ ዘይምሕጓስ'ኳ እንተሎ፡ እቲ ህዝቢ ጥምረት ስለ ዘይብሉ፡ ዘሰክፍ ነገር ኣይክህሉን'ዩ።[15]

እቲ ኣንጻር መንግስቲ ዝፍኖ ዝነበረ ወረን ሕሜታን ግን ደው መበሊ ተሳእኖ። ኤልያስ ተኽሉን ማቴዎስ ወ.ን ጥራይ ዘይኮኑ፡ ኣብ *ደሃይ ኤርትራ* ብዙሓት ካልኦት'ውን ምረቶም ይገልጹ ነይሮም'ዮም። ሓደ ካብኣቶም ንኣብነት፡ ጸኒሑ ካብ መስረትቲ ማሕበር መንእሰይ ፈደራሊስት ዝኾነ ኣብርሃ ፍጡር፡ "ኢትዮጵያ ወይ ሞት ዲና ዝበልና ወይ ከኣ ኢትዮጵያን ሞትን" ብዝብል ኣርእስቲ ሓደ ናይ ምስቍርቋር ግጥሚ ጸሓፈ።[16] ካልኦት'ውን ከምኡ ናህርን ትካዘን ዝሕውስ መልእኽቶም ምዝርጋሕ ቀጸሉ።[17]

መንግስቲ ኤርትራ ዓቕሉ ኣጽበበ። ብፍላይ እቲ ንቶም ናብ ኣገልግሎት መንግስቲ ዝተሳሕቡ ኣባላት ንምትካእ ክግበር ዝተመደበ ፍሉይ ምርጫ ምስ

---

14. FO 371/102634, Wardle-Smith to R.Allen. Afican Department, 27 February 1953.
15. Ibid.
16. ደሃይ ኤርትራ፡ 1ይ ዓመት ቍ. 24፡ 28 ለካቲት 1953። ነዚ ዘረባ'ዚ ጸኒሖም ብዙሓት ኢሎሞ ኢዮም። ንኣብነት፡ ደግያት ገብረዮሃንስ ተስፋማርያም ኣብ ቅድሚ ሓደ ልኡኽ ናይ ስርዓት ደርግ፡ "ኢትዮጵያ ወይ ሞት ኢልና፡ ኢትዮጵያን ሞትን ረኺብና..." ክም ዝበሉ ይዝንቶ ኢዩ። ንመጀመርታ ነዚ ብጽሑፍ ዘሰፈረ ግን፡ መንእሰይ ኣብርሃ ፍጡር ይመስል።
17. ኣብ ደሃይ ኤርትራ 1ይ ዓመት ቍ. 25-26 ብዕቑባዝጊ ዝጽሓፍ ንዝነበረ ክም ኣብነት ርአ።

ተቓሪበ'ሞ፡ ብኡ መጠን ድማ ሕሜታን ዕላልን ህዝቢ ምስ ወሰኸ፡ መንግስቲ ነዚ ኹሉ ዝገትእ ስጉምቲ ወሰደ። ሰንበት 22 ለካቲት 1953 ድማ፡ ነዚ ዝስዕብ ኣዋጅ ኣውጽአ።

መንግስት ኤርትራ፡ ነቲ ገሊኦም ኤርትራውያን፡ ብጋዜጣ ብዕላል ዚገብሩዎ ዘሎዉ እናሓደረ ንጸጋም ዜዘንብል ሓሶት ዝመልአ ፕሮፓጋንዳ ብዓቢይ ምግዳስ ተኸታቲልዎ ኣሎ። እዚ ብሓሶት ዝተመልኤ ፕሮፓጋንዳን ዕላልን እዚ፡ ዓላማኡ ኣንጻር መንግስቲ ኤርትራ ኪኸውን ከሎ፡ ኣውራን ብዝመረረ ፍጥነትንሲ ንመንግስቲ ኢትዮጵያን ንኢትዮጵያውያንን ንምጉዳእ ተባሂሉ ዚንዛሕ ዘሎ ኢዩ።

መንግስቲ ኤርትራ ነዚ ዘይምስምማዕን ፖሊቲካዊ ጸገምን ኪፈጥር ዚኽእል፡ ከምኡ ድማ ንናይ ሃገር ኤኮኖሚያዊ ትንሳኤን ምዕብልናን ኪዕንቅፍ ዚኽእል ኮነት እዚ፡ ከቢድ ግምት ሂቡ ይሓስበሉ ኣሎ።

እቲ ኣዋጅ ብተወሳኺ፡ መንግስትን ባይቶን ኤርትራ ከምኡ'ውን መንግስቲ ሃጸይ ኢትዮጵያ መሰልን ጥቕምን ህዝቢ ኤርትራ ክሕልዉ ከም ዝቈረጹ ገለጸ'ሞ፡ ብኸምዚ ቐጸለ፡

... ኤርትራውያን መሰል ከም ዘሎዎም ኪሓስቡ ከሎዉ፡ ግቡእ ከም ዘሎዎም እውን ኪርስዑ ኣይግባኦምን። ከመይሲ፡ እቲ ነጻነት ሓሳብ ዚብሃል መሰል፡ ንናይ እማትካ መንነትን እምነትን ናይ ምኽባር፡ ንዝቜሙ ሕግታት ከኣ ናይ ምሕላው ግድነት ዜኸትል ኢዩ። ስለዚ፡ ነቶም ብዕላል ኮነ ወይስ ብጋዜጣ ኣብ ልዕሊ መንግስቲ ብሓሶት ዝተመልኤ ፕሮፓጋንዳ ዚነዝሑ ሰባት፡ መንግስቲ ኤርትራ ኣድላዩ ብዝበሎ ሕጋዊ መንገዲ ኪረኻኽበሎም መዲቡ ኣሎ።

መንግስቲ ኤርትራ ኣብ ሃገር ሰላም ከም ዚነግስ ንምግባርን ምስ ኵሎም ወገናት ብፍቕሪ እናሰርሔ ድማ ንኤኮኖሚያዊ ሕይወት ምእንቲ ኬሳልጥን፡ ከቢድ መደብ ኣብ ግብሪ ኬውዕል ወሲኑ ኣሎ።[18]

ቀንድን ቀጥታውን ግዳይ ናይ'ዚ ኣዋጅ'ዚ ደሃይ ኤርትራ ኾነት። ድሕሪ'ታ ብቑዳም 14 ለካቲት ዝወጸት ቍ. 26 ሕታማ ድማ ኣቋረጸት። ኣዳለውታ መሓመድ ሳልሕ ማሕሙድን ኤልያስ ተኽሉን ተኸሲሶም ቤት ፍርዲ ቐረቡ። በዚ ኾነታት'ዚ ዓወቱን ዓብላልነቱን ዘረጋገጸ ጋዜጣ ኢትዮጵያ፡ "በትር ያጸንዕ ሓይለ መንግስት" ንዝብል ጥቕሲ እናኰማሰዐ ጸሓፈ፡

ድሕሪ ደጊም፡ ብጋዜጣስ'ኳ ፈርማኡ ምስክሩ፡ ብዕላል ኮነ ብስብከት ንመንግስት ኢትዮጵያ ዘናእስን ዜፋኾስን፡ ንመንግስት ኤርትራ መሰረት ከይትሕዝ ኪነቕል ዚጋደልን ንሕዝቢ ድማ ብናይ ሓሶቱ መርዚ እናመረዘ ዜርዕድን ዜባእስን ሓሳዊ፡ መንግስቲ ክልተ ወይ ሰለስተ ምስክራት ምስ ዚረክብ ንሕስያ ከይገብረሉ ሓደራ ሕዝብን ሃገርን ኢዩ።[19]

---

18. ኢትዮጵያ፡ 6ይ ዓመት ቍ. 383፡ 22 ለካቲት 1953።

19. ከም እ.ጽ. 18።

እምበኣር ወግዓዊ ልሳን መንግስቲ ኢትዮጵያ፡ ንሰሙናዊ ጋዜጣ ዝተክአ ጋዜጣ ዘመን ኢዩ ዝነበረ። ኢትዮጵያ ኢዩ ግን ዝተሃንደደን ዝሃደደን። ሰሙን ድሕሪ ምዕጻው ደሃይ፡ ዘመን ብዛዕባ ብጽሒት ኤርትራ ኣብ ናይ ፌደራል ስልጣን ጸሓፈ። ብኣዝዩ ልዙብ ቃላት ድማ፡ ነቲ ጉዳይ ባይቶን መንግስትን ክምርምሩዎን ክሰማምዑሉን፤ ግደ ኤርትራ ክሳብ መኣስን ክሳብ ኣበይን ክም ዝኾነ ክውሰን ከም ዝግብኣን፡ ነዚ ድማ፡ ባይቶን መንግስትን ብሽለልታ ከም ዘይርእዮ ገለጸ።[20]

ነዚ ትሕዝቶ ናይ ዘመንን ኢትዮጵያን ኣነጻጺርካ ምርኣይ ይጠቅም'ዩ። ምኽንያቱ፡ ነቲ ኣንጻር ናይ ምዝራብን ምግላጽን መሰል ዝተኣወጀ ብምድጋፍ ንመንግስቲ ተድላ ዝወቅስ ዝመስል ትሕዝቶ፡ ንመጀመርታ ጊዜኡ ኣብ ኢትዮጵያ ተራእየ። ነዚ ዝስዕብ ጥቕስታት ንመልከት፡

> "መንግስትስ ምስ ሓይሉ ድኣ ይመላለስ"። እው፡ መንግስትስ ዘንጊዑ ደኣ'ምበር ብኽብድ ዝበለ ምስትውዓልን ትኩር ኣረኣእያን ተገዲሱሉ ኪኸውንስ ሰብ ተሰፋ ኢና..."
>
> ... ሕዝቢ ብሓሶትን ኣካል ብዘይለበሰ ዕላልን ክሳብ ዚዝመት መንግስቲ ሰቕ ምባሉስ እንታይ ኮን ይኸውን?
>
> ... መንግስቲ ብሽምግልናን ብሽማግሌታትን እናለመነ ሃገር ኬናብር ከም ዘይኽእል ካብ ማንም እተኸወለ ምስጢር ኣይኮነን። ነቢያት፡ "ኣንሥእ ኃይልከ ወነዓ ኣድኅነነ" ኢዮም ዝበሉ እምበር "ኣንሥእ ትሕትናከ" ኣይበሉን።[21]

ኣድቂቕካ ምስ ዝርአ፡ እዚ ቓላት'ዚ፡ መንግስቲ ተድላ መንፈቕ'ኳ ከይገበረ ካብ ውሽጡ'ውን ክሰናኸል ከም ዝጀመረ ክእምት ይኽእል።

ምርጫን እገዳን ወልደኣብ ወልደማርያም

ኣብ ልዕሊ ወልደኣብ ዝተኻየደ ሻብዓይ ናይ ቅትለት ፈተነ ንተድላ ባይሩ ካብ ሕሜታ ከም ዘየድሓኖም ርኢና ኔርና። ምዕጻው ደሃይ ኤርትራ ድማ፡ ንዘይሕጋውን ኢደ ዋኒናውን ኣሰራርሓ ተድላ ኣብ ትዕዝብቲ ህዝቢ ካብ ዘእተወ ሓደ ነጥቢ ኾነ። ኣረ ከምቲ ዘውዴ ረታ ዝበሎ እንተ ኾይኑስ፡ ንተድላ "ሕራይ ገበርካ" ዝበሎም ኣባል ማሕበር ሕብረት'ኳ ኣይነበረን።

ኮነታት ኣብ ከምዚ እንከሎ፡ ተካእቲ ናይ'ቶም 13 ንመንግስታዊ ስራሓት ዝተሳሕቡን ክልተ ድማ (ራእሲ ተሰማን ናስር ኣቡበክር ፓሻን) ብገዛእ ፍቓዶም ዝለቓቑን ኣባላት ዝምረጹሉ ዕለት ን14 መጋቢት 1953 ተቘጸረ። እዚ ድማ፡ ነቲ ዝቐነየ ሕሜታን ቤላ-በለውን ዘጉህር ንፋስ ኮነ'ሞ፡ ሃገር ተናወጸት። ዕላል ናይ ሻራይ ሻራኻ፡ ዘመደይ ዘመድካ፡ ትሒም ትሒም ናይ ጉቦን ምግዛእ ናይ

20. ዘመን፡ 1ይ ዓመት ቊ. 33፡ 27 ለካቲት 1953።
21. ከም እ.ጽ. 18።

ምርጫ ድምጽን... ብዘይ ቀይዲ ተናፊሱ።[22] ብዘይ ግቡእ ኣብ ውድድር ተሪፍና ዝበሉ'ውን ጥርዓናቶም ኣቕረቡ።[23]

እዚ ኹሉ እናኾነ፡ ገና ኣብ ከቢድ መቑሰልቶም ከይሓወዩ ኣብ ሆስፒታል ደቂሶም ዝነበሩ ወልደኣብ ወልደማርያም፡ ብድሌት ናይቶም ከም መራሒኦም ተቐቢሎሞም ዝነበሩ ሰራሕተኛታትን ካልኦት መንእሰያት ኤርትራን፡ ነቲ መሰፍን ገብረህይወት ዝለቐቑዎ መንበር ናይ ገዛ ከኒሻ ወይ ካራቫንሰራልዮ (Caravanseraglio) ንምትካእ ኣብ ዝተመደበ ምርጫ፡ ከም ሕጹይ ኮይኖም ንኽቐርቡ ከም ዝምዝገቡ ተገብረ። ኣብዚ ዞና'ዚ፡ ወልደኣብ ሓደ ካብ 10 ተወዳደርቲ ኾኑ።[24]

ድሕሪ ቑሩብ መዓልቲ ኣብ ዝተኣወጀ ውጽኢት ናይቲ ምርጫ፡ ወልደኣብ ብኽቡብ ዝበለ ድምጺ ንኣባልነት ባይቶ ከም ዝተመርጹ ብወግዒ ተገልጸ።[25] ብዛዕባ ዓወቶም ክብሰሩ እንከሎው ኣብቲ ደቂሶምሉ ዝነበሩ ክፍሊ ሆስፒታል ዝነበረ በርሀ ዓንደሚካኤል ነዚ ዝስዕብ ኣዘንትዩ፡

> ተመሪጽም ምስ ተባህለ፡ ክበጽሖም ዝመጸ ህዝቢ ተኣኪቡ ናብቲ ሆስፒታል ኣትዩ። ሽዑ'ኳ ይዝከረኒ፡ ኣቶ ወልደኣብ በኽዮም። "እንታይ ኮይንኩም ድኣ ትነብዑ?" እንተ በሉዎም፡ "ሎምስ ክመውት ግዲ እየ፡ እዚ ሰብ ደንጊጹለይ..." ክብሉ ትዝ ይብለኒ።[26]

ከምቲ ዝበሉዎ ዘይኮነ፡ ኣብቲ ጊዜ 48 ዝዕድመኦም ወልደኣብ፡ ዳርጋ ክንድኡ ዝኸውን ዓመታት ኣቑጺሮምን ናጽነት ርእዮምን ከም ዝዓረፉ ኩሉ ዝፈልጦ ኢዩ። ናይቲ እዋን ሓደጋን ጸበባን ግን ካብ ርእሶም ምውራድ ኣበየ። ህዝቢ ኣስመራ፡ ኣብ ጥርጥር ብዘየእቱ ድምጽን ኣገባብን መሪጹዎም ከብቅዕ፡ ተድላ ባይሩ፡ ወልደኣብ ባይቶ ኣትዮም ንኽዓዩ ኣየፍቀዱን።

እዚ ዝኾነሉ ቀንዲ ምኽንያት፡ ባዕሎም ወልደኣብ ደጋጊሞም ይብሉዎ ከም ዝነበሩ፡ ናቶም ተፈታውነትን ተቐባልነትን ክብ ስለ ዝበለ ጥራይ ዘይኮነ፡ ብዝያዳ እኳ ደኣ መንግስቲ ተድላ በቶም ደገፍቱን ተኸላከልቱን ክኾኑ ዝግብኦም መንእሰያት ኣንድነት ከይተረፈ ተጸሊኡ ስለ ዝነበረ'ዩ። ብዙሓት ናይ ሽዑ መንእሰያት፡ ንኢትዮጵያ ዝነበሮም ፍቕርን ጠለብን ካብ ዘይምፍላጥ ዘበገሱዎ'ዩ ዝነበረ። እቲ ኣካላዊ ምቅርራብን ጠባይ ንጠባይ ምፍላጥን ምስ መጸ ድማ ከይደንጎየ ናብ ጣዕሳ ገጹ ከም ዘዘዘዎም ዝዛረቡ ውሑዳት ኣይኮኑን።

መንግስቲ ኢትዮጵያ ይኹን ምምሕዳር ተድላ፡ ነቶም ስለ ኢትዮጵያ ዝሰርሑ ብሽመት ይኹን ብገንዘብን ንብረትን ክኽሕሱ ኣይተበገሱን። ነቶም ፍሩያትን

22. ኢትዮጵያ፡ ከም እ.ጽ. 18።
23. ደሃይ ኤርትራ፡ 1ይ ዓመት ቍ 25፡ 7 መጋቢት 1953፡ ናይ ሓባር ጥርዓን ግራዝማች መሰፍን እምባየ፡ ኣፈወርቂ ኣብርሃምን ሃይለ ግብረቱን ርእ።
24. ደሃይ ኤርትራ፡ ከም እ.ጽ. 23።
25. ኢትዮጵያ፡ 6ይ ዓመት ቍ. 382፡ 18 መጋቢት 1953።
26. በርሀ ዓንደሚካኤል፡ ቃለ መጠይቕ፡ 9 መጋቢት 1998።

ዓበይትን እንተ ዘይኮይኑ፡ ንመብዛሕትኡ እቲ ሰዓቢኦም ብዙሕ ግምት'ውን ኣይሃቡዎን። ናይ ኢትዮጵያ ውፉያትን ተሃንደድትን ሞሳኦም ንኽረኽቡ ምስ ሓተቱ ካብ ኣፍ ደገ ቤት መንግስቲ ኣስመራ እናተገፍዑ ክምለሱ ንቡር እናኾነ ምስ ከደ፡ ብዙሓት ልቦም ክርሕቕ ጀመረ።[27] ካልእስ ይትረፍ፡ ካብ 1940'ታት ጀሚሮም ኣብ እዋን ፌደረሽን'ውን ገና ቐንዲ መጋቲ ናይ ኢትዮጵያ ምኳን ዝቐጸሉ ደጊያት ገብረዮሃንስ ተስፋማርያም፡ "መንግስቲ ኢትዮጵያ እትው ምስ በለ መጠን ቀረጽ ጉምሩክ ብ17 ሚእታዊት ወሲኹ። ንኤርትራ ግን ካብታ እንግሊዝ ንጊዜኡ ኢሎም ዝወሰኑዋ ሳንቲም'ኳ ምውሳኽ ምስ ኣበየ፡ እንታይ ዲና ዓዲምና ክሳብ ኣብ ምባል ክበጽሕ ትዝ ይብለኒ" ክብሉ መስኪሮም።[28]

ናይ ወልደኣብ ምርጫ እምበኣር፡ ከም ፍርዲ ኣብ ልዕሊ ምምሕዳር ተድላ ክውሰድ ግድን ኮነ። እንግሊዛዊ ቆንስል ዎርድል-ስሚዝ ብዛዕባ ምርጫ ወልደኣብ ነዚ ዝስዕብ ጸብጻብ ኣመሓላሊፉ፡

> ... ካብ ኩሉቲ ካልእ ወረዳታት ምርጫ፡ ኣብዚ (ናይ ወልደኣብ) ዝያዳ ተገዳስነት ተራእዩ። ዓወቱ ድማ ንእሸቶ ዕግርግር ፈጢሩ። ታሕጓስ ደገፍቱ እምብዛ ስለ ዝተራእየ፡ ምስቶም ተቓወምቱ ገለ ምትንፋጥ ኣስዒቡ ነይሩ። ናይ ወልደኣብ ዘየማትእ ዓወት፡ ኣብዚ ሃገር ኣንጻር ኢትዮጵያ ንዘሎ ስምዒት ዝገልጽ'ዩ፡ ምኽንያቱ ድማ፡ ንሱ ንፌደረሽን ብትሪ ዝቃወም ምዃኑ ስለ ዝፍለጥ። ኣብ ህዝቢ ክብ ዝበለ ስሕበት (attraction) ስለ ዘሎዎ፡ ናይ ባይቶ ህላወኡ ከም እሾኽ ኣብ ጐድኒ (ትርኣስ) ናይዚ ምምሕዳር'ዚ ክኸውን'ዩ።[29]

ናይ ዎርድል-ስሚዝ ይኹን ናይ ካልኦት ግምት ብዛዕባ ህላወ ወልደኣብ ኣብ ባይቶ ብግብሪ ክፍተን ኣይተኻእለን። ብ15 ሚያዝያ 1953፡ ኩሎም እቶም ኣብ ፍሉይ ምርጫ ናይ ተካእቲ ዝተመርጹ ሓደስቲ ኣባላት ቃል ማሕላ ፈጺሞም ናይ ባይቶ መንበሮም ክሕዙ እንከለዉ፡ ወልደኣብ ምስኦም ኣይነበሩን። ሽዑ መዓልቲ፡ ኣቦ መንበር ባይቶ ዓሊ ረድኣይ፡ ውጽኢት ናይ ሰለስተ ወረዳታት ምርጫ፡ ማለት ድማ፡ ናይ ካራቫንሰራልዮ (ከባቢ ገዛ ከኒሻ) ኣስመራ፡ ናይ መንደፈራን ተራ እምንን፡ ከምኡ'ውን "ናይ ክርስትያን ከተመኛታት ኣብ ምዕራባዊ ኣውራጃ (ከረን)... ኣብ ሕቶ ስለ ዝኣተወ፡ ገና ኽርአ ምኳኑ ኣፍለጡ። በዚ ድማ፡ ዓሰርተ ሓደስቲ ተካእቲ ኣባላት ጥራይ ቃል ማሕላ ፈጸሙ።[30]

ካብዚ ኣብ ሕቶ ኣትዩ ኣሎ ዝተባህለ ውጽኢት ምርጫ፡ እቲ ናይ ወልደኣብ (ናይ ካራቫንሰራልዮ) ደኣ'ምበር፡ እቲ ናይ ተራ እምንን ሓደ ዞባ ናይ ከረንንስ ፖለቲካዊ ትርጉም ኣይነበሮን። ንወልደኣብ ንምርካብ ተባሂሉ ዝተገብረ ነይሩ ኢልካ ምግማት'ውን ካብ ሓቂ ዘርሕቕ ኣይከውንን። ነቲ ኣብ ኣስመራ ዝነበረ

27. ተጋዳላይ ቀሺ ፍስሓጽዮን እልፊ፡ እዚ ዕድል'ዚ ምስ ኣጋነፎም ከም ዝቐየሩ ኣብ ቃለ መጠይቖም ገሊጾም። ቃለ መጠይቕ፡ ዓራርብ፡ 1987።
28. ገብረዮሃንስ ተስፋማርያም፡ ቃለ መጠይቕ፡ ኣስመራ፡ 1998።
29. Wardle-Smith to Busk, Addis Abeba, FO 371/10264, 18 March 1953;
30. EA Minutes No 143, 15 April 1953.

ሕሜታን ትሒም ትሒምን፡ ቆንስል ኣመሪካ ኣብ ኤርትራ ኤድዋርድ ክላርክ ተዛረበሉ። ክላርክ ከም ዝበሎ፡ ወልደኣብ ኣብ ባይቶ ተቐሚጦም ነቲ ፍሉጥ መርገጺኦም ምእንቲ ከየቃልሑ፡ ምምሕዳር ተድላ ንክኽልክሎም ተሃንጥዩ ነይሩ ኢዩ። ስለዚ፡ እቲ ኣብ ልዕሊ ምርጫ ወልደኣብ ዝተወሰደ ኣጋዲ ስጉምቲ፡ ንሱ ዘደፋፍኦን መንግስቲ ኢትዮጵያ ድማ ዝተሰማምዓሉ ወይ'ውን ባዕሉ ዘበገሶን'ዩ እናተባህለ ብሰፊሑ ይዕለል ከም ዝነበረ ክላርክ ብተወሳኺ ገለጸ። እቲ ምስ ናይ ወልደኣብ ዝቐረበ ክልተ ኻልእ ጉዳያት ግን፡ ክንድ'ቲ ፖለቲካዊ ሚዛን ከም ዘይነበሮ'ውን ኣተንብሀ።[31]

ድሕሪ ገለ መዓልታት፡ ተድላ ባይሩ ባዕሎም ክልተ ኣዋጃት ብምውጻእ፡ ነቲ ናይ ከረንን ናይ ወልደኣብን ምርጫታት ሰረዙዎ። ብዛዕባ ምስራዝ ምርጫ ወልደኣብ ክገልጹ እንከለዉ፡ እቶም መራሒ መንግስቲ፡ ኣብቲ ናይ ምርጫ ቦታ (ካራቫንሰራልዮ ወይ ገዛ ከኒሻን ከባቢኡን) ክምዝገቡን ክመርጹን ዘይግብኦም ሰባት ስለ ዝተመዝገቡን ስለ ዝመረጹን እቲ ስጉምቲ ከም ዝተወሰደ ኣፍለጡ።[32]

ብመሰረት ዓንቀጽ 46(2) ናይ ህንጻ መንግስቲ ኤርትራ፡ ውጽኢት ናይ ምርጫ ኣብ ሕቶ ምስ ዝኣቱ፡ እቲ ጉዳይ ናብ ባይቶ ክቐርብ'ሞ ባይቶ ድማ ብናይ ክልተ-ሲሶ ብልጫ ድምጺ ናይ ልዕሊ ፍርቂ ኣባላቱ ክጽድቆ ኢዩ ዝግባእ ዝነበረ። ተድላ ነዚ ኽገብሩ ኣይደለዩን። በንጻሩ፡ ነቲ ሽዑ ኣማኻሪ ሕጊ መንግስቲ ኤርትራ ዝነበረ ኖርማን ሜትሽን ጸዊዖም፡ ምርጫ ወልደኣብ ክስረዘሉ ዝኽእል ሕጋዊ ምኽንያት ሒዙሎም ንኽቕርብ ኣዘዙዎ። ንሱ ብወገኑ፡ ነይሩ ንዝብሃል ሕግታት'ኳ እንተ ገናጸለ፡ "ንድሌት መራሒ መንግስቲ ክሕግዝ ዝኽእል ኣዝዩ ድኹም ሕጋዊ ምኽንያት ጥራይ ረኺበ'ሞ፡ ንዕኡ ገለጸሉ። … መራሒ መንግስቲ ግን፡ ምኽሪ ናይ'ቲ ኣማኻሪ ሕጊ ብዘየገድስ፡ ነቲ ንወልደኣብ ናይ ምእጋድ መደብ መንግስቲ ንኽተግብር ጸቕጥታት ይገብር ኣሎ። … ወልደኣብን ካልኦት ተቓወምትን ነዚ ናይ መራሒ መንግስቲ ስጉምቲ ብናህሪ ከጥቅዑዎ ኢዮም ዝብል ትጽቢት'ውን ኣሎ…"[33]

ደሃይ ኤርትራ እንተ ትኮነ፡ በዓል ወልደኣብ መዛረብኘን መካትዕን ምረኸቡ። ደሃይ ግን ካብ ትዕጾ ወርሓ መሊኣ ነይራ። ስለዚ መተንፈሲ ዝኾውን ቦታን መድረኽን ኣይነበሮምን። ብሓቂ ኸኣ፡ ብፍላይ ድሕሪ እቲ ሻብዓይ ፈተነ ኣብ ህይወቶም፡ ናይ ምንባር ውሕስነት'ውን ተሓሪሙዎም ነይሩ። ባዕሎም ከም ዝበሉዎ፡ ካብ መንግስቲ ሓለዋ ንኽግበረሎም ጠሊቦም ኣይፈልጡን፡

> ካብ ማሕበረይ ኣይጠለብኩን ኣሸንኳይዶ ካብ መንግስቲ። ማሕበረይ ግና ንግበረሉ ኢሎም፡ … ክልተ ሓለውቲ ገይሮሙለይ። ንሳቶም ተታሊሎም፡ ብ40 ጅንየ ኑብስ ወከፎም ሸይጦምኒ። ስሚ ገይሮምለይ፡ ሃዲሞም ኣብ ሽፍታ ተጸንቢሮም።

31. Clark to State Department, F790001-0051, 20 April 1953.
32. Il Quotidiano Eritreo, reprinted in F790001-0056, 23 April 1953. እቲ ናይ ከረን ዝተሰረዘሉ ምኽንያት፡ ብዘይካ'ቲ ተመሪጹ ዝተባህለ ተወዳዳሪ፡ ንኻልኦት ዕድል ስለ ዘይተዋህበ ምንባሩ'ውን ብኣዋጅ ተገሊጹ ኢዩ።
33. Clark to State Department, F790001-0053, 23 April 1953.

… ሓንሳእ ድአ ኣይነበረትን እምበር፡ ኩሉ ጊዜ ሽጉጥ ምሳይ ነይሩ። እንተ ሓመቕኩ ሓመቕኩ፡ ርግጽ'ዩ ወተሃደር ኣይኮንኩን፡ ተኩሰ'ውን ኣይፈልጥን እሃድን ግን ነይረ… ረጋቢት ዛጋሩ እሃድን ነይረ… ሰብ ግን ሃዲነ ኣይፈልጥን። ግና፡ እንተሓመቕኩ ሓደ ክልተ ክቐትል እኽእል ነይረ ካብቶም ዝቐትሉኒ ዝነበሩ። ምማት እመርጽ ነይረ…[34]

ኮሎኔል ብርሃነ ደሞዝ ዝተባህሉ ኣብቲ ጊዜ ሓለቓ ሚእቲ፡ ኣባል ምምሕዳር ፖሊስ ዝነበሩ፡ ወልደኣብ ካብ ሆስፒታል ኣብ ዝወጹሉ እዋን ምስ ኣዛዚ ፖሊስ ኣስመራን ሓማሴንን ዝነበረ ሜጀር ራይት ንዝተባሃሃሉዎ ኣዘንትዮም፡

ኣብ ካዜርማ ሙሶሊኒ (ጸኒሑ ሃገራዊ ባንክ ዝኾነ ጉደና ሓርነት) እንከለኹ፡ ሜጀር ራይት ጸዊዑ፡ ሓደ ዓቢ ጋሻ ክመጸና ምዃኑን ንዕኡ ኣሰንየ ንኸረኽቦን ኣዚዙኒ። ሽዑ፡ ኣቶ ወልደኣብ መጺኦምና።
ሜጀር ራይት፡ "ካብ ላዕሊ ሽዱሽተ ሽጉጥ ተኣዚዙልኩም ኣሎ። ሓለውቲ ዝኾኑኹም ኣስማት ሃቡኒ'ሞ፡ ንዓኣቶም ማህድሮ (libretto) ክንቅርበሎም" ይብሎም ንኣቶ ወልደኣብ። ንሶም ድማ፡ "ኣነ ድኣ ነታ ሓንቲ ዘላትኒ'ኳ ኣየልዕላን እየ። ንእንስሳ መከላኸሊ ክትኮነኒ እየ ሒዘያ። ክትወስዱዋ'ውን ትኽእሉ። ሽዱሽተ ሰባት ድአ ካበይ ከምጽኦም? ሽዱሽተ እንተ ዝህልዉኒ ኣይምተወቓዕኩን። ክብረት ይሃበለይ…" ኢሎም ኣይተቐበሉን። በንጻሩ፡ "ካብ ኣስመራ ወጻኢ ዝመጹ ሰባት ይከታተሉኒ ኣለዉ። ንዓኣቶም ግዳ ደው ዘይተብሉለይ…" ክብሉ ተገምጢሎም ሓቲቶሞ።
ክሳብ'ቲ ኣፍደገ ኣፋንዩ፡ ሰላምታ ሂቡዎም። ንዓይ ምልስ ኢሉ፡ "Very sharp, intelligent" (ኣዝዩ በሊሕ፡ ትኩር ሰብ) ኢሉኒ። ሽዑ፡ ሜጀር ራይት ስለምንታይ ከምኡ ከም ዝበለኒ ኣይተረድኣንን። ጊዜ ምስ ሓለፈ ግን፡ ምስ ነብሰይ ከመራመር ጀሚረ። "ብምእባዮም ኣድኒቑዎም፤ ምናልባት ዶኾን ሓደ መጻወድያ ተሓሲቡሎም ነይሩ ኾይኑ…" ኢለ ኽኣ ጠርጢረ።[35]

ወልደኣብ እምበኣር ኣብ ከቢድ ኣካላውን ስነ ኣእምሮኣውን ጸቕጢ ኣትዮም ነይሮም'ዮም። ኣብ ከምዚ ዝመሰለ ኩነታት፡ እቲ ንሶም ዝተኣገዱሉ መንበር ዳግም ንፍሉይ ምርጫ ተኸፊተ። ወልደኣብ ኣይተመዝገቡን። ኣመራጽቲ ቀንሲል ከላርክ ምስ ወኪል ሕቡራት ሃገራት ኣብ ኤርትራ፡ ኣርተር ሪድ ብምዃን ስለምንታይ ንኽብሮም ካብቲ ምርጫ ከም ዝገለሉ ሓቲቶሞም።

ወልደኣብ፡ መንግስቲ ባዕሉ ንዘሓረዮ ተወዳዳሪ ኣምጺኡ፡ ከምቲ ዝቐደመ ብናጻ ዘይካኑ ነቲ ምርጫ ባዕሉ ብጥንቃቐ ክቈጻጸሮ ኢዩ ኢሎሞም። ኣብ ትሕቲ ቐጻሊ ሓለዋ ፖሊስ ምንባሮም፡ ተወሳኺ ናይ ቅትለት ፈተነ ክቶቐዶም ከም ዝጽበዩ፡ ዝኾነ ምስኦም ዝተዛረበ ኽኣ ይእሰርን ይሕተትን ከም ዝነበረ'ውን ሓቢሩዎም። ኣብቲ ዝተኻየደ ናይ ዓመጽ ተግባራት፡ ክልቲኦም መንግስታት ኤርትራን ኢትዮጵያን ኢድን ጓንትን ኮይኖም ይሰርሑ ኣለዉ ኢሎም ከም ዝኣምኑ'ውን ገሊጾም።

34. ወልደኣብ ወልደማርያም፡ ቃለ-መጠይቕ 1987።
35. ኮሎኔል ብርሃነ ደሞዝ፡ ሓበሬታ ንኣለምሰገድ ተስፋይ፡ ኣስመራ፡ 30 መስከረም 2003።

ባይቶ ኤርትራ ንጉዳይ ምርጫኦም ርእዩ ንኽውሰን ማሰልን ስልጣንን እናሃለዎ፡ ስለምንታይ ኣሕሊፉ ከም ዝሃቦም ክገልጹ እንከለዉ፡ ወልደኣብ ከምዚ በሉ፡

> ኣባላት ባይቶ'ኳ፡ ኣባላት ናይ ሓደ ብምኽንያት ተኣማንነቶም ንሕብረትን ቅሉዕነቶም ንዘተፈላለየ ጽልዋታትን ብኢድ ፍራንክ ስታፎርድ ዝተመርጹ ኣካል እዮም። ብዙሓት ካብቶም ኣባላት ተገዚኦም ወይ ፈሪሖም ኢዮም ዘለዉ። ውሑዳት'ዮም ቂም ናይ ኢትዮጵያውያን ከየሕድሩ ዘይፈርሑ። ሒዞሞ ዘለዉ ቦታን እቲ ቦታ ንዘምጽኣሎም ገንዘብን ሰዊኦም ንመሰላቶምን ንናጽነቶምን ንኽቃለሱ ድሉዋት ክኾኑ ኣይመረጹን።

ኤርትራ ወሪዱዋ ዝነበረ ጸገምን ዘይቅዱው መጻኢ ዕድልን፡ ከምኡ'ውን ኩሉቲ ዝተመባጽዖ ክገሃስ እንከሎ ው.ሕ.ሃገራት ባዕሉ ዓገብ ዝብል ዘይምንባሩ ብዙሕ ከም ዘጉሃዮም ዝገለጹ ወልደኣብ፡ ብዛዕባ ዝመጽእ መደባቶም ንዝበሉዎ ክላርክ በዚ ዝስዕብ ገለጹ፡

> ኣብ ትሕቲ'ዚ ህሉው ኩነታት ቃልሱ ንኽቕጽል ዘሎዎ ዕድል ኣዝዩ ትሑት ምኳኑ ገሊጹለይ። እቲ ብሕቡራት ሃገራት ንኤርትራ ዝተዋህበ ደሞክራስን ነጻነትን ብኢትዮጵያውያን ክፍቀድ ኣይኮነን። ነቑፌታ'ውን ኣይክጽወርን'ዩ። ብምኽንያት ኣዚ ዝካየድ ዘሎ፡ ዴሞክራሲ ሚእቲ ዓመት ንድሕሪት ክምለስ ኢዩ። ንጉሰ ነገስት ናብ ኣዲስ ኣበባ ዓዲሞምዎ ኣሎዉ፡ እቲ ቅድመ ኩነት እንታይ ከም ዝኾነ'ውን ግን ተረዲኡዎ ኣሎ። ወይ ፍጹም ተንበርካኽነት ንንጉሰ ነገስት ወይ ድማ ... (ወይለኻ) ኢያ። ብመሰልን ድሕነትን ሕዝቡ ኣዝዩ ስለ ዝኣምን፡ ናብ ስልጣን ኣምሓራ ኣይክደንንን'ዩ። በዚ ምኽንያት'ዚ፡ ኣዲስ ኣበባ ናይ ምኻድ ትርጉም ኣይርኣዮን። ኣብዚ ደሓር፡ ንወጻኢ፡ እንተኾነሉ ንኢንግላንድ፡ ክኸይድ ክሓስብ ጸኒሑ፡ ግን ሕጽረት ገንዘብን ናይ ኢትዮጵያ ፓስፖርት ናይ ምርካብ ጸገምን ዘይክኣል ገይሩዎ ኣሎ...[36]

ወልደኣብ ናብ ስደት

እቲ ውሩይን መሪርን መዋእል ስደት ወልደኣብ ወልደማርያም ብሓንቲ ኣብቲ ጊዜ'ቲ ንወጻኢ ክኸይድ ዝደሊ ኩሉ ኢትዮጵያውን ኤርትራውን ንኽመልኦ ዝግደድ ዝነበረ ብኣምሓርኛ እትምላእ ፎርም ተጀመረ። ኩሉ'ቲ ንቡር ናይ መንነት፡ ዓዲ፡ ሃይማኖት... ወዘተ፡ ሓበሬታ ምስ ሃቡ፡ ወልደኣብ፡ “ነዚ ዝተዋህበኒ ናይ ኢትዮጵያ ንጉሰ ነገስት መንግስት ፓስፖርት ሒዘ ናብ ወጻኢ ሃገር ክኸይድ እንከሎኹ፡ ብዘኾነ መገዲ ንሃገረይን ንወገነይን ዝጉድእ ወይ ከኣ ዘጸይፍ ነገር ከይሰርሕ ብወንጌል እናመሓልኩ ምፍራመይ ኣረጋግጽ” ብምባል ፈርማኦም ኣንበሩ።[37]

---

36. Clark, Memorandum of Conversation with Weldeab Weldemariam and Arthur Reid, F790001-0059, 14 May 1953.

37. ጥብቆ፡ ቤት ጽ/እንደራሴ፡ ኣስመራ፡ ፋይል ቍ. 291/77/50፡ 25 መጋቢት 1946 (ግእዝ)።

ዒራ ኢትዮጵያ ኣይሃገረይን'ያ ብማለት ክኸውን ኣሎዎ ነዚ ዝመስል ማሕላ ዝፈረሙሉ'ምበር፡ ምስቲ ዝነበርዎ ጥቡቕ ሃይማኖታዊ እምነት፡ በዚ ቓሎም'ዚ ምተኣሰሩ። ካብ ኤርትራ ምውጻእ ግን ንዕኦም ቀሊል ኣይነበረን። ብሕግስ ይትረፍ፡ ምስቲ ኣብ ልዕሊኦም ዝካየድ ዝነበረ ቐጻሊ ሓለዋ፡ መሊቑም'ውን ክሃድሙሉ ዝኽእሉሉ መገድን ዕድልን ኣይነበሮምን። ባዕሎም ከም ዝበሉዎ፡

... ክሃድም ኣይከኣልኩን። መህደሚ ዓዲ ኣይፈልጥን። ወጻኢ ወጺአ ኣይፈልጥን ቅድሚኡ። ከመይ ገይረ ክሃድም? በየን ገይረ፡ በየናይ እግረ፡ ኣይኮነለይን። ስለዚ ንቢትወደድ ኣንዳርጋቸው መሳይ... ፍቓድ ለሚነዮ። "ከም ትፈልጥ፡ ሸውዓተ ዝኣክል ጊዜ ጸላእቲ..." ጸላእቲ ኢለዮ - ንሰኻ ማለት'ዩ፡ "ጸላእቲ ክቕትሉኒ ሓሲቦም። ግና፡ ሕጂ ህይወተይ ምእንቲ ከድሕን ፍቓድ ክትህበኒ፡ ብስርዓት ክወጽእ ካብ ኢትዮጵያ፡ ክሰደድ፡ ሸቂለ ክበልዕ፡ ሰድራይ ክብልዕ ፍቐደለይ" ኢለ ለሚነዮ።

... ኮፒ ናይታ ጥያቐይ ንኮንስል ኣመሪካ፡ እንግሊዝ፡ ሩስያ፡ ፈረንሳ፡ ጣልያን ሂበዮም። ቢትወደድ ንገዛይ ኣለም ማሞ ዝብሃል ኤርትራዊ ኢንስፐክተር ሰዲዱ ሰለስተ ሰዓት ጉርጉሮምኒ። ምኽንያት ክረኽቡለይ ብዙሕ ተጸናጺኖም... ብሕጊ ክሕዙኒ'ሞ ክኣስሩኒ፡ ኣይረኸቡለይን። ኣብ መወዳእታ ቢትወደድ፡ "ተፈቒዱሉ'ዩ፡ ጃንሆይ ፈቒዶምልካ'ዮም... ሽዱሽተ ወርሒ ናብ ሱዳን ክትከይድ፡ ድሕሪ ሽዱሽተ ወርሒ ክትምለስ ናብ ዓድኻ፡ ይቕሬታ ክትልምን፡ ካብ ጃንሆይ ስራሕ ክወሃበካ..." ኢሉ ፍቓድ ሂቡኒ...

ወልደኣብ፡ መራሕ መንግስቲ ተድላን ምክትል እንደራሴ ኣስፍሃ ወልደሚካኤልን፡ "ወልደኣብ ክወጽእ የብሉን፡ እንድሕር ወጺኡ ህውከት ክፈጥር እዩ..." ኢሎም ንኣንዳርጋቸው ከም ዝገለጹሉ ኢዮም ተዛሪቦም። ኣንዳርጋቸው ዝሰደዶም ድማ፡ ክምሕሮም ስለ ዝደለየ ወይ ፈትዩ ዘይኮነስ፡ በዚ ዝስዕብ ምኽንያት ከም ዝነበረ ወልደኣብ ገሊጾም፡

ቢትወደድ፡ "ብሓላፍነተይ፡ ብውሕስነተይ እየ ዘውጽኣካ ዘሎኹ" ኢሉ ኣውጺኡኒ። በቲ ጊዜ'ቲ፡ ኢትዮጵያ ሓዳስ ስለ ዝነበረት ናይ ዓለም ርእይቶ (public opinion, world opinion) ትፈርሕ ነይራ። እምበር ዳሕራይ ምስ ፈለጠት፡ ኤርትራውያን ክንደይ ድኹማት ምዃኖም ምስ ፈለጠት እንተ ዝኸውን፡ ኣይምሰደዱንን ነይሮም። ሽዑ ግና ፈሪሖም። ነቶም ቆንስላት ናይ ኣመሪካ፡ እንግሊዝ'ውን ፈሪሖሞም። ኣውጺኦምኒ።... ተኣምራት ናይ እግዚኣብሄር፡ ተኣምራት'የ ዝሓስቦ።... ቻንስ (chance) ትብሉዎ ትኾኑ፡ ግን ተኣምራት እዩ ንዓይ።[38]

ብዛዕባ'ቲ ኣወሃህባ ፍቓድ፡ ሽዑ ምክትል እንደራሴ ዝነበሩ ቢትወደድ ኣስፍሃ ወልደሚካኤል ነዚ ደራሲ'ዚ ዝተፈልየ ዛንታ ኢዮም ኣዘንትዮምሉ። ንሶም ከም ዝበሉዎ፡ ኣንዳርጋቸው ይኹን መንግስቲ ኢትዮጵያ፡ ከምኡ'ውን

38. ወልደኣብ ወልደማርያም፡ ቃለ መጠይቕ፡ 1987።

ተድላን ምምሕዳሮምን ንወልደኣብ ከውጽኡዎም ኣይደለዩን። ከምዚ ምስ ኮነ፡ ባዕሎም ኣስፍሃ ናብ ሃይለስላሴ ብምቕራብ፡ "ወልደኣብ ጸላኢ ኾይኑ ካብ ዝኑብር፡ ክእለት ዘሎዎ ሰብ ስለ ዝኾነ፡ ኣብዚ ናይ ዜና ሚኒስተርያ ስራሕ ዘይወሃቦ? ኣነ ባዕለይ ክዛረቦ፡ ናብ ፊትኩም'ውን ክቕርቦ..." ኢሎም ከም ዝለመኑ ገሊጾም። እቶም ሃጸይ ድማ፡ "ካብ ጸላኢ ናብ ፈታዊ ክንቅይሮ ንኽእል እንተ ኾይንና፡ ሕራይ ዝብል እንተ ኾይኑ፡ ጽቡቕ ፈትን፡' ስለ ዝበሉኒ ድማ፡ ንወልደኣብ ጸዊዐ ተዛሪበዮም።"

ኣስፍሃ፡ ነቲ ምስ ሃጸይ ሃይለስላሴ ዘዕለሉዎ ንወልደኣብ ኣስፊሑም ምስ ገለጹሉም፡ ሒዞሞም ንኣዲስ ኣበባ ክኸዱ'ሞ፡ ንሶም ድማ ኣብ ቅድሚ ሃይለስላሴ ይቕረታ ክልምኑ ሓተቱዎም። ነቲ ኾይኑ ዝበሉዎ፡ ኣስፍሃ በዚ ዝስዕብ ገሊጾሞ፡

> ... ወልደኣብ መቸም ብምሳሌ ክዛረቡ ኢዮም ዝመርጹ። ስሚያምኒ ሕሰብ ምስ ኣበሉ፡ "ሓደ ጉራጌ ሓሚሙ፡" ኢሎም ዛንታ ጀመሩለይ። "ብጽኑዕ ሓሚሙ ሆስፒታል ምስ ኣተወ፡ ገንዘቡ ዝደለዩ ኣዝማድን ቤተ ሰብን እኩብ ኢሎም፡ ማዕጾ ዓጽዮም፡ ነቶም ሓኻይም መሕለፍ መገዲ ኸልኪሎም፡ 'ንእግዚኣብሔር ምሕረት ለምን ከድሕነካ' በሉዎ። ንሱ ድማ፡ 'ማዕጾ ዓጺኹም፡ ሓኻይም ኣባይ ንኸይበጽሑ ከልኪልኩም ትቐትሉኒ ዘሎኹም ንስኻትኩም ኢኹም። ንእግዚኣብሔር ምሕረት ዝሓቶ ድኣ፡ ኣብ ሰማይ

ፊተውራሪ (ደሓር ቢትወደድ) ኣስፍሃ ወልደሚካኤል

ዘሎ፡ ኣበይ ኮይኑ ኣርኪቡለይ። ኣሕልፉዎም ግዳ ነቶም ሓኻይም ፈውሰይ ክረክብ...’ ኢሉዎም።
“ሕጂ ኸኣ፡ ንጉስ ከሎ ኣብ ዓዲ፡ ወተሃደር ከሎ ኣብ ዕርዲ፡ ንስኻትኩም እንዲኹም ኣብዛ ኣስመራ ኴንኩም ትቐትሉኒ ዘሎኹም። ንጃንሆይ ደኣ፡ ኣበይ ረኺቦምኒ፡ እንታይከ ገይሮምኒ ኢለ እየ ይቕሬታ ዝሓቶም? እታ ፍቓድ ጥራይ ሃቡኒ ክወጽእ...” ኢሎም መሊሶምለይ።

ከምኡ ምስ ኮነ፡ ምስ ኣንዳርጋቸው ተዘራሪቦም ነቲ ፍቓድ ከም ዝሃቡ ኣስፍሃ ገሊጾም።[39]

ወልደኣብ ነዛ ርክብ ምስ ኣስፍሃ ኣብ ቃለ መጠይቓቶም ኣይጠቐሱዋን። በንጻሩ፡ ከምቲ ዝረአናዮ፡ ኣስፍሃ ከልካሊ እምበር ሓጋዚ ከም ዘይነበሩ ኢዮም ዘኪሮም። ምናልባት ንኣስፍሃ ስለ ዘይኣመኑዎም ይኸውን፡ ምናልባት’ውን ብዛዕባ ኻልእ ናይ ተንኰል መደባት ሰሚዖም ይኑብሩ። ግን፡ ኣስፍሃ ኸኣ ነቲ ርክብ ምስናይ ዛንታኡ ምሂዞምዎ ኢልካ ክትድምድም የጸግም። ወልደኣብ ረሲዖም ወይ ብዙሕ ግምት ስለ ዘይሃቡዎ’ውን ይኸውን። ብኻልእ ወገን፡ ዘውዴ ረታ ወልደኣብ ይቕሬታን ዝመሰል፡ ግን ከኣ ብግልጺ ከምኡ ዘይብልን ደብዳበ ናብ ሃጸይ ሃይለስላሴ ጽሒፎም ክብል ኣብ መጽሓፉ ኣሰፊሩን ጥቕስታት ጠቒሱን ኣሎ። ነዚ ካበይ ከም ዝረኸቦ ኣይሓበረን። ኣስፍሃ’ውን ንደራሲ ኣብ ዝሃቡዎ ቃለ መጠይቕ፡ ወልደኣብ ናብ ሃይለስላሴ ጽሒፎም ኣይበሉን።[40]

ኣስፍሃ፡ ወልደኣብ “ግልብጥ ግልብጥ ከይበሉ፡ ኣብታ ዝበሉዋ ዝጸንዑ ሰብ ኢዮም ነይሮም፡” ኢሎም’ዮም መጉሶሞም። ኣብቲ ንወልደኣብ ንምጥፋእ ዝግበር ዝነበረ ውዲት ኢድ ከም ዘይነበሮም፡ እቲ ተግባር “ተድላ ባይሩ ብጸቢብ ኣተሓሳስባ ይጸብኡዎም ስለ ዝነበሩ” ይፍጸም ከም ዝነበረ ኸኣ ኢዮም ገሊጾም።[41]

ወልደኣብ ብወገኖም፡ ንተድላ ብቐጥታ ዝኸሰሱሉ ጽሑፍ ወይ ቃል ኣይተረኸበን። ምስ ተድላ ብዛዕባ ዝነበሮም ርክብ ወይ ጽልኢ ንኽዛረቡ ኣብ ዝሕተቱሉ፡ “ኣብ ስደት፡ ኣብ ሸወደን ተራኺብና ምስ ተድላ፡ ንሓድሕድና ከይንጠቓቓዕ ተመሓሒልና ኢና፡ ብዛዕባኡ ክዛረብ ፍቓደኛ ኣይኮንኩን...” እናበሉ ክዛረቡ፡ ሓንሳብ ዘይኮነስ ብተደጋጋሚ ተሰሚዖም ኢዮም።[42]

39. ኣስፍሃ ወልደሚካኤል፡ ቃለ መጠይቕ፡ ኣዲስ ኣበባ፡ 1996። ዘውዴ ረታ፡ ኣብ ገጽ 384-387 ብሸነኽ ኢትዮጵያ ነይሩ ንዝበሎ መሳርሕ ምውጻእ ወልደኣብ ገሊጹ ኣሎ። እቲ ሓሳብ ካብ ኣስፍሃ ከም ዝቐረበ፡ ሃይለስላሴ ምኽሪ ናይ መኳንን ሃብተወልድን ብኡ ኣቢሎም ድማ ናይ ኣክሊሉ ሃብተወልድን ከም ዝረኸበ፡ እቲ “ይቕረታ ይሕተት” ዝብል ሓሳብ ድማ ናይ መኰንን ሃብተወልድ ኮይኑ፡ ብሃይለስላሴ ባዕሎም ከም ዝተጠልበን ኣዘንትዩ። ነዛ ናይ “ጉራጌ” ዛንታ ግን ኣይጠቐሳን። ኣብ ዝርዝር እንተ ዘይኮይኑ፡ ኣንፈት ናይቲ ዛንታን ውጽኢቱን ከምኡ’ውን መርገጺ ወልደኣብ ተመሳሳሊ ስለ ዝኾነ፡ እቲ ናይ ዘውዴ ረታ’ውን ክኸውን ዝኽእል እዩ። እቲ ጸገም፡ ዘውዴ ረታ ምንጪ ሓበሬታኡ ዘይምጥቃሱ ኢዩ።
40. ዘውዴ ረታ፡ ገጽ 380።
41. ከም እ.ጽ. 39።
42. ሓደ ጊዜ፡ ብ1977፡ ወልደኣብ ንቤት ትምህርቲ ሰውራ (ዜሮ-ሜዳ) ክበጽሑ ኣብ ዝመጽኡሉ፡ ተጋዳሊት ጸጋ ጋይምን ደራሲን ብዛዕባ ተድላ ባይሩ ኣጥቢቕና ሓቲትናዮም። መልሲ ወልደኣብ፡ “እስከ ምጽቕጻቕ ግደፉ፡ ላም ተሓሊባ ምስ ወድኣት መመሊስካ እንተ ዓማጠርካያ ጸባ ኣይተውጽእን’ያ። ንሱ ኸኣ ምጽቕጻቕ ይብሃል። ብዛዕባ ተድላ ኣይዛረብን’የ እንተ ኢለ፡ ምጽቕጻቕ እንታይ ይዓብስ?”

ብዘኾነ፡ ኣብ ወርሒ ነሓሰ፡ 1953፡ ወልደኣብ ናብ ስደት ንኸምርሑ መዓርፎ ነፈርቲ ምስ በጽሑ፡ መሊሶም ብኢንስፐክተር ኣለም ማሞ ተጕርጕሩ። ሳንጣኦም ተኸፊቱ እውን ተፈተሸ። እዚ እናኾነ፡ መጀር ራይትን ሰዓብቱን ደው ኢሎም ከም ዝተዓዘቡ ኣብኡ ዝነበሩ ይዝክሩ።[43] ከምኡ'ውን፡ ብተድላ ባይሩ

ወልደኣብ ምስ ወ/ኣበራሽን (ኮፍ ኢለን ዘለዋ) ኣዲኣን ወይዘሮ ኤልሳቤጥን ደቆምን ኣብ ኣጋ ስደቶም።

43. ኮሎኔል ብርሃነ ደሞዝ፡ እ.ጽ. 35 ርኣ።

ዝተላእኩ ሓደ ገብረኣምላኽ ሃይለ ዝተባህሉ ኣብኡ ከም ዝነበሩ'ሞ፡ ወልደኣብ ድማ ንተድላ ብዘሰምዕ መገዲ፡ "ኣነ፡ ዕድመ ንመንግስቲ ኢትዮጵያ ፓስፖርት ተዋሂቡኒ እኸይድ ኣሎኹ፡ ድሕሪ ቍሩብ እዋን፡ ፓስፖርት ዘይብሉ ተሓቢኡ ዝኸይድ ክህሉ ኢዩ..." ኢሎሞም ይብሃል ኢዩ። ምስቲ ኣብ 1960'ታት ተድላ ካብ ኢትዮጵያ ኣምሊጦም ዝወጹዎ ብምትእስሳር፡ ኣስፍሃ ነዚ ከም ትንቢት ተዛሪቦምሉ።[44]

ኣብ ነፋሪት ተሰቒሎም ንኤርትራ ንምግዳፍ ምስ ነቐሉ፡ ወልደኣብ ኣብ ከመይ ዝበለ ስምዒት ነበሩ?

> ሓርነት። ክፉእ ዝኾነ ሓርነት፡ ሓደ ሰነፍ ዝኾነ ሓርነት ይስምዓኒ ነይሩ። ካብ ሞት ሰለ ዝወጻእኩ። ግና ሓርነት ከም ዘይኮነ ድማ ይርድኣኒ ነይሩ። ከመይ ንኤርትራ ጠሊመያ፡ ገዲፈያ፡ ህይወተይ ከድሕን ንኤርትራ ጠሊመያ'የ ዝወጻእኩ። ስለዚ፡ ምሉእ ሓርነት ኮይኑ ኣይተሰምዓንን። ... ሞት ክመውት እየ ዝትምነ ዝነበርኩ። ግን፡ ከይመውት ምእንቲ ጠሊመ መብጽዓይ፡ ስጋዊ ኣካላተይ ከድሕን ምውጽኣይ፡ ሓርነት ብሓደ ወገን ግን ጥልመት ኮይኑ ኸኣ ይስምዓኒ ነይሩ።[45]

በዓልቲ ቤቶም ንኣቶ ወልደኣብ፡ ወይዘሮ ኣበራሽ፡ ወልደኣብ ካብ ገዝኦም ክፋነዉወን እንከለዉ ንዝተላበዉወን ዘኪረን። "ኣጆኺ በርትዒ። ደቅና ብትምህርቶም ከም ዝነፍዑ ግበሪ። ንኤርትራ ከም ዝፈትዉ፡ ቋንቋኦም ከም ዝፈልጡ ጌርኪ ኣዕብይዮም። ናይ መኣዲ ስነ ስርዓት ከኣ ምሃርዮም፡... ኢሎምኒ። እቲ ኻልእስ ደሓን፡ እቲ ናይ መኣዲ፡ ናይ ኣበላልዓ ስነ ስርዓት ከመይ ኢሎም ከም ዝሓሰቡዎ ግርም ይብለኒ..."[46]

ንጊዜኡ፡ ምስ ወልደኣብ ኣብዚ ተፋኒና፡ ኣብ ወጻኢ እንታይ ከም ዘጓነፎምን ቃልሶም ብኸመይ ከም ዝቐጸሉን በብመድረኹ ክንርኢ ኢና። በቲ ኣብ ልዕሊኦምን ኣብ ልዕሊ ደሃይ ኤርትራን ዝወሰዶ ካብ ሕገ መንግስቲ ወጻኢ ዝኾነ ስጉምትታት ግን፡ ምምሕዳር ተድላ ዘይሕጋዊ፡ ኢደ ዋንናውን መላኽን እናኾነ ይኸይድ ኣሎ ዝብል ፍርድን ስምዒትን ኣብ ህዝቢ እናሓደረ ኸደ። ኣብ ክልተ ኣገደስቲ ፈተነታት፡ ተድላ ኣይተዓወቱን።

---

44. ኣስፍሃ ወልደሚካኤል፡ ከም እ.ጽ. 39። ዘውዴ ረታ ገጽ 387'ውን ነዛ ናይ ኣስፍሃ ዕላል ይጠቕሳ።
45. ወልደኣብ ወልደማርያም፡ ከም እ.ጽ. 38።
46. ወይዘሮ ኣበራሽ ይሕደጎ፡ ቃለ መጠይቕ፡ ግንቦት 2004 ኣስመራ።

ምዕራፍ 14

ስልጣን እንደራሴን ውሽጣዊ ኹነታት መንግስቲ ተድላን

ወግዓዊ ምኽፋት ባይቶን መደረ ኣንዳርጋቸውን

ባይቶ ኤርትራ፡ ዝተመደበሉ ህንጻ ክሳብ ዝዳሎ ኣብ ምምሕዳር ከተማ ኣስመራ (ሙኒቺፕዮ) ብጊዜያዊነትን ብዘይ ስሩዕ መደብን ክጋባእ ድሕሪ ምጽናሕ፡ ኣብ ወርሒ ሚያዝያ 1953 ናብ ግቡእ ቦታኡ ኣተወ። ብዕለት 27 ናይቲ ወርሒ ድማ ኣንዳርጋቸው መሳይ ባይቶ ብወግዒ ንኽኸፍት መጺ'ሞ፡ ብስም ንጉሰ ነገስት መደረ ኣስምዐ።

መደረ ኣንዳርጋቸው ቃል ዓለም'ውን ኣይነበሮን። ገና ኣብ ምጅማሩ፡ ንዕላማ ባይቶ ኣመልኪቱ፡ "መሪሕ ክኾነኩምን መንፈስኩም'ውን ክዓርፍን ጠቕላላ ርእይቶ ክህበኩም" ብምባል፡ ነቶም ኣባላት ነዚ ዝሰዕብ ዘርዘረሎም፡

1. ኩላትኩም ኣቐድሚኩም ምፍላጥ ዘግባኣካትኩም፡ ኤርትራ ካብ ጥንቲ ጀሚራ ኢትዮጵያ ምዃናን ናይ ነጋሪት መጸውዒ ስማ "ሃገረ ሓማሴን" እናተባህለት እትነብር ከም ዝነበረትን እዩ።
2. እዛ ሃገር እዚኣ ሰብዓ ዓመት ምሉእ ካብ ኢትዮጵያ ተፈልያ ብዝነበረትሉ ጊዜ ብብዙሕ ቃልስን ብብዙሕ ደም ምፍሳስን ኢትዮጵያዊነታ ኣብ ቅድሚ ዓለም ኣመስኪራ፡ ካብ መስከረም 1 መዓልቲ 1945 (ግእዝ) ንነጀው፡ ኣብ እኖኣ ምሕባራ ምፍላጥ ኢዩ።
3. ኤርትራውያን ኩሎም ምስ እንኦም፡ ኣሕዋቶም፡ ምስ ደሞም፡ ምስ ዘርኦም ሓቢሮም ናብራኦም ኮነ ትሕዳሮም፡ መሰሎም ኮነ ክብሮም ሒዞም፡ ካብ 1 መስከረም ጀሚሮም ምስ ሃገሮም ስለ ዝሓበሩ፡ ኢትዮጵያዊነቶም ብዘይ ምጥርጣር ምእማንን ምፍላጥን ኣሎዎም።
4. ... ፈደራስዮን ዚብሃል ቋንቋ ብሃገርና ዘይተለምደ ብምዃኑ ምኽንያት፡ ኤርትራ ካብ ኢትዮጵያ ዝተፈልየት መሲሉ ዚርኣዮም ሓድ ሓደ ሰባት ኣሎው... (እዚ ድማ) ፈደራስዮን ዚብሃል ቋንቋ ብዘይ ምፍላጥን ብዘይ ምርዳእን ጥራይ ኢዩ።

ፌደረሽን ኤርትራ ምስ ኢትዮጵያ

ኣስፍሃ፡ መደረ ኣንዳርጋቸው ኣብ ባይቶ እናተርጐሙ።

ከምዚ ድሕሪ ምባል፡ ኣንዳርጋቸው ንፌደረሽን በዚ ዝስዕብ ትርጉሙ ጥራይ ንኽርድኡዎ መምርሒ ሃቦም፡

> ካብ 1 መስከረም ጀሚሩ፡ ኤርትራ ናይ ንጉሰ ነገስት መንግስቲ ግዝኣት ኢያ። ኤርትራ ምስ ኢትዮጵያ እኖኣ ሓቢራ ኣላ። ... ናይ ኢትዮጵያ ሓንቲ ኽፍሊ ዝኾነት፡ ናይ ውሽጣዊ ጉዳይ ምምሕዳር መሰል ክህልዋ ተሓሲቡ፡ ብሕጊ ብዝተፈልጠ ኣቋቛም፡ ብሕቡራት መንግስታት ተወሲኑ፡ ብግርማዊ ጃንሆይ ጸኒዑ፡ ፈደራስዮን ዚብሃል ስም ተዋሂቡዎ ኣሎ። ... ኢትዮጵያን ኤርትራን ዚብሃል ስም የልቦን። ኣብ ውሽጢ ሓንቲ ኢትዮጵያ ሓንቲ ክፍሊ ኤርትራ እትብሃል ኣላ'ምበር፡ ኤርትራን ኢትዮጵያን ዚብሃል ኣጸዋውዓ ብፍጹም ጌጋ ስለ ዝኾነ፡ ካብ ማንም መንፈስ ኪእረም የድሊ።

እዚ ንባይቶ ዝበሎም'ዩ። ነቲ ኣብኡ ብኣባላት ዝለዓል ዝነበረ ሕቶታት ደው ንኽብል ኮነ ኢሉ ዝተዛረቦ ኽኣ ነበረ። ብዛዕባ መንግስቲ ኤርትራ'ውን ተዛረበ። ኣብዚ ግን ቍሩብ ልዝብ በለ። ሓዲሽ መንግስቲ ምንባሩ፡ ዝከኣሎ ይገብር ከም ዝነበረ፡ ብዙሕ ነቓፍን ዝንቀፍን'ውን ከም ዘይሰኣን ገለጸ። ስም ከይጠቐሰ ግን፡ "ሓድ ሓደ ንርእሶም ጠቕሚ ከም ዝምነዩዎ፡ ናይ ኢትዮጵያ ንጉሰ ነገስት መንግስቲ ሕግታት ከየኽበረን ከም ዘኽበር ከይገበረን ኣብ ውሽጢ ሓንቲ ኢትዮጵያ ንምንባር ዝጠቅም ወይ'ውን ዝክኣል ኣይኮነን፡" በለ። "ተድላ ማለቱ ዲዩ?" ዝብል ሕቶ ኣብ ሓንጐል ብዙሓት ከይኣተወ ኣይተርፍን።

ሰልጣን እንደራሴን ውሽጣዊ ኹነታት መንግስቲ ተድላን

ኣብ ካልእ ጉዳያት፡ ንኹሉ'ቲ ህዝቢ ብጋዜጣ ይኹን ብወረ ዝዛረበሉን ዝሓመሉን ዝነበረ ሕቶታት ፍጹም ነጸጎ። ናይ ምንቃፍ ናጽነት'ኳ እቕበል'የ እንተ በለ፡ ናይ ሓይልን ጉነጽን ቃላት ኣይኮነን በለ። ኩሉ'ቲ ኢትዮጵያ ገቢታቶ ዝነበረት ሰልጣንን ንብረትን ፌደረሽን ቅጉዕን ግቡእን ኮይኑ ኤርትራ ድማ ካብ ፌደረሽን እንትርፎ መኽሰብ ክሳራ ዝብሃል ከም ዘየጋጠማ መጕተ። በንጻሩ እኳ ደኣ፡ ቀጸለ ኣንዳርጋቸው፡

ሓደ ኣቦ ንዝወለዶም ደቁ ማዕረ ይሓስበሎም ከም ዚብሃል፡ ንጉስ ነገስትና'ውን ንምሉእ ክፍሊ ኢትዮጵያ ኩሉ ብሓደ ዓይነት ገይሮም ኪሓስቡሉ ይርኣዩ ኣሎዉ። መቾም ኣብዚ ዓለም'ዚ ዘይሕመ የልቦን እሞ፡ ግርማዊ ጃንሆይ እንተ ተሓመዩ'ውን ካብ ናይ ኢትዮጵያ ክፍልታት ቍሩብ ኣብሊጾም ንኤርትራ የዳልዉ ኢዮም ይብሃል።

ነቲ ገና ኣብ ክትዕን ዝርርብን ዝነበረ፡ ገና ሓደ ዕስራት ናይቲ ዓመታዊ ሕሳብ'ኳ ዘይተኸፍለሉ፡ ጊዜያዊ ብጽሒት ኤርትራ ካብ ቀረጽ ጉምሩክ ከም ዝተኸፍለን ከም ፍሉይ ሓለፋን ተዛረበሉ። ብናይ ኣመሪካ ፖይንት ፎር (Point Four Programme) ንኤርትራ ክወሃብ'ዩ ዝተባህለ ናይ 125,000 ዶላር ኣመሪካ፡ ከም ህያብ ኢትዮጵያ ቈጸሮ። ንኹሉ ኻልእ ዝተዋህበን ዘይተዋህበን፡ ሕጋዊ ብጽሒት ኤርትራን ካልእን ሓዋዊሱ፡ ኢትዮጵያ ኣስታት 3.700.000 ብር ኣብ ኤርትራ ከም ዘጥፍኣት፡ ክሳብ 500,000 ብር ናይ ምድሪ ባቡር ክሳራ ድማ ከም ዝተሰከመት ገለጸ። ብኻልእ ወገን፡ ኢትዮጵያ ንኤርትራ ብኽሳራ ከም ዝለገበታ ዘሰምዕ ትርጉም ሃበ። ዕዳጋ ኽቢሩ ይብሃል ንዝነበረ ፍጹም ብምንጻግ ድማ፡ ዋጋ ሃለኽቲ ኣቑሑ ከም ዝጉደለ የረድእ'ዩ ንዝበሎ ዝርዝር ዋጋታት ኣቕረበ። ኣብ መወዳእታ ድማ፡ ኤርትራ ኣካል ኢትዮጵያ ኾይና'ላ ክብል ከም ዘይጸንሖ፡ ቀጻልነትን ዘይቀጻልነትን ናይቲ ፌደራል ዝምድና ኣብ ኢድን ውሳነን ህዝቢ ኤርትራ ከም ዝወድቕ ኣገንዘበ።[1]

ንሰሙ ብዛዕባ ፌደረሽንን ውሽጣዊ ናጽነት ኤርትራን'ኳ እንተ ተዛረበ፡ ኣንዳርጋቸው በቲ ቓላት፡ ኣምራት ይኹን ሕጋዊ ትርጉምን ተግባርን ናይቲ ሕጋዊ ዝምድና ኤርትራን ኢትዮጵያን ከም ዘይቅየድ ኢዩ ኣፍሊጡ። ኣብ ልዕሊ ባይቶን እቶም ንዘረባኡ ኮፍ ኢሎም ዝሰምዑ መራሕ መንግስትን፡ እንተ ኾነ ንዕቀት፡ ካብኡ እንተ ወሓደ ድማ ሸለልታስ ኣርእዩ ኢዩ። ዋጋ ሃለኽቲ ኣቕሑ ኣይጉደለን ንምባል ንኣብነት፡ ካብ 60 ብባንክ ኢትዮጵያ ዝተቐረበ ዝርዝር ዋጋታት፡ ነተን ትሸዓተ ለውጢ ዘየርኣያ ጥራይ በጥቕሉ ኣውጺኡ ጠቐሰን። ነቲ 51 ዋጋ ዝወሰኸን ሰብ ዘሳቐየን ሰለ ዝወገኖ፡ "ንነብሱ ናብ መስሓቕ ቀዩሩዋ" ኢሉ ቀንሰል ክላርክ ጸሓፈ።

ኩሉ ኻልእ ዝበሎ፡ መልሲ ናይቲ ኣቐዲሙ ብተደጋጋሚ ዝተገልጸ ምረት ህዝቢ ኢዩ ዝነበረ። መጻኢ ዕድል ፌደረሽን ኣብ ኢድን ውሳነን ህዝቢ ኤርትራ

1. ዘመን፡ 1ይ ዓመት ቍ. 46-47፡ 28ን ሚያዝያ 1953።

ኣሎ ምባሉ ግን፡ በጨቕታ ናይቲ መንግስቲ ኢትዮጵያ እትጽበዮን ውሽጠ ውሽጢ ድማ ትደፋፍኦን ዝነበረት "ፍጹም ሕብረት ብድሌት ህዝቢ" ምዃኑ ተገምገመ። መንግስቲ ኢትዮጵያ፡ ኢሉ ክላርክ፡ ኣብ ውሽጢ ህዝቢ ንዝሰፈነ ፖለቲካዊ ተቓውሞን ኤኮኖሚያዊ ውድቀት ዘለዓዓሎ ዘይምርግጋእን ተገንዚቡዎ ነይሩ ኢዩ። መደረ ኣንዳርጋቸው፡ ነዚ ተቓውሞ'ዚ ብኹሉ ሓይሉን ስልጣኑን ናይ ምጽቃጥ ድሉውነቱ ዘረድእ ወይ ኣመት ዝህብ ከም ዝነበረ'ውን ገመተ።[2]

ባይቶ ኤርትራ ንመደረ ኣንዳርጋቸው ብኸመይ ከም ዝተቐበሎ ዘረድእ ሓበሬታ ኣብ ደቓይቑን ሰነዳቱን ኣይተረኽበን። ቀንስል ክላርክ፡ ብዙሓት ኣባላት በብግሎም ኣብ ዝተዛረቡሉ፡ ሕርቃንን ናይ ጓሂ ተቓውሞን ከም ዘሰዓበሎም ገለጸ። ናይ ክልተ ኣባላት ግብረ መልሲ እውን ኣዘንተወ።

ቀዳማይ፡ ኣቦ መንበር ባይቶ ዓሊ ረድኣይ፡ ድሕሪ ዘረባ ኣንዳርጋቸው ትኽ ኢሎም ናብ ተድላ ባይሩ ብምኻድ፡ መንግስቲ ኢትዮጵያ፡ ባይቶ ኤርትራ ነቲ ብፈደራል ድንጋገ ዝተፈቕደሉ ስራሕን ስልጣንን ንኸተግብር ክትፈቅድ ኣይኮነትን በሉዎ። ኣብ ከምዚ ዝበለ ኩነታት፡ ኣብቲ ሒዞምዎ ዝነበሩ ቦታ ኣቦ መንበርነት ባይቶ ክቕጽሉ ትርጉም ዘይብሉ ስለ ዝመሰሎም፡ ስራሖም ክለቁ ምዃኖም ኣፍለጡዎም። ድሕሪ ብዙሕ ልመናን ምርድዳእን ጥራይ ተድላ ንዓሊ ረድኣይ ኣእሚኖም ሓሳቦም ከም ዘቐየሩዎም፡ ክላርክ ንእሙናት ምንጭታቱ ብምጥቃስ ሓበረ።

ካልኣይ፡ ናይ ሸኽ ኢብራሂም ሱልጣን ፈተነ ነበረ። ንሶም፡ ባይቶ ኤርትራ ነቲ ኣንዳርጋቸው ዝበሎ ንኽዝትየሉ እንተ ኣመሙ፡ ኣቦ መንበር ዓሊ ረድኣይ ኣቐዲሙ ከም ኣጀንዳ ኣይተሰርዐን ብምባል ከልከሉዎም። ብውሽጣዊ ሕጊ ባይቶ፡ ኣባላት ክለዓል ንዝደለዩዎ ኣርእስቲ ኣርብዓን ሸሞንተን ሰዓታት ኣቐዲሞም ከመዝግቡዎ የድሊ ነይሩ ኢዩ። ሓንሳብ እቲ ጉዳይ ምስ ተኸልከለ፡ ዝኾነ ኣባል፡ ኢብራሂም ባዕሎም'ውን፡ ከየልዓሉዎ ተረፉ። ከምቲ ክላርክ ዝገምገሞ፡ መንግስቲ ኤርትራ ብዛዕባ'ቲ መደረ ኣብ እዝኒ ህዝቢ ክበጽሕ ዝኽእል ክትዕን ምስሕሓብን ምስ መንግስቲ ኢትዮጵያ ከይገብር ስለ ዝኣገደ ይኸውን፡ ወይ ድማ ፍርሒ ኣባላት ነቲ ኢትዮጵያ ክትወስደሎም እትኽእል ስጉምቲ።[3]

ካብዚ፡ እቲ ዝያዳ ዝመስል፡ ፍርሒ ኢዩ። ፍርሒ ግን፡ ጉድለት ወይ ስእነት ትብዓት ውልቀ ኣባላት ማለት ኣይኮነን። ኢብራሂም ሱልጣን ባዕሎም ኣብ ባይቶ ነይሮም፡ ዓበይቲ ጉዳያት ካብ ምልዓል ድማ ኣየዕረፉን። ካልኦት ኣቐዲምና ዝጠቐስናዮምን ብሕጂ እውን እንረኽቦምን፡ በዓል ቃዲ ዓሊ ዑመር፡ ህብትዝጊ ዑቕባዝጊ፡ መሓመድ ዑመር ኣኪቶ፡ ኣባ ሃብተማርያም ንጉሩ፡ በዛብህ ተሰፋብሩኽ... ወዘተ. እውን ብዛዕባ መሰላት ሃገርን ህዝብን ይዛረቡ ነይሮም'ዮም። እቲ ኣኽልእ ግን፡ ዘበዝሐ ካብ ፍርሒ፡ ገለ ድማ ሰኣን ፍልጠት፡ ዘጽቅጥ ጥራይ ነበረ። ኣኪቶ (እቲ ትኽክለኛ ስምሞ "ሃኪቶ" ክኸውን ኣሎዎ

2. Clark to State Department, 775A. 21/4-3051, 30 April 1953.
3. Clark to State Department, 775A. 21-5-1153, 11 May 1953.

ዝበሉ ብዙሓት ተዛረብቲ ቋንቋ ዓፋር አሎዉ። ባዕሎም፡ "ስመይ ኣኪቶ እምበር ሃኪቶ ኣይኮነን ስለ ዝበሉ ግን፡ ኣብዚ ብኣኪቶ ንሰምዮም ኣሎና። ቃለ መጠይቕ ምስ ኣኪቶ (2ይ)፡ ለካቲት 2004 ርአ) ንኣብነት፡ ብዛዕባ ዓይነት ናይቶም ዝበዝሑ ኣባላት ንዝበሉዎ ንመልከት፡

… ካብ ምዕራብ ኤርትራ ዝመጹ ኣባላት ኩሎም ቋንቋ ዓረብ ዘይፈልጡ ነበሩ። ኣብኡ ብዙሓት ምሁራት ነይሮም። ናብቲ ፓርላማ ኣየምጽኡዎምን። ኩሎም ናዝራት ጥራይ መጺኦም። ኣብ ኤርትራ ዝነበረ ምሁር፡ ኣስላም ይኹን ክርስትያን፡ ናብ ፓርላማ ኣየምጽኡዎምን። ሓደ ጥራይ ኣብ ቫቲካን ዝተማህረ ኣባ ሃብተማርያም ንጉሩ ነይሩ። ነቲ ስብ'ቲ ብፍጹም ኣይርስዖን እየ። ከምኡ'ውን ግራዝማች ተኸለሃይማኖት በሹሩ ምሁር ነይሩ። ግን፡ ካብ ባይቶ ኣውጺኦም ናብ ፋይናንስ ወሲዶሞ። ጸኒሖም ከኣ ንብረቱን ነብሱን ኣጥፊኦሞ።
… እቲ ዝተረፈ መብዛሕትኡ መሃይም ነይሩ። ኣነን ያሲን ባጡቕን፡ መንግስተ ሰማይ የዋርሶ፡ ጥራይ ኢና ጽቡቕ ዓረብ ንዛረብ ዝነበርና። ዓሊ ረድኣይ ንዓረብ፡ "ቋንቋ ኣኪቶን ባጡቕን" ይብላ ነይሩ። እዚ ኢዩ እቲ ፓርላማ። ብዙሕ ዓቕሚ ኣይነበሮን።[4]

ንናስር ኣቡበክር ፓሻ ብምትካእ ብ15 ሚያዝያ 1953 ባይቶ ዝኣተዉ፡ ሸዑ መንእሰይ ዝነበሩ ሸኽ ሳልሕ ሙሳ ኣቡዳውድ ብወገኖም፡ ብዛዕባ እቶም ዝጸንሑዎም ኣባላት ንዘስተብሃሉዎ ገሊጾም፡

ኣብ ባይቶ ምስ ኣቶኹ፡ ምትሕብባር ወይ ምዝርራብን ምምይያጥን ኣይጸንሐንን። እቶም ዓበይትና፡ ከምቶም ናይ ጉረባብትና ትግራይ ሹማምንትን መሳፍንትን ኣፍንጫኦም ብነጸላን ጋብን ከዲኖም፡ ሰላም-ሰላም ካብ ምባል ሓሊፎም ክመኻኸሩ ኣይርኣኹን።
… ኣነ ሓቲተ፡ "ኣበይ ደኣ ኣሎዉ'ዮም ናይ ፓርቲታ፡ ኣበይ ኣሎዉ እዞም ኣንጻር ዝብሃሉ?" እንተ በልኩ፡ "ንሱ ድኣ የለን፡ ተሪፉ እንድዩ" ኢሎምኒ። "ሕጊ እንድዩ፡ ብኸመይ ይተርፍ?"
"እወ፡ ግን ጃንሆይ ፈደረሽን ምስ ተቐበሉ፡ ድሕሪ ሕጂ ራቢጣ ዝብሃል፡ ኣንድነት ዝብሃል የለን፡ ሓንቲ ኢትዮጵያ ኮይና ኢያ። ናይ ውሽጣዊ ጉዳይ ምምሕዳር ጥራይ ኢዩ ዘሎና። ኣንጻርነት ከይህሉ ወሲኖም'ዮም። ዝበሉኻ ይኹን ኢልካ ምኻድ እምበር፡ ከምዚ ናይ ፖለቲካ ጌርካ ምዝራብ ወይ ምሕሳብ ኣይክኣልን" ኢሎምኒ ገሊኣቶም ናይ ኣንድነት።
ካብኡ ኣነ፡ ምስቲ ብወረ ሓያል ምኳኑ ዝሰምዖ ዝነበርኩ ኣኪቶ ተዓራሪኸ። ምስ ካልኦት ብዓል ሰዒድ ሰፋፍ ናይ ጊንዳዕ፡ መሓመድ ብርሃኑ ናይ መንደፈራ፡ ሳልሕ ኣሸክሕን ኮይንና፡ ናይ በይንና፡ ናይ ሓሙሽተ መንእሰያት ጉጅለ ፈጢርና።[5]

4. ኣኪቶ፡ ቃለ መጠይቕ፡ ዓሰብ፡ 2 ግንቦት 1997።
5. ሳልሕ ኣቡዳውድ፡ ቃለ መጠይቕ፡ ኣስመራ፡ 7 መስከረም 1999።

ሳልሕ ሙሳ ኣቡዳውድ ከም ዝበሉዎ፡ ኣብዚ ፈለማ እዋን ፌደረሽን፡ እቲ ተቓዋሚ ወገን ዳርጋ ኣጽቀጠ። ደ.ሰ.ኤ. ከም ጥሙር ውድብ ይሰርሕ ኣይነበረን። ኣል ራቢጣ ኣልእስላሚያ 'ውን ርኡይ ዝኾነ ንጥፈትን ምትእኽኻብን ኣይገበረን። እቲ ዝተረፈ ድማ ዳርጋ ተበታቲኑ ነይሩ ክብሃል ይክኣል። ብፍላይ ድሕሪ ምዕጻው ደሃይ ኤርትራን ስደት ወልደኣብን ኣብ ዝነበራ ውሑዳት ኣዋርሕ፡ ቃል ናይቲ ተቓዋሚ እንታይ ከም ዝመሰል ክፍለጥን ክስማዕን'ውን ኣይተኻእለን። ኩብ'ዚ ሓሊፉ፡ ገለ ካብቲ ተቓዋሚ ኽፍሊ፡ ገለ ኸኣ ካብ ኣባላት ባይቶ ናብ ቤት መንግስቲ እንደራሴን ምኽትሉን ክጸጋግዑ ይጅምሩ ነይሮም ኢዮም።

በዚ ምኽንያት እዚ፡ ኣብ ባይቶ ዝነበረ ፍልልይ ከምቲ ቐደም ናይ ሕብረት ወይ ናጽነት ጥራይ ክንዲ ዝኸውን፡ ውልቃዊ ረብሓን ምጥምማትን'ውን ኣተዎ። ብፖለቲካዊ ዓይኒ ጥራይ ምስ ዝርአዩ፡ እቶም ኣባላት ተሓዋዊሶም ነይሮም ክብሃል ይክኣል። ምኽንያቱ፡ ፍጹም ሕብረት ጸኒሖም መሰላት ኤርትራ ንከኽብሩ ዝተዓጥቑ ስለ ዘይወሓዱ ምስቶም ፍሉጣት ናይ ናጽነት ወገን ኮይኖም ሓደ ዕቑር ሓይሊ ፈጢሮም ነበሩ። ግን ከኣ፡ ቤት ጽሕፈት እንደራሴ ብዘካይዶ ምስጢራዊ ዝኾነ ጐስጓስን ናይ ፍሉይ ደሞዝ ሙብጽዓታትን፡ ደገፍቲ ፌደረሽን ክነሶም ብረብሓ ዝሕበሉን ዝድለሉን ኣባላት'ውን ክቀላቐሉ ጀመሩ። እዚ ድማ ዝያዳ ምጥምማትን ዘይምትእምማንን ክፈጥር ግድነት ኮነ።

ኣብ ዝቕጽል ክፋላት ከም እንርእዮ፡ ከምዚ ዝመሰል ተለዋዋጥን ዘይርጉእን ኩነታት ባይቶ፡ ንኢትዮጵያ፡ እንደራሴኣን ምኽትሉን ዘርብሕ ክኸውን እንከሎ፡ ነቶም ጥቡብ ኣተሓሕዛ ባይቶ ክጉድሎም ዝጀመረ ተድላ ባይሩ ድማ ዓቢ ኽሳራ ዘስዕብ ዘይቅዱው ንፋስ ክፍንወሎም ተራእየ።

ስልጣንን ውሽጣዊ ኵነታትን ምምሕዳር ተድላ

ምምሕዳር ተድላ፡ እቲ ቕርጹ ማለት'ዩ፡ ካብ ጣልያንን እንግሊዝን ስለ ዝተወርሰ፡ ጸገም ነይሩዎ ክብሃል ኣይክኣልን። ንኣብነት፡ ኣቈጻጽራ፡ ዕብየት፡ ወሰኽ ደሞዝን መቕጻዕቲን ሰራሕተኛታት መንግስቲ በቲ ብሕጊ ሲቪላዊ ኣገልግሎትን (Civil Service Act) በቲ ንዕኡ ዝመርሕ ኮሚሽንን ስለ ዝእለ፡ ኣብቲ መጀመርታስ ኣየተሓማመየን። እቲ ኮሚሽን ተድላ ባዕሎም ወይ ናይ ቤት ጽሕፈቶም ዳይረክተር ጀነራል መስፍን ገብረህይወት ዝመርሑዎ፡ ካልኦት ሰበ ስልጣን'ውን ብኣባልነት ዝሳተፉዎ ስለ ዝነበረ፡ ንኣድልዎ ይኹን ንዘይ ስሩዕ ኣተሓሕዛ ብዙሕ ዕድል ኣይከፈተን።[6] ኣብ ናይ ኦዲትን ሕሳብን ስራሓት'ውን ዘተሓማሚ ኣገባብ ነይሩ ክብሃል ኣይክኣልን። ብልሽውና፡ ጉቦ ዝብሃል፡ ከም ኣተሓሳስባ ይኹን ከም ግብሪ፡ ብዙሕ ይፍለጥ ኣይነበረን።

6. እዚ፡ መስፍን ገብረህይወት ጥራይ ዘይኮኑ፡ ብዙሓት ናይቲ ጊዜ ሰበ ስልጣን'ውን ይምስክሩዎ። ንኣብነት፡ ቀኛ. ኣስፍሃ ካሕሳይ ኣብዚ እዋንዚ ኣብቲ ናይ ሲቪል ሰርቪስ ስራሕ Establishment Office ዝነበሩ፡ ነቲ ኣሰራርሓ ይንእዱዎ ኢዮም።

ስልጣን እንደራሴን ውሽጣዊ ዅነታት መንግስቲ ተድላን

እኳ ደኣ፡ ምምሕዳር ተድላ ምስቲ ካብ እንግሊዝ ባዶ ካዝና ምውራሱ፡ ደሞዝ ንምኽፋል'ኳ ይጸገም ነይሩ ኢዩ። ንሓያሎ እዋን፡ ተድላ ባዕሎም ምስ ኩሎም ሰክረታሪታቶም፡ ፍርቂ ናይቲ ዝተሰልዓሎም ደሞዝ ጥራይ ወሰዱ።[7]ሕሉፍ ሓሊፉ፡ መኽፈሊ ደሞዝ ምስ ሰኣነ፡ መንግስቲ ካብ ዲታታት ጣልያን፡ ሚሎቲ፡ ደ ናዳይን ካልኦትን ገንዘብ እናተለቅሐ ንሰራሕተኛታቱ ይኸፍል ከም ዝነበረ ብሰፊሑ ይዕለል።

ስለዚ፡ ብዓይኒ ጽቡቕ ድልየትን ተወፋይነትን ክርአ እንከሎ፡ ተድላን ምምሕዳሮምን ዘተሓማሚ ጉሉሕ ጉድለት ኣይነበሮምን። ከምቲ ኣቐዲሙ ዝተጠቕሰ ግን፡ ንኸም ፍስሃጽዮን ሃይሉ፡ መሰፍን ገብረህይወት፡ ከምኡ'ውን፡ ኣብ ስራሓት ማሕበር ሕብረት ክንድ'ቲ ተራ ኣይነበሮምን ዝብሃሉ ዝነበሩ ኤፍረም ኣማኑኤልን ኣብርሃ ገብረስላሰን ዝተባህሉ ኣመንቲ ሃይማኖት ፕሮተስታንት ኣብ ናይ ስልጣን ቦታታት ስለ ዘቐመጡ፡ ናይ ሃይማኖታዊ ኣድልዎ ሕሜታ ኣይተፈልዮምን።

እቲ ሕሜታ ግን፡ ተድላ ኮነ ኢሎም ይግበሩዎ ኣይግበሩዎ ብዘየገድስ፡ ካብ ውልቃዊ ረብሓ ናይ ገለ ምስሌነታት፡ ዑምዳታትን ገለ ኣባላት ባይቶን'ውን ዝተላዕለ ኢዩ። ሃይማኖቶም ገዲፍካ፡ እቶም ምንጪ ሕሜታ ዝኾኑ ሰለስተ ወይ ኣርባዕተ ሕሩያት ተድላ ባይሩ፡ መምህራንን ካብቲ ሸው ዝነበረ ዓቕሚ ሰብ ጸብለል ክብሉ ዝኽእሉን ኢዮም ዝነበሩ። ብዙሓት ኣባላት ሕብረት ግን፡ ዝጽበዩዎ ዝነበሩ ሞሳ ካብ መንግስቲ ተድላ ስለ ዘይረኸቡ፡ ኮርዮም ነይሮም'ዮም። ቆንስል እንግሊዝ ዎርድል ስሚዝ ከም ዝበሎ፡ ኣብ መንጎ እዚኣቶም፡ ኣድላይነት ናይቶም ኣማኸርትን ሰበ ስልጣንን ኮይኖም ኣብ ኤርትራ ተሪፎም ዝነበሩ እንግሊዛውያንን ካልኦትን ኣይተራእዮምን። እቲ ዘሰላስሉዎ ስራሕ፡ ተመኩሮ ብዘደለቡ ኤርትራውያን ክትካእ ይኽእል'ዩ ኣብ ልዕሊ ምባል፡ ደሞዞም ንመንግስቲ ክሳራ ኢዩ ዝብል ርእይቶ ኣማዕበሉ። "ጃንሆይ በዞም ወጻእተኛታት ኣይተሓጉሱን" ዝብል ወረ እናነዝሑ'ውን ኣብ ልዕሊ ተድላ ጸቕጢ ክፈጥሩ ተራእዩ።[8]

ገለ ካብዚኣቶም ናብ ተጣበቕቲ ፈደረሽን ክጽግዑ እንከለዉ፡ ብዙሓት ግን በዚ ኣሳቢቦምን ነዚ መእተዊ ተጠቒሞምን ንቤት ጽሕፈት እንደራሴ ተቓላቐሉ። ብዛዕባ'ዚ፡ ሰፊሕ ሕሜታን ብዙሕ ዕላልን ኢዩ ዘሎ። ብሰነድ ስለ ዘይድገፍ ግን ከም ጭቡጥ ናይ ታሪኽ ፍጻመ ኣብዚ ክተሰፍሮ የጸግም። ነቲ ሸው ዝጀመረ፡ ንዘሰዓበ ዓሰርተ ዓመት ድማ ፖለቲካ ኤርትራ ዝበረዘ፡ ኣብ ገለ ኤርትራውያን ዝተራእየ ንወገንካ በዲልካ ወይ ኣሕሊፍካ ሂብካ ጥቕሚ ርእስኻ ናይ ምቕዳም ተግባራት ክተረድእ እትኽእል ሓንቲ ትዕዝብቲ ግን ክንገልጽ።

ጸኒሑ ኣባል ሓራካ ዝኾነ መምህር ተኽለብርሃን ዘርአ ዝተባህለ ዜጋ፡ ኣብ መወዳእታ 1960'ታት ብፖለቲካዊ ንጥፈታቱ ተኣሲሩ ኣብ ካርሸሊ ኣብ ዝነበረሉ

7. (ብዛዕባ ደሞዝ ብዓል ተድላ...) መሰፍን ገብረህይወት፡ ቃለ መጠይቕ።
8. Wardle-Smith to Ambassador Busk, Addis Ababa, FO 371/102634, JA 1018/5, 7 March 1953.

ጊዜ፡ ናይ ኤርትራ ሰክረታሪ ፋይናንስ ዝነበሩ ግራዝማች ተኸለሃይማኖት በኹሩ ኣብኡ ተኣሲሮም ረኸቦም። ንሶም ከም ዘዕለሉዎ፡ ኢትዮጵያውያን ኤርትራ ኣብ ዝኣተዉሉ፡ ኤርትራውያን ካብ ጣልያንን እንግሊዝን ዝወረሱዎ ስልጣነን ክብ ዝበለ ናይ ምምሕዳር ብቕዓትን ኣሎዎም ዝብል እምነት ስለ ዝነበሮም፡ ኣብ ኣቀራርባኦም ፍርሕን ጥንቃቐን ነበረ። ጽንሕ እናበሉ ግን፡ ገለ ኸቡራትን ዓበይትን ተባሂሎም ዝሕሰቡ ምስሌነ፡ ደገዝማቲ ኣይተርፍ ሸኽን ቀሽን ዝርከቡዎም ቤተ መንግስቲ እናኣተዉ ንሓድሕዶም ክወነጃጀሉን ክቀባጥሩን ምስ ረኣዩ፡ እቶም ኣምሓራ ንዕቀት ክሕድሩን ኣብ ነብሶም ክተኣማመኑን ጀመሩ። እቶም ነገርትን ክንፍቶ በሃልትን፡ መጀመርታ ብኣንዳርጋቸው ባዕሉ ወይ ብምኽትሉ ኣስፍሃ ወልደሚካኤል ዝሰምዑ ዝነበሩ፡ ቀስ እናበሉ ናብ በዓል በፈቃዱ ወልደሚካኤል፡ ቁምላቸው በለጠ ዝተባህሉ ንኣሽቱ ሓለፍቲ ክወርዱን ናብ ተራ ኣበጻጸሕቲ ወረ ክቕየሩን ተገደዱ። ካብቲ ጊዜ'ቲ ኢያ ኢትዮጵያ ደፊራ ነቶም ዘዝመጽኡዋ ቡብሃይማኖቶምን ቡብኣውራጃኦምን እናተቐበለት ኣብ ህዝቢ ናይ ወገንን ሻራን ስምዒት ክተተኣታቱ ዝኸኣለት። ኢትዮጵያ እምበኣር፡ ንስልጣን መራሕ መንግስቲ ጥራይ ዘይኮነ፡ ብመሰረቱ ንሰረታት እቲ ፌደረሽን ንምድኻምን ንምፍራስን ዝኾኑዋ ድሉዋት መሳርሒ ረኸበት።[9]

ብኻልእ ወገን ግን፡ እቶም ኣንፈት ኢትዮጵያ ርእዮም፡ ደገፍታ ጸኒሖም ዝኸዓቡዋን ናብ ፈደራሊስቲ ወይ ደገፍቲ ፌደረሽን ዝተቐየሩን ዜጋታት'ውን ንተድላ የሚንቑሎም ነይሮም'ዮም። ገለ ካብ'ዚኣቶም ብተድላ ስልጣን ዝተዋህቡ'ኳ እንተ ነበሩ፡ ካብ ኢትዮጵያ ተስፋ ስለ ዝቘረጹ፡ ተድላ ንውሽጣዊ ናጽነት ኤርትራ ክደልድሉ ኣሎዎም ዝብል ጸቕጢ ጀመሩ። ዎርድል-ስሚዝ ብዛዕባ እዚኣቶም ክዛረብ እንከሎ፡ ክንዲ ተድላ'ኳ ብልሕን ትምህርትን እንተ ዘይነበሮም፡ ነቲ ናይ ተድላ ጠባያት - ኩርዓትን ትዕቢትን - ከም ዘማዕበሉን ንነፍሶም'ውን ከም ዘይጋገዩ ይቖጽሩ ምንባሮምን ገለጸ። ብገምጋም ዎርድል-ስሚዝ፡ እዚኣቶም ተድላ ባዕሎም ኣብ ስልጣን ስለ ዘንበሩዎም፡ ተገልቢጦም ንዕኦም ዝቃወሙዎም ኣይመስሉምን ዝነበረ። ስለዚ፡ ኣብ ከባቢ ወርሒ መጋቢት፡ ማለት ስልጣን ካብ ዝሕዙ ኣብ ሻድሻይ ወርሖም፡ ተድላ ቊሩብ ተሰናቢዶም ነይሮም'ዮም።[10]

ነዚ ኸምዚ ዝመሰል ነቓዓትን ናይ ውሽጢ ምድኻምን ስልጣን ተድላ፡ እቶም ናይ ስልጣን መወዳድርቶም ዝነበሩ ደጊያት ኣብርሃ ተሰማ ክይብለጹሉ የፍርሕ'ዩ ዝብል ግምት'ውን ንበዓል ዎርድል-ስሚዝ ኣዛረበ። ንጉዳይ ኣብርሃ ተሰማ ምስ ካልእ ኣተሓሒዝና ክንገልጾ ስለ ዝኾንና፡ ንጊዜኡ ነጽንሓዮ። እቲ

9. ተኸለብርሃን ዘርኣ፡ ቃለ መጠይቕ፡ ኣስመራ 16 መስከረም 2003። ተኸለሃይማኖት በኹሩ ሓደ ካብቶም ብኢትዮጵያ ኣዝዮም ዝተሳቐዩ፡ ብዛዕባ ፌደረሽን ኣድቂቖም ዝፈልጡ፡ ኣብ እዋን ፌደረሽን ድማ ኣትሪሮም ዝተቓለሱ ዜጋታት ነበሩ። ኣብ ማእሰርቲ ነዊሕ እዋን ዝሕለፉ፡ ኩሉ ሰነዳቶም ዝተሓድጉ ወይ ዝተቓጸለሎም ስለ ዝነበሩ፡ ብዛዕባኦም ጭቡጥ ሓበሬታ ምርካብ ቀሊል ኣይኮነን። መምህር ተኸለብርሃን ብዕድል ነዚ ዘጋነፎ ኣጋጣሚ ክዕልል ምኽኣሉ፡ ሓደ ሳሕቲ ዝርከብ ኣፍልጦ ብዛዕባ ተኸለሃይማኖት በኹሩ ኣበርኪቱ።

10. Wardle-Smith, see note 8, above.

ኣባሃህላ ግን፡ ስልጣን ፈደረሽን ይደልድል ዝብል ርስን ዝበለ ስምዒት ኣብ ውሽጢ ምምሕዳር ተድላ ተላዒሉ ከም ዝነበረ ኢዩ ዘብርህ።

በቲ ኻልእ ወገን፡ ኢትዮጵያ ንኤርትራ ክትጉብጣ ኢያ ዝብል ዘረባታትን ገለ መረዳእታን'ውን ኣብ ኣጋ ምውዳእ ወርሒ መጋቢት ተቓላቒሉ። ምንጪ ናይ'ዚ ወረ'ዚ ኮሚሽነር ፖሊስ ኮሎኔል ደቪድ ክራክነል ኮይኑ፡ ኢትዮጵያ ነቶም ንጉዳይ ኤርትራ መሊሶም ናብ ው.ሕ.ሃ. ከቕርቡ ይደልዩ ኢላ ዝጠርጠረቶም ዜጋታት ተፈራርሓም ኣላ ዝብል ነበረ።[11] እዚ ጥራይ ዘይኮነ፡ ኣብ ኤርትራ ዝነበረ ናይ ሱዳን ናይ ርክብ መኮንን (Liaison Officer) ንኣስላም ነጋዶ ኣስመራ ዝውክሉ ሰባት ከም ዝመጹዎን፡ ንኤርትራ ንምሕዋስ (annexation) "ኣብ ዝግበር ዘመተ ገንዘቦምን ጽልዋኦምን ምስ ዘየወፍዩ፡ ዋኒናቶም ወይ'ውን ህይወቶም ኣብ ሓደጋ ኽኣቱ ኢዩ..." ዝብል ደብዳበታት መጺኡና ኣሎ ከም ዝበሉዎን ናይ ኣሕዋቶም ሱዳናውያን ሓገዝ ከም ዝሓተቱን ገሊጹ።[12]

ብኻልእ ወገን፡ ብ22 መጋቢት፡ እንደራሴ ንተድላ ባይሩ ጸዊዑ፡ ኣብ ኤርትራ ናይ ህጹጽ ሓደጋ ኣዋጅ (state of emergency) ንኽእወጅ ሓተቶም። ተድላ'ውን በዚ ዳርጋ ተሰማምዑ። ኮሚሽነር ክራክነል ግን፡ ከምኡ ዝመስል ኣዋጅ ንኽእወጅ ዝድርኽ ሓደገኛ ጉዳይ የልቦን ብምባል ከይተግበሮ ተረፈ። ክራክነል ባዕሉ፡ እቲ ኢትዮጵያ ንኤርትራ ክትጉብጥ ትቀራረብ ኣላ ዝብል ንህዝቢ ዘናወጸ ወረ፡ ብኢጣልያውያን ዝተነዝሐ ኢዩ ዝብል እምነት ስለ ዝነበሮ፡ ነቲ ዕላል ኣይተቐበሎን።[13] እቲ ወረ ግን ብርቱዕ ጸረ ኢትዮጵያዊ ስምዒት ፈጠረ። ምዕጻው ደሃይ ኤርትራ ነቲ ስምዒት መሊሱ ኣንበድበዶ። ምርጫ ወልደኣብ ድማ ከም ሓደ መግለጺ ወይ መርኣያ ናይ'ቲ ጸረ-ኢትዮጵያዊ ስምዒት ስለ ዝተወሰደ፡ ኢትዮጵያ ብሓቂ ክትሰናበድ ከኣለት'ሞ ክሳብ ናብ ገምገም ናይ ህጹጽ ሓደጋ ኣዋጅ በጽሐት።

እዚ ምስ ኮነ፡ ኮሚሽነር ክራክነል ናብቶም ሽው ዳይረክተር ውሽጣዊ ጉዳያት ዝነበሩ ፊተውራሪ (ደሓር ደጊያት) ሓረጎት ኣባይ ብምኻድ ኣዘራረቦም። ሓረጎት ኣባይ፡ ብ1909 ኣብ ኣርባዕተ ኣስመራ ዝተወልዱ ኾይኖም፡ ካብ 1940'ታት ጀሚሮም ሓደ ካብቶም ስሙያት ነጋዶን ሰብ ንብረትን ኣስመራ ኾኑ። ብ1941፡ ኣብ ምምስራት ቀዳመይቲ ማሕበር ፍቕሪ ሃገር እጃሞም ድሕሪ ምብርካት፡ ካብ 1946 ግን፡ ካብ ቀንዲ ሰበ ስልጣን ማሕበር ሕብረት ብምኳን ስለ ኢትዮጵያ ብዙሕ ዝጸዓሩ ነበሩ።[14] ምስ ክራክነል ዝገበሩዎ ዕላል፡ ነቲ ኣብ ውሽጢ መራሕቲ ሕብረትን ሰበ ስልጣን መንግስቲ ተድላን ዝቕልቀል ዝነበረ ለውጢ ናይ ኣረኣእያ ስለ ዘእንፍት፡ ብሰፊሑ ምግላጹ ጠቓሚ ኢዩ።

ሓረጎትን ክራክነልን መጀመርታ ብዛዕባ ምዕጻው ደሃይ ኤርትራ ተዛረቡ። ኣብዚ ድማ ናይ ሓባር ኣረኣእያ ዝነበሮም ይመስሉ ምኽንያቱ

11. FO 371/102634, JA 1018/10, 21 March 1953.
12. FO 371/102634, JA 1018/9, 21 March 1953.
13. Wardle-Smith to Allen, FO371 /102634, JA 1018/11, 23 March 1953.
14. Chi e dell'Eritrea, p. 161.

ፈደረሽን ኤርትራ ምስ ኢትዮጵያ

ሓረጎት ኣብ ባይቶ፡ ኢዮብ ተኸሉ እናምሓልዎም።

ደሃይ ብዙሕ ጸረ ኢትዮጵያን መንግስቲ ኤርትራን ዝኾነ ጽሑፍ ተቐርብ፡ ዝተዋህባ መጠንቀቕታታት ትውግን፡ ከም ግፍዕታት መንግስቲ ኢትዮጵያ ኣብ ልዕሊ ህዝቢ ትግራይ ዝመስል ተነቃፊ ዓንቀጻት ትጽሕፍ... ስለ ዝነበረት፡ ሃይለስላሴ'ውን ብዛዕባ'ታ ጋዜጣ ዝነበሮም ጽልኣት ስለ ዝገለጹ፡ ሸለልትነት መንግስቲ ኤርትራ'ውን በዚሑ ስለ ዝነበረ፡ ክራክነል ከም ዝዓጸዋ ገለጸ። ሓረጎት ኣይተቓወሙን።

ኣብቲ ሽዑ ዝኸሰት ዝነበረ ፖለቲካዊ ኩነታት ግን፡ ሓረጎት ስምዒቶምን ስክፍታኦምን ክዝርዝሩ ሰጋእ ኣይበሉን። በረኣእያኦም፡ ቢትወደድ ኣንዳርጋቸውን ኩሎም እቶም ኢትዮጵያውያን ናይ ፈደረሽን ሰብ ስልጣንን፡ ምርድዳእን ምድንጋጽን ምትሕብባርን ዝተሓረሞም ሰባት ነበሩ። እዚ ድማ፡ ካብ ውልቃዊ ኣተሓሳስባኦምን ብዛዕባ ስልጣኖም ዝነበሮም ዝዞቕበበ ስምዒትን ዝተላዕለ ነበረ። ሃጸይ ሃይለስላሴ ብዛዕባ ተግባራትን ጠባያትን ናይቶም ሰብ ስልጣን ኣይፈልጡን ኢዮም፡ ኢሎም ይኣምኑ ስለ ዝነበሩ፡ ሓረጎት ንተድላ፡ ብሓባር ናብ'ቶም ሃጸይ ብምኻድ፡ ነቲ ጉዳይ ብዝርዝር ንኽነግሩዎም ብዙሕ ጊዜ ከም ዝመኸሩ ነገሩ።

ንገለ ኻብቲ ካብ ሰብ ስልጣን ኢትዮጵያ ዝመጽእ ዝነበረ ጸገማት'ውን ሓረጎት ዘርዘሩ፦ ኣብ ጋዜጣታት ዝወጽእ ናይ ምልኪ ትእዛዛቶም፡ ንኤርትራውያን

ብኢ.ደ-ዋኒኖም ወይ ብዘይ ቀይዲ ናብ ሰራዊት ኢ.ትዮጵያ ይኸትቡ ብዛዕባ ምንባሮም፡ ህንጻታትን ምቹእ ቦታታትን ምግባቶም፡ ምስ ሰብ ስልጣን ኤርትራ ኣብ ዝጸላሓፋሉ ዘርእይዎ ንዕቀት፡ ልዕሊ ኹሉ ድማ ዘይብቕዓቶም፡ ዘይስሉጥነቶምን ኣብ ልዕሊ ኹሉ ኤርትራዊ ዘበለ ዝነበሮም ጥርጣረን ከም ዘይጽወር ገለጹ።

ሓረጎት ብተወሳኺ፡ መንግስቲ ኢ.ትዮጵያ ናይ ጉምሩክ፡ ኩሉ መራኸቢ.ታት (ቡስጣ፡ ቴሌግራም፡ ምድሪ ባቡር)፡ ናይ ኢ.ሚግረሽን እቶት ምውሳዳ በቲ ተቓዋሚ ወገን ብዙሕ ስለ ዝተዘርበሉ፡ ስምዒት ህዝቢ ካብ መንግስቲ ናብኡ ከም ዝዘዘወ ተኣመኑ። ነዚ ካብ እንግሊዝ ዝተወርሰ ጸገም፡ መንግስቲ ኤርትራ ክውቀሰሉ ከም ዘይግባእ ግን ኣስመሩ።

ሓረጎት፡ ብዛዕባ ንጥፈታት ናይቶም ካብ 1940'ታት ጀሚሮም መራሒ ናይ ማሕበር ኣንድነት ዝነበሩን ወዳቢ ኩሉ ግብረ ሸበራዊ ንጥፈታት ናይቲ ውድብ ተባሂሎም ብእንግሊዝ ዝተኣሰሩን ገብረስላሰ ጋርዛ'ውን ተዛረቡ። ኣብዚ ጊዜ'ዚ፡ ገብረስላሰ ጋርዛ ኣብ ቤት ጽሕፈት ዕዮ (Ufficcio Lavoro) ክሰርሑ ምስ ጸንሑ፡ ካብ መዝነቶም ወሪዶም ሰፊሕን ኣንጻር ተድላ ዝቐንዐ ዘመስልን ናይ ኣንድነት ምንቅስቓስ የካይዱን ህዝቢ የፈራርሑን ነይሮም'ዮም። እዚ

ገብረስላሴ ጋርዛ

ድማ ብዙሕ ኣዛረበ።[15] ሓረጎት፡ ማሕበር ሕብረት ምእንቲ ነቲ ናይ ቀደሙ ዓብላልነት ኣብ ልዕሊ ተቓዋሚ ሓይሊ ክረክብ፡ ገብረስላሰን ዳይረክተር ቤት ትምህርቲ ኣዋልድ ዝነበሩ መምህር ሳህለ ዓንደሚካኤልን፡ ነቲ ውድብ ከም ሓዲሽ ንኽውድቡን ንኽደልድሉን ከም ዝተመዘዙ ንክራክነል ገለጹሉ። ዕላማ በዓል ገብረስላሰ ቅጽበታዊ ምሕዋስ ምስ ኢትዮጵያ ከም ዘይነበረ፡ ከምኡ ዝመሰለ ሓሳብ ኣብቲ ጸረ ኢትዮጵያዊ ስምዒት ህዝቢ ዝዓመረሉ ጊዜ ክትግበር ከም ዘይኽእል ከኣ ሓበሩዎ። መንግስቲ ኤርትራ፡ ፌደረሽን ከም ዝሰርሕ ንኽገብር ቈሪጹ ከም ዝተላዕለ፡ እዚ ክኸውን ዝኽእል ግን ህዝቢ ኤርትራ ብሓደ እንተ ቘይሙ፡ እንተ ዘይተፈላልዩ ጥራይ ከም ዝኾነ'ውን ሓረጎት ገለጹ። ጸኒሖም ግን ሓረጎት፡ ገብረስላሰ ጋርዛ ነቲ ውድብ ከበራብር ዝኽእል "ጥቡባን ብቑዓትን" ይጉድሎ ኢዩ፡ ድሮ'ውን "ምረትን ጽልእን የለዓዕል ኣሎ" ብምባል ንመሪሕነት ገብረስላሰ ከም ዝቃወሙ ንክራክነል ኣዕለሉዎ።

ጽባሕ ናይዚ ዕላል'ዚ፡ ሓረጎት ንክራክነል መሊሶም ጸውዑዎ። ምናልባት ብዛዕባ'ቲ ቕድሚኡ ዝተባህሃሉዎ ንተድላ ነጊሮምስ መሊሶም ንኽዘራርቡዎ ዝተላእኩ ኢዩ ንክራክነል መሰሉዎ። ሽዑ ሓረጎት ዝበሉዎ ከየገረመ ኣይተርፍን። ክራክነል ነዚ ዝስዕብ ጽሓፈ፡

> ከም ኩሎም ሕብረታውያን ደቂ ኤርትራ፡ ሕብረት ክልቲኣን ሃገራት ዝደገፈ፡ ካብ ፍቕሪ ኢትዮጵያውያን ዘይኮነስ ንሱ እቲ ዝሓሸ መገዲ ናብ ሓደ ዕላማ (expedient… a means to an end) ስለ ዝነበረ ጥራይ ኢዩ ኢሉኒ። ቀጺሉ፡ ሓረጎት ብዛዕባ ጠባይን ኩነተ ኣእምሮን (mental outlook) ናይ ክልቲኡ ህዝብታት ኣዕለሉኒ። ብዘይብቕዓቶም፡ ብዘይ ተጻዋርነቶምን ብትዕቢቶምን (inefficiency, intolerance, egoism) ንኢትዮጵያውያን ይንዕቆም'ዩ።
> … ኣብ ኤርትራ ካብ ዘሎዉ ሰበ ስልጣን ፌደረሽን፡ ካብቲ ኤርትራዊ ዝኾነ ምኽትል ናይ ቢትወደድ፡ ካብ ኣስፍሃ ወልደሚካኤል ጥራይ ጽቡቕ ምትሕብባር ከም ዝረክብ ገሊጹለይ። ግን፡ ከም ኩሎም ናይ ፌደራል ሰብ ስልጣን፡ ንሱ (ኣስፍሃ) እውን ኣብ ትሕቲ ዓባይ ዓባይቶ ቢትወደድ ከም ዝጽቀጥን ዝኾነ ተበግሶ ንኽይወስድ ከም ዝፈርሕን ገሊጹለይ።[16]

ካብ ዕላል ክራክነልን ሓረጎትን፡ ኣብ መንጎ ሓረጎትን ተድላን ጽቡቕ ምቕርራብ ዝነበረ ይመስል። ከምኡ እንተ ኾይኑ፡ ተድላ'ውን ከም ሓረጎት፡ ምዕቃብ ፌደረሽን ይደልዩ ነይሮም ኢልካ ምግማት ይከኣል ይኸውን። እቲ ቐንዲ ጸገም፡ ሰብ ስልጣን ኢትዮጵያ ንስልጣን መንግስቲ ኤርትራ ንእሽቶ ግምት'ኳ ምሃብ ካብ ዘይምድላዮም'ዩ ዝብገስ። ሓረጎት ጥራይ ከኣ ኣይኮኑን ብዛዕባ'ዚ ዝተዛረቡ። ገለ ሳምንታት ድሕሪ ዕላል ክራክነልን ሓረጎትን፡ ኣቦ መንበር ባይቶ ዓሊ ረድኣይ ንቓንስል ብሪጣንያ ምርድል-ስሚዝ ናብ ቤት ጽሕፈቶም ዓዲሞም ኣዘራረቡዎ።

15. FO 371/102634, JA 1018/12, 21 March 1953.
16. Cracknell to Wardle-Smith, FO371/102634, 23 March, 1953.

ልክዕ ከም ሓረጎት፡ ዓሊ ረድኣይ'ውን ምስ ኢትዮጵያውያን ምስራሕ ኣዝዩ ስለ ዘሸገራ፡ ኵነታት ሃገር ካብ ኣዕጋቢ ኣዝዩ ንታሕቲ ከም ዝወረደ ነቲ ቐንስል ሓበሩዎ። እዚ ድማ በሉዎ፡ ኢትዮጵያውያን ደብዳበታት ይኹን ንጹር ሕቶታት ዘይምልሱን ንኤርትራውያን ሻላ ይርእዩን ብምንባሮም'ዩ። ብፍላይ እቲ ንመንግስቲ ኤርትራ ምስ መንግስቲ ኢትዮጵያ ከራኽብ ዝግባእ ቤት ጽሕፈት እንደራሴ ምትሕግጋዝ ስለ ዝኣበየ፡ መንግስቲ ኤርትራ ነቲ ዝድለ ኣቓልቦ ስኢኑ፡ ፌደረሽን ከም ዝሰርሕ ምግባር ከም ዝተጸገመ'ውን ነገሩዎ።

ዎርድል-ስሚዝ፡ "እቲ ጸገም ኤርትራውያን ንኢትዮጵያውያን ትርር ኢሎም ስለ ዘይቀርቡዎምን ጠባይ ኢትዮጵያውያን ስለ ዘይፈለጡን'ዩ እዚ ኹነታት ተኸሲቱ።" ዝብል መልሲ ሃበ። ብዛዕባ ስነ ኣእምሮ ኢትዮጵያውያን ግጉይ ኤርትራዊ ግምት ዝነበረ ስለ ዝመሰሎ ድማ፡ "እንተ ተጐናቢሕካሎም ይውግኡኻ ወይ ይንዕቑኻ። ነቲ ናትካ ኢልካ እትኣምነሉ ረጊጽካ ምስ እትምጉተሉ ግን ዘይትረኽበሉ ምኽንያት ኣይህሉን..." ዝብል ሓሳብ ከም ዘቕረበሎም'ውን ጸሓፈ።

ዓሊ ረድኣይ ምስ ዎርድል-ስሚዝ ብምስምማዕ፡ ብዙሓት ኤርትራውያን እቲ ፌደራል ኣቃውማ ሕማቕ ነይሩ ኣብ ዝብል ኣረዳድኣ ከም ዝበጽሑ ገለጹሉ። ነቲ ዝበሉዎ በዚ ዝስዕብ ኣሰፈሮ፡

> ዝብሉኒ ምስ ጤል'ዩ ኣብ ሓደ ቦታ ሰፊሩ፡ ናይዚ ውጽኢት ድማ ፍሉጥ'ዩ ኢሉኒ። ኣብ መንጎኦም ሓደ ሓጹር፡ ምናልባት እቲ ፌደረሽን ከም ቃሉ ኣብ ግብሪ ምውዓሉ ዝዕዝብ ናይ ሕ.ሃ. ኮሚሽን፡ ክግበር ነይሩዎ። ሕጂ ናይ ኮሚሽን ጊዜ ምሕላፉ እቲ ህዝቢ ይርድኦ ኢዩ። እሞ እንታይ ክግበር ይክኣል ኢለ ምስ ሓተትኩዎ፡ "እንታይ እሞ ኽግበር? ኩሉ ካርታታት ኣብ ኢድ ኢትዮጵያውያን'ዩ ዘሎ፡ ኤርትራውያን ዓቕሚ የብሎምን" ኢሉኒ።

ዎርድል ስሚዝ፡ ኣብ ኤርትራ ዝነበረ ጸረ ኢትዮጵያዊ ስምዒት ካብ ዝኾነ ጊዜ ከም ዝገድድን ናብ ምትእኽኻብን ምሕያልን ናይ ተቓወምቲ ከምርሕ ከም ዝኽእልን፡ እዚ ብወገኑ ኢትዮጵያውያን ጨፍላቒ ስጉምቲ ንኽወስዱ ክደፋፍኦም ከም ዝኽእልን ንዓሊ ረድኣይ ገለጸሎም። ከም ሓረጎት፡ ዎርድል ስሚዝ'ውን ሃይለስላሴ ብዛዕባ ተግባራት ናይቶም ኣብ ኤርትራ ዝነበሩ ሰበ ስልጣኖም ክንገሩ'ሞ ገለ መግትእን ምምሕያሽን ክገብሩ መኸረ። ዓሊ ረድኣይ'ውን ኣብዚ ዝነበሮም ተስፋ ገለጹ።

ቀጺሉ እቲ ቐንስል፡ ኣብ ባይቶ ንውሽጣዊ ናጽነት ኤርትራ ደፊሮም ዝማጐቱ ዝነበሩ ሰባት፡ ደገፍቲ መንግስቲ ኤርትራ ክነሶም፡ ስለምንታይ ብምምሕዳር ተድላ ይድቁሱ ከም ዝነበሩ ሓተቶም።

> ዓሊ ረድኣይ ድማ፡ "እቲ ጉዳይ ኣሸጋሪ ኢዩ ኢሉኒ። ዝኾነ ኣንጻር መንግስቲ - ወይ ኣንጻር ፌደራል መንግስቲ ሓሳብ ምስ ዝቐርብ ወይ ኣብ ክትዕ ምስ ዝኣቱ፡ ቢትወደድ ደስ ከም ዘይብሎ ይገልጽ፡ ንመራሕ መንግስቲ

ድማ ዳርጋ ደው ኣብሎ ይብሎ" ኢሉኒ። ... "(እዚ'ሞ ጌጋ ኢዩ...) ... ወከልቲ ህዝቢ ሕጋዊ ተቓውሞኦም ኣብ ባይቶ ምስ ዘሰምዑ፡ ኢትዮጵያውያን ክቕበሉዎ ኢዩ ዘሎዎም..." ምስ በልኩዎ ... ዓሊ ረድኣይ ምስቲ ሓሳባተይ ዝተሰማምዐ ኣይመስለንን። ከምቲ ዝመስለኒ፡ መንግስቲ (ኤርትራ) ንዝኾነ ባይቶኣዊ ተቓውሞ ንኽጻወር ዘኽእል ሓይሊ የብሉን ዝብል ስምዒት ኣሎዎ።

ካብ ዘረባ ናይ'ዞም ክልተ ኣዝዮም ኣገደስቲ መራሕቲ ናይቲ እዋን፡ ሓረጎት ናይ ሕብረትን ዓሊ ረድኣይ ናይ ተቐሲምን፡ ሰብ ስልጣን ኤርትራ ኣብ ወጥርን መቐራቕርን ከም ዝነበሩ ክንግምግም ንኽእል። ተድላን ብጾቶምን ብናይ ገዛእ ርእሶም መደብ ክኸዱ፡ ሓሳባቶም ክጠምሩ እውን ይጽገሙ ነበሩ።

ደጃዝማች ተድላ ባይሩ

ዋርድል-ስሚዝ ምስ ሓረጎትን ዓሊ ረድኣይን ምስ ተዛረበ፡ ተድላ ባይሩ ባዕሎም ብ2 ለካቲት ደዊሎም ክረኽቡዎ ከም ዝደለዩ ኣፍለጡዎ። ሽዑ ምሸት ባዕሎም ንገዝኡ ብምኻድ ድማ ንኣስታት ክልተ ሰዓት ኣዕለሉዎ። ኣብቲ መጀመርታ፡ ኢሉ ዋርድል-ስሚዝ፡ ተድላ ዝተረበሹን ብነፍሶም ዘይተኣማመኑን ይመስሉ ነበሩ፡ ኣብ ቁም ነገር ንምእታው ድማ ጊዜ ወሰዱ። ተድላ፡ ብዛዕባ'ቲ መንግስቲ ኣመሪካ ንመንግስቲ ኤርትራ ክልግሶ ዝተመባጽዐዎ ሓገዝ ናይ ፖይንት ፎር (Point IV) ፕሮግራም ንምዝርራብ፡ ኣዲስ ኣበባ ቀንዮም'ዮም ሽዑ ተመሊሶም።

ኣዲስ ኣበባ ኣብ ዝነበሩሉ፡ ዊልሶን ሂስኮት (Wilson Heathcote) ዝተባህለ እንግሊዛዊ ናይ ፋይናንስ ኣማኻሪኦም፡ ተድላን መንግስቶምን ኣብ ልዕሊኡ ምትእምማን ዘይነበሮም ስለ ዝመስሎ፡ ከምኡ'ውን ንሱ ዝልግሶ ምኽሪ ዝኾነ ተቐባልነት ስለ ዘይተዋህቦ፡ ካብ ስልጣኑ ከም ዝተሰናበተ ዘፍልጥ ደብዳበ ጽሒፉሎም ጸንሐ። ተድላ ብዛዕባ'ዚ ንዋርድል-ስሚዝ ኣዛርቡዎ፡ ምኽሩ'ውን ሓተቱ። ንዊልሶን ሂስኮት ከምቲ ንሱ ዝደልዮ ይረኽቡዎ ከም ዘይነበሩ ተኣመኑ። ጉዳይ ብጽሒት ኤርትራ ካብ እቶት ጉምሩክ ሓደ ናይ መወዳእታ መዕለቢ ክይረኽበ ምዕዶን ርእይቶን ሂስኮት ክትግበር ከም ዘይኽእል'ውን ኣመልከቱ። ሓደ ናይ መንግስቲ ኢትዮጵያ ልኡኽ ኣብቲ ቕንያት ኣስመራ ክመጽእ'ሞ፡ ጉዳይ ጉምሩክ ምስኡ ክውዳእ ትጽቢት ከም ዝነበሮም'ውን ገለጹሉ። ሂስኮት ኣብ ክንዲ ዝሰናበት፡ ምስቲ ሽዑ ዋና ኦዲተር መንግስቲ ኤርትራ ዝነበረ ኣላን ስሚዝ ኣብቲ ኣኼባ ብምስታፍ እጃሞም ክበርክቱ፡ ተድላን ዋርድል-ስሚዝን ተሰማምዑ።[17] ጉዳይ ሂስኮት በዚ ከም ዘይተወድአ ክንርኢ ኢና።

ቀጺሉ ዋርድል-ስሚዝ ንተድላ ብዛዕባ ፖለቲካዊ ኩነታት ኤርትራ ኣልዓለሎም። ከምቲ ንዓሊ ረድኣይ ዝበሎም ድማ፡ ስለምንታይ ሃይለስላሴ ብዛዕባ ተግባራት ሰብ ስልጣኖም ከም ዘይንገሮም ሓተተ። ተድላ ንዝበሉዎ ብኸምዚ ገለጹ፡

17. Wardle-Smith to R.Allen, African Department, FO371/102634, JA1018/21, April 4, 1953.

እቶም ንጉሰ ነገስት እቲ ዝለዓለ ጽቡቕ ድሌትን ለውሃትን ከም ዘርአዩዎ፡ ኣድላዩ ኣብ ዝበሎ ኸኣ ከይዱ ንኽርእዮም ከም ዘፍቀዱሉ ነጊሩኒ። እቶም ንጉሰ ነገስት ፈደረሽን ንኽሰርሕ ከም ዝደልዩ ርግጸኛ ኢዩ ተድላ። ፈደረሽን ዘይሰርሕ ዘሎ፡ ብኣተሓሕዛ ናይ'ዞም መሳርሕቲ ክዅኑ ዘይክእሉ ኣብዚ ዘሎዉ ሰብ ስልጣን ኢትዮጵያ ምዃኑ ኸኣ ኣረጋጊጹለይ።

ቀንዲ ዕንቅፋት ዝዀናም እቲ እንደራሲ ባዕሉ ምንባሩ'ኳ እንተ ተኣመኑ፡ "ስራሕ ስለ ዝበዝሖን ንዕኡ ንምዕማም ዝኣክል ተመኩሮ ስለ ዘይብሉን'ዩ" ኢሎም ኣመኽንዮም ከብቅዑ፡ ምስ ኣንዳርጋቸው ኣብ ዝዅነ ቍም ነገር ክበጽሑ ከም ዘይከኣሉ ንዎርድድል-ስሚዝ ኣመኑሉ።

ተድላ ኣብ ዕላሎም፡ ጽቡቕ ግምት ናይ ሰምዒት ህዝቢ ዝሓዙ ኣይመስሉን። ኣብቲ ዝሓለፈ ሰሙናት ናብ ገጠራት ኤርትራ እናዞሩ ብዝተሰለፈ ህዝብን ብዓጀባን ብደበላን ሓንጉፋይ ክብሃሉ ቐንዮም'ዮም። ካብኡ ተበጊሶም፡ ኣብ ከተማ'ምበር ኣብ ገጠርሰ ህዝቢ ምስኦም ከም ዝነበረ ንዎርድድል-ስሚዝ ገለጹሉ። ዎርድድል-ስሚዝ ግን ብኣቀባብላ ህዝቢ ገጠር ከይተታለሉ፡ ነቲ ኣብ ከተማ ዝብሃል ኣቓልቦ ንኽህቡዎ ምስ መኸሮም፡ "ብኸም ኢብራሂም ሱልጣን ዝመስሉ ተገላበጥቲ ሰባት ዝዘወሩ ተቓወምቲ" ከም ዝነበሩ ተኣመኑ። ኣብ ዝደለዩዎ ሰጉምቲ ክወስዱሎም ከም ዝኽእሉ'ውን ኣመልከቱ።

ዎርድድል-ስሚዝ ግን ናይ ህዝቢ ርእይቶ ከም ዘየተኣማምን ምስ ተኣከበ ድማ ሓደገኛ ክኸውን ከም ዝኽእል ኣተንብሃሎም። ጸገሞም፡ ካብቲ ምስ ኢትዮጵያውያን ዘጋጠሞም ናይ ምፍጣጥ ኵነት ክወጹ ዘይምኽኣሎም ስለ ዝነበረ፡ ንኢትዮጵያውያን ክብድሁ፡ ነቲ ህዝቢ ዝዛረበሉ ናይ ጉምሩክን ፖስታን ካልእን ኣታዊታት ጉዳይ ብዕቱብነት ኣልዒሎም ፍረ ዘምጽኡ ሰብ ኮይኖም ኣብ ቅድሚ ህዝቦም ንኽርኣዩ መዓዶም። ናብ ሃይለስላሴ ቐሪቦም ነቲ ጉዳይ ብምሉኡ ዘርዚሮም ከረድኡ'ውን ደፋፍኦም።

ተድላ ነቲ ኹሉ ንኽሓስቡሉ ጊዜ ከም ዝድልዮም ጥራይ ተዛረቡ። ውዒሉ ሓዲሩስ ገለ ክግበር ከም ዘድሊ'ኳ እንተ ተሰማምዑ፡ እቶም ኢትዮጵያውያን ገዛእ ጌጋታቶም ባዕሎም መታን ክርድኡ ጊዜ ክህቡዎም ከም ዝደልዩ ኣረድኡ። ነዚ ምስ ሰምዐ ዎርድድል-ስሚዝ፡ "ነቲ ክገብሮ ዝደሊ መታን ከይገብር ዝዅነ ምኽንያት ከይምህዝ የፍርሓኒ" ክብል ናይ ጉድኒ ርእይቶኡ ደምደመ።[18]

ናይ እንግሊዝ ነገር'ኳ ከየገረመ ከም ዘይተርፍ ፍሉጥ እዩ። ንመንግስቲ ተድላ ናብዚ ኹሉ ፖለቲካውን ቍጠባውን ጸገም ዘእተዉዎ ሰብ ስልጣን ብ.ም.ኤ. ምንባሮም ርኢና ኢና። ሕጂ ተገምጢሎም ካብቲ ባዕሎም ዝፈጠሩዎ ጸበባ ዘይወጻእካ ኢሎም ንተድላ ክወቕሱን ክተኻትኹን ብሓቂ ግርምቢጥ'ዩ። ግን፡ ተድላ'ውን ነቲ ሕገ መንግስቲ ዘፍቅደሎም መሰላት ንኽተግብሩ ካብ ምፍታን ዝሕጥ ክብሉ ይርኣዩ ስለ ዝነበሩ፡ ቡቶም ንኽገልግሉ ድሕሪት ዝተረፉ

18. Ibid.

እንግሊዛውያን መሳርሕቶም ክንቀፉ ጀመሩ። ኣቐዲሞም፡ ፎርድን ለያን ዝተባህሉ ክልተ ኣማኸርቲ ስልጣኖም ለቐቑ። ኣቐዲምና ከም ዝርአናዮ፡ ፋይናንሳዊ ኣማኻሪ ዊልሶን ሂስኮት እውን ናይ ስንብታ ወረቐቱ ኣቕረበ። ሂስኮት ቍጠባዊ ጸገማት ኤርትራ ንኽፍታሕ፡ ክልተ ነገራት ንኽትግበር'ዩ ዝሓትት ዝነበረ። ቀዳማይ፡ ኤርትራ ግቡእ ናይ ጉምሩክ ብጽሒታ ክትረክብ፤ ካልኣይ ድማ፡ ህዝቢ ብኸቢድ ጽዕነት ግብሪ ስለ ዝተሳቐየ፡ ግብሪ ክማሓየሽ።[19] እዚ ኽትግበርስ ይትረፍ ናብኡ ዘምርሕ ስጉምቲ'ውን ክውሰድ ስለ ዘይረኣየ፡ ሂስኮት ንመንግስቲ ኤርትራ፡ ብፍላይ ድማ ንምምሕዳር ተድላ፡ ከም ቀንዲ ጠንቂ ወሰዶ። ነቲ ኣብ ሓደ መዘክር ዝበሎ ኣገዳሲ ነገር፡ ተኽስተ ነጋሽ ጠቒሱዎ ኣሎ። ንሕና'ውን ትርጉሙ ነሰፍር፡

> ኣብ'ዚ መንግስቲ ዘሎ ዓብላሊ ተራ ናይ መራሒ መንግስቲ ካብቲ ክዉን ክጋነን ዝከኣል ኣይኮነን። እቶም ስክረተሪታት፡ ኣብ ደቀቕቲ ጉዳያት ከይተረፈ ናይ ባዕሎም ውሳነ ክህቡ ናብ ዘይክእሉ ተራ ጸሓፍቲ ተቐይሮም ኣለዉ። ህንጻ መንግስቲ ዝብሎ ብዘየገድስ፡ ዛጊት እቲ ካቢነ ተኣኪቡ ኣይፈልጥን፡ ንሱ (ተድላ) ድማ ነቲ ደሞክራሲያዊ ዓንቀጻት ናይቲ ሕገ መንግስቲ ንኹተግብር ዝወሰዶ ዝኾነ ስጉምቲ የልቦን። ምኽኒታት ብምፍጣር፡ ነታ ሓንቲ ናጻ ጋዜጣ ብምዕጻው ናይ ፕረስ ናጽነት ጥሒሱ፡ ጸብጻባት ዋና ኦዲተር ናብ ባይቶ ከም ዘይበጽሕ ገይሩ፡ ኣብ ፍሉይ ምርጫ ተመሪጾም ክነሶም ድማ፡ ናይ ፖለቲካ ተቓወምቱ ስለ ዝኾኑ ጥራይ፡ ብቀውፊ (ቪቶ) ሰባት ካብ ባይቶ ኣጊዱ።
> ኣብዚ ጭብጥታት'ዚ ተመርኲስ፡ ድኹምን ብመንጽር ፈደራል መንግስቲ ድማ ሓላፍነቱ ክስከም ዘይክእልን ሰብ'ዩ ንዝብል ሓሳብ ተቐባልነት ኣይህቦን።

ሂስኮት ብኣንጻሩ፡ ተድላ ኮነ ኢሉ ንኤርትራ ብምድኻም፡ ምስ ኢትዮጵያ ፍጹም ውህደት ዘቀላጠፈሉ መገዲ ኢዩ ዘናዲ ዘሎ ክብል ከሰሰ። ከምኡ ስለ ዝኾነ፡ ኢሉ ሂስኮት፡ ተድላ ነቲ ናይ ጉምሩክ ጉዳይ ብፍላጥ ኣደናጉዩዎ፤ ምምሕዳራዊ ውሳኔታት ብምብሓት ድማ፡ ንኹሉ ሓኒቑ ሒዙዎ ይርከብ። ስልጣኑ ንሕሉፋት ሕብረታውያን ኣሕሊፉ ስለ ዝሃበ ድማ፡ ብፖለቲካዊ ዓይኒ፡ "ናይ ባዕሉ ጒይታ ኣይመስልን" ክብል'ውን ደምደመ።[20]

ናይ ሂስኮት ክሲ ኣዝዩ መሪር ነበረ። ካብቲ ብዓል ምርድል-ስሚዝ ዝግምቱዎ ዝነበሩ ኣዝዩ ከም ዝፍለ'ውን ርኡይ ኢዩ። ብኣፍ ዝንገር ሓደ ሓደ ሓበሬታ ጥራይ ከኣ ኢዩ ቍሩብ ንተድላ ዝድግፍ። ንኣብነት፡ ምስ ግራዝማች ተኽለሃይማኖት በኾሩ ተኣሲሩ ዝነበረ መምህር ተኽለብርሃን ዘርአ፡ ብዛዕባ ጉዳይ ጉምሩክ ምስ ሚኒስተራት ኢትዮጵያ ንዘሕለፉዎ ኲለልን ጸገምን ኣዕሊሎሞ ነይሮም። ንቓላት ተኽለሃይማኖት በዚ ዝስዕብ ይዝክሮ፡

> … ምስ ኢትዮጵያ ዘባእስና፡ ሰቡብ ናይ ገንዘብ ኢዩ። ሚልዮናት ክንእውዶም ጀሚርና። በዚ ንኽረዳዳእ ድማ ናብ ኣዲስ ኣበባ ኸይደ። እቶም ሚኒስተራት

19. Tekeste Negash, p. 83.
20. Ibid., p. 84. ካብ ጥቕሲ ተኽስተ ነጋሽ ዝተተርጐመ (FO371/102365, 6 May 1953.)

ግን በሸካዕላል ጥራይ ኣየም ዝቐበሉኒ ዝነበሩ። "እንታይ ደኣ መጺእኩም ግራዝማች?" ይብሉኒ እናላገጹ።

"ካብቲ ብሕቡራት መንግስታት ዝተዋህበና ብጽሒት ናይ ወደብ፡ ባቡር ምድሪ... ወዘተ ንኽትህቡና፡ ግቡእ ብጽሒትና ክንወስድ። መኽፈሊ ደሞዝ ስኢንና ንሸገር ኣሎና፡ ስለምንታይ መንቀሳቐሲ ዘይትህቡና...?" ምስ ዝብሎም ይስሕቑ፡ እናተቐናጠዉ ይስሕቑ።

"ስለምንታይ ትስሕቑ? ብቑም ነገር እየ መጺአ ዘሎኹ..." ምስ በልኩዎም፡ ሓሲቦም ክሳብ መልሲ ዝህቡ፡ ንወርሒ ኣቋጺሮምኒ ዓዲ ተመሊሰ።

ድሕሪ ወርሒ ምስ ተመለስኩ፡ መሊስካ እቲ ላግጺ ቐጺሉ፡ "ኤርትራ ኣካል ኢትዮጵያዶ ኣይኮነትን። ብኸመይ ኢዩ ናታ ፍሉይ ባጀት ዝህልዋ? ኣደ'ንድያ ኢትዮጵያ፡ ኣደ ድማ ንውላዳ እንተደለየት ትህባ እንተ ዘይደለየት ድማ ትኽልኣ። እዚ ትብልዎ ክኸውን ዘይክእል እዩ..." እናበሉ ኣባሪሮምኒ።[21]

ተኽለብርሃን ዘርአ ዕላል ተኽለሃይማኖት ዘኪሩ ከም ዘዘንተዎ፡ ተኽለሃይማኖት ጸብጻቦም ናብ ተድላ ምስ ኣቕረቡ፡ እቶም መራሕ መንግስቲ ኣዝዮም ተቑጥዑ። እቲ ጉዳይ ናብ ባይቶ ንኽቐርብ'ውን ተሰማምዑ። ኣቐዲምና፡ ተኽለሃይማኖት ብዛዕባ'ዚ ምስ መንግስቲ ኢትዮጵያ ዝርርብ ተጀሚሩ ኣሎ ክብሉ ንባይቶ ከም ዘመልከቱ ርኢና ኢና። ውጽኢት ርክባቶም ንባይቶ ከቕርቡ ግን ኣይከኣሉን። ንመምህር ተኽለብርሃን ከም ዝነገሩዎ፡ ኣብኡ ዝነበሩ ብቐሺ ዲመጥሮስ ዝምርሑ

ተኽለሃይማኖት በኾሩ፡ (ራብዓይ ካብ ጸጋም) ካልኦትን ኣብ ቅድሚ ሃይለስላሴ።

21. እ.ጽ. 22 ርአ።

ደገፍቲ ኢትዮጵያ፡ "ኣደኻ እንተ ደለየት ትህበካ፡ እንተ ደለየት ትኸልኣካ" ብምባል ነቲ ጉዳይ ዓጸውዎ።

እዚ ናይ ኣፍ ታሪኽ፡ ናይ ተባህለ ስለ ዘኾነ፡ ማዕረቲ ሰነዳት ዝብሎ ክንሰርዖ የጸግም። ግን፡ ምስቲ ተኸለሃይማኖት በኾኑ ኣጓኒፉዎም ተባሂሉ ብሰፊሑ ዝዕለል ዕንቅፋትን ጸገምን ስለ ዘሳኒ፡ ዝንጸግ'ውን ኣይኮነን።

ተድላ ምስ ከም ተኸለሃይማኖትን ሓረጎትን ዝመስሉ ናብ ፈደራልነት ዝዘንበሉ መሳርሕቶም እናኾራኸቡ ከም ፈደራሊስት ይሓስቡ ነይሮም ይኾኑ። ብኻልእ ወገን ግን፡ ሂስኮት ኣብ ልዕሊኦም ዘውረዶ ክሲ ሓቅነት ከም ዘለዎ ዘረድእ ጭብጢ ኣሎ። ብ7 ሚያዝያ 1953፡ ኣለን ስሚዝ ዝተባህለ ናይ ኤርትራ ዋና ኦዲተር ዝነበረ እንግሊዛዊ፡ ንበጽሒት ኤርትራ ካብ እቶት ጉምሩክን ካልእ ፋይናንሳዊ ክፍሊታትን ኣመልኪቱ ናብ ሰክረታሪ ፋይናንስ ተኸለሃይማኖት በኾኑ፡ ብኣኦም ኣቢሉ ድማ ናብ ባይቶ ኤርትራ ጸሓፈ። ኣብዚ ደብዳበ'ዚ፡ ኤርትራ ብሰንኪ'ቲ ካብ እቶት ጉምሩክ ዘይትረኽቦ ዝነበረት እጃማ፡ ብሰንኪ ልዑል መጠን ግብሪን ጉድለታት ኣተኣኻኽባኡን፡ ከምኡ'ውን ብሰንኪ ካልእ ንዕኡ ዝመስል ፖሊሲታት መንግስቲን ኣዝዩ ኽቢድ ቍጠባዊ ክሳራ ትስከም ከም ዝነበረት ኣመልኪቱ። እዚ ብኣጋ እንተ ዘይተኣረሙ፡ ፋይናንስያዊ ምንጪ መንግስቲ ኣጽኒቱ፡ ናብ ዘይምርግጋእ ሃገር ገጹ ከምርሕ ይኽእል'ዩ ክብል'ውን ኣጠንቀቐ።[22]

ብመሰረት ናይ ኦዲት ድንጋገ፡ ከምዚ ዝመሰለ ናይ ዋና ኦዲተር ደብዳበ ብቐጥታ ናብ ፕረሲደንት ባይቶ ቐሪቡ ኣብ መጋብኣያ ክትዕ ክግበረሉ ስለ ዝግባእ፡ ጸሓፊ ባይቶ ማክሊሪ ናብ ዓሊ ረድኣይ ኣመሓላለፎ።[23] ዓሊ ረድኣይ ግን ናብ መጋብኣያ ክቐርቡዎ ስለ ዘይደለየ፡ "እንደራሴ ናይ ዝፋን መደረ ክሳብ ዘሰምዕ ይጽናሕ" ክብሉ ብምኽትል ማክሊሪ ዝነበሩ ኢዮብ ተኽሉ ኣፍለጡዎም። እቲ ነገር መታን ከይዝረበሉ ድማ፡ እቲ ኣቐዲምና ብሰፊሑ ዝተዛራረብናሉ መደረ ኣንዳርጋቸው ብ27 ሚያዝያ ዝዋሃብ፡ ዓሊ ረድኣይ ንባይቶ ብ15 ሚያዝያ ንፍርቂ ሰዓት ጥራይ ኣኪቦም ክሳብ መደረ ኣንዳርጋቸው ፋሕ ከም ዝብል ገበሩ።[24] ድሕሪ መደረ ኣንዳርጋቸው፡ ብ20 ግንቦት እውን ማክሊሪ መሊሱ ነቲ ጉዳይ ኣልዓሎ። ዓሊ ረድኣይ ግን፡ ጉዳይ ጉምሩክ ብደረጃ መንግስታት ኣብ ዝርርብ ስለ ዝነበረ፡ ናቱ ውጽኢት ርእዮም ጥራይ ናብ ባይቶ ከም ዘቕርቡዎ ብምሕባር ሕጂ'ውን ዓጸዉዎ።[25] ምስ እዚን ካልእ ዘጓነፎ ነገራትን ብዝተዛመደ፡ ኣለን ስሚዝ'ውን ነዊሕ ከይጸንሐ ካብ ናይ ዋና ኦዲተር ስራሑ ብገዛእ ፍቓዱ ተሰናበተ።[26]

22. Eritrean Government, Auditor General's Office, File No. F/1, 7 April 1953;
23. EA, File No. A/F/7, 10April 1953.
24. Ibid, see notes by Iyob Teclu and Fergus McLeary.
25. Ibid, McLeary, Notes, 20 May 1953. እዚ ጉዳይ'ዚ ኣብ መንጎ ማክሌሪ፡ ኣለን ስሚዝን ዓሊ ረድኣይን ብዙሕ ኣዛረበ። እቲ ቐንዲ መዛረቢ፡ ብመሰረት ሕጊ ኦዲት፡ ጸብጻብ ዋና ኦዲተር ናብ ባይቶ ክቐርብ እናተገብኡ፡ ዋላ'ውን ዓሊ ረድኣይ ነቲ ጸብጻቡ ሚዛን ኣይሃቡዎ። ስለምንታይ ከየቕረቡዎ ይተርፉ ዝብል ኢዩ ነይሩ።
26. ገብረመድህን ተሰማ፡ ቃለ-መጠይቕ።

ነዚ ዝመሰል ምውንዛፍ ናይ ጭብጥታትን ጉዳያትን ግን ብስልጣን ዓሊ ረድኣይ ጥራይ ዝግበር ኣይነበረን። ኣቐዲሞም፡ ተድላ ባዕሎም ንተግባራት ዓሊ ረድኣይ መገዲ ዝጸርግ ኣንፈት ኣትሒዞም ነይሮም እዮም። ብዛዕባ'ዚ ሓደ ኣብነት ክንጠቅስ።

ብወርሒ መጋቢት፡ በዛዕባ ተሰፋብሩኽ ዝተባህሉ ኣባል ባይቶ፡ መንግስቲ ኢትዮጵያ፡ ኣብ ኤርትራ ፈደራል ቤት ፍርዲ ክትከፍት ትሓስብ ብዛዕባ ምንባራ ኣመልኪቶም፡ በየናይ ሕጊ ይግበር ከም ዝነበረ ሓቲቶም።[27] ከምኡ ዝመሰል ሕቶ ኣብ ባይቶ ይሰላሰል ከም ዝነበረ ግዲ ሰሚዖም፡ ተድላ ንናይ ሕጊ ኣማኻሪኦም፡ ንእንግሊዛዊ ኖርማን መትሽን (N.A.P. Methven) ብምጽዋዕ፡ ኣባላት ባይቶ ብዛዕባ ዘይሕገ መንግስታውነት (unconstitutionality) ናይ ፈደራል ቤት ፍርድን ብዛዕባ ምምላስ ክፍሊ ፖስታን ቴሌፎንን፡ ምሕደራ ጽርግያታትን ባቡር ምድርን... ናብ ኤርትራ ክኅትው ይፍትኑ ከም ዝነበሩ ነገሩዎ። ብርእይቶኦም፡ እቲ ጉዳይ'ቲ ስልጣን ፈደራል እምበር ስልጣን መንግስቲ ኤርትራ ስለ ዘይነበረ፡ ባይቶ ነቲ ክትዕ ካብ ምኪያድ ክእገደሉ ዝኽእል ሕጋዊ ምኽንያት ንኽረኽብሎም ድማ ሓቲቶዎ።

መትሽን፡ ኣብ ኢዱ ንዝነበረ ናይ ሕጊ መጻሕፍቲ ገላቢጡ፡ ምኽንያት ክረኽበሎም ፈቲኑ። እቲ ዝረኸቦ ግን ንርእይቶ ተድላ ዘይኮነስ ነቲ ኣንጻሩ ክመጽእ ዝኽእል ክትዕ ዝሕግዝ ኮነ። ምስ ተሸገረ፡ መትሽን ናብ ማክሊሪ ብምጽሓፍ፡ ንባይቶ ኣይትኻትዑ ኢልካ ምኽልካል ሕጋዊ ደገፍ ከም ዘይህልዎ ሓበሮ። "እዚ ጉዳይ'ዚ እንተ ተዘሪቡሉ፡ እቲ ምስ ፈደራል መንግስቲ ዝግበር ዘሎ ምይይጥ ይተዓናቐፍ ይኸውን፡ ውጽኢት ናይ'ቲ ዝርርብ እውን ኣብ ሰንኮፍ ክወድቕ ይኽእል። ግን፡ እዚ መንግስቲ ብሰንኪ'ቲ ባይቶኣዊ ክትዕ ኣብ እግሪ ተኸሉ ክሕነቕ'ኳ እንተ ዘይተደልየ፡ ነቲ ኽትዕ ብኸመይ ከነትርፎ ከም ንኽእል ግን ኣይፈልጥን" እውን በለ።

ካብቲ መዋጥር ንምውጻእ መታን ክከኣል፡ መትሽን ከምዚ ዝመሰል ዓበይቲ ሕቶታት ብውሑዱ ብዓሰርተ ኣባላት ከም ሕቶ ክቐርብ፡ እቲ ሕቶ'ውን ንመንግስቲ ኣቐዲሙ ክጽሓፈሉ'ሞ ናይ መልሲ ጊዜ ክዋሃቦ... ወዘተ. ዝብል ቅድመ ኵነት ንኽግበረሉ ኣመመ።[28] እዚ ቕድመ-ኵነት'ዚ ብወገኑ፡ ጸኒሑ ናብ ዓቢ መሳርሒ ናይ ምድንጓይ ከም ዝቐየር ብጊዜኡ ክርአ እዩ። ንጊዜኡ ግን፡ ከምዚ ዝረአናዮ፡ ዓሊ ረድኣይ ንዘይደለዩዎ ኣርእስቲ ክውንዘፉ ኣኽኣሎም።

ካብዚ ጭብጢ'ዚ ተበጊስና፡ ሂስኮት ከም ዘየጋግን ክንርድእ ንኽእል። ብፍላይ ጉዳይ ምኽፋት ፈደራል ባይቶ ኣብ ኤርትራ ብቐጥታ ንስልጣን መንግስቲ ኤርትራ፡ ማለት ድማ ንስልጣን ናይቲ ዓቢን ኣገዳስን ክፋሉ ዝነበረ ፈራዲ ኣካል ዝብድህን ዝግህስን እዩ ዝነበረ። ተድላ ድማ ክከላኸሉሉ፡ ምስ ባይቶ ኾይኖም ክማጒቱሉ'ዩ ዝነበረ'ቲ ትጽቢት። ባዕሎም ብዛዕባኡ ባይቶ ከይካታዕ ክሳብ ብሕጊ ምግታእ ክበጽሑ እንክለዉ፡ ብፍላይ ኣብዚ ናይ መጀመርታ እዋን፡ ፈደራሊስት ነይሮም ኩብሎም ኣይክእልን።

27. EA, A/ADM/ 6, 12 March 1953.
28. Methven to McLeary, EA, Motions and Questions, A/ADM/6, 11 March 1953.

ዘውዴ ረታ ግን፡ ምኽፋት ፈደራል ቤት ፍርዲ ኣብ ኤርትራ ንተድላ ሃንደበት ከም ዝወረዶምን ብኡ ድማ ኣዝዮም ከም ዝተሰናበዱን ዘጕሃዩን'ዩ ገሊጹ። "ብ15 ግንቦት፡ ላዕለዋይ ቤት ፍርዲ ብበዓል ብእንደራሴ ብተብተብ ተኸፈቱ። ቺፍ ኤክዘኩቲቭ ድማ ከም ዕዱም ንኽጋበዙ ጥራይ ኢዩ መጸዋዕታ ዝመጾም፡" ክብል ድማ ጸሓፈ።[29]

እዚ ግን ምስቲ ናይ ሰነድ ሓበሬታ ዝሰማማዕ ኣይኮነን። ኣንዳርጋቸው ኣብ ኤርትራ ላዕለዋይ ቤት ፍርዲ ዝኸፈተ፡ ከምቲ ዘውዴ ዝበሎ ብ15 ግንቦት ዘይኮነስ፡ ብ11 ግንቦት'ዩ። ክልተ ወርሒ ቕድሚኡ፡ ማለት ብ11 መጋቢት፡ ተድላ ንመትሸን ኣብ ባይቶ ብዛዕባ ፈደራል ላዕለዋይ ቤት ፍርዲ ክትዕ ንኸይልዓል ዝእግድ ሕጊ ክነድፈሎም ሓቲቶሞ ነይሮም። ተድላ እምበኣር፡ ብዛዕባ'ቲ ቤት ፍርዲ ይፈልጡ ጥራይ ዘይኮኑ፡ ብዘይ ተቓውሞ ንኽቐውም ዘድሊ ጥጡሕ ባይታ ይፈጥሩ ነይሮም'ዮም።

ዘውዴ ረታ እምበኣር፡ በዚ ዝሰዕብ መገዲ ንተድላ ባይሩ ከባጭወሎም ስለ ዝደለየ ኢዩ ነቲ ናይ ዕለት ምዝባዕ ዝፈጠረ። ንምኽፋት ፈደራል ቤት ፍርዲ "ብዘይ ኣፍልጦ" ተድላ ኣመልኪቱ፡ ድሕሪ'ቲ ንተድላ ዘሕዘነን ዘበሳጨወን ስራሓት፡ በለ ዘውዴ፡

ደጃዝማች ተድላ ባይሩ

29. ዘውዴ ረታ፡ ገጽ…

"ይውጋእካ ኢሉስ ይምሓርካ" ከም ዝበሃል፡ ንጽባሒቱ፡ ግንቦት 16፡1953 ዓ.ም. ብናይ ግርማዊ ንጉስ ነገስት ጽቡቕ ፍቓድን ትእዛዝን፡ ኣቶ ተድላ ባይሩ "ደጃዝማች" ተባሂሎም ናይ ኢትዮጵያ ናይ ክብሪ ኮኾብን ዓቢ ናይ ኮርዶን ሜዳልያን ተሓንገጡ።

... ካብ ኣቶነት ብሓንሳብ ናብ ደጃዝማችነት ዝተጐናጸፈ መጸውዒ ስሞም፡ ካብ መንኩቦም ክሳብ ጉድኖም ዝወረደ ዓቢ ሜዳልያኦም፡ እቲ ክብሪ ንተድላ ጥራይ ዘይኮነ ንህዝቢ ኤርትራ እውን'ዩ ብዝብል ስምዒት ብዙሕ ተሓጒሱ።

ኣረ ገለ ሓጉሶም ክገልጹ ዝመጹዎም ደገፍቶምሲ "ራእሲ" ክብሃሉ ነይሩዎም ዝበሉ ነይሮም... እናበለ'ውን ዘውዴ ብዙሕ ኣላጊጹሎም።[30]

ከምቲ ዝተባህለ፡ ዘውዴ ነቲ ዕለታት ከም ዝጥዕሞ'ዩ ዳግም ሰሪሪዑዎ። ተድላ ብ16 ግንቦት ዘይኮነስ፡ ብኣጋጣሚ ናይ ሃይለስላሴ ናይ ዘውዲ በዓል ብ5 ግንቦት (ሚያዝያ 27 ብግእዝ) ኢዮም ደጃዝማች ተባሂሎም።[31] ምኽፉት ላዕለዋይ ቤት ፍርዲ ግን ብ11 ግንቦት፡ ኣስታት ሰሙን ድሕሪ ሽመት ተድላ ኢዩ ተኻዪዱ።

ከምዚ ስለ ዝተባህለ፡ ተድላ ብእንደራሴ ኣይድፈሩን ወይ ብተግባሮቱ ኣይሓርቁን ነይሮም ማለት ኣይኮነን። ኣብቲ መሰረታዊ፡ ከም ምህላው ፌደራል ቤት ፍርድን ቀጠባዊ ዓመጻት ኢትዮጵያን ዝመስል ምኽርታት ግን ምሉእ ኣፍልጦ ነይሩዎም እዩ። ንኑብሶም ናይ ሃይለስላሴ ሰብ ይወስዱዋ ስለ ዝነበሩ፡ ነቲ እንደራሴን ቤት ጽሕፈቱን ዝጉብሮ ዝነበረ ግህሰት ስልጣናዎም ይጻወሩ ነይሮም ይኾኑ። ሃይለስላሴ እውን ንኣዲስ ኣበባ ጸዊዑ ማዕርግ ደጃዝማችነትን እቲ ኹሉ ኒሻናትን ክህቡዎም እንክለዉ፡ ነዚ ስምዒቶምን ተኣማንነቶምን'ዚ ንምምዝማዝ ከም ዝነበረ ኣየካትዕን።[32] ተድላ እምበኣር በቲ ሽመት ኣዝዮም ከም ዝተሓጐሱን ከም ዝተደዓዓሱን'ዩ ዝንገር።[33] ስምዒት ሰዓብቶም ብምንጽብራቕ ድማ፡ ጋዜጣ ኢትዮጵያ ብዛዕባ ሽሙቶም ከምዚ በለ፡

ሎሚ ክቡርነቶም በቲ ካብ ሕዝቦም ዝተዋህቦም ሓደራ ብዝተቐበሉዎ ናይ መሪሕነት መዚ ክብ ዝበለ ሹመትን ሽልማትን እንተ ተቐበሉ፡ ሹመቱን ሽልማቱን ናይ ተቐባሊኡ በይኑ ኣይኮነን። ናይቲ ቀርናዎም ስሒሉ፡ ዓይናዎም ኰሒሉ ዘምርሖም ሕዝቦም እውን እዩ።...

ድለኛን ዕድለኛን ዝኾንካ ሕዝቢ ኤርትራ፡ በዚ መራሒኻ ተሸሊሞምልካ ዘሎዉ ደስ ይበልካ፡ ነዞም ናይ ንጉስ ነገስትኻ እሙን ኣገልጋሊ ዝኾኑ ሓውኻ ነዊሕ ዕድመን ጥዕናን ይሃበልካ።

ኣቶ ተድላ ባይሩ እምበኣር "ደጃዝማች" ተባሂሎም፡ ኣብ ውሽጢ ኤርትራ ነቲ ማዕርግ'ቲ ካብ ኢድ ሃጸይ ሃይለስላሴ ዝተቐበሉ ቀዳማይ ኤርትራዊ ኾኑ። በቲ ጊዜን ንዓኦምን ከም ዓቢ ሞሳ ተቖጽረ።

30. ዘውዴ ረታ፡ ገጽ 398።
31. ዘመን፡ 1ይ ዓመት ቍ 48፡ 8 ግንቦት 1957። ኢትዮጵያ፡ 7ይ ዓመት ቍ 398፡ 10 ግንቦት 1953። እዚ ጋዜጣታት ባዕሉ ሽሞንተን ሽዱሽተን መዓልታት ቅድሚ'ቲ መዓልቲ ሽመት ተድላ ተባሂሉ ብዘውዴ ረታ ዝቐረበ ዝተሓትመ ምኽኒት ኣሰተውዕል።
32. Clark to State Department, 775A. 21/5-1153, 11 May 1953.
33. Ibid.

ምዕራፍ 15

ተድላን ባይቶን ኣብ ጉደና ምስሕሓብ

ተድላ ባይሩ ኣብ ባይቶ

ኣድማታት ደጃዝማች ተድላ ባይሩ ካብ ብ.ም.ኤ. ብ16 መስከረም 1952 ምሉእ ስልጣን ምስ ተረከቡ ኣብ ታሸዓይ ወርሖም፡ ብ22 ሰነ 1953 ንፋልማይ ጊዜኦም ብኣካል ኣብ ባይቶ ኤርትራ ቐረቡ። ቅድሚ'ዚ ጊዜ'ዚ፡ ካብ ኣባላት ባይቶ ብጽሑፍ ይቐርበሎም ንዝነበረ ሕቶታት ብጽሑፍ ምምላስ እንተ ዘይኮይኑ ባዕሎም ተረኺቦም ኣይፈልጡን። ንዘዝምልከቶም ሰክረተሪታት ግን ይልእኩ ነይሮም ኢዮም።

ኣብዚ ብሰክረተሪታትን ዳይረክተራትን ምምሕዳሮም ተሰንዮም ዝገበሩዎ መደረ፡ ተድላ ጸብጻብ ዕዮኦም ኣቕረቡ። መጀመርታ ጸገሞም ገለጹ።[1]

> ሕዝቢ ኤርትራ ብዙሕ ጭንቅን ስእነትን ኣሕሊፉ፡ ካብ መዓልቲ ናብ መዓልቲ ራህዋ ኪረክብ ብዕለታዊ ሕይወቱ ኪሕጉስ ብዓቢይ ተስፋ ይጽበ ስለ ዝነበረ፡ ካብ መንግስቲ ኤርትራ ብዘይ ወዓል-ሕደር ዝደልዮን ዝጥይቖን ነገራት ብቕልጡፍ ኪረኽቦ ስለ ዘይከኣለ፡ ንብዙሓት ጉድለት ናይ መንግስቲ ኮይኑ ተራእዮም።
> ዝነበረ ገንዘብ ስለ ዝተለወጠ ብምኽንያት ሸርፌ ዋጋ ዕዳጋ ኪዘናበል ጀመረ'ሞ፡ ምናዳ ዓቕሚ ንብረቱ ውሑድ ዝኾነ ሰራሕ ዚነብር ኩሉ ብዙሕ ተጨነቐ። ... ኣብ ልዕሊ እዚ ኹሉ ድማ ነቲ ሕኑጽ ኣመሓዳርነት መሰረት ገቢሩ ስራሕ ኪጅምር ከሎ፡ መንግስቲ ኤርትራ ቅሙጥ ገንዘብ ስለ ዘይጸንሖ፡ ዘሕለፎ ጸገም ኩሉ ትፈልጥዎ ኢኹም።

እዚ ኹሉ ግን፡ ብትግሃት ኣሕሉቕን ሰራሕተኛታትን መንግስቲ ክቃለል ጀሚሩ ከም ዝነበረ ድሕሪ ምብራህ፡ ተድላ እቲ ጸገም ገና ከም ዘየብቅዐ ኣብርሁ፡

> ... ሽቃጦ ንሓደ ቕርሺ ከም ሓደ ሸልን እናሓሰቡዎ ንድኻ ዚውጽዑ ኣሎዉ፡ ስራሕ ዚደሊ ኹሉ ስራሕ ኣይረኸበን። ጸላእቲ ሃገርና ዝኾኑ ከታሮ ንሕግን ሰላምን ጸጺሒሖም ይቃወሙ ኣሎዉ። ብጠቕላላ ግን፡ እቲ ክልተ-ሰለስተ

1. ዘመን፡ 1ይ ዓመት ቍ. 61፡ 23 ሰነ 1953። ዘመን ነቲ ጸብጻብ ብምሉኡ ስለ ዝሓተሞ፡ እዚ ኣብ'ዚ ምዕራፍ'ዚ ዘሎ ጥቕስታት ካብኡ ዝተወሰደ ኢዩ።

ቀዳማይ ርክብ ተድላን ባይሩን

ወርሒ ኣይጸንሕን ኢዩ ዝተባህለ ንኤርትራ ዜማሓድር መንግስቲ ኣይፈረሰን፡ እግሪ ይተክል ኣሎ። ሕዝቢ ኤርትራ ድማ ካብ ጸገም ናብ ራህዋ ከበጽሕ ብተስፋን እምነትን ምሉእ ኒሕን ንቕድሚት ይጥምት ኣሎ።

ተድላ፡ ነቲ ኣብ ናይ ኣውራጃታት ዑደቶም ዝረኸቡዎ ምዉቕ ኣቀባብላ ህዝቢ፡ "ብሓቂ ልቢ ዜትንኪ፡ ንእግዚኣብሔር ምስጋና ክንህበሉ ዚግባእ ዓቢ ተኣምራታዊ ነገር'ዩ" በሉ'ሞ፡ ገምጋሞም ሃቡ፡

... (ህዝቢ ኤርትራ) ዝነበረ ኣፋላላይ ረሲዑ፡ ነቲ ክንደይ መከራን ተጋድሎን ኣሕሊፉ ዝረኸቦ ምስ ኢትዮጵያ ሕብረትን ነጻነትን ክብ ዝበለ ቁም ነገሩ ፈሊጡዎን ቀጥ ኣቢሉ ሒዙዎን ኢዩ ዝጸንሓና። ... ሕዝቢ ኤርትራ ጸገሙ እናኸኣለ፡ ሕጊ እናሓለወ፡ መንግስቱ እናኸበረ ብእምነትን ተስፋን ፍቕርን ንቕድሚት እናጠመተ ክነብር ኣተባቢዐ እየ ዝተመለስኩ።

ነዚ ምስ በሉ ተድላ ናብ ጭቡጥ ስራሖም ኣድሃቡ። ምስ ባይሩ ብጽሑፍ ብዙሕ ስለ ዝተመላለሱ፡ ዘይተተንከፈ ነገር ዘሎ ከም ዘይመስሎም ገለጹ። ብዝኾነ፡ ጸብጻቦም ሃቡ። ሓፈሻዊ ስእሊ ናይ ማሕበረ ቍጠባዊ ኵነታት ኤርትራ ክህብ ስለ ዝኽእል፡ ንገለ ኻብቲ ዝርዝራቱ ምጥቃስ ይጠቅም'ዩ። ነዚ ዝስዕብ ድማ ኣብረሁ፡-

- መንግስቲ ኤርትራ 6754 ኤርትራውያንን 439 ወጻእተኛታትን (ኣስታት 400 ጣልያን፡ 19 እንግሊዝን ካልኦትን)፡ ብጠቕላላ 7188 ሰራሕተኛታት ነይሮሞ። ነዚኦም፡ ጸኒሖም ኣስታት 400 ተወሲኾሞም።
- ጉድለት መምህራን ነይሩ። መብዛሕትኦም ባዕሎም መባእታ ደረጃ ጥራይ ዝወድኡ ክነሶም፡ ብምሸታዊ ትምህርቲ ፍልጠቶም ዘመሓየሹ ነበሩ። ኣበርክቶኦም ግን ዝነኣድ ምንባሩ እቲ ጸብጻብ ኣብሪሁ። ብቛንቛታት ኤርትራ - ትግርኛን ዓረብን - ዝተጻሕፉ መጻሕፍቲ ዘይምንባሩ፡ ጸገም ፈጢሩ። ቍጽሪ ኣብያተ ትምህርትን ተመሃሮን በዚ ዝስዕብ ክጠቓለል ይኽእል፦

ኣብያተ ትምህርቲ	ተማሃሮ
መባእታ - 97	10.067 (2984 ኣዋልድ)
ማእከላይ - 16	1248 (225 ኣዋልድ)
ካልኣይ - 6	381 (42 ኣዋልድ)

- ኣብ 11 ናይ መንግስቲ ኣብያተ ትምህርቲ ዘመሃሩ ንዝነበሩ 14947 ተመሃሮ ዝምህሩ ጠቕላሊ ቍጽሪ መምህራን 456 ነይሩ። እዚ ንናይ ግሊ ኣብያተ ትምህርቲ ኣይሓወሰን።
- ንሕክምናን ሓለዋ ጥዕናን ዝምልከት፡ ኣብ መላእ ሃገር 10 ሆስፒታላትን 103 ንእስ ዝበለ ቤት ሕክምናን ነይሩ። ጠቕላሊ ድምር ሓካይም 38፡ ናይ ኣለይቲ ሕሙማንን መሕረስትን ድማ 719። ቤት ትምህርቲ ኣለይቲ ሕሙማንን ኣሕረስትን ንምኽፋት ምድላዋት ይግበር ከም ዝነበረ፡ ጸብጻብ ተድላ ኣብሪሁ።
- ኣብ ናይ ምምሕዳር ውሸጢ ሃገር ጸብጻቡም፡ ተድላ ኣብ ኤርትራ 18,000 ወጻእተኛታት (ዝበዝሑ ጣልያን) ከም ዝነበሩ ኣፍሊጦም። ጸጥታ ሃገር ኣብ ምሕላው ብፖሊስ ኣብ ዝተኻየደ ጻዕሪ ድማ፡ 223 ከታሮ (ሽፋቱ) ምስ 29 በብዓይነቱ ብረት ተታሒዞም።
- ንቍጠባ ብዝምልከት፡ ተድላ ናይ ዋጋ ቍጽጽር ንምግባር፡ ኮንትሮባንዶ ንምክልኻል፡ ሃብቲ ኣግራብ ንምሕላው… ንዝተወስደ መንግስታዊ ስጕምታት ብሰፊሑ ዘርዚሮም። ኣብያተ ፍርዲ ኽመሓየሽ ኣሎዎ ድማ ኢሎም።

ኣብ ካልእ ጉዳያት ግን ተድላ ሓፈሻዊ ነገራት ጥራይ ተዛረቡ። ነቲ ብዙሕ ዘዛርብ ዝነበረ ሕቶ ፋይናንስ ንኣብነት ዳርጋ ሸፈፍ ኢሎም ሓለፉዎ። ብዛዕባ ኣሳልጦ ስራሕ ሃጸያዊ ፈደራል ቤት ምኽሪ'ውን፡ "ተዘራሪቦም፡ ዝተሰማምዑሉን ዘይተሰማምዑሉን ነጥብታት ናብ ግርማዊ ጃንሆይ ኣቕሪቦም… ተመሊሶም ኣሎዉ" ልዕሊ ምባል ካልእ ዝርዝር ኣይሃቡን። እቲ ብዙሕ ትጽቢት ዝግበረሉ ዝነበረ እጃም ኤርትራ ኣብ ናይ ኣመሪካ ፖይንት ፎር ፕሮግራም እንተ ኾነ'ውን፡ ኣብ ሕርሻ፡ ትምህርቲ፡ ኣለይቲ ሕሙማት፡ ዕቃብ ማይን ምፍራይ ሓይሊ ኤለክትሪክን፡ ትምህርቲ ቴክኒክን ሳይንስን ክነጣጠፍ ምኳኑን ነዚ እተጽንዕ ኮሚተ ከም ዝቘመትን ጥራይ ኣገንዘቡ።

ኣብ ጸብጻቦም ነቲ ቐንዲ ኣብ ድሕሪት ኣምጽኡዎ። ዛጊት፡ እቲ ናይ ፌደራል መንግስቲ ርክቦም ስሩዕን ኣብ ጽሑፍ ዘይሰፈረን ስለ ዝነበረ፡ እዚ ንኸኸውን ደጋጊሞም ናብ እንደራሴ የመልክቱ ነይሮም ኢዮም። እቲ ሓሳብ ቅቡል ኮይኑ ስለ ዝተረኽበ ድማ፡ ካብ መወዳእታ ሚያዝያ ጀሚሩ ብዛዕባ ቅጥዒ ኣሰራርሓ ናይ ክልቲኡ ወገን ዝዘትን ዝውስንን ኮሚሽን ቑይሙ ይሰርሕ ከም ዝነበረ ኣፍለጡ።[2] እቲ ኮሚሽን ንኣስታት ሰለስተ ቕነ ጽዑቕ ዘርርብ ከም ዝገበረን፡ መንግስቲ ኤርትራ ድማ ኣብቲ ዝተባህለ ተመርኩሱ መልሲ የዳሉ ከም ዝነበረን'ውን ሓበሩ።[3]

ኣብ መደምደምታ ጸብጻቦም፡ ኣባላት ባይቶ ዘይተረድኦም ነገራት እንተ ነይሩ፡ ባዕሎም ይኹኑ መተዓይይቶም ኣብ መጋባእያ እናመጹ መግለጺ ንኽህቡ ድሉው ከም ዝኾኑ ኣመልከቱ።

> ዝሓለፈ በዓል ነጻነት ኢትዮጵያ ኣብ ኣዲስ ኣበባ ከም ዝወዓልኩ ትፈልጡ ኢኹም። ብግርማዊ ንጉስ ነገስትና ዝተዋህበኒ ክብ ዝበለ ሽልማትን ሽመትን ንኣይ ጥራይ ዘይኮነስ ንሃገርና ክብርን ሽልማትን ስለ ዝኾነ፡ ከምቲ ደስ ዝበለኒ ደስ ይብልኩም።

ድሕሪ ምባል ድማ፡ ዕድመን ጥዕናን ንንጉስን ንግስትን ተመንዩም ካብ ባይቶ ተፋነወ። ባይቶ ሕቶ ወይ ርእይቶ ኣይሃበን። ተድላ ይኹኑ ደገፍቶም ግን በቲ ዝሃቡዎ ጸብጻብ ኣፍ ተቓወምቶም ክዓጽዉ ዝተተስፈዉ ይመስሉ ነበሩ። ጋዜጣ ኢትዮጵያ ብዛዕባኡ ንዝበሎ ንርአ፡

> … ሕዝብና ሓሜትን ወሬን ዕላልን ገዲፉ፡ ነዚ መራሒ መንግስትና ኣቕሪቦምዎ ዘሎዉ ጸብጻብ ብዓቢይ ምግዳስ ኣስተውዒሉ፡ ንኽንደዚ ዚኣኽሉ ሰራሕተኛታት፡ ሆስፒታላት፡ ኣብያተ-ትምህርቲ፡ ምምሕዳር ኣብያተ መንግስቲ ዚኸውን ገንዘብ ካበይ ከም ዚመጽእ ኪሓስብ'ሞ ንመራሒ መንግስቱን ንሓገዝቱን ንልኡኻት ባይቶኡን ከመይ ዝበለ ገድሊ ከም ዘሎዎም ኬስተውዕል፡ ኣበየናይ ደረጃ በጺሑ ከም ዘሎ ድማ ኪዝክር መላሊስና ክነተሓሳስቦ ንፈቱ። ኣብ ሃገርና ምስትውዓል እንተ ደኣ ነጊሱ፡ ወረ ከምዝምጋስን ርግጽ'ዩ።[4]

2. ኣባላት እቲ ኮሚሽን እዞም ዝስዕቡ ነይሮም፡ ካብ ኢትዮጵያ ምናሴ ለማ - ናይ ገንዘብ ምክትል ሚኒስተር፡ ለገሰ ጉበረ - ናይ ጉምሩክ ዋና ዳረክተር፡ ሚስተር ከርክር - ኣማኻሪ ገንዘብ፡ ሚስተር ተርሊንግተን - ኣማኻሪ ሕጊ፡ ሰይፉ ጉበረየሃንስ - ወኪል ሚኒስትሪ ገንዘብ ኣብ ኤርትራ። ብወገን ኤርትራ፡ ተኽለሃይማኖት በየነ - ሰክረታሪ ፋይናንስ፡ ኣለን ሰሚዝ - ኣማኻሪ ፋይናንስ፡ ፍስሓጽዮን ሃይለ - ሰክረታሪ ኢኮኖሚ፡ ሚስተር መትሸን - ኣቶርኒ ጀነራል።
3. ኮሚሽን ዝተዛረበሉ ኣርእስቲ እዚ ዝስዕብ ነበረ፡ ኣመቓቕላ ኣታዊ ገንዘብ ጉምሩክ፡ ፈደራል ግብሪ ቀረጽ (ነቢት፡ ኣልኮል፡ ትምባኾ)፡ ግብሪ ጨው፡ ኣገልግሎት ፈደራል መንግስቲ ኣብ ኤርትራ ዝኸፍሉዎ ግብሪ… ወዘተ። ዘመን፡ እ.ጽ. 1 ርአ።
4. ኢትዮጵያ፡ 7ይ ዓመት ቍ. 411፡ 25 ሰነ 1953።

ሕቶን ክትዕን ኣብ ባይቶ

ጸብጸብን መደረን ተድላ ኣፍ ኣባላት ባይቶ ንኽዓጹ ተስፋ እንተ ተነቢሩሉ፡ ኣይሰለጠን። ብቐዳምነት፡ ባይቶ ዘልዓሎ'ሞ መራሕ መንግስቲ ብጽሑፍ ይኹን ብኣካል ዘዕግብ መልሲ ዘይሃቡሉ ሕቶታት ነይሩ ኢዩ። ካብቲ ብዙሕ ንኣብነት፡ ኣኪቶ ዘቕረቡዎ ንኣገባብ ኣመሓዳድራ ደንካልያ፡ ብፍላይ ድማ ንኸተማ ዓሰብ ዘርኢ ሕቶ ነበረ። ኣኪቶ፡ ነቲ ኣብ ዓሰብ ዝነበረ ካብ ናይ ካልኦት ከተማታት ኤርትራ ኣዝዩ ክብ ዝበለ ዋጋታት መግብን በንዚንን ናፍታን ኣመልኪቶም፡ ስለምንታይ ከምኡ ከም ዝኾነ ሓቲቶም ነይሮም። ንበንዚን ብዝምልከት፡ ዋጋ ሓንቲ ሊትሮ ኣብ ዓሰብ ዳርጋ ሰለስተ ዕጽፊ ናይ ባጽዕ ዋጋኣ ነበረ። ኣኪቶ፡ እቲ መንግስቲ ዝሃቦ ምኽንያት ናይ ስእነት ጋብላታት ኣብታ ኸተማ ብጭብጢ ውጹኞ ብምግባር፡ ህዝቢ ደንካልያ እናማረረ ስቕ ዘተባህለሉ፡ ንዓሰብ ካብ ኤርትራ ፈሊኻ ንምሓዝ ከም ዝመሰሎም ኣብቲ ዘቕረቡዎ ሕቶ ኣተንብሁ።

ፍስሓጽዮን ሃይለ ንሕቶ ኣኪቶ ኽምልሱ እንከለዉ፡ ነዳዲ ኣብ ዓሰብ ዝኸበረሉ ምኽንያት፡ ብቐጥታ ካብ ዓደን ናብኡ ስለ ዝመጽእን መንግስቲ ኢትዮጵያ ድማ ዋጋ መጓዓዝያ እናበለት ኣብ ነፍስ ወከፍ ሊትሮ 9½ ሳንቲም ከተኽፍል ስለ ዝወሰነትን ኢዩ በሉ። ብዛዕባ'ዚ ምስ ፌደራል መንግስቲ ዝርርብ ከም ዝጀመሩን ንመረረ ህዝቢ'ውን ከም ዝተገንዘቡን ድሕሪ ምሕባር፡ "ልክዕ'ዩ፡ ዓሰብ ኣብ ውሽጢ ክፍሊ ምምሕዳር ቀይሕ ባሕሪ'ኳ እንተ ተረኽበት፡ ብቑጠባ ግን ካብ ካልኦት ክፍልታት ኤርትራ ዝተፈልየት'ያ። እቲ ኣብ ዓሰብ ዘሎ ኽብሪ መነባብሮ፡ ብዝያዳ ብሰንኪ ራሕቅን ንሱ ዘስዓቦ ናይ መጓዓዝያ ሽግራትን ዝመጸ ኢዩ" በሉ።[5]

መግለጺ ፍስሃጽዮን ንሕቶ ኣኪቶ ብምሉኡ ኣይመለሰን። ኢትዮጵያ ካብቲ እዋን'ቲ ጀሚራ ኣብ ልዕሊ ዓሰብ ናታ መደብ ከም ዝነበራ ካብ በዓል ኣኪቶ ዝተኸወለ ኣይነበረን። ጸኒሕና'ውን እዚ ኣንፈት'ዚ ናብ ምንታይ ከም ዝማዕበለ ኽንርኢ ኢና። ብዝኾነ፡ ኣብዚ ጉዳይ'ዚ መንግስቲ ዘዕግብ መልሲ ኣይሃበን። ከም ኩሉ፡ ብ"ይዝረበሉ ኣሎ" ኢዩ ሓሊፉዎ። እዚ ድማ ሓደ ዕቑር መሰሓሓቢ ኾነ።

ካልኣይ ብመራሕ መንግስቲ ዘይተመለሰ ውንዙፍ ሕቶ፡ ብግራዝማች ዑስማን ሱሌማን ዓብደላ ዝቐረበ፡ ንሕጋውነት ምዕጻው ደሃይ ኤርትራ ዝምልከት ነበረ። ናይ ውሽጣዊ ጉዳያት ሰክረተራ፡ መሓመድ ሰዒድ ፈኪ ዓሊ፡ ደሃይ ዝተዓጽወትሉ ምኽንያት፡ "እቲ ኣብ ልዕሊኡ ሓላፍነት ተቐቢሉ ዝነበረ ሰብ፡ ንጸጥታን ንድሕነትን ሃገር ኬሰናኽል ዝኽእል ዓንቀጻት የሕትም ስለ ዝነበረ ኢዩ"፡ በሉ። ብተወሳኺ ፈኪ ዓሊ፡ እቲ ሰብ ተደጋጋሚ ስምዕታ'ኳ እንተ ተዋህቦ፡ ነቲ ዝመስል ዓንቀጻት ምሕታም ስለ ዝቐጸለ፡ እታ ጋዜጣ ከም ዝተዓጽወትን፡ በዚ ድማ ደሞክራስያዊ ስርዓት ከም ዘይተጋህሰን ኣፍለጡ።[6]

5. EA, Minutes No. 142, 16 March 1953.
6. EA, Minutes No. 168, 8 June 1953. ዘመን 1ይ ዓመት ቊ. 60፡ 19 ሰነ 1953።

ፊኪ. ዓሊ. ነዚ. ምስ መለሱ፡ ተድላ ድማ ጸብጻቦም ናብ ባይቶ ቕድሚ ምሃቦም ኣብ ዝነበረ መዓልታት፡ ላዕለዋይ ቤት ፍርዲ ኤርትራ ነቲ ኣብ ልዕሊ ኣዳለውቲ ደሃይ ኤርትራ ቐሪቡ ዝነበረ ኽሲ ነጸጉ። ንቶም ክሱሳት ድማ ናጻ በሎም'ሞ፡ እቲ ጉዳይ መሊሱ ኣብ ባይቶ ተላዕለ። ነዚ ዘልዓሉ ኢብራሂም ሱልጣን ንኻልእ ዓበይትን ኣገደስትን ኣርእስትታት'ውን ንኽትዕ ኣቕረቡ። ብደሃይ ኤርትራ ክንጅምር።

ምዕጻው ደሃይ ኤርትራ፡ ምግሃስ ናይቲ ዓንቀጽ 22(መ)ን ዓንቀጽ 30ን ናይ ህንጻ መንግስቲ ኤርትራ ዝህቦ ሓሳብካ ናይ ምግላጽ ናጽነት ኢዩ በሉ ኢብራሂም። እቶም ክሱሳት ብቤት ፍርዲ ናጻ ምባሎም፡ ነዚ ዝበሉዎ ምግሃስ መሰላትዶ ኣየረጋግጽን ኢሎም'ውን ንተድላ ብጽሑፍ ሓተቱ።

ተድላ ኣብ መልሶም፡ ዓንቀጻት ህንጻ መንግስቲ ኣይተጣሕሰን በሉ። እዚ ዓንቀጻት'ዚ፡ ቀጸሉ ተድላ፡

> ዘኾነ ይኹን ሰብ ዘይግብኦን ናይ ዓመጽን ቃል እናሕተመ ንኻልእ ሰብ ንምውራድ ሓደው ከኣ ንድሕነት ሃገር ንምቅዋም ሓርነት ዝህብ ኣይኮነን። ... ደሃይ ኤርትራ ተኸልኪሉ ዘሎ ብሕጊ ኢዩ።

ነቲ ላዕለዋይ ቤት ፍርዲ ዝሃቦ ውሳነ ኣመልኪቶም ድማ፡ ነቲ ጉዳይ ናብ ዝለዓለ ቤት ፍርዲ ይግባይ ክብሃለሉ ዘኽእል ሕጋዊ መገዲ ንኸናድዩ፡ ንዘምልከቶም ትእዛዝ ከም ዝሃቡ ኣመልከቱ።[7] እቲ ጉዳይ ንጊዜኡ ኣብዚ ደው በለ።

እዚ ዝተባህለ ብውንዙፉ እንከሎ፡ እቶም ድሕሪ ንውሕ ዝበለ ተዛማዲ ስቕታ ኣብ ባይቶ ድምጾምን ተቓውሞኦምን ከስምዑ ዝጀመሩ ኢብራሂም ሱልጣን፡ ተድላ መደረኦም ወዲኦም ካብ ባይቶ ምስ ወጹ፡ “ዘረባኦም ነቲ ዝተጸበናዮ ነገራት ኣየልዓለን። ብዛዕባ ወደባት፡ ቴለግራፍን ናይ ውሽጢ መጓዓዝያን፡ ከምኡ'ውን ብዛዕባ ኻልእ ዓበይቲ ጉዳያት ኣየልዓለን...” በዚ ድማ ናይ ክትዕ መዓልቲ ይፈለየሉ ክብሉ ሓቲቶም ነይሮም'ዮም። ብዛዕባ'ዚ ግን ንጹር መልሲ ኣይረኸቡን። እቲ ጉዳይ'ውን ዝሰዕቦ ኣይረኸበን። ኣብ ልዕሊኡ ግን፡ ብዛዕባ ተሳታፍነት ኤርትራውያን ኣብ ፈደራል ስራሓትን ተራ ፈደራል ቤት ምኽሪ ኣብ ቅርጺ'ቲ ፈደረሽንን ንኽበርሃሎም ንተድላ ዓበይቲ ሕቶታት ኣቕረቡ።

ተድላ፡ እቲ ከም ምምሕዳር ምድሪ ባቡር፡ ቡስጣን ቴሌግራፍን፡ ጉምሩክ... ዝመስል ጉዳያት ንመንግስቲ ኢትዮጵያ ስለ ዝግባእ፡ እቲ ላዕለዋይ ስልጣን ንዓኣቶም ክወሃብ ግቡእ ምንባሩ፡ ኣብቲ ታሕተዋይ ጽፍሕታት ኤርትራውያን ምቝጻሮም ድማ ከም ሓደ ሓለፉ ከም ዝውሰድ ኣብርሁ። ነቲ ብዙሕ ዘካትዕ ኤርትራውያን ድማ ዘጉረምርሙሉ ዝነበሩን ተሳታፍነት ኤርትራውያን ኣብ ባይቶ ኢትዮጵያ ብመጠን ብዝሒ ህዝቢ ኤርትራ ኸኣ፡ ተድላ ከም ጽቡቕ ኣብነት ናይ ምቅዳው ክልቲኡ መንግስታት ክርአ ኣሎዎ በሉ። ብግምቶም፡ ንነፍስ ወከፍ 1 ኤርትራዊ 12 ኢትዮጵያውያን ስለ ዝነበሩ፡ ወይ ድማ፡ ብዝሒ

7. EA, Minutes No. 175, 25 June 1953. ዘመን 1ይ ዓመት ቍ. 65, 7 ሓምለ 1953።

ህዝቢ ኤርትራ 1/12 ናይ ህዝቢ ኢትዮጵያ ስለ ዝነበረ፡ ሓሙሽተ ኤርትራውያን ናብ ባይቶ ኢትዮጵያ ንኽለኣኹ ምፍቃድ ዓቢ ነገር ኢዩ በሉ። እንተ ብዛዕባ ፈደራል ቤት ምኽሪ ግን፡ እቶም በዓል መሓመድ ዑመር ቃዲ ዝነበሩዎም ሓሙሽተ ኣባላት ምስ መዘናታቶም ኢትዮጵያውያን ኣብ ዝርርብ ስለ ዝነበሩ፡ ብዛዕባኣም ምዝራብ ነቲ ዝርርብ ምዕንቃፍ ከይከውን ንኽጸንሕ ሓተቱ። በዚ ደው ከይበሉ፡ ፈደራል ቤት ምኽሪ፡ "ምኽሪ ምሃብ'ዩ ስራሑ፡ ምኽሪ ድማ ቕቡል ክኸውንን ከይከውንን ይኽእል" ብምባል ነቲ ተስፋ ተነቢሩሉ ዝነበረ ፈደራል ቤት ምኽሪ ኣነኣኣሱ።[8]

እዚ መልሲ'ዚ፡ ብፍላይ ድማ እቲ ንፈደራል ቤት ምኽሪ ዝምልከት ዳሕረዋይ፡ ንኢብራሂም ይኹን ነቶም ናይ ባይቶ መሰላቶም ከዕግቦም ኣይከኣለን። እቲ ፈደራል ቤት ምኽሪ በቲ ዝተመስረተሉ መንፈስን ዕላማን ይሰርሕ ከም ዘይነበረ ዘመልክት ብዙሕ ኣመታትን ትሒም ትሒምን ብሰፊሑ ይርአን ይውረን ነይሩ እዩ። ካብ እዋን ምስግጋር ስልጣንን ፈጻሚ ኮሚተን (Executive Committee) ጀሚርካ፡ ብዙሕ ኣካታዒ ነገር ነቲ ቤት ምኽሪ ይግደፍ ከም ዝነበረ፡ እዚ ድማ ኣብቲ ቤት ምኽሪ ተስፋ ከም ዝሓድር ከም ዝገበረ ዝዝከር'ዩ። ብኻልእ ወገን፡ ፈደራል ቤት ምኽሪ ንተድላን ምምሕዳሮምን መመኽነይታን መዐደጊ ጊዜን እናኾነ ይኸይድ ኣሎ ዝብል ስምዒት ኣብ ብዙሓት ሰረጸ።

ኢብራሂም ሱልጣን፡ ንነፍሰ ወከፍ ብኢትዮጵያ ዝፍጸም ምግሃስ መሰላት ኤርትራ ዝከታተሉ ዝነበሩ ኢዮም ዝመስሉ። ንኣብነት፡ ኣጠቓቕማ ባንዴራታት ኤርትራን ኢትዮጵያን ስሩዕን ሕጋውን ስለ ዘይነበረ፡ ቅጥዕን ሕግን ንኽግበረሉ ንመራሕ መንግስቲ ሓተቱ።

ተድላ ነዚ ሕቶ'ዚ፡ "ካብ ክልቲኦን ባንዴራታት ኣየነይቲ ቀዳምነት ትረክብ?" ከም ምባል ስለ ዝተረድኡዎ፡ ሕጊ ክወጸሉ ከም ዝክኣል፡ እንተ ኾነስ መንግስቲ ካብኡ ብዝዓቢ ካልእ ሕግታት ስለ ዝተታሕዘ ብዙሕ ከም ዘየድሃብሉ ገለጹ። ውሰኽ ኣቢሎም ድማ፡ ሓንትን ሃገራዊትን ባንዴራ እታ ናይ ኢትዮጵያ ኾይና፡ ንሳ ድማ ኣብ ልዕሊ'ታ ናይ ኤርትራ ቀዳምነት ክትሕዝ ግድን ከም ዝኸውን ኣረድኡ።[9] ሕቶ ኣተሓሕዛ ባንዴራ ኤርትራ፡ ንመጀመርታ ጊዜኡ ኣይኮነን ኣብ ባይቶ ይኹን ብህዝቢ ዝቐርብ ዝነበረ። ህዝቢ ኤርትራ፡ እታ ሰማያዊ ዝምድራ፡ ኣብ ማእከላ ብቈጽሊ ኣውሊዕ ዝተሰለመት ምልክት፡ ከም መግለጺ መንነቱ ወሲዱዋ ነይሩ ኢዩ። ቀስ ብቐስ'ውን ምስኣ ሓደ ናይ መንፈስ ምትእስሳር እናማዕበለ፡ ከም ጨራ ናይ ተስፋ እናተቐበላ'ውን ከይዱ ኢዩ። በዚ ምኽንያት'ዚ፡ መልሲ ተድላ ንሕቶ ኢብራሂም ንብዙሓት ባህ ከም ዘየበለ ክግመት ይክኣል።

ባይቶ ኤርትራ፡ ናብ'ቲ መንግስቲ ወይ ምምሕዳር ዘቕርቦ ዝነበረ'ሞ ከይተመለሰ ዝሓልፍ ወይ'ውን ኣዕጋቢ መልሲ ዘይወሃቦ ሕቶታት እናበዝሐ ብዝኸደ መጠን፡ ዘይምቅዳው ክፈጥር ግድን ኮነ። ከምቲ ዝተጠቕሰ፡ መንግስቲ

8. Ibid.
9. Ibid.

ተድላ ብጉቦን ብልሸውናን ወይ ብርኡይ ኣድልዎ'ኳ ኣይተሓመ'ምበር፡ ገለ ናይ ኣሰራርሓ ጉድለታት ከም ዝነበሮስ ቡብጊዜኡ ይርአ ነይሩ ኢዩ። ንኣብነት፡ እቶም ነቲ መንግስቲ ክሕግዙዎ ተባሂሎም ድሕሪት ተሪፎም ዝነበሩ እንግሊዛውያን ቡብሓደ ስራሕ ክለቁን ንዓዶም ክምለሱን ምስ ጀመሩ፡ ባይቶ ዝሓተሉን ዝግደሰሉን ጉዳይ ኮነ። ድሕሪ'ቲ ድሮ ዝተዛረብናሉ ዊልሶን ሂስኮት፡ ዋና ኦዲተር ዝነበረ ኣለን ስሚዝ'ውን ኣብ ከባቢ ሰነ ካብቲ ሒዙዎ ዝነበረ ስራሕ ብምስንባት ናብ ናይ ፋይናንስ ኣማኻርነት ተሰጋገረ።[10] ኦዲተር ጀነራል ምስ ባይቶ ኾይኑ ንመንግስቲ ስለ ዝቈጻጸር፡ ከም ናይ ባይቶ ጸግዒ ኢዩ ዝቑጸር ዝነበረ። ስሚዝ፡ ብዘይ ኣፍልጦ ባይቶን ጸብጻቡ'ውን ከየረከበን ናብቲ ሓደ ወገን ምስግጋሩ፡ ንባይቶ ዘቘጥዐን ከም ዘይቅኑዕ ኣገባብ ዝተወሰደን መዛረቢ ኾነ። ብዙሓት ከኣ፡ ከምዚ ዝመሰለ ነገራት ድኽመት መንግስቲ ጥራይ ዘይኮነ፡ ናይ ባይቶ'ውን'ዩ ዝብል ስክፍታኦምን ተቓውሞኦምን ገለጹ።[11]

ኣብዚ ንዛረበሉ ዘሎና ኣዋርሕ፡ ባይቶ ኤርትራ ሓያሎ ኣገደስቲ ሕግታት ንምጽዳቕ ጽዑቕ ክትዕ ዘካይደሉ ዝነበረ ኢዩ። እዚ ንናይ ሲቪል ሰራሕተኛታት፡ ንሕጊ ምርጫን ንሕጊ መቕጻዕቲ ሞትን ዝምልከት ኮይኑ፡ ገሊኡ ብኮሚተ ገሊኡ ድማ ኣብ መጋባእያ ዝዘተየሉ ኢዩ ዝነበረ። ካብዚ፡ እቲ ናይ ምርጫ ሕጊ ንነዊሕ ጊዜ ስለ ዝተጓተተን ካልእ ሳዕቤን ስለ ዘኸተለን፡ ጸኒሑ ኽርአ ኢዩ። እቲ ንመቕጻዕቲ ሞት ዝምልከት ግን ኣብቲ ጊዜኡ ብዙሕ ምስሕሓብን ህልኽን ኣኸተለ።

እቲ ብባይቶ ዝቐረበ ንእማመ መራሕ መንግስቲ ዘመሓየሸ ሓሳብ፡ ሓደ ናይ ኤርትራ ቤት ፍርዲ ናይ ሞት ብያነ ምስ ሃበ'ሞ እዚ ድማ ብሃጸይ ሃይለስላሴ ምስ ረግአ፡ እቲ ፍርዲ ኣብ ርእሲ ኸተማ ናይታ ገበን ዝተፈጸመላ ኣውራጃ ብማሕነቕቲ ወይ በደብዳብ ጥይት ኣብ ቅድሚ ህዝቢ ንኽፍጸም ዝእዝዝ ነበረ። ተድላ ባይሩ፡ ነቲ ማሕነቕቲ ይኹን ናይ ጥይት ደብዳብ ኣብ ቅድሚ ህዝቢ ይፈጸም ዝብል ክፋል ናይቲ እማመ ኣይተቐበሉዎን። ኣብ ቅድሚ ስልጡን ህዝቢ ዓለም ዘነውር ተግባር ክኸውን ስለ ዝኽእል ብፍላይ ድማ ገበን ንዝፈጸሙ ወጻእተኛታት በዚ ኣገባብ ምቕጻዕ ከም ዘይግባእ ድሕሪ ምምልካት፡ እቲ እማመ ዳግም ተራእዩ ንኽመሓየሽ ዝሓትት መልሲ ናብ ባይቶ ለኣኹ። "ደቀንስትዮ ፍሩዳትከ ኣብ ቅድሚ ህዝቢ ዲየን ክሕነቓ?" ኢሎም'ውን ሓተቱ።[12]

እዚ ብግዲኡ ኣዝዩ ርሱን ክትዕን ምስሕሓብን ፈጠረ። ኣባላት ባይቶ ኣብ ክልተ ተገሚዖም ተኸራኸሩ። መራሕ መንግስቲ፡ ቅኑዕ ኮይኑ ንዘይተራእዩ እማመ ናብ ባይቶ ክመልስ መሰል'ኳ እንተ ነበሮ፡ ኣብዚ ጉዳይ'ዚ ግን ተጋግዩ ዝብሉ ብሓደ ወገን ተሰርዑ። እዚኣቶም ናይ ሞት ፍርዲ ኣብ ቃልዕ ምፍጻም፡

10. ምዕራፍ 13፡ እ.ጽ. 26 ርአ።

11. EA, Minutes 170, 22 June 1953. ኣባ ሃብተማርያም ንጉሩ ነቲ ጉዳይ ኣብ ባይቶ ብምልዓል፡ ኣለን ስሚዝ ካብ ኣገልግሎት ባይቶ ናብ መንግስቲ ዝተሰጋገረሉ ምኽንያት፡ ኣብ ልዕሊ ባይቶ ንዕቀት ስለ ዘሕደረ፡ ባይቶ ኣዝዩ ድኹም ምዃኑ ስለ ዘስተብሃለ ኢዩ ክብሉ ኣማረሩ። ብዘይካኦም፡ ዑመር ኣኪቶ፡ በዛብህ ተሰፋብሩኽ፡ ሓድገምበስ ክፍሎምን... ካልኦትን ቅሬታኦም ገለጹ።

12. ዘመን፡ ሕገ ኵነኔ ሞት ናይ 1953፡ 1ይ ዓመት ቍ. 56፡ 5 ሰነ 1953። EA Minutes No. 170, Appendix A, 9 June 1953.

ከም መፈራርሕን መግትእን ንኻልኦት ገበነኛታት ከገልግል ስለ ዝኽእል፡ ባይቶ ሓሲቡ ዝገበሮ ኢዩ'ሞ፡ በቲ ዝቐረቦ ይርጋጸ ዝብሉ ኾኑ። ብቐደሙ፡ ገበን ዝፍጸሙ ወጻእተኛታት ሓላፍነት ፈደራል መንግስቲ ይኹኑ ስለ ዝተባህለ፡ ወይ ብፈደራል ቤት ፍርዲ ይፈረዱ ወይ ድማ ከም ማንም ኤርትራዊ ይርአዩ'ውን በሉ። መሓመድ ዑመር ኣኪቶ'ሞ ንገበነኛ ጓል ኣንስተይቲ ኣመልኪቶም፡ "ሰበይቲ ኣብ ምቕታል እንተ ደአ በጺሓ ከም ሓደ ብቕትለት እተኸሰሰ ወዲ ተባዕታይ ኢያ" ክብሉ መጕቱ። [13]

በቲ ሓደ ኣንጻር ድማ፡ ከምቲ መራሕ መንግስቲ ዘመልከቱዎ፡ ማሕነቕቲ ኣብ ቅድሚ ህዝቢ ኣነዋሪ ተግባር ኢዩ'ሞ ነመሓይሾ ዝብሉ ሓያሎ ኣባላት ተረኽቡ። እቲ ኽትዕ ግን ብቕኑዕነትን ዘይቕኑዕነትን ናይቲ እማመ ጥራይ ኣይኮነን ዝተረሳሰነ። ብታሕቲ ታሕቲ፡ ንስልጣን ተድላ ናይ ምብዳህ፡ ነቲ እማመ ባይቶ ንድሕራት ናይ ምምላስ፡ ንመሰሎም ናይ ምቕዋም ድፍኢት ነይሩ ኢዩ። በዛብህ ተስፋብሩኽ፡ ሓደ ኻብቶም ብዙሕ ሕቶታት ዝሓቱ ዝነበሩ ኣባል፡ መራሕ መንግስትን ኣማኻሪ ሕጎምን ባይቶ መጺኦም ብዛዕባ'ቲ ጉዳይ ንኽረድኡ ሓተቱ። ኢብራሂም ሱልጣን ከኣ ነቲ ጉዳይ ዝርኢ ኮሚተ ንኽቐውም ኣመሙ።[14]

እቲ ኽትዕ ኣዝዩ ረሲኑን ናብ ካልእ ገጹ'ውን ኣምሪሑን ክኸውን ነይሩዎ። ምኽንያቱ፡ ኣቦ መንበር ዓሊ ረድኣይ ሃንደበት ክትዕ ኣቋሪጾም ዕረፍቲ ኣዘዙ። ኣብ ናይ ድሕሪ ቐትሪ ርክብ ናይቲ ዕለት'ውን እንተ ኾነ፡ ገለ ናይ በዓል ምኽንያት ፈጢሮም ነቲ ኽትዕ ካብ ዓርቢ ንሰሉስ ኣሳገሩዎ። መጋብእያ ቅድሚ ምዕጻዎም ግን ነዚ ዝሰዕብ ኣማቲ ዝኾነ ቓል ለበዋ ኣስምዑ፡

> ካብኻትኩም ገሊኣቶም ኪዛረቡ ከለዉ ካብቲ ግቡእ ዝኾነ መንገዶም ኪወጹ ኪርአዩ ዜጉሂ ኢዩ። ብግቡእ ንምክርኻር ሓርነት ከም ዜድሊ ኣነ እውን ከማኻትኩም ዝእመኖን ዝድግፎን ነገር ኢዩ። ግናኸ፡ እቲ ክርክር ከምዚ ኣብ ማእከልኩም ዝርኤ ዘሎ ናብ ነቐፋ ኪልወጥ ግቡእ ኣይኮነን። ምስቲ ናይ ባይቶ ቀዉም ትእዛዝ ዚሰማማዕ እውን ኣይኮነን እሞ፡ ንባይቶ ዜኸርዕ ከም ዘይኮነ ምዝካር።

ዓሊ ረድኣይ ቀጺሎም፡ መራሕ መንግስቲ፡ እማመ ሕጊ መሊሱ ብባይቶ ንኽርአ ክመልሱዎ ሕጊ ከም ዘፍቅደሎም ድሕሪ ምግንዛብ፡ ከምዚ በሉ፡

> (ከምዚ ካብ ኮነ...) መራሕ መንግስቲ ኣብ ልዕሊ ባይቶ ስልጣን ከርእዩ ኸም ዝሓስቡ፡ ካብቲ ብህንጻ መንግስቲ ኤርትራ እተወሰነሎም ወሰን እውን ኸም ዘይወጹ፡ ኽምቲ ብህንጻ መንግስቲ ተባሂሉ ዘሎ ኸኣ ባይቶ ነዚ ሕጊ'ዚ ብኽልተ-ሲሶ እንተ ደለየ ኪቕበሎ እንተ ዘይደለየ ድማ ኪሕስሞ ክእለት ከም ዘሎዎ ትፈልጡ ኢኹም።[15]

13. ዘመን፡ 1ይ ዓመት ቍ. 67፡ 14 ሓምለ 1953።
14. ከም እ.ጽ. 13። ቀንዲ ደገፍቲ ሓሳባት ተድላ፡ መንግስቱ ደበሳይ፡ ሰፋፍ ህያቡ ... ክኾኑ እንከለዉ፡ ኢብራሂም ሱልጣን፡ ኣኪቶ፡ በዛብህ ተስፋብሩኽ፡ ቃዲ ዓሊ ዑመርን ነቲ ናይ ባይቶ እማመ ደፍኡሉ።
15. ከም እ.ጽ. 13። EA, Minutes No. 189, 9 July 1953.

ዓሊ ረድኣይ ዝሃቡዎ ተግሳጽን ለበዋን ብዓይኒ ሕጊ ቅኑዕ'ኳ እንተ ነበረ፡ ኣብቶም ኣባላት ነቲ ዝደለዩዎ ውጽኢት፡ ማለት ነቲ ተድላ ዝሓተቱዎ ምምሕያሽ ኣይረኸቡን። ኣብዚ ጊዜ'ዚ፡ ብዙሓት ኣባላት ንዓሊ ረድኣይ ባዕሎም ከም ቀንዲ ጽግዕተኛን ኣፈኛን ተድላ ባይሩ ኽርእዩዎም ጀሚሮም ነይሮም'ዮም። ስለ'ዚ፡ እቲ ምምሕያሽ ሽዑ ኣይተገብረን፤ ብኣንጻሩ፡ እቲ ሕጊ መሊሱ ንኽርእ፡ ባይቶ ንኮሚተ ሕጊ ኣመሓላለፎ።[16] እቲ ናይ ሕጊ ኮሚተ ብወገኑ፡ ናይ ሞት መቕጻዕቲ ኣብ ቅድሚ ህዝቢ ወይ ኣብ ውሽጢ ቤት ማእሰርቲ ንኽፍጸም ዝውስን መራሒ መንግስቲ ይኹን ዝብል ኣተዓራቒ መገዲ ኣምጺኡ ኣብ ባይቶ ኣወሰኖ።[17]

ውጺኢቱ ብዘየገድስ፡ እዚ ኽትዕ'ዚ መርኣያን መጀመርታን ናይቲ ጸኒሑ ናብ ምብታኽ ዘብጽሐ ምብልሻው ዝምድና ተድላን ባይቶ ኤርትራን ኮነ።

ዑመር ቃዲን ምምካን ፈደራል ቤት ምኽርን

እቲ ብሓሙሽተ ኤርትራውያንን ክንድኦም ኢትዮጵያውያንን ዝቖመ ፈደራል ቤት ምኽሪ፡ ምንጪ ብዙሕ ተስፋን ትጽቢትን መንግስትን ህዝብን ኤርትራ ከም ዝነበረ ብዙሕ ጊዜ ጠቒስና ኣሎና። ኣብ ወርሒ ግንቦት ግን እቲ ሓቀኛ ሕብሩ ወይ ትሕዝቶኡ ክቕላዕ ጀመረ። ካብቶም ሓሙሽተ፡ ብላታ መሓመድ ዑመር ቃዲ ጥራይ'ዮም ብዛዕባ ተመክሮ ናይቲ ቤት ምኽሪ ሽዑ ይኹን ድሒሮም ጽሑፋት ገዲፎምልና ዘለዉ።[18]

መሓመድ ዑመር ቃዲ (ማእከል) ኣብ እዋን ምርጫታት ንባይቶ ኤርትራ።

16. EA, Minutes No. 194, 16 July 1953.
17. Ibid. እቲ ኮሚተ፡ እቲ ሕጊ ሽፍትነት ንኽገትእ ኣድላዪ ኢዩ ዝብል ክትዕ ኣቕረበ።
18. እቶም ዝተረፉ ኣርባዕተ፡ ጸጋይ ተፈሪ፡ ኣዱም መሓመድ ኣጉዱባይ፡ ገብረመድህን ኣስሄልን ገብረእግዚኣብሄር ገብረሚካኤልን ነበሩ።

"ታሪኽ ሃገርካ ምፍላጥ" ኣብ ዝብል ብኢዶም ዝተጻሕፈ ናይ ውልቀም ዝኽሪ፡ ዑመር ቃዲ ንሓፈሻዊ ተመኩሮ እቲ ፌደራል ቤት ፍርዲ በዚ ዝስዕብ ገለጹ። እቶም ሓሙሽተ ኸኣ በሉ፡

... ምኻድ ከይዶም። ደሞዝ'ውን ተገይሩሎም። ኣብ ኣልቤርጎ እቴጌ መነን ደቀሱን ተቐመጡን ድኣ'ምበር ኣብ ምንም ስራሕ ተረኺቦም ንኽሰምዑ ዋጋ ኣይተዋህቦምን። ... (ንሳቶም) ኣዲስ ኣበባ መ'ኺሮም ነቲ ኪኸውን ዘሎዎ ኣብ ጃንሆይ ኣቕሪቦም ኪጥይቑ ዚግብኦም፡ ብብዙሕ ምኽንያት ብዙሕ ሽግር ስለ ዝገጠሞም፡ ካብ ወርሒ 12፡ 1952 ክሳብ ወርሒ 4፡ 1953 እዚ ኹሉ ወርሓት ተቐሚጦም ሓንቲ ከሰልጡ ስለ ዘይከኣሉ፡ ወርሒ 4 ናብ ኣስመራ ተመልሱ። እቲ ብመንግስቲ ኤርትራ ተዋሂቡዎም ዝነበረ 27 ዝኾነ ኣጀንዳ... ካብኡ ሓንቲ ነገር ክሰማምዑን ከሳልጡን ኣይተኻኣሎምን። ...ኣብ ኤርትራ ተመሊሶም ... ንመራሕ መንግስትን ንባይቶን እቲ ዘጋጠሞም ሽግርን እቲ ስርሖም ዘይምስላጥን ከቕርቡ እንከሎዉ፡ እቲ ባይቶን መንግስትን ፈርሐ። ኣድላዪ ኾይኑ ኪጥይቕ ዝደለየ ኣባል ጸላኢ ኢትዮጵያ ተባህለ።[19]

ንዑመር ቃዲ ናብዚ መደምደምታ'ዚ ዘብጽሖም ኩሉቲ ኣብ ልዕሊኦምን ኣርባዕተ ብጾቶምን ዝወረደ ንዕቀትን ኣሸካዕላልን ክኸውን እንከሎ፡ ብዝያዳ ግን ንኣገባብ ኣቃውማ ፌደራል ቤት ፍርዲ ኣብ ኤርትራ ኣትሪሮም ተቓወሙ። ምኽንያቱ፡ ንሳቶም ብዛዕባኡን ብዛዕባ ካልእ ጉዳያትን ምስ ዝምልከቶም ኣካላት መንግስቲ ኢትዮጵያ ንኽዘትዩ ኣብ ኣዲስ ኣበባ እናተጸበዩ እንከለዉ፡ ከምቲ ኣቐዲምና ዝረኣናዮ ኢትዮጵያ ከየፍለጠቶም ነቲ ቤት ፍርዲ ኣቘመቶ። ካብኡ ሓሊፉ'ውን፡ ካብ ወገን ኢትዮጵያን ካብ ወገን ኤርትራን ኢላ ብምፍላይ፡ ደያኑ መዘዘትሉ።[20]

ነዚን ነቲ ፌደራል ቤት ፍርዲ ኣብ ኤርትራ ዝብሃል ሓሳብ ባዕሉን ብምቅዋም፡ ዑመር ቃዲ ብ25 ግንቦት ናብ ኣቦ መንበር ባይቶ ዓሊ ረድኣይ ነዊሕ ደብዳበ ጸሓፉ። ኣብ'ዚ ደብዳበኦም'ዚ፡ እቲ ንፌደራል ቤት ፍርዲ ዘቘመ ኣዋጅ ቁ. 130 ናይ 1953፡ ኣብ ክንዲ ብፌደራል ቤት ምኽሪ፡ ብናይ ኢትዮጵያ ሚኒስትሪ ፍትሒ ከም ዝቐውም ስለ ዝተገብረ፡ ዘይሕጋዊ ኢዩ በሉ። ኤርትራ ናይ ገዛእ ርእሳ ጠቕላሊ ቤት ፍርዲ ስለ ዝነበራ፡ ጠቕላሊ ፌደራል ቤት ፍርዲ ምቛም ዘድሊ እንተ ነይሩ፡ ብስምምዕ ክልቲኣን ሃገራት ድኣ እምበር ብኢደ ዋኒናዊ ውሳነ ኢትዮጵያ ጥራይ ክቐውም ኣይግባእን'ውን በሉ። ኣብቲ ብስሞም ዘወጸ ኣዋጅ፡ ሃጸይ ሃይለስላሴ፡ "ንመንግስትና ዝትንክፍ ጉዳያት... ንሕገ መንግስትና ዝነጽግ ደንብታት ኤርትራ... ናብ ጠቕላሊ ቤት ፍርድና ይቐርብ..." ዝብል ሓረጋት ነይሩዎ ኢዩ።

19. ዑመር ቃዲ፡ ታሪኽ ሃገርካ ምፍላጥ (ዘይተሓትመ)፡ ገጽ 44 ማ.ም.ሰ. - RDC (ዕለት ዘይብሉ)።
20. እዚኣቶም እዞም ዝስዕቡ ነበሩ። 1. ሃንስ ኑርድትሮም (ሽወደናዊ) - ኣቦ መንበር፡ 2. ጥበቡ በየነን ማትያስ ህለተወርቅን - ካብ ወገን ኢትዮጵያ፡ 3. ሱለማን ኣደምን ደጊያት ደሞዝ ሓጉስን - ካብ ወገን ኤርትራ። Clark to State Department, 775a. 31/5 – 1953, 19 May 1953.

ዑመር ቃዲ ከም ዘዘንተዉዎ፡ እቲ ንፌደራል ቤት ፍርዲ ዘቖመ መዘክር ናብ ባይቶ ኢትዮጵያ ምስ ቀረበ፡ ሓሙሽቲኦም ኣባላት ፌደራል ቤት ምኽሪ ንኤርትራ ወኪሎም ኣብቲ ባይቶ ንኽኣትዉ ተነግሮም እሞ፡ ኣብኡ ኣትዮም ብስምረት ተኻራኸሩ። እቲ ተታሒዙ ዝነበረ ኣገባብ ግቡእ ከም ዘይነበረ'ውን ኣመልከቱ። እዚ ምልክታ'ዚ ግን ሰማዒ ሰኣነ፤ እቲ ጉዳይ'ውን ኣብ ድምጺ ወደቐ። ሓሙሽተ ኤርትራውያን ኣንጻር፡ 62 ኢትዮጵያውያን ደገፍ ምስ ሃቡ፡ ምቛም ፌደራል ቤት ፍርዲ ብባይቶ ጸዲቑ ተባሂሉ ከም ሕጊ ጠበቐ።

እቶም ኣባላት በየናይ ኣተሓሳስባ ናብቲ ባይቶ ኽኣትዉ ከም ዝኸኣሉ ዑመር ቃዲ ኣይገለጹን። "ኣብቲ መዘክር ብዝተዋህበና መምርሒ መሰረት..." ናብኡ ኣቲና ጥራይ ኢዮም ኢሎም ኣብቲ ደብዳበኦም። ብኻልእ ጸፍሒ ዝተመርጹን ብኡ ደረጃ'ውን ክዋስኡ ዝግብኦምን፡ "መምርሒ መዘክር" ተኸቲሎም ናብ ዘይምልከቶም ባይቶ ክኣትዉ ቕኑዕ ኣይነበረን።

እዚ ምስ ሓለፈ፡ እቶም ኣባላት ናብ ሃጸይ ሃይለስላሴ ብምጽሓፍ፡ ኣዋጅ 130 ዘይሕጋዊ ስለ ዝነበረ፡ ብፌደራል ቤት ምኽርን ካብ ክልቲኣን ሃገራት ብዝተዋጽኡ ናይ ሕጊ ፈላጣትን ዳግም ንኽርአ ኣመልከቱ። ሃይለስላሴ ነቲ ጥርዓናት ተቐቢሎም መልሲ ኽንዲ ምሃብ፡ ባዕሎም ዝሓረዩዎም ደያኑ ኣብቲ ናይ ኣስመራ ፌደራል ቤት ፍርዲ ንኽቐመጡ ኣዘዙ። መንግስቲ ኤርትራ ይኹን እቲ ቤት ምኽሪ ብዛዕባ'ዚ ኣይፈለጠን። እኳ ደኣ፡ እቶም ኣባላት፡ ኣስመራ ምስ ተመልሱ፡ ካብ'ቲ ኣንዳርጋቸው ኣብ ባይቶ ዝሃቦ መደረን ካብ ካልእ ምንጭታትን ኢዮም ብዛዕባ ምቛምን ኣባልነትን እቲ ቤት ፍርዲ ዝፈለጡ።

ኣዋጅ 130 ንውሽጣዊ ናጽነት ኤርትራ ኣብ ትሕቲ ምሕረቱ ወይ ሕድገቱ ስለ ዘእተዎ፡ ፌደራል ቤት ምኽሪ'ውን ዝኾነ ግብራዊ ኣገዳስነት ስለ ዘይተዋህቦ፡ "ህላወ ፌደረሽን ዳርጋ ክጠፍእ ይገማገም ኣሎ፤ ገዛ ኽፈርስ ከሎ፡ ብንኣሽቱ ምልክታት ጀሚሩ ኢዩ ብኡ ኣቢሉ ዝዓኑ፡" ኢሎም ጸሓፉ ዑመር ቃዲ። ቀጺሎም ድማ፡ ነቲ ኹሉ ሓበሬታ በጺሑዎ ዝበሉዎ መንግስቲ ኤርትራ ነዚ ሕቶታት'ዚ ኣቕረቡሉ፡

- ስለምንታይ ኢዩ መንግስቲ ኤርትራ ኣብ ሓላፍነቱ ይኹን ኣብ ዓቕምታቱ ሽለልትነት ዘርኢ ዘሎ?
- ስለምታይ ኢዮም መንግስትን ባይቶን ኤርትራ ኣብዚ ጉዳይ'ዚ ኣጽቂጦም ዘለዉ?
- ምቛም ፌደራል ቤት ፍርዲ ኣብ ኤርትራ ማለት፡ ግህሰትን ኢደ ዋኒናዊ ተግባርን ኣብ ልዕሊ ፌደራል ድንጋገን ውሽጣዊ ኤርትራዊ ናጽነትን ምዃኑ ብሩህ ስለ ዘይኮነ ዲዩ?
- ንምንታይ፡ ረብሓታት ኤርትራ ምሕላው ናይ መን ሓላፍነት ኢዩ?

ነዚ ሕቶታት ምስ ዘርዘሩ፡ ዑመር ቃዲ ነዚ ዝስዕብ ስምዕታ ኣቕረቡ፡

ናይ ኤርትራዊ ዜጋ ግቡኣይ ንምፍጻም፡ ከም ኣባል ሃጸያዊ ፌደራል ቤት ምኽሪ'ውን ሓላፍነተይ ንምርግጋጽ፡ ብዛዕባ'ዚ ኣዝዩ ኣገዳሲ ጉዳይ ኣብ ባይቶ ብቕጽበት ክትዕ ክኽፈት'ሞ፡ ባይቶና ድማ ኣብ ልዕሊ'ዚ ቅዱስ መሰል ህዝብና ርእይቶኡ ኽገልጽ፡ ውሽጣዊ ናጽነት ኤርትራን ህይወትን ሓድነትን ፌደረሽንን ድማ ክሕሎ እልምን።[21]

ካብ ቀደሞም፡ ካብ ቅድሚ'ቲ ብ1946 ዝፈሸለ ዋዕላ ቤት ጊርጊስ ጀሚሮም፡ ዑመር ቃዲ ተጣባቒ ናይ "ሕብረት ብውዕል ምስ ኢትዮጵያ" ኢዮም ዝነበሩ። "ድምጺ ፌደራስዮን - ኣንድነትን ምዕብልናን" ዝብል፡ ንዓወት እቲ ፌደራል ኣገባብ ዝጣበቕ ጋዜጣ የሕትሙ ከም ዝነበሩ'ውን ዝዝከር'ዩ። እቲ ኹሉ ጻዕሮም ግን ፍረ ክህብ ኣይከኣለን። ዓሊ ረድኣይ ደብዳበኦም ምስ ተቐበሉ፡ ነቲ ሕቶኦም ምስ መራሕ መንግስቲ ተድላን ምስ እንደራሴ ኣንዳርጋቸውን ተዘራረቡሉ። ምስ እዚኣቶም ተሰማሚዖም ድማ ጉዳይ ፌደራል ቤት ፍርዲ ኣብ ባይቶ ንኸይዝረበሉ ወሰኑን ኣገዱን።[22]

ሰለስተ ወርሒ ነዚ ደብዳበ'ዚ ድሕሪ ምጽሓፎም፡ ማለት ብ27 ነሓሰ፡ ዑመር ቃዲ፡ "እቲ ቤት ምኽሪ ጥቕሚ ዘሎዎ ስራሕ ኣይሰርሐን፡ በዚ ድማ ጊዜን ጻዕርን ከጥፍኣሉ ኣይግባእን..." ብምባል፡ ናይ ስንብታ ደብዳበኦም ጸሓፉ። ካብ'ዚ ሓሊፎም፡ ኢትዮጵያውያን ንፌደራል ድንጋገ ንምፍራስ ይገብሩዎ ኣብ ዝነበሩ ግህሰት ኢድ ክህልዎም ከም ዘይደልዩ'ውን ኣፍለጡ።

ናይ ዑመር ቃዲ ስጉምቲ ትብዓት ዝሓተተ ከም ዝነበረ ርኡይ ኢዩ። ከምቲ ኣብ ዝኽርም ዝበሉዎ ግን፡ ሰዓቢ ሰኣኑ። ባይቶ'ውን ብውሑዱ ኣብዛ ጉዳይ'ዚኣስ ምጽቃጥ መረጸ። ንሶም ግን ንዕኦም ዝኾኑ ብጾት ወይ ሰዓብቲ ስለ ዘይሰኣኑ፡ ንፖለቲካዊ ንጥፈታቶም ካብቲ ውሱን ዓንኬል ናይ ፌደራል ቤት ምኽርን ባይቶን መንግስትን ከውጽኡሉ ዝኽእሉ ዕድል ከይደንጎዩ ረኸቡ። ካብዚ እዋን'ዚ ጀሚሮም ከኣ ናብ ቅሉዕ ተቓውሞ መንግስታት ኢትዮጵያን ኤርትራን ሰገሩ።

21. Calrk to State Department, 775a. 21/6-1953, 10 June 1953.
22. Ibid.

ምዕራፍ 16

መንግስቲ ተድላ ኣብ ዓመቱ

ገለ ኣመትቲ ጉዳያትን ፍጻመታትን

ናይ መንግስትነት ተድላ ባይሩ፡ ወይ'ውን ፈደራል ስርዓትን ናይ ኤርትራ ኦቶናሚን (ውሽጣዊ ነጻነትን)፡ ናይ ሓደ ዓመት ጽንብሉ ንኹብዕል ኣብ ዝተቓረበሉ ወርሓትን ሰሙናትን፡ ቍሩብ'ውን ድሕሪኡን፡ ብዙሕ ኣብ ሓድሕዱ ዘይተኣሳሰር፡ ግን ከኣ ንኹነታት ጥዕና'ቲ መንግስቲ ዘእምት ጉዳያትን ፍጻመታትን ተራእየ። በብሓደ ምምልካቱ ጠቓሚ ኢዩ።

ውጽኢት ዘተ ኮሚሽናት ፋይናንስ ኢትዮጵያን ኤርትራን

ከም ዝዝከር፡ ኣብ ናይ ባይቶ ጸብጻቦም፡ ተድላ ብዛዕባ ኣመቓቕላ ኣታዊ ገንዘብ ጉምሩክ፡ ፈደራል ግብሪ፡ ቀረጽ ናይ ነቢትን ኣልኮልን፡ ግብሪ ጨው፡ ካብ ጊዜ እንግሊዝ ብዛዕባ ዝተወርሰ ዕዳን ብዛዕባ ግብሪ ፈደራል ኣገልግሎትን... ምስ መንግስቲ ኢትዮጵያ ዘተ ከም ዝተጀመረ ገሊጾም ነበሩ።[1] እቲ ዘተ'ቲ ግን ኣሳልጦ ኽረክብ ኣይከኣለን። ኣማኻሪ ፋይናንስ ኤርትራ ኣለን ስሚዝ፡ ብዛዕባ'ዚ ንቖንስል ዎርድል ስሚዝ ኣዕሊሉዎ ነይሩ።

ካብ ኩሉ'ቲ ዘዛረበ ኣርእስትታት፡ ቀንዲ መሓንቖ እቲ ንእቶት ጉምሩክ ዝምልከት ነበረ። ወከልቲ ኤርትራ፡ ብጽሒት ኤርትራ ካብቲ እቶት ምእንቲ ብንጹር ክትመን፡ ኣብ ዓዲ ኳላን ኣብ ሰንዓፈን መቈጻጸሪ ነቑጣታት ክትከል'ሞ፡ እቲ ኻብ ወጻኢ ብኤርትራ ኣቢሉ ናብ ኢትዮጵያ ዝሓልፍን፡ እቲ ኻብ ኢትዮጵያ ብኤርትራ ኣቢሉ ናብ ወጻኢ ዝለኣኽን ኣቑሑ ክምዝገብ፡ መንግስቲ ኢትዮጵያ'ውን እቲ ዝትግበረሉ መምርሕን ትእዛዝን ንሰራሕተኛታትን ንነጋዶን ከተውጽእ ኣመሙ። በዚ ኣገባብ'ዚ ጥራይ ኤርትራ ዝመበቑሉን ኤርትራ ዝመዕለቢኡን ኣቑሑን ካብኡ ዝርከብ እጃም እቶታን ከም ዝፍለጥ'ውን ተኻትዑ።

---

1. ዘመን፡ 1ይ ዓመት ቍ. 61፡ 23 ሰነ 1953።

ኢትዮጵያውያን በዚ ሓሳብ'ዚ ኣይተሰማምዑን። ናብቲ ኻልእ ነጥብታት ብምሕላፍ ድማ ናታቶም ገዘፍቲ ጠለባት ኣቕረቡ። ብቐዳምነት፡ መንግስቲ ኢትዮጵያ ንመካየዲ እቲ ኣብ ውሽጢ ኤርትራ ኣእትያቶ ዝነበረት ሰራዊትን ሓይሊ ኣየርን 38 ሚልዮን ብር ተጥፍእ ከም ዝነበረት ብምምልካት፡ እዚ ድማ ንሓለዋ ፈደረሽን ስለ ዝዓለመ፡ ኤርትራ ነቲ ዕዳ ንኽተካፍላ ሓተቱ። ኤርትራውያን "ደንጸዩዎም፡" ነቲ ጉዳይ ንኽሓስቡሉ ሓተቱ። ኢትዮጵያውያን ልቕብ ኣቢሎም፡ እቲ ኣብ ልዕሊ ኢንዱስትርያዊ ምህርቲ ዝለዓል ግብሪ (excise tax) ኣብ ሓደ ይሕበር ብምባል፡ ነቲ ፈደራል ድንጋገ ንኤርትራ ዝሃባ ውሽጣዊ ግብሪ ናይ ምልዓል መሰል ዝግህስ ሓሳብ ኣቕረቡ። ንናይ ትንባኾ ሞኖፖልዮ ብዝምልከት ንኣብነት፡ ኣብ ኢትዮጵያን ኤርትራን ሓሓደ ሞኖፖልዮ ካብ ዝህሉ፡ እቲ ናይ ኤርትራ ክዕጾ'ሞ ትምባኾ ኢትዮጵያ ብናጻ ኣብ ኤርትራ ንኽሸየጥ ጠለቡ። ኤርትራውያን ምስ ኣበዩ፡ "እሞ ኽልቲኡ ሞኖፖልዮታት ዝወሃሃደሉ መገዲ ንድለ"፡ ብምባል ንመጽናዕቲ ገደፉዎ።

በዚ ደው ከይበሉ እቶም ወከልቲ ኢትዮጵያ፡ ብ.ም.ኤ. ንመጸገንን መዐቀብን መኻዚኖታት ኢሉ ኣብ ኤርትራ ዘጥፍኦ'ሞ ዕዳ ፈደራል መንግስቲ ንኽኸፍሉ ዝተወሰነ፡ ገና ኸኣ ዘይተኸፍለ 980,000 ፓውንድ እንግሊዝ ስለ ዝነበረ፡ ኤርትራ ንኢትዮጵያ ክትካፍላ ኣለዋ በሉ። እዚ ኹሉ ነቶም ኤርትራውያን ብዙሕ ጥርጣረን ስክፍታን ኣሕደረሎም። ኤርትራ ብሓቂ ካብ ኢትዮጵያ ትጥቀም እንተ ደኣ ነይራ፡ ኢትዮጵያውያን ዝእመን መርትዖ ከቕርቡ፡ ንሳ ኸኣ ብጽሒታ ክትከፍል... ብዝብል ውርዙይ ቃላት ድማ ነቶም ኢትዮጵያውያን ኣፋነዉዎም።[2]

ኢትዮጵያ፡ ኮነ ኢላ ንድኽነትን ጥፍሽናን ኤርትራ ትሰርሕ ከም ዝነበረት ብዙሓት ይዛረቡ ነበሩ። እቲ ጊዜያዊ ናይ ጉምሩክ ብጽሒታ ኣብ ሰሰለስተ ወርሕን ኣቐዲሙን ክወሃባ ዝግባእ፡ ጊዜ ምስ ሓለፈ እናተዋህባ ትጸገም ነይራ ኢያ። በዚ ምኽንያት'ዚ፡ ኣብ ለካቲት 1953፡ መንግስቲ ኤርትራ 200.000 ብር ጥራይ ኣብ ካዝናኡ ስለ ዝነበሮ፡ ናይ መጋቢት ደሞዝ ሰራሕተኛታቱ ምኽፋል ሰኣነ።[3] እዚ ድማ፡ ካብ ኢትዮጵያ ብውሑዱ 2.4 ሚልዮን ናይ ፍርቂ ዓመት ዝግባእ፡ 1.2 ሚልዮን ጥራይ ካብ ምቕባላ ዝመጸ ነበረ። ኪርኮር ዝተባህለ እንግሊዛዊ ናይ ኢትዮጵያ ኣማኻሪ ፋይናንስ፡ "ኤርትራውያን እንታይ ከፊኡዎም እዩ ክንድ'ዚ ዝዛረቡ? 1.200.000 ብር ርእዮም'ውን ኣይፈልጡን'ዮም። እምብዛ ሓሸሽቲ ኾይኖም። ካብ ኣቐዲምካ ናይ ሰለስተ ወርሒ፡ ቀቀኑብ በብወርሒ እንተ ዝወሃቦም ምሓሸ..." ክሳብ ምባል ከም ዝበጽሐ ዎርድል-ስሚዝ ኣዘንተወ።[4]

---

2. Wardle-Smith, Conversation with Allen Smith, FO 102655, JA 1105/2, 30 May 1953. እዚ ዕላል'ዚ፡ ውሑድ መዓልታት ድሕሪ ምቕራጽ ናይ'ቲ ዘተ (19/5/1955) ዝተገብረ ኢዩ።

3. Wardle-Smith, Conversation with Wilson-Heathcote, Ibid, JA 1105/1, 19 February, 1953.

4. Ibid, JA/1015/3, 11 June 1953.

ኪርኮር ብዛዕባ ምምሕዳር ቍጠባ ኤርትራ ኣንጸባራቒ ጸብጻባት ይህብ ስለ ዝነበረ፡ ምርድል-ስሚዝ ተቓወሞ። "ኤርትራ፡ ካብቲ ኢትዮጵያ ትህቦ ኣላ ዝብሃል ዝነበረ ፈደራል ኣገልግሎታት ትጥቀም ኣላ'ሞ እኛማ ትኽፈል..." ንዝብል ኣረኣእያኡ፡ "ንኽጥዕሞ ዘምጽእ ዘሎ ምስምስ'ዩ..." ኢሉ ከሰሶ። ነቲ፡ "ኤርትራ ካብ ንግድን ኢንዱስትርን እትረኽቦ እቶት ክብ ኢሉ ኣሎ፡" ዝብል ናይ ኪርኮር ኣቀራርባ ድማ፡ ብዘይካ ቢራን ጨውን ካልእ ንጥፈታት ከም ዘይነበረ፡ ናይ ወጻኢ ወፍሪ ዘተባብዕ ሃዋህው እውን ከም ዘይተፈጥረ ብምምልካት ኣፍሸሎ። "ኪርኮር ንኤርትራ ከኽፍኣ ስለ ዝደለየ ጥራይ ኢዩ..." ክብል'ውን ደምደመ።[5]

ንኤርትራ ምኽፋእ ጥራይ ዘይኮነ፡ ሰበ ስልጣን ኢትዮጵያ ነቲ ዘቕርቡዎ ዝነበሩ ዘይሕጋዊ ጠለብ ክዉን ንምግባር ኣብ ልዕሊ መንግስቲ ኤርትራ ጸቕጢ ገበሩ። ናይ ኢትዮጵያ ምኽትል ሚኒስተር ፋይናንስ ዝነበረ ምናሴ ለማ ንኣብነት፡ ኤርትራ ነቲ ንትምሩክ ዝምልከት ብኢትዮጵያ ቐሪቡ ዝነበረ ናይ ስምምዕ ፕሮቶኮል ብዘይ ምፍራማ፡ ምስ ተድላ ባይሩ ሓሪቑን ክዒቡዎምን ከም ዝነበረ ንሓደ እንግሊዛዊ ዲፕሎማት ነገረ። ንሱ ድማ፡ ናይ ምናሴ ለማ ግሉጽ ዘረባ፡ መንግስቲ ኢትዮጵያ ኣብ ልዕሊ ተድላ ዕቃበታት ከም ዝገበረ ዘረድእ'ዩ ኽብል ናብ ኣሕሉቑ ጸሓፈ።[6]

ንዓመጽ ተደልዩ'ምበር፡ ተድላ ከምቲ ንዝመስል ግሁድ ግህሰት መሰል ንኽሰማምዑ ወይ ንኽፍርሙሉ ዘገድዶም ዝኾነ ምኽንያት ኣይነበረን። ኢትዮጵያ፡ ነቲ ጊዜያዊ ተባሂሉ ዝተወሰነ ኽፍሊት ጥራይ ንኤርትራ ምሃባ ባዕሉ ንፈደራል ድንጋገ ዝጥሕስ ተግባር ነበረ። ካብኡ ሓሊፉ፡ ነቲ ብ.ም.ኤ. ዝገደፎ መጠን ቀረጽ ወሲኻትሉ ነይራ ኢያ። ንኣብነት፡ ኣብ ልዕሊ ካብ ወጻኢ ዝኣቱ ኣቑሑ ዝኽፈል ዝነበረ Personal and Business tax ካብ 4% ናብ 5% ኣልዒላቶ ነይራ፥ ነቲ ኣብ ልዕሊ ዝለኣኽ ኣቑሑ ፡ 0.5% (ነጥቢ ሓሙሽተ ካብ ሚእቲ ወይ ½ ናይ ሓንቲ ሚእታዊት) ዝኽፈል ዝነበረ፡ ብፍላይ ኣብ ገሊኡ፡ መንግስቲ ኢትዮጵያ ናብ 5% ኣደይባቶ ነይራ። እዚ ድማ፡ ብጊዜ እንግሊዝ ካብ 100 ብር 0.50 ሳንቲም የእቱ እንተ ነይሩ፡ ኣብ እዋን ፈደረሽን ግን 5.00 ብር የእቱ ነይሩ ማለት'ዩ። እቶት ኢትዮጵያ ብኡ መጠን ክዓቢ እንከሎ፡ እቶት ኤርትራ ግን በታ ዝተጓደለት ናይ ኣስታት 4,500,000 ብር ጊዜያዊት መጠን ንዓመት ደው ኢሉ ማለት'ዩ።[7]

ኣብ'ቲ ብ1954 ዝሃቦ ኣጠቓላሊ ጸብጻብ፡ ኣማኻሪ ኣለን ስሚዝ ንኹሉ ዝተገብረ ናይ ቀረጽ ወሰኽን ናይ ምምጻእን ምልኣኽን (import and export) ዕብየትን ኣብ ግምት ብምእታው፡ ኤርትራ ኽትረኽቦ ዝግብኣ ንዝነበረ ብጽሒት ገምገመ። በዚ ድማ፡ ኣብ 1952-1953 ጥራይ፡ 2.037.933 ብር ብኢትዮጵያ

5. Ibid, JA/1105/3, 3 July 1953.

6. Ramsden (Addis Abeba) to Foreign Office, Ibid, JA/1105/5, 27 July 1953.

7. Allen Smith, Financial Adviser's Memorandum, RDC, Con/Fin/c/1, 14689, 7 Dec. 1954.

ከይተኸፍላ ከም ዝተረፈ ኣፍለጠ።[8] እዚ መጠን'ዚ ዓመት መጸ እናዓበየ ስለ ዝኸደ፡ ኣብታ ዝሰዓበት ዓመት 1953-1954 ጥራይ፡ እቲ ዘይተኸፍለ ብጽሒት ኤርትራ 5.187.845 ከም ዝነበረ ኣመልከተ።[9] ኣብ'ዘን ክልተ ዓመታት ጥራይ፡ ኤርትራ ንኢትዮጵያ ልዕሊ 7 ሚልዮን ብር ኣዊዳታ ማለት'ዩ። እዚ ኹሉ፡ ኣብ ልዕሊ እቲ ንጊዜኡ ተባሂሉ ንኤርትራ ዝተሰልዐ መጠን ጥራይ ክኽፈል ዝግብኦ ነበረ።[10] ካብዚ ተበጊሱ ኣለን ስሚዝ፡ መንግስቲ ኤርትራ ነቲ ጉዳይ ብጥብቂ ሒዙ ንኽከራኸር ካብ ምልባው ዓዲ ኣይወዓለን። ከምኡ ክገብሩ ምስ ፈተኑ፡ ንተኽለሃይማኖት በኸሩ ዘጓነፎም'ውን ብመጠኑ ገሊጽና ኣሎና።

ብባይቶ ዝተመዘዘ፡ ብኣዝማች በየነ ዛህላይ ድማ ዝምራሕ ናይ ፋይናንስ ኮሚተ'ውን፡ ምስ ናይ ኣለን ስሚዝ መጽናዕቲ ዝሰማማዕ መደምደምታ፡ ብታሕሳስ 1953 ሃበ። ገለ ካብቲ ኣብ ናይ ዓመት ጸብጻቡ ዝበሎ ንጠቅስ፡

> ነቲ ኻብ ኤርትራ ዚወጽእን ናብ ኤርትራ ኸኣ ዜምጽእን ኣቑሑ ርኢኻ'ሞ እቲ ንዓሰርተ ሓሙሽተ ወርሕን ፈረቓን ኣቢሉ ተሓሲቡ ዘሎ ድምር ገንዘብ ኢትዮጵያ $5.784.145 ካብ ናይ ጉምሩክ ንኤርትራ ዝመጸ ኣታዊ ኣይኣክልን ኢዩ። እዚ ቑጽሪ'ዚ ብምጣነ ናይ ጉምሩክ ቀረጽ ከምቲ ናይ እንግሊዛዊ ምምሕዳር ዝተሓሰበ ኢዩ። እዚ ናይ ሎሚ ፈደራዊ ናይ ጉምሩክ ቀረጽ ኣዝዩ ክብ ዝበለ ብምዃኑ ከኣ፡ እቲ ንኤርትራ ዚመጽእ ብጽሒት ዝበዝሐ ኪኸውን ይግባእ። 9% (ትሽዓተ ሚእታዊት) ቀረጽ ጉምሩክ ናይቲ ኤርትራ ዝመበቈሉን ንኤርትራ ድማ ዚስደድን ኣቑሑ ንመንግስቲ ኤርትራ ይከፈል። እዚ ነቲ ናይ ጉምሩክ ቀረጽ እቲ ዝዓበየ ምንጪ እቶት ናይ መንግስቲ ኤርትራ ኪገብሮ ኢዩ።[11]

ከምዚ ድሕሪ ምባል፡ እቲ ኮሚተ ናይ 1953 ጠቕላሊ እቶት ጉምሩክ መንግስቲ ኢትዮጵያ 12.500.000 ፓውንድ ብሪጣንያ ከም ዝበጽሐ ኣመልከተ። ኣብቲ እዋን'ቲ፡ ሓደ ፓውንድ ብሪጣንያ ብ7 ብር ኢትዮጵያ ይሸረፍ ስለ ዝነበረ፡ እቲ መጠን ገንዘብ 87.500.000 ብር በጺሑ ነይሩ ማለት'ዩ። ካብቲ ኣለን ስሚዝ ዝሃቦ ናይ ኣስታት 22.000.000 ግምት እዚ ናይ ባይቶ ኣዝዩ ዝበዝሓሉ ምኽንያት፡ ኣለን ስሚዝ ነቲ ብባጽዕ ጥራይ ዝኣተወ (ናይ ዓሰብ ከይጸብጸበ)፡ እሞ ኸኣ ካብኡ'ውን ኣብ ጸብጻብ ዘይኣቱ ብጽሒት ኢትዮጵያ ኢሉ 20% ስለ ዘጉደለ ኢዩ። ኮሚቲ ባይቶ ነዚ ምጉዳላት'ዚ ኣይገበረን። ፈደራል ድንጋጌ፡ ኣብ መንጎ'ቲ ብዓሰብን ብባጽዕን፡ ብነፈርትን መኻይንን ዝኣቱን ዝወጽእን ኣቑሑ ፍልልይ ኣይገበረን። እቲ ኮሚተ'ውን

8. Ibid. ኣብ 1952-53 ጠቕላሊ ኣታዊ ጉምሩክ 22.643.705 ብር ነይሩ። ካብ"ዚ፡5% ናይ personal and business tax, 4% ድማ ናይ ትምህርትን ጥዕናን ቀረጽ ተባሂሉ ዝለዓል ዝነበረ 2.037.933= (1.132.185+905,748) ብጽሒት ኤርትራ ክነሱ ኣይተዋህባን።

9. Ibid. እቲ ድምር ብተመሳሳሊ ምስቲ ናይ 1952-1953 ዝተረኽበ ኢዩ።

10. Ibid.

11. EA Minutes 20 ታሕሳስ 1953።

ከምኡ፡ ብድብዱቡ ኣስታት 9% ናይ ጠቕላሊ እቶት ጉምሩክ ንኤርትራ ኢዩ ዝግባእ ክብል ጥራይ ሰምዕታኡ ኣቕረበ። ብግምቱ እምበኣር፡ ኤርትራ ኣብ 1952-53 ጥራይ ኣስታት 7.8 ሚልዮን ብር ክትረክብ ነይሩዋ ማለት'ዩ።[12] እዚ ድማ፡ 3 ሚልዮን ልዕሊ'ቲ ጊዜያዊ ብጽሒታ ነበረ።

ተድላን መሳርሕቶምን ኣብዚ ጉዳይ'ዚ ኣይተቓለሱን ኢልካ ምምጓት ምብዳሎም'ዩ። ብዙሕ ተቓሊሶም፡ ብዙሕ ጊዜ'ውን ንኣዲስ ኣበባ ተመላሊሶም። ከሰምዑን ከድምዑን ግን ኣይከኣሉን። "መንግስቲ ኤርትራ ዓቕሚ የብሉን፡ ስማዊ መንግስቲ ኢዩ" ዝብል ስምዒት ኣብ ህዝቢ ንኽሰርጽ ዘኽኣለ ሓደ ዓቢ ድኽመት ግን እዚ ኾነ።

ምቕልቃል ሽፍትነትን ዘይምርግጋእ

ተመሃሮን ሰራሕተኛታትን

ኣብ ወርሒ ግንቦት 1953፡ ሓደ ብሩህ ብዘይኮነ ምኽንያት ዝተላዕለ ኣብያ ተመሃሮ ንመንግስትን ወለድን ኣሻቐለ። ጋዜጣ ዘመን ሽዑ ከም ዘዘንተዎ፡ ሓንቲ ሚስስ ጊራን እትብሃል እንግሊዛዊት መምህር፡ ልዕሊ ዓሰርተ ሓሙሽተ ዓመት ዝዕድሚኦም ተመሃሮ፡ "ንዓመታ ትምህርቶም ኪቕጽሉ ወይሲ ኣብቲ ብግርማዊ ንጉሰ ነገስት ኪውሃብ ዘለዎ ቤት ትምህርቲ ኪሳተፉ ኣይኪኽእሉን'ዮም..." ኢላ ስለ ዝገለጸት፡ ብዙሓት ተመሃሮ ካልኣይ ደረጃ ወይ ሰከንደሪ ትምህርቲ ኣቋሪጾም ቀነዩ። ነዚ ብምቅዋም'ውን ናብ መራሕ መንግስቲ ናይ ቃልን ጽሑፍን ጥርዓናት ኣቕረቡ።

ሓለቓታት ኣብያተ ትምህርትን ዳይረክተር ክፍሊ ማሕበራዊ ጉዳይ ተሰፋዮሃንስ በርሀን ንወዳእቲ ነገር ተመሃሮ ረኺቦም ከረድኡዎም ፈተኑ። እቲ በታ መምህር ዝተዘርበ ቓላት፡ ባዕላ ዘምጽኣቶ፡ ናይ ገዛእ ርእሳ ምህዞ'ምበር፡ ዝኾነ ሓቅነት ከም ዘይነበሮ ኣረዲኦም ድማ ነቶም ተመሃሮ ትምህርቶም ንኽቕጽሉ መዓዱዎም። ንሳቶም ግን፡ "ኣብ ትምህርትና ኽንምለሰሲ፡ መንግስቲ ብቓል ዘይኮነ ብጽሑፍ፡ ትምህርቲ ክሳብ ዚጽልኣና ከምህረና የፍልጠና፡ እንተ ደኣ ዘየሎ ኣብ ትምህርቲ ኣይንምለስን፡" ዝብል መልሲ ብምሃብ ኣቕበጹ።

ነገር ክጋፋሕ ምስ ረኣዩ፡ ተሰፋዮሃንስ በርሀ ኣኼባ ወለድን መምህራንን ን29 ሰነ ጸውዑ። ኣብኡ ድማ፡ እቲ መንቀሊ ኣብያ ዝኾነ ቃል፡ ናይታ መምህር'ምበር ናይ መንግስቲ ከም ዘይነበረ ዳግም ገለጹ። ተመሃሮ ኣብ ልዕሊ ቓልን መብጽዓን መንግስቲ ክንድ'ቲ ዝኣክል ጥርጣረ ኣሕዲሮም፡ "ብጽሑፍ ይኹነልና" ዝበሉዎ ግጉይ ምንባሩ ድሕሪ ምርዳእ፡ ነዚ ዝስዕብ ቃል መንግስቲ ንኽህቡ ከም ዝተኣዘዙ ኣፍለጡ፡

- ብሚስስ ጊራን ብዛዕባ ዕድመ ተመሃሮቲ ዝተባህለ ነገር ቃላን እምበር ቃል መንግስቲ ኣይኮነን፡

12

- መንግስቲ ብዘይ ዋጋ ንዘምህሮም ዘሎ ተማሃሮቲ ፈሪሙ ዚህቦም ውዕል የብሉን፡
- ብሓልዮት ግርማዊ ንጉሰ ነገስት ኪስራሕ ዘሎዎ ቤት ትምህርቲ ቅድሚ ምስርሑን ምጭራሱን ብዛዕባ ናብኡ ኪኣትዉ ዘሎዎም ተማሃሮቲ ካብ ሎሚ ኪምደብን ኪፍለጥን ኣይክኣልን፡
- ክሳብ ጽባሕ ሓሙሰ 4 ሰነ ኣብ ቤት ትምህርቲ ዘይተመልሰ... ንዓመታ ኣብ ናይ መንግስቲ ቤት ትምህርቲ ይዀን ኣብቲ ብሓልዮት ግርማዊ ንጉሰ ነገስት ኪወሃብ ዘለዎ ቤት ትምህርቲ ኪኣቱ ኣይኽእልን ኢዩ።

ኣብ መንጎ'ቶም ወለዲ፡ ሽማግለ ኣውጺእና፡ ነቲ ጉዳይ መርሚርና ንመንግስቲ መልሲ ክንህብ ዝብሉ'ኳ እንተ ነበሩ፡ እቶም ዝበዝሑ ግን በቲ ተሰፋዮሃንስ ዝሃቡዎ ቓል ከም ዝዓገቡ ኣፍለጡ'ሞ፡ ደቆም ናብ መኣዲ ትምህርቲ ንኽመልሱ ቃል ስለ ዝኣተዉ፡ እቲ ኣብያ ብኡ ኣብቅዐ። ጋዜጣ ዘመን፡ እቲ ናይታ መምህር ዘረባ ብመንግስቲ ዝተባህለ እንተ ዝነብር'ውን፡ ተመሃሮ ትምህርቶም ክሳብ ምቁራጽ ክበጽሑ ኣይምተገብአን ኢሉ ወቒሱ።[13]

ነዚ ፍጻመ'ዚ ከም ሓደ ተራ ጉዳይ ዘይሓለፍናሉ ምኽንያት፡ እቲ ቑሰ እናበለ ዝዓቢ ዝነበረ ዘይምርግጋእ መንፈስ ህዝቢ ናብ'ቲ መንእሰይ'ውን ይሓልፍ ከም ዝነበረ ስለ ዝእምት'ዩ። "መንግስቲ ናይ ጽሑፍ ውሕስነት ይግበረልና" ዝብል ጠለብ ተመሃሮ ብወገኑ፡ ነቲ ኣብ ልዕሊ ምምሕዳር ተድላ ዝቐንዕ ዝነበረ ናይ ዘይምትእምማን ስምዒት ስለ ዝሕብር'ውን ብዘይ ምስትብሃል ዝውገን ኣይኮነን። ካብዚ እዋን'ዚ ዝጅምር መንፈስ ኣብያ ተመሃሮ ንግዝኣት ኢትዮጵያን ናይ ኤርትራ ወከልቱን፡ ብ1957 ናብ ሓፈሻዊ ኣድማን ሓውሲ ፖለቲካዊ ምንቅስቓስን ከም ዝዓበየ ድማ ኣብ መድረኹ ክንርእዮ ኢና።

ምስ ናይ ተመሃሮ ምጡን ኣብያ'ኳ ኣይተኣሳሰር እምበር፡ ልክዕ ኣብቲ ሰሙናት እቲ፡ ኣብ ዓሰብ ናይ ወደብ ሰራሕተኛታት ኣድማ ወይ ዕግርግር ተገብረ። ብዛዕባ'ዚ፡ ጋዜጣታት ኤርትራ ኣይጸሓፋን፡ ባይቶ'ውን ኣይተዛረበሉን። ቆንስል ብሪጣንያ ምርድል-ስሚዝ ግን ጸብጻብ ኣቕረበሉ። መንቀሊ ናይቲ ዕግርግር፡ በለ'ቲ ቆንስል፡ ኣብ ናይ ዓሰብን ምጽዋዕን መፍረ ጨው ወይ ሳሊና፡ ስራሕ ዘሳልጣ ሞቶረታት ክትከላ ምስ ጀመራ፡ እቶም ናይ ምጽዋዕ ሰራሕተኛታት፡ "ካብ ስራሕ ከውጽኣና ኢየን" ካብ ዝብል ስግኣት ተቓውሞኦም ኣርኣዩ። ጸኒሖ፡ እቲ ተቓውሞ ናብ ባእስን ኣምባጋሮን ስለ ዝማዕበለ ድማ፡ ማዕረ 257 ሰራሕተኛታት ተኣሰሩ'ሞ፡ 30 ካብኣቶም ንፍርዲ ንኣስመራ ተላእኩ። ኣብቲ ዕግርግር፡ 25 ሰራሕተኛታት፡ ሰለስተ ካብኣቶም ብጽኑዕ ቈሰሉ። ካብቶም ቤት ፍርዲ ዝቐረቡ 30 ድማ፡ ሓሙሽተ ንሽሽዱሽተ ወርሒ፡ 13 ድማ ንሰለስተ ወርሒ ክፍረዱ ከሎዉ፡ እቶም ዝተረፉ 12 ብናጻ ተለቁ።[14]

13. ዘመን፡ 1ይ ዓመት ቍ. 55፡ 2 ሰነ 1953።

14. Wardle-Smith to Ambassador Busk, Addis Ababa, FO371 102681, JA 2181/1,JA 2181/1a, 10 June 1953. See also FO 371/108297, A 2181/3, 22 February 1954.

ካብ ኩለን ከተማታት ኤርትራ፡ ባጽዕን ዓሰብን'የን ማእከል ናይ ርኡይ ዘይምርግጋእ ዝኾና ዝነበራ። ኣቐዲምና'ውን ዋጋታት ሃለኸቲ ኣቑሑ ኣብ ዓሰብ ካብ ካልእ ክፍልታት እታ ሃገር ኣዝዩ ክብ ይብል ከም ዝነበረን፡ ብዛዕባ'ዚ ድማ ህዝቢ ስለ ዘማረረ ማዕረ ባይቶ ከም ዝተዛረበሉን ርኢና ኔርና ኢና። እዚ ዝተጠቐሰ ዕግርግር ናይ ሽቃሎ ሰሊና፡ ድምር ናይቲ ዝጸንሐ ስክፍታኦም ምንባሩ ንምግማት ዘጸግም ኣይኮነን። ኢትዮጵያ ነታ ወደብ ካብ ኤርትራ ፈልያ ከተመሓድራ ድሌትን ውጥንን ስለ ዝነበራ፡ ከምኡ ዝመስል ዕግርግርን ዘይምርግጋእን ክፍጠር'ሞ ምኽንያት ረኺባ ድሌታ ክትፍጽም ምጽዓር ቀጸለት። ወኪል ህዝቢ ደንካልያ ኣኪቶ ድማ፡ ሓንሳብ ጥራይ ዘይኮነስ ብተደጋጋሚ፡ ናይ ደንካልያ ኣተሓሕዛን ኩነታትን ኣተሓሳሳቢ ምንባሩን ኣቓልቦ ክወሃቦ ከም ዝግባእን ሓበሩ።

ብኻልእ ወገን፡ እቲ ዛጊት ብጸዓት ፖሊስ ኤርትራ ዝግ ኢሉ ዝነበረ ተግባራት ሽፍትነት ኣብ ከባቢ ሓምለ መሊሱ ዓመረ። እቲ ኣቐዲሙ ዝተራእየ ዝግታ፡ ፈደረሽን ምስ ተተግበረ፡ መንግስቲ ኢትዮጵያ ነቲ ንዕኦም ናይ ምሕጋዝን ምድፍፋእን ተበግሶታታ ኣቋሪጻቶ ስለ ዝነበረት'ዩ።[15] ብ16 ሓምለ ግን፡ ኣብ ሰይዲቼ፡ መገዲ ኣስመራ-ባጽዕ፡ ሓሙሽተ ሽፋቱ ኣውቶቡስን ንእሽቶ መኪናን ከቲሮም፡ ገንዘብ፡ ስልማትን ክዳውንትን ዘመቱ። ኣብ መንን'ቶም ዝተዘምቱ፡ ክልተ ኣመሪካውያን ወተሃደራት ራድዮ ማሪናን ሓደ እንግሊዛውን ነበሩዎም። ኣብታ ንእሽቶ መኪና ዝነበሩ ኣዕራብ'ውን ከምኡ ካብ ንብረቶም ተራገፉ።

ሽዑ መዓልቲ፡ ኣብ ከባቢ መንጉዳ፡ 16 ኪሎ ሜትር መገዲ መንደፈራ፡ ተመሳሳሊ ኸትሪ ተኻየደ። ኣብዚ ግዳይ ዝኾኑ፡ ሳሙኤል ገብረኢየሱስ ዝተባህሉ ኣብ ቤት ጽሕፈት እንደራሴ ናይ ኢሚግረሽን ሓላፊ ነበሩ። ኤርትራዊ ክነሶም፡ ብኣዲስ ኣበባ ዝተሸሙ ኢዮም ዝነበሩ። ምናልባት እቶም ሽፍታ መንነቶም ፈሊጦም እንተ ገደፉዎም ኢሎም'ኳ እንተ ሓበሩ፡ ኣይሰለጦምን። እዚ ተግባራት'ዚ ሓዲሽን ሰፊሕን ሽፍትነታዊ መደብ ከይከውን ዝሰግአ መንግስቲ ኤርትራ፡ መርመርኡን ነቶም ሽፍታ ናይ ምሓዝ ወይ ምምላስ ጻዕሩን ጀመረ።[16]

ኣብዚ ገለ ፍረ'ኳ እንተ ረኸበ፡ ንኣብነት ኣብ ኣከለጉዛይ ሸፊቶም ዝነበሩ ደቂ ሳሆ ኣብ መወዳእታ ሓምለ ኢዶም ሂቦም፡ ሽዑ ቕንያት ግን ብወገን ሰራየን ጋሽን ሰፊሕ ምንቅስቓስ ሽፍትነት ስለ ዝተራእየ፡ እቲ ጸገም ብቐሊሉ ከም ዘይፍታሕ ብሩህ ኮነ።[17] ኣብያተ ፍርዲ ኤርትራ ብተወሳኺ፡ ሽፋቱ ንኽሰናበዳ ብማለት ይኸውን፡ ነቲ ኣብ ጊዜ እንግሊዝ ዝወጸ ኣዋጅ 104 (ቸንቶ ኳትሮ) መሊሰን ብምብርባር፡ ኣብ ልዕሊ ብዙሓት ሽፋቱን ብዘይ ፍቓድ ብረት ዝሓዙ ሰባትን ቅልጡፍን ተሪርን ስጉምትታት ክወስዳ ጀመራ። ምስ ብረት ዝሓዙ ዝተሓወሱን ብረት ሒዞም ዝኸተሩን ሰባት ንኣብነት፡

15. Clark to State Department, F790001-0066, 10 July 1953.
16. Ibid.
17. ዘመን፡ 1ይ ዓመት ቍ. 73፡ 4 ነሓሰ 1953።

ካብ 15 - 20 ዓመት ናይ ማእሰርቲ ፍርዲ፡ ብሓደ ክላረንስ-ስሚዝ ዝተባህለ እንግሊዛዊ ዳኛ ተዋህቦም።[18] ንሓደ ኤርትራዊ ባንዳ ቐቲሎም ዝተባህሉ ኣርባዕተ ክሱሳት'ውን፡ ብኣዋጅ ቸንቶ ኳትሮ፡ ኩሎም ንሞት ተፈርዱ።[19]

እዚ ተሪር መንግስታውን ፍርዳውን ስጉምትታት ግን ነቲ ደረጃ ብደረጃ ዝዓቢ ዝነበረ ሸፍትነት ደው ከብሎ ኣይከኣለን።

ጽምብል ቀዳማይ ዓመት ፈደረሽን

ጽምብል ቀዳማይ ዓመት ምምስራት ፈደረሽን ይቃረበሉ ኣብ ዝነበረ ጊዜ፡ ብፍላይ እቶም ኣብ ኤርትራ ዝነበሩ ቖንስላት፡ ኢትዮጵያ ንኤርትራ ክትሕውሳ ትኽውን'ያ ንዝብል ወረ የመላልሱ ነበሩ። ብፍላይ ወከልቲ መንግስቲ ኢጣልያ፡ ነዚ ከም ዘይተርፍ ክርእዩዎ ስለ ዝጀመሩ፡ ላዕልን ታሕትን ክወናጨፉ፡ ምስ ናይ እንግሊዝን ኣመሪካን መዘናታቶም ክራኸቡ፡ ናብ ናይ ሮማ መንግስቶም'ውን ክጸሓሓፉ ከረሙ። ንኣብነት፡ ተድላ ባይሩ ብ27 ነሓሰ ባይቶ ኣብ ዕረፍቲ እንከሎ፡ ሓደ ሓደ ድንጋገታትን ሕግታትን ንኸጽድቕ ንፍሉይ ኣኼባ ምስ ጸውዑዎ፡ ወካሊ ኢጣልያ ዲ ክለመንቲ፡ እቲ ፈደረሽን ናይ ምፍራስ መደብ ኢትዮጵያ ክትግበር'ዩ ኢሉ ብምድምዳም፡ ምስ ካልኦት ቆንስላት ብህጹጽ ክሳብ ኣብ ምልዛብ ከም ዝበጽሐ ይዝንቶ።[20]

ዘውዴ ረታ'ውን፡ ምንጪ ከይጠቐሰ፡ ኣብ ኤርትራ ዝነበሩ ቖንስላት ካብ መራሒ መንግስቲ ናብ እንደራሴን ምክትሉን ዘረባ እናበጻጽሑ፡ ስክፍታን ምጥርጣርን ይፈጥሩ ከም ዝነበሩ ብሰፊሑ ገሊጹ ኣሎ።[21] ኣቐዲምና፡ ነቲ ብፍላይ ቆንስል እንግሊዝ ተሓላቒ ፈደረሽን መሲሉ ንበዓል ተድላን ሓረጎትን ዝዛረቦ ዝነበረ ኣመልኪትና ኔርና። ክንድ'ቲ ዘውዴ ረታ ዝገለጾ ምቅብባልን ምጥቛስን ይገብር ከም ዝነበረ ዘመልክት ጭቡጥ ሰነዳት ግን ኣይረኸብናን።

ሕገ መንግስቲ ኤርትራን ፈደራል ድንጋገን ይጠሓስ ኣሎ ዝብል ስምዒትን መደምደምታን ግን፡ ካብ ቆንስላት ጥራይ ዘይኮነ፡ ካብ ካልኦት ወጻእተኛታት ተዓዚብቲ'ውን ይቃላሕ ነይሩ ኢዩ። ንኣብነት፡ ኣርተር ሪድ ዝተባህለ፡ ንጉዳያት ኤርትራን ሶማልያን ንኽከታተል ብዋና ጸሓፊ ው.ሕ. ሃገራት ዳግ ሃመርሾልድ ዝተመዘዘ ካናዳዊ፡ ነቲ ዝተባህለ ስክፍታ ኣመልኪቱ ናብ ናይ ኒዩ ዮርክ ኣሕሉቑ ይጽሕፍ ነበረ። ኣርተር ሪድ፡ ነቲ ብ16 ሚያዝያ 1953 ኣብ ኣስመራ ንኽትከል ዝተወሰነ ናይ ሕ.ሃ. ቤት ፍርዲ ወይ ትሪቡናል ንኽመርሕ ዝተመዘዘ ኾይኑ፡ ቀንዲ ስራሑ ንትግባረ ፈደረሽን ምዕዛብን ናብኡ ንዝመጽእ ዝተፈላለየ ጥርዓናት - እንኮላይ ናይቶም ኣብ ኤርትራ ዝነበሩ ወጻእተኛታት - ተቐቢሉ ናብ'ቲ ዋና ጸሓፊ ምትሕልላፍን ነበረ።[22]

18. ከም እ.ጽ. 17።
19. ዘመን፡ 1ይ ዓመት ቍ. 74፡ 7 ነሓሰ 1953።
20. Clark to State Department, 775a.21/8-2753, 27 August 1953.
21. ዘውዴ ረታ፡ ገጽ 399-400።
22. Reid, Answers to Questions from Bertil Wanstrom, (unpublished) 1974.

ኣብ ሓደ ካብቲ ሪድ ዘመሓላለፎ መልእኽትታት፡ ማለት ብ12 ሰነ 1953፡ ብዛዕባ'ቲ መንግስቲ ኢትዮጵያ ፕረሲደንት ፈደራል ላዕለዋይ ቤት ፍርዲ ንኽኸውን ኣብ ኤርትራ ዝመዘዞ ዳኛ ኖርድስትሮም ጸሓፈ። ኣብቲ ጊዜ'ቲ፡ ሓደ ሓደ ኤርትራውያንን ወጻእተኛታትን ንኣብያተ ፍርዲ ኤርትራ ጥሒሶም ወይ ብይግባይ፡ ንጉዳያቶም ናብቲ ፈደራል ቤት ፍርዲ የቕርቡ ስለ ዝነበሩ፡ ንኖርድስትሮም ከተሓሳስቦ ጀመረ። ኣብቲ ዝተባህለ ዕለት ናብ ሪድ መጺኡ፡ መንፈስ ህንጻ መንግስቲ ኤርትራ ይጥሓስ ስለ ዝነበረ፡ ስምዕታኡን መጠንቀቕታኡን ናብ መንግስቲ ኢትዮጵያ ከም ዘብጽሖ ዝነግር መልእኽቲ ሃቦ። እቲ ንሱ ዝመርሖ ዝነበረ ቤት ፍርዲ፡ ብፈደራል ድንጋገ ዘይኮነስ ብኣዋጅ 130 ኣብ ኣዲስ ኣበባ ስለ ዝቘመ፡ ስልጣኑ ኣብ ዝኾነ ጊዜ ብሕጊ ክብዳህ ከም ዝኽእል - ንመጥቃዕቲ ቅሉዕ ከም ዝነበረ - ኣብቲ መልእኽቱ ኣፍለጠ።

በዚ ደው ከይበለ ኖርድስትሮም፡ ሰበ ስልጣን ብሪጣንያ ንምድሪ ባቡርን ካልእ ናይ ኤርትራ ናይ ውሽጢ መራኽቢታትን ናብ መንግስቲ ኢትዮጵያ ናይ ምምሕልላፍ ስልጣን ከም ዘይነበሮም ገለጸ። እቲ ናይ ብ.ም.ኤ. ኣመሓዳሪ ባዕሉ ነቲ ስጉምቲ'ቲ ንኽወስድ ዝኾነ መምርሒ ከም ዘይነበሮን ብዛዕባኡ ድማ ገለ ኽትዕ ክልዓል ከም ዝጸበን ኣመልኪቱ ከም ዝነበረ'ውን ኖርድስትሮም ሓበረ። ነቲ መልእኽቱ ናብ ናይ ሽወደን ሚኒስተር ፍትሒ ንኽበጽሓሉ ድማ ንሪድ ሓተቶ።[23]

እዚ ኹምዚ ዝመስል ወረን ስግኣትን ብዛዕባ መጻኢ ዕድል ኤርትራ ናብ ህዝቢ ይበጽሕ ስለ ዝነበረ፡ ሻቕሎትን ዘይምርግጋእን ክፈጥር ግድን ኮነ። እቲ ቡብጊዜኡ ክንዛረበሉ ዝጸናሕና ቑጠባዊ ኹነታት ብወገኑ ነቲ ሻቕሎትን ዘይምርጋግእን ኣብ ዘጋደደሉ ጊዜ ድማ ኢዩ ቐዳማይ ጽምብል በዓል ፈደረሽን ዝርከበ።

መንግስቲ ተድላ፡ ነቲ ኹሉ ብወጻእን ብውሽጥን ዝንዛሕ ዝነበረ ዘየቕስን ወረታትን ቊጠባዊ ሽግርን ክገጥም ዓቕሚ ይስእን ስለ ዝነበረ እምበኣር፡ እቲ እዋን ባዕሉ ንተድላ ዝቐዱ ክኸውን ኣይከኣለን።

ፈደረሽን ኤርትራ ምስ ኢትዮጵያ፡ ኣብቲ ዝተተግበረሉ ዕለት፡ ማለት 15 መስከረም'ዩ ክብዓል ዝግባእ ዝነበረ። መንግስቲ ኢትዮጵያ ግን፡ ኣርባዕተ መዓልቲ ኣቐዲሙ፡ ማለት ኣብ 11 መስከረም ወይ ድማ ኣብ በዓል ቅዱስ ዮሃንስ (1 መስከረም ብግእዝ) ንኽውዕል ስለ ዝወሰነ፡ ዓመት መጸ ነብሱ ክንዲ ዝኽእል፡ ምስ ሓዲሽ ዓመት ግእዝ ተደሪቡ ኢዩ ዝኽበር ዝነበረ።

ተድላ ነቲ ዕለት ናብ ኣዲስ ኣበባ ብምጉዓዝ ጸንበሉዎ። ዘውዴ ረታ፡ በቲ ልሙድ ናይ ባጫ ቓላቱ ከም ዝገለጾ እንተ ኾይኑ፡ ተድላ ኣዲስ ኣበባ ዝመረጹ ነቲ ናይ ዝሓለፈ ዓመት ክብሪ ዳግም ንምጉንጻፍ፡ ካብ ዓይኒ እንደራሴን ምክትሉ ኣስፍሃን ንምኽዋል፡ ከምኡ'ውን ገለ መዝርኢ ነብሲ ዝኸውን ቊጠባዊ ሓገዝ ካብ ሃጸይ ሃይለስላሴ እንተ ረኸቡን ነበረ።

23. Ibid, Answer No. 16.

ንቑጠባዊ ሓገዝ ብዝምልከት፡ ዘውዴ ረታ ዘዘንትዎ'ሎ። ተድላ ባይሩ፡ ጸግዒ ናይቲ ቐደም ሓያል ዝነበረ፡ ኣብዚ እዋን'ዚ ግን ስልጣኑ እናነከየ ዝመጸ ጸሓፊ ትእዛዝ ወልደጊዮርጊስ ኢዮም ዝነበሩ። ከም ቀደሙ ዝነበረ ግዲ መሲሉዎም፡ ተድላ ብመገዱ ኣቢሎም ሓደ ድልድል ዝበለ ገንዘባዊ ረድኤት ንኽልገሰሎም ይደፋፍኡ ነይሮም'ዮም። እዚ ግን ነቲ ጸሓፊ ትእዛዝ ስለ ዘኸበዶ፡ ዝክኣል እንተ ኾይኑ ንኽረጋግጽ ንሚኒስተር ፋይናንስ መኰነን ሃብተወልድ ተወከሶ። ክልቲኦም፡ ተድላ ኽንዲ ገንዘብ ዝሓቱ ሓደ ናይ ሕርሻ ኮሌጅ ኣብ ኤርትራ ንኽኽፈት እንተ ዝልምኑ ከም ዝሓይሸ ስለ ዝተረዳድኡ፡ ተድላ ነዚ ኣብቲ ጽንብል ንኽቕርቡዎ ተሰማምዑ'ሞ፡ ከምኡ ንኽገብሩ ነገሩዎም።[24]

ኣብቲ ጽንብል ባዕሉ፡ ተድላ ሕጂ'ውን ናይ ክብሪ ቦታ ረኺቦም፡ ብስም ህዝቢ ኤርትራ መደረኦም ኣሰምዑ። ሃይለስላሴ'ውን ልዙብ መልሲ ድሕሪ ምሃብ፡ እቲ ዝተሓተተ ናይ ሕርሻ ኮለጅ ኣብ ኤርትራ ንኽትከል ከም ዘፍቀዱ ገለጹ። ብዘይካ'ዚ ዝተባህለ መብጽዓ ግን፡ ተድላ ካልእ ዘሳለጡዎ ስራሕ ዝነበረ ኣይመስልን።[25] ግን፡ ኢሉ ዘውዴ ረታ፡ ኣብ ኢትዮጵያ ዝነበሩ ክብ ዝበለ መንግስታዊ ሓላፍነት ዝሓዙ ኤርትራውያን፡ ንተድላ ኣብ'ቲ ዘዕረፉሉ ራስ ሆቴል ረኺቦም፡ ንዓወትን ምድልዳልን ፌደረሽን ንኽሰርሑ መኸሩዎም። እቲ ፌደረሽን፡ "ንኢትዮጵያውነት ዘጠናኽር'ምበር ዘይጉድእ'ዩ፤ ንስልጣን ንጉሰ ነገስት ድማ ዘይፈታተን ኢዩ'ሞ ሓልዎ..." ዝብል ቃላት ከም ዘስምዑዎም'ውን ኣዘንተው። እዚ ምኽሪ'ዚ ንተድላ ናብ ፌደራልነት ካብ ዘሰሓቦም ሓደ ምኽንያት'ዩ ክብል ዘውዴ ረታ ገምገመ።[26] ከምኡ ተገይሩ ክኸውን ይኽእል።

ተድላ ኣብ ኣዲስ ኣበባ እናጸንበሉ እንከለዉ፡ ኣብ ኣስመራ'ውን እቲ ዕለት ተባዕለ። ምስቲ ኹሉ ዝሰማዕ ዝነበረ ምጉርምራምን ትሒም ትሒምን፡ ኣብ ኤርትራ በቲ በዓል ዘመኽነየ ገለ ዕግርግር ከይለዓል ስክፍታ ነይሩ ኢዩ። ብፍላይ ቆንስላትን ወጻእተኛታትን ነቲ ትጽቢት ኣሕዲሮም፡ ከም ልማዶም ብዙሕ ተዛረቡን ተመላለሱን። እቲ በዓል ግን ብዘይ ዝኾነ ናብኡ ዘምርሕ ፍጻመ ሓለፈ። እኳ ደኣ፡ በዓል ቅዱስ ዮሃንስ ስለ ዝነበረ፡ ዝያዳ ኣብ ህዝቢ ዝተራእየ፡ እቲ ናይ ሓዲሽ ዓመት መንፈስ'ምበር እቲ ፌደራል መዳዩ ኣይነበረን። ሰብ ሽጉ ወሊዑ፡ ሃገራዊ ልብሱ ለቢሱ፡ በቲ ዝጸንሐ ልማዱ ጥራይ ድማ ኣብዓሎ።[27]

---

24. ዘውዴ ረታ፡ ገጽ 401-403።
25. ከም እ.ጽ.፥ ገጽ 403። ዘውዴ ረታ፡ ተድላ ባይሩ ናብ ሃይለስላሴ ብምቕራብ፡ እንደራሴን ምኽትሉን ምስራሕ ስለ ዘኸልኡዎም ንኽለዓሉሎም ከም ዝሓተቱ፡ ወይ ንዕኡ ዘሰምዕ ዘረባ ከም ዝተዛረቡ፡ ሃይለስላሴ፡ "ንሕና ክሳብ ዘሎና ስራሕካ ኣይክበላሾን ኢዩ፡ ተቓናቓኒ'ውን ኣይከጥቅዓካን'ዩ፤ ናይ እንደራሴ ጉዳይን ናትካ ሓላፍነትን እናተራእየ፡ ኣብ መጻኢ ከም ዝኸውን ክንገብሮ ኢና..." ዝብል ዘይብሩህ፡ ግን ንተድላ ዘደዓዕስ ዘረባ ኣሰኒቖም ከም ዝሰደድዎም ገሊጹ ኣሎ።
26. ከም እ.ጽ. 24 ገጽ 404።
27. Clark to State Department, 775a. 00/9-2453, 24 September 1953.

ብደረጃ መንግስቲ እንተ ኾነ'ውን ክንድ'ቲ ዝርአ ምድላዋትን ወግዕን ኣይተገብረን። እንደራሴን ምኽትሉን ብወኪል መራሕ መንግስቲ ፍስሓጽዮን ሃይለ ተሰንዮም፡ ኣብ ፊት ባይቶ ኤርትራ ተረኺቡ። እንደራሴ ብዙሕ ትሕዝቶ ዘይብሉ፡ ነቲ ኣብ ዝቐደመ መደረታቱ ዘስምዮ ዝነበረ ናይ ብድዐ ቓላት'ውን ዝኣለየ ሓጺር ዘረባ ጥራይ ተዛሪቡ ነቲ በዓል ደምደሞ።[28] ኣብኡ ዝነበረ ቆንስል ክላርክ፡ መደረ ኣንዳርጋቸው ካብቲ ተኣኪቡ ዝነበረ ህዝቢ ምጡን ጨብጨባ ጥራይ ረኺቡ ክብል ሓበረ።[29]

28. ኢትዮጵያ፡ 7ይ ዓመት ቍ. 434፡ 13 መስከረም 1953።
29. Calrk, note 27 above.

ሳልሳይ ክፍል

ምዕራፍ 17

ተቓውሞ፡ ተቓወምትን ግብረ መልሲ ተድላን

ተቓውሞ ኢብራሂም ሱልጣንን ሰዓብቶምን

ደሞክራስያዊ ሰልፊ ኤርትራ (ደ.ሰ.ኤ.) ይኹን ኣል ራቢጣ ኣል ኤርትሪያ ነጢፎም ይንቀሳቐሱ ስለ ዘይነበሩ፡ ቃል መራሒ እቲ ውድባት፡ ማለት ቃል ሸኽ ኢብራሂም ሱልጣን፡ ካብ ባይቶ ወጻኢ ብዙሕ ይስማዕ ኣይነበረን። ኣብ ኣስመራ ዝነበሩ ቆንስላት ኣመሪካ ማልከሂን ክላርክን ግን፡ ኢብራሂም ካብ ኩሉ'ቲ ሽዑ ዝነበረ ወረን ሕሜታን ቀ'ሩብ ግልል ኢሎም፡ ነገር ባዕሉ ንኽባራዕ ይንበዩ ከም ዝነበሩ ኢዮም ዝዛረቡሎም ዝነበሩ።

ካብ መፋርቕ 1953 ግን፡ ኢብራሂም ካብ ባይቶ ወጻኢ'ውን ክንቀሳቐሱ ጀመሩ። ብ4 ሰነ ናይቲ ወርሒ ንኣብነት፡ ንሓላፊ ትሪቡናለ ሕ.ሃ. ኣርተር ሪድ ረኺቦም፡ ፈደራል ድንጋገን ህንጻ መንግስቲ ኤርትራን ይገሃስ ኣሎ ኢሎም ጥርዓኖም ኣቕረቡሉ። ከም ኩሉ እዋን ድማ፡ መንግስቲ ኢትዮጵያ ንውሽጣዊ መራኽቢታት ኤርትራ ብሒታ ክትውንን ግቡእን መሰልን ከም ዘይነበራ ኣመልከቱሉ። ኣብታ እዋን እቲኣ፡ ህዝቢ ኤርትራ ረፈረንዱም እንተ ዝካይድ፡ "ሕብረት ምስ ኢትዮጵያ" ብዘሕፍር ኣገባብ ከም ዝሰዓር ከም ዝኣምኑ'ኳ እንተ ተዛረቡ፡ በቲ ሓደ ሸነኽ ግን፡ ኢትዮጵያ ንኣባላት ባይቶ ብላዕ ሂባ ሕብረት ከም ዝጠልቡ ከይትገብር ከም ዝሰግኡ'ውን ነገሩዎ።[1]

ኣብ ዝሰዓበ ኣዋርሕ፡ ጉሉሕ ዝኾነ ምንቅስቓስ ናይ ኢብራሂምን ሰዓብቶምን ኣይተራእየን። ካብ'ታ ቐዳማይ ዓመት ፈደረሽን ዝተጸንበለትላ ዕለት፡ ማለት መስከረም 11 ጀሚሩ ግን፡ ናይ ህዝቢ ጥርዓናት ክውሕዝ ጀመረ። ኣርተር ሪድ ይኹን እቶም ተገዲሶም ጸብጻባት ዘመሓላልፉ ዝነበሩ ቆንስላት ድማ፡ "ኢብራሂም'ዩ ውሽጠ ውሽጢ ዝንቀሳቐስ ዘሎ..." ዝሰምዕ ጥርጣረታቶም ኣሰምዑ።

ብ11ን 12ን መስከረም፡ ባይቶ ኤርትራ፡ እንደራሴን ኣርባዕቲኦም ቆንስላት ኣመሪካ፡ ብሪጣንያ፡ ፈረንሳን ኢጣልያን፡ ሓደ ፎርማ ዘይተገብረሉ ጥርዓን

1. Reid to Wanstrom (unpublished), 1974.

ተቐበሉ። ስም ደኣ ኣይጠቐሰን'ምበር፡ ኣርተር ሪድ'ውን ነቲ ጥርዓን ከም ዝተቐበሎ፡ ኣብቲ ናቱ ቕዳሕ ድማ "ሓያሎ ኣስማት" ከም ዝነበረ ጠቒሱ።

እቲ ጥርዓን፡ ኤርትራ ነቲ ውሳነ ሕ.ሃ. ዝሃባ መሰላት ስለ ዘይረኸበት፡ ኣብ ዓቢ ጸገም ከም ዝወደቐትን ህዝቢ ኤርትራ ክጽመም ከም ዘይክእልን ድሕሪ ምምልካት፡ ነዚ ዝስዕብ ስምዕታ ኣቕረበ፡

- ኩሉ'ቲ ኢትዮጵያ ካብ ኤርትራ ዝወሰደቶ ውሽጣዊ ስልጣን ብቕጽበት ናብ ኤርትራ ክምለስ፡
- ናብ ኤርትራ ተዘርጊሑ ዘሎ ስልጣን ኣብያተ ፍርዲ ኢትዮጵያ ብቕጽበት ደው ክብል፡
- እቶም ስነ ስርዓት ዘይፈልጡ፡ ኣንስትና ዘዋርዱን ህዝብና ዘጋፍዑን ወተሃደራት ኢትዮጵያ ንኢትዮጵያ ክምለሱ፡
- ናይ ጃንሆይ እንደራሴ ኣብ ውሽጣዊ ጉዳያት ኢዱ ከየእቱ፡ እዚ ድማ ነቶም ንሃገሮም ብቕንዕና ከገልግሉ ዝጽዕሩ ኤርትራውያን ብዙሕ የሸግሮም ስለ ዘሎ ኢዩ።

እቲ ጽሑፍ ነዚ ድሕሪ ምባል በዚ ዝስዕብ ደምደመ።

- እቲ ስምዕታና ቅልጡፍ መልስን ዘዕግብ ውጽኢትን እንተ ደኣ ዘየምጺኡ፡ ኣንጻር እቲ ንሰባት ውልቃዊ ናጽነት ዘይህብ መንግስቲ ሃይለስላሴ ደው ከም ንብል ነፍልጥ። ኣብ ኣምላኽ ተጸጊዕና፡ ምእንቲ ሃገርናን ምእንቲ ኽብራን ኣንጻር'ዚ መንግስቲ እዚ ኽንቀውም ወሲንና ኣሎና። ነዚ ውሳኔና ከነፍልጠኩም ከለና፡ ሕቡራት መንግስታት ፍታሕ ክምጽኣልና ኢዩ ኢልና'ውን ንኣምን ኢና።[2]

እቲ ጥርዓን ብትግርኛ ስለ ዝተጻሕፈ፡ ምስቲ በዓል ኢብራሂም ሱልጣን ዝብሉዎ ዝነበሩ'ኳ ዝመሳሰል እንተ ነበረ፡ ብዝያዳ ካብቶም በብቑሩብ ካብ ኢትዮጵያ እናተፈንተቱ ናብ ተጣበቕቲ ፈደረሽን ዝቕየሩ ዝነበሩ ኣባላት ኣንድነት-ነበር'ውን ክመጽእ ከም ዝኽእል ተገመተ። ኮሚሽነር ፖሊስ ክራክነል ንኣብነት፡ እቲ ኣብ ውሽጢ ማሕበር ኣንድነት ተፈጢሩ ዝነበረ ጋግን ምፍንጫልን ቀሊል ከም ዘይነበረ ኢዩ ዘዘንቱ ዝነበረ። እቲ ጭርሖ፡ "ሕብረት ወይ ሞት" ዘይኮነስ፡ "ፈደረሽን ወይ ሞት" እናኾነ ይኸይድ ኣሎ ኢሉ'ውን ኣመልከተ።[3] እዚ ጥራይ ዘይኮነ፡ ኣብ ውሽጢ መንግስቲ ኾይኖም፡ ብኢትዮጵያዊ መርገጾምን ጸግዖምን ዝፍለጡ ዝነበሩ ኣስላምን ክርስትያንን ሰብ ስልጣን፡ ኣንጻር መንግስቲ ኢትዮጵያ ምቛምን ምዝራብን ጀሚሮም ነይሮም'ዮም።

ቆንስል ክላርክ ክልተ ኣብነታት ጠቒሱ፡ ሓረጎት ኣባይ ኣብ ብሕታዊ ይኹን ናይ ሓባር ዕላላት ጽልኣም ንኢትዮጵያውያን የግህዱ ኣሎዉ ክብል ተዛረበሎም። ካልኣይ ድማ፡ ኣብ መንጎ ወኪል መራሕ መንግስትን ስክረተሪ

2. Reid, note 1, above; Clark to State Department, 775A. 00/10-2653, 26 October 1953.
3. Clark, 775a. 00/10-1453, 14 October 1953. ብኻልእ ወገን፡ በዓል ኢብራሂም ዝወደቡዎ ከይከውን ዝብል ወረ'ውን ነይሩ ኢዩ። Tekeste Negash, p. 85.

ቍጠባን ዝነበሩ ፍስሓጽዮን ሃይለን ምኽትል እንደራሴ ኣስፍሃ ወልደሚካኤልን ምትህልላኽ ክርአ ጀሚሩ ነይሩ ኢዩ። ሓደ ጊዜ ንኣብነት፡ ናይ ኣድሽንቲስት ሚሰዮን ቤት ትምህርቲ ንኽምረቕ ክልቲኦም ምስ ተዓደሙ፡ ኣብቲ በዓል መን ቅድም ይመድር ኣብ ዝብል ምስሕሓብ ተፈጥረ። ፍስሓጽዮን ሃይለ፡ ትምህርቲ ውሽጣዊ ጉዳይ ኤርትራ ስለ ዝኾነ፡ እንተኾነ ንኣስፍሃ ኣይምተመልከቶን፡ ይምጻእ እንተ ተባህለ ድማ፡ ድሕሪ ወኪል መራሕ መንግስቲ ኤርትራ እምበር ቅድሚኡ ክዛረብ ኣይግባእን ስለ ዝበሉ፡ ነቲ ዓዳማይ ዳይረክተር ቤት ትምህርቲ ብዙሕ ኣጫነቕሉ። ኣስፍሃ፡ እቲ ጉዳይ ክንድ'ቲ ክተዓባበ ኣይግባእን... ዝብል ለባም መምለቓ ምስ ሃበ፡ እቲ መመረቕታ ብድሌት ፍስሓጽዮን ተኻየደ።

ንጽባሒቱ፡ ፍስሓጽዮን ሃይለ ጸብጻብ ናይቲ በዓልን ናቶም መደረን ኣብ ጋዜጣ ንኽወጽእ፡ ብዛዕባ ኣስፍሃ ግን ዝኾነ ነገር ንኸይጸሓፍ ኣዘዙ'ሞ፡ ብኡ መሰረት ተፈጸመ። ከምዚ ምስ ኮነ፡ ኣስፍሃ ኣዝዮም ከም ዝተቘጥዑ ኢዩ ዝዝንቶ። ክላርክ ከም ዝበሎ እንተ ኾይኑ፡ ማዕረ ነቲ ሽዑ ኣካያዲ ባንክ ኢትዮጵያ ዝነበረ ልብናናዊ ሚስተር ኣዩብ፡ እቲ ባንክ ብስም ፍስሓጽዮን ንዝመጾ ኣገልግሎት ፈጺሙ ንኸይቅበል ክሳብ ኣብ ምእዛዝ በጽሑ።[4] እቲ መሰሓሓቢ ጉዳይ ንእሽቶን ሚዛን ዘይዋሃቦን ይምሰል'ምበር፡ ውሽጡ ብዛዕባ ስልጣን ፌደራል ኣንጻር ኤርትራዊ መንግስቲ ስለ ዝነበረ፡ እቶም ሰበ ስልጣን ሽለል ክብሉዎ ኣይከኣሉን።

ኣብ ከምዚ ዝመስል ሃዋህው፡ መራሕቲ ሰልፍታት ናይ ራቢጣ ኣል እስላሚያ፡ ናጻ ኣልራቢጣ ኣል እስላሚያን ሃገራዊ ሰልፍን፡ ማለት ድማ፡ ኢብራሂም ሱልጣን፡ ዑመር ቃዲን ኣሕመድ ዓብደልቃድር በሺርን፡ ናብ ው.ሕ. ሃገራት ጥርዓን ኣቕረቡ። ትሕዝቶ ጥርዓኖም ነቲ ኣቐዲሙ ዝተጠቕሰ'ኳ ዝመስል እንተ ነበረ፡ ብዛዕባ ምጥሓስ መሰላት እስላማዊ ህዝቢ ኤርትራ ጠቒሱ፡ ብዛዕባ ምሕላዉ ንዝነበረ ጠለብ ኣቕረቡ። ነዚ ጥርዓን'ዚ፡ እቲ ብዓሊ ረድኣይ ዝምራሕ ኣል ራቢጣ - ምዕራባዊ ቆላ ከይፈረመሉ ተረፈ።[5]

መንግስቲ ኤርትራ ነቲ ጥርዓን ኣቕሊሉ ክርእዮ ስለ ዘይከኣለ፡ ነቶም ፈረምቲ ንጊዜኡ ሒዙ ብዙሕ መርመራ ገበረሎም። ክኣስሮም ግን ኣይደፈረን ወይ ኣይደለየን።[6] ኣብቲ መጀመርታ'ውን እቲ መልእኽቶም ብቴሌግራም ንኸይመሓላለፍ ክኽልክል ደለየ። ግን፡ ካብቶም ኣስመራ ዝነበሩ ቆንስላት እንግሊዝን ኣመሪካን ምዕዶ ዝረኸቡ ኢዮም ዝመስሉ፡ ሰበ ስልጣን ኤርትራን መዘናታቶም ኢትዮጵያውያንን ነቲ መልእኽቲ ኣመሓላለፉዎ። ብዛዕባ'ዚ፡ ክላርክ ነዚ ዝስዕብ በለ፡

> ሕ. ሃገራት ነቲ ጉዳይ ቍልሕ ከም ዘይብሎን ስጉምቲ ከም ዘይወስደሉን፡ ስለ'ዚ ድማ ሃሲሱ ከም ዝጠፍእን ከም ዝርሳዕን ዝጠራጠር የልቦን። ብኣንጻሩ

4. Ibid.
5. Tekeste Negash, p. 85.
6. Clark, 775A. 00/10-1453, 14 October 1953.

እዞም ሰበ ስልጣን ኣብ ልዕሊ'ቶም ጠራዕቲ ጸቓጢ ስጉምቲ ምስ ዝወስዱ ግን፣ እቲ ጉዳይ ኣቓልቦ ክስሕብ ምኽንያትን ሓፈሻዊ ናይ ዘይዕግበት ሃዋህው ከም ዘኸትልን፣ እዚ ብወገኑ ድማ ምድንጋጽን ደገፍን ክፈጥረሎም ከም ዝኽእልን (ምስ እዞም ቀንስላዊ መዘናታተይ) ተሰማሚዕና።[7]

ከምቲ ክላርክ ዝበሎ፣ እቲ ጥርዓን ብመገዲ ቴሌግራም ጥራይ ዘይኮነ፣ ብመገዲ ኣርተር ሪድ'ውን ናብ ቤት ጽሕፈት ዋና ጸሓፊ ው.ሕ.ሃ. በጽሐ። እቲ ውድብ ግን ንኹሉ'ቲ ሪድ ዘመሓላለፎ ዝነበረ መልእኽትታት ይርእዮ ወይ ይግደሰሉ ኣይነበረን። ንኣብነት፣ ኢሉ ንሱ፣ ካብዚ ንዛረበሉ ዘሎና ኣጋ መወዳእታ 1953 ኣቐዲሙ፣ ማለት ብ24 መጋቢት፣ ናብ ቤት ጽሕፈት ዋና ጸሓፊ ነዚ ዝስዕብ ልኢኹ ነይሩ።

> ኣብዚ ዝሓለፈ ኽልተ-ሰለስተ ሰሙን፣ ብዛዕባ ሓደ ፍጹም ሕብረት ዘምጽእ ውጥን ብዙሕ ሕሜታ'ሎ። ኣብ መንጎ'ቶም ቀደም ጥቡቕ ሕብረት ምስ ኢትዮጵያ ዝሓቱ ዝነበሩ ኸይተረፈ፣ ብዛዕባ ናይታ ሃገር ውሽጣዊ ናጽነት (ኦቶኖሚ) ናይ ስክፍታ ስምዒት ኣሎ።[8]

ሪድ፣ ሸው ይኹን ጸኒሑ'ውን ኣይተሰምዐን። ጥርዓን ናይ ብዓል ኢብራሂም ግን ኣብ ውሽጢ ኤርትራ ክትዕ ምፍጣሩ ኣይተረፈን። ሸው ቕንያት ዘወጸ ሕታም ጋዜጣ ኢትዮጵያ ንኣብነት፣ "ዝሓደገካ ሕማም ኣይመለስካ" ብዝብል ኣርእስቲ፣ ንጥርዓን ኣል ራቢጣን ካልኦትን ኣጥቅዐ። ነቶም ኣሰማዕቲ፣ "ሕማም ሃይማኖትን ምፍልላይን ኪሓድጎም ዘይከኣለ ገለ ሰባት፣" ብምባል ከሰሶም። እቲ ዝተሰደ ቴሌግራም፣ ከኣ በሉ፣ በቶም ቅድሚ ሕጂ ጽልኢ ኢትዮጵያ ሓዲሩዎም ዝነበሩ፣ ክሳዕ ሕጂ'ውን ዘይሓደጎም፣ ኢትዮጵያ ዚብል ስም ኣብ ኤርትራ፣ ኣረ እንተ ኾይኑሎምስ ኣብ ዓለም ከይሰማዕ ዚደልዩ ዝተማህዘ ኢዩ። ... መንግስቲ ፈደራል ... ኣብ ውሽጣዊ ጉዳይ ኤርትራ ይኣቱ ኣሎ፣ በዚ ነገር'ዚ፣ እቲ ኩነታት ናይ ኣስላም ኣብ ዘይተረጋገጸ ሃለዋት እዩ ወዲቑ ዘሎ'ሞ ዘረባና ዚሰምዑ ኮሚስዮን ክትሰዱልና ንጥይቕ ኣሎና፣ እናበሉ ጽሒፎም ኣለዉ።"[9]

ኣስላም ኤርትራውያን ይዕመጹ ኣለዉ ዝብል ጥርዓን፣ ኣብ ባይቶ'ውን ሓሓሊፉን ብዝተፈላለየ መልክዑን ይቐርብ ነይሩ ኢዩ። እዚ፣ እንሓንሳብ በዓላት ክርስትና ካብቲ ናይ እስልምና ይበዝሕ፣ ከምኡ'ውን ኣብ ኣቈጻጽራ ሰራሕተኛታት መንግስቲ፣ ኣስላም ይብደሉ ኣለዉ... ብዝብል ምጉት'ዩ ዝቐርብ ዝነበረ። በዓል ኢብራሂም ሱልጣን ነዚ ሕቶ'ዚ'ውን ስለ ዘልዓሉ ኢዩ እቲ ጋዜጣ ዝመለሰሎም።

ጋዜጣ *ኢትዮጵያ፣* ናይ በዓል ኢብራሂም ቃላት፣ ንናይ ገዛእ ርእሶም ወገናዊ ሕማም ድኣ'ምበር ንስምዒት ናይ'ቲ ተሰማሚዑ ዝነብር ዝመረጾም ህዝቢ ኣይኮነን ክብል መጕተ። እንተ ብዛዕባ'ቲ ናብ ባ.ሕ. ሃገራት ምጥራዕ ግን ከምዚ በሉ፣

7. Ibid.
8. Reid, note 1, Answer to Q. 4.
9. ኢትዮጵያ፣ 7ይ ዓመት ቍ. 440፣ 15 ጥቅምቲ 1953።

ሕቡራት መንግስታት ብልኡኻቶም ገይሮም ይመጹናን ይምርምሩናን ኣብ ዝነበሩሉ እዋን፡ ኣብ ማእከል ሕዝቢ ኤርትራ ዝነበረ ህውከትን ፍልልይን እዞም ሎሚ ከም ብሓድሽ ኪልዓል ዚደልዩዎ ዘለዉ ኽልተ-ሰለስተ ሰባት እንተ ዘይኮይኖም ንሕዝቢ ኤርትራ ኵሉ ጊዜ ዘሰካሕክሖን ኣብ ቅድሚ ዓይኑ ተሳኢሉ ዝርአዮ ዘሎን ነገራት'ዩ። ስለዚ፡ ሎሚ በዚ መንገዲ'ዚ ኣቢልካ ምግስጋስ ነቲ ሕዝቢ ኤርትራ ረኺቡዎ ዘሎ ጽቡቕ ዕድል ከተጥፍእ ምድላይ እንተ ዘይኮይኑ፡ ካልእ ብልሓት የብሉን። እምበኣርከስ ቀደም ዝተረሰዐ፡ ናይ ማሕበርን ሃይማኖትን ኣብ ምልዓል፡ ጽልኢ ኣብ ዘፍርዮ ፍቕሪ ዘፍርዮ እዩ ዝበልጽ'ሞ፡ ሰላም ንዝደሊ ብመንገዲ ሰላም ምዕራፍ እቲ ዝበለጸ ኢዩ።[10]

ነቲ ኣብ ባይቶ ይኹን ኣብ ጋዜጣታት ዝለዓል ዝነበረ፡ ንምሕላው መሰል ኣስላም ኤርትራ ዝምልከት ጥርዓናትን ዓንቀጻትን፡ ካልእ ኣንፈት ንኸትሕዙዎ ዝጽዕሩ ወገናት ኣይተሳእኑን። ሓሓሊፉ ድማ፡ ሃይማኖታዊ ጽልኢ ንምንዛሕ ኮነ ኢልካ ከም ዝተገብረ ዘስምዕ ቃላት ብፍላይ ኣብ ጋዜጣ ኢትዮጵያ ተዘውተረ። ሓደ ጸሓፊ ንኣብነት፡ ኣብቲ ዝሓለፈ 12 ዓመት ታሪኽ ምምሕዳር ብሪጣንያ፡ "ክርስትያን" ኣብ ልዕሊ "ኣስላም" ኣርእዮሞ ንዝበሎ "ፍቕሪ፡ ትሕትና፡ ጽሮት" ከም ሰንፍና ብምቝጻር፡ ከም ዘጣዓሶ ገለጸ።[11] ሓደ ካልእ ጸሓፊ ነዚ ኣባኣሲ ቓላት'ዚ ብትሪ ነቐፎ፡

> … ኣብ መንጎ ክርስትያንን ኣስላምን ከምዚ ዝበለ ፍቕሪ፡ ትሕትና፡ ጽሮት ተገቢሩ እንተ ዘይኸውን ኤርትራውያን… ከምቶም ካብ እስያ ክሳብ ኣፍሪቃ ብሃይማኖት ብዝተባኣሱ ፈውሲ ስኢኖምሉ መጻወቲ ባዕዲ ኮይኖም ዘለዉ፡ ከምኦም ምኾኑ'ምበር፡ ንኸምዚ ዝበለ ነጻነትን ሕውነትን ክበጽሑ ኣይምኽኣሉን። ምእንት'ዚ፡ ኣብ ዝሓለፉ 12 ዓመታት ኣብ መንጎ ክርስትያንን ኣስላምን ዝተገብረ ምጽውዋር ዘሓጉሰን ዘንእድን እዩ እምበር፡ ዘጉህን ዘሕፍርን ኣይኮነን።[12]

ነዚ ዝመስል፡ ንምጽውዋር፡ ንፍቕርን ሕውነትን ዝምዕድ ርእይቶታት'ኳ እንተ ነበረ፡ ፖለቲካ ኤርትራ ግን ኣንፈት ወገንነት እናሓዘ ካብ ምኻድ ኣይደሓነን። ኣሸንኳይዶ ከም በዓል ኢብራሂም ሱልጣን ዝመሰሉ ፍሉጣት ሰባትስ፡ ማንም ዜጋ ብቐንዕና ዘምጽኦ ፖለቲካዊ ሓሳብ ወገናዊ ትርጉም እናተዋህቦ፡ ኣብ ክንዲ ኣብ ሓሳባት፡ ኣብ መንነትን መበቈልን ሰባት ዘተኰረ ገምጋምን ሕሜታን ክዕብልል ተራእየ። ኣብ ዝመጽእ ዓመታት ከኣ፡ እዚ ኣንፈትን ኣመልን እዚ ንፖለቲካ ኤርትራ ካብ ዝዘርግ ሓደ ረቛሒ ወይ ባእታ ኾነ።

---

10. ከም እ.ጽ. 9።
11. ኢትዮጵያ፡ 22 ሕዳር 1953።
12. ዘመን፡ 2ይ ዓመት ቍ. 115፡ 28 ሕዳር 1953።

ጉዳይ ደጊያት ኣብርሃ ተሰማን ኣሕዋቶምን ክስን ማእሰርትን ደጊያት ኣብርሃ ተሰማ

ደጊያት ኣብርሃ ወዶም ንራእሲ ተሰማ ኣሰበሮም፡ ሓደ ኻብቶም ኣዝዮም ስሙያት ዜጋታት ናይቲ እዋን ከም ዝነበሩ ተዛሪብና ኣሎና።[13] ንመራሕ መንግስትነት ኤርትራ ምስ ተድላ ባይሩ ተወዳዲሮም ምስ ተሳዕሩ፡ ኣብርሃ ተሰማ ዳርጋ ኑብሶም ኣግሊሎም ድምጾም ከየሰምዑ ንኣዋርሕ ጸንሑ። ኣብ ከባቢ መጋቢት 1953 ግን፡ ስሞም መሊሱ ክቀላቐል ጀመረ። ብፍላይ እቲ ምስኦም ቀጻሊ ርክብ ዝነበሮ ቐንስል ብሪጣንያ ዎርድል-ስሚዝ፡ ብዛዕባኦም ብዙሕ ጸሓፈ፡ ጸብጻባት'ውን ኣመሓላለፈ።

እቲ ቀንስል ከም ዘዘንተዎ፡ ኣብርሃ ተሰማ ብተድላ ምስ ተሳዕሩ፡ ድምጾም'ኳ እንተ ዘየስምዑ፡ ብደገፍቶምን ሰዓብቶምን ኣቢሎም ኣንጻር ተድላ ጕስጕሶም ዝብል ሕሜታ ተናፈሰ። እቲ ሕሜታ ከም ዝበሎ፡ ንሶም ይግበሩዎ ኣይግበሩዎ ብዘየገድስ፡ ተግባራቶም ሃይማኖታውን (ማለት ተድላ ከኒሻ ንሶም ተዋህዶ ስለ ዝነበሩ) ኣውራጃውን መልክዕ ኣለዎ ስለ ዝተባህለ'ሞ ናብ ኣእዛን ተድላ ኸኣ ስለ ዝበጽሐ፡ ተድላ ተቐየሙ። በዚ ምኽንያት'ዚ ድማ፡ ብቕዓት ኣብርሃ ዘየካትዕ ክነሱ፡ ኣብቲ ሓዲሽ መንግስቶም ቦታ ነፈጉዎም።

ብርእይቶ ቤት ጽሕፈት ቀንስል ብሪጣንያ፡ ዝያዳ'ዚ ውልቃዊ ጽልኢ፡ ንተድላን ኣብርሃን ዝፈላሊ እቲ ዝጸንሐ ፖለቲካዊ ኣረኣእያኦም ነበረ። ኣብርሃ፡ ቀደም ተጣባቒ ናጽነት፡ ጸኒሖም ቀንዲ መጓቲ ናይ "ሕብረት ብውዕል"፡ ናይ ሕብረት ትግራይን ኤርትራን ወይ ናይ "ትግራይ-ትግርኚ" እውን መራሒ ስለ ዝነበሩ፡ ምስ ተድላ መሰረታዊ ፖለቲካዊ ፍልልይ ነበሮም። ኣብዚ መንግስቲ ተድላ ክነቓንቕ ዝጀመረሉ ኣዋርሕ ግን፡ ስም ኣብርሃ ተሰማ ብኢትዮጵያ ከይተረፈ ክልዓል ተሰምዐ'ሞ፡ ኣዛረቢ ጉዳይ ተረኽበ።[14]

ብ10 መጋቢት 1953፡ ደጊያት ኣብርሃ ናብ ዎርድል-ስሚዝ ከይዶም፡ ሃጸይ ሃይለስላሴ ናብ ኣዲስ ኣበባ ከም ዝጸውዑዎም፡ እንታይ ከም ዝደለዩዎም ግን ገና ከም ዘይፈለጡ ነገሩዎ። እቲ ቀንስል ነቲ ዝበሉዎ በዚ ዝስዕብ ገለጾ፡

ኣብርሃ ኣዝዩ ተሻቒሉ ኣሎ። ብናቱ ግምት ሓደ ኻብዚ ዝስዕብ ሕቶታት ዝቐርበሉ ይመስሎ ኣሎ፡

ሀ) እቶም ሃጸይ ብመራሕ መንግስቲ ሕጉስ ስለ ዘይኮኑ፡ ኣብ ትሕቲ መምርሒኦም ሓደ ተቓውሞ (ንመራሕ መንግስቲ) ንኽውድብ (ንኣብርሃ) ይሓትዎ ይኾኑ። ነዚ ኣብርሃ ኣይቕበሎን እዩ ይብል።

ለ) ምእንቲ ካብዚ ክልግስ፡ ኣብ ኣዲስ ኣበባ ሓደ ቦታ ይህቡዎ ይኾኑ። ንኣዲስ ኣበባ ክኸይድ ግን ፈጺሙ ኣይደለየን ዘሎ።[15]

13. ኣይንፈላለ፡ ገጽ 119-129፡ 224-241፡ 422-430 ርአ።
14. FO 371/102634, JA 1018/6, 17 March 1953.
15. Wardle-Smith, Ibid, 10 March 1953.

ኣብርሃ ንኣዲስ ኣበባ ኸይዶም እንታይ ከም ዝተባህሉን ከም ዝመለሱን ዝነግር ሓበሬታ የለን። እቲ ዝረኸቡዎ ኣቓልቦ ግን ንተድላ ባህ ከብል ወይ ከቐስን ኣይከኣለን። ኣብ ሓደ ኻብቲ ናብ ዋና ቤት ጽሕፈት ሕ.ሃ. ዝልእኮ ዝነበረ ደብዳበታት ግን፡ ወካሊ ሕ.ሃ. ኣብ ናይ ኤርትራ ትሪቡናል ዝነበረ ኣርተር ሪድ፡ ኣንዳርጋቸው ንተድላ ንምርካብ፡ መወዳድርቶም ንዝነበሩ ኣብርሃ ተሰማ ናይ ዳንነት ቦታ ንኸውህቦም ይጽዕር ከም ዝነበረ ሓበረ። ካብዚ ሓሊፉ፡ ሃይለስላሴ ኤርትራ ኣብ ዝበጽሑሉ፡ ንኣብርሃ ብኣካል ረኺቦም ሽመት ከም ዝተመባጽዑሎም፡ እዚ ድማ ሓደ ጽፍዒት ንተድላ ኢዩ ተባሂሉ ብሰፊሑ ይውረ ከም ዝነበረ ኣመልከተ።[16] ብኻልእ ወገን፡ በዓልቲ ቤት እንደራሴ፡ ልዕልት ተናኘ ወርቅ ሃይለስላሴ፡ ንኣንስቲ ሰበ ስልጣን ኤርትራውያን ዕድመ እናገበረት ንገለ ኻብ ቤተ ሰብ ራእሲ ተሰማ ተቐርብን ብኣኣን ኣቢላ ኻብቲ ስድራ ቤት ሰባት ትኸስብን ኣላ ዝብል ሕሜት'ውን ይዝርጋሕ ነይሩ ኢዩ። ንኣብነት'ኳ፡ ባልገ ናይ ሓንቲ ካብ ደቅ ደቂ ደጊያት ኣብርሃ ኾይና እናተባህለ ይውረ ነይሩ። እዚ ኹሉ፡ ንዝምድና ኣብርሃ ምስ ተድላን መንግስቶምን ጽቡቕ ክህብ ኣይከኣለን።

ኣቡቲ ኣቐዲምና ጠቒስናዮ ዝነበርና ጸብጻብ ናይ ክራክነል ብዛዕባ ርክቡ ምስ ሓረጎት ኣባይ፡ ብዛዕባ ደጊያት ኣብርሃ'ውን ኣዛሪቦም። ኣቡቲ ዘረባኦም፡ ኣብርሃ ተሰማ "ወገናዊ ፖለቲካ እናፈጠረ፡ ንኤርትራ መግለጺ ዘይርከቦ ማህሰይቲ የውርደላ ኣሎ" ክብሉ ሓረጎት ተዛሪቦም ነበሩ። ብኣዝዩ ተረር ቃላት ድማ፡ ኣብርሃ

ደጊያት ኣብርሃ ተሰማ

16. Reid to Cordier, Conditions in Eritrea, UN Tribunal in Eritrea, 19 February 1954.

ዘተኣታተውዎ ናይ ወገን ፖለቲካ፡ ንምዕራዩ ነዊሕ ጊዜ ከወስድ ምኳኑ ገለጹሉ።[17]

ኣብርሃ ተሰማ እንታይ ምስ ገበሩ ክንድ'ዚ ዝኣክል ነቐፌታ ከም ዝተቐበሉ ዘረድእ ጭብጥታት ኣይረኸብናን። ንሱ ዘይኮነ ግን እቲ ዝፍጠር ዝነበረ ስምዒት'ዩ ዝያዳ ዝገድድ። ምስቲ ኹሉ ዝብሃልን፡ ምናልባት'ውን ብኣብርሃ ዝግበርን ዝነበረ፡ ተድላ ንኣብርሃ ከም ተቓናቓኒኦምን ተጻባኢኦምን ክርእዩ ግድን ኮነ።

ብ24 ጥቅምቲ 1953፡ ምሸት ከባቢ ሰዓት 10፡00፡ ክልተ ሰባት፡ ኢያሱ ተሰማ ዝተባህለ መንእሰይ ሓዎም ንደጊያት ኣብርሃን ሚካኤል ወለላ ዝሰሙ ቀደም ኣባል ኣንድነት ዝነበረ ዜጋን፡ ኣብ ኣፍ ደገ ሲነማ ኦደዮን ንመራሕ መንግስቲ ክቐትሉ ፈቲኖም ተባሂሎም ብፖሊስ ተታሕዙ። ንጽባሒቱ 25 ጥቅምቲ፡ ደጊያት ኣብርሃ ካብ ደቀምሓረ፡ ወዶም ኣሰበሮም ኣብርሃ ድማ ካብ ኣስመራ ኣሰሮም ሰዓቡ።[18] ኣብቲ ማእሰርቲ ዝተፈጸመሉ ኣፍ ደገ ሲነማ ኦደዮን፡ መኪና መራሕ መንግስቲ እምበር ንሶም ባዕሎም ኣይነበሩን።

ካልእ ሓው ኣብርሃ፡ ኣዝማች (ደሓር ደጊያት) ገብረኪዳን ተሰማ'ውን ክእሰሩ'ኳ እንተ ተደልየ፡ ኣባል ባይቶ ኤርትራ ስለ ዝነበሩ፡ ፍቓድ ባይቶ ምውሳድ ኣድለየ። ብ25 ጥቅምቲ፡ ሰንበት መዓልቲ፡ ማጆር ኣለም ማሞ ካብ ፖሊስ ኤርትራ ናብ ኣቦ መንበር ባይቶ ደብዳበ ብምልኣኽ፡ "ብሕጊ ፖሊስ ተጸጊዕና ንኣዝማች ገብረኪዳን ተሰማ... ንኽንኣስር ፍቓድ ክትህቡና ንልምን ኣሎና። ገበን ዝፈጸሙ ኾይኑ ስለ ዝተሰመዓና ኢዩ..." ዝብል ደብዳበ ለኣኹ።[19]

ኢያሱ ተሰማን

ኣዝማች (ድሓር ደጊያት) ገብረኪዳን ተሰማን

17. Cracknell, FO 371/102634, 22 March 1953.

18. ደሃይ ኤርትራ፡ 2ይ ዓመት ቍ 35፡ 23 ሚያዝያ 1954። ምስዚ ኣቶም፡ ገብረእግዚኣብሄር ተሰማን ካልኦት ካብ ሰድራ ራእሲ ተሰማን ከም ዝተኣሰሩ ይንገር።

19. EA, Investigation Diary, 25 October 1953.

አቦ መንበር ዓሊ ረድኣይ፡ ጉዳይ ማእሰርትን ፍርድን ኣባላት ባይቶ ብፍቓድ ባይቶ ስለ ዝኸውን፡ ባይቶ ብዛዕባኡ ውሳነ ክሳብ ዝሁብ ነቶም ኣባል ንኽምርምሩ ግዜያዊ ፍቓድ ከም ዝሃቡ ንኣለም ማሞ ሓበሩዎም'ሞ፡ ገብረኪዳን ተሰማ'ውን ንጊዜኡ ተታሕዙ።[20]

ባይቶ ናይ ቀዳመ-ሰንበት ዕረፍቱ ምስ ወድአ፡ ዓሊ ረድኣይ ነቲ ጉዳይ ብ26 ጥቅምቲ ኣብ መጋባእያ ኣቕረቡዎ። ኣብ ኣፍ ደገ ሲነማ አድዮን ቡምባን ሽጓጉጥን ሒዞም ኣብ መኪና መራሕ መንግስቲ ዝተጸገዐ ሰባት ከም ዝተታሕዙ፡ ኣባል ባይቶ ገብረኪዳን ተሰማ ድማ ኣብቲ "ዘሕፍር ፈተነ ኢድ ኣሎዎም" ተባሂሉ ብማጆር ኣለም ማሞ ከም ዝተኣምነ'ሞ ንኽእሰሩ ከም ዝሓተቱ፤ ንሶም ድማ ባይቶ ክሳብ ዝእከብ ብስሙ ግዜያዊ ፍቓድ ከም ዝሃቡ... ገለጹ። ብመሰረት ዓንቀጽ 54 ናይ ህንጻ መንግስቲ ኤርትራ፡ ብዛዕባ'ቲ ጉዳይ ባይቶ ውሳነ ንኽህብ'ውን ኣዘዙ።[21]

ባይቶ ቐልጢፉ ነቲ ኣብ ልዕሊ መራሕ መንግስቲ "ዝተፈተነ ሓደጋ" ኰነነ። ንናይ ፖሊስ ተግባር ድማ መጒሰ።[22] ብድሕሪ'ዚ፡ ኣባል ሓድገምበስ ክፍሎም ብመሓመድ ባዱመ ካሱ ተደጊፎም፡ ማእሰርቲ ገብረኪዳን ንኽጸድቕ ሓሳብ ኣቕረቡ። ድሕሪ ብዙሕ ክትዕ፡ እቲ ዝድለ ቍጽሪ ስለ ዘይተረኽበ፡ እቲ ናይ ማእሰርቲ እማመ ወደቐ።[23]

ከምዚ ምስ ኮነ፡ ተድላ ባይሩ ባዕሎም ናብ ዓሊ ረድኣይ ብ27 ጥቅምቲ ነዚ ዝሰዕብ መልእኽቲ ሰደዱ፡

> ቡቲ ተዋሂቡኒ ዘሎ መዝን ስልጣንን ናይ ሃገርና ኤርትራ ጸጥታ ንምሕላው ሰላም ምእንቲ ኽነግስ፡ ብኣዋጅ 104፡ ዓንቀጽ 20፡ ኣዘማች ገብረኪዳን ተሰማ ኪተሓዙ ዘድሊ ስለ ዝኾነ፡ ባይቶ ኤርትራ ብመሰረት ዓንቀጽ 54፡ ብዘይ ውዓል ሕደር ስምረትኩም ክትህቡ አተሓሳስበኩም ኣሎኹ።[24]

ብ29 ጥቅምቲ፡ ደብዳበ ተድላ ኣብ ባይቶ ተነበ። ሕጂ'ውን ሓድገምበስ ክፍሎም ብተስፋሚካኤል ወርቀ ተደጊፎም ማእሰርቲ ገብረኪዳን ጠለቡ። 46 ኣባላት ጥራይ ኣብ ዝተረኽቡሉ መጋባእያ፡ እቶም ኣባል ንኽእሰሩ ብብልጫ ድምጺ ተወሰነ።[25] ብኡ መሰረት ድማ ተኣሰሩ።

ኣብ ቃላት ዓሊ ረድኣይ ከም እንዕዘቦ፡ እቶም ጥርጡራት ገና ከይተመርመሩ ብገለ ኣባላት ባይቶ ድሮ ተፈሪዶም ነይሮም'ዮም። ጋዜጣ ኢትዮጵያ''ሞ፡ ሰሙን እውን ከይጸንሐ፡ "ህየንተ ሰናይ፡ ሽሕ ይሙቱ መሕደር ሽሕ ኣይሙት፡" ብዝርእስቱ ጽሑፍ ኮንኔኡ ዘርግሐ። "ናይ ፍእሙን ቅጥኑን ምርመራ ነቶም ድሕነት ሃገር ዝኾኑ ፖሊስ ገዲፍና፡ ንሕሊናና እንተ መርመርና..." ኸኣ በለ'ቲ ጋዜጣ፡

20. EA Minutes, No...25 October 1953.
21. EA Minutes, No 238, 26 October 1953.
22. EA Minutes, No 239.
23. EA Minutes, No 240.
24. EG CON/GEN/2, 27 October 1953.
25. EA Minutes No. 244, 29 October 1953.

እዞም ሰባት እዚኦቶም (ሚካኤል ወለላስ እኳ መሳርሒ ኢዩ ዚኸውን)፡ ነቲ ንባዕዳ ዚምቹ ፖለቲካዊ ርእይቶኦም ረሲዑ ናይ ዘይሓሰቡዎ መዓርግ ዘደየቦም ወይ ነቲ ብእዋን ስልጣን ባዕዱ ዝነበሮም ስልጣን ዝሓደገሎም እዚ ሎሚ ሕይወቱ ዚደልዩዎ መራሕ መንግስቲ ምኻኑ ክንዝክር ንኽእል። ኣበሳኦም ረሲዖ፡ ካብ ሕዝቢ ንዘመጸ ኣውያት ምስማዕ ኣብዩ ናብ ሳብዓይ ሰማይ ክንዲ ዘደየቦም ደኣ እንታይ ይደልዩዎ ኣሎዉ? ... ቤዛ ደኣ ምሓለፉ'ምበር ዜቕትልስ ኣይነበሮምን።

እቲ ዘተንስኦም ፍጻሜ እንተ ዚርኩበኩ፡ መሪሕነት ዘሪፎም ኪወስዱ ዲዩ ዝነበረ ባህጎም? ... ዝኾነ ኾይኑ፡ "ሀየንተ ሰናይ እኪት ፈደዩኒ" ከም ዚብሃል፡ ... ነዞም ክንዲ ጽቡቕ ክንዲ ሰናይ እኩይ ዝፈደዩ ሰባት ብዘርኢ፡ ንኣታቶም ዘለኣለማዊ መግናሕቲ፡ ከምኦም ኪሓስብ ዚኽእል እንተሎ ድማ ዘለኣለማዊ ስምዕታ ወይ መጠንቀቒ ንምኻን ኣብ ብረታዊ ኢድ ፖሊስና ወዲቖም ክንርኢ ከሎና ዚሰምዓና ታሕጓስ ወሰን የብሉን።[26]

ተድላ ባይሩ የማነ-ጸጋም ተወደሰ፡ ካብ ሞት ድሒኖም ተባሂሎም'ውን ናይ ምድንጋጽን ሓጐስን መልእኽትታት ረኸበ። ምክትል እንደራሴ ኣስፍሃ ወልደሚካኤል፡ ስለ'ቲ "ብፍቓድ ኣምላኽ ፍጻሜ ዘይረኸበ ሓደጋ" ምስ ሰምዑ፡ "ጣዕምን ሕውነታዊ ፍቕርን ዝመልኣ ናይ ደስታ መልእኽቲ" ከም ዝለኣኹ ተነግረ።[27]

በቲ ሓደ ሸነኽ፡ እቲ ሓቂ ከምኡ ኣይኮነን ዝብሉ'ውን ነበሩ። ብ28 ጥቅምቲ፡ ሰለስተ መዓልቲ ድሕሪ ማእሰርቲ ኣብርሃ ተሰማን ኣሕዋቶምን፡ ኣመሪካዊ ቆንስል ክላርክ ምስ ኮሚሽነር ክራክነልን ዋና ዓቃቢ ሕጊ ኤርትራን ተራኸበ። ክልቲኦም'ዚኦቶም፡ ነቲ ጉዳይ ከም ዝመርመሩዎ፡ ግን ከምቲ ዝተባህለ ከም ዘይነበረ ነገሩዎ። ብኣንጻሩ፡ መራሕ መንግስቲ ንደጊያት ኣብርሃን ስድራ ቤት ራእሲ ተሰማን ካብ ፖለቲካዊ ህይወት ኤርትራ ምእንቲ ክኣልዩ ምስ ደገፍቲ ሕብረት ኮይኖም ባዕሎም ዝወጠኑዎን ዘተግበሩዎን ምንባሩ ገለጹሉ። ክራክልነ'ሞ፡ እቲ ጉዳይ ናብ ክፉት ቤት ፍርዲ ቀሪቡ ክዕወት ከም ዘይክእልን ተመሊሱ ከጥቅዮም ከም ዝኾነን እናመኸሮም እንከሎ፡ ቀልጢፉ ኽሲ ንኽቕርበሉ ባዕሎም ተድላ ጸቕጢ ይገብሩሉ ከም ዝነበሩ ተዛረበ።[28]

ናይ ክራክነል ስክፍታ፡ ናይ መራሕ መንግስቲ "ምትላል" ("perfidy") እንተ ደኣ ተኸሺሑ፡ ናብ ውድቀቶም ከምርሕ'ዩ ዝብል ነበረ። ብዘይካ ንተድላ፡ ንቤተ መንግስቲ ኢትዮጵያ ወይ ንእንደራሴ ከም ዘይጠርጠረ ድማ ሸዑ ይኹን ሕጂ'ውን ምስ ደራሲ ኣብ ዝገበሮ ምጽሕሓፍ ኣረጋገጸ።[29]

ኣብቲ ቕድሚኡ ዝነበረ ቕንያት ተድላ ኣዲስ ኣበባ በጺሖም ተመሊሶም ስለ ዝነበሩ፡ ኢድ መንግስቲ ኢትዮጵያ ብድሕሪት ከይህሉ እቶም ወጻእተኛታት

26. ኢትዮጵያ፡ 7ይ ዓመት ቍ. 441፡ 1 ሕዳር 1953።
27. ከም እ.ጽ. 21።
28. Clark to State Department, 775A. 11/10-2853, 28 October 1953.
29. Clark to State Department, 775A. 11/10-2853, 28 October 1953.

ይጥርጥሩ ነይሮም'ዮም። እቲ ጉዳይ ኣብ ህዝቢ በጺሑ ዕግርግር ከይፈጥር ግዲ ተፈሪሑ ድማ፡ ሓይሊ ፖሊስ ኤርትራ ብማእከል ከተማ ብምምራሽ፡ ጸጥታ ንኽሕሉ ድሉውነቱ ኸርኢ ውዒሉ ኢሉ ክላርክ ኣዘንተው።[30]

ብኻልእ ሸነኽ፡ ፍሉይ ርክብ ምስ ክራክነልን ኩሉ ሰራሓቱን ዝነበሮ ቀንሰል ብሪጣንያ ዎርድል-ስሚዝ፡ እቲ ምስ ኢያሱ ተሰማ ዝተታሕዘን ፍሉጥ ፈጻሚ ግብረ-ሽበራ ዝነበረን ሚካኤል ወለላ፡ ብ23 ጥቅምቲ፡ ማለት 24 ሰዓታት ቅድሚ'ቲ ፈተነ ተገይሩ ዝተባህለሉ ምሽት፡ ኣብ እንዳ ደጊያት ተድላ ባይሩ ከም ዝተራእየን እዚ ድማ ብመርመራ ፖሊስ ከም ዝተረጋገጸን ገለጸ። እዚ ጥራይ ከይኣክል፡ ኣብ ጽባሕ ናይቲ ዝተኣሰረሉ መዓልቲ፡ ኣብቲ ጉዳይ ዝነበሮ እጃም ስለ ዝፈጸመ ካብ ቤት ማእሰርቲ ንኽወጽእ ከም ዝጠለበ ዎርድል-ስሚዝ ብተወሳኺ ገለጸ።[31] ክራክነል ብሰቱር ናብ ዎርድል-ስሚዝ ጸብጻባቱ የሕልፍ ስለ ዝነበረ፡ እዚ ዝተባህለ ዘይእመን ኣይኮነን።

ሓደ ኻብቲ ነዚ ጉዳይ'ዚ ዘይተኣማኒ ዝገበሮ፡ ንሚካኤል ወለላን ንእንዳ ራእሲ ተሰማን ዘራኽብ ዘይምንባሩ ኢዩ። ሚካኤል ወለላ፡ ዕሉል ኣባል ናይቲ ግብረ ሸበራዊ ኽንፊ ማሕበር ኣንድነት'ዩ ዝነበረ። ኣብቲ ኣብ መወዳእታ 1940'ታትን ምጅማር 50'ታትን ዝግበር ዝነበረ ሰፊሕ ናይ ህውከትን ቅንጸላን ተግባራት ተሳቲፉ ተባሂሉ ድማ፡ ብምምሕዳር እንግሊዝ ተኣሲሩ እንከሎ፡ ፌደረሽን ኣርከበ። ኣብ ጥቅምቲ 1952፡ ሃይለስላሴ ንፋልማዮም ንኤርትራ ምስ በጽሑ ጥራይ ድማ ኢዩ፡ ምስ በዓል ኪዳነ ሃብተጽዮን ዝተባህሉ ፍሉጣት መራሕቲ ኣንድነት ብምሕረት ካብ ማእሰርቲ ዝወጸ።[32] ላዕለዋይ ፈደራል ቤት ፍርዲ ኣብ ኤርትራ ምስ ተመስረተ እንተ ኾነ'ውን፡ ሚካኤል ወለላ ሓደ ካብቶም ውሑዳት ኣብኡ ንኽሰርሑ ብኢትዮጵያ ዝተሓርዩ ሰባት ስለ ዝነበረ፡[33] ብኹሉ ሸነኻቱ፡ ኮነ ኢልካ፡ ንኢያሱ ተሰማ ኣትሒዙ፡ ንበዓል ደጊያት ኣብርሃ ንኽወንጅል ዝተላእከ ሰብ'ዩ ተባሂሉ ብሰፊሑ ተወርየን ዳርጋ ተኣምነን'ውን።

ደጊያት ኣብርሃ፡ ገብረኪዳን ተሰማን ኣስበሮም ኣብርሃን ጥቓ ክልተ ወርሒ ምስ ተኣሰሩ፡ ንሰኑይ 21 ታሕሳስ ቤት ፍርዲ ንኽቐርቡ ተቐጺሩ እንከሎ፡ ብቐዳም 19 ታሕሳስ ካብ ማእሰርቲ ተለቒቖም ንገገዝኦም ተሰዱ። ንሳቶም ግን በቲ ቈጸራኦም፡ ሰኑይ ቤት ፍርዲ ቐረቡ። እቶም ፈራዶ ብወገኖም፡ "ቅድሚ ፍርዶም ካብ ቤት ማእሰርቲ እንካብ ዘወጹ፡ ከም ዘወጹዎ ይኺዱ፡ ወረቐቶም (ፕራቲካኦም) ግን ብስርዓት ይቀመጥ…" ክብሉ ወሰኑ።[34]

ጉዳይ ኢያሱ ተሰማን ሚካኤል ወለላን ግን በቲ ቤት ፍርዲ ተሰምዐ። ምስክራት'ውን ቀረበ። ኣብ ቅድሚ ሕጊ ደው ክብል ዝኽእል ጭብጥታት ዝቐረበ

30. Clark, note 23, above.
31. See Tekeste Negash, p. 87, n.1.
32. ኢትዮጵያ፡ 6ይ ዓመት ቍ. 344፡ 23 ጥቅምቲ 1952።
33. Clark to State Department, 775. 31/5-1953, 19 May 1953.
34. ደሃይ ኤርትራ፡ 2ይ ዓመት ቍ. 35፡ 28 ሚያዝያ 1953።

ግን ኣይመስልን። ኣብ ፍርዲ ምስ መጸ'ውን መትሓዚ ዘይብሉ ኾይኑ ኢዩ ዝተረኸበ። ሚካኤል ወለላ፡ ቅድሚ እቲ እዋን ብሰርቂ ንሓሙሽተ ዓመት፡ ሰብ ቀቲሉ ተባሂሉ ድማ ንሕልፈት ተፈሪዱስ ብንጉስ ከም ዝተማሕረ እናተነግረ ቤት ፍርዲ ናጻ ለቒቑ። ንኢያሱ ተሰማ ግን፡ ብናይ ብረት ምሓዝ ክሲ ን10 ዓመት ፈረዶ። እቲ ጉዳይ ብይግባይ ናብ ጠቕላሊ ቤት ፍርዲ ቐረበ። ኣብኡ ድማ፡ ፕረሲደንት ቤት ፍርዲ ሽረር፡ ክሳብ ሽዑ ዝተኣሰሮ ይኣክል ብምባል ናጻ ለቒቑ።[35]

ደጊያት ኣብርሃ ድሕሪ ማእሰርቲ

ንደጊያት ኣብርሃ ተሰማ ኣብ ዝቕጽል ታሪኽ ፈደረሽን ክንረኽቦም ስለ ዘይኮንና ብዛዕባኦም ንዘተረፈ ኣብዚ ኽንውድኦ።

ካብ ማእሰርቲ ምስ ወጹ፡ ኣብርሃ ንዎርድል-ስሚዝን ቆንስል ኣመሪካ ክላርክን ረኺቡዎም። ዎርድል-ስሚዝ ድማ ነቲ ርክቦም ብዝርዝር ሰኒዶ።

ኣብርሃ ተሰማ፡ ንናቶምን ናይ ሓዎምን ወዶምን ማእሰርቲ፡ ፖለቲካዊ ትርጉም ኢዮም ሂቦሞ። ተድላ ባይሩ ብፖለቲካዊ ሰዓብነቶም ስለ ዘይተኣማመኑ፡ እንዳ ራእሲ ተሰማ ኻብቲ ናቶም ዝተፈልየ ኣረኣእያ ስለ ዘሎዎም፡ መታን ከሕፍሩዎምን ከዋርዱዎምን ኢሎም ዝገበሩዎ ኢዩ ክብሉ ወቒሶ። በዓል ዎርድል-ስሚዝ፡ እቲ ጉዳይ ካብ ውልቃዊ ጽልእን ቅንእን ዝተበገሰ ከይከውን እንተ በሉዎም'ውን፡ ኣብርሃ ምቕባል ኣበዩ።

ኣብርሃ ብዛዕባ ኣገባብ ኣተኣሳስራኦም'ውን ኣዘንተዉ። ካብ ደቀምሓረ ኣትሒዞም ክሳብ ኣስመራ ምስ ተራ ሰረቕትን ገበነኛታትን እናተዓጽዉ፡ ምስ መዓርጎምን ክብሮምን ዘይከይድ ኣተሓሓዛ ከም ዝተጻወሩ ነገሩ። ምስቲ ኹሉ ግን፡ ብዛዕባ ተድላ ዕቃብ እንተ ዘይኮይኑ፡ ጽልኢ ከርእዩ ብዘይ ምዕዛቡ፡ ዎርድል-ስሚዝ ከም ዝተገረመ ገለጸ። ግን ከኣ፡ ዝኾነ ክሲ ከም ዘይቀረበሎም፡ ብውሳነ ቤት ፍርዲ ድማ ናጻ ከም ዝተለቁ ዘረድእን ዘረጋግጽን ወግዓዊ ሰነድ ጨቢጦም፡ ስሞምን ስም ስድራ ቤቶምን ከየጽረዩ ከም ዘይዓርፉ ነቶም ቆንስላት ገለጹሎም። እዚ ምስ ሓዙ፡ ብዘይ ኣገባብ ብዛዕባ ምእሳሮም ብሕጊ ከም ዝኸሱ፡ ኣባላት ስድራ ቤቶም'ውን ከምኡ ሒዞሞ ካብ ዝነበሩ ናይ ምስሌንነትን ካልእን ሽመት ብዘይ ስርዓት ተገፊፎም ስለ ዝነበሩ፡ ንዕኡ ከየምለሱ ከም ዘይድቅሱ'ውን ኣረጋገጹ።

ንኹነታትን መጻእን ኤርትራ ኣመልኪቶም ድማ፡ ኣብርሃ ተሰማ ኽዚ ዝስዕብ በሉ፡

ሀ) ተድላ ባይሩ ኩርኩር (stooge) ናይ ንጉስ ኮይኑ ኣሎ።

ለ) ናይ መራኽቢ ብዙሓን (press) ከምኡ'ውን ናይ ምዝራብ ናጽነት ስለ ዘየለ፡ ዝኾነ ሰብ ንኽቃወሞ (ንተድላ) ወይ ተቓዋሚ ውድብ ንኽቕውም ዝክኣል ኣይኮነን።

ሐ) ተቓውሞ ክመጽእ ዝኽእል ካብ ባይቶ ኢዩ ነይሩ፡ ባይቶ ግን 68 ኣባጊዕ'ዩም፡ ካብኦም ኣገዳሲ ነገር ምጽባይ ዝክኣል ኣይመስልን።

35. ከም እ.ጽ. 28። ዘመን 2ይ ዓመት ቍ. 236፡ 28 ሚያዝያ 1953።

መ) በዚ ምኽንያት'ዚ፡ ጉበጣ ኤርትራ ፍሉኽ እናበለ ክመጽእ'ሞ ኤርትራ ድማ ሓንቲ ጠቕላይ ግዝኣት ኢትዮጵያ ክትከውን'ያ።

ሰ) ከምዚ ምስ ኮነ ህዝቢ ከም ዝተኸሎ ተረዲኡ ኣንጻር ጉይተቱ ክልዓል ኢዩ፤ እዚ ድማ ኹናት ሓድሕድ ከኸትል'ዩ። እዚ ኹሉ ድማ ገለ ዓመታት ክወስድ'ዩ።

ረ) ተቓውሞ ነዚ ስርዓት ዘይህልወሉ ምኽንያት... ርእይቶ ኤርትራውያን ብሃይማኖታውን ዓሌታውን መልክዕ ተሰፋ ብዘቖርጽ መገዲ ተፈላልዩ ስለ ዘሎ ኢዩ። ኣስላም፡ ተዋህዶ፡ ካቶሊኽን ፕሮተስታንትን ኣብ ናይ ሓባር ፖለቲካዊ ባይታ ክመጹ ኣይኮኑን።

ግን፡ ናብ ጉበጣ ኢትዮጵያ ምስ ተንበርከኹ፡ ሓደ እዋን ኣብ መጻኢ፡ ከም ብሓድሽ ኣብ መግዛእቲ ከም ዝኣትዉ ክርድኦም ኢዩ'ሞ፡ እዚ ድማ ኣንጻር ኢትዮጵያውያን ከም ዝሓብሩ ክገብሮም'ዩ።

ነዚ፡ ኣብ ገሊኡ ትንቢታዊ ዝኾነ ቃላት ክዛረቡ እንከለዉ፡ ኣብርሃ ተሰማ ብህዝቢ ኤርትራ ተበሳጭዮም ከም ዝነበሩ ኢዩ ዎርድል-ስሚዝ ገሊጹ። "ህዝቢ ኤርትራ ፈራሕ'ዩ፡" ኽኣ ኢሎሞ። ንኢትዮጵያውያን ጸሊኡዎም ዝነበረ ብምኽንያት ዓሌታዊ ፍልልይ ወይ ካልእ ዘይኮነስ፡ ብዝያዳ ነቲ ዝጽበዮ ዝነበረ ቅጠባዊ ሕውየት ካብኣቶም ክረክብ ብዘይ ምኽኣሉ ኢዩ። መንግስቲ ኢትዮጵያ ለጊሱ ኣብ ኤርትራ ገንዘብ እንተ ዘፍሰስ፡ "ህዝቢ ብድሕሪኡ መሰለፈ" ብምባል ድማ ሕርቃኖምን ቅብጸቶምን ገለጹ።

ቀንዲ ድሌት ኣብርሃ ተሰማ፡ ባዕሎም ንዎርድል ስሚዝ ብዝገለጹሉ ማለት'ዩ፡ ኣብቲ ኣብ ልዕሊ መንግስቲ ኤርትራ ንኽቕርቡዎ ዝዳለዉሉ ዝነበሩ ኽሲ ተዓዊቶም፡ ስምን ክብርን ስልጣንን ስድራ ቤት ራእሲ ተሰማ ምምላስ ነበረ። ኣብኡ ከይተዓወትካ ኣብ ኤርትራ ምንባር፡ ውርደትን ካልእ ጸገማት ከም ምዕዳምን ስለ ዝቖጸሩዎ ድማ፡ ክሳብ ናብ ስደት ከምርሑ የሰላስሉ ነበሩ። እንተ ነቲ ምስ ፌደራል ወይ መንግስቲ ኢትዮጵያ ምስራሕ ዝብሃል ተኽእሎ ግን፡ ፖለቲካዊ ምርጫኦም እቲ ፈደረሽን ብኣዕጋቢ መገዲ ከም ዝሰርሕ ምግባር ስለ ዝነበረ፡ ኣብ ውሽጢ ኤርትራ'ምበር ኣብ ኢትዮጵያ ወይ ምስ ኢትዮጵያውያን ምስራሕ ዝብሃል ሓሳብ ኣይተቐበሉን።[36]

ከምቲ ዝበሉዎ፡ ደጊያት ኣብርሃን ወዶም ኣስበሮምን ብዘይ ኣገባብ ተኣሲርና ክብሉ ኣብ ልዕሊ መንግስቲ ኤርትራ፡ ዳይረክተር ውሽጣዊ ጉዳያት ዝነበሩ ደጊያት ኣርኣያ ዋሴን ካልኦትን ክሲ ኣቕረቡ። ድሕሪ ናይ ኣዋርሕ ምኽኣል፡ መንግስቲ ኢትዮጵያ ኣብቲ ጉዳይ ኢድ ከም ዘእቱ ስለ ዝተገብረ፡ እቲ ኽሲ ናብ ፈደራል ላዕለዋይ ቤት ፍርዲ ቐረበ። ኣብዚ ጽፍሒ'ዚ፡ ናይ ኢትዮጵያ ዓቃብ ሕጊ ኣብ ልዕሊ መራሕ መንግስቲ ኤርትራ ናይ ገበን ክሲ ኣየቕረበን ስለ ዝበለ፡ እቲ ቤት ፍርዲ ናይ ሲቪል ክሲ ንኽቕርቡ ንበዓል ደጊያት ኣብርሃ ፈቐደሎም።[37]

36. Wardle-Smith, FO 37/1/108, 24 December 1954.
37. Federal High Court in Eritrea, Civ. Case 29-31/46, 12/9/47(EC) – 20/9/1955 (Hans E. Nordstorm, Dej. Demoz Hagos, Tebebou Beyene – Judjges).

ኣብቲ ሲቪላዊ ኽሲ'ውን እንተ ኾነ፡ ክሰልጦም ኣይከኣለን። ነዊሕ ናይ ኮለልን ሰንፈላልን ጊዜ ጥራይ ኣሕለፉ። ጸኒሖም፡ ደጊያት ኣብርሃ ናይ ዙላ ፕሮጀክት ኣካያዲ ኾይኖም ደኣ ኣገልገሉ'ምበር፡ ኣብ ፖለቲካዊ ጉዳያት ኤርትራስ ብዝርአ ደረጃ ኣይተቐልቀሉን። ኣዝማች ገብረኪዳን ተሰማ ድማ ናብ ባይቶ ተመሊሶም ኣገልገሎቶም ቀጸሉ።

እቲ ኣብ ልዕሊ ቤተ ሰብ ራእሲ ተሰማ ዝወረደ፡ መረጋገጺ ዘይተረኽቦ ክሲ ግን፡ ንተድላ ባይሩ ካብ ዘሕመየን ብዓይኒ ጥርጣረ ከም ዝረኣዩ ካብ ዝገበረን ኣርእስቲ ኾነ። "ተድላ ንተቓወምቱ ዘጥቅዕ፡ ዲክታቶራዊ ጠባይ ዘሎዎ ሰብ'ዩ፡" እናተባህሉ ንኽዝረበሎም ካብ ዘኽኣለ ሓደ ፍጸመ'ውን እዚ ኾነ።

ኵነታት ተድላ ባይሩ ኣብ ምጅማር 1954

ኩሉ'ቲ ተድላ ዝገብሩዎ ዝነበሩ ነገራት በቲ ዝወጠኑዎ ይኽደሎም ከም ዘይነበረ፡ ካብዚ ክሳብ ሕጂ ገሊጽናዮ ዘሎና በሪሁ ይህሉ። ዕቁብን ምስጢረኛን ስለ ዝነበሩ፡ ናቶም ናይ ውልቀም ርእይቶ ወይ መግለጺ ምርካብ ኣዝዩ ኣጸጋሚ ኢዩ። ጸኒሖም፡ ናብ ስደት ምስ ኣምርሑ'ውን እንተ ኾነ፡ ምስ ሰባት ዘዕለሉዎ ወይ ብመልክዕ ጽሑፍን ቃለ መጠይቕን ዝገደፉዎ ዝኾነ ሰነድ ዛጊት ኣብ ኢድና ኣይኣተወን። ስለዚ፡ ንውሽጣዊ ስምዒቶም፡ ንርእይቶኦምን ምኽንያታቶምን ብልክዕ ምውካል ቀሊል ኣይኮነን። ብዕድል፡ ኣብ ምጅማር 1954፡ ምስ ኮሚሽነር ፖሊስ ክራክነልን ቆንስል ብሪጣንያ ዎርድል-ስሚዝን ኣዕሊሎም ነይሮም። እዚ ኣንፈት ስለ ዝሀብ፡ ብዝርዝር ምምዝጋቡ ጠቓሚ ኢዩ።

ቅድሚ ንተድላ ምርካቡ፡ ኮሎኔል ክራክነል መጀመርታ ነቶም ንሓረጎት ኣባይ ብምትካእ ዳይረክተር ውሽጣዊ ጉዳያት ኮይኖም ዝነበሩ ተሰፉልደት ገረድ ኣዕለለ። ኣብዚ ጊዜ'ዚ፡ ሓረጎት ሰክረታሪ ሕግን ፍትሕን ብምዃን ኣባል ካቢነ ኾይኖም ነይሮም'ዮም። እዚ እንዛረበሉ እዋን፡ ሃጸይ ሃይለስላሴ ኤርትራ ቐንዮም፡ ሰፊሕ ዑደት ኣካዪዶም፡ ነቲ ኣብ ዝቕጽል ምዕራፍ ኣስፊሕና እንገልጾ ናይ ግብሪ ምሕረት ኣዊጆም ዝተመልሱሉ ነበረ።

ክራክነል ምስ ተሰፉልደት ገረድ ካብ ዘዕለሎ፡ ክልተ ነገራት ንግንዘብ። ቀዳማይ፡ ናይ ሃይለስላሴ ዑደት ኣብ ኤርትራ ንሽም እምባየ ሃብተ፡ ኣመሓዳሪ ከረን፤ ብርሃነ ክፍለማርያም፡ ኣማሓዳሪ ሰራየ፤ ገብረዮሃንስ ተስፋማርያም ዳይረክተር ናይ ህዝባዊ ርክባት፤ ከምኡ'ውን ኣዝማች ዘርኣም ክፍሉ፡ ዳይረክተር ኤኮኖሚያዊ ጉዳያት ዝመሰሉ ቀንዲ ደገፍቲ ሕብረት ምስ ኢትዮጵያ ንቕልጡፍ ሕብረት ንኽንቀሳቐሱ ኣተባቢዑዎም ነይሩ ኢዩ። ከምኡ ስለ ዝኾነ፡ ሰክረታሪ ውሽጣዊ ጉዳያት ፈኪ ዓሊን ተሰፉልደት ገረድ ባዕሎምን፡ ክራክነል ነዞም ዝተጠቕሱ ክትትል ንኽገብረሎም ሓበሩዎ። ኣብ ልዕሊ'ዚ፡ ብዛዕባ'ቲ ኣብ ወርሒ ማዕረ 1500 ቅርሺ ካብ ቤት መንግስቲ እንደራሴ እናተዋህበ ዕጡቓት ሰዓብቲ ወዲቡ ንቕጽበታዊ ሕብረት ዘንቀሳቕስ ዝነበረ ገብረስላሰ ጋርዛ እውን

ተዛረቡዎ። ተስፋልደት፡ በቶም ንማሕበር ኣንድነት ጠንጢኖም ፌደራሊስት ኮይኖም ዝነበሩ መንእሰያት ኣቢሎም ባዕሎም ንገብረስላሰ ክቃወሙዎ ከም ዝተበገሱ ንክራክነል ገለጹሉ። ተስፋልደትን ፊኪ. ዓሊን ብተወሳኺ፡ ኣብ ባይቶ ኤርትራ ተበጊሱ ዝነበረ ኹትዕ ብዛዕባ'ቲ ሃይለስላሴ ዝኣወጁዎ ምሕረት ግብራ፡ ገለ ንኽፍሪ'ኳ ትጽቢት እንተ ነበሮም፡ ኣብ ልዕሊ ተድላ ግን ጥርጣረን ስግኣትን ከም ዝነበሮም ገለጹ።

ነዚ ሓበሬታ'ዚ ሒዙ፡ ክራክነል ብ17 ለካቲት ምስ ተድላ ባይሩ ተራኸበ። ተድላ ባይሩ፡ ኸአ ኢሉ ክራክነል፡

> ንበይኑ ኣብ ቤት ጽሕፈቱ ክጽበ ጸኒሑኒ፡ ብርኡይ ድማ፡ ተጨኒቑን ሰጊኡን (worried and apprehensive) ነበረ። ክሳብ ኣነ ዝዛረብ ኣይተዛረበን። መጀመርታ፡ ድሕሪ ጥንቁቕ ገምጋም፡ ኮንትራተይ ንኽስረዘለይ ከም ዝወሰንኩ ገሊጸሉ። ነዚ ድማ ክልተ ምኽንያታት ኣቕሪበሉ። ብቐዳምነት፡ ነቲ ፖለቲካዊ ሽቶ ንምርካብ ዝካየድ ዝነበረ ዘይግቡእ ኣጠቓቕማ ፖሊሳዊ ስልጣን ክጻወሮ ከም ዘይክኣልኩ ገሊጸሉ። ከም ኣብነት ድማ፡ ንሹነ ወልደኣብ፡ ኢብራሂም ሱልጣንን ኣስላም ሰዓብቱን፡ ራእሲ ተሰማን ስድራ ቤቱን፤ ነቲ "ፈተነ ቕትለት" ተባሂሉ ዝተጸውዐ፤ ሕጂ ድማ፡ ነዚ ዲቪዣ ብዝተኸድኑ ተኸተልቱ ህዝቢ ዘፈራርሕ ዘሎ ገብረስላሰ ጋርዛ ንምቁጽጻር ዝካየድ ዘሎ ፖሊሳዊ ፈተነ ሓገዝ ዘይምሃቡ... ዘርዚረሉ። ካልኣይ፡ ዕድመ ደፊአ ዕድል ከይተዓጽወኒ ኸሎ፡ ነባርን ቀዋምን ስራሕ ንኽረክብ ቁሪጸ ከም ዝተንሳእኩ ሓቢረዮ።

ክራክነል ምስ ኦፊሰራት ፖሊስ።ካብ ጸጋም፡ ተድላ ዕቝቢት እርዳቸው፡ ሓመድ ናስር፡ መንግስቱ፡ ገብረመድህን ኣስሄልን ካልኦትን።

ተድላ፡ እቲ ናይ ብሓቂ ምኽንያት መኸዲኡ፡ እቲ ቐዳማይ ከይከውን ተሰፋ ከም ዝገብሩ ገለጹሉ። ምኽንያቱ ድማ በሉዎ፡ ብዙሕ እዋን ብድሌቶምን ብናቶም ሚዛንን ዘይኮነስ፡ ብናይ ኢትዮጵያ ጸቕጥን ጭቕጭቕን ስለ ዝሰርሑ ኢዩ። ነቲ ክራክነል ዝዘርዘረሎም ኣብነታት'ኳ እንተ ዘይጠቐሱ፡ ናቶም ስራሕን ምህዞን ከም ዘይነበረ ግን ኣመቱሉ። ሓሳቡ ንኽቕይር፡ ቀሩብ ጊዜ ከም ኮሚሽነር ንኽቕጽል'ውን ሓተቱዎ። ንሱ ግን ኣብ ዝበሎ ጸንዐ።

ካብዚ ቐጺሉ ክራክነል፡ መብዛሕትኦም እቶም ንሱ ዝመርሖም ኣባላት ፖሊስ፡ ብልቦም ደገፍቲ ፈደረሽን ወይ ፈደራሊስት ኾይኖም፡ ውሑዳት ጥራይ ናቶም ተኣመንቲ ምንባሮም ገለጸሎም። ብዘይ ቃል ዓለም ድማ፡ እቲ ኣብ ምጅማር ፈደረሽን ኣብ ልዕሊኦም ዝነበረ ምትእምማን፡ ኣብቲ ዝሓለፈ ትሸዓተ ወይ ዓሰርተ ኣዋርሕ ኣዝዩ ከም ዝጐደለ፡ ንዕኦም ኣሚኑ ዝኽተል ኣባል ፖሊስ ዳርጋ ከም ዘይነበረ፡ እዚ ናይ ፖሊስ ጥራይ ዘይኮነስ፡ ናይ ምሉእ ሃገር ስምዒት ከም ዝመስሎ'ውን ነገሮም። እዚ ለውጢ ናይ ስምዒት ህዝቢ በዚ ዝስዕብ ምኽንያት ክመጽእ ክኢሉ ኢሉ ከም ዝኣምን ድማ ዘርዘረሎም፡

ሀ) ንፈደራል መንግስቲ ዝቃወም ንጹር ሜላ ወይ ፖሊሲ ከርእዩን፡ ህዝቢ ንምስማር ድማ መራሕነት ክህቡን ብዘይ ምኽኣሎም፡

ለ) ነቲ ቐጻሊ ዓብላልነት ናይ ኢትዮጵያ ዘይምቀ ጽጻሮምን ንጥቕሚ ኤርትራ ዘይምክልኻሎምን። በንጻሩ'ኳ ደኣ፡ ብዙሕ ጊዜ፡ ናይ ኢትዮጵያ ጽልዋ ንኽዝርጋሕ ዝመሻጠሩ ምምሳሎም፡

ሐ) ነቲ ኣቐዲሞም ጀሚሮሞ ዝነበሩ ምስ ህዝቢ ናይ ምርኻብ ልዑል ተግባር (high standard) ዘይምቕጻሎም፤ ብፍላይ ድማ፡ ካብ ዝሓለፈ ግንቦት ጀሚሮም ሰብ ምርካብን ምስማዕን ምቍራጾም፡

መ) ኣብ ልዕሊ ናይ ፖለቲካ ተጻባእቶም ዝወሰዱዎ ዝነበሩ ቂምተኛ ስጉምትታት (ወልደኣብ፡ ኢብራሂም ሱልጣን፡ ደጊያት ኣብርሃ)፡ እቲ ንሱ ዘሰዕበሎም ዝነበረ ተነጽሎ ካብ ሰዓብቶምን፡

ሰ) ውልቃዊ ናይ ንግዲ (ዋኒን) ጉዳያቶም፡ እንኮላይ ኣብ ጥቓ ኣስመራን ኣብ ደቡብ ኢትዮጵያን ናይ ሕርሻ ቦታ ምግዛኦም፡ ከምኡ'ውን ካብ ንጉስ መኪናን ቪላ ኣብ ኣዲስ ኣበባን ምቕባሎም፡

ረ) ናይ ቀደም ናይ ፖለቲካ ኣዕሩኽቶም ናብ ክብ ዝበለ ናይ ሲቪል ሰርቪስ (መንግስታዊ ኣገልግሎት) ሽመት ብምምጻእ ንኽብሪ ሲቪል ሰርቪስን ነቲ ንሱ ዝቈመሉ መትከላትን ምትሓቶም፡

ሸ) ኣብ ዝሓለፈ ሸዱሽተ ሰሙናት ንሸሞንተ ክርስትያን ኤርትራውያን፡ ኩሎም ካብ ኣውራጃ ሓማሴን፡ ናብ ኣገዳሲ መንግስታዊ ቦታታት ብምሻም፡ ኣብ መወዳእታኡስ ናብቲ ከቢቦዊ ስምዒት ናይ ወገንነት (nepotism) ከም ዘወደቑ ምምሳሎም፤ እዚ ድማ፡ ኩሎም ኤርትራውያን ዝፈርሑዎ፡ ተድላ ግን ፈጺሞም ዘይተንከኽኩሉ ጉዳይ ኮይኑ ዝጸንሐ ምንባሩ…

እዚ ኹሉ ስለ ዝኾነ፡ ነገራት ካብ ቀጽጽሮም ንላዕሊ ከም ዝኸደ፡ ብዘረባ ዘይኮነ፡ ብግብሪ ጥራይ ከዐርዩዎ ከም ዝኽእሉ፡ ክራክነል ደጋጊሙ ሓቢሮም። ነዚ ኹብል እንክሎኹ፡ ኢሉ ክራክነል፡

... ተድላ ብህድኣት ሰምዓኒ፡ ገጹ ኸኣ ፍጹም ምቅባል ጥራይ ኣርኣየ። ክምልሰለይ ምስ ጀመረ ግን፡ ናይ ነብሰ ምትእምማን ምልክታት እናርኣየ፡ ንነብሱ ነጥቢ ብነጥቢ ክከላኸለላ ጀመረ። ኣነ ግን፡ ነቲ መግለጺታቱ ምስማዕ ትርጉም ከም ዘይነበሮ፡ ንቅኑዕነቱ ብግብሪ ክረጋግጽ ከም ዘሎዎ... ንምግላጽ ኩለፍኩዎ።

... ንገለ ህሞት ምስ ሓሰቡ፡ ሓደ ንጹር ሜላ ናይ ምሕንጻጽ ጊዜ ከም ዝኣኸለ ተሰማምዐ። ነዚ ድማ፡ ናብ ባይቶ ኤርትራን፡ ናብ ህዝቢ ድማ ዑደት ብምክያድን ከም ዘቕርቦ ተዛረበ። ከም መራሒ ህዝቢ ናብቲ ቤት ጽሕፈት ስለ ዝመጸ፡ ...ህዝቢ ባዕሉ ድሌታቱን ዝንባለታቱን ንኹብርህ ከም ዝገደፎ ገለጸ። ክሳብ ፌደረሽን፡ ህዝቢ ብፖለቲካዊ ፕሮፓጋንዳን ናይ ወጻኢ ገንዘብን'ዩ ዝጽሎ ዝነበረ። ብሱል ስለ ዘይነበረ፡ ነቲ ናይ ብሓቂ ጸግዑን እምነቱን (loyalties) ንምምዕባል ጊዜ የድልዮ። "ፌደረሽን" ኢሉኒ፡ "ወጻእተኛታት'ምበር፡ ኤርትራውያን ባዕሎም ኣዘዩ ትሑት ረብሓ ኢዮም ረኺቦምሉ።" (እዚ ድማ ጭርሖ ሕብረታውያን ኢዩ።)

ኣብ መወዳእታ፡ ክራክነል እቲ ህንጻ መንግስቲ ኤርትራ ንምሕላው ዝመሓሉዎ ማሕላ፡ ምስቲ መንግስቲ ኢትዮጵያ እተካይዶ ዝነበረት ብሩህ ግህሰት ናይ ህንጻ መንግስቲ ብኸመይ ከም ዘሳንዩዎ ንኽገልጹሉ ሓተቶም። ንሶም ድማ ብኸምዚ መለሱሉ፡

ንህንጻ መንግስቲ ኤርትራ ኩሉ ጊዜ ምስ ኣኽበርኩ'የ። በዚ ድማ፡ ብምኽንያት ውዲታት ቢትወደድ ኣብ ናይ ጽልኢ ቦታ እርኩብ። ነዚ ዝመስል ሰብ ሓላፍነት ናይ ቀዳማይ እንደራሴ ኣብ ኤርትራ ክቕበል ትራጀዲ ኢዩ። ህዝባዊ ሓላፍነት ወይ ግቡእ ኣንፈት ዘይብሉ፡ ውልቃዊ ረብሓታቱን ጥሙሓቱን ኣብ ምኽዕባት ዝተወሰነ ሰብ ድማ ኢዩ።

ክራክነል ብዘረባ መራሕ መንግስቲ ኣይዓገበን። ንጽባሒቱ ናብ ተስፋልደት ገረድ ብምኻድ ድማ ብዛዕባ'ቲ ዝተባህለ ኣዘንተወሎም። ተስፋልደት ብወገኖም፡ ኣብ ልዕሊ ተድላ ከምቲ ናቱ ዝመስል ጥርጣረን ስግኣትን ከም ዝነበሮም ገለጹሉ። ይኹን'ምበር፡ ተድላ ፍሉይ ኣኼባ ባይቶ ን22 ለካቲት ንኽጽውዑ ብኣባላት ተሓቲቶም ስለ ዝነበሩ፡ ብዛዕባኡ ዝውሰኑዎ ርኢኻ ኣንፈቶም ክፍለጥ ክክኣል'ዩ ዝብል ትጽቢት ናይ ተስፋልደት ነበረ። እዚ ድማ፡ ሓዲሽ ሜላ ንኽእውጁ፡ ነቲ ናይ "ሕብረት" ድፍኢት ወይ ማዕበል ክዓግቱ... ይኾኑ ዝብል ነበረ።

ክራክነል ከዛርቦም እንክሎ፡ ተስፋልደት ውሽጣዊ ፍርሖም ኣይሓብኡን። ኢትዮጵያ ሕብረት ከተተግብር እንተ ደልያ፡ ውድብ ሕቡራት ሃገራት ስቕ ኢሉ

ተቓውሞ፡ ተቓወምትን ግብረ መልሲ ተድላን

ክራክነል

ክዕዘብ ዲዩ? እተን ኣርባዕተ ሓያላትከ ንኤርትራ ብኸመይ ከም ዝሕግዛ ክግበር ይከኣል? ... እናበሉ'ውን ብዙሕ ኣሚነቑሉ። ክራክነል፡ "እስከ ነቲ ናይ ብሪጣንያ ቆንስል ክረኽቦ'ሞ፡ ተድላ ባይሩ ንፈደረሽን ንኽከላኸል ከተባብዖ ክመኽሮ..." ምስ በሎም፡ ተሰፋልደት ኣዝዮም ከም ዝተሓጐሱን ከምኡ ንኽገብር ኣጥቢቖም ከም ዝለመኑዎን ገለጸ።[38]

ክራክነል ከምቲ መብጽዓኡ ንዎርድል-ስሚዝ ምስ ተዛረቦ፡ እቲ ቆንስል ብወገኑ ንተድላ ብ8 መጋቢት ረኺቦም። ኣብ መንጎ ኻልእ ፍጻመታት ስለ ዘጓነፈ ግን፡ ነቲ ጸብጻቡ ኣብ ጊዜኡ ክንምርምሮ ኢና። ካብ ርክብ ክራክነል ምስ ተድላን ተሰፋልደት ገረድን እንርድኦ ነገር እንተሎ ግን፡ እቲ ጊዜ ንተድላን መንግስቶምን ኣዝዩ ጸቢብ እናኾነ ይኸይድ ከም ዝነበረ ኢዩ። ተድላ ኸኣ ዝያዳ እናተነጸሉ፡ ኣብ መንጎ ምዕቃብ መንግስታዊ ሓላፍነቶምን ኢትዮጵያዊ ተኣማንነቶምን ከኣ እናተቖርቀሩ ይኸዱ ከም ዝነበሩ ክንግምግም ንኽእል።

38. Cracknnell to Wardle-Smith, FO371/108196, 22 February 1954.

ምዕራፍ 18

ኢድ ኢትዮጵያ ኣብ ጉዳያት ኤርትራን ተቓውሞ ህዝብን ባይቶን

ኣድማን ቅትለትን ኣብ ዓሰብ

ድሕሪ ሻብዓይ መውጋእቲ ወልደኣብ ወልደማርያም፡ ንጥፈታት ማሕበር ሰራሕተኛታት'ኳ ዝግ ኢሉ እንተ ነበረ፡ እቶም ብፍላይ ኣብ ምጽዋዕ፡ ኣስመራን ዓሰብን ዝነበሩ ሰራሕተኛታት ግን ብዛዕባ መሰላቶም ካብ ምሕታት ዓዲ ኣይወዓሉን። ብፍላይ ወርሒ ለካቲት 1954፡ ክብ ዝበለ ድምጺ ተቓውሞ ህዝቢ ዝተሰምዓላ ኾነት።

ብ4 ለካቲት፡ ኣርባዕተ ኣባላት ባይቶ ዝርከቡዎም 106 ምስሌነታትን መራሕቲ ቀቢላታትን፡ ባንዴራ ኤርትራ ትጽቀጥ ወይ ግቡእ ቦታኣ ኣይትረክብን ኣላ ዝብል ጥርዓን ናብ ፕረዚደንት ጠቕላሊ ቤት ፍርዲ ኤርትራ ኣቕረቡ። ቅዳሕ'ውን ንወኪል ሕ.ሃ. ኣርተር ሪድ ሃቡዎ። ብ13 ለካቲት ሪድ፡ ቅዳሕ ናይቲ ካብ ዓበይቲ ዓድን መራሕቲ ቐቢላታትን ናይ ምዕራባውን ምብራቓውን መታሕት ናብ ሃይለስላሴ ዝቐረበ ሰለስተ ጥርዓናት ተቐበለ። ኣብዚ ዕለት'ዚ፡ ነቲ ጸኒሕና እንዛረበሉ ንምሕረት ግብሪ ዝቃወም ቴሌግራማት ብስም ህዝቢ ኸረን፡ ሳሕል፡ ባርካን ጋሽ-ሰቲትን ናብ ብዙሕ ሸነኻት ዓለም ተላእከ። ትሕዝቶኡ ድማ፡ እቲ ናይ ምሕረት ኣዋጅ፡ ኤርትራ ብቐጥባ ነብሳ ኣይትኽእልን'ያ ብዝብል ናብ ኢትዮጵያ ንምሕዋሳ ዝተገብረ መናውራ ኢዩ ዝብል ነበረ።

ካብዚ ፍልይ ብዝበለ፡ መንግስቲ ኢትዮጵያ ዝኣወጆ፡ ወጻእተኛታት ናይ መንነት ወረቐት ንኽሕዙ ዘገድድ መምርሒ ኣብ ምጽዋዕ ተቓውሞ ስለ ዘልዓለ፡ ህይወት ሰብ ዘሕለፈ ዕግርግር ፈጠረ። ኣማእት ወተሃደራት ኢትዮጵያ ካብ ኣስመራ ምጽዋዕ ስለ ዝተሰዱ ድማ፡ ብ25 ለካቲት ኣሰላም ዝኾኑ ወከልቲ ሰራሕተኛታት ናብ ቆንስላት ኣመሪካ፡ ብሪጣንያ፡ ፈረንሳ፡ ኢጣልያን፡ ንወካሊ ሱዳንን፡ ከምኡ'ውን ንኣርተር ሪድ ጥርዓናት ለኣኹ። ኣብኡ ድማ፡ ወተሃደራት ኢትዮጵያ ካብ ኣስመራ ብምእታው፡ በልማማ ብምትኳስ ህዝቢ ከም ዝቐተሉን ከም ዘቘሰሉን ሓበሩ። ነዚ ኹሉ፡ ሪድ ናብ ቤት ጽሕፈት ዋና ጸሓፊ ሕ.ሃገራት ኣመሓላለፎ።[1]

1. Reid to Wanstrom, Answers to Q. 12 A.

ክንድ'ዚ ዝኣክል ሰራዊት ንምጽዋዕን ዓሰብን ዝተላእከ ግን ካልእ ምኽንያት'ውን ስለ ዝነበረ ኢዩ። ብ11 ጥሪ 1954፡ ኣንዳርጋቸው መሳይ፡ ኣበበ ቢተው ካብ ዝተባህለ ኣብ ትሕቲ ሚኒስትሪ ምክልኻል ሓላፊ ወደብ ባጽዕ ዝነበረ፡ ሓደ ናይ ምስጢር ደብዳበ ረኺበ። ኣብዚ መልእኽቱ'ዚ ኣበበ ቢተው፡ ኣርባዕተ ደቂ ምጽዋዕ ናይ እንግሊዝ ባንዴራ ሒዞም ሰላማዊ ሰልፊ ንምግባር ብዝረቐቐ ኣገባብ ይዳለዉ ኣሎዉ ኢሉ ጸሓፈ። በዚ ደው ከይበለ፡ ሸውዓተ ናይ ዝተፈላለያ ኩባንያታት ሰራሕተኛታት ኣብ ልዕሊ ሃይለስላሴ ሓደጋ ንምውራድ ተመሪጾም ኣሎዉ'ሞ፡ እቶም ሃጸይ ካብ ምጽዋዕ ክሳብ ዝወጹ፡ ኣብ ልዕሊ'ቶም ዝተጠቕሱ ብርቱዕ ምክትታል ክግበር ሓተተ።[2]

ሓቅነት ናይቲ ናይ ምስጢር ሓበሬታ ብዘየገድስ፡ ንጦር ሰራዊት ግን ብብዝሒ ምጽዋዕ ንኽኣትዉን ነቲ ሪድ ዝጠቐሶ ግፍዒ ኣብ ልዕሊ ህዝቢ ንኽፍጽሙን ዕድል ሃቦም። ጸኒሕና ከም እንርእዮ፡ እዚ ፍጻመ'ዚ ብቀንስል ብሪጣንያ'ውን ተመዝገበን ከም ጸብጻብ ናብ ናይ ለንደን ኣሕሉቑ ተመሓላለፈን።

ነቲ እዋን፡ እቲ ዝዓበየን ዝኸፍአን ህውከት ኣብ ዓሰብ ኣጋነፈ። ዓ.ዓ. ደንከሊ ዝተባህለ ዜጋ ናብ ደሃይ ኤርትራ ካብ ዓሰብ ዘመሓላለፎ ጸብጻብ ብምጥቃስ ድማ ነቲ ዝተፈጸመ ነዘንቱ።[3]

ኣብ ወርሒ ጥሪ 1954፡ ሰራሕተኛታት ወደብ ዓሰብ ናይ ደሞዝ ወሰኽ ክግበረሎም ሓቲቶም ምስ ተኸልከሉ፡ ኣድማ ገበሩ። ጸኒሐን ግን፡ እተን ኣሰራሕቶም ዝነበራ ኩባንያታት ናይ 20% ወሰኽ ንኽገብራሎም ተሰማምዓ። እዚ ምስ ኮነ፡ ኣብ ዓሰብ ዝነበረ ወተሃደራዊ ሓላፊ ኢትዮጵያ ኣብቲ ጉዳይ ብምእታው፡ ነተን ኩባንያታት ጸዊዑ ነቲ ወሰኽ ደሞዝ ንኽሰርዝኦ ኣዘዘን። ንሳተን ድማ ከምቲ ዝተኣዘዝኦ ከም ዝገብራ'ኳ እንተ'ፍለጣ፡ ሰራሖን ከይቋረጸን ብምስጋእ ነቲ ወሰኽ ብስቱር ንሰራሕተኛታት ክህባ ወሰና።

ሰራሕተኛታት፡ እቲ ወሰኽ ቅሉዕን ወግዓውን ክኸውን ስለ ዝደለዩ፡ ነቲ ሕቡእ ክፍሊት ተቓወሙዎ። ኣብ ልዕሊ'ዚ፡ ንምትእትታው ናይቲ ወተሃደራዊ ሓላፊ ብምንጻግ ኣድማኦም ቀጸሉ። በዚኣ ኣሳቢቡ፡ ቀጸለ ዓ.ዓ. ደንከሊ፡ እቲ ሓለቓ ሰራዊት፡

> ነዚ ናይ ሰራሕተኛታት ሰራሕ ምፍታሕ ምኽንያት ገቢሩ፡ ካብ ኣዲስ ኣበባ 150 ጉራጌ ንዓሰብ ኣምጺኡ፡ ኣብቲ ስፍራ ናይቶም ደቀባት ኤርትራውያን ከስርሖም ምስ ጀመረ፡ እቶም ሰራሕተኛታት ኤርትራውያን ናብኡ፡ ናብቲ ናይ ወተሃደራት ሓለቓ ከይዶም፡ ነቶም ቦታ ደቂ ኤርትራ ዝሓዙ ጉራጌ

2. IEG, Ministry of National Defence, Department of Marine, Abebe Bitew to Andargachaw Mesai, File No. 197m 10 January 1946 (EC). እቶም ብሰላማዊ ሰልፊ ዝተጠርጠሩ፡ ሳልሕ ሓሰን ናይብ፡ መሓመድ ናስር፡ ኢድሪስ ኣይብ፡ ዑመር ሻራፋይ ክኾኑ እንከለዉ፡ እቶም ናይ ሓደጋ ድማ፡ ሳልሕ ኣዚና (ጌላትሊ ሃንኪ)፡ መሓመድ ሲሩ (ጌላትሊ ሃንኪ)፡ ዑመር ኢዚ (ሚቸል ኮትስ)፡ መሓመድ ዓሊ ባሱወድ (ካራራ ማርሶን)፡ ዑመር ጊዶር (ኣፍሪካ ኦርየንታለ)፡ ዓብደላ ሰይድ (ሎይድ ትሪየስቲኖ)፡ መሓመድ ዓሊ ሓዮቲ (ኣልቤርጎ ሪሲ) ነበሩ።

3. ደሃይ ኤርትራ፡ 2ይ ዓመት ቁ. 32፡ 2 ሚያዝያ 1954።

ካብ ስራሖም ጠጠው ከብሎም ብትሕትና ጥርዓኖም ኣቕረቡሉ። እንተ ኾነ ግን፡ ነዚ ዘቕረቡሉ ጥርዓን መልሲ ብሓይልን ብብረትን ተቐበሎም። እዙይ እምበኣር'ዩ ንኽጽሕፍ ዝገደደኒ።

ብሰንኪ'ዚ መጥቃዕቲ'ዚ፡ ሰለስተ ኤርትራውያን ክሞቱ እንከሎው፡ ሓሙሽተ ድማ ቖሲሎም ኣብ ሆስፒታል ተዓቒቡ። ዓ.ዓ. ደንከሊ ብዛዕባ ፖለቲካዊ ኩነታት ዓሰብ'ውን ጸሓፈ፡

እቲ ናብ ዓሰብ ዚርከብ ናይ መንግስቲ ኢትዮጵያ ናይ ወተሃደር ሓለቓ፡ ኣብ ኩሉ ውሽጣዊ ጉዳይ ናይ ዓሰብ ብስልጣኑ ኪሰርሕን ኪጭርሽን ይርከብ። ካብኡ ዝገደደ ኸኣ፡ እቶም ብእኡ ዚምርሑ ወተሃደር ናይ ኢትዮጵያ፡ ከም ጸላኢ ካብ ወጻኢ ሃገር ዝመጽኣም'ሞ ንምክልኻል ከም ዝተዓጥቁ፡ ትርሽን ጠመንጃን ሒዞም፡ ነቶም ሓንቲ መሳርሒ ዘይብሎም ሰላማውያን ደቂ ኤርትራ፡ ብጭካነ ኪቐትሉዎምን ንጹህ ደሞም ብኸንቱ ከፍስሱን ጀመሩ።

ደንከሊ፡ ንፖሊስ ኤርትራ ብኻልእ ስራሓቶም'ኳ እንተ ኣመስገነ፡ ኣብቲ ናይ ሓደጋ ሰዓታት ግን ንህዝቢ ክንዲ ዝከላኸሉ ንቡር ዕማሞም ክገብሩ ብምውዓሎም ነቐፎም። ባይቶን መንግስትን ኤርትራ ኣጥቢቖን ንኽግደሳሉ'ውን ኣማሕጸነ።

እዚ ኹሉ እናኾነ እንከሎ፡ ሚስተር ዊርትስ ዝተባህለ ኣካያዲ ስራሕ ናይ ኩባንያ ቤስ፡ ናብቶም ሽው ባጽዕ ዝበጽሑ ዝነበሩ ሃጸይ ሃይለስላሴ ብምቕራብ፡ ነቲ ናይ ዓሰብ ህውከት ብሰላም ንኽዕርፍ ዘኽእሎ ፍቓድ ሒዙ ናብታ ወደብ ወረደ። ኣብኡ ብ2 ለካቲት ምስ ኣተወ ግን፡ እቲ ህውከት ገንፊሉስ ሞትን መቑሰልትን ኣስዒቡ ጸንሖ። ነቲ ኹሉ ዝተዓዘቦ ድማ ነቲ ኣብ ኣዲስ ኣበባ ዝነበረ ኣምባሳደር ብሪጣንያ ዳግላስ ባስክ ገለጸሉ።

ኣብዚ እዋን'ዚ፡ ኣብ ኤርትራ ጥራይ ዘይኮነ፡ ኣብ ዝተፈላለየ ክፍልታት ኢትዮጵያ'ውን ሰራሕተኛታት ናይ ዘይምርግጋእ ኣንፈታት የርእዩ ነይሮም'ዮም። ኣብ ኩሉ'ዚ፡ መንግስቲ ኢትዮጵያ ዘይውሕሉልን ጉነጻውን ፍታሓት ጥራይ የናዲ ስለ ዝነበረ፡ ኣምባሳደር ባስክ ንናይ መንግስቲ ኢትዮጵያ ሰንኮፍ ምሕደራን ናይ ደናቕር ኣፈታትሓ ግርጭትን ነቐፈ። "ብዘይካ ብመቕጻዕቲ ምፍርራሕ፡ ካልእ ስሉጥ መልሲ የብሎምን... ልቦና ብዝመልአ ኣገባብ ንምእላይ ዘኽእል ዝኾነ መጋበርያ ወይ'ውን ድሌት ከኣ ኣብዚ ጊዜ'ዚ የለን" ድማ በለ።

እቲ ኣብ ባጽዕ፡ ዓሰብ፡ ኣዲስ ኣበባን ሃረርን ዝተኻየደ ሓሙሽተ ኣድማታት ኣብ ሓደ እዋን ምክያዱ፡ ንባስክ ብዙሕ ኣጠራጠሮ። ካብ ወጻኢ፡ ብዴስነት (communism) ዝኣምኑ ሓደ ሓደ ሰባት ናብቲ ወደባት ይመጹ ስለ ዝነበሩ ድማ፡ ምናልባት ንሳቶም ዘተባብዑዎ ወይ ዝምውሉዎ ክይከውን እውን ሰግአ። ነዚ ግን፡ ባዕሉ ቀልጢፉ ነጸጎ። በቲ ኻልእ ወገን፡ ምስቲ ዓሰብ ከም ወደብ

ብቕልጣፈ ትዓብዮ ዝነበረት፡ ቍጠባዊ ጸገማታ ብኣኡ መጠን ይኸፍእ ከም ዝነበረ ገለጸ። ንኣብነት፡ ኣብ ኣዲስ ኣበባ ንሰራሕተኛታት ዝወሃብ ዝነበረ ኽፍሊት ካብ 1951 ክሳብ 1952 ጥራይ ብ16% ኽዓቢ እንከሎ፡ ኣብ ዓሰብ ግን፡ እቲ ኣሰራሕቲ ኽገብሩዎ ሓሲቦም ዝነበሩ ወሰኽ'ውን ስለ ዝተኸልከለ፡ ጠንቂ ናይቲ ዝተገልጸ ናዕቢ ኾነ።[4]

ባሰክ፡ ኣብ ልዕሊ'ዚ ውጹእ ቍጠባዊ ጠንቁ፡ ካልእ ምኽንያት መናዓቢ ከም ዝነበረ እውን ጠቐሰ። ብቐዳምነት፡ ኣብ መንጎ'ቶም ነቲ ወሰኽ ደሞዝ ዝኣመሙ ኣመሓዳሪ ዓሰብ ሙሳ ገዓስን ነቲ ወሰኽ ዝነጸገ ኣዛዚ ሰራዊት ኢትዮጵያ ኣብታ ወደብን ምስሕሓብ ተፈጢሩ ነይሩ ኢዩ። ብተወሳኺ፡ ተወላዶ ዓፈር፡ ማለት እቶም ዝበዝሑ ሰራሕተኛታት፡ ጽልኢ ኢትዮጵያውያን ከም ዝነበሮም'ውን ኣመልከተ።

ብኣጠቓላሊ ግን፡ ኣምባሳደር ባሰክ ንድሑር መረዳእታን ኣፈታትሓ ግርጭትን መንግስቲ ኢትዮጵያ ነቐፈ። ኣብ ኢትዮጵያ፡ ናይ ሰራሕተኛታት ኣድማ ከም ማሕበራዊ ዘይዕግበት ዘይኮነስ፡ ከም ዕልዋ መንግስቲ፡ ከም ድፍረት ነቲ "ቅቡእ መሰል ነጋውስ" (divine right of kings) ኢዩ ዝርአ ኸአ በለ። ቀጺሉ ባሰክ፡ በዚ ዝሰዕብ ደምደመ፡

> ኢትዮጵያ ብመስፍናዊ ኣገባብ ክሳብ እተገዝእት፡ ኣብ መንጎ "ኣድማታት"ን "ዕልዋታት"ን ፍልልይ ምግባር ከጸግም'ዩ። እቲ ጸገም፡ ኢትዮጵያ ምስ ጊዜ ኣዝያ ሰለይ እናበለት ትጉዓዝ ምህላዋ ኢዩ... ድሕሪ ቍሩብ ዓመታት፡ እዞም ገዛእቲ ደርብታት፡ ሜላ ናይ ዘየናሕሲ ጭፍለቓ ክኽተሉ ብምጽንሖም ከይተጣዕሱ ኣይክተርፉን ኢዮም። ናይ መጻኢ እዋን ናይ ፖለቲካ ኣጕሳጕስቲ ድማ፡ ነዞም ናይ "ዓሰብ ሰማእታት"... (ክውድሱዎም ኢዮም)።[5]

ኣብዚ ናብ መወዳእታ "ትንቢቱ"፡ ዳግላስ ባሰክ ኣይተጋገየን። እቶም ሰለስተ ኣብ ዓሰብ ዝተቐትሉ ሽቃሎ እዞም ዝሰዕቡ ኢዮም፡

1. ኣሕመድ ኣልፍሉ፡ ኮብራረ
2. ኣሕመድ ጉምዓድ
3. ሓሰን ዑመር።

ኣስማት ናይቶም ዝቘሰሉ ሓሙሽተ ድማ እዚ ዝስዕብ'ዩ፡

1. መሓመድ ያዒዲ ዓሶ
2. ዓሊ ጉምኣድ
3. ሑሴን ዝተባህለ ተወላዲ በይሉል
4. ዓሊ ኣሃው፡ ተወላዲ ዓርሰለ
5. መሓመድ ፋድል

4. Ibid.
5. Ibid.

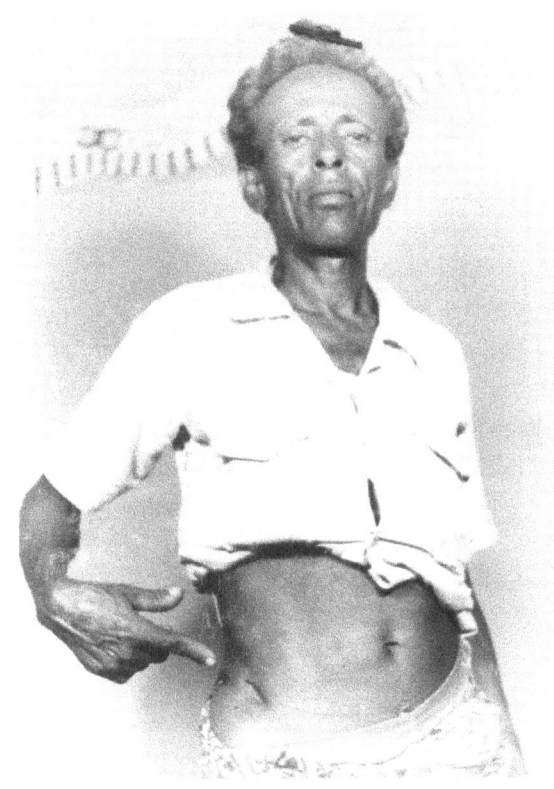

መሓመድ ያዒዲ ዓሶ

ካብ'ዚኦም ወጻኢ፡ ሓደ ናይ ፖሊስ ሓለቓ ሓምሳ'ውን፡ ጸጥታ ናይ ምኽባር ዕማማቱ እናሰላሰለ እንከሎ፡ ብጥይት ተወቒዑ ቈሲሉ ነይሩ ኢዩ።[6]

እዚ ናይ ዓሰብ ጉዳይ፡ ኣንጻር ኢትዮጵያ ዝቐንዐ ብርቱዕ ኤርትራዊ ጽልእን ስግኣትን ካብ ዝፈጠሩ ፍጻመታት ሓደ ኾነ። ዝኾነ፡ ኤርትራውያን ተወዲቦም ዘልዕሉዎ ንመሰላቶም ዝምልከት ሕቶ፡ ሚዛን ይኹን ንሕስያ ከም ዘይግበረሉ'ውን ብዘየወላውል ኣመተ። በዚ ምኽንያት እዚ፡ ብዘይካ'ቲ ኣብ ባይቶ ንዕኡ ዝምልከት'ሞ መልሲ ዘይረኸበ ሕቶታት፡ ካልእ ሰዒቡዎ ዝመጸ ተመሳሳሊ ንጥፈት ወይ ስጉምቲ ኣብ ዓሰብ ኣይተራእየን። ንጊዜኡ፡ ሰራሕተኛታት ዓሰብ ካብ ኣድማታት ንኽቖጠቡ'ውን ገደዶም።

ካብዚ ጊዜ'ዚ ጀሚሩ፡ መንግስቲ ኢትዮጵያ ንዓሰብን ወደባን ቀስ ብቐስ ናብ ስርዓተ ምምሕዳር ወሎ እናጸጋዕካ ናይ ምኻድ መደባቱ ብንጥፈት ክደፍኣሉ ጀመረ።

6. የኣብዮት በዓልና የፓርቲ ምስረታ የታሪክ ኮሚቴ፡ የኣሰብ ኣውራጃ ፖለቲካዊ፡ ኢኮኖምያዊ፡ ማሕበራዊ እንቅስቃሴ ታሪክ፡ ሚያዝያ 1976 ዓ.ም.።

ናይ ሃይለስላሴ ኣዋጅ ምሕረት ግብሪ

ከምቲ ዝተገልጸ፡ ኣብ ወርሒ ለካቲት 1954፡ ባጽዕ ብጦር ሰራዊት እናተሓለወት እንከላ፡ ሃይለስላሴ ብምጽዋዕ ዝፈለመ ሰፊሕ ዑደት ኣብ ኤርትራ ኣካየዱ። ኣብ ዘዘኸዱዎ - ተሰነይ፡ ባረንቱ፡ ኣቑርደት... ዝተሰለፈ ህዝቢ እናተቐበሎም፡ ንሶም ድማ ንህዝቢ ሸሩፍ ገንዘብን ኣቡጀዲድን እናዓደሉ ልቡ ክሰልቡ ፈተኑ። ብዙሕ መደረታት'ውን ኣሰምዑ።

ከረን ምስ በጽሑ፡ ካቫሌር ኢድሪስ ልጃም ዝተባህሉ በዓል ስልጣን ናይቲ ኸባቢ፡ "ብዛዕባቲ ተዓጻጺፉ ወዲቑ ዝነበረ ግብሪ ኣንውሕ ኣቢሎም ኣመልኪቶም ንጉሳዊ ርህራህ ለመኑ።" ነዚ ዝመስል ልማኖ መጀመርታ ኣብ ከረን ብኢድሪስ ልጃም'ዩ ቐሪቡ። ሃይለስላሴ ኣብ መልሶም፡ መንግስቲ ብሰንኪ ሕጽረት ገንዘብ ካብ ስርሑ ዘይሰናኸለሉ፡ ህዝቢ ድማ ብሰንኪ ምትዕጽጻፍ ግብሪ ዘይሸገረሉ ማእከላይ መገዲ ምንዳይ ከም ዝግባእ ድሕሪ ምምልካት፡ ብዛዕባ'ቲ ጥርዓን ኣጽኒዖም ካብ ኤርትራ ቅድሚ ምውጻኦም ሓደ ውሳነ ከም ዝህቡ ተዛረቡ።[7]

ሸዑ መዓልቲ፡ ሰንበት 7 ለካቲት፡ ሃጸይ ሃይለስላሴ፡ ተድላ ባይሩን ዓሊ ረድኣይን ንሓደ 105 ናዝራት፡ ዑምዳታትን ሸኻትን ናይ ምዕራባዊ ቆላ ዝፈረሙሉ ጥርዓን ተቐበሉ። እዚኣቶም፡ ን105 ቐቢላታትን እንዳታትን ዝጥርንፉ ኾይኖም፡ ዳርጋ ንኹለን እተን ዝዓበያ ቐቢላታት ዝውክሉ ነበሩ።[8] እቶም ኣመልከትቲ፡ ነቲ ጥርዓኖም፡ "እዚ ናብ ግርማዊነትኩም እነቕርቦ ዘሎና ናይ ሓባር ጥርዓን፡ መልሲ ናይቲ ሸኽ ኢድሪስ ልጃም ኣብ በዓል ናይ ከረን ኣብ ቅድሚ ግርማዊነትኩም ዘቕረቦ ኣዋራድን ንውቕን (abominable) መደረ ኢዩ፡" ብምባል ጀመሩዎ'ሞ፡ ከምዚ ዝስዕብ ድማ ቐጸሉ፡

> ሸኽ ኢድሪስ ልጃም ኣብ መደረኡ፡ ግርማዊነትኩም ናይ ግብሪ መንግስቲ ምሕረት ንኽገብር ብስም ህዝቢ ሓቲቱ...።
>
> ነዚ ግን ባዕሉ ዝገበሮ እምበር፡ ብዘይካ ንነብሱ ንኻልእ ዝውክል ኣይኮነን። እኳ ደኣ፡ በዚ ዝገበሮ ክብረትናን ነቲ ሒዝናዮ ዘሎና መንግስታዊ ስራሕን ኣገልግሎትን ኣሕሲሩ ወይ ኣዋሪዱ ኣሎ።
>
> ካብ ኩሉ ዘገርም፡ እዚ ዝመስል ድፍረት ኣብ ቅድሚ ግርማዊነትኩም ክፍጸም ምኽኣሉ ኢዩ። ንሕና'ኳ፡ ነብስና እንተ ዘይንገትእን ክቡር ህላወኹም እንተ ዘይንሓፍርን፡ ስቕ ኣይምበልናን። ብሓሶት ክንግዝቶ ዓቕምና ኢዩ ነይሩ።
>
> ጉዳይ ጽዕነት ግብሪ ከዛርብ እንተ ኾይኑ፡ መንግስትን ባይቶን ኤርትራ ኢዩ ክግደሰሉ ዝግባእ። ዘረባ ሸኽ ኢድሪስ ልጃም ቅንዕና ኣይነበሮን። ካብቲ ዛጊት ካብዚ ሃገር ዘይጠፍአ ፖለቲካ'ውን ናጻ ኣይኮነን። በዚ ድማ፡ ህንጻ

7. ኢትዮጵያ፡ 7ይ ዓመት ቍ. 457፡ 11 ለካቲት 1954።

8. ኣብዚ ጥርዓን'ዚ ዝተወከላ ቐቢላታትን እንዳታትን፡ 71 ካብ ሳሕል፡ 12 ካብ ባርካ፡ 22 ካብ ሰንሒት (ከረን)፡ ነበራ።

መንግስቲ ኤርትራን ነቲ ንኸምዚ ዝመስል ቀሊል ጉዳያት ክፈትሕ ዝኽእል ውሽጣዊ ናጽነት ኤርትራን ግሂሱ'ሎ።

ኣመልከትቲ፡ ዘረባ ኢድሪስ ልጃም ክሰረዝ ሃይለስላሴ ድማ ንወከልቶም ንኸዘራርቡዎም ሓተቱ። እዚ'ኳ እንተ ዘይተፈጸመ፡ እቲ ተቓውሞ ግን ሓደ ማዕጾ ኸፈተ።[9]

ሃይለስላሴ ናብ ምዕራባዊ ቆላታት ዑደቶም ወዲኦም ነስመራ ምስ ተመልሱ፡ ወዳእቲ ነገር ህዝቢ ሓማሴን፡ ሰራየ፡ ኣከለ ጉዛይን መታሕትን ኢና ንዝብሉ ሰባት ተቐቢሎም ተወሳኺ ጥርዓናት ሰምዑ። እቶም ኣመልከትቲ ፌደረሽን ካብ ዝኣቱ ተፈጺሙ ንዝበሉዎ ዓበይቲ ስራሓት ምስ ዘርዘሩን ወደሱን፡ ነዚ ዝሰዕብ በሉ፡

> … በይንና ርእስና ኽኢልና ክንመሓዳደር ኪውሰን ከሎ፡ ብዘይካ እቲ ባዕልና እንኸፍሎ ግብሪ ካልእ ናይ ገንዘብ እቶት ምንጪ ከም ዘይብልና ክፍለጥ ከሎ፡ ካበይ ኣምጺእና ዕዳና ንምቕላል ከም እንኽእል ተሓሲቡ ዶኾን ይኸውን? ነጻነት ረኺብና ኣብ እንብለሉ ሰዓት እነሆ ኣብ ሓደ ዓመት ከምዚ ዝርኤ ዘሎ ግብርና ሚእቲ ብሚእቲ ተዓጺፉ ኣብ ዕዳ ወዲቕና ኣሎና። በዚ ዚመጽእ ዓመት ከዓ ኸምዚ ዝመሰለ ተወሳኺ ከም ዘኽተለና እናተሰማዓና ፍርሓት ብዝበለጸ ተጻዒኑና ክርኤ ከሎ፡ ኣብ ርእሲ እዙይ ከዓ፡ ገና ዘይፈለጥናዮን ንቅድሚት ግን ክንከፍሎ ዚግብኣና ናይ ፈደራስዮን ግብሪ ኣሎ እናተባህለ ኪንገር ንሰምዕ ኣሎና።
> እዚ ኵሉ ክንሓስቦን ክንምልከቶን ከሎና ብገዛእ ኢድና ክንእሰር ብዝተገብረ ናይ ኣመሓድራ ውሳኔ፡ ዝተኸተለና ሽጋር ምኽኑ ዝተፈልጠ ኢዩ እሞ፡ ካብዚ ሽጋር እዚ ከተውጽኡና እትኽእሉ ግርማዊነትኩም ጥራይ ኢኹም።
> … ሎም ዘመን ወዲቐና ዘሎ ግብሪ ክንከፍል ከም ዝምከረሉ ግርማዊነትኩም ኪእዝዙልና…

እዚ ንተድላ ባይሩን መንግስቶምን ብግልጺ ዝወቅስ ጥርዓን፡ "ከም ወላዲ ኾይኑ ንዝሓሰበልና ንጉሰ ነገስት ንምርካብ ዕድል ንዝሃበና ኣምላኽ ምስጋና እናቕረብና፡ ናይ ግርማዊነትኩም ሰፊሕ ልግሲ እንጽበ እሙናት ናይ ኤርትራ ዜጋታትኩም…" ክብል ልመናኡ ደምደመ። ኤርትራ ብቝጠባ ነብሳ ኣይትኽእልን ኢያ'ሞ ርድኡዋ ንዝብል ሓሳብ'ውን ኣስመረሉ።

ሃይለስላሴ ነቶም ኣመልከትቲ ኣብ ቤት መንግስቲ ኣስመራ ረኸቡዎም። ምስኦም ድማ፡ ኣንዳርጋቸው፡ ተድላ ባይሩ፡ ኣስፍሃ ወልደሚካኤልን፡ ናይ ሸው ኮሎኔል ኣማን ዓንዶምን ነበሩ። መልሲ ባዕሎም ኣይሃቡን። ኣንዳርጋቸው'ዩ ኣንቢቡሎም። ኣስፍሃ ወልደ ሚካኤል ናብ ትግርኛ፡ ኣማን ዓንዶም ድማ ናብ ቋንቋ ዓረብ ከኣ ተርጕመሎም።

9. Letter to Haileselassie, Chief Executive and President of Assembly, Fergus McLeary's Files, 7 February 1954, RDC, Box 13, ACC 14210.

ኢድ ኢትዮጵያ ኣብ ጉዳያት ኤርትራን

ሃይለስላሴ ምሕረት ግብሪ እናሃቡ።
ብየማናይም፡ ኣንዳርጋቸውን ኣማን ዓንዶምን ፡ ብጸጋሞም ድማ፡ ኣባ ሃና ጂማ፡ ተድላ፡ ኣስፍሃን ካልኦትን ይረኣዩ።

ሃይለስላሴ ከም መድሕን ተዛረቡ። ህዝቢ ኤርትራ ብዛዕባ ዘሕለፎ ናይ መግዛእትን ጸበባን ጸገም ኣስቁርቈሩ።

… ኤርትራ ብኤኮኖሚያዊ መገዲ ነፍሳ ከም ዘይትኽእል ፈላጣት መርሚሮም ተረዲኦሞ ኢዮም ብዛዕባ ዝበልኩሞ፡ ኩነታትኩም ባዕልኹም ስለ ትፈልጡ፡ ካልእ መስከሪ ኣየድልን'ዩ። ምምሕዳር ግን ከም ዝገበርካዮ እዩ። ኮይኑ ድማ፡ ከምቲ ጫማ ማዕረ እግሪ እንተ ዘይኮይኑ ዘየሰጉም፡ ምምሕዳር'ውን ብዓቕሚ ህዝቢ እንተ ዘይኮይኑ ኣሸጋርነቱ ዘይኩሓድ'ዩ። ልክዕ እዩ፡ ኩነታትኩም ስለ ዘሕዘነና፡ ክሳብ ሕጂ ፈደራል ግብሪ ከም ትጥየቑ ኣይገበርናን። ናይ ፈደራል ግብሪ ወጻኢ ዝበለ ብምሉኡ ዛጊት ካብ ግምጃ ቤት ንጉሰ ነገስት'ዩ ክኽፈል ጸኒሑ።[10]

እዚ ተሰሚሩሉ ዘሎ ምሉእ ሓሳብ፡ ጋዜጣ ኢትዮጵያ ባዕሉ ዝገበሮ ኢዩ። ዘውዴ ረታ፡ እቲ ኣበሃህላ፡ ሃይለስላሴ ኮነ ኢሎም ንተድላ ብቓልዕ ንኽነቕፉ ዝበሉዎን ኣንፈት ተድላ ናብ ውድቀት ገጹ የንቈንቍል ምንባሩ ከም ዘረድእን ኣስፊሑ ጽሒፉ ኣሎ።[11] ብሓቂ'ውን ሸዑ መዓልቲ፡ ተድላ ብኣካል እናሰምዑ፡ በቲ ብኣቤት በሃልቲ፡ በቲ ድማ ብሃይለስላሴ ኣበርቲዖም ተነቕፉ።
ኣንዳርጋቸው ቃል ንጉስ ናብ መደምደምታ ኣብጽሒ፡

ብዛዕባ ናይ ግብርኹም ምትዕጽጻፍ ሓቲትና፡ ሎሚ ዘሎኹሞ ምምሕዳር ግድን ኣድላዪ ስለ ዝኾነ እዩ ክብል ደጃዝማች ተድላ ባይሩ ገሊጹልና። ኣብ ኩሉ እዋን ሸግርኩም ምቅላል ናይ ወትሩ ሓሳብና ስለ ዝኾነ፡ ናብ

10. ኢትዮጵያ፡ ከም እ.ጽ. 1።
11. ዘውዴ ረታ፡ ገጽ 409-410።

ኩሉኹም ዝባጻሕ ልግሲ ካብ ኣጋጠመ፡ ንሎም ዘመን ተኻፊልቲ ዕዳኹም ኬንና፡ ነዚ ወዲቑኹም ዘሎ ናይ 1946 (ግእዝ) ዕዳ ክንከፍለልኩም ኢና። ነዚ ክንገብረልኩም እንከሎና፡ ስራሕ ወደብ፡ መራኽብ ምግዛእ፡ ቤት ትምህርቲ ምህናጽ ዝመስል፡ ካብ ናይ ቀንጠ መንጢ ወጻኢ ዝኾነ ዓበይቲ ዕዳታት ከም ዘሎና ብምዝንጋዕ ኣይኮነን። እንታይ ደኣ፡ ከይለመድኩሞ እንከለኹም ብሓደ ጊዜ ከየጨንቐኩም'ሞ ናይ ስራሕ ትግሃትኩም መታን ከይዝሕትል፡ ኣብ መጻኢ ብስራሕ ንኽትብርትዑ፡ ህዝቢ ምስ ዝምዕብል ግምጃ ቤትና ክኽውን እዩ ብማለት ኢና።

እቲ ዝተኣከበ ህዝቢ እናጣቕዐ እንከሎ፡ እቶም ክንቀፉ ዝጸንሑ ተድላ ባይሩ ኣብ ቅድሚ ንጉስ ቀሪቦም ኢድ ነስኡ። ከምዚ ዝስዕብ ድማ መለሱ፡

… ናይ ምምሕዳር ሓላፍነት ካብ ዝቕበል፡ ናይ ገንዘብ ረድኤት ብጥያቐ ከም ዘየሸገርኩ ሕዝቢ ምሉእ ዝፈልጦ ኢዩ። ምኽንያቱ ኸኣ፡ (ህዝቢ) ዋጋ ነጻነት ምእንቲ ኪፈልጥን ርእሱ ምኽኣል ከኣ ምእንቲ ኪለምድን'ዩ። ሎሚ ግን፡ ሕዝቢ ባዕሉ በዚ ተሰሊዑዎ ዘሎ ግብሪ ብዘቕረቦ ኣቤቱታ መሰረት ግርማዊነትኩም ነዚ ሕጂ ዝተሰምዔ ስለ ዝኣዘዙ፡ ብስም ሕዝቢ መረብ ምላሽ ኮይነ ትሕትና ዝመልኦ ምስጋና ኣቕርብ ኣሎኹ።[12]

ኣብዚ'ኳ ተድላ ተቢያም ኢዮም መሊሶም። ዕላማኦም ህዝቢ ርእሱ ንኽኽእል ምጽዓር'ምበር ምልማን ከም ዘይነበረ ክገልጹ እንከሎዉ፡ ነቶም ተኣኪቦም ዝነበሩ ጠራዕቲ'ውን ይኹሱ ኢዮም ዝነበሩ። እዚ ጥራይ ዘይኮነ፡ ነቲ ምሕረት ከም ዘይሓተቱሉ ምግላጾም፡ ንኑብሶም ካብቲ ናይ ሃይለስላሴ ውሳነ ከም ዘግለሉ ክርአ ይክኣል። እቲ ብሃይለስላሴ ዝተባህለ ግን ጉሲኻ ዝሕለፍ ኣይኮነን። "ሳእኒ ማዕረ እግሪ… ምምሕዳር ድማ ብዓቕሚ ህዝቢ…" ዝብል ዘረባኦም፡ ተድላ ንህዝቢ ኤርትራ ከመሓድር ኣይከኣልን ናብ ምባል ስለ ዝተተርጐመ፡ ጽቡቕ ኣይሃቦምን። ጋዜጣ ኢትዮጵያ ነተን ቃላት ኣስሚሩ ምጉልሑ'ውን፡ ደገፍ ተድላ ኣብ ገዛእ ናይ ሕብረት ማሕበሮም ከም ዝጉደለ ከርኢ ግድን ኮነ።

እዚ ኹሉ እናተፈጸመ እንከሎ፡ ባይቶ ኣብ ዓመታዊ ዕረፍቲ ኾይኑ ካልኣይ መጋባእያኡ ብ15 መጋቢት ንኽኽፈት'ዩ ዝጽበ ዝነበረ። ኣብ መንጎ፡ ብ23 ጥሪ 1954፡ ሃንደበት ብመራሕ መንግስቲ ስለ ዝተጸውዐ ግን፡ ንብዙሕ ግምታትን ሻቕሎትን ዕድል ከፈተ። እቲ መኣከቢ ካልእ ጉዳይ ኮይኑ ጸንሐ። ሰዓት 10፡45 ናይ ንጉሆ፡ ተድላ በርባዕተ ሰክረተሪታቶም ተሰንዮም ባይቶ ኣተዉ'ሞ፡ ከም መርኣያ ናይ ዓሚቝ ምስጋና ህዝቢ ኤርትራ፡ ኣብ ባጽዕ ንሃጸይ ሃይለስላሴ ሓወልቲ ክስራሕ ኣመሙ። ባይቶ ድማ ነቲ እማመ ኣጽደቐ። እታ ምኽንያት

12. ከም እ.ጽ. 4። ሃይለስላሴ ናብቶም ጠራዕቲ ቅድሚ ምምጽኦም፡ ኣብ ውሽጢ ብዛዕባ'ቲ ሕቶ ክትዕ ተላዒሉ ከም ዝነበረ፡ ኣብዚ ድማ ተድላ ባይሩ ዘይኮነስ ምኽትል እንደራሴ ኣስፍሃ ነቲ ናይ ሃይለስላሴ ኣዋጅ ብዙሕ ከም ዝደፍኡሉ ዘውዴ ረታ ገሊጹ'ሎ። ኣብዚ ኽትዕ'ዚ ተድላ እቲ ናይ ምሕረት ልመና ሸለል ተባሂሉ ንኽሕለፍ'ዮም ተኸራኺሮም። ዘውዴ ረታ፡ ገጽ 409-410።

መጸውዒ ፍሉይ ኣኼባ እዚኣ ጥራይ ኮይና ኽይትተርፍ ግዲ ተሓሲቡ፡ ሓረጎት ኣባይ ሰክረታሪ ሕግን ፍትሕን ንኽኾነ፡ ደድሕሪ'ቲ ናይ ሓወልቲ፡ ኣብ ቅድሚ ኣንዳርጋቸው ከም ዝምሕሉ ተገብረ።[13]

ተድላ ባይሩ፡ ኣብቲ መጀመርታ'ኳ ኢዮም ንሕቶታት ኣባላት ባይቶ ቅልጡፍ መልሲ ዝሀቡ ዝነበሩ እምበር፡ ኣብዚ ዳሕረዋይስ መልሲ ከይሃቡ ይውንዘፉዎ ስለ ዝነበሩ፡ ባይቶ ብዘይጠቅም ከምቲ ኢሉ ንፍሉይ ኣኼባ ክጽዋዕ ኣይተጸበየን። ነቶም ኣባላት'ውን ባህ ኣየበሎምን። ቀንዲ ተቓውሞኦም፡ ንምትእትታው መንግስቲ ኢትዮጵያ ኣብ ውሽጣዊ ጉዳያት ኤርትራ ኢዩ ዝነበረ። ብዛዕባ'ዚ ንምዝታይ፡ 29 ኣባላት ባይቶ ብተበግሶኦም ብ13 ለካቲት ኣፈናዊ ኣኼባ ገበሩ። ኣብኡ ድማ፡ ን22 ለካቲት ፍሉይ መጋባእያ ባይቶ ንኽጽውዑ ንመራሕ መንግስቲ ሓተቱዎም።

ተድላ፡ ፍሉይ ኣኼባ ባይቶ ምጽዋዕ ኣበዩ። ኣብቲ ዕለት ቈጸራ እንተ ኾነ'ውን ኲሎም ኣባላት ከይተነገርና ጸኒሕና ኢሎም ስለ ዘይመጹ ምልኣተ ጉባኤ ኣይኣኸለን። ስሩዕ ኣኼባታት ካልኣይ መጋባእያ ባይቶ (Second Session) ዕለት 15 መጋቢት'ዩ ዝጅምር ዝነበረ። ባይቶ ነቲ መዓልቲ ኽጽበ ተገደደ።[14]

እዚ እናኾነ እንከሎ፡ ናይ ሃይለስላሴ ምሕረት ግብሪ ብመልክዕ ኣዋጅ ተጻሒፉ፡ ኣብ መላእ ኤርትራ ከም መንሹር ወይ ፓምፍለት ተዘርግሐ። ትሕዝቶኡ ቃል ብቓል እቲ ብኣንዳርጋቸው ኣብ ቅድሚ ንጉስን ጠራዕትን ዝተነበ ነበረ።[15] ኣብ ልዕሊ'ዚ፡ ኣንዳርጋቸው'ውን ህዝቢ ክበጽሕ ብምባል፡ መንግስቲ ኤርትራ ዘየፍቀዶ ዑደት ኣብ ናቕፋን ቃሮራን ኣካየደ። ብስም ንጉስ ድማ ህያባት ዓደለ።

ጉዳይ ምሕረት ግብርን ዑደት ኣንዳርጋቸውን ኣብ ሳሕል፡ ኣብ መንጎ ህዝቢ ብዙሕ ኣዛረበ። "ግብሪ ህዝቢ ባዕሉ ዘይከፍል… እቶም ምሕረት ዝሓተቱ ኣብ ፍርዲ ክቐርቡ ኢዮም… ሃይለስላሴ ግብሪ ባዕለይ ስለ ዝኸፈልኩ በዓል ርስቲ ኮይነ ክብል'ዩ…" ዝብል ወረ ብሰፊሑ ተነዝሐ። እቲ መንሹራት ንጉስ፡ ብኢድ ኣንዳርጋቸው ኣብ ኤርትራ ብናጻ ናይ ምዝርጋሕ ተግባር ንባዕሉ ሕጋዊ ኣይኮነን ዝብል ምዕዝምዛም ኣለዓዓለ። ጋዜጣ ኢትዮጵያ ነዚ ዕላላት'ዚ ኣስፊሑ ብምዝርዛር ነቶም ኣውረይቱን ተጣበቕቲ ፌደረሽንን ኣትሪሩ ነቐፈ።

> ንጉስ ነገስትና ግብሪ ምሒረኩም ወይ ከፊለልኩም ዝበሉናስ ሕዝብና ሸጊሩዎ ኣብ ርእሲኡ'ውን ዘይፈልጦ ግብሪ ተዓጻጺፉ ወዲቑዎ ልመናኡ ብዘቕረበሎም ስለ ዝደንገጹሉ እዮም ኣምበር፡ ኣልዕል ኣቢሎም ንፖለቲካ ከም ዘይገበሩዎስ፡ ፈሊጡ ንዘይኮነስ ዝተፈልጠ እዩ።
> እምበኣርከስ፡ ነዞም ብኸምዚ ዝበለ ክፉእ ወረ ንፌደረሽን ከጽንዑ ወይ

13. EA Minutes No. 261, 23 January 1954.
14. Reid, Answer to Q. 2.
15. ዘመን፡ 2ይ ዓመት ቍ. 180፡ 17 ለካቲት 1954።

ክሕልዉ ዚመስሎም ዘሎዉ ኣሕዋትናስ፡ ናይ ጌጋ መንገዲ ይጸርጉ ምህላዎም ክነዘኻኽሮም ንደሊ።[16]

ምስቲ "ተድላ ፈደራሊስት ኾይኑ" እናተባህለ ዝውረየሎም ዝነበረ፡ ከምዚ ዝመስል ቃላት ጋዜጣ ኢትዮጵያ ናብኦም'ውን ዝቐንዐ ከምስል ከኣለ። ኩነታት ንዕኦም ዘይንጹር ዝኾነ ኣንፈት ሒዙሉ ኣብ ዝነበረ እዋን ድማ ኢዩ ኻልኣይ መጋባእያ ባይቶ ኤርትራ ብ15 መጋቢት ዝተኸፍተ።

ምኽፋት ሓዲሽ መጋባእያ ባይቶ ሓላፍነት እንደራሴ ስለ ዝነበረ፡ ኣንዳርጋቸው ኣብቲ ዕለት እቲ ባይቶ ተረኺቡ፡ ብስም ንጉስ ድማ ተዛረበ። ቅድም ንኣባላት መጉሰ፡ ሓወልቲ ሃይለስላሴ ኣብ ምጽዋዕ ንኽትከል ብምስምማዖም ኣመስገኖም። ድሕሪኡ መንግስቲ ኢትዮጵያ ኣብ ኤርትራ ብዛዕባ ተፍሰሶ ዝነበረት ሚልዮናት ኣቕራሸ ገለጸ። ብ450.000 ቅርሺ ኢትዮጵያ ኣብ ምጽዋዕ መስጊድን ቤተ ክርስትያንን፡ ሓደ ሚልዮን ንመህነጺ ኮሌጅ ሓይሊ ባሕሪ፡ ኣርባዕተ ሚልዮን ንመግዝኢ ዓበይትን ፈጣናትን ጀላቡ፡ ልዕሊ 17 ሚልዮን ድማ ንመህነጺ ወደብ ዓሰብ ከም ዝወጸ ዘርዘረ። ብዛዕባ ኻልእ፡ ምህናጽ ኣብያተ ትምህርትን ሆስፒታላትን ኣብ መላእ ኤርትራ'ውን ወሰኸ። ልዕሊ ኹሉ፡ መንግስቲ ብሪጣንያ ኣብ ኤርትራ ንዝገደፈቶ 6.7 ሚልዮን ቅርሺ ዝበጽሖ ዕዳ፡ ኢትዮጵያ ከፊላቶ ኣላ በለ።

ንምሕረት ግብሪ ኣልዒሉ'ውን ንጸገም ናይቲ ንኣስታት 70 ዓመት ብባዕዲ ዝተገዝኣን ካብ ኢትዮጵያን ሃጸያን ተፈልዩ ዝጸንሐን ህዝቢ ርእዮም እቶም ንጉስ ከም ዝለገሱን ልግሶም ከኣ ብኡ ከም ዘየብቅዕን ኣረድአ። ደጊያት ተድላ፡ ማይ በላ ስለ ዘይተኸድነ ጠንቂ ሕማም ኮይኑ ኣሎ ብምባል ናብ ጃንሆይ ስለ ዝጠርዑ፡ እቲ ሓደ ሚልዮን ዝግመት ዕዳኡ ብቐጥታ ካብ ግምጃታት ንጉሰ ነገስት ንኽኽፈል ከም ዝኣዘዙ ኣመልከተ። ብሓጺሩ፡ ቀጸለ ኣንዳርጋቸው፡ "ኣብዚ ዝሓለፈ 18 ኣዋርሕ ጥራይ፡ ናይ ንጉሰ ነገስት መንግስቲ ንዝተፈላለየ ስራሓትን ኣገልግሎትን ካብ 50 ሚልዮን ቅርሺ ንላዕሊ ኣውጺኡ'ሎ። ንኹሉ ኣብዚ ክዝርዝር እውን ጊዜ ከጥፍኣልኩም ኣይደልን። ኢትዮጵያ ብምልእታ'ኳ ተጠቃሚት ናይ'ዚ ኹሉ ኣብ ኤርትራ ዝግበር ዘሎ ምዕባለ እንተ ኾነት፡ እቲ ኣብዚ ቦታ ዘሎ ህዝቢ እዩ፡ ብቐጥታ ይኹን ብተዘዋዋሪ መገዲ ተጠቃሚ ክኸውን።"

ኣንዳርጋቸው፡ ብሓፈሽኡ ሃገር፡ ብፍላይ ድማ ኤርትራ፡ ትምዕብል ከም ዝነበረት፡ ብፍላይ ካብ ናይ ወጻኢ ንግዲ ክቡ ዝበለ መኽሰብ (favourable balance of trade) ይርከብ ከም ዝነበረ ድሕሪ ምግላጽ፡ ጸብጻቡ ዓጸወ።[17] እንደራሴ ሃይለስላሴ ዘይኮነስ መራሒ መንግስቲ ኤርትራ ኢዩ ኾይኑ ንባይቶ ቐሪቡ እናበሉ ብዙሓት ሓመዩ።

16. ኢትዮጵያ፡ 7ይ ዓመት ቍ. 461፡ 7 መጋቢት 1954።
17. EA Minutes No. 262 (Appendix A), 15 March 1954.

ባይቶ ንዘረባ ኣንዳርጋቸው ብዙሕ ኣቓልቦ ከይሃበ፡ ብተራ ምስጋና ጥራይ ሓለፎ። ኣንዳርጋቸው'ውን ከምቲ ቐደሙ ንውሽጣዊ ናጽነት ኤርትራ ይኹን ንባይቶ ዝነቕፍ ወይ ዘናሹ ቃላት ስለ ዘየስምዐ፡ ኣብ መደረኡ ብዙሕ ዝብሃል ኣይነበረን።[18] ባይቶ ብ17 መጋቢት ዳግማይ ምስ ተጋብአ፡ ኣባላት ንጉዳይ ምሕረት ግብሪ ኣልዓሉ። ኣብዚ ዕለት'ዚ፡ ቀኛዝማች ብርሃኑ ኣሕመዲን፡ ሃጸይ ሃይለስላሴ ነቲ ምሕረት ስለ ዝኣዘዙ፡ ባይቶ ምስጋና ንኸቕርብ ኣመሙ። ባሻይ ወረደ በይን ብድሕሪኦም ብምትንሳእ፡ ነቲ ንጃንሆይ ዝተኣመመ ምስጋና ደገፉ። ልቕብ ኣቢሎም ግን፡ ገለ "ሓላፍነት ዘይስምዖም ሰባት" ወከልቲ ህዝቢ ተመሲሎም ብምቕራብ፡ ንግርማዊ ጃንሆይ ናይ ግብሪ ምሕረት ንኽገብሩ ብምሕታቶም ክውገዙ፡ መንግስቲ ኤርትራ'ውን ነዚ ዝመስል ተግባር ዳግም ንኸይፍጸም ኩሉ ዘድሊ ስጉምቲ ክወስድ" ብዝብል ቃላት እማመ ብርሃኑ ኣሕመዲን ንኽመሓየሽ ሓሳብ ኣቕረበ።

ኣብ ውሽጢ ባይቶ፡ ምናልባት ቅድሚኡ ብዘይተራእየ ደረጃ፡ ኣዝዩ ርሱን ክትዕ ተላዕለ። ብዕድል፡ ደሃይ ኤርትራ ድሕሪ ናይ ኣስታት ዓመት እገዳኣ መሊሳ ክትሕተም ጀሚራ ስለ ዝነበረት፡ ንመብዛሕትኡ እቲ ኽትዕ ኣውጽኣቶ።

ወረደ በይን

ብርሃኑ ኣሕመዲን

18. ደሃይ ኤርትራ፡ 2ይ ዓመት ቍ. 20፡ 19 መጋቢት 1954። ኣብዚ ሕታም'ዚ ደሃይ ኤርትራ፡ ንመደረ ኣንዳርጋቸው ብዘይ ዝኾነ ነቐፌታ፡ "ካብቲ ዝቐደመ ይሓይሽ" ክትብል ተቐበለቶ። ኣብ ኣፍደገ ባይቶ ግን፡ ክንዲ ፖሊስ ኤርትራ ጦር ሰራዊት ተሰሊፎም ነቲ እንደራሴ ስለ ዝዓጀቡ፡ ህዝቢ ብዙሕ ከም ዘጕረምረመ ገለጸት። እቶም ጦር ሰራዊት ንኣንዳርጋቸው'ምበር ንተድላ ባይሩ ሰላምታ ብዘይ ምሃቦም'ውን ተዛረበት።

መጀመርታ ዝተዛረቡ ሸኽ ኢብራሂም ሱልጣን፡ መደረ ኣንዳርጋቸው ቀዳምነት ተዋሂቡዎ ክዝተየሉ ኢዮም ደልዮም ነይሮም። እዚ ድማ፡ ኣንዳርጋቸው ኣብ ዘይምልከቶ ቀጥጠባዊ ጉዳያት ኤርትራ ተዛሪቡ ዝብል ስምዒት ስለ ዝነበሮም ኢዩ። ክትዕ ናብ ኣዋጅ ምሕረት ምስ ዘዘወ ግን፡ እማመ ብርሃኑ ኣሕመዲን ነጺጎም፡ ነቲ ናይ ወረደ በይን ደገፉ። ግን ከኣ፡ ብዛዕባ'ቲ ዝተበተነ ናይ ሃይለስላሴ ወረቓቕቲ (ማኒፌስቲ)፡ ብዛዕባ'ቲ መንግስቲ ኢትዮጵያ ኣብ ውሽጣዊ ጉዳያት ትኣትዎ ዝነበረት፡ ከምኡ'ውን እንደራሴ ኣብ ውሽጢ ኤርትራ ብዛዕባ ዘኳይዶ ዝነበረ ንጥፈታት ስለ ዘየልዓሉ፡ እማመ ወረደ በይን'ውን ጉደሎ ኢዩ በሉ። ከምኡ መበሊኦም ድማ ገለጹ፡

… ኣብ ማእከል ሕዝቢ ሸፋን ነገር ዝዘውተር… ንውሽጣዊ መንግስትና ዚትንኪ፡ ብስዉር ነገር እናተሰርሐ ኣብ ማእከል ሕዝቢ ህውከት ከይፈጥር የፍርሕ። ከምኡ'ውን ንሕዝቢ ኣብ ጠርጠራ ዘብጽሐ ካልእ ነገራት ኣሎ። እቲ ኣብ ምሉእ ኤርትራ ዝተበተነ ጽሑፍ ወረቓቕቲ (ማኒፌስቲ) እሞ ኸኣ፡ ድኽነትን ሽግርን ናይ ውሽጣዊ መንግስቲ ኪገልጽ ዝተገብረ እዩ። ኣብ ርእሲ እዚ'ውን ክቡር ናይ ንጉሰ ነገስት እንደራሲ… ንናቕፋን ቃሮራን ክበጽሑ ንምኻዶም ቅኑዕ ኮይኑ ኣይስምዓንን። ምኽንያቱ ኸኣ፡ ክቡር እንደራሴ በዚ ዝገበሩዎ ምዘውዋር ደረት ከም ዝሓለፉን ከምኡ ኸኣ ንመንግስቲ ኤርትራ ከም ዘየላ ኣምሲሎም፡ ኣብ ውሽጣዊ መንግስታ ኪኣትዉ ይርኣዩ። መንግስቲ ኤርትራ ኸኣ እዚ ኹሉ ነገራት ስቕ ኢላ ክትርእዮም ትርከብ ኣላ።
ኦ ክቡራን ኣባላት፡ ምእንቲ ውሽጣዊ መንግስትና ክንሕሉን ኢትዮጵያ ኸኣ ኣብ ውሽጣዊ መንግስትና ኢዳ ከይተእቱን፡ ክቡር እንደራሴ እውን ነቲ ህንጻ መንግስትና ከይትንክዮን ኣድላዪ ኾይኑ ይርከብ። ነዚ ኣብ ሽግር ዘሎ ኩነታት ናይ ሃገርና ከም ትርድኡዎ ጥርጥር የብለይን። … ንመሰልና ክንከላኸል ግቡእና ከም ዝኾነ ከዘኻኽር እፈቱ። ነገር ግን፡ ንጥፍኣትኩም ከተመስግኑ እንተ ደለኹም ኣመስግኑ። እዙይን ከምዙይን እናገበርኩም ንዓድኹም ትጉድኡ ከም ዘሎኹምን መጻኢ ዕድል ናይ ኤርትራ ኸኣ ተጥፍኡ ከም ዘሎኹም ጥርጥር የብሉን።

ዘረባ ኢብራሂም ሱልጣን ነቲ ኽትዕ ናህሪ ወሰኸሉ። መሓመድ ዑመር ኣኪቶ ንምስጋና ብርሃኑ ኣሕመዲን ነጺጎም፡ ነቲ ዝተመሓየሸ እማመ ወረደ በይን ደገፉ። ሸኽ ኢድሪስ መሓመድ ኣዱም ግን ናብ ዘረባ ኢብራሂም ተመልሱ። ማሕላ ባይቶ ህንጻ መንግስትን ፈደራል ብይንን ምሕላው'ዩ በሉ። እንደራሴ ኣብ መላእ ኤርትራ ዘደርበዮ ማኒፌስቲ፡ "ብስርዓት ኮይኑ እንተ ዝኸውን፡ ብማሕተም መንግስቲ ኤርትራ ኪግበር ምተገብአ። ከምኡ'ውን በቲ ዝተገብረ ናይ 1954 ምሕረት ግብሪ፡ ኣብ ክንዲ ብኽቡር እንደራሴ ምስማዕስ ብክቡር መራሕ መንግስቲ ኤርትራ ኪስማዕ ምተገብኤ፡ ከምኡ'ውን ብምስሌነታትን ብጭቃታትን እንተ ዝንገር ምሓሸ ነበረ፡" ድሕሪ ምባል በዚ ዝስዕብ ደምደሙ፡

ኢድ ኢትዮጵያ ኣብ ጉዳያት ኤርትራን

ኢድሪስ መሓመድ ኣድም (ጸጋም)፡ ኣኪቶ (የማን)

ምድርባይን ምዕዳልን ጽሑፍ ወረቓቕቲ (ማኒፈስቲኒ) ነቲ ውሽጣዊ መንግስቲ ምትንካይን ኣብ ውሽጢ መንግስቲ ኤርትራ ምእታውን፡ ሓዲሽ ህውከት ተፈጢሩስ ነዚ ዘለናዮ መንግስቲ ንምግልባጥ ዘተሓሰበ ይመስል። እምበኣርከስ ነታ መጀመርያ ሓሳብ ነቒፈ፡ ነታ ኻልኣይቲ ሓሳብ ምስ እዛ ትስዕብ ንእሸቶይ ሓሳበይ ኣቕርብ። ንሱ ኸኣ፡ እዚ ዝድርበ ዘሎ ጽሑፍ ወረቓቕቲ (ማኒፈስቲኒ) ኪኽልከልን ከምኡ'ውን ኣብ ውሽጢ ጉዳይ

ኤርትራ ኣትዮም ናይ ፖለቲካ ሰብከታት ከየዘውትሩ ንምኽልካል፡ ንኽቡር እንደራሴ ምምልካት የድሊ።

ዑመር ኣኪቶ ነዚ ንእንደራሴ ብቐጥታ ዝትንከፍ ርእይቶ ኢድሪስ መሓመድ ኣደም ደገፉ። ሸኽ መሓመድ ስዒድ ሓሰኖ ግን ሓደ ስጉምቲ ወሰኹ። ባይቶ ብዛዕባ እቲ ተማሒሩ ዝተባህለ ግብሪ ስለ ዘይተሓተተ፡ ብስርዓት ኣይተዋህበን ኣይተኣወጀን፡ ስለ'ዚ ድማ፡ "እዚ ውህበት'ዚ ነዚ ውሽጣዊ ጉዳይ ዘፍርስ ኮይኑ ይርኣየና፡" በሉ'ሞ፡ ብኸምዚ ቐጸሉ፡

… ምእንት'ዚ ነዘን ዝቐረባ ክልተ ሓሳባት ኣይቅበለንን ጥራይ ኣይኮንኩን ዝብል፡ ነቶም ዘቕረቡወን ሰባት ክሰሕቡወን እልምኖም። … ክቡር እንደራሴ ብጽሑፍ ወረቓቕቲ (ማኒፈስቲኒ) እናገበሩን ባዕሎም'ውን ኣብ ኤርትራ እናዘሩ… ከምቲ ንህዝቢ ቃሮራን ናቕፋን ኪርእዩ ከም ዝኸዱ ዝተዛረቡዎ… መርዚ ዘሎዎ ሰብከት ኮይኑ ይስምዓኒ።

ኣበይ ኢያ ዘላ መንግስቲ ኤርትራ!! ኣበይከ ኢዩ ዘሎ ውሽጣዊ መንግስታ!! ኣበይከ ኣሎ እቲ ብንጉስ ነገስት ቅቡል ዝኾነ ህንጻ መንግስትና! ኣበይከ ኣሎ ባይቶ!

እምበኣርከስ ኣነ ነቶም ምሕረት ዝለመኑ ሰባት ይቀጽዑ እትብል ሓሳብ ኣይቅበላን። ንምንታይ፡ ገለ ኣባላት ባይቶን መንግስቲ ኤርትራን እንዳ ኽቡር እንደራሴ ኸይዶም ክልምኑ ይርከቡ። ሓደ ተራ ሰብ ከምቶም ኣባላት ባይቶ ዝገበሩዎ ከይዱ እንተ ለመነ ዘጸይፍ ኣይኮነን።

በዚ ደው ከይበሉ፡ መሓመድ ስዒድ ሓሰኖ፡ ቤት ጽሕፈት እንደራሴ ከም ናይ መራሒ መንግስቲ ቤት ጽሕፈት ኮይኑ ከም ዝርከብ፡ ኤርትራ ድማ፡ "ውሽጣዊ መንግስትን ርጉእ ህንጻ መንግስትን ዘይብላ፡ ከምተን ሓንቲ ናይ ኢትዮጵያ ኣውራጃታት" ኣምሲሎም ከም ዝግምቱዋ ኣመልከቱ። ከምዚ ኻብ ኮነ፡ ቤት ጽሕፈት እንደራሴ ካብቲ ተግባራቱ ንኽዕገስ፡ ባይቶ ናብ ንጉሰ ነግስት ንኽጽሕፍ ኣማሕጸኑ።

ገለ ኣባላት፡ ገብረኪዳን ተሰማ ነቲ እማመ፡ ህብትዝጊ ዑቕባዝጊ ድማ ነቲ ነቐፌታ ሓገዙ። ኣብ ናይታ መዓልቲ ኽትዕ መወዳእታ ዝተዛረቡ ኣባ ሃብተማርያም ንጉሩ ከምዚ ዝስዕብ በሉ፡

ኣነ ቕድሚ ኩሉ ነገር፡ ንናጽነትን ንናጽነታውያንን እንእድ፡ ከምኡ'ውን ነቶም ናይ ናጽነት መንገዲ ሒዞም ዚዛረቡ ኣባላት ኣመስግኖም። እቲ ደሞክራሲያዊ ህንጻን ሕግን ኣብ ኤርትራ ከም ዘሎ እኣምን። ስለዚ፡ ከምዚ ሎሚ ኣብ ባይቶና ዚርአ ዘሎ፡ ሕዝቢ ንዝኾነ ነገር ኪነቕፍን ከመስግንን መሰሉ ረኺቡ ኣሎ።

እወ፡ ካልእ ስራሕ ከም እኒ ናይ ክቡር እንደራሴ ወይ ናይ ካልኦት ተግባራት ገዲፍና፡ መጀመርያ ንርእስና ነዛ ባይቶ ንሕመ። ደሓር ድማ ነዛ ሓሚማን ሓቒቓን ዘላ መንግስትና፡ እቲ ብስንፍናኣ ኣጥፊኣቶ ዘላ ናይ ውሽጣዊ ነገራት ከኣ፡ ንኣኣ ንሕመያ። ምኽንያቱ፡ ኤርትራ እዚ ሎሚ ወዲቑዋ ዘሎ

ጉድኣት፡ ብሰንኪ ድኹም ሕልና መንግስቲ ኤርትራ ኢዩ። ...(እዚ ድማ) ህንጻ መንግስትን መሰል ወድ ሰብን እናገሃሰት ከም ድላያ ስለ ዝኸደት'ዩ፡ ከምኡ'ውን ብሕጊ ኣይትግደስን። ...ሕዝቢ ብደሞክራስያ ድዩ ወይ ድማ ብናይ ፋሺስት ሕጊ እዩ ዝናበር ዘሎ?

በዚ ድማ፡ ካብ ብዛዕባ'ቲ ዘካትዕ ዝነበረ እማመ፡ ብዛዕባ መንግስቲ ኤርትራ ክዛረቡ ከም ዝመርጹ ነገሩ።[19] ባይቶ ናይታ መዓልቲ ስራሑ ወድአ።

ንጽባሒቱ ሓሙስ 18 መጋቢት፡ ባይቶ ናይ ዝሓለፈ መዓልቲ ኽትዑ ቐጸለ። ኣኪቶ፡ እቲ ኽትዕ ኣመና ነዊሑ ጊዜ ይበልዕን ንኻልእ ዓበይቲ ጉዳያት ዕድል ይኸልእን ኣሎ ብምባል፡ ንሱ ተዓጽዩ ብዛዕባ'ቲ ኣብ ወርሒ ለካቲት ብ29 ኣባላት ቀሪቡ ዝነበረ ጠለብ ናይ ፍሉይ ኣኼባ ባይቶ ንኽዝተ ኣመሙ። ዓሊ ረድኣይ ነዚ ነጸጉዎ። ብድሕሪኡም፡ ደጊያት በርሀ ኣሰበሮም፡ እቲ ጉዳይ ፋሕ ብዝበለ ርእይቶታት ስለ ዝተናውሐ፡ ብሓደ ኮሚተ ንኽጽናዕ ሓሳብ ኣቕረቡ። እዚ'ውን ዝቕበሎ ሰኣነ። ዓሊ ረድኣይ ባይቶ ንናይ ፍርቂ ሰዓት ዕረፍቲ ዓጸዉ።

ካብዚ ቐጺሉ፡ ባይቶ ኣብ ዕግርግር ኣተወ። ዓሊ ረድኣይ፡ ዘረባ ውሑዳት እናሰማዕካ ባይቶ ብቑጸራታት ትዓጹ ኣሎኻ ተባሂሎም ብኢድሪስ መሓመድ

መሓመድ ስዒድ ሓሰኖ

19. ደሃይ ኤርትራ፡ 2ይ ዓመት ቍ. 31፡ 26 መጋቢት 1954።

ኣዱም ተነቐፉ። ዓሊ ረድኣይ መሊሶም ዕረፍቲ ኣዘዙ። ካብ ሰዓት 11፡00 ክሳብ ሰዓት ሓሙሽተ ርብዒ ጉደል ናይ ድሕሪ ቐትሪ ጥራይ፡ ዓሊ ረድኣይ ሓሙሽተ ጊዜ ዕረፍቲ ኣዘዙ። ኣብዛ ዝተባህለት 5፡45 ድ.ቐ. ባይቶ መሊሱ ተኣከበ። ባሻይ ወረደ በይን ተንሲኦም ከምዚ ዝስዕብ ተዛረቡ፡

> ኣነ ነዛ ሓሳብ እዚኣ ከቕርብ ከለኹ፡ ብኽፍኣት ዘይኮነ ብጽቡቕ ሕልናይ'የ ዘቕረብኩዋ። እንተ ኾነ ግና፡ መብዛሕትኦም ኣባላት ባይቶ ድልየቶም ኮይኑ ስለ ዘይተረኸበ፡ ሓሳባይ እስሕብ ኣሎኹ።

በዚ ድማ፡ እቲ "ሕዝቢ ከይወከሎም ምሕረት ዝሓተቱ ሰባት ይወገዙ" ንዝብል መመሓየሺ እማመኦም ባዕሎም ኣውደቑዋ።

ብድሕሪ ወረደ፡ ብርሃኑ ኣሕመዲን ተንስኡ። ነዚ ኸኣ በሉ፡

> ኣነ እዞም ምሳይ ሓሳባት ዘቕረቡ ኣባል ክሳብ መጨረሽታ ዝደፍኡ መሲሉኒ ነይረ። እንተ ኾነ ግና ሓሳባቶም ቶሎ ቢሎም ሰሓቡ። ባሻይ ወረደ በይን፡ ካልእ ዓብይ ነገር እንተ ዝኸውንስ ከምዚ ሕጂ ዝገበሩዎ ደኾን ምገበሩ ነይሮም?

ነዚ ድሕሪ ምባል፡ ብርሃኑ ነቲ ናይ ምስጋና ሓሳብ ዘቕረቡ፡ "ንሚዛን ገንዘብ (ባጀት) መንግስትና ዝጉድእ ኣይኮነን" ብምባል ከም ዝነበረ ሓበሩ'ሞ፡ "ረሲዕኩሞ ዲኹም እቲ ንመንግስትና ሚዛን ገንዘብ ዘድክም ሓወልቲ ግርማዊነቶም ኪሰራሕ ዝቕረበ ሓሳብ ኩልኻትኩም ከም እተቐበልኩሞ!" ክብሉ ንባይቶ ነቐፉ። ነቲ ናይ ምስጋና እማመኦም ድማ ሰሓቡ። በዚ ኸኣ እቲ ጉዳይ ተዓጽወ።[20]

ካብ ነቐፌታ ብርሃኑ ከም እንርድኦ፡ ምስ ወረደ በይን ተሰማሚያም ወይ ተመሻጢሮም ነቲ እማመን መመሓየሺኡን ዘቕረቡ ይመስል። ወረደ ግን መመሓየሺ እማመኦም ንኽስሕቡ ብርቱዕ ጸቕጢ ከም ዝተገብረሎም ዝእምት ሓበሬታ ኣሎ። ብቐዳምነት፡ እቲ ኣብ ባይቶ ዝተራእየ 4 ወይ 5 ናይ ዕረፍቲ ምቍርራጽ ነዚ ስለ ዝእንፍት፤ ካልኣይ ድማ፡ ቍሩብ መዓልታት ብድሕሪ'ዚ፡ ኣብ ጋዜጣ ኢትዮጵያ ብዛዕባኦም ዝተጻሕፈ ተሪር ነቐፌታ። እቲ ሽዑ ዝተባህለ፡ ነቲ ማሕበር ሕብረት ኣብ ልዕሊ ኣባላቱ ዝነበሩ ወከልቲ ህዝቢ ዘውድቖ ጸቕጢ ስለ ዘርኢ፡ ብኸፊል ንጠቕሶ፡

> ባሻይ ወረደ በይን ብምሕረት ኣመስጊኖም ኬብቅዑስ ብለመንቲ ምሕረት ሓዘኖም ስለ ዝገለጹ፡ ኣብ መንጎ ለማንን ተለማንን ወይ ኣብ መንጎ መሓርን ተመሓርን ድማ ናይ ተግባር ልዩነት ካብ ዘይህሉ፡ እቲ ኪገልጹዎ ዝሃቀኑ ምስጋና'ውን ካብ ዕሙቕ ልቦም ዘይወጸ ምዃኑ ንምርዳእ ሊቕነት ዚጥይቕ ኣይኮነን። ዝኾነ ኾይኑ፡ ንሶምን ካልእ ከምኦም ኪሓስብ ዚኽእልን ኪፈልጡዎ ዚግባእ ሓደ መሰረታዊ ነገር ኣሎ። ንሱ ኸኣ፡ ኣብ መንጎ ሕዝቢ ኤርትራን ግርማዊ ንጉሰ ነገስቱን ዝኾነ ኣምባሳደር ከም ዘየልቦን ከም ዘይህሉን ጥራይ ኢዩ።

20. ደሃይ ኤርትራ፡ 24 ዓመት ቍ. 32፡ 2 ሚያዝያ 1954።

… ሕዝቢ ኤርትራ በዓል ከመይ ዝበለ ሓሳብን መብጽዓን ከም ዝኾነ ንግርማዊ ንጉሰ ነገስቱ ገሊጹሎም ስለ ዘሎ፡ ኣንጻር ንምኳን ንሕና ኢና ዚብሉ ምናልባት እንተለዉ፡ ዋጋ ዚህቦም ወይ ቁምነገር ዚቚጽሮም ከም ዘየልቦ ቀረባ ብዝኾነ ጊዜ ከይተገልጸ ዚተርፍ ኣይኮነን።[21]

ንዕድሎም፡ ባሻይ ወረደ ዝማጐተሎም ኣይሰኣኑን። ደሃይ ኤርትራ ነቶም ብስም ህዝቢ ሓማሴን ዝተዛረቡ ሰባት፡ ውክልና ከም ዘይብሎምን ህዝቢ ከም ዘዋረዱን ዝገልጽ ጽሑፍ ኣውጽአ። ባሻይ ወረደ ድማ፡ "ንህዝቢ ዝግድስ'ምበር ንህዝቢ ዝጉድእ" ሓሳብ ስለ ዘዋቐረቡ፡ በቲ "ኣብ ዘይክእሉዎ ዕዳ ኣትዮም እናተባህለ ዝጸሓፍ ዘሎ ጽሑፍ … ፈሪሖም ካብቲ ብንጹሕ ሕልናኦም ክፍጽሙዎ ዝጀመሩዎ ተግባር ከም ዘይድሕሩ እምነትና ነንብረሎም…" ኢሉ ኣተባብዖም። እዚ ግን ቅድሚ እማመኦም ምስሓቦም ተባህለ።[22]

እቲ ናይ ጋዜጣ ኢትዮጵያ ቓላት ናብቶም ድሮ እማመኦም ስሒቦም ዝነበሩ ወረደ በይን ጥራይ ዘቕንዐ ኣይነበረን። ኣብ መንጎ ንጉስን ህዝብን ኣምባሳደር ኣየድልን ማለት፡ መንግስቲ ኤርትራን መራሕ መንግስታን የለዉን ክንዲ ማለት ክሕሰብ ይክኣል። ነዚ ዝቃወሙ ኣብ ሓጺር ጊዜ ዋጋን ቁምነገርን ኣይክህልዎምን'ዩ ምባል'ውን፡ ከምኡ ገለ መልእኽትስ ነበሮ። ተድላ ባይሩ ነቲ ናይ ምሕረት ልመና ስለ ዘይደገፉ፡ እቲ ኹሉ ዘለፋን ታህዲድን ናብኦም ዘቕንዐ መሰለ።

መንግስቲ ኢትዮጵያ ይኹን እቶም ህጹጽ ሕብረት ዝጠልቡ ዝነበሩ ወገናት፡ ቀጻሊ ጉስጓስ ኣካየዱ። እግሪ-እግሪ'ዚ ናይ ማሕበር ሕብረት ዓንቀጽ ንኣብነት፡ ወከልቲ ህዝቢ ደቀ ተሸምን ክልተ ደቂ ተሰፋጼንን ኢና ዝብሉ ሰባት፡ ኣንጻር'ቲ ንጉሳዊ ምሕረት ግብሪ ይግበር ንዝነበረ ኹሉ ተቓውሞ ብትሪ ነቒፎም ተኣማንነቶም ንሃይለስላሴ ገለጹ።

ባይቶ ኤርትራ ግን ብፍሽለት ናይቲ ሓሰቡዎ ዝነበረ ውሳነ ይኹን ብኹሉ'ቲ ዝግበረሉ ዝነበረ ጸቕጢ ኣይዘሓለን። ኣብ ናይ 23 መጋቢት ኣኼባኡ፡ መሓመድ ዑመር ኣኪቶ ኩሉ ኻልእ ጉዳያት ደው ኢሉ፡ ብዛዕባ'ቲ ብ29 ኣባላት ኣብ 22 ለካቲት ንኽካየድ ተኣሚሙ ዝነበረ ፍሉይ ኣኼባ ንኽዝተ ኣመልከቱ። ሕቶኦም፡ "ስለምንታይ ኢዩ እቲ ብመሰረት ዓንቀጽ 49 ናይ ህንጻ መንግስቲ ኤርትራ ን22 ለካቲት ዝተሓተተ ፍሉይ ኣኼባ ዘይተተግበረ?" ዝብል ነበረ።[23] ባይቶ ንሕቶኦም ተቐቢሉ፡ ነቲ ጉዳይ እትምርምር ፍልይቲ ኮሚተ ንኽትቀውም ወሰነ'ሞ፡ ብኡ መሰረት ቈመት።[24]

21. ኢትዮጵያ፡ 7ይ ዓመት ቍ. 463፡ 21 መጋቢት 1954። ጋዜጣ ኢትዮጵያ፡ ብቐሺንቲባ ገብረሚካኤል ወልደሚካኤል ጀሚሩ፡ ብዘለኣታ መብራህቱ ኻጠውን ቄስ ኣብርሃ ርስቱን ዝወድአ ኣስማት 13 ዓበይቲ ኣውራጃ ሓማሴን ብምዝርዛር፡ "ነዞም ወረዛት" ነቒፎም ክብል ካብ ደቂ ኣውራጃኦም ክንጽሎም'ውን ፈተነ።
22. ደሃይ ኤርትራ፡ 2ይ ዓመት ቍ. 31፡ 26 መጋቢት 1954።
23. EA Minutes No. 269, 23 March 1954.
24. EA Minutes No. 270, 23 March 1954. ኣባላት ኮሚቲ፡ በየነ ዛህላይ፡ ሙሳ ኣዱም ዑምራን፡ ዲመጥሮስ ገብረማርያም፡ መሓመድ ዓሊ በይ፡ ብእምነት ተሰማ፡ ሓምድ ፈረጅ ሓምድ፡ መንግስቱ ደበሳይ፡ መሓመድ ናድል፡ ይሕደጎ ገብረሩፋኤል፡ መሓመድ ስዒድ ሓሰኖ ነበሩ።

ተጋራሚዊ ኹነታት ተድላ ባይሩ

ተድላ፡ ነቲ ኹሉ ናይ ህዝብን ባይቶን ዘረባን ዕግርግርን ዳርጋ ብስቕታ የሕልፉዎ ኣብ ዝነበሩሉ ጊዜ፡ ቀንስል ብሪጣንያ ምርድል-ስሚዝ ብ8 መጋቢት ረኺቦም። ብመሰረት እቲ ምስ ክራክነል ተሰማሚዖምሉ ዝነበሩ ድማ፡ ትኽ ኢሉ ናብ ነቐፌታዊ ሕቶታቱ ኣተወ።

ምርድል-ስሚዝ ብዛዕባ'ቲ ብቕልጡፍ ዘንቈልቍል ዝነበረ ፖለቲካዊ ምዕባለታት ኤርትራ፡ ብፍላይ ድማ፡ ብዛዕባ'ቲ ኣብ ምጽዋዕ ዝተራእየ ዘተ-ሓሳስብ ዘይምቅዳው ፖሊስ ኤርትራን ጦር ሰራዊት ኢትዮጵያን፡ ከምኡ'ውን ንኣድማን ቅትለትን ሰራሕተኛታት ወደብ ዓሰብ ኣልዓለሎም። ምጽዋዕ ማእከል ግርጭት ደገፍቲ ፈደረሽን ኣንጻር ሕብረታውያን ትኸውን ስለ ዝነበረት ድማ፡ መንግስቲ ኤርትራ መርገጺኡ ከነጽር ከም ዝግባእ፤ ሕብረታውያን ብመምርሒ፡ እቶም ተጻረርቶም ግን ብሃውሪ ይኸዱ ስለ ዝነበሩ ድማ፡ መቈጻጸሪ ተሳኢኑዎ ናብ ጉነጽ ከየምርሕ ስግኣቱ ገለጸ።

በዚ ደው ከይበለ ምርድል-ስሚዝ፡ ሰበ ስልጣን ኢትዮጵያ፡ እንተስ ሰኣን ምርዳእ እንተስ ብደይ መደይ መምርሒታት ኣዲስ ኣበባ እናጠሓሱ፡ ኣብ ልዕሊ ኤርትራውያንን ኤርትራዊ ጉዳያትን ዓብላሊ ጠባያት የርእዩን፡ እዚ ድማ ሕማቕ ስምዒታት ይፈጥር ምንባሩን ገለጸሎም። ኣብዚ ምስ በጽሐ፡ ተድላ ኩለፉዎ'ሞ እቲ ብዛዕባ ሰበ ስልጣን ኢትዮጵያ ዝበሎ ዝዓበየ ሽግሮም ምንባሩ ተሰማምዐ። "ቀንዲ ጥፍኣተኛ ድማ፡ እቲ ንኤርትራ ከም ናቱ ዝርእያ ዘሎ ቢትወደድ ኢዩ... ምስ በለኒ፡ ኣብቲ ዝሓለፈ መገሻኡ ናብ ኣዲስ ኣበባ ብዛዕባ'ዚ ንንጉስ ሓቢሩ እንተ ነይሩ ሓቲተዮ፡" በለ'ቲ ቀንስል።

ተድላ ኣብ መልሶም፡ እቶም ኣፍቃሪ ህዝቢ ኤርትራ ዝኾኑ ንጉስ ነገስት፡ ብዛዕባ ስምዒት ህዝቢ ኤርትራ ከም ዝፈልጡ ገለጹሉ። ምርድል-ስሚዝ ኣይተሰማምዐን። እዚ ድማ፡ ሃይለስላሴ ኤርትራ እናኸመጹ ብዝተሰርዐን ዘጣቕዕን ህዝቢ ሓንጎፉይ ይብሃሉ ስለ ዝነበሩ፡ ቢትወደድ ድማ ናይ ሓሶት ጸብጻባት ምምሕልላፉ ስለ ዘይተርፎ፡ ሓቀኛ ኣተሓሳስባ ህዝቢ ኽፈልጡ ኣይክእሉን'ዮም ካብ ዝብል ነበረ።

ተድላ ግን፡ ህዝቢ ኤርትራ፡ ኣብ እዋን ምጥጣሕን ምስግጋርን ከጓንፎ ንዝኽእል ኣዐርዩ ዝፈልጥ በሊሕ ህዝቢ ስለ ዝኾነ፡ "ዘይሕጉስ ኣይኮነን" በሉ። ምርድል-ስሚዝ፡ ብኣንጻሩ፡ ህዝቢ ኤርትራ ንኢትዮጵያውያን ሰበ ስልጣን ዝጸልእ ዘይሕጉስ ህዝቢ ኢዩ ድሕሪ ምባል፡ ተድላ ነቲ ዝነበረ ኹነታት የመላኽዑዎ ከይነብሩ ኣመተሎም።

ተድላ ባይሩ፡ ኣብ ኣጸጋሚ ኩነታት ከም ዝነበሩ ኣመኑሉ። እንደራሴን ናይ ቤት መንግስቲ ጭፍራኡን ኣብ መንጎ መንግስቶም እናኣተዉ ካብ ኣዲስ ኣበባ

ከም ዝነጸሉዎም'ውን ኣረጋገጹሉ። ግን፡ እቲ ቀንስል ምኽንያቲ ካልእ ትርጉም ከይሀብ፡ ኣብ ልዕሊ ሃይለስላሴ ክብ ዝበለ ኣድናቖት ከም ዝነበሮምን እቲ ጉዳይ'ውን ምዕራዩ ከም ዘይተርፎን ኣውክኡሉ።

ዎርድል-ስሚዝ ግን ብቓሊሉ ክገድፎም ኣይደለየን። ህዝቢ ኤርትራ መሪሕ ከም ዘይረኸበ፡ መደባትን ስራሓትን መንግስቲ ስለ ዘይንገሮ ሓንቲ ከም ዘይፈልጥ፡ መንግስቱ ድማ ብኢትዮጵያውያን ኣመሓደርቲ ከም ዝተዓብለለ ገለጸሎም። መንግስቲ ኤርትራ መገዲ ስቕታ ክሳብ ዝሓዘ እቲ ኩነታት ከም ዘይመሓየሽ'ውን መኸረ።

ተድላ ኣብቲ ቐረባ መዓልታት ሜላኦም ብወግዒ ንኸፍልጡ ሓሳብ ከም ዝነበሮም ነገሩዎ። ዎርድል-ስሚዝ በዚ ተሰማምዐ። ነቲ ሜላ ኣብ ባይቶ ከቕርቡ፡ መታን ኣቓልቦ ህዝቢ ክስሕቡ ኸኣ ብዛዕባ'ቲ ዝመደቡዎ ክዛረቡ ምዃኖም ኣቐዲሞም ብጋዜጣ ከፍልጡ፤ ብተወሳኺ፡ ንተግባራት ሰበ ስልጣን ኢትዮጵያ ብዕሊ ብምቅላዕ፡ ስምዒቶም ንሃይለስላሴ'ውን ከፍልጡ፡ ነዚ ድማ ንሱን ኣብ ኣዲስ ኣበባ ዝነበረ ኣምባሳደሩን ብሃንቀውታ ኽጽበዩ ምዃኖም ኣረጋገጹሎም።

ተድላ ምስ ክራክነል ከዕልሉ እንከሎዉ ስኩፍ'ዮም ነይሮም። ንዎርድል-ስሚዝ ግን ናይ ምትእምማንን፡ ኩሉ ነገር በቲ ዝደለዩ ናይ ዝኸደሉ ሰብን ቀ`መና ሒዞም'ዮም ጸኒሖሞ። ንሱ ግን፡ ብዛዕባ'ቲ ንኽገበር ዝተሰማምዑሉ ናይ ሜላ መግለጺ ከምዚ በለ፡

> ሸሕ'ኳ ምስቲ ቢትወደድ ጸገም ከም ዝህልዎ ዝኣምን እንተ ኾንኩ፡ ነዚ ጸገማት'ዚ ንኸሰንፎ ስጉምቲ ኽወስድ ከም ዘይኮነ ርግጸኛ ኢየ። ሚዛን ዘለዎ ዘረባ፡ ኣረ ዝኾነ ዘረባ'ውን እንተ ገይሩ ድማ ኽገርመኒ ኢዩ። ቅድሚ ሕጂ ምስ ኢትዮጵያውያን ብሃሳስ ለባም ወይ ብትንክፍ-ግድፍ (trial and error) ብምውሳኡ፡ ካብዚ ንላዕሊ ድማ፡ ናይ ምጥጣሕ ወይ ምስግጋር ጊዜ እናበለ፡ ነገራት ሸተት ኢሉ ንኽኸይድ ከም ዝሓድጎ ርግጸኛ እየ። ነዚ ኸኣ ጽቡቕ ክፍሊት (ገንዘብ) ኣይረኸበሉን ዘሎ ኢለ ንኽኣምን የጸግመኒ።[25]

ዎርድል-ስሚዝ ካብቲ ንተድላ ዝመዓዶ እንታይ ይጽበ ከም ዝነበረ ምግማት የሸግር። እንግሊዛውያንስ ብሓቂ ደገፍትን ተኸላኸልትን ውሽጣዊ ናጽነት ኤርትራ ክኾኑ ደልዮም ነይሮም ማለት ዲዩ... ኢልካ ምስትንካር ይክኣል። ካብ ወርሒ ለካቲት ከይወጻእና ግን፡ ነቲ "ተድላ ፍጹም ተመላኺ እንደራሴ ኾይኑ ኣሎ..." ዝብል ዝነበረ ግምቶም ዘፍርስ ካልእ ነገር ኣጋጠመ።

ብ18 መጋቢት 1954፡ ተድላ ባይሩ ንፕረዚደንት ጠቕላሊ ቤት ፍርዲ ሰር ጀይምስ ሺራ (ብህዝቢ "ሸረር" ተባሂሉ ዝፍለጥ)፡ ንዳያኑ ኦሃንሎንን ክላረንስ-ስሚዝን፡ "ምስ ፈጻሚ ኣካል ኣይተሓባበርኩምን" ከምኡ'ውን፡ "ምስ ፍሉይ ድልየታት ናይ'ዛ ሃገር ክተወሃሃዱ ኣይከኣልኩምን" ብዝብል ምኽንያት፡ ስልጣኖም

25. Wardle - Smith to Ambassador Busk in Addis Ababa, FO 371/108196, JA 1015/7, 8 March 1954.

ንኽለቁ ኣዘዙዎም። ሽረር ነዊሕ መልሲ ጸሓፈ። ተድላ ባይሩ ነቲ ትእዛዝ ዝሃቦ እቶም ፈራዶ ንደጊያት ኣብርሃን ነሕዋቶምን ናጻ ስለ ዘሰደዱ ኢዩ... ዝብል እምነት ዝነበሮ መንግስቲ ብሪጣንያ ድማ፡ ኣብ መልሲ ሽረር ተመርኵሱ ናብቲ ጉዳይ ጣልቃ ኣተው። ተድላ ነቲ ትእዛዞም ከም ዝስሕቡ ንኽገብሩዎም ድማ፡ ንሰበ ስልጣን ኢትዮጵያ ኣብ ኣስመራን ኣዲስ ኣበባን ሓተቱዎም።[26]

ኣብ ኣስመራ፡ ኣንዳርጋቸው ነቲ ተድላ ዝወሰዱዎ ስጉምቲ ነቐፈ። ማዕረ ብባይቶ ዘኽሰሶም ጉዳይ ምንባሩ፡ ንሱ ባዕሉ ኣብቲ ጉዳይ ምስ ዝኣቱ ግን፡ ብፍላይ ብባይቶ ኤርትራ፡ "ኣብ ውሽጣዊ ጉዳያትና ትኣቱ ኣሎኻ" ተባሂሉ ክኽሰስ ከም ዝፈርሕ ነቶም እንግሊዛውያን ነገሮም። ኣብዚ በጺሑ ሓላዊ ናጽነት ኤርትራ ኾይኑ ማለት'ዩ።

ምርድል-ስሚዝ፡ ተድላ ባይሩ መላኽን በሓቲ ስልጣንን ስለ ዝኾነ፡ ንበዓል ሽረር ስጉት ነቲ ፈራዲ ኣካል ምስ ዝዕብልል፡ "ወጻእተኛታትን ናይ ወጻእተኛታት ረብሓታትን፡ ከምኡ'ውን ናይ ውሽጢ ተቓወምቲ ኽድምሰሱ ኢዮም" ካብ ዝብል ስግኣት፡ ንበዓል ሽረር ንኸየስጉግ ጸዓረ።[27] ነዚ ንምግባር፡ እቲ ቀንስል ናብ ኣዲስ ኣበባ ብምኻድ፡ ምስ ሚኒስተር ጉዳያት ወጻኢ ኣክሊሉ ሃብተወልድ ተራኸበ። ነቲ ናይ በዓል ሽረር ነገር ንኽኣልዮ ኸኣ ሓተቶ። ኣክሊሉ ግን፡ ዕቑብን ዝሕል ዝበለን ኣቀባብላ ገበረሉ። ብዛዕባ'ቲ ጉዳይ ኣቐዲሙ ስሚዑ ከም ዘይጸንሐ ብዘምስል ኣዘራርባ ድማ፡ ውሽጣዊ ጉዳያት ኤርትራ ንመንግስቲ ኢትዮጵያ ከም ዘይምልከትን፡ መንግስቲ ኢትዮጵያ ንፈደረሽን ኣኽቢሩ፡ ኣብ ውሽጢ ኤርትራ ብዛዕባ ዝግበር ሓላፍነት ከም ዘይወስድን፡ ኢዱ'ውን ከም ዘየእቱን ነገሮ። ምርድል-ስሚዝ ግን፡ እቲ ሓላፍነትን ተሓታትነትን ናይ ዕቃበ ፈደረሽን ዘይሩ-ዘይሩ ናይ ኢትዮጵያ ስለ ዝነበረ፡ ኣክሊሉ ነቲ ጉዳይ ተኸታቲሉ ፍታሕ ክረኽበሉ ተማሕጸኖ።

ብናይ ኣክሊሉ፡ "ልዑል ዲፕሎማስያዊ ጥበብ" እኳ ምርድል-ስሚዝ ተደኒቑ ኢዩ። ጸኒሑ፡ ኣማኻሪ ሕጊ ኢትዮጵያ ጆን ስፔንሰር፡ ጥንቃቐ ኣክሊሉ ካብ'ቲ መንግስቲ ኢጣልያ፡ ኢትዮጵያ ንኤርትራ ክትጎብጥ ትደሊ ኣላ...ዝብል ብኣህጉራዊ ደረጃ ዝካየድ ዝነበረ ክሲን ዘመተን ከም ዝብገስ ገለጸሉ። ኣብ ውሽጣዊ ጉዳያት ኤርትራ ኢድ ብዛዕባ ምእታው፡ ኢትዮጵያውያን ኣዝዮም ጥንቁቓትን ተነቀፍትን ኮይኖም ከም ዝነበሩ'ውን ነገሮ።[28]

ብዝኾነ፡ እቲ ዝድለ ጸቕጢ ኣብ ልዕሊ ተድላ ስለ ዝተገብረ፡ መራሕ መንግስቲ ትእዛዞም ሰሓቡ። በዓል ሽረር'ውን ኣብ ስራሕ ቀጸሉ። ንሽረርን መሰላቱን ምትንካፍ፡ ምስ ረብሓታት መንግስቲ ብሪጣንያ'ውን ምርጻም ስለ ዝነበረ፡ ነቲ ኻብ በዓል ምርድል-ስሚዝ ዝረኽቡዎ ዝነበሩ ምኽርን ምትብባዕን ኣብ ምስኣን ተገማገሙ።[29] በቲ ኻልእ ወገን፡ ምርድል-ስሚዝ ኣብ ኣዲስ ኣበባ

26. Tekeste Negash, p.98.
27. Ibid.
28. Clark to State Department, 775A. ¾-1454, 14 April 1954.
29. Tekeste Negash, p. 99.

ምስ ብዙሓት ካልኦት ሰበ ስልጣን ኢትዮጵያ፡ ምስ ኣልጋ ወራሽ ኣስፋወሰን'ውን ብምዕላል፡ ሰምን ተቐባልነትን ተድላ ኣዝዩ ለጠቕ ኢሉ ከም ዝነበረ ገምገመ።[30]

ተድላ ነዚ ንመንግስታት ኢትዮጵያን እንግሊዝን ኣንጻሮም ዘሰለፈ ጉዳይ በዓል ሽረር ስለምንታይ ከም ዝደለዩዎን ዝገበሩዎን ብጭቡጥ ምርዳእ የጸግም። በቲ ሓደ ወገን፡ እቲ ቤት ፍርዲ ሓደ ዕርዲ ናይ ደሞክራሲያውነት ህንጻ መንግስቲ ኤርትራ ስለ ዝነበረ፡ ተድላ ንዕኡ ኣዳኺሞም፡ ገባርን ሓዳግን ንምኳን ዝገበሩዎ ይመስል። ከምኡ ጌርካኸ ናበይ ንምኻድ? ንኤርትራ ጠቕሊልካ ናብ ኢትዮጵያ ንምርካብ ዲዩ ወይስ ሓይልኻ ኣደልዲልካ ፈደረሽን ንምዕቃብ? ኣብ ኢትዮጵያ በዚ ኻልኣይ ተኸእሎ እናተኸሰሱ፡ "ደጃዝማች ፈደራሊስት" ዝብል ናይ ቅጽል ሳጓ ወጸሎም።[31]

ዘውዴ ረታ ከም ዝበሎ፡ ኣብ መጋቢት-ሚያዝያ 1954 ተድላ ባይሩ ዳርጋ ካብ ኩሉ ዝተነጸሉ ሰብ ኮኑ። ዝምድናኦም ምስ ባይቶ ርኢናዮ ኢና። ምስ ቤት ጽሕፈት እንደራሴ ኣይተቓደዉን ጥራይ ዘይኮነ፡ ስልጣኖም እናዘረፈ የሸግሮም ነበረ። ኣብ ኣዲስ ኣበባ፡ ነቲ ዝነበሮም ክብርን ተቐባልነትን ኣጥፊኦም፡ በቶም ሓሓሊፎም ዘዕልሉዎም ዝነበሩ ቀንሰላት'ውን እናተናዕቁ ስለ ዝኸዱ፡ ብሓቂ ኣብ ጸገም ኣተዉ። ነዚ ንምሕዋይ ይኸውን፡ ኣብ ጽንብል ምምላስ ሃይለስላሴ ካብ ስደት፡ ማለት ብ5 ግንቦት 1954 (27 ሚያዝያ ብግእዝ)፡ ኣዝዩ ነዊሕን ተኣማንነቶም ንኢትዮጵያን ንጉሳን ዝገልጽን፡ ግን ከኣ ብዛዕባ ፖለቲካዊ ዝንባለኦም ዘደናግር መደረ ዘሰምዑ። ካብቲ ዝበሉዎ ነዚ ዝስዕብ ንጠቅስ፡

> ኣነን መሳርሕተይን ነቲ ተዋሂቡና ዘሎ ከቢድ መዝን ሓላፍነትን እናሓሰብና፡ ሕዝቢ ሃገርና ንውሉድ ወለዶ ዚጥቀመሉ፡ ዚዓብየሉ ዚሕጉሰሉ መንገዲ ኪሕዝ ኢና እንደሊ። ኤርትራዊ ሕዝቢ ኢትዮጵያዊነቱ ረሲዑ ኪጥቀም ከም ዘይክእል ከኣ ንኣምን ኢና። ኤርትራ ብዘይ ኢትዮጵያ፡ ኢትዮጵያ ብዘይ ኤርትራ ኪነብራ ከም ዘይኽእላ ኩላትና እንፈልጦ ነገር ኢዩ። ... ባይቶ መንግስታት ዓለም፡ ናይዚ ብፈደራስዮን ሓደ ሃገር ኮይኑ ዘሎ ዓብይ ክፍሊ ኣፍሪቃ ጉዳይ ወዲኦም ኢዮም። ዓባይ ኢትዮጵያ ተሰምዩ ብፈደራስዮን ሓደ ኮይኑ ዘሎ ሃገርና፡ በቶም ዓቢይ ንጉስ ነገስትና እናተመርሔ መንገዲ ዕብየትን ስልጣኔን፡ መንገዲ ጸጋን ሰላምን ሒዙ ንቕድሚት ይኸይድ ኣሎ። ... ናይ ሃገርና ጉዳይ ከም ናይ ቤትና ኢዩ። ቤትና ዝጉደሎ ነገር እንተሎ ከም ዚምላእ፡ ከም ዚቃናዕ ንገብር እምበር ጸሊእናዮ ሓዊ ኣይነእትወሉን ኢና። ከምኡ ድማ ንሃገርና። ንሃገርና ዝጉደሎ ነገር ንምምላእን ምቕናዕን ዚኣክል እምነትን ኒሕን ዘይብሉ ሰብ፡ ካብ ሕሜታን ካብ ምንዓቕ ሃገሩን ዓዲ ይውዓል።[32]

ኣብዚ መደረኦም'ዚ፡ ተድላ ንኢትዮጵያን ሃጸይ ሃይለስላሴን ብናእዳ ሰማይ ሰቐሉ። እቶም ሃጸይ ኣብ ውሽጢ ዓመትን ኣርባዕተ ወርሕን ጥራይ ንኤርትራ

30. Clark, note 20, above.
31. ዘውዴ ረታ፡ ገጽ 399.
32. ዘውዴ ረታ፡ ገጽ 399.

ሰለስተ ጊዜ ብምብጻሖም ንኣብነት፡ "ይባእ ንጉስ ሰብሓት፡ ይባእ ንጉስ ምሕረት፡ ይባእ ንጉስ ሰላም" ተባሂሉሎም'ዩ ክብሉ፡ ነቲ ፍጻመታት መንፈሳዊ መዓርግ ኣልበሱዎ። ብኻልእ መዳይ ግን፡ እቲ ናይ ላዕሊ ጥቕሲ'ውን ከም ዘመልክቶ፡ ብዛዕባ ምዕቃብ ፈደረሽን፡ ኤርትራን ኢትዮጵያን ኣብ ሓድሕደን ብጥቕሚ ከም ዘደላለያ፡ ዝጉደለ ኽምላእ ከም ዘለዎ፡ ከም ናይ ኣውራጃን ሃይማኖትን ዝመስል ፈላላዩ ነገራት፡ "ኤርትራ ብፈደራሰዮን ምስ ኢትዮጵያ ብምሕባራ በቲ ጠቕላሊ ጥቕሚ ተተኪኡ" ምጥፋእ ከም ዝግብኦ... ኢዮም ተዛሪቦም።

ከምቲ ብዙሓት ዝጽበዩዎ ዝነበሩ፡ ተድላ ንህጹጽ ሕብረት ዝእምት ቃል ወይ ምሉእ ሓሳብ ኣይሓወሱን። ግን፡ ነቲ ኻብ ዝተፈላለየ ኵርናዓት ናብኦም ቀሪቡ ዝነበረ ነቐፌታን ምውድዳብን ፖለቲካዊ ትርጉም ክንዲ ምሃብን ብኡ መሰረት ምግጣሙን፡ ነዚ ዝሰዕብ መለሱሉ፡

> ትዕቢትን ቅንእን ዝሓደሮ ሰብ፡ ልቡ ይድፈን ኣእምሮኡ ድማ ይዓውን እዩ። ንርእሱ ጕዳኡ ንሃገሩ እውን ኪጉድእ ይኽእል እዩ። እምበኣርከስ ትዕቢትን ቅንእን ካብ ዝሓደሮ ሰብ ተሓለዉ። ናይ ሃገር ጥቕሚ ኣምሲሉ ጥቕሚ ርእሱ ዚደሊ እዩ። ሓሜታን ዕላልን ኣይትፍተዉ። ተጻርዩ ተመርሚሩ ዝተጨበጠ ነገር እንተ ዘይኮይኑ፡ ቀልጢፍኩም ኣመንቲ ኣይትኹኑ።[33]

ኵነታት ተድላ ኣብ ምውዳእ ሚያዝያ 1954፡ ናይ ተነጽሎን ዘይንጹር ፖለቲካዊ መርገጽን ጥራይ ዘይኮነ፡ ጕድለትካ ናይ ዘይምግንዛብ'ውን ነይሩ ክብሃል ከሎ እምበኣር፡ ካብዚ ክግለጽ ዝጸንሐ ብምብጋስ ነበረ።

33.ከም እ.ጽ. 24።

ምዕራፍ 19

ዓበይቲ ብድሆታት ጠቕላሊ ቤት ፍርዲን ባይቶ ኤርትራን

ደሃይ ኤርትራ ኣብ ጠቕላሊ ቤት ፍርዲ

ናይ ኣብ ምዕራፍ 13፡ ብዛዕባ'ቲ ብ14 መጋቢት 1953 ናብ ምዕጻው ደሃይ ኤርትራ ዘብጽሐ ምዕባለ ገሊጽና ነይርና። ሓላፊ ጋዜጣ መሓመድ ሳልሕ ማሕሙድን ምኽትሉን ጸሓፊ ዓንቀጻትን ዝነበሩ ኤልያስ ተኽሉን ብገበን ከም ዝተኸሱ ምስ ገለጽና ድማ ኢና ነቲ ኣርእስቲ ኣወንዚፍናዮ።

ቅድሚ ደሃይ ምዕጻዋን እቲ ኽስታት ምቕራቡን፡ ጸኒሑ ኣብ ቃልሲ ሓራካን ተጋድሎ ሓርነት ኤርትራን ኣገዳሲ ተራ ዝተጻወተ ተጋዳላይ፡ ሽዑ ግን ሓላፊ ጋዜጣ መሓመድ ሳልሕ ማሕሙድን መሳርሕቱን ካብ ኮሚሽነር ፖሊስን

መሓመድ ሳልሕ ማሕሙድ

ኤልያስ ተኽሉ

ሰክረታሪ ውሽጣዊ ጉዳያትን ክልተ መጠንቀቕታታት ረኺቦም ነበሩ። ኣብዚ፡ ብዘይካ'ቲ ሓላፍን ምኽትሉን፡ ሓታሚ ናይ ጋዜጣ'ውን ነቲ ሕትመታታ ደው ንኺብል ተሓበረ።

መሓመድ ሳልሕ ማሕሙድ ነቲ ትእዛዝ ኣወጊኑ ስራሑ ክቕጽልን ብወግዒ ምስ ተኸሰሰ ወይ ምስ ተኣገደ ጥራይ ጋዜጣኡ ክዓጹን ይኽእል ነይሩ። ንሱ ግን፡ ኣብ ክንዲ ኸምኡ ምግባር፡ ጋዜጣኡ ዓጽዩ ናብ ጠቕላሊ ቤት ፍርዲ ጠርዐ። መሓመድ ሳልሕ ማሕሙድ ነዚ ስጉምቲ'ዚ ኣብቲ ካብ ሕገ መንግስቲ ወጻኢ ትእዛዝ ወይ ሕጊ ምስ ዘውሰን ንኽትብድሆ ዘኽእል ዓንቀጽ 90(3) ተመርኲሱ ወሰዶ። ፕረዚደንት ቤት ፍርዲ ሽረር እውን ንጥርዓን ሳልሕ ማሕሙድ ከም እቲ ዝሓሸን ሕጋውን ኣማራጺ ተቐበሎ።

ኣብቲ ዝሃቦ ትንታነ፡ ሽረር ነቲ "ኩሉ ነባሪ ኤርትራ ዝኾነ ሰብ፡ ርእይቶኡ ብዝኾነ መንገዲ (ፕረስ ወይ ጋዜጣ፡ ዘረባ... ወዘተ) ንኽገልጾን ብኻልኦት ብዛዕባ ዝዘርጋሕ ርእይቶታት ንኽመሃርን መሰል ኣሎዎ" ዝብል ዓንቀጽ 30 ናይ መንግስቲ፡ ከም ድፍን መሰል ናይ ብናጻ ርእይቶኻ ምግላጽ ተርጎሞ። ካብዚ ተበጊሱ፡ ጋዜጣታት ቅድሚ ይኹን ድሕሪ ምሕታመን ሳንሱር ክግበራ ወይ ብኢደ ዋኒናዊ ኣገባብ ክጽቀጣ ከም ዘይግባእ ኣነጸረ። ኣብ ንቡር ኩነታት፡ ቀጸለ ሽረር፡ ውልቀ ዜጋታት ኣብ ጋዜጣታት ናይ ጽሑፍ መጥቃዕቲ ምስ ዝወርዶም፡ በቲ ዜጋታት ካብ ጸለመ ንኽከላኸሉ ዘኽእሎም፡ ኣንጻር ጸለመ ኸኣ ዝተሓገገ ዓንቀጻት ፍትሒ ክሓቱ ከም ዝኽእሉ ኣነጸረ። ከምኡ'ውን፡ መንግስቲ ሽርሓዊ (seditious) ንዝኾነ ጸለመ ወይ ጠቐነ ንምግታእ፡ ብፍላይ እቲ ፈጻሚ ኣካል ኸኣ፡ ኮነ ኢሉ ንስልጣኑ ብዘይ ኣገባብ ካብ ዝፈታተን ወይ ንሕብረተ ሰብ ካብ ዝፈላሊ ተግባራት ንምክልኻል ዘኽእሎ ሕጊ ከም ዝነበሮ ኣብርሀ።

ሳንሱር ወይ ቅድመ-ሳንሱር (እገዳ ናይ ምሕታም ዓንቀጻት)፡ ከምኡ'ውን ምእጋድ ሕትመት ጋዜጣ ዝፍቀድ፡ "ህዝባዊ ስርዓትን ድሕነትን ኣብ ሓደጋ ዘውድቕ ሓደገኛ ዝኾነ ህጹጽ ኩነታት ምስ ዘጋጥም'ዩ። እዚ ድማ፡ ባይቶ ኣብ መጋባእያ እንተ ደኣ ሃልዩ፡ በቲ ባይቶ ብዝብገስን ብኣኡ ብዝጸድቕን ሕጊ'ዩ ዝኸውን። ባይቶ ኣብ መጋባእያ ምስ ዘይህሉ፡ ቀጸለ ሽረር ኣብ ትንታነኡ፡ "መራሒ መንግስቲ ነቲ ትእዛዝ ከውጽእ ይኽእል፤ ግን ነዚ ምስ ፈጸመ፡ ኣብ ውሽጢ ዕስራ መዓልታት ፍሉይ መጋባእያ ባይቶ ብምጽዋዕ፡ ነቲ ትእዛዙ ብባይቶ ከጽድቖ ይግባእ።" እዚ ድማ፡ መራሒ መንግስቲ ነዚ ምስ ዘይገብር፡ እቲ ትእዛዝ ዕስራ መዓልቲ ምስ ኣሕለፈ ይስረዝ ማለት ነበረ። እቲ ብባይቶ ዝጸድቕን ናጽነት ዘረባ ዝእግድን ሕጊ እንተ ኾነ እውን፡ እቲ ሓደገኛ ኩነታት ምስ ተኣልየ ስለ ዘብቅዕ፡ ጊዜያዊ ጥራይ ከም ዝኸውን ከኣ ኣስመረ። ቀጺሉ ሽረር፡ ህንጻ መንግስቲ ኤርትራ ብዛዕባ ናይ ሓሳብ ምግላጽ ናጽነት ንዝበሎ ኣስፊሑ ኣብርሀ፡

ሓሳብ ናይ ምግላጽ ናጽነት (freedom of press): ሓደ ኻብቲ ኣብ ዓንቀጽ 16 ናይ ህንጻ መንግስቲ ተጠቒሱ ዘሎ፡ ንዴሞክራስያዊ ስርዓት መንግስቲ ኤርትራ ሰረት ዝኾኖ መትከላት ኢዩ። ኣባላት ህዝቢ ብሓፈሻ፡ ኣብቲ ዝቐርበሎም ፖለቲካዊ ሕቶታት ዝተፈላለየ ርእይቶን ኣጠማምታን ሃልዩዎም ብሱል (በሊሕ - intelligent) ምርጫ ክገብሩ እንተ ዘይክኢሎም፡ ናጻን ምሉእ ሓበሬታ ዘሎዎን መራጺ ህዝቢ ክሰሰን ኣይክእልን'ዩ። በዚ ምኽንያት ኢዩ ህንጻ መንግስቲ፡ ፈጻሚ ኣካል ኣብ ናጽነት ፕረስ ኢዱ ኸእቱ ንዘኽእሎ ስልጣን ተሪር መአገዲ ገይሩሉ ዘሎ።

ኣብቲ ዝሰዓበ ኽትዕ፡ ንጠቕላሊ ዓቃቢ ሕጊ ወኪሉ ዝቐረበ ሚስተር ካነር ዝተባህለ እንግሊዛዊ፡ መሓመድ ሳልሕ ማሕሙድ ብኻልኦት ጋዜጣታት ኣቢሉ ርእይቶኡ ካብ ምግላጽ ስለ ዘይተኸልከለ፡ እቲ ንሱ ዘቕረቦ፡ ርእይቶኡ ንኸይገልጽ ከም ዝተኸልከለ ዘምስል ክሲ ተቐባልነት ተኸሊኡ፡ እቲ ጉዳይ ብሓፈሻ ንኽዕጾ ሓተተ። ሽረር ነቲ ናይ ካነር ክትዕ ብዘይ ዝኾነ ምውልዋል ነጸጎ። ደሃይ ኤርትራ ድማ መለሰ ሽረር፡ "ናይ ሓደ ፍሉይ ፖለቲካዊ ሰልፊ (ኣልራቢጣ ኣል እስላሚያ) ኣፈኛ ኢያ። ኣፈኛ ናይ ተጻራሪ ፖለቲካዊ ሰልፊ ዝኾነ ጋዜጣ ንኣመልካቲ (መሓመድ ሳልሕ ማሕሙድ) ዓምድታቱ ክኸፍተሉ ዘይሕሰብ'ዩ።" ደሓር ከኣ፡ ቀጸለ ሽረር፡ "እቲ ሕቶ ኣመልካቲ ብመሰረት ዓንቀጽ 29 መ) ተዛረበዶ ጸሓፊ ጥራይ ዘይኮነስ፡ እቲ ጉዳይ ንብዙሓት ሰዓብቲ ናይቲ ብደሃይ ዝውከል ፖለቲካዊ መስመር ዝትንክፍ ኢዩ። እዚኣቶም ነታ ጋዜጣ ክረኽቡን ርእይቶ ኣዳለውታ ኸፈልጡን እምበር፡ ምናልባት እቲ ተቓዋሚ ጋዜጣ ነቲ ክሰምዑዎን ባዕሎም ክብሉዎን ዝደልዩ ርእይቶታት ይጽሕፈልና ይኸውን ኢሎም ጭልም ክብሉ ኣይግባእን..."

ኣሕታሚ ናይታ ጋዜጣ፡ ቲፖግራፊያ ፊዮረቲ፡ ብዛዕባ ምኽሳሱን እቲ ቤት ማሕተም ብዛዕባ ምዕጻዉን እውን ሽረር ርእይቶ ሃበ። ሙብዛሕትኡ ጊዜ፡ ንመንግስቲ ዝትንክፍ ናይ ሽርሒን ጸለመን ጽሑፋት ብዘይ ሕጋውን ሕቡእን ሕትመት ከም ዘወጽእ ድሕሪ ምሕባር፡ ቲፖግራፍያ ፊዮረቲ ኣብቲ ምድብ ከም ዘይኣቱ ኣመተ። እዚ ድማ፡ ሊብረቶ ንዝሓዘን ብሕጊ ንዝተፈቕደሉን ጋዜጣ ብናይ ቀደም ዘይተሰረዘ ናይ ኢጣልያ ሕግታት ምውንጃሉ ስለ ዝኾነ ነቲ ኽሲ ኣይተቐበሎን።

ነዚ ኹሉ ኣብ ግምት ብምእታው፡ ሽረር ነቲ ብመሓመድ ሳልሕ ማሕሙድ ዝቐረበሉ ጥርዓን ተቐበሎ። ብ19 ነሓሰ 1954 ኣብ ዝወዓለ መጋባእያ ድማ፡ እቲ ደሃይ ንኽትዕጾ ዝወጸ ትእዛዝ ኮሚሽነር ፖሊስን ሰክረታሪ ውሽጣዊ ጉዳያትን ካብ ስልጣን ወጻኢ ከም ዝተገብረ ብምቕጻር ሰረዞ።[1]

1. Supreme Court of Eritrea, "Voce dell'Eritrea" represented by Mohammed Saleh Mahmud, vs Secretary of Interior and Commissioner of Police, represented by G.R. Canner, signed Canceliere Bartoli, 19 August 1953. ደሃይ ኤርትራ፡ 2ይ ዓመት ቁ. 30፡ 12 መጋቢት 1954.

ኩሎም ናይቲ ሸው ዝወዓለ ናይ ዳንነት ብጾቱ፡ ማለት ድማ፡ ሚስተር ኢ.ኢ. ሮሎን፡ ሸኽ ኢብራሂም ኤል ሙኽታርን ምስኡ ብምስምማዕ ነቲ ውሳነ ፈረሙሉ።

እቲ ውሳነ ወርሒ ነሓሰ 1953 ዝተዋህበ፡ ደሃይ ግን ክሳብ 5 መጋቢት 1954 ክይተሓትመት ጸንሐት። በዚ ዝተባህለ ዕለት ዳግም ኣብ ዝተሓትመሉ፡ ክሳብ ክንድ'ቲ ዝኣክል ምድንጓይ ካብ ምንታይ ከም ዝነቐለ ኣይገለጸትን። "ደሃይ ተኸፊታ" ኣብ ትሕቲ ዝብል ናይ ብሰራት መልእኽታ ግን፡ "ሓይሊ እያለ ስርዓት ምናባቱ" እንተ ዘኸውን፡ መንግስቲ ኤርትራ ኣብ ደሞክራስያዊ ሕጊ ዝተመስረተ እንተ ዘይኸውን፡ "ደሃይ ንሞት ምተፈርደት'ሞ ኣብ ዕዳጋ ምተሰቕለት ነይራ" በለት። ኣዳለውታ፡ በቲ ዝሓለፈ ናይ ሓደ ዓመት እገዳ፡ ክሰን ናይ ፖሊስ ምግፋዕን ከም ዘይተዳህሉ ንምብራህ ድማ እምነቶም ገለጹ፡

> ናጻ ጋዜጣ ዘይብሉ ሕዝቢ ነጻነት ኣሎዎ ኪብሃል ኣይከኣልን። ምኽንያቱ ኸኣ፡ ሓደ ሕዝቢ ምእንቲ ጥቕሙን ጉድኣቱን ብጽሑፍን ብቓሉን ንኼመልክት ድሕሪ ዘይተፈቐዶሉ፡ ኣየናይ ዓይነት ነጻነት ኣሎዎ ኪብሃል ይክኣል? እወ፡ ሓደ ሕዝቢ ብትኽክል ኩሉ ጥዒሙዎ ኪነብር ከም ዘይክእል ዚስሕቶ ሰብ የልቦን፡ እንተ ኾነ ግዳ ንዘተጓነፎ ሽግርን መከራን ብግልጺ ኼመልክት ዘይክእል ድሕሪ ኾይኑ፡ ኣብ ክንዲ ነጻነት ባርነት ኢዩ እንተ በልና ካብ ሓቂ ከም ዘይረሓቕና ይርድኣና። ምእንቲ'ዚ ነቲ ኣብ ዓለም ነጊሱ ዘሎ ሕጊ ደሞክራስያ ብዕልግና እናበሉ ዘናሽይዎ ሰባት እንተሎዉ ጌጋኦም ኪእርሙ ንዕድሞም።

ሕማም እንተ ዘይተፈወሰ ሕሙም ከም ዘይሕሾ ድሕሪ ምሕባር፡ ደሃይ ርእይቶኣ ቐጸለት፡

> ... ኣብ ርእሲ መንግስቲ ዘሎ ጉድለትን ኣብ ርእሲ ሕዝቢ ዘሎ ሽግርን እናፈለጠ፡ ንጊዜኡ ኪፍቶ ኪብል (ውዳሴ ከንቱ ተኸቲሉ) ክዉንን ዘይክዉንን ኪጽሕፍ ብዚርከብ፡ ንመንግስቲ ጉድኣቱ'ምበር ጥቕሙ ኣይኮነን። ጉድለት ናይ መንግስትን ኩነታት ናይ ሕዝብን ገሊጽካ ኩተፍልጥ ከለኻ ኢዩ። ስለዚ፡ ነጻ ጋዜጣ ኪብሃል ከሎ፡ ጥቕሙ ንሕዝቢ ጥራይ ዘይኮነስ፡ ዝበዝሐ ንመንግስቲ ኢዩ። ከመይ? እቲ ንመንግስቲ ዚሰወሮ ነገርን ኩነታት ሕዝብን ብዘይ ሓደ ድኻም ካብ ጋዜጣ እናቐሰመ ንብረት ሕዝቢ ከመሓይሽ ይኽእል።[2]

በዚ፡ *ደሃይ ኤርትራ፡* ነቲ ውሑዳት ኣዋርሕ ጥራይ ዝጸንሐ ዳግማይ ህይወታ ጀመረት። ከምቲ ሽረር ዝበሎ፡ ተጸበይታን ሰዓብታን ኣዝዮም ብዙሓት ስለ ዝነበሩ፡ ነቲ ዛሕቲሉ ዝጸንሐ ፖለካዊ ህይወት ኤርትራ ዘበራብረ ብርክት ዝበለ ዓንቀጻት ኣውጽኣት። ከምቲ ዝረኣናዮ፡ ንሳ እንተ ዘይትነብር፡ ኣብ ህዝቢ ኽበጽሕ ንዘይምኽኣለ፡ ከም ጉዳይ፡ ደጊያት ኣብርሃ ተሰማ፡ ኣድማን ቅትለትን ሰራሕተኛታት ዓሰብን ንዕኡ ዝመስልን ወረታትን'ውን ብሰፊሑ ከም ዝፍለጥ ገበረት።

ጉዳይ *ደሃይ ኤርትራ* ሓደ ካብቲ ንመራሕ መንግስትን ጠቕላሊ ቤት ፍርዲ ኤርትራን ዘበኣሰ ጠንቅታት ነበረ። ብዓቢኡ ግን፡ ንተድላ ባይሩ ብኢደ ዋኒናውን ብዘይ ሕገ መንግስታውን ኣሰራርሓ ዘኽሰሰ ተወሳኺ ኣብነትን መርትዖን ኮነ።

2. ደሃይ ኤርትራ፡ 2ይ ዓመት ቍ. 28፡ 5 መጋቢት 1954።

ሕቶታት ባይቶን ጸብጻባት መራሒ መንግስትን

ባይቶ ኤርትራ፡ ናብ መራሒ መንግስትን ሰክረታሪታቶምን ዝቐንዐ ሕቶታት ብጽሑፍ ናይ ምቕራብ ኣገባብ ይኽተል ከም ዝነበረን፡ ገለ ኻብዚ ሕቶታት'ውን መልሲ ከም ዘተዋህቦን ብዙሕ ጊዜ ጠቒስና። ካብ ከባቢ ጥቅምቲ 1953 ግን፡ ብፍላይ መራሒ መንግስቲ ንናይ ባይቶ ሕቶታት ምምላስ ኣቋረጹ። ሓደ ኻብኡ'ኳ፡ መሓመድ ዑመር ኣኪቶ ንቑጠባውን ፖለቲካውን ኣተሓሕዛ ዓሰብን ከባቢኣን ኣመልኪቶም ንዝሓተቱዎ ንዘክር።

ስቅታ መራሒ መንግስቲ ግን ኣብዚ ጥራይ ዝተሓጽረ ኣይነበረን። ንኣብነት፡ ኣብ ወርሒ ለካቲት፡ ሸኽ ኢብራሂም ሱልጣን ብ30 ጥሪ 1954 ኣብ ዓሰብ ዘጋነፈ ህውከት ኣመልኪቶም፡ ነዚ ዝስዕብ ሕቶታት ኣቕሪቦም ነበሩ፡

1. ብ31 ጥሪ 1954 ኣብ ዓሰብ ኣብ መንጎ ወተሃደራት ኢትዮጵያን ኣድመኛታትን ግጭት ተፈጢሩ ዝተባህለ ሓቂ ዲዩ?
2. ኣብዚ ግጭት'ዚ ወተሃደራት ኢትዮጵያ ኣብ ልዕሊ ሰራሕተኛታት ተኲሶምስ፡ ሓደ ሰርጀንቲ ፖሊስ ኤርትራ ዘሎዎም ሰባት ሞይቶም ዝብሃልከ ሓቂ ዲዩ? ሓቂ እንተ ኾይኑ፡ ቊጽሪ ምዉታትን ቊሱላትን ክንደይ ይኸውን?
3. ወተሃደራት ኢትዮጵያ ኣብ ውሽጣዊ ጉዳይ ኤርትራ በየናይ ሕጊ ኢዮ? ወይስ እዚ ምትእትታው'ዚ ብመንግስቲ ኤርትራ ተሓቲቱ እዩ...?

በዛብህ ተስፋብሩኽ

4. እቶም ንወደብን ንጉምሩክን ዘመሓድሩ ኢትዮጵያውያን ናይ ወደብ ሰብ ስልጣን፡ ብናይ በይኖም ውሳነ፡ ሰራሕተኛታት ካብ ኣዲስ ኣበባ ናብ ዓሰብ ኣምጺኦም ኑቶም ብቑጠባዊ ምኽንያት ኣድማ ንኽገብሩ ዝተገደዱ ኤርትራውያን ተኪኦሞም ዝብሃልከ ሓቂ ዲዩ? ከምኡ እንተ ኾይኑ፡ እዚ ኸምዚ ዝመሰል ተግባር ናይ ኢትዮጵያውያን ሰበ ስልጣን ዘይሕጋዊ ጥራይ ዘይኮነስ፡ ተናኻፊ እውን'ዶ ኣይከውንን?[3]

እዚ ኸቢድ ሕቶታት ኢብራሂም ሱልጣን መልሲ ከይረኸበ ሓለፈ። ብ25 መጋቢት፡ ሸኽ ዑመር ሱለማን'ውን ናቶም ሕቶታት ኣቕረቡ።

1. መንግስቲ ነቲ ብኣባላት ባይቶ ዝቐርብ ሕቶታት ከይመለሰ ክገድፎ ኣንጻር ሕገ መንግስቲዶ ኣይኮነን?
2. ስለምንታይ ኢዩ ሕቶታተይን ሕቶታት ብዙሓት ካልኦት ኣባላትን ዛጊት ዘይተመለሰ? (ሸኽ ዑመር፡ ኣስላም ኤርትራውያን ማዕረ ናይ ስራሕ ዕድል ኣይረኽቡን'ሞ ስለምንታይ... ዝብል ሕቶ ኣቕሪቦም ዝጸዩ ኢዮም።)...
3. ሓደ ሰብ ወይ ሓደ ብናይ ሕብረት ዝንባለኡ ዝተፈልጠ ጉጅለ ናይ ሰባት ናብ ንጉስ ነገስት ቐሪቡ ብስም ሓማሴንን ሰራየን ቅጽበታውን ዘይቅድመ ኹነታውን ሕብረት ኤርትራን ኢትዮጵያን ንኽሓትት ደፊሩ ዝብሃል ሓቂ ዲዩ?
4. ከምዚ ዝመሰል ተግባር፡ ናይቲ ዝፍጽሞ፡ ዝዕንግሎ ወይ ዝቕበሎ ወገን ቅሉዕን ሓደገኛን ምጥሓስ ፈደራል ድንጋገን ሕገ መንግስቲ ኤርትራንዶ ኣይኮነን?
5. ገለ ውልቀ ሰባት ካብ ደቂ ዳሽም ኣብ ፊት ቤት ጽሕፈት ማሕበር ሕብረት ቀሪቦም ህዝቢ ንዘይቅድመ ኹነታዊ ሕብረት ንኽሓትት ብምትብባዕ ፈደራል ድንጋገን ሕገ መንግስቲ ኤርትራን ከም ዝጠሓሱ'ኸ መንግስቲ ይፈልጥዶ?[4]

እዝን ንዕኡ ዝመሰል ብዙሕ ሕቶታትን ከይተመለሰ ምስ ተረፈ፡ ኣብ ወርሒ ሚያዝያ 1954፡ ኣባል በዛብህ ተሰፋብሩ'ኸ፡ ድሕሪ'ቲ ብ20 ጥቅምቲ 1953 (ደቓይቕ ወይ Minutes No. 231) ዝተመዝገበ፡ ካልእ ዝኾነ መልሲ ንባይቶ ከም ዘይተዋህበ ገሊጹ'ሞ፡ ፈጻሚ ኣካል መንግስቲ "ነዚ ኣዝዩ ዘሕዝንን ባይቶ ኣብ ልዕሊ መንግስቲ ምትእምማን ንኸሕድር ዘይሕግዝን ኣገባብ ኣሰራርሓ ንኸዕሪ..." ዘዳለዎ መደብ እንተሎ ብህጹጽ የፍልጥ ዝብል ሓሳብ ብመልክዕ እማመ ኣቕረቡ።[5] ብመሰረት ኣጸባጽባ በዛብህ፡ መንግስቲ ንባይቶ መልሲ ከይሃበ ዝያዳ ዓመት ጸኒሑ ነይሩ ማለት'ዩ።

ኣኪቶ ንእማመ በዛብህ ብምድጋፍ፡ እቲ ብዛዕባ ስልጣን መራሕ መንግስቲ ዝገልጽ ዓንቀጽ 56፡ ከምኡ'ውን እቲ ኣባላት ባይቶ ናብ መራሕ መንግስቲ

3. ደሃይ ኤርትራ፣ 2ይ ዓመት ቍ. 28፡ 5 መጋቢት 1954።
4. EA, A/ADM/6 Voll.III 25 March 1954.
5. EA Minutes No. 284, 13 April 1954.

ብጽሑፍ ወይ ብቓል ሕቶታት ንኸቕርቡ ዘፍቅድ ዓንቀጽ 66 ሓደ ማዕርግ ከም ዘሎዎ ሓበሩ። ባይቶ ንፈጻሚ ኣካል ናይ ምዕዛብ መሰል ከምዝነበሮ፡ በዚ ዝርአ ዝነበረ ግን፡ ግልብጦሽ፡ መንግስቲ ንባይቶ ይዕዘብ ኣሎ…" በሉ። ናቶም ሕቶታት ጥራይ ከይተመለሰ ንኣስታት ሸውዓተ ወርሒ ምውጋኑ ድሕሪ ምዝኽኻር ድማ፡ "መንግስቲ ንባይቶ መልሲ ኣብ ዘይትሀብ፡ ብዓንቀጽ 75 ተኸሲሳ ኣብ ቤት ፍርዲ ክትቀርብ ይግባእ" እናበሉ ቃሎም ዓጸዉ።[6]

እዚ ኽትዕ'ዚ መዓልቦ ከይረኸበ እንከሎ፡ ኣብ መንጎ፡ ብኣባላት ሕብረት፡ ብፍላይ ድማ ብመልኣከ ሰላም ዲመጥሮስ ገብረማርያም ዝተላዕለ፡ ዜግነት ኤርትራን ኢትዮጵያን ሓደ ኽኸውን ዝብል ርእይቶ ስለ ዝቐረበ፡ ንጊዜኡ ተወገነ። ኣብዚ ኢብራሂም ሱልጣን፡ ኢድሪስ መሓመድ ኣዱምን ዑመር ኣኪቶን በቲ ዝተረረ መገዲ ተቓዊሞም ነቲ ሓሳብ ኣትረፉዎ። ግን፡ እቲ ሓሳብ ብቐንዱ መቐጸልታ ናይቲ ዘዞርብ ዝነበረ ምትእትታው ኢትዮጵያ ኣብ ጉዳያት ኤርትራ ስለ ዝተወሰደ፡ ነቲ "ባይቶ ብዛዕባ'ዚ ገለ ነገር ይግበር" ዝብል ዝነበረ ስምዒት መሊሱ ኣረሳሰኖ።

ተድላ ባይሩ ሕጂ'ውን ኣብቲ ናይ ሰቕታ መደቦም ምስ ቀጸሉ፡ ኣባል ባይቶን መራሒ ኣልራቢጣ ኣብ ኣከለጉዛይን ቃዲ ዓሊ ዑመር ነዚ ዝስዕብ ሓሳብ

ቃዲ ዓሊ ዑመር

6. ደሃይ ኤርትራ፡ 2ይ ዓመት ቍ. 35፡ 23 ሚያዝያ 1954።

ብ11 ግንቦት 1954 ናብ ቤት ጽሕፈት ባይቶ ኣቕረቡ። መበገሲ ናይቲ ኣብ መንጎ ባይቶን ተድላን ዝሰዓበ መሪር ቃልሲ ስለ ዝነበረ ድማ ብምሉኡ ንጠቕሶ፡

ናብ ክቡር ቤት ጽሕፈት ባይቶ ኤርትራ

ምኽንያት፡ ብዛዕባ መሰል ናይ ውሽጣዊ መንግስቲ ኤርትራን መንግስቲ ፌደራልን።

እዛ ባይቶ እዚኣ፡ ፌደራዊ ብይንን ህንጻ መንግስቲ ኤርትራን ተቐቢላ ብዮርማዊ ጃንሆይ ምስ ረገአ፡ ኣብ ግብሪ ክተውዕሎ ጀመረት። እንተ ኾነ ብዛዕባ ፌደራል ብይንን ህንጻ መንግስቲ ኤርትራን ዝፈቐዶ፡ ኣብ ኢድ ፌደራል መንግስቲ ኤርትራ ዝርከብ መሰል ናይ ኤርትራን ከምኡ እውን ካልእ ናይ ውሽጣዊ ጉዳይ ክሳብ ሎሚ ሓደ'ኳ ኣይፈጸመትን።

እምበኣርከስ፡ በዚ ምኽንያት እዚ እንሄለ ሓሳባተይ ንባይቶ ኣቕርብ፡

1. ክቡር መራሒ መንግስቲ ብዛዕባ እዘን ኣብ ላዕሊ ጠቒሰየን ዘሎኹ ክልተ ሓሳባት መጺኦም ከረድኡና፡
2. መንግስቲ ኤርትራ ንመሰላ ብሕጊ ድሕሪ ዘይትሕሉ ኾይና፡ ባይቶ፡ ፌደራል ብይንን ህንጻ መንግስቲ ኤርትራን ኣብ ግብሪ ምእንቲ ኬውዕሉዎ ንናይ ፌደራስዮን ላዕለዋይ በዓል ስልጣን ብቕልጡፍ ክተመልክት ይግባእ፡
3. እዚ ኣብ ላዕሊ ተመልኪቱ ዘሎ ናብ ፍጻሜ ኪበጽሕ ዘይከኣል እንተ ደኣ ኾይኑ፡ ነዚ ነገራት'ዚ ከዐርዩን፡ መሰል ንበዓል መሰል ዚህቡ ኮሚስዮን ክለኣኹላ ባይቶ ናብ ሕቡራት መንግስታት ክትጠርዕ ይግባእ።[7]

ካብ ኣባላት ባይቶ፡ ስግር መራሒ መንግስቲ፡ እንደራሴን ንጉሰ ነገስት ኢትዮጵያን ናብ ሕቡራት ሃገራት ብወግዒ ንጥራዕ ዝበሉ፡ ቃዲ ዓሊ ዑመር ናይ መጀመርታ ኾኑ። ርእይቶኦም ኣብ ባይቶ ናብ ክትዕ ከይኣተወ ግን፡ እቲ መሰረታዊ ጉዳያት የልዕል ይኽውን'ዩ ተባሂሉ ትጽቢት ዝተገብረሉን፡ ባዕሎም ተድላ'ውን ኣመት ዝሃቡሉን ዕለት ናይ ካልኣይ ዓመታዊ ጸብጻቦም ኣርከበ።

እቲ ጸብጻብ ግን ካብ ትጽቢት ኣዝዩ ንታሕቲ ኾነ። ተድላ ኣብ ዕዮ መንግስቶም ደቂቕ ዝርዝራት ኣቕረቡ። ብዛዕባ ዝተዓመ ነገራት፡ ዝተሰርሐ ናይ ዓይኒ ሆስፒታልን ቤት ማሕተም መንግስትን፡ ኣብ መደብ ብዛዕባ ዝነበረ ምህናጽ ሓጽብታት... ከምቲ ጋዜጣ ዘመን ዝበሎ፡ "ምስቲ ኣብዚ ክንጽብጽቦ ከይነውሓና እንገድፎ ዘሎና ካልእ ጠቓሚ ነገራትን..." ኣሰፈሖም ገለጹ።

ዝበሉዎ ሓዲሽ ነገር ስለ ዘይነበረ፡ ጋዜጣታት እውን ብዙሕ ኣይሃየሳሉን። እታ ወግዓዊት ልሳን መንግስቲ ኤርትራ ጋዜጣ ዘመን'ኳ፡ ነቲ መራሒ መንግስቲ ብዛዕባ ምዕቃብ ሓድነት ህዝቢ፡ ምውጋድ ወገናውነትን ፍልልይን ዝበሉዎ ድሕሪ ምጕላሕ፡ "ኣሽንኳይዶ ዕዮ መንግስትስ ናይ ፍላይ ሰብ'ኳ ብዙሕ ከም ዘሸግር፡ መንግስቲ ኤርትራ ድማ ካብ ጥራይ ወይ ብጥራዩ ስለ ዝበቖለ፡ ኣብቲ ጽቡቕ ኣነባብራ ዝበጽሐ ህዝቢ ንኽይበጽሕ፡ ብሰሪ እቲ ዝበቖለሉ ኩነታት ዕንቅፋት ከም ዚጓነፎ ንምርዳእ..." ብዙሕ ከም ዘየሸግር ዝገልጽ ምኽንያት ሃበ።[8]

7. ደሃይ ኤርትራ፡ 2ይ ዓመት ቍ. 38፡ 14 ግንቦት 1954።
8. ዘመን፡ 2ይ ዓመት ቍ. 256፡ 22 ግንቦት 1954።

ጸብጻብ ተድላ ብኻልእ ንሱ ዘለዓዓሉ ምዕባለታት ስለ ዘተዓብለለ ሰሙን ከይጸንሐ ዳርጋ ተረስዐ።

ውሳነ ባይቶ ብዛዕባ ምትእትታው መንግስቲ ኢትዮጵያ

ምትእትታው እንደራሴን ቤት ጽሕፈቱን ኣብ ውሽጣዊ ጉዳያት መንግስቲ ኤርትራ ምስ ጊዜ እናገደደ ምስ ከደ፡ ንብዙሓት ኣባላት ባይቶ፡ ብፍላይ ድማ እቶም ኣባላት ኣል ራቢጣ ዝነበሩ፡ ዘሕምምን ናብ ዝያዳ ተቓውሞ ዘምርሕን እናኾነ ኸደ። እዚ ናይ ተቓውሞ መንፈስ እዚ ግን ኣብ ኣባላት ባይቶ ጥራይ ኣይተሓጽረን። መብዝሕትኡ እቲ ብኣል ራቢጣ ዝሕቈፍ ዝነበረ ህዝቢ፡ ብፍላይ ድማ እቲ መንእሰይ ክፋሉ፡ ዝተወደበ ብዝመስል ኣገባብ ተቓውሞታቱ የሰምዕን ንኣባላት ባይቶ ይደፋፍእን ነይሩ ኢዩ።

ንኣብነት፡ ኣብታ ደሃይ ኤርትራ ወይ ሰውት ኣል ኤረትረያ ንፈለማ ዝተዓጽወትላ ሕታም፡ እቲ ናይ ዓረብ ክፋላ፡ "ደብዳበ ናብ ቤት ፍርዲ ናይ ሕቡራት ሃገራት" ብዝብል ኣርእስቲ፡ ሓደ ናይ ህዝቢ ጥርዓን ሓተመት። ወኪል ዋና ጸሓፊ ሕ.ሃ. ኣብቲ ቤት ፍርዲ ዝነበረ ኣርተር ሪድ፡ ብእንግሊዝ ዝተተርጐመ ቅዳሕ ናይቲ ጥርዓን ስለ ዝበጽሖ ድማ፡ ብመገዲ ሚስተር ኮርድየር ዝተባህለ ተሓጋጋዚ ናይ ዋና ጸሓፊ ው.ሕ. ሃገራት፡ ናብቲ ውድብ ኣመሓላለፎ። ገለ ብቐጥታ ውሕድ ዝበሉ መንእሰያት ትግረን ሳሆን'ኳ እንተ ነበሩዎም፡ ካብ 116 ፈረምቲ ናይቲ ጥርዓን፡ እቶም ኣዝዮም ዝበዝሑ ጀበርትን ኣባላት ሸባን ኣልራቢጣን ነበሩ።

ከም ኩሉ ኣብቲ እዋን ዝጽሓፍ ዝነበረ ጥርዓናት፡ እዚ'ውን ንተግባራት ሰበ ስልጣን ኢትዮጵያ ኣብ ውሽጣዊ ጉዳያት ኤርትራ ኩነኔ፤ ብዛዕባ'ቲ ኢትዮጵያ ብዘይ ኣገባብ ገቢታቶ ዝበሉዎ ንብረት ኤርትራን መንግስቲ ኢትዮጵያን፡ ብተደጋጋሚ ኣብ ልዕሊ ኤርትራ ብዛዕባ ትጽዕኖ ዝነበረት ኣዋጃት'ውን ስምዕታኡ ኣቕረበ። ኣቤት በሃልቲ ብተወሳኺ፡ ናብ መንግስታት ኢትዮጵያን ፈደራልን ዘብጽሑዎ ኣቤቱታ ኣቓልቦ ስለ ዘሰኣነ ጥራይ ናብ ሕቡራት ሃገራት የሰምዑ ከም ዝነበሩ ድሕሪ ምግላጽ፡ ኤርትራውያን ኣብ ፈደራል ስራሓት እጃሞም ክረኽቡ፡ ካብ ኤርትራ ዝተመንዘዐ ከም ውሽጣዊ መራኸቢ ዝመስል ምንጪ እቶታ ኽምለሰላ፡ ሃይለስላሴ ኣብ ኤርትራ ዝእውጁዎ ሕግታት ቅድሚ ተግባራዊ ምኻኑ ብህዝቢ ኤርትራ ከም ዝጸድቕ ክግበር፡ ኣብ ፈደራል ቤት ፍርዲ ቐጽሪ ኢትዮጵያውያንን ኤርትራውያንን ደያኑ ማዕረ ክኸውን … ዝብል እማመታቶም ኣቕረቡ።[9]

ካብቲ ኣርተር ሪድ ንኣንድሩ ኮርዲየር ዝጸሓፎ መሰነይታ ደብዳቡ፡ እታ ጥርዓን ናብ ትግርኛ ተተርጒማ ኣብ ዝቕጽል ሕታማት *ደሃይ* ንኽትወጽእ ምስ ተቐረበት፡ እታ ጋዜጣ ከም ዝተኸልከለት ሓበሮ። ሪድ ብተወሳኺ፡ ኣብ

9. ሰውት ኣል ኤርትሪያ፡ 14 መጋቢት 1953።

መንግ'ቶም ፈረምቲ ኣባላት ባይቶ ዝነበሩ'ኳ እንተ መሰሉ፣[10] ኣብቲ ዝርዝር ግን ስም ዝኾነ ኣባል ኣይርከብን። ብጉድኒ ወይ ብድሕሪት ኮይኖም የተባብዑዎ ንምንባሮም ዝሕብር'ውን የልቦን።

ሓደ ሓቂ ግን ኣሎ። ኣብቲ እዋን'ቲ ብዙሓት ኣስላም ኤርትራውያን ብመንግስቲ ኤርትራ ይኹን በቲ ናይ ኢትዮጵያ ተጉሲና ኣሎና ዝብል ስምዒት ነይሩዎም'ዩ። ኣብ ሰውት ኣል ኤረትረያ''ውን ኣግሂዶም ይጽሕፉሉ ነበሩ።[11] እዚ ብ116 መንእሰይ እስላም ዝተጻሕፈ ጥርዓን፡ ኣብ ልዕሊ'ቲ ሃገራዊ መበገሲኡን ትሕዝቶኡን፡ ምስዚ ስምዒትን ተቓውሞን'ዚ ተተሓሒዙ ዝመጸ ይመስል። ብመልክዕ ውዱብ ህዝባዊ ተቓውሞ ንምትእትታው ኢትዮጵያ ካብ

የሃንስ ጸጋይ ምስ ወልደኣብ ኣብ 1947።

10. Reid to Cordioer, 19 May 1953 (check ምንጪ)
11. ንኣብነት፡ "ሙስሊም ኤርትራውያን ካብ መንግስቲ ፌደረሽን እንታይ ተጠቒሞም?" ብዕ.እ. ኣቡ ኻልድ፡ ሰውት ኣል ኤሪትረያ፡ ቍ. 38፡ 14 ግንቦት 1954 ርአ።

ዝተራእዩ ንጥፈታት፡ እዚ ናይ መጀመርታ ከይኮነ'ውን ኣይተርፍን። ምኽንያቱ ድማ፡ ኩሉ'ቲ ዝተዛረብናሉ፡ ከም ተቓውሞ ንምሕረት ግብሪ ዝመስል ጥርዓናት፡ ድሕሪ'ዚ ስለ ዝመጸ ኢዩ።

ተቓውሞ ኣስላም ኤርትራውያን ካብ ጊዜ ናብ ጊዜ እናተረረ ስለ ዝኸደ፡ ብ28 ለካቲት 1954፡ ሓደ ካብ ዝተፈላለዩ ክፍልታት ኤርትራ ዝተዋጽኡ ዜጋታት ዝተሳተፉሉ ኣኼባ ተኻየደ። ኣኪቶ ከም ዝዘከሩዎ፡ እቲ ኣኼባ ብድሕሪ ዓቢ መስጊድ ኣስመራ ኣብ ዝነበረ ጉልጉል ዝተገብረ ኾይኑ፡ ብኣል ራቢጣ ዝተጸውዐ ነበረ። ዕላማኡ፡ ብዛዕባ ኩነታት ሃገርን ኩነታት ኣስላም ኤርትራውያንን ንምምይያጥን ምኽሪ ንምልግጋስን ነበረ። ኣብዚ ድማ ተጋባእቲ ውልቃዊ ረብሓታት ብዛዕባ ምውጋድ፡ ኣብ መንጎ ዝተፈላለዩ ሰልፍታት ንዝነበረ ጋግ ብዛዕባ ምጽባብ፡ ኣብ መንጎ መንግስትን ባይቶን ምርድዳእ ንኽህሉ ምጽዓር፡ ህንጻ መንግስቲ ኤርትራን ፈደራል ብይንን ብግቡእ ከም ዝሰርሕ ብዛዕባ ምግባር ተመያየጡ።[12]

ንዕላማ ናይ'ቲ "ኣል ሙእተመር ኣል እስላሚ ኣል ኤሪትሪ" ዝተሰየመ ኣኼባ ኣመልኪቱ፡ ዋና ኣሰናዳኢ ደሃይ ኤርትራ መሓመድ ሳልሕ ማሕሙድ፡ ነቲ ኣኼባ፡ "ብዘይካ ቃል ህዝቢ ሓደ ምግባርን ኣብ መንጎ ሰልፍታት ኤርትራ ፍቕርን ተሳታፍነትን ምስፋንን ካልእ ዕላማ ኣይነበሮን፡" በለ'ሞ፡ እቲ ቐንዲ ተልእኾኡ፡ ሰልፍታት ኤርትራ ብሓፈሻ፡ እስላማውያን ሰልፍታት ድማ ብፍላይ ኣብ ሓደ ንምምጻእ ከም ዝነበረ ገለጸ።[13]

ውጽኢት ናይ ከምዚ ዝመስል ምትእኽኻብ እንታይ ከም ዝነበረ ብጭቡጥ ንምፍላጥ ዘኽእል ጥሉል ሓበሬታ ምርካብ ኣጸጋሚ ኢዩ። ብዘይካ'ቶም ብዝርዝር ክዝክሩዎ ዘይክእሉ መሓመድ ዑመር ኣኪቶ'ውን ካልእ ተሳታፊ ክንረክብ ኣይከኣልናን። ግን፡ ሸዑ ብስደት ኣብ ካይሮ ዝነበሩ ኣቶ ወልደኣብ ወልደማርያም፡ ንሰዓቢኦምን ዓርኮምን ዝነበሩ ጠበቓ ዮሃንስ ጸጋይ ይጽሕፉዎ ካብ ዝነበሩ ብዙሕ ደብዳቤታት፡ ኣብ ሓንቲ ነቲ ኣኼባ ኣመልኪቶም ርእይቶኦም ሃቡ። ከምዚ ድማ በሉ፡

> ብዛዕባ'ቶም ተኣኪቦምሲ 10.000 ቅርሺ ኣኪቦም፡ 10 ሽማግለታት ከኣ መሪጾም ኣሎዉ ዝበልካኒ ሰባት ወሲኽካ ጽሓፈለይ፡ ናይቶም 10 ስማት'ውን ስደደለይ። ኢብራሂም ምስኦም ከይህሉ ተስፋ እገብር። ከመይሲ፡ ንፉዕን ጅግናን ክነሱ፡ ብሚላን ብርግኣትን ምዕያይ ኪዕንቅፎም ኢዩ። ግናኸ፡ ሓቂዶ ክነግረካ? ክርስትያን ዚብሃል መሓውስቲ ወይ መሓፍስቲ እንተ ዘይተሓዊሱዎስ ጥዑም ጸብሒ ክብሃል ከቶ ዘይክኣል ኢዩ። ንፈልጦ ኢና።[14]

ዮሃንስ ጸጋይ፡ ኣብዚ ወልደኣብ ዝጸሓፉሉ እዋን ሓደ ብኢብራሂም ሱልጣን፡ ሓጂ ሱሌማን ኣሕመድን (ሓዎም ንሙፍቲ ኤርትራ ኢብራሂም ሙኽታር) ካልኦትን ዝተወደበ ኣኼባ ከም ዝነበረ ትዝ ይብሎም። ንጹር ዝኽሪ ናይ

12. ሰውት ኣል ኤሪትሪያ፡ 2ይ ዓመት ቊ. 28፡ 5 መጋቢት 1954።
13. ሰውት ኣል ኤሪትሪያ፡ 2ይ ዓመት ቊ. 30፡ 19 መጋቢት 1954።
14. ወልደኣብ ናብ ዮሃንስ ጸጋይ፡ ER. F6/37/54: 11/5/1954.

ትሕዝቶኡን ውጽኢቱን ግን ክዝክሩ ኣይከኣሉን።[15] እቲ ወልደኣብ ብዛዕባ ኢብራሂም ዘሰምዑዎ ስክፍታ ግን፡ ምስቲ ኣብቲ እዋን'ቲ ዝነበረ፡ ናብ ናይ 1940'ታት ፖለቲካ ክንምለስ የብልናን ዝብል ናይ ብዙሓት ሰባት ድልየትን ጥንቃቐን ዝተተሓሓዘ ይመስል። ደሃይ ኤርትራ ግን፡ "ዓቢ ኣኼባ ኤርትራውያን ኣብ ኣስመራ" ኣብ ትሕቲ ዝብል ዓቢ ኣርእስቲ፡ ከም ምትእኽኻብ ኣስላም ዘይኮነስ፡ ከም ኣኼባ ኤርትራውያን ብሓፈሻ ተዛረበትሉ። ብዘይካ'ቲ ኣቐዲሙ ብመሓመድ ሳልሕ ማሕሙድ ዝተዘርዘረ ዛዕባ ትሕዝቶኡ ድማ፡ ደሃይ ኤርትራ፡ እቲ ኣኼባ በዚ ዝስዕብ ውሳነታት ከም ዝወጸ ገለጸት፡

- ብዝኾነ ዓይነት መገዲ ንፈደራስዮን ኬፍርሱ ወይ ኪመቕሉ ከምኡ ኸኣ፡ ኣብ መንጎ ደቂ ኤርትራ ኣትዮም ብገንዘብ ወይ ብኻልእ ዓይነት መሳርሒ ኣንጻር ፈደራስዮን ዚሰርሑ ሰባት፡ ብዝተኻእለ መጠን ምቕዋም፡ ብሕልፊ ኸኣ፡ እቶም ናይ መንግስቲ ስልጣን ለቢሶም ኣንጻር ፈደራስዮን ዚሰርሑ ሰባት፡ ብሕጊ ኪተሓዙ፡
- ነዚ ጠፊኡ ዘሎ መሰል ናይ ኤርትራ ኪምርምሩ ቐይሞም ዘሎዉ ኮሚተ ከኣ፡ መጀመርያ ንባይቶ፡ ካልኣይ ንመንግስቲ ከመልክቱ፡
- ምናልባት መሰል ናይ ኤርትራን ኤርትራውያንን ብግርማዊ ጃንሆይ ኪርከብ እንተ ዘይተኻእለ፡ ክሳብ'ቶም ነጻነትና ዝሃቡና ሕቡራት መንግስታት ኣቤቱታና ከነቕርብ ይግብኣና...።

ብምሉኡ እቲ ኣብቲ ኣኼባ ዝተዋህበ ርእይቶ ተሳተፍቲ፡ ንመንግስትን ንባይቶን ኣጣሚሩ ዝነቕፍ ኢዩ ዝነበረ። ህዝቢ ንባይቶ ካብ መረጸ፡ ባይቶ ድማ ብግዲኡ ፈጻሚ ኣካል ካብ ኣቘመ፡ ፈጻሚ ኣካል ወይ መራሒ መንግስቲ ንባይቶ ዘየኽብረሉ ምኽንያት እንታይ ክኸውን ይኽእል ዝብል ሕቶ ኢዩ ኸኣ ብኣውራኡ ዘተኣኻኽበን ኣብቲ ዝተጠቕሰ መደምደምታ ዘብጽሓን። ንኣብነት፡ ነዚ ርእይቶ'ዚ ንመልከት፡

(መንግስቲ) ንኣባላት ባይቶ ካብ ዘይተኽብር፡ ንዕቀት ሕዝቢ ኢዩ ኪብሃል ኣይከኣልንዶ? ሕዝብኸ ኣብ ርእሲ መንግስቲ ምሉእ ስልጣን ከም ዘሎዎ ትዝንግዖ ዶኾን ትኸውን? ኣይመስለናን። ስለምንታይ ደኣ ኢዩ ሕዝቢ ኤርትራ መሰሉ ተነጢቑ ኣብ ዓቢይ ሽግር ወዲቑ እናረኣየቶ ዘይምግዳሳ? እምበኣርከስ ባይቶ ብጥብቂ ክትሓስበሉ ይግብኣ። ባይቶ በዚ ነገራት እዙይ ክትግደስ እንተ ዘይተረኽበት ግን፡ ሕዝቢ ኸኣ እቲ ሕዝባዊ ስልጣኑ ኣብ ርእሲ ልኡኻት ኪፍጽም ይግብኦ...[16]

እዚ ዝመሰል ጸቕጢ ኣብ ልዕሊ እቶም ኣባላት ሰማዒ ስለ ዝረኸበ ኢዮም ዝኾኑ ቃዲ ዓሊ ዑመር ነቲ ኣብዛ ዝሓለፈት ክፋል ዝጠቐስናዮ እማመ ብጽሑፍ ናብ ባይቶን መንግስቲ ኤርትራን ዘቕረቡ። ተድላ ባይሩ ኣብ ጸብጻቦም ነቲ

15. ዮሃንስ ጸጋይ፡ ቃለ መጠይቕ፡ 13 መጋቢት 1997።

16. ደሃይ ኤርትራ፡ 2ይ ዓመት ቍ. 36፡ 30 ሚዝያዝያ 1954።

ዓበይቲ ብድሆታት ጠቕላሊ ቤት ፍርዲን ባይቶ ኤርትራን

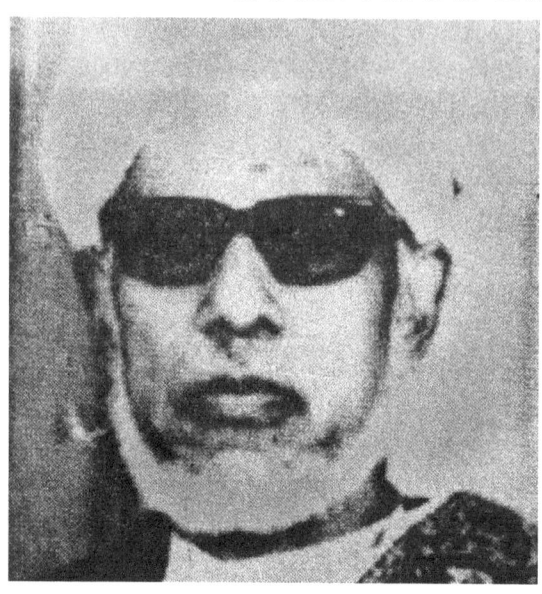

ሳልሕ ሙሳ ኣቡዳውድ

ጉዳይ ከየልዓሉ ጉስዮሞ ምስ ሓለፉ እምበኣር፡ ገለ ኣባላት ባይቶ ብቕሉዕ ከልዕሉዎ ተገደዱ። እዚ ድማ፡ ክልተ መዓልቲ ድሕሪ መደረ ተድላ፡ ማለት ብ22 ግንቦት 1954 ኮነ።

ኣብዚ ስዒብና እንዛረበሉ ክትዕን ውሳነን ባይቶ ልዑል ተራ ዝነበሮም ሸኽ ሳልሕ ሙሳ ኣቡ ዳውድ፡ እዚ መጽሓፍ ይጽሓፍሉ ኣብ ዘሎ ጊዜ ብህይወቶም ይርከቡ። ኣቐዲሞም ኣባል ሸባን ኣል ራቢጣ (ከባቢ ዓዲ ቐይሕ)፡ ጸኒሖም ድማ መራሕ ህዝቢ ዓሳውርታ ንዝነበሩ ናስር ኣቡበከር ፓሻ ተኪኦም ባይቶ ዝኣተዉ መንእሰይ ነበሩ።[17] ንሶም ከም ዝገለጹዎ፡ ምስ ሓሙሽተ ኣባላት ባይቶ ዝነበሩ ብጾቶም፡ ማለት ድማ ኣኪቶ፡ ሰዒድ ሰፋፍ ካብ ጊንዳዕ፡ ሳልሕ ኣሸክሕ፡ መሓመድ ብርሃኑ ካብ መንደፈራን ተኸስተ ገብረኪዳን ካብ ደቂ ዳሸምን ነቲ ጉዳይ ብኸመይ ከም ዘቕርቡዎን ብዛዕባ ኣፈጻጽማኡን ተሰማሚዖም ኣተዉ። ኣብዚ ድማ ሓገዝ ናይ ካልኦት ኣባላት ሓተቱን ረኸቡን።

በዚ ዝተባህለ ዕለት መጋባእያ ምስ ተኸፍተ፡ ኣቦ መንበር ዓሊ ረድኣይ፡ ካብ ጸብጻብ መራሕ መንግስቲ ተበጊሱ ንዝተፈጸመን ዘይተፈጸመን ስርሓት ዝምርምር ሓደ ሸማግለ ንኽቖውም ኣመሙ። እዚ ድማ፡ ፈደራል ድንጋገ ዝፈቕዶ ነበረ።

ቀኛዝማች ይሕደጎ ገብረሩፋኤል ካብ ሰራየ፡ ነቲ ኮሚቲ ናይ ምቛም እማመ ዝድግፍ ሓሳብ ኣቕረቡ። ሸኽ ሳልሕ ከም ዝዘክርዎ፡ እዞም ኣባል እዚኦም

17. ደሃይ ኤርትራ፥

ሳልሕ ኣሸክሕ ምስ ኣኪቶ

መሓመድ ብርሃኑ ምስ ኣኪቶ

ምስቶም ኣንጻር ምትእትታው ኢትዮጵያ ዝማኸሩ ዝነበሩ ስምምዕ ብምግባር፣ መራሕ መንግስቲ ስለ'ቲ ንባይቶ ዘቐረቡዎ ጸብጻብ ብኣባላት ንኽምስገኑ ሓተቱ። ኢብራሂም ሱልጣን ንእማመ ይሕደጎ ደገፉ።

ከምዚ ምስ ኮነ፡ ሕጂ'ውን ብስምምዕ፡ ሸኽ ሳልሕ ሙሳ ኣቐዲሙ ዝተዳለወ ጽሑፍ ሒዞም ብምትንሳእ፡ እቲ ዝቐረበ ናይ ምስጋና እማመ በዚ ዝስዕብ ንኽማሓየሽ ሓሳብ ኣቕረቡ።

> እንተ ኾነ ግን፡ መንግስቲ ኣብ ናይ ፖሊሲ መደረኡ (ጸብጻቡ) ብዛዕባ'ቲ ፈደራል ሰበ ስልጣን ንቓልን መንፈስን ውሳነ ሕቡራት ሃገራት ናይ 2 ታሕሳስ 1950 ብምጽራር፡ ንእምነት ናይቶም ህዝቢ ዝውክሉ ኤርትራውያን ኣባላትን ኤርትራውያን ሰበ ስልጣን መንግስትን ኩብርዝ (corrupt the faith) ብምፍታኑ ንኹንን፤ ከምኡ ድማ፡ ኣብ ውሽጣዊ ስራሓት ኤርትራ ብቐጻልነት እናኣታተዉ ንስልጣን መንግስቲ ኤርትራ ይሃስዩን ንግቡእ ስራሑ ይዕንቅፉን ብምህላዎም'ውን ንኹንን።
>
> ኣብ ልዕሊ'ዚ፡ እቶም ላዕለዋይ ስልጣን ናይዚ ፈደረሽን ዝኾኑ ግርማዊ ንጉሰ ነገስት፡ እዚ ውሳነ'ዚ ብዝግባእ ኣብ ግብሪ ንኽውዕል ኣድላዪ ዝበሉዎ ስጉምቲ መታን ክወስዱ፡ ብዛዕባ'ዚ ዘሎናዮ ኩነታት ንኽንገሩ ንእዝዝ።[18]
>
> ባይቶ፡ እቲ ዝድለ ስጉምቲ ኣብ ውሽጢ 20 መዓልቲ ኽውሰድ እንተ ዘይርእዩ፡ መንግስቲ ኤርትራ ነዚ ውሳነ'ዚ ናብ ሕቡራት ሃገራት ንኸቕርቦ ንእዝዝ።

18. EA Minutes No. 304: 22 May 1954.

ቀኛዝማች (ደሓር ፊተውራሪ) ይሕደጎ ገብረሩፋኤል

እማመ ሳልሕ ሙሳ ብስዒድ ሰፋፍን ኢድሪስ መሓመድ ኣዱምን ምስ ተደገፈ፡ ኣብቲ መጋባእያ ኣዝዩ ርሱን ክትዕ ሰዓበ። ገለ ኣባላት ነቲ ኮሚተ ይቑም ዝብል ሓሳብ ከም ቀንዲ ዛዕባ ክካትዑሉ'ኳ እንተ ደለዩ፡ እቶም ዝበዝሑ ናብቲ ናይ ሳልሕ ሙሳ እማመ ተሳሕቡ። እቲ ሓፈሻዊ ኣተኩሮ'ውን ናብኡ ገጹ ኣቕንዐ።

ሳልሕ ሙሳ ብወገኖም፡ ምቛም ኮሚተ ዝጸንሐ ሓሳብ ምንባሩ ድሕሪ ምሕባር፡ እቲ ቐንዲ መዛረቢ ንሱ ዘይኮነስ፡ እቲ ተተጐስዩ ክሓልፍ ዝጸንሐ ምትእትታው ኢትዮጵያ ኣብ ውሽጣዊ ጉዳያት ኤርትራ ክኸውን ከም ዝግባእ ኣብርሁ። ንትሕዝቶ እማመኦም ብምድጋም፡ ባይቶ ንድሕነት ሃገሩ ክብል ናብ ንጉስ ነገስት፡ ካብኡ ሰጊሩ ድማ ናብ ሕቡራት ሃገራት ክጠርዕ ከም ዝግብኦን ነቲ ዝተወሰደ ፖለቲካውን ቍጠባውን መሰላት ኤርትራ ናይ ምምላስ ሓላፍነት ከም ዝነበሮን ድሕሪ ምምልካት ድማ፡ ነዚ ዝስዕብ ወሰኹ፡

> እዚ ናትና ስቕታ፡ ነቲ ዝመሓልናዮ ማሕላ መረስዒ ኾይኑ ስለ ዝተረኽበ፡ ነቲ ጠቕላላ ናይ ሃገርና ድሕነትን ክብርን ጥቕምን ከድሕን ኣይተረኽበን። እወ፡ ንሕና ስቕ ብምባልና ንመሰልና'ውን ይወሃበና ክንብል ስለ ዘይተረኽበና፡

ከምኡ'ውን ዝተዋህበና መዝና ስለ ዘይፈጸምና፡ ንሕና ኣባላት ባይቶ ኤርትራ፡ ኣብ ቅድሚ ዓለም ከም ደንቈሮታትን ስነፋትን ኮይና ተረኺብና ኣሎና። እወ፡ ብሓቂ ንሕና ደንቈሮታት ወይ ክኢላታት ክንብሃል ኣይከኣልን። ከመይ ንማለት፡ እቲ ኹሉ ዘውቅሰና ዘሎ ነገራት እናፈለጥና ስቕ ብምባልናን፡ ንጉስ ነገስቲ ድማ ናይ ፌደራስዮን ላዕለዋይ በዓል ስልጣን ከሎዉ የመሓይሹዎ ዶኾን እናበልና ብተስፋ ክሳብ ሎሚ ብምጽባይና እዩ።

ሳልሕ ሙሳ ቐጺሉም፡ ነቲ ናብ ሃይለስላሴን ባይቶ ሕቡራት መንግስታትን ክቐርብ ኣሎዎ ዝበሉዎ ነጥብታት ዘርዘሩ። እዚ ድማ፡ ነቲ ኣብ ዓሰብን ባጽዕን ዘጋጠመ ህውከትን ቅትለት ኤርትራውያን ሰራሕተኛታትን፡ ንራሲያ ፍርያት ጨው ካብ ኤርትራ፡ ንዘይሕጋውነት ፈደራል ቤት ፍርዲ፡ ንጉዳይ ዋንነት ውሽጣዊ ኮሙኒከሽን ኤርትራ፡ ከምኡ'ውን ጋዜጣ ኢትዮጵያ ኣብ ልዕሊ ኣባላት ባይቶ የካይዶ ንዝነበረ ቅሉዕ ምፍርራሕ... ዘጠቓልል ነበረ።

መደረ ሳልሕ ሙሳ ናይ ብዙሓት ካብ ዝተፈላለየ ኽፍልታት ኤርትራ ዝመጹን ዝተፈላለየ ፖለቲካዊ ኣተሓሳስባ ዝነበሮምን ኣባላት ደገፍ ረኸበ። ብዘይካ እቶም ዝተጠቕሱ፡ ኢብራሂም ሱልጣን፡ ሽቃ ተኽለሚካኤል ካብ እንጋንኣ፡ ኢድሪስ መሓመድ ኣዱምን ካልኦትን መደረታት ኣሰምዑ። እቲ ጉዳይ ብዝበዝሐ ኣባላት ዝተደገፈን ዝተኣምነሉን ከም ዝነበረ ኸኣ ተረጋገጸ።

ሳልሕ ሙሳ ኣብ ዝኽሮም፡ እቲ እማመ ኣብ ድምጺ ከይወደቐ፡ ኩሉ ኣባል ባይቶ ደው ኢሉ ብይርሓሰና (acclamation) ንኽጽድቖ ኢዮም ሓቲቶምን ብዙሕ ደገፍ ረኺቦምን ዝነበሩ። እንተ ኾነ ግን፡ ሓደ ኻብቶም ዝተሰማምዑ ኣባላት፡ ሸኽ ዑመር ሱሌማን፡ ነቲ ብዘይ ድምጺ ምጽዳቕ ዝብል ሓሳብ ስለ ዘይተረደኦ፡ ኣብ ድምጺ ንኽወድቕ ሓተቱ። ካብ ሓምሳ ዘድመጹ ኣባላት፡ 33 ነቲ እማመ ኣጽደቑ፡ 7 ጥራይ ተቓወሙ፡ 10 ድማ ድምጾም ሰሓቡ።[19]

እዚ ቅጽሪ ደገፍቲ ናይቲ ውሳነ፡ ኣብ ደሃይ ኤርትራ ብ42 ኢዩ ቐሪቡ ዘሎ።[20] ኣርተር ሪድ ቅድሚ ካብ ኤርትራ ምውጽኡ'ውን፡ ኣበጋሲ ናይቲ እማመ ሳልሕ ሙሳ ኣቡ ዳውድ ዝርከቡዎም ኣባላት ደገፍቲ ናይቲ ውሳነ ምኳኖም ብፊርማኦም ዘረጋገጹሉ ሰነድ ተቐበለ። ምስ ካልእ ጥርዓናት ሓዊሱ'ውን ናብ ናይ ሕ.ሃ. ኣሕሉቑ ኣመሓላለፎ።

እዚ ናብ ሕ.ሃ ዝተላእከ ፊርማታት'ዚ፡ ነቲ ኣብ ባይቶ ዝምዕብል ዝነበረ ሓዲሽ ዝምድናታትን ፖለቲካዊ ምትሕውዋሳትን ስለ ዘንጽር፡ ከምኡ'ውን ንሕብረት፡ ንተቕሲም፡ ንፈደራሊስትን ንናጽነታውያንን ኣብ ሓደ ዝኣከበ ናይ ሓባር ርእይቶ ስለ ዝነበረ፡ ነቲ ዝርዝር ኣስማት ምርኣዩ የድሊ። ኣስማት ናይቶም ምትእትታው ኢትዮጵያ ኣብ ውሽጣዊ ጉዳያት ኤርትራ ኩኒኖም ናብ ሕ.ሃ. ንኽጠርዑ ዘድመጹ ኣባላት እምበኣር እዚ ዝሰዕብ ኢዩ፡

19. Ibid.
20. ደሃይ ኤርትራ፡ 2ይ ዓመት ቍ 40፡ 28 ግንቦት 1954።

ያሲን ባጦቕ
ብእምነት ተሰማ
ወረደ በይን
ተስፋጊዮርጊስ ገረንስአ
ባሻይ ገብረህይወት ተስፋይ
ተኸስተ ገብረኪዳን
መሓመድ ስዒድ ሓሰኖ
ሳልሕ ሙሳ ኣቡዳውድ
ኢድሪስ መሓመድ ኣዱም
ዑመር ሱሊማን ኣደም
ሳልሕ መሓመድ ሑመድ
መሓመድ ብርሃኑ
ስዒድ ስፋፍ
ሸቃ ተኽለሚካኤል
ሓምድ ፈረጅ ሓምድ
ኢብራሂም ሑመድ ኣረይ
መሓመድ ዓሊ ሸኽ ኣልኣሚን
ቃዲ ዓሊ ዑመር ዑስማን
ሓሰን ኢብራሂም
ሓሚድ ስዒድ ዑስማን
ብላታ ደምሳስ ወልደሚካኤል።[21]

ከሊፋ መሓመድ ሓሰን ከላይ
መንግስቱ ደበሳይ
ሓጂ ማሕሙድ ዓሊ
ዑስማን ዓብደልራሕማን
ኣባ ሃብተማርያም ንጉሩ
መሓመድ ሸኽ ኣረይ
ዓበ መሓመድ ነዳል
ይሕደጎ ገብረሩፋኤል
በርሀ ገብረህይወት
ኣቡበከር ካሕሳይ
ብርሃኑ ኣሕመዲን
ዓብደላ ዓብደልራሕማን
ዓብዱ ሸኽ ዓሊ
ኢብራሂም ሱልጣን
መሓመድ ዑመር ኣኪቶ
መሓመድ ዓሊ በይ
ኣሕመድ መሓመድ ኣደም
ኢድሪስ ዑስማን
ቃዲ ሙሳ ኣድም
ኢድሪስ መሓመድ ኢድሪስ

እዚ ዝርዝር'ዚ፡ ቅድሚኡ ኣብ ዝነበረ ፖለቲካ ኤርትራ ብኣረኣእያ ይኹን ብተግባር ተራኺቦም ዘይፈልጡን ክራኸቡ'ውን ዘይክእሉን ንዝነበሩ ሰባት ሓቝፉ ይርከብ። በዓል ሓምድ ፈረጅ ሓምድን ኢድሪስ ሑመድ ኣረይን ካልኦት ናይ ምዕራባዊ መታሕት ተወከልትን፡ ኣባላት ተቓሰም ኮይኖም ምስ በዓል ኢብራሂም ሱልጣን፡ ቃዲ ዓሊ፡ ያሲን ባጦቕን ካልኦትን ብናይ ዕላማ ተጻራርነት'ዮም ዝጉዓዙ ዝነበሩ። ካብዚ ዝያዳ ዘገርም ግን፡ ሽዑ'ውን ምኽትል ኣቦ መንበር ባይቶ ኤርትራ ዝነበሩ ብላታ ደምሳስ ወልደሚካኤል፡ ምስቲ ኹሉ ኣቓዲሙ ዝነበሮም ዓቢ ተራ ኣብ ማሕበር ሕብረት፡ ንምትእትታው ኢትዮጵያ ምኹናኖም'ዩ። ምስኦም፡ ብሓፈሻኡ ከም ኣባላት ሕብረት ዝፍለጡ ዝነበሩ ብእምነት ተሰማን ተስፋጊዮርጊስ ገብረትንሳኤን'ውን ነቲ ውሳነ ብምድጋፍ ፈርማኦም ኣንቢሮም'ዮም።

ንናይ'ቲ ጊዜ ፖለቲካን ደረጃ ንቕሓት ኣባላት ባይቶን፡ እቲ ውሳነ ኣዝዩ ዓብን ዓቢ ግምት ዝተዋህቦን ነበረ። ኣብቲ መጋባእያ ብተዓዛብነት ዝተሳተፈ ኣርተር ሪድ፡ "ብዓብላሊ ድምጺ ዝሓለፈ ውሳነ" ክብል ብምግላጽ፡ ሓደ ቕዳሕ

21. Reid to Cordier, 15 July 1954, (Enclosure).

ናብ ጸሓፊ ው.ሕ.ሃ. ለኣኸ። ኣብ ገለ ጋዜጣታት ሃገር እንግሊዝ እውን፡ ዜና ናይቲ ውሳነ ተሓትመ። ባይቶ ኤርትራ ኣብ ናይ 10 ዓመታት ዕድመኡ ካብ ዝወሰዶ ስጉምትታት፡ ብሃገራዊ ትሕዝቶኡ ይኹን ብዓይነቱ እቲ ዝዓበየ ነይሩ እንተ ተባህለ ምግናን ኣይኮውንን።

ውጽኢት ውሳነ ባይቶ ናይ 22 ግንቦት

እዚ ኹሉ ኣብ ባይቶ ኤርትራ እናተኻየደ እንከሎ፡ መንግስቲ ኢትዮጵያን ናይ ኤርትራ ወከልታን ኣእዳዎም ኣጣሚሮም ይርእዩ ኣይነበሩን። ብዝተፈላለየ መገዲ፡ ጉቦን ምፍርራሕን'ውን ከይተረፈ፡ ንንጥፈታት'ቶም ኣባላት ደው ኩብሉ ፈተኑ።

ክላረንስ-ስሚዝ ዝተባህለ ዳኛ ላዕለዋይ ቤት ፍርዲ ኤርትራ ዝነበረ ካልእ ካናዳዊ፡ እቶም ሰበ ስልጣን ነዚ ንምፍጻም ዘካየዱዎ ሰለስተ ኣብነታት ኣቕረበ። ብቐዳምነት፡ ኢሉ ክላረንስ፡ ኣንዳርጋቸው ካብ ከባቢ ከረን ንዝተወከሉ 11 ኣስላም ኣባላት ባይቶ ናብ ቤት መንግስቱ ብምጽዋዕ፡ ኣብ ትሕቲ መንግስቲ ኤርትራ ካብ ዝሳቐዩን ክኸሱ ካብ ዝነብሩን፡ ሕብረት ምስ ኢትዮጵያ ኸጠልቡ ሰበኾም። ንነብስ ወከፎም ከኣ ሓሓደ ሽሕ ቅርሺ ብምሃብ ክጥብሮም ፈተነ። ነዚ ዝፈለጡ ካልኦት ኣባላት ባይቶ ደድሕሪኦም ብምስዓብን ናይ ኣስላም ኣኼባ ብምግባርን ብወግዒ ከም ዝናስሑን ቃሎም ብፊርማ ከም ዝህቡን ገበሩዎም።

ካልኣይ፡ ኢሉ ክላረንስ-ስሚዝ፡ ደድሕሪ እታ ባይቶ ኤርትራ ታሪኻዊት ውሳነኡ ዘሕለፈላ መዓልቲ፡ 26,000 ቅርሺ ኢትዮጵያ ካብ ቤት መንግስቲ ወጻኢ ተገብረ። እቲ ገንዘብ'ቲ፡ ን26 ውሳነ ዝደገፉ ኣባላት ሓሓደ ሽሕ ኣሕቍፉ ሓሳቦም ከቐይሮም ዝተበገሰ ከም ዝነበረ ድማ ክላረንስ-ስሚዝ ብምንጭታት ፖሊስ ከም ዝተሓበሮ ገለጸ።

ሳልሳይ፡ ኣብታ መዓልቲ ውሳነ ባይቶ፡ ቀሺ ዲሜጥሮስ ካልእ ንቕጽበታዊ ሕብረት ዝጽውዕ እማመ ኣብ ጁባኦም ሒዞምስ ንኣንፈት እቲ ኹነታት ክቕይሩ ሓሲቦም ከም ዝነበሩ፡ ነዚ ግን ክላረንስ-ስሚዝ ባዕሉ መረጋገጺ ከም ዘይረኸበሉ ገለጸ።[22]

እዚ ፈተነታት'ዚ ከይተዓወተ ተረፈ። እቲ ውሳነ ግን ሓሊፉስ ብመገዲ ደሃይ ኤርትራ ኣብ ዓይንን እዝንን ህዝቢ በጽሐ። መንግስቲ ኢትዮጵያ ብጋዜጣ ኢትዮጵያ ኣቢላ ኣዝዩ ሓያል ጉስጓስን ናይ ቃል መጥቃዕትን ፈነወት። "ባይቶ ኤርትራን ደሃይ ኤርትራን፡ ካብ ዕላል ዚሕፈስ ሓሪጭ የልቦን" ኣብ ትሕቲ ዝብል ኣርእስቲ ድማ፡ ንኽልቲኡ'ዚ ትካላት ተሰሃለቶ። ንኣባላት ባይቶ ኣመልኪቱ እቲ ጽሑፍ ከምዚ በለ፡

> ካብቶም ልኡኻት ሕዝብስ ውሑዳት ዝኾኑ ኣባላት ነቲ ኣብ "ደሃይ ኤርትራ፡ ጋዜጣ ዝተዘርግሐ ሓሳባት ኬቕርቡ ብዝተረኽበ፡ ሎሚ ጊዜኡ ኣይኮነን ቢሎም እቶም ዝበዝሑ ኣባላት፡ ኣረ ክቡር ኣቦ መንበር ብርእሶም እውን ኪምልሹሎምን ኪዓጽፉዎምንዶ ኣይግባኦምን ነቢሩ ኢዩ?... "ኣልዩኪ ደኣ

22. Clarence-Smith to Warstrom.

ብልሓት እምበር ጠፊኡኪዶ መገዲ ቢሓት" ይብሃል። … ንሕና እንብሎ… ቅድሚ ኹሉ ኣብዘይ ጊዜኡ ዚልዓል ጉዳይ ዜማዕርግን ዜኵርዕን ኣይኮነን'ሞ፡ እቲ መሪጹ ዝለኣኾ ሕዝቢ ኤርትራ ዘይሕጉሰሉ ተንኰል ምብልሓትን ዓላማኡ ኣየናይ ምዃኑ ኪርድኣና ዘይምኽኣሉ ኢዩ።

እዚ፡ ንኣቦ መንበር ባይቶ ዓሊ ረድኣይ ንመጀመርታ ጊዜ ፈልዩ ዝነቐፈ ዓንቀጽ ጋዜጣ ኢትዮጵያ፡ ንሸኽ ኢብራሂም ሱልጣን እውን ናብ ሕ.ሃ.ን ካልኦት ሓያላት መንግስታትን ጥርዓናት ብምጽሓፍን፡ ነቲ ጥርዓን ናብ ህዝቢ ብምዝርጋሕን ከሰሶም። ህዝቢ ኣንጻሮም ንምስላፍ ድማ ከምዚ ቐጸለ፡

ሸኽ ኢብራሂም ሱልጣን በቲ ዝለኣኹዎ ተሌግራምን …ኣብ ናይ ወጻኢ ጋዜጣታት ከም ዚሕተም ብምግባሮምን፡ ኣብ ርእሲ መንግስትናን ሕዝብናን ዝዘነመ መሰረት ዘይብሉ ወቐሳን ሕቶን፡ ዝወቐሶም ወይ ዘልዓሎም ሰብዶ ይርከብ? ካልእስ ይትረፍ፡ ኣብ ባይቶ'ኳ ካብ ዝኸበሩ ኣባላት ደፊሩ ወይ ተጊሁ ዘውስእ የልቦን። ስራሖም ግቡእን ቅኑዕን ኮይኑ ስለ ዝረኸቡዎ ዶኾን ይኸውን? ኣይመስለናን፡ እንታይ ደኣ ኾን ይኸውን ምኽንያቱ? ፈሪሆምዎም'ዮም እምበኣርከስ? ብዘመን ዴሞክራስያ ዓቢን ንእሽቶን መንግስቲ'ኳ ዘይተፈርሖ፡ ሓደ ሰብ ከመይ ቢሉ ይፍራሕ? እዚ'ውን ኣይንቕበሎን…

መሊሱ'ቲ ዓንቀጽ፡ ኣቦ መንበር ዓሊ ረድኣይ ንኢብራሂም ብዘይ ምቍጽጻሮም ኣትሪሩ ብምንቃፍ፡ ማሕበር ሕብረትን መንግስቲ ኢትዮጵያን ብዓሊ ረድኣይ ዘይሕጉስ ከም ዝነበረ ዝእምት ቃላት ደራበየ።

ቀንዲ ዕላማ ናይ'ቲ ዘለፋን ነቐፌታን ግን ሸኽ ሳልሕ ሙሳ ነበሩ። ነቲ ንሶም ዘቕረቡዎ ዝተፈላለየ ሓሳባት ሓደ ብሓደ ብምጥቃስ ድማ፡ እቲ ኣብ ተኸታታሊ ሕታማት ኢትዮጵያ ዝወጸ ዓንቀጽ፡ ከፍሽሎ ይኽእል'ዩ ንዝበሎ መልሲ ሃበሉ። ካብ ሸኽ ሳልሕ ሓሊፉ ግን፡ ንመንግስቲ ተድላ'ውን ዝልክም ብዝመስል ቃላት፡ ነቲ "ባይቶን መንግስቲ ኤርትራን መዝነታ ኪፍለጠላ ይግባእ" ዝብል ዘረባ ሳልሕ ሙሳ ኣመልኪቱ፡ ነዚ ዝሰዕብ ወሰኸ፡

ናይ ሓደ ኣባል ደስ ዘየብል ዝንባሌ ጥራይ መሊሱ ኢዩ ዝተራእየና እምበር፡ መንግስቲ ኤርትራ እውን ከምዚ ዝብል ኣይመስለናን፡ ከመይ ንሕና እንፈልጦስ ናይ ምትዕያይን ምትሕግጋዝን መንፈስን ርክብን ከም ዘሎ ደኣ ኢዩ። እወ፡ ንሓደ ኽፍሊ ዘየሐጉስ ዝተዋህበ ፍርዲ እንተሎ'ኳ፡ ትኽክለኛ ኢዩ ወይስ ኣይኮነን እናበልካ ኸኣ ምሕታት ይግባእ'ምበር፡ ካብ መሰረቱ እቲ ብንጉስ ነገስት ዝተገብረ ሕጋዊ ነገር ኣይቕበሎን'የ ማለትስ፡ ዘሊቕካ ምስ ዘይትወጾ ነገር ምትህልላኽ ኢዩ ዝመስል፡ ኣብ ርእሲኡ ኸኣ ኽትፍጽሞ ንዘይትኽእል ነገር ምህቃን መስሓቒ ምዃን ኢዩ ትርፉ እምበር ቁም ነገር ኣይኮነን።

ኢትዮጵያ ነቲ ኹሉ ሓተታ ዝሃበ፡ ትሕዝቶ ውሳነ ኣብ ህዝቢ ከስርጾ ንዘኽእል ሰምዒት ንምዝራግን ንኣባላት ባይቶ'ውን ንምፍርራሕን ንምስካፍን'ምበር፡ እቲ

ውሳነ ኣህጉራዊ ኣቓልቦ ንኸይረክብ ኣብ ምስጋእ ኣይነበረን። ብዛዕባ'ዚ'ውን ርእይቶኡ ሃበ፡

> እቶም ቴሌግራም እተላእኮም ሕቡራት መንግስታት ድማ፡ ናይ ሓድ-ሓደ ሰባት ጥርዓን ስሚዖም፡ ሓደ ነገር ንምግባር'ኳ ከም ዘይኽእሉ ኣተኣኻኺሎም ስለ ዝፈለጡ፡ ከምኡ ዝመሳሰለ ቊምነገርን መሰረትን ዘይብሉ ጽሑፋት ከኣ ካብ ምሉእ ዓለም ሓድ ሓደ ህዉኻት ሰባት ስለ ዚልእኹሎም፡ ቅዉም ነገር ቁጺሮም ኪሕዙዎ ከም ዘይክኣሉ ተራእዩ ኣሎ።[23]

ጋዜጣ ኢትዮጵያ ኣብዚ ኣይተጋገየን። ከምቲ ዝተገልጸ፡ እቲ ውሳነ ኣብ ዝሓለፈሉ መጋባእያ ብተዓዛብነት ዝተሳተፈ ሓላፊ ቤት ፍርዲ ሕ.ሃ. (UN Tribunal) ኣርተር ሪድ፡ ቅዳሕ ናይቲ ውሳነ ካብ ጸሓፊ ባይቶ ፈርገስ ማክሊሪ ብምውሳድ፡ ናብ ቤት ጽሕፈት ዋና ጸሓፊ'ቲ ውድብ ለኣኾ። ብዓብላሊ ድምጺ ዝሓለፈን ብዓይነቱ ኸኣ ኣዝዩ ኣገዳስን ተነቃፍን ከም ዝነበረ'ውን ሓበረ። እቲ ናይ ኒዩ ዮርክ ቤት ጽሕፈት ግን፡ ይትረፍዶ በቲ ውሳነ ተደፋፊኡ ስጉምቲ ክወስድስ፡ ነቲ መልእኽቲ ከም ዝተቐበለ ዘረጋግጽ መልሲ'ውን ንሪድ ኣይሰደደሉን።

ስልጣን ሪድ፡ ካብ ሓላፍነት ናይ ሓንቲ ክፉል ቤት ፍርዲ ዘይሓልፍ ክነሱ፡ ኣብ ብዙሓት ኣባላት ክብ ዝበለ እምነትን ትጽቢትን ዝተነብረሉ ነበረ። ሳልሕ ሙሳ ከም ዝበሉዎ እንተ ኾይኑ፡ ብ22 ግንቦት ሪድ ኣብቲ መጋባእያ ዝተረኸበን ቅዳሕ ናይቲ ውሳነ ቀልጢፉ ዘመሓላለፈን ብምድፋፉእ ናይቶም ኣባላት ነበረ። ንሱ ግን፡ እቶም ዝዓጉዎ ዝነበሩ ኣባላት ባይቶ ዘይከውን ተስፋ ንኸየሕድሩ ካብ ምምሕጻን ዓዲ ከም ዘይወዓለ ኢዩ ዝገልጽ ዝነበረ።[24]

ኤርትራ ብዘይ ዝኾነ ምስ ወድብ ሕ.ሃ. ዘራኸባ መስመር፡ ኣብ ትሕቲ ኢትዮጵያ ንኽትቕበር ከም ዝተገድፈት ብጭቡጥ ካብ ዘግሃዱ እምበኣር፡ እቲ እንዛረበሉ ዘሎና ፍጻመ ኾነ። ኣብቲ ናይ ግንቦት ውሳነ ዝተዋህበሉ፡ ኣርተር ሪድ ብሓለፍቱ ተኣዚዙ፡ ቤት ጽሕፈቱ ዓጽዩ ናብ ኒዩ ዮርክ ንኽምለሰ'ዩ ዝቀራረብ ዝነበረ። ምስኡ፡ እታ ናይ መወዳእታ ምስ ሕ.ሃ. ከም መራኸቢት እተገልግል ዝነበረት ፈትሊ ክትብተኽ ስለ ዝቐረበት ከኣ ኢዮም፡ ኤርትራውያን ኣባላት ባይቶ ብቐጻልነት ዝረኽቡዎ ዝነበሩ።

ኣርተር ሪድ በቲ ዝሰደዶ መልእኽቲ ጥራይ ከይተወሰነ፡ ኣብቲ ንመፋነዊኡ ዝተገብረ ግብጃ ንእንደራሴ ኣንዳርጋቸው ረኺቡ፡ ብዛዕባ'ቲ ናይ 22 ግንቦት ውሳነ ባይቶ ዝተወሰደ ስጉምቲ እንተ ነበረ ሓተቶ። ኣንዳርጋቸው ድማ፡ እቲ ውሳነ ካብ ሕጊ ወጻኢ ስለ ዝጸደቐ ኣይቕበሎን'የ ብምባል ናብ ሚኒስተር ጉዳያት ወጻኢ ኢትዮጵያ ከም ዘየመሓላልፎ ገለጸሉ።

---

23. ኢትዮጵያ 8ይ ዓመት ቊ 481፡ 3 ሰነ 1954።

24. ሳልሕ ሙሳ ኣብ ቃለ መጠይቕም፡ ሪድ ብመርከብ ዓዱ ንኽምለስ ባጽዕ ምስ ከደ፡ ንሶም ዝርከቡዎም ሓያሎ ኣባላት ባይቶ ከም ዘፋነዉዎን ጉዳዮም ንኽሰምዓሎም ኣጥቢቖም ከም ዝለመኑዎን ገሊጾም። ከምኡ'ውን ኣርተር ሪድ ኣብ መልሲ ንሕቶ 1B ንዎርስትሮም ዝጸሓፎ ርአ።

ሪድ ብወገኑ፡ ቅዳሕ ናይቲ ውሳነ ናብ ቤት ጽሕፈት ዋና ጸሓፊ ው.ሕ.ሃ. ከም ዘመሓላለፎ'ኳ ንኣንዳርጋቸው እንተ ነገሮ፡ ነቲ እንደራሴ ሓሳቡ ከቐይሮ ኣይከኣለን። ከምዚ ድማ በለ፡

> እቲ ቢትወደድ ነቲ ውሳነ ናብ ኣዲስ ኣበባ ከየማሓላለፎ ብሰንኪ ምትራፉ ዝኾነት ካልእ ሃገር ብዛዕባ'ቲ ናይ ባይቶ ፍጻመ ኣፍልጦ ከም ዘይህልዋ ገይሩ ማለት'ዩ። ... ኣነ ግን፡ ቅዳሕ ናይቲ ብ22 ግንቦት 1954 ዝተወሰደ ውሳነ ናብ ጸሓፊ ሕ.ሃ.ን ናብ ዋሺንግቶን ዲ.ሲ.ን ከም ዝተወሰደ ኣረጋግጽ'የ።

እቲ ድሕሪ ብዙሕ ውዳበን ክርክርን ደገፍ ናይ ዝበዝሑ ኣባላት ባይቶ ዝረኸበ ውሳነ እምበኣር፡ ከም ኩሉ ናይቲ ጊዜ ዓበይቲ ጉዳያት፡ ኣብቲ ባይቶን ኣብ መንጎ ህዝብን ተዋሒጡ ተረፈ። ናቱ ቀጥታዊ መቐጸልታ ተባሂሉ ክጥቀስ ዝኽእል ዝኾነ ሓዲሽ ምዕባለ'ውን ኣይሰዓበን። ነቲ ፈደራል ስርዓት ኣሎ ኢሉ ዝኣምን ዝነበረ ኤርትራዊ ግን፡ ንባዶነት ውሳነ ሕ.ሃ. ብዘየወላውል ኣብርሃሉ። እዚ ተገንዚቦ እዚ ድማ ካልእ ዝዓይነቱን ናይ ህዝቢ ሰረት ዝነበሮን ንኣሽቱን ዓበይትን ምንቅስቓሳት ንኽቀላቐል መገዲ ኸፈተ።

ስምዕታታት ሪድን ግብረ መልሲ ሕ.ሃ.ን

ወኪል ትሪቡናል ሕ.ሃ. ዝነበረ ኣርተር ሪድ፡ ንብምሉኡ'ቲ ኣብ ስራሑ እንከሎ ይኸውን ካብኡ ወጻኢ ዝመጾ ዝነበረ ወግዓውን ዘይወግዓውን ሓበሬታ ናብ ናይ ሕ.ሃ. ኣሕሉቑ የመሓላልፎ ከም ዝነበረ ክንርኢ ጸኒሕና። መብዛሕትኡ'ዚ፡ ኣብ ኤርትራ ዝነበሩ ዜጋታት ኢጣልያ፡ ከምኡ'ውን ንመደበር ቃኘው ይሃንጽ ንዝነበረ ናይ ቺታው ትካል ብዛዕባ ዘጓነፎም ሕጋዊ ጉዳያት ዝምልከት ነበረ። በዚ ደው ከይበለ፡ ሪድ ኣብ ውሽጣዊ ፖለቲካዊ ኹነታት ኤርትራ ኣተኩሩ'ውን ኣስፊሑ ጸሓፈ። ኣብዚ፡ ንኽልተ ካብተን ናይ መወዳእታ መልእኽትታቱ ንዘተዋህበን መልሲ ወይ ደረጃ ኣቓልቦን ክንድህሰሰ ኢና።

ብ19 ለካቲት 1954፡ ማለት ድማ፡ ኣብቲ ኮሚሽነር ፖሊስ ክራክነል ምስ መራሕ መንግስቲ ተራኺቡ ጸብጻቡ ዘረከበሉ ሰሙናት፡ ኣርተር ሪድ'ውን ንትዕዝብትታትን መደምደምታታትን ክራክነል ናብ ኣሕሉቑ ኣመሓላለፈ።[25] እቲ፡ "ላዕለዎት ሰበልጣን መንግስቲ ኤርትራ ኣብ መራሕ መንግስቲ ተድላ ባይሩ ዝነበሮም እምነት ይጉድል ኣሎ..." ብዝብል ቃላት ዝተጀመረ ደብዳበ ሪድ፡ ንምብሉኡ'ቲ ኣብ መንጎ ክራክነል፡ ሰክረተር ፈኪ. ዓሊ፡ ዳይረክተር ሓረጎትን ካልኦትን ዝተባህለ ነገራት ብሰፊሑ ተንተነ።

ሪድ ቀጺሉ ከም ዘዘንተዎ፡ በዓል ሰክረተር ውሽጣዊ ጉዳያት ፈኪ. ዓሊ፡ ንኣርተር ሪድ ከም ወኪል፡ ዳርጋ ከም ኮሚሽነር ናይ ው.ሓ.ሃ. ኣብ ኤርትራ ይርድኡዎ ስለ ዝነበሩ፡ ኣብ ጉዳይ ኤርትራ ምስቲ ቦታኡ ዝዳረግ ተራን ተገዳስነትን ንኽርኢ ኢዮም ዝጉስጉሱ ዝነበሩ። ንቕጽበታዊ ሕብረት ምስ

25. Reid to Cordier, UN Tribunal in Eritrea, 18 March 1954.

ኢትዮጵያ ዝጠልብ ውሳነ ኣብ ባይቶ ኤርትራ ብሓይልን ብጉቦን ከይሓልፍ ይሰግኡ ስለ ዝነበሩ ድማ፡ ሪድ ምስ ተድላ ባይሩ ተመያዪጡ ኣቓልቦ ሕ.ሃ. ዝጥረየሉ መገዲ ንኸናዲ ጻዕርታት ኣካየዱ።

ሪድ፡ ንምንጪ ፍርሒ ሰበ ስልጣን መንግስቲ ኤርትራ ኣመልኪቱ'ውን ጸሓፈ። ንሳቶም ከም ዘዛረቡዎ፡ ባይቶ ቅጽበታዊ ሕብረት ዝጠልብ ውሳነ ምስ ዘሕልፍ፡ ሕ.ሃ. ነቲ "ውዱእ ጉዳይ፡ (fait accompli) ሓንጐፋይ ክብሎ ኢዩ ዝብል ስግኣት ነበሮም። ሪድ ትዕዝብቱ ቐጸለ።

> እቲ ኣብዚ ዘሎ ሓፈሻዊ መረዳእታ (consensus): ምስቲ ኣብ ኢትዮጵያ ዘሎዋ ተወፋይነት (commitment): ሕ.መ. ኣመሪካ ነቲ ጉዳይ (ጉዳይ ሕብረት ማለት'ዩ) ኣይክትልዕሎን ኢያ። ብሪጣንያ፡ ድሮ ንኤርትራ ንምምሕዳር ክቡር ዋጋ ስለ ዝኸፈለት፡ ብፍላይ ከኣ ምስ ኢትዮጵያ ኣዝዩ ኣገዳሲ ውዕላት ንምፍርራም ትዋደድ ስለ ዘላ፡ ተመሊሳ ኣብ ኤርትራ ንኽትዋሳእ ቅርብቲ ኣይኮነትን። ፈረንሳ ዝኾነ ተገዳስነት የብላን፡ ኢጣልያ ድማ ገና ኣባል ሕ.ሃ. ኣይኮነትን ዘላ። ስለ'ዚ ጉዳይ ኤርትራ ኣብ ሕ.ሃ.፡ ሩስያ እትድግፎ ፖለቲካዊ ጸወታ ኰዕሶ ማሕበር ሃገራት ዓረብ ክኸውን ኢዩ።[26]

ኣብዛ መልእኽቱ እዚኣ፡ ሪድ ንመራጉዲ ናይቲ "የንጸላሉ ኣሎ" ኢሉ ዝኣመኖ ሓደጋ ዝኸውን ፍልይ ዝበለ ሓበሬታ'ውን ሃበ። በዚ መሰረት፡ ኣብ መንጎ'ቶም ኣብ ኤርትራ ዓስኪሮም ዝነበሩ ልዕሊ 3000 ዝቑጽሮም ወተሃደራት ኢትዮጵያን ሓይሊ ፖሊስ ኤርትራን፡ ጽልእን ምፍጣጥን ይፍጠር ነበረ። ኮሚሽነር ክራክነል ንሪድ ከም ዝነገሮ፡ ኣብ ኣጋ መወዳእታ ጥሪ ወይ ምጅማር ለካቲት፡ ሓደ ወተሃደር ኢትዮጵያ ኣብ ኣስመራ ንሓደ ናይ ሹቕ ጉደና ስለ ዘመራስሐ (using unorthodox methods to flush a street in the Mercato): ብሓደ ኤርትራዊ ፖሊስ ብትሪ ተነቕፈ። እዚ ብወገኑ፡ 60 ሰባት ዝተሓወሱዎ ኣምባጋሮ ስለ ዘለዓዓለ፡ ማዕረ 16 ጦር ሰራዊት ቈሲሎም ሆስፒታል ክሳብ ዝዕቈቡ ኾኑ። ገለ መዓልታት ብድሕሪ'ዚ፡ ኣብ ናይ ጽዕነት መኻይን ተሳፊሮም ንባጽዕ ዝወርዱ ዝነበሩ ጦር ሰራዊት ኣብ እምባትካላ ብምውራድ፡ ብተመሳሳሊ መገዲ ንኣፍ ደገ መደበር ፖሊስ እታ ኸተማ ስለ ዘበላሸዉ፡ ኣብኡ'ውን ዕግርግር ከም ዝተፈጥረ ሪድ ብተወሳኺ ሓበረ።[27]

ኰብዚ ኹሉ ተበጊሶም'ዮም ዝመስሉ፡ ቆንስላት ብሪጣንያን ኢጣልያን በብወገኖም ንሪድ ብምርኻብ፡ ውድብ ሕ.ሃ. ናይ ገዛእ ርእሱ ውሳነ ብዛዕባ ኤርትራ፡ ፈደራል ድንጋገን ሕገ መንግስቲ ኤርትራን ብጥብቂ ክትግበር ከም ዝደሊ ዝእምት ምልክታት ክርኢ ኣሎዎ ዝብል መልእኽቶም ንኸመሓላልፈሎም

---

26. ከም እ.ጽ. 25።

27. ከም እ.ጽ. 25። ፊታውራሪ መስፍን ገብረህይወት ኣብ ቃለ መጠይቖም፡ ሓደ እዋን ኣንዳርጋቸው መሳይ ባዕሎን መራሕ መንግስቲ ኤርትራን ዝተሳተፉዎ፡ ፖሊስ ኤርትራን ጦር ሰራዊትን ምትዕራቕ ዝዕላማኡ ግብጃ ከም ዝተገብረ፡ ግን ብዛዕባ ምንታይ ከም ዝነበረ ከም ዘይዝክሩ ኣዘንትዮም ነይሮም። መበገሲኡ እዚ ከይኮነ ኣይተርፍን።

ሓተቱዎ። እዚ፡ በሎ ቆንስል ብሪጣንያ፡ "ነዚ ተላዒሉ ዘሎ ስምዒትን፡ ምናልባት'ውን ተኸቲሉዎ ክመጽእ ዘኽእል ሳዕቤናትን ንምውጋድ ክሕግዝ'ዩ..."[28]

ሪድ ነቲ ቆንስል፡ ዝተዋህቦ ሓላፍነት ነዚ ዝመስል መልእኽትታት ንምምሕልላፍ፡ ወይ ሓላፍነት ውድብ ሕ.ሃ. ንዋና ቤት ጽሕፈት ክሳብ ንምዝኽኻር ዘኽእሎ ክም ዘይነበረ ሓበሮ። እቲ ቆንስል ግን ነቲ ዘቕረበሉ ምኽንያት ምቕባል ኣበየ። ኣብ ኤርትራ ዝነበረ ዘይርጉእ ኩነታት ኣብ ልዕሊ ኢትዮጵያ ተጽዕኖ ብምግባር ወይ ንትግባረ ግዛእ ውሳነኡ ናይ ሕ.ሃ. ንጹር ፖሊሲ ብምጭባጥ ጥራይ ክም ዝዕረ ንሪድ ኣዘኻኸሮ። ኣብ ልዕሊ'ዚ፡ ኣብ ላንደን ዝነበሩ ኣሕሉቑ፡ ፈደራል ድንጋገ በቲ ኢትዮጵያ እትእውጆ ዝነበረት፡ ንኤርትራ'ውን ከጠቓልል ዝተሓለነ ኣዋጅ ፈደራል ቤት ፍርዲ ይጠሓስ ኣሎ ዝብል ርእይቶ ስለ ዝነበሮም፡ እቲ ቆንስል ስምዕታኡ ንኸማሓላልፍ ጸቒጡ ጠለበ።

ኣርተር ሪድ ነዚ ኹሉ ትዕዝብትታትን ስምዕታታትን ናይ ግዛእ ርእሱ ርእይቶ ከይሓወሰ፡ ናብ ቀንዲ ተሓጋጋዚ ዋና ጸሓፊ ሕ.ሃ. ዝነበረ ኣንድሩ ኮርድየር ኣመሓላለፈ። ኮርድየር መልሲ ከይሃበ ምስ ተረፈ፡ ኣረተር ሪድ መሊሱ ብ18 መጋቢት 1954 ካልእ ደብዳበ ለኣኸሉ።

ኣብዚ ኻልኣይ ደብዳበኡ፡ ሪድ ንቤት ጽሕፈት ዋና ጸሓፊ ዘገድሶ ኣርእስትታት ኣየናይ ምዃኑ ምፍላጥ ክም ዝሰኣነ ሓበረ። ኣብቲ ቕንያት፡ ሪድ ካብ ኣንዳርጋቸውን ተድላ ባይሩን ጀሚሩ ክሳብ'ቶም ዝተሓተ ኣባላት መንግስቲ ፈደራልን ኤርትራን፡ ከምኡ'ውን ንሸረርን ካልኦት ደያኑን ክረክብ ስለ ዝኽኣለ፡ ብዙሕ ሓበሬታ ስኒቑ ነይሩ ኢዩ። ኣብቲ መጀመርታ፡ ኢሉ ንሱ፡ ፖለቲከኛታትን ተራ ህዝብን ናብኡ እናመጹ ተቓውሞኦም ንትግባሬት መንግስቲ ኢትዮጵያ ገለጹሉ። ንሱ ድማ ክም ወትሩ፡ ፖለቲካዊ ጉዳያት ክም ዘይምልከቶ እናሓበረ ዳግም ክም ዘይመጹዎ ኸገብር ፈተነ።

ነቲ በዓል ሸረርን ኣብ ኣስመራ ዝነበሩ ቆንስላትን ዝተዛረቡዎ ግን ሸለል ክብሎ ኣይከኣለን። እቶም ዳያኑ ንኣብነት፡ ብዛዕባ ደረት ስልጣን ኣብያተ ፍርዲ ኤርትራን ፈደራልን ቀጻሊ ምስሕሓብን ምፍጣጥን ስለ ዝተራእየ፡ እቲ ጉዳይ ብዓቢኡ ናብ ሓፈሻዊ ባይቶ ሕ.ሃ. ምቕራቡ ኣይክተርፎን'ዩ ዝብል ርእይቶ ሃቡ። ካብ'ዚኣቶም፡ ዳኛ ላዕለዋይ ቤት ፍርዲ ኤርትራ ክላረንስ-ስሚዝ፡ ልኡላውነት ኤርትራ ክም ዝነበሮን ከይተመቓቐለን ሓላፍነት ሕ.ሃ. ኢዩ፤ ብመሰረት ፈደራል ድንጋገ ድማ፡ ልኡላዊ ስልጣን ንጉሰ ነገስት ኣብ ልዕሊ ኤርትራ ኣዝዩ ውሱን'ዩ ዝብል ርእይቶ ነበሮ።[29]

ናይ ላዕለዋይ ፈደራል ቤት ፍርዲ ፕረዚደንት ኖርድስትሮም ብወገኑ፡ ኮሚሽነር ሕ.ሃ. ኣንሰ ማቲየንሶ ኣብ ናይ መወዳእታ ጸብጻቡ፡ ኣብ መንጎ ኽልቲኡ መንግስታት፡ ኤርትራውን ፈደራልን፡ ዘይምስምማዕ ምስ ዝፍጠርን መንጎኝነት'ውን ምስ ዘይሰርሕን፡ ነቲ ጉዳይ ክፈትሕ ዘኽእል ኣካል ክም

28. ክም እ.ጽ. 23።
29. Reid to Cordier, UN Tribunal in Eritrea, March 1954.

ዘይተፈጥረ ኣመልኪቱ ከም ዝነበረ ዘከረ። ይኹን እምበር፡ ኢሉ ነይሩ እቲ ኮሚሽነር፡ ኣብ መንጎ ክልቲኡ መንግስታት ጽቡቕ ድሌት ምስ ዝህሉ፡ "እቲ ናይ መወዳእታ ዋሕስ ትግባረ ውሳነ ሕ.ሃ. ክመጽእ ይኽእል'ዩ።"[30]

ኖርድስትሮም ግን፡ እቲ ኮሚሽነር ብኸልእ ደብዳበ ነዚ ናይ ላዕሊ መደምደምታኡ ከም ዝተጻረረ ድሕሪ ምሕባር፡ ኣብ ኤርትራ ዝነበሩ ፈደራል ሰበ ስልጣን፡ ባይቶ ኢትዮጵያ'ውን ዘይፈልጦን ዘየጽደቖን ሕግታት ኣብ ኤርትራ ይእውጁ ስለ ዝነበሩ፡ በዚ ኸም ዘይዓገበ ንሪድ ነገሮ። በዚ ኸኣ፡ እቶም ናይ ኤርትራን ናይ ፈደራልን ዳያኑ፡ ከምኡ'ውን ጸሓፊ ባይቶ ኤርትራ ፈርገሰ ማክሊሪ ተመሳሳሊ ኣረኣእያ፡ ማለት ድማ ሕጋዊ ሕቶታት ዝምልሰን ዝፈትሕን ስልጣን ዘሎዎ ኣካል ክምስረት ኣሎዎ ንዝብል ሓሳብ ንኸመሓላልፍ ንሪድ ሓተቱዎ። ንሱ ድማ ከምቲ ዝተባህሎ ገበረ።

ሪድ በዚ ደው ከይበለ፡ ንኹሎም እቶም ኣብ ኤርትራ ዝነበሩ ናይ ፈጻሚ፡ ላዕለዋይን ፈደራልን ኣብያተ ፍርዲ ዳያኑን ንጸሓፊ ባይቶ ኤርትራን ብብውልቂ ረኺቡ፡ እቲ ዘየሰማምዕ ሕጋዊ ነጥብታት በየናይ ኣገባብ ቅኑዕን ቀያድን ፍታሕ ክረክብ ይኽእል ኢሎም ከም ዝሓሰቡ ክሓቶም ሓሳብ ከም ዝነበሮ ንኮርዲየር ገለጸሉ። እቲ ካብ ጭቡጥ ተመክሮታቶም ተበጊሱ ዝንገሮ ነጥብታት ጽቡቕ መበገሲ ክኸውን ስለ ዝኽእል ድማ፡ ነቲ ጉዳይ ክፍሊ ሕጊ ዋና ቤት ጽሕፈት ሕ.ሃ. መርሚሩ ዘድሊ ስጉምትታት ንኽወስደሉ ኣመመ።[31]

ሪድ፡ ነዚ ሓሳባቱ ብ19 መጋቢት ንተድላ ባይሩ ኣካፊሉዎምስ፡ ቡቲ እማመኡ ተሓጉሶምን ኣተባቢያሞን ነይሮም'ዮም። ንጸሓፊ ባይቶ ማክሊሪ ምስ ኣማኸሮ ኸኣ ንሱ'ውን ደጊፉዎ ጥራይ ዘይኮነ፡ ባይቶ ኤርትራ ክንጸር ኣሎዎ ብዛዕባ ዝበሎ ሕገ መንግስታዊ ነጥብታት ዘድሊ ሓበሬታ ንኽህብ ድሉው ከም ዝነበረ ገለጸሉ።

ቡቲ ዝወሰዶ ዝነበረ ስጉምትታት ግዲ ተሰኪፉ ነይሩ፡ ሪድ እቲ ተበግሶኡ ኣፈናዊ ሓሳብ ጥራይ ከም ዝነበረ፡ ዋና ቤት ጽሕፈት ሕ.ሃ. ምስ ዘይሰማምዓሉ ድማ በርዒኑ ከም ዝተርፍ ንኹሉ ኣነጸረ። እቲ ሓሳባቱ መኺኑ ንኸይተርፍ መታን ከረጋግጽ'ዩ ዝመስል ግን፡ ንመልእኽቱ በዚ ዝስዕብ ቃላት ናይ ክላረንስ-ስሚዝ ደምደሞ፡

> (ስሚዝ)፡ እዚ ኹሉ ኣብ ኣብያተ ፍርዲ ዘሎ ጸገማት፡ ሕ.ሃ. ምስ ፈደራልን ኤርትራውን ኣብያተ ፍርዲ ዝሰርሕ ሓደ ዘይሻርነታዊ ቤት ፍርዲ ክህልወሉ ዝኽእል መገዲ ካብ ዘይምፍቃዱ ኢዩ ዝብገስ ዘሎ... ዝብል ሓሳባት ኣሎዎ።[32]

ቀንዲ ተሓጋጋዚ (Executive Assistant) ናይ ዋና ጸሓፊ ሕ.ሃ. ዝነበረ ኣንድሩ ኮርዲየር፡ ብ5 ሚያዝያ 1954 ንሪድ መልሲ ጸሓፈሉ።[33] ኣብታ ደብዳበ፡ "ዘይተላእከት" (not sent) ዝብል ናይ ኢድ ጽሑፍ ዝርከብ'ኳ እንተ ኾነ፡

30. Ibid. Nordstrom quoting Matienzo. See GA Seventh Session, Supplement No 15 (/2188) Final Report of UN Commissioner in Eritrea, par. 778.
31. Reid to Cordier, 20 March 1954.
32. Ibid.
33. Cordier to Reid, UN Tribunal in Eritrea Files, 5 April 1954.

ኣብ ፋይላት ሪድ ካብ ተረኽበትስ በጺሓቶ ነይራ ኢልና ኢና ክንድምድም እንኽእል። ትብጽሓዮ ኣይትብጽሓዮ ግን፡ ነቲ ሽዑ ዝነበረ ወግዓዊ ርእይቶ ሕ.ሃ. ኣብ ልዕሊ ኤርትራ ስለ ዘጕልሕ፡ ካብ ትሕዝቶኣ ኣስፊሕና ክንገልጽ ኢና።

መጀመርታ ኮርዲየር፡ ነቲ ሪድ ሰብ ስልጣን ይኹኑ ተራ ኤርትራውያን ኣብ ዘዛርበሉ፡ "ስልጣነይ ድሩት እዩ... ፖለቲካዊ ጉዳያት ኣይምልከተንን እዩ..." ዝብሎ ዝነበረ ቃላት ከም ዝሰማምዓሉ ገለጸ። ግን፡ በሎ ኮርዲየር፡

ካብኡ ንላዕሊ ክትከይድ ይግብኣካ። ሕቡራት ሃገራት፡ ብዛዕባ'ቲ ኣብ ውሽጢ ፈደረሽን ዘሎ ፖለቲካዊ ኩነታት ይግደስ'ዩ ዝብል ዝኾነ ምልክት ካብ ምሃብ ብኽብ ዝበለ ጥንቃቐ ክትቕጠብ ኣሎካ። እቲ እትገብሮ ዘሎኻ ኣዝዩ ውልቃዊ ዝኾነ ርክባት'ውን፡ ከይሓሰብካዮ፡ ህላወኻ ኣብ ኤርትራ ስግር'ቲ ናይ ረጂስትራርነት ስራሕካ ይኸይድ ይኸውን ኢዩ ዝብል ዘይኮነ ጦብላሕታ ክፈጥር ይኽእል'ዩ። ሓቂ ክነግረካ... ካብቶም ቀንዲ ናይታ ሃገር ዳያኑ ዘይወግዓዊ ርእይቶታት ክእከብ'የ ዝበልካዮን ንጸሓፊ ባይቶ ድማ ንርእይቶታትካ ናብ ዋና ቤት ጽሕፈትና ከቕርቦ ኢየ ብዛዕባ ምባልካን ተሻቒለ ኣሎኹ። እዚ'ሞ፡ ስልጣንካ ልዕሊ'ቲ ዝተዋህበካ ናይ ረጂስትራርነት ዕማም ዝኸይድ ከምስሎ ኢዩ።

ንዚ ዝመሳሰል ደሃሊ ቓላት ድሕሪ ምድርባይ፡ ኮርዲየር ናብቲ ቐንዲ መዛረብኡ ኣተወ፡

ሎሚ፡ ሕቡራት ሃገራት ብዛዕባ ፖለቲካዊ ሽግራት ኤርትራን እቲ ሕብረትን (the union ይብሎ ንፈደረሽን) ተገዳስነቱ ክርእየሉ ዝኽእል ዝኾነ መበገሲ የብሉን። ሽሕ'ኳ ሕቡራት ሃገራት ሕገ መንግስቲ ኤርትራ ኣብ ምንዳፍን ኤርትራ ከም ነብሳ ዝኸኣለት ኣሃዱ ኣብ ውሽጢ ኢትዮጵያዊ ፈደረሽን ንኽትፍጠርን ወሳኒ ተራ እንተ ወሰደ፡ እቲ ዕማም'ቲ ብዕግበት ሓፈሻዊ ባይቶ ሕ.ሃ. ተዛዚሙ ኢዩ፤ እቲ ኣርእስቲ ድማ ካብ ኣጀንዳታቱ ወጺኡ'ሎ።
ሕቡራት ሃገራት ኣብ ሕቶ ኤርትራ ተገዳስነት ክርኢ ዝኽእለሉ ሓደ መገዲ፡ ሓፈሻዊ ባይቶ ንኤርትራ ዝምልከት ኣርእስቲ ኣብ ኣጀንዳኡ ምስ ዘእቱ ኢዩ። እዚ ተግባር'ዚ ብወገኑ ብተበግሶ ሓደ ካብ ኣባላት ሕ.ሃ. ምስ ዝእመም ጥራይ ኢዩ ክፍጸም ዝኽእል።
ከምቲ ዳያኑ ሽረርን ክላረንስ-ስሚዝን ዝበሉዎ፡ ኣብ ሕገ መንግስታዊ ጉዳያት ውሳነ ክህብ ዝኽእል ብቑዕ ፍርዳዊ ኣካል ካብ ዘይምህላዉ ዝተላዕለ፡ ኣብ'ቲ ሕገ መንግስታዊ ቕርጺ ሓደ ጋግ ይህሉ ይኸውን። ግን፡ ሕቡራት መንግስታት... ካብቲ ንስኻ ካብ ናይቲ ሃገር ዳያኑ... ብዛዕባ ኣተራጉማ ናይ ገለ ምስሕሓብ ዝፈጠሩ ርእይቶታት ክተምጽኦ እትኽእል ሓበሬታ ዝጥቀመሉ መገዲ ኣይረአየንን።

ሪድ፡ ክፍሊ ሕጊ ሕ.ሃ. ካብቲ ዝቐርብ ርእይቶታት ተበጊሱ ገለ ተወሳኺ ፍሉይ ሓበሬታ ካብ ኤርትራ ክሓትት ከም ዝኽእል ንኮርዲየር ኣዘኻኺሩ ነይሩ። እቲ ናይ ሕ.ሃ. በዓል ስልጣን ከምዚ ዝስዕብ መሊሱሉ፡

መን'ዩ ነቲ ፍሉይ ሓበሬታ ዝሓተሉ? ክፍሊ ሕጊ'ኮ ሓደ ጨንፈር ናይ ቤት ጽሕፈት ዋና ጸሓፊ ኢዩ፡ ዋና ጸሓፊ ባዕሉ ድማ ነዚ ዝመስል ፍሉይ ሓበሬታ ንኽጠልብ ዘኽእሎ መዝነት ብሓፈሻዊ ባይቶ ኣይተዋህቦን። ውሳነ ሓፈሻዊ ባይቶ ኣብ ዘይብሉ፡ ነዚ ዝመስል ጠለብ ምቕራብ፡ ከም ሓላፍነት ዝጐደሎ ምትእትታው ኣብ ውሽጣዊ ጉዳያት ፌደረሽን ጥራይ ኢዩ ክቝጸር ዝኽእል። ከምቲ ዝበልካዮ፡ ቀንስላት ናይ ዝተፈላለያ ሓያላት ሃገራት በቲ እናዓበየ ይኸይድ ኣሎ ዝብሃል ምፍሓር ውሽጣዊ ናጽነት ኤርትራ ብሰበ ስልጣን ኢትዮጵያ ይሻቐላ እንተ ሃልየን፡ እዚ ምፍሓራት'ዚ ኣቓልቦ ናይ ሓፈሻዊ ባይቶ ዝግብኦ ህጹጽ (ዕቱብ) ጉዳይ ኢዩ ኢለን ክውስናን ከም ኣርእስቲ ኣብ ኣጀንዳ ሓፈሻዊ ባይቶ ንኽኣቱ ክእምማን ዝግብአን መንግስታቶም'የን። ከምኡ ምስ ዝገብራ፡ ሕ.ሃ. ነቲ ሕቶ፡ ከም ዝጸንሐ ዘይኮነስ ከም ሓዲሽ ጉዳይ ክቕበሎ ምኽኣለ።

ኮርዲየር ንኹሉ'ቲ ሕ.ሃ. ኣብ ጉዳይ ኤርትራ ዳግም ክግደሰሉ ዝኽእል መገዲታት ዓጻጽዩ ምስ ኣብቅዐ፡ ንሪድ እዚ ዝሰዕብ መግናሕቲ ወሰኸሉ፡

ከምቲ ዝበልኩኻ፡ እቲ ዘይወግዓዊ ጸብጻባትካ ኣብ ውሽጢ'ቲ ፌደረሽን ብዛዕባ ዘሎ ሕገ መንግስታዊ ወጥሪ ንኽንርዳእ ሓጊዙና'ሎ። እቲ ዝጸሓፍካለይ ደብዳበታት ግን ካብቲ ናይ ረጂስትራር ትሪቡናል መምርሒ ስራሕካ ዝተበገሰ ኣይኮነን። ንደብዳበታትካ፡ ብዛዕባ ውልቃዊ ጦብላሕታታትካን ትዕዝብትታትካን ክሕብረና ዝተላእከ ውልቃዊ ጽሑፋት እየ ዝርእየ። ርክባትካን ጸብጻባትካን ካብዛ ነጥቢ'ዚኣ ክሓልፍ የብሉን ጥራይ ዘይኮነ፡ ውልቃዊ ተገዳስነትካ ተገዳስነት ሕ.ሃ. ከተምስል ንእትኽእል ዝሃሰሰት ምልክት'ውን እንተ ኾነት ኩተወግድ ኣሎካ።

በዚ ተሪር ቃላት'ዚ፡ ኮርዲየር ንእማመ ሪድ ነጺጉ፡ ንዕኡን ንሚስስ ሪድን ጽቡቕ ተመንዩ ደብዳበኡ ዓጸወ።[34]

ኣንሰ ማቲየንሶ ናይ ኮሚሽነርነት ስራሑ ዛዚሙ ካብ ኤርትራ ምስ ወጸ፡ ሕቡራት ሃገራት በቲ ባዕሉ ዝፈጠሮ ኵነታት ኤርትራ ኣብ ውሽጢ ኢትዮጵያ ፍጹም ከም ዘይተገደሰ ብሰፊሑ ይንገር'ዩ። ቃላት ኮርዲየር ነቲ ኣብ ልዕሊ ሕ.ሃ. ዝነበረ ሓፈሻዊ ክስታት ዘየወላውል መረጋገጺ ይህቦ። ቀንዲ ተሓጋጋዚ (Executive Assistant) ወይ ኣካያዲ ስራሕ ዋና ጸሓፊ ዳግ ሃመርክሾልድ ስለ ዝነበረ፡ ኮርዲየር ውልቃዊ ርእይቶኡ ኣይኮነን ዘቕርብ ዝነበረ። ንውድብ ሕ.ሃ.ን ነተን ንስምዕታታት ቀንስላተን ጸማም እዝኒ ዝህባ ዝነበራ ሓያላትን፡ ጉዳይ ኤርትራ ከም ምዉት'ዩ ተቖጺሩ።

ኣርተር ሪድ መግናሕቱ ተቐቢሉ ብ21 ሰነ ካብ ኤርትራ ንምውጻእ ይዳለወሉ ኣብ ዝነበረ ቕንያት፡ ሓያሎ ኣባላት ባይቶ ረኺቦም፡ ሕ.ሃ. ብዛዕባ'ቲ ብ22 ግንቦት ኣብ ባይቶ ዝሕለፉዎ ውሳነ ዝሃቦ ርእይቶ እንተ ነይሩ ሓተቱዎ። ንሱ ድማ፡

34. ከም እ.ጽ. 31።

ንሕ.ሃ. ዝውክል ዘሎ ንኸየምስል ብዋና ቤት ጽሕፈቱ ከም ዝተኣዘዘ ሓቢሩ፡ ዕማሙ ምዕጻው ናይቲ ትሪቡናል ጥራይ ከም ዝነበረ ነገሮም። ንሳቶም ግን፡ እቲ ናቱ ቦታን ስልጣንን ብዘየገድስ፡ ጥርዓናቶምን ስክፍታኦምን ንኺብጽሓሎም ጉስጉሱምን ደረኹምን። "ክሳብ ባጽዕ ኬድና ኣብ መርከብ ቅድሚ ምስፋሩ ኣፋኒናዮ..." ክብሉ'ውን ኣባል ባይቶ ሳልሕ ሙሳ ኣቡዳውድ ዘከሩ።

ንሪድ ምስ ረኸቡዎ፡ እቶም ኣባላት ሓደ ጥርዓን ናብ ሕ.ሃ. ንኸመሓላልፈሎም ተማሕጺኖም። ኣብቲ ጥርዓን፡ ሪድ ቤት ጽሕፈቱ ዓጽዩ ካብ ኤርትራ ይለቅቕ ምንባሩ ከም ዝተገንዘቡ ድሕሪ ምጥቃስ፡ እቲ ብሰንኪ ውሳነ ሕ.ሃ. ኣብ ግብሪ ዘይምውዓሉ ተፈጢሩ ዝነበረ ዘይምርግጋእ ከም ዘተሓሳሰቦም ገለጹሉ። ሰብ ስልጣን መንግስቲ ኢትዮጵያ ነቲ ህዝቢ ኤርትራ ካብ እምነቱ ኣብ ሕ.ሃ.ን ኣብ ፍትሓውነት ንጉስ ነገስት ኢትዮጵያን ተበጊሱ ተቐቢሉዎ ዝነበረ ውሳነ ይጥሕሱ ከምዝነበሩ'ውን ዳግም ኣፍለጡ። ብተወሳኺ፡ ኣብ ልዕሊ ህዝቢ ኤርትራ ይወርድ ንዝነበረ ፖለቲካውን ቊጠባውን ተጽዕኖ ኣትሪሮም ድሕሪ ምንቃፍ፡ ዋና ጸሓፊ ሕ.ሃ. ብዛዕባ'ዚ ኹሉ ከም ዝፈልጥ ንኽገብር ተማሕጺኖም። በዚ ደው ከይበሉ፡ እቲ ዝተገልጸ ኩነታት መታን ክዕረን ፈደረሽን ድማ ብግቡእ መታን ክትግበርን፡ ሕ.ሃ. ነዚ ዝከታተል ሓደ ቤት ጽሕፈት ኣብ ኤርትራ ከፊቱ ንኽጸንሕ ኣመልከቱ።

ኣንስ ማቲየንሶ ድሌት ህዝቢ ኤርትራ ይምርምር ኣብ ዝነበረሉ፡ ሕ.ሃ. ድሕሪ ትግባረ ናይቲ ፈደረሽን'ውን እንተ ኾነ ንኤርትራ ክሕግዛ ኢዩ ክብል ከም ዝተመባጽዐ ብምዝኽኻር፡ እቲ ውድብ ንሕቶኦም ብኣዎንታ ንኽምልስ እቶም ኣባላት ሓተቱ።

> ንዓና ከም ዝርድኣና፡ ምስ ደምዳሚ ጸብጻብ ኮሚሽነር ሕ.ሃ. እውን ምስ እነዛምዶ፡ መሰላት ህዝቢ ኤርትራ ኣብ ፈደራል መድረኽ ይጠሓስ'ዩ ዘሎ። ውድብ ሕ.ሃ. ድማ ዘይፍትሓውያን - መንግስቲ ኢትዮጵያ ድማ ሎሚ ዘይፍትሓዊ ኢዩ ኾይኑ ዘሎ - መሊኹ ሕጋዊ መትከላት ከኽብር ዝኽእል ሓደን ዝበለጸን መጋበርያ ኢዩ።
>
> በዚ ምኽንያት እዚ፡ ህዝቢ ኤርትራ ሽቶኡ ምእንቲ ክወቅዕ፡ ንኹነታቱን ንህይወቱን ምስ ሕ.ሃ. ብሓላፍነት ዘራኽብ ማእከል ኣብ ኤርትራ ይሃልዎ ንዝብል ጥርዓንና ናብ ዋና ጸሓፊ ንኸተቕርበልና ንሓተካ።

ነዚ ጥርዓን'ዚ፡ ኣኪቶ፡ ቃዲ ዓሊ ዑመር፡ ሰዒድ ሰፋፍ፡ ዑመር ሱሌማን፡ ኢድሪስ መሓመድ ኣዱም፡ ሳልሕ መሓመድ ኣሸክሕ፡ ብእምነት ተሰማን ካልኦትን ዝርከቡዎም ኣባላት ፈረሙሉ።

ሪድ ነቲ ጥርዓንን ንዝርዝር ኣሰማት ናይቶም ንናይ 22 ግንቦት ውሳነ ባይቶ ኣንጻር ምትእትታው ኢትዮጵያ ኣብ ውሽጣዊ ጉዳያት ኤርትራ ዝደገፉ ኣባላትን ኣተሓሒዙ ኒዩ ዮርክ ምስ ኣተወ፡ ብመሰነይታ ደብዳበ ንኣንድሩ ኮርድየር ኣረከቦ። ነቶም ኣባላት ብዛዕባ ድሩትነት ስልጣኑ ከረድኦም ከም

ዝፈተነ፡ እቲ ዝበለጸ ኣገባብ ድማ ንሕቶታቶም ብመገዲ እንደራሴ ንጉሰ ነገስት ናብ ሕ.ሃ. ምትሕልላፍ ኢዩ ክብል ከረድኦም ከም ዝፈተነ'ውን ገለጹሉ።

ኮርደየር ንሪድ ኣይመለሰሉን። ኣብ ጉድኒ እታ ብዛዕባ ድሩትነት ስልጣኑ እትገልጽ ሕጡብ ግን፡ ሓንቲ ናይ ኣድናቖት ምልክት (!) ኣሰፈረ። ኣብ ላዕለዋይ ሸነኽ ናይታ ደብዳበ ድማ፡ "ሰንድ፡ ዘይትግበር" (file - no action) ዝብል ትእዛዝ ሃበ።[35]

ከምዚ ኢሉ፡ እቲ ንኹነታት ኤርትራ ብግቡእ ከረድእ ዝሀቅን ዝነበረ ፈተነታት ሪድ፡ ኣብ ሕ.ሃ ኣንጻር ትግባረ ፈደራል ውሳነ ተነዲቑ ምስ ዝነበረ ጋሪዲ እናተላገሰ ፈሸለ። እቲ ዘገርም፡ ቤት ጽሕፈት ዋና ጸሓፊ ብዛዕባ ስልጣን ሪድ ክልተ ጊዜ ምዝራቡ ኢዩ። ብ8 መጋቢት 1953 ንኣብነት፡ እቲ ብመልክዕ ጥርዓናት ካብ ህዝቢ ናብ ዋና ጸሓፊ ሕ.ሃ. ዝውሕዝ ዝነበረ ጽሑፋት፡ ንሱ ከም ወኪል ዋና ጸሓፊ ኣብ ኤርትራ፥ ናብ ዋና ቤት ጽሕፈት ክልእኮ ከም ዝኽእል ተነጊሩዎ ነበረ። ብመሰረት'ዚ ሓላፍነት'ዚ ድማ፡ በሎ እቲ መምርሒ፡ "ኩሉ ናብ ዋና ጸሓፊ ዝለኣኽ ጽሑፋት ከፊትካ ብምንባብ፡ ናብዚ ክለኣኽ ዘድሊ እንተ ኾይኑ ንኽትልእኾ ተፈቒዱልካ ኣሎ።"[36]

ነዚ መዝነት እዚ ሂቦም ኩብቅዑ ኢዮም በዓል ኮርዲየር ተመሊሶም ንሪድ ኣብ ምግናሕን ኣብ ምኽልኻልን ዝኣተዉ። ሪድ ብወገኑ፡ ንምርስትሮም ዝተባህለ ተማራማሪ ብዛዕባ'ዚ ገለጸሉ፡

> ካብይ ንዓመትን መንፈቕን ዝኣክል ምስጢራዊ ጸብጻባት ድሕሪ ምቕባል፡ ደም ናይ ምፍሳስ ተኽእሎ ዳግም ክለዓል ከም ዝኽእልን ሕገ መንግስቲ ይጠሓስ ከም ዝነበረን እኹል መጠንቀቕታ ድሕሪ ምርካበን፡ ቤት ጽሕፈት ዋና ጸሓፊ ንዓይ ገንሸል መስዋእቲ (bouc emissaire) ብምግባር፡ ሕገ መንግስቲ ዝግህሰ ተግባራት ኣብ ኤርትራ ብዛዕባ ምኽያዱ ዝኾነ ኣፍልጦ ከም ዘይነበሮ ኾይኑ ክርእ ፈቲኑ።[37]

ጥልመት ሕ.ሃ. ንኸረድኡ ዛጊት ካብ ዝቐረቡ መርትዖታት፡ እዚ ንኣርተር ሪድ ዘጓሃፎ ርእይን ዝተወደበን ዕንቅፋታትን ንጥርዓናት ህዝብን ኣባላት ባይቶን ዝተዋህቦም ጸማም እዝንን፡ እቲ ዝያዳ ዝጭብጥን ክኩሓድ ዘይክኣልን ኮይኑ ንረኽቦ።

---

35. Reid to Cordier, File No: Eritrea, 15 July 1954.

36. Reid to Warstrom, Response to Question 1B.

37. ከም እ.ጽ. 36።

ምዕራፍ 20

ምዕጻው ደሃይ ኤርትራን ዘሰዓቦ ተቓውሞን

ደሃይ ኤርትራ ኣብ ድሮ ምዕጻዋ

ኣብ *ደሃይ ኤርትራ* ብትእዛዝ ጠቕላሊ ቤት ፍርዲ ኤርትራ ዳግም ተኸፊታ ንሓሙሽተ ወርሒ ኣብ ዝተሓትመትሉ እዋን፡ ብዙሕ ዝዓይነቱ ዓንቀጻትን ርእይቶታትን ዜጋታት ኣንገደት። መብዛሕትኡ እዚ ብዛዕባ ምሕላው መሰላት ኤርትራ ኣብ ትሕቲ ፈደራል ስርዓት ክኸውን እንከሎ፡ ንብርክት ዝበለ ብጋዜጣ ኢትዮጵያ ዝተዘርግሐ ወረን ነቐፌታን ዝምልሰን ካልእ መብርሂታት ዝሀብን እውን ነበረ። ገለ ኻብዚ፡ ተነቃፊ ወይ ኣጸላሚ እናተባህለ ክሳብ ብኽሲ ናብ ኣብያተ ፍርዲ ክኸይድ ተራእየ።

ንኣብነት'ኳ ብ23 ሚያዝያ 1954 ኣብ ሰውት ኣል ኤርትረያ ብዓረብ ኣብ ዝወጸ ጽሑፍ፡ ገለ ኣባላት ኣል ራቢጣ ናብ እንደራሴ ኣንዳርጋቸው ብምኻድ ነቲ ማሕበር ከም ዘነወሩን ንቐቢላታቶም ከም ዘቐየሙን ሰዓቢ ዝብሃል ከም ዝሰኣኑን ዝገልጽ ዓንቀጽ ተሓትመ። ሓሙሽተ ካብቶም በዚ ኣገባብ ዝተነቕፉ ሰባት፡ ጸሓፍቲ ናይቲ ዓንቀጽ ኣሕመድ ባሳዓድን፡ ኣባላት ባይቶ ዝነበሩ ያሲን ባጦቕን ብርሃኑ ኣሕመዲንን'ዮም'ሞ፡ ብገበን ምጽላም ይቀጽዑልና ክብሉ ክሳብ ብይግባይ ተኸሰስቲ ኣብ ጠቕላሊ ቤት ፍርዲ በጽሑ። እቲ ጉዳይ ንዝያዳ ሓደ ዓመት ምስ ኣከራኸረ፡ ብናጽነት ተኸሰስቲ ተደምደመ።[1]

ነዚ ዝመስል ኣብ ክሲ ዝበጽሐ ጽሑፍ፡ ምስቲ መንግስቲ ኢትዮጵያ ከም ሓጥያት ትቖጽሮ ዝነበረት ንጥፈታት ደሃይ ኤርትራ ተጸብጸበ። ብሓቂ ድማ፡ መንግስቲ ኢትዮጵያ ክንዲ ሓጥያት እትጥምቶን ብኡ መጠን ክትተሓሓዞ እትደልን ጽሑፋት ኣብታ ጋዜጣ ብቐጻሊ ይወጽእ ነይሩ'ዩ። ንኣብነት'ኳ፡ ኣባል ባይቶ ኣባ ሃብተማርያም ንጉሩ፡ መንግስቲ ኢትዮጵያ ብዛዕባ ምምዝጋብ ወጻእተኛታት ኣብ ኤርትራ ንዘውጽኦ ኣዋጅ ተቓዊሞም ኣብ ባይቶ ስለ

---

1. Supreme Court of Eritrea, The Law vs Berih Mohamed and others, case No 28/0/55, (Asmara Case No. 404/55), 7 November 1955. ሰውት ኣል ኤረትረያ፡ 2ይ ዓመት ቍ. 35፡ 23 ሚያዝያ 1954። እቶም ካልኦት ከሰስቲ፡ ሰዒድ ሓምድ፡ መሓመድ ዓሊ ዑመር፡ ሽኽ ከሊፋ ኣሕመድ፡ ሓሰን ሓሚድ ነበሩ።

ዝተዛረቡ፡ ኣብ ጋዜጣ ኢትዮጵያ ኣበርቲያም ተነቒፉ።[2] ኣብ ደሃይ ኣብ ዘውጽእዎ፡ ኣብቲ ጊዜ ብዙሕ ዘዛረበ መልሲ፡ ኣባ ሃብተማርያም ከምዚ በሉ፡

> እንቋዕ ደኣ ሎሚ ኣብ ኤርትራ ናይ ዝኾነ ይኹን ዓይነት "ኮሎኒያሊዝሞ" ንሓራ ጋዜጣታት "እዚ ጸሓፍ፡ እዚ ኣይትጽሓፍ፡ ንእከላ ከምዚ ኢልካ ብዘይ ናቱ ከም ኣምላኽ ወድሶ፡ ንእከለ ድማ ብዘይካ ዓገቡ ከም ሰይጣን ኣጸልሞ..." ቢሉ ትእዛዝ ዘተሓላልፍ፡ ከም ቅኝ ሃገራት ዚርከብ ናይ "ፖለቲካ" ቤት ጽሕፈት ኣይሃለወና እምበር፡ ከም ኣባላት ባይቶ-ሕዝቢ መጠንሲ ብዝገለጽናዮ ርእይቶ እንተ ተወቐስና፡ ሕዝብና ናይ ሓርነት ስሜትን ሓላፍነትን ከም ዘሎዎ፡ ድሮ ጣዕሙ ኣስተማቒሩዎ ድማ፡ ንሓዋሩ ክሰውኣሉ ከም ዝኽእል እናተረድአ የጸናንዓና ስለ ዘሎ፡ የሐጉሰና እምበር ምንም ኣየሕዝነናን።[3]

ነዚ ኣብ ዝጸሓፉሉ፡ ኣባ ሃብተማርያም ካብቲ ኣቐዲሙ ዝነበሮም ናይ ሕብረት ዝንባለ ፍጹም ርሒቖም፡ ነቲ ናይ ተድላ ግሁድ "ኢትዮጵያዊ ፕሮፖጋንዳ" ዝበሉዎ ኣትሪሮም ይቃወሙ ኣብ ዝነበሩሉ ጊዜ ኢዩ። ኣርተር ሪድ ቅድሚ ምኻዱ ከም ዝረኸቦም፡ ርእይቶኦም ብዘይ ተጉላባ ከም ዝገለጹን መራሒ ናይቲ ኣብ ባይቶ ዝነበረ ናጻ ኣተሓሳሰባ ከም ዝነበሩን ኣነጺሩ ነበረ።[4] ብሰንኪ ምእንጋድ ጽሑፍ ኣባ ሃብተማርያም፡ ደሃይ ተወሳኺ ነቐፌታን ዘለፋን ወረዳ። መራሕታ ብኽድዓት ማዕረ ይሁዳ ተሰርዑ። ንሶም ድማ ፈላሲ ክነሶም ኣብ ጉዳይ ሃገር ብምግዳሶም ከም ነውሪ ተቘጺሩዎም ብዙሕ ተኸሰሱን ተዋረዱን።

ኣብ መፋርቕ 1954፡ እቲ ኣንጻር ደሃይ ኤርትራ ዝካየድ ዝነበረ ጽዑቕ ጉስጓስ መሊሱ ወሰኸ። ኢትዮጵያ ወይ ኣዳላዊኣ ተወልደብርሃን ገብረመድህን (ዘኬዎስ) ካብ ጊዜ ናብ ጊዜ እናገደደ ብዝኸይድ ናይ ጉነጽ ቋንቋ ይጥቀሙ ስለ ዝነበሩ ይኸውን፡ ወግዓዊ ጋዜጣ መንግስቲ ኤርትራ ዘመን "ኣፍካ ኣይጽረፍ ኢድካ ኣይግረፍ" ብዝብል ኣርእስቲ፡ ጋዜጣታት ልዝብ ንኽብላ ዝመክር ጽሑፍ ኣውጽአ።[5] ጋዜጣ ኢትዮጵያ ግን፡ ንዕኡ'ውን ዘየናሕሲ ነቐፌታ ስለ ዘውረደሉ፡ "ጸርፍን ሸምጠጣን ኣጽዋር ዓሻን ደንቆሮን'ዩ" ብዝብል ርእሲ፡ ንነብሱ ኣብ ምክልኻል ኣተው።[6]

ዘመን ኣብቲ ኽትዕ ዝኣተው፡ ኣንፈት ናይቲ ኣብ ክልቲኡ ተጻራሪ ጋዜጣታት ዝሰፍር ዝነበረ ጽሑፋት ኣሰካፍን፡ ብፍላይ ድማ ኣብ ኢትዮጵያ፡ ናብ ክቱር ጽልእን ባእስን ዘምርሕን ስለ ዝነበረ ኢዩ። ንኣብነት ዝኸውን ሓደ ጥቕሲ ንርአ፡

---

2. ነዚ ነቐፌታ'ዚ፡ ብስም "ኣርከሌዎስ" ዝጸሓፉ ብላታ ተሰፋጽዮን ደረስ፡ ሓው ንዝርኣይ ደረስ ኢዮም። ኢትዮጵያ፡ 24 ሚያዝያ 1954።
3. ደሃይ ኤርትራ፡ 2ይ ዓመት ቁ. 39፡ 21 ግንቦት 1954።
4. Reid toWanstorm, Reply to Q. No 5D.
5. ዘመን፡ 2ይ ዓመት ቍ. a
6. ዘመን፡ 2ይ ዓመት a74፡ 15 ሰነ 1954።

"ሕማቕ እንታይ የምጽእ፡ ማይከ እንታይ የጕስዕ?" ሓንቲ'ኳ ዘበልናዮ፡ ብዛዕባ እዞም ትሕቲ እንስሳ ዚግመቱ ሰብ-መሲል መራሕቲ "ዳህያ ኤርትራ" ትዝ ስለ ዘበለና ኢዩ። እወ፡ ሕማቕ ንሕማቕነቱ ተጐልቢቡ ዚነብር እዩ'ምበር ንተግባር ጀጋኑን ክኢላታትን ዜጸቢ ኣይኮነን። ከምኡ ድማ ማይ ስትይ እንተ ወዓልካዮ፡ ልዛይ ዚጥዕም መረቕ ይፈጥረልካን የብዝሓልካን እምበር፡ ሲሳይ ኣኺሉ ኣየጕስዓካን። እምበኣርከስ፡ ካብ መራሕቲ "ዳህያ ኤርትራ" እውን፡ ንኣንባቢ ደስ ዜብል ጭውነት ዝመልአ ኣነጋግራ... ኪንበብ ወይ ኪርከብ ኣይከኣልን። ከመይ፡ ሕማቕ ዜምጽኦ ከም ዘይብሉ ማይ እውን ዘየጕስዕ እዩ'ሞ፡ ካብ ከምኣቶም ዝመሰሉ መፋልስ'ውን፡ ናይ ዝዓበደ ከልቢ ውሕ ውሕ እንተ ዘይኮይኑ፡ ካልእ ቅዉም ነገር ኣይርከብን።

ንደሃይ ኤርትራ ኮነ ኢሉ "ዳህያ" ወይ ጥፍኣት እናሰመየ እቲ ዓንቀጽ ነቶም ፈደረሽን ይጽናዕ እናበሉ ብባይቶን ብውሽጥን ዝማጐቱ ዝነበሩ ዜጋታት፡ ብሰይጣናዊ ተልእኾ ከም ዝተደረኹ ከዳዓት ድሕሪ ምምልካት፡ ነዚ በለ፡

> ርግጽ እዩ፡ ኣብ መንጎ መልኣኽን ሰይጣንን ዘለዓለማዊ ኩናት ከም ዘሎ፡ ኣብ መንጎ ኣማንን ከሓድን እውን ዘየቋርጽ ግድል ከም ዘሎ ኣየጠራጥርን። እዞም ሓምሊ ባዕዲ ዘዳራሾም ሓሳኹ ድማ፡ ክሳብ ዘርኢ ክሕደት ካብ ሃገርና ዚድምሰስ ዕረፍቲ ወይ ራህዋ ንረክብ ኢና ኣይብሉ። ስለዚ ድማ፡ ጐይታና ኢየሱስ ክርስቶስ ነተን እናበኸያ ዝሰዓባኦ ኣንስቲ፡ "... ምእንታኻትክንን ምእንቲ ደቅኻትክንን ደኣ ብኸያ እምበር ምእንታይስ ኣይትብክያ..." ዝበለን፡ እዞም "ዳህያ" ዝፋሎም ናይ ሕዝቢ ቍንቍነ'ውን፡ ምእንቲ ገዛእ ርእሶም ደኣ ይብከዩ እምበር፡ ሕዝቢ ኤርትራስ ኣይንታዮምን፡ ንሳቶም ከኣ ኣይንታዩን።[7]

ኣብ ዝቐጸለ ሕታማቱ፡ ኢትዮጵያ ካብ ናይ ቃል ዘለፋ ሓሊፉ፡ ኣብ ልዕሊ መራሕቲ ደሃይ ኤርትራ ካልእ ዝዓይነቱ ሓደጋ ክወርድ ከም ዝተቓረበ ዘሰምዕ መፈራርሒ ምስ ዘርግሐ፡[8] ደሃይ "ብምፍርራሕዶ መሰልካ ይሕደግ" ብዝብል ኣርእስቲ መልሲ ሃበ፡

> ኣብየት ዝሓለፈ ሰሙን፡ በዛ ንደቂ ኤርትራ ዘይተዓደለት ኢትዮጵያ ዝተባህለት ጋዜጣ፡ ዝቕተሉን ዝጭፍጨፉን ሰባት ኣለዉ'ኳ እንተ ዘይበለትስ፡ ኣብ ርእሲ ደቂ ኤርትራ ዝፍሓስ ዘሎ ነገር፡ ስርቕ ኣቢላ ግዲ ሰሚዓ ኾይናስ፡ ኣብዚ ሰሙን እዚ ዚእሰሩ ሰባት ኣለዉ እናበለት ንሕዝቢ ከተፍልጥ ትስማዕ። ኣየ'ወ፡ ትማሊ ትማሊ፡ ብሰንኪ ገለ ቊሩባት ግፍዔኛታት ሰባት፡ ኣብ ርእሲ ሕዝቢ ወሪዱ ዝነበረ ግፍዒ ድሮ ተረሲዑስ፡ እቲ ዝተፈጸመካ ግፍዕን መከራን ከኣ፡ መሊስካ ኣብ ርእሲ ኣሕዋትካ ክትፍጽም ምሕሳብስ ካብ ሕጊ ኣምላኽ ወጺእካ ናብ ጋኔን ምዕሳብ'ዩ እንተበልና ካብ ሓቂ ኣይረሓቕናን።
> ... እምበኣርከስ፡ ጐይታ ዓደይን መሰለይን ዝበለ ንቕትለትን እሰራትን ድሕሪ ዝፍረድ ኮይኑስ፡ ኣየናይ ደኣ ኢዩ ነጻነትን ሕውነትን ማለት? እቲ

7. ኢትዮጵያ፡ 8ይ ዓመት ቍ. 486፡ 20 ሰነ 1954።
8. ኢትዮጵያ፡ ቍ. 487-489 ርአ።

ኹሉ ተንኮል ዝፍጸም ዘሎስ፡ ብባርነት መልክዕ እንተ ዘይኮይኑስ፡ ብፍቕርን ሰላምን፡ ልዕሎን ትሕቶን ዘይብሉ ተሰማሚዕካ ምንባር ኣሸጋሪ ኮይኑ ዶኾን ተሰሚዑዎም'ዩ?

... ኣብ ርእሲ መፍቀርቲ ዓዶም ዝኾኑ ኤርትራውያን ኪፍጸም ዚሕሰብ ፋሺስታዊ ግፍዒ እንተርኣዩ፡ ስቓዩ ንሓደ ኽልተ ሰባት ጥራይ ዘይኮነስ ንምሉእ ሕዝቢ ኤርትራ ኢዩ'ሞ ሕዝቢ ባዕልኻ ኣስተውዕሎ።[9]

ሓለፍቲ *ደሃይ ኤርትራ*፡ ነዚ ስምዕታኦም'ዚ ናብ ህዝቢ ካብ ዘቕርቡ ኣብ ሓሙሻይ መዓልቶም፡ ማለት ብ28 ሓምለ 1954፡ ካብ'ቲ ኣብ ኣስመራ ዝምቕማጡ ምኽትል ዓቃቢ ሕጊ ፈደራል ቤት ፍርዲ ኽሲ ቐረቦም። ንሳቶም፡ ማለት መሓመድ ሳልሕ ማሕሙድን ኤልያስ ተኽሉን ጥራይ ዘይኮኑ ድማ፡ እቲ ንደሃይ ኤርትራ ዝሓትም ዝነበረ ቲፖግራፊያ ፊዮረቲ፡ ኣዳላዊ ሰውት ኣል ኤረትረያ (ቋንቋ ዓረብ) ዝነበረ ኣልኣሚን ዓሊን ናይ ቋንቋ ትግርኛ መዘናኡ ገብረመስቀል ዝተባህለን፡ ከምኡ'ውን ኣከፋፋሊ'ታ ጋዜጣ ሳልቫቶረ ሞቺን'ውን ተኸሰሱ።

እቲ ዝቐረቦም ክሲ፡ ንዓንቀጽ 9ን 10ን ናይ ኣዋጅ ፈደራል ገበናት ቍ. 138 ናይ 1953 ብምጥሓስ፡ "ንሓድነት ፈደረሽን ኣብ ሓደጋ ንምእታውን ንምብትታኑን ዝዓለመ ሸርሓዊ (subversive) ፖለቲካዊ ንጥፈታት ኣካዪዶም..." ዝብል ነበረ። ዝርዝራቱ ድማ እዚ ዝሰዕብ ኢዩ፡

- ክሱሳት፡ ካብ መጋቢት ክሳብ ሓምለ 1954 ከም ሓደ ንፈደረሽን
- ኣፍሪሱ ንኤርትራ ካብ ኢትዮጵያ ንኽፈሊ ዝዓለመ ፖለቲካዊ ውድብ ብምቛም፡ ህዝቢ ኤርትራ ኣብ ልዕሊ ፈደራል መንግስቲ እምነት ከም ዘጕድል፡ ሓው ንሓው ናብ ጕነጽ ኣምሪሑ ደም ናብ ምፍሳስ፡ ፈደራል መንግስቲ ናብ ምግምጣልን ናይ ፈደረሽን ሓድነት ናብ ምብትታንን ከም ዝኣቱ ንምግባር ጽዒሮም።
- ደሃይ ኣብ ናይ 2 ሚያዝያ 1954 መበል 30 ቍጽሪ፡ ፈደራል መንግስቲ፡ መሰላት መንግስቲ ኤርትራ ገፊፉ ዝብል ናይ ሓሶት ወረ ብምዝርጋሕ፡ ሸርሓዊ ፖለቲካዊ ንጥፈታት ኣካዪዱ።
- እቲ ጋዜጣ ኣብ ናይ 4 ሰነ ሕታሙ፡ "ሓደገኛ ደም" ብዝብል ኣርእስቲ፡ መንግስቲ ኢትዮጵያ ንኣስላም ናብ መካ ካብ ምንጋድ ከልኪሉዎም ዝብል ናይ ሓሶት ወረ ነዚሑ።
- ኣብ ናይ 18 ሰነ ሕታሙ ድማ፡ ኢትዮጵያ ምስ መንግስቲ እንግሊዝ ብምምሻጣር ንብረት ኤርትራ ብዘይ ንሕስያ ራሲያ ክብል ብሓሶት ከሲሱ።
- ብሓፈሻኡ እቶም ክሱሳት፡ ሸርሓዊ ፖለቲካዊ ባህርይ ዘሎዎ ዓንቀጻት ብምሕታም፡ ሸርሓዊ ፖለቲካዊ ንጥፈት ኣካዪዶም።[10]

---

9. ደሃይ ኤርትራ፡ 2ይ ዓመት ቍ. 48፡ 23 ሓምለ 1954።
10. The Department of Advocate General vs Tipografia Fioretti and others, Criminal case No. 251/46, 21 Hamle 1946 (Geez Calander), Federal Deputy Advocate General's Office, Imperial Ethiopian Government.

እዚ ኽስታት'ዚ ኣብ ዝተፈላለዩ ዓንቀጻት ደሃይ ዝተመርኮሰ'ኳ እንተ ነበረ፡ ነገር መድለዩ ደኣ ኾይኑ'ምበር ሓዲሽን ኣቐዲሙ ዘይተባህለን ኣይነበሮን። እታ "ሓደገኛ ደም" ዝበላ'ቲ ኽሳሲ፡ ኣብ ሰውት ኣል ኤረትሪያ ብ"ተሰሪሕ ኸጢር" ዝብል ኣርእስቲ ዝተጻሕፈት፡ ሚኒስተር ፋይናንስ ኢትዮጵያ መኰነን ሃብተወልድ፡ ንኣስላም ኣባላት ማሕበር ፍቕሪ ሃገር - ኤርትራ ምስ ኢትዮጵያ ኣኪቡ፡ ናብ መካ ካብ ምኻድ ከም ዝኣገዶም ትሕብር ነበረት። "ዋላ እቶም ኣንጻር ኣስላም ተረርቲ ኢዮም ዝብሃሉ ሃገራት'ውን፡ ከምዚ ናይ ኢትዮጵያ ስጉምቲ ወሲዶም ኣይፈልጡን... እሞ ኸኣ ዝበዝሑ ኣስላም ዘለውዋ ሃገር... ብድሕሪ'ዚ እንታይ ኮን ክንሰምዕ ኢና?" ብምባል ድማ እቲ ዓንቀጽ ምረቱን ኰነኡን ዘርግሐ።[11]

እቲ "ንኢትዮጵያ ብራሰያ ንብረት ኤርትራ ወንጂሎም" ዝብል ክሲ ድማ፡ "መንግስቲ ኢትዮጵያ ካብ ኤርትራ ግቡእ እምበር ዘይግብእ ኣይወሰደትን... መንግስቲ እንግሊዝ ዝሃባ ኢዩ..." ንዝበለ ጽሑፍ ጋዜጣ ኢትዮጵያ ኣመልኪቱ፡ ሓደ ኣብርሃ ተመልሶ ዝተባህለ መንእሰይ "እምበኣር፡ ከም ኣዘራርባ "ኢትዮጵያ" ጋዜጣ፡ መንግስቲ ኢትዮጵያ፡ መንግስቲ ባዕዲ ዝሃባ ምቕባልን ዚብላ ምግባርን እንተ ዘይኮይኑ፡ ናይ ገዛእ ርእሳ ሕልናን ፍትሕን ሓሳብን ሞራልን የብላን'ሞ፡ መንግስቲ እንግሊዝ ካብኡ ዝገደደ ግበርዮም (ንኤርትራውያን) ኢሉዋ እንተ ዝኸውን ሕራይ ምበለት ማለት'ዩ!" ዝብል ባሚ ነይሩዎ ኢዩ።

መንግስቲ ኢትዮጵያ እምበኣር፡ ነዚ ኽልቲኡ ጽሑፋት'ዚ - እቲ ቀዳማይ ርእይቶ ጋዜጣ፡ እቲ ኻልኣይ ጽሑፍ ውልቀ-ሰብ - ከም እኹል ምኽንያት ወሲዱ፡ ንደሃይ ኣብ ቤት ፍርዳ ኣቕረበታ። ጉዳይ ደሃይ ኣቐዲሙ ኣብ ጠቕላሊ ቤት ፍርዲ ኤርትራ ቐሪቡስ፡ እቲ ቤት ፍርዲ ጽሑፋት ደሃይ ብሸርሒ ወይ ብጥልመት ዘኽስስ ከም ዘይነበረ ብምንጻር፡ ነታ ጋዜጣ ካብ ምዕጻው፡ ንኣዳለውታ ድማ ካብ ማእሰርቲ ሓራ ገይሩ ስለ ዝነበረ፡ እቲ ጉዳይ ተዓጽዩ ነይሩ ኢዩ። ፈደራል ላዕለዋይ ቤት ፍርዲ ድማ፡ ብጠቕላሊ ቤት ፍርዲ ኤርትራ ንዝተወሰነ ጉዳይ ኣልዒሉ ክርእየሉ ዝኽእል ሕጋዊ መገዲ ኣይነበሮን። እንተ ኾነ ግን፡ ኣቐዲሙ በብቑሩብ ኣተኣታትዩዎ ንዝነበረ፡ ንዘይምልከቶ ጉዳያት ናይ ምግባት ዘይሕጋዊ ተግባር ከም ቅቡል ኣገባብ ኣሰራርሓ ብምውሳድ፡[12] ነቲ ኣብ ልዕሊ *ደሃይ ኤርትራ* ዝወረደ ኽሲ ተቐበሎ'ሞ፡ እቶም ክሱሳት ቤት ፍርዲ ቐረቡ።

11. ሰውት ኣል ኤረትሪያ፥ "ተሰሪሕ ኸጢር"፡ 2ይ ዓመት ቊ. 4፥ 4 ሰነ 1954።
12. ንኣብነት፡ ብ23 መጋቢት 1954፥ ፈደራል ላዕለዋይ ቤት ፍርዲ፥ ስልጣን ኣብያተ ፍርዲ ኤርትራ ክኸውን ዝግብኦ ንዝነበረ ናይ ዓመጽ ጓል ኣንስተይቲ ጉዳይ ተቐቢሉ ፈሪዱ ነበረ፥ Schneider to State Department, 775A. 32/3-3054, 30 March 1954. ብተመሳሳሊ፥ እቲ ቤት ፍርዲ ኣቐዲሙ ንዝቐረበሉ ንሰብኣዊ መሰላት ዝምልከት ጉዳይ ካብ ስልጣኑይ ወጻኢ ብምባል ነጺጉ ከብቅዕ፡ ብ15 ጥቅምቲ 1953 ግን፡ ፕረዚደንት ላዕለዋይ ፈደራል ቤት ፍርዲ ኖርድስትሮም እናተቓወመ እንከሎ፡ ጥበቡ በየነን ደጊያት ደሞዝ ሓጉስን ዝተባህሉ ዳያኑ ብድምጺ ብምዕብላል፥ ካልእ ንሰብኣዊ መሰል ዝምልከትን ስልጣን ኣብያተ ፍርዲ ኤርትራ ዝነበረን ጉዳይ ብምቕባል፡ ቅዋም ኤርትራ ጥሒሶም ነይሮም'ዮም። Bal. Tzegai Zemo et al vs Government of Eritrea Civ 7-46, Federal High Court in Eritrea, 9 April 1954.

ብ6 ነሓሰ ዝወጸ መበል 50 ቍጽሪ ደሃይ፡ ናይ'ታ ጋዜጣ ናይ መወዳእታ ሕታም ኮነ። ደሃይ ኤርትራ ብትእዛዝ መንግስቲ ተዓጽያ ማለት'ዩ። ተሰፋ ናይ ኣዳለውታ፡ ብውሑዱ እቶም ኣብኣ ዝጽሕፉን ሰዓብታ ዝነበሩን፡ ብዓቢኡ ደማ ኣባላት ኣል ራቢጣን ካልኣት ናጽነታውያን ሰልፍታትን ህዝባዊ ተቓውሞ ክለዓዕሉ ኢዩ ዝነበረ። ንዕኡ ዝመስል ዝኾነ ምንቅስቓስ ወይ ስጉምቲ ግን ኣይተራእየን። ኮይኑ ተሪፉ፡ ተቓውሞ ካብ ባይቶ ኢዩ ክመጽእ ዝኽእል ዝነበረ። ኣብኡ ድማ ገለ ኣባላትሰ ኣይሰነፉን።

ብ16 ነሓሰ፡ ባይቶ ብዛዕባ ባጀት እናተኻትዐ እንከሎ፡ ጉዳይ ምዕጻው ደሃይ ኤርትራን ክሲ ኣብ ልዕሊ ኣዳለውታን ተላዕለ'ሞ፡ እቲ ናይ ባጀት ሕቶ ተወንዘፈ።

ንጽባሒቱ ብ17 ነሓሰ፡ ማለት 11 መዓልቲ ድሕሪ ምዕጻው ደሃይ፡ ብቓዲ ሙሳ ኣዱም ዝምርሑ 25 ኣስላም ኣባላት ባይቶ፡ "ሰበ ስልጣን መንግስቲ ኢትዮጵያ ኣብ ውሽጣዊ ጉዳያት ኤርትራ ኢዶም ይመልሱ ስለ ዘለዉ... ተግባራቶም ድማ ንውሰጠ ናጽነት ኤርትራ ዝግህስ ስለ ዝኾነ..." ነዚ ዝምልከት ጥርዓን መታን ከቕርቡ፡ ሽው ንግሆ ባይቶ ከም ዘይኣትዉ ዝገልጽን፡ ብምሉኦም ዝፈረሙሉን ጽሑፍ ንፕረዚደንት ባይቶ ሃቡዎም። ከምቲ ዝበሉዎ፡ ኣብቲ ናይ ሰዓታት ስራሕ ዕለታዊ ደብተር ኣስማቶም'ኳ እንተ ፈረሙ፡ መጋባእያ ባይቶ ከይተቐልቀሉ ኣርፈዱ።[13]

ሽዑ መዓልቲ፡ ኣብ ሰዓታት ድሕሪ ቐትሪ፡ እቶም ኣባላት ናብ ባይቶ እንተ ተመልሱ፡ ምልኣተ ጉባኤ ኣይረኸበን ተባሂሉ ብኣቦ መንበር ተዓጽዩ ጸንሖም። ንጽባሒቱ ናብ ጸሓፊ ባይቶ ፈርገስ ማክሊሪ ኣብ ዝጸሓፉዎ ደብዳቤ፡ ምቝራጽ ኣኼባ ባይቶ ብመሰረት ውሽጣዊ ሕግታቱ ወይ ድማ ምልኣተ ጉባኤ ስለ ዘተሳእነ ደኣ'ምበር፡ ብድሌት ሰብ-መንበር ክዕጾ ሕጊ ከም ዘይፈቅድ ሓበሩ። እቲ ናይ ቅድሚኡ መዓልቲ ብኸራት፡ ኣፍሊጦምን ፈሪሞምን ስለ ዝገበሩዎ ከም ብኸራት ከም ዘይሓሰቡዎን በቲ ተረኺቡ ዝነበረ "ዕግርግር ገለ ሓላፍነት" ከም ዘይነበሮምን ከም ዘይቅበሉን ኣፍለጡ። [14]ሕጂ'ውን ባይቶ ኣይተኸፍተን።

ብ19 ነሓሰ፡ ቍጽሪ ናይቶም ኣቕረብቲ ጥርዓን ናብ 29 ክብ በለ'ሞ፡ መሊሶም ጉዳይ ደሃይ ኤርትራ ንኽዝረበሉ ሓተቱ። ኣቦ መንበር ዓሊ ረድኣይ፡ ኣብቲ ጊዜ'ቲ ጉዳይ ባጀት ጥራይ እምበር ካልእ ሕቶ ከም ዘይሰማዕ ሓበሩ። ከምዚ ምስ ኮነ፡ ቃዲ ሙሳ ኣዱምን ሰዓብቶምን ካብ ባይቶ ወጽኡ። ዓሊ ረድኣይ ምልኣተ ጉባኤ ኣይተረኸበን ብምባል ባይቶ ዓጸዉ። ብድሕር'ዚ፡ እቶም ኣቕረብቲ ሕቶ ናብ ሃጸይ ሃይለስላሴ ናይ ቴሌግራም መልእኽቲ ብቛንቋ እንግሊዝ ሰደዱ። ካብ 34 ኣስላም ኣባላት፡ ሓሙሽተ ጥራይ ከይፈረሙ

13. RDC Archives, Box 9 Acc. No 14069; EA Minutes, Nos. 324, 326 of August 17, 18, 1954.
14. RDC Archives, to Secretary of Eritrea Assembly from Musa Adum and others, 18 August 19654, RDC Archives, Box 9, ACC No. 14069.

ተረፉ።[15] እቲ ጥርዓን፡ ምትእትታው ሰበ ስልጣን ኢትዮጵያ፡ ብፍላይ ድማ ፈደራል ላዕለዋይ ቤት ፍርዲ ኣብ ውሽጣዊ ጉዳይ ኤርትራ ካብ መጠን ንላዕሊ ከም ዝገደደ ድሕሪ ምምልካት፡ ቊጥዐን ተቓውሞን ህዝቢ ኤርትራ ብሓፈሻ ናይ'ቲ እስላማዊ ወገን ድማ ብፍላይ ከም ዘለዓዓለ ኣመልከተ። እዚ ድማ፡ ቀጸለ'ቲ ጥርዓን፡

> … እቲ ዝመስል ምትእትታው፡ ነቲ ፈደራል ብይንን ሕገ መንግስቲ ኤርትራን ንኤርትራ ዝሃባን፡ ምእንቲ ዕግበት፡ ድሌትን ሃረርታን ህዝቢ ኤርትራ ድማ ብግርማዊነትኩም ዝጸደቓን ውሽጣዊ ልዕልናኣ (autonomy) ብጋህዲ ከም ምግሃስ ዝቝጸር'ዩ። ብመሰረት እቲ ግርማዊነትኩም ንዕንጋሎ ህዝቢ ኤርትራ ዝሃቦ መብጽዓ፡ ነብስ ወከፍ ሰብ መታን ኣብ ግርማዊነትኩም ተኣማንነትን እምነትን ከሕድር፡ ነዚ ሰበ ስልጣን ኢትዮጵያ ኣብ ልዕሊ ኤርትራን ኤርትራውያንን ዘካይዱዎ ዘሎዉ ረባጺ (agitating) ተግባራት ደው ንኽብሉዎን ብሕጂ ድማ ኣብ ውሽጣዊ ጉዳያት ኤርትራ ኢዶም ንኸየእትዉን ልዑል ትእዛዝኩም ንኽትህቡልና ንልምን።[16]

ድሕሪ ቝሩብ መዓልታት፡ እቶም ዝተረፉ 5 ኣባላት'ውን ነቲ ጥርዓን ስለ ዝፈረሙሉ፡ እቲ ሕቶ ናይ ብምሉኦም 34 ኣስላም ኣባላት ኮይኑ መሊሱ ናብ ሃይለስላሴ ተላእከ። ከምዚ ምስ ኮነ፡ ተድላ ባይሩ ምስ ዓሊ ረድኣይ ብምስምማዕ፡ ንዓንቀጽ 48(5) ናይ ሕገ መንግስቲ ኤርትራ ምርኩስ ብምግባር፡ ባይቶ ኤርትራ ካብ 20 ነሓሰ ጀሚሩ ን20 መዓልቲ ንኽዕጾ ኣዘዙ'ሞ ብኡ መሰረት ተፈጸመ።[17]

ብ10 መስከረም፡ ማለት ሓደ መዓልቲ ቅድሚ ኻልኣይ ጽምብል ዕለት ፈደረሽን፡ ወይ ድሮ ቅዱስ ዮሃንስ፡ ሃይለስላሴ መልሶም ብመገዲ ኣንዳርጋቸው መሳይ ሰደዱ። ንሱ ድማ፡ ንብምሉኦም ኣባላት ባይቶ ናብ ቤት መንግስቲ ኣስመራ ጸውዐ። እቶም 29 ፈረምቲ ነቲ ጻውዒት ተሓሲሞም ኣብ ዝተረፉሉ፡[18] ኣንዳርጋቸው መሳይ፡ መራሕ መንግስቲ ባይቶ ንኽዓጹ ዝተገደደ፡ "ንስኻትኩም ካብ ሕጊ ዝወጸ ነገር ኪስራሕ እናበልኩም ስለ ዘሸገርኩም ምኽኑ ኣብ ናይ ኤርትራ መንግስታዊ ጋዜጣ ተጻሒፉ ብዝተገልጸ ተመልኪትናዮ…" ኢሉ ንዝጀመረ ቃል ንጉስ ኣንበበሎም። መልእኽቲ ሃይለስላሴ ከምዚ ዝስዕብ ቀጸለ፡

> ንሕና ዘጽደቕናዮ ናይ ኤርትራ ኮስትቲቱስዮን ኪኽበር ፍቓድና ኢዩ እሞ፡ ንሱ ብዘይፈቕዶ መንገዲ ኣብ ባይቶ እቶም ብቝጽሪ ውሑዳት ዝኾንኩም ኣብ ርእሲ እቶም ዚበዝሑ ኣባላት ሓሳባትኩም ቅቡል ኮይኑ ምእንቲ ኪርከብ ስምምዕ ስለ ዝሰኣንኩም፡ ብዘይ ኣገባብ እናተመላለስኩም'ውን ናይ

15. EA Minutes No. 328, 19 August 1954. ኣብ መንጎ'ቶም ዘይፈረሙ፡ ዓሊ ረድኣይ፡ ኣረይ ዓጋባ፡ መ ካሱን ሓሰን ካፍል መስመርን ይርከቡዎም።
16. RDC Archives, Telegram to H.M Emperor Haile Selassie, 19 August 1954, Box No. 9, ACC No. 14069.
17. EA Minutes No. 329, 19 August 1954.
18. FO/113515, His/Bri/3/0/01670 (Eritrea Annual Review of 1954).

ባይቶ ስራሕ ከም ዚሓጉል ስለ ዝገበርኩም ሓዚንና ኣሎና። ክሳብ ሕጂ፡ ንሕና ብእንፈልጦ ብወገን መንግስቲ ፈደራል መሰላትኩም ዜጉድል ነገር ሓደ'ኳ ኣይተገብረን ንቅድሚት'ውን ከምኡ ናይ ውሽጢ ኣመሓዳድራ'ኹም ኪሕሎ ነባሪ ትእዛዝና እዩ።

ሃይለስላሴ ቐጺሎም፡ መንግስቲ ፈደራል ኣብ ምሉእ ፈደራል ሃገር ዝጸንዕ ሕጊ ናይ ምውጻእ ሓላፍነት ብፈደራል ድንጋገ ስለ ዝተዋህቦ፡ "ናይ ፈደራል ሕግታት ዜጽንዑን ዜኽብሩን ድማ ናይ ፈደራል ኣብያተ ፍርዲ ኢዮም፡" በሉ'ሞ ብ'ሽምዚ ዝሰዕብ ደምደሙ፡

እምበኣር ናይ ፈደራል ኣብያተ ፍርዲ ብፈደራዊ መደብን ሕግታትን እተዋህቦም መዝን መልእኽትን ከይፍጽሙ ምምልካት ንፈደራዊ ብይን (ኣክት) ብቐጥታ ምቅዋም ማለት'ዩ። ብመንግስቲ ፈደራል ዝወጽእ ኣዋጃት ኩሉ፡ ናይ ፈደራል መሰረታዊ መደብ (ኣክት) ብዚፈቕዶ መንገድን መንፈስን ዝወጸ ኢዩ'ሞ፡ ኣብ ግብሪ ንምውዓል ናታትኩም ቅኑዕ መንፈስ ይጥይቕ።

በዚ ቃል ዓለም ዘይነበሮ፡ ልዙብ ዝመስል ግን ከኣ መገላበጢ ዘየፍቅድ ቃላት፡ ሃይለስላሴ መንግስቲ ኢትዮጵያ ንሕግታት መንግስቲ ኤርትራ ዝሰርዝን ዝዕብልልን ፈደራል ሕግታት ምውጻእ ክቕጽሉ ምዕጣቖምን በዚ መዳይ'ዚ ድማ ዝኾነ ዕንቅፋት ከም ዘይጻወሩን ኣፍለጡ። እቲ "ውሽጣዊ ናጽነት ኤርትራ" ወይ "ኦቶኖሚ" ዝብሃልን "ፈደረሽን" ዝብሃልን ቃላት ኣብ ኤርትራውያን ፈጢሩዎ ንዝነበረ ስምዒት ንምድቋስ ብዝመስል መበገሲ ድማ፡ በዚ ቓላት'ዚ ደምደሙ፡

ኣብ ንጉስ ነገስታዊ ግዝኣትና (ፈደረሽን ከይበሉ ማለት'ዩ) ብምሉኡ፡ ናይ ሕዝብና ሰላማዊ ንብረት ቀጥ ብዝበለ መሰረት ምእንቲ ኪቕጽል ምሕላው መዝናን ተግባርናን ኢዩ'ሞ፡ ክትርድኡና ሓደራ ንብለኩም።[19]

ካብ ንጉስ ዝኣክል ነዚ ብዝመስል ተመሻሻሊ ቃላት ምውጽኡ ልቢ ገለ ኣባላት ባይቶ ተንኪፋ ይኸውን። ነቲ ኣንጻር ተድላን ኢደ ዋኒናዊ ተግባራቶምን ተላዒሉ ዝነበረ ተሪር ተቓውሞ ግን ከዝሕል ወይ ፍታሕ ክህብ ኣይከኣለን። እቶም ኣባላት'ውን፡ ክንዲ ናብቲ ሃይለስላሴ በብቐሩብ ዝፍሕሩዎ ዝነበሩ ሰረታት ፈደረሽን፡ ናብ ተድላ ጥራይ ብምድሃብ፡ ንዕኦም ጥራይ ከም ዕንቅፋት፡ ንሃይለስላሴ ግን ከም ፈታሕ ሽግር ብምርኣይ ነቲ ናይ መራሕ መንግስቲ ግርጭቶም ናብ ዝለዓለ ጥርዚ ንኹብጽሖ ተሸባሸቡ።

ኣብ መንጎ፡ *ደሃይ ኤርትራን* ኣዳለውታ መሓመድ ሳልሕ ማሕሙድን ኤልያስ ተ'ኽሉን ተሃሰዩ። ከምቲ ዝተገልጸ፡ ቍ. 50 ናይ 6 ነሓሰ 1954፡ ናይ መወዳእታ ሕታም እታ ጋዜጣ ኾነ። ኣዳለውታ ድማ፡ ፈደራል ድንጋገን ህንጻ መንግስቲ ኤርትራን ብዘይፈቕዶ ኣገባብን፡ ናጽነቶም ንዘበየነሎም ውሳነ

19. ዘመን፡ 2ይ ዓመት ቍ. 346፡ 10 መስከረም 1954።

ጠቕላሊ ቤት ፍርዲ ኤርትራ ብምጥሓስን፡ በቲ ስልጣን ዘይነበሮ ላዕለዋይ ፈደራል ቤት ፍርዲ ብዙሕ ተኸላበቱ።

እቲ ጉዳይ ብኽርክር ጥራይ ንሰሙናት ጸንሐ። ክሱሳት ጭብጢ ተሳእኖም። ብዋሕስ ተለቒቖም ዝነበሩ ኤልያስ ተኽሉ፡ መሰኻኽር ብብላዕ ክይሓብሉ ተባሂሎም ከም ዝእሰሩ ተገብረ። ሽወደናዊ ፕረዚደንት ናይቲ ቤት ፍርዲ፡ ብትእዛዝ ፈደራል መንግስቲ ኣብቲ ጉዳይ ንኽይኣቱ ስለ ዝተኣገደ፡ ልብናናዊ ምኽትል ፕረዚደንት ደባስ'ዩ ዝሰምዕ ዝነበረ። ንሱ'ውን፡ ብዛዕባ'ቲ ናይ ቤት ፍርዲ ስልጣን ክውስን ስለ ዘይከኣለ፡ ንኽመያየጥ ኣዲስ ኣበባ ምስ ከደ፡ ውሳነኡ ሒዙ ከይተመልሰ እንከሎ፡ እቶም ዝተረፉ ደያኑ ኣንጻር ደሃይን ኣዳለውታን ፍርዶም ሃቡ። እዚ ድማ፡ ደሃይ ኤርትራ ክትዕጾ፡ ኣዳለውታ ክእሰሩ ዝብል ነበረ'ሞ፡ ብኡ መሰረት ድማ ተፈጸመ።[20]

ምስ ምዕጻው ደሃይ ኤርትራ፡ ኣል ራቢጣ ኣል እስላሚያን ካልኦት ናይ ናጽነት ወገናትን፡ ከምኡ'ውን ብምሉኡ እቲ ስርዓት ፈደረሽንን ውሽጣዊ ናጽነት ኤርትራን ንኽይፈርስ ዝማጎት ዝነበረ ወገንን፡ ድምጽን ተጣበቕትን ሰኣነ። እዚ ፍጻመ'ዚ፡ ካልእ ኣገባባት ቃልሲ ናይ ህዝቢ ንኽቀላቐል ካብ ዝደረኹ ቀንዲ ረቛሒታት ኮነ።

ተድላን "ናይ ህጹጽ ሕብረት ሕቶኦምን"

ከምቲ ደጋጊምና ዝጠቐስናዮ፡ ጽንብል ፈደረሽን ኣብቲ ዝተተግበረሉ ዕለት፡ 15 መስከረም ክንዲ ዝውዕል፡ በቲ ሃይለስላሴ ዝፈረሙሉ መዓልቲ ቅዱስ ዮሃንስ ከም ዝኽበር ስለ ዝተገብረ፡ ናይ ገዛእ ርእሱ ክብርን ኣቓልቦን ዝተነፍጎ በዓል'ዩ ዝነበረ። እቲ ዝበዝሕ ክርስትያን ኤርትራዊ ብዝያዳ ናብቲ ሓዲሽ ዓመታዊ መዳይ'ምበር ናብቲ ፈደራል ገጹ ክጥምት ኣይክኣለን። ቅዱስ ዮሃንስ ምስ ባህሊ ዝዛመድን ኣማእት ዓመታት ዝጸንሐን መንፈስ ህዝቢ ዝትንክፍ ሃይማኖታዊ ትርጉም ስለ ዘሎዎ፡ ናብኡ ዝለግብ ካልእ ጽንብል ተዋሒጡ ከም ዝተርፍ ዘጠራጥር ኣይነበረን። እቲ እስላማዊ ወገን እንተ ኾነ'ውን፡ እቲ ከም ዕለት "ናጽነቱ" ክርእዮ ዝተባህለ ዕለት ፈደረሽን፡ ምስ ክንድ'ቲ ዝኣክል ክርስትያናዊ በዓል ተሓዋዊሱ ኽመጾ ብውሑዱስ ቅሬታ ከም ዘሕደረ ዘካትዕ ኣይኮነን። በዚ ምኽንያት'ዚ፡ ጽምብል ፈደረሽን ጉሊሑ ዝርአ ዕለት ናይ ፖለቲካን መጻኢ ዕድል ህዝብን ጥራይ ክኸውን ኣይክኣለን።

20. Eritrea: Annual Review for 1954, FO 371/113515/, His. Bri. 3/01670. ኣብ ልዕሊ'ዚ፡ ደሃይ ኤርትራ 2000 ቅርሺ ኢትዮጵያ ተቐጽዐት። እቲ ናይ ቤት ፍርዲ ውሳነ ብህዝቢ ንኸይፍለጥ ድማ ብምስጢር ተታሕዘ። (Chronology for 1954). ብመሰረት ሓበሬታ ሓው ኤልያስ ዝኾኑ፡ ኣቶ ኣብርሃም ተኽሉ፡ ኤልያስ ተጋግዩ ኢሎም ጣዕሳ ንኽርእዩ ብዙሕ ጸቕጢን ማህረምትን ተኻየደሎም። ንሶም ግን፡ "ኣይተጋገኹን" ዝብል መልሲ ኣብ ልዕሊ ምሃብ፡ ብፈደራል ቤት ፍርዲ ኣይፍረድን ኣብ ዝብል ቃል ጸንዑ። እዚ ድማ ንፍርዶም ስለ ዘጋደዶ፡ መሓመድ ሳልሕ ማሕሙድ ንኽልተ ዓመት ክፍረድ እንከሎ፡ ኤልያስ ሽዱሽተ ተበየነሎም። ካብዚ ነቲ ሓሙሽተ ወዲኦም ድማ ወጹ። ናይ መሓመድ ሳልሕ ማሕሙድ ፍርዲ ዝጐደለ፡ እቲ ዝቐረቦ ክሲ ማዕረ'ቲ ናይ ኤልያስ ሓያል ስለ ዘይነበረ'ምበር፡ ንሱ'ውን ኣብ ቃሉ ከም ዝጸንዐ ኢዩ ዝፍለጥ። ኣብርሃም ተኽሉ፡ ቃለ መጠይቕ፡ ኣስመራ።

ኣብ ከምዚ ዝመሰለ ሃዋህው፡ ኣንዳርጋቸውን ተድላን ሓደ ዝዓይነቱ ሃገራዊ ልብሲ ምስ ጸሊም ካባ ለቢሶምን ሰዓብቶም ኣኼቲሎምን ኣብ ፊት ባይቶ ኤርትራ ኣብ ናይ ክብሪ ቦታታቶም ተቐመጡ። ሰልፊ ወተሃደርን ተመሃሮን ምስ ተወድኣ፡ ኣንዳርጋቸው መደረ ኣሰምዐ። መደረኡ ኣብ ንጡፍ ተራ ፌደራል መንግስቲ ንልምዓት ሃገርን ምብጻሕ ሃይለስላሴ ናብ ምዕራባውያን ሃገራትን ... ዘተኩረ፡ ፈኩስ ዝትሕዝቶኡ ነበረ።

ብድሕሪኡ ተድላ ተዛረቡ። ኣንዳርጋቸው ብኢደ ዋኒኑ ንኣውራጃታት ኤርትራ ስለ ዝበጽሐ ምስኡ ኣብ ምፍጣጥ ዝኣተዉሉ፡ ምስ ባይቶ ወይ ገለ ኣባላቱ ተባኢሶም ንዕስራ መዓልቲ ዝዓጸዉሉ ሳምንቲ ምንባሩ ምዝካር የድሊ። ሓንቲ መጸናንዒት፡ እታ ካብ ሃይለስላሴ ነቶም ሰምዕታ ዝሃቡ ትነቅፍ'ሞ ንዕኦም ትድግፍ ትመስል ዝነበረት መልእኽቲ ጥራይ'ያ ዝነበረቶም። እቲ ዘሰምዑዎ መደረ፡ ንሰነ ኣእምሮኣዊ ኩነታቶምን ንኣተሓሳስባኦምን ከመልክት ስለ ዝኽእል፡ ካብኡ ኣሰፍሕ ኣቢልና ክንጠቕስ ኣድላዪ ኢዩ።

ብይን ሕ.ሃ. ናይ 1950፡ ኤርትራ ምስ ኢትዮጵያ እምበር ምስ ፓኪስታን፡ ግብጺ፡ ኢጣልያ ወይ ብሪጣንያ ብፌደረሽን ትሕበር ስለ ዘይበለ፡ "ኢትዮጵያዊ ዓወት'ዩ፡" ብምባል ዘረባኦም ጀመሩ። ንሕ.ሃ. ኣመሪካ ከም ኣብነት ብምጥቃስ፡ ፌደረሽን ማለት ሕብረት ከም ዝነበረ ንምርዳእ፡ "ኣብ ኣመሪካ 48 ክፍልታት ወይ states ይርከባ። ኣብ ሃገርና ድማ ክልተ ክፍልታት ኤርትራን ኢትዮጵያን።

ተድላን ኣንዳርጋቸውን ኣብ ካልኣይ ጽምብል ዕለት ፌደረሽን። "ተድላ ፍጹም ሕብረት ሓቲቱ" ዝተባህሉሉ መዓልቲ።

ሓደ ሚልዮን ሕዝቢ ዝሓዘ ክፍሊ ሃገር 20 ሚልዮን ምስ ዝሓዘ ክፍሊ ብፌደረሽን ሓቢሩ ይርከብ ኣሎ። እተ 48 ዝሓበረ ክፍልታት ኣመሪካ ይብሃል፡ እዚ ኽልተ ድማ ኢትዮጵያ ይብሃል። ብኽልተ ይጽዋዕ ግና ሓንቲ ዓባይ ኢትዮጵያ ኢያ!" በሉ።

ንኤርትራ ብተደጋጋሚ "መረብ ምላሽ" ብዝብል ስም እናጠቐሱ፡ ተድላ ምስ ኢትዮጵያ ብፌደረሽን ዝሓበረትሉ ምኽንያት ኣብ ትሕቲ መግዛእቲ ስለ ዝጸንሐት ጥራይ ደኣ'ምበር፡ ብቐጽሪ መዘና ኢትዮጵያ ከም ዘይነበረትን ብመሰረቱ ድማ ኣካል ኢትዮጵያ ከም ዝነበረትን ኣረድኡ። ዘረባኦም ከኣ ቐጸሉ፡

(ንውሳነ ሕ.ሃ.) ከም ቃሉን መንፈሱን ኣብ ግብሪ ከነውዕሎ ኾሎና፡ ናይ ሓንቲ ዓባይ ኢትዮጵያ ኽፍሊ ከም ዝኾንና እንተደኣ ረሲዕና፡ ብኢትዮጵያውነትና ኣረጋጊጽና እንተ ዘይኣሚንና፡ ንፌደራዊ ሕግና ኣፍሪስና ንርከብ ኣሎና ማለት'ዩ። ውሳነ ባይቶ መንግስታት ዓለም ቃሉን መንፈሱን ናይ ኢትዮጵያውያን ሕብረት'ዩ። ነዚ መሰረታዊ ሓሳብ'ዚ ስለ ዘስተውዓልና ኢና ንፍርዲ ባይቶ መንግስታት ዓለም ዝተቐበልናዮ። እዚ ምስትውዓል እዚ ዘሎዎ ኤርትራዊ ኢዩ ብፌደረሽን ኪዛረብ ከሎ፡ ስለ መሰሉን ኪፍጽሞ ዚግባእ ተግባርን፡ ብሕጋዊ መንገዲ ኪዛረብ ዚኽእል።

... ሓድ ሓደ ሰብን እግዚኣብሔርን ዝተጻልኦም ሰባት ግና፡ "መረብ ተሳጊርና ናብዚ ክንመጽእ ከሎና፡ ክልተ ኣሕዋት ህዝቢ ነዊሕ ዓመታት ፈልዩዎም ንዝነበረ ወሰን ንኹሉ ጊዜ ብፍጹም ደምሲስናዮ ኢና፡" ዚብል ንጉሳዊ ቃል ረሲዖም፡ ነቲ ብባዕዳን ዝተተኸለ መንገዲ ጥፍኣት ጨቢጦም፡ ናይ ሓሳብን ናይ መንፈስን ካልእ መረብ ኣብ ማእከል ሕዝቢ ሃገርና ኪፈጥሩ ዚፍትኑ ኣሎዉ።

ክሲ ተድላ ብቐጥታ ናብቶም ኣብ ባይቶን ብጋዜጣታትን ብዛዕባ ምዝራፍ ንብረት ኤርትራ ብመንግስቲ ኢትዮጵያ ብተደጋጋሚ ዘመልከቱ ዝነበሩ ብምትኳር፡ "ንዘይተባህለ ተባሂሉ፡ ንዘይተሓሰበ ተሓሲቡ፡ ንዘይተወሰደ ተወሲዱ እናበሉ ንሕዝቢ ኤርትራ ዝሓለዩሉ መሲሎም ክርዳድ ዚዘርኡ ሓድ ሓደ ሰባት ኣለዉ..." ክብሉ ብሓሶት ከሰሱዎም። መንግስቶም ንኹሉ ዝተዋህቦ ሓላፍነት ብሕጋዊ ኣገባብ ይፍጽም ከም ዝነበረ ድሕሪ ምርግጋጽ ድማ፡ "ሓድ ሓደ ዜከራኽር ፌደራዊ ጉዳይ ኪርከብ ከሎ ድማ፡ ብሕጋዊ መንገዲ፡ ብኢትዮጵያዊ መንፈስ ንከራኽረሉ ኣሎና። ንምሳሌ፡ ብዛዕባ ፌደራል ፍርድ ቤት ገና መፈጸምታ ዘይረኸበ ዘረባ ኣሎ። ከምኡ'ውን ካልእ፡" ክብሉ ድማ፡ ኣብ ትሕዝቶን ትንታነን ከይኣተዉ፡ ኣብቲ መዳይ'ቲ ምስ መንግስቲ ኢትዮጵያ ዘሰሓሕብ ጉዳያት ከም ዝነበረ ብምጥቃስ ጥራይ ሸፈፍ ኢሎም ሓለፉዎ።

ብዙሓት ነቐፍቶም፡ ኢትዮጵያዊ ደራሲ ዘውዴ ረታ'ውን፡ ተድላ ምስ ሃይለስላሴ ኣሎኒ ኢሎም ዝኣምኑዎ ዝነበሩ ጽቡቕ ዝምድና፡ ካብ ዝኾነ መዋጥር ከውጽኣኒ ኢዩ ዝብል ተስፋ ከም ዝነበሮም ኢዮም ዝገልጹ። ንዕኡ ንምዕንጋል ይኾውን፡ ኣብዚ ናይ ጽንብል መደረኦም፡ ነቶም ንጉስ ካብ ልክዕ ንላዕሊ ወደሱዎም። "ጽቡቕ ትምኒተይ ትፈልጡዎ ኢኹም። ሕዝቢ መረብ ምላሽ

ንግርማዊ ጃንሆይ የማናይ ኢዶም ክንከውን ዝብል ትምኒት ኢዩ" ድማ በሉ። ግን፡ እቲ ዝምነዩዎ ንኽይከውን ዝጽዕሩ ሰባት ንፌደረሽን ዘይናቱ ትርጉም እናሃቡ ዕንቅፋት ይኾኑ ምንባሮም ንምርዳእ፡ ካብቲ ኣሉታዊ ዘመተታቶም ዝበሉዎ ገለ ኣብነታት ሃቡ። ፌደረሽን እንተ ፈረሰ ሽመት ዝደልዩ፡ እንተ ቐጸለ ዝሓዙዎ ክዕቅቡ ዝብህጉ፡ ሓደ ሚልዮን ምስ 20 ሚልዮን ህዝቢ ፌደረሽን ክምስርት ዘይከውን'ዩ ዝብሉ፡ ንመራሕ መንግስቲ ክቐትሉ ዝሕልኑ፡ ህዝቢ "መረብ ምላሽ" ብሃይማኖትን ብኣውራጃን ከጻልኡ ዝፍትኑ ... ኮታ፡ ንኹሎም ዝዓይነቶም ተጻባእቲ ፌደረሽን ብተሪር ቃላት ነቐፉ። "ፌደረሽን ዚብል ቃል ዚረኽቦ መከራ!" ኢሎም'ውን ኣስተንከሩ።

ዝዓበየ ኽሲ ተድላ ባይሩ ግን ኣብቶም "ኣስላም ካብ ክርስትያን ንፍለ ዚብሉ ናይ ባእዳን መሳርሕቲ" ዓለበ። እዚኣቶም፡ ቀጸሉ ተድላ፡

> ኣስላም ማለት ሓደ ዓሌት፡ ክርስትያን ድማ ካልእ ዓሌት ኪገብሩ ደልዮም ናብ መንግስታት ሱዳንን ግብጽን ፓኪስታንን ንጽሓፍ ሱበ'ውን ንልኣኽ እናበሉ ይመኽሩ ኣለዉ። እዞም ሰባት እዚኦም፡ ንውሳኔ ባይቶ መንግስታት ዓለም፡ ን"ፌደራል ኣክት፡" ንሕንጻ መንግስቲ ኤርትራ ዜፍርሱ፡ ንኢትዮጵያውነቶም ዚኽሕዱ ዘሎዉ ሰባት ኢዮም። እዞም ዝበልናዮም መንግስታት ከም ዘይሰምዑዎም ንፈልጥ ኢና... ነገር ግን፡ ናይ'ዞም ደቂ ኤርትራ ኢና ዚብሉ ገለ ሰባት ሓሳብ ብዝተሰምዓኒ፡ ከምኡ ዚመስል ነገር ከም ዘይድገም'ኳ እንተ ፈለጥኩ፡ ጉዳጉዲ፡ ጉራዕ ዘኪረ። ኩፉት፡ መተማ ዘኪረ። 28 ነሓሰ 1946 (ሱዳናውያን ወተሃደራት ንጹሃት ደቂ ኤርትራ ኣብ ጽርጊያታት ኣስመራ ዝቐተሉሉ ዕለት ምዃኑ ኢዩ) ዘኪረ። ከምዞም ዝበልናዮም ሰባት ስለ ዝገበሩ፡ እዚ ዝጠቐስኩዎ ኩነታት ታሪኽ ሃገርና ተረኽበ። (ኣብ ሓጹር ዝተጻሕፈ ናይ ደራሲ ኢዩ።)

ብኻልእ ኣዘራርባ፡ ተድላ ነቶም መሰላት ኤርትራ ንኽትግበር ኣትሪሮም ዝቃለሱ ዝነበሩ ኣስላም ኤርትራውያን ጸግዒ ሱዳን፡ ግብጽን ፓኪስታንን ሒዞም ብምባል፡ ፍርሒ ናይ ወራር ወይ ዕብለላ እስልምናን ዓረብን ኣብ ህዝቢ ንኽሕድሩ ኢዮም ዝፍትኑ ዝነበሩ። ብድሕሪ'ዚ ኣሰካፊ ቃላት'ዚ፡ መደረኦም ደምደሙ፡

> ፍቕርን ሕያውነትን ስንፍና ኣይኮነን። ትዕግስትን ምስትውዓልን ፍርሂ ኣይኮነን። ነዚ ናይ ሎሚ መዓልቲ ቃለይ ቅድሚ ምውዳእ፡ ሓደ ሓሳብ ከፍልጥ እደሊ ኣሎኹ። ብዛዕባ'ዚ ሎሚ ዘሎን ዚመጽእን ኩነታት ሃገርናስ፡ ደጃዝማች ተድላ ባይሩ መራሕ መንግስትናስ ከመይ ኮን ይኽውን ሓሳቦም እናበሉ ዚሓቱ ብዙሓት ኢዮም። ነዚ ተዋሂቡኒ ዘሎ ከቢድ ሓላፍነትን ሓደራን ብቕንዕና እናሓሎኹ፡ ዝሃብኩዎ ቃል ከይለወጥኩ ንንጉስ ነገስትናን ንሃገርናን ብንጹሕ ሕሊና ኣገልግል ኣሎኹ። <u>ሕዝቢ መረብ ምላሽ ርእዩ ጠሚቱ ካብ ብፌደረሽን ሕብረት ምሉእ ሕብረት ይሕሸና ኢሉ ዝመረጸሉ መዓልቲ፡ ሓጉሰይ ዓብይ ኮይኑ ኪርከብ ኢዩ።</u>[21] (መስመር ናይ ደራሲ።)

21. ዘመን፡ 2ይ ዓመት ቍ. 348፡ 14 መስከረም 1954።

ፈደረሽን ክኽበር ኣሎዎ ክብሉ ዝጸንሑን ኣንጻር ፈደረሽን ይግበር ንዝነበረ ውዲታት ዘቃልዑን መራሒ፡ ትሕት ኢሎም ነዚ ናይ መወዳእታ ቃላት ክዛረቡ ትጽቢት ኣይነበረን ይኸውን። ናይ ሽዑ ተዓዘብቲ'ውን፡ "ህዝቢ ምሉእ ሕብረት እንተ ሓቲቱ ክሕጉስ እየ" እምበር "ምሉእ ሕብረት እደሊ ኣሎኹ..." ኣይበሉን ይብሉ ኢዮም። እቲ ሓፈሻዊ መረዳእታ ግን፡ ናብቲ ቐዳማይ ዛዘወ። ኣብ ሳልስቲ ናይቲ ዘረባ ኣብ ዝወጸ ሕታም ጋዜጣ ዘመን እውን፡ "ጸብሒ ከይተጸየቐ ወሓለ" ኣብ ትሕቲ ዝብል ኣርእስቲ፡ መራሕ መንግስቲ ካብ ቀደም ጀሚሮም ህዝቢ ዝሕሾ ንኽመርጽ ይመኽሩ ከም ዝነበሩ ድሕሪ ምምልካት፡ ሕጂ'ውን "ዘይተበላሾ ከይተበላሾ ከሎ ንዕቤቱን ንስልጣኔኡን ዝኸውን መንገዲ ብፍቕርን ብስምምዕን ብእዋኑ ሃሰስ ቢሉ ክረክብ ብሕውነታዊ ፍቕሪ ነተሓሳስቦ ኣሎና፡" ብምባል ህዝቢ ናብ ምሉእ ሕብረት ንኽማዕዱ ጉስጉሱ።[22]

ውሽጣዊ ድሌት ተድላ እንታይ ከም ዝነበረ ብዘየገድስ፡ መደረኦም ኣዲስ ኣበባ ምስ ተሰምዐ ካልእ ሃንቀውታ ኣለዓዓለ። ዘውዴ ረታ ኣብ መጽሓፉ፡ ንተድላ ከም ቀንድን ዘይዕጸፍን ፈደራሊስት ጸኒሖም፡ ሃንደበት ኣንፈት ዝቐየሩ'ዩ ደጋጊሙ ዝዛረበሎም። ኣንዳርጋቸውን ምኽትሉ ኣስፍሃ ወልደሚካኤልን እንተ ኾኑ እውን፡ ነቲ ናይ ምሉእ ሕብረት ሓሳባቶም ብምድጋፍ፡ እቲ ቓላት ኣብ ኣየር ተንጠልጢሉ መታን ከይተርፍ ገለ ቕልጡፍ ስጉምቲ ንኽውሰድ ንሃይለስላሴ ከም ዘተሓሳሰቡ ዘውዴ ረታ የዘንቱ።

ብመሰረት ሓበሬታ ዘውዴ ረታ እምበኣር፡ ኣብ ጽባሕ መደረ ተድላ፡ ማለት ብ12 መስከረም 1954፡ ሃጸይ ሃይለስላሴ ናይ ክብ ዝበሉ ሚኒስተራቶምን ኣማኸርቶምን ኣኼባ ብምጽዋዕ፡ "ተድላ ከይፈርሐን ከይተወላወለን ፈደረሽን ይፍረስ ክብል ሓቀኛ ኢትዮጵያዊ ስምዒቱ ኣመስኪሩ ኣሎ፡" ድሕሪ ምባል፡ ብዛዕባኡ ክትዕ ንኽካየድ ዓደሙ።[23] ኣቐዲሙ፡ ኣብ ሚኒስትሪ ጉዳያት ወጻኢ ኢትዮጵያ ሓላፊ ፕሮቶኮል ዝነበረ እንዳልካቸው መኮነን፡ ዲፕሎማሰኛታት ኣኪቡ፡ "ተድላ ባይሩ ትምኒቶም ደኣ ኢዮም ገሊጾም'ምበር፡ ባይቶ ኤርትራ በቲ ሓሳብ ዘትዩ ውሳነ ንኽህበሉ ኣይሓተቱን..." ዝብል መግለጺ ስለ ዝሃበ፡ እቶም ንጉስ ተቐጢዖም ነይሮም'ዮም።

ዘውዴ ከም ዘዘንተዎ፡ ኣክሊሉ ሃብተወልድ ንእንዳልካቸው መኰንን ብምድጋፍ፡ ተድላ ብሓቂ ፈደረሽን ንኽፈርስሎም እንተ ዝደልዩ፡ "እንተ ዝፈርስ ደስ ምበለኒ" ዝብል ትምኒት ጥራይ ክንዲ ምግላጽ፡ ፈደረሽን ንኤርትራ ዘምጽኣላ ጉድኣት ብምዝርዛር፡ ህዝቢ ብድምጺ ንኽፍርሶ ረፈረንዱም ምሓተቱ ክብል ስፊሕ መግለጺ ሃበ። ቀደም ደኣ'ምበር፡ "ቺፍ ኤክዘኩቲቭ ድሕሪ ምዃኑ፡ ተድላ ብፈደረሽን ዝኣምን እምበር ንኽፈርስ ዝደሊ ከም ዘይኮነ

22. ዘመን፡ 2ይ ዓመት ቍ. 350፡ 16 መስከረም 1954።

23. ዘውዴ ረታ፡ ገጽ 422-423። ኣብቲ ኣኼባ፡ ደቂ ሃይለስላሴ ኣልጋወራሽን ልኡል መኰንን፤ ኣቦ ኣስራተ፡ ራስ ካሳ፤ ቀዳማይ ሚኒስተር መኮንን እንዳልካቸው፥ ጸሓፊ ትእዛዝ ወልደጊዮርጊስ፤ ኣኪሊሉ ሃብተወልድን ካልኦትን ተረኺቦ።

ጽቡቕ ገይሮም ካብ ዘጽንዑዎ ሰባት ኣነ እየ..." እናበለ'ውን፡ ተድላ ነቲ ዘረባ ንሃልክን ንመተዓረቒ ምስ ደለይቲ ምሉእ ሕብረትን ከም ዝተዛረቡዎ ገለጸ። በዝን ብኻልእ ብዝርዝር ዘቕረቦን ምኽንያታት ድማ፡ ፌደረሽን ብዲስኩር ተድላ ባይሩ ጥራይ ክፈርስ ከም ዘይግባእ፡ ግድን ይፍረስ ክብሃል እንተ ኾይኑ ድማ፡ ሕግን ስርዓትን ተኸቲሉ ክግበር ከም ዝግባእ ኣክሊሉ ኣትሪሩ ከም ዝተዛረበ ዘውዴ ረታ ገሊጹ ኣሎ።[24]

ሃይለስላሴ ንዘረባ ኣክሊሉ ኣይተቐበሉዎን። ኣብ ናይ ኤርትራ ፁዱታቶም፡ ህዝቢ እናተኣከበ ብፌደረሽን ሕጉስ ከም ዘይነበረ እናገለጸሎም፡ ኣክሊሉ ክንድ'ቲ ተጣባቒ እቲ ስርዓት ክኸውን ከም ዘይርድኦም'ውን ገለጹሉ። ሽሕ'ኳ ተድላ ፌደረሽን ክቕጽል'ሞ መራሒ ኾይኑ ንኽነብር ከም ዘደሊ ንሶም'ውን እንተ ተገንዘቡ፡ ግን "ተድላ ዘናኸሶ ሓዊ ኣሎ። 'ፌደረሽን እንተ ዝፈርሰለይ ደስ ምበለኒ' ዝበሎ ቅድሚ ሕጂ ዘይተዛረቦ ኢዩ። ኣብ ኣስመራ ዘሎዉ እሙናት ኣገልገልትና ተድላ ዝሃቦ ኣመት ንህዝቢ ዘቕስቅስ ምዃኑ ኣመልኪቶምልና ኢዮም። ... ህዝቢ ኣብ ቅርዓት ወጺኡ ፌደረሽን ኣይንደልን... ኢሉ ምስ ዝሓትት፡ እንታይ ክግበር ከም ዝግባእ ተዳሊኻ ምጽናሕ ኣድላዪ ኢዩ..." ብምባል፡ እቶም ተጋባእቲ ርእይቶታቶም ንኽህቡ ፈቐዱ።

ሰለስተ ካብቶም መኳንንቲ - ራስ ካሳ (ኣቦኡ ነቲ ጸኒሑ ኣብ 1960'ታት ገዛኢ ኤርትራ ዝኾነ ራስ ኣስራተ ምዃኖም'ዩ)፡ ቢትወደድ መኰንንን፡ ልኡል መኰንን ሃይለስላሴን - ፍርቂ ሕብረት ዝብሃል ከም ዘየሎ፡ ፌደረሽን ጓናን ጕዳእን ሓሳብ ምንባሩ፡ ህዝቢ ኤርትራ ሕብረት እናሓተተ ምእባዩ ቅኑዕ ከም ዘይነበረ፡ ተድላ እንተ ኣበየ ንበዓል ኣሰፍሃ ስልጣን ኣትሒዝካ ምስላጥ ከም ዝክኣል... ብሓጺሩ ምሉእ ሕብረት ክግበር ተማጕቱ።[25]

ኣክሊሉ ግን ኣብቲ ዝበሎ ቐጸለ። ኣብቲ እዋንቲ ፌደረሽን ምፍራስ፡ ንመንግስቲ ሃይለስላሴ ኣህጉራዊ ተቓውሞን፡ ምናልባት'ውን ቀጥጣቢ እገዳን፡ ዘምጽእ ሓደገኛ ሳዕቤን ክህልዎ ከም ዝኽእል ብምግላጽ ከኣ፡ ጥንቃቐን ትዕግስትን ሓተተ። ኣብዚ፡ ኣክሊሉ ደገፍ ናይቲ ከም ናይ ጽሕፈትን ፍርድን ሚኒስተር ገና ሓይልን ስልጣንን ዘይተነፍጎ ጸሓፌ ትእዛዝ ወልደጊዮርጊስ ረኸበ። ንሱ፡ ምፍራስ ፌደረሽን ጊዜኡ ስለ ዘይኣኸለ፡ ውሽጣውን ናይ ግዳምን ፖለቲካዊ ኩነታት ክሳብ ዝበስል ንዝመችእ ኣህጉራዊ ኩነታት ንኽጽበዩ ምምካር፤ ኣብ ኤርትራ ዝነበሩ እንደራሴን ምኽትሉን ፌደረሽን ንምፍራስ ካብ ዘካይዱዎ ግሁድ ምንቅስቓስ ከም ዝቑጠቡን ብመምርሒ ከም ዝሽዱን ምግባር፥ ህዝቢ ኤርትራ ብረፈረንዱም ንኽሓብር እንተ ወሰነ'ውን፡ ነቲ ሃገር ምምሕዳር "ዱቦላ ከይወርደና፡ እቲ መጽናዕቲ ብኽብ ዝበለ ምስጢር ካብ ሕጂ ክጅመር..." ኢሉ ርእይቶኡ ደምደመ።[26]

24. ዘውዴ ረታ፡ ገጽ 423-425።
25. ዘውዴ ረታ፡ ገጽ 426-429።
26. ዘውዴ ረታ፡ ገጽ 429-432።

ሃይለስላሴ ኣብ መልሶም፡ "ምፍራስ ፌደረሽን ውራይ ኤርትራውያን'ዩ... እንደራሴን ምኽትሉን ፌደረሽን ንምፍራስ ኣበርቲዖም ይሰርሑ ኣሎዉ..." ወዘተ፡ ዝብል ዘረባ ኣክሊሉን ወልደጊዮርጊስን ካብ ምንታይ ከም ዝነቕል ከም ዘይርድኦም ገለጹ። ንሶም ንዕኡ ዝመስል ኣተሓሳስባ ከም ዘይነበሮም፡ ንምፍራስ ዝሓለነ ትእዛዛት'ውን ከም ዘይሃቡ ተዛረቡ። ብዝኾነ፡ "ፖለቲካ ተለዋዋጢ ኢዩ'ሞ፡ ጽባሕ ጊዜ ንዝፈጥሮ ምፍላጥ ስለ ዘይክኣል፡ ብዛዕባ'ዚ ጉዳይ ንዝመጽእ እንታይ ከም ዝኸውን ክንርኢ ኢና። ንስኻ'ውን (ኣክሊሉ) ከም ትርእዮ ክኸውን'ዩ..." ብዝብል ናይ መህደሚ ዘረባ፡ ሃይለስላሴ ነዚ ዝሰዕብ ወሰኑ፡

1. ኤርትራውያን... ሃገሮም ኣብ ውሽጢ ኢትዮጵያ ክትመሓደር ዝጠቕሞም ምኳኑ ፈሊጦም ንዓና ክሳብ ዘመልክቱና፡ ናይ ፌደረሽን ስራሕ ከይተተንከፈ ከም ዘሎ ከም ዝጸንሕ ይኹን"፡
2. ወልደጊዮርጊስ፡ ፌደረሽን ንኽፈርስ ህዝቢ ኣብ ዘመልከተሉ ጊዜ ተዳሊና ንኽንጸንሕ ጉዳይ ምምሕዳር ይጸናዕ ዝበልካዮ ግሩም ሓሳብ ስለ ዝኾነ ነቲ ጉዳይ ዝኾኑ ሚኒስተራት ኣትዮሞ፡ ብናትካ ኣቦ መንበርነት ኣድላዪ ዘበለ ከም ዝዳሎ ይኹን።[27]

ኣብዚ እቲ ንዓና ዝያዳ ዘገድሰና፡ ክልተ ነገራት'ዩ። ቀዳማይ፡ ንእሽቶ ምኽንያት ድኣ ትረኸብ እምበር፡ መንግስቲ ኢትዮጵያ፡ ብፍላይ ከኣ ሃጸይ ሃይለስላሴን ልኡላን ኣማኸርቶምን፡ ፌደረሽን ካብ ምፍራስ ድሕር ዝብሉ ከም ዘይነበሩ ኢዩ። ብኡ ኢዩ፡ ምስቲ ኹሉ ኣብ ልዕሊ ተድላ ኣሕዲሮሞ ዝነበሩ ጥርጣረታት፡ ንሓንቲ ዲስኩር እቶም መራሕ መንግስቲ ክንድ'ቲ ዝኣክል ተሰፋን ህርፋንን ዘሕደሩ። ካልኣይ፡ ናይ ተድላ ኹነታት'ዩ። ካብ ምሉእ እቲ ዝጠቐስናዮ ናይ ዘውዴ ረታ ሓበሬታ፡ ቤት መንግስቲ ኢትዮጵያ - ካብ ሃይለስላሴ ጀሚርካ ክሳብ ኣክሊሉ - ኣብ ልዕሊ ተድላ ኣሉታዊ ኣረኣእያ ኣሕዲሩ ምንባሩ ንርዳእ።

ብሓቂ፡ ኣብዚ ጊዜ'ዚ፡ ተድላ ኣብ መንጎ ኽልተ ኢዮም ተቖርቂሮም ዝነበሩ። ኣብ ውሽጢ ሃገር፡ ብሓይሊ ከሕብረና ደልዩ እናተባህሉ ይሕመዩ ጥራይ ዘይኮነ፡ ምስ ኩሉ ወገናት - ካብ ባይቶ ጀሚርካ ክሳብ ሰራሕተኛታት ኤርትራ - ስኒት ሰኣኑ። በቲ ኻልእ ወገን፡ ኣንዳርጋቸውን ኣስፍሃን ኣንጻሮም እናጉስጎሱን ጸላእቲ እናጥረዩሎምን፡ ኣብ ምምሕዳሮም ቅሳነት ሰኣኑ። ንሶም ባዕሎም ድማ፡ ኣይ ጽሩይ ፈደራሊስት፡ ኣይ ውጹእ ሕብረታዊ፡ ኣብ መንጎ ተንጠልጠሉ። እቲ ንበዓል ሃይለስላሴ ዘዛረበ መደረኦም ባዕሉ፡ ብጀካ'ታ ሕብረት ዝሓተተት ምልእቲ ሓሳብ፡ ኣብቲ ኻልእ "ፌደረሽን ይሰርሕ'ዩ ዘሎ... ኣይተሰናኸለን፡ ... ብሓሶት ኣይትወንጅሉዎ..." ዝብል ትሕዝቶ ስለ ዝነበሮ፡ ተድላ ባይሩ ብንጹር እንታይ ከም ዝደልዩ ምፍላጥ - ምስቲ ኣካፋሊ

27. ዘውዴ ረታ፡ ገጽ 434-436።

ሓሳባቶምን ሸግራቶምን ዘይምንባሮም - ኣጸጋሚ ኾነ። ኣብዚ ንዛረበሉ ዘሎና እዋን እምበኣር፡ ተድላ ዳርጋ ንጹል ኮነ።

ተቓውሞን ዘይምርግጋእን ኣብ ኤርትራ

ዝያዳ ተነጽሎ ተድላ ባይሩ

ምዕጻው ደሃይ ኤርትራ፡ ማእሰርቲ ኣዳለውታን ናይ 11 መስከረም 1954 መደረ ተድላ ባይሩን ብዙሕ ዝዓይነቱ ተቓውሞ ኣሰዓበ። ባይቶ ብ9 መስከረም ምስ ተዓጽወ፡ ድሕሪ መደረ ተድላ፡ ብ13 መስከረም ተኸፍተ። ምልኣተ ጉባኤ ተሳኢኑ ተባሂሉ ንጽባሒቱ መሊሱ ተጋብአ። ኣብዚ፡ ኣባላት ብዛዕባ ባጀት ናይቲ ዓመት'ቲ ንኽካትዑ ኢዩ ተሓሲቡ ዝነበረ። ኣብ መንጎኦም ብርቱዕ ነድሪ ስለ ዝነበረ ግን፡ ምኽትል ኣቦ መንበር ደምሳስ ወልደሚካኤል፡ ካብ ኣባላት መጺኡኒ ብዝበሉዎ ሕቶ፡ ባይቶ ንዕስራ ተወሳኺ መዓልታት፡ ማለት ክሳብ 4 ጥቅምቲ ከም ዝተዓጽወ ኣፍለጠ።[28] በዚ ድማ ባይቶ ተቓውሞኡ ንኸየስምዕ ተኸልከለ።

ሰሙን ድሕሪ'ቲ መደረ ግን፡ ኣስታት 2500 ዝኾኑ ኣባላት ኣል ራቢጣ ኣብ ከረን ናይ ሰለስተ መዓልቲ ኣኼባ ኣካየዱ። ኣብዚ ኣኼባ'ዚ፡ ተጋባእቲ ኣንጻር መንግስቲ ኤርትራን መራሕ መንግስትን ናብ ጉነጽ ዘምርሕ ግብረ መልሲ ካብ ምሃብ ንኽቑጠቡ ተሰማምዑ። በዚ ደው ከይበሉ፡ መራሕ መንግስቲ ኣብ ውሽጢ ሽዱሽተ ወርሒ ኣብ ልዕሊ ኣሰላም ዝነበሮም ኣረኣእያ ብዘዕግብ መገዲ ምስ ዘይቅይሩ፡ ኣል ኣራቢጣ ናብ ንጉስ ነገስት፡ ኣድላዪ ምስ ዝኸውን ድማ ናብ ሕቡራት ሃገርት ክጠርዕ ከም ዝኾነን፡ ኣብዚ ድማ እኹል ደገፍ ክርስትያን ኣሕዋት ክረኽቡ ከም ዝጽበዩን ኣፍለጡ።[29]

ኣል ራቢጣ ኣል እስላሚያ፡ ሽሕ'ኳ ሓሓሊፉ ናይ ጽሑፍ ጥርዓናት ይቕበል እንተ ነበረ፡ ኣብ ዝሓለፈ ምዕራፍ ከም ዝረኣናዮ'ውን ኣብ ኣስመራ'ኳ ሓጺር ኣኼባ እንተ'ካየደ፡ በዚ ዕብየትን ወግዓዊ ኣገባብን'ዚ ኣብ ከረን ክጋባእ፡ ድሕሪ ምእታው ፌደረሽን ፋልማዩ ነበረ። በዚ ድማ፡ ነቲ ዳርጋ ደስኪሉ ዝጸንሐ ናይ ፖለቲካዊ ሰልፍታት ንጥፈት ከበራብሮ ፈተነ።

ተቓውሞን ዘይምርግጋእን ኣብ መላእ ኤርትራ ኣስፋሕፊሑ ጀሚሩ ነይሩ ኢዩ። ካብ ወርሒ ሰነ 1954 ጀሚሩ ንኣብነት፡ እቲ ወቕቲ ንመንግስቲ ተድላ ኣይቀደወን። ገለ ኣብነታት ክንጠቅስ፡

- ኣብ ምውዳእ ግንቦትን ምጅማር ሰነን፡ ተድላ ባይሩ ነቲ እንግሊዛውያን ዳያኑ ስራሖም ንኽለቁ ኣዘዞሞ ዝነበሩ ዘይሓሰቡሉ ሕቶ፡ ብጸቕጢ መንግስታት እንግሊዝን ኢትዮጵያን ንኽስሕብ ብምግዳዶም፡ ክብረቶም ኣተንከፉ።[30]
- ብ16 ሰነ፡ ሽረር፡ ብሩናን መለስ ፍረን ኣብ ዝተጋብኡሉ ናይ ገበን

28. EA Minutes No. 333, 14 September 1954. Se also note 20, above.
29. Ibid.
30. Clark to State Department, 775A. 3/6-154, 1 June 1954.

መጋባእያ ጠቕላሊ ቤት ፍርዲ፡ ብዓቃቢ ሕጊ ካነር ዝቐረበ፡ ብላታ መሓመድ ዑመር ቃዲ ድማ ዝተኸላኸሉሉ ጉዳይ ተሰምዐ። ከም ዝዝከር፡ ኣብ ምጅማር 1954 ኣብ ምጽዋዕ ሰላማዊ ሰልፊ ዝገበሩ ሓያሎ ሰራሕተኛታት ብፖሊስ ተታሒዞም ቤት ፍረዲ ቐሪቦምስ፡ በቲ ኣብ 1939 ብፋሺስት ኢጣልያ ወጺኡ ዝነበረ Ordinamento Polizia ዝተባህለ ሕጊ (ዓንቀጽ 15) ተኸሲሶም ነበሩ። እቲ ሕጊ፡ ዝኾነ ህዝባዊ ኣኼባ ሰለስተ መዓልቲ ቅድሚ ምክያዱ ናይ ፖሊስ ፍቓድ ምስ ዘይረክብ፡ ኣካየድቲ ክሳብ ንሽዱሽተ ወርሒ ንኽእሰሩ ዝእዝዝ ነበረ። ፕረዚደንት ቤት ፍርዲ ሸረር እቲ ሕጊ ኣንጻር ደሞክራስያዊ ትሕዝቶን መንፈስን ሕገ መንግስቲ ኤርትራ ኢዩ ብምባል፡ ተኸሰስቲ ብኡ መሰረት ንኸይቅጽዑ ክፈርድ እንከሎ፡ ብሩና ዝተባህለ ዳኛ ግን ዓንቀጽ 15 ምስ ሕገ መንግስቲ ኤርትራ ከም ዘይጋጮ ስለ ዝፈረደ፡ መለስ ፍረ'ውን ድሕሪ ብዙሕ ክትዕ ኣብ ናቱ ኣረኣእያ ስለ ዝወደቐ፡ ክሱሳት በቲ ዝጸንሐ ናይ ፋሺስት ሕጊ ከም ዝፍረዱ ኾነ።[31]

ዓንቀጽ 15 ናይ Ordinamento Polizia መራሕ መንግስቲ ኣኼባታት ህዝቢ ንኽኽልክል ሰፊሕ ዕድልን ስልጣንን ዝህብ ስለ ዝነበረ፡ ኣብ ህዝቢ ስግኣት ዘሕድር፡ ተድላ ድማ ናብ ፖለቲካዊ ምልኪ ገጾም ንኽኸዱ መገዲ ዝኸፍት ኮነ።

- ካብ ሰነ ክሳብ መስከረም ኣብ ዝነበረ ኣዋርሕ፡ ሽዱሽተ እንግሊዛውያን ኣማኸርቲ መንግስቲ ኤርትራ ካብ ስራሕ ተሰናቢቶም ሃገሮም ተመልሱ። ካብ'ዚኣቶም፡ ኮሎኔል ክራክነል ዝተባህለ ኮሚሽነር ፖሊስ ዝነበረ፡ ጸጥታ ኤርትራ ንኽሕሎ ዓቢ እጃም የበርክት ነይሩ ተባሂሉ ብዙሕ ዝተዘርበሉ ኢዩ። ምኽትሉ ብዝነበረ ኮሎኔል ሲ. ዳብልዩ. ራይት ድማ ተተክአ። እቶም ካልኦት፡ ኣብ ስራሓት መራኸቢታትን ጉምሩክን፡ ከምኡ'ውን ሓደ ካነር ዝተባህለ ጠቕላሊ ዓቃቢ ሕግን ዝርከቡዎም ነበሩ። ገለ ካብዚኣቶም ኣገዳሲ መንግስታዊ ዕማም ዘሳልጡን፡ ኣብቲ መንግስቲ ቅጥዒ ዝሓለወ ኣገባብ ንኽህሉ ዘኽእሉ ዝነበሩን'ዮም። ገለ ካልኦት፡ ንኣብነት ካነር ግን፡ መሳርሒ'ቲ መንግስቲ ብምዃን፡ ሕጋዊ መሰላት ህዝቢ ክጠሓስ ከሎ ዘጽቅጡ ወይ'ውን ዝደፋፍኡ ነበሩ።[32]
- ክራክነል ተፋንዩ ብራይት ምስ ተተክአ፡ ተድላ ባይሩ ንኣርባዕተ ኤርትራውያን ኢንስፐክተራት (ሜጀራት) ፖሊስ፡ ማለት ንመንግስቱ ሀብትዝጊ፡ ኣለም ማሞ፡ ተድላ ዕቑቢትን ሰዩም ካሕሳይን ናይ ሌ/ኮሎኔል መዓርግ ብምሃብ፡ ኣብ ዝተፈላለየ ጽፍሕታት ሓይሊ ፖሊስ ኤርትራ መደቡዎም።[33] ኣብዚ ግን፡ ካብ ቤት ጽሕፈት እንደራሴን ካብ መንግስቲ ኢትዮጵያን ተቓውሞ ኣጋጠሞም። እቲ ተቓውሞ፡ ብቐዳምነት ብዝሒ

31. Supreme Court Eritrea, Court of Appeal Criminal Case No. 53/53; ንውሳነ ብሩናን ፍረን ዘመን፡ 2ይ ዓመት ቍ. 361፡ 30 መስከረም 1954 ርአ። ብዛዕባ'ቲ ኣድማ፡ ምዕራፍ 18፡ ቀዳማይ ገጽ ርአ።

32. Note 20, Above.

33. ዘመን፡ 2ይ ዓመት ቍ. 264፡ 1 ሰነ 1954።

ህዝብን ሓይሊ ፖሊስን ኤርትራ ኣርባዕተ ሌ/ኮሎኔላት ኣየድልዩን፤ ካልኣይ ድማ፡ ክንድ'ቲ ዝኣክል ክብ ዝበለ ወተሃደራዊ መዓርግ፡ ብንጉስ እምበር ብመራሕ መንግስቲ ኤርትራ ክወሃብ ኣይፍቀድን ዝብል ነበረ።[34] ኣብ መንጎ'ቶም ዝተሸሙ መኰንናት ፖሊስ ናይ ኣውራጃ ወይ ካልእ ናይ ወገንነት ምፍሕፋሕ ነይሩ ዝብሉ'ውን ኣለዉ። እዚ ግን ብጭብጥታትን መረዳእታን ዝሰነ ኣይኮነን።

ኣብ ቅድሚ'ዚ ተቓውሞ'ዚ፡ ተድላ ባይሩ ነቲ ሽመት ስሪዞም፡ ንኣለም ማሞ ሓላፊ ንብረት፡ ንተድላ ዕቑቢት ሓላፊ ክፍሊ ትራንስፖርት፡ ንመንግስቱ ህብትዝጊ ሓላፊ ኣብያተ ማእሰርቲ ናይ መንግስቲ ኤርትራ፡ ንስዩም ካሕሳይ ድማ ኣመሓዳሪ ኣውራጃ ንኽምድቡዎም ተገደዱ። ሰለስተ ካብዚኣቶም ነቲ ምስራዝ ሽመትን ሓዲሽ መደቦምን ክቕበሉ እንከለዉ፡ ተድላ ዕቑቢት ግን ኣብዮም ብዘይ ስራሕ ደው በሉ። ኣብያ ተድላ ናበይ ከም ዘምርሖ ኣብ መድረኹ ዝርአ ዛንታ ኢዩ።

- ኣብ ወርሒ መስከረም፡ ኣብ ወረዳ ሰንዓፈ፡ ዓዲ ጉልቲ፡ ዝባንን እንዳ ዳሽምን ኣብ ዝብሃላ ሰለስተ ዓድታት፡ ብምኽንያት ኣቐዲሙ ዝጸንሐ ናይ መሬት ምስሕሓብ ዓቢ ኣምባጋሮ ተላዕለ። ፖሊስ ኤርትራ ኣትዮም ብሓይሊ ሕግን ብረትን ጥራይ ደው እንተ ዘየብሉዎ፡ እቲ ሓያሎ ሰባት ዝተሃሰዩሉን ዝቘሰሉሉን ናይ ሓድሕድ ምትህርራም ናብ ህልቂት ምተቐየረ። መንግስቲ ኤርትራ፡ ንብዙሓት ደቂ ዓዲ ኣሲሩ ናይ ህጹጽ እዋን ኣዋጅ (State of Emergency) ምስ ተግበረ ጥራይ ድማ እቲ ናዕቢ ዘሓለ። ናይቲ እዋን ተዓዛቢቲ፡ እቲ ኣምባጋሮ ንመንግስቲ ተድላ ባይሩ ኮነ ኢልካ ንምድኻምን፡ ህዝቢ ድማ ተድላ ሃገር ከመሓድር ኣይከኣለን ናብ ዝብል መደምደምታበጺሑ፡ ኣብቲ ዝቕጽል ምርጫ ከም ዘይዕወት ንምግባሩን ዝዓለመ ክኸውን ከም ዝኽእል ገመቱ።[35]
- እዚ ንዛረበሉ ዘሎና ካልኣይ መፋርቕ 1954፡ ሸፍትነት ኣብ ኤርትራ መሊሱ ዝገነሉ'ውን ነበረ። ሽሕ'ኳ ብዙሓት ሽፋቱ ምስ ብረቶም ወይ ጥራይ ኢዶም ናብ መንግስቲ ይኣትዉ ከም ዝነበሩ ጋዜጣ ዘመን በብዕለቱ እንተ'ፍለጠ ብዘይ ፍቓድ መንግስቲ ቦምባን ብረትን ምሓዝን ከትርን ዝምታን እናገደደ፡ ጸጥታ ሃገር ዝህወኸሉ ጊዜ እናኾነ'ውን ይኸይድ ነይሩ ኢዩ።
- ኣብ ልዕሊ'ዚ ኹሉ፡ እንደራሴ ኣንዳርጋቸው ካብ መወዳእታ 1953 ጀሚሩ ክሳብ ሰነ 1954 ንተድላ ባይሩ ከየፍለጠን ካብ ፕሮቶኮል ወጻእን ፈቓዶ ኣውራጃታት እናዘረ ምስ ህዝቢ ቐጥታዊ ርክባት ብምምስራትን ህያባት ብምልጋስን፡ ንስልጣን ተድላ ብጋህዲ ዝደፍርን ዝጥሕስን፡

34. ቃለ መጠይቕ፡ ፊታውራሪ መሰፍን ገብረህይወት፡ ኣስመራ፡ 2000፤ ደቪድ ክራክነል፡ ብሪድፖርት፡ 2001።

35. Schneider to State Department, 775A.00/10-754, 24 Septemeber 1954. ኣመሪካዊ ምኽትል ቆንስል ሽናይደር፡ ዝ. ሓበሬታ'ዚ ካብ'ቶም ሽዑ ናይ ኣክለ ጉዛይ ሓለቓ ፖሊስ ዝነበሩ ካፕተን (ደሓር ኮሎኔል) ይግዛው በራኺን ካብ ኤርትራውያንን ኢጣልያውንን ተቐማጦ ሰንዓፈን ከም ዝረኸቦ ይሕብር።

> ንኹብረቶም'ውን ዘነኣእስ ተግባራት ምክያድ ስራሕይ ኢሉ ሓዞ። በዚ ዝጉህዩን ብትሪ ዝቃወሙን ኣባላት ባይቶ'ውን ኣይተሳእኑን።[36]

ነዚ ዝተዘርዘረ ኹሉ፡ እቲ ንህዝቢ ዘሳቒ ዝነበረ ሸቕለት ኣልቦነት፡ ናህሪ ዋጋታት ዕዳጋን ድኽነትን ምስ እንውስኽሉ፡ ተድላ ባይሩ ኣብ ከመይ ዝበለ ኩነታት ክመርሑ ይህቅኑ ከም ዝነበሩ ክንርዳእ ንኽእል። ጸገማቶም ንመሳርሕቶምን መቕርቦምን ከይተረፈ የካፍሉ ከም ዘይነበሩ ርኢና ኢና። በቲ ብህዝብን ተቓወምቶምን ቅጽበታዊ ሕብረት ክገብር ደልዩ እናተባህሉ ክሕመዩ፡ በቲ ድማ ብመንግስቲ ኢትዮጵያን ብሕብረታውያንን ፈደራሊስት ኾይኑ ኽበሃሉ፡ ካብ ኩሉ እናተነጸሉ ኸዱ።

እቲ ብስም "ፈደራሊስት" እናተፈልጠ ዝኸይድ ዝነበረ ፖለቲካዊ ዝንባለ ወይ ኣንፈት፡ ንነዊሕ ጊዜ፡ ንኣተሓሳስባን ዘረባታትን ዝተፈላለዩ ኣብ ባይቶ ይኹን ወይ ካብ ባይቶ ወጻኢ ዝነበሩ ውልቀ ሰባት ዘጠቓልል፡ ዳርጋ ፍኑውን ውሱን ዝዓንኬሉን ምንቅስቓስ'ዩ ዝነበረ። ተጠርኒፎም'ኳ ኣይሰርሑ'ምበር፡ ኣብ ውሽጢ ባይቶ፡ ብበዓል መሓመድ ዑመር ኣኪቶ፡ ኣባ ሃብተማርያም ንጉሩ፡ መሓመድ ብርሃኑ፡ ሳልሕ ኣሸክሕ፡ ሳልሕ ሙሳ ኣቡ ዳውድ፡ ሰዒድ ሰፋፍ፡ ተኽስተ ገብረመድህን፡ ህብትዝጊ ዑቕባዝጊን ተመሳሳሊ ርእይቶ ዝነበሮም ሓያሎ ካልኦትን ይምራሕ ነይሩ ክበሃል ይክኣል። ኢብራሂም ሱልጣን፡ ቃዲ ዓሊ ዑመር፡ ቃዲ ሙሳ ኣዱምን ካልኦት ናይ ኣል ራቢጣ ኣል እስላሚያ መራሕትን፡ ካብቲ ናይ ኣርብዓታት ናይ ናጽነት ጠለባቶም ብዙሕ ዘይወጹ ስለ ዝነበሩ፡ ንዕቃበ ፈደረሽን ከም ኣማራጺ ዘይነበሮ ዝተሓተ ጠለብ'ምበር ከም ርእሱ ዝኸኣለ ተደላዪ ነገር ይቖጽሩዎ ነይሮም ክብሃል የጸግም። ምስቶም ዝተጠቕሱ ላዕለዎት ግን ሓደ ኺዳን ነበሮም።

ካብ ባይቶ ወጻኢ፡ ኣብ ውሽጢ መንግስትን ኣብ መንጎ ህዝብን'ውን ተረርቲ ተኸላኸልቲ ውሽጣዊ መንግስቲ ኤርትራን ፈደራል ዝምድናኡ ምስ ኢትዮጵያን ነይሮም'ዮም። ናይ ፋይናንስ ሰክረተሪ ተኽለሃይማኖት በኹሩ፡ ካብዚኣቶም እቶም ብፌተውራሪነት ዝርቍሑ ከም ዝነበሩ ኣኪቶ ኣብ ቃለ መጠይቕም ዘኪሮም። "ንነብሱ ከይፈርሐ፡ ንኤርትራ ዝሓስብ፡ ብሰንኪ እዛ ሃገር ብዙሕ ማእሰርትን ስቓይን ዝረኣየ ጅግና ከም ዝነበረ ዘይምርሳዕ..." ብምባል ኣኪቶ፡ ደጋጊሞም ሞያ ተኽለሃይማኖት በኹሩ ንኽንገር ተላብዮም ኢዮም።[37] ኣቐዲምና ከም ዝረኣናዮ፡ ናይ ውሽጣዊ ጉዳያት ዳይረክተር ኮይኖም ዝነበሩ ሓረጎት ኣባይ'ውን ብተመሳሳሊ፡ እምነቶምን ተኣማንነቶምን ንሃይለስላሴ ገዲፍካ፡ ፈደረሽን ክፈርስ ካብ ዘይደልዩ ኤርትራውያን ሰብ ስልጣን ከም ዝነበሩ ይንገር ነይሩ'ዩ።

---

36. Note 20, above. ከምኡ'ውን ዝተፈላለየ ሕታማት ጋዜጣ ዘመን ንዑደት ኣንዳርጋቸው ብዝርዝር ይዛረበሉ ነይሩ እዩ።

37. ኣኪቶ፡ ቃለ መጠይቕ፡ ዓሰብ፡ ለካቲት 2004።

ካብ ውሽጢ ህዝቢ በዚ መዳይ'ዚ ብዘይ ዝኾነ ፍርሒ ይቃለሱ ጥራይ ዘይኮነ፡ ጥርዓናት ናብ ሃይለስላሴን ሕቡራት መንግስታትን ዝሰዱ ካብ ዝነበሩ ዓበይቲ ናይቲ እዋን፡ ሰለስተ ኣስማት ብተደጋጋሚ ይጥቀስ። እዚኣቶም፡ ሙፍቲ ኤርትራ ኢብራሂም ሙኽታር፡ ሓዎም ሓጂ ሱሌማን ኣሕመድን ሓጂ ኢማም ሙሳን ነበሩ። እዚኣቶም ንፖለቲካ ኤርትራ ሓደስቲ ኣይነበሩን።[38] ምስቶም ኣብ ላዕሊ ዝተዘርዘሩን ካልኦትን ግን፡ ሓደስቲ መንእሰያት ከፍርዩን ክምልምሉን ጀመሩ።

ማሕበር መንእሰይ ፌደራሊስት ኤርትራውያን (ማ.መ.ፌ.ኤ.)

ባይቶ ኤርትራ፡ ካብ ዝኽፈት ክሳብ ብምኽንያት ጉበጣ ኤርትራ ንመወዳእታ ዝተዓጽወሉ ዕለት፡ ብዘይካ ኣብ ገለ ብዕጹው ንኽሰማዕ ብሕጊ ዝውሰነሉ ወይ ባዕሉ ዝምድቦ ዛዕባ ወይ ኣጀንዳ፡ ኣኼባታቱ ንህዝቢ ኽፉት ነበረ። ተዓዛቢ፡ በታ ኣብ ምብራቓዊ ጉድኒ ናይ ሎሚ ሚኒስትሪ ትምህርቲ እትርከብ ጸባብ ኣፍ ደገ ብሓለዋ ፖሊስ ተሰንዩ ኽኣቱ'ሞ፡ ኣብ ናይ መዐዘቢ ቦታ መጋባእያ ባይቶ ብስነ ስርዓት ክከታተል ልሙድ ነበረ። ነዚ መሰል'ዚ፡ ብዙሓት ዜጋታት፡ ብፍላይ ድማ መንእሰያትን ተመሃሮን ይጥቀሙሉ ስለ ዝነበሩ፡ ኣብ ባይቶ መን እንታይ ይዛረብ፡ እንታይ ይሕሰብ፡ ኣንፈት ናበይ ገጹ ይመስል... ብሰፊሑ ዝፍለጥን ዝዕለለሉን ጉዳይ ነበረ።

ኣብ መንጎ'ዞም በዚ ዝተባህለ ኣገባብ ኩነታት ሃገር ዝከታተሉ ዝነበሩ መንእሰያት፡ ካብ ባይቶ ኤርትራ ምስ ከም ኢብራሂም ሱልጣን፡ ሰዒድ ሰፋፍ፡ ኢድሪስ መሓመድ ኣዱም፡ ወጻኢ ካብ ባይቶ ድማ ምስ ኣካየድቲ ደሃይ ኤርትራ መሓመድ ሳልሕ ማሕሙድን ኤልያስ ተኽሉን እናተራኸቡ፡ ዕምቈት ዝነበሮ ፖለቲካዊ ዕላላት ዘዕልሉን ኣብ ደሃይ ኤርትራ ድማ ኣዘውቲሮም ዝጽሕፉን ነበሩ። ንኣብነት፡ ሚካኤል ጎይትኦም ዝተባህለ መንእሰይ፡ "ምልክታ" ብዝብል ኣርእስቲ፡ "ብውሽጣዊ ናጽነት ኤርትራ ዚግደሱ 'ፈደራሊስቲ' ከም ጸላእቲ ተቈጺሮም፡ ኣብ ናይ መንግስቲ ቤት ጽሕፈት ስራሕ ከይወሃቦም ይርአ ኣሎ። እቲ ካብ ኩሉ ዘገርመና ኸኣ፡ ናይ ፍቕሪ ሃገር (ሕብረት ብዘይ ውዕል ምስ ኢትዮጵያ) ዝብል መንነት (ታሴራ) ዘይብሉስ፡ ስራሕ ኪወሃቦ ኣይክእልን ዚብል ድምጺ ምስምዑ እዩ" ክብል ጸሓፈ።[39] ጸኒሑ ካብ መስረትቲ ማሕበር ፌደራሊስት ዝኾነ ተስፋይ ረዳእ ድማ፡ "ክሕደት ናይ ይሁዳ" ኣብ ዝሰመዮ ዓንቀጽ፡ እቶም ምእንቲ ገንዘብን ሽመትን ንሃገሮም ይሸጡ ኣሎው ዝበሎም ዜጋታት ሕማቕ ታሪኽ ከም ዝገድፉን ውዒሎም ሓዲሮም'ውን ከም ዝጠዓሱን ድሕሪ ምግላጽ፡ ነዚ ዝስዕብ በለ፡

38. ኣይንፈላለ፡ ገጽ 187-189 ርአ። ኣብቲ እዋን ንዕቃብ ፌደረሽን ዝተቓለሱ እዞም ዝተጠቕሱ ጥራይ ከም ዘይነበሩ ምዝካር ይግባእ። ንኹሉ ኣስማት ምዝርዛር ስለ ዘይከኣል ኣብዞም ቀንድን ተጠመትትን ጥራይ ኣትኩርና።

39. ደሃይ ኤርትራ፡ 2ይ ዓመት ቍ. 34፡ 16 ሚያዝያ 1954።

ንቶም መሰል ኤርትራ ጉዷሉ እናበሉ፡ ምእንቲ ድሕነት ናይ ዓዶም ኤርትራ ዝማገቱ ዘሎዉ ታ ወሪዙት ኤርትራውያን ድማ፡ ኣብ ከንዲ ምምስጋኖምስ፡ ጸላእቲ ሃገሮምን ልኡኻት ባዕዳንን እናተባህሉ ኪጽረፉ ይሰማዕ። እዞም ኤርትራውያን እዚኣቶም ግና፡ መፍቀርቲ ዓዶምን ኣሕዋቶምን'ምበር ጸላእቲ ሃገሮም ከም ዘይኮኑ ምሉእ ሕዝቢ ኤርትራ ይምስክረሎም።

... ዝኾነ ኾይኑ፡ ከምቲ ጉይታና ኢየሱስ ክርስቶም ሞይቱ ዝተንስኤ፡ ከምኡ'ውን እቶም ናይ ኤርትራ መሰል ዝጥይቑ ኤርትራውያን፡ እቲ ብሓደ ኽልተ ደለይቲ ጥቕሞም ዝተዋረዱዎን ዝዋረዱዎ ዘሎዉን መኽበሪኦምን መማዕረጊኦምን ኪኸውን ተስፋ ንገብር።[40]

መብዛሕትኦም እዞም በዚ ኣገባብ'ዚ ስምዒቶም ዝገልጹን ንፖለቲካዊ ቃልሲ ምድላዋት ዝገብሩ ዝነበሩን መንእሰያት፡ ናይ ፋብሪካ ሰራሕተኛታት ኮይኖም፡ እቶም ዝበዝሑ ካብኦም ድማ ኣባላት ኣንድነት ወይ ብደገፎም ንኢትዮጵያ ዝፍለጡ ነበሩ። ምስ ተሰፋይ ረዳእ ብምትሕብባር ነቲ ማሕበር ካብ ዝመስረቱ ሓደ፡ ኣብርሃ ሓጎስ ንኣብነት፡ ካብቶም ብለካቲት 1953 ናብ ሰራዊት ኢትዮጵያ ብድሌቶም ዝተኸትቡ'ሞ ኣብ መዓስከር ማይ ሓባር ምስ ኣተዉ፡ ኣብ ሰለስተ ቕነኦም ዕስክርና ጠንጢኖም ዝሃደሙ ነበሩ። "ከም ሎሚ መዓልቲ ኣምሕል ውዒሎምና፡ ንጽባሒቱ ናይ ክልተ ቕነ ሓሓሙሽተ ቕርሺ ክድርብዩልና ምስ ጀመሩ፡ ንሕና ኣንጻር ኬድና፡" እናበለ ድማ ነቲ ምኽንያት ናይ ኣድማን ህድማን ካብ ማይ ሓባር ዘከሮ።[41]

እዚ ናይ ኣብርሃ ሓጎስ ዝኸሪ፡ ንኣንጌ መገዱ ሓደ ኣገዳሲ ናይቲ ጊዜ ጉዳይ ስለ ዘልዕል፡ ቀሩብ ምዝርዛሩ ኣይከፍእን። ከምቲ ዝተባህለ፡ ብለካቲት 1953 ካብ ዝተዓስከሩ ኣስታት 600 ኤርትራውያን፡ ብመግለጺ ናይ ሽዑ ዝነበረ ኣዛዚ ሰራዊት ኢትዮጵያ ኣብ ኤርትራ ኮሎኔል ኣበበ ገመዳ፡ ኣስታት ፍርቀም ካብ ማይ ሓባር ናብ ኣስመራ ኣተዉ። መብዛሕትኦም ተታሒዞም ቪላጂዮ ጀንዮ ምስ ተኣሰሩ፡ መንግስቲ ንኣደታቶምን ኣዝማዶምን ብምፍርራሕ ንተቓውሞኦም ስለ ዘበታተነ፡ ዕስራ ዝኾኑ ጥራይ ኣብቲ ናይ ኣብያ መርገጺኦም ጸንዑ። ካብዚኣቶም፡ እቶም ዝተረፉ ናብ ኣዲስ ኣበባ'ኳ እንተ ተወሰዱ፡ ኣብርሃ ሓጎስ ምስ ካልኣዩ ካብ ማእሰርቲ ኣምሊጡ ኣስመራ ኣተወ። ኣብዚ ግን መሊሱ ተታሕዘ።[42]

ካብቶም ኩሎም እምበኣር፡ ኣብርሃ ሓጎስ ዝርከቦም ሽዱሽተ ጥራይ ክሳብ መስከረም 1953 ተኣሰሩ። ኮሎኔል ኣበበ ገመዳ ኣብ ቅድሚ ኣስፍሃ ወልደሚካኤል፡ ሓረጎት ኣባይ፡ ደጊያት በየነ በራኽን ካልኦትን ብ5 መስከረም 1953፡ "ናይ ጃንሆይ ምሕረት፡ ምስ ኣወጁሎም ጥራይ ድማ ተለቐቑ።[43]

40. ደሃይ ኤርትራ፡ 2ይ ዓመት ቍ. 37፡ 7 ግንቦት 1954።
41. ኣብርሃ ሓጎስ፡ ቃለ መጠይቕ፡ ኣስመራ 2 ሓምለ 1977።
42. ከም እ.ጽ. 41።
43. ዘመን፡ 1ይ ዓመት ቍ. 82፡ 8 መስከረም 1953።

ከም ተስፋይ ረዳእ፡ ኣብርሃ ሓጉስ'ውን ኣብ ደሃይ ኤርትራ ይጽሕፍ ነይሩ ኢዩ። ንኣብነት'ኳ፡ ሸዑ ኣብ ኣስመራ ብስም "ማሕበር ኣምሓሩ" ቈይሙ ንዝነበረ ምትእኽኻብ ኣመልኪቱ፡ "ቀማጣ፡ ቀማጣ ካላሉት ገብቶ ይፈተፍታል" (ንድዉይ ድዉይ እንተ ዘይኢሎሞ፡ መኣዲ ተቐሪቡ ይፍትፍት) ብዝብል ኣርእስቲ ከምዚ ኢሉ ነበረ፡

> ኣንቱም ኣብ ሃገርና እትርከቡ ኣሕዋትና ኣምሓሩ፡ ከም ቀደምኩም ብፍቕርን ሰላምን ሕውነትን ክትነብሩ ደአ ይሓይሽ'ምበር፡ ኣጋጣሚ ጊዜ ረኺብና ኣሎና ብማለት፡ ኣብ ውሽጣዊ ጉዳይ ናይ ኤርትራ ኣቲኹም ክትፍትፍቱ ብትርከቡ'ሞ ሕዝቢ ኤርትራ ኸአ ቀላሕታኡ ብዘንበረልኩም፡ ምስ ዕድልኩም ዚሰማማዕ ኣይመስልን። ምእንቲ'ዚ፡ ከምቲ ኣብ ኣርእስቲ ዝጠቐስኩዎ፡ "ቀማጣ ቀማጣ ካላሉት ገብቶ ይፈተፍታል" ዝተባህለ ምስላ ኣቦታትኩም፡ ኣብ ርእስኹም ከይፍጸም ኣጥቢቐኩም ክትሓስቡሉ ምኽረይ ኣቕርብ።[44]

ካልኦት'ውን ነይሮም'ዮም። እቲ ምናልባት ንመጀመርታ ጊዜ ነታ፡ "ኤርትራ ወይ ሞት ዲና ዘበልና ወይ ከኣ ኤርትራን ሞትን" እትብል ውርይቲ ጥቕሲ ብጽሑፍ ዘሰፈረ ትግራይ ዝመበቆሉ ኣብርሃ ፍጡር፤ "ኤርትራን ፈደራስዮንን"

ተስፋይ ረዳእ

44. ደሃይ ኤርትራ፡ 2ይ ዓመት ቍ. 48፡ 23 ሓምለ 1954።

ብዝብል ኣርእስቲ ንስቕታን ፍርሕን መንግስትን ባይቶን ኤርትራ ኣብ ቅድሚ ዓመጻት መንግስቲ ኢትዮጵያ ዘወቅስ ዝነበረ ተስፋይ ሃይለ... ከምኡ'ውን ሓያሎ ካልኦት ግዱሳት መናእሰይ ርክባት ክገብሩ ጀመሩ።[45]

ኩሎም እቶም ኣብ ምድላው እዚ መጽሓፍ ብህይወት ዘለዉ፡ ማሕበር ንኸምስረት ዝንቀሳቐስን ቀንዲ ወዳቢ ዝኾነን ተስፋይ ረዳእ ከም ዝነበረ ይምስክሩ። ተስፋይ ረዳእ ሰራሕተኛ ምድሪ ባቡር ምስ ጸንሐ፡ ምስ ምእታው ፈደረሽንን ምልቃቕ ኢጣልያውያንን፡ ከም ሓላፊ ባቡር (ካፖ ትሬኖ) ንኸኸውን በቕዐ። ብሰንኪ ዋሕዲ ደሞዝ ይግበር ኣብ ዝነበረ ኣድማ ሰራሕተኛታት ምድሪ ባቡር ከም ኣለዓዓሊ ስለ ዝተጠርጠረ ግን፡ ኣብ ከባቢ 1952-53 ካብ ስራሕ ተሰጎ። ነቲ ዘሕለፎ ብኸምዚ ዝስዕብ ዘኪሩዎ፡

> ... ኣብተን ሰብ ክጸዓነን ዘይግባእ ብጎኒታት ሰብ ጽዒንካ ተባሂለ፡ ብዘይ ገበርኩዎ ተኸሲሰ እየ ዝተሰጎጎኩ። ምድሪ ባቡር ብኢትዮጵያ ስለ ዝመሓደር፡ ሓደ ያዕቆብ ዳኘው ዝተባህለ ኢትዮጵያዊ ኢዩ ተጻቢኡኒ። ክሳብ ኣብ ኣስፍሃ ወልደሚካኤል በጺሐ፡ ብዙሕ ድማ ተኸላቢተ። ካብ ስራሕ ምስ ወጻእኩ፡ ኣብ ባይቶ ኤርትራ እናኸድኩ ክሰምዕ ጀሚረ። ኣብ ባይቶ፡ በዓል ኢብራሂም ሱልጣን፡ ዑመር ኣኪቶ ክዛረቡን ክምክቱን እሰምዖም'ሞ፡ ክወጹ ኸለዉ ደድሕሪኦም እኸይድ። "ህንጻ መንግስቲ ኤርትራ ከምዝን ከምዝን እንድዩ ዝብል፡ ብኸመይ ደኣ ሎሚ ከምዚ ጌርኩም..." እናበልኩ ድማ እሓቶም። ንሳቶም ድማ፡ "እዚ ንሕና ኣብ ባይቶ ንገብሮ፡ ኣብ ግዳም ሰዓቢ የብሉን። ማሕበር ዘይትምስርቱ?" ይብሉና ነይሮም።

እዞም ቡብመገዶም ሓደ ዝዓይነቱ ኣተሓሳስባ ዝሰንቁን ዘማዕብሉን ዝነበሩ መንእሰያት፡ ካብ ባይቶ ናብ እንዳ ወሃቢ ዝብሃል ቤት መሸጣ ጋዜጣ እናኸዱ፡ ከምኡ'ውም ኣብ ጥቓ ባር ኦርየንተ ትርኩብ ኣብ ዝነበረት ቤት ስእሊ ዝሰርሕ ምስ ዝነበረ ኣብርሃም ተስፋይ ዝተባህለ ዜጋ እናተራኸቡ፡ ብዛዕባ ምምስራት ማሕበር ክመያየጡ ጀመሩ። ብፍላይ ተስፋይ ረዳእ፡ ዘሚካኤል ዕቝባሚካኤልን ገብረሚካኤል በግኣጽዮንን ሓሳባቶም ንመራሕቲ ደሃይ ኤርትራ፡ መሓመድ ሳልሕ ማሕሙድን ኤልያስ ተኽሉን ኣካፊሎም ብዙሕ ምትብባዕ ምስ ረኸቡ፡ ነቲ ጉዳይ ኣዕቲቦም ተተሓሓዙዎ። ብስም ማሕበር ሚካኤል ኣብ ማይ ጭሆት እናተኣኻኸቡ ድሕሪ ምምይያጥ ድማ ንፈደረሽን ዝጣበቕ ማሕበር ክቐሙ ወሰኑ።

መብዛሕትኦም ትምህርቲ ስለ ዘይነበሮም፡ ማሕበር ኣብ ምቛምን ቅዋም ኣብ ምንዳፍን ሓገዝ ናይ ጠበቓታት ዮሃንስ ጸጋይን መሓመድ ዑመር ቃዲን ረኸቡ። ጸኒሖም'ውን፡ መሓመድ ዑመር ቃዲ ጠበቓኦም ኮይኖም ኣገልገሉ። ቅዳሕ ናይቲ ቅዋም'ኳ ሕጂ ክርከብ እንተ ዘይተኻእለ፡ "ካብ ሎሚ ንንዮ፡ ንሕና ኤርትራውያን፡ ኣብ ትሕቲ እታ ህንጻ መንግስቲ ኤርትራ ኣብ መላእ

45. ገለ ካብ'ቶም ዝተረፉ፡ ዘሚካኤል ዑቕባሚካኤል፡ ገብረሚካኤል በግኣጽዮን፡ ሃይለ ኪዳን፡ ተኽል ዘርኦ፡ ኣብርሃ ተመልሶን ሉቺዮ ዘካሪያን ዝብሃሉ ነበሩ። ጸኒሖ፡ በርሀ ዓንደሚካኤል ዝተባህለ ንጡፍ ኣባል ማሕበር ሰራሕተኛታት'ውን ተሓወሶም።

ኣብርሃ ሓጎስ

ገብረሚካኤል በጋጽዮን

ኤርትራ ንኸተንበልብል ዘወሰነላ ኣውሊዕ ዘዕንባብኣ ሰማያዊት ዕላማና ኴንና፡ ኤርትራ ንኤርትራውያን እናበልና፡ ኩሉ ጊዜ ንህንጻ መንግስትናን ንዕላማናን ተኸታተልቲ ምዃንና ነረጋግጽ..." ዘሰምዕ ናይ ማሕላ ቓላት ከም ዝነበሮ ተሰፋይ ረዳእ ይዝክር። በዚ ድማ ማሕበር መንእሰይ ፈደራሊስት ኤርትራውያን (ማ.መ.ፈ.ኤ.) ብ5 መስከረም 1954 ኣብ ማይ ጭሆት ቈመ።[46]

እቲ ቐንዲ ንጥፈታት እቲ ማሕበር ካብ መወዳእታ 1955፡ ማለት ድሕሪ መንግስትነት ተድላ ባይሩ ስለ ዘመጽአ፡ ኣብ ዳሕረዋይ ክፋል ናይ'ዚ ዛንታና ኢዩ ብዝያዳ ኽግለጽ። ማ.መ.ፈ.ኤ. ካብ ምጡን ቍጽሪ ኣባልነት'ኳ ክዓቢ እንተ ዘይከኣለ፡ ኣብ ዕቃበ ናይቲ ኣባላቱ ከም ኣገዳሲ ምልክት ወይ መርኣያ ናይ ውሽጣዊ ናጽነት ኤርትራ ዝርእዩዎ ዝነበሩ ነገራትን ጉዳያትን ናይ ኣነቓቓሕነት ተራ ተጻዊቱ ኢዩ። እቲ ብበዓል ጸጋይ ካሕሳይ ዝተመስረተ ማሕበር ሰራሕተኛታት፡ ብዝያዳ ኣብ ኵነታት ዕዮ ኣባላቱ ዝግደስ ስለ ዝነበረ፡ ኢዱ ናብ ጽሩይ ፖለቲካዊ ሕቶታት ንኸእቱ ዝፍቀደሉ ኣይነበረን። ከምቲ ኣቐዲምና ዘረአናዮ፡ ምስ ማህረምቲ ፕረሲደንቱ ወልደኣብ ወልደማርያም ከኣ፡ ክሳብ ኣብ 1956-57 ኣቢሉ መሊሱ ዝለዓዓል፡ ከም ማሕበርስ ዝሕል ኢሉ ኢዩ።

ማሕበር ፈደራሊስት ነዚ ብምኽንያት ዝሕታለ ውድብ ሰራሕተኛታት ተፈጢሩ ዝነበረ ሃጓፍ መሊኡዎ ጥራይ ዘይኮነ፡ ነቲ ዝነበረ ናይ ፈደረሽን ቃልሲ ገለ ኣንፈት ከትሕዞስ ከኣለ። በቲ ኣባላቱ ክብሪ ባንዴራ ኤርትራ ንኽሕሎ፡ በቲ ኣቐዲሞም ኣብ ደሃይ ኤርትራ ዘውጽኡዎ ዝነበሩ ጽሑፋት፡ ከምኡ'ውን በቲ

46. መብዛሕትኡ እቲ ሓበሬታ፡ ካብ ቃለ መጠይቕ ምስ መስረትቲ ማ.መ.ፈ.ኤ. ዝነበሩ ተስፋይ ረዳእ፡ ኣብርሃ ሓጉስን ገብረሚካኤል በግኣጽዮንን፡ ኣስመራ 2 ጥቅምቲ 2002 ዝተረኽበ ኢዩ። ኣብ ተመሳሳሊ ቃለ መጠይቕ፡ በርሀ ዓንደሚካኤል'ውን ነቲ እዚኣቶም ዝሃቡዎ ሓበሬታ ኣረጋጊጹን ኣሐይሉን ኣሎ።

ብዛዕባ ዝተፈላለዩ ንመሰላት ኤርትራ ዝምልከቱ ኣርእስትታት ምስ ሰበ ስልጣን መንግስቲ ዘልዕሉዎ ዝነበሩ ጉዳያት፡ ኣቓልቦ ሓይልታት ጸጥታ ይስሕቡ ስለ ዝነበሩ፡ ህዝቢ ዝፈልጦ ጸቕጥን ማእሰርትን ክወርዶም ግድን ኮነ።

በዚ ኣጋጣሚ፡ ንባህርያት ናይቲ ኣብዚ እዋን'ዚ ዝፍጠር ዝነበረ ናይ ቃልሲ ምትእኽኻባት ኣሕጺርካ ምግላጽ ከድሊ እዩ። ናይ 1940'ታት ፖለቲካዊ ሰልፍታት፡ ብፍላይ ድማ ኣል ራቢጣ በቲ ናይ ቀደም ሓይላን ውዳበኣን ትሰርሕ ስለ ዘይነበረት፡ ቃልሲ ኤርትራውያን ናብ ተበግሶ ናይ ውልቀ ሰባት'ዩ ዝወድቕ ዝነበረ። ምስ ምዕጻው ደሃይ ኤርትራ፡ እዚኣቶም ድምጾም ናብ ዝሰፍሐ ክፋላት ሃገር ንኺብጽሑ ይሸገሩ ስለ ዝነበሩ፡ ምትእኽኻቦም ካብ ውሱን ዓንኬል ናይ ብገለ ምኽንያት ዝፋለጡ ሰባት ክዓቢ ዘኽእል ኣይነበረን። ኣቐዲምና፡ ካብ 100 ንላዕሊ ዝኾኑ ኤርትራውያን ደቂ ጀበርቲ ናብ ው.ሕ.ሃ. ጥርዓን ኣቕሪቦም ከም ዝነበሩ ርኢና። ሕጂ'ውን ነዚ ውሱን ዝዓቕሙ ውድብ ናይ ፈደራሊስት - ክርስትያን ደቂ ኸበሳ ዘበዝሑዎ - ክንዛረበሉ ጸኒሕና።

እዚ ኸምዚ ዝመሰለ ንኣሽቱ ምትእኽኻባት - ገሊኡ ውልዕ ኢሉ ዝቕህም፡ ገሊኡ ድማ ርሑቕ ከይከደ ዝጭፍለቕ'ኳ እንተ ነበረ - ኣብ ህዝቢ ዝትርፎ ዝነበረ ንቕሓትን ሰምዒትን ብቐሊሉ ክግመት ኣይግባእን። ማሕበር ፈደራሊስት ንኣብነት፡ ብሓደ ሸነኽ፡ ጸኒሑ ምስቶም ናይ 1940'ታት መራሕቲ ብምትሕብባር ሓባራዊ ቃልሲ ናብ ምክያድ ስለ ዝበጽሐ፡ ብኻልእ ሸነኽ ድማ፡ ገለ ኣባላቱ ናብቲ ዝቖጸለ ናይ ሰራሕተኛታትን ናይ ሓረካ ወይ ማሕበር ሸውዓተን ቓልሲ ሰጊሮም ተመኩሮኦም ከመሓላልፉ ስለ ዝኸኣሉ፡ ከም መተኣሳሰሪ ወይ መሰጋገሪ ክርአ ይክኣል። ብውሱንነት ዓቕሙን ዝርጋሐኡን ተጉስዩ ክሓልፍ ድማ ኣይግባእን። ብዛዕባ ንጥፈታቱን ዕድሎት ኣባላቱን ኣብ እንዛረበሉ ኻልኣይ ክፋል ናይ መድረኽ ፈደረሽን፡ ነዚ ኣገዳሲ ተራኡ'ዚ ኣብ ግምት ከነእቱ ኢና።

ምዕራፍ 21

መንግስቲ ተድላ ኣብ ገምገም ውድቀት

ተድላ ካብ ተነጸሎ ናብ ዝገደደ ተነጸሎ

ታሪኽ ዘውዴ ረታ ከም ዝገለጾ እንተ ኾይኑ፡ ተድላ ባይሩ፡ "ፍቓድ ህዝቢ እንተ ኾይኑ፡ ፌደረሽን ሎሚ እንተ ዝፈርሰለይ ምፈተኹ..." ብምባሉም፡ ካብ ሃይለስላሴ እንትርፎ ነቐፌታን ምግላልን ካልእ ጥቕሚ ኣይረኸቡን። "ብዛዕባ ጉዳይ ፌደረሽን ጽቡቕ ምዝራብ ግቡእ ኢዩ'ኳ ክብሃል እንተ ተኻእለ፡ ኩሉ ዝሕሰብ ዘበለ ብጽቡቕ ቃላት ጥራይ ክፍጸም'ዩ ማለት ኣይኮነን። እቲ ዝተዛረብኩዎ ብግብሪ ከም ዝግለጽ ንምግባር፡ መጀመርታ ብዙሕ ዝስራሕ ነገር ከም ዘሎ ክፍለጥ ነይሩዎ..." ኢሎም'ውን ንተድላ ከም ዝጸሓፉሎም ዘውዴ ገሊጹ።[1]

ጽንሕ ኢልና ከም እንርእዮ፡ ተድላ ናይ ሃይለስላሴ ገጽ ይንፈጎም ከም ዝነበረ ግዲ ኣብ ጽርጊያ እናተፈልጠ ኸይዱ፡ የማነ-ጸጋም ክድፈሩን ክውጠጡን ጀመሩ። ምስ ባይቶ ኣትዮሞ ዝነበሩ ምፍጣጥ ተዛሪብናሉ ኢና። ኣባላት ኣልራቢጣ፡ ዓበይቶምን መንእሰያቶምን፡ ክሳብ ኣኼባታት እናገበሩ ንመንግስቲ ከም ዘጫነቑ'ውን ርኢና። ኣባላት ኣንድነት ዝነበሩ ከይተረፉ ዝሳተፉሉ ናይ ፌደራሊስት ምንቅስቓስ ተሰማዕነት ክረክብ ጀሚሩ ከም ዝነበረ'ውን ገሊጽና።

ናይ ተድላ ተነጸሎ፡ ገሊኡ ካብ ነብሶም፡ ካብቲ ግሉል ጠባዮምን ዘይንጹር ፖለቲካዊ መርገጺኦምን ክብገስ እንከሎ፡ ገሊኡ ድማ ካብ ዘይንጹርን ዝተጻበበን ቦታ መንግስቲ ኤርትራ ኣብቲ ፌደራል ስርዓት ዝምንጩ ነበረ። ንኹነታቶምን ኣወዳድቓኦምን ብግቡእ ንምርዳእ፡ ነዚ ኽልተ መዳያት ናይ መወዳእታ ስልጣኖም ዳግም ምድህሳስ የድሊ። በቲ ኻልኣይ ክንጅምር።

ኣንስ ማቲየንሶ ስራሑ ምስ ፈጸመ ኣብ ዝሃቦ ናይ መወዳእታ ጸብጻቡ፡ ናይ ሕ.ሃ. ፌደራል ድንጋጌ፡ "ኣህጉራዊ ሰነድ (ወይ መጋበርያ - instrument) ኢዩ፤ ንሱ ምስ ዝጠሓስ፡ ሓፈሻዊ ባይቶ ሕ.ሃ. ነቲ ጉዳይ ክተሓሓዞ ይኽእል"[2] ኢሉ ነበረ። ከምቲ ደጋጊምና ዝረኣናዮ ግን፡ እቲ ማቲየንሶ ዝነደፎ ሕገ መንግስቲ

---

1. ዘውዴ ረታ፡ ገጽ 437።
2. UN Commissioner to Eritrea, Final Report, Chapter II, Par. 201.

ይኹን ንዕኡ ዘድግፍ ሕግታት ምስ ዝጠሓስ፡ ኤርትራ ክትጠርዓሉ ንእትኽእል መገዲ ዓጽዩዎ ነይሩ ኢዩ። እቲ ቊሩብ ኣንፈት ዝሃበ ሰብ፡ ወኪል ኣህጉራዊ ትሪቡናል ሕ.ሃ. ኣርተር ሪድ ነበረ። እንተ ኾነ ግን፡ ናይ ሪድ ጸብጻባትን መጠንቀቕትን ይውንዘፍ'ምበር፡ ብዕትብ ዝበለ መገዲ ይርአ ኣይነበረን። ሕሉፍ ሓሊፉ፡ ንሓደ መሰላት ኤርትራ ይጠሓስ ከም ዝነበረ ዘብርህ ጸብጻቡ ኣብ ዝሃቦ መልሲ፡ ኣንድሩ ኮርዲየ ዝተባህለ ሓላፊ ናይ ቤት ጽሕፈት ዋና ጸሓፊ ሕ.ሃ.፡ እቲ ውድብ፡ ፈደረሽን ንኸይፈርስ ወይ ንኽዕቀብ ዝጣበቕ ዘሎ ዘምስል ዝኾነ ሓበሬታ ንኤርትራውያን ንኸይህብ፡ ናብኡ ገጹ ዝእምት ምልክት'ውን ንኸየርኢ ኣጥቢቑ ከም ዘጠንቀቐ ዝዝከር ኢዩ።[3]

ከምዚ ይኹን'ምበር፡ ብዙሓት ኣባላት ባይቶን ኣል ራቢጣን፡ ከምኡ'ውን ካልኦት ግዱሳት፡ ሪድ እንከሎ ናብኡ፡ ንሱ ምስ ከደ ድማ ናብ'ቶም ኣብ ኤርትራ ዝነበሩ ቆንስላት ብተደጋጋሚ ክጠርዑ እንከለዉ፡ ብወገን መንግስቲ ኤርትራ ዝርአ ዝኾነ ተቓውሞ ኣይነበረን። ተድላ ባዕሎም፡ ካብተን ምስ ቆንስላት እንግሊዝን ኣመሪካን፡ ከምኡ'ውን ምስ ኮሎኔል ክራክነል ከም ዝተዘራረቡ ብዝርዝር ዝገለጽናየን ኣጋጣሚታት ወጻኢ፡ ንዕቃበ ፈደረሽንን ንመሰላት መንግስቶምን ግሁድ ምክልኻል ክገብሩ ኣይተራእዩን።

እቲ ዕድል ስለ ዝሰኣኑ ኣይኮነን። ብሓቂ ተገዲሶ ይኹን ንኽባእስ፡ እንግሊዛዊ ቆንስል ምርድል-ሰሚዝ ትብዕ ኢሎም ተቓውሞኦም ንኽሰምዑ ይምዕዱዎም ነይሩ ኢዩ። ምስቲ ኹሉ እንግሊዛውያን ኣብ ልዕሊ ኤርትራ ዘውረዱዎ ማህሰይቲ፡ እቲ ምዕዶኡ'ኳ ናይ ቅንዕና ብዛዕባ ምንባሩ ዘጠራጥር እንተ ኾነ፡ ንሶም ግን ክጥቀሙሉስ ምኽኣሉ። ከምኡ'ውን ናይ ቆንስል ኣመሪካ።

ኣብቲ ምጀማር መንግስትነት ተድላ፡ ካብ ፍርሒ ምእታው ኢትዮጵያ ናብ ኤርትራ ዝተበገሱ ኢጣልያውያን ቀንዲ ተጣበቕቲ ፈደራል መሰላት ኤርትራ ኾይኖም ነበሩ። ኣብዚ ግን፡ መንግስቲ ኢትዮጵያ ንመንግስቲ ኤርትራ ቐዲማ፡ ንስምዒት ኢጣልያውያንን ቆንስላዊ ቤት ጽሕፈቶምን ከተረጋግእ ከኣለት። እዚ ድማ፡ ንብረቶም ከም ዝሕለወሎም፡ ናይ ኢሚግረሽን ጸገማቶም ከም ዝፍታሓሎም፡ ናይ ወፍሪ ዕድላት ከም ዝኽፈተሎም...ተገብረ። ጣልያን ብወገኖም፡ ኑቶም ምስ ኤርትራዊ ኽእለት ዝወዳደር ዓቕሚ ዝነበሮም ዜጋታቶም ናብ ኢጣልያ ከም ዝምለሱ ብምግባር፡ ኣብ ኤርትራ ኣውፈርትን ካልኦት ክኢላታትን ስድራ ቤቶምን ዝበዝሑዎም ጥራይ ኣትረፉ። ነዚኣቶም፡ መንግስቲ ኢትዮጵያ ካብ ረብሓ ተበጊሶም ከም ዝተሓባበሩዋ ገበረት። በዚ ድማ፡ ኣብ 1941 ልዕሊ 100.000 በጺሑ ዝነበረ ቑጽሪ ኢጣልያውያን ኣብ ኤርትራ፡ ኣብ ከባቢ ሰነ 1954 ናብ 13.000 ክወርድ ከኣለ።[4]

ተድላ ባይሩ፡ ነዚ ናብኦም ከጸግዑዎ ዘኽእሉ ዝነበሩ ናይ ጣልያን መስመር'ውን ኣጥፊኦሞ ማለት'ዩ። ካልእ መገዲ ንኽጥርዩ'ውን ዘፈተኑ

3. Andrew Cordier to Reid,...
4. Andrew Cordier to Reid,...

ኣይመስሉን። ምስ ሃገራት ኣዕራብ ዘኾነ ርክብ ክገብሩ ዝፈተኑሉ እዋን ነይሩ ክብሃል'ውን ኣይስማዕን። ብኣንጻሩ፡ በዓል ኢብራሂም ሱልጣን ብኣዕራብ ይድገፉ ኣሎው. ዝብል ጥርጣረ ስለ ዝነበሮም፡ ንኢብራሂም'ውን ክሳብ ናብ ሱዳን ንምጋሽ ስለ ዝኸልከሉዎም፡ ተድላ ነቲ ናይ ዓረብ መስመር ኣብ ግምት ኣየእተዉዎን። በዚ ሸነኽ'ዚ፡ መንግስቲ ኢትዮጵያ'ውን መደባት ኣውጺኣ ትሰርሕ ነይራ ኢያ። ኣብ 1954፡ ሱዳን ምስ ግብጺዶ ትሕበር ወይስ ናጻ ትውጻእ ዝብል ሕቶ ርሱን ኣብ ዝነበረሉ እዋን፡ ሃጸይ ሃይለስላሴ ደጋፊ ናጽነት ሱዳን ብምዃን፡ ምስ ናይ'ታ ሃገር ሓይልታት ናጽነት ርክባት ጀሚሮም ነበሩ። እዚ ድማ፡ ምስ ግብጺ ዝሓበረት ሓያል ሱዳን፡ ብብረት ግብጺ ንኢትዮጵያ ክትሰዕር፡ ንኣስላም ኤርትራውያን ድማ ከተሰድዕ ትኽእል ኢያ ካብ ዝብል ፍርሒ ገበሩዎ። ሃይለስላሴ እምበኣር፡ ነቲ ተድላ ይኸኑ መንግስቲ ኤርትራ ክጥቀሙሉ ምኸኣሉ ዝብሃል፡ ናብ ሃገራት ኣዕራብ ዘምርሕ ናይ ሱዳን ማዕጾ ዳርጋ ዓጸዉዎ።[5]

እቲ ዝዓበየ፡ ንተነጽሎ መንግስቲ ኤርትራ ዘጋደደ ማዕጾ ግን፡ ናይ ኣመሪካ ኾነ። ኣብዚ ጽሑፍና ብቐጻሊ ይርአ ከም ዘሎ፡ ቆንስላት ኣመሪካ ኣብ ኤርትራ ንኹነታት መንግስቲ ኤርትራን ነቲ ኣብ ልዕሊ ኤርትራ ዝፍጸም ዝነበረ ግህሰትን ብደቒቕ ዝከታተሉን መመዝገቦም ዘመሓላልፉን'ዮም ዝነበሩ። ካብ መንግስቲ ኣመሪካ ዝመጽእ ዝኾነ ግብረ መልሲ ግን ኣይነበረን። ንኣመሪካ፡ ኢትዮጵያ ቀንዲ ጸግዓን መሳርሒታን ኣብ ቀርንን ምብራቕን ኣፍሪቃ ነበረት። ኣብ ምውዳእ 1954፡ ሃይለስላሴ ብዕድመ ኣመሪካዊ ፕረዚደንት ድዋይት ኣይዘንሃወር ናብታ ሃገር ምስ በጽሑ ዝተገብረሎም ኣቀባብላ መስተንክራዊ ነበረ። ንሶም፡ ንኽልቲኡ ባይቶታት ኣመሪካ፡ ላዕለዋይ ባይቶን (Senate): ወካሊ ባይቶን (House of Representatives) ኣብ ዘጣመረ ኣኼባ (Joint Houses of Congress) ዝተዛረቡ ቀዳማይ ኣፍሪቃዊ መራሒ ኾኑ።[6]

መንግስቲ ኣመሪካ ንኢትዮጵያ ቃል-ዓለም ዘይነበሮ ደገፍ ትልግሰላ ዝነበረት ብዘይ ምኽንያት ኣይኮነን። ኢትዮጵያ ካብ 1951 ጀሚራ ናብቲ ኣመሪካ ኣብ ኮረያ እተካይዶ ዝነበረት ጸረ-ኮሙኒስት ኲናት ወተሃደራት ብምስዳድ ብኣካል ብምድጋፋ፡ ዓባይ በዓልቲ ሞያ ኾይናታ ነይራ ኢያ። ኣብ ልዕሊ'ዚ፡ እቲ ብግንቦት 1953 ሰፈሑን ተኸሊሉን ንኣመሪካ ዝተዋህበን ዝተመረቐን መደበር ቃኘው ኣስመራ፡ ካብቲ ኣብ ዓለም ዝነበረ ናይ ኣመሪካ ናይ ስለያን መራኸቢታትን መደበራት እቲ ዝዓበየን ብቕብ ዝበለ ደረጃ ዝርአን፡ ብኡ መጠን'ውን ዝሕሎን ንብረት ኣመሪካ ኾነ። መደበር ቃኘው ውጽኢት ናይቲ ኣብ መንጎ መንግስታት ኢትዮጵያን ኣመሪካን ብ1953 ዝተኣትወ ውዕል ኮይኑ፡ ነዛ ዳሕረወይቲ ብውሑዱ ን25 ዓመት ኣብ ኣስመራ ክሰፍራ ከኣለ። ረነ ለፎር ዝተባህለ ደራሲ ከም ዘዘንተዎ፡ እቲ ስምምዕ ንኢትዮጵያ ብዙሕ ቍጠባዊ

5. Joseph Sweeney, US Liaison Officer, Khartoum to State Department, 745W. 00/10-954, October 9, 1954.

6. ናይዚ ናይ ንጉስ ጉዕዞ ንኣመሪካ ዝርዝራዊ ጸብጻብ፡ ኣብ ጋዜጣ ዘመን ናይ ምውዳእ 1954 ርአ።

ረብሓታት ሃባ። ንኣብነት፡ ኣስታት 30% ሰደድ ኢትዮጵያን (exports)፡ 9% ድማ ናይቲ እተእትዎ ኣቑሑን (Imports) ምስ ኣመሪካ ነበረ። ኣመሪካ ኣብ ኣህጉራዊ ዝምድናታትን መድረኻትን ንኢትዮጵያ እተሳልጠላ ዝነበረት ጉዳያት፡ ንኤርትራ ጠቕሊልካ ካብ ምርኣብ ክሳብ ኣብ ውሽጢ ኢትዮጵያ ተጸሚዳ ከም ትተርፍ ምግባር ሓዊሱ፡ መለክዒ ኣይነበሮን። ኣብቲ እዋን ይብል ለፎር፡ ኢትዮጵያ ዓውዲ ናይ ዝተፈላለያ ናይ ኣመሪካ ውድባት ረድኤት ብምዃን ዝቕድማ ኣይነበረን። ኢትዮጵያውያን ሰብ ስልጣን ድማ፡ "ካብ ንጉሰ ነገስት ጀሚርካ ንታሕቲ፡ ከመይ ጌርካ ኣመሪካ ንኽትኣብዮ ዘጸግማ ናይ ረድኤት ልመና ከም እተቕርብ ይፈልጡ ነበሩ።"[7]

ሳላ ቃኘውን ብለውጢ ናይ ዝረኸብዎ መሰላትን፡ ኣመሪካ ንኢትዮጵያ ሰለስተ ክፍላተ ሰራዊት ወይ 6000 ወተሃደራት ዓለመትላን ኣዕጠቐትላን። መንግስቲ ኤርትራ ሳንቲም ዘይትረኽበሉ ክሳብ 7 ሚልዮን ዶላር ኣመሪካ ንዓመት ዝበጽሕ ክራይ መሬት ክትከፍላ ተሰማምዐት፡ ከፈለታ'ውን። ብዘይካ'ቲ

ምኽፋት መደበር ቃኘው

7. Rene Lefort, Ethiopia, An Heretical Revolution? P. 182-183.

ኣብ ላዕሊ ዘጠቐስናዮ ናይ ንግዲ ረብሓታት፡ ክሳብ ምጅማር ሰብዓታት ኣብ ዝነበረ እዋን፡ ካብቲ ኣመሪካ ንጸሊም ኣፍሪቃ (ሰሜን ኣፍሪቃ ከይሓወሰካ) ዝለገሰቶ 350 ሚልዮን ዶላር፡ ነቲ 278.6 ሚልዮን ንኢትዮጵያ ሃበታ።[8]

ቃኘው እምበኣር ማእከል ናይ ኩሉ'ቲ ኣመሪካ ንኢትዮጵያ እትህባ ዝነበረት ሓለፋታት ኮነ። ምስቲ ኢትዮጵያ ኣማዕቢላቶ ዝነበረት ቀጠባውን ፖለቲካውን ተጸጋዕነት፡ ኣመሪካ ፍጹም ክትቈጻጸራ፡ ዝበለቶ'ውን ክትገብረላ ኢዩ ዝግባእ ዝነበረ። መንግስቲ ሃይለስላሴ ግን ንመደበር ቃኘው ሓንሳብ ከም መፈራርሒ ሓንሳብ ድማ ከም መጠበሪ እናተጠቐመ፡ ካብ ኣመሪካ ድልየቶም ዘሳልጡሉ መጣልዒ ረኸቡ። ብዙሓት ብዘዕባ'ቲ ጊዜ ዝጸሓፉ ደረስቲ፡ ነዚ ነጥቢ'ዚ የስምሩሉ ኢዮም።[9]

ኢትዮጵያ ምስ ካልኦት ሓይልታት፡ ብፍላይ ድማ ምስ ሕብረት ሶቭየት እናተጸጋገዐት፡ ንኣመሪካ ከተሰክፋ - ቃኘው መታን ከይኸዳ - ትኽእል ነይራ ኢያ። መደበር ቃኘው ድማ ኣመሪካ ናይ ጠፈር ሳተላይታት (ናታ ይኹና ናይ ሶቭየት) እትከታተለሉ፡ ናታን ናይ ጸላእታን ናይ ሬድዮ ርክባት እትጠልፈሉ፡ ብቐይሕ ባሕሪ ንዝተሓላለፍ ኩሉ መስመራት እትሰልየሉን እትቈጻጸረሉን ዓቢ መሳርሒኣ ስለ ዝነበረ፡ ድልየት ኢትዮጵያ ክትፍጽም እትግደደሉ ጊዜስ ውሑድ ኣይነበረን።[10]

መደበር ቃኘው ነዚ ኹሉ እናሰለየ፡ ኢትዮጵያ ፈደረሽን ንምፍራስ ተካይዶ ዝነበረት ንጥፈታት ክሓልፎ ወይ ከይተገንዘቦ ክተርፍ ማለት ዝሕሰብ ኣይኮነን። መንግስቲ ኣመሪካ ግን ካብ'ቲ ናጽነት ኤርትራ ንኸይወሃብ፡ ጉዳይ ኤርትራ ብፈደረሽን ጥራይ ንኽዕጾ ዘቐደደቶ ጻዕሪ ጀሚራ ክሳብ ምፍራሱ፡ ብቓኘውን ብቆንስላታን ኣቢላ እናረኣየትን እናሰምዐትን ከተጽቅጥ መረጸት። ደቪድ ፑል ዝተባህለ ደራሲ ከም ዝበሎ፡ "ፈደራል ሕግታት ንምፍራስ ኣብ ዝተኻየደ ውዲት፡ ኣመሪካ ናይ ዲፕሎማስያዊ ስቕታ መጋረጃ ጋረደት።" [11]ቃኘው ድማ፡ ብውሑዱስ ኣብ ልዕሊ ኣውያትን ጥርዓናትን ህዝቢ ኤርትራን ኣብቲ ኣብ ልዕሊኦም ዝፍጸም ዝነበረ በደልን ተንኰልን ግፍዕን፡ ብዕሊ ዘይተኻገረ ተጻባኢ ኾነ።

ነዚ ኹሉ ኣብ ግምት ምስ እነእቱ፡ ተድላ ነቲ ፈደራል ድንጋገ፡ ብመገዲ መንግስቲ ኢትዮጵያ እንተ ዘይኾይኑ ባዕሎም ምስ ናይ ግዳም መንግስታት ንኸይራኸቡ ዝእግዶም ዝነበረ ሕግታት ጥሒሶም ዘይተራኸቡ ኢልካ ምውቃሶም ይኸብድ። በቲ ሓደ ወገን፡ ኣባላት ባይቶ'ኳ ምስቲ ውሱን ዓቕሞም ፈንጢሶም ብተሌግራማትን ብኣካልን ቃሎምን ተቓውሞኦምን ዘሰምዑ ዝነበሩስ፡ እዚ ንተድላ ብኸመይ ይሰኣኖም... ዝብል ነቓፊ ሕቶታት ይቐርብ'ዩ። እዚ ግን፡ ተድላ ባይሩስ ብሓቂ ደጋፊ ፈደረሽን ኮይኖም ነይሮም ኢልና ምስ እንኣምን ጥራይ እነሰላስሎ ሕቶ ኢዩ ክኸውን።

8. Robert G. Patman, The Soviet Union in the Horn of Africa, p. 36-37.
9. Christopher Clapham, Revolutionary Ethiopia, p. 221-222; Lefort, note 8, above.
10. Peter Schwab, Haile Selassie I, Ethiopia's Lion of Judah, p. 93-94.
11. David Pool, From Guerillas to Government, p. 39.

ገለ ናይ ሸው መሳርሕቶምን ተዓዘብትን ግን፡ ተድላ ንፌደረሽን ከም ሓሳብን ኣብቲ ኣጋ መወዳእታን ደጊፎሞ ክኾኑ ይኽእሉ፡ ብግብሪ ግን ንምዕቃቡ ዘካየዱዎ ርኡይ ንጥፈት ወይ ቃልሲ ኣይነበረን'ዩም ዝብሉ። ብሓቂ ኸኣ፡ ነቲ ጠፊኡ፡ ብዘይ ሕጊ ንኢትዮጵያ ተዋሂቡ እናተባህለ ብባይቶ ይኹን ካብኡ ወጻኢ ዘውቅሶም ዝነበረ መሰላት፡ ንሓዲኡ'ኳ ክምልሱ ኣይከኣሉን። ናይ ጉምሩክ እቶት ካብተን እንግሊዝ ብገዚያውነት ዝሰልዐን 4.4 ሚልዮን ቅርሺ ኢትዮጵያ ምንቕ ክብላ ኣይተራእያን - ንሱ'ውን ኢትዮጵያ ብገዚ እንተ ኸፊላቶ ኢዩ። ጨው ኤርትራ ንወጻኢ ይጓረት'ምበር፡ ኤርትራ እትረኽበሉ ጸጋ ኣይነበረን። ባቡር ምድሪ፡ ቴሌኮሙኒከሽን፡ ፖስታን ካልእ መራኸቢታትን… ኣብ ገዛእ መሬቱ፡ ነቲ ኤርትራዊ እንታዩ ኣይነበረን። ኣብ ውሽጣዊ ምምሕዳርን ጽፈት ምሕደራን'ኳ መንግስቲ ተድላ ብዙሕ ዝንቀፍ እንተ ዘይነበር፡ በቲ ዝተባህለ ግህሰት መሰላትን ራስያ ጸጋታት ሃገርን ግን ዝኾነ ዓወት ከመዝግብ ኣይተራእየን።

ቀንዱብ፡ ምስቲ ኣብ ውሽጥን ወጻኢ ካብ ባይቶን ዝነበረ ፈደራሊስት ዝኾነ ሓይሊ ርክባት ኣበጊሶም ነይሮም እንተ ዝኾኑ፡ ኣወዳድኣ ስልጣኖም ካልእ መልክዕ ምሓዘ ይኸውን። ኣብዚ'ውን ተድላ ፖለቲካዊ ጥበብ ኣየርኣዩን። በዓል ኢብራሂም ሱልጣንን ኩሎም ተሓባበርቶምን ቀንዲ ጸላእቶም ተቑጺሮም፡ ኣብ ትሕቲ ብርቱዕ ጸቕጢ ተመላለሱ። ነጻ ፕረስ ተዓጽዩ፡ ህዝቢ ናብ ስቕታ ወይ ሕሜታ ኣትዩ ነይሩ ኢዩ። ኣብ ርእሲ ወልደኣብ ወልደማርያም ዝተኻየደ ጉነጽን ናብ ስደት ዘምርሐ ተጽዕኖን፤ ኣብ ልዕሊ ደጊያት ኣብርሃ ስድራ ቤት ራእሲ ተሰማን ዝተወስደ ናይ ማእሰርቲ ስጉምትን መርትዖ ዘይተረኽቦ ኽስታትን፤ ማእሰርቲ ኤልያስ ተኽሉን መሓመድ ሳልሕ ማሕሙድን… እዚ ኹሉ፡ ኣብ ልዕሊ ተድላን መንግስቶምን ተነጽሎ ፈጢሩ ነበረ። በቲ ጉድኒ ድማ፡ ነዚ ኹሉ ዘሳውሩን ዘጓሃህሩን ኣንጻርጋቸው መሳይን ኣስፍሃ ወልደሚካኤልን ከም ዝነበሩ ዘይምርሳዕ። እዚኣቶም ብወገኖም፡ ብተድላ ተበዲለ ኣሎኹ ንዝብል ዝኾነ ሰብ ኣንጻር እቶም መራሕ መንግስቲ የሰልፉን ህጹጽ ሕብረት ንዝጠልቡ ወገናት ከኣ ይኣኻኽቡን ስለ ዝነበሩ፡ ኣብ ምጅማር 1955፡ ስልጣን ተድላ ዘብቅዓሉ እዋን ከም ዝተቓረበ ዳርጋ እናናበርህ ኸደ።

ኣብ ከባቢ ወርሒ ሚያዝያ ናይቲ ዓመት'ቲ ድማ፡ ብዙሓት ተዓዘብቲ ከም ቀንዲ መዳኸሚት ስልጣን ተድላ ዝጠቕሱዋ ፍጻመ ብኣዲስ ኣበባ መጸት። ካብ 1940'ታት ናብ ፖለቲካ ሕብረት ካብ ዝኣትዉ ኣትሒዞም፡ ተድላ ደጋፍን ተሓባባርን ናይቲ ኣብ ኢትዮጵያ ዝለዓለ ሓይሊ ዝነበሮ፡ ናይ ጽሕፈት ሚኒስተር ጸሓፊ ትእዛዝ ወልደጊዮርጊስ ወልደዮሃንስ ከም ዝነበሩ ኢዩ ዝንገር። ዘውዴ ረታ ከም ዝበሎ፡ ኣብ ብምሉኡ ናይ ፖለቲካ ህይወቶም፡ ተድላ ብዘይካ ምስ ወልደጊዮርጊስ ምስ ዝኾነ ካልእ ኢትዮጵያዊ በዓል ስልጣን፡ ምስቲ ኣዘውቲሮም ዝረኽብዎ ዝነበሩ ኣክሊሉ ሃብተወልድ'ውን ከይተረፈ፡ ዕርክነት ኣይመስረቱን።[12]

12. ዘውዴ ረታ፡ ገጽ 441።

ፌደረሽን ኤርትራ ምስ ኢትዮጵያ

ኣብዚ ወሳኒ ናይ ተነጽሎ ጊዜኦም እምበኣር፡ ተድላ ብዘይካ ወልደጊዮርጊስ ካልእ ዝጣበቐሎም ሰብ ሰኣኑ። ወልደጊዮርጊስ ባዕሉ ድማ፡ ኣብ 1955 ብናይ በዓል ኣክሊሉ ሃብተወልድን ኣሕዋቱን ውዲታት እናተሳዕረ ይኸይድ ስለ ዝነበረ፡ ከምቲ ቐደሙ ንተድላ ባይሩ ዓንጋልን ተኻላኺልን ክኾኖም ኣይከኣለን። ባዕሉ ወልደጊዮርጊስ፡ ብ25 ሚያዝያ 1955 ካብ'ቲ ዝነበሮ ክብ ዝበለ ስልጣን ተኣልዩ፡ ኣመሓዳሪ ሲዳሞ ተባሂሉ ንማሕዩር ምስ ተፈርደ ድማ፡ ተድላ ምስ ቤት መንግስቲ ሃይለስላሴ ዝነበረቶም ናይ መወዳእታ ፈትሊ ተበትከት'ሞ ተነጽሎኦም ብውሽጥን ብግዳምን ዳርጋ ዝተማልአ ኾነ።

ንሶም'ውን፡ ምስቲ ቐደሙ'ውን ግልጺ ኣይነበሩን ዝብሃሉዎ፡ ኩሉ ኣብ ውሽጦም ብምግባር፡ ናብ ስቕታን ኵራን ኣድሃቡ። እዚ ድማ፡ ካብ ፈተውቶም'ውን ስለ ዝነጸሎም፡ መመሊሱ ጕዳኢኦም እናኾነ ኸደ።[13]

መጥቃዕቲ ኣንዳርጋቸው ኣብ ልዕሊ መሰላት ኤርትራ

ኢትዮጵያ ብውሽጠ-ውሽጢ ኣንጻር ፈደራል ስርዓት እናሰርሐት፡ ብግዳም ግን ከኽሰሳ ዝኽእል ዝኾነ ተግባር ንኸይርከባ ጥንቃቐ ተርኢ ነበረት። በዚ ምኽንያት'ዚ ኢዩ፡ እቲ ብፍላይ ኣብ 1953 "ንኤርትራ ክትጕብጥ ትሕልን ኣላ" ዝብል፡ ካብ መንግስቲ ኢጣልያ ዝቐረብ ዝነበረ ጥርዓን ኣብ ኣህጉራዊ መድረኻት ተሰማዕነት ዝሰኣን ዝነበረ።[14] ኣብ መወዳእታ 1954 ሃይለስላሴ ንብሪጣንያ ኣብ ዝበጽሑሉ ንኣብነት፡ ብዛዕባ ፈደረሽን ኣመልኪቶም፡ "ብፈደራዊ ስርዓት ኤርትራ ምስ እኖኣ ኢትዮጵያ ክትሓብር ዚምድብ መደብ፡ ሓደ ካብቲ ሕቡራን መንግስታት ዝፈጸሙዎ ዓበይቲ ግብርታት ኮይኑ ኣብ ዛንታ ከም ዚነብር ኣደልዲለ ዝእመኖ ነገር'ዩ። እዚ ፈደራስዮን እዚ ንሕዝብ ኤርትራን ንሕዝቢ ኢትዮጵያን ዚጠቅም ኮይኑ ተረኺቡ ኣሎ..." ብምባል፡ ደጋፊ ቓላት ኣስምዑ።[15]

ምስቲ ሸው ዝነበሮም ኣህጉራዊ ተቐባልነት ንብዙሕ ወገን ከእምኑ ስለ ዝኸኣሉ፡ እቲ ብኣንጻር ዘረባኦም ዝሰማዕ ዝነበረ ክሰታት ኤርትራውያንን ካልኦትን ኣብ ግምት ዝኣቱ ውጽኢት ክረክብ ኣይከኣለን። ከምቲ ክንርእዮ ዝጸናሕና ግን፡ ኢትዮጵያ ብእንደራሴኣን ጭፍራኡን ኣቢላ፡ ውሽጣዊ ናጽነት ኤርትራ ዋጋን ቦታን ከም ዘይህልዎ ዝገብር ብዙሕ ተግባራት ምፍጻም ቀጸለት። ንኣብነት፡ ንዓሰብ ምስ ካልእ ክፍልታት ኤርትራ ርክብ ከም ዘይህልዋ ብምግባር ናብ ሕዛእታ ቐየረታ። ኣብ ውሽጢ 1943-1950 ጥራይ፡ ካብቲ ወደብ ዝኣቱ

13. ነዚ ርእይቶ ዝሃቡ ናይቲ ጊዜ ሰባት (ኣብ ቃለ መጠይቕ ምስ ደራሲ)፡ ብላታ መለሰ ፍረ (ዳኛ ጠቕላሊ ቤት ፍርዲ ኤርትራ)፡ ፊታውራሪ መሰፍን ገብረህይወትን ቢትወደድ ኣስፍሃ ወልደሚካኤልን ይርከቡዎም።

14. FO 371/113515, Chronology for 1954. ብ12 ግንቦት 1954 ንኣብነት፡ ኢጣልያን ፈረንሳን፡ "መንግስቲ ኢትዮጵያ፡ ጕበጣ ኤርትራ ንኸቀላጥፍ፡ ሓገዝ ኣመሪካ ይሓትት ኣሎ" ዝብል ክሲ ናብ መንግስቲ ብሪጣንያ ኣብ ለንደን ኣቕረበ። ኣመሪካ ነቲ ኽሲ ክትነጽጎ እንከላ፡ ብሪጣንያ ግን ኣብቲ ጉዳይ ኢዳ ብምእታው ከም ዘደናገየቶ ገለጸት። ነዚ ዝበለ ቆንስል ብሪጣንያ ካልእ ደጋፊ ዝኾነ ዝርዝር ሓበሬታ ኣይሃበን። FO371/102652, 10 August 1954.

15. ዘመን፡ 2ይ ዓመት ቍ. 406።

መንግስቲ ተድላ ኣብ ገምገም ውድቀት

ዝነበረ እቶት ብ67% ክብ በለ። ኤርትራ ካብዚ ሳንቲም ኣይረኸበትን።[16] ኣብ ዓሰብ'ኳ፡ ምምሕዳር ወደብ ናታ ስለ ዝነበረ፡ ገለ ሕጋዊ መርገጺ ነይሩዋ ኢዩ። ካብዚ ሓሊፉ ግን፡ ብሕጊ ኣብ ዘይፍቀደላ ከም ጉዳያት ትምህርቲ፡ ሃይማኖት፡ ሕክምና... ዝመሰል ናይ ኤርትራ ውሽጣዊ መሰላት ምእታው ሰርሓ ገበረቶ። "ብናይ ቀ.ሃ.ስ. ጽጉቅ ድልየት" እናተባህለ፡ ኣብያተ ትምህርቲ፡ ኣብያተ ክርስትያንን መሳጊድን ብፍላይ ኣብ ኣስመራን ምጽዋዕን ተሰርሑ። እዚ ሎሚ ብስም "ቀይሕ ባሕሪ" ዝፍለጥ ቤት ትምህርቲ፡ ሽዑ "ቀ.ሃ.ስ."፡ ኣብዚ እዋን'ዚ ተሰርሐ። ብሕጊ ዘይፍቀደሎም ንትምህርቲ፡ ጥዕና፡ ሃይማኖታዊ ጉዳያት... ወዘተ. ዝኸታተሉ ኢትዮጵያውያን ሰብ ስልጣን ነቲ ድሮ በዚሖ ዝብሃል ዝነበረ ቍጽሮም መመሊሱ ኣዕበዮ።

እዚ ኹምዚ ዝመሰል ተግባራት፡ ነቲ ኣብ መንጎ ኤርትራን ኢትዮጵያን ሰብ ስልጣን ዝነበረ ፍልልይ እናጽበበ ዳርጋ ናብ ምህሳስ ገጹ ኩብጽሖ ተቓረበ። ንቑጠባ ኤርትራ ብዝምልከት፡ ብፍላይ ድማ ንብጽሒት ኤርትራ ካብ እቶት ጉምሩክ፡ ሰብ ስልጣን ኢትዮጵያ ናብ ኤርትራ፡ እቶም ናይ ኤርትራ ድማ ናብ ኢትዮጵያ ፍረ ዘይነበሮ ምምልላስ ክገብሩ ተረባረቡ። ኣብ መወዳእታ 1954 ንኣብነት፡ ፍስሓጽዮን ሃይለ፡ ተኽለሃይማኖት በኹሩን ሓረጎት ኣባይን፡ ሰለስቲኦም ስክረታሪታት መንግስቲ ኤርትራ፡ ንኣማኻሪ ፋይናንስ ኣላን ስሚዝ ሒዞም ኣዲስ ኣበባ ቐንዮም ብዘይ ዝኾነ ፍረ ተመሊሶም ነይሮም ኢዮም።[17]

እቲ ከም ላዕለዋይ ተቓጻጻሪ ፈደረሽንን ሓላዊ ውሽጣዊ ናጽነት ኤርትራን ንኽኸውን ብፈደራል ድንጋገ ዝቘመ ሃጸያዊ ፈደራል ቤት ምኽሪ እሞ ኸኣ፡ ናብ መጻወቲ ኢዩ ተቐዪሩ ነይሩ። ከም ዝዘከር፡ እቲ መሓመድ ዑመር ቃዲ ዝነበሩሉን ብገዛእ ፍቓዶም ብተቓውሞ ዝገደፉዎን ጉጅለ ኣማኸርቲ፡ ተካእቲ ኣባላት እናተወሰኹዎ ንኽሰርሕ ካብ ምፍታን ዓዲ ኣይወዓለን። ከምቲ ናይ ፋይናንስ ኮሚተ ድማ፡ ኣዲስ ኣበባ ከኬድካ ብዘይ ፍረ ብምምላስ ኣዝዩ ረብረብ ነበረ። ኣብ ወርሒ ግንቦት 1955፡ ሃጸይ ሃይለስላሴ ነቲ ኹሉ ቃልዓለም ንጉድኒ ገዲፎም፡ እቶም ንኢትዮጵያ ዝውክሉ ኣባላት ናይቲ ቤት ምኽሪ፡ ካብ ውሽጢ ኤርትራ ጥራይ፡ ካብ ናይ ኣዲስ ኣበባ ሰብ ስልጣን ከይሓወስካ፡ ንኽሕረዩ ወሰኑ። በዚ መሰረት፡ በፈቃዱ ወልደሚካኤል ዝብሃል ኣብ ቤት ጽሕፈት እንደራሴ ዝነበረ በዓል ስልጣን ዝእክባ፡ ቀምላቸው በለጠ (ንሱ'ውን ኣብ ቤት ጽሕፈት እንደራሴ በዓል ስልጣን)፡ ደጊያት ሓጐስ ገብረ፡ ደጊያት ኣርኣያ ዋሴን ሸኽ ማሕሙድ ዑመር ኢብራሂምን ዝኣባላታ ጉጅለ ኣማኸርቲ ኣቘሙ። እቶም ሰለስተ ዳሕረዎት፡ ሓጐስ፡ ኣርኣያን ማሕሙድን ኤርትራውያን ክነሶም፡ ምስ ቀምላቸውን በፈቃዱን ተሓዊሶም ወከልቲ መንግስቲ ኢትዮጵያ ክኾኑ'ሞ ምስ'ቶም ሓሙሽተ ካልኦት ወከልቲ ኤርትራ ንኽራኸቡ ኢዩ ከምኡ ዝተገብረ። ብኻልእ ኣዘራርባ፡ እታ ዓባይ ኢትዮጵያን ኤርትራን እትጥርንፍ ኮሚተ ኣብ

16. እ.ጽ. 15 ርእ።
17. ዘመን፡ 2ይ ዓመት ቍ. 408፡ 26 ሕዳር 1954።

ወከልቲ ኢትዮጵያ ኣብ ፌደራል ቤት ምኽሪ።
ካብ ጸጋም፡ ደጊያት ሓጎስ ገብረ፡ ደጊያት ኣርኣያ ዋሴ፡ በፈቃዱ ወልደሚካኤል፡ ሸኽ ማሕሙድ ዑመር ኢብራሂም፡ ቁምላቸው በቀለ።

ውሽጢ ኤርትራ ጥራይ ከም ትዋሳእ ተገይሩ ማለት'ዩ። ካብ'ዚ ንላዕሊ፡ ክልተ ኣዝዩ ትሑት መዓርግ ንዝነበሮም ኢትዮጵያውያን ጥራይ ስለ ዝሓቘፈት፡ ብሸውዓተ ኤርትራውያን ቈይማ ማለት ኮነ። እቲ ፌደራል ዘብላ ኣቃውማ ፍጹም ጠፍአ። ነዚ ነታ ቤት ምኽሪ ናብ ምኽንን መስሓቕን መጋበርያ ዝቐየረ ውሳነ'ዚ ክገልጾ እንከሎ፡ ጋዜጣ ዘመን ነዚ ዝስዕብ በለ፡

> ቅድሚ ሎሚ ኣብ ፌደራል ምኽሪ ቤት ዝነበሩ ኣባላት መንግስት ኢትዮጵያ፡ በዚ ዘሎዉ ኮነ በቲ'ኳ ኩላቶም ኢትዮጵያውያን እንተ ኾኑ፡ ካብ ኤርትራውያን ሕዋስ ኣይነበሩዎምን።
> ሎሚ ግን፡ ጉይታ ነጻነትን ኣንድነትን ዝኾኑ ንጉስ ነገስትና፡ ኣብ መንጎ ኢትዮጵያውያን እትን እዝን ዝብሃል ኣፈላላይ ስለ ዘየሎስ እንሆ ብወገን ካልኣት ኢትዮጵያውያን ዝኾኑ ኤርትራውያን ተመሪጾም'ሞ፡ "ዘመን" ምስ ተመረጽቲ ኣባላት እናተሓጉሰ፡ "ሓንቲ ኢትዮጵያ" ንዝገበሩ ንጉሰ ነገስቱ የመስግን ኣሎ።[18]

ብኻልእ ኣዘራርባ፡ "ኣብኡ ነንሓድሕድኩም ተዘራረቡ፡ ናባይ ዘምጽእ የብልኩምን..." ዝስምዕ መልእኽቲ ኢዩም እቶም ሃጸይ ዝሃቡ። ፌደረሽን ፈረሱ ኣሎ ኢልካ ብዕሊ ምግላጽ'ዩ ተሪፉ ነይሩ። ከምኡ ንኸይብሃል ዝዕንቅፍ ናይ

18. ዘመን፡ 2ይ ዓመት ቍ. 542፡ 12 ግንቦት 1955።

ውሽጢ ኤርትራዊ ተቓውሞን ኣህጉራዊ ጸቕጥን ከም ዝነበረ ግን ክንርኢ ጸኒሕና ኢና። ብፍላይ ናይ ውሽጢ ተቓውሞ ንምድቃስ ብዘምልከት፡ እንደራሴ ዝድቅሰሉ ጉዳይ ኣይነበረን። ንኣብነት፡ ንወልደኣብ ወልደማርያም ናብ ስደት ኣፋንዩ ከብቅዕ "ወልደኣብ ተራ ገበናኛ ኢዩ'ሞ፡ ካብ ሱዳን ተጠሪዙ ንኤርትራ ይሰደደልና..." ዝብል ብዙሕ መልእኽትታት ናብ መንግስቲ ሱዳን እናሰደደ ኣሕሰሮም።[19] ናይቲ ጊዜ መንግስቲ ወይ ምምሕዳር ሱዳን ግን ኣቕበጾ። ጸኒሑ፡ ኣብ መጋቢት 1955፡ ኣብ ግብጺ ዝነበረ ኣምባሳደር ኢትዮጵያ መንበረ ያየህ ይራድ፡ "እቲ ኣቶ ወልደኣብ ወልደማርያም ዝብሃል ካይሮ መጺኡ ከም ስደተኛ ፖለቲካ ንኽነብር ሓቲቱ ኣሎ። ናይዚ ሰብ'ዚ ኣብዚ ሃገር ምንባር ብዙሕ ጉድኣት ዘምጽእ ስለ ዝኾነ፡ ንኽቃወም ዝከኣለኒ ክገብር እየ..." ክብል ናብ ኣንዳርጋቸው ጸሓፈ።[20] ኣብ'ዚ እውን፡ መንግስቲ ግብጺ ስለ ዘይተሓባበረ፡ ኣንዳርጋቸው ኣይቀንየን።

ንናይ ውሽጢ ኤርትራ ተቓውሞ ግን ኣንዳርጋቸው ከረኻኽበሉ ዘጸግም ኣይነበረን። ነቲ ሰዒብና እንርእዮ መሰላት ኤርትራ ዝጥሕሰ መደረኡ ንባይቶ ምስ ሃበ፡ ኢድ ኣንዳርጋቸውን ሰዓብቱን ኣብ ኢብራሂም ሱልጣን ዓለበት። ኣብ ወርሒ ግንቦት 1955፡ ኢብራሂም "ንቐዳማይ ሚኒስተር ናይ ሓንቲ ናይ ወጻኢ ሃገር ጸሪፍካ..." ተባሂሉም፡ ብመሰረት ዓንቀጽ 138 ኣዋጅ ፈደራል ገበናት ናይ 1953፡ ኣብ ናይ ኣስመራ ፈደራል ቤት ፍርዲ ተኸሰሱ። እቲ ዘገርም፡ ክስን ፍርድን ግዲ ኣብ ሓደ እዋን፡ ማለት ብ11 ግንቦት 1955 ተዋሂቡ ኾይኑ፡ ባይቶ ኤርትራ ብዛዕባ'ዚ ብወግዒ ከይተነግረ ክሳብ ሰነ ጸንሐ። ኣብቲ ዕለት'ቲ ግን፡ ሰንበታ ገኖ ዝተባህለ ምኽትል ዓቃብ ሕጊ ናይ ፈደራል ቤት ፍርዲ፡ ንኣቦ መንበር ባይቶ ዓሊ ረድኣይ ከምዚ ኢሉ ጸሓፈሎም፡

> ንኽቡርነትኩም ብዛዕባ'ቲ ክሲ ከየፍለጥኩኹም እንከሎኹ ብስራሕ ዓሰብ ስለ ዝገሸኩ፡ እቲ ጉዳይ ኣብ ዘየለኹሉ ናብ ቤት ፍርዲ ቐሪቡስ ተሰሚዑ'ውን። በዚ ድማ፡ ንኽቡርነትኩም ብዛዕባ'ቲ ጉዳይ ዘይምፍላጠይ ይቕሬታ እሓትት። ድሕሪ ሕጂ ነዚ ዝመስል ተግባር ከይፍጸም ተስፋ እገብር፤ ምስ ዝለዓል ድማ፡ ስለ ስነ ስርዓትን ምትሕብባርን ተባሂሉ፡ ክቡርነትኩም ኣብ ጊዜ ክንገር'ዩ። እቲ ኣብ ልዕሊ ሸኽ ኢብራሂም ሱልጣን ቀሪቡ ዘሎ ክሲ ክቕጽል ስለ ዝኾነ፡ ናይ ባይቶ ፍቓድ ክዋሃበና ብትሕትና እሓትት።
> ንኣፍልጦኹም፡ እቲ ኽሱስ ቅዳሕ ናይቲ ክስን ናይቲ ቤት ፍርዲ ዝሃቦ ናይ 11 ግንቦት 1955 ውሳኔን ሓዚዘም ኣሎው።[21]

ክሲ ቐሪቡ፡ ተፈሪዱስ ኣስታት 27 መዓልቲ ምስ ሓለፈ፡ "ኣባል ባይቶ ከሲስና ኣሎና'ሞ፡ ፍቓድ ይወሃበና..." ተባሂሉ ብሓደ ታሕተዋይ ሹመኛ ቤት

19. IEG, Office of the Representative, No. 238/77/50, 9 March 1954.
20. የኢ.ን.ነ. መንግስት፡ ኣምባሳደር በምስር፡ ቍ. 954/3/46፡ 16 መጋቢት 1946(ግእዝ)።
21.IEG, Federal Deputy Advocate Gneral's Office, No. 611/1110/1, 30 Guinbot 1946 (11 May 1955).

ጽሕፈት ዓቃብ ሕጊ ንባይቶ ኤርትራ ክሕተት፡ ኣብ ልዕሊ'ቲ ባይቶን መንግስትን ኤርትራ ክሳብ ክንደይ ንዕቀት ሓዲሩ ከም ዝነበረ ኢዩ ዘመልክት። እሞ ኸኣ ኢብራሂም ሱልጣን ዝኣክል ሰብ ተኸሲሱ። ነዩናይ ቀዳማይ ሚኒስተር ከም ዝጸረፉን እቲ ናይ ቤት ፍርዲ ውሳነ እንታይ ከም ዝነበረን ከኣ ኣይተገልጸን።

በዚ ኣገባባት'ዚ እምበኣር፡ ቤት ጽሕፈት እንደራሴ፡ ስርዓት ፈደረሽን ቅጥዕን ጠገለን ከም ዝስእን እናገበረ ሓማመሶ። ኣብ ዝቐጸል ክፋላት ከም እንርእዮ፡ ኤርትራ ብኣድማታት ሰራሕተኛታትን ብሃንደበታዊ ዕብየትን ስፍሓትን ሸፍትነትን ግበረ ሽበራን ትህወጽ ስለ ዝነበረት፡ ኢድ እንደራሴ ሃይለስላሴ ብርኡይን ብዘይ ቃል ዓለምን ኣብ ውሽጣዊ ጉዳያት መንግስቲ ኤርትራ ኸኣቱ ተራእየ። ኣብ ልዕሊ'ዚ ኹሉ፡ ምዕራባዊ ቐላታት ኤርትራ በቲ ፈደረሽን ኣይተሓጉሰን'ሞ ናብ ሱዳን ክሕወስ ከይጠልብ... ዝብልን ዶብ ሱዳንን ኤርትራን ክሕሎ ኣሎዎ... ዝብልን ምኽንያታት ብምፍጣር፡ መንግስቲ ኢትዮጵያ ተወሳኺ ሰራዊት ናብ ኤርትራ ኣምጽአት፡ ኣብ ኣቑርደትን ተሰነይን ከኣ ኣስፈረቶ። ጀነራል መርእድ መንገሻ ንዘተባህለ ደሴ ዝነበረ መኰንና ናብ ኣስመራ ብምምዳብ እውን ነታ ኸተማ መኣዘዚ 2ይ ክፍለ ጦር ገበረታ።[22]

ኣብ ከምዚ ዝበለ ሓፈሻዊ ኩነታት፡ ኣንዳርጋቸው፡ ባይቶ ኤርትራ ንሳልሳይ ጊዜ ንኽኸፍት ኣብ ቅድሚ ኣባላት ቀረበ። ብዛዕባ'ቲ ስልጣኑ ዝነበረ ፈደራል ጉዳያት ክንዲ ዝዛረብ፡ ናብ ውሽጣዊ ቍጠባዊን ማሕበራውን ኣርእስትታት ስለ ዘድሃበ፡ መራሕ መንግስቲ እምበር እንደራሴ ንጉስ ኣይመሰለን። መስርሕ ምፍራስ ፈደረሽን ከም ዝተጀመረ ዘረድእ፡ ብዙሕ ጊዜ'ውን ዝጥቀስ ቃላትን ሓሳባትን ዝሓዘ ስለ ዝነበረ፡ ኣብቲ ቓላቱ ኣሰፊሕና ክንገልጾ ኣድላዪ ኢዩ።

ከምቲ ልሙድ፡ ኣንዳርጋቸው ንዘረባኡ በቲ መንግስቲ ኢትዮጵያ ንዕብየት ኤርትራ ገይሩዎ ዝበሎ ጀመረ። ምስራሕ ቤት ትምህርቲ ቀ.ሃ.ስ... ብዛዕባ ምህናጽን ምጅማርን ቤት ትምህርቲ ቴክኒክ (ፖይንት ፎር ፕሮግራም - ሕ.መ. ኣመሪካ'ውን ዝመወሎ)፡ ምዕራይ መሰገድን ቤት ትምህርትን ዓሰብ፡ ምህናጽ ቤት ትምህርቲ ባሕረኛታት ኣብ ምጽዋዕ... ወዘተ፡ ብዝርዝር ተዛረበ። ንቍጠባ ብዝምልከት፡ ብፍላይ ድማ ንናይ ወጻኢ ንግዲ፡ ብ1953 ኤርትራ ልዕሊ 2 ሚልዮን ቅርሺ ኢትዮጵያ ኸሲባ ከም ዝነበረት፡ ኣብ 1954 ግን ልዕሊ 8 ሚልዮን ከም ዝኸሰረት ገለጸ። ነቲ ካብዚ ዝተረኽበ ልዕሊ 6 ሚልዮን ቅርሺ ክሳራ ባዕላ መንግስቲ ኢትዮጵያ ብምሽፋን፡ ንቍጠባ ኤርትራ ከም ዝሓገዘት'ውን ኣረድአ። ኣብዚ ግን፡ ነቲ ብዛዕባ ጉዳይ እቶት ጉምሩክ ብቐጻልነት ዝካየድ ዝነበረ ክርክር ጉስዩዎ ሓለፈ።

ነዝን ንዕኡ ዝመስል ካልእ ንመንግስቱን ንዕኡን የነይት ዝበሎ ጸብጻባትን ድሕሪ ምቕራብ፡ ኣንዳርጋቸው ናብቲ፡ "ስለ ሓሳብ ምርሕሓቕ" ዝብል ኣርእስቲ ዝሃቦ ኽፋል መደረኡ ሰገረ። ትኽ ኢሉ ድማ፡ ነቲ ብ22 ግንቦት 1954 ኣብ ባይቶ

22. Clark to State Department, 775A. 54/3-1255, 12 March 1955.

ዝሓለፈ፡ ንምትእትታው መንግስቲ ኢትዮጵያ ኣብ ውሽጣዊ ጉዳያት ኤርትራን ንዘረፉን ንብረትን ሃብትን ኤርትራን ዝምልከት ውሳነ ብዘይ ንሕሰያ ኣጥቂያ። ኩሉ እቲ ኽስታት፡ እቲ ናይ ምዝራብን ምጽሓፍን ነጻነት ተኸልኪሉ ዝብል'ውን፡ "መሰረት ዘይብሉ ምኽኒት ተፈሊጡ ኣሎ" ብምባል ነጸጎ። ነቲ 29 ኣባላት ባይቶ ናብ ሃይለስላሴ ዘቕረቡዎ ጥርዓን'ውን፡ ቡቶም ንጉስ ብቑዕ መልሲ ዝተዋህቦ ናይ ውሑዳት ግጉይ ኣረኣእያ ብምባል ዋጋ ኸልኦ'ሞ፡ ነዚ ዝስዕብ ወሰኸ፡

> ናይ እንደራሴ ቤት ጽሕፈት ኣብ ውሽጢ ጉዳይኩም እናኣተወ፡ ናይ መሳርሕትኹም ጠባይ ንምብልሻው ይፈታተን ኣሎ ዝተባህለሉ ምኽንያት፡ ኣነን ናይ ስራሕ ረዳእተይን ኣይተረዳእናዮን፡ ዝገለጸልና'ውን የልቦን። ብዝኾነ ይኹን፡ ንእንደራሴ ቤት ጽሕፈት፡ ናይ ውሽጢ ወይ ናይ ወጻኢ ዚብሃል ነገር የልቦን፡ ኣይነብርን እውን። ናይ ኤርትራ ጉዳይ ብምሉኡ ናይ ኢትዮጵያን ናይ ንጉሰ ነገስትን ጉዳይ ኢዩ። ኣብ ልዕሊ ኤርትራ ዚመጽእ ክፉእን ጽቡቕን ነገር እንተሎ፡ ንኢትዮጵያ ዘይጉድእን ንኢትዮጵያ ዘይጠቅምን ኣይኪህሉን ኢዩ። (መስመር ናይ ደራሲ)

ነዚ ግህሰት መሰላት ኤርትራ ወግዓውነት ዝሀብ ቃላት ምስ ተዛረበ፡ መራሕ መንግስቲ ተድላ ኣብ ቅድሚኡ ኮፍ ኢሎም እንከሎው፡ ነዚ ዝስዕብ ንዕኦምን ንመንግስቶምን ዝደፍርን ዘነኣእሰን ቃላት ኣውጽአ፡

> ... ምንም ኤርትራ ናይ ውሽጢ ምምሕዳር መሰል ከም ዘሎዋ እንተ ፈለጥና ድማ፡ ጽቡቕ ምምሕዳርን ጽቡቕ ንብረትን እንተ ዘይተረኽበ ብጠቕላላኡ ኢትዮጵያ ብኸፊል ድማ ኤርትራ ኣይጥቀማሉን'የን እሞ፡ ሕዝቢ ኤርትራ ብምሉኡ ሰላምን ንብረትን ምእንቲ ኪረክብ ብዚከኣል መጠን እንደኽመሉ ኢዩ።

"ጽቡቕ ምምሕዳርን ጽቡቕ ንብረትን (ኣነባብርን)" የለን ኢልካ፡ "ንደጊያት ተድላ ኣይኮነን..." ክብሃል ስለ ዘይክኣል፡ ንዕኦም ሓደ ጽፍዒት ተቖጽረ።[23] ንተድላ በዚ ኣገባብ'ዚ ኣጸጊዑ፡ ነቶም "ኢትዮጵያ ቤት ትምህርቲ፡ ሆስፒታላትን መሳገድን ስለ ዝሰርሐት... ድኻታት ስለ ዝዓንገለት... ዕድል ናይ ስራሕን ደሞዝን ስለ ዝኸፈተት... ጣልቃ ትኣትወና ኣላ ዝብሉ ሰባት... ብኽፍኣት ዘይኮነ ብምስሕሓት ሕጂ'ውን ነዚ ምልክታ እዚ ዘቕርቡታ ሰባት ሓዲኦም'ኳ ብኽፍኣት ከም ዘይገበሩዎ እኣምን" በለ። ልቕብ ኣቢሉ ድማ፡ መደረኡ በዚ ዝስዕብ ደምደመ፡

> ቅድሚ ሕጂ ከም ዝገለጽናልኩም፡ ሓደ ሰብ ብቑዕን ፈላጥን ናይ ምኽሪ ቤት (ባይቶ) ኣባል ኮይኑ ንኺርከብ፡ ናይ 3 ወይ 4 ሕጊ ዘመን ተኻፋልነትን ልምድን የድልዮ ኢዩ...
>
> ስለዚ ሎሚ'ውን ንኽቡራት ናይ ምኽሪ ቤት ኣባላት ዘዘኻኽሮን ክትርድኡዎ ዘማሕጽኖን፡ ኣብዚ ቅድሚኹም ቀይሙ ዚዛረበኩም ዘሎ ናይ ንጉሰ ነገስት እንደራሴ፡ ንኤርትራን ንሕዝቢን በረኸት ምእንቲ ኪሓድረልኩም ዚሓስብን ብዝኾነ ንምርዳእ ድማ ዝተቐመጠ ምኽኒት ስለ ክትፈልጡን ኢዩ።[24]

23. ዘውዴ ረታ፡ ገጽ 439።
24. ዘመን፡ 2ይ ዓመት ቊ. 507፡ 29 መጋቢት 1955።

ፌደረሽን ኤርትራ ምስ ኢትዮጵያ

ኣንዳርጋቸው ኣብ ባይቶ፡ "ናይ ውሽጢ ወይ ናይ ወጻኢ ዝባሃል ነገር የልቦን፡ ኣይነብርን እውን"።

ቃላቱ ብብሩህ ከም ዘረጋግጾ፡ ኣብዚ መደረኡ'ዚ ኣንዳርጋቸው ላዕለዋይ ኢዱ ኣብ ልዕሊ መንግስቲ ኤርትራ ኣደልዲሉ፡ ንባይቶን ንመራሕ መንግስትን ድማ ኣባጭዩን ኣስተናዒቑን'ዩ ወጺኡ። "ጽቡቕ ኣየመሓደረን፡ ኣየነባበረን" ዝተባህሉ መራሕ መንግስትን፡ "ብቑዓትን ፈላጣትን ኣባላት ባይቶ ንኽትባሃሉ፡ ናይ 3-4 ሕጊ ዘመን ልምዲ የድልየኹም..." ተባሂሎም ዝተደፍሩ ኣባላት ባይቶን፡ ሰሚሮም ኣንጻሩ ክቃለሱ ዝተጸበየ ኤርትራዊ ውሑድ ኣይነበረን። ኣብቲ ዕለት'ቲ ኣንዳርጋቸው ኣብ ቅድሚ ባይቶን መንግስትን ኤርትራ ዓቢ ብድሆ ኣቕሪቡ ኢዩ ናብ ቤት መንግስቱ ዝተመልሰ።

ሰእነት ስራሕ፡ ኣድማን ሸፍትነትን
ናይ ሰራሕተኛታት ኣድማ

ብዛዕባ ምንቅልቃል ቊጠባ ኤርትራን ንሱ ዝፈጥሮ ዝነበረ ሰእነት ስራሕን ኣዕሚቑና'ኳ እንተ ዘይዘርዘርና፡ እቲ ጸገም ከም ዝነበረስ ክንእምት ጸኒሕና ኢና። ካብ 1951 ጀሚሩ፡ ብፍላይ ኣብ ባጽዕ፡ ዓሰብን ኣስመራን መጠኑ ዝፈላለ ኣድማ ሰራሕተኛታት ይግበር ከም ዝነበረ'ውን ርኢና ኣሎና። ኣብ ውሽጢ 1955 እውን እዚ ተርእዮ'ዚ ቐጸለ። ንኣብነት ምእንቲ ክኸውን፡ ንሰለስተ ናይቲ ዓመት ኣድማታት ኣሕጺርና ንገልጽ።

ጋዜጣ ዘመን ከም ዝገለጾ፡ ብ22 መጋቢት 1955፡ ሰራሕተኛታት ፋብሪካ ጥርሙዝ መረንጊ፡ "ብምኽንያት ምውሓድ ደሞዝ፡ ደሓር ከኣ፡ ዜድሊ ማዕቀባን መድሕንን ክግበረሎም… ኩላቶም ብስምምዕ 'ሾፔሮ' ገይሮም ወዓሉ።" እቲ ሾፔሮ ወይ ኣድማ ግን፡ ብመንጎኝነት ሓለቓ ቤት ጽሕፈት ዕዮ (ኦፊቾ ላቮሮ) ቀኛዝማች ፍስሃየ ተሰፋስላሴ ቀልጢፉ ስለ ዝተዳቐሰ፡ ከም ዘሐጉሰን ኣብነታውን ተዘርበሉ። ጋዜጣ ዘመን ከይተረፈ፡ ነቲ ናይ ወትሩ ነቓፌ ቃናኡ ቐዪሩ፡ ብዛዕባ'ቲ ልኡኻቱ ሰዲዱ ብተዓዛብነት ዝተሳተፈሉ ዋጋ ዕዳጋ ኣብ መንጎ ኣሰራሕትን ሰራሕተኛታትን እንዳ መረንጊ ከምዚ ዝሰዕብ በለ፡

> ኣቦታት ኪምስሉ ከሎዉ፡ ዚባኣሱ መላእኽቲ፡ ዘይዕረቑ ኣጋንንቲ… ከም ዚብሉ፡ ውጥን ሰራሕተኛታትን ወሃብቲ ስራሕን ኣብ ምልእቲ ዓለም ዘሎ ባህርያዊ ነገር ኢዩ እሞ፡ ከም ሰራሕተኛታት ወሃብቲ ስራሕን ቤት-ዕዮ መረንጊ፡ እተዋጠጡ ብሰላምን ብስምምዕን ኪዕረቑ ምርኣይ ካብ ኩሉ ዝበለጸ ነገር ኢዩ…"

ኣብታ ኣድማ ሰራሕተኛታት መረንጊ ዝተዳቐሰትላ መዓልቲ ግን፡ ሰራሕተኛታት ክፍሊ ዕዮ ህዝቢ፡ ብ ፒ.ቪ.ዲ. (PVD ወይ PWD) ዝፍለጥ ዝነበረ፡ ካልእ ዝዓይነቱ ኣድማ ጀሚሮም ነበሩ። እዚኣቶም፡ ናይ መዓልቲ ደሞዝተኛታት ኮይኖም፡ ኣቓዲሞም ንወሰኽ ደሞዝ ዝምልከት ሕቶ ኣቕሪቦምስ ቅልጡፍ መልሲ ዘይረኸቡ ነበሩ። ትዕግስቶም ምስ ወድኣ፡ ንፖሊስ ናይ ክልተ መዓልቲ ሰምዕታ ሂቦም፡ ሓደ ሰኑይ ካብ ስራሕ ምስ ኣብኰሩ ድማ ኢዩ እቲ ኣድማ ዝተጀመረ።

በዚ ደው ከይበሉ እቶም ኣድመኛታት፡ ምዱባት ሰራሕተኛታት ፒቪዲ (ብስራሕ ምስኣቶም ዘይራኸቡ) ቤት ጽሕፈት ክኣትዉ ምስ ተዓዘቡ፡ ብሓይሊ ከልከሉዎም'ሞ፡ ፒ.ቪ.ዲ. ብምሉኡ ተዓጽዩ ወዓለ። እቲ ጉዳይ ክኸብድ ከም ዝኽእል ዝበርሃሉ መንግስቲ ኤርትራ፡ ንሰክረታሪ ቍጠባዊ ጉዳያትን ወኪል መራሒ መንግስትን ፍስሓጽዮን ሃይለ ልኢኹ ከረዳዳእ ፈተነ። ብዘይ ውዓል

ሕደር ስራሕ ክጅምሩ፡ ንጸሓፍቲ መንግስቲ ከይክልከሉ፡ ሕቶኦም ኣብ ውሽጢ ክልተ ቕነ ክሳብ ዝምለሰሎም ክጽመሙ... ዝብል ትእዛዝ ምስ መጸም ድማ፡ ምቕባል ኣበዩ'ሞ፡ ነቲ ኣድማኦም ንጽባሒቱ'ውን ቀጸሉዎ። ኣብዚ ዕለት'ዚ፡ ብዙሓት ጸሓፍትን ገለ ፖሊስን ተሃርሙ። ገለ መሳኸቲ ቤት ጽሕፈት ፒቪዲ'ውን ተሰብረ። ከምዚ ምስ ኮነ፡ ፖሊስ ሓይሉ ኣደልዲሉ ብምእታው 91 ሰራሕተኛታት ኣሰረ።

ካብ ሰኑይ ክሳብ ዓርቢ፡ እቲ ኣድማ ሓሙሻይ መዓልቱ ምስ ሓዘ፡ ተድላ ባይሩ ባዕሉም፡ ሰብ ስልጣኖም ኣኸቲሎም ናብ'ቶም ኣድመኛታት ከዱ። ኣብኡ ኣብ ዘስምዑዎ ቓል፡ "ህውከት በረኸት ዘርሕቕ... ሽጋርን ጥሜትን ዘዕድም ሕማቕ ነገር" ምዃኑ ገለጹሎም። ነቲ ዝተኸተሉዎ ናይ ኣድማ ኣገባብ ኣትሪሮም ኰነኑዎ። ወዳእቲ ነገር መሪጾም ክብቅዑ፡ ባዕሎም ፍታሕ ምድላዮም፡ ካብ ልምዲ ሃገር ወጻኢ ዝኾነ ተግባር ከም ዝቖጽር ነገሩዎም። መንግስቲ መታን ከይሸገሩ ንኽጸሮም ብምሕሳብ እምበር፡ ንኹሎም ዝኸውን ስራሕ ኣብ ፒ.ቪ.ዲ. ከም ዘይነበረ'ውን ኣነጸሩሎም። "ድሕሪ ሕጂ"፡ ደምደሙ ተድላ፡

> ... ባዕለይ መጺአ ክዛረብ ዜድልየኒ ኣይኮነን። እዚ ሎሚ ዝዛረቦን ዝብሎን ዘሎኹ ከኣ እቲ ናይ መጠረሽታ ኢዩ። ስለዚ ከምዚ ናይ ሎሚ ኣይትግበሩ። ሽማግሌታትኩም መሪጽኩም ኣቕርቡ፡ ኵሉ ክሳዕ ዚምርመር ድማ፡ ነብስ ወከፍኩም ብሰላም ተመላለሱ...[25]

ኣድመኛታት ፒ.ቪ.ዲ ግን ነቲ ናይ "መጠረሽታ" ቃል ተድላ ባይሩ ከኽብሩ ኣይተረኽቡን። ከምቲ ዝተባህሉዎ ሽማግለኦም'ኳ እንተ መረጹ፡ ቅድሚ ምስ ወከልቲ መንግስቲ ምዝርራብ መጀመርታ ናይ ደሞዝ ወሰኾም ንኽረጋገጸሎም ሓቲቶም ነቲ ኣድማኦም ናብ ካልኣይ ሰሙን ኣሰገሩዎ። መንግስቲ ድማ፡ ክሳብ 1 ሚያዝያ 1955 ኣብ ስራሑ ዘይተረኽበ ኣድመኛ ካብ ስራሕ ክስጐጐን ብኻልኦት ክትካእን ከም ዝወሰነ ኣፍለጠ።[26] እቲ ብዘይ ስራሕን መዓልታዊ ደሞዞምን ምጽዋር ግዲ ተሳኢኑዎም፡ ሰራሕተኛታት ፒ.ቪ.ዲ. ሓሙስ፡ ማለት ሓንቲ መዓልቲ ቅድሚ'ቲ ስምዕታ ዝፍጸመሉ ዕለት፡ ሰስራሖም ተመልሱ። እቶም ዝተኣሰሩ፡ ኣቐዲሞም ብምሕረት መራሕ መንግስቲ ተፈቲሖም ነይሮም'ዮም።[27]

እዚ ናይ ፒ.ቪ.ዲ. ኣድማ ፍሉይ ዝኸውን፡ ብሰራሕተኛታት መንግስቲ ዝተኻየደ ኣብ ልዕሊ ምንባሩ፡ ክሳብ ኣቓልቦን ኢድን መራሕ መንግስቲ ባዕሎም ስለ ዝተሓወሶ ኢዩ። ቃል መራሕ መንግስቲ ሰይሮም ነቲ ኣድማ ምቕጻሎም ድማ ክብሪ ተድላ ባይሩ ክሳብ ክንደይ ጐዲሉ ከም ዝነበረ ዘርኢ ሓደ ጭቡጥ ኣብነት ከይተቐጽረ ኣይተረፈን።

25. ዘመን፡ 2ይ ዓመት ቍ. 505፡ 26 መጋቢት 1955።
26. ዘመን፡ 2ይ ዓመት ቍ. 508፡ 30 መጋቢት 1955።
27. ዘመን፡ 2ይ ዓመት ቍ. 511፡ 2 ሚያዝያ 1955።

እቲ ኽንዛረበሉ ዝመረጽና ሳልሳይ ኣድማ፡ 198 ሰራሕተኛታት መሎቲ ብ9 ግንቦት 1955 ዘካየዱዎ ኢዩ። እዚኣቶም፡ ኣስታት ዓመት ቅድሚኡ፡ ብለካቲት 1954 ናይ ወሰኽ ደሞዝ ኣድማ ገይሮምስ ንነፍስ ወከፍ 0.25 ሳንቲም ተወሲኹዎ ናብ ስራሖም ተመሊሶም ነይሮም ኢዮም። ሕጂ'ውን ብተመሳሳሊ ምኽንያት ስራሕ ኣቋረጹ።

መንግስቲ፡ ኣብ ውሽጢ ሓደ ዓመት ካልኣይ ኣድማ ክካየድ ስለ ዘይደገፈ፡ ክጭፍልቖ ፈተነ። መሎቲ፡ ንቑጠባ ሃገር ዝጠቅም ኣብ ልዕሊ ምንባሩ፡ ባዕሉ ንሰራሕተኛታቱ ብዙሕ ናይ ስራሕን ድሕነትን ውሕስነት ዝህብ ስለ ዝኾነ፡ በቲ ኣገባብ'ቲ ብሰራሕተኛታቱ ክግፋዕ ኣይግባእን እናበለ ድማ፡ ኣፈኛ መንግስቲ መሪር ነቐፌታኡ ኣቕረበ። እቶም ሰራሕተኛታት ግን ቁሪጾም ስለ ዝተላዕሉ፡ ኣሰር ፒ.ሺ.ዲ. ብምስዓብ፡ ኣድማ ንዝሰበሩ ብምህራምን ብዳርባ እምኒ መኻይንን ንብረትን ብምስባርን ነቲ ስራሕ ብሓፈሻ ደው ኣበሉዎ። ብዙሓት ካብኣቶም'ውን ተኣሰሩ። ኣብ'ዚ እዋን'ዚ፡ ደሞዝ ሓደ ሰራሕተኛ መሎቲ ሓደ ቕርሽን 33 ሳንቲምን ንመዓልቲ ክኸውን እንከሎ፡ እቶም ዝለዓሉ ደሞዝተኛታት፡ 3 ቕርሽን 33 ሳንቲምን'ዮም ዝወስዱ ዝነበሩ።[28]

እዚ ብዙሕ ውረድ-ደይብን ሽምግልነት ላዕለዎት ኣካላት መንግስትን ዝተሓወሶ ኣድማ ሰራሕተኛታት መሎቲ፡ ብ20 ግንቦት፡ ማለት 11 መዓልቲ ድሕሪ ምጅማሩ ጥራይ ብሰላም ተዳቐሰ። ሰራሕተኛታት'ውን ነቲ ጠለባቶም ዘማልእ ውዕል ምስ ፈረሙ ጥራይ ናብ ስስራሖም ተመልሱ።[29]

ኣብ ኢትዮጵያ፡ ማሕበር ሰራሕተኛ ይኹን ኣድማ ናይ ምግባር ልምዲ ኣብ ዘይነበረሉ፡ ኤርትራ ነዚ ዝተገልጸ ብዝመሰል ኣድማታት ክትቕሎ፡ ብናይ ፈደራል ሰብ ስልጣን ዝድገፍ ኣይነበረን። ንሳቶም፡ በቲ ሓደ ወገን ንፋስ ኤርትራ ንኢትዮጵያ ከይለኽፋ ክስከፉ ግድን ኮነ። በቲ ኻልእ ድማ፡ ክንድ'ዚ ዝኣክል ድፍረት ካብ ሰራሕተኛታት ክርኣ፡ ከም ድኽመት መንግስቲ ተድላ ይርእይዎ ነይሮም ኢዮም። ነዚ ኣድማታት'ዚ ይደፋፍኡዎ ነይሮም ዝብል ሓበሬታ ኣይርከብን። ነቲ ኣብዚ እዋን'ዚ ገንፊሉ ዝነበረ ሸፍትነት የሳውሩዎ ኣሎዉ ዝብል ጥርጣረ ግን ሽዑ ብሰፊሑ ተዓለለ።

ምስፍሕፋሕ ሸፍትነትን ዘረፋን

ካብ ክፍላ 1954 እናገደደ ዝኸደ ተግባራት ሸፍትነትን ዘረፋን፡ ኣብ 1955 ኣዝዩ ገደደ። ጋዜጣታት ዘመን ይኹን ብቛንቋ ጥልያን ዝሕተም ዝነበረ ኢል ኮቲድያኖ ኤሪትረዮ፡ ኣብ ገለ ክፋል ኤርትራ ብዛዕባ ዝተፈጸመ ናይ ዘረፋ ተግባር ወይ ግጥም ሸፍታን ፖሊስን ከይገለጸ ዝቕንየሉ ዳርጋ ኣይነበረን። እቲ ኣዝዩ ዘገድስ፡ ተግባራት ሸፍትነት ኣብ ኩሉ ክፍልታት ኤርትራ ተዘርጊሑ ምንባሩ ኢዩ።

28. ዘመን፡ 2ይ ዓመት ቍ. 512፡ 15 ግንቦት 1955።
29. ዘመን፡ 2ይ ዓመት ቍ. 553፡ 26 መጋቢት 1955።

እቲ ዝርጋሐ ክሳብ ክንደይ ምንባሩ ንኽንርዳእ፡ ንገለ ኻብቲ ኣብ ጋዜጣ ዘመን ዝቐርብ ዝነበረ ጸብጻባት ብኣብነት ክንጠቅስ። ብ3 መጋቢት 1955፡ 6 ኣብ ሕጡምሎ ክዘርፉ ዝሓለኑ ሽፋቱ ምስ ፖሊስ ተታኺሶም፡ ውግእ መራሒኦም ተሰኪሞም ሃደሙ። መራሒኦም፡ መሓመድ ሓጂ ኢብራሂም፡ ጸኒሑ ተታሕዘ።[30] ብ7 መጋቢት፡ ኣብ መበል 73 ኪሎ ሜትር መገዲ ኣስመራ-ከረን፡ 11 ሽፍታ መኪና ደው ኣቢሎም ንብረት ዘሪፎም ተሸርቡ። ሽው መዓልቲ፡ ሓንቲ ካብ ጨረ ናብ ደቀምሓረ ትድይብ ዝነበረት መኪና ጽዕነት፡ ብ5 ሽፍታ ተኹቲራ፡ ተሳፈርታ'ውን ንብረቶም ተዘምቱ። መራሒ ሽፍታ፡ ዑስማን ሓጂ ናስሮ ነይሩ ክብል እቲ ጋዜጣ ኣመልኪቱ።[31] ብ20ን 22 መጋቢት ኣብ ጸሮናን ከባቢኡን ኣብ ዝተኻየደ ግጥማት ሽፍታን ፖሊስን፡ ሓደ ሽፍታን ሓደ ፖሊስን ሞቱ።[32]

እንሓንሳብ እቶም ሽፍታ ዘሪፍካ ንምህዳም ጥራይ ዘይኮነ፡ ካልእ ዝደለዩዎ ንኽገብሩ'ውን ጊዜ ይረኽቡ ነይሮም ኢዮም። ብ30 መጋቢት ንኣብነት፡ ኣብ መበል 81 ኪሎ ሜትር መገዲ ኣስመራ ምጽዋዕ፡ ካብ 10 ዝበዝሑ ቋንቋ ሳሆ ዝዛረቡ ሽፋቱ፡ ሓሙሽተ መኻይን ከተሩ። እቲ ሓለቓ ሽፍታ፡ ኣብ ውሽጢ ሓንቲ ካብኣተን ተሳፊሩ ንዝነበረ ሓደ ሰብ ስሙ ሓተቶ'ሞ፡ ንሱ ኸኣ ክፍለማርያም ወልዱ ከም ዝብሃል ነገሮ። እቲ ሽፍታ፡ "ሕነ ሓወይ ፈድየ..." እናበለ ነቲ ተሳፋራይ ቀተሎ። ምስ ብጾቱ ድሕሪ ምዝላልን ምድባልን፡ ካብቶም ዝተኸትሩ ዘድልዮ ዘሚቱ ኣራጢጡ ኸደ።[33]

ድፍረት ሽፍታ ካብ ጊዜ ናብ ጊዜ እናገደደ ስለ ዝኸደ፡ ኣብ ከም መንደፈራ፡ ባረንቱ፡ ወሰናስን ኣስመራ'ውን ከይተረፈ፡ ግብረ ዓመጽ ምፍጻም ከም ንቡር ክውሰድ ጀመረ። ሳሕቲ፡ ሓይሊ ፖሊስ ኣብ ዘይነበሮ ህዝቢ ብተበግሶኡ ንሽፋቱ ይምክት ነይሩ ኢዩ። ብ11 መጋቢት 1955 ንኣብነት፡ 8 ንዓዲ ቤዛሓንስ (ጽልማ) ክዘምቱ ዝመጹ ሽፋቱ፡ ደወል ቤተ ክርስትያን ሰሚዑ ብዝተኣከበ ህዝቢ'ታ ዓዲ ስለ ዝተባረሩ፡ ድልየቶም ከይፈጸሙ ክሃድሙ ተገደዱ። ንጽባሒቱ ተመሳሳሊ ተግባር ንኽፍጽሙ እንተ ተመልሱ፡ ኣብ ዓዲ ቤዛሓንስ ሓይሊ ፖሊስ ኣትዩ ስለ ዝጸንሖ፡ ተዅሲ ተኸፊቱ፡ ሓደ ምዉት ገዲፎም ሃደሙ። መራሒኦም፡ ገብረእግዚኣብሄር ተሰፋማርያም ዝተባህለ ውሩይ ሽፍታ ነበረ።[34]

እዚ ኹሉ፡ ንኣብነት ተባሂሉ ዝቐርብ ዘሎ ቅንጣሮ ካብቲ ብዙሕ ፍጻመታት'ዩ። እቲ ዝኸፍአ ናይ ክፍላ 1955 ሽፍትነታዊ ተግባር ግን፡ ብ28 ሰነ ኣብ ማይ ሽሃይቲ (ከባቢ ሃዘሞ) ዘጓነፈ ነበረ። ኣብዚ ቦታ'ዚ፡ ሓደ ሰርጀንት ዝመርሖም 13 ወተሃደራት ፖሊስ ኩለላ እናካየዱ እንከለዉ፡ 60 ዝኾኑ ሽፋቱ ኣብ ከበባ ኣእትዮም ኣጥቅዑዎም። ድሕሪ ናይ ክልተ ሰዓትን ፈረቓን ተዅሲ፡ ወተሃደራት ተሰነፉ። ሓደ ምኽትል ሰርጀንት ዝርከቦም ሽዱሽተ ሽው ሞቱ።

30. ዘመን፡ 2ይ ዓመት ቀ. 488፡ 6 መጋቢት 1955።
31. ዘመን፡ 2ይ ዓመት ቀ. 493፡ 12 መጋቢት 1955።
32. ዘመን፡ 2ይ ዓመት ቀ. 504፡ 25 መጋቢት 1955።
33. ዘመን፡ 2ይ ዓመት ቀ. 511፡ 2 ሚያዝያ 1955።
34. ዘመን፡ 2ይ ዓመት ቀ. 494፡ 13 መጋቢት 1955።

ካብ ክልተ ውጉኣት፡ እቲ ሓደ ንጽባሒቱ ኣብ ሆስፒታል ስለ ዝዓረፈ፡ ቍጽሪ ምዉታት ፖሊስ ሸውዓተ በጽሐ። ካብቶም ሸፍታ፡ ክልተ ምዉታት፡ ክልተ ድማ ብብጾቶም ተጸይሮም ዝኸዱ ውጉኣት ተቘጽሩ።[35] ጸኒሑ ተረጋጊጹ ከም ዝተባህለ፡ ካብቶም ክልተ ምዉታት ሸፋቱ እቲ ሓደ፡ ካብ ጭፍራ'ቲ ዑስማን ሓጂ ናስር ዝተባህለ ውሩይ ሸፍታ ወጺኡ ናይ ገዛእ ርእሱ ጉጅለ ዝመስረተ፡ ሙሳ ናስር ዝተባህለ ነበረ። ንሱ፡ ነቲ ኣብ መገዲ ኣስመራ-ባጽዕ ብሕነ ተቐቲሉ ዝበልናዮ ክፍለማርያም ወልዱ ዝተባህለ ፊናንሳ ዝቐተለ ሓለቓ ሸፍታ ምዃኑ ተለልዩ'ውን ተባህለ።[36]

ምስፍሕፋሕ ሸፍትነትን ዘረፋን ንመላእ ኤርትራ ሃወኸ። ገና ካብ ወርሒ መጋቢት ጀሚሩ፡ ማለት እቲ ምስፍሕፋሕ ናብቲ ኣብ ሓምለ-ሰነ ዝበጽሖ ደረጃ ከይበጽሐ፡ ጋዜጣ ኢትዮጵያ ኣብ ልዕሊ ሸፋቱ ተሪር ስጉምቲ ንኽውሰድ ይሓትት ነይሩ ኢዩ። መንግስቲ ኤርትራ ዘይኽእሎ እንተ ኾይኑ፡ ሰራዊት ኢትዮጵያ ብብዝሒ ንኤርትራ ኽኣቱን ኣብቲ ሸፍታ ናይ ምዕጋስ ፈተነ ድማ ኢዱን ሓይሉን ከእቱን ከኣ ሓተተ።

ከምዚ ዝመስል ጉስጓስ ካብ ጋዜጣ ኢትዮጵያ፡ ጥርጣረታት ከልዕል ግድን ነበረ። ንኮሎኔል ደቪድ ክራክነል ተኪኡ ናይ ኤርትራ ኮሚሽነር ፖሊስ ኮይኑ ዝነበረ እንግሊዛዊ ኮሎኔል ራይት፡ ህዝቢ ኤርትራ ኣብ ኤርትራዊ ምምሕዳር ምትእምማን መታን ከጥፍእ'ሞ ንቐጽበታዊ ሕብረት መገዲ ምእንቲ ክጽረግ፡ መንግስቲ ኢትዮጵያ ሸፍትነት ንኽስፋሕፍሕ ትጽዕር ኣላ ክብል ከሰሰ። ብዛዕባ'ዚ ዝኾነ ይኹን ምጥርጣር ከም ዘይነበሮ'ውን ኢ.ዲ. ሃውስ ንዝተባህለ እንግሊዛዊ ዲፕሎማሰኛ ገለጸሉ።[37] እቲ ናይ ኮሎኔል ራይት ዘረባ ግምት ዘይኮነሱ፡ ኣብ ሰራሑ የጋጥሞ ካብ ዝነበረ መረዳእታ ዝተበገሰ ነበረ። ናይቲ ጊዜ'ቲ ሰብ ስልጣንን ኣባላት ፖሊስን ሕጂ እውን ዝዛረቡሉ ጉዳይ እዩ።

ምውሳኽ ቍጽሪ ሰራዊት ኢትዮጵያ ሸፍትነት ንኸጥፍእ ወይ ንኽጉድል ተሓሊኑ እንተ ዝነብር፡ ከምቲ ዘረአናዮ፡ ጀነራል መርእድ መንገሻ ምስ ተወሳኺ ሰራዊቱ ምስ ኣተወን ቦጦሎኒታት ድማ ኣብ ኣቍርደትን ተሰነይን ከይተረፈ ምስ ሰፈሩን ክንኪ ነይሩዎ። ኣይነከየን ጥራይ ዘይኮነ፡ መመሊሱ ስለ ዝገደደ፡ ሰራዊት ኢትዮጵያ ንፖሊስ ኤርትራ ከም ዘይሓግዙ ብጭቡጥ ንርዳእ። ዕላማ መምጽኢኦም እውን ኣብ ኤርትራ ንኢትዮጵያ ዝቃወም ሓይሊ ንኽይልዓል ምዕምጻጽ እምበር ንሱ ከም ዘይነበረ ንግንዘብ።

በቲ ኻልእ ሸነኽ ክርአ እንከሎ ግን፡ ከም በዓል ዑስማን ሓጂ ናስር ዝመሰሉ፡ ካብ 1940'ታት ጀሚሮም ኣንጻር ኢትዮጵያ ዝቃለሱ ዝነበሩ ሸፋቱ'ውን በረኻ ስለ ዝነበሩ፡ ኵሉ ዝሸፈተ ብኢትዮጵያ ዝሕገዘን ዝደፋፋእን ነይሩ ምባል የሰክፍ ይኸውን። ገሊኡስ ብናይ ውልቁ ምኽንያት ወይ ብዘጸንሐ ቂም ወይ

35. ዘመን፡ 2ይ ዓመት ቍ. 582፡ 29 ሰነ 1955፤ 2ይ ዓመት ቍ. 583፡ 30 ሰነ 1955።
36. ዘመን፡ 2ይ ዓመት ቍ. 582፡ 20 ሰነ 1955። ብዛዕባ ዑስማን ሓጂ ናስሮ ዝተባህለ መራሒ ሸፍታ ዝነበረ፡ ኣብ ኣይንፈላለ፡ ገጽ 406 ርአ።
37. FO 371/113519, 23 March 1955.

ንተራ ዘረፋ ይወጽእ ነይሩ ኢዩ'ሞ፡ እቲ ናይ ኢትዮጵያ ኢድ ምስ'ዚ ዕቃበ'ዚ ተታሓሒዙ ክርአ ይግባእ። ኣብ ዝቕጽል ደምዳሚ ምዕራፍና ከም እንርእዮ፡ እዚ ናይ ማይ ሽሃይቲ ፍጻመ ዘጋጠመ፡ መንግስቲ ኤርትራ ቡቲ ኣብ መንጎ ባይቶ ኤርትራን መራሒ መንግስቲ ተድላን ተፈጢሩ ዝነበረ ኣዋጣሪ ረጽሚ ኣብ ቅልውላው ኣትዩሉ ኣብ ዝነበረ ሰሙናት'ዩ። ገለ መስተርሆት እንተ ተረኺበ ድማ፡ ብዘመን ኣቢሉ ናብ ኩሎም ሽፋቱ መልእኽቲ ሰላም ለኣኸ። ካብቲ ዝበሎ እነሆ፡

> ካብ ፈተውቲ ሰላም ምኺን፡ ጸረ ሰላም ንምኻን ዘምረጽኩም መንገዲ ብሓቂ ሕዝብኹም ኣይተረድኦን ኣሎ። ብምኽንያት ሽገር ዶኾን ትኾኑ? ብምኽንያት ቤተ ሰብኩምን ኣሕዋትኩምን ብዘሎኩም ቂም-በቐል ዶኾን ትኾኑ? ምናልባሽ ኪኾውን ይኽእል! ግዳ፡ ኵሉ ዝሽገሮን ምስ ኣሕዋቱ ኮነ ቤተ ሰቡ ዝተቐያየመ ወዲ ኤርትራ ጸረ ሰላም ንኪኾውን እንተ ዝወጽእስ፡ ክንደይ ዝኣኽሉ ሰላማውያን ኮን ኣብ ዓዲ ምተረኽቡ ወይ ምተረፉ?

እቲ ኣብ ህዝቢ ዘውርዱዎ ዝነበሩ ግፍዕን ሞትን ኣብኡም እንተ ዝወርድ ጽቡቕ ከም ዘይሰምዮም ድሕሪ ምምሕጻን፡ እቲ መልእኽቲ ለበዋኡ ቐጸለ፡

> ጸረ ሰላም ንምኻን ጸረ ሰብ ከማኻ ጥራይ ዘይኮነ፡ ጸረ እግዚኣብሔር ምኻን'ውን ማለት'ዩ። ምስ ሰብን ምስ እግዚኣብሔርን ተባኢስኩምከ ምስ መን ክትሰማምዑ ትደልዩ ኣሎኹም?
> ዘፍሰስኩምዎ ደም ኣሕዋትኩም ደም ኣቤል ኮይኑ ኣብ ቅድሚ ፈጣሪ ይጠርዕ ኣሎ! ኩናት፡ ሓዘንን ሽበራን ዘእቶኹምሉ ልብን ዝኽትምና ዘእቶኹምሉ ስድራ ቤትን ብቐጢን ንብዓትን ኣውያትን ይጠርዕ ኣሎ! ቍጥዓ ፈጣርን ሕዝብን ኣብ ርእሴኹም ኪወርድ ከሎ ኽአ ወይለኹም! ቡቲ ጊዜ'ቲ፡ ዘዕቍብኩም ዘሎ ዱርን በዓትን ክተፍኣኩም እዩ...
> ... ጕይታ ሰላምን ትዕግስትን ዝኾነ ፈጣሪ፡ ምስቲ ሰላሙን ትዕግስቱን ዝዓደሎ ሕዝብኹም ኮይኑ ኣብ ቀራና መንገዲ ይጽበዩኹም ኣሎዉ። ንሱ ድማ፡ ብሓጥያትኩም ተጣዒስኩም ብየማን እንተ መጻእኩም ሓንጐፋይ ኢሎም ኪቕበሉኹም፡ ልብኹም ኣትረርኩም ንጸጋም እንተ ቐጸልኩም ከኣ ኪሃድንኹም ማለት እዩ'ሞ፡ ካብ ክልቲኡ ሓዲኡ ንምምራጽ ናትኩም ጉዳይ ኪኾውን ከሎ፡ ካብ መንገዲ ሰላምን የማንን ንምርሓቕ ፍዳኡ እንታይ ከም ዝኾነ ብቕዉም ነገር ዘክሩ።[38]

ሽፋቱ፡ ነዚ ጥበራን ምፍርራሕን ዝተሓዋወሶ መልእኽቲ ዋጋ ከይሃቡ ኣብ ተግባራቶም ምስ ቀጸሉ፡ መራሒ መንግስቲ ተድላ ባይሩ፡ "ኣዋጅ ኤርትራ ቍ. 1 ናይ 1955 ብዛዕባ ምሕላው ጸጥታ ሕዝቢ" ዝብል፡ ኣብ ኤርትራ ሓውሲ ናይ ህጹጽ ጊዜ (State of Emergency) ዝእውጅ ሕጊ ብ4 ሓምለ 1955 ኣውጽኡ። እዚ ግን፡ ምስቲ ክንገልጾ ዝጸናሕና ናይ ኣድማታትን ሽፍትነትን ተግባራት ጥራይ ዝተኣሳሰር ስለ ዘይነበረ፡ ካልእ ዝስሕቦን ዝሓላልኾን ጉዳያት'ውን ስለ ዝነበረ፡ ምስኡ ኣተሓሒዝና ኣብ ዝቕጽል ምዕራፍ ኢና ብሰፊሑ ክንዝርዝሮ።

38. ዘመን፡ 2ይ ዓመት ቍ. 584፡ 1 ሓምለ 1955።

ምዕራፍ 22

ናይ ቅልውላው መዓልታት

ምብላሕ ግርጭት መራሕ መንግስትን ባይቶን

ባይቶ ኤርትራ፡ ካብ ደጊያት ተድላ ባይሩ ከም መጠን መራሕ መንግስቲ ይንፈጎ ብዛዕባ ዝነበረ ግቡእ ኣቓልቦን መልሲ ንሕቶታቱን ብተደጋጋሚ ጠሪዑን ተማሕጺኑን ምስ ረብረበ፡ ኣብ ከባቢ ሚያዝያ 1955 ናብ ግሁድ ተጻራርነት ኣተወ። ባይቶ፡ ብሰለስተ ዝዓይነቶም ኣባላት ቁይሙ ነይሩ ክብሃል ይክኣል። ብሓደ ወገን ደገፍቲ ቐጽበታዊ ሕብረት፡ ብኻልእ ወገን ደገፍቲ ናጽነት ወይ ዕቃብ ፈደረሽን፤ በቲ ሳልሳይ ድማ፡ ብዙሕ ፖለቲካዊ ኣፍልጦ ይኹን ዓሚቕ ተገዳስነት ብዘይነበሮም ምስሌነታትን ናዝራትን። "ክትዕ ንኽዕጾ'ሞ ገገዝኦም ንኽኸዱ ጥራይ ዝደልዩ፡ ካብ ኩሉ'ቲ ሕግታትን ደንብታትን፡ ነታ መዕጸዊት ክትዕ ዝነበረት ዓንቀጽ ጥራይ ዝፈልጡ ኣባላት'ውን ነይሮም'ዮም፡" ኢሎም ኣኪቶ ንዓይነት ናይቶም ኣባላት ክገልጹ እንከሎዉ።

ካብዞም ሰለስተ ጉጅለ ናይ ኣባላት፡ ተድላ ገለ በጻብዕ ዝቝጸሩ እንተ ዘይኮይኖም፡ ንሓዲኦም እውን ክኸስቡ ኣይከኣሉን። እቶም ናይ ናጽነት ወይ ፈደራሊስት ወገን፡ ኣብቲ ምስ እንደራሴን ናይ ስራሕ ምትእትታዉን ቃልሶም ስለ ዘይሓገዙዎም ወይ ስለ ዝተቓወሙዎም፡ ንተድላ ከም ቀንዲ ዕንቅፋት ረኣዩዎም። ደለይቲ ምሉእ ሕብረት'ውን፡ ህላወ ተድላን ሰልጣኖምን ካብ ቀጥታዊ ርክባት ምስ እንደራሴን ቤት ጽሕፈቱን ስለ ዝኣገዶም፡ ኣንጻር ተድላ ተላዕሉ። እቶም ሳልሳይ ጉጅለ ብባህሪኦም ናብ ዝሓየለ ዝጽግዑን ፖለቲካዊ ሓይሊ'ውን ዘይነበሮምን ስለ ዝነበሩ፡ ተድላ ካብኣቶም ክረኽቡዎ ዝኽእሉ ረብሓ ዳርጋ ኣይነበረን። እዚኦም'ውን፡ ምእንቲ ዕቃብ ሰልጣኖም ኣብ እንደራሴ ክጸጋግዑ ዝደልዩ ነበሩ።

በዚ ምኽንያት እዚ፡ ኣብ ባይቶ ብፖለቲካዊ ኣረኣእያኦም ይኹን ብዝሓለፈ ታሪኾም ክራኸቡ ዘይኽእሉ ዝነበሩ ወገናት ናይ ሓባር ቃልሲ ኣንጻር ተድላ ባይሩ ክካይዱ ተራእዩ። ኣብ ዝሓለፈ ምዕራፍ ብዛዕባ መደረ ኣንዳርጋቸው መሳይ ምስ ገለጽና፡ ነቲ ኣብ ባይቶ ዘርኣዮ ትዕቢትን ብድዐን ዝቃወም ናይ ሓባር ባይቶኣዊ ቓልሲ ንኽልዓል ትጽቢት ከም ዝነበረ ኣተንቢህና ኔርና። እቲ ትጽቢት ግን፡ ቅድሚ መደረ ኣንዳርጋቸው'ውን እንተ ኾነ፡ ብኣንጻርን ብምሉእ ሓይሉን ኣብ ልዕሊ ተድላ ባይሩ ኣተኩሩን ጀሚሩን ነበረ።

ብ26 ሚያዝያ 1955 ንኣብነት፡ ተድላ ባይሩ ብ930 ሽሕ ቅርሺ ኣብ ዙላ ሓጽቢ ንኽስራሕ ዝእምም ሓሳብ፡ ባይቶ ንኽጽድቖ ሰደዱ። እቲ ገንዘብ፡ ካብቲ ኣብ ግምጃ መንግስቲ ኤርትራ ዝነበረ ቅሙጥ ገንዘብ ንኽወጽእ ከኣ ተሓሰበ። ኣንጻር'ዚ ሓሳብ'ዚ መጀመርታ ተሪር ተቓውሞን ነቐፌታን ዘቕረቡ፡ ኣብ ባይቶ መራሒ ሕብረታውያን ዝነበሩ መልኣከ ሰላም ዲመጥሮስ ገብረማርያም ኮኑ። ሓጽቢ ካብ ምስራሕ፡ "ኣብ ወተደራት ፖሊስ ንወሰኽ ደሞዝ ኪውዕል … ፖሊስ ሓይሊ ሕግን ሓይሊ ስርዓት'ን'ዩም። ኣቐዲምና ድማ፡ ሰላም እንተ ሃብና ይሓይሽ። ሓጽቢ ክጸንሕ ይኽእል…" ድሕሪ ምባል ዲመጥሮስ ኣብ ነቐፌታኦም ኣተዉ፡

> *… መንግስቲ ኸምዚ ዝበለ ገንዘብ ኬጥፍእ ዝሓሰበ ንሕዝቢ ዜድሊ ኮይኑ ስለ እተራእዮ ድዩ ወይስ ንሰብ ኮንትራት ኪረድእ ደልዩ ኢዩ እናበልኩ ክሓትት ምደለኹ። ኣረ ከም ኣነ ዝብሎስ እዚ ገንዘብ እዚ ኣብ ከምዚ ዝበለ ብዙሕ ጥቕሚ ዘይህብ ነገር ክጠፍእ'ኳ ኣይምተገብአን…"*

እዝን፣ ወዲ ማሕበርን ደጋፊ ተድላን ካብ ዝነበሩ ዲመጥሮስን፣ ከቢድን ኣማትን ቃላት ነበረ። ኣብዚ ተቓውምኦም'ዚ፣ ዲመጥሮስ ደገፍ ናይ ብዙሓት ብፖለቲካ ዝጻብኡዎም ዝነበሩ ሰባት ረኸቡ። ካብ ደምባ ፌደራሊስት፣ ሀብትዝጊ ዕቝባዝዮንን በዙብህ ተሰፋብሩኽን፣ ካብ ኣልራብጣ፣ መሓመድ ሰዒድ ሓሰኖ… ካልኦት'ውን

መልኣከ ሰላም ዲመጥሮስ ገብረማርያም

ምስኦም ተቓወሙ።[1] ኣብ መወዳእትኡ፣ እቲ ዝተጠቕሰ ገንዘብ ካብ ኣብ ምህናጽ ሓጸቢ ዙላ፣ ኣብ ወሰኽ ደሞዝ ፖሊስ ንኽውዕል ብዲመጥሮስን ብመሓመድ ሰዒድ ሓሰኖን ተኣመመ'ሞ፣ ብኹብ ዝበለ ብልጫ ድምጺ ብባይቶ ተረዕመ።[2]

እዚ ስዕረት'ዚ ንተድላ ይኹን ኣብ ምምሕዳሮም ንዝነበሩ ደገፍቶም ክውሓጠሎም ኣይከኣለን። ድሕሪ ቍሩብ መዓልቲ፣ ዲረክተር ክፍሊ ፕረስ መንግስቲ ኤርትራ ዝነበሩ ገብረዮሃንስ ተስፋማርያም (ደሓር ደጊያት)፣ ንተቓውሞ ዲመጥሮስን ንውሳነ ባይቶን ኣመልኪቶም ጸሓፉ። ደሞዝ ፖሊስ ይኹን ናይ ካልእ ሰራሕተኛ ዝውሰኽ፣ እቶት መንግስቲ ምስ ዝዛይድ'ዩ። ሓጸቢ ዙላ ድማ እቶት መንግስቲ ንኽኻዕብት ዝተሓሰበ ስለ ዝነበረ፣ ባይቶ በቲ ኣገባብ'ቲ ክነጽጎ ግቡእ ከም ዘይነበረ ተኻትዑ። ደሞዝ ፖሊስ ጥራይ ካብ ምውሳኽ፣ ኣሽሓት ሰራሕተኛታትን ካብኦም ዝበዝሑ ሓረስቶትን ዝጥቀሙሉ ሓጸቢ ምህናጽዶ ዘያዳ ንህዝቢ ኣይምጠቐመን... ኢሎም'ውን ኣስተንከሩ።[3]

ባይቶ ግን ነዚ ኸምዚ ዝበለ ኽትዕ ከኣንግድ ድሉው ኣይነበረን። ብኣንጻሩ'ኳ ደኣ፣ ተድላ ምስቲ ናይ ሓጸቢ ዙላ ኣላጊቦም፣ ንኸዕታ ዒላታት ኣብ ዝተፈላለየ ክፍልታት ኤርትራ ዝውዕል ገንዘብ ንኽጸድቕ እንተ ሓተቱ፣ ባይቶ ኣብ ርሱን ክትዕ ኣእትዩ ካብ ዝድለ ንላዕሊ ኣደናጕዩ። ኣብ ጥቕሚ ናይቲ ሰራሕ'ኳ ብዙሕ ዘዛርብ እንተ ዘይነበረ፣ ኣበይን ንመንን ይኸዓት ዝብል ሕቶ ግን ብዙሕ ኣካትዐን ፈላለየን። ማዕረ ሰክረተሪ ኤኮኖሚያዊ ጉዳያት ሓረጎት ኣባይ ባይቶ ተረኺቦም'ውን ብዙሕ ኣረድኡ። ድሕሪ ኽንደይ ውረድ ደይብን ለበዋታትን፣ ተድላ ካብ ዝኣመሙሉ ዕለት ኣብ ክልተ ሰሙኑ ጥራይ ድማ እቲ ሓሳብ ጸደቐ።[4]

ካልእ ተመሳሳሊ ጉዳያት'ውን ናይ ባይቶ ዋጢጥን ህልኽን ኣጓነፈ።[5] እቲ ዘገርም ግን፡ መንግስቲ ኤርትራ ንመኽበሪ መበል 25 ዓመት በዓል ምድፋእ ዘውዲ ሃይለስላሴ ዝኸውን 50.000 ቅርሺ፡ ከምኡ'ውን ንመስርሒ ናይቲ ኣብ ኣፍ ደገ ወደብ ባጽዕ ዝቘመ ሓወልቲ ንጉስ ዝውዕል 100.000 ቅርሺ ብባይቶ ክጸድቕ ምስ ሓተተ፡ ባይቶ ብዘይ ክትዕ ከሕልፎ ምኽኣሉ ኢዩ። ንቓል ዓለም፡ ሰክረታሪ ፋይናንስ ተኽለሃይማኖት በኸሩ ብዛዕባ ኣጠፋፍኣ ናይቲ ንበዓል ዝወጽእ ገንዘብ ንኽገልጹ ተጸዊዖም፡ ገሊጾም'ውን። ክልቲኡ እማመታት ግን ዳርጋ ብምሉእ ድምጺ ሓለፉ።[6]

ብዙሕ ጊዜ፡ ብፍላይ ድማ ኣብቲ ናይ 22 ግንቦት 1954 ውሳነ ባይቶ ኣንጻር ምትእትታው መንግስቲ ኢትዮጵያ ከም ዝረኣናዮ፡ ኣብ ባይቶ ኤርትራ ይኹን ኣብ መንጎ ብዙሓት ናይቲ ጊዜ ሰባት፡ ንሃይለስላሴ ካብቲ መንግስቶምን ካብ ሰብ ስልጣኖምን ፈሊኻ ምርኣይ ነይሩ ኢዩ። ጌጋታትን ተንኩልን ካብቶም

1. ዘመን፣ 2ይ ዓመት ቍ. 530፣ 27 ሚያዝያ 1955።
2. EA Minutes No. 356, 26 April 1955.
3. ዘመን፣ 2ይ ዓመት ቍ. 531፣ 28 ሚያዝያ 1955።
4. ዘመን፣ 2ይ ዓመት ቍ. 542፣ 12 ግንቦት 1955።
5. ሓደ ካብዚ፡ መንግስቲ ኤርትራ ንምምሕያሽ ከተማ ኣስመራ ክብል ዝኣመሞ ሓገዝ ዝምልከት፡ ነዊሕ እዋን ዘካትዐ ኣብ መወዳእታኡ ግን ዝጸደቐ ጉዳይ ነበረ። ዘመን 2ይ ዓመት ቍ. 548፡ 19 ግንቦት 1955።
6. ዘመን፡ 2ይ ዓመት ቍ. 549፡ 20 ግንቦት 1955

ሰብ ስልጣኖም'ምበር ካብኦም ዘይርከብ ዝመስሎ፡ እንተ መሰሎ'ውን ክቕበሎን ክዛረበሉን ዘይደሊ ውሑድ ኣይነበረን። እዚ ኣተሓሳስባ'ዚ፡ ንሃይለስላሴ ግብሪ ምሃብን ምሕጓስን ከም ቅኑዕን ጽቡቕን ተግባር ምርኣይ፡ ኣብዚ ዝረኣናዮ ውሳነ ዓቢ ተራ ከም ዝነበሮ ብዙሕ ኣየካትዕን። እቶም ክቃወሙ ዝደለዩ ኸኣ፡ እቲ ነገሩ ስለ ዝኸበዶም ይመስል፡ ኣዝዩ ፈኩስ ተቓውሞ ጥራይ'ዮም ዘሰምዑ። ሸኽ ሳልሕ ሙሳ ኣቡዳውድ ንኣብነት "መንግስቲ ኤርትራ፡ ካብቲ ዘይብዙሕ እቶቱ ክንድ'ዚ ዚኸውን ገንዘብ ንግብጃን ንበዓልን ኬጥፍእ፡ ምስ ከም ኢትዮጵያ ዝበለ ጥንታውን ሃብታምን መንግስቲ ኸኣ ኪወዳደር ኣይምተገብኣን..." ኢሎም ተቓውሞ ጀሚሮም ነይሮም፡ ግን ኣይቀጸሉዎን።[7]

በዚ እምበኣር፡ ባይቶ ነቲ ኣንጻር መንግስቲ ኢትዮጵያ ዘርእዮ ዝነበረ ተቓውሞ ዳርጋ ኣዝሒሉ፡ ንምሉእ ኣቓልቦኡ ኣንጻር ተድላን መንግስቱምን ከም ዘቕንዐ ክንግምግም ንኽእል። ምናልባት፡ ኣብ ወርሒ ግንቦት ብሸነኽ ደጊያት ተድላ ካብ ዝቐረበ ሓሳባት፡ እቲ ንኣሰላልዓ ግብሪ መንግስቲ 1955 ዝምልከት ጥራይ'ዩ ብናይ ሰለስተ መዓልቲ ክትዕ ክጸድቕ ዝኸኣለ። ሃይለስላሴ፡ ነቲ ናይ 1954 ግብሪ ብምሕረት ከም ዘትረፉዎ ርኢና ኔርና ኢና። ኣብ ግንቦት 1954 ድማ፡ ባይቶ ብዛዕባ ባጀት ክካታዕ ዝግብኡ፡ በቲ ኣብቲ ወርሒ'ቲ ዝተራእየ ርሱን ተቓውሞ ኣንጻር ምትእትታው መንግስቲ ኢትዮጵያ ስለ ዝተዓብለለ፡ መንግስቲ ነቲ ናይ 1954 ባጀት ባዕሉ ነዲፉ፡ ባዕሉ ኣጽዲቕዎ ነይሩ ኢዩ።

ኣብ 1955፡ ተድላ ባይሩ ህዝቢ ብቕጠባ ስለ ዝተሸገረ፡ ፍርቂ ናይቲ ዝተሰልዓሉ ግብሪ ጥራይ ክኸፍል፡ ነቲ ዝተረፈ ኸኣ መንግስቲ ካብ ቅሙጥ ገንዘቡ ንኽኸፍሎ ኢዩም ኣሚሞም። ኣብዚ'ውን ካብ ቀሺ ዲመጥሮስ ገብረማርያ'ም'ኳ ተሪር ተቓውሞ እንተ'ጓነፎም፡ ኣማስያኡስ እቲ እማመኦም ጸደቐ'ሞ፡ ህዝቢ ፍርቂ ግብሪ ጥራይ ከም ዝኸፍል ኮነ።[8] ብድሕሪ'ዚ ናይ 8 ሰነ ኣኼባ ባይቶ ግን፡ እቲ ምስ መራሕ መንግስቲ ዝነበረ ዘይምቅዳው እናተባልሐ ናብ ካልእ ጫፍ ኣምርሐ።

ድሕሪ 8 ሰነ ኣብ ዝነበረ መዓልታት፡ ባይቶ ብ14 ሰነ ጥራይ ተራኺቡ ብሰክረተር ፋይናንስ ተኽለሃይማኖት በኸሩ ንዝቐረበ ሓደ እማመ ዘተየሉ።[9] እቲ ኻልእ መዓልታት ግን ብሰንኪ ጉድለት ምልኣተ ጉባኤ ክኽፈትን ክዕጾን ቀነየ። እዚ ድማ፡ ውሽጠ ውሽጢ ኣንጻር ተድላ ይሰራሕ ስለ ዝነበረ ከይኮነ ኣይተርፍን።

ብ16 ሰነ 1955፡ ሰዓት 11፡15 ናይ ንጉሆ፡ ምኽትል ኣቦ መንበር ባይቶ ብላታ ደምሳስ ወልደሚካኤል፡ መራሕ መንግስቲ ኤርትራ ምስ ኣቦ መንበር ባይቶ ብምምኻር፡ ብመሰረት ዓንቀጽ 48(5) ናይ ሕገ መንግስቲ ኤርትራ ንባይቶ ክሳብ 5 ሓምለ 1955 ከም ዝዓጸዉዎ ኣፍለጡ። ምኽንያት መዕጸዊኦም

7. ከም እ.ጽ. 6።
8. ዘመን፡ 2ይ ዓመት ቍ. 565፡ 9 ሰነ 1955።
9. ዘመን፡ 1ይ ዓመት ቍ. 570፡ 15 ሰነ 1955።

ኣይገለጹን።[10] ዓንቀጽ 48(5) ናይ ሕገ መንግስቲ ኤርትራ ድማ፡ "መራሒ መንግስቲ ምስ ኣቦ መንበር ባይቶ ብምምኻር፡ ንሓደ መጋባእያ ባይቶ ካብ ዕስራ መዓልቲ ንዘይበዝሐ ጊዜ ክዓጹ ይኽእል" ኢዩ ዝብል ዝነበረ። ባይቶ፡ ኣብ ሓደ ዓመት ንኽልተ ነናይ ወርሒ መጋባእያታት (sessions) ንኽራኸብ፡ ኣብ መጋባእያ ኣብ ዘይህልወሉ ድማ ብመሰረት ዓንቀጽ 49 ንፍሉይ መጋባእያ ብመራሒ መንግስቲ ወይ ድማ ብጠለብ ናይ ሓደ ሲሶ ናይ ኩሎም ኣባላት ክጽዋዕ ከም ዝኽእል እቲ ሕገ መንግስቲ ይፈቅድ ነበረ።

ተድላ ባይቶ ንዝዓጸወሉ ምኽንያት ብወግዒ ኣይግለጹ'ምበር ኣብ ባይቶ ኣንጻርም ተፈጢሩ ንዝነበረ ማዕበል ክጻወሩ ወይ ክጽመሙ ብዘይ ምኽኣሎም ከም ዝነበረ ዘካትዕ ኣይኮነን። ሽዑ ቆንስል እንግሊዝ ኮይኑ ዝነበረ ኢ.ጀ. ሃውስ፡ ተድላ ንባይቶ "እናገደደ ብዝኸደ ኢደ ዋንነት" (increasing off-handedness) ስለ ዝሓዙዎ፤ ከምኡ'ውን ህላወኦም ወይ ህላወ ሰክረታሪታቶም ኣብ ዝድለየሉ ዓበይቲ ጉዳያት ንባይቶ ይኸዱ ብዘይምንባሮም፡ ኣባላት ባይቶ ጉሁያት ከም ዝነበሩ ገለጸ።

ተድላ ነዚ ስጉምቲ'ዚ ቅድሚ ምውሳዶም፡ ንጸሓፊ ባይቶ ፈርገስ ማክሊሪ ኣማኺሮሞ ነይሮም'ዮም። ማክሊሪ፡ ካብ ከምኡ ዝመሰለ ተግባር ንኽቖጠቡ'ኳ እንተ ሓተቶም፡ ተድላ ግን፡ "ኣነ'ውን ጸረ መጥቃዕተይ ንኽዳሉ ጊዜ የድልየኒ ኢዩ ብምባል ነቲ ባይቶ ዓጸዉዎ።[11]

ፈርገስ ማክሊሪ ምስ መሳርሕቱ።
ካልኣይ ካብ ጸጋም፡ ኢዮብ ተኽሉ፤ ድሕሪ ማክሊሪ ንጸጋሙ፡ ኢብራሂም መሓመድ።

10. EA Minutes No. 384, 16 June 1955.
11. Howes to Killick in Addis Ababa, FO 371/113519, 9 July 1955.

ኣብ ከምዚ ዝበለ ኩነታት፡ እቶም ኣባላት ንመራሕ መንግስቲ ባዕሎም ከጥቅዑ ስለ ዝተጸገሙ፡ ኣንፈቶም ናብቶም ከም ቀንዲ ተኸታልን ተኻላኻልን መራሕ መንግስቲ ብምዃን ዝዓናቕፉዎም ዝነበሩ ኣቦ መንበር ዓሊ ረድኣይ ኣቕንዑ። ዓሊ ረድኣይ "መሳርሒ ተድላ" ተባሂሎም ክኽሰሱን ካብ ስልጣን ንምውራዶም ዝሓለነ ምንቅስቓሳት ኣብ ውሽጢ ባይቶ ክርኣን ምስ ጀመረ ኸኣ ኢዮም ብ16 ሰነ ባይቶ ን20 መዓልታት ዝዓጸዉ።

ኣባላት ባይቶ ነዚ ውሳነ'ዚ ኣይተቐበሉን። ሽዑ መዓልቲ፡ ማለት ብ16 ሰነ፡ 41 ኣባላት ናብ ጸሓፊ ባይቶ ፈርገስ ማክለሪ ብምኻድ፡ ኩሎም ዝፈረሙሉ፡ ብመሰረት ዓንቀጽ 49(2)፡ ማለት ድማ፡ በቲ ሓደ ሲሶ ኣባላት ባይቶ እንተ ሓቲቶም ፍሉይ መጋባእያ ክጽዋዕ ይክኣል ዝብል ሕገ መንግስታዊ ዓንቀጽ፡ ፍሉይ መጋባእያ ባይቶ ብመራሕ መንግስቲ ንኽጽዋዕ ጠለቡ።

መራሕ መንግስቲ ግን፡ ባይቶ ዓጽዮም ከብቅዑ ኣብ ሳልስቱ ንኣዲስ ኣበባ ስለ ዝገሹ፡ ፈርገስ ማክሊሪ ንጠለብ ኣባላት ናብ ወኪል መራሕ መንግስቲ ፍስሓጽዮን ሃይለ ኣመሓላለፎ። ፍስሓጽዮን ሃይለ ብ22 ሰነ ኣብ ዝሃቡዎ መልሲ፡ ፍሉይ መጋባእያ ባይቶ ዝጽዋዕ፡ እቲ ክልተ ምዱብ መጋባእያታት (sessions) ምስ ዘይህሉ፡ ማለት ከኣ፡ ኣብ መንጎ'ቲ ክልተ ምዱብ መጋባእያታት ጥራይ'ዩ። ኣብቲ ጊዜ'ቲ ግን፡ ኢሎም ፍስሓጽዮን፡ ምዱብ መጋባእያ ብመሰረት ዓንቀጽ 48(5) ስለ ዝተዓጽወ ኢዩ'ምበር፡ "ብሕግስ ህሉው'ዩ"። እምበኣርከስ፡ ዋላ ብትእዛዝ መራሕ መንግስቲ ይተዓጾ፡ እቲ ምዱብ መጋባእያ እናሃለወ ፍሉይ መጋባእያ ምዕዳም ኣይከኣልን። ሕጋዊ'ውን ኣይኮነን... ብምባል፡ ንጠለብ ናይቶም 41 ኣመልከትቲ ነጸጉዎ።[12]

ሓደ መዓልቲ ቅድሚ መልሲ ፍስሓጽዮን፡ ብ21 ሰነ፡ 12 ዝኾኑ ወከልቲ ኣባላት ባይቶ ናብ ፕረዚደንት ጠቕላሊ ቤት ፍርዲ ሽረር ብምቕራብ፡ ደጊያት በርሀ ኣስበሮምን ቃዲ ዓሊ ዑመርን ዝርከቡዎም ዝፈረሙሉ ኽሲ ኣቕረቡሉ። ኣብዚ ኽሲ'ዚ እቶም ኣባላት ንድሕሪት ተመሊሶም፡ መራሕ መንግስቲ ብ9 ለካቲት 1954 ፍሉይ ኣኼባ ንኽጽዋዕ ብ29 ኣባላት ንዝቐረበ ጠለብ ስለ ዝዓጸዉ፤ መሊሶም ድማ ኣብዚ ናይ 16 ሰነ 1955 ጠለብ ባይቶ ተማሳሳሊ ኣብያ ስለ ዘርኣዩ፡ ብመሰረት ዓንቀጽ 75 ንኽኽሰሱ (impeachment) ሓተቱ።[13] ብተወሳኺ እቲ ኽሲ፡ ንመራሕ መንግስቲ ንወገንካ ብምሻም ወይ ሓለፋ ብምሃብ (nepotism)፡ ብኣድልዎ፡ (favouritism)፡ ከምኡ'ውን ብሓፈሻዊ ድኹምን ዘይስሉጥን ኣሰራርሓ (general inefficiency) ወንጀሎም።

12. Government of Eritrea, Chief Executive Headquarters, Ref. CON/ASB?2, 22 June 1955.

13. ዓንቀጽ 75 ናይ ሕገ መንግስቲ ኤርትራ፡ ከቢድ ግህሰት ሕገ መንግስቲ ምስ ዝፍጽም'ሞ፡ ክልተ-ሲሶ ካብ ኣባላት ባይቶ ምስ ዝጠልቡ፡ ክሲ ቐሪቡዎ ብጠቕላሊ ቤት ፍርዲ ንኽፍረድ የፍቅድ። ጠቕላሊ ቤት ፍርዲ ነቲ ኽሲ ብጭብጢ ምስ ዘረጋግጸ፡ ንመራሕ መንግስቲ ካብ ስልጣን ኣልዩ፡ ካብ ዝኾነ ስራሕ ኣብ ፈጻሚ ወይ ሓጋጊ ኣካላት ከም ዘእገድ'ውን ክገብር ይኽእል... ዝብል ትሕዝቶ ነበሮ።

ደጊያት በርሀ ኣስበሮም

ሸረር ነቲ ኽሲ ምቕባል ኣበየ። መጀመርታ ናብ ሃገር እንግሊዝ ይገይሽ ስለ ዝነበረ፡ ንኽርእዮ ጊዜ ከም ዘይረኽብ'ዩ ገሊጹ። እቶም ኣባላት ኣጥቢቖም ብኣካል ምስ ሓተቱዎ ግን፡ ክሳብ ንመራሒ መንግስቲ ከኽስስ ዝኽእል ከቢድ ትሕዝቶ ዘለዎ መርትዖታት ከም ዘየቕረቡ ነገሮም። ንዕኡ ዝመስል መርትዖ ከቕርቡ እንተ ኽኢሎም ድማ፡ ወሰኽሎም ሸረር፡ ነቲ ጉዳይ ባዕሉ ብዳንነት ክርእዮ ማለት ስለ ዝኸውን፡ ብዛዕባኡ ኣቐዲሙ ምስኦም ንኽዛረብ ሞያኡ ከም ዘየፍቅደሉ ብትሪ ኣረድኦም።[14]

ሸኽ ሳልሕ ሙሳ ኣቡ ዳውድ ኣብ ቤት ጽሕፈት ሸረር ነይሮም። “ምኻድ ምስ ኣበናየ፡ ሸረር ከምዚ ኢሉና፡” ክብሉ ድማ ዘኪሮም፡

> “ኣብዚ ደው ብምባልኩም፡ ናይ ፍትሒ ጊዜ ተባኽኑ ኣሎኹም። ኣብዚ ቤት ጽሕፈተይ፡ ብዙሓት ንሞት ተፈሪዶም ይርጋእ ወይ ምሕረት ዝጽበዩ ኣሎዉ። ብዙሕ ናይ ይግባይ ፋይላት ዝውሰን ኣሎ። ነዚ ናይ ፍትሒ ጉዳያት ዝኸውን ጊዜ ተጥፍኡለይ ስለ ዘሎኹም በጃኹም ውጹኡለይ...” ኢሉና።
>
> ኣብዚ ሕጂ ላዕለዋይ ቤት ፍርዲ ዘሎ፡ ኣብ ላዕሊ ኢና ነይርና። ታሕቲ ምስ ወረድና፡ ከምዚ ናይ ቢልያርዶ መጻወቲ ዝመስል ከውልታት ዘሎዎ ገፊሕ ቦታ ኣሎ። ሳልሕ ኣሸክሕ፡ መሓመድ ብርሃኑን ኣነን ኮይንና ንመዓጹ ቤት ፍርዲ ዓጺናዮ። ነቶም ፖሊስ ኣይትኽፈቱና ኢልናዮም።

14. FO 371/1131519, 9 July 1955.

ደጊያት በርሀ ኣስበሮም ይመርሑና ነይሮም። "ኣንቱም ደቂ፡ እንታይ ኢኹም ደሊኹም?" ኢሎምና። ንሕና ድማ፡ "ጃንሆይ ንዓና ንጉስና ኣይኮኑን። ንጉሰ ነገስት ኢትዮጵያ ኢዮም። ንዓና ግን ላዕለዋይ በዓል ስልጣን ፌደረሽን ኢዮም። ስልጣን ናቶም ስለ ዘኾነ፡ መራሕ መንግስቲ ንዘገበሮ ንንገር።"

ኣብዚ ብዙሕ ክትዕ ምስ ኮነ፡ ሰለስቴና እቶም ንኣሽቱ፡ ሰለስተ ምርጫታት ኣቕሪብና፡ "ወይ መራሕ መንግስቲ ባዕልና ዘሸምናዮ ሓውና ስለ ዘኾነ፡ 'ጌጋ ጌርና' ኢልና ንለምኖ፡ ባይቶ ይኽፈተልና ንመለስ፤ ወይ ንህዝብና፡ 'ንሕና ዘሸምናዮ ሰብኣይ ኣብ ልዕለና ኾይኑ ገዛ (ባይቶ) ዓጽዩና'ዩ። ነቲ ተላኢኽናዮ ዝነበርና ነገር ክንፍጽሞ ስለ ዘይክኣልና መጺእናካ ኣሎና... ኢልና ሓላፍነትና ነውድቕ፤ ወይ ከኣ፡ ጃንሆይ ላዕለዋይ በዓል ስልጣን ስለ ዝኾኑ ነፍልጦም።

ኣነ ብዙሕ እዛረብ ነይረ። ቃዲ ዓሊ ጥቓኦም እንተ ዝነብር ብበትሪ ምሃረሙኒ ነይሮም። ፍርሂ ነይሩ። ጃንሆይ ምጽእ ኢሎም ዝሓንቁና ጥራይ መሲሉና። "እሞ እንታይ ንግበር?" ተባሂሉ። ናብ ጃንሆይ ተሌግራም ነቕርብ ተባሂልና።[15]

ሽዑ ንጉሆ፡ ከባቢ ሰዓት ዓሰርተ፡ እቶም ኣባላት ቅዳሕ ናይ'ታ ናብ ሸረር ዘቕረቡዋ ክሲ ብተሌግራም ናብ ሃጸይ ሃይለስላሴ ለኣኹ።[16] እዚ ምስ ኮነ፡ መልሲ ካብ ምጽባይ ሓሊፍካ ካልእ ክግበር ዝክኣል ስለ ዘይነበረ፡ እቲ 20 መዓልቲ ሓሊፉ መጋባእያ ክሳብ ዝኽፈት ጊዜ ምቕታል ኮነ።

ግብረ መልሲ ደጊያት ተድላ

ምዕጻው መጋባእያ ባይቶ ብትእዛዝ መራሕ መንግስቲ ንረቡዕ 6 ሓምለ ዘብቅዕ፡ ንሶም ቅድሚኡ ኣብ ዝነበረት ሰንበት 3 ሓምለ ካብ ኣዲስ ኣበባ ተመልሱ። ጸሓፊ ትእዛዝ ወልደጊዮርጊስ ካብ ስልጣን ወሪዱ ስለ ዝነበረ ኣብኡ ምስ መን ከም ዝተራኸቡን እንታይ ከም ዘመኸሩን ዝንገር የልቦን። ንጉሆ ዝኣተወ ንኣጋ ምሸቱ ግን፡ ንልኡካን ጋዜጣታት ኤርትራ ኣብ ቤት ጽሕፈቶም ብምእካብ፡ ጋዜጣዊ መግለጺ ሃቡ።

ተድላ ነቲ ጋዜጣዊ ዋዕላ ብኽልተ ጉዳያት ጸውዖ። ቀዳማይ፡ ሸፍትነት ንምቁጽጻር ሓዲሽ ኣዋጅ የውጽኡ ከም ዝነበሩ ንምሕባር፡ ካልኣይ ድማ፡ ባይቶ ንዝዓጸዉሉ ምኽንያት ንምብራህ። ብዛዕባ'ቲ ቐዳማይ ክገልጹ እንከለዉ፡ ተድላ ከምዚ ዝስዕብ ተዛረቡ፡

ድሕሪ ጥንቁቕ ዝኾነ መርመራ እዚ ሎሚ ዘሎ ሓይሊ ዓመጽ ፈጺሙ ኪጠፍእ ዜድሊ ሓዲሽ ነገር ንምምሃዝ ብዙሕ ብዝዘተና፡ ብጊዜ ደሓን ኣድላዪ ኮይኑ ዘይርከብ ኣዋጅ ክነውጽእ መጺብና ኣሎና። ... ከምዚ ዝበለ ኣዋጅ ክንዘርግሕ ምሕሳብና፡ እዚ ሎሚ ዘሎ ሓይሊ ዓመጽ ክጠፍእ ስለ ዝደለና ደኣ'ምበር፡ እናገደደ ከይከይድን ከይብርትዕን ስለ ዝፈራህና ኣይኮንናን እሞ፡ ከምኡ ኣቢልኩም ንሕዝቢ ኣብሪህኩም ምንጋር መዝኹም ኪኾውን ይግባእ።

15. ሸኽ ሳልሕ ሙሳ ኣቡዳውድ፡ ቃለ መጠይቕ፡ 3 ጥቅምቲ 1999።
16. እ.ጽ. 14 ርአ።

ተድላ ንጋዜጠኛታት መግለጺ እናሃበ።
ብጸጋም፡ ገብረዮሃንስ ተስፋማርያም፡ ብየማናም ራብዓይ ድማ ተወልደብርሃን ገብረመድህን (ዘኬዎስ) ይርአዩ።

በዚ ቓላት'ዚ፡ ተድላ ባይሩ ነቲ "ኣዋጅ ኤርትራ ቊ. 1 ናይ 1955 ብዛዕባ ምሕላው ጸጥታ ሕዝቢ" ዝተሰምየ ሕጊ ከም ዝሓገጉ ኣፍለጡ። እቲ ሕጊ፡ ብረት ይኹን ሴፍ ወይ ተመሳሳሊ መሳርሒ ንዝሓዘ፡ ኣብ ሸፍትነት ንዝተዋፈረ፡ ሸፍትነት ወይ ኣድማ ንዘተባብዐ... ብውልቂ ብጉጅለ ይኹን ብማሕበር፡ ንኣዝዩ ተሪር መቕጻዕቲ (ንሞት፡ ማሕቡስን ሙልታን ዘጠቓልል) ከም ዝቃላዕ ዝእውጅ ነበረ። ነዚ ንምትግባር፡ እቲ ኣዋጅ ንመራሕ መንግስትን ነቶም ብውክልናኦም ንኽዓዩ ዝተፈቕደሎም ፖሊስን ኣመሓደርቲ ኣውራጃን ዶብ ዘይብሉ ስልጣን ሃበ። ነቲ "ማሕበር" ዝብል ቃል "ዓሌት፡ እንዳ፡ ትሕድርቲ፡ ወረዳ፡ ከተማ፡ ዓዲ ወይ ካልእ ቦታ ማለት'ዩ" ክብል ስለ ዝተርጐሞ ድማ፡ ንሓቀኛ ዕላማ ናይቲ ኣዋጅ ባዕሉ ኣብ ሕቶ ዘእቱ ኾነ። ተድላ፡ በዚ ኣዋጅ'ዚ ኣቢሎም ኣንጻር ሸፍትነት ጥራይ ዘይኮነስ፡ ኣንጻር ባይቶን ኩሎም ካልኦት ናይ ፖለቲካ ተቓወምቶምን ዘገልግሎም መድቈሲ ክረኽቡ ስለ ዝደለዩ ኢዩ ዝብል ጥርጣረ ከለዓዕል'ውን ግድን ኮነ።

ናብቲ ኻልኣይ ጉዳይ ብምእታው፡ እቶም መራሕ መንግስቲ ነዚ ዝሰዕብ በሉ፡

... እዚ ተዋሂቡኒ ዘሎ ናይ መራሕ መንግስቲ መዚ፡ እተቐበልኩዎ ስለ ዘኾነ'ኳ ከቢድ ኢዩ እንተ ዘይበልኩ፡ ቀሊል'ውን ኣይኮነን። ከምኡ ስለ ዘኾነ ኸኣ እየ

እዚ ሎሚ ዘሎ ናይ ባይቶ ስሩዕ ዋዕላ ን20 መዓልቲ ኬቋርጽ ዝመደብኩ፡፡ ከምቲ ኣብ ኩሉ ዓለም ዝግበር ድማ፡ ከፉኣት ሰባት፡ እዚ ዘሎ ኩነታት ከቢዱ ምህላዉ ርእዮምስ ናብቲ ዚመጽእ ዜጉሂ ሳዕቤን ከይጠመቲ፡ ብናይ ገዛእ ርእሶም ጥቕሚ ጥራይ ሃለዋት ሕዝቢ ኪዘርጉ ይደልዩ ኣለዉ፡፡

... መዘይ ቀሊል ኣይኮነን ክብል ከሎኹ፡ ካብቲ እተዋህበኒ ሓላፍነት ክርሕቕ ዝደለኹ ኮይኑ ከይስምዓኩም ድማ፡ ኣብ ትሕቲ መሪሕነት ናይ ግርማዊ ንጉስ ነገስተይ ምእንቲ ጥቕሚ ሃገርና መልእኽተይ ዝቕጽል ምዃነይ ከረጋግጸልኩም እደሊ፡፡[17]

እቲ ኣዋጅ ሰሉስ 5 ሓምለ ኣብ ጋዜጣታት ተሓትመ፡ ረቡዕ 6 ሓምለ ድማ ምዕጻው መጋባእያ ባይቶ ብትእዛዝ ተድላ ዘብቅዓሉ ዕለት ስለ ዝነበረ፡ ኣባላት ባይቶ ኣብ መጋባእያ ተቐሚጦም ምምጻእ ኣቦ መንበር ዓሊ ረድኣይ ክጽበዩ ኣርፈዱ፡፡ ሰዓት 9፡45 ምስ ኮነ፡ ኣብ ክንዲ ኣቦ መንበር፡ ምኽትል ኣቦ መንበር ብላታ ደምሳስ ወልደሚካኤል ባይቶ ኣተዉ፡፡ ብኡ ንብኡ ድማ፡ መራሒ መንግስቲ ምስ ኣቦ መንበር ባይቶ ብምስምማዕ ንኣኼባታት ባይቶ ንተወሳኺ 20 መዓልታት ከም ዝዓጸዉ ኣፍለጡ፡፡ ኣስዒቦም'ውን፡ ደጊያት ተድላ ናብ ኣቦ መንበር ባይቶ ንዝጸሓፉዎ መልእኽቲ ኣንበቡ፡፡[18]

ኣብዚ መልእኽቶም'ዚ፡ ደጊያት ተድላ፡ "ኣብ መንጎ ዝኸበሩ ኣባላት ባይቶ ኤርትራ ተላዒሉ ዘሎ ዜሰክፍ ዘይምስምማዕ... ዜፍርሕ ሳዕቤን ከየኸትል ብማለትን ሰላም ናይ ዓዲ ድማ ንምሕላውን ሓደ መንገዲ ጥራይ ከም ዘሎ ተረዲአ ኣሎኹ..," ክብሉ ገለጹ፡፡ ብመሰረት ዓንቀጽ 48(5) ነቲ ስጉምቲ ከም ዝወሰዱ ብምብራህ ድማ፡ "ከምዚ ዝበለ ተግባር እንደገና ክንወስድ ከይንግደድ በዓል ምሉእ ተስፋ እየ..." ኢሎም መልእኽቶም ደምደሙ፡፡[19]

ደምሳስ፡ ንባብ ምስ ወድኡ ቀልጢፎም ካብቲ መጋባእያ ወጹ፡፡ ኣብ ውሽጢ ባይቶ ዕግርግር ተላዕለ፡፡ ጸሓፊ ባይቶ ፈርገስ ማክሊሪ ቡቶም ኣባላት ተጸውዐ'ሞ፡ ባይቶ ኣብ ልዕሊ ዓሊ ረድኣይ ናይ ዘይምትእምማን ድምጺ (vote of no confidence) መታን ከሕልፍ፡ ነቲ ኣኼባ ብኣቦ መንበርነት ንኽመርሖ ተሓተተ፡፡ ማክሊሪ ከምኡ ንኽገብር ሕገ መንግስቲ ስለ ዘየፍቅደሉ፡ ነቲ ጻውዒት ነጸጎ፡፡

እዚ እናኾነ እንከሎ፡ ናይ ሓጺን ቀብዕ ዝወደዩ ሓይልታት ፖሊስ ኣብ ከባቢ ባይቶ ኤርትራ ተኣከቡ፡፡ ዳይረክተር ጀነራል ምምሕዳር መንግስቲ ኤርትራ መስፍን ገብረህይወት፡ እቶም ወከልቲ ህዝቢ ካብቲ መጋባእያ ክስጉጉ፡ ባይቶን ኩሉ'ቲ ኮሚተታት ዝእከባሉ ዝነበራ ክፍልታትን ክዕጾ፡ ዝኾነ ኣኼባታት ድማ ክኽልከል ኣዘዙ፡፡

17. ዘመን 2ይ ዓመት ቍ. 587፡ 5 ሓምለ 1955፡፡
18. EA Minutes No 385, 6 July 1955.
19. Ibid, Appendix A, Government of Eritrea, Chief Executive Headquarters, Ref. CON/ASMB/2, 6 July 1955.

ማክሲሪ ናብ ተድላ ኸደ። እቶም ኣባላት ንዓሊ ረድኣይ "ኩርኩር መራሕ መንግስቲ" ብምባል የጥቅዑዎም ስለ ዝነበሩ፥ እቲ ግርጭት ውሽጣዊ ጉዳይ ናይ ባይቶ ምንባሩ ገለጸሎም። ኣብ ልዕሊኦም ዝኾነ ጉነጻዊ ስጉምቲ ምስ ዘውሰድ፡ ኣብ ውሽጣዊ ኣሰራርሓ ባይቶ ኢድ ከም ምእታው ስለ ዝቖጽር፡ ነቶም ተቓወምቲ መሳርሒ ዝኸውን ናይ ሕጊ ሓይሊ ከም ዝኸውንን ንዕኡ ሒዞም ቤት ፍርዲ ምስ ዝኸዱ ክዕወቱ ከም ዝኽእሉን'ውን ኣብርሃሎም። ተድላ ምኽሪ ማክሲሪ ተቐቢሎም ብሓይሊ ፖሊስ ካብ ምጥቃም ተቘጠቡ።[20]

ሓይሊ ፖሊስ ኣይጠቐሙ'ምበር፡ ነቲ ባይቶ ናይ ምዕጻው ውሳነኦም ተግበሩዎ። በዚ ጥራይ ከኣ ደው ኣይበሉን። ሽዑ መዓልቲ ኣብ ዝወጸ ሕታም ጋዜጣ ዘመን፥ ንጽባሒቱ ሓሙስ 7 ሓምለ፡ ሰዓት 6 ናይ ምሸት፥ ኣብ ሲነማ ካፒቶል ናይ ህዝቢ ኣኼባ ክገብሩ ከም ዝወሰኑ ዝገልጽ ሓበሬታ ኣውጽኡ። [21]

እቶም ኣብ ባይቶ ተኣኪቦም ዝነበሩ ኣባላት ብወገኖም፥ ጉዳዮም ከየስምዑ ኣይወጹን። ጸኒሖም ብጋዜጣዊ መግለጺ ከም ዘብርሁዎ፥ ሽዑ ንግሆ ብላታ ደምሳስ ኣትዮም መልእኽቲ መራሕ መንግስቲ ቅድሚ ምንባቦም፥ ካብ 46 ዝተረኽቡ ኣባላት፥ እቶም 44 ንምውራድ ዓሊ ረድኣይ ካብ ስልጣን ኣቦ መንበርነት ኣድሚጾም ነይሮም ኢዮም። ነዚ ውሳነኦም'ዚ፡ ፈርገስ ማክሲሪ ናብ መራሕ መንግስቲ ንኸመሓላልፈሎም ብዝሓተቱዎ መሰረት ድማ፥ ጊዜ ከይወሰደ፥ ሽዑ መዓልቲ ከምዚ ዝስዕብ ክብል ለኣኸሎም፥

ዝነበሩ ኣባላት ሸኽ ሰፋፍ ሀያቡን ሸኽ መሓመድ ዑመር ኣኪቶን፥ ንሳቶምን ካልኦት 42 ኣባላትን ዝፈረሙዎ፥ ስደደልና'ውን ዝበሉኒ ቃል ምስ'ዚ መልእኽቲ እዚ ኣተሓሒዘ እሰደልኩም...[22]

ተድላ ድሕሪ ሰለስተ መዓልቲ ነዚ ዝስዕብ መልሲ ሃቡ፥

... ብዛዕባ ፕረሲደንት ባይቶ 44 ክቡራን ኣባላት ስማቶም ዝጸሓፉሉ፥ ፌርማኣቶም'ውን ዝወሰኹሉ ቃል ዝሓዘት መልእኽትኹም በጺሓትኒ ኣላ። እቲ ጽሑፍ ቃል፥ ብህንጻ-መንግስቲ ኮነ ብናይ ባይቶ ቅዉም ትእዛዝ ግቡእ ኣይኮነን።

ተድላ ባይሩ
መራሕ መንግስቲ።[23]

መልሲ ተድላ ባይሩ እንታይ ከም ዝኸውን ግዲ ኣቐዲሞም ገምጊሞምን ደምዲሞምን ጸኒሖም፥ እቶም 44 ኣባላት ባይቶ፥ ብሓሙስ 7 ሓምለ ነቲ ተድላ መዲቦሞ ዝነበሩ ናይ ሲነማ ካፒቶል መደረ ብምቅዳም፥ ሓደ ጋዜጣዊ

20. እ.ጽ. 14 ርኣ።
21. ዘመን፡ 2ይ ዓመት ቊ. 588፡ 6 ሓምለ 1955።
22. ባይቶ ኤርትራ፥ ቊ. ኣ/ኣክት/7 ማክሲሪ ናብ ተድላ፥ ሓምለ 1955።
23. መንግስቲ ኤርትራ፥ ቊ ኮን-ኣስምብ-2፡ ተድላ ናብ ማክሲሪ፥ 9 ሓምለ 1955።

መግለጺ ኣውጽኡ። ኣብኡ ድማ፡ ኣቦ መንበር ባይቶ ዓሊ ረድኣይ፡ ክብሪ ባይቶ ብዘዋርድን ብዝግህስን ኣገባብ፡ ንባይቶ ኣብ ትሕቲ ዲክታቶራዊ ረብሓታትን ኣተሓሳስባን መራሕ መንግስቲ ከም ዝኣቱ (undignified sabordination to the personal and often dictatorial interests and points of view) ብምግባሮም ወንጀሉዎም። በዚ ድማ፡ ክልተ ሲሶ ካብ ኣባላት ባይቶ ንዓሊ ረድኣይ ካብ ኣቦ መንበርነት ኣውሪዶም ብኻልእ ንሳቶም ዝተኣማመኑሉ ኣባል ክትክእዎም ከም ዝደልዩ ገለጹ።

ብሰንኪ ዘይብቕዓት ዓሊ ረድኣይን ጽግዕተኛነቶም ኣብ መራሕ መንግስትን፡ እዚ ዝሰዕብ ከም ዝተኸሰተ'ውን እቶም ኣባላት ኣመልከቱ፡

- መራሕ መንግስቲ ርትዕን ሚዛንን ቍጽጽርን ኣጥፊኦም፡
- ክልቲኦም እናተሰማምዑ፡ ምልኣተ ጉባኤ መጋባእያ ባይቶ ንኸይርከብ ኣብ ምጥባብ ኣትዮም፡
- ኣብ መንጎ ኣባላት ባይቶ ሓድነት ንኽዝረግ ሙብጽዓታትን ካልእ መጠበርን ሂቦም... ኣብ መወዳእታኡ ድማ ባይቶ ዓጽዮም፡
- እዚ ዘይሓላፍነታውን ዲክታቶራውን ተግባራት'ዚ ንባይቶ መሊሱ ስለ ዘጽንዐ ኢዩ ኸኣ 44 ካብ 46 ብ7-7-1955 ኣብ መጋባእያ ዝተረኸቡ ኣባላት ንምውራድ ኣቦ መንበር ዘድመጹ፡
- ሕገ መንግስቲ ንመራሕ መንግስቲ ተባሂሉ ከም ዘይተሓለኑ፡ ዓንቀጽ 48(5) ድማ ንመከላኸሊ ዓርኮም ዓሊ ረድኣይ ተባሂሉ ኣይጸደቐን...

እቶም ኣባላት ቀጺሎም፡ ነቲ በታ ዝሓለፈት ሰንበት መራሕ መንግስቲ፡ "... ብናይ ገዛእ ርእሶም ጥቕሚ ጥራይ ሃለዋት ሕዝቢ ኪዘርጉ ይደልዩ ኣሎዉ..." ኢሎም ኣብ ቅድሚ ጋዜጠኛታት ዘቕረቡዎ ኽሲ መለሱሉ። ካብ 46 ዝተረኽቡ ኣባላት 44 ውሑዳት ከም ዘይብሃሉ ድሕሪ ምምልካት፡ መን ንጥቕሚ ገዛእ ርእሱ ከም ዝሰርሕ፡ መንግስቲ ተድላ ባይሩ ድማ ኣብ ዝምድናን (nepotism) ውልቃውን ስድራ ቤታውን ረብሓታትን ከም ዝምርኩስ ህዝቢ ኤርትራ ኣጺቢቑ ከም ዝፈልጥ ኣመልከቱ።

ካብዚ ሓሊፎም፡ ነቲ ሽዑ ወጺኡ ዝነበረ ኣዋጅ ቍ. 1 ናይ 1955 ብዝትንክፍ ቃላት፡ መራሕ መንግስቲ ነቲ "ፋሽሽታዊ ሕጊ" ዘውጽኡ፡ "ንናይ ውልቀም ረብሓ...": "ኣንጻር ኩሎም እቶም ውልቃውን ስድራ ቤታውን ረብሓታቶም ንምኽዕባት ንዘውጽኡዎ መደባት ዝቃወሙ ሰባት...": ከምኡ'ውን፡ "ዲክታቶራዊ ስርዓቶም ንኸጽንዑን፡ ብፍላይ ድማ ኣብቲ ዝመጽእ ምርጫ..." ንኽጥቀሙሉን ከም ዝነበረ ኣማሕጸኑ።

ነቲ ናይ ክሲ ነጥብታቶምን ጥርዓኖምን ናብ ሃጸይ ሃይለስላሴ ከም ዝለኣኹ'ውን ኣፍለጡ።[24]

---

24. እ.ጽ. 14 ርአ።

ሽዑ መዓልቲ፡ ተድላ ናብቲ ናይ ሲነማ ካፒቶል ቈጸራኦም ቅድሚ ምኻድ፡ ኣብ ውሽጢ ሰሙን ዘይኣክል ጊዜ፡ ንሰዓት 4:30 ድሕሪ ቐትሪ ተወሳኺ ናይ ጋዜጠኛታት ዋዕላ ዓደሙ።

ቅድሚ'ቲ ናይ ፈለማ ምዕጻው፡ ባይቶ ብዛዕባ ኣጠፋፍኣ ቅሙጥ ገንዘብ መንግስቲ (ኣብ ፕሮጀክት ዙላን ምኸዓት ዒላታትን) ዘርኣዮ ክትዕ ምዙን ከም ዘይነበረ፡ "ገለ ኹብድ ዝበለ ትርጉም" ከም ዝተዋህቦ ገለጹ። እቲ ቐንዲ ጸገም ግን፡ ገለ ኣባላት ባይቶ ንኣቦ መንበሮም ኣብ መዝነት ከውርዱ ምስ መኸሩ ዝተፈጥረ ኢዩ በሉ።

> ኩልኹትኩም ከም እትፈልጡዎ፡ ናይ ባይቶ ኤርትራ ፕረሲደንት ኣብዘን ዳሕረዎት ሰለስተ ዓመትን ገለ ወርሓትን ሃናጽን ኣማዕድዩ ብዚርእን ኣእምሮ ስለ ዝዓየዩሉ፡ ትዕግስተኛን ብዚመጽእ ዕድል ሃገርና ኹእ ዘይንቕነቕ እምነት ዘሕደሩን ኣመዛዚኖም ዚርእዩን ከም ዝኾኑ ዜመስክረሎም ኣብኡት ክህቡ ተረኺቦም ኣለዉ።

ኣብ ኤርትራ ዝነበረ ሃይማኖታዊ ፍልልይ ዝተርፈሉ መገዲ ተማሂዙስ ይሰርሓሉ ኣብ ዝነበረ ጊዜ፡ ኣባላት ነቲ ስጉምቲ ምውሳዶም ጌጋ ምኳኑ እናመልከቱ፡ መንግስቲ እቶም ከምኡ ዝሓሰቡ ኣባላት፡ "ኣንጻርጋቸው ሓሳባቶም ዝምርምሩሉ ጊዜ ክህቦም መዲቡ እንተ ዘይኸውን፡ እቲ ንሱ (ባይቶ) ዝጀመሮ ናይ ምትእኽኻብ ተግባር ናብ ገደል ኣቢሉ ምተገማገመ ነይሩ..." በሉ።[25]

ምድሓን ስልጣን ዓሊ ረድኣይ ማዕረ ምድሓን ሓድነት ሃገር ዝሰርዑ ተድላ፡ "ናይ ሓደ ሰብ መዓርግ ኣይኮነን ክሕሎ ዚድለ ዘሎ፡ ናይ ምልእቲ ሃገር ሰላማዊ ምዕብልናን ስልጣነን ኢዩ ዚሕሎ ዘሎ፡ ዝገደደን ዝኸበደን ትእዛዝ ንምውሃብ ዚግድድ ኵነታት ከይህሉ ኢዩ ከምዚ ዝበለ ነገር ተገይሩ ዘሎ..." ክብሉ ምኽንያቶም ኣቕረቡ።

ብድሕሪ'ዚ ጋዜጣዊ መግለጺ'ዚ፡ ተድላ ናብቲ ናይ ሰዓት 6:00 ድ.ቐ. ናይ ሲነማ ካፒቶል ቈጸራኦም ኣምርሑ።

መደረ ተድላ ኣብ ሲነማ ካፒቶልን ዘስዓቦ ፍጻመታትን

ብመሰረት እቲ ዝተባህለ፡ ተድላ ነቲ ናይ ሓሙስ 7 ሓምለ ቈጸራኦም ኣኽቢሮም ኣብ ሲነማ ካፒቶል ክርከቡ እንክለዉ፡ እቲ ኣዳራሽ ሙብዛሕትኦም ሰብ ስልጣንን መኳንንትን ኤርትራ ብዝርከብዎ ህዝቢ መሊኡ ጸንሖም። ንሶም'ውን ብቐጥታ ናብ ዘረባኦም ኣተዉ።

ብዛዕባ ዕብየት ኢትዮጵያ፡ ኣብቲ ተበጺሑ ዝነበረ ደረጃ ንምብጻሕ ብዛዕባ ዝተኻየደ መሪር ተጋድሎ፡ ሞሳ ዝተጋደለ ናጽነት እምበር ሃብቲ ወይ ንብረት ከኸውን ከም ዘይግባእ፡ ኩሉ ንመጻእን ንቕድሚትን'ምበር ንድሕሪት ክጥምት ዘየድሊ ምንባሩ... ኣስፊሖም ገለጹ። ቀጺሎም ንምምሕዳሮም ኣልዒሎም ተዛረቡ፡

25. ዘመን፡ 2ይ ዓመት ቍ. 589፡ 7 ሓምለ 1955።

እቲ እተዋህበና ሓላፍነት ኣነን ክቡራን መሳርሕተይን ብምስትውዓል ክንጅምሮን ከነካይዶን ከሎና፡ ወገን ከይፈለና፡ ሃይማኖት ከይፈለና፡ ዝሓለፈ ናይ ሃይማኖት ርእይቶ ከይዘከርና፡ ብእተኻእለ መጠን ስራሕ ንምውሃብ፡ ብእተኻእለ መጠን ሓላፍነት ንምሃብ፡ ሃይማኖት ከይፈለና ሕዝቢ መረብ ምላሽ ከም ዝተሓጃቘፍ ኢና ዝገበርና።

… ንሃገርና ከነዕቢ፡ ኣብ ዙርያና ዚርከባ ሃገራት እውን ከም ዚሓፍራና ክንገብር እንኽእል፡ ሃይማኖት ከይበልና፡ ወገን ከይበልና፡ ርባይ ርባኻ ከይበልና እንተ ተፋቐርና ከም ዝኾነ፡ ዓበይቲ ኣቦታትና ዘስተምሃሩና፡ ንሕና'ውን ኣብ ግብሪ ከም ዚውዕል እንጽዕረሉ ዘሎና ኢዩ።

ሓድነት ካብ ፍቕሪ ከም ዝመጽእ ዘብርሁ ተድላ፡ ንህዝቢ ዘየቐስን ወረን ዕላልን በቶም "ናይ ሓሶት ወረ እናውረዩ ነዛ ዓድና ሰላም ኪኸልእዋ ዝደልዩ ሰባት…" ዝንዛሕ፡ "ፍቕሪ ምእንቲ ኪፈርስ ኢልካ ዚግበር ኢዩ…" በሉ'ሞ፡ ቀጸሉ ድማ፡

… ሕዝቢ መረብ ምላሽ… ብዛዕባ ፍቕርን እምነትን ምትእምማንን ኣርእዩ ኢዩ። በዚ ዝሓለፈ ተጋድሎ… ሕዝቢ መረብ ምላሽ ኢትዮጵያውያን ኢና'ሞ፡ ንጉስ ነገስትና፡ ሰንደቕ ዓላማና፡ ሕብረት ሃገርና ክብል ከሎ፡ ንግርማዊ ጃንሆይ ኣበይ ርእዩዎም፡ ኣበይከ ይፈልጦም ነይሩ?

… ንኢትዮጵያን ንኢትዮጵያ መንግስትን ኣበይ ርእዩዋ እዩ? ፍቕርን እምነትን ምትእምማንን ስለ ዝነበሮ ግን፡ ነዚ መሰረት ገይሩ፡ ኣብዚ ዝበጽሖ በጺሑ ኣሎ።

ተድላ ቐጺሎም፡ ባይቶ ሕገ መንግስቲ ንኽጸድቕ ተመሪጹ ምስ ተኣከበ ንዝነበሮ ፍቕርን ምትእምማንን መጉሱ። ንሶም መታን ኣቦ መንበር ባይቶ ኽምረጹ፡ ዓሊ ረድኣይ ካብ ውድድር ንዝሰሓቡዎ ነኣዱ። ካብ ኣውራጃውን ወገናውን ምፍልላይ ናጻ ምርጫታት ምግባሩ ምልክት ፍቕሪ ነይሩ እናበሉ ወደሱ። ከምኡ እንተ ዘይከውን፡ እቲ ዝተናእደ ህዝቢ፡ "ምስጋና ምተኸልኦ ነይሩ። ኣብ ክንደይ ጽልኢ፡ ኣብ ክንደይ ጸገም ህውከት ምኣተወ ነይሩ።"

ነዚ ኹሉ ከም መእተዊ ምስ ዘርዘሩ፡ ናብቲ መበገሲ ዘረባኦም ኣተዉ። እምነትን ፍቕርን ኣጉዲሎም፡ ሕልናኦም ዝወቐሶም ወይ ብህዝቢ ዘኽሰሶም ተግባራት ፈጺሞም እንተ ዝኾኑ፡ ከምቲ ኢሎም ኣብ ቅድሚ ህዝቢ ንኽቐርቡ ከም ዘይደፍሩ ተዛረቡ። ከምኡ እንተ ዝኸውን በሉ፡ "ሎሚ ኣብ ቅድሜኻትኩም ክቐርብ ከሎኹ፡ ንዒቐኩም ከም ማለት ምተቘጽረ።"

ሃንደበት፡ ተድላ ብዛዕባ ኣብ ምዕራባዊ ቆላታት ንዝተኻየደ፡ ሓድነት መሬት ኤርትራዶ ምፍላይ ምዕራባዊ መታሕት ናብ ሱዳን… ዝብል ንዝነበረ ናይ 1940'ታት ሕቶን ቃልስን ተዛረቡ። ብዛዕባ ሃብቲ እቲ ሰፊሕ መሬትን ጭውነት ህዝቡን ኣልዓሉ። ቀጺሎም ከምዚ በሉ፡

ናይ ቅልውላው መዓልታት

… ኣነ ንርእሰይ ክሳዕ ሕጂ ክስተውዕሎ ብዘይ ከአልኩ መንገዲ፡ ንመራሕ ባይቶ ኣቦ መንበር ሸኽ ዓሊ ረድኣይ፡ እነኽብሮምን እነፍቅሮምን ንሕዝቢ ምዕራባዊ ቆላ ከምዚ ዝመሰል ጉዳይ ኪርከብ ከሎ፡ ጓሂኡን ብስጭቱን እንታይ ከም ዝኾነ እናፈለጥኩ፡ ትም ኢለ ክርእዮ ዘይክኣል ጉዳይ ስለ ዝኾነ፡ ቀዳማይን ትማልን ናይ ባይቶ ርክብ ኣቋሪጸዮ ኣሎኹ።

… ክቡር ሸኽ ዓሊ ረድኣይ ኮነ፡ ኣነ ኮነ፡ ክቡራን መሳርሕተይ ኣብዚ ዘሎዉ፡ ኩላትና ዘይምህላው፡ ካብቲ ዘሎናዮ ስራሕ ምግላስ ንሃገርና ዚጠቅም እንተ ዚኸውን፡ ባዕላትና ብደስታ ኢና እንፍጽሞ።

… ንኽቡራን ኣባላት ባይቶ ክወቅስ ቢለ ኣይኮንኩን ዝዛረብ ዘሎኹ፡ ግዳ እቲ ኣብ መንግስትም ዘሎ ኣሰሓሓብ ገና ዘየስተውዓሉዎ ከይኾኑ፡ እቲ ክምጽእ ዚኽእል ነገር ምእንቲ ንምሕሳብ፡ ንምስምማዕ ጊዜ ምእንቲ ኪረኽቡ ማለት ኢዩ'ምበር፡ ኣብ ሓደ ወርሒ ንባይቶ ኤርትራ ክልተ ጊዜ ስራሑ ኣይመቋረጽኩዎን። "ውሕጅ ከይመጸ መንገዲ ውሕጅ ጽረግ" ከም ዚብሃል፡ እቲ ኪመጽእ ዘሎዎ ነገር ዝፈልጥ ስለ ዝኾንኩ፡ ብጌጋ እንተ ተቐጺሉ፡ ነቲ … ሕዝቢ ኤርትራ ዝሃበኒ ስልጣን፡ ብግርማዊ ንጉሰ ነገስት ዝተመረቐ ስልጣን፡ ብግዲ፡ ከይፈተኹ ምፍጻሙ ኣድላዪ ኾይኑ ተረኺቡ።

… (ከምቲ ኣባላት ባይቶ)… ንኣይን ንመሳርሕተይን ክንጋገ ከሎና፡ ኣብ ክንዳኻትኩም ኮይኖም፡ "እዚ ትጋገዩ ኣሎኹም…" (ዝብሉና)፡ ከምኡ'ውን መራሕ መንግስቲ … በዚ ተዋሂቡዎ ዘሎ ስልጣን ንባይቶ፡ "ትጋገዩ ኣሎኹም፡ ከይትጋገዩ ኸኣ፡ መሕሰብን መምከርን ምእንቲ ኪኾነኩም፡ መዓልቲ እህበኩም ኣሎኹ" ከም ማለት'ዩ።

ካልእ ከይመሰለኩም ካልእ ትርጉም ዘሎዎ ኣይኮነን።

እቲ ኣብ ባይቶ ዝተራእየ ምንቅስቓስ ናይ ሃይማኖት ምድፍፋእ፡ ናይ ኣስላም ኣተሓሳስባ ከይከውን ተድላ ይጥርጥሩ ከም ዝነበሩ ዘመልክት ዘረባ'ውን ኣስምዑ። "ኣሕዋትና ኣስላም ኢትዮጵያውያን" ድማ በሉ፡

ኢትዮጵያውያን ክብል ከሎኹ፡ ሕዝቢ ኤርትራ ኢትዮጵያዊ ስለ ዝኾነ፡ ኣብ መረብ ምላሽ ዚነብሩ ኣስላም ኣሕዋትና፡ ኣስላም ኢትዮጵያውያን፡ ኢትዮጵያዊነቶም ከማና ከም ዚኹርዑሉ፡ ከማና ከም ዝፍክሩሉ፡ ከማና ከም ዝጥቀሙሉ'ምበር፡ ናይ ክርስትያን ርስቲ ጥራይ ኣይኮነን ኢትዮጵያውነት።

ነዚ ንምግባር ኣብ እንሰርሓሉን እንጽዕረሉን ሰዓት፡ እዚ ሎም ቅነ ዘሰሓሕብ ዝነበረ ኪፍጠር ከሎ፡ ነቲ እተሰርሐ፡ ነቲ እተነድቀ ጽቡቕ መንገዲ ንምብልሻው ኮይኑ ምእንቲ ከይርከብ ማለት ኢዩ።

እዚ ቓላት'ዚ፡ ነቲ ኽልተ ዓመት ኣቐዲሞም'ውን ተዛሪቦሞ ዝነበሩ'ሞ ንስምዒት እስላማዊ ክፍሊ ኤርትራ ብኣሉታ ጸልዩ ዝነበረ ምድጋም ስለ ዝነበረ፡ ሕማቕ ስምዒት ከም ዝፈጠረ ኣየካትዕን። ተድላ ግን ጽሑፍ ኣዳልዮም ዘይኮነስ ብቓል ጥራይ ኢዮም ዝዛረቡ ዝነበሩ። ብቴፕ ስለ ዝተቐድሐ ጥራይ ድማ

ኢዩ ንጽባሒቱ ክሕተም ዝተኻእለ። ኣብዛ ዝሓለፈት ጥቕሲ እምበኣር ብዙሕ ዝተጠንቀቐ ኣይመስሉን።

ካብቲ መዝነቶም፡ ንሶም ንውልቀም ይኹኑ መሳርሕቶም ዝረኸብዎ ፍሉይ ጥቕሚ ወይ ሓለፋ ከም ዘይነበረ ኣብርሁ። ኣብቲ ዝሓለፈ ቕንያት፡ ባይቶ ምስ ዓጸዉ ንሶም ንኣዲስ ኣበባ፡ ዓሊ ረድኣይ ድማ ናብ ተሰነይ ምስ ገሹ፡ ሃዲሞም ተባሂሉ ንዝተወርየ ምስ ነጸጉን ምስ ኣናሸዉሉን፡ በዚ ዝስዕብ ቀጸሉ፡

ኣነ ክሕሸኒ ኸሕሸኒ፡ ኣብ ጥቓ ጃንሆይ ኣብዚ ጽላሎም ግርማዊ ንጉሰ ነገስተይ ኣብ ዝለኣኹኒ ስራሕ እናተላኣኣኽኩ ምሕሸኒ። ኣነ ክሰርሖ ዝኽእል ስራሕ ከኣ ኣይሰእንን'የ፡ ሳላ ወለደይ። ሓደ ሰብ ኪሃድም እንተ ደለየ ድማ፡ ናብ ወጻኢ ሃገር ይሃድም'ምበር፡ ኣብ ቤቱን ኣብ ንጉሰ ነገስቱን ኣይሃድምን ኢዩ።

… ኣብ ዓይኒ ሕዝቢ ሃገርና ኣቲና ቅንኢ ኣይነሕድር። እንታይ ዝገበረ ኢዩ እዚ ሕዝቢ ሃገርና ብወረ ዚዝመት? … ናይ ኤርትራ እሙናት ወታደር ፖሊስ ብጀግንነት ሕይወቶም ኣብ ዘሕልፉሉ ሰዓት፡ ብሓሶት ወረ ንሕዝቢ ሃገርና ክዘምቱ፡… ኣነን መሳርሕተይን ድቃስ ክንረክብ ከም ዘይንኽእል ትፈልጡ ኢ.ኹም። ንሕና ጥራይ ኣይኮንናን፡ ንግርማዊ ጃንሆይ እውን ስክፍታ ንኾናም ኣሎና…

መሊሶም ንፍቕርን ሓድነትን ጸውዑ፡ ምስ ባይቶ ሓደ ኢድ ኮይናም ክሰርሑ ከም ዝደልዩ'ውን ኣረጋገጹ። በዚ ድማ መደረኦም ዛዘሙ።[26]

መደረ ተድላ ኣብ ጋዜጣ ጥራይ ዘይኮነ ከም መንሹር'ውን ተሓቲሙ ኣብ መላእ ኤርትራ ስለ ዝተዘርግሐ፡ እቲ ክንብብን ክሰምዕን ዝኽኣለን ዝተገደሰን ኣንቢቡዎን ሰሚዑዎን'ዩ። ካብ ኩሉ'ቲ ዝበሉዎ ግን፡ ክሳብ ሕጂ ዝዝከር፡ እቲ፡ "ግርማዊ ንጉሰ ነገስተይ ኣብ ዝለኣኹኒ እናተለኣኣኽኩ ምሕሸኒ" ዝበሉዎን እቲ፡ "ኣነ ክሰርሖ ዝኽእል ስራሕ ከኣ ኣይሰእንን'የ፡ ሳላ ወለደይ" ዝበሉዎን'ዩ ዝያዳ ዝዝከር። እቲ ኻልእ ብዙሕ ጦብላሕታ ከየሕደረ ሓለፈ።

ብኣንጻሩ እኳ ድኣ፡ መራሕ መንግስቲ ክነሶም በቲ ኣገባብ'ቲ ንኣቦ መንበር ባይቶ ፈልዮም ምክልኻሎም፡ ኣብ ውሽጣዊ ጉዳያት ባይቶ ጣልቃ ከም ምእታው ተጸብጸበሎም።[27] ህዝቢ እንተ ኾይኑ፡ እቲ ብዛዕባኦም ዝተባህለ ይኹን ንሶም ዝመለሱዎ፡ ካብ ውልቃዊ ጽልእን ቁይቍን ዝተበገሰ ኾይኑ ይርኣዮ ስለ ዝነበረ፡ ወገን ሒዙ ክንቀሳቐስ ኣይተራእየን። ቆንስል ብሪጣንያ፡ "ብግዳም ክትርእዮ እሞ ኸኣ ፍጹም ዝተተንከፈ'ኳ ኣይመስልን" ክብል ገለጸ።[28] ተድላ፡ ነቲ ጉዳይ ናብ ህዝቢ ኣራጊፎም መገዶም ክቕጽሉ ሓሲቦም እንተ ነይሮም እምበኣር፡ ኣይቀንዮምን። ብሓቂ'ውን፡ ብዛዕባ ፍቕርን ሓድነትን ህዝቢ'ኳ ኣስፊሖም እንተ ተዛረቡ፡ ብዘይካ ንዓሊ ረድኣይን ንነፍሶምን ንምክልኻል፡ እቲ መደረ ነየናይ ንህዝቢ ዘርብሕ ዕላማ ከም ዘሰምዑዎ፡ ኣሸንኳይዶ ሽዑ፡ ሕጂ'ውን ብጥንቃቐ ምስ ዝንበብ፡ ግሉጽን ርዱእን ኣይኮነን።

26. ዘመን፡ 2ይ ዓመት ቍ. 590፡ 8 ሓምለ 1955።
27. እ.ጽ. 14 ርአ።
28. ከም እ.ጽ. 27።

በቲ ኻልእ ሸነኽ፡ እቲ ኹሉ ንኢትዮጵያን ንሃይለስላሴን ዳግም ዝገለጹዎ ተኣማንነት'ውን፡ ብውሑዱ ኣብ ቤት መንግስቲ እንደራሴ ፍረ ኣይሃበን። ባይቶ ንኻልኣይ ጊዜ ምስ ተዓጸወ፡ እቶም ከሰስቶም ዝነበሩ ኣባላት ተኣኪቦም ናብ ኣንዳርጋቸው ከይዶም ነይሮም'ዮም። ሽው ይኹን ተድላ መደረኦም ምስ ኣሰምዑ፡ እቲ እንደራሴ ንዕኦምን ንዓሊ ረድኣይን ክከላኸል ኣይተራእየን። ምስ ሃጸይ ሃይለስላሴ ተመያዩጡ፡ መልሲ ኣብ ሓጺር ጊዜ ክህብ ምኳኑ ጥራይ'ዩ ዝማባጻዕ ዝነበረ።

ብሓቂ ኸኣ፡ ቀንዲ ኸሳባይን ተጠቃምን ናይቲ ኹሉ ምፍጣጥ ኣብ መንጎ ባይቶን ተድላን፡ እንደራሴን ሰዓብቱን ስለ ዝነበሩ፡ ወገን ዝሕዘሉ ወይ ብግልጺ ኢዱ ዘእትወሉ ምኽንያት ኣይነበረን። ኢዱን ኢድ ምኽትሉ ኣስፍሃ ወልደሚካኤልን ቀደም ብሰዉር ኣትዩስ፡ ዝካወስ ኣካዊሱስ፡ ነቲ ሕጂ ብሽምግልና ኣብ ቅድሚኡ ቐሪቡ ዝነበረ ጉዳይ ፈጢሩ ነይሩ ኢዩ። ምስ "ጃንሆይ ክመያየጥ" ዘይኮነስ፡ ናብ ጃንሆይ ውዱእ ነገር ንኽቕርብ ከአ ኢዩ ተዳልዩ ዝነበረ።

ኣብዚ እምበኣር፡ ተድላ ጥራይ ኣይኮኑን ክሲሮም። እቶም ኣብ ውሽጢ ባይቶ ንሰለስተ ዓመት መመላእታ ብውሑዱ ንዕቃበ ፈደረሽን ዝተቓለሱ ኣባላት'ውን ንተንኩል ቤት ጽሕፈት እንደራሴ ክርእዩ ኣይከኣሉን። ብ22 ግንቦት 1954 ኣንጻር ምትእትታው ክሳብ ናብ ሕቡራት ሃገራት ዝጠርዑ ኣባላት ባይቶ፡ ንዓመታኡ ጽልኣም ናብ መራሕ መንግስትን ኣቦ መንበሮምን ጠውዮም ንዕርቂ ወይ ፍታሕ ኣብ ቅድሚኡ ክቐርቡስ ዘገርም ነበረ። ካብዚ ንላዕሊ፡ በቲ ናይ ቀደም ጥምረቶምን ናይ ኣተሓሳስባን ዕላማን ሓድነቶምን ኣይኮኑን ዝንቀሳቐሱ ዝነበሩ። ሕጂ፡ ኣብ ተቓውሞኦም ንተድላን ዓሊ ረድኣይን፡ ከም ቀሺ ዲመጥሮስ፡ ግራዝማች ተሰፋሚካኤል ወርቀ፡ ሸኽ ሑሴን ካፍል፡ ኣለምሰገድ በላይን ንዕኦም ዝመስሉ ፍሉጣትን ተረርትን ደገፍቲ ቅጽበታዊ ሕብረት ተሓዊሶሞም ነይሮም'ዮም። ኣብዚ እዋን'ዚ፡ እቲ ቐሺ ዲመጥሮስ ተኺሎም ዘመሓድሩዎ ዝነበሩ ቤት ማሕተም ማሕበር ሓዋርያት ንብረት ኣንዳርጋቸው'ዩ ይብሃል ስለ ዝነበረ፡ እቲ ኹሉ ናይ 44 ኣባላት ምንቅስቓስ ብቤት መንግስቲ እንደራሴ ኢዩ ዝዝወር እናተባህለ ይውረየሉ ነይሩ ኢዩ። ቀንስል ብሪጣንያ ከይተረፈ፡ "ኤርትራ ነብሳ ከተመሓድር ኣይትኽእልን'ያ" መታን ክብሃል'ሞ ንምሉእ ሕብረት መገዲ ክጽረግ፡ መንግስቲ ኢትዮጵያ ዘተባብዖ ምንቅስቓስ ከይከውን ከም ዝጥርጠር ገለጸ።[29]

ብዝኾነ፡ እቶም ተቓወምቲ ንጉዳዮም ናብ ኣንዳርጋቸው፡ ካብኡ ድማ ናብ ሃይለስላሴ ምስ ኣሕለፉዎ፡ ካብ ቍጽጽር ባይቶን መንግስቲ ኤርትራን ወጸ። በታ ኣቐዲሞም ዝጀመሩዋ፡ ንሽረርን ጠቕላሊ ቤት ፍርዲ ኤርትራን ንተድላ ክኽሰስ ዝኽእል ጭብጥታት ኣቕሪቦም እንተ ዝነብሩ፡ እቲ ጉዳይ ኤርትራዊ ኾይኑ ምተረፈ ይኸውን። ነቲ ዝቃለሱሉ ዝነበሩ ዕቃበ ውሽጣዊ ናጽነት'ውን

29. እ.ጽ. 14 ርአ።

ብመጠኑ መትረሮን ገለ ነ኿ላት ምዓጸወሉን። ግን፡ ሽረር'ውን ኣይተሓጋገዞምን። ንሳቶምውን ቀልጢፎም ተሰፋ ብምቍራጽ ናብ ጥርዓኖም ኣድሂቦም። ሳዕቤን ናይ'ዛ ዝወሰዱዋ ስጉምቲ እንታይ ከም ዝነበረ ክንርኢ ኢና።

እዚ እቲ ናይ ነዊሕ እዋን ሳዕቤን'ዩ። ንእለቱ ግን፡ ስራሕ ባይቶ ስለ ዝተቛረጸ፡ እቲ ንመስከረም ክትግበር ዝተሓሰበ ባጀት'ውን ይደናጐ ነይሩ ኢዩ። ተድላ ግን በዚ ኹሉ ከይተሰናኸሉ፡ ግቡእን ንቡርን ስራሓቶም የሰላስሉ ከም ዝነበሩ ብዘምስል ኣገባብ ክቕጽሉ ተራእዩ። ብ12 መስከረም ድማ፡ ብዛዕባ ኣዋጅ ቍ. 1 መብርሂ ንምሃብ፡ ባዕሎም ከም ዝገለጹዎ፡ "ብሃንደበትን ብጊዜ ክራማትን... ናይ ዓጀብ ምብጻሕ ዘይኮነስ..." ሕጊ ብዛዕባ ምኽባር ንኣውራጃ ኣከለጉዛይ ክበጽሑ ከም ዝመጹ፡ ኣብ ዓዲ ቐይሕ ኣብ ዝተገብረሎም ክብ ዝበለ ኣቀባብላ ገለጹ። "እዚ ሎሚ ዘምጽኣኒ" ክኣ በሉዎ ነቲ እኩብ ህዝቢ፡

> ብመሰረት እቲ ወጺኡ ዘሎ ኣዋጅ ወሮ በላ ንምድምሳስ ኢዩ። በረኻ ዘለዉ ወሮ በላ መነመን ምዃኖም ንሳቶም ኮነ ወለዶም ንፈልጦም ኢና። ብቕልጡፍ እንተ ዘይኣተዉ ኸኣ፡ ኣብ ርእሲኣቶም ኮነ ቤተ ሰቦም ኣዋጅ ብዝፈቕዶ መሰረት መንግስቲ ተግባሩ ኪገብር ኢዩ። ቅድሚ ኣብዚ ተግባር'ዚ ምእታው ግን፡ ካብ ሎሚ 15 መዓልቲ ዘሐጕስ ነገር ክተርእዩኒ ብተስፋ እጽበ ኣሎኹ።

ተድላ ኣብ ኣከለ ጉዛይ፡
ውሑድ መዓልታት ቅድሚ ስልጣን ምልቃቖም።

ምእንቲ ምድምሳስ ወሮ በላ ዚግባእ ኣገልግሎት ዘየወፈ ሹመኛ፡ ዝኾነ ይኹን መዓርግ፡ ሹመቱ ኣብ ኢደይ ከም ዝኾነ ወይሲ ኪግፈፍ ከም ዝኾነ ይፍለጥ። ... ሹመኛ ይኹን ገባራይ ካብ ከምዚ ዝበለ ኣኽብሮ እንተ ጕዲሉ ግን፡ መንግስቲ ሕጉን ኣዋጁን ከም እተኽብሩ ኪገብረኩም ኢዩ።[30]

ደጊያት ተድላ ነዚ መደረኦም'ዚ ብ11 ሓምለ ኢዮም ኣብ ዓዲ ቐይሕ ተዛሪቦሞ። ኣብ ስልጣን ብዛዕባ ምጽንሖም ዝኾነ ጥርጥር ከም ዘይነበሮም ዝገልጽ ቃላት ከኣ ኢዮም ኣውጺኦም። ትጽቢቶም፡ ውጽኢት ናይ'ቲ ኣዋጅ ኣብ ውሽጢ 15 መዓልቲ ፍረ ኽህብ ከም ዝነበረ'ውን ርኢና። እቲ ዓቢ ሕቶ ግን፡ ዕድመ ስልጣኖም 15 መዓልቲ ክጸንሕ ዲዩ ዝብል ከም ዝነበረ ኣይተገንዘቡን።

30. ዘመን፡ 2ይ ዓመት ቍ. 593፡ 12 ሓምለ 1955።

ምዕራፍ 23

ምውራድ መዝነት ደጊያት ተድላ ባይሩ

እቶም 44 ተቓወምቲ ናብ ንጉስ ጥርዓን ምስቕረቡ፡ እቲ ጉዳይ ካብ ኢድ ባይቶን፡ መራሕ መንግስትን ኣብያተ ፍርድን ኤርትራ ከም ዝወጸ ጠቒሰና ነይርና። እዚ ግን፡ እቲ ናይ ኤርትራ ናይ ሕጊ መዓጹን መገድታትን ስለ ዝተዓጸወ ዘይኮነስ፡ ሓንሳብ ናብቶም ሃጸይ ምስ በጽሐ፡ ባዕሎም እንተ ዘይመሊሶም፡ ንምምላሱ ስለ ዘጸግም ነበረ። ሃይለስላሴ'ውን ስቕ ኣይበሉን ስጉምትታቶም ጀመሩ።

መጀመርታ፡ ብ14 ሓምለ፡ ክልተ መዓልቲ ድሕሪ ምብጻሕ መራሕ መንግስቲ ንዓዲ ቐይሕ፡ ኣቦ መንበር ባይቶ ተጸዊዖም ንኣዲስ ኣበባ ኸዱ።[1] ኣብ ውሽጢ'ቲ ቐዳማይ 20 መዓልቲ ምዕጻው ባይቶ፡ ዓሊ ረድኣይ ካብ መዝነት ኽለቁ ምኽኖም ንገለ ኣባላት ባይቶ ሓቢሮምስ፡ ጸኒሖም ስሒቦም ነይሮም'ዮም። ጽንሕ ኢሎም፡ ቀቅድሚ'ቲ ኻልኣይ ምዕጻው ባይቶ፡ መሊሶም ክወርዱ ስለ ዝሓሰቡ፡ ማክሊሪ ባዕሉ ነቲ ናይ ስንብታ ደብዳብ ጸሓፈሎም። ብ3 ሓምለ፡ ተድላ ባይሩ ካብ ናይ ኣዲስ ኣበባ መገሻኦም ተመሊሶም ምስ ተዛረቡዎም ግን ኣብ ስራሖም ክቕጽሉ ወሰኑ። ብድሕሪ'ዚ ኢዩ እቲ ኻልኣይ ምዕጻው ዝመጸ፡ 44 ኣባላት ባይቶ'ውን ንሶም ንኽወርዱ ዝጠለቡ።[2]

ጽባሕ ንቕሎ ዓሊ ረድኣይ፡ ኣንዳርጋቸው መሳይ'ውን ተጸዊዑ ብ15 ሓምለ ንኣዲስ ኣበባ ኸደ። ንጽባሒቱ፡ ተድላ ባይሩ ባዕሎም ሰዓቡዎ። ኣብ መወዳእታ፡ ብ19 ሓምለ፡ ዓሰርተ ወከልቲ ኣባላት ባይቶ ብተመሳሳሊ መገዲ ተጸዊዖም ኣዲስ ኣበባ ኣተዉ። ንሳቶም፡ ቃዲ ዓሊ ዑመር፡ ደጊያት በርሀ ኣሰበሮም፡ ቃዲ ሙሳ ዑምራን፡ መልኣከ ሰላም ዲመጥሮስ፡ ሸኽ ኢብራሂም ሱልጣን፡ ሸኽ ኢድሪስ መሓመድ ኣዱም፡ ሸኽ መሓመድ ዑመር ኣኪቶ፡ ባሻይ ብእምነት ተሰማ፡ ሰይድ ስዒድ ሰፋፍን ኣቶ መሓመድ ብርሃኑን ነበሩ። ብዛይካ ዲመጥሮስን ብእምነትን፡ ብምሉኦም እቶም ዝተረፉ ኣባላት ሰልፊ ደሞክራሲ ኤርትራ ዝነበሩ ኢዮም።[3]

1. ዘመን፡ 2ይ ዓመት ቍ. 595፡ 14 ሓምለ 1955።
2. FO 371/113519, 9 July 1955.
3. ዘመን፡ ቍ. 595፡ 597፡ 599፡ 600 ርአ።

ብሃይለስላሴ ተጸዊያም ኣዲስ ኣበባ ዝኸዱ ተቓወምቲ ኣባላት ባይቶ። ካብ ጸጋም ንየማን ብእምነት ተሰማ፡ ኣኪቶ፡ መሓመድ ብርሃኑ፡ ሰዒድ ሰፋፍ፡ ኢድሪስ መሓመድ ኣድም፡ ደጊያት በርሀ ኣስበሮም፡ ቃዲ ሙሳ ኣድም፡ ኢብራሂም ሱልጣን፡ ቃዲ ዓሊ ዑመር፡ ቀሺ ዲመጥሮስ።

ስለምንታይ ግን ናብ ሃጸይ ሃይለስላሴ ክኸዱ፡ ንውሽጣዊ ናጽነት ኤርትራ ኣብ ዋጋ ዕዳጋ ከእትዉ መሪጾም፡ ኣኪቶ ነዚ ሕቶ'ዚ ኣስፊሖም መሊሶምሉ።

ብሓቂ፡ ተድላ ኣብ ልቢ ሃይለስላሴ ዝኣተወ መሲሉዎ። ግን፡ ኣብ ልቡ ኣይነበረን። ኢምበራጦር መጺኡ ነቲ ገመድ ናይ መረብ ምላሽ ምስ ቈረጸ፡ ተድላ ኣዝዩ ተሓጒሱ። ካብ ክቱር ታሕጓስ ኢፒለፕሲያ ክሕዞ ቊሩብ ተሪፉዎ። ኣፐርዲቺተ ሓሚሙ ተባሂሉ ሆስፒታል ኣትዩ፡ ንሕና ግን ክቱር ታሕጓስ ኢዩ ኣሕሚሙዎ ኢና ኢልና። ንጉስ ዘኾነ መሲሉዎ፡ ኣብ ክንዲ ብመገዲ ወኪል ንጉስ፡ ኣብ ኩሉ ብቐጥታ ምስ ንጉስ ክራኸብ ደለየ። በዚ፡ ምስ ኣንዳርጋቸው መሳይ ኣይተሰማምዑን። ምኽንያቱ፡ "ኣብዚ ንንጉስ ዝውክል ኣነ እየ..." ይብል ኣንዳርጋቸው፡ ተድላ ኸኣ ይነጽጎ ነይሩ።
ሕጂ፡ ንሕና ከም ኣባላት ባይቶ ምስ ተድላ ምስምማዕ ምስ ሰኣንና፡ ተድላ ሓንቲ ነገር ክገብር ኣይከኣለን። ምኽንያቱ ዋላ እንተ ጠርዐ፡ ኣንዳርጋቸው ኢዩ ነቲ ጉዳይ ዘንቀሳቕሰሉ። ንሱ ድማ ኣብ ባይቶ ተኣዘዝቲ፡ ናቱ ተለኣኣኽቲ ነይሮም፡ ቀንዲ ካብዚኦም ዲመጥሮስ ነይሮም። ንሶም ንኢትዮጵያን ንወዲ ኢትዮጵያን ይፈትዉ። እዚ ድማ ነቲ ናይ ተድላን ኣንዳርጋቸውን ባእሲ ከጋድዶ ክኢሉ።
ቀንዲ ጌጋ ናይ ተድላ፡ ሃይለስላሴ ኣዝዩ ዝፈትዎ፡ ዘይመንዎን ዘይጸግቦን ይመስሎ ስለ ዝነበረ ኢዩ። ንዕኡ ዘሐጒሰ መሲሉዎ ድማ ኢዩ ክሳብ ምሳና ናብ ምጽላእ ዝበጽሐ፤ ሕገ መንግስቲ እናጠሓሰ'ውን ድላዩ ናብ ምግባር ዝኣተወ።

ነዚ ምስ በሉ ኣኪቶ፡ ናብ መልሲ ናይቲ ቐንዲ ሕቶ ኣተዉ፡

ምሳና ምስ ተባእሰ፡ ንሕና'ውን ምስ ኣጻቡብናሉ፡ ጌጋኡ ክርዳእ ጀሚሩ። ቊጥዐ ንጉስ ስለ ዝፈርሐ ድማ፡ "ኣነ ኣብ ክንዳኹም ኮይነ ንሕቶኹም ናብ ንጉስ ኣየመሓላልፍን'የ። እንተ ደሊኹም ባዕልኹም ኪዱዎ" ኢሉና። ኣብ

ጸበባ ከም ዝኣተወ ተረዲኡዎ ኸኣ ኢዩ ከምኡ ዝበለና። 10 ወከልቲ ኣባላት ባይቶ፡ ነፋሪት ኣምጺኦምልና ከይድና። "እዚ ሰብ'ዚ ኣብ ጉዳይ ፓርላማ ኢዱ የእቱ ኣሎ። እቲ ፓርላማ ናጻ እንተ ኾይኑ፡ ዋሕስ ናይ ሕገ መንግስቲ ኤርትራ ንስኻ ኢኻ..." ኢልና ኣብ ሃይለስላሴ ጠሪዕናሉ።
ሃይለስላሴ ንተድላ ጸዊዑ፡ "እዞም ኣባላት ፓርላማ ኣይደልዩኻን ኣለዉ፡ ኣብ ኤርትራ ዘሎ ህዝበይ ኣይደልየካን ኣሎ፡ ክትወርድ ትኽእል ኢኻ..." በሎ።
ተድላ ድማ፡ "እሞ ኣነ ብኢድኩም እወርድ ኣሎኹ ማለት ዲዩ?" ኢሉ ንሃይለስላሴ ሓቲቱዎ።
ሃይለስላሴ ድማ፡ "ኣነ ኣይመረጽኩኻን። ናይ ኤርትራ ፓርላማ ኢዩ መሪጹካ። ኬድካ ንዕኦም ተዛረቦም፡" ኢሉ ኣፋንዩዎ።
ተድላ ባዕሉ ኢዩ ኣብ መጻወድያ ኣትዩ። ሃይለስላሴ ድማ ብኽሳዱ ሒዙዎ።

ኣባላት ባይቶ በቲ ኣገባብ'ቲ ናብ ሃይለስላሴ ምኻዶም ዘይተሓጉሱ ኤርትራውያን ወገናት ነይሮም'ዮም። ኣኪቶ ከም ዝዘክሩዎ ቅድሚ ንቕሎ ንኣዲስ ኣበባ ገለ ግዱሳት ሰባት ናብ'ቶም ተቓወምቲ ኣባላት ወከልቲ ብምልኣኽ ረኺቡዎም። እዚኣቶም፡ ተድላ እንተ ወዲቑ፡ መንግስቲ ኤርትራ ምስኡ ትወድቕ ዝመስሎም ሰባት ነበሩ። "ኤርትራ በቃ ወዲቓ ማለት'ዩ እንተ ኸይዶም፤ እዞም 44 ሰባት ናብ ኣዲስ ክኸዱ የብሎምን..." ዝብል መልእኽቲ ዝሓዘት ሓንቲ ልጅና (ሽማግለ) መጺኣትና። "ኣይትኺዱ" ድማ በሉና።

> "ስለምንታይ ዘይንኸይድ?" መለስና ንሕና ድማ። "ንሕና ናብ ሃይለስላሴ ኬድና ሓላፍነት ነሸክሞ፤ ወይ ከኣ መራሒ መንግስቲ መኻዚና ንግዲ ኴንና፡ ከምድላዩ፡ ሓንሳብ ንፓርላማ ይዓጽዎ፡ ሓንሳብ ይኸፍቶ፡ ከም ድላዩ ይጻወተልና። ሕገ መንግስቲ ከምዚ ንኽገብር ኣየፍቅደሉን'ዩ። ናይቲ ሕገ መንግስቲ ቅዋም ድማ ሃይለስላሴ ኢዩ። ሃይለስላሴ ከዕኑ እንተ ደልዩ የዕኑ፡ ብናቱ ሓላፍነት..."
>
> ብኣተሓሳስባና፡ እቲ ዝወሰድናዮ ስጉምቲ ጽቡቕ ኢዩ ነይሩ። ካልእ መገዲ ኣይነበረናን። ምኽንያቱ ተድላ ድላዩ ክገብር'ዩ ዝሓሳብ ዝነበረ፡ ብኤርትራ ድላዩ ክገብር... እንተ ደለየ ንኢትዮጵያ ክህባ። እዚኣ እያ ነይራ ሓሳቡ።[4]

ብ24 ሓምለ፡ መራሒ መንግስትን ኣቦ መንበር ዓሊ ረድኣይን ምስ ተጻረርቶም ኣባላት ባይቶ ብሓንቲ ነፋሪት ንኣስመራ ተመልሱ። ኣብታ ነፋሪት ከይተዘራረቡ ከም ዝመጹ፡ ኣብ መዓርፎ ነፈርቲ ኣስመራ ድማ፡ ተድላ ዝሑል፡ እቶም ኣባላት ድማ ምዉቕ ኣቀባብላ ከም ዝተገብረሎም'ዩ ዝዕለል።

ኣብታ ዕለት እቲኣ፡ ማለት ብ24 ሓምለ፡ ዓሊ ረድኣይ ነዛ እትስዕብ ደብዳበ ናብ መራሒ መንግስቲ ለኣኹ፡

4. መሓመድ ዑመር ኣኪቶ፡ ቃለ መጠይቕ፡ ዓሰብ፡ ግንቦት 1997።

ናብ ክቡር መራሕ መንግስቲ

ክቡር ደጃዝማች ተድላ ባይሩ፡ ኣውራ መደበር መንግስቲ ኤርትራ፡ ኣስመራ።

ብናይ ገዛእ ርእሰይ ፍሉይ ምኽንያት ካብ ነዊሕ ጊዜ ጀሚረ መዝነተይ ንምውራድ እሓስብ ስነ ዝነበርኩስ፡

1. ንብላታ ደምሳስ ወልደሚካኤል፡ ናይ ባይቶ ምክትል ፕረዚደንት፡ ብ27 ሓምለ 1955፡ ኩሎም ኣባላት ብዝተኣከቡ ካብ ናይ ባይቶ ኤርትራ ፕረዚደንት መዝነተይ ከም ዘውረድኩ ከፍልጡዎም ኣፍሊጠዮም ምህላወይ ኣመልክተኩም ኣሎኹ።

2. እምበኣር ንስኹም'ውን ንኽቡር ናይ ግርማዊ ንጉስ ነገስት እንደራሴ መዝነተይ ከም ዘውረድኩ ከተፍልጡለይ እልምነኩም ኣሎኹ።

ብእውነት ናትኩም
ዓሊ መሓመድ ሙሳ ረድኣይ
ናይ ባይቶ ፕረዚደንት።[5]

ምስዛ ናይ ዓሊ ረድኣይ ደብዳበ ልግብ ኢላ፡ እዛ ትስዕብ ምልክታ ኣብ ጋዜጣ ዘመን ተሓትመት።

መራሕ መንግስቲ ያኢ
መዝነቶም ኬውርዱ!

ካብ ኦፈሰር ዝኾነ ወገን ከም ዝሰማዕናዮስ ክቡር መራሕ መንግስቲ ኤርትራ፡ ድሕሪ ቍሩብ መዓልታት መዝነቶም ኬውርዱ ኢዮም ይብሃል ኣሎ።[6]

ንጽባሒቱ፡ ጋዜጣ *ዘመን* ኣብ ዘውጽኦ መኣረምታ፡ እቲ "ድሕሪ ቍሩብ መዓልታት መዝነቶም ኬውርዱ ኢዮም..." ዝብል መግለጺ፡ "መዝነቶም ኬውርዱ ከም ዝመደቡ..." ተባሂሉ ንኽንንበብ ኣተሓሳሰበ። እዚ ድማ፡ እቲ ውሳነ ተገዲዶም ዘይኮነስ፡ ብድልየቶም ይገብሩዎ ከም ዝነበሩ ንምምልካት ይመስል። "ናይ ትርጉም ጻህጺ ስለ ዘጋጠመና..." ክብል'ውን *ዘመን* ነቲ ጌጋ ኣመኽነየሉ።[7] እቲ ቓናኡ ናይ ባጫ ምምሳሉ ግን ኣይተረፎን።

እዚ እናኾነ እንከሎ፡ ብ25 ሓምለ፡ ደጊያት በርሀ ኣስበሮም ዝመርሑዎም ኣባላት ባይቶ፡ ባይቶ ዳግም ንኽኽፈት ኣብቲ ህንጻ ተረኽቡ። ምስ ሃጸይ ሃይለስላሴ ኣብ ዝተራኸቡሉ፡ እቶም ንጉስ፡ "ኣሸንኳይዶ ተድላስ ንሕና'ውን

5. EA Minutes No. 389, 28 July 1955; Appendix A, Fef. No. A/M/1, 24 July 1955; ዘመን፡ 2ይ ዓመት ቍ. 604፡ 26 ሓምለ 1955።

6. ዘመን፡ ከም እ.ጸ. 5።

7. ዘመን፡ 2ይ ዓመት ቍ 605፡ 27 ሓምለ 1955።

ፓርላማ በዚ ኣገባብ'ዚ ክንዓጹ ኣይንኽእልን፡ ሕጂ'ውን ፓርላማ ንኽኽፈት ስለ ዝኣዘዝና፡ ንስኻትኩም ናብ ስራሕኩም ተመለሱ...” ኢሎሞም'ዩ [8]ዝብሃል። ብኡ ተተባቢያም ይኾኑ ብዓል ደጊያት በርሀ ነቲ ዝተባህለ ስጉምቲ ክወስዱ ዝፈተኑ።

ከምዚ ምስ ኮነ፡ ጸሓፊ ባይቶ ፈርገስ ማክሊሪ፡ ንተድላ ባይሩ ሸው ንግሆ፡ ሰዓት 10:45 ረኺቦም። ተድላ ድማ፡ ብዛዕባ ዳግመ ምኽፋት ባይቶ ዝኾነ ትእዛዝ ከም ዘይበጽሖም ዘብርህ መግለጺ ንኽህብ ኣዘዙዎ። ምስኡ ኣልጊቦም ተድላ፡ እቶም 10 ኣባላት ባይቶ ምስ ንጉስ ተራኺቦምስ፡ እቶም ንጉስ ድማ ንምዕጻው ባይቶ ዘይሕገ መንግስታዊ ክብሉ ከም ዝወቐሱዎ ዝገልጽ ጽሑፋት ኣብ ጋዜጣ ከም ዘንበቡ ጥራይ ጠቐሱሉ። ባይቶ ኣይከፈት'ምበር፡ ባንዴራታት ኤርትራን ኢትዮጵያን ኣብ ኣፍ ደገኡ ንኽስቀላ ግን ኣዘዙዎ።[9]

ባይቶ ብ16 ሓምለ ንኻልኣይ ጊዜኡ ንዕስራ መዓልቲ ዝተዓጸወ፡ ምኽንያቲ ርእሱ ብ26 ሓምለ ክኽፈት ነይሩዎ። ተኸፍተ ኸኣ። ንኽልተ መዓልቲ ምልኣተ ጉባኤ እናተሳእነ ክሰርሕ ስለ ዘይከኣለ፡ ግን፡ ብ28 ሓምለ ጥራይ ኣብ መጋባእያ ክራኸብ ከኣለ።[10]

ሓደ መዓልቲ ቅድሚ'ዚ፡ ብ27 ሓምለ፡ ደጊያት ተድላ ናብ ዓሊ ረድኣይ ብምጽሓፍ፡ ዓሊ ረድኣይ ከም ኣቦ መንበር ባይቶ ዘበርከቱዎ ንኡድ ኣገልግሎት ኣብ መንግስቲ ኤርትራ'ውን መታን ክቕጽል፡ ናይ ውሽጣዊ ጉዳያት ሰክረተሪ ኾይኖም ንኸገልግሉ ከም ዝሸሙዎም ኣፍለጡዎም።[11] ዓሊ ረድኣይ ሸው ኣብ ዝሃቡዎ መልሲ፡ ነቲ ሓላል ሓሳባቶም ኣመስጊኖም ምስ ኣብቅዑ፡ “... ኣብ ኣዲስ ኣበባ፡ ናይ ግርማዊ ንጉስ ነገስት ናይ ተቐባልነት ክብሪ ምስ ረኺብኩ፡ እቶም ሃጸይና፡ ናተይ ኣግልግሎት ኣብዚ ቐረባ እዋን ብኣፈሻል (ወግዓዊ) ደረጃ ክድለ ከም ዝኽእል ገሊጾምለይ። በዚ ምኽንያት'ዚ፡ ነዚ ሓላል ሓሳብኩም (Kind Offer) ንጊዜኡ ንኸይቅበሎ ተገዲደ ኣሎኹ...”[12]

ምስቲ ኣብ ጋዜጣታት “ክወርዱ ያኢ ይብሃል ኣሎ” እናተባህለ ዝጸሓፈሎም ዝነበረ፡ ንዓሊ ረድኣይ ምሻሞም ብዙሕ ኣገረመ። ምስቲ ሸው ኣኸቢቡዎም ዝነበረ ሓቅን ክዉንነትን ይጉዓዙ ምንባሮም'ውን ኣጠራጢሩ ኢዩ። ካብኡ ንላዕሊ ግን፡ እቶም ከም ብጻዮም፡ መሻይምቶምን መዋድቕቶምን ክቑጽሩ ዝጸንሑ ዓሊ ረድኣይ፡ ንሙብጽዓ ሃይለስላሴ ከም “ወግዓዊ” ወሲዶም ንሸመት ተድላ ምንጻጎም፡ ተድላ ኣበዮናይ ደረጃ ከም ዝወደቑ ዘርኢ ሓደ መዛረቢ ኾነ።

ከምቲ ዝተጠቕሰ፡ ባይቶ ብ28 ሓምለ ምስ ተኣከበ፡ ናይ ዓሊ ረድኣይ ናይ ስንብታ ደብዳበ ብምኽትል ኣቦ መንበር ደምሳስ ወልደሚካኤል ተነበ። እዚ ድማ፡ ክልተ መዓልቲ ድሕሪ ኣብ ጋዜጣ ዘመን ዝህዘቢ ምስ ተገልጸ ምኳኑ ኢዩ። ደቓይቕ ናይቲ ኣኼባ፡ ብዛዕባ ምውራድ ይኹን ሞያ ዓሊ ረድኣይ ዝተዘርበ ዝኾነ ነገር ከም ዘይነበረ ኢዩ ዘመልክት። ከም ተራ ጉዳይ ጥራይ ተነቢቡ ተሓልፈ።

8. ዘውዴ ረታ፡ ገጽ 444።
9. EA, A/ACT/17, 25 July 1955.
10. EA Minutes, No. 386, 387, 388, 26-27 July 1955.
11. Government of Eritrea, Tedla Bairu to Ali Radai, CON/EXEC2, 27 July 1955.
12. Ali Radai to Tedla Bairu, Via Efrem Reatto, 19, Appendix to note 11, above.

ዓቢ ጉዳይ ናይቲ ዕለት እቲ፡ ተካኢ ዓሊ ረድኣይ ኮይኑ ንባይቶ ብኣቦ መንበርነት ዘገልግል ሰብ ምምራጽ ኮነ። ደጊያት በርሀ ኣስበሮም ብግራዝማች ተስፋሚካኤል ወርቀ ተደጊፎም ንሽኽ ኢድሪስ መሓመድ ኣዱም ሓጸዩ። ክልቲኦም ሓጸይቲ፡ ቀዳማይ ኤርትራ ንኤርትራውያን፡ ዳሕረዋይ ሕብረት... ንኢድሪስ ረቑሖም ማለት'ዩ። በዚብህ ተሰፋብሩኽ ብሸኽ ኣሕመድ መሓመድ ኣዱም ተደጊፎም ንመሓመድ ስዒድ መሓመድ ሓሰና ረቑሑ። ካብ ክልተ ተወዳደርቲ፡ ኢድሪስ መሓመድ ኣዱም ኣባል ኣል ራብጣ-ምዕራባዊ ቖላ (ተቐሲም)፡ ሓሰና ድማ ኣባላት ኣል ራቢጣ ኣል እስላሚያ ነበሩ።

ኢድሪስ መሓመድ ኣዱም ብ51 ደገፍ፡ 16 ድማ ተቓውሞ ኣቦ መንበር ባይቶ ተመርጸ።[13] ሓሰና ካብ ውድድር ስለ ዝሰሓበ፡ ናብኡም ዘቐነዐ ድምጺ ኣይወደቐን።

ምርጫ ኢድሪስ መሓመድ ኣዱምን ዝሰዓቦ ፍጻመታትን፡ ካብ ምስ'ዚ ቐዳማይ መድረኽ ፌደረሽን ኤርትራን ኢትዮጵያን (1951-1955)፡ ምስቲ ኻልኣይ (1956-1962) ስለ ዝኸይድ፡ እቲ ዝርዝራት ናብኡ ከነሰግሮ ኢና። ኣብዚ ኢድሪስ ከም ዝተመርጸ ጥራይ ጠቒስና ንሓልፍ ኣሎና።

28 ሓምለ፡ ናይ መወዳእታ መዓልቲ ስልጣን ደጊያት ተድላ ባይሩ'ውን ኮነት። ሽዑ መዓልቲ ናብ ኣቦ መንበር ባይቶ ኣብ ዝለኣኹዎ ደብዳቦ፡ ነዚ ዝስዕብ በሉ፡

> ... ነዚ ዚስዕብ ቃል ንኽቡራት ኣባላት ባይቶ ኤርትራ ከተፍልጡዎም እልምነኩም ኣሎኹ።
>
> 1. ናይ ኤርትራ መንግስቲ መራሒነት (ቺፍ ኤግዜኩቲቭ) ተዋሂቡኒ ንዘሎ ስራሕን ሓላፍነትን ጥዕና ብምስኣን ምኽንያት ክሓድጎ መዲበ ኣሎኹ እሞ ኣብ ኢድ ባይቶ ኤርትራ እመልሶ ኣሎኹ።
> 2. እዚ ኸኣ ካብ ጽባሕ ዓርቢ 22 ሓምለ 1947 ዓ.ም. (29-7-1955) ኣብ ግብሪ ኪውዕል ዘሎዎ ውሳኔ ኢዩ።
> 3. ንኽቡራን ኣባላት ባይቶ ኤርትራን ንኣኹም ክቡር ኣቦ ወንበርን መሳርሕትኹምን ሰላምታይ ኣቕርብ ኣሎኹ። እግዚኣብሔር ኣብ ስራሕኩም ይሓግዝ ኩምን ይምራሕኩምን።
> 4. ነዚ ሎሚ ብጽሒፈት ዘፍልጠኩም ዘሎኹ ሓሳብ፡ ንግርማዊ ጃንሆይ ኣፍሊጠ ኣሎኹ።
>
> ምስ ናይ ኣኽብሮ ሰላምታ
> ደጃዝማች ተድላ ባይሩ
> መራሕ መንግስቲ[14]

13. EA Minutes No 389, 28 July 1955.
14. ዘመን፡ 2ይ ዓመት ቍ. 607፡ 28 ሓምለ 1955። EA Minutes No. 390, 3rd August 1955, Appendix A, Eritrean Governement, File No. Con/2, 28 July 1955.

ድሕሪ ተድላ ባይሩ

መንግስቲ ተድላ እምበኣር፡ በዚ ዝተገልጸ ኣገባብን ዕለትን ኣብቅዐ። ንሶም'ውን ንጽባሒቱ፡ ብ30 ሓምለ ናብ ኣዲስ ኣበባ ኣምርሑ። እግሮም ካብ ኤርትራ ከይወጸት ግን ብጋዜጣታት ክንቀፉን ክዝለፉን ተራእዩ። ብ30 ሓምለ፡ ጽባሕ ናይቲ ዝወረዱሉ ዕለት ጥራይ ብዛዕባኦም ክልተ ዓንቀጻት ወጸ። ብዛዕባ'ቲ ምኽንያት መውረዲ መዝነት ኢሎም ዝሃቡዎ ስእነት ጥዕና ኣመልኪቱ ንኣብነት፡ እቲ "ክትመርጹ ከሎኹም..." ዘርእስቱ ዓንቀጽ ነዚ ዝሰዕብ በለ፡

> ክቡር ደጃዝማች ተድላ ባይሩ፡ ብጋዜጣ ኣመልኪቶምዎ ከም ዝነበሩ፡ ምኽንያት ምውራድ መዞም ብሰኣን ጥዕና ኢዩ ዚብል ዝነበረ። ምስ ትሕቲኦም ዝነበሩ ኪሰናበቱ ከለዉ ከም ዝተናገሩዎ ግን፡ ኣብ ርእሲ ምስኣን ጥዕናስ ብዙሕ ጊዜ ሕብረት ከም ዘይደለዩ፡ ንሕብረት ዚብሉ ሰባት ጨቋኒ፡ ስለዚ'ውን ብደቂ ማሕበሮም ተወቃስን ተጸላእን ኮይኖም ክሳብ ኣዲስ ኣበባ ከም ዝተኸሰሱ እዮ፡ ህውከት ከይልዓል ፈሪሆም መዞም ከም ዘውረዱ ገሊጾም ተናጊሮም ኣሎዉ። እዚ ሓቂ እንተ ደኣ ኾይኑ፡ ክቡር ደጃዝማች ተድላ፡ ብደቂ ማሕበሮም ዝነበሩ ተጸሊኦም፡ ብደቂ ማሕበሮም ዘይነበሩ ኸኣ ሞያኦም ከይተፈልጠሎም ተሰናቢቶም ማለት እዩ።
>
> ናይ ክቡር ደጃዝማች ተድላ መዚ... ንብዙሓት ሰባት ቀሊል ኮይኑ ይርኣዮም ይኸውን። ክልተ ሓሳባት ምትዕራቕ፡ ካብ ክልቲኡ ሓሳብ ኣብ ሓዲኡ ምኽታል ግን፡ ብሓቂ ቀሊል ኣይነበረን። ዚምካሕ እንተሎስ ይናሳሕ ደኣ። ግዳስ ክቡር ደጃዝማች ተድላ፡ ቅድሚ በዚ ምኽንያት'ዚ ካብ መዞም ምውራድ፡ ንባይቶ ኤርትራ ኮነ ንዓበይቲ ዓዲ ጸዊዖም ንሽንነታት ዓዲ ዘዐርን ዘትዓርቕን ዘይምፍታኖም፡ ከምኡ'ውን እቲ ኡነተኛ ኮይኑ ዝተራእዮም መንገዲ ግልጽ ኣቢሎም ከይተዛረቡ ምስንባቶም ግና፡ ከየሕመዮም ኣይተረፈን።[15]

ክሳብ ድሮ ምውራዶም ዝውድሶም ዝነበረ ዘመን፡ ሓንቲ መዓልቲ'ኳ ከይጸንሐ ነዚ ዝመስል፡ ቅድሚኡ ኣውጺኡዎ ዘይፈልጥ ነቐፌታ ክድርብየሎም ዘገርም ነበረ። ኣይ ምስ ሕብረት ኣይ ምስ'ቲ ኻልእ ወገን፡ መንጎ መንጎ ደው ስለ ዝበሉ ኣብ ውድቀት ከም ዝበጽሑ ድሕሪ ምእማት እምበኣር፡ ዘመን ንዝመጽእ ዝሓሸ ሰብ ንኽምረጽ ንባይቶ ኣማሕጸነ።

ኣብታ ኻልኣይቲ፡ "መልእኽቲ ሽመትን..." ዘርእስታ ጽሕፍቲ፡ ነቲ ተድላን ዓሊ ረድኣይን ብዛዕባ ሽመት እዞም ድሕረዋይ ዝተጻሓሓፉዎ ብምልኡ ኣውጽአ። "ስለ ዝተኣዘዝና ኢዩ'ምበር፡ ብሓቂ ኣሽምባይ ንኣንበብትናስ ንኣና ገሪሙና ኣሎ..." ክብል ድማ ንምኽንያት መሕተሚ እቲ መልእኽትታት ገለጸ።

ሽመት ዓሊ ረድኣይ ናብ ሰክረተርነት ውሽጣዊ ጉዳያትስ፡ ሓተተ እቲ ዓንቀጽ፡ "ነታ ኣብ መንጎ 27-29 ሓምለ ዝነበረት ሓንቲ መዓልቲ ዲያ ወይስ፡ ነቲ ኪምረጽ ዘሎዎ መራሕ መንግስቲ ዲዮም ባዕሎም ሰክረተር ኪመርጽሉ ደልዮም?"

15. ዘመን፡ 2ይ ዓመት ቍ. 608፡ 30 ሓምለ 1955።

እቲ ዓንቀጽ ናብ ዓሊ ረድኣይ ግምጥል ብምባል፡ ናብ ኣዲስ ኣበባ ምስ ከዱ፡ "ንርሕሩሕ ንጉስ ነገስትና ዝለሙዎ ነገር ይነብሮም። (ንጉስ እውን)… ንባይቶ ከየሸግሩ ክብሉ ምናልባት ዝሃቡዎም ተስፋ ይነብር። እዚ ተስፋ'ዚ ግን ክቡር ሸኽ ዓሊ ረድኣይ ብምስጢርን ብትሕትናን ገይሮም ኣብ ክንዲ ዝጥቀሙሉ፡ እነሆ ኣብ ጋዜጣ ኪዝወተር ይርአ…" ኢሉ ንዓሊ ረድኣይ ነቐፈ'ሞ፡ እቶም ዝተቓወሙ ኣባላት ባይቶ በቲ ዓሊ ረድኣይ ረኺበዮ ዝበሉዎ ኣቓልቦን መብጽዓን ሰገጥ ንኽይብሉ መኸረ።

ዘመን፡ ወይ ኣዳላዊኡ ገብረዮሃንስ ተስፋማርያም፡ ገዛእ ነቐፌታኦምን ቃላቶምን ግዲ ኣስኪፉዎም፡ እቲ ጽሑፎም ትርር ዝበለ ቃላት ብምስፋሩ፡ "ንዝተሳዕረ ተሰበሎ፡ ዝተሾመ ተኸተሎ…" ከም ማለት ንኸይትርጉም ኣተሓሳሰቡ። ንኽፍልታት መንግስቲ - ፈጻሚ፡ ሓጋጊ፡ ፈራዲ - ማዕረ ምርኣይ ግቡእ ጋዜጠኝነት ምንባሩ ምስ ኣብርሁ ኸኣ፡ "ከምቲ ቅድሚ ሎሚ ብፈራሃትን መዳለውትን ዝተሓመናዮ፡ ብኸምኡ ከይንሕመ ከነማሕጽን ንፈቱ" ክብሉ ነቲ ዓንቀጽ ዓጸዉዎ።[16] እቲ ሕሜታ ግን ኣይተረፈን'ሞ፡ ገብረዮሃንስ ተስፋማርያም መሊሶም ንነብሶምን ንጋዜጦኦምን ክከላኸሉ ተገደዱ።

> … ኣንታ ቀደም ደኣ ዘይብል እትብል ዘሎኻ ሓማዩ፡ እንተኾነስ ንወዲ ማሕበረይን ጉይታይን ዝነበሩ እዝን ከምዝን ዘይትገብሩ ቢለ ይልምኖምን ብፍቕሪ ይግስጾምን ነይረ ቢለ ንምጽሓፍን ንምውቃስን ኣየጸብቐለይን'ምበር፡ ኣብ ስልጣኖም ከሎዉ'ውን ይብሎም ከም ዝነበርኩ ብሕሹኽሹኽ ዘይኮነ ብጋዜጣ እየ ዝብለካ ዘሎኹ'ሞ፡ ንኣኦም ክትጥይቕ እዕድመካ ኣሎኹ።[17]

ተድላ እምበኣር፡ ካብ ኣብ ስልጣን እንከለዉ፡ ምስ ወረዱ ብዙሕ ኣዛረቡ። ስልጣን ብምልቃቖም ዝፈጠሮ ሃጓፍ እውን ገለ ጸገማት ከስዕብ ተራእየ። ብፍላይ ደቂ ከባቢኦም፡ "ስልጣን ተድላ ካብ ኢድና ኣይወጽእን'ዩ" ኢሎም ተባሂሉ ብዙሕ ስለ ዝተወዓውዐ ንኣብነት፡ ብስም ወከልቲ ህዝቢ ሓማሴን ዝወጸ ምልክታ፡ እቲ ወረ "ብሰይጣናዊ ምህዞ" ዝተላዕለ "ሓሶትን መሰረት ዘይብሉ ቃልን" ክብል ኩነኖ። ዝኾነ ብባይቶ ዝምረጽ ሰብ ፍታው ህዝቢ ሓማሴን ከም ዝኸውን'ውን ብትሪ ኣመልከተ።[18] እቲ ብዙሕ ዘዛረበ ጉዳይ'ውን ቀልጢፉ ቀሃመ።

ከምቲ ናይ ዓሊ ረድኣይ፡ ምውራድ ተድላ'ውን ኣብ ባይቶ ከም ተራ ፍጻመ ጥራይ ተሓልፈ። ብ3 ነሓሰ ደብዳበኦም ምስ ተነበ፡ ባይቶ ትኽ ኢሉ ናብ ካልእ ጉዳዩ፡ ማለት ናብ ኣጠፋፍኣ ቅሙጥ ገንዘብ መንግስቲ ኣተወ። እዚ ዝሰዓበ ኽትዕ፡ ምስቲ ኣርእስቲ ለጊቡ ስም መራሕ መንግስቲ ምስ ተረቑሐ፡ ምውራዶም ዘኸተሎ ሳዕቤን እንታይ ከም ዝነበረ ብኣኪቶ ተገልጸ። ቃል ኣኪቶ ነዚ ዝስዕብ ይመስል፡

16. ዘመን፡ ከም እ.ጽ. 15።
17. ዘመን፡ 2ይ ዓመት ቍ. 609፡ 2 ነሓሰ 1955።
18. ዘመን፡ 2ይ ዓመት ቍ. 614፡ 7 ነሓሰ 1955።

... *መራሕ መንግስቲ መዞም ከም ዘውረዱ ኣቐዲምና ብጋዜጣ ርኢናዮን ፈሊጥናዮን ጸኒሕና ኣሎና። ግና፡ መራሕ መንግስቲ፡ ኣቐዲሞም ከምቲ ብዓንቀጽ* 76 *ናይ ህንጻ መንግስቲ፡ ኣብ ምኽፋት ቀዳማይ ስሩዕ ዋዕላ ዓመታዊ ጸብጻብ ስለ ዘይሃቡ፡ ኣብ ምውራድ መዞም ዝሓደጉዎ ኩነታት መንግስቲ ከመይ ምዃኑ ክንፈልጥ ኣይከኣልናን እሞ፡ ጓሂና ወሰን የብሉን። በዚ ምኽንያት እዚ ድማ፡ ናብ ኩሉ ክፍልታት መንግስቲ እናኣተወ ዕዮ መራሕ መንግስቲ ዚምርምር ናይ ባይቶ ኮሚቴ ክቐውም ዜድሊ ምዃኑ ኣመልክት ኣሎኹ።*[19]

ተድላ፡ ብኹሉ ሸነኽ - ባይቶ፡ ህዝቢ፡ መንግስቲ ኢትዮጵያ'ውን - ከይተመስገኑ ተሰናቢቶም ክብሃል ይክኣል። ከምቶም ቅድሚኦም ዝነበሩ ዓበይቲ መራሕቲ ሕብረት፡ ብፍላይ ድማ ኣቡነ ማርቆስን ፊታውራሪ ገብረመስቀል ወልዱን፡ ተድላ'ውን ጥቕሞም ኣብቂዖም፡ ኣገዳስነቶም ኣጥፊኦም፡ ጊዜኦም ኣሕሊፎም ስለ ዝነበሩ፡ በታ ዝኣመኑዋን ዝኣመኑላን ኢትዮጵያን ንጉሳን ተወገኑ።[20] ብደረጃ ውልቃዊ ኣበርክቶ ኽርአ እንከሎ፡ ኢትዮጵያ ንኤርትራ ብ"ፈደረሽን" ንኽትረኽባ ዝለዓለ ተራ ዝተጻወቱ ተድላ ባይሩ ነይሮም ምባል ምግናን ኣይኮነን። ካብ 1946፡ ስራሕ መንግስቲ እንግሊዝ ገዲፎም ናብ ማሕበር ሕብረት ካብ ዝኣትዉ፡ መጀመርታ መራሒ ናይቲ ናይ ሕብረት ምንቅስቓስ፡ ጸኒሖም ድማ ኣቦ መንበር ቀዋማዊ ባይቶ ኤርትራ ብምዃን፡ ነቲ ኹሉ ኤርትራ ናብ ኢትዮጵያ ንኽትኣቱ ዘኽኣለ መገድን መንጸፍን ዝጸረጉን ዘንጸፉን ተድላ ነበሩ።

ካብ ኩሎም ናይቲ እዋን ፖለቲከኛታት፡ ኣዝዩ ዝተሓላለኸ ህይወት ዝሕለፉ ተድላ ኢዮም እንተ ተባህለ'ውን ካብ ሓቂ ዝረሓቐ ኣይከውንን። ድሕሪ ምውራድ መዝነቶም፡ ሃይለስላሴ ብኣምባሳደርነት ናብ ሽወደን ሰደዱዎም። ንኽፋል 1960'ታት ድማ፡ ኣባል ናይቲ "ጋራጅ" ተባሂሉ ዝፍለጥ ዝነበረ መአከቢ ናይ ቀደም ሰበ ስልጣን፡ ማለት ናይ ላዕለዋይ ባይቶ ኢትዮጵያ ብምዃን ኣብ ሓውሲ ማሕዩር ኣሕለፉዎ። ኣብዚ እዋን'ዚ፡ ኤርትራ እናኽመጹ ብዓይኒ ጥርጣረ ተራእዮም ጥብቂ ኽትትል ይግበረሎም ከም ዝነበረ ዘረድእ ሓያሎ ሰነዳት ኣሎ።

ብ1966፡ ተድላ ካብ ኢትዮጵያ ብምውጻእ፡ ብምኽትል ኣቦ መንበርነት ናብ ተጋድሎ ሓርነት ኤርትራ ተጸንበሩ'ሞ፡ ኣንጻር'ቲ ንልዕሊ 20 ዓመት ዝጸዓሩሉ ሕብረት ኤርትራ ምስ ኢትዮጵያ ተቓለሱ። እዚ ጉዕዞኦም'ዚ ናብ ካልእን ዝያዳ ዝተሓላለኸን ዛንታ ስለ ዘእቱ፡ ኣብዚ ኽዝረበሉ ኣይኮነን። ናብ ተ.ሓ.ኤ. ብምእታዎም፡ ታሪኾም ኣዐርዮም'ዮም ዝብሉ ግን ኣይወሓዱን። ብዝኾነ፡ ነዚ ኣጽኒሕና ናብቲ ቐንዲ መዛረቢና ክንምለስ።

ደጋጊምና ክንርእዮ ከም ዝጸናሕና ግን፡ ዘይንጹርነት ናይቲ ፈደራል ስርዓትን ናቶም ስልጣን ብመንጽር ስልጣን እንደራሴን፤ ካብዚ ንላዕሊ ግን፡

19. ዘመን 2ይ ዓመት ቊ. 611፡ 4 ነሓሰ 1955።
20. ብዛዕባ ፊታውራሪ ገብረመስቀል ወልዱ፣ ኣይንፈላለ፣ ገጽ 231-234 ርአ።

ናይ ገዛእ ርእሶም ናይ ተነጽሎ፣ ምስጢራውነት፣ ኢደ ዋኒናውነትን ናይ ኮራን ቀጥዐን ዝንባለን፣ ኣድማዒ መራሒ ካብ ምዃን ዓንቀጾም። ብሓቂ፣ ባዕሎም'ውን ቀርጽ ብዝበለ መገዲ፣ ኣብ ሕብረት ወይ ኣብ ፈደራልነት፣ ኣብ ሓዲኡ ወሲኖም ኣይጸንዑን። ቀንዲ መራሒ ሕብረትን ኣሕባሪ ምስ ኢትዮጵያን ከይኮኑ፣ ኣንዳርጋቸውን ኣስፍሃ ወልደሚካኤልን ነቲ ኸብሪ'ቲ መንጠሉዎም። እቲ ኹሉ ናብ ኣዲስ ኣበባ ምምልላሶም፣ ነዞም ክልተ ንምኮላም'ዩ ዝነበረ፣ ግን ኣይኮነሎምን። ስለ'ዚ ምስኣቶም ኣብ ዘየዋጽእን፣ ውዒሉ ሓዲሩ መውደቒኦም ኣብ ዝኾነን ምፍጣጥ ኣትዮም።

በቲ ሓደ ኣንጻር፣ መሊኦም ፈደራሊስት ክኾኑ ኣይከኣሉን፣ ምኽንያቱ ድማ ብመሰረቱ ናይ ሕብረት ሰብ'ዮም ነይሮም። ፈደራሊስት ምዃን፣ ካብ ሃይለስላሴን መንግስቲ ኢትዮጵያን ርሒቕካ ናብ ደንበ በዓል ኢብራሂም ሱልጣን ምስጋር ማለት ስለ ዝነበረ ኣይገበሩዎን። ብኣንጻሩ፣ እቲ ደንበ'ቲ፣ ብናይ ሓሳብ ምግላጽ ናጽነት ብዝኣምኑ ዝተመልአ ስለ ዝነበረ፣ ንሳቶም ድማ፣ ኣብ ባይቶ፣ ብጋዜጣ ይኹን ብኻልእ መገዲ ርእይቶኦምን ነቐፌታኦምን ካብ ምግላጽ ይቑጠቡ ስለ ዘይነበሩ፣ ብተድላ ተደቑሱን ተጸልኡን። ኣብ ልዕሊ ኣቶ ወልደኣብ ወልደማርያም፣ ደጊያት ኣብርሃ ተሰማ፣ ጋዜጣ ደሃይን ኣዳለውታ መሓመድ ሳልሕ ማሕሙድን ኤልያስ ተኽሉን... ዝተወሰደ ናይ ማእሰርቲ፣ ሰደት፣ እገዳን ምፍርራሕን ስጉምትታት፣ ተድላ ባዕሎም ዝኣዘዝዎወይ ዘተባብዑዎ ስለ ዝነበረ ወይ ነይሩ ተባሂሉ ስለ ዝተወርየ፣ ፈደራሊስት ነይሮም ወይ ናብ ፈደራልነት ገጾም ዘዘዮም ኢልካ ኣፍካ መሊእካ ክትዛረበሉ ዝክኣል ኣይኮነን። ከምቲ ብዙሓት ናይ ሸዑ ተዓዘብትን ተሳተፍትን ዝበሉዎ፣ ስልጣኖም ኣብ ዝትንከፈሉ፣ ንዕኡ ንምክልኻል እንተ ዘይኮይኑ፣ ንፈደረሽን ልዕሊ ሕብረት ርእዮም ዝተንቀሳቐሱሉ፣ መረድኢ ክኸውን ዝኽእል ተግባር ወይ ፍጻመ ምርካብ ኣሸጋሪ ኢዩ።

ተድላ ብኹሉ ሸነኽ ተወቒሶም ጥራይ ክሓልፉ ግን ቅኑዕ ኣይኮነን። ንሶም፣ ሰፍሓትን ደረትን ናይቲ ፈደራል ድንጋገን ሕገ መንግስቲ ኤርትራን ዝሃቦም ስልጣን ብዘየገድስ፣ ኣብ ኤርትራ መንግስቲ ዝመርሑ ናይ ፈለማ

ሰብ ኢዮም። ቅድሚኦም፣ ንዓኡ ዝመስል ቦታ ዝሓዘ'ሞ ንሶም'ውን ካብ ተመኲሮኡ ክመሃሩሉ ዝኽእሉ ሰብ ኣይነበረን። ርግጽ፣ ካብቲ ምስ እንግሊዛውያን ኣመሓደርቲ ዝነበሮም ናይ ቀረባ ናይ ስራሕ ርክብ፣ ምስ ዘመናዊ ኣገባባት ምምሕዳር ክላለዩ ኽኢሎም ነይሮም'ዮም። ብሸነኽ ምምሕዳር ክርአ እንከሎ ድማ፣ መንግስትነቶም ክንድ'ቲ ክሕመ ኣይሰማዕን።

ኣብዚ ጽሑፍ'ዚ፣ ኣብቲ ፖለቲካዊ ፍጻመታትን ኩነታትን ዝያዳ ስለ ዘድሃብና፣ ነቲ ምምሕዳራዊ መዳይ ብዕምቈት ኣይረኣናዮን። ኩሉ ሓበሬታ ከም ዘመልክቶ ግን፣ በዚ መዳይ'ዚ፣ መንግስቲ ተድላ ስርዓት ሒዙ ኢዩ ዝኸይድ ዝነበረ። ብሰንኪ ምፍሕፋሕ ኣብ ውሸጢ ባይቶ'ኳ እንተ ተሰናኸለ፣ ባጀት መንግስቲ ብባይቶ እናጸደቐ፣ ብሰናቲም ቍጽጽር እናተገብረሉ ኢዩ

ዝመቓራሕን ኣብ መዓላ ዝውዕልን ዝነበረ። ጸብጻባት ዋና ኦዲተርን ዋና ተቈጻጻሪ ሕሳብን ንዘዝምልከቶ፡ እቲ ቐዳማይ ንባይቶ፡ እቲ ኻልኣይ ድማ ንመንግስቲ፡ ብግቡእን ብቓልዕን ይቐርብን ይሰነድን ነይሩ ኢዩ። ተድላ ባዕሎም ዝመርሑዎ ናይ ሲቪል ሰርቪስ ኮሚሽን፡ ጽፉፍ ዝኾነ ናይ ኣቈጻጽራ፡ ዕብየት፡ ወሰኽ ደሞዝ፡ መቕጻዕቲ... ወዘተ፡ ኣገባብ እናተኸተለ ይሰርሕ ከም ዝነበረ፡ መዛግብቱ ምስክር'ዩ።

ኣብ ጊዜ ተድላ፡ ከዛርብ ዝኽእል፡ ንመንግስቲ ይኹን ንሃገር ዝሃሲ ዓበይቲ ናይ ብልሽውናን ስርቅን ተግባራት ብሰብ ስልጣን መንግስቲ ይፍጸም ነይሩ ዝብል ርጡብ ሓበሬታ ዛጊት ኣይተረኽበን። እቲ ተድላ ዝተሓመዩሉ ናይ ወገናውነትን ኣድልዎን ዝንባለታት ድማ፡ ሸሕ'ኳ ከምቲ ኣቐዲምና'ውን ዝረኣናዮ፡ ገለ ነጥብታት ዝቐርበሉ እንተ ኾነ፡ ምስቲ ኣብ ዝሰዓበ ናይ ፌደረሽንን ኢትዮጵያን ጊዜ ክነጻጸር እንከሎ፡ ብውሑዱስ ምጡን ነይሩ ተባሂሉ ክሕለፍ ዝከኣል ኢዩ። ኣብቲ ጊዜኡ፡ ምስቲ ኣብ ውሽጢ ህዝቢ ዝነበረ ድሌትን ሃረርታን ናይ ጽፉፍ ኣሰራርሓን ማዕርነትን ግን፡ ብዙሕ ኣዛሪቡ።

ዘመን ተድላ እምበኣር፡ መዘከሪ ዝኾና ኣዎንታዊ ሸነኻትስ ኣይተሳእናን። ልዕሊ ኹሉ፡ ናይ ተድላ ከልካልን ዘይተጻዋርን ባህርያት ብዘየገድስን ንዕኡ ብምጥሓስን፡ ሸው ፖለቲካ ኤርትራ ህይወት ዘሪኡ ነይሩ ኢዩ። ባይቶ መደበር ናይ ክትዕን ብድሆን ኮይኑ ከም ዝነበረ ርኢና። እተን ብሰር ጀይምስ ሺራ (ሸረር) ዝምርሓ ዝነበራ ኣብያተ ፍርዲ ድማ፡ ናጽነት ስርዓተ ፍትሒ ንምሕላውን ንምርግጋጽን ዝከኣለን ይገብራ ነይረን'የን። ከምቲ ዝመስሎም ዝነበረ፡ ተድላ ከም ድሌቶም ንኸይኮኑን ንኸይገብሩን እዘን ዝተጠቕሳ መንግስታዊ ትካላት ይከላኸላ ስለ ዝነበራ፡ እቲ እዋን፡ ሚዛን ሰለስተ ኽፍልታት መንግስቲ ንኽሕሎ ዝተፈተነሉ ኢዩ ክብሃል ይክኣል። ደሓር ደኣ ተኣጊዱ'ምበር፡ ናይ ፕረስ ናጽነት'ውን ንውሱን ጊዜስ ተወዓዊዑ ኢዩ።

እዚ ኹሉ ግን፡ ኣብ ትሕቲ ዓብላሊ ተራን ቍጽጽርን መንግስቲ ሃይለስላሴን ቤት ጽሕፈት እንደራሴን ይካየድ ምንባሩ ክርሳዕ ኣይግባእን። ውሽጣዊ ናጽነት ኤርትራ ንምዕቃብ ኣብ መንጎ ተድላን ባይቶን ህዝብን ዝካየድ ዝነበረ ቓልሲ፡ መብዛሕትኡ ጊዜ ናይ ውሽጢ ጭቕጭቕ እናኾነ ኢዩ ዝተርፍ ዝነበረ። ስሕት ኢሉ፡ ከምቲ ናይ 22 ግንቦት 1954 ውሳነ ባይቶ ምስ ዘጓንፍ'ሞ ንመንግስቲ ተድላ ፈንጺጉ ምስ ዝሓልፍ፡ ምስ ከውሒ ተራጺሙ ኢዩ ዝምለስ ዝነበረ። ምኽንያቱ፡ ተድላ ይኹኑ መቓናቕንቶም፡ ካብቲ ፌደራል ድንጋገ ንኤርትራ ዝሃባ ኣዝዩ ድሩት ስልጣን ክወጹ ኣይከኣሉን።

እዚ ጥራይ ዘይኮነ፡ ኤርትራውያን ብሓፈሻ፡ ተድላ ባይሩ ድማ ብፍላይ፡ ነቲ ሃንደበት ዘጋጠሞም ናይ ውዲትን ናይ ፖለቲካዊ መናውራታትን ርቀት ሰበ ስልጣን ኢትዮጵያ ክገጥሙዎ ኣይከኣሉን። ቤት ጽሕፈት እንደራሴ፡ ኮነ ኢሉ ንመንግስቲ ኤርትራ ዘዳኽም መርበብ ናይ ስለያን ሸርሕን ከፊቱ ይሰርሕ ከም ዝነበረ ኩሉ ዝዛረበሉን ዝዝክሮን'ዩ። ዘረባ ዘበጻጽሑን ብቤት ጽሕፈት እንደራሴ

ዝምርሑን ሰባት ኣብ ባይቶን መንግስትን ነይሮም'ዮም። "ናይ ኣባላት ባይቶ ደሞዝ 175 ቅርሺ ንወርሒ ኢያ ነይራ። ናብ እንደራሴ እናኸዱ 250 ቅርሺ ዝቕበሉ ኣባላት ባይቶ፡ ናዝራትን ምስሌነታትን ነይሮምና..." ኢሎም ሳልሕ ሙሳ ኣቡ ዳውድ ኣብ ቃለ መጠይቖም። ነንሓድሕድካ ምትሕሰሳው፡ ኣሕሊፍካ ምውህሃብ... ከም ጠባይ ናይ ገለ ሰባት ሰረት ዝሓዘሉ ኣብዚ እዋን'ዩ።

ውድቀት ተድላ ባይሩን ምምሕዳሮምን እምበኣር፡ ኣብ ውሽጢ ኹሉ'ዚ ዝተባህለ ድኽመታትን ዕንቅፋታትን ክርአ የድሊ። ሱርን ምንጭን ናይቲ ወጽዓ፡ እቲ ኣብ ልዕሊ ኤርትራን ህዝባን ብውድብ ሕቡራት ሃገራት ዝተበየነ ወይ ዝተጻዕነ፡ ስም "ፈደረሽን" ለቢሱ ኣመት ፈደረሽን ዘይነበሮ ኣገባብ ወይ ስርዓት ነበረ። ኣንሰ ማቲየንሶ ናይ ጥበራን ሽፈጥን ቃላት ተዛሪቡ፡ ወድብ ሕቡራት ሃገራት ዋሕስ ውሽጣዊ ናጽነት ኤርትራ ከም ዝኸውን ተመባጺዑ'ኳ እንተ ኸደ፡ እዚ ንዝትግበረሉ ማዕጾ ስለ ዘየርሓወ ወይ ገለ መተንፈሲ ዝኸውን ነቓዕ ስለ ዘይፈጠረ፡ ንህዝቢ ኤርትራ ኣብ ዕጹው ቦታ ገዲፉዎ ከም ዝኸደ ክርሳዕ ኣይግባእን። ናይ ሕቡራት ሃገራት ፈደራል ድንጋገ፡ ውህበት ናይ ኤርትራ ንኢትዮጵያ ኢዩ ዝነበረ። ቅጥዕን ስምን ናይ ፈደረሽን ይወሃቦ'ምበር፡ ህያብ ሕቡራት መንግስታት ንኢትዮጵያ ምንባሩ ኣይተረፎን።

እቲ ድሕሪ ተድላ ባይሩ ዝመጸ ናይ ፈደረሽን ጊዜ፡ ግብራዊ ምፍራስ ናይቲ ናብ ምሉእ ሕብረት ዘቕንዕ ዝነበረ ቅጥዕን ስምን ፈደረሽን ኮነ። መንግስቲ ኢትዮጵያ፡ ነዚ ድሌታን ዕላማኣን'ዚ ዝያዳ ተድላ ባይሩ ዝትግብሩላ ሰባት ኣቓዲማ ክትምልምል ጸኒሓ ነይራ ኢያ። እቲ ብመንግስትነት ወይ ዘመን ኣስፍሃ ወልደሚካኤል ዝፍለጥ ጊዜ፡ ናይ ገዛእ ርእሱ ፍጻመታትን ምዕባለታትን ዝሓዘ ካልእ መድረኽ ስለ ዝኾነ፡ በይኑ ክንገረሉን ክትረኸሉን የድሊ።

መወከሲ (Bibliography)

ወግዓዊ ሰነዳት (Official Documents)

Public Record Office FO 371, London, UK, 1950-1953.

Research and Documentation Centre of Eritrea, RDC Files, Asmara, Eritrea.

UNGA, A/2233, *Report of the Government of Great Britain and Northern Ireland to the General Assembly concerning the Administration of Eritrea, 1952.*

UNGA, Official Records: Seventh Session, Suplement No. 15(A/2188).

UNGA, A/AC.44/R.69 Consideration by the Representative Assembly of Eritrea of the Draft Constitution Submitted by the United Nations Commissioner in Eritrea, 1952.

US Department of State Files (1950-1953)
775.00
775A.00
777.00

Government of Eritrea Files, (1952-19555) RDC, Asmara
CON/Asm/B
CON/Gen
Eritrean Assembly Minutes Supreme and High Court Decisions
Clerk of the Eritrean Assembly Files.

Reports by Auditor General of Eritrea,

UN Tribunal in Eritrea, Representative Arthur Reid's Corespondence with UN Headquarters, 1952-1954.

Imperial Ethiopian Government, Office of the Emperor's Representative, Files (1952-1955) RDC, Asmara.

ጋዜጣታት (Newspapers)

ናይ ኤርትራ ሰሙናዊ ጋዜጣ (ሰ.ጋ)
ሓንቲ ኤርትራ
ደሃይ ኤርትራ
ሰውት አል አረትሪያ
ኣንድነትን ምዕብልናን
ኢትዮጵያ
ዘመን
Il Quotidiano Eritreo
Veritas et Vita

ቃለ መጠይቕ (ካልእ ስም እንተ ዘይተጠቒሱ፣ ብደራሲ ዝተኻየደ ቃለ መጠይቕ)

ወልደኣብ ወልደማርያም፣ ብገብረስላሴ ዮሴፍ፣ 1987።
ጸጋይ ካሕሳይ
ከፈላ በራኺ
በርሀ ዓንደሚካኤል
ደጊያት ገብረሃንስ ተስፋማርያም
ደጊያት ወልደዮሃንስ ገብረእግዚእ
ደጊያት ተስፋዮሃንስ በርሀ
ቢትወደድ ኣስፍሃ ወልደሚካኤል
ፊተውራሪ መስፍን ገብረህይወት
ሸኽ መሓመድ ዑመር ሃኪቶ (ኣኪቶ)
ሸኽ ሳልሕ ሙሳ ኣቡዳውድ
ቀኛዝማች ገብረመድህን ተሰማ
ሳህለ ገብረህይወት
ባሻይ ስዩም መንገሻ
ኮሎኔል ብርሃነ ደሞዝ
ወይዘሮ ኣበራሽ ይሕደጎ
ቀኛዝማች ኣስፍሃ ካሕሳይ
ቀኛዝማች ሃይለማርያም ደመና
ኮሎኔል ደቪድ ክራክነል (David Cracknell)
ዮሃንስ ጸጋይ
ተስፋይ ረዳእ
ገብረሚካኤል በጋጽዮን
ኣብርሃ ሓጎስ
ተኽለብርሃን ዘርአ
በርሀ ዓንደሚካኤል
ኢብራሂም መሓመድ
ቀሺ ፍስሓጽዮን እልፈ

ደብዳበታት (Correspondence)

ወልደኣብ ወልደማርያም ናብ ዮሃንስ ጸጋይ፣ 1953 - 1956።
Alazar Tesfamichael to Herald Tribune

መጻሕፍትን ካልእ ጽሑፋትን (Books and Articles)

ኣለምሰገድ ተስፋይ፣
ኣይንፈላለ፣ ኣሕተምቲ ሕድሪ - 2001፣ ኣስመራ።

መሓመድ ዑመር ቃዲ፣ ታሪኽ ሃገርካ ምፍላጥ (ዘይተሓትመ)፣ ማእከል ምርምርን ሰነዳን፣ ኣስመራ።

ዘውዴ ረታ፣
የኤርትራ ጉዳይ፣ ሁለተኛ እትም፣ ብርሃንና ሰላም ማተሚያ ድርጅት፣ ጥር 1992 (2000)።

Alemseged Tesfai, The Role of the Four Great Powers and the General Assembly of the United Nations in the Federation Between Ethiopia and Eritrea, MCL Thesis, University of Illinois, Urbana-Champaign, 1972.

Clapham, C., Transformation and Continuity in Revolutionary Ethiopia, Cambridge University Press, Cambridge, 1983.

Killion, T., Workers, Capital and the States in the Ethiopian Region, 1919-1974, PHD Thesis (unpublished), Stanford University.

Lefort, R., Ethiopia, An Heretical Revolution? Zed Press, London, 1983.

Okbazghi Yohannes, Eritrea: A Pawn in World Politics, University of Florida Press. Gainesville, 1991.

Pankhurst, S., Eritrea on the Eve, New Times and Ethiopia News Books, Walthanstow Press Ltd, Walthanstow, 1952.

Pankhurst, S., Why Are We Destroying Ethiopian Ports? New Times and Ethiopian News Books, Woodford Green Essex, London UK.

Patman, T.G., The Soviet Union in the Horn of Africa, Cambridge University Press, Cambridge, 1990.

Pool, D., From Guerrilas to Government, James Currey (Oxford) and Ohio University Press (Athens), 2001.

Puglisi, G., Che e dell' Eritrea? Agenzia Regina, Asmara, 1952.

Schwab, P., Haile Selassie I, Ethiopia's Lion of Judah, Nelson Hall, Chicago, 1979.

Spencer, J., Ethiopia at Bay, A Personall Account of the Haile Selassie Years, Reference Publications Inc., Algonac, Michigan, 1987.

Tekie Fessehatzion, Eritrea: From Federation to Annexation, Eritreans for Peace and Democracy Publication Committee, Washington D.C., 1990.

Trevaskis, G.K.N., Eritrea. A Colony in Transition: 1941 – 1952, Oxford University Press, London, 1960.

ሓባሪ

390 A (V)፡ 1፡ 3፡ 4፡ 8፡ 11፡ 12
68 ወረዳታት ምርጫ፡ 55፡ 86
ሃጸይ ሃይለስላሴ፡ 14፡ 132፡ 141፡ 142፡ 154፡ 227፡ 251፡ 263፡ 273፡ 281፡ 299፡ 350፡ 372፡ 376፡ 396፡ 405፡ 409፡ 410
ሃይለስላሴ ምሕረት ግብሪ፡ 303
ሃጸያዊ ፈደራል ቤት ምኽሪ፡ 5፡ 170፡ 201፡ 254፡ 264፡ 377
ሃጸያዊ ጠቕላሊ ቤት ፍርዲ ኢትዮጵያ፡ 174
  ወኪል ንጉስ ነገስት፡ 27፡ 36፡ 82፡ 108፡ 109፡ 110
  እንደራሴ ሃይለስላሴ፡ 35፡ 108፡ 109፡ 275፡
ሃይለ ኣባይ፡ 20
ሃይለ ኣብርሀ፡ 66
ሃይለ ኪዳነ፡ 367
ሃይለ ግብረቱ፡ 221
ሃይለ ተሰፋማርያም (ደጊያት)፡ 170
ሃውስ ኢ.ጀ.፡ 387፡ 393
ሃንስ ኑርድትሮም፡ 262
ሀብትዝጊ ዑቕባዝጊ (ብላታ)፡ 100፡ 179፡ 180-185፡ 234፡ 308፡ 363፡ 390
ሀንጻ መንግስቲ ኤርትራ ወይ ቅዋም፡ 92፡ 97፡ 120፡ 130፡ 173፡ 223፡ 276፡ 311፡ 318፡ 351
ሆስፒታል ረጂና ኤለና፡ 147

ለንደን፡ 48፡ 52፡ 198፡ 199፡ 295፡ 376
ለነ ለፎር፡ 372፡ 373
ሊያ፡ 168
ሉቺዮ ዘካሪያ፡ 367
ሊባኖስ፡ 75
ሊብያ፡ 12፡ 28፡ 1952
ላቲን ኣመሪካ፡ 22
ልኡል መኰንን ሃይለስላሴ፡ 26፡ 375
ሎይድ ትሪየስቲኖ፡ 295

ሑሰን ሰይድ ሓዮቲ፡ 200
ሓሰን ኢብራሂም፡ 333
ሓሰን ሓሚድ፡ 345
ሓሰን ክፍል መስመር (ሸኽ)፡ 85፡ 136፡ 351፡ 405
ሓሰን ዓሊ. (ደጊያት)፡ 67፡ 74፡ 78፡ 170
ሓድጉ ጊላጋብር፡ 167
ሓድገምበስ ክፍሎም፡ 106፡ 109፡ 259፡ 284
ሓጕስ ተምነዎ (ቀኛዝማች)፡ 20፡ 32
ሓጐስ ገብረ (ደጊያት)፡ 377፡ 378
ሓረጎት ኣባይ (ደጊያት)፡ 78፡ 79፡ 80፡ 102፡ 122፡ 167፡ 193-195፡ 240፡ 242፡ 277፡ 282፡ 289፡ 303፡ 363፡ 365፡ 377፡ 391
  ታሪኽ ህይወት፡ 239

ሓምድ ፈረጅ ሓምድ (ሸኽ)፡ 109፡ 311፡ 333
ሓምድ ናስር፡ 290፡ 295
ሓምድ ስዒድ ዑስማን፡ 333
ሓምድ ኢድሪስ ዓዋተ፡ 32
ሓምድ ፈረጅ ሓምድ (ሸኽ)፡ 109፡ 311፡ 333
ሓምድ ስዒድ ዑስማን (ናዝር)፡ 109፡ 333
ሓዳስ ኤርትራ ሻራ ኢጣልያ፡ 17፡ 71
ሓጽቢ ዙላ፡ 390፡ 391
ሓጋጊ፡ 4፡ 5፡ 89፡ 92፡ 129፡ 130፡ 173፡ 394፡ 415
ሓራካ ወይ ማሕበር ሸውዓተ፡ 215፡ 237፡ 317፡ 369
ሓማሴን፡ 64፡ 106፡ 119፡ 140፡ 164፡ 167፡ 224፡ 231፡ 291፡ 300፡ 311፡ 322፡ 415
ሕርጊጎ፡ 136፡ 177፡ 178
ሕብረት ሶቭየት ወይ ሩስያ፡ 1፡ 11፡ 226፡ 338፡ 374
ሕብረት ብውዕል፡ 281
ሕብረት ወይ ሞት፡ 277
ሕ.መ. ኣመሪካ፡ 1፡ 2፡ 11፡ 12፡ 21፡ 81፡ 115፡ 226፡ 276፡ 338፡ 372-374፡ 380
ሕጊ፡ 3፡ 6-8፡ 10፡ 12፡ 21፡ 27፡ 44፡ 50፡ 54፡ 55፡ 58፡ 75፡ 77፡ 83፡ 85፡ 89፡ 91፡ 93፡ 98፡ 99፡ 101፡ 103-105፡ 107፡ 116፡ 120፡ 127፡ 128፡ 130፡ 131፡ 133፡ 141፡ 143፡ 148፡ 155፡ 162፡ 163፡ 169፡ 173፡ 174፡ 180፡ 181፡ 183፡ 191፡ 193፡ 196፡ 199፡ 202፡ 223፡ 226፡ 232፡ 234-236፡ 248- 250፡ 253፡ 255፡ 257፡ 258-261፡ 263፡ 273፡ 283፡ 285-288፡ 309፡ 314፡ 318- 321፡ 324፡ 328፡ 336፡ 340-342፡ 348፡ 350- 352፡ 361፡ 364፡ 375፡ 377፡ 379-382፡ 388፡ 397፡ 399፡ 400፡ 406፡ 408
ሕጊ ዕዮ፡ 148
  ገበናዊ ሕጊ፡ 7

መብራህቱ ገነጠው (ብላታ)፡ 311
መዓሾ ዘወልዲ (ደጊያት)፡ 34
መለስ ፍረ (ብላታ)፡ 360፡ 361፡ 376
መሓመድ ኑር ሓሰን ናይብ (ሸኽ)፡ 137
መሓመድ ኣል ሑሴን ክላይ (ሸኽ)፡ 106
መሓመድ ዑመር ኢብራሂም (ሸኽ)፡ 106
መሓመድ ስዒድ ፈኪ ዓሊ. (ሸኽ)፡ 86፡ 87፡ 137፡ 138፡ 256፡ 257፡ 289፡ 290፡ 337
መሓመድ ሸኽ ኣረይ፡ 333
መሓመድ ዑመር ቃዲ (ብላታ)፡ 35-37፡ 60፡ 131፡ 135፡ 170፡ 171፡ 258፡ 261-264፡ 278፡ 361፡ 367፡ 377
መሓመድ ሓጎስ ኣበራ (ፊተውራሪ)፡ 88

423

መሐመድ ዓሊ ሸኽ አልአሚን 333
መሐመድ ዑመር አኪቶ፡ 102፡ 106፡ 110፡ 117፡ 127፡ 130፡ 131፡ 183፡ 185፡ 234፡ 235፡ 259፡ 260፡ 256፡ 306-309፡ 311፡ 321-323፡ 327፡ 333፡ 363፡ 367፡ 399፡ 408-410
መሐመድ ስዒድ ሓሰኖ (ሸኽ)፡ 103፡ 109፡ 114፡ 116፡ 127፡ 200፡ 308፡ 309፡ 311፡ 333፡ 390፡ 391፡ 413
መሐመድ ዓብደልቓድር ኪያር፡ 80፡ 193፡ 195
መሐመድ ሳልሕ ማሕሙድ፡ 201፡ 215፡ 219፡ 317-319፡ 327፡ 328፡ 348፡ 352፡ 353፡ 364፡ 367፡ 375፡ 417
መሐመድ ብርሃኑ፡ 235፡ 329፡ 330፡ 333፡ 363፡ 395፡ 408፡ 409
መሐመድ ናድል፡ 311
መሐመድ ባዱም ካሱ፡ 284፡ 351
መሐመድ ኑር ናይብ፡ 138
መሐመድ ዓሊ ሸኽ አልአሚን 333
መሐመድ ዓሊ ዑመር፡ 345
መሐመድ ዓብደላ መደኒ፡ 31፡ 32
መሐመድ ሓጂ ኢብራሂም (ሸፍታ)፡ 386
መሐመድ ስዒድ ዓሊ በይ (ግራዝማች)፡ 34፡ 167፡ 122፡ 127፡ 311፡ 333
መንግስ አድሓኖም፡ 186
መስፍን እምባየ (ግራዝማች)፡ 221
መስፍን ገብረህይወት (ፊተውራሪ)፡ 66፡ 98፡ 100፡ 114፡ 117፡ 122-124፡ 127፡ 156፡ 157፡ 167-169፡ 187፡ 189፡ 194፡ 221፡ 236- 338፡ 362፡ 376፡ 398
መኩነን ሃብተወልድ፡ 228፡ 274፡ 349
መንግስቱ ደብሳይ፡ 260፡ 311፡ 333
መንግስተ ህብትዝሂ (ሜጀር)፡ 361፡ 362
መርእድ መንገሻ (ጀነራል)፡ 380፡ 387
መንደፈራ፡ 19፡ 20፡ 55፡ 117፡ 222፡ 235፡ 271፡ 329፡ 386
መደበር ቃኘው፡ 337፡ 372-374
መረብ ምላሽ፡ 20፡ 57፡ 156፡ 157፡ 158፡ 168፡ 302፡ 355፡ 356፡ 402፡ 403፡ 409
መራኸቢታት፡ 124፡ 125፡ 182፡ 375
መረንጊ፡ 194፡ 197፡ 383
መቐለ፡ 203
መዓርፎ ነፈርቲ አስመራ፡ 24
መንሳይ፡ 85
ሚቸል ኮቱሉ፡ 295
ሚካኤል ጎይትኦም፡ 364
ሚካኤል ወለላ፡ 283፡ 286፡ 287
ማሕሙድ እስማዒል፡ 66
ማሕሙድ ዑመር ኢብራሂም (ሸኽ)፡ 106፡ 377፡ 378
ማሕሙድ ዓሊ ያሲን (ሓጂ)፡ 183፡ 333
ማትያስ ሀለተወርቅ፡ 262
ማሕበር ምምዕባል ፍልጠት ኤርትራ፡ 109
ማሕበር ሲታውያን 109
ማሕበርነት ደምቡ፡ 1
ማሕበር አንድነት ወይ ሕብረት፡ 16፡ 17፡ 19

20፡ 33-40፡ 47፡ 56፡ 57፡ 60፡ 61፡ 63፡ 64፡ 66፡ 67፡ 71፡ 86፡ 88፡ 89፡ 95፡ 96፡ 99፡ 109፡ 110፡ 131፡ 133፡ 136፡ 143፡ 145፡ 164፡ 165፡ 178፡ 195፡ 197፡ 201፡ 206-208፡ 220፡ 221፡ 235፡ 237፡ 239፡ 241፡ 242፡ 277፡ 283፡ 286፡ 290፡ 310፡ 311፡ 322፡ 333፡ 335፡ 365፡ 370፡ 378፡ 416
ማሕበር ምምዕባል ፍልጠት ኤርትራ፡ 109
ማሕበር ናጻ አልራቢጣ አልእስላሚያ፡ 35፡ 278
ማሕበር ፍቕሪ ሃገር (ማ.ፍ.ሃ.)፡ 34
ማሕበር ሰራሕተኛታት ኤርትራውያን (ማ.ሰ.ኤ)፡ 70፡ 72፡ 76፡ 79፡ 80፡ 193-195፡ 197-201፡ 203፡ 205፡ 207፡ 209፡ 294፡ 367፡ 368
ማሕበር ስምረት ሰራሕተኛታት ኤርትራ (ማ.ሰ.ሰ.ኤ)፡ 79፡ 148፡ 169
ሰራሕተኛ፡ 254
ሰራሕተኛታት፡ 270
ሰራሕተኛታት ባቡር ምድሪ፡ 72
ሰራሕተኛታት መንግስቲ፡ 128፡ 236
ሰራሕተኛታት አድማ፡ 383
ሰራሕተኛታት ወደብ ዓሰብ፡ 295
ሰራሕተኛታት ፒቪዴ፡ 383
መዓልቲ ሰራሕተኛታት፡ 196
ማሕበር መንእሰይ ፈደራሊስት ኤርትራውያን (ማ.መ.ፈ.ኤ.)፡ 208፡ 364፡ 368፡ 369
ማአሰርቲ፡ 261፡ 283፡ 284፡ 286
ማርሳ ፋጥማ፡ 144
ማዕኮንት፡ 6፡ 9
ማይ ሓባር፡ 365
ማይ በላ፡ 304
ማይ ጭሆት፡ 367፡ 368
ማሎጥ፡ 194፡ 237
ምናሊ ለማ፡ 50፡ 255፡ 267
ምስግና ሃውኪ (ብላታ)፡ 170
ምልዕዓል ወያኔ፡ 203
ምጽዋዕ ወይ ባጽዕ፡ 54፡ 55፡ 85፡ 138፡ 162፡ 167፡ 179፡ 181፡ 210፡ 268፡ 271፡ 295፡ 296፡ 302፡ 304፡ 312፡ 332፡ 334፡ 377፡ 380፡ 383፡ 391፡ 386
ምጽዋዕ ሰራሕተኛታት፡ 270
ምድሪ ባሕር፡ 71፡ 125፡ 127፡ 233፡ 241፡ 257፡ 273፡ 367
ምዕራዊ ቆላ ኤርትራ፡ 119፡ 299፡ 300
ምብራቕ አፍሪቃ፡ 3፡ 70፡ 146፡ 171፡ 177፡ 198
ምልዕዓል ወያኔ፡ 203
ምርጫ ቁ. 121፡ 83
ምጀም ባይቶ፡ 81፡ 83፡ 85፡ 87፡ 89፡ 90፡ 91፡ 93፡ 95
ምብራቕ አፍሪቃ፡ 3፡ 70፡ 146፡ 171፡ 177፡ 198
ምንቅስቓስ ሰራሕተኛታት፡ 70፡ 72

ራይት ሲ. ዳብልየ. (ኮሎኔል)፡ 224፡ 361፡ 387
ርእሰ ማልነት፡ 1
ርእሰ ምሕደራ፡ 3፡ 4፡ 8

424

ሮሎን ኢ..ኢ.. (ዳኛ)፣ 320
ሮማይ ሃብቱ ዶር. (አባ ሃብተማርያም ንጉሉ)፣ 99

ሰንሒት፣ 119፣ 180
ሰንዓፊ፣ 265፣ 362
ሰንሃይቲ፣ 203
ሰይፉ ገብረዮሃንስ፣ 171፣ 255
ሰረቀብርሃን ገብረእግዚኡ፣ 23
ሰይድ መሐመድ ዑስማን ሓዮቲ፣ 170፣ 171
ሰይድ ሰዒድ ሰፋፍ፣122፣ 235፣ 329፣ 331፣ 333፣ 343፣ 363፣ 364፣ 408፣ 409
ሰይድ ዓብዶላ ዓብደልራሕማን፣ 127፣ 333
ሰልፊ ናጽነት ኤርትራ (ቀጽሪ ናጽነት ኤርትራ)፣ 2፣ 3፣ 17፣ 187
ሰራዬ፣ 20፣ 64፣ 99፣ 107፣ 119፣ 271፣ 289፣ 300፣ 322፣ 329
ሱሌማን አሕመድ (ሓጂ)፣ 79፣ 80፣ 195፣ 327፣ 364
ሱዳን፣ 2፣ 28፣ 73፣ 103፣ 125፣ 164፣ 190፣ 200፣ 226፣ 239፣ 294፣ 356፣ 372፣ 379፣ 380፣ 402
ሲነማ ኢምፐሮ፣ 3፣ 61፣ 196፣ 200
ሲነማ አደዮን፣ 283
ሲነማ አድዮ፣ 284
ሲነማ ካፒቶል፣ 399፣ 401
ሳህለ ዓንደሚካኤል (መምህር)፣ 242
ሳልሕ ኬኪያ ፓሻ፣ 96፣ 136፣ 178፣ 179፣ 181፣ 185
  ታሪክ ህይወት፣ 177
ሳልሕ ማሕሙድ ሕኔት፣ 123፣ 136
ሳልሕ መሐመድ ሐመድ፣ 333
ሳልሕ ሙሳ፣ 331፣ 332፣ 336
ሳልሕ ሙሳ አቡዳውድ (ሽኽ)፣ 235፣ 236፣ 329፣ 330፣ 332-363፣ 392፣ 395፣ 396፣ 419
ሳልሕ መሐመድ አሸኽሕ፣ 235፣ 329፣ 330፣ 343፣ 363፣ 395
ሳልሕ ሓሰን ናይብ፣ 295
ሳልሕ መሐመድ አሸኽሕ፣ 343
ሳህለ ገብረህይወት፣ 77፣ 142-144፣ 160፣ 161
ሳሙኤል ገብረኢየሱስ፣ 31፣ 32፣ 271
ሳሆ፣ 271፣ 325፣ 386
ሳሕል፣ 106፣ 119፣ 138፣ 294፣ 299፣ 303
ሰፋፍ ህያቡ፣ 260፣ 399
ሰራጅ ዓብዱ፣ 172፣ 194፣ 195፣ 201፣ 202
ሰዒድ ሓምድ፣ 345
ሰዒድ የስማን፣ 185
ሰዮም ካሕሳይ፣ 361፣ 362
ሰብሃቱ ዮሃንስ (ደጊያት)፣ 42
ሰዉዲያ ዓረቢያ፣ 74፣ 75
ሶማልያ፣ 12፣ 19፣ 52፣ 27፣ 28
ሶርያ፣ 75

ሸል ዕቋብ ሃይለ፣ 80
ሸፍታ ወይ ሸፍትነት፣ 2፣ 19-21፣ 23-25፣ 28-33፣ 143፣ 216፣ 217፣ 223፣ 261፣ 269፣ 271፣ 272፣ 362፣ 380፣ 383፣ 385-388፣ 396፣ 397
ሽቆለት አልዐንት፣ 21፣ 30፣ 69-71፣ 148፣ 363
ሽባን፣ 66፣ 201፣ 325፣ 329
ሽወደን፣ 228፣ 273፣ 416
ሽናይደር፣ 362
ሽዋ፣ 166
ሺሊንግ፣ 177

ቀቢላ ርግባት፣ 85፣ 86፣ 87
ቀይሕ ባሕሪ (ምምሕዳር)፣ 119፣ 256፣
ቀረጽ፣ 50፣ 51፣ 15፣ 265፣ 267፣ 268
ቀ.ሃ.ሱ፣ 377፣ 380
ቀጽሪ ናጽነት ኤርትራ (ቀ.ና.ኤ.)፣ 2፣ 3፣ 17
ቀድማላቸው በለጠ፣ 238፣ 377፣ 378
ቃዲ ሙሳ አድም ዑምራን፣ 94፣ 96፣ 102፣ 107፣ 109፣ 127፣ 136፣ 180፣ 191፣ 234፣ 260፣ 323፣ 324፣ 328፣ 333፣ 343፣ 350፣ 363፣ 394፣ 408፣ 409
ቃዲ ዓሊ ዑመር ዑስማን፣ 333
ቃርራ፣ 303
ቀጠባን ፋይናንስስን፣ 4፣ 9፣ 53፣ 124፣ 148
ቋንቋ፣ 28፣ 33፣ 43፣ 44፣ 105፣ 106፣ 107፣110፣ 3235፣ 00፣ 348

በርህ ኃንደሚካኤል፣ 197፣ 198፣ 208፣ 221፣ 367፣ 368
በርህ ገብረህይወት፣ 333
በርህ አስበርም (ደጊያት)፣ 28፣ 107፣ 136፣ 394፣ 395፣ 396፣ 408፣ 409፣ 411-413
በየን በራኺ (ራእሲ)፣ 16፣ 365
በየን ዛህለ (አዝማች)፣ 101፣ 109፣ 117፣ 118፣ 183፣ 268፣ 311
በኹረጽዮን በኺት (ግራዝማች)፣ 170
በፈቃዱ ወልደሚካኤል፣ 171፣ 238፣ 377፣ 378
በዛብህ ተስፋብሩኽ፣ 234፣ 249፣ 259፣ 260፣ 321፣ 322፣ 390፣ 413
በቪን-ስፎርሳ፣ 2
ቤዓምር፣ 217
ቧምድር፣ 142፣ 144
ቦየ (ብሪጋዴር)፣ 48
ባይቶ ሰላም መንነስያት ኤርትራ (ባ.ሰ.መ.)፣ 38፣ 39፣ 66፣ 68፣ 70፣ 72፣ 77፣ 81፣ 90፣ 92፣ 201
ባይቶ ኤርትራ፣ 97፣ 133፣ 217፣ 225፣ 231፣ 256፣ 258፣ 259፣ 321፣ 389፣ 391
አባላት ባይቶ፣ 333፣ 381፣ 398፣ 399፣ 405፣ 410፣ 412
ባጀት፣ 5፣ 9፣ 10፣ 25፣ 48፣ 128፣ 15፣ 183፣ 247፣ 310፣ 350፣ 360፣ 392፣ 406፣ 417
ባርካን ጋሽን፣ 103፣ 106፣ 119፣ 294
ባ ሓብሽ፣ 76
ባ ዓጊል፣ 76
ባ ዘርኣ፣ 76
ባረንቱ፣ 299፣ 386
ባይሩ ዑቅቢት፣ 164
ባራቶሎ፣ 194

425

ባር ኦርየንተ፡ 367
ባንዴራ፡ 10፤ 26፤ 33፤ 42፤ 43፤ 44፤ 82፤ 106፤
    108፤ 109፤ 110፤ 28፤ 30፤ 116፤ 117፤
    118፤ 132፤ 16፤ 189፤ 1953፤ 258፤ 294፤
    295፤ 368፤ 412
    ንድሬ ባንዴራ፡ 117፤ 118
ቤት ትምህርቲ ባሕረኛታት፡ 380
ቤት ላልሸ፡ 94
ቤት ማሕተም ማሕበር ሓዋርያት፡ 405
ቤት ማዕላ፡ 85
ቤት ምኽሪ ጸጥታ፡ 11
ቤት ሻሕቃን፡ 85
ቤት አሰገደ፡ 87
ቤት አቦዬ፡ 85
ቤት አብርሀ፡ 85
ቤት ጇክ፡ 85
ብሪጣንያዊ ምምሕዳር ኤርትራ (ብ.ም.ኤ.)፡ 14-
    16፤ 20፤ 24፤ 28-33፤ 45፤ 49-53፤ 58፤
    59፤ 67፤ 69፤ 71፤ 81፤ 83፤ 85- 87፤ 119፤
    120፤ 125፤ 130፤ 142፤ 144፤ 146-148፤
    164፤ 165፤ 168፤ 173፤ 184፤ 193፤ 195፤
    199፤ 200፤ 214፤ 245፤ 252፤ 266፤ 267፤
    273
ብርሁ አሕመዲን (ቀኛዝማች)፡ 106፤ 109፤ 122፤
    185፤ 190፤ 305፤ 306፤ 310፤ 333፤ 345
ብእምነት ተሰማ (ባሻይ)፡ 311፤ 333፤ 343፤ 408፤
    409
ብርሃን ደሞዝ (ኮሎኔል)፡ 224
ብርሃን ክፍለማርያም፡ 289
ቦሊቪያ፡ 21፤ 27

ቪንሰንት ትዮመን (ሰር)፡ 199
ቪላጂዮ ጀንዮ፡ 365

ተለፈሪኽ፡ 125
ተሰዪ፡ 299፤ 380፤ 387
ተራ እምን፡ 222
ተመሃሮ፡ 269፤ 270
ተናኛ ወርቅ ሃይለስላሴ (ልእልቲ)፡ 142፤ 282
ተጋድሎ ሓርነት ኤርትራ (ተ.ሓ.ኤ)፡ 208፤ 215፤
    317፤ 416
ተዋህዮ (ቤት ክህነት)፡ 168፤ 288
ተሰማ አስበሮም (ራእሲ)፡ 18፤ 19፤ 95፤ 82፤ 134፤
    136፤ 220፤ 281-283፤ 285-290፤ 375
ተስፋጽዮን ደረሰ (ብላታ)፡ 346
ተኽለሚካኤል (ሸቃ)፡ 332፤ 333
ተሰፋሚካኤል ወርቄ (ግራዝማች)፡ 88፤ 284፤
    405፤ 413
ተኽለብርሃን ዘርአ (መምህር)፡ 237፤ 247
ተወልደብርሃን ገብረመድህን (ዘኬምስ)፡ 143፤
    346፤ 397
ተወልደ ተድላ፡ 79፤ 80፤ 193፤ 194፤ 195
ተስፋጊዮርጊስ ገብረትንኤ፡ 333
ተስፋዮሃንስ ቦርሁ፡ 194፤ 269፤ 270
ተሰፋሚካኤል ወርቄ (ግራዝማች)፡ 7፤ 88፤ 284፤
    405፤ 413

ተስፋልደት ገረድ፡ 167፤ 289፤ 292፤ 293
ተስፋይ በራኺ (አዝማች)፡ 130፤ 167
ተስፋይ በራኺ፡ 167
ተስፋይ ዘርአክርስቶሱ፡ 73፤ 74፤ 77፤ 80፤ 195
ተስፋይ ገብረእዝላእ፡ 66
ተስፋይ ረዳኣ፡ 364፤ 365፤ 366፤ 367፤ 368
ተስፋጊዮርጊስ ገርንስኡ፡ 333
ተክሉ ድልነሁ፡ 171
ተኸለ ዘርአ፡ 367
ተኽሰተ ሃይለ፡ 20፤ 32
ተኽሰተ ነጋሽ፡ 86፤ 191፤ 246
ተኽሰተ ገብረመድህን፡ 363
ተኽሰተ ገብረኪዳን፡ 329፤ 333
ተኪኤ አልፋ፡ 77፤ 80፤ 194፤ 195
ተኪኤ ፍስሓጽዮን፡ 27
ተኽለሃይማኖት በኹሩ (ግራዝማች)፡ 100፤ 106፤
    122፤ 137፤ 138፤ 167፤ 187፤ 235፤ 238፤
    246-248፤ 255፤ 268፤ 363፤ 377፤ 391፤
    392
    ታሪኽ ህይወት፡ 184
ተድላ ዕቝብኢት (ሚጀር)፡ 290፤ 361፤ 362
ተድላ ባይሩ (ደጊያት)፡ 26፤ 27፤ 57፤ 78፤ 79፤
    80፤ 95፤ 96፤ 102፤ 104፤ 106፤ 123፤
    131፤ 136-138፤ 140፤ 141፤ 145፤ 156፤
    157፤ 165፤ 167-169፤ 179፤ 180፤ 185፤
    191፤ 194፤ 195፤ 207፤ 217፤ 220፤ 221፤
    223፤ 228፤ 229፤ 230፤ 234፤ 236፤ 237፤
    239፤ 244፤ 250-253፤ 255፤ 257፤ 259-
    261፤ 265፤ 267፤ 269፤ 272፤ 274፤ 281፤
    284፤ 285-291፤ 293፤ 299፤ 300- 303፤
    305፤ 311- 315፤ 320፤ 323፤ 328-340፤
    351፤ 354፤ 356፤ 357፤ 360-363፤ 368፤
    370፤ 371፤ 374፤ 376፤ 384፤ 388-390፤
    392፤ 393፤ 397፤ 399፤ 400፤ 401፤ 404፤
    406-409፤ 411-419
ተድላ ባይሩ (ታሪኽ ህይወት)፡ 164
ተርሊንግተን (ሚስተር)፡ 255
ታምራት (ፕሮፈሶር)፡ 159፤ 160
ትረሻብሊ፡ 43
ትምህርቲ፡ 147፤ 254፤ 269
    ቀጽሪ አብያተ ትምህርቲ፡ 147
    ቤት ትምህርቲ ባሕረኛታት፡ 380
    ወንጌላዊት ቤት ትምህርቲ (ጊዝ ክኒሻ)፡ 164
ትግራይ-ትግርኜ፡ 143፤ 281
ትንባኾ ሞኖፖልዮ፡ 266
ትግሪ፡ 43፤ 85፤ 107፤ 325
ትግራይ፡ 28፤ 160፤ 208፤ 235፤ 240፤ 366
ትግርኛ፡ 4፤ 11፤ 28፤ 38፤ 42፤ 43፤ 93፤ 105-
    108፤ 164፤ 185፤ 254፤ 277፤ 300፤ 325፤
    348

ቼታም፡ 142
ቼነማ ኢምፔሮ፡ 197፤ 206
ቼና፡ 11

ነጋ ሃይለስላሴ (ኮሎኔል)፡ 22

ኒዮ ዮርክ፡ 162፡ 272፡ 336፡ 343
ናስር አብዘበር ጋሻ፡ 34፡ 106፡ 136፡ 167፡ 220፡ 235፡ 329
ንቁፋ፡ 303
ናይብ 183
ናታብ 85
ንዝር ሐምድ፡ 185
ንጽነታዊ ሕብረት ምስ ኢትዮጵያ፡ 136
ንግዲ፡ 4፡ 9፡ 14፡ 49፡ 51፡ 69፡ 70፡ 100፡ 123፡ 124፡ 127፡ 158፡ 166፡ 171፡ 178፡ 194፡ 201፡ 267፡ 291፡ 304፡ 374፡ 380፡ 410
ቤት ምኽሪ ንግዲ ኤርትራ፡ 14
ኖርማን መትቨኽ፡ 223፡ 249፡ 250፡ 255
ኖርድስትርም፡ 273፡ 339፡ 340፡ 349

ኢጣልያ ወይ ጣልያን፡ 226፡ 276፡ 371
ኢጣልያውያን ሰራሕተኛታት፡ 200
ኢ.ሾር ጀኒንግስ (ሰር)፡ 21
ኢድሪስ መሓመድ አድም (ሸኽ)፡ 122፡ 136፡ 306-309፡ 323፡ 331፡ 332፡ 333፡ 343፡ 364፡ 408፡ 409፡ 413
ኢድሪስ ሑመድ አረይ፡ 333
ኢድሪስ ልጃም (ሸኽ)፡ 299፡ 300
ኢድሪስ መሓመድ ኢድሪስ፡ 333
ኢድሪስ ዑሶማን መሓመድ፡ 127፡ 185፡ 333
ኢድሪስ አይብ 295
ኢማም ሙላ (ሐጂ)፡ 364
ኢብራሂም ማሕሙድ፡ 80፡ 194፡ 195፡ 196፡ 393
ኢብራሂም ሑመድ ዓሊ፡ 127፡ 333
ኢብራሂም ሙኽታር (ሸኽ)፡ 327፡ 320፡ 364
ኢብራሂም ሱልጣን (ሸኽ)፡ 2፡ 3፡ 33፡ 39፡ 40፡ 42፡ 45፡ 46፡ 57፡ 60፡ 81፡ 83፡ 86፡ 87፡ 98፡ 101፡ 102፡ 104፡ 105፡ 114፡ 116፡ 127፡ 129፡ 130፡ 134- 136፡ 138፡ 185፡ 234፡ 245፡ 257፡ 276፡ 258፡ 260፡ 276- 280፡ 290፡ 291፡ 306፡ 321- 323፡ 327፡ 330- 335፡ 363፡ 364፡ 367፡ 372፡ 375፡ 379፡ 380፡ 408፡ 409፡ 417
ኢዮብ ተኽሉ፡ 240፡ 248፡ 393
ኢያሱ ተሰማ፡ 283፡ 286፡ 287
ኢያሱ መንገሻ (ኮሎኔል)፡ 23
ኢንዳስትሪ፡ 14፡ 148፡ 267
አክለግዛይ፡ 64፡ 106፡ 119፡ 167፡ 271፡ 323፡ 406
አሰራተ ራስ ካሳ 357
አዮብ (ሚስተር)፡ 278
አርተር ስሊፕ፡ 50፡ 51
አርተር ሪድ፡ 224፡ 272፡ 276፡ 277፡ 279፡ 282፡ 294፡ 325፡ 332፡ 333፡ 336፡ 337፡ 339፡ 342፡ 344፡ 346፡ 371
አርተር ሺለር 21
አሕመድ ሑሴን ሓዮቲ፡ 115
አል ራቢጣ አል አስላሚያ - ምዕራባዊ ቾላ (ወይ ተቝሲም)፡ 86፡ 87፡ 95፡ 97፡ 115፡ 278፡ 413

አል ራቢጣ አል እስላሚያ፡ 17፡ 28፡ 35፡ 42፡ 43፡ 66፡ 67፡ 69፡ 74፡ 81፡ 83፡ 95፡ 96፡ 106፡ 115፡ 201፡ 236፡ 319፡ 323፡ 325፡ 327፡ 345፡ 350፡ 353፡ 360፡ 370፡ 390፡ 413፡
አስፋወሰን ሃይለስላሴ (አልጋ ወራሽ)፡ 142፡ 315፡ 357
አንዳርጋቸው መሳይ (እንደራሴ)፡ 27፡ 142፡ 144፡ 156፡ 157፡ 189-191፡ 226፡ 228፡ 231፡ 233፡ 234፡ 245፡ 257፡ 264፡ 295፡ 300፡ 303-305፡ 336፡ 338፡ 345፡ 351፡ 354፡ 375፡ 379፡ 380፡ 382፡ 389፡ 405፡ 408፡ 409
መደረ አንዳርጋቸው፡ 232፡ 248፡ 306
አብርሃ ተሰማ (ደጊያት)፡ 82፡ 123፡ 136፡ 137፡ 207፡ 238፡ 281፡ 282-289፡ 291፡ 314፡ 320፡ 375፡ 417
አርአያ ዋሴ (ደጊያት)፡ 205፡ 288፡ 377፡ 378
አርአያ ቲካ 208
አለምሰገድ በላይ 405
አቡነ ማርቆስ (ጳጳስ)፡ 72፡ 157፡ 416
አቡነ ባስልዮስ 157
አቡነ ያዕቆብ 143
አባ ንፍታሌም ካሳ 194
አባ ሃብተማርያም ንጉሩ፡ 100-101፡ 103፡ 114፡ 183፡ 185፡ 190-194፡ 234፡ 235፡ 259፡ 308፡ 333፡ 345፡ 346፡ 363
ታሪኽ ህይወት፡ 99
አባ ሃና ጃማ 301
አባ ሻውሉ 107
አስበሮም አብርሃ፡ 283፡ 286
አብርሃ ተመልሱ፡ 349፡ 367
አብርሃ ርእቱ (ቀሺ)፡ 311
አብርሃ ሓጎስ፡ 365፡ 366፡ 368
አብርሃ ገብረስላሴ፡ 188፡ 237
አብርሃም ተስፋይ፡ 367
አብርሃም ተኽሉ፡ 353
አረይ ዓጋባ፡ 351
አለማየሁ ካሕሳይ፡ 66
አለም ማማ፡ 226፡ 229፡ 283፡ 284፡ 361፡ 362
አለምሰገድ በላይ፡ 405
አበበ ቢተው፡ 171፡ 295
አብዘበር ካሕሳይ፡ 333
አሕመድ ባስዓይ፡ 193
አሕመድ ሰዓድ ሳልሕ፡ 80፡ 195
አሕመድ መሓመድ (አዝማች)፡ 31፡ 32፡ 333፡ 413
አሕመድ ዓብደልቃድር በሺር፡ 278
አሕመድ አድም፡ 80፡ 195
አሕመድ ባስዓድ (ሐጂ)፡ 80፡ 195፡ 345
አድም ጀሃር፡ 66
አድም ዑምራን፡ 109፡ 127፡ 311
አድም ቀስመላህ፡ 79፡ 80፡ 195
አድም መሓመድ አጉዳባይ፡ 170፡ 261
አድም መሓመድ ተመድ፡ 20፡ 171
አማን ዓንደም (ኮሎኔል)፡ 300፡ 301
አበበ ገመዳ (ኮሎኔል)፡ 365

427

አስፍሃ ወልደሚካኤል (ቢትወደድ)፡ 27፡ 31፡ 32፡ 110፡ 142፡ 205-228፡ 230፡ 238፡ 242፡ 278፡ 285፡ 300፡ 357፡ 365፡ 367፡ 375፡ 376፡ 405፡ 417፡ 419
አክሊሉ ሃብተወልድ፡ 24፡ 25፡ 27፡ 29፡ 108፡ 109፡ 138፡ 161፡ 228፡ 314፡ 357፡ 375፡ 376
አሰረስሃይ እምባዬ፡ 32
አስፍህ ካሕሳይ (ቀኛዝማች)፡ 136፡ 236
አፈወርቂ አብርሃም፡ 221
አሰፋወሰን ሃይለሰላሴ፡ 142
አለን ሰሚዙ 244፡ 248፡ 255፡ 259፡ 267፡ 268፡ 377
አብርሃ ፍጡር፡ 218፡ 366
    ጥቅሲ. "ኤርትራ ወይ ሞት ዲና ዘበልና ወይ ከአ ኤርትራን ሞትን"፡ 366
አብርሃ ሓጎስ፡ 365፡ 366፡ 368
አንድሩ ኮርዲየር፡ 339፡ 340፡ 343፡ 371
አር. ለዊን 53
አለን ሰሚዙ፡ 248፡ 255፡ 259፡ 267፡ 268
አድሼንቲስት ሚሰዮን፡ 278
አቹርዴት፡ 119፡ 164፡ 217፡ 299፡ 380፡ 387
አራምክ (ክብንያ)፡ 74
አፍሪካ አርዮንታሉ 295
አየጀ 104 ወይ ቸንቶ ካትሮ፡ 271፡ 272
አየጀ ኤርትራ ቀ. 1 ናይ 1955፡ 397፡ 388
አየጀ 121፡ 54፡ 55፡ 56፡ 58፡ 83፡ 130
አየጀ 130፡ 172፡ 174፡ 175፡ 184፡ 189፡ 201፡ 263
አየጀ ምርቺ 121፡ 54፡ 87፡ 130
አየጀ ቀ. 1 ናይ 1955፡ 400
አየጀ ዕዮ፡ 148
አርማ፡ 10፡ 109፡ 30፡ 116
አርባዕተ ሓየላት፡ 1፡ 12፡ 13፡ 293
አልበርገ ሪሉ፡ 295
አምሓርኛ፡ 93፡ 94
አሰላም፡ 19፡ 35፡ 56፡ 67፡ 68፡ 73- 75፡ 85፡ 86፡ 89፡ 90፡ 135፡ 136፡ 145፡ 166፡ 201፡ 235፡ 239፡ 277፡ 279፡ 280፡ 288፡ 290፡ 294፡ 322፡ 326-328፡ 334፡ 348፡ 349፡ 350፡ 351፡ 356፡ 360፡ 372፡ 403
አሰመራ፡ 3፡ 14፡ 20፡ 23፡ 25፡ 29፡ 35፡ 41፡ 44-47፡ 54-57፡ 66፡ 72፡ 74፡ 77፡ 85፡ 91፡ 92፡ 100፡ 109፡ 110፡ 114፡ 117- 119፡ 126፡ 127፡ 142፡ 144፡ 145፡ 156- 162፡ 164፡ 167፡ 171፡ 174፡ 177፡ 181፡ 182፡ 185፡ 195፡ 199፡ 205፡ 207፡ 217፡ 221፡ 222፡ 224፡ 225፡ 228፡ 230፡ 231፡ 238፡ 239፡ 244፡ 262፡ 263፡ 270-272፡ 274፡ 276፡ 278፡ 283፡ 287፡ 291፡ 294፡ 300፡ 314፡ 327፡ 328፡ 338፡ 339፡ 348፡ 351፡ 353፡ 356፡ 360፡ 362፡ 365፡ 366፡ 368፡ 372፡ 377፡ 379፡ 380፡ 383፡ 386፡ 391፡ 410፡ 411
አድጋ ወይ ሾፐር፡ 270፡ 295፡ 296፡ 298፡ 383
አድመኛታት ፒ.ቪ.ዴ፡ 384

አድጋ ሰራሕተኛታት፡ 72፡ 367፡ 383፡ 385
አድጋ ሰራሕተኛታት መሎቲ፡ 385
አዲስ አበባ፡ 142፡ 143፡ 172፡ 176፡ 205፡ 269፡ 273፡ 282፡ 296፡ 297-314፡ 353፡ 375፡ 377፡ 394፡ 404፡ 408-410፡ 417
ኤሚል ጂር፡ 21
ኤድዋርድ አንስ ማቲየንሶ (ሴንየር)፡ 4፡ 18፡ 21- 25፡ 27-30፡ 33፡ 36፡ 37፡ 42፡ 43-45፡ 48፡ 52፡ 54፡ 82፡ 92፡ 93፡ 94፡ 96፡ 98፡ 101፡ 105፡ 107፡ 108፡ 30፡ 115፡ 121፡ 130፡ 131፡ 133፡ 138፡ 142፡ 154፡ 162፡ 339፡ 342፡ 343፡ 370፡ 419
    ታሪኽ ህይወት፡ 21
ኤድዋርድ ማክሂዝ ክላርክ፡ 74፡ 75፡ 81፡ 82፡ 87፡ 115፡ 133፡ 135፡ 166፡ 168፡ 223፡ 224፡ 234፡ 276-279፡ 285፡ 287
ኤፍሬም አማኑኤል፡ 188፡ 237
ኤልያስ ተኽሉ፡ 203፡ 204፡ 153፡ 154፡ 214፡ 215፡ 317፡ 348፡ 352፡ 364፡ 367፡ 375
እንዳልካቸው መኩነን፡ 357
እምባየ ሃብቱ፡ 106፡ 122፡ 136፡ 167፡ 180፡ 181፡ 185፡ 289
እምባየ ገብረእምላኽ፡ 109፡ 114፡ 116፡ 130፡ 183፡ 185፡ 187
እቴጌ መነንን፡ 142፡ 162
እንዳ ኮሉታ 194
እንጋኤ፡ 332
እምባትካሉ 338
እርዳቸው፡ 290
አዴት፡ 128
አሃንሎን፡ 313

ከረን፡ 106፡ 119፡ 136፡ 164፡ 167፡ 222፡ 223፡ 289፡ 299፡ 334
ከኑዲ-ኩኽ (ብሪጋደር ጀነራል)፡ 28
ከሊፋ መሓመድ ሓሰን ከላይ (ሸኽ)፡ 333
ከሊፋ አሕመድ (ሸኽ)፡ 345
ከፈላ በራኸ፡ 73፡ 74፡ 77፡ 78፡ 80፡ 194፡ 195፡ 197፡ 198፡ 208
ከኒሻ ወይ ፐርተስታንት፡ 164፡ 188፡ 281፡ 288
    ዝኸኒሻ ወይ ካራቫንሰራዮ፡ 221-223
ኪዳነ ቀላቲ፡ 186
ኪርኮ፡ 255፡ 266፡ 267
ኪዳነማርያም አበሪ (ብላታ)፡ 142፡ 143፡ 145፡ 159፡ 160፡ 174
ካርሽሊ፡ 237
ካርሸም፡ 165
ካራ ማርሎን፡ 295
ካልሳዮ፡ 197
ካዜርማ ሙሶሊኒ፡ 224
ካቶሊክ፡ 99፡ 215፡ 288
ካሳ (ራስ)፡ 26
ክላረንስ-ሰሚዝ፡ 272፡ 334፡ 339፡ 341
ክፍለማርያም ወልዱ (ሸፍታ)፡ 387
ክንፉ እልፉ፡ 67፡ 68፡ 77፡ 196
ክፍለግዚአ ይሕደጎ፡ 23፡ 31፡ 32

ክላረንስ ቲ. ብር፣ 206
ክለመንቲ. ዱ፣ 272
ክራክነል (ኮሎኔል)፣ 371
ኮረያ፣ 372
ኮርዲየር፣ 341፣ 342፣ 344፣ 325
ኮንፈረሽን፣ 200
ኮንፈረሽን ሰራሕተኛታት፣ 199
  አህጉራዊ ኮንፈረሽን ናይ ናጻ ማሕበራት ዕዮ፣
  198
ኳዜን፣ 20

ወረደ በይን (ባሻይ)፣ 305፣ 310፣ 311
ወልድሃንስ ገብረእግዚኣ፣ 116
ወልድአብ ወልደማርያም፣ 17፣ 18፣ 33፣ 37፣ 38፣
  40፣ 57፣ 59፣ 61፣ 62፣ 64፣ 72፣ 78፣ 80፣
  86፣ 88፣ 89፣ 134፣ 144፣ 165፣ 166፣ 195፣
  197፣ 198፣ 200፣ 205፣ 207፣ 208፣ 220-
  230፣ 294፣ 327፣ 368፣ 375፣ 379፣ 417
  ናብ ሰደት፣ 225
  ፈተነ ቅትለት፣ 61፣ 62፣ 220
ወልድአብን ሰራሕተኛታትኽ 196፣ 198
ወልደአብ ሲ.ዲ.ኤ.ዝበሎ፣ 65
ወልደዮሃንስ ገብረእግዚኣ፣ 114፣ 116
ወልደገብርኤል ሞሳዝሬ፣ 32
ወልደዮሃንስ ገብረእግዚኣ (ደጊአት)፣ 106፣ 109፣
  110፣ 114፣ 115፣ 122፣ 123
ወልደጊዮርጊሱ፣ 141፣ 161፣ 274፣ 357፣ 26፣ 27፣
  376፣ 396
ወልደጊዮርጊስ ወልደሃንስ (ጸሓፊ ትእዛዝ)፣ 26፣
  27፣ 140፣ 141፣ 160፣ 161፣ 274፣ 357፣
  375፣ 376፣ 396
ወደብ ሰራሕተኛታት፣ 270
ወይዘር አበራሽ፣ 229፣ 230
ወይዘር ኤልሳቤጥ፣ 229
ዊልሶን ሂስኮት፣ 244፣ 246፣ 248፣ 259
ዎዕላ ቤት ጌርጊስ፣ 136፣ 164፣ 165፣ 264
ዎዕላ ፓሪስ፣ 12
ውዱብ ሕቡራት ሃገራት (ው. ሕ.ሃ.)፣ 1-4፣ 7፣
  8፣ 12-19፣ 21፣ 23፣ 25-31፣ 33-37፣ 39፣
  43፣ 53፣ 54፣ 75፣ 93፣ 100፣ 102፣ 108፣
  110፣ 138፣ 142፣ 154፣ 155፣ 174፣ 183፣
  239፣ 243፣ 272፣ 276፣ 277፣ 279፣ 282፣
  294፣ 325፣ 332፣ 334-344፣ 354፣ 355፣
  369፣ 370፣ 371
  ባይቶ ሕ.ሃ.፣ 1፣ 2፣ 3፣ 6፣ 8፣ 11፣ 12፣ 13፣
  15፣ 17፣ 21፣ 22፣ 26፣ 27፣ 33፣ 44፣ 45፣
  49፣ 133፣ 138፣ 155፣ 162፣ 165፣ 339፣
  341፣ 370
ምርድል ስሚዝ ጀይ.ኤች.፣ 143፣ 218፣ 222፣
  217፣ 237፣ 238፣ 242፣ 243፣ 244፣ 245፣
  246፣ 266፣ 267፣ 270፣ 281፣ 286፣ 287፣
  288፣ 289፣ 293፣ 312፣ 313፣ 314፣ 371
ዑስማን ሱሌማን ዓብደላ (ግራዝማች)፣ 256
ዑስማን ዓብደልራሕማን፣ 333
ዑስማን ሓጂ ናስር (ሸፍታ)፣ 386፣ 387
ዑመር ሱሌማን (ሸኽ)፣ 322፣ 332፣ 343

ዑመር ሱሊማን አደም፣ 333
ዑመር ሻራፋይ፣ 295
ዓዲ ቖይሕ፣ 117፣ 118፣ 183፣ 329፣ 406፣ 407፣
  408
ዓስብ፣ 144፣ 210፣ 256፣ 268፣ 270፣ 271፣ 294፣
  295-298፣ 304፣ 312፣ 321-332፣ 376፣
  377፣ 380፣ 383
ዓስብ ህውከት፣ 296
  ሰራሕተኛታት ወደብ ዓስብ፣ 295
ዕቛባዚ የሃንስ፣ 26፣ 27፣ 28፣ 29
ዓሊ ሙሳ ረድኣይ (ሸኽ)፣ 95፣ 96፣ 116፣ 122፣
  131፣ 135፣ 137፣ 140፣ 142፣ 179፣ 186፣
  222፣ 234፣ 235፣ 242-244፣ 248፣ 249፣
  260-262፣ 264፣ 278፣ 284፣ 299፣ 309፣
  310፣ 329፣ 335፣ 350፣ 351፣ 379፣ 394፣
  398- 405፣ 408፣ 410-415
ዓብ መሓመድ ኑዳል፣ 333
ዓምደሚካኤል ደሳለኝ፣ 23፣ 24፣ 33፣ 93፣ 94፣
  95፣ 110፣ 143
ዓብደልሕማን ጦጰተ፣ 66፣ 201
ዓብደልቃድር ዘይኑ፣ 80፣ 195
ዓብደላ ጎናፍር (ካሻሌር)፣ 77-80፣ 195፣ 198
ዓፉ ሸኽ ዓሊ፣ 333
ዓሊ ሓጂ መሓመድ፣ 171
ዓሊ ዑመር ዑስማን፣ 127
ዓድዋ፣ 20፣ 142፣ 159፣ 162፣ 164
ዓፈር፣ 297
ዓድ ኢብራህም፣ 20
ዓድ ያዕቆብ፣ 85
ዓዱ ተከሉዛን፣ 164
ዓዱ ኻላ፣ 265
ዓዱ ሰጉዶ፣ 19
ዓድጎ፣ 76፣ 256
ዓናግር፣ 99
ዓረቱ፣ 101
ዓረቡ፣ 4፣ 11፣ 28፣ 35፣ 42-76፣ 93፣ 105-108፣
  185፣ 190፣ 235፣ 254፣ 325፣ 338፣ 356፣
  372
ዓሳውርታ፣ 329

ዘውዴ ረታ፣ 15፣ 22፣ 23፣ 26፣ 27፣ 109፣ 110፣
  138፣ 140፣ 142፣ 145፣ 156፣ 161፣ 171፣
  220፣ 228፣ 230፣ 250፣ 251፣ 272-274፣
  301፣ 302፣ 315፣ 355፣ 357፣ 370፣ 375፣
  381፣ 412
ዞሚካኤል ዕቁዓሚካኤል፣ 367
ዝርአም ክፍለ (ደጊአት)፣ 116፣ 289
ዚንጓት፣ 5፣ 6፣ 55፣ 97፣ 98-104፣ 142፣ 190፣
  323

የመን፣ 74፣ 75፣ 107
የዕብዮ ገብረመስቀል፣ 186
ያዕቆብ ዘኢሱስ፣ 171
ያየሀ ይራድ፣ 379
ያሲን መሓመድ ባጡቕ (ሸኽ)፣ 39፣ 69፣ 109፣
  183፣ 185፣ 333፣ 235፣ 345

ያሲን ሐሰን ናይብ (ሸኸ)፣ 167፤ 183፣ 187
ይሕደጎ ሎማ (ብላታ)፣ 77፤ 78፣ 80፣ 195
ይሕደጎ ገብረሩፋኤል (ቀኛዝማች)፣ 311፤ 329፣
331፣ 333
ይሟዛው በራኺ (ኮሎነል) 362
ይድንቃቸው ተሰማ፣ 161
የሃንስ ጻጋይ፣ 326፤ 327፤ 328፣ 367
የሃንስ ተኽላይ፣ 186

ደምሳስ ወልደሚካኤል (ብላታ)፣ 28፤ 79፣ 107፤
108፤ 109፤ 116፤ 130፤ 137፤ 186፣ 333፣
360፤ 392፣ 398፤ 399፣ 411፤ 412
ደሞዝ ሓጉስ (ደጊያት)፣ 262፤ 349
ደቢድ ክራክኤል 362
ደቪንስትዮ፣ 85፣ 259
ደቂ ተባዕትዮ፣ 85
ደበሳይ ድራር፣ 32
ደቢድ ክራክኤል (ኮሎኔል)፤168፤ 207፤ 239፤ 242፤
277፤ 286፤ 289፤ 290፤ 291፤ 292፤ 293፤
312፤ 313፤ 337፤ 338፤ 361፤ 387
ክርስትያን፣ 16፤ 19፤ 35፤ 48፤ 56፤ 62፤ 67፤ 68፤
72-76፤ 84-86፤ 89፤ 90፤ 136፤ 157፤ 158፤
166፤ 201፤ 215፤ 222፤ 235፤ 277፤ 280፤
291፤ 304፤ 327፤ 353፤ 356፤ 360፤ 369፤
377፤ 386፤ 403
ደቪድ ፐል፣ 374
ደ ናዳይ፣ 237
ደጋዊ፣ 168
ደቀምሐሪ፣ 17፤ 19፤ 20፤ 283፤ 287፤ 386
ደንክልያ፣ 102፤ 106፤ 256፤ 271
ደሞክራሲያዊ ሰልፊ ኤርትራ (ደ.ሰ.ኤ.)፣ 17፤ 31፤
33-35፤ 39-47፤ 56-58፤ 81-83፤ 86-88፤
97፤ 98፤ 106፤ 107፤ 115፤ 127፤ 130፤
133-136፤ 187፤ 200፤ 214፤ 236፣ 276
ዴመጥሮስ ገብረማርያም (ቀሺ)፣ 35፤ 107፤ 109፤
311፤ 323፤ 334፤ 390፤ 392፤ 405፤ 409
ዳንክነ ካመሮነ ካሚንግ (መጀር ጂነራል)፣ 14፤ 16፤
24፤ 28፤ 29፤ 38፤ 45-48፤ 52፤ 54፤ 63፤
92-94፤ 199፤ 122፤ 123-126፤ 131፤ 142፤
147፤ 148፤ 154፤
ዳንገላስ ባስክ፣ 28፤ 296፤ 297
ዳግ ሃመርሾልድ፣ 272፤ 342
ዳብልዮ ዶሰን ሲ.፣ 50
ዳሰለ ፖታሸ፣ 143
ዳህላክ፣ 162
ዴስነት፣ 296
ድዋይት አይዘንሃወር፣ 372

ጀይምስ ሺራ ወይ ሸረር (ሰር)፣ 287፤ 313-315፤
318፤ 319፤ 320፤ 341፤ 360፤ 395፤ 396፤
406፤ 418
ጀበርቲ፣ 73፤ 325፤ 369
ጀኔቫ፣ 44
ጃፓን፣ 144
ጀን ስፐንሰር፣ 28፤ 162፤ 314

ገብረመስቀል ወልዱ (ፊታውራሪ)፣ 416
ገብረሰላሴ ጋርኩ፣ 206፤ 241፤ 242፤ 289፤ 290
ገብረጊዮርጊስ ገብረ (ባሻይ)፣ 171
ገብረኪዳን ተሰማ (ደግያት)፣ 283፤ 284፤ 286፤
289፤ 308
ገብረመድህን አስሜል፣ 170፤ 171፤ 261፤ 290
ገብረመድህን ተሰማ (ቀኛዝማች)፣ 109፤ 165፤ 248
ገብረመስቀል ክፍለ እግዚእ፣ 23
ገብረሰላሴ ገረድ፣ 290
ገብረአምላኽ ሃይሌ፣ 230
ገብረሚካኤል ግርሙ/ ዘበራቒት (አዝማች)፣ 16፤
17
ገብረዮሃንስ ተስፋማርያም (ደጊያት)፣ 36፤ 38፤ 39፤
59፤ 60፤ 69፤ 83፤ 116፤ 218፤ 222፤ 289፤
391፤ 397፤ 415
ገብረዝጊ ጓንጉል (ደጊያት)፣ 136፤ 185
ገብረእግዚኣብሄር ገብረሚካኤል፣ 170፤ 261
ገብረማርያም ካሳ (ፊታውራሪ)፣ 194
ገብረእግዚኣብሄር ተሰማ፣ 283
ገብረህይወት ተስፋይ (ባሻይ)፣ 333
ገብረሚካኤል ወልደሚካኤል (ከንትባ)፣ 311
ገብረሚካኤል ተስፋልደት (ቀሺ)፣ 171
ገብረሚካኤል በግለጸዮን፣ 367፤ 368
ገብረእግዚኣብሄር ተስፋማርያም (ሸፍታ)፣ 386
ገብረ ተስፋጽዮን፣ 32
ጉባኤ ሰላም፣ 14፤ 66፤ 158
ጉምሩክ፣ 5፤ 7፤ 14፤ 15፤ 29፤ 49-54፤ 59፤ 72፤
82፤ 124፤ 171፤ 179፤ 183፤ 184፤ 188፤
216፤ 222፤ 233፤ 241፤ 244-246፤ 248፤
255፤ 257፤ 265-269፤ 322፤ 361፤ 375፤
377፤ 380
ጉዳያት ወጻኢ፣ 4፤ 124
ጊራን (ሚሲስ)፣ 269
ጊንዳዕ፣ 235፤ 329
ጋስቶነት፣ 294
ጋዜጣ ሳልቫቶረ ሞቺ፣ 348
ጋዜጣ ሰውት አል ኤርትርያ (ሰውት አልአራቢጣ)፣
39፤ 69፤ 325፤ 326፤ 345፤ 348፤ 349
ጋዜጣ ቲግራሬያ ፊዮረቲ፣ 319፤ 348
ጋዜጣ ሓንቲ ኤርትራ፣ 17-19፤ 31፤ 33- 40፤ 46፤
49፤ 55፤ 56፤ 59፤ 60፤ 63፤ 64፤ 66፤ 69፤
74-80፤ 83-85፤ 89፤ 92፤ 93፤ 95፤ 115፤
121፤ 129፤ 167፤ 198፤ 200
ጋዜጣ ኢል ኮቲድያኖ ኤሪትሬኦ፣ 385
ጋዜጣ ቬሪታስ ኤት ቪታ፣ 215፤ 216
ጋዜጣ ኢትዮጵያ፣ 31፤ 33፤ 36-40፤ 47፤ 57፤
60፤ 84፤ 89፤ 90፤ 115፤ 165፤ 181፤ 186፤
187፤ 190፤ 191፤ 201-207፤ 216፤ 219፤
251፤ 255፤ 279፤ 280፤ 284፤ 301-304፤
310፤ 311፤ 332፤ 334-336፤ 345፤ 346፤
349፤ 387
ጋዜጣ አንድነትን ምዕብልናን ወይ ድምጺ
ፈደራስዮን፣ 131፤ 136፤ 264
ጋዜጣ ዘመን፣ 220፤ 269፤ 270፤ 324፤ 346፤ 357፤
362፤ 363፤ 372፤ 378፤ 383፤ 386፤ 399፤
411፤ 412፤ 415

ጋዜጣ ደሃይ ኤርትራ፣ 167፣ 172፣ 187፣ 189፣
192፣ 200፣ 201፣ 203፣ 210፣ 214፣ 218፣
219፣ 220፣ 223፣ 256፣ 257፣ 305፣ 317፣
320፣ 325፣ 328፣ 334፣ 345፣ 347፣ 348፣
350፣ 353፣ 360፣ 367
ጌላትሊ ሃንኪ፣ 295
ግብጺ ወይ ምስራ፣ 17፣ 75፣ 354፣ 372፣ 379
ግብራ፣ 4፣ 5፣ 7-9፣ 15፣ 30፣ 128፣ 132፣ 141፣
216፣ 217፣ 219፣ 222፣ 236፣ 246፣ 248፣
255፣ 265፣ 266፣ 289፣ 290፣ 294፣ 299-
303፣ 308፣ 311፣ 324፣ 327፣ 330፣ 343፣
352፣ 355፣ 392
ምሕረት ግብራ 303-306
ግብረ ሽበራ፣ 63፣ 286
ጎናፍር፣ 198
ጎንደር፣ 142፣ 160

ጠቅላሊ ቤት ፍርዲ ኤርትራ፣ 173፣ 175፣ 294፣
320፣ 345፣ 349፣ 353፣ 376፣ 405
ጥዕና፣ 16፣ 147፣ 254
ጥበቡ በየነ፣ 262፣ 349
ጦር ሰራዊት፣ 210፣ 1954፣ 295፣ 299፣ 305፣
312፣ 338
2ይ ክፍለ ጦር፣ 380

ጸጋ ጋይም (ተጋዳሊት)፣ 228
ጸጋይ እያሱ፣ 78
ጸጋይ ካሕሳይ፣ 72፣-78፣ 80፣ 193-198፣ 368
ጸጋይ ተፈሪ፣ 76፣ 79፣ 170፣ 171፣ 261
ጸረ-ኮሙኒስት ኩናት፣ 372
ጸንዓደግሉ፣ 95

ፈጻሚ፣ 3-5፣ 11፣ 12፣ 123፣ 128፣ 173፣ 192፣
258፣ 323፣ 328፣ 415
ፈራዲ፣ 4፣ 5፣ 10፣ 173፣ 415
ፈርገስ ማክሊራ፣ 93፣ 94፣ 136፣ 248፣ 249፣ 336፣
340፣ 393፣ 394፣ 398፣ 399፣ 408፣ 412
ፈረንሳ፣ 1፣ 11፣ 12፣ 14፣ 21፣ 164፣ 210፣ 226፣
276፣ 294፣ 338፣ 376
ፈደራሊስት፣ 218፣ 248፣ 249፣ 290፣ 291፣ 304፣
315፣ 332፣ 357፣ 27፣ 363፣ 364፣ 368፣
369፣ 370፣ 375፣ 389፣ 390፣ 417
ፈደራል መንግስቲ፣ 4፣ 5፣ 6፣ 9፣ 10፣ 23፣ 33፣
35፣ 40፣ 41፣ 52፣ 53፣ 116፣ 125፣ 126፣
154፣ 155፣ 172፣ 174፣ 182-184፣ 191፣
192፣ 206፣ 243፣ 249፣ 255፣ 256፣ 260፣
266፣ 291፣ 324፣ 348፣ 353፣ 354
ፈደራል ቤት ምኽሪ፣ 258፣ 378
ፈደራል ቤት ፍርዲ፣ 169፣ 172-175፣ 189፣ 249፣
250፣ 260፣ 262-264፣ 273፣ 286፣ 325፣
332፣ 339፣ 348፣ 349፣ 353፣ 379
ፈደራል ድንጋጌ፣ 4፣ 5፣ 7-10፣ 15፣ 16፣ 23፣
25-30፣ 33፣ 35-39፣ 41፣ 44፣ 51-54፣ 97፣
98፣ 100-102፣ 108፣ 120፣ 121፣ 124፣
132፣ 138፣ 142፣ 155፣ 158፣ 166፣ 170-
176፣ 183፣ 184፣ 189፣ 234፣ 263፣ 264፣

266-268፣ 272፣ 273፣ 276፣ 322፣ 329፣
338፣ 339፣ 352፣ 370፣ 374፣ 377፣ 417፣
418፣ 419
ፋንታዮ ወልደየሃንስ፣ 171
ፋብሪካ ሰራሕተኛታት፣ 365
ፋብሪካ አሉሚንዩም፣ 194
ፋብሪካ ጥርሙዝ መረንጊ፣ 383
ፍራንክ ስታፎርድ (ብሪጋደር)፣ 24፣ 48፣ 54፣ 81፣
87፣ 115፣ 133፣ 137፣ 225
ፍስሓ ወልደማርያም ጊል (ባሻይ) ወይ ጋንዲ፣
63፣ 187፣ 188፣ 195፣ 214
ፍስሃጽዮን ሃይሉ፣ 167፣ 137፣ 138፣ 178፣ 179፣
180፣ 181፣ 185፣ 237፣ 255፣ 256፣ 275፣
278፣ 377፣ 383፣ 394
ፍስሃጽዮን እልፈ (ቀሺ/ተጋዳላይ)፣ 222
ፍስሃየ ተስፋስላሴ (ቀኛዝማች)፣ 383
ፍርድ፣ 168
ፍንዳርያ፣ 194

ፖሊሱ፣ 5፣ 9፣ 19፣ 20፣ 25፣ 119፣ 120፣ 128፣
207፣ 208፣ 210፣ 216፣ 217፣ 224፣ 239፣
254፣ 271፣ 283-286፣ 289- 291፣ 296፣
298፣ 305፣ 312፣ 317፣ 319-321፣ 334፣
338፣ 361-364፣ 383- 387፣ 390፣ 391፣
395-399
ፓኪስታን፣ 82፣ 354፣ 356
ፖለቲካዊ ሰልፍታ፣ 280፣ 282፣ 283፣ 369
ፖል ጉገንሃይም፣ 21
ፖይንት ፎር ፕሮግራም፣ 233፣ 244፣ 254፣ 380

431

www.ingramcontent.com/pod-product-compliance
Ingram Content Group UK Ltd.
Pitfield, Milton Keynes, MK11 3LW, UK
UKHW022229230426
12048UKWH00016BA/1147

9 789994 800094